Louis Guilloux

Le pain
des rêves

Gallimard

Louis Guilloux est né en 1899, à Saint-Brieuc. Son père était cordonnier et actif militant socialiste, comme Guilloux l'a raconté dans *La maison du peuple*. Au lycée, il a pour professeur de philosophie Georges Palante, dont il s'inspirera pour composer le personnage de Cripure, le pathétique héros du *Sang noir*. Et il a pour compatriote et ami d'adolescence celui qui deviendra le philosophe Jean Grenier. Guilloux exerce divers métiers, se marie en 1924, publie *La maison du peuple* en 1927. Il a été secrétaire du premier Congrès mondial des écrivains antifascistes en 1935, puis responsable du Secours rouge, qui vient en aide aux réfugiés de l'Allemagne hitlérienne, puis aux Républicains espagnols. André Gide l'invite à l'accompagner dans son célèbre voyage en U.R.S.S.

Louis Guilloux a reçu le prix Renaudot en 1949 pour *Le jeu de patience* et le Grand Prix national des Lettres en 1967 pour l'ensemble de son œuvre

Le pain des rêves a été écrit au plus noir de l'Occupation. Que pouvait-on faire d'autre, en 1941, qu'un livre de pauvreté toute nue, un retour aux souvenirs d'enfance ? Et comment conjurer la nuit hostile et froide, sinon en recréant la chaleur du foyer ?

Avec la mémoire du cœur, disparaissant derrière l'enfant qui se souvient, le narrateur retrouve sa maison et sa famille : le grand-père qui travaille de l'aube à la nuit à la place du père mystérieusement disparu, la mère qui ne pense jamais à elle, le grand frère Daniel embarqué sur La Frivole *et Pélo, le petit infirme. Les cousins dispersés dans le monde, au Canada, en Inde, au Dahomey, parent la famille de prestiges ima-*

ginaires. Chacun y pense à sa façon, d'ailleurs chacun a ses rêves et ses joies. Grand-père n'avoue que très tard sa passion pour les concerts publics. Quant au narrateur, il trouve « son pain » partout, mais le théâtre le fascine ; il ne peut entrer qu'au troisième acte... jusqu'au jour où il prend le risque d'escalader l'échelle des pompiers. « Tant de peine pour un spectacle si vain ! pensera-t-il plus tard ; qui de nous, au moins une fois, ne s'est trompé dans ses amours ? »

Tous ces menus faits prennent leur place dans la chronique d'un temps proche et lointain où bonheur et misère se confondent dans une tonalité ardente, dans un accent unique, celui de « la joie d'être ensemble à l'abri des hommes ».

« Je doute qu'aucun amour vaille celui des pauvres », dit Louis Guilloux dans Le pain des rêves.

PREMIÈRE PARTIE

Le grand-père

« L'enfance est un paradis. »

Mon livre d'école était farci de belles images, dont je m'enchantais. Il s'en trouvait deux surtout, où je revenais plus volontiers : deux images morales.

La première représentait un ouvrier rentrant chez lui, ivre et chancelant, la casquette de traviole, la moustache dégoûtante, l'œil mauvais et les poings déjà brandis. Sa femme, maigre et haillonneuse, ses enfants serrés d'épouvante autour d'elle, et son dernier-né sur les bras, regardait venir cet homme avec un air de désespoir où l'accusation même restait sans force. Le logis, sous les combles, n'était qu'un taudis. Du linge séchait un peu partout. Point de feu dans l'âtre, et rien sur la table. Tout était laid, triste : le tableau même de la misère.

Sur la page voisine, une autre image rayonnait. Il avait suffi que l'homme ne fût plus un ivrogne, pour que tout changeât. L'affreux taudis était devenu une pimpante demeure. Plus question de combles, c'était une belle pièce claire et bien carrée que représentait l'image. Un fourneau rougeoyait, un vrai fourneau, avec son cendrier, sa chaudière et son robinet de cuivre. Plus de linge à sécher. Tout luisait, reluisait de propreté. Le plancher était net et blanc. Propre! *On aurait mangé dessus!* Le buffet entrouvert montrait son abondante, sa joyeuse vaisselle. Aux murs, des petits tableaux — l'Angélus de Millet — et au milieu de la pièce, sur la table de famille recouverte d'une toile cirée toute neuve, une vaste soupière fumante.

Ah! Que c'était donc enchanteur! Quelle paix! Quelle félicité! La mère de famille portait un gai tablier bleu. Elle-même était jolie et souriante. On aurait dit une réclame. Elle ne tenait plus dans ses bras de nouveau-né, c'était sa grande fille qui se chargeait de ce soin, comme tous les jours quand elle revenait de l'école, où elle «poussait» sans doute pour devenir instituteur ou postière. Et rien qu'à la voir, on comprenait qu'elle décrocherait bientôt son brevet. Les plus petits lisaient autour de la table, ou jouaient avec de charmantes poupées. Et la mère tendait les bras à son mari, qui rentrait tout droit de l'usine, si net, lui aussi, si propre et si heureux, pas fatigué pour un sou et parfaitement d'accord avec lui-même et l'univers tout entier. Plein de force et d'un bonheur sage et vertueux. Encore une fois, que tout cela était donc encourageant!

Quoi! Les choses étaient simples, tellement même qu'un esprit d'enfant comme le mien pouvait les comprendre. Ne suffisait-il pas d'être vertueux pour que le bonheur apparût ? Et en quoi consistait la vertu sinon à ne point boire ? Comme c'était facile ! Encore fallait-il y penser. Un œuf de Christophe Colomb !

Notre instituteur ne manquait jamais d'insister sur cette facilité chaque fois qu'il en trouvait l'occasion. Il le faisait d'un air finaud, comme s'il eût expliqué à des niais de Sologne un truc si simple, que, tout niais qu'ils fussent, on aurait pu s'attendre à ce qu'ils le découvrissent eux-mêmes. Il ajoutait que l'économie est un autre moyen d'atteindre au bonheur. Et dans son esprit, le bonheur se définissait par la soupe aux choux, la propreté, l'absence de coups.

Si parlantes que fussent ces images, et malgré l'autorité du maître, des questions se posaient à moi, que je ne posais pas aux autres. J'eusse admis volontiers que l'ivrognerie était la source de la misère et l'économie son remède, s'il ne s'était trouvé que mon grand-père n'était pas du tout un ivrogne, et qu'il pratiquât l'économie.

Loin de s'enivrer, mon grand-père exprimait à l'égard de ceux qui s'adonnent à ce vice ignoble, un dégoût même excessif. Il était sans pardon pour eux. C'était au point qu'il ne mettait jamais les pieds à l'auberge. A son repas, il se contentait d'un verre de piquette et, souvent même, il y préférait de l'eau.

Qu'il y eût dans cette hostilité si persévérante de sa part, à ce qu'il nommait «la boisson», des raisons toutes personnelles, qui ne tenaient qu'à son caractère, cela n'est pas douteux. Quoi qu'il en fût, — je parlerai plus tard de sa pratique de l'économie, — il n'y

avait point chez nous de fourneau rougeoyant, de toile
cirée sur la table, et ma mère ne portait pas de tablier
bleu ; nous n'avions rien de ce que cette image si flat-
teuse proposait comme la récompense assurée du travail et de la vertu. Notre logis se peignait bien mieux
dans la première des deux images. La grande différence, c'est qu'il n'était point fait sous des combles,
mais dans une cave, au fond d'une cour.

La maison elle-même était une bâtisse ruineuse
qu'on aurait dite faite avec les débris mal assemblés de
plusieurs autres. Il semblait, ici, que les hommes s'y
fussent pris comme les enfants dans leurs jeux de
patience, qu'ils eussent tout mêlé, tout brouillé, puis
tout abandonné dans la paresse d'un jeudi maussade.
Nul, hormis les savants locaux, les rédacteurs à nous
inconnus de la Société d'Emulation, n'aurait su dire
quelle avait été la première destination de cette maison, par qui elle avait été construite et pourquoi, si
c'était un duc, un comte, un simple baron, ou tout bon-
nement un bourgeois, qui, tout d'abord, y avait logé.
Car il se pouvait fort bien que notre maison eût de
nobles origines, comme tant d'autres dans notre quartier. Une partie en avait été retapée, on ne savait plus
quand, et semblait comme neuve, en comparaison du
reste.

Le reste était formé d'une tour, où nul n'entrait
jamais, ou l'on racontait qu'il se trouvait des
oubliettes, d'un grand corps de bâtisse au toit crevé,
aux murs décrépits, aux fenêtres toutes de guingois, et
beaucoup sans vitres. Des tuyaux de poêles crevaient

ces fenêtres comme des canons leurs sabords, crachant tout au long du jour leur fumée piquante aux yeux et suffocante à la gorge. Du linge séchait dans la cour sur des cordes. Il y en avait aussi sur la rampe d'un escalier de bois qui, sur ce grand corps de bâtisse, grimpait jusqu'au premier étage, où il se continuait sous la forme d'un balcon. Un lierre romantique enveloppait la tour, mangeait les lucarnes rondes où jamais n'apparaissait la moindre lueur, sauf, parfois, sous le soleil couchant, quand un morceau de vitre, préservé par miracle, fulminait son éclat d'incendie.

Dans la cour même, le va-et-vient n'avait pas de cesse. Des femmes y venaient faire leur lessive ; elles descendaient leur baquet, rinçaient leur linge à une vieille pompe toute rouillée, qui ne donnait son eau qu'en gémissant. La marmite, en guise de lessiveuse, bouillait à petit galop sur un feu de bois.

D'autres fois, c'était un matelas qu'on refaisait. Et voilà la matelassière assise dans son coin d'ombre, un journal épinglé sur la tête pour quand tournerait le soleil. Elle aérait son varech, car il n'était pas question que personne ici connût le simple bonheur de coucher sur de la laine.

Du matin au soir retentissaient les piailleries des gosses, les criailleries des mères, que traversait de temps à autre le battement sec du marteau de la Pinçon roulant sur la pierre à battre comme sur un tambour, ou la sourde cloche du maillet de Durtail, le tonnelier, son voisin et le nôtre.

La Pinçon était savetière.

Restée veuve à trente ans, avec quatre petits becs à nourrir, la Pinçon n'avait pas hésité un instant : au lieu de chercher des ménages ou de se louer à l'usine, elle s'était dit qu'après tout, le métier de savetière ne passait pas les moyens d'une honnête femme, et, le lendemain même du jour où elle avait enterré son homme, elle prit le tablier du défunt, se posa devant le veilloir et examina la bricole.

Si souvent elle l'avait vu faire qu'elle en avait sans le savoir appris plus qu'elle ne le croyait ! La volonté, le courage et l'amour pourvoiraient au reste !

A la stupéfaction du quartier, le marteau de Pinçon qu'on croyait enterré avec lui, se réveilla, ce matin-là, et battit comme il avait toujours fait depuis des années, clamant à tous les échos sa joyeuse résurrection. Plus d'un en demeura bouche béante et l'oreille aux aguets. Et certains pensèrent qu'ils devaient rêver encore. Mais le marteau roulait sur la pierre à battre avec tant de vigueur, il répandait partout, avec tant d'empressement, son heureuse nouvelle, que le doute ne fut guère longtemps possible. Et quand le jour parut tout à fait — car ceci se passait en hiver et la Pinçon s'était levée avant l'aube — on vit la Pinçon installée sous sa fenêtre, sur le tabouret de son homme, râpant le cuir, le taillant, battant, clouant la semelle comme si, de sa vie, elle n'eût jamais rien fait d'autre. Et le chardonneret, dans sa cage, chantait.

Tant et si bien que Pinçon ayant été porté en terre un mercredi, il se trouva que, le samedi suivant, la plupart des bricoles qu'il avait promises à ses clients

étaient prêtes. Le coup de tranchet n'était pas encore
très sûr, et quelques chevilles étaient plantées de travers, le pied-de-biche ayant bronché, mais l'ensemble
était bien supérieur au travail du plus fin des appren-
tis, fort acceptable, même à ceux qu'une réponse si
belle et si prompte au malheur n'eût pas touchés, et qui
n'eussent mesuré l'ouvrière qu'à son ouvrage.

Et là-dessus, la galère vogua! Passé le premier
moment de surprise, il parut à chacun naturel que la
Pinçon se fût faite savetière, et la clientèle de Pinçon,
toute de petites gens, resta fidèle à la veuve. Ainsi les
quatre petits becs eurent-ils leur pâtée quotidienne.

Du temps s'était écoulé, les petits becs avaient
grandi. La Pinçon, au dire des gens, se transformait.
C'est une chose étrange : on dit que les vieux époux
prennent l'un de l'autre un air de ressemblance. Pinçon étant mort, la chose n'en offrait qu'un plus grand
mystère. Avec le temps, disait-on, la Pinçon finissait
par ressembler à son mari, elle devenait ce que chacun
croyait qu'il serait devenu lui-même, en continuant à
vivre. Elle avait pris toutes ses habitudes, jusqu'à celle
de fumer la cigarette. Comme lui, elle s'était passion-
née pour les oiseaux. Comme il faisait lui-même dans
ses loisirs du dimanche, elle fabriquait des cages,
qu'elle peignait en vert. Parfois, je la voyais qui, ayant
répandu sur un journal étalé sur la table ce qu'il fallait
de chènevis et de millet pour ses oiseaux, écrasait la
graine avec une bouteille, dont elle se servait comme
d'un rouleau. Et cela encore, c'était Pinçon qui le lui
avait appris.

Peu de choses en somme étaient changées, et Pinçon revivait. Est-ce là ce qu'on appelle l'amour ?

Quand je revenais de l'école, je m'arrêtais souvent sous la fenêtre de la savetière. Elle me donnait un petit morceau d'un gâteau blanc et friable, qu'elle appelait de la « petite galette » et dont, avec la graine, elle nourrissait ses oiseaux chanteurs.

Il n'était point rare qu'aux bruits ordinaires de la cour, se mêlassent les éclats d'une querelle ou même d'une bataille. Des ménages qui, chez eux, manquaient d'espace, venaient ici régler leurs comptes, en plein vent. Mais il n'y avait pas que les mauvais ménages pour mener du train.

Sur cette cour, dans la partie de la maison opposée à celle où nous vivions, donnait la porte pour ainsi dire clandestine, d'un petit café à matelots, à l'enseigne du *Cap de Bonne-Espérance*. L'ordre n'y régnait pas toujours malgré la poigne pourtant virile de la tenancière, une maritorne borgne et fardée, couverte de bagues et de colliers, avec deux grandes boucles d'oreilles qui lui pendaient de chaque côté de la tête comme des poids d'horloge. Et dans la paille blanche de ses cheveux ébouriffés, l'écaille victorieuse, comme une Samothrace, d'un peigne, qu'un client lui avait rapporté de Séville. Elle passait pour savoir se faire respecter, mais les matelots n'ont jamais eu peur de personne, pas même d'une maquerelle.

L'un d'eux, une fois, passa toute la nuit dehors, cognant à la porte du poing et du pied, en réclamant à grands cris une certaine Henriette, qui ne se décidait pas à paraître. Il menaçait quiconque l'approcherait d'un couteau ouvert dans sa main. Ivre et désespéré, tantôt il menaçait son Henriette de lui plonger son «lingue» dans le ventre, tantôt il la suppliait avec des larmes, en lui rappelant leurs beaux jours. Toutes sortes de souvenirs se mêlaient à ses menaces et à ses plaintes, en particulier celui d'une grappe de raisin. «Rappelle-toi la grappe, Henriette, rappelle-toi! Ouvre la porte!» Mais personne ne répondait, sauf la borgnesse, qui d'une voix de rogomme répétait dans la nuit: «Va-t'en, assassin! Quitte! Quitte! Il n'y a pas ici d'Henriette pour toi — Oh! maquerelle! C'est toi qui l'as perdue!» Et le matelot se reprenait à cogner à la porte à grands coups: «Ouvre, je ne ferai pas de mal!» C'était sans fin.

Au matin cependant le matelot avait disparu. Tout, dans la cour, avait repris son aspect ordinaire, depuis qu'elle s'était réveillée au chant du marteau de la Pinçon, plus matinal que celui du coq. Avait-il été emmené par les agents de la police ou bien, comme dans la complainte, avait-il regagné son bord en pleurant, en jurant que celui qui le tuerait serait son camarade? Ivresse et douleur d'une nuit…

— N'allez pas de ce côté! nous disait ma mère, surtout n'approchez pas! Ce n'est pas des endroits pour vous!

Il fallait pourtant bien vivre quelque part et il était si difficile de trouver une niche! Elle le savait bien, elle qui avait dû si souvent en changer. Et changer de niche, cela se pouvait encore, mais non de quartier. Nous étions prisonniers dans le nôtre, comme le juif dans son ghetto.

C'était, dans la basse ville, la partie la plus vieille, autrefois, il est vrai, la plus noble, devenue la plus «pittoresque» — où, depuis peut-être une centaine d'années, pas une pierre n'avait bougé, sauf par écroulement.

Les maisons du XVe siècle ont un grand charme, vues de l'extérieur, surtout celles où l'on sait que tel duc ou prince ou, parfois même, le Roy, a couché une nuit, lorsqu'il visitait ses domaines. L'inconvénient commence dès la porte franchie, aux odeurs qui s'en dégagent. Tout notre quartier était fait de la sorte, à l'exception de deux maisons plus récentes. Maisons d'infamie, à grosses lanternes. C'était dans notre rue même.

Je traînais souvent par là, fasciné par la musique. Il arrivait qu'une des pensionnaires, montrant à la fenêtre sa tête fardée et pleine de rubans — dans son genre une tête de fée — m'appelât, en me passant les quelques sous d'une commission, que je courais faire à la galope…

Dirai-je, après cela, l'opprobre qui déshonorait notre quartier et tout spécialement notre rue, l'abjecte rue du Tonneau ? Un «voyou de la rue du Tonneau», voilà des termes qui, par la ville, suffisaient bien à nous définir ; nous étions tous logés à la même lanterne. Eh oui ! Nous habitions la rue des «Maisons», nous participions à tout ce qui s'y faisait de louche et de malhonnête, nous étions les frères d'une société secrète, la société des voyous de la rue du Tonneau. J'en étais un, je le savais. On me l'avait dit plus d'un coup, parfois assez durement pour me faire comprendre que je n'avais qu'à retourner d'où je venais et rejoindre mes «pareils», ce qui n'allait que trop de soi, puisque, là où de telles rebuffades m'étaient faites, je ne trouvais pas mes «semblables». Ces fameux semblables dont, à l'école, on nous prêchait si fort l'amour...

A cette manière d'effroi dont j'étais saisi, aussitôt quittée la rue du Tonneau, et les quelques autres, qui formaient le fond de notre ghetto, comme la petite rue Saint-Jean, l'impasse Grenouillère, la rue des Cordiers, je savais que je venais de franchir la limite qui me séparait de ma terre pour pénétrer en pays ennemi. Et pourtant, il n'en avait pas les apparences. L'ennemi est aussi un homme, c'est la plus triste des choses, et il vit dans des maisons. Je n'étais que sur la place aux Ours. C'était une ancienne petite place. Elle me paraissait immense, dans ses maisons semblables aux nôtres, aussi belles, «plus décoratives» encore, surtout les soirs de fête. Les hommes n'y différaient guère de ceux qui vivaient dans nos rues. Les uns et les autres gagnaient leur vie en travaillant. Toutefois, ceux-ci n'étaient point des voyous. Certes pas! Comment eût-on pu confondre, avec un voyou de la rue du Tonneau, le vieux père Roussin, serrurier de son état, qu'on avait vu tous les jours, depuis plus de trente ans, debout à sa forge, dès le matin, ou le rempailleur de chaises,

aveugle de naissance, M. Blanchard, qui tenait boutique tout à côté ? L'idée n'en serait venue à personne.

Tout ici respirait l'honnêteté, la décence, il n'y avait
point de confusion possible, et les habitants de la place
aux Ours eux-mêmes étaient les premiers à marquer, à
maintenir la différence. « Attends ton tour ! Allons, es-
tu embêtant, tout de même ! », me disait le boucher, le
gros Landel, quand je venais chez lui chercher des os,
ou des hauts de langue, pour faire la soupe. Mon tour ?
Mais c'était mon tour, à mon avis. — Au sien, mon
tour était le dernier, et j'attendais…

Comme elle me plaisait, cette place aux Ours !
Comme j'aurais voulu vivre là ! Que d'espace ! Et quel
passage ! Toujours on y voyait des gens nouveaux,
l'été surtout, de drôles de gens qui ne parlaient point
comme nous, qui se promenaient tête nue, qui s'arrê-
taient pour photographier quelque chose — ou même,
pour peindre. J'avais vu cela. Oui, un jour j'avais vu
un homme assis sur un pliant, une toile posée sur un
chevalet devant lui, et qui peignait ce qu'il voyait, les
belles maisons — et par une espèce de trouée, un morceau de notre cathédrale. J'avais vu… J'avais vu cette
chose extraordinaire : des gens qui montaient dans une
voiture, pour s'en aller en promenade au bord de la
mer, sans doute. Oui, dans la voiture du père Morel, un
vieux fiacre, le plus vieux des fiacres, toujours en station, quand c'était le beau temps, devant la boutique de
M. Blanchard. J'avais vu cela, en attendant mes os. —
Une belle jeune fille, un beau jeune homme… Et
fouette cocher !

Mais l'hiver aussi je l'aimais cette place. Alors elle était presque vide, muette et comme resserrée… Toutes les portes étaient fermées. C'était la neige silencieuse. Dans l'espèce de mi-jour qu'il faisait on voyait se refléter et se mouvoir, à travers les vitres, l'éclat de la forge du père Roussin. Tout cela était enchanteur. Tout cela était AUTRE CHOSE.

Nos rues n'avaient pas de trottoirs. Dans certaines d'entre elles, une rigole, au milieu de la chaussée, semblait creusée par la pluie des siècles. Les jours d'orage, l'eau y dévalait à gros bouillons et, à cause de ces rigoles, beaucoup étaient impraticables aux voitures. C'était un quartier de brocanteurs et de chiffonniers; certains se faisaient appeler antiquaires, ornaient leur boutique de saints de bois, d'armures, ou plus modestement d'un rouet. Un quartier d'artisans — mon grand-père était leur doyen — de plâtriers, de maçons, de terrassiers. Un quartier qu'en certaines occasions, on disait «historique» — quand il s'agissait d'entreprendre, par exemple, ce que la Chambre de Commerce appelait une campagne touristique, — mais qu'en toute autre occasion, on désignait comme une «verrue». Un jour ou l'autre, la verrue sauterait.

L'esprit d'une nouvelle époque soufflant son chemin dans les ruines, voulait assainir et rebâtir. Déjà, il s'y essayait. Sur un lieu qui n'avait jamais servi qu'aux rondes des enfants, et aux feux de joie, dans les soirées de la Saint-Jean, on construisait une grande maison, dont nous savions qu'elle serait une Caisse d'Epargne. Ce n'était encore, pour le moment, qu'un vaste chan-

tier tout clôturé de planches, derrière lesquelles s'exerçaient du matin au soir des tailleurs de pierre à grosses
lunettes treillagées.

Le bruit courait qu'une fois achevée la Caisse
d'Epargne, d'autres travaux seraient entrepris, selon un
plan d'embellissement de la ville, agréé par le Conseil
municipal, et que la verrue tout entière disparaîtrait.
Les plus belles d'entre les maisons du xve siècle
seraient comme les autres démolies, mais avec une prudence qui permettrait de les remonter ailleurs, en un
point de la ville où les touristes aux louis d'or auraient
plus d'aise pour les photographier.

Il résultait de là que notre population vivait dans les
transes. Assurément c'eût été un bienfait que de raser
tous ces taudis, où tant et tant de gens depuis tant d'années avaient si mal vécu, où tant de beaux enfants
étaient morts, d'où pouvait s'envoler à tout moment la
peste. De l'avis des plus sages, ce n'était pas avec la
pioche, mais avec le feu qu'il eût fallu y aller. Nous ne
le comprenions que trop et de bon cœur eussions-nous
fourni la paille, et même celle de nos grabats. Mais
ensuite ? Où aller ? Où se loger ? Il n'était personne qui
ne tremblât pour cette même paillasse, qu'on ne saurait plus où traîner, une fois rasée la verrue. «Ils se
débrouilleront ! »

Par là, me donnait-on à penser que mes pareils et
moi nous formions sur la terre un objet de scandale,
une malpropreté. N'était-il pas évident, lorsqu' «ils»
parlaient de la «verrue», que c'était l'ensemble qu'ils
voulaient dire, n'oubliant pas, dans l'habitation, l'ha-

bitant, mêlé avec sa vermine ? Telle est la première idée abstraite qui se soit formée en moi. C'est ainsi que commença ma vie spirituelle.

La nôtre, de niche, c'était une ancienne écurie, soit dit sans métaphore. La preuve, c'est qu'il y restait encore, scellés aux murs blanchis à la chaux, non seulement des anneaux en fer auxquels, autrefois, se nouait le licou des bêtes, mais encore une partie de la mangeoire, qui nous tenait lieu de fourre-tout.

Dans son temps, l'écurie avait dû abriter toute une petite cavalerie. Et nous disposions encore de deux celliers, qui étaient d'anciennes remises. Le sol était fait de ces mêmes pavés légèrement arrondis, dont la cour était couverte. La différence, c'était qu'entre les nôtres il ne poussait point d'herbe...

Du temps des chevaux, il y avait eu là un vrai plafond, au plâtre bien propre, lisse, et sans fissure aucune. Mais depuis le temps que cette écurie était devenue un lieu d'habitation pour les humains de notre sorte, tant d'eau avait coulé sous les ponts, sur le toit de la maison, et, du toit, dans la maison même, que peu à peu, le plâtre s'était taché, nourri, moulu en poussière, crevé, abîmé de bien des façons. Il n'en restait plus guère que les traces, ici et là, quelques grumeaux jaunes ou verdâtres suspendus, et comme prêts à s'abîmer dans notre soupe. On aurait dit qu'ils ne tenaient plus aux poutres que par des fils d'araignée. C'était des poutres énormes et tortes, taillées dans le cœur du chêne. Des bouts de lattes y restaient accrochés.

Tel était notre ciel. Le soir, quand le grand-père allumait sa lampe, l'éclat, ramené par l'abat-jour et comme recueilli par deux mains paisiblement jointes, ne parvenait pas tout à fait à pénétrer ce ténébreux domaine. Il y jetait tout juste assez de lueur pour enfanter de menaçantes apparitions. C'était selon le cas, de simples ombres, mais parfois aussi l'inquiétant museau d'un rat ou la glaçante découverte d'une araignée noire et velue, surprise, éblouie, aussi angoissée que nous. Telles étaient nos étoiles...

La maison était si vieille, elle avait, au cours des âges, subi tant de modifications qu'il n'était point du tout étonnant de voir que, dans le mur d'une écurie, on eût percé une haute et large fenêtre. Quand nous y étions entrés la fenêtre était sans vitres : il devait y avoir longtemps que la dernière avait sauté, et les locataires qui nous avaient précédés s'étaient arrangés de leur mieux pour boucher cette fenêtre et se dérober à la curiosité toujours alerte des passants, au froid des nuits. Il y restait collés des lambeaux de toile, des bouts de carton, de simples journaux.

La table de mon grand-père était installée devant cette fenêtre. A notre arrivée dans cette demeure, l'un de ses premiers soins avait été d'en arracher tout ce qui y pendait encore, et de coller, à la place des vitres, une sorte de gros papier transparent, qu'il m'envoya quérir chez l'épicier. Là fut notre plus forte dépense. Plus tard il fabriqua lui-même avec du bois et du papier noir goudronné, qu'il avait eu cette fois pour rien — et il ne nous dit pas comment — des volets mobiles qui tenaient, à vrai dire, par des ficelles, et qui nous servaient la nuit.

Ce travail lui prit tout un dimanche, mais il ne regretta pas sa peine. «Au moins, dit-il, ce sera plus propre ainsi; et nous serons mieux chez nous.» Ce qu'il entendait par là, je le laisse à penser. Le papier goudronné, dit-il encore, avait cet avantage d'être infranchissable à la pluie. Que de belles raisons! Mais ce papier noir, épais, opaque, me semblait pire que la nuit même.

Quand elle venait, et que mon grand-père descendait de sa table pour rabattre ses volets, il me semblait toujours qu'il allait se passer quelque chose de secret, de terrible. C'était généralement l'heure où ma mère préparait le repas du soir, devant son petit fourneau, en forme de cœur et bas sur pattes. Un mince tuyau montait tout droit en l'air, se coudait et débouchait sur la cour par un trou foré dans le mur, juste au-dessus de la fenêtre. Le grand-père cousait, taillait et retaillait. Mes frères et moi, nous reprenions nos livres, sauf Pélo, notre pauvre petit infirme, qui rêvait tout seul dans sa grande chaise, ayant encore une fois repoussé les jouets dont nous espérions le distraire, grave et discret, sa petite figure de douleur aussi blanche sous ses cheveux roux que l'oreiller où reposait sa tête. L'horloge battait comme un cœur solennel. De temps en temps, une châtaigne éclatait sur le fourneau et faisait sursauter ma mère, qui surveillait sa ripopée en rêvant.

Elle était assise sur un petit tabouret, une main sur un genou, et de l'autre tournant la bouillie. Mais son regard était perdu…

Juste ciel ! Voilà donc où nous vivions ! Mais pourtant notre pauvreté n'était pas encore le dénuement. Notre petit butin n'était pas si méprisable. Quelle chance nous avions ! Et d'abord, celle de posséder des lits. De quoi nous serions-nous plaints ? N'avions-nous pas chacun le nôtre ? Tout le fond de notre écurie, sous les restes de la mangeoire, était occupé par les deux grands lits, collés bout à bout, de ma mère et de mon grand-père. Deux lits à roulettes. Et je me souviens bien que mon grand-père avait dû changer ces roulettes, primitivement en bois, contre d'autres, en fer, plus résistantes à notre pavé. Deux lits sérieux, avec chacun son sommier et son matelas, deux vieux lits de campagne, qui se ressemblaient comme des frères. Ils étaient, tous les deux, en chêne ornés de légères sculptures figurant des feuilles de houx, enlevées à la main dans la fleur même du bois. Et de chaque côté, l'une à la tête et l'autre au pied, ils portaient des boules de buis taillées à la perfection. Et si luisantes qu'on les aurait crues en verre.

Tels quels, ces deux vieux grands vaisseaux nous inspiraient un solennel respect. Comme c'était le premier soin de ma mère, dès le matin, que de les refaire, et que la nuit nous dormions, ils prenaient durant le jour des airs de fermer eux-mêmes les paupières et de se repaître d'un gros sommeil sous leurs couvertures bien en ordre et leurs deux édredons pareillement verts.

C'était leur tour. Ils tenaient dans notre maigre espace tout l'espace qui leur plaisait, comme deux gros pachas domestiques, sans que personne songeât à s'en plaindre. Et malheur à qui se fût assis sur l'un d'eux, qui, dans sa hâte, eût posé dessus quelque objet, qui en eût rompu l'harmonie ! Nous n'osions pas en approcher.

Ces deux beaux lits, qui, à bien du monde, eussent encore fait envie, inspiraient à ma mère un profond chagrin, quand elle se reprenait à penser qu'ils étaient faits pour porter des rideaux, et qu'ils n'en portaient point, qu'ils n'en porteraient pas. Voilà : de beaux rideaux tout blancs, en mousseline, tout pareils à ceux dont s'enveloppait le lit de ses parents, des rideaux qu'on eût suspendus à un ciel de lit tout bleu, peut-être étoilé, qui eussent gracieusement reposé sur le bois. «Tenez ! comme cela !» disait-elle, en formant avec ses deux bras le dessin qu'ils eussent produit. Ah ! qu'il eût donc été plaisant de s'endormir sous cette blancheur ! Mais elle levait les yeux, son regard butait au plafond. «Ah, bah !» soupirait-elle. Et le grand-père, accroupi sur sa table, la guettait, du coin de l'œil, en pinçant les lèvres. Un ciel de lit !…

Le long du mur, à droite, dans la suite d'une table faite d'une vieille porte posée sur des tréteaux (nous en possédions encore une autre, une vraie, qui occupait le centre de la pièce, et sur laquelle nous mangions) se trouvait le lit de Pélo, au chevet de ma mère, comme un berceau. Il avait la forme parfaite d'une jolie petite barque peinturlurée comme pour des régates. Du premier coup d'œil, il se voyait qu'il ne venait pas de la boutique. Et en effet, il était l'œuvre inspirée de notre voisin Durtail, le tonnelier, l'ancien marin, si malheureux depuis que sa maladie l'avait pour toujours ravi à la mer.

Dans un de ses jours de bonne grâce, rares comme la fortune, Durtail, étant par exception entré chez nous et ma mère s'étant plainte que notre failli petit infirme était mal couché : «Bougez donc pas ! avait répondu le tonnelier, j'ai ce qu'il faut pour vous en remonter un tout neuf, et ça vous coûtera pas cher ! » Toute la journée, nous avions entendu cracher le rabot, courir la scie, sauter et rebondir le marteau de Durtail.

De tout ce gros tintamarre, il était résulté le lit actuel de Pélo, d'où le pauvre ne bougeait guère, mais, du moins, pouvait-il se faire accroire qu'il voguait à sa fantaisie sur les grandes mers du monde. C'était une «baleinière» que le tonnelier lui avait faite, un bateau de sauvetage, comme il y en avait à bord des trois-mâts de ses anciennes campagnes. Il l'avait peinte en blanc et ornée de légers filets bleus et dorés sur la lisse. Par une attention qui lui avait gagné tous nos cœurs, mais surtout celui de ma mère, Durtail avait enfin tracé d'un pinceau délicat sur le nez de sa baleinière le nom du trois-mâts *Frivole,* à bord duquel mon frère Daniel, notre aîné, s'était embarqué l'année passée.

La baleinière reposait sur un chariot à quatre roues et le plus long voyage qu'elle effectuait jamais, c'était quand on la traînait dans la cour, les jours de soleil, pour donner un peu d'air à notre pauvre petit.

Nos lits, le mien et celui de mes deux autres frères, n'étaient point si merveilleux ; c'étaient des planches clouées à la diable, sur lesquelles étaient jetées nos couettes de varech.

Sans doute aurions-nous pu aménager les anciens celliers à fourrage ; mais, quel exil ! Le besoin d'être toujours ensemble, de vivre à la chaleur les uns des autres aurait fait considérer à n'importe lequel d'entre nous comme une dure punition le fait d'aller loger ne fût-ce que derrière la cloison. Et puis, nous n'avions qu'une lampe, qu'un feu — ce petit feu de charbon, sur lequel ma mère préparait nos repas, autour duquel nous restions tous rassemblés, l'hiver, dans ces longues soirées d'après l'école.

Le grand-père cousait, coupait, taillait en silence. Tel je l'avais quitté, à midi, en repartant pour l'école, tel je le retrouvais, le soir, à mon retour, assis sur sa table, les jambes repliées sous lui. A peine levait-il les yeux pour répondre à mon bonjour. Et cela me faisait peine ; car je n'avais pas encore deviné en lui cette impossibilité d'avouer sa tendresse, laquelle se fût muée en colère plutôt que de se confesser.

Le front chargé de gros plis, courbé sur sa couture, ses lunettes, qu'il relevait de temps à autre d'un geste machinal, lui tombant sur le bout du nez, il ne disait mot, mais cousait et fumait sans cesse, toussant à longues quintes, à la fois absorbé et absent. Et bien qu'il y mît le plus souvent de la malice, il lui arrivait aussi, le plus sincèrement du monde, de ne pas même entendre les questions que nous lui posions. Il cousait, coupait, taillait, rapetassait, fumait et toussait, sans trêve ni repos, mais aussi sans fièvre, car il n'admettait pas qu'il y eût au monde quelque raison que ce fût de vouloir courir plus vite que le soleil. Et il ne s'interrompait que pour toquer sa pipe contre le rebord de sa table.

Quelle table ! Immense et lisse, lourde comme le plomb, elle portait tout droit sur la pierre par ses quatre piliers de chêne. Ce n'était plus, hélas ! la table sur laquelle son père, qui était né tailleur lui aussi, avait travaillé pendant toute sa vie, mais une table achetée de rencontre et mal rafistolée. Il en prenait tout de même un soin jaloux.

Elle avait dû, autrefois, appartenir à quelque fermier, du moins me l'avait-on dit, et je me plaisais à imaginer que plus d'un coup s'étaient rassemblées autour d'elle de joyeuses compagnies de buveurs. Mais ces beaux temps n'étaient plus. La pauvre table, dont il avait fallu remplacer deux pieds, et qui se trouvait un peu partout, ravaudée, ne connaissait plus que le travail et l'ennui de devoir porter tout au long du jour mon grand-père, assis dessus comme sur le dos de quelque grosse bête tranquille.

Une odeur de choux, de tabac, de châtaignes se mêlait à des relents de moisissure et de vieillesse. C'était une heure de calme, infinie, qui ne ressemblait pas aux autres, comme un temps de rémission et de songe. Au café à matelots, la porte était close. On n'entendait plus guère remuer, dans la cour. Enfermés chez eux, les autres préparaient, comme nous, leur repas. Aucun bruit, sauf de temps en temps, la brusque décharge du marteau de la Pinçon se ruant sur la pierre à battre, emplissant l'espace de son vol de fer. Ou bien vers les six heures, le train de Paris venant d'arriver, la mélopée des crieurs de journaux…

Hormis cela et, parfois, l'ébranlement d'une voiture qui traversait la place aux Ours à grandes sonnailles — les sabots des bêtes faisaient sur le pavé un merveilleux clapotis — tout, donc, était silence. La ville n'était pas encore endormie, mais elle s'endormait. Tout cédait à un engourdissement doux, qui ressemblait à de la paix. Nous étions bien. Nous étions à l'abri. C'était une heure sans effroi, une heure à nous, où le bonheur se définissait par la présence de tous ceux qui restaient, — depuis que mon père nous avait abandonnés, depuis que mon frère Daniel s'était fait marin — par la conscience plus ou moins claire que nous étions tous là encore ensemble, encore pas séparés, et qu'il ne nous fallait pas autre chose pour nous faire accepter de vivre. La conscience que nous nous aimions. Certes, une fois bien enfermés tous ensemble dans la chaleur de notre écurie, éprouvions-nous la satisfaction propre à quiconque de nous sentir à l'abri des éléments, mais il s'y ajoutait pour nous la malheureuse satisfaction de nous sentir à l'abri des hommes…

Mon grand-père fumait à la mode paysanne, dans de petites pipes en terre fort courtes. Il en avait toujours plusieurs à portée de sa main. Avec une grande négligence, mais comme un droit seigneurial, dont il n'eût pas admis qu'on discutât, il prélevait chaque semaine sur son gain l'argent du tabac. Tout alentour de sa table, il jetait ses allumettes ; il y en avait toujours, le soir venu, une grande profusion.

Il le faisait d'un air et peut-être avec la conscience d'accomplir un acte peu respectueux pour les autres, qui seraient chargés du balayage, mais qui constituait pour lui comme un privilège issu du travail et dont il n'avait pas à rendre compte. Personne, d'ailleurs, ne songeait à lui faire le moindre reproche. Qu'il jetât ou non ses allumettes par terre, qu'importait !

Ce dont il eût fallu le convaincre, c'eût été de ne plus fumer, en considération de son asthme. Mais les rares tentatives que ma mère avait engagées de ce côté avaient été reçues avec tant de brusquerie, qu'on pouvait bien voir là une preuve qu'en s'attaquant à sa passion, c'était autre chose en lui et bien plus, qu'elle avait atteint. Et puis, n'avait-il pas le droit de se rendre malade, si bon lui plaisait ? Qu'est-ce que cela pouvait *nous* faire ? Il nous l'avait demandé parfois avec dans les yeux un éclat passionné dont, hélas, aucun d'entre nous ne décelait la désolante origine…

Des quintes mortelles le secouaient à tout moment. Soudain, il relevait la tête, ôtait de ses dents la maudite pipe toute brûlante et, la bouche grande ouverte, l'œil inquiet et coléreux, il restait ainsi, un long moment, l'air stupéfait. On n'entendait rien d'autre, dans notre profond silence, qu'une espèce de gargouillis, comme si, dans la tuyauterie déclinquée de ses bronches, un tampon s'était fourré, ne laissant plus le moindre passage au moindre filet d'air vivant. Il semblait, dans le premier instant, vouloir rassembler toutes ses forces contre une angoisse mortelle ; les veines de son cou se gonflaient, toute sa tête s'emplissait d'un sang brusque, qui faisait rosir la peau de son crâne. Il ne bougeait pas, son ouvrage retombé sur ses genoux. Seule, la main qui tenait encore la pipe, tremblait…

Le gargouillis devenait un sifflement, quelque chose semblait enfin se rompre dans sa poitrine, se déchirer, d'abord tout doucement, puis cela faisait comme un bruit de pompe ou de poulie. On aurait dit que, du fond de sa vieille carcasse, il eût cherché à ramener un poids énorme, au bout d'une chaîne… La poulie grinçait, le poids retombait sans cesse et retombait par un effort épuisant.

Nous avions beau le voir, tous les jours, en proie à ces quintes, nous n'en restions pas moins à chaque fois, immobiles d'angoisse. Nous cessions nos jeux, nos lectures, ma mère laissait sa ripopée. Nous n'avions d'yeux que pour le grand-père en train de se débattre tout seul contre son mal…

Ainsi, me disais-je, finirait-il par mourir un jour. Mais non, ce n'était pas encore pour cette fois. Comme pour lutter plus commodément, il consentait enfin à lâcher sa pipe, qu'il posait près de lui, car la quinte passée, il la rallumerait. Et désormais, de cette main, il bat-

tait l'air devant son front, à larges coups d'éventail, il
se battait la poitrine violemment comme un coupable
au comble du repentir. Les coups résonnaient comme
sur une caisse vide, le sifflement montait, enflait, s'ouvrait comme un vent, au souffle duquel tremblait toute
la vieille ferraille usée de ses os. De l'autre main, avec
des gestes d'aveugle, il cherchait dans sa poche son
mouchoir, redoublant de colère s'il ne le trouvait pas
à l'instant. En sueur, épuisé, il finissait par cracher
dans son mouchoir, sorti à grand-peine, et nous l'entendions souffler, respirer à longs coups, comme un
coureur enfin arrivé à son but, comme un noyé, qui
revient contre toute espérance à la vie. « Arrache,
pourri ! Arrache ! » finissait-il par dire. « Arrache la
langue et les dents ! » Et il était aussi pâle que, tout à
l'heure, il était rouge : épuisé.

La quinte passée, il restait encore longtemps immobile, les mains vagues. Ma mère s'approchait. Elle lui
essuyait le front. Il se laissait fourrer dans la bouche
une pastille de goudron… Plus tard il reprenait sa pipe
et son aiguille. Sans hâte, sans fièvre, avec cette persévérance inlassable qui était la loi de ses jours, il bâtissait, épinglait, coupait et taillait, rêvant en lui-même à
des choses qui n'étaient qu'à lui.

Je reprenais mes livres, je retournais à mes images.
Notre pauvre Pélo, que la quinte du grand-père avait
fait se dresser, avec de grands yeux épouvantés, dans
le fond de sa baleinière, reposait sa petite tête toute
blanche sur son oreiller. Ma mère lui battait un œuf

qu'il boirait tout à l'heure dans du lait chaud. L'horloge grinçait. O misère…

Chaque jour répétait la veille. Aussi n'y avait-il point lieu de s'effrayer, quand le grand-père rabattait sur nous les deux grandes ailes noires de la fenêtre. Quoi de plus ordinaire ? Dans ces quelques mètres de pierre, entre ces murs de chaux, sous le dôme des gravats, ce qui se passait chaque jour n'avait pas de témoins, sauf nous-mêmes, et la vermine embusquée aux fentes des poutres, était au monde la plus humaine des choses. Humaine : il n'y avait là rien qui fût imputable à la fatalité de la condition des hommes…

L'horloge était une horloge de campagne toute fleurie en haut de sa boîte. Elle nous venait d'une grand-mère paysanne, depuis longtemps disparue. Pour cette raison, en fidélité à cette âme d'ancêtre, elle se revêtait pour nous d'une vertu exceptionnelle. Elle était, de notre part à tous, l'objet d'un attachement presque humain.

Toute droite contre le mur, pareille à un sarcophage trop étroit, avec ses poids rouillés et le soleil de son battant de cuivre, elle était dans notre demeure comme un personnage qui tenait à la fois du magister et du témoin. Et si par occasion il lui fût arrivé de s'arrêter, il n'est pas douteux que nous en eussions tous frémi, comme à l'annonce d'un malheur. Et mon grand-père plus que les autres. Il en serait resté l'aiguille en l'air, et ses lunettes sur le bout du nez. Mais, au reste, l'événement ne se produisit jamais.

Mon grand-père était un homme d'ordre et de méthode, et son premier soin de la journée était de remonter l'horloge, pendant que réchauffait sa soupe.

Une fois tous les quinze jours, il en graissait les chaînes avec du suif. Chaque matin, il passait un chiffon sur le bois de la vieille caisse, avec une tendresse, dont, par exception, il ne songeait pas à rougir, car il ne croyait pas qu'on la comprît. N'était-il pas tout naturel qu'il voulût tenir en état un meuble qui, après tout, était le plus beau que nous ayons et qui valait son prix ? Il tenait à son horloge et c'était au point que ma mère avait à peine le droit d'y toucher, comme s'il eût pensé sacrilège qu'un autre que lui en approchât.

Souvent réveillé de bonne heure, non seulement par le bruit qu'il avait fait en se levant, mais par le vacarme qui s'élevait dans la cour, par le marteau de la Pinçon ou par ceux des tailleurs de pierre, au chantier de la Caisse d'Epargne, j'avais surpris mon grand-père à son horloge, comme lui parlant, et s'entretenant avec elle, sur un mode qui n'était plus du tout celui qu'il avait avec nous. Il tirait doucement sur les chaînes qui produisaient un tendre roucoulement de billes... Cette image de mon grand-père à son horloge, dans la lumière encore mal définie du petit matin, se brouille dans mon souvenir avec certaines images pieuses. Avec quelle piété, il la caressait ! Cela se voyait dans ses mains, qui jamais n'étaient plus belles et qui frémissaient au contact de ce vieux bois, de ce vieux fer si tendrement soigné avant lui par les mains depuis longtemps inertes de sa mère.

Avec quel sérieux il la contemplait ! Quel souci il avait d'en effacer la moindre tache ! Et quel soupir quand il avait fini de la remonter ! Encore une fois, il avait remis, pour ainsi dire, de ses propres mains, le temps en marche. Il n'aurait plus qu'à suivre pas à pas cette horloge et ainsi arriverait-il au bout du jour et de la journée comme dans la main d'un guide bien-aimé. Il y avait pour lui comme une sécurité et peut-être comme une approbation, dans cette voix qu'il avait toujours entendue bourdonner à son oreille, depuis sa plus lointaine enfance. Et il n'aurait pu s'en passer.

Il avalait sa soupe, se lavait un peu et grimpait sur son perchoir. Il fallait le voir s'installer, lui, autrefois si leste et si fier de sa souplesse, il fallait le voir s'agenouiller avec peine et se hisser sur sa table, à grand ahan, dans un effort qui lui arrachait, chaque fois, un soupir de douleur et de malédiction. Quelle chose étrange que ce retour quotidien à sa table, étrange pour moi plus encore que pour lui. Car, moi, je le contemplais. Il semblait y avoir là quelque chose, qui dépassait la contrainte du travail et du pain quotidien, comme une connivence, comme un rapport trop ancien et par là même suspect entre le grand-père et sa table, comme une fascination à laquelle il n'aurait plus été tout à fait le maître d'échapper. Et le fait est que, en dépit de la peine qu'il avait toujours pour s'y hisser et de la sourde colère qui l'empoignait à ce moment-là, dès qu'enfin il y était chômé, son visage devenait tranquille. Il avait retrouvé son contact avec sa table, dans la forme même de la veille et de toujours.

Depuis longtemps le grand-père ne faisait plus de neuf. Il s'était, — comme il disait d'un mot qui n'était pourtant pas de son vocabulaire — «cantonné» dans la réparation. Retourner un pardessus, tailler au fils des culottes dans le vieux pantalon du père, son art n'allait plus au-delà. Il était devenu bricoleur. Aucun patron ne voulait plus de lui, après qu'il les avait tant servis.

Fort heureusement, il s'était fait une petite clientèle fidèle et patiente, grâce à la réputation qu'il avait toujours conservée d'être l'un des meilleurs ouvriers de la ville.

Qu'il eût travaillé autrefois pour des patrons, je ne pouvais tout à fait y croire, ou bien il me fallait admettre qu'il y avait eu un temps où mon grand-père n'avait pas été mon grand-père, où il acceptait de recevoir des ordres, où il savait dire merci. Pourtant, c'était vrai. Et même il gardait encore à l'un de ses patrons, depuis des années mort et enterré, un souvenir fidèle.

Une fois l'an, selon des traditions désormais perdues, le patron faisait dans le pays la tournée de ses clients les plus riches, et presque tous châtelains. Il prenait leurs mesures et leurs commandes pour l'année. Il partait pour deux ou trois jours et davantage, dans un petit cabriolet, qu'il conduisait lui-même, et il emmenait mon grand-père.

Ces grandes courses à travers la campagne, ces haltes de château en château, où parfois ils se rencontraient avec le cordonnier qui, lui aussi, avait amené son premier ouvrier et venait mesurer le petit pied de la jeune vicomtesse, pour lui faire ses premiers souliers de bal, ces grands repas à l'office avec la valetaille, il fallait bien croire que mon grand-père y avait participé, puisque c'était vrai. Mais, encore une fois c'était incompréhensible. Etait-il content ? Est-ce que cela lui plaisait ? Le plus triste était bien de penser qu'à la force du temps, peut-être avait-il tout oublié.

Depuis l'époque où son âge l'avait fait déchoir du rang de premier ouvrier à celui de bricoleur, on pouvait croire qu'il s'était arrangé pour oublier bien des choses des meilleurs temps de sa vie. Au point même d'avoir pour ainsi dire désappris son métier. Il n'aurait plus su couper un vêtement. Les nôtres, il ne les faisait pas, il ne les réparait jamais. A ma mère tombait ce soin. Elle s'y livrait avec patience quand elle n'avait plus à s'occuper de son ménage, quand elle n'allait pas en ville « livrer » ou faire des emplettes chez les chiffonniers.

Dans de vieux habits achetés sur la place, le samedi, elle nous en retaillait des neufs. A peine supportait-il de la voir alors, et, par une manie de vieil artisan, il se refusait à lui prêter même une paire de ciseaux ou du fil ; elle ne devait pas y compter. Du moins était-ce là ce qu'il disait, en se forçant à rire. Et au reste, il n'en faisait pas plus pour lui que pour nous. A ses propres habits, il ne touchait jamais.

L'idée même de travailler pour soi lui semblait scandaleuse. C'était perdre son temps, donner à sa propre

personne un prix qu'elle n'avait sûrement pas. Et puis,
il eût fallu le faire le dimanche. Et le dimanche, il
n'était plus tailleur. Même pour une fortune, le
dimanche il n'eût pas consenti à toucher une aiguille.
Ce n'était pas, il s'en fallait, qu'il respectât les com-
mandements de l'Eglise ; mais, le dimanche, il tenait
enfin le droit d'échapper à son bagne, et il entendait
l'exercer pleinement, au besoin le défendre. Le
dimanche, toute allusion au travail était interdite ; il
renvoyait les clients qui, mal informés, se permettaient
ce jour-là de venir lui parler bricole.

Dans ces conditions, il n'était pas étonnant que son
« cache-misère » (ainsi appelait-il son manteau ; il s'en
servait bien rarement) cachât toujours la même misère,
les mêmes trous, les mêmes déchirures, les mêmes
taches, les mêmes boutons pendant au bout de leur fil,
quand encore ils pendaient…

Ah ! certes, la belle image que celle de l'ouvrier rentrant chez lui, sa journée faite, pour retrouver le sourire de sa femme, la grâce enchanteresse de ses enfants,
et, ce qui ne gâtait rien, la soupe aux choux fumant sur
la table ! Mais comme nous étions loin de compte, dans
notre écurie ! Et d'abord, le grand-père n'avait pas à
rentrer, puisqu'il ne quittait jamais la maison.

Quand venait l'heure de la soupe aux choux, il
n'avait, abandonnant son perchoir, que deux pas à faire
pour s'installer à sa gamelle. Un prisonnier dispose de

plus de place et se donne plus de mouvement. De la cellule au réfectoire, cela fait tout un voyage — mais, du travail à la pitance, le grand-père n'avait rien qu'un saut.

Quand sonnaient sept heures à la cathédrale — j'entends encore le gros bourdon courir et se répandre dans l'air comme une eau grondante — le grand-père lâchait son aiguille, toquait sa pipe, rangeait ses affaires. Tout cela ne demandait jamais grand temps. Le son de cloche déclenchait pour lui l'arrêt du travail, l'abattait de sa table, sans même qu'il en eût conscience (du moins pouvait-on le supposer), sans que fût pour si peu interrompue sa méditation. Il ôtait ses lunettes, les frottait, observait son horloge : savoir si elle était d'accord avec celle de la cathédrale ? Et si peu qu'elle retardât ou avançât, il ne manquait jamais d'en faire la remarque.

Enfin, il descendait de sa table avec presque autant de peine qu'il en avait eue pour y monter et, tout en frottant ses reins endoloris, il venait s'asseoir avec nous.

Cela se passait comme dans le songe. Il y avait tant d'années qu'il répétait tous les jours les mêmes gestes — tant d'années : toute une vie — qu'il était devenu, à l'égard de bien des choses, comme un somnambule. On aurait dit qu'il ne nous voyait pas du tout et qu'il mangeait sans le savoir, sans hâte et sans lenteur, avec un air d'application et d'ignorance tout semblable à celui qu'il avait dans le travail.

Est-ce que manger était un plaisir ? Manger et travailler, tout se confondait dans une même nécessité, absolue dans sa monotonie. Ce n'était, l'une et l'autre chose, que les formes alternées d'une même contrainte, à laquelle il savait depuis longtemps qu'il n'échapperait jamais, sauf dans la mort. Et la mort n'était plus bien loin. Poignante tristesse dont nous éprouvions tous la force, sans en comprendre ni le sens ni la cause.

Le visage de mon grand-père est encore présent à mon esprit, et je sais bien, aujourd'hui, d'où il tirait ce pli sombre, cette gravité plus pathétique que celle du penseur. Encore le repas était-il une activité, mais cela fini, mon grand-père ne trouvait plus rien que du vide où trébucher. Car il n'était pas toujours d'humeur à se coucher encore.

C'était pour lui, l'instant le plus désolé de la journée. Dans ces heures de délassement et de loisirs, il se livrait à ses plus noires humeurs. Que de fois n'ai-je pas saisi sur son visage les marques de la lutte douloureuse qu'il livrait contre sa colère ! Mais la colère était toujours prête à jaillir et si difficile à courber ! Ah, vraiment, la prison même eût mieux valu ! Du moins, une prison ne s'est-elle jamais donnée pour une oasis. Mais que dire d'une prison qui ne s'avoue pas pour telle, qui, sur la fin du jour, entrebâille sa porte comme si de rien n'était, qui joue à faire semblant ?

Telle est la force humaine, cependant, qu'au-delà du désespoir, elle conserve encore des richesses. Et la résignation est une apparence si douteuse !... Résigné, il ne l'était pas ; autrement, je ne lui aurais pas vu, certains soirs, ce visage bouleversé, comme si une excé-

dante question, jamais résolue, se fût encore une fois
posée à son esprit.

Ces heures dont il ne savait que faire, il les passait
à se tourmenter, réclamant à grands cris que nous lui
laissions la paix, comme s'il y avait eu en lui la
moindre paix, que nous eussions pu troubler de nos
jeux. «La paix ! Laissez-moi donc tranquille ! » Et,
malgré notre obéissance, il s'abîmait dans des fureurs
dont nous ne sentions, hélas, que l'injustice.

Mais on le voyait soudain au milieu de ses violences
s'interrompre et s'asseoir sur une chaise. Il regardait,
avec un étonnement comme stupide, tout ce qui l'entourait : sa table de travail, le fourneau, la belle horloge elle-même, qu'il ne semblait plus reconnaître, tout
ce décor des jours… Et il demeurait ainsi, jusqu'au
moment où, tout d'un coup, il se décidait à se «jeter
au panier», c'est-à-dire à se coucher.

Pas plus que manger n'était un plaisir, se coucher
n'était un repos. Il le faisait toujours, non pas comme
un homme fatigué qui s'abandonne au sommeil,
escomptant pour le lendemain la joie, mais comme un
vaincu qui n'escompte pour le lendemain que de
retourner à sa chaîne, avec quoi il ferait aussi bien de
s'étrangler. Qui fuit lâchement dans le sommeil chercher un oubli que ne lui permettent pas toujours ses
rêves…

… Que ne lui permettaient pas toujours ses puces.
Offenserai-je la délicatesse de quiconque, c'est des

puces, des punaises, des poux qu'il me faut parler. Les
punaises sont de petits animaux plats et puants, d'où
leur nom. Et tenaces ! Nous avions beau faire et
nous escrimer, jamais nous n'en étions quittes. Elles
étaient, depuis si longtemps, établies là, comme une
peuplade sur sa terre conquise, elles en connaissaient
si bien les détours, qu'il n'y avait plus guère d'espoir
de les en déloger jamais. Elles renaissaient même des
flammes…

Certaines nuits, du plus profond de son sommeil, le
grand-père, soudain, poussait un grognement irrité. Un
autre grognement suivait, puis des jurons, et il s'asseyait dans son lit, tout réveillé, mais encore indécis.
J'entendais les autres se retourner aussi dans leurs
couches. Personne ne dormait. L'été nous étouffions,
malgré nos couvertures repoussées du pied. Les odeurs
de la cour, par la fenêtre entrouverte, nous envoyaient
leur pestilence. L'horloge battait plus fort.

Une main cherchait dans les ténèbres un objet
qu'elle ne trouvait pas : c'était le grand-père qui n'arrivait pas à saisir ses allumettes, pourtant posées près
de lui, à son chevet, comme tous les soirs. Son irritation croissait. Ma mère, comme nous tous, suivait son
jeu et quand il durait trop, elle se décidait enfin à
demander à voix basse :

— Voulez-vous que je me lève, père ?

Il ne répondait pas ou, s'il le faisait, c'était sans
s'adresser à elle directement, mais par de nouveaux
grognements et des jurons. Des soupirs peuplaient la
nuit. C'était mes frères, qui se réveillaient

— J'ai trop chaud.

— Qu'est-ce que c'est ? Dors…

— Les puces…

Quelqu'un heurtait une chaise, et dans l'instant, la lampe s'allumait. Je comprenais que ma mère s'était levée sans rien dire, qu'elle avait trouvé et remis au grand-père les allumettes, puis, s'était recouchée bien vite. Car il ne lui était pas permis d'allumer elle-même la lampe. Seul, mon grand-père avait ce droit. C'était sa lampe, elle était sacrée. La lampe de ses veillées, et des veillées de son père avant lui. Tout autant que de l'horloge il en prenait un soin pieux, mais comme si, plus encore que de la tenir en bon état, il avait dû la défendre contre les autres, c'est-à-dire contre nous-mêmes.

Il s'était levé. En queue de chemise, les pieds nus sur le pavé, il commençait une chasse qui parfois durait longtemps. Mais cette poursuite délicate d'un ennemi si prompt le rendait furieux. Il arrachait ses draps, tournait autour de son lit comme un enragé, jurait, sacrait à haute et trop haute voix.

La fatigue finissait par le vaincre, par nous vaincre tous. Nous retournions à un mauvais sommeil, d'où nous sortions, le lendemain, mal repus et mal contents.

Si le lendemain était un dimanche, le grand-père, tout désorienté, se mettait à tourner drôlement dans la maison. Ne sachant que faire, il entreprenait de changer de place les meubles, pour enfin leur en trouver une qui convînt. Mais il avait déjà cent fois tenté la même chose sans y réussir. Ou bien, se souvenant des maudites punaises, il démontait les lits et, patiemment, il promenait sur les fentes du bois la flamme d'une bougie. Mais d'autres fois, ayant reconnu l'inutilité de tant d'efforts, il s'étendait comme pour dormir. Et soudain, il pensait à nos poux.

— Eh bien, nous criait-il presque gaiement, en avez-vous toujours, des camarades ?

Ah ! nous en avions toujours de reste ! Ma mère pouvait tous les matins passer dans nos tignasses le petit peigne, et nous avions beau inonder nos têtes à la fontaine municipale, il en réchappait toujours assez pour permettre un repeuplement dont l'abondance nous désespérait. Les sales bêtes ! A l'école même ne les voyais-je pas courir sur mes cahiers ? Ainsi pouvions-nous toujours offrir nos têtes au grand-père sans craindre que ce fût en vain.

— Arrive ! disait-il à l'un de nous.

Il prenait une chaise, s'asseyait, étendait sur ses genoux une de ses toilettes en satinette noire.

— Ne bouge pas, on va leur dire deux mots.

Il fallait s'agenouiller, enfoncer le visage dans la toilette, qui sentait le camphre, abandonner sa tête. On m'étendait sur le dos un torchon blanc comme chez le coiffeur.

Je sentais les doigts aux ongles longs du grand-père se promener d'abord au hasard dans ma chevelure, comme pour un prélude. Il cherchait les nids.

— Ne bouge pas, surtout !

Je ne bougeais pas le moins du monde, quoique déjà respirant à peine. Le grand-père prenait son temps.

Même quand il s'agissait de poux, il aimait le travail bien fait.

— Hum ! Hum !… marmottait-il, ils engraissent !

Et ses doigts, qui, d'abord, n'avaient guère fait que me frôler, grattaient, fouillaient avec une application savante. Mais ne savais-je pas, par expérience, qu'il en avait bien pour une demi-heure par tête de cochon ?

Le supplice durait au moins ce temps-là, sans qu'il y eût le moindre espoir que rien en vînt interrompre l'exercice, sauf peut-être quelqu'une de ces quintes épuisantes, qui le secouaient de haut en bas et dont je ne suis pas sûr, hélas ! de n'avoir pas quelquefois souhaité le retour, qui m'eût libéré. Je cherchais une position, car, décidément, j'étouffais. Les genoux meurtris sur le pavé me faisaient mal.

— Ne bouge pas, surtout !

Je m'en donnais bien garde. Il n'était question que de patience.

— Vous en trouvez ? demandait ma mère.

Il ne répondait pas directement, mais il se faisait apporter une planchette de bois bien lisse sur laquelle il écraserait les poux ou, d'autres fois, selon son humeur, une cuvette pleine d'eau que ma mère posait près de lui et dans laquelle il les noierait. « Il faudrait leur laver la tête au pétrole », disait-il, tenant ce remède pour souverain. Ma mère s'y refusait. Du pétrole ! Avait-il envie de nous voir brûler tout vifs ? « Eh bien alors, il faudrait une bonne fois les envoyer chez le coiffeur. Un bon coup de tondeuse ne leur ferait pas de mal. » Mais là encore il y avait des difficultés dont la

principale était que le coiffeur coûtait trop d'argent. Et
puis, y allait-il lui-même ? Peut-être autrefois. Ses cheveux dont il ne lui restait plus autour de la tête qu'une
couronne, il y avait beau temps que c'était ma mère qui
les lui coupait. Elle lui collait sur la tête une écuelle,
qui se trouvait être à la dimension de son crâne et
taillait tout ce qui dépassait.

— Ne bouge pas ! J'en tiens un beau ! Il pinçait
entre ses doigts le malheureux insecte, l'extirpait avec
précaution de la broussaille de ma tignasse, et comme
s'il se fût agi non pas d'un pou, mais de quelque objet
précieux, il l'élevait à la hauteur de la fenêtre pour le
mieux contempler à la lumière avant de l'estourbir.

— Oh ! le beau ! Gras comme un curé de campagne.
Ne bouge pas. Vous allez l'entendre dire : *amen !*

Et en effet, le pou craquait sous son ongle, comme
la graine que la cordonnière écrasait sous sa bouteille
pour son chardonneret.

— Ouf, au moins celui-là ne te picotera plus. Mais
ce qu'il t'en avait sucé du bon sang, tiens, regarde !

J'avais le droit de regarder sur la planche lisse, la
petite tache répugnante et vermeille, que venait d'y
laisser la pauvre bête. Mais aussitôt, il me fallait
reprendre ma position, me renfoncer le nez dans ma
toilette. Car ce n'était pas la fin, ce n'était que le commencement, au contraire. Et encore une fois, le grand-
père prenait plaisir à cette chasse. Plaisir ? Oui, à la
réflexion, c'est bien plaisir qu'il faut dire.

Cependant, ma mère faisait chauffer de l'eau dans
la plus grande de ses bassines. Elle poussait tellement

son feu que le tuyau même du petit fourneau devenait rouge. Mais, dans ces jours de grande lessive, elle ne regardait pas à la dépense.

Dès que nous sortions des mains du grand-père qui ne nous lâchait jamais que comme à regret, c'était elle qui s'emparait de nos têtes pour les laver, les savonner, avec une patience et une douceur qui n'étaient qu'à elle, et l'espoir toujours déçu que cette fois ce serait définitif, qu'enfin nous serions quittes de cette vermine...

Ainsi arrivait-il que l'après-midi tout entière du dimanche s'écoulât et que vînt l'heure d'allumer la lampe, avant même que fût terminé ce nettoyage. Ma mère pressait mon grand-père d'en finir : n'avait-elle pas son souper à préparer, notre petit infirme à soigner ? Ses poux, à lui, elle s'en occupait elle-même. Le grand-père maugréait. Ah ! s'il en avait eu le temps, s'il avait pu disposer par exemple de deux bonnes journées, il les eût tous tués les uns après les autres. Et il eût détruit les œufs Mais il se résignait.

Ma mère envoyait celui d'entre nous qui se trouvait prêt acheter chez le charcutier «un peu de tout», c'est-à-dire «un petit assortiment de quatre sous avec un cornichon s'il y en a». Et la soirée commençait presque semblable à ce qu'elle était les autres jours.

Nous mangerions. Nous nous coucherions. Le lendemain je retournerais à l'école. Tout serait pareil, sauf que je ne verrais plus sur mon cahier le moindre pou en train de courir, et que l'instituteur n'aurait plus l'occasion de me dire qu'il y en avait moins que l'année dernière, mais qu'ils étaient plus gros. Les poux seraient oubliés. Même mon grand-père n'y penserait plus. Comme d'habitude, il serait sur sa table, assis et muet, coupant, taillant, cousant, fumant et toussant. Ce serait la même odeur de choux et de tabac, la même atmosphère pesante et triste — le même bonheur.

Ma mère n'avait pas d'orgueil. Elle ne tirait de sa condition qu'un surplus d'amour. Si l'amour est de s'oublier, personne au monde n'a jamais su mieux qu'elle aimer. S'il est de vouloir et de faire le bonheur des autres, personne n'y a jamais mieux réussi. Pour notre bonheur, pour la guérison de notre pauvre infirme, elle eût dérangé les étoiles. Renoncer à elle-même était sa joie.

Comme elle ne pouvait songer, même aux grandes fêtes de l'année, à nous offrir la moindre babiole, son ingénieux courage y suppléait. Elle savait à merveille nous tailler des objets dans le bois, tout en inventant des contes, nous fabriquer des poupées avec des chiffons. Son esprit léger gardait dans les jours les plus lourds un sourire divinement fin. Elle ne manquait pas d'une verve comique et preste, qui donnait aux histoires qu'elle nous contait un tour heureusement vengeur. Pourtant, elle ne parlait jamais de se venger. Elle ne se plaignait pas. Elle n'accusait pas la vie. Peut-être était-ce là le secret de sa force, la source de ce sourire si fin, jamais vaincu, qu'elle savait trouver et retrouver pour nous.

Je doute qu'aucun amour vaille celui des pauvres. Le nôtre était un amour religieux. Nous savions — et même, et surtout peut-être Pélo — que cet amour-là n'était possible qu'à l'intérieur d'une certaine catégorie, qu'il n'était propre qu'à de certains êtres, vivant dans des conditions définies : les nôtres. Et qu'au-delà de nos frontières, il perdait non seulement sa vertu, mais devenait incompréhensible et honni.

Ma mère le savait aussi, mieux que nous, sans doute aussi bien que le grand-père, et pourtant, elle n'en laissait rien paraître. Ce qu'elle en pensait dans le fond de son cœur, c'était son affaire à elle. Et quoiqu'elle en pût souffrir, elle estimait de sa charge d'en faire avec nous comme si cela n'eût point été.

Oui, nous savions, et peut-être même était-ce ce que nous savions le mieux, que cet amour tirait sa plus grande force du fait qu'ailleurs nous n'étions pas aimés.

Le mépris, l'humiliation dont nous sentions partout l'outrage, le refus qu'on nous opposait avec tant de persévérance, avaient approfondi nos cœurs comme ils ne l'eussent pas été sans cela. Nous étions des pauvres. Et parmi les pauvres eux-mêmes, nous étions seuls. Nous formions, dans la ville et dans le monde, comme un îlot que nous pouvions croire unique — je ne savais pas encore qu'il était surtout précaire.

Du dehors nous venaient la menace et le danger. Nous n'avions point d'attaches ailleurs, du moins

quant à moi, je n'en avais pas encore formé. Seuls de
notre espèce, retranchés d'une communauté que nous
sentions autour de nous palpiter, mais hostile ou indifférente, sans que nous comprenions pourquoi.

Pour toutes ces raisons, et parce qu'à nos esprits
d'enfants la merveille s'en trouvait encore multipliée,
ne songions-nous jamais sans croire qu'il s'agissait
peut-être d'un conte, à des personnes de notre famille
qui vivaient à Paris ou dans des pays aussi fabuleux
que le Canada, le Dahomey ou même les Indes. Et
pourtant, ils existaient en chair et en os, tout pareils à
d'autres que nous voyions ici aller et venir à leurs
affaires, sur leurs deux pieds. Mais eux, ils étaient de
notre sang.

S'ils nous oubliaient, comme c'était le cas pour la
plupart, cet oubli cesserait un jour, car il ne venait pas
de leur cœur. Quoi qu'il en fût, ne restaient-ils pas, de
nous au monde, notre lien, notre passage ? Ils étaient
pour nous comme la glorification de nous-mêmes. Ils
siégeaient, pour nous, comme des saints de Paradis,
dans une nuée enchantée, où, notre amour ayant bouleversé les géographies, ils se tenaient tous ensemble
côte à côte.

Un gros et vieil album, couvert on ne savait en quoi
qui ressemblait à de la nacre, contenait les photographies de nos dieux. Et c'était là-dedans, quand ma mère
voulait bien le tirer pour nous de son buffet et l'ouvrir
sous la lampe, que nous apprenions notre mythologie.

Nous tirions vers la table la baleinière de notre Pélo, pour qu'il pût lui aussi participer à la solennité. Et tous, ainsi groupés, tandis que le grand-père cousait et coupait, bien loin de nous, perdu dans ses songes coutumiers, ma mère tournait une à une les pages.

Les plus beaux contes n'étaient rien, comparés à ceux qu'elle nous disait alors, et les plus beaux livres, ceux que l'on voyait à Noël dans les vitrines, dorés sur tranches, n'étaient rien non plus en comparaison. Ce vieil album nous inspirait à tous environ les mêmes sentiments de respect que le missel de notre défunte grand-mère, lui aussi gardé dans le tiroir du buffet. L'album était pourvu d'un fermoir tout comme le missel. Et cette rare précaution nous apparaissait comme la marque, la preuve qu'il ne pouvait rien contenir que d'infiniment précieux, puisque pareil soin n'avait jamais été pris pour un livre de prières et de saintes images.

La promesse nous était donnée qu'un jour ou l'autre, nos saints descendraient de leurs trônes et qu'on les verrait chez nous. Ils apparaîtraient, nous n'en doutions pas, comme des rois magnifiques. Mais qui viendrait le premier ? Qui le premier se détacherait de son Olympe ? J'imaginais que, malgré tout, ils n'y restaient pas de bon gré, dans leur impatience de nous voir aussi vive que la nôtre de les connaître. Qui, le premier, sauterait à bas de son nuage, tout droit dans notre écurie ? Et quand ?

— Quand, maman ?

— Plus tard... un jour...

Elle ne faisait point d'autres réponses à nos questions. Plus tard, mais pas aujourd'hui, en tout cas. Plus
tard on ne savait quand, j'aurais enfin le bonheur de
voir en chair et en os, le pauvre Michel, revenu du
Dahomey.

C'était un petit cousin éloigné de ma mère, qui souriait si gentiment sur la photographie, à côté d'une
grosse jeune femme au regard trop hardi, sa femme,
notre cousine Isabelle. Plus tard aussi, la cousine, et
plus tard la vieille tante couturière, qui n'avait pas
bougé de son Paris depuis plus de cinquante ans, et qui
avait vu la Commune. Plus tard, mon oncle Paul, à
Paris, lui aussi, où il faisait nul ne savait quoi au juste.

Celui qui était devenu jardinier, dans un couvent, au
Canada, nous ne le reverrions sans doute jamais. Le
Canada était si loin ! Mais bien plus loin encore les
Indes ! Et s'il restait un soupçon que le jardinier canadien, notre grand-oncle, pût revenir une fois au pays
avant de mourir, il n'y avait pas à espérer que celle qui
était partie pour les Indes en revînt jamais. La chose
avait été réglée une fois pour toutes, il y avait vingt
ans, le jour où elle s'était embarquée. Celle-là, nous
disait ma mère, il fallait la considérer comme morte.

Elle était pourtant bien vivante et nous ne comprenions pas comment d'une vivante on pouvait dire
qu'elle était morte, surtout quand il s'agissait d'une
vivante aussi jeune et jolie que nous la montrait
l'image. Car il faut dire que le temps n'existant pas
pour nous, les personnages de notre Olympe bénéfi-
ciaient d'une grâce merveilleuse, celle de n'avoir pas

vieilli. Nous les imaginions tels encore aujourd'hui que la photographie les avait saisis autrefois.

Ma mère avait beau nous dire leur âge, nous conter de longs détails sur leur vie, rien de tout cela n'aboutissait qu'à nous faire croire qu'ils se connaissaient tous les uns les autres, qu'ils formaient, en dehors de nous, dans le monde, une autre famille aussi rassemblée et quotidienne que la nôtre. Rien donc n'aurait pu empêcher que le grand-oncle canadien, qui devait alors friser la soixantaine, ne vécût dans mon esprit sous la délicate apparence d'un premier communiant qui, pour la première fois de sa vie, portait des pantalons, et que mon oncle Paul, devenu peut-être un mauvais garçon, comment l'aurions-nous su, ne fût avant tout un artilleur aux belles moustaches en croc. Et le pauvre Michel, un marin. Seule la vieille cousine couturière devait se ressembler, sur la photo que nous avions d'elle. Elle était assise sur un balcon, ou plutôt, étendue sur une chaise longue. Encore, au lieu de coudre, lisait-elle tranquillement un livre.

Quant à celle qui était partie pour les Indes, la mystérieuse, l'infortunée qui ne reverrait plus jamais son pays, qui aurait pensé, en voyant la jeune fille plus que charmante qui était là dans notre album, qu'elle était devenue religieuse et qu'elle soignait les lépreux à Ceylan ? Voilà pourquoi nous ne devions plus la revoir. Et même s'il arrivait à mon frère Daniel de débarquer, un jour, dans son île, il ne lui serait pas non plus permis de l'approcher.

L'album ne contenait pas de photographies de mon père. Fort sagement, ma mère les en avait ôtées afin de nous éviter des questions. Pour les mêmes raisons, elle en avait ôté les siennes propres.

De mon père, il n'était jamais parlé. Nous savions seulement qu'il nous avait quittés. C'était là un grand mystère, un grand trouble, peuplé d'images confuses. Tout s'était fait très honnêtement, cela, nous devions l'apprendre plus tard. Ce n'était point l'amour d'une autre femme qui l'avait éloigné de la sienne. Mais il ne pouvait plus continuer à vivre *ainsi*. Il lui était venu comme une espèce de tourment. « Et voilà, dit-il, il faut que je m'en aille, il le faut… » Peut-être ne savait-il pas très bien lui-même pourquoi.

Ma mère ne vit que l'homme dans sa peine. Elle comprit tout. Espérant qu'il reviendrait bientôt, quand le tourment se serait apaisé, elle ne le retint pas. Et comme on ne songe pas à se trouver coupable d'avoir mal, comme personne ne songe à reprocher à un malade son mal comme une faute, ils se séparèrent non sans douleur, mais sans reproches.

Pendant plus d'un an, il donna de ses nouvelles. Une fois même, il envoya un peu d'argent. Mais il ne parlait pas de revenir. Puis, plus rien, un grand silence. Un jour, un gendarme se présenta chez nous, qui le recherchait pour une période militaire. Ma mère montra de vieilles lettres, qui déjà dataient de deux ans. Il avait disparu, probablement à jamais. Sou par sou, ma mère économisa l'argent d'une messe…

Et c'est ainsi que mon grand-père, qui se croyait au bout de ses peines et n'envisageait plus que de finir ses jours à l'hôpital, avait repris le licou, pour tirer dessus plus fort que jamais. Il s'y résigna, sans grand embarras. Peut-être en son temps avait-il été lui aussi travaillé des mêmes tourments que son fils. Il devint donc, en même temps qu'il était notre grand-père, notre père nourricier.

L'aspect de notre vie quotidienne en fut très peu changé, car il avait toujours vécu avec nous depuis que la grand-mère était morte et nous l'avions toujours vu sur sa table, du matin au soir, assis en train de coudre, de tailler et de fumer sa petite pipe en terre.

A peine sentions-nous que le père n'était plus là. Il menait, lui aussi, le métier de tailleur, mais il travaillait chez un patron. Aussi ne l'avions-nous jamais vu apparaître à la maison que le midi et le soir. Il demeurait dans nos mémoires comme un personnage très particulier, dont nous ne savions pas grand-chose, sauf qu'il était notre père, notion qui se confondait dans nos têtes, avec celle, très confuse, que nous avions de Dieu. Nous n'éprouvions plus, de son absence, que le mystère, et bien qu'il ne nous fût pas, à vrai dire, interdit de parler de lui, nous avions bien vite compris que nos questions à son sujet étaient loin de plaire à ma mère et à mon grand-père, et nous n'en faisions plus.

Cependant, à quelques paroles hasardeuses, surprises bien malgré moi, j'avais deviné que, malgré la messe qu'elle avait fait dire, ma mère n'était pas tout à fait sûre qu'il fût mort et qu'elle redoutait d'apprendre, un jour, qu'il traînait la misère quelque part, bien loin de nous.

Il se pouvait bien que dans une ville lointaine, ayant arrêté son voyage, il fût devenu semblable à l'un quelconque de ces hommes, que je voyais ici traîner la famine. Comme eux, il avait pu tout désapprendre. Il ne devait même plus désirer de revenir chez nous, comme un prisonnier, trop longtemps oublié, qui ne saurait plus le nom de sa patrie.

On les voyait parfois, l'été, rassemblés au soleil, sur quelque place ou sur les marches du Théâtre municipal. Les uns dormaient, les autres s'épouillaient patiemment, le torse nu, leur chemise entre les genoux. D'autres encore racontaient quelque conte à des enfants, défaisaient, au-dessus d'un journal, les mégots piqués dans la rue.

Tout cela se passait dans une relative innocence. L'été, ils excitaient une certaine curiosité, même de la sympathie. Mais l'hiver, comme on ne les voyait plus jamais nulle part, que chacun se cachait où et comment il pouvait, jusqu'en prison, nul ne se souciait plus d'eux. L'été, ils formaient la Bande du Soleil. L'hiver, ils n'avaient pas de nom…

Comme on a tôt fait de jeter des hommes à la réprobation sous prétexte qu'ils sont déchus ! Qui songeait aux traverses qui avaient mené Chopi aux bataillons d'Afrique ?

— A Biribi-les-Fers !

Il arrivait que Chopi, dans les noirs enthousiasmes

du vin, jetât le nom de Biribi aux quatre coins d'une place, d'une voix tonnante. Mais d'autres jours, il pleurait tout doucement, assis sur un bord de trottoir, comme un enfant au cœur trop doux. Les autres le consolaient. Ils lui posaient la main sur l'épaule. On sentait qu'ils le «raisonnaient», saisis d'un obscur effroi au spectacle de ses larmes…

On trouvait encore en ville, dans notre quartier surtout, d'autres exemplaires d'une humanité fascinante. Pompelune en pouvait être le roi.

Dans la soixantaine, ventru, tonitruant, et doux, il marchait comme on danse la polka. Mégalomane. Et puisque la misère peut aussi servir à la distraction d'autrui, Pompelune remplissait un certain office de bouffon, ou, plutôt, on le lui faisait remplir.

Il raffolait de décorations. Aussi, chacun s'empressait-il de lui en apporter tous les jours de nouvelles, soit des bouts de chiffon, soit des images, des plumes de poulet, des pompons, des grelots, qu'il attachait, piquait, liait à ses vêtements parmi les décorations de la veille qui lui plaisaient encore. Car il aimait fort à en changer.

Or, il en était couvert.

De tous les bords, son chapeau en foisonnait. Des conscrits lui offraient leurs cocardes. Un plumet rouge de pompier sur le haut de son chapeau semblait un coquelicot géant dans un bouquet de fleurs champêtres donné par la laitière. On arrivait fort bien à lui persuader de porter pendant huit jours, en sautoir, une patte de lapin. Le sautoir, fait d'un ruban d'enfant de Marie, le sacrilège devenait un des éléments de la farce. Mais Pompelune ne croyait pas au sacrilège. Il prenait sa patte de lapin pour une décoration siamoise, comme on le lui avait dit. Et tout allait de charme.

Le reste, c'était des affiches, des réclames, des pancartes composées pour lui, rédigées par des malins, où chacun pouvait lire les diverses qualités du porteur, le tout en forme de diplômes et de certificats.

Ainsi fait, Pompelune apparaissait dans les rues, comme une manière de gros Fou du Roi ou de Grand Chef, tout bariolé. Outre la mégalomanie, il était métromane. Si quelqu'un s'avisait de l'interroger sur le sens de ses multiples décorations, parmi lesquelles, j'ai omis de le dire, il s'en trouvait de parfaitement authentiques, prouvant qu'il avait autrefois pris part à de glorieuses expéditions coloniales, il ne répondait jamais qu'en vers. Et ces vers, il les scandait en frappant le sol avec son bâton.

Un jour, voyant venir vers lui le colonel du régiment, comme un confrère dans la débine, qui n'aurait plus eu à se mettre que deux pauvres petites épaulettes, un méchant plumet d'un sou et quatre ou cinq médailles, Pompelune, soudain visité d'une inspiration, se précipita à sa rencontre, en multipliant sa polka. On aurait pu croire qu'ému de compassion, il voulait le serrer sur son cœur, le consoler et, au besoin, partager avec lui le surplus de ses richesses. Il s'arrêta et tomba en garde. Tel un vieux bretteur, il fit du pied deux appels et, le bâton pointé sous le nez bronchant du colonel, il proféra de sa plus belle voix :

Pour commander un...... rrrégiment,
Il faut avoir du...... sssentiment !

Et là-dessus — battez dégagez ! — il partit, très
digne dans ses plumes, ses médailles, ses grelots et sa
polka, sans même détourner la tête, et le colon trop
ahuri — saprelotte !— pour rien dire.

Une jalousie rongeait Pompelune : il enviait le tambour de ville. Cela se voyait, à sa manière de fuir, toujours en dansant sa polka, dès que l'autre apparaissait
avec sa caisse, sur quelque coin de la place, les jours
de marché.

Le tambour de ville était un vieux briscard aux
moustaches de grenadier, qui traînait la patte et la
misère depuis Gravelotte. Il tapait sur sa caisse en
enragé comme il avait fait, disait-on, au nez des Prussiens dans une charge.

De son vrai nom, il s'appelait Sylvain Colas. Mais,
il avait pris depuis tant d'années la manie de raconter
la bataille de Gravelotte, quand il était un peu chaud
de boire, que personne, en ville, ne le connaissait plus
que sous le sobriquet de père Gravelotte. Il en tirait
vanité. Le 14 juillet, il défilait avec les troupes, non
plus en battant du tambour, mais en portant haut la ban-
nière des vétérans.

A mesure que les années passaient et que les anciens
serraient les rangs comme ils avaient fait sous le feu,
le père Gravelotte devenait plus digne. On eût dit qu'il
prenait conscience d'une mission qui lui eût été parti-

culièrement remise, de porter aussi loin que possible
dans le temps le souvenir et la preuve d'une journée
d'immense douleur, dont il avait eu sa belle part. Et
lui, qui aimait tant à boire, que l'on voyait si souvent
tomber dans les rues et même rouler dans le ruisseau,
il savait, au jour du 14 juillet, rester digne et ferme,
autant que le lui permettait son pied boiteux afin qu'on
n'eût pas à dire qu'il avait en rien manqué à la fidélité
jurée à ses camarades.

A la troupe d'enfants que nous étions, il inspirait
autant d'admiration que de crainte. Ran ran tan plan !
Encore un roulement de caisse ! Et voilà qu'il glissait
ses baguettes dans leurs étuis de cuivre, à son baudrier,
qu'il chaussait ses lunettes et, tirant de sa poche un
papier bien crasseux, lisait :

— Avis ! La Société d'Art dramatique donnera
samedi soir sur la scène du Théâtre municipal, les
Escapades de Frispoulet ! Qu'on se le dise !

Et là-dessus, ran ran tan plan ! Nous le suivions partout.

Or, depuis peu, nous avions observé que le père Gravelotte baissait. Il tirait davantage la patte ; son coup
de baguette était moins sûr. Souvent, il n'arrivait plus,
sans bafouiller, à débiter son boniment jusqu'au bout.
Et même quand il n'était pas ivre, il faisait des réponses
drôlement biscornues aux questions des gens.

Une fois, il s'arrêta net au beau milieu de sa batte-
rie. Stupéfaits, nous le vîmes ouvrir la bouche et ne rien
dire, l'œil viré. Une de ses baguettes lui échappa et
nous crûmes qu'il s'effondrait. Mais il se ressaisit.

Cueillant sa baguette qu'une âme charitable avait relevée et lui tendait, il se remit à taper furieusement sur
sa caisse, avec un air de colère grandiose. Et quand il
eut fini, au lieu de tirer de sa poche un papier, ce fut
un mouchoir, pour s'éponger le front. La sueur y cou-
lait à larges traits. Il s'épongea longuement d'une main
brusque, et nous l'entendîmes murmurer : « Je croyais
voir les Prussiens ! »

Soit quand j'allais à l'école, ou que j'en revenais,
soit quand on m'envoyait faire une course, acheter par
exemple des fournitures pour mon grand-père ou du
tabac, il n'était point rare que je rencontrasse Pompelune, ou quelque membre de la Bande du Soleil, Tonton, qui portait ses prospectus, Tonin Bagot avec son
attirail, la Fée…

Tous les enfants ont eu leurs songes bercés des plus
beaux contes de fées. Comme les fées ne coûtent rien,
qu'elles sont à tout le monde et partout, comme Dieu,
on peut bien croire que, même au fond de la plus
grande pauvreté, elles ne nous trahissaient pas. Mais
qui pourrait se vanter d'avoir connu une vraie fée en
chair et en os, si tant est qu'il restât sur les os de celle
à qui je pense, rien qui ressemblât de la chair ?

Bien que je crusse aux fées de tout mon cœur, quand
on me montra *la Fée,* je hochai la tête. Etait-ce possible ? Il vint de là, pour moi, une infinité de doutes
qui, hélas, n'avaient point trait qu'à leur existence.

Le long du trottoir, avançait en se traînant la plus

seule des femmes, une vieille, secouée d'un tremblement universel. Ses pieds, mal chaussés de pantoufles,
glissaient avec une prudence d'endormie sur le mauvais caillou de la ruelle. De sa main sèche comme une
patte de poulet, elle s'appuyait non sur une canne : sur
ce qui, autrefois, avait été le manche d'un parapluie.

Si Pompelune était dodu et relativement bien habillé
sous la multiplication de ses cocardes, la Fée n'avait,
pour cacher ses os, qu'une maigre robe grise qui laissait voir ses bas blancs, et un oripeau grenat, léger
comme une dentelle, prise aux pointes de ses épaules.
De son chapeau noir, lui tombait sur le visage une voilette, pour cacher quelle lèpre ou quel cancer ?

Tout tremblait donc, dans sa personne, excepté ses
lèvres. Rien qu'à la voir, on comprenait qu'il y avait
des années qu'elle n'avait plus parlé, et qu'elle ne par-
lerait plus, ni dans cette éternité ni dans l'autre. Mais
avec une obstination qui passait l'entendement, elle
avançait, tenant de sa main libre un pot de fer, où
quelque bonne âme tout à l'heure, verserait un bol de
soupe. Son regard de détresse ne voyait plus rien
devant elle que la distance à parcourir.

Voilà celle qu'on me désigna, un jour, non pas
comme une fée, mais comme la Fée. Ainsi l'avait bap-
tisée la diabolique fantaisie du monde.

Son balai et sa raclette sur l'épaule, son arrosoir, tout
clapotant d'une eau blanche de grésil, passé dans son
bras comme un panier, Tonin Bagot parcourait la ville,

chargé de nettoyer les lieux, les recoins, les encoignures, où malgré les défenses, les menaces et même les herses, des impatients et des ivrognes s'étaient soulagés dans la nuit. Son infâme mission faisait de lui comme un excommunié.

Tonin Bagot était toujours seul. Mal ficelé dans ses fripes, et les plus minces qui se puissent voir, coiffé d'une casquette plate comme une ardoise, il avait la maigreur de l'arête. Sans rien de contrefait, il semblait difforme. Ses jambes, ses bras étaient bien ce qu'il fallait à ce petit bout d'homme de plus et, quand même, les commères lui voyaient des jambes en échasses, des bras en moignons de pingouin. *Il avait quelque chose.*

Son dos, ni pointu ni bossu, offrait l'idée d'un espace nul ; l'ensemble de sa personne inspirait celle d'un manque absolu de pesanteur, comme si le pauvre Tonin n'eût été que la plus creuse des apparences... Un homme sans poids...

Quant à sa démarche, c'était celle d'un militaire. Oui, elle en avait la cadence, l'assurance, la répétition. C'était la démarche d'un homme qui a son but. Tonin Bagot était jeune encore, il n'avait pas dépassé la trentaine. Et peut-être, mais c'est moi qui le dis, avait-il pris l'habitude de fredonner des airs de route, en marchant...

Comme c'est étrange, il me semble que je le voyais plus souvent de dos que de face. Tonin Bagot, c'est une silhouette qui chavire au coin des rues, qui s'en va plus volontiers qu'elle n'arrive. Avais-je tant peur de son visage ? Il est probable. A moins qu'il ne s'arrangeât

pour m'en dérober le blasphème. Plus tard, quand on
m'eut appris ce qu'étaient les lépreux, en m'assurant
qu'il n'y en avait plus depuis le Moyen Age, ce qui
était faux, je le savais, c'est sous les traits de Tonin
Bagot que je me les représentais. Le tintement de sa
raclette ou du manche à balai sur l'arrosoir menait
office de crécelle.

De visage, à vrai dire, il n'en avait point. Soit qu'il
fût tombé dans le feu, des bras de sa nourrice, soit
qu'une maladie, en effet, le travaillât, comme on dit
que le temps, la pluie et le vent travaillent le bois ou
la pierre, ce qui aurait dû être un visage humain, avec
tout ce qu'on s'attend à y rencontrer de creux et de
bosses, n'offrait au regard saisi d'effroi, et qui s'y
reprenait à deux fois avant de fuir définitivement, rien
que l'idée d'une chose absolument plate, parfaitement
lisse, sur quoi on eût passé le pouce sans rencontrer la
moindre arête. Raboté, vertical, coupé en tranchoir,
d'un admirable aplomb.

Ce visage semblait peint, obtenu comme une
empreinte. Deux grands yeux noirs et sourds, tout juste
bons pour se fermer dans le sommeil et qui avaient
moins l'air de dire : je vois, que : voyez ! Deux yeux
de défaite qui pleuraient leur petite eau sur la brûlure
écarlate de la conjonctivite. De nez, il n'y en avait
point. La place où il aurait dû siéger, était la seule dans
cette toile de Véronique, qui offrît comme le soupçon
d'un creux. Sa bouche n'était qu'un fil mou, relâché,
une indication, comme disent les peintres, une bouche
en somme postiche.

Il ne semblait pas croyable qu'il en sortît jamais une parole. Une fois, cependant, j'en entendis de menues, qui me sont restées dans l'oreille comme le tintement de ces petits grelots qu'on attachait à certains jouets de bazar.

Un matin, Tonin Bagot était assis sur une borne, sa raclette, son balai et son arrosoir posés à ses pieds. De sa poche, ayant tiré un casse-croûte enveloppé dans un bout de journal, il mangeait, au soleil, d'un air pensif. C'était dans une ruelle, pas loin de notre écurie. J'étais sorti pour aller faire une course. Et Tonin Bagot était là, son couteau d'une main, son quignon de l'autre, et il mangeait, absorbé en lui-même.

Voici qu'à l'autre bout de la ruelle apparut Pompelune, dans la gloire de ses cocardes et de ses rubans. Il avançait d'un air très gai, en battant sa petite polka. Il vit Tonin. Sa gaieté devint malice. Pointant sa canne vers Tonin Bagot, qui n'apercevait rien, et continuait à manger, tout en songeant, Pompelune le mit en joue et fit :

— Pan ! Pan !

Tonin ne vit rien encore, n'entendit rien. Il se tailla une nouvelle tranche dans son quignon. Soudain Pompelune s'élança...

Il trotta, comme d'une petite course entravée de gugusse, et, s'arrêtant droit devant Tonin Bagot, il fit, avec sa canne, un superbe moulinet, qui rasa la casquette de Tonin. Puis, scandant chaque syllabe et parlant d'un ton si fort, qu'on aurait cru entendre un tambour, il dit :

> *Jean-Marie Tam Tam*
> *Capitaine des ours*
> *Qui battait sa femme*
> *Pour avoir la goutte...*

Et il éclata d'un rire énorme.

— Baisé ! J't'ai eu !

Tonin Bagot était pantois. La bouche ouverte, et les yeux ronds, il n'arrêtait point de hausser, d'abaisser les épaules, comme pris d'un interminable hoquet. Et d'une voix étonnamment grêle, sautillante, bégayante — mais c'était sans doute à cause de sa frayeur :

— Qué qué qué... fit-il — et je crus qu'il allait éternuer — qu'est-ce que tu veux ?

Ses deux mains, serrées l'une sur le couteau, l'autre sur le croûton, semblaient en pierre.

— Ouil ! Fouil et ratatouille ! fit Pompelune. Ah ! Ah ! Ah !

Et toutes ses cocardes, ses fanfreluches s'agitèrent comme sous une brise...

— Et à part ça Tonin, ça va toujours, la...

Il cligna de l'œil, sa bouche se tordit, produisit un ignoble gargouillis.

— Hein ?

— La chose, quoi ! répliqua Pompelune, d'un ton enlevé. Et il se pencha vers Tonin Bagot, avec de gros yeux tout foncés.

Tonin Bagot fit sa lippe. Une pâleur grisâtre lui vint aux joues. Ses mains s'animèrent, tremblèrent, froissèrent le papier où reposait sa maigre croûte. Et moi je compris qu'il voulait tout fourrer dans sa poche et s'enfuir.

Mais Pompelune était là, solide sur ses deux pieds. Dans ses rubans, dans ses cocardes, appuyé à deux mains sur sa canne, il avait l'air d'un marquis, en train de semoncer le plus humble de ses manants. Une joie, que même alors je ne reconnus pas pour bonne, éclatait dans ses yeux de bœuf.

— Tu réponds pas ? reprit-il, d'un ton qui sentait la menace. A-t-on jamais vu, lanturlu ! Je te demande des nouvelles de la... hum ! chose...

Tonin Bagot froissait de plus en plus fiévreusement son bout de journal et ses épaules tremblaient le diable.

— Eh ! Eh ! fit-il.

— C'est bien toi, l'homme à... chose ?

Dans le fond des joues, le gris tourna au livide. Une onde parcourut le fil trop mince de la bouche, et, de vouloir se transformer en sourire, la lippe devint plus poignante encore.

— C'est pas ça, dit-il enfin, de cette petite voix grêle que je n'ai plus oubliée... mais il leur vient des idées...

— De qui que tu causes ? dit Pompelune en fronçant les sourcils.

— Des gens.

Pompelune examina Tonin avec une profonde méfiance. Puis, il dit :

— Et qu'est-ce que tu as à me causer des gens ? T'es pas de Nogent !

— Oui, dit Tonin, ils écrivent.

— Ah ! dit Pompelune illuminé, en… hum !

— Oui, dit Tonin, ils ont des crayons. Quand il leur vient des idées, ils les mettent sur le mur. Et c'est moi qui gratte.

Tonin poussa un gros soupir. Quant à Pompelune, il semblait éberlué, à court de paroles. Il regardait Tonin, qui baissait la tête d'un air vague… Le visage de Pompelune avait perdu son air de méchanceté, et même il considérait Tonin avec une espèce de gentillesse.

Cela dura un bon moment. Puis, l'air de méchanceté reparut.

— Eh bien, gratte ! fit-il comme s'il eût envoyé Tonin au diable. Qu'est-ce que tu veux que je te raconte, Monsieur le Comte ? T'as qu'à gra-gra-gratter !… Et ce disant, il grattait lui-même le trottoir avec le bout ferré de sa canne, devant les pieds de Tonin, lequel, de nouveau, bâilla, fit des yeux ronds, et fut repris de son hoquet.

— Qué… qué… qué…

— Chiffon ! dit Pompelune.

Et comme il était survenu, avcc la même prestesse, dans la même polka, saluant son départ comme il avait salué son arrivée, d'un moulinet qui rasa la casquette de Tonin, Pompelune disparut.

Tonin fourra son croûton dans sa poche, balaya les miettes tombées sur son pantalon, prit son arrosoir, son balai, sa raclette, et partit. Pour une fois, nous nous croisâmes : il fredonnait…

Durtail, le tonnelier, était un homme d'une quarantaine d'années, malade, maigrichon, un homme à part, tant par la manière dont il vivait avec ses deux sœurs, que par la menace qui le désignait à une mort prochaine. Combien de fois n'avais-je pas entendu dire que Durtail était un type « foutu » !

Je ne comprenais pas ce mystère, par quoi l'homme qui se trouvait en péril de mort ne pouvait rien faire pour échapper à l'échéance. Et je comprenais moins encore que ceux qui savaient mieux que lui peut-être de quel sinistre côté balançait son destin, ne fissent rien pour le sauver.

Qu'il fût malade, cela ne se voyait pas. Il allait et venait, comme tant d'autres, et même il travaillait. Mais il était toujours seul.

A l'autre bout de la cour, dans une sorte de cellier, assez pareil à notre écurie, il fabriquait des cuves, des auges, cerclait des fûts. Mais il ne travaillait qu'à ses heures et, bien souvent, il traînait la savate en ville. On le voyait badauder, les mains dans les poches et la pipe aux dents, contemplant au fond de lui-même l'étrange ouverture de sa mort.

Il n'avait point d'amis. Il est vrai qu'il était fort brusque. Il ne faisait guère bon l'aborder, quand il battait le pavé des rues. Ses sœurs, deux vieilles filles qui menaient le métier de couturière, se plaignaient parfois du mauvais caractère de leur frère.

Fort dignes, fort réservées toutes les deux, très soigneuses de leurs personnes, le dimanche, quand elles allaient à la messe, on les aurait prises pour deux bourgeoises. Et de mauvaises langues, inspirées par de mauvais cœurs, disaient malignement : pour deux rentières. D'une tristesse quasi revêche, elles adoraient les chats. A l'heure de midi, il s'en rassemblait, sous leurs fenêtres, une tribu. Elles leur jetaient de la pitance.

Je n'ai appris que bien plus tard combien leur apparence de dureté était trompeuse. Car le petit pot en fer que traînait la Fée avec elle, c'était les demoiselles Durtail qui chaque jour le remplissaient.

Elles habitaient au bout de la rue. Qui ne l'eût pas su l'eût appris par une vaste enseigne, œuvre de leur frère, laquelle proclamait en même temps que leur nom, leur état. Sur deux larges planches soigneusement rabotées et peintes, se lisait :

MESDEMOISELLES DURTAIL

CONFECTION POUR DAMES

Neuf et réparations. — Modèles de Paris.

L'enseigne ne datait pas d'hier. Le beau jour où Durtail avait achevé ce travail était loin : un dimanche, on pouvait le croire, durant quelque permission, à l'un de ses retours du ban. A cette époque, la mère vivait peut-être encore. Et les jeunes filles n'avaient pas abandonné tout espoir. A moins, au contraire, que cette alliance des deux sœurs dans le travail, publiquement proclamée, n'eût été le signe des renoncements obligés. A moins que cette fameuse enseigne, exécutée avec tant de joie par Durtail, n'eût été, à son insu, que le couvercle d'un cercueil cloué sur deux mortes vivantes, sur deux cœurs mal tués. Leur agonie, selon toute vraisemblance, durerait plus longtemps que la sienne…

Beaucoup d'eau avait coulé sur ce chef-d'œuvre. Les planches gonflées s'étaient disjointes. La peinture, écaillée, avait disparu par endroits. Si l'idée venait parfois à Durtail qu'il ferait bien d'y repasser un coup de pinceau, il n'entreprenait rien cependant. Etait-ce au-dessus de ses forces ? Plus que la fatigue, il devait redouter la parodie. Et au point où il en était, à quoi bon prendre plus de soin des choses qu'il n'en prenait de lui-même ?

Un lien fraternel unit l'homme à ses objets et, entre tous, à ses outils. Ce qu'il y a de si humain dans le travail confère à ses instruments quelque chose du caractère de la personne, comme si le marteau ou le rabot recevaient à la longue de la main qui les violente, un peu de la mystérieuse chaleur qui fait le secret de nos vies. Les outils d'un mort sont sacrés comme ses habits.

Durtail ne prenait plus guère de soin ni des uns ni des autres. Ses outils, la rouille les mangeait. Quant à ses habits, il laissait voir au grand jour leur abandon. C'était là un perpétuel sujet de dispute entre ses sœurs et lui.

Elles avaient beau lui répéter qu'il leur portait honte, qu'à cause de lui, nombre de leurs meilleures clientes ne leur donnaient plus leur pratique, Durtail n'entendait pas raison. Dans la dispute, il avait la tête plus dure que son maillet, la langue plus coupante que le meilleur de ses ciseaux. Tonnerre de Dieu ! Il gardait et voulait garder sur lui rien que les habits qu'il portait dans son beau temps de marin. Compris ? Il ne voulait pour armoire que son coffre. «Je veux m'occuper moi-même de mes affaires. Compris ?» Son coffre, il l'avait transporté dans l'atelier.

Ses chandails ressemblaient à des filets de pêche. Mille pièces de rajout, qu'il avait cousues lui-même à sa veste et à son pantalon, faisaient de son habit une surprenante mappemonde. Quant à ses sabots de bois, ils étaient toujours neufs, car il les fabriquait lui-même. Sa casquette en gros drap, à visière de cuir, il l'avait portée à bord. Elle constituait, dans l'ensemble de son vêtement, la pièce la plus remarquable, celle dont la perte lui eût causé le plus de chagrin. Grâce aux soins qu'il en avait toujours pris, la casquette semblait avoir moins souffert que le reste. C'était, malgré tout, une très vieille casquette fort avachie, sans couleur nommable. La visière de cuir autrefois noire et brillante, ressemblait désormais à la semelle d'un vieux soulier. Elle en avait la teinte grise, la minceur, la squame…

Cela faisait tout de même une casquette, que, dans l'ensemble, on aurait pu identifier comme celle d'un matelot, même si l'ancre de marine cousue sur son rebord ne l'avait assez signalée.

Dans un coin de son atelier, il s'était fait une couchette en planches, qu'il couvrait de copeaux. Là, quand il n'en pouvait plus, il s'étendait. Il y passait même la nuit, quand, après une dispute trop vive avec ses sœurs, il voulait les punir.

L'atelier tirait son jour par deux soupiraux. Un soir, je l'avais épié.

Depuis longtemps me fascinait l'image de Durtail étendu tout seul dans la nuit sur ses copeaux. C'était un soir d'été, tard sur le baisser du jour. Et j'étais au soupirail — risquant de recevoir à la tête son maillet, si seulement il avait aperçu mon ombre… L'atelier n'était que ténèbres.

Mais soudain brilla la lueur d'un briquet. Oh! Il m'apparut, en effet étendu sur ses copeaux, et son petit visage tout embrasé comme celui d'une idole, dans la fumée du tabac qui l'enveloppait comme d'un encens.

La lueur du briquet répandait sur ses joues creuses un feu d'une riche splendeur, ses yeux semblaient immenses, tout illuminés d'une vie surnaturelle, peuplée d'éclats bougeants, comme des reflets multipliés des lampes dans la profondeur d'une eau. A peine distinguais-je les contours de son visage. Le front, le menton appartenaient en même temps à l'ombre et à la lumière, mêlant d'une manière incompréhensible leurs contraires… Le briquet s'éteignit, il ne subsista plus, dans l'ombre de ce cachot, que le petit rond incendié de la pipe, comme une braise ardente, sur un tout petit fourneau…

Cette vision longtemps me hanta. A personne je n'en avais rien dit — et n'en dirais rien. Je gardais pour moi tout seul l'inquiétant secret. J'avais peur de la solitude de Durtail, de son refus — et de son mal.

Aussi pourra-t-on bien s'imaginer de quel sursaut je tressaillis, le jour où, comme j'étais dans la cour en train de jouer, il me posa la main sur l'épaule, en me disant :

— Viens !...

Mon premier mouvement fut pour m'enfuir. Mais Durtail tourna vers moi un visage si doux, que je pris honte de ma première frayeur. Comme nous étions loin de la figure d'idole, entrevue à la lueur du briquet ! La sienne, avec ses joues creuses, ternes, mal rasées, et son regard de fièvre, était celle d'un pauvre bonhomme. Quel pitoyable regard ! Et dans ce regard, pourtant, il y avait comme un sourire.

Aussi, sans plus chercher à m'enfuir, lui demandai-je où il fallait aller, et pourquoi ?

— Viens voir mon yacht ! me répondit-il, presque à voix basse.

— Un yacht ?

— Viens, je vais te le montrer...

Allais-je pénétrer dans son atelier ? De nouveau j'eus peur. Il m'y entraîna.

— Tu vas voir !

Il enfonça dans la serrure une clé énorme. La clé tourna deux fois, avec un vilain grognement ; la porte s'ouvrit, il la poussa d'un grand coup de sabot, en me disant :

— Entre !

Et à la façon dont il me dit d'entrer, dont il me poussa même, par l'épaule, on aurait pu croire qu'il n'y avait pas une minute à perdre et qu'il fallait aussi éviter de nous laisser surprendre. Cependant, il était joyeux.

J'entrai, mais dans les ténèbres, marchant je ne savais sur quoi, qui produisait sous mes pieds un crissement de feuilles mortes. C'étaient des copeaux, comme je le vis par la suite, quand il écarta les méchants bouts de toile tendus ce jour-là devant les soupiraux. Un peu de lumière parut alors. J'étais dans un lieu délabré, froid et blanc de chaux sur ses murs. Le plafond, comme le nôtre, était fait d'énormes poutres, auxquelles pendaient encore des bouts de lattes et des grumeaux de plâtre verdis. Je voyais des cuves, toutes neuves, entassées les unes sur les autres, un immense établi chargé de toutes sortes d'objets et d'outils rouillés. Il s'en trouvait encore sur les nombreuses étagères accrochées aux murs.

Je voyais surtout cette fameuse couchette, où je l'avais aperçu dans la nuit, étendu et fumant sa pipe. Elle formait, dans le capharnaüm de l'atelier, un lieu à part, où il y avait moins de désordre qu'ailleurs. Parmi les copeaux, dont elle était couverte, se distinguait très bien le creux qu'y avait fait son corps. A côté, une caisse, qui lui servait de table, et sur la caisse, des pipes et des photographies.

— Pas besoin de curieux ! Attends que je pousse la
porte, dit-il, en la refermant d'un autre grand coup de
sabot. Et on aurait dit entendre le canon. Il rit, mais
d'un rire hérissé de pointes violentes, comme si, du
même coup de sabot, il venait de mettre en déroute
toute une armée de démons.

— Nous voilà chez nous, fiston, ouf ! dit-il en se
frottant les mains. Nous voilà tranquilles !

— Où est le yacht ?

— Espère ! Tiens, assieds-toi là-dessus, poursuivit
Durtail, en me désignant sa couchette.

Et tandis que je m'asseyais, il se mit à tourner
curieusement dans son atelier, comme un homme qui
se souvient mal, déplaçant ici un objet, là s'arrêtant,
pour en contempler un autre, et, à travers son agitation,
bourrant tant bien que mal sa pipe.

Je le contemplais. Il ne semblait plus me voir. Il
alluma sa pipe, avec le fameux briquet. Et encore une
fois, à mes yeux, brilla la flamme inoubliable. Puis,
tout en fumant, il se mit à danser d'un pied sur l'autre,
tout doucement, et ses sabots faisaient crier les
copeaux.

— Espère !

C'est ainsi que je le revois : il danse, ou plutôt se
balance, d'un pied sur l'autre, en tirant tant qu'il peut
sur sa pipe. Et pour mieux tirer, il lève le nez en l'air.
Une pomme d'Adam énorme roule dans son cou,
mince comme un fil. Comme il est maigre ! Sous ses
pauvres nippes, les pointes de ses épaules sont presque
aussi saillantes que celles de la Fée...

— Espère !…

Il souriait, dansant toujours. Puis, d'un coup il jeta par terre sa casquette, en disant : « Olrète ! » et d'un pas décidé, il s'avança vers une certaine caisse… Comment ne l'avais-je pas vue encore ?

— Tu vas le voir, mon yacht ! Je vais te la montrer, ma goélette !

Je me mis debout, comme un soldat, quand on sonne au drapeau !…

Durtail écarta de son chemin divers objets qui le gênaient, dont une chaise, un petit tonnelet à bière, vide à en juger par le son, des planches, et même une cage à serins qu'il avait dû promettre à la Pinçon de réparer, car elle était en fort mauvais état, et enfin, il atteignit la caisse où il plongea les bras, dans un geste qui me fit souvenir de celui qu'on voit à tous les pères, quand ils se penchent sur un berceau.

La lumière, lui tombant sur la nuque, révélait la tragique fragilité de son cou, où quelques poils follets se doraient et tremblotaient, comme un duvet sur une joue d'enfant. Et comme il n'avait plus sa casquette, le sommet du crâne apparaissait, tondu et presque chauve. Quelle petite tête ! Elle était ronde comme une boule, à peine attachée sur le maigre épieu du cou. Il la penchait, pour mieux voir au fond de la caisse. Quant à moi, je retenais mon souffle…

— Ça y est ! entendis-je enfin. Mais Durtail était pour ainsi dire à bout de souffle, et il lui fallut encore un effort, pour se redresser et il geignit. Mais ça en valait la peine ! Et, à vrai dire, je ne sais ce qui était le plus beau, de son visage, quand il se retourna, ou du merveilleux objet, qu'il soulevait dans ses deux mains.

Le visage de Durtail exprimait une joie triomphale, tandis qu'il élevait en l'air le plus parfait travail qui se puisse admirer en fait de bateau. C'était un trois-mâts, le plus fin, le plus léger et le plus fier, le plus gracieux, blanc de coque, de mâture et de voilure, avec ses ancres et son pavillon, tout gréé, paré, fin prêt à prendre la mer.

— Oh! m'écriai-je, dans l'enthousiasme...

Et tant pour venir contempler de plus près ce chef-d'œuvre que pour aider Durtail, s'il en était besoin, à le porter, je m'avançai et tendis les bras.

— Bouge pas, dit-il entre ses dents — car il n'avait point lâché sa pipe.

— Comme il est beau! Quel beau bateau!

— Gueule donc pas comme ça, fit-il en fronçant les sourcils.

On aurait dit que ce trois-mâts, il l'avait volé, qu'il était en train de le voler. Il y avait sur son visage quelque chose de l'effarement du coupable qui se sait poursuivi. Il posa le trois-mâts sur l'établi...

— C'est la *Maris-Stella,* dit-il, d'une voix haletante — et d'un ton comme si, tout aussi bien que lui, j'aurais dû le savoir.

— La *Maris-Stella*! murmurais-je à mon tour, extasié.

— Oui, reprit Durtail qui s'était reculé pour mieux considérer le trois-mâts, et qui s'épongeait le front avec son mouchoir. Oui, c'est ma goélette.

— Comme elle est belle !

Durtail se prit à ricaner.

— Belle ! me répondit-il, en haussant les épaules —
et il fit un pas vers une étagère, pour y déposer sa pipe,
qu'il se décidait enfin à lâcher. Je te crois qu'elle est
belle ! Plus belle que la *Maris-Stella,* tu n'en trouveras
pas beaucoup.

Je le sentais, tout en pensant au *Frivole* sur lequel
naviguait mon grand Daniel. Les mains dans les
poches, Durtail se rapprocha.

— J'ai fait Terre-Neuve, j'ai fait l'Islande avec elle,
dit-il en hochant la tête.

Comment exprimer l'amer regret contenu dans ses
paroles, la poignante tristesse de son geste ? Il était là,
tout debout, contemplant son beau bateau perdu.

Rien n'y manquait. Dans le lin le plus fin avaient été
tressées les échelles, qui couraient jusqu'en haut des
mâts, les cordages, tout prêts à fonctionner au premier
coup de sifflet du capitaine, qui ordonnerait d'amener
la grande vergue. Sur le pont brillant comme un miroir,
des treuils. La roue du gouvernail étincelait de toutes
ses pointes cuivrées. Dans la coque étaient forés les
hublots, par où le poste d'équipage tirait son jour.

— Tiens, que je t'explique...

Et tirant ses mains de ses poches, il s'approcha
encore plus près de la *Maris-Stella,* il en caressa la
coque, toujours hochant la tête, et, d'une petite voix
douce, meurtrie, il se mit à m'en expliquer le détail.
Cette voile carrée, à l'avant, tout en haut du mât de

misaine, c'était le hunier à rouleau. Et cette autre voile, triangulaire, la voile d'étai…

— Et prends-y bien garde ! Ne va jamais dire : le mât de hune, comme disent ceux qui n'y connaissent rien. C'est le mât d'hune, que ça s'appelle…

Je l'écoutais ; désormais je saurais ce que c'était qu'un écubier, un guindeau, un étambot.

— Et pour te reparler des voiles, tiens ! celle-ci c'est la grande voile et en haut, la flèche. Tu vois cette petite boîte, ici, à l'arrière ?

— Oui…

— C'est la tortue… Il y en a des choses, sur un bateau ! T'as jamais fini… Misère de Dieu ! s'écria-t-il soudain, en donnant un grand coup de sabot parmi les copeaux, qui s'envolèrent tout autour de lui comme des plumes ! Dix ans que j'ai passés à son bord ! Dix ans de mer !… O misère de Dieu !

Et de nouveau, un grand coup de pied souleva une nuée de copeaux. Comme ses yeux brillaient !

Il se radoucit tout d'un coup.

— Tu sais pas ? murmura-t-il, penché vers moi. Il y a des jours… Tu sais pas ce que j'ai envie de faire ?

De nouveau, il me faisait peur.

— Oh ! monsieur Durtail !

— Tiens, regarde ! fit-il, en me désignant un coin de l'atelier… Et j'y vis une grande hache, énorme, avec un manche long comme un manche de pelle.

— Oh ! monsieur Durtail ! répétai-je encore une fois, comprenant ce qu'il voulait dire…

— Ah, t'as vu ? Eh bien, il y a des jours, j'ai envie

de la prendre, tu vois bien… Je mettrais la *Maris-Stella*
bien d'aplomb sur l'établi, et puis… han ! j't'e la foutrais en deux, la sacré nom de Dieu de…

— Monsieur Durtail !

— Tais-toi… Ça me fait du mal !… Quand ils m'ont
mis à terre, tu vois, je l'ai refaite, la *Maris-Stella*…
Mais tu vois, il y a des jours… Tu peux pas savoir,
ajouta-t-il d'une tout autre voix… Attends de grandir… Et me regardant avec de bons yeux tout pleins
d'eau :

— Je te fais peur ?

— Non, monsieur Durtail.

— Tu seras marin ?

— Oui.

— Il faut être marin. Qu'est-ce qu'on est, sans ça ?
Qu'est-ce qu'on est à terre ? Oh ! Misère de Dieu !
Voilà que ça me reprend, fit-il, en soulevant, encore
une fois, une nuée de copeaux, avec le bout de son
sabot. Va ! Va-t'en ! Ne dis rien à personne… Dis-leur
pas surtout que…

Et une nouvelle volée de copeaux emplit l'atelier…
Certains volèrent même si haut qu'un instant la *Maris-
Stella* fut enveloppée comme d'une nuée de mouettes.

— Dis-leur tout ce que tu voudras ! me dit Durtail,
en refermant la porte sur moi d'un nouveau coup de
pied. Tout ce que tu voudras, je m'en fous.

La porte claqua.

— Misère de Dieu ! entendis-je encore, en m'en
allant…

Grâce à ce merveilleux pouvoir des enfants, qui sont tout entiers là où ils sont, à l'école, j'oubliais mon écurie, la cour, mes rues et leurs singuliers fantômes ; même Pompelune, même Tonin Bagot, jusqu'à la pauvre Fée. Tous ces familiers de mes courses les plus quotidiennes, je les répudiais, pour ainsi dire, au profit d'une science incertaine, d'une activité dont il m'était promis qu'elle m'ouvrirait un jour toutes les portes, sans qu'il me fût dit lesquelles, ni pourquoi il était tant souhaitable qu'elles s'ouvrissent.

J'oubliais mon malheureux Pélo, tout seul dans sa baleinière, ma mère, à son fourneau, mon grand-père, chômé sur sa table, cousant, coupant, taillant et retaillant sans répit. J'oubliais le *Cap de Bonne Espérance* et son bruit, et même la Pinçon, que j'avais saluée pourtant en m'en allant à l'école.

On aurait dit que j'avais changé de monde, que le passage de l'écurie à l'école ne m'avait pas demandé, en réalité, les dix minutes qu'il me fallait pour m'y rendre, mais que j'avais fait tout un voyage, un long voyage, et que désormais j'appartenais à un autre pays, où tout se passait différemment, où les coutumes n'étaient plus du tout les mêmes — ni les êtres. — Aussi demeurais-je sur mes gardes.

Je savais, d'expérience, qu'à tout moment on pourrait me demander des comptes — comme, dans les nations bien policées, les agents de la force publique demandent leurs papiers aux voyageurs qui ne res-

semblent pas aux autres — qu'un détail de leur phy-
sionomie, ou la coupe de leur vêtement leur désigne
comme n'étant pas du pays.

Tant que cela ne se produisait pas, c'est-à-dire tant
qu'il n'était pas question d'une « verrue », tant qu'il
n'était pas fait allusion à l'état de mon grand-père,
qu'on ne parlait pas de la pauvreté — l'instituteur n'en
parlait guère que dans le but très louable d'éveiller
dans le cœur des enfants le goût de la charité ; mais
cela me faisait rougir jusqu'à la racine des cheveux, car
je me sentais désigné — tant donc, qu'il n'était question, par exemple, que d'apprendre la géographie,
l'école m'apparaissait comme la plus merveilleuse des
choses.

Quelles images plus belles à mes yeux que ces
grandes cartes bariolées que l'instituteur nous montrait, en nous désignant, avec sa baguette, tous les
grands pays du monde. Ah ! oui, que ce devait donc
être beau la Vera-Cruz ! Et comme les gens qui
vivaient là devaient être heureux !... Il me semblait
que, sur tous les pays du monde, régnait le divin bonheur, dont nous seuls étions privés — que, partout
ailleurs que chez nous, tout était beau, bon et joyeux.

Un jour j'irais y voir moi-même. Il ne se pouvait pas
qu'à la Vera-Cruz des hommes vécussent dans des écu-
ries — ah ! je ne l'oubliais donc pas tellement ! — Mais
alors, si j'y repensais, c'était avec le plus violent désir
de m'en arracher à jamais. Il me semblait, à la vue de
ces cartes, que la promesse m'était faite qu'un jour
mon désir deviendrait une réalité. D'où venait cet

appel ? Du plus profond de moi-même sans doute —
pas du meilleur, mais du plus vivant. Il est simple et
trop simple de se dire que tous les enfants ont voulu se
faire mousse — Ah ! que tout vienne à changer, fût-ce
au prix de la catastrophe ! Voilà. Epiloguera qui voudra sur cet abîme. Je me borne, quant à moi, à déposer
mon aveu.

Je me ferais mousse, aussitôt que je serais en âge, je
naviguerais sur le même bateau que mon grand Daniel.
Et il ne se pouvait pas que le *Frivole* fût moins beau
que la *Maris-Stella*. Peut-être même était-il plus beau
encore. Et pourtant ! La *Maris-Stella* ! J'en rêvais, tout
éveillé, je la voyais, devant mes yeux. J'étais à son
bord, et ce n'était pas de mon banc, certes, que j'écoutais la leçon de géographie, mais du haut de la grande
hune, dans la pleine lumière du ciel éblouissant l'infini
des eaux. Qui s'en doutait, et que je fusse si habile à
grimper aux cordages ?

Oui, à l'école, parfois, il y avait de grandes heures
ouvertes ; parfois, car le temps venu l'instituteur ren-
gainait ses cartes. C'était comme si le ciel s'était couvert, comme si le conte avait menti. Tous ces beaux
songes pleins d'espérance qu'il avait fait éclore dans
nos têtes, il fallait les effacer d'un coup, comme,
d'autres fois, il effaçait avec son chiffon une phrase
écrite à la craie au tableau. Nous revenions de loin, du
fin fond de la Chine ou de la Polynésie, pour nous mor-
fondre avec lui dans les chicaneries de la grammaire,
dans la morosité de l'instruction civique. Car je pouvais, tant qu'il me plaisait, mettre le cap de mes rêves

sur la ville de San Francisco, je n'en devais pas moins avant tout savoir que, premièrement je serais un jour un citoyen ; qu'en cela, principalement, consistait le sérieux des choses, que les beaux voyages appartenaient à la fantaisie, tandis que le reste m'était imposé comme un devoir. Que c'était mon devoir proprement dit. En conséquence, je devais comme tout le monde, apprendre par cœur la Déclaration des Droits de l'Homme : «Les hommes naissent libres et égaux en droits. »

Tel était le premier article. Celui-là, je le savais par cœur. Il était facile à retenir. Et je ne sais quoi, sans doute le fait de cette liberté et de cette égalité en droits conférées à l'enfant naissant, m'avait frappé par son étrangeté. Mais là se bornait ma science sans que l'instituteur s'en doutât, jusqu'au jour où il lui prit fantaisie de m'interroger, puisque c'était mon tour. Alors éclata ma coupable ignorance, et le châtiment fut prompt.

L'instituteur était un gros bonhomme roux, qui ressemblait à un paysan mal endimanché, à un maire de carnaval, tant il était haut en couleur, moustachu, tavelé, potelé, puissant, patron, tant sa voix était grosse. Une voix capable de couvrir le tumulte d'un comice agricole et bien mieux faite pour les discours, pour la grosse rigolade des foires que pour la classe. Il portait le nom d'Antoine Morin — mais nous l'appelions, nous, le père Coco.

Posé bien d'aplomb sur ses deux grands pieds, il reçut mon aveu, en fronçant ses deux gros sourcils, et ses yeux, ordinairement bleus, tournèrent en me regardant au noir sinistre de la colère.

— Ah tiens ! dit-il, en faisant pour commencer sa toute petite voix, ah, tiens, tiens, tiens !… C'est comme ça que tu tires au renard, espèce de bougre d'avorton ! Ah, eh bien, c'est du propre ! Oh mais je le dirai à ton grand-père, la prochaine fois que je le verrai. Est-ce que tu crois que cela lui fera plaisir, espèce d'andouille ? (Car il faut bien le dire, notre gros rouquin d'instituteur ne se faisait pas faute de nous injurier de la façon la plus grossière.) Eh bien ! reprit-il. Pour ta peine, viens un peu ici. Je vais te l'apprendre, moi, la Déclaration des Droits de l'Homme !

Et comme je n'allais pas assez vite à son gré, il me sortit de mon banc, en me tirant par le collet de mon habit. D'une bourrade, il me transporta sur l'estrade.

Le silence des grands jours planait sur la classe tout entière, qui avait su reconnaître, à l'enflure qu'avait prise la voix de notre magister, qu'il allait tout à l'heure se passer ce que, dans notre langage, nous appelions une grande séance. Déjà, je courbais le dos, et de mes deux mains je protégeais mes oreilles.

— Mets-toi à genoux, fainéant !

Ce disant, une première claque bien assenée sur le haut du crâne m'avertit de ce qui allait suivre. Mais je ne le savais que trop.

— Les deux genoux, rossard ! Et croise un peu les bras !

Un court répit me vint, du temps qu'il passa devant son armoire — pour y chercher un grand carton sur lequel était collée justement cette maudite Déclaration qui me valait tant d'arroi, et qu'il me planta devant les yeux avec la brusquerie décisive de qui révèle l'évidence à celui qui fait l'aveugle. Il m'enjoignit de lire :

— Et bien distinctement, que tout le monde puisse entendre et comprendre. Commence !…

Mais je n'avais plus de voix. En vain m'efforçais-je. Il ne vint pas un son.

— Tu le fais exprès ? Attends !

Et la seconde taloche m'arriva. Alors, vaille que vaille et tout en ravalant mes larmes, je me mis à ânonner le premier article de la Déclaration, celui que je savais le mieux, que j'avais appris par cœur, et que je pus réciter tout entier de mémoire. Car lire, il n'y fallait pas compter. J'étais trop éberlué, trop abalourdi, il y avait trop d'eau pour cela dans mes yeux. Aussi, quand j'en vins au second, restai-je court.

— Eh bien ?

J'étais sans parole. Le magister était sans pardon. Il prit sa baguette…

A quoi bon poursuivre ce récit banal et morose ? Quel enfant n'a pas eu à se plaindre de la baguette ? Je ne me suis souvenu de cette scène qu'en raison de son prétexte, cette Déclaration qu'il me fallait enfin lire jusqu'au bout, tout en tendant, à chaque article, mes doigts à la férule…

Au reste, sur le père Coco la paix et la prière. Bien que je n'oublie pas qu'en me fustigeant à plusieurs reprises il me traita de « sale voyou ! ».

— Voyou de la rue du Tonneau !

— Si le père Coco te demande ce que tu as mangé hier pour ton souper, tu lui répondras des puces à la broche !

Tel fut le conseil que me donna mon grand-père, un matin, comme je partais pour l'école.

— Oui, grand-père, répondis-je. Mais par obéissance. Car j'étais incapable de transmettre à l'instituteur d'aussi fières paroles.

— Hum !… Cours bien vite, tu seras en retard…

Pourquoi ces puces à la broche ? Quelle question m'avait-on posée ? J'oublie.

En fait de puces, je n'en portais que les traces, comme une ignoble tavelure. Et tout à l'heure, nous nous rangerions devant la porte de la classe, deux par deux, au sifflet de l'instituteur.

— Les mains !

Avions-nous les mains propres ? Il nous passerait tous en revue, comme à la caserne, dont les souvenirs lui étaient chers. Il s'arrêterait devant moi, un peu plus longtemps que devant les autres. Il ne se contenterait pas d'examiner mes mains, il examinerait mon cou, il ouvrirait même le col de ma chemise, en disant :

— Encore ?

Et il passerait, en haussant les épaules, en faisant sauter son sifflet dans le creux de sa patte à taloches.

… Sa revue terminée, il ouvrait la porte de la classe, où il entrait en marchant au pas. Nous le suivions, à la file indienne, et il entonnait un chant que nous reprenions tous en chœur :

> *Mourir... pour la... Patrie... i... e!*
> *Mourir... pour la... Patrie... e!*

Ainsi faisions-nous le tour de la classe en braillant de tout notre cœur, et tapant sur le plancher en cadence avec nos sabots. Nous étions heureux du bel ensemble de notre chant, et fiers de nous savoir français.

— A vos places !

Il s'ensuivait un vaste tohu-bohu, puis un silence, d'église. Et la classe commençait.

— Prenez vos cahiers. Ecrivez... Dictée...

Et l'instituteur, un livre ouvert dans sa main, se promenait entre les bancs :

— Connaissez-vous l'automne, virgule, connaissez-vous l'au-tom-ne, j'ai dit : virgule...

Il se penchait sur l'un, sur l'autre, tirait l'oreille aux maladroits...

Parfois, le samedi, si nous avions été sages, il nous faisait une lecture. Assurément, je n'ai point goûté, dans ce temps-là, de plus grandes délices. Comme nous n'en étions plus à l'âge, déjà, des contes de fées, et que même une lecture de récompense devait contenir un enseignement, notre instituteur tirait les siennes d'un roman social, où il s'agissait d'enfants comme nous, mais qui, au lieu d'aller à l'école, travaillaient déjà bien durement. C'était une façon comme une autre de nous faire sentir notre bonheur.

Je ne sais et ne saurai point de quel livre il pouvait s'agir et quel en était l'auteur. Les choses se passaient en France, bien que tous les enfants, dont il était question là-dedans, fussent italiens. Un « padrone » les avait tirés de leur pays et traînés dans le monde, où ils travaillaient pour lui. C'était dans une verrerie, à souffler des bouteilles. Et quand ils s'étaient bien époumonés pendant quinze ou seize heures, après avoir mangé quelques marrons à la cantine, ils montaient dans une sorte de dortoir, que le « padrone » avait fait aménager dans un grenier.

Tel était le fond du décor, la sombre trame où se brodait l'histoire. Elle tenait, cette histoire, dans la chronique des coups que le « padrone » distribuait tous les jours à ses petits esclaves, et dans les épisodes admirables, où la fraternité dans la condition et le malheur, inspirait tant d'héroïsme à certains. J'enviais ces petits parias.

Il faut bien que ces récits aient produit sur moi une impression bien vive, pour que je me souvienne encore de la manière dont Guido, qui n'avait pas quinze ans, sut tenir tête au « padrone », pendant toute une journée, et, bien qu'innocent, endurer des coups, dont, ainsi, il préservait un plus petit. Ah ! que j'aurais voulu, moi aussi, souffrir de la sorte, pour les mêmes raisons ! Rien ne m'était plus enviable que de devenir, à mon tour, le héros d'un sacrifice consenti pour un autre, comme moi opprimé.

Parmi ces petits martyrs exilés, il s'en trouvait un, Antonio, qui était chanteur. On sent qu'à partir d'ici le conte se gâte. Et il se gâtait en effet, mais je ne le sentais pas alors. J'étais, comme à tout le reste, fort sensible à la suite de l'aventure, qui allait faire d'un petit paria un grand artiste acclamé.

Dans ces rares moments où un peu de répit était laissé à ces misérables orphelins (ils ne l'étaient pas tous, et la misère avait contraint plus d'une mère à se séparer de son petit, c'est-à-dire à le vendre) Antonio chantait. Et c'est ainsi qu'un autre « padrone », lequel travaillait dans la musique, l'ayant entendu, le racheta à son confrère et le ramena en Italie. Le conteur nous montrait Antonio chantant la canzonette à la terrasse des cafés dans Bologne et dans Florence. Puis, survenait un impresario milanais : la fortune d'Antonio était faite, et, du même coup, celle du « padrone ».

Devenu riche, Antonio se mettait à la recherche de ses anciens compagnons de bagne. Il finissait par mettre sa main dorée sur quelques rares survivants. Il chantait pour eux. Il leur donnait de l'argent. L'apothéose tenait dans le mariage d'Antonio avec la fille du patron de la verrerie, où autrefois il apprenait à manier la canne du souffleur — la morale de cette histoire étant qu'avec beaucoup de talent et, bien plus encore, de chance, on arrive à tout dans la vie.

— Prenez vos cahiers de calcul !

— Croisez les bras ! Histoire…
Les classes d'histoire avaient toujours lieu l'après-midi, le plus souvent même, dans la dernière heure. On

entendait partout des soupirs de satisfaction et les bras se croisaient tout seuls sur les tables.

Le père Coco descendait de son estrade. Parfois même il emmenait avec lui sa chaise et venait s'asseoir parmi nous. Il ne lisait pas, il parlait, il racontait. Il lui arrivait de se lever, de tirer d'un coffre une carte, qu'il suspendait au mur, pour nous montrer les endroits où s'étaient passées les grandes choses qu'il nous enseignait : Poitiers et sa fameuse bataille, Tunis, où le bon Saint Louis était mort...

Cela ne ressemblait plus du tout à la classe. Mais on aurait dit que l'instituteur devenait quelque chose comme un oncle qui aurait raconté à ses neveux les mille et une merveilles vues dans ses voyages, ou par lui-même éprouvées — un peu comme le père Gravelotte... Et nous étions, comme on dit, suspendus à ses lèvres. Nous ne sentions plus la contrainte que, d'ordinaire, il faisait peser sur nous. C'était une heure enchantée...

Le temps écoulé avant ma venue au monde n'avait pas pour moi de réalité. En fin de compte, l'histoire entière de l'humanité perdait tout son fracas et ses larmes, pour s'enluminer des couleurs les plus belles.

Les douleurs des hommes depuis l'ouverture des âges, le déni des guerres et tout leur sang, du fait que j'étais incapable de m'en représenter la cruauté, prenaient toutes les apparences du songe. L'histoire était bien moins terrible que les contes de fées. Le sang versé n'était pas du vrai sang et les larmes, qui avaient

coulé sur tant de plaies, sans les guérir, n'étaient pas
non plus de vraies larmes.

Les quarante siècles de l'Egypte, l'histoire entière
de Rome, celle de Charlemagne et de Clovis, il me
semblait que tout cela s'était passé pendant les
vacances, dans un temps où il avait fait toujours
beau… Et je me demandais comment il se pouvait qu'il
n'y eût plus d'histoire, de grands hommes.

La croyance naïve s'était formée en moi que les
poètes étaient des personnages aussi légendaires que
ceux de l'histoire sainte, qu'ils avaient existé au temps
des fables et que, depuis, on n'en avait plus jamais
revu, qu'on n'en reverrait plus jamais. Victor Hugo,
dont je savais par cœur l'incroyable *Après la bataille,*
vivait d'après moi dans une sorte d'Olympe, en tout
cas sans rapport avec l'humanité de la rue du Tonneau.
Pour tout dire, il n'était qu'un beau et grand mensonge.
Et ainsi des autres, les grands guerriers, les grands
savants, et même Pasteur. Comment cela était-il possible ? Nous étions arrivés dans un monde où il ne se
passait rien du tout, où il ne se passerait plus rien. Quel
retard ! C'était la fin. D'où tenais-je cette conviction ?

Les pays où ces choses s'étaient passées, d'où me
venaient les idées que je m'en étais faites ? L'Allemagne était verte. Dans le silence des neiges, en Rus-
sie, un grand bonhomme courait tout seul, en faisant
claquer son fouet. La Grande-Bretagne était grise. Il
n'y avait pas, dans ce pays-là, d'été, et moins encore
de printemps. C'était une terre brumeuse, sous un ciel
toujours bas, ce ciel de deux heures après-midi, quand

les gens disent qu'il pleuvra peut-être. Le ciel, le temps du Moyen Age.

Car si les pays avaient leurs couleurs, si l'ensemble des aventures survenues jusqu'alors n'avait été qu'une sorte de fête, dans l'été des vacances, je faisais une exception pour le Moyen Age, époque durant laquelle, ainsi qu'on m'enseignait à croire, il n'y avait eu d'été pour personne, où il avait toujours fait sombre, où le ciel avait toujours été un ciel nordique, gris et silencieux.

Des rois, n'ayant jamais entendu rien tant vanter que leur merveilleuse puissance, celle d'où ils tiraient leurs victoires, et cette autre, plus secrète, qu'ils tenaient aussi de Dieu, de guérir les écrouelles, je m'ébahissais tristement qu'ils n'eussent jamais rien fait pour tirer de leur pauvreté les pauvres.

Cela même me fit douter qu'ils fussent de droit divin. Peut-être, me disais-je, n'étaient-ils pas tout à fait des rois. Car de vrais rois nous eussent aimés et, dans notre malheur, nous l'eussions senti. Mais le cœur du roi n'y était pas. Il n'y avait jamais été.

Pour quelques écrouelles qu'il nous avait parfois guéries, que de coups de bâtons n'avions-nous pas reçus, en retour ! Et le bâton n'était rien encore. Nous avions connu le supplice, le cachot, la guerre, la galère. Ce roi, plus puissant que les fées, quand il pensait à nous c'était pour nous enrôler, pour nous battre ou pour nous brancher. Etait-ce là un roi ? Mais non.

Dans son château, il s'entourait des plus riches, et c'était nous qui le servions. Il décidait de la guerre en riant, et quand par aventure il ne nous demandait pas de la faire, nous n'en étions pas moins ruinés. Jamais il ne paraissait chez nous qu'habilité en gendarme ou en dragon. Et nous, qui, dans le fond de nos cœurs, eussions tant voulu l'aimer, nous le haïssions.

Les prêtres nous disaient qu'il était notre père, que nous étions ses enfants. Oh ! Seigneur Jésus ! Comment ? De tous les enfants du royaume n'étions-nous pas les plus en danger ? Nous manquions de tout. C'est à peine si nous étions nourris. Nous n'étions qu'une plaie. Nous n'étions qu'un cri. Et ce père nous laissait à notre sort ! Il courait la guerre, voulait étendre son royaume. Il n'étendait que la misère. C'était cela, la gloire. Non, il ne nous aimait pas. Que faisait-il pour notre soulagement ? Et pourtant, qu'il lui eût donc été facile !

D'un trait de sa plume magique, d'un mot de sa bouche sacrée, il pouvait tout changer. Point d'effort à faire. A peine fallait-il le vouloir. Il eût suffi d'y penser. Mais bah ! Revenu de la guerre, il chassait à courre dans ses bois. Quelque belle favorite l'occupait. Nous, nous faisions bouillir nos racines volées sur les terres du Seigneur au grand risque de la galère. Quel mystère ! La favorite qui parfois était des nôtres quant au sang était devenue des leurs quant au reste. Qui pensait à nous ?

Aussi bien aurions-nous pu croire que nous n'étions pas des hommes, mais rien que des utilités en ce monde, tantôt des outils, tantôt du fumier. Un autre mystère était bien que ce souverain tout-puissant n'engendrât jamais de fils qu'à sa ressemblance. Dans leur lignée si longue il n'en était pas un à qui jamais fut venue la pensée d'user un peu de son merveilleux pouvoir pour notre grâce. Dès qu'il s'agissait de nous, ils n'étaient plus magiciens, sauf encore pour tirer de nos écuelles notre dernière bouchée de pain noir et la jeter à leurs chiens.

Cela étant, comment n'aurais-je pas souhaité devenir moi-même le roi ? Ce que le roi se refusait à faire était si facile, que même un enfant comme moi était sûr d'y réussir.

— Ah ! si j'étais le roi !

Ainsi pensais-je, en rentrant à notre écurie, après la classe...

Roi, le Bonheur était mon ministre !

La paix eût partout régné. Nul n'aurait plus tremblé pour sa paillasse ou pour sa marmite. A la Fée, j'eusse rendu ses prestiges, à Tonin Bagot, son visage d'homme, rien qu'en le touchant au passage, d'une chiquenaude. A Durtail j'eusse rendu son beau navire, sa *Maris-Stella* tant aimée. Ensemble à son bord, nous fussions partis à la recherche du *Frivole* pour annoncer à mon grand Daniel l'heureuse nouvelle de mon couronnement. Puis courant les mondes, des Indes au Canada, au Dahomey, nous eussions rassemblé tous les nôtres sur notre vaisseau royal : la belle jeune fille arrachée à sa léproserie (et pourquoi y serait-elle restée puisque j'aurais moi-même guéri les lépreux ? Ma royauté d'ailleurs la relevait de ses vœux), le vieil oncle jardinier, le pauvre Michel, depuis si longtemps dans la brousse. Nous les eussions ramenés dans *notre* château, où les autres, ceux qui vivaient à Paris, comme l'oncle Paul et la vieille cousine couturière, ou à Toulon, comme la cousine Zabelle, se fussent déjà trouvés réunis, mandés en hâte par la plus prompte de nos estafettes. Mais avant tout j'eusse remis sur ses pieds notre pauvre petit infirme. Debout, Pélo ! Je suis le roi !… Assez bricolé, grand-père !…

Au plan d'embellissement de la ville, comme j'eusse travaillé ! Mon règne, c'était une fête. Les riches n'étaient plus nos ennemis. J'avais converti leurs cœurs. Enfin ! Enfin ! Nous nous aimions ! Ils ne parlaient plus de nous comme d'un opprobre, notre quartier n'était plus une verrue… Nous étions tous des hommes. Fini, le temps du malheur. Et même, j'eusse donné à Pompelune un tambour, sans pour cela ôter le sien au père Gravelotte, car deux hérauts n'eussent pas été de trop pour publier, aux carrefours de la ville et du pays, mes bonnes nouvelles…

Quand mon père saurait, il reviendrait. Alors nous apprendrions tout le mystère. Il nous dirait son malheur, sa douleur, son châtiment. Ce serait comme une résurrection, et dans l'allégresse de mon cœur, dans la justice et la piété, je lui remettrais ma couronne toute neuve, comme au meilleur, au plus malheureux des hommes, et au plus pauvre…

Je rentrais…

Mon grand-père était là, accroupi sur sa table, cousant, coupant, fumant et toussant. Ma mère rôdait autour de son feu. Pélo, dans sa baleinière, regardait, pour la centième fois, un livre d'images… Tout était comme la veille ; tout serait pareil le lendemain, je le sentais. Adieu ma couronne ! C'était la même odeur de choux, de tabac, de vieillesse…

— Tu as traîné en route, me disait ma mère.

Et peut-être, en effet, avais-je traîné le long des rues, en rêvant à mes pouvoirs…

Il fallait me mettre aux leçons…

Ah ! quand même, un jour nous serions tous des rois. Pas moi tout seul, mais tous. Le père Coco nous l'avait laissé entendre. En cela serait la récompense de notre travail. Le monde serait peuplé de rois, et c'était pour qu'ils le devinssent un jour qu'il y avait des hommes sur la terre. Encore un peu de patience : la chose était en bon chemin…

En attendant, nous étions là, dans notre écurie…

Je revois la vieille tête presque rase de mon grand-père, chauve au sommet, ses larges oreilles, son vieux visage tout plissé de chagrin et d'entêtement, sa bouche presque sans dents, ses grosses mains si actives, qui, à force de travail, avaient si bien et si mal oublié les caresses. Que se passait-il en lui ? Quel rêve persévérant, quelle folie le faisait vivre ? Rêvait-il à sa future couronne ? Quoi qu'il en fût, il demeurait là, sur sa table, comme un stylite, coupant, taillant, sans repos, cousant, fumant, toussant à longues quintes. Peut-être rêvait-il à sa cassette ?

Il est vrai : le grand-père tenait quelque part, soigneusement cachée, non une cassette, mais une petite boîte en fer-blanc, où il déposait quelques pièces. Nous le savions, et l'avions toujours su, il ne l'ignorait pas.

Son petit trésor, il le décachait, le temps venu, le livrait, puis, patiemment, il en reconstituait un autre. Il n'était pas avare. Et les rêves que son trésor lui inspirait et qu'il n'avait guère d'autre mission que de nourrir, étaient, à coup sûr, plus compliqués que ceux d'un Harpagon.

Il en prenait facilement les apparences, cependant. Rien qu'à voir la manière dont il serrait dans son tiroir les quelques pièces d'argent dont un client lui payait une bricole, nous sentions qu'il ne les lâcherait plus sans combat, qu'il veillerait jalousement sur elles, et n'en remettrait à ma mère que ce qu'il faudrait, sur des raisons claires et bien fondées.

Depuis qu'il était en âge de gagner sa vie, mon grand-père avait pris l'habitude de prélever sur sa paye, sans en rien dire, de menues sommes qui, dans sa jeunesse, avaient dû servir à ses maigres plaisirs du dimanche. Cette habitude, il l'avait conservée, toujours. Selon une expression que j'ai longtemps cru lui venir de son temps de soldat, il appelait ce petit argent son « prêt ». Mais j'ai su, depuis, que cette manière de dire il la tenait de son père, qui n'avait jamais servi, et qui déjà appelait un « prêt » les petits sous de hasard qui tombaient dans sa main d'apprenti…

… Bien que nul d'entre nous, fût-ce ma mère, n'eût osé, même dans la plus grande presse, ouvrir son tiroir, et qu'il le sût, ce tiroir ne lui semblait pas offrir une retraite assez sûre à son trésor. Tantôt il choisissait, dans les poutres du plafond, quelque dangereuse retraite (comment faisait-il pour y atteindre, et à quel moment du jour ou de la nuit ?), tantôt il descellait une pierre dans l'embrasure de la fenêtre, creusait là un trou à la dimension de sa petite boîte, et rebouchait le tout fort proprement. Nous n'avions rien vu. Il pouvait rêver à son aise… Il avait un magot. Dans les beaux jours de sa force entière, il avait si bien travaillé que, parfois, la cassette était bien pleine. Désormais, il n'en faisait plus que de malingres, à la proportion de sa bricole.

Un dimanche que le grand-père était, par exception, parti faire un tour de champs, nous étions seuls à la maison, ma mère, mes frères et moi. L'idée de dénicher la cassette soudain s'empara de l'esprit de ma mère, avec tant de force, qu'aussitôt, elle mit tout sens dessus dessous pour la trouver. Nous l'aidâmes de notre mieux, prenant même plaisir à cette tâche. Et pourtant…

Quelque chose me disait que ce n'était pas bien et, depuis, je me suis toujours souvenu avec peine de certaines expressions dans le visage de ma mère et de l'espèce de fièvre, qui la tenait alors…

— Allons ! Allons ! Dépêchez-vous, avant qu'il rentre, nous disait-elle, tout en regardant elle-même partout. Elle fouillait dans les tiroirs, remuait des tas de vieilles hardes, qui se trouvaient là dans un coin, en attendant leur tour d'aiguille, inspectait les murs, le sol, regardait derrière les meubles… Nous ne la reconnaissions pas.

Du fond de sa baleinière, notre petit Pélo observait

tout ce remue-ménage avec un air de profonde stupéfaction, qui d'abord ne nous avait pas frappés, mais
qui nous immobilisa net, quand nous l'entendîmes
s'écrier :

— Non ! Non ! Il ne faut pas !

— Eh, quoi donc, mon petit capucin ? fit ma mère,
en se tournant vers lui, toute saisie…

— Il ne faut pas fouiller.

Ah ! Si le grand-père était alors rentré !

— Qu'est-ce que tu crois donc ?

Elle ne s'était pas attendue à cela, et maintenant elle
ne savait plus que faire. Nous aussi, nous étions déso-
rientés. Et tous, nous regardions Pélo.

— Je veux pas qu'on lui prenne ses sous !

— Ah ! c'était donc cela que tu croyais ! Nous ne
lui prendrons rien, va, mon petit frère… sois tranquille.
Mon Dieu ! Qu'est-ce que tu as cru !

— Alors, pourquoi ?

— Pour voir, répondit-elle…

Et nous recommençâmes nos fouilles. Mais Pélo,
mal convaincu, détourna désormais son visage.

Certes, l'idée de nous emparer de la petite boîte du
grand-père ne nous venait même pas à l'esprit. Tout ce
que voulait ma mère, c'était, outre le plaisir de
connaître l'endroit de la cachette, d'en savoir aussi
l'importance. Comme, de toute façon, cet argent-là lui
appartiendrait un jour, il n'y avait assurément pas
grand mal. D'où vint alors l'espèce de honte qui s'empara de nous quand nous découvrîmes la boîte cachée
au fond d'un soulier ?

L'astucieux grand-père ! Un soulier n'est peut-être pas une retraite bien merveilleuse pour un trésor, mais ne savait-il pas que ce soulier était le sien et que par conséquent nous ne devions pas y toucher ? L'audace nous en était venue pourtant, mais, aussitôt, une sorte de terreur panique s'empara de nous tous et principalement de ma mère.

A peine eut-elle ouvert la boîte et jeté un regard aux pièces d'argent qu'elle contenait que, tout comme si le pas du grand-père eût retenti dans la cour, elle se hâta de remettre la boîte en place, ce qu'elle accomplit avec tant de précipitation qu'elle faillit faire tomber de l'étagère, où elle reposa le soulier, la lampe même, la chère vieille lampe des grandes veillées de travail. La lampe bascula bel et bien et ma mère poussa un cri. Un instant, nous vîmes tout perdu : le verre brisé sur le sol, le pétrole répandu, l'abat-jour déchiré. Un geste miraculeux prévint et empêcha le désastre. Mais nous avions tous le rouge au front.

— Eh bien, dit ma mère, il était temps ! Il était grand temps, mon Dieu !

Pélo, dont le regard, au bruit, était revenu sur nous, murmura avec une petite moue lassée :

— Mais qu'est-ce que vous faites donc ?

Personne ne lui répondit.

Il fallut à ma mère un peu de temps pour qu'elle se remît tout à fait. Et s'étant assurée que la lampe tenait désormais bien en place, que le danger était passé, elle s'efforça de sourire et murmura :

— Quelle histoire ! Qu'est-ce qu'il aurait dit !

Quand le grand-père revint, ce soir-là, s'il n'avait pas été si fatigué, pressé de manger sa soupe et d'aller « au panier », il est probable qu'il se serait aperçu que quelque chose d'extraordinaire s'était produit en son absence. Il était allé jusqu'à un certain pré, où l'on dansait dans sa jeunesse. Or, « ces cochons-là en avaient fait un vélodrome… ».

— Voyez-vous ça ! fit ma mère, heureuse de parler « d'autre chose ».

Mais elle y réussissait fort mal. Outre qu'il y avait, dans sa manière, une certaine fébrilité qui trahissait son inquiétude, elle commit maladresse sur maladresse, faillit casser une assiette, qui lui glissa des mains et qu'elle rattrapa au vol, donna au grand-père une fourchette au lieu d'une cuiller, bref, elle fit tout ce qu'il fallait pour signaler sa mauvaise conscience, en se conduisant comme une petite fille qui redoute une réprimande. Mais il ne vit rien, tout à sa fatigue et à son maudit vélodrome. Et, sa soupe engloutie, il se coucha. Bientôt nous l'entendîmes qui ronflait.

Pauvre grand-père ! Il était bien loin sans doute, ce soir-là, de rêver à sa cassette ; mais il n'en était pas de même pour nous. Et s'il dormit, malgré les puces, du sommeil paisible d'un homme recru de fatigue, nous restâmes les uns et les autres fort longtemps éveillés. J'entendais ma mère et mes frères se tourner et se retourner dans leurs couches, comme je le faisais moi-même.

Pourquoi diable le grand-père cachait-il ainsi de l'argent ? A quoi cela pouvait-il lui servir ? Quel était son but ? Je ne trouvais point de réponse. Des économies, je savais sans doute ce que c'était ; on me l'avait assez expliqué à l'école. Je savais, par exemple, qu'en se privant, tout au long de l'année, de telle ou telle chose, qu'on aurait bien voulu avoir tous les jours, comme par exemple du journal ou de cigarettes, on arrivait à posséder une «fort jolie somme» (ainsi s'exprimait l'instituteur), avec quoi on pourrait s'acheter quelque chose d'utile et de durable comme, par exemple, un manteau ou des souliers. Certes je savais cela. Mais, il ne m'apparaissait guère que tel fût le but de mon grand-père.

Parce que tant de temps s'est écoulé depuis lors, j'ai compris plus de choses.

Il ne fait pour moi aucun doute qu'en formant ses cassettes, mon grand-père préparait sa fuite ; tel était son but véritable et inavoué, la chimère qu'il caressait, tout en sachant bien qu'il ne caressait qu'une chimère et qu'il ne partirait pas du tout.

Ce soulier, où dormait un argent inavoué et doublement sacré, puisque c'était le grand-père qui l'avait gagné et qu'il se l'était réservé, devint pour moi, dans les jours qui suivirent, l'objet d'une véritable souffrance. La douloureuse conscience que je savais, quand je n'aurais pas dû savoir, ne me quittait plus. A peine osais-je porter les yeux sur l'étagère.

Il me semble encore le revoir. C'était un brodequin. Il avait chaussé autrefois le pied d'un soldat ou d'un chasseur. C'était une sorte de monument à grosse tige fauve, pelée, vingt fois recousue, vingt fois rapiécée, où la Pinçon avait cloué une forte semelle, et qui durerait encore longtemps. Ma mère avait acheté cette paire de brodequins, comme toutes choses, à la brocante. C'était ce que mon grand-père avait de plus beau à se mettre. Les brodequins étaient soigneusement entretenus, réservés pour les cérémonies et pour les fêtes, raison pour laquelle il ne les avait jamais portés et ne les porterait jamais.

Il était là, sur son étagère, près de la lampe, toujours à sa place. Personne, à coup sûr, n'y avait touché, depuis que nous avions eu le malheur d'aller y chercher un trésor. Mais à chaque instant, il me semblait découvrir qu'il n'était pas tout à fait à sa place. Il y avait dans son air je ne savais pas quoi qui n'allait pas manquer de révéler au grand-père notre trahison et d'amener ainsi sur nous un châtiment que, d'avance et sans le connaître (mais il serait terrible), je jugeais pleinement mérité.

Tout à l'heure, en allant chercher sa lampe pour la veillée, il découvrirait tout. Et quand je le voyais descendre de sa table et s'approcher de l'étagère, saisir, Dieu sait avec quelles précautions, sa vieille et chère lampe, le rouge me montait au front. Ah ! que n'eussé-je donné pour que la scène du dimanche n'eût jamais eu lieu ! Mais elle avait eu lieu, nous ne pouvions pas, nous n'allions pas pouvoir le nier, et ce qui s'ensuivrait, je n'avais pas la force de l'imaginer.

Il est certain que ma mère et mes frères se faisaient des réflexions semblables aux miennes et qu'ils éprouvaient les mêmes angoisses. Si j'étais coupable, ils l'étaient bien autant que moi. Mais je ne le savais pas, je n'en voyais pas plus, sur leurs visages, les marques, qu'il n'était possible de les trouver sur le mien. Ensemble, nous ne parlions jamais de notre forfait. Comme le temps me durait !

Mais il y avait pire que tout cela, pire que le souvenir de notre mauvaise action, bien pire que la fascination exercée sur moi par le brodequin au trésor ; ce qui par-dessus tout me troublait, c'était l'indifférence même du grand-père à son brodequin, son jeu d'indifférence, son air de ne pas savoir, de ne pas même soupçonner. Voilà ce qui aurait pu achever de me perdre, si je ne m'étais répété sans cesse qu'après tout, c'était lui qui avait raison, et nous, moi, qui avions tort ; qu'en jouant l'ignorance, il restait dans une certaine honnêteté, tandis que nous tous et moi-même, nous en étions réduits au rôle honteux de qui écoute aux portes, de qui regarde par le trou de la serrure.

Un insupportable malaise s'emparait de moi, quand je prenais conscience que, par nos soins, le grand-père était devenu un homme ridicule. Nous aurions beau faire désormais, rien ne pourrait empêcher que les airs d'indifférence, qu'il savait prendre, quand il approchait de son trésor, ne fussent, par un certain côté, comiques. C'était comme si nous lui avions écrit de notre propre main, qui tenait le pain de la sienne, et pendant son sommeil, quelque grosse bouffonnerie dans le dos.

Je mourais d'envie que tout cela finît, qu'il se résolût enfin à livrer son trésor, comme il n'y pouvait manquer bientôt.

Cette persévérante inquiétude me poursuivait, parfois, jusque dans l'engourdissement des minutes, autrement délicieuses, qui précédaient mon sommeil d'enfant. Alors, au lieu des charmantes inventions dont mon esprit avait l'habitude, je ne voyais plus que de grincheux fantômes. Il me semblait que mon grand-père se levait tout doucement de son lit, qu'il s'avançait à pas de loup jusqu'au brodequin et découvrait, avec stupéfaction, qu'il était vide. Ou bien, c'était ma mère qui, poussant l'audace et le crime jusqu'au dernier point, volait le magot !

Le plus étrange, c'est que je n'étais qu'à moitié dupe de mes propres craintes, et cependant, elles ne laissaient pas de me causer tant d'effroi, que j'allais jusqu'à me dresser sur mon lit, l'oreille tendue et les yeux écarquillés.

Mais tout était tranquille. Nul bruit étranger, aucun mouvement, dont le sens ne me fût connu. Ainsi pouvais-je cesser mes craintes, m'étendre et fermer les yeux, en attendant le sommeil. Il ne venait pas encore. Mais peu à peu, d'un premier engourdissement dans un autre, tombais-je dans un état, où la question ne se posait plus pour moi d'être ou de ne pas être dupe des inventions de mon esprit, puisque j'en étais le complice. Et c'est alors qu'apparaissait le petit cheval blanc.

Blanc ? Qui sait ? Je ne le voyais pas, je ne faisais que l'entendre. J'entendais son trot égal, comme si, autour de nous, la ville eût été plus qu'endormie, abolie, dissoute dans la nuit et qu'il ne fût plus resté à la place que la poussière originelle, sans le moindre obstacle, nulle part, à la course régulière du petit cheval trotteur. On aurait dit qu'il tournait en rond, tout seul, quelque part, au fond de la nuit, qu'il trottait, mais toujours à la même place et de la même façon, au loin, en rond. Car le heurt de ses sabots sur la terre, que j'écoutais longtemps (il me semblait que cela durait des heures) ne faiblissait pas, comme aurait dû faiblir le trot d'un cheval qui s'éloigne.

Peut-être cherchait-il, sans jamais le retrouver, le chemin de notre écurie, ou, au contraire, ne pouvait-il plus s'en éloigner au-delà d'une certaine limite, retenu et entravé par quelque lien tressé dans sa mémoire de bête.

N'avais-je pas lu assez de contes, ne savais-je pas déjà assez de choses pour comprendre que ce petit cheval nocturne, dont il était bien impossible d'imaginer ce qu'il devenait à la lumière du jour, et où il se cachait, c'était l'âme errante de quelque pauvre bête, qui avait autrefois vécu là où nous vivions aujourd'hui ?

Je me plaisais à ce songe. Je savais bien pourtant que ce n'était là qu'un songe, une fantaisie, sinon volontaire, en tout cas consentie, de mon esprit. Mystère des jeux ! Souriante connivence entre la réalité et le rêve ! En quoi le songe était-il moins libre et moins beau, du fait que je savais très bien que le petit trot de mon cheval nocturne ne naissait jamais que du tic-tac bienveillant de la vieille horloge ? O poésie…

Un jeudi, nous faisions la vaisselle, ma mère et moi, après le repas de midi, et le grand-père, remonté sur sa table, travaillait. Et voilà que ma mère s'approcha de lui, tout en frottant une assiette.

— Père, dit-elle, voilà bien longtemps que vous ne nous avez parlé de votre cassette ?

Le grand-père releva la tête, en fixant ma mère par-dessus ses lunettes : devait-il rire ou se fâcher ? Il ne fit ni l'un ni l'autre. Il répondit fort tranquillement :

— De quel diable de cassette veux-tu parler ?

Et, ma foi, il avait vraiment l'air de ne rien savoir. Ma mère, tout en continuant à frotter son assiette, fit encore un pas vers lui.

— Oh ! dit-elle, vous le savez bien !

Mais, déjà, le grand-père avait détourné les yeux et les tenait baissés sur son ouvrage. Il grommela :

— Bah ! Je ne sais seulement pas ce que tu veux dire… Des cassettes… par le temps qui court ? Tu rêves, je crois bien !

La rusée ne se tint pas pour battue. Toujours frottant son assiette, elle fit encore un pas, ce qui l'amena presque à toucher la table où mon grand-père était accroupi.

— Foi d'honnête homme ? demanda-t-elle, sachant bien que, sur un tel sujet, elle pouvait s'obstiner, sans qu'il arrivât rien de fâcheux. Et en effet le grand-père ne se mettait jamais en colère, quand on lui parlait de sa cassette, même en le plaisantant. Toutefois, il refusa de se parjurer.

— Laisse-moi la paix… Tout ça, c'est des bêtises.

Ma mère avait cessé de frotter son assiette. Elle la tenait serrée sur son ventre, enveloppée dans son torchon, et, immobile, elle considérait mon grand-père qui, avec une attention plus profonde que jamais, cousait. Et cependant, au coin de ses lèvres, je croyais deviner comme une ombre de sourire.

Brusquement, je m'aperçus que, sans m'en être rendu compte, tant je portais d'attention à ce qui se passait, je n'avais pas cessé, depuis le début, de répéter les gestes de ma mère. Moi aussi, je frottais une assiette. Si ma mère frottait, je frottais. Si elle s'arrêtait, je faisais de même. Et je vis que, comme elle, j'avais cessé de frotter mon assiette et que je la tenais collée sur mon ventre. Cette découverte, je ne sais pourquoi, me remplit de confusion.

— Elle est grosse ? dit ma mère.

— Quoi donc ? répondit mon grand-père, sans même lever les yeux.

— Parbleu, dit-elle, la boursée !

— Mais il n'y a pas de boursée, dit-il.

— Oh ! Oh ! Oh ! Oh ! Cela me ferait bien rire !

— Tu l'as donc vue ? répliqua le grand-père, en relevant vivement la tête. Et il fixa ma mère droit dans les yeux.

Le souvenir de la scène du dimanche se répandit dans tout mon sang et je rougis par-delà les oreilles. Ma mère aussi, rougit ; dans son embarras, elle se remit à frotter son assiette, et je me demandais, plus mort que vif, ce qu'elle allait bien pouvoir répondre, quand j'eus la douleur de l'entendre mentir. Elle le fit avec un accent et d'un ton si nets, avec tant de vivacité dans la repartie indignée, qu'au lieu de rougir, cette fois, je me sentis devenir tout pâle.

— Dieu garde ! Aller fouiller dans les affaires des autres !

Comme elle dut souffrir que ce fût devant moi !

— Je sais bien que tu es une honnête fille, répondit le grand-père, parole qui mit le comble à notre confusion.

— Ah ! taisez-vous, dit ma mère, en se reculant.

Il rit, d'un tout petit rire chevrotant, troublé, moqueur.

— Pourquoi riez-vous ainsi ? dit ma mère, en se retournant.

— Parce que tu as cru qu'il y avait une cassette…

Ah ! pour le coup, il avait trop de toupet le grand-père ! Il la cherchait ?

— Et il n'y en a pas ? fit-elle, presque en colère.

— Non, dit-il.

— Non ?

— J'ai dit non.

— Oh ! diable d'homme, grommela ma mère, en posant son assiette sur la table — et elle en prit une autre dans la bassine. — Il dit que non, et moi je dis que si ! Une belle cassette, encore !

— Qu'est-ce que tu paries ?

— Ce que vous voudrez, dit-elle.

— Mais… la cassette ! répliqua-t-il avec triomphe, en éclatant de rire. Je parie la cassette tout entière. Tu seras bien volée ! Et il se tapa sur la cuisse.

— Ah ! je vous tiens ! s'écria ma mère, en tendant le bras. Elle avait mis son assiette sous l'autre. Cette fois, dit-elle, j'ai la preuve !

Elle rayonnait. Enfin, la partie était gagnée !

— Quoi ! dit mon grand-père, si sincèrement étonné qu'il en avait cessé de coudre. Où ça, une preuve ?

— Vous vous êtes tapé sur la cuisse !

L'argument, sans doute, était sans réplique, car il plongea mon grand-père dans un abîme de réflexions, d'où il ne sortit pas tout de suite.

— Et c'est ça, une preuve ? dit-il enfin.

— Comme si c'était la première fois ! répliqua ma mère.

— Tiens ! Tiens ! Tiens ! murmura-t-il, en retombant à ses réflexions.

— Tel est pris, qui croyait prendre, dit-elle, en se remettant à frotter son assiette.

— Tiens ! Tiens !…

Mais il était trop tard.

— Et ce sera pour quand ? dit-elle.

— Tu le verras bien, répliqua mon grand-père, en se remettant à l'aiguille. Et, de toute la soirée, il ne souffla plus un mot.

J'imagine que les réflexions du grand-père, dans les jours qui suivirent, furent plus que jamais amères. Quoi de plus cruel que d'avoir violé son secret ? Il n'était plus libre, désormais, que de choisir son moment pour nous livrer sa fortune. Encore ne pouvait-il trop tarder.

Eventée la mèche ! Rompu, le charme… Nous avions brouillé le jeu de ses rêves. Par une exceptionnelle faiblesse, il ne songeait point à nous en faire reproche.

Les Bourgeois de Calais, dans leur chemise de lin et leurs entraves, tels que je les voyais figurés dans mon livre d'histoire, n'avaient pas plus piteuse mine, en venant remettre à l'ennemi les clés de la ville, que mon grand-père, dans l'instant où il prit place à table, ce jour-là. Et nous comprîmes, à son air, que l'instant était venu.

Il fit de son mieux pour nous surprendre, malgré tout. Nous ne l'avions pas vu saisir, au fond de son brodequin, sa fameuse petite boîte en fer. Il avait continué à croire, le pauvre, que si ma mère avait deviné qu'il possédait une cassette, elle en ignorait le dépôt. Il dut s'entourer de bien des précautions, dont je rougis encore, en pensant combien elles étaient vaines, pour vider son trésor dans la poche de son pantalon.

Soudain, vers le milieu du repas, une pièce d'argent tomba du ciel sur notre table, tinta, rebondit contre la marmite. A peine avions-nous eu le temps de pousser un cri de surprise, qu'il en arriva une seconde, puis une troisième, et enfin, toute une poignée mêlée de gros sous, qui semblaient venir d'en haut comme les dragées des cloches de Pâques. Une main derrière le dos, adroitement, il jetait les pièces en l'air, par-dessus sa

tête, sans que nous vissions comment. Quel tintamarre !

— Un miracle ! C'est un miracle ! criait ma mère.

Et rien qu'au son de sa voix, il ne me paraît pas possible que le grand-père n'eût deviné qu'elle en savait
plus long qu'elle ne l'avait montré. Le comprit-il ? Il
ne dit rien.

Ma mère s'emparait des pièces, au fur et à mesure
qu'elles tombaient, s'exclamait, quand il en roulait par
terre.

Nous nous étions levés à leur recherche. Du fond de
sa « baleinière », où il mangeait sa soupe au lait, Pélo
nous montrait les endroits. Il était, lui aussi, tout en
fièvre…

— Ici ! derrière l'horloge !… Là, sous le lit… sous
la table à Pépère…

Et il brandissait sa cuiller, dans la direction où les
pièces avaient roulé.

Nous les ramassions, nous les ramenions en triomphe.

Ma mère les prenait, les mettait en tas, commençait
à les compter, toujours en criant à la merveille. Mais
le grand-père restait muet.

Il y avait dans son air quelque chose de si malheureux et de si triste, de si anxieux, que nous cessâmes
nos cris, sauf ma mère, qui tendait ses deux mains et
disait :

— Encore ! Encore !

Il ne répondit pas.

On aura beau dire : l'homme est désespérément rusé.
Plus j'y pense et plus j'admire ce détour génial par où

mon grand-père, acculé à livrer son trésor, trouva le
moyen d'échapper à la honte du vaincu qui rend les
armes, et transforma sa défaite en féerie. Moi, une cassette ? Moi, un trésor ? Vous n'y pensez pas ! C'est
quelque lutin caché dans les poutres qui fait pleuvoir
sur vous cette rosée...

Et cependant, il nous surveillait du coin de l'œil.

— C'est tout ? demanda ma mère, en le regardant
avec malice.

Il ne répondit point encore.

Alors elle entreprit le compte de ce qui devenait sa
fortune. Et quand elle eut deux fois compté le petit tas
d'argent et de billon, nous sûmes que la cassette du
grand-père formait une somme toute ronde : cent
francs.

— Cent francs !

— Cent francs ! reprîmes-nous, tous ensemble.

— C'est bien le compte, père ?

— Non, dit-il, tu ajouteras encore ceci...

Il posa sa main sur la table, bien à plat, et la laissa
ainsi un instant. Puis, il l'ôta, découvrit un louis d'or
tout brillant, qui, je ne sais pourquoi, m'apparut
comme un Enfant Jésus dans sa crèche.

— Et un louis d'or ! Un louis de vingt francs !

Nous nous penchions ! Etait-ce seulement croyable ?

— Montre, maman... Laisse voir...

Comme il était joli ! Et léger !... Elle le prit dans sa
main, et, la main toute ouverte et le louis d'or brillant
dans sa paume, elle l'apporta à Pélo :

— Mon petit chardonneret... Un louis d'or !

Il eut le droit, à son tour, de le prendre dans sa petite main, de le regarder à la lumière, de l'admirer…

Ce louis d'or venait de loin, sans doute. Il est probable que le grand-père le conservait depuis des années, qu'il l'avait transporté souvent d'une cassette dans l'autre, sans jamais se résigner à le livrer avec le reste. Comment aurions-nous pu croire qu'il avait, en quelques mois, gagné cette immense fortune ? Mais pourquoi, aujourd'hui, donnait-il tout ?

Ma mère fit encore une fois le compte du trésor. Et, même, nous comptâmes avec elle. Le louis d'or était à part…

Je doute que la vue de l'or ait jamais réjoui le cœur d'un financier, comme elle réjouit les nôtres, ce jour-là. Il nous semblait qu'un bonheur sans mesure, dont nous ne distinguions pas encore les suites, mais dont les suites seraient fabuleuses, venait de nous échoir. Comme si l'or et l'argent pénétrant dans notre écurie en avaient effacé les ténèbres, nous étions comme éblouis.

Lumineux trésor ! Honteux éblouissement impardonnable à moi et aux autres ! Lâcheté. Dans ce moment même, le grand-père excepté, n'étions-nous pas prêts à renier notre misère ? A peine y avait-il, cependant, là, sur notre table presque nue, les deniers de la trahison…

Or, voici : même la plus délicate des femmes et la plus fine peut, à de certains moments, se tromper. Dans sa joie, ma mère se leva, pour embrasser le grand-père. Il la regarda venir avec une stupéfaction si évidente, qu'elle s'arrêta net, rougit, et murmura :

— Comment?

Mais lui, comme s'il ne s'était plus bien possédé, éclata d'un drôle de rire, et répondit :

— Mange ton fricot!

Deux larmes roulèrent aussitôt sur les joues de ma mère. Elle reprit tristement sa place, le trésor à côté d'elle, mais elle ne le regarda plus. Et le repas s'acheva dans une tristesse seulement un peu plus lourde que celle des jours ordinaires.

Et, malgré tout, quel soulagement de penser qu'enfin l'affaire de la cassette était terminée! Notre mauvaise action du dimanche ne serait jamais connue. Malgré le dénouement si triste de la scène, je pensais surtout à ce bonheur bien plus qu'à l'emploi que ma mère ferait de tant d'argent…

Sur la fin du repas, le grand-père réclama qu'on lui achetât, pour le lendemain, du fromage.

— Oui, père, répondit ma mère. Bien qu'ayant séché ses larmes, elle gardait encore un gros cœur. Et duquel?

— Du camembert.

— Oui, père. Et bien fait?

— Tu sais comme je l'aime, répondit-il, sans s'expliquer davantage.

Et comme il avait achevé de manger, il remonta sur sa table, plus léger de sa cassette, mais plus lourd d'une nouvelle angoisse. Avec, pour consolation, la perspective que demain il goûterait de son fromage préféré.

O tourment!

Au plus creux d'un hiver glacé, un soir, entra chez nous un homme, dans un long pardessus qui lui descendait jusqu'aux pieds, coiffé d'un chapeau de feutre et le cou harnaché de nombreux foulards. Ils formaient comme une sorte de bouée ou de fraise, comme en portaient sous Louis XIII les beaux gentilshommes. Mais l'éclat des blancs tuyaux n'y était plus ; les foulards étaient de la laine la plus terne et la plus effilochée qui soit.

De cette espèce de couronne trop grande pour sa tête et tombée sur ses épaules, sortait tout droit un vieux visage à moustaches gauloises, à grand nez, avec, sur une joue, une verrue grosse comme une bille, et couverte d'une touffe de poils en éventail. Ce visage incrusté de crasse était de la même couleur, vaguement marron, que ses habits et, sans doute aussi, que ses mains. Mais nous ne pouvions le voir, car il portait des gants.

Ah ! par ce froid, les gants n'étaient pas de gloire !... Une pochette, placée dans les règles, ornait son pardessus. Enfin, il était décoré.

Une sorte de macaron violet bourgeonnait à sa boutonnière. A la forme même, à la modestie de ce macaron, on voyait bien qu'il s'agissait là d'une décoration authentique et non d'un de ces crachats de fantaisie, dont certains hommes, comme Pompelune, aiment à contrarier leur désastre.

Sur ses gros yeux tout veinés de rouge, ses paupières

chapillaient sans arrêt. Le feu de la lampe du grand-père transformait en un pur joyau une roupie, au bout de son grand nez...

Tel était le personnage, immobile devant mon grand-père, et le considérant avec un sourire enfantin, timide et non tout à fait sans ruse. Nous attendions tous qu'il parlât et, enfin, il le fit, confus, forcé, emberlificoté.

— Dis donc... Tu n'aurais pas... Dis donc...

— Mais asseyez-vous donc, Tonton, dit ma mère.

— Grâce ! dit-il, je ne refuse pas...

Toute la journée, malgré le froid, il avait distribué en ville des prospectus. Il prit une chaise et s'y posa.

Mon grand-père avait relevé ses lunettes et regardait Tonton sans rien dire.

— Tu n'aurais pas... dis donc, Pierre... Eh ! Eh !...

Ainsi, il tutoyait mon grand-père ! Il l'appelait par son petit nom ! Avais-je donc cru jusqu'alors que mon grand-père ne portait pas de petit nom, que seul, dans le peuple des chrétiens, il était sans baptême ?

— T'aurais pas... dis donc, Pierre... t'aurais pas... quèques vieux... hum... boutons ?

Non seulement Tonton nasillait, mais c'était avec une drôle de voix de tête, et en parlant, il levait les yeux au plafond, ce qui, avec l'éternel chapillement dont il était affligé, lui donnait l'air d'un mendiant aveugle, qui aurait perdu son bâton et son chien.

Mon grand-père fixait sur lui un regard sévère.

— Approche, dit-il.

Tonton se leva et fit un pas.

— Encore !

Tonton fit un nouveau pas vers la table en souriant.

— Drôlement foutu, dit mon grand-père.

— Eh ! Eh !

— En dessous ?

— Quoi ?

— Qu'est-ce que tu as en dessous ? dit le grand-père, de son ton bourru. Et Tonton regarda encore une fois au plafond, en répétant son éternel : Eh ! Eh ! Hum !...

— Enlève ! ordonna le grand-père.

Docilement, Tonton ayant d'abord ôté ses gants, se débarrassa de ses cache-nez, puis de son pardessus. Alors, apparut un merveilleux entrelacs de ficelles, d'épingles, de rubans, qui soutenaient, vaille que vaille, les pires loques que nous eussions jamais contemplées. La veste n'avait plus qu'une manche. Comme il n'avait pas de chemise, le bras sans manche était tout nu. Le gilet était un ancien gilet de valet de chambre, noir et jaune, le pantalon, un pantalon de pompier, bleu à la lisière rouge, noué autour de la taille par une cravate.

— Drôlement foutu !

— Eh ! Hum ! Eh !

L'absence de cache-nez révélait un cou d'oiseau, sale, d'une antique saleté, où il n'y avait de frais et de récent que les roses morsures de la vermine.

— Et tu viens me parler de boutons ? s'écria le grand-père.

— Ah ! Pierre ! fit Tonton en agitant ses bras et sa tête, à la manière désolée d'un innocent qui désespère

de se faire comprendre… Mais, continua-t-il, en saisissant son pardessus, et en nasillant de plus belle, eh !
eh ! Pierre… Hum ! Mais regarde un peu ! Et il montrait les revers des manches.

En effet, il y manquait des boutons !

— Et alors ? dit le grand-père.

— Ben ! fit Tonton… eh ! ça se remarque !

Et il écarta les bras en signe d'évidence et de malheur, sans lâcher son pardessus.

Le grand-père secoua doucement la tête. Il haussa
les épaules.

— Va-t'en t'asseoir, dit-il.

Et Tonton, ayant remis son pardessus, alla s'asseoir.

Comme si Tonton, soudain, n'avait plus existé du
tout, le grand-père se replongea dans son ouvrage.

— Approchez-vous du feu, dit ma mère.

— Eh ! Eh ! répondit Tonton joyeusement.

Il sortit un bout de journal, l'ouvrit sur ses genoux
et se mit à défaire des bouts de mégots. Et l'habituel
silence de nos soirées revint sur nous. L'aiguille du
grand-père crissait, sa pipe gargouillait à chaque bouf-
fée qu'il en tirait, l'horloge battait, et l'eau où bouillon-
naient nos patates, pétillait doucement sur le feu.
C'était une heure comme tant d'autres, avec pourtant
l'étrangeté comme féerique de la présence de Tonton.
Son bras nu !

Quand le grand-père eut achevé sa bricole, il la ran-
gea de côté et descendit de sa table, en frottant ses reins
courbaturés. Il se pencha, pour fouiller dans un bahut,
où il serrait toutes sortes de vieilles affaires qui

n'étaient qu'à lui. Il en tira un paquet de hardes qu'il posa sur la table, et dont il examina chaque pièce avec un air absorbé de vieux marchand.

— Ma foi ! finit-il par dire. Regardes-y tout seul !

Et comme il était incapable de rien faire, sans y mettre de la rudesse :

— Si tu crois que j'ai du temps à perdre pour un gaillard comme toi !

Et il remonta sur sa table.

Tonton avait rejeté tout en vrac ses mégots dans la poche de son pardessus. Debout, comme un soldat au garde-à-vous :

— Tu… Tu… est-ce que tu ne blagues pas, Pierre ?

Mais le grand-père, déjà, tirait l'aiguille. Il ne répondit que par un geste du menton, désignant les hardes.

Tonton ne chapillait plus. Bouche bée, il nous regardait.

— Eh bien ! Tonton, lui dit ma mère.

Il se mordait la lèvre, comme un enfant gourmand. Il éclata de rire.

— Hi ! Hi ! Hi ! Hi !…

Et il s'avança vers les hardes, sur la pointe des pieds.

Le grand-père cousait, l'air absent. Et Tonton fouillait dans le tas…

C'étaient de vieux habits, laissés là on ne savait comment, par l'oubli des uns, par la mort des autres, par le hasard des choses, de vieilles vestes, de vieux pantalons, et que mon grand-père appelait ses laissés-pour-compte. Toute une friperie…

Tonton sortit de là une magnifique veste de chasseur.

— Oh !

Et il la brandit, la tint en l'air, comme un trophée. Ah ! Comme il jubilait !

— Essaie, ordonna mon grand-père.

Encore une fois, il laissa sa bricole, et malgré ses reins endoloris, il descendit de sa table. Et nous le vîmes s'affairer autour de Tonton, comme autour d'un client. La veste allait à peu près, il n'y faudrait qu'une retouche de rien… Il lui ferait ça, un de ces jours, qu'il aurait le temps. Mais pour ce soir, vu le froid qu'il faisait, il n'avait qu'à l'emporter comme ça… Et pourquoi n'avait-il pas pris de pantalon ?

— Etouffe-moi celui-là, c'est ta taille, dit-il, en lui fourrant un pantalon dans les bras. Et sans rien ajouter, il remonta sur son perchoir, laissant là Tonton ébloui, confondu, bâillant de joie et dodelinant de la tête, serrant avec amour, sur son cœur, les dons providentiels qui venaient de lui échoir, et, lui aussi, sans paroles.

Le grand-père s'était remis au travail sans plus accorder la moindre attention au pauvre et heureux Tonton, lequel, enfin, se tourna vers nous, en nous montrant tout ce dont il était chargé.

Ah ! quel visage il eut alors ! quelle flamme de bonheur, dans ses yeux, et quel sourire, sur ses vieilles lèvres ! Mais soudain, comme nous pensions qu'il allait dire un mot et partir, il s'installa comme tout à l'heure auprès du feu, il fit un paquet de la veste et du panta-

lon, puis, tirant de la poche de son pardessus un petit
objet brillant, il l'approcha de ses lèvres, en jetant à la
ronde un regard de joyeuse complicité. L'objet, c'était
un okarina.

Tonton se mit à souffler dedans, d'abord tout doucement, et, malgré l'étonnement que provoqua en moi
cette musique inattendue, j'observai que Pélo et le
grand-père avaient relevé la tête, tous les deux, presque
en même temps, saisis de la même surprise… Et, aussitôt, ils avaient repris chacun leur position d'habitude,
l'un étendu tout de son long dans le fond de sa baleinière, et l'autre, courbé comme un pénitent sur sa
tâche. Mais ils n'avaient rien dit, et Tonton avait compris que ne disant rien, le grand-père faisait mieux que
de lui permettre de continuer, qu'il le lui demandait.
Aussi, y alla-t-il de bon cœur.

Ah ! vivrais-je cent ans, comme on dit, que toujours
je reverrais cette scène, que je n'oublierais jamais
l'image du vieux miséreux, assis par terre à cul plat,
près de notre feu, une main posée sur le baluchon qu'il
venait de recevoir, et de l'autre, tenant et promenant
sur son visage illuminé le petit okarina qui brillait
comme un miroir et parfois étincelait, sous l'éclat de
la lampe.

Dehors, il neigeait. Le silence de la neige s'accrois-
sait encore du silence de la nuit tombée. Toute vie était
suspendue autour de nous, rien, pas un bruit, pas même
celui du marteau de la Pinçon ! C'était l'heure, pour
elle, comme pour nous-mêmes, de préparer la pâtée
commune… Et quant à Durtail, il avait dû sans doute,

comme si souvent l'hiver, qu'il se glaçait les sangs dans son atelier, aller chercher un peu de chaleur au bistrot.

Nous, nous étions là, entourant Tonton, qui nous regardait les uns après les autres par-dessus son instrument, comme il nous aurait regardés par-dessus des lunettes, avec mille grimaces destinées à nous faire mieux sentir la beauté de la musique qu'il nous offrait, à nous mieux faire admirer l'art difficile de l'exécutant… Quel beau moment ! Mon grand-père, à la fin, en laissa de côté son travail, mais comme il ne voulait avoir l'air de rien, il se mit à bourrer une pipe. Jamais pipe ne fut si longue à préparer — et je crois bien, en fin de compte, qu'il oublia de l'allumer…

Tels étaient les personnages de notre entour, notre voisinage, l'école, les scènes qui parfois se passaient chez nous.

Quand ce n'était plus l'hiver, il arrivait, le soir, que le grand-père revêtît silencieusement son cache-misère, et, chaussant ses galoches, qu'il nous sifflât. Ou bien, il nous disait brusquement :

— Qui m'aime me suive !

Ayant compris son manège, nous étions prêts déjà.

— A bientôt, criait-il à ma mère, qui restait près de notre Pélo. Et nous partions faire un tour.

Délassement. Mais le grand-père n'eût pas voulu convenir que cette promenade en était une pour lui. Il prenait soin, au contraire, comme nous nous mettions en route, de nous informer qu'il ne s'agissait là que d'un salutaire exercice, et de rien d'autre. N'avait-il pas grand besoin, après sa journée accroupie, de se dégourdir les sangs ?

Il partait d'un bon pas. Nous avions parfois peine à le suivre. On aurait dit qu'il prenait un malin plaisir à forcer l'allure comme s'il eût voulu jouer avec nous au plus fin. Ou bien, l'idée nous en venait aussi, comme s'il eût voulu nous perdre en route, comme on perd son chien.

Toujours, c'était la même tournée, le même parcours que nous reprenions autour de la ville.

Nous ne pénétrions jamais au cœur de la grand-rue Saint-Yves, un peu plus lumineuse que les autres ou moins obscure, avec, en haut, deux cafés où ces messieurs qui, pensions-nous, menaient la grande vie, faisaient la partie jusqu'à des dix heures du soir.

Tout ce qui n'était pas cette rue Saint-Yves restait livré à la nuit même, la vraie nuit, semblable à celle qui recouvrait les champs. Nous trottions dans la suite du grand-père qui ne disait mot, sauf pour nous exciter à marcher plus vite ou au pas, ou pour nous ordonner de nous taire.

Nous montions vers les hauts quartiers encore plus silencieux que les autres, nous semblait-il. Dans la proximité de la campagne, nous longions les murs d'un couvent. Nos pas dans la nuit comme ceux d'une patrouille. Etrange patrouille !

Il arrivait que cette manière de se cacher comme des

rôdeurs en quête d'un mauvais coup eût un sens ou du moins l'apparence d'un sens : c'était quand nous allions perdre nos chats. Coquebelle ayant mis bas, jamais le grand-père ne consentait à noyer ses petits, ce que tant d'autres dont le cœur passait pour plus tendre n'eussent pas manqué de faire à sa place. Loin d'être cruel aux bêtes, il leur témoignait au contraire un amour sensible et caressant dont nous eussions dû être jaloux. Comme il faut bien que d'une manière ou d'une autre des paroles de tendresse s'échappent de la bouche des hommes, et que le grand-père ne savait pas nous en dire, c'était à Coquebelle qu'il en murmurait de très douces.

Coquebelle était beaucoup plus sa chatte que la nôtre. C'était lui qui la nourrissait, qui la soignait si elle était blessée, qui la défendait contre les attaques des chiens imprudents qui s'aventuraient dans notre cour. Quand elle était pleine, il redoublait pour elle d'attentions et, dès qu'elle avait mis bas, il montait pour ainsi dire la garde devant sa niche qui, pour la cir- constance était transférée sous la fenêtre, c'est-à-dire sous son regard même. Et il était interdit à quiconque d'en approcher.

Faut-il le dire, c'était nous priver d'une de nos plus grandes joies. Rien ne nous paraissait plus enviable que de tenir sur nos genoux, de caresser et d'amuser les chatons de Coquebelle. Il nous arrivait bien parfois, profitant d'un instant propice, d'enfreindre la défense et de plonger nos mains jusque sous le ventre de Coquebelle, qui ne disait rien, pour nous emparer d'un chaton gros comme un rat, chaud comme un œuf, et dont les yeux n'étaient pas encore ouverts. Mais à peine avions-nous eu le temps de nous rendre compte que le chaton était blanc avec de petites taches noires au bout de la queue, qu'il avait deux ou trois frères ou sœurs comme lui gîtés sous le ventre douillet de Coquebelle et leurs petites gueules roses suspendues à ses tettes, que bien vite, le grand-père reparaissant, il fallait le remettre en place.

Ainsi en allait-il jusqu'au jour où devenus assez grands ils sortaient eux-mêmes de leur cachette pour venir avec nous essayer leurs premières gambades. Rien ne nous plaisait davantage que les jeux charmants de ces petites bêtes. Nous passions des heures à les contempler et bien souvent ils nous faisaient rire aux éclats. Quelles bonnes parties ! Mais les chats grandissaient, de jour en jour ils devenaient plus robustes. Coquebelle cessait bientôt de jouer avec eux ; sans doute n'avait-elle plus rien à leur apprendre. Et quand l'un d'eux, bien que l'écuelle où nous leur mettions du lait fût encore à moitié pleine, s'avançait près de sa mère et prétendait téter encore, ce n'était plus comme autrefois une Coquebelle tendre qu'il rencontrait, une Coquebelle qui savait avec tant de douceur gentille se coucher sur le dos et ouvrir sa cuisse à ses petits, mais une Coquebelle revêche, sévère, qui accueillait le pauvre petit étourdi d'un coup de patte sec et mortifiant et lui tournait le dos. Car il y a un temps pour tout même chez les bêtes. Et Coquebelle ayant sans doute conscience d'avoir mené à bonne fin son ouvrage entendait s'appartenir désormais.

On aurait dit que le grand-père n'attendait que ce signe ou peut-être cette permission pour déclarer que la belle enfance des chatons était finie, que maintenant ils en savaient assez, qu'ils étaient assez robustes pour se tirer d'affaire tout seuls, que l'heure était venue de s'en séparer. Cela nous faisait gros cœur. Mais aussi bien comprenions-nous qu'il ne pouvait pas être question de garder chez nous quatre ou quelquefois même cinq chatons. Et quand le grand-père nous sifflait pour la promenade nocturne où nous devions aller les perdre, nous nous hâtions malgré notre chagrin, de lui apporter nous-mêmes les petites bêtes, car il n'eût pas souffert qu'un autre que lui s'en chargeât.

Les poches de son vieux pardessus — son cache-misère — étaient si vastes, qu'elles pouvaient aisément contenir chacune deux petits chats, lesquels s'y trouvaient encore à l'aise, et, s'il y en avait un cinquième, il le prenait dans ses bras, mais caché sous son pardessus, en sorte que personne ne pouvait se douter qu'il portât rien avec lui.

Ainsi équipé, il se mettait en route, nous le suivant, comme toujours, en trottinant. Nous gagnions les hauts quartiers. Depuis longtemps, en pensant à ses chats, il avait choisi quelque maison bourgeoise à la porte de laquelle il déposerait le premier, sûr que les animaux y étaient toujours bien accueillis et bien traités. Car en vérité, la perte qu'il voulait faire des petits chats n'était pas du tout une perte de hasard, il n'avait pas si mauvais cœur. Loin de les abandonner sans rien faire pour tâcher de leur assurer un avenir, il se préoccupait au contraire de chercher pour eux les endroits où ils auraient le plus de chance de bonheur. Et pour cela, qu'y avait-il de supérieur aux hôtels ?

Après avoir poussé notre pointe vers quelque maison bourgeoise des hauts quartiers, nous piquions vers le centre de la ville, les hôtels n'étant point ailleurs, et là, avec des précautions qui sans doute étaient bien exagérées, mais qui donnaient à notre troupe enfantine la délicieuse angoisse d'accomplir quelque chose de défendu ou de dangereux, mais de bien, nous entrions tout doucement dans des cours où quelquefois il y avait encore des voitures qui n'étaient pas remisées. Avec un dernier baiser sur le bout de son museau humide et glacé, le grand-père déposait à terre le chaton qui s'enfuyait tout ébahi et disparaissait aussitôt. Autant de fois nous recommencions l'opération qu'il y avait de chatons à perdre. Cela devenait un plaisir. Nous pensions avec joie à la vie que mèneraient désormais nos jolies petites bêtes. Et le grand-père était si content qu'il lui arrivait, sans doute sans y penser, de nous prendre par la main quand nous rentrions à la maison.

Mais il était bien exceptionnel que nous eussions des chats à perdre. Le vrai caractère de nos rondes nocturnes ne tenait pas à leur existence. Aujourd'hui que j'y repense, je revois non sans inquiétude le petit groupe que nous formions, le grand-père dans son manteau gris, marchant en tête, le front baissé sous son chapeau crevé et les mains dans les poches, nous le suivant comme une bande de petits chiens fichés à ses trousses, personnages muets comme il l'était lui-même et mus comme par une horlogerie fantastique.

Plus il était tard, plus la nuit était profonde et les quartiers déserts, et plus, semblait-il, le grand-père se trouvait à son aise. On aurait dit que le droit de paraître au soleil était un droit qu'il ne se reconnaissait pas à lui-même, et qu'il ne consentait à se mouvoir et à marcher sur la terre qu'à la condition de n'y pas être vu. Mais toute loi a ses dérogations, toute passion ses hasards. Cette sorte d'amour de la nuit, il pouvait y contredire dans certains cas et presque sans s'en douter, comme on se laisse fasciner. Et cela se produisit en effet un soir où, nous étant approchés de la rue principale, non, bien entendu, dans l'intention de la franchir et je ne sais plus par quel détour, nous entendîmes de la musique.

Le grand-père ne dit rien mais il s'arrêta aussitôt et nous de même. Un bon moment il demeura absorbé, debout au bord du trottoir et, quand il se remit en route, nous vîmes avec stupéfaction qu'il ne reprenait pas du tout le chemin de la maison mais un autre qui était celui de la grand-rue Saint-Yves. Un instant nous hésitâmes à le suivre. La même pensée était venue à chacun de nous que le grand-père se trompait, que nous devions peut-être l'en avertir. Mais devant son air de décision nous vîmes bien qu'il n'y avait pas d'erreur de sa part mais que, obéissant aux habitudes de son caractère, il avait jugé inutile de nous rien dire. Nous le suivîmes donc sans un mot, inquiets pourtant de ce qui allait se passer quand nous arriverions en pleine lumière. Mais il ne sembla pas partager notre souci.

La musique venait d'un piano. Nous arrivâmes en haut de la rue Saint-Yves par une sorte de petite place où donnait le grand café de la ville. Les portes étaient largement ouvertes. A la terrasse quelques buveurs prenaient le frais. Il n'y avait presque personne à l'intérieur sauf précisément cette pianiste dont le jeu avait fasciné mon grand-père.

Il n'osa tout de même pas s'avancer jusque devant le café. Nous le vîmes soudain s'enfoncer jusque dans l'encoignure d'une porte où il resta tant qu'on entendit le piano. Et quand ce fut fini, que la musique eut cessé et qu'il ne demeura plus d'espoir qu'on pût en entendre de nouvelle, il se remit en route toujours sans dire un mot, et nous de même à ses trousses.

C'est à partir de ce jour-là qu'il se décida à nous emmener au concert public que donnait chaque semaine la musique militaire ou la musique municipale et où, jusqu'alors, il n'était allé que tout seul et sans même que nous le sachions.

S'il était annoncé qu'un concert se donnerait sur les Quinconces, il ne manquait pas de s'y rendre. Il se faisait toujours prêter le journal pour en lire soit l'annonce, soit le compte rendu. «Voici le programme du concert qui aura lieu pour les fêtes de la mi-août, demain vendredi à neuf heures au kiosque des Quinconces. Ce concert, quatrième du cycle des concerts de la Musique municipale, entièrement composé d'œuvres du répertoire populaire, n'en sera pas moins apprécié de nos concitoyens. I. *Saint-Malo,* marche (Flamant) ; II. *El Gitanillo,* fantaisie caractéristique (Kelsen) ; III. *Dans le Jardin d'un monastère,* intermezzo (Ketelbey) ; IV. *Lakmé,* sélection sur l'opéra-comique de Léo Delibes. Solistes : MM. Perigot et Moulin ; V. *Ah ! Vous dirai-je Maman,* air varié pour flûte de Raynaud. Soliste M. Leturgeon ; VI. *Salut au 85ᵉ,* célèbre défilé avec tambours et clairons. »

Il lisait d'une voix bégayante, le soir, après avoir avalé sa soupe. Nous n'osions point l'interrompre bien que cette lecture fût toujours longue, pénible à tout le monde et surtout à lui-même. Car il avait l'air d'avancer à travers cette nomenclature comme à travers un buisson d'épines, de s'y frayer un chemin en trébuchant d'un mot sur l'autre. Parfois, quand il avait affaire à un mot trop savant, il engageait avec lui une lutte comme il aurait fait avec une bête. Coûte que coûte, il fallait passer outre, surmonter l'obstacle. A aucun prix il ne se fût résolu à l'éviter. Avec cette opiniâtreté farouche qui était dans son caractère il s'obstinait, prenant le mot rebelle par tous les côtés possibles. Il en faisait le siège et finissait par en triompher, c'est-à-dire par le prononcer à peu près comme il faut.

Ces concerts n'avaient lieu que l'été. Ils offraient en même temps que la joie si rare d'entendre de la musique, un but de promenade à ceux qui n'avaient pas l'habitude, ou qui eussent trouvé trop commun, de passer les chaudes soirées assis sur le pas de leurs portes.

Quand il s'agissait d'un concert, mon grand-père redevenait une sorte d'homme libre, bien que son plaisir, il ne pût le goûter qu'à la condition d'aller s'asseoir sous les arbres les plus reculés du jardin. Et une fois sur son banc il n'en bougeait plus de toute la soirée. Il écoutait en fumant sa pipe.

Nous avions le droit de nous promener un peu alentour, mais pas trop loin. Si par un coup d'audace inouï, dont les exemples furent rares, l'un de nous proposait qu'on se rapprochât du kiosque, il recevait invariablement la réponse qu'il n'y avait pas avantage à se coller l'oreille contre la grosse caisse si l'on voulait vraiment comprendre quelque chose à la musique. Ainsi voulait-il nous faire croire que ce n'était pas pour d'autre raison que celle d'augmenter son plaisir, et le nôtre, qu'il se tenait ainsi à l'écart.

Tout ce que nous pouvions espérer c'était que l'un de nous fût envoyé en estafette jusqu'au pied même des marches qui donnaient accès au kiosque, pour lire le programme affiché là sur un piquet, et voir s'il concordait bien avec ce que le journal avait annoncé. Pour un instant donc, il était permis à l'un d'entre nous de plonger dans la foule des promeneurs et d'assister aux jeux des autres enfants. Encore fallait-il montrer de la mémoire, au retour, ne pas confondre le pas redoublé avec le solo de piston, la *Marche au Supplice* avec le *Clair de Lune,* une œuvre inédite du chef de musique en personne.

Malgré la gêne qui me venait de ne pas devoir bouger et à laquelle je me soumettais comme les autres, je

ne dirai pas que ces concerts étaient pour moi dépour-
vus de charme, loin de là. Cette pauvre et souvent grossière musique (mais je n'en connaissais pas d'autre)
exerçait sur mon imagination un grand pouvoir de
dépaysement. Je ne dirai pas que tout ce que j'entendais me plaisait de la même façon ni toujours, mais il
se produisait parfois des échappées où je me sentais si
plein de bonheur, et d'une manière qui m'était restée
si imprévisible à moi-même, que je tremblais qu'on
aperçût quelque chose de mon émotion, qu'on devinât
quelque chose de mon secret qui n'aurait pu que mourir au jour.

Oui. Et ce n'était là qu'une toute petite monnaie
comparée aux trésors des fêtes religieuses.

Ce n'était pas que chez nous, ma mère exceptée, on
professât un grand respect des choses de la religion.
Mais, même sur l'esprit d'un athée comme mon grand-
père, le faste des cérémonies catholiques exerçait une
séduction irrésistible.

Pour rien au monde, il n'eût manqué d'assister à
l'une d'elles, pourvu qu'elle se déroulât dans la rue,
qu'il y pût venir en badaud, qu'on n'eût pas à dire : on
l'a vu entrer à l'église. Il n'allait pas, assurément, jusqu'à s'agenouiller au passage de l'évêque, et pour
n'avoir pas à le faire, il se tenait au rang le plus reculé
des spectateurs, son chapeau quillé sur le haut de la
tête, en fanfaron. Je me suis souvent demandé à quelles

sortes de pensées il pouvait bien se livrer durant qu'il assistait à ces spectacles, car je ne crois pas que tout se bornât pour lui aux quelques sarcasmes qu'il débitait ensuite contre les curés, et qui ne donnaient point la clé du visage attentif et grave que je lui avais surpris dans ces occasions.

Elles étaient nombreuses. Je n'ai point dessein de les mentionner toutes. Je ne veux me souvenir que de l'une d'entre elles, la plus dramatique et la plus belle de l'année. C'est de la Procession des Pestiférés que je parle.

Il y a quelque deux cents ans ou plus peut-être, une peste ravagea la province. Le fléau disparu, les survivants entreprirent de grandes processions d'action de grâce pour remercier le ciel et plus particulièrement la Vierge. Il en resta un pèlerinage qui se déroule de nuit, en souvenir sans doute de l'enlèvement nocturne des cadavres.

Une fois l'an, vers la fin du mois de mai, la ville tout entière se pavoise et s'illumine dans un grand mouvement joyeux. Tout le temps de mon enfance aucun spectacle plus beau ne s'est offert à mes yeux et à mon cœur.

… Toute la journée, et quelquefois même la veille, on a vu arriver parfois de très loin, les uns en chemin de fer, les autres en carriole, et certains même à pied, la foule des pèlerins, porteurs de petits paniers d'osier où ils ont fourré leur bagage d'un jour et leur croûton de pain. Ils parcourent la ville par petits groupes, avec une sorte d'hésitation et de prudence comme si de partout ils se sentaient menacés. On dirait qu'un autre effroi que celui du ciel les habite aussi. Toutes les églises sont ouvertes et les recueillent. Devant les confessionnaux, de longues files attendent leur tour en récitant des prières.

Les auberges sont en rumeur, une grande rumeur de foire, menée par les heureux de la bande, ceux qui n'ont pas fait de vœux et qui tiennent en poche les gros sous d'une petite ripaille. A ceux-là il suffira bien, le soir, de chanter leurs cantiques dans la foule des processionnaires et de réciter bien haut leur *Ave* pour que leur âme soit tranquille. En attendant ils trinquent.

Les autres sont campés sur les marches de la basilique d'où sortira ce soir la procession, menée par la croix lumineuse. Ils prient, se recueillent, vont faire leur chemin de croix, poser un cierge pour que guérisse bientôt le malade laissé à la maison, pour que revienne celui qui voyage, pour que le mort qu'on a tant pleuré l'année dernière achève enfin son purgatoire. Devant la basilique, sur la petite place, à l'ombre du marronnier déjà enrichi de ses premières feuilles, où le vent fait comme un bruit de mer paisible en passant, de petits étals se dressent. C'est là qu'on achètera des cierges ce soir, un morceau de pain d'épices pour les enfants, une babiole, en souvenir de ce grand jour.

A toutes les fenêtres, des drapeaux, des banderoles ont surgi, et les mèches sont prêtes dans leurs petits godets pleins d'huile. Sur la place du Marché, la plus grande de la ville, retentissent les derniers coups de marteau des ouvriers qui dressent le reposoir. Ils n'auront plus qu'à dérouler le tapis et tout sera prêt enfin.

C'est de là, quand la procession rentrera vers minuit, que Monseigneur prononcera son allocution. Et les pèlerins s'en retourneront attendre le jour sur les marches de la basilique tandis que les marchands replieront leurs bâches. Les portes de l'église seront grandes ouvertes et la lumière d'espérance brillera au fond sur le maître-autel, autour du Saint-Sacrement.

Comme ceci se passait dans la toute dernière soirée de mai il se mêlait aux choses la douceur nocturne du printemps. Généralement la journée avait été chaude, mais, sur le soir, vers les huit heures, quand, dans les maisons, chacun s'apprêtait à sortir — ceux qui n'iraient pas prier seraient au moins dehors au spectacle — une paix qui n'était pas encore celle qui viendrait surprendre les pèlerins vers les deux heures du matin, mais qui l'annonçait, rendait à la ville son allégresse perdue sous la trop forte chaleur de midi, et pour ainsi dire sa respiration. C'est qu'on n'était pas encore habitué au soleil.

Quand c'était la Procession des Pestiférés, il n'y avait rien d'autre qui occupât quiconque, et mon grand-père comme tout le monde.

Dès que nous avions avalé notre dîner, avec une hâte que rien ne justifiait que notre impatience, car il n'était pas possible que nous fussions en retard, la procession ne sortant jamais de l'église que vers les neuf heures, nous partions tous ensemble et même Pélo, que ma mère poussait dans une petite voiture d'enfant empruntée à la Pinçon.

C'était la seule occasion de l'année où Pélo sortît le

soir. Tant ma mère l'enveloppait de couvertures et de frileuses, qu'on ne voyait plus que son petit visage blanc, si sérieux, mais ce jour-là plus sérieux que jamais, avec, dans le fond de ses yeux, une sorte de fièvre et déjà d'extase silencieuse. La Pinçon elle-même nous accompagnait parfois, avec sa bande de pinçonnets. Nous formions toute une troupe, dans nos plus beaux habits, ceux du dimanche. Etrange, de penser que la maison resterait vide. Et voir ma mère en toilette !

A mon avis, le souci qu'elle avait de s'habiller ce soir-là, et de son mieux, c'était une manière de porter hommage tant à son Dieu qu'elle n'avait jamais renoncé, qu'à sa jeunesse où elle l'avait tant servi. Les prières qu'elle récitait dans son cœur en étaient un autre plus véridique. Elle ne nous disait plus, mais nous le savions assez, que dans sa vingtième année elle avait porté sur son corsage de couturière le ruban bleu des Enfants de Marie. Alors, elle prenait son rang dans la file des processionnaires. Elle n'en parlait plus. Il eût fallu nous dire pourquoi elle n'allait plus à l'église. Peut-être ne le savait-elle pas très bien elle-même ; peut-être au contraire, le savait-elle trop.

Fidèle à sa pente malheureuse, le grand-père, qui marchait en avant faisait tous ses efforts pour paraître n'avoir consenti à sortir qu'à contrecœur. Car il se foutait bien de la « cavalcade » ! Et si ce n'avait été pour nous faire plaisir, il serait resté chez lui, il se serait mis au panier comme tous les soirs, sans autre souci de cette faridondaine. Mais il marchait cependant et même il lui arrivait de nous signaler telle beauté qu'il venait d'apercevoir dans la manière dont telle maison était ornée.

Fort d'une expérience qui portait sur une vie entière — peut-être même n'avait-il pas manqué une seule fois d'assister à la Procession des Pestiférés — il savait mieux que personne les endroits où nous serions le plus à notre aise. Il nous y menait.

Tant qu'il restait un peu de jour par-delà les frontons pavoisés, les lampes ne s'allumaient pas encore. Mais aux balcons, les gens étaient à leur place, beaucoup d'entre eux assis sur des chaises ou sur des pliants. Dès que l'ombre sérieuse de la nuit avait absorbé les dernières traînées de jour, les lumières s'allumaient aux fenêtres en guirlandes, en même temps qu'au ciel les premières étoiles. Alors commençait la vraie fête, celle pour laquelle nous étions sortis, celle que nous avions espérée depuis des jours, et qui n'en était une à vrai dire que par la ferveur et l'espérance, la joie que nous éprouvions en nous-mêmes.

Ce n'était pas ce que nous appelions un pardon, c'était un pèlerinage, mais nous nous sentions comme pardonnés cependant. Et Dieu, qui jamais n'était plus présent que ce jour-là, savait seul de quelle faute. Nous nous mêlions à la foule, ce que nous n'eussions point fait, en tout cas pas de la même façon, eût-elle été rassemblée pour toute autre raison qui n'eût rien eu à voir avec le ciel. Cette interdiction — cet interdit — qui pesait sur nous sans cesse, nous semblait levée. Notre allégresse, ou notre espérance, était la même que celle des autres. Nous n'avions plus honte d'être au monde.

Au fur et à mesure que nous avancions dans la suite du grand-père qui nous ouvrait le chemin, les lumières se multipliaient partout en attendant la grande lumière de la Croix et de la Vierge qui n'allait plus tarder à paraître. La foule, de plus en plus épaisse, produisait une espèce de rumeur qui déjà ressemblait à celle des prières et annonçait les chants.

Il y a dans les instants qui précèdent les grandes fêtes où se réalisera tant d'unanimité, une sorte de perfection différente de celle que réalisera la fête elle-même, mais dont la répétition dans les mêmes formes nous frappait d'année en année et que nous attendions toujours. Enfin, les cloches se mettaient en branle.

Or, certain soir, celui dont je parle plus particulièrement ici et qui pouvait être un soir de ma onzième ou de ma douzième année, je sentis pour la première fois la beauté des cloches dans la nuit.

Certes, durant tout le mois qui avait précédé le pèlerinage, le mois de Marie, les cloches n'avaient pas manqué de retentir longuement le soir. Mais moins nombreuses peut-être, ou les hasards n'étaient pas les mêmes, ou encore n'y avais-je pas prêté assez d'attention… Car ce que j'entendis alors, il me parut vraiment que c'était pour la première fois. Une beauté si parfaite me fit peur…

Elles cessèrent bientôt de retentir avec la même violence, sans pour cela s'arrêter, et se fussent-elles arrêtées que je n'en eusse pas moins continué à les

entendre. Les musiques même les plus heureuses
n'étaient rien en comparaison. Et quelle musique avait
jamais recélé tant de ciel ?

Voilà qu'à de nouveaux mouvements de la foule
nous comprenions que l'heure était toute proche où la
procession allait paraître. Les gens ne se hasardaient
plus sur la chaussée, ils formaient sur les trottoirs
d'épaisses files stationnaires derrière lesquelles il était
déjà si difficile de se glisser. De temps en temps quelqu'un traversait la rue en courant pour aller rejoindre
un ami reconnu en face. Il y avait de plus en plus de
lampes aux fenêtres, au fronton des magasins, dans les
guirlandes et les bannières blanches et bleues. La foule
tombée dans un grand silence prêtait l'oreille à une
lointaine rumeur de chants, de prières et de fanfares qui
annonçait qu'enfin la procession s'était mise en route
et que nous n'allions plus tarder à la voir.

Quelle apparition ! On avait beau s'y attendre, c'était
à chaque fois le même coup d'émerveillement.

Voilà qu'au bout de la rue se dressait la grande croix
de lumière, toute droite, haute, portée on ne voyait pas
par qui, emplissant tout l'espace, éblouissant jusqu'aux
feux dont les balcons étaient chargés. On aurait dit
qu'elle ne bougeait pas, tant elle avançait lentement.
Et parfois en effet elle ne bougeait pas du tout, la procession venant de s'arrêter.

Mais bientôt un frémissement remuait les grands

bras de feu ouverts dans la nuit du ciel, les tambours, qui s'étaient tus, roulaient au loin, et la procession repartait. La croix géante avançait sur nous, et, en vérité, on aurait dit qu'elle allait toute seule, marchait sur la foule des têtes, comme une fois Jésus sur les flots. Quel éclat !

Même les fumées multicolores des feux de Bengale qu'on voyait par-dessus les toits n'en troublaient point la retentissante pureté. On aurait dit que ces lueurs de féerie, la grande croix qui venait sur nous les ignorait, qu'elle n'en était point touchée, qu'au milieu d'elles, sa pure lumière n'en éclatait que mieux.

Je ne voyais qu'elle, tout en n'ignorant rien du reste. Dans un mélange d'allégresse et de frayeur, j'attendais qu'elle passât devant moi, tantôt épouvanté de la rencontre, escomptant je ne sais quoi de formidable qui se produirait dans le même instant, tantôt, au rebours, agité d'une douce impatience.

Il arrivait que de bienveillants spectateurs m'eussent fait une petite place devant eux, au premier rang, sur le bord du trottoir. Et j'étais là, m'oubliant moi-même, oubliant mieux encore et ma mère, et mon grand-père, mes frères aussi, même le pauvre Pélo, oubliant tout ce qui n'était pas cette croix en route, en marche vers moi, menée, je le voyais maintenant, par de tout jeunes prêtres en surplis qui étaient des séminaristes.

Elle était hissée sur un pavois qu'ils portaient sur leurs épaules, avec un air de bonheur grave comme on en voit aux enfants choisis pour une récompense, comme des excellenciers, mais des excellenciers du bon Dieu. Eux-mêmes ne chantaient pas, mais d'autres autour d'eux, qui formaient les premiers éléments du cortège et qui s'avançaient d'un pas solennel de part et d'autre de la croix, tenant dans leurs mains blanches sous la dentelle, leurs gros livres noirs et dorés. C'était beau comme une belle image et plus mystérieux qu'un rêve.

Le silence des porteurs surtout, un silence plein de prières, mais aussi peut-être, de menaces, effarouchait mon âme d'enfant. Tout à l'heure, il faudrait se signer, comme je savais qu'on le devait faire à chaque fois qu'apparaissait quelque part la croix, comme je l'avais fait certains matins, rencontrant le curé de la paroisse et son enfant de chœur qui s'en allaient porter le viatique à quelque moribond.

Mais il ne s'agissait pas, aujourd'hui, de viatique. Nous étions dans un jour d'allégresse où il ne se pouvait pas que la mort elle-même ne suspendît ses œuvres. Et la grande croix arrivait enfin vers moi, si près, si proche…

Rien n'existait plus que par sa lumière. Il fallait baisser les yeux pour n'en être pas ébloui. De nombreuses gens faisaient bien plus que de baisser les yeux, ils courbaient la tête, le dos, il y en avait qui s'agenouillaient tout simplement dans le ruisseau. C'était une chose étrange que cette multiplication des signes de la croix, que cet affaissement de la foule comme sous un fardeau soudain bien trop lourd. Je me signais aussi, tant bien que mal, je m'inclinais, je m'agenouillais sur le caillou, en récitant un bout de prière

que ma mère nous avait apprise. Ah Jésus, roi du ciel,
notre Jésus, seul ami des pauvres ! Et quand je relevais
le front, j'étais tout surpris de voir que la grande croix
était déjà loin. J'avais donc prié si longtemps !

Elle était bien maintenant à une vingtaine de pas en
avant, et c'était des jeunes filles qui chantaient sous
mes yeux, des Enfants de Marie, dont ma mère autrefois avait été. S'en souvenait-elle ? Je me le demandais
sans oser me retourner pour regarder de quel visage
elle les contemplait ce soir. Une vague crainte m'empêchait de le faire, quelque chose comme le sentiment
que je n'en avais pas le droit, et le soupçon, aussi, que
je ne trouverais pas dans son regard ce que j'y aurais
voulu. Mais je faisais de grands efforts pour imaginer
comment elle était alors, et malgré moi, tandis que
défilaient sous mes yeux les jeunes filles, je cherchais
s'il ne s'en trouverait pas quelqu'une à sa ressemblance. Mais je cherchais en vain.

Qui pouvait, qui aurait pu lui ressembler ? Et pourtant elle était présente en chacune d'elles. Comme elles
étaient belles, pour la plupart, avec leur sage ruban bleu
croisé sur la poitrine, leur cierge, qu'elles tenaient
d'une main, la flamme protégée d'un petit cornet de
papier rose, ou vert ou bleu.

Parfois la soirée était si calme, l'air à ce point immobile, qu'on ne voyait même pas vaciller les flammes
qui ondulaient à peine, au mouvement du cortège… Et
les visages des jeunes filles empruntaient à ces
flammes douces des reflets d'une exceptionnelle
beauté, féerique, comme tout ce qui appartenait à cette

soirée, tels qu'on n'en avait jamais vu, sauf à l'église,
devant certaines statues de Vierges… Elles chantaient.
Leurs voix, dans la nuit lumineuse, au sein de la foule
des spectateurs, qui se différenciait à peine de celle des
acteurs de ce grand drame, et qui, au fur et à mesure
que la soirée s'avancerait, s'en différencierait de moins
en moins, composaient une harmonie qui s'en allait
rejoindre au ciel ce qui restait encore du son des
cloches.

Parfois, elles interrompaient leurs chants pour prier
à haute voix. C'était comme un bourdonnement
magique, un brusque et saisissant retour. Leurs visages
se baissaient alors, et leurs fronts s'ennoblissaient soudain d'une couronne de lumière. Certains, dans la
foule, faisaient écho à leur chapelet. Cela gagnait de
proche en proche. On aurait dit que tout le monde
priait. Ah ! Comme c'était beau ! Tout était beau.

Et que la prière fût traversée, submergée tout d'un
coup par des éclats de fanfare, c'était beau aussi. Le
fracas des cuivres qu'on n'avait jusqu'alors qu'à peine
entendus, qui nous avaient semblé encore si lointains,
comme le profond remuement des tambours qu'on
avait perçu au début, voilà qu'il nous éclatait aux
oreilles, remuant l'air de ses vibrations martiales,
joyeuses : c'était la première des nombreuses fanfares
qui feraient partie de la procession, des gymnastes en
pantalons blancs, avec de belles, de larges ceintures
rouges et des vestes bleues. Le moniteur marchait en
tête, tout seul, comme un général au défilé, le chef de
clique faisait des moulinets étincelants avec son clai-

ron, et les tambours, dont certains étaient de tout jeunes enfants, battaient en cadence, et marquaient le pas, si la procession s'arrêtait.

Elle ne s'arrêtait jamais longtemps. Que signifiait le temps d'ailleurs, en pareille occurrence ? Si j'y pensais ce n'était que pour dire qu'il faudrait bien qu'elle finît une fois ; j'aurais voulu que ce ne fût jamais. Mais s'il n'était encore que dix heures du soir, si malgré la profonde rumeur la grosse horloge de la cathédrale était parvenue à faire entendre ses dix coups, alors je savais qu'il y en avait encore au moins pour deux heures. Car il n'y avait point d'exemple que la Procession des Pestiférés se fût achevée jamais avant minuit, que Monseigneur l'évêque eût jamais parlé, du haut de son reposoir, avant que les douze coups eussent retenti. Cela faisait encore une éternité de bonheur.

A ce spectacle, il n'y avait point de fatigue, et le grand-père, caché au rang le plus lointain, adossé à quelque maison, nous oubliait… Nous verrions tout. Je verrais tout. Maintenant, c'était les religieuses, les sœurs blanches, des cloîtrées. On disait que cette procession était l'unique occasion qu'elles eussent dans l'année de franchir leurs grilles. En étaient-elles heureuses ? Elles priaient, chantaient comme les autres, tenaient, comme les autres, dans leur main, un cierge allumé. Elles ne semblaient rien voir de ce qui se passait autour. « Les bonnes sœurs blanches, les cloîtrées », entendais-je murmurer. Et il y avait dans ces paroles, tantôt du respect, tantôt de la pitié, de la compassion, mais que ce fût l'une ou l'autre chose, comme un accent d'obscure frayeur.

A leur vue, je repensais toujours à notre cousine partie il y avait si longtemps aux Indes, soigner les lépreux, et dont ma mère nous montrait la photographie dans notre album. Ah ! la pauvre ! Se souvenait-elle ? Y repensait-elle encore ? Elle avait dû y venir, comme ma mère y était venue, et avant elles les grand-mères... C'était une chose étrange : pourquoi me fallait-il à chaque fois repenser à tout cela et me demander pourquoi, comment il se faisait que les grand-mères et les mères y vinssent prendre leur place à leur rang, tandis que moi, tandis que nous, nous n'y étions jamais venus que pour nous planter sur un bout de trottoir, en spectateurs et pour ainsi dire en badauds ? Je ne le comprenais pas.

Mais s'il m'avait fallu prendre — ou reprendre mon rang dans la file des petits porteurs de cierges, qui étaient les enfants des écoles chrétiennes, je crois bien que j'en serais mort de confusion. Non, non, je n'osais même pas l'imaginer ! Notre fête, à nous, les enfants de la laïque, c'était le 14 juillet qu'elle avait lieu, quand on nous rassemblait dans la cour de l'école après la distribution des prix, pour nous mener dans le parc de la Préfecture, à la kermesse. Nous autres, nous n'avions rien à voir avec Dieu, ou plutôt avec la calotte. Et il était bien beau déjà qu'on nous permît d'aller au caté-chisme, de faire notre première communion. Mais c'était là tout. Quel problème trop difficile pour ma tête d'enfant ! Il y avait donc des parents qui croyaient en

Dieu au point d'aller à la messe tous les dimanches et d'y conduire leurs enfants, au point qu'ils venaient eux-mêmes, quand c'était la Procession des Pestiférés, y prendre leur place avec eux ? Mais nous ? Nous, nous étions des hérétiques. En Dieu, nous ne croyions pas. Nous ne pensions jamais à lui et peut-être me demandais-je obscurément était-ce de là que venait notre plus grand malheur ?

Des hérétiques ? Pire que cela. En somme, nous étions des blasphémateurs. Est-ce que certains d'entre nous — et c'était à l'oncle Paul que je pensais, puisqu'en ce jour il me fallait comme malgré moi repenser à tout mon monde, comme si j'avais été choisi pour être le lieu de leur réunion, le témoin de leur présence en face de l'événement d'une si profonde tradition — est-ce que l'oncle Paul, donc, ne prenait pas son plaisir, dans sa jeunesse, à éteindre à coups de casquette les cierges des bonnes sœurs et des bonnes femmes ? Je le savais, c'était le grand-père qui nous l'avait dit, en riant de bon cœur, comme s'il avait trouvé fort exemplaire ces grossièretés, ah ! bien dignes d'un voyou de la rue du Tonneau ! Mais l'oncle Paul, quoi qu'il fît en ce même jour, à cette même heure, dans son Paris, sûrement il repensait à la Procession des Pestiférés. « Tiens, devait-il dire à ses copains, c'est aujourd'hui grand pèlerinage, au pays !… » Cette même phrase, tous les autres devaient se la répéter pareillement, le pauvre Michel, dans le fond de sa brousse africaine, la vieille cousine qui avait vu la Commune… Tous.

Et moi, j'étais là pour eux, ils ne le savaient pas, mais j'étais là. Mais je ne savais pas, au juste, si je croyais en Dieu ou non, si je *devais* ou non y croire.

Ah, que de trouble ! Quels tiraillements… Mais la beauté offerte à mes yeux, l'allégresse qui était partout en effaçait heureusement les pointes. Voici qu'apparaissait le bateau, le célèbre, le splendide bateau que des jeunes gens portaient sur leurs épaules — un bateau tout blanc, un beau voilier, avec tout son gréement en ordre, ses hublots, ses ancres et son glorieux pavillon.

Autrefois, c'était des marins qui le portaient, de vrais marins, ceux-là mêmes qui l'avaient promis à la Vierge dans un grand péril, et l'avaient construit de leurs mains sauvées. Je savais cela, et que plus tard, ces mêmes marins, une fois morts, c'étaient des matelots de l'Etat qui chaque année avaient pris leur place. Jusqu'au jour où tout avait changé encore un coup, où les matelots de l'Etat n'avaient plus été conviés à cette fête, mais des jeunes gens, qui se destinaient eux aussi à la mer, ainsi qu'en témoignait leur allure, leur fierté, leur force tranquille. O Daniel ! O Durtail ! Mais Daniel et Durtail étaient aussi de ceux-là qui n'eussent point porté ce bateau, des hérétiques comme nous — et bien que ce bateau fût mille fois plus beau que ne l'avait été la *Maris-Stella* ou le *Frivole* — qui voguait en ce moment sur quelle mer lointaine ? Sur quelle mer ? Où était Daniel ? Quant à Durtail, il ne pouvait être ailleurs, un tel soir (à moins qu'il ne fût allé boire au *Cap de Bonne-Espérance*), que sur sa couchette, allongé sur ses copeaux, fumant sa pipe et contemplant la *Maris-Stella* à la lueur d'une bougie toute semblable aux cierges des pèlerins.

Quel tableau ! Est-ce que, de temps en temps, son regard visait la hache ? Oui, sans doute. Et je me suis convaincu depuis que c'est par un tel soir qu'il lui eût été le plus facile de briser en miettes son Etoile de la Mer…

Le flot de la procession devenait à présent de plus en plus majestueux, et il fallait se reculer pour lui faire place. Ce n'était plus une fanfare, mais plusieurs que nous entendions, qui retentissaient toutes ensemble, bien qu'à des distances différentes, tandis que montaient les chants, les prières, dans une rumeur sans cesse accrue.

Il y avait aussi bien plus de lumières, les feux de Bengale éclataient plus nombreux, mêlant au ciel leurs couleurs diverses, éclairant d'une lueur magique le fronton des maisons qui s'entouraient de leurs fumées. Les gens, accoudés aux balcons, semblaient soudain avoir changé de toilettes et revêtu des habits bleus, ou roses, ou verts, selon le cas, ce qui les faisait ressembler sans qu'ils s'en doutassent, à des personnages de mascarade. Ou plutôt et sans mascarade aucune — quelle irrévérence ! — n'étaient-ils pas la glorification de la foule d'en bas, en train de s'élever au ciel dans des fumées d'apothéose. On aurait pu le croire, s'ils n'avaient tous été prisonniers, arrêtés dans leur course céleste par les grilles de leurs balcons et comme pris dans leurs rets. Image, cette fois, non plus d'un envol céleste mais des premiers tourments de l'enfer. Car,

après tout, cette apothéose était peut-être aussi un juge-
ment dernier. Et comment feraient-ils pour s'agenouiller tout à l'heure au passage de l'évêque ? Question sans réponse.

Il y en avait pour ainsi dire partout, à tous les étages
et à toutes les maisons — leur nombre s'était encore
accru au cours de la soirée. Soudain, je n'étais plus
occupé qu'à les regarder, enviant tout ce qu'ils pou
vaient voir de là-haut et m'amusant au jeu des lumières
tant qu'il me fallait enfin baisser mes yeux éblouis qui,
d'un instant, ne voyaient plus rien, puis se rouvraient
pour ainsi dire, pour apercevoir devant eux quelque
vieux paysan, qui, tête nue, poussait son cantique d'une
petite voix de fausset, traînant dans son coude son petit
panier d'osier, tenant son cierge de guingois et, vaille
que vaille, avançait courbé en deux, tranquille et persévérant.

Le flot augmentait encore, des voix profondes retentissaient, des voix d'hommes, nombreuses. Le dais
allait bientôt apparaître, et Monseigneur l'évêque, promenant sur la foule prosternée ses gracieuses bénédic-
tions. Et ce serait la fin.

Après cela, la procession deviendrait une cohue véritable, ayant rompu ses digues, et il nous faudrait, soit
reculer pour n'être pas submergés, soit nous résoudre
à nous mêler à elle et à la suivre jusqu'au moment où
nous trouverions une rue de traverse par où nous
enfuir. Ce n'était jamais une petite affaire, à cause surtout de la voiture de notre Pélo. Une main se posait sur
mon épaule ; c'était ma mère.

— Ne nous perdons pas. Viens !

Et mêlés aux autres, nous partions, le grand-père aussi, souvent, hélas, accompagné de quelque vieille connaissance rencontrée là par le plus grand des hasards, et qui, tout aussi bien, pouvait être le père Coco. Ah ! Quel désenchantement !

Le père Coco me demandait si j'avais bien dit mes prières, si j'apprenais mieux mes litanies que mes leçons. Qu'est-ce qu'il était venu faire là ? me demandais-je, et comment mon grand-père, qui parlait à si peu de monde, le connaissait-il ? C'était une conjuration...

Les cloches se remettaient en branle. Pour la fin de la procession, elles sonnaient à toute volée, comme elles avaient fait au début. Mais il nous fallait rentrer, regagner notre rue du Tonneau, passant de la lumière la plus éblouissante aux ténèbres les plus absolues. Même ce soir-là les infâmes ritournelles du piano mécanique, comme nous passions devant les maisons, ne laissaient pas de faire entendre leurs blasphèmes. Là aussi, il y avait des lumières, mais cachées derrière des rideaux... Tout le reste était ténèbres, sauf encore au *Cap de Bonne-Espérance* — sauf encore, un dernier et tout petit rai lumineux qui filtrait à travers les mauvaises loques dont le pauvre Durtail masquait si mal ses soupiraux. Ainsi, je ne m'étais pas trompé. Il était là, couché sur ses copeaux, depuis le début de la soirée, et adorant sa belle goélette, à bord de laquelle il ne monterait jamais plus...

Longtemps je me tournais et retournais dans mon lit, luttant contre le sommeil pour prolonger ma joie en attendant que mes rêves transformassent à leur gré toutes les beautés auxquelles je venais d'assister…

Je les repassais dans ma mémoire, les énumérant, les détaillant, maître désormais de la procession tout entière et libre de la faire arrêter selon mon bon plaisir pour mieux admirer tel spectacle particulier, tel visage qui m'avait paru plein de charme. C'était un nouvel aspect de cette soirée unique, non le moins heureux, mais dont le souvenir du père Coco, que je ne pouvais effacer, venait enfin détruire les harmonies.

Ah! Pourquoi s'était-il trouvé là? Pourquoi l'y avions-nous rencontré, comme d'autres fois nous le rencontrions sur les Quinconces, les soirs de concert? J'eusse volontiers admis qu'un instituteur demeurât rivé à sa classe, enchaîné à son pupitre… Qu'avait-il à faire dans les rues? Je m'endormais enfin, et d'un si profond sommeil que ma mère était obligée, le lendemain, de me secouer. Et j'apprenais qu'il ne me restait plus qu'une demi-heure pour me lever, me débarbouiller et courir à l'école.

Ah! l'école! Le père Coco encore! Peut-être m'aurait-il vu m'agenouiller au passage de la croix lumineuse et il le dirait aux autres? Je me hâtais. Mon grand-père était déjà perché sur sa table, taillant et coupant depuis longtemps. Où étaient nos fastes de la veille? Je partais, ma dernière bouchée dans le bec, je courais tout au long de la rue du Tonneau, je traversais la place aux Ours, sans un regard à la forge du père Roussin, ni à l'atelier de M. Blanchard, tant j'avais de hâte, mais observant tout de même, au long de mon chemin, qu'il restait encore, à certaines fenêtres, des bannières qu'on n'avait pas eu le temps d'enlever, des godets en verre qui étaient les petites lampes à huile... Je courais, j'arrivais enfin, justement comme le père Coco, planté sur ses deux grosses jambes au milieu de la cour, faisait marcher son sifflet à roulette et que les élèves se mettaient en rang.

Alors, je comprenais que la fête, en ce qui me concernait, avait duré jusque-là, jusqu'à ce coup de sifflet qui déchirait le temps en deux et qui ferait que, désormais, je ne parlerais plus de cette procession qu'au passé. Nous nous mettions en rang. Le père Coco passait l'inspection des mains et nous entrions dans la classe en chantant. Tout redevenait comme d'habitude. C'était la classe avec ses hauts et ses bas. Trop souvent, avec les colères déchaînées de notre maître.

L'affreux bonhomme ! Ah, le monstre !

Longtemps j'avais pu ignorer que je ne gagnais pas mon pain, quand une malheureuse sortie de mon instituteur vint m'en apporter la désolante révélation. Je me souviens encore de la révolte dont je fus soulevé tout entier comme une pâte.

Pour une leçon mal apprise ou pour un devoir bâclé il me traita de voleur. Entrant dans une colère dont il avait hélas la triste habitude, il me reprocha le pain dont mon enfance se nourrissait pourtant si mal. Il me

peignit, comme si je ne l'avais connu, l'état misérable
de mon grand-père. Il me représenta sa longue vie de
travail forcé, et, dans sa vieillesse déjà si avancée, l'injuste charge d'avoir à nourrir toute une famille, par la
faute ou par le malheur d'un père qui n'avait plus su
son devoir. En face de cela : ma propre indignité.

Au moins aurais-je dû, en reconnaissance pour tant
de peine, en considération d'un sacrifice si assidûment
consenti, et qui ne cherchait pas de récompense (la
mort viendrait de toute façon trop tôt pour qu'il pût en
espérer une et il devait bien savoir qu'il travaillerait
jusqu'à sa mort, en tout cas l'instituteur me le donna à
entendre) j'aurais dû, me dit-il, être un écolier modèle.

Il ajouta encore bien d'autres choses à sa semonce.
Mais qu'avais-je besoin d'en entendre davantage ? Il
en avait assez dit pour que s'ouvrît en moi l'abîme
d'une révélation dont j'avais sans doute le pressentiment, car malgré l'injustice des paroles de l'instituteur,
le surcroît de cruauté qui m'en venait du fait que la
semonce était publique, il n'était rien ou presque rien
dans son discours à quoi je ne consentisse.

Que je fusse ou non un bon élève, là n'était point du
tout l'affaire. Après ce que je venais d'entendre et de
comprendre ne suffisait-il pas que je fusse un élève tout
court, c'est-à-dire une bouche à nourrir ?

Mon Dieu, c'était vrai ! Mon grand-père était un
vieillard qui usait ses dernières forces pour nous, pour
moi, et je ne faisais rien pour l'aider. J'acceptais étour-
diment ce sacrifice dont c'est à peine si je songeais à
lui être reconnaissant. L'abîme de réflexions où me jeta

cette découverte fit que non seulement je ne versai pas une larme (elles ne vinrent que plus tard) mais que je pris, bien sans m'en douter, un air de distraction que mon bourreau interpréta comme un air d'indifférence et de bravade, ce qui me valut une nouvelle provision d'injures : je manquais de cœur, mais je possédais une forte tête, qualités qui me préparaient un avenir dont les grandes lignes se pouvaient deviner, et qui me conduiraient tout droit au bagne.

Mon instituteur voyait grand. Au reste ses intentions étaient pures. Que voulait-il d'autre que me ramener au droit chemin ? Sa colère passa. La classe reprit son habituel trantran. Tout était oublié, sauf pour moi, qui mûrissais lentement une résolution.

Il allait me falloir un grand courage, car je devrais parler au grand-père. Or rien que cette idée me faisait sécher les mots sur la langue. Je lui parlerais, pourtant…

Je serais cordonnier comme la Pinçon, ou tonnelier comme Durtail, puisqu'il n'y avait pas chez nous de verrerie où je pusse me faire souffleur comme Antonio. Car l'idée d'être tailleur comme mon grand-père m'inspirait une violente horreur. Et ne l'avais-je pas assez entendu médire de son métier pour savoir qu'il ne consentirait jamais à me l'apprendre ?

Ainsi donc, tonnelier ou cordonnier, n'importe pourvu qu'on me mît aujourd'hui même à l'ouvrage. Sans plus attendre, qu'on m'enlevât à cette école, à cet instituteur meurtrier, et que je gagne un peu au moins du pain qu'il me fallait tous les jours.

Ainsi allait dans ma tête tout un profond remue-
ménage, et quand, sur la fin de la matinée, je revins ce
jour-là à la maison, je m'étais déjà persuadé que c'était
pour la dernière fois que j'accomplissais ce chemin et
que dès l'après-dîner je serais au travail, taillant le cuir
ou cerclant les fûts.

Hélas, ma langue était nouée. Je m'y repris à vingt
fois sans réussir à rien dire : l'aspect de mon grand-
père me glaçait. Or, je voyais arriver avec terreur l'instant où il faudrait se mettre à table et rompre encore
une fois un pain qui n'était pas à moi.

Midi sonna. Nous nous réunîmes tous à table. Me
voilà devant mon assiette encore vide et la soupe fume
devant moi. Voilà mon grand-père qui saisit un pain de
douze livres encore chaud que le boulanger vient d'apporter. Il y trace une croix avec la pointe de son couteau et il me semble que c'est mon cœur qu'il partage
en quatre. Non, ce pain, je le vole. Il y a longtemps que
je le vole. Mais maintenant, c'est fini.

— Qui veut l'entame ? demande le grand-père.

Et je me sens blêmir, car il me regarde.

Ma mère aussi me regardait. Depuis que j'étais rentré, elle avait dû remarquer ma drôle de mine, car elle
me dit :

— Qu'est-ce que t'as, mon petit frère ? Ta fri-
mousse est toute friponnée, comme de coliques ?

Et cependant le grand-père avait taillé le pain et il
en posait une large pièce devant mon assiette.

— Ah ! m'écriai-je en fondant en larmes, je n'en
veux pas, je ne l'ai pas gagné !…

Et je me cachais le visage dans les mains.

Personne d'abord ne comprit de quoi il pouvait bien s'agir.

Ma mère se leva. Elle m'entoura de ses deux bras. Est-ce que je n'avais pas la fièvre ?

— Qu'est-ce que tu dis ? Qu'est-ce que tu n'as pas gagné ?

— Le pain, répondis-je.

Mais même alors, elle ne parut pas comprendre.

— Je veux être cordonnier, criai-je, cordonnier ou tonnelier, mais je veux gagner mon pain…

— Mon Dieu, s'écria-t-elle, il est malade !

Mais quand, au milieu de mes larmes, je parvins à prononcer le nom de l'instituteur, elle s'apaisa, comprenant qu'il n'y avait pas autre chose en cette affaire qu'une algarade écolière.

Alors, je dis tout.

Je racontai la scène du matin, en classe, évitant cependant de rapporter parmi les paroles de l'instituteur celles que je sentais capables de blesser mon grand-père. Je résumai toute la faute sur moi-même, et je terminai mon discours en demandant en grâce qu'on m'accordât d'aller travailler dès l'après-midi chez la Pinçon ou chez Durtail.

— Et plutôt chez Durtail, dis-je, car je voudrais mieux être tonnelier que cordonnier.

Jamais je n'avais été écouté avec tant de patience par mon grand-père. A l'attention même qu'il prêtait à mes paroles, je me disais que la chose était plus grave encore que je ne l'avais cru. Il fallait en effet qu'elle

fût extraordinaire pour qu'il prît devant moi cette
expression de tendresse et de pitié que je ne lui
connaissais pas et qui me frappa tant.

Sur la fin de mon discours, cette tendresse, cette
pitié, fleurirent en un sourire qui fit comme une révo-
lution dans son vieux visage, mettant en fuite toutes les
rides et en général tous les mauvais nuages dont son
front était chargé, comme dans les contes fuyaient les
armées de démons à l'apparition de quelque déesse
n'ayant pour arme qu'un bouquet de primevères.

— Et c'est là ton instituteur ? fit-il.

— Oui, répondis-je.

— Eh bien, dit le grand-père en me posant la main
sur l'épaule, tu lui diras de ma part qu'il n'est qu'un
fameux bobiat. Attends que je le rencontre !

Ma mère ne disait plus rien. Debout à côté de moi
elle était tout attentive aux paroles du grand-père, comprenant que c'était lui et non elle qui, dans une circonstance pareille, devait trouver les mots nécessaires.

— Allons, reprit le grand-père, mange *ta* soupe et
mange *ton* pain. Ton maître d'école est une buse qui
ne comprend rien à la vie. Attends au moins que je te
reproche le pain que tu manges avant que de le cracher ! Va te laver, t'es tout barbouillé de larmes. Et
qu'on ne parle plus de ça ! » acheva-t-il, en se mettant
lui-même à manger.

Je courus au broc où je trempai le bout d'un torchon
pour me débarbouiller le museau. Et c'est ainsi que
finit cette aventure dont le bénéfice pour moi fut d'ap-

prendre à me méfier des apparences en ce qui concernait mon grand-père.

J'avais en lui un défenseur auquel je me sentais lié désormais autrement que par les hasards de la naissance et, d'une manière plus profonde, par une fraternité issue de notre commune pauvreté, laquelle commandait qu'en dépit de tout, et bien qu'il fût un vieux paria et moi rien qu'un novice dans cet ordre, nous eussions toujours soin de nous défendre l'un l'autre, comme avait fait Guido pour son petit camarade.

Les cirques, les théâtres ambulants qui venaient parfois camper sur une des places de la ville, étaient pour nous des lieux interdits où nous ne pénétrions jamais que par faveur ou par fraude. Restait la contemplation des baraques elles-mêmes.

Peut-être s'ajoutait-il déjà quelque idée romanesque à la séduction qu'elles exerçaient sur mon esprit. Ce qui me plaisait tant en elles c'était qu'elles fussent démontables. Mais ne suis-je pas bien injuste pour ce puissant désir de mouvement qui alors animait mon cœur et me faisait trouver à la roulotte la plus branlante une beauté seulement comparable à celle d'un voilier toujours prêt à larguer l'amarre ?

Certes, je pouvais bien passer des heures à contempler une bâche et j'étais capable de tirer de là un plaisir plus étendu et plus à moi que celui que m'aurait donné d'assister au spectacle qui se déroulait derrière.

Quelle folie que de vouloir épiloguer sur l'amour et en dissocier les éléments ! Ce sont des choses qui me font le mieux souvenir de ce que j'ai aimé, des objets, où mon cœur s'est mêlé secrètement, où mon amour s'est gardé, quand même je ne le savais plus. Il y a de la part des objets une sollicitude toute fraternelle pour l'homme négligent…

Quant à moi, je sais bien tout ce que j'ai laissé au bois vermoulu d'une roulotte, tout ce que raniment en moi l'odeur des lampes à acétylène et la musique enfantine et comme effritée d'un vieil orgue de Barbarie. Transi, les pieds dans la boue et les mains au fond des poches, j'ai donc pu passer des heures extasiées devant une bâche, avec la constance ignorante d'un amant à qui il suffit déjà bien d'aimer pour être heureux.

Sur la place de la ville, la plus vaste, les voitures arrêtées d'où l'on avait dételé les chevaux, formaient comme un campement et l'on en voyait descendre tout un peuple d'ouvriers qui aussitôt se mettaient au travail. A grands coups de masse, tenue à deux mains, ils enfonçaient au sol de gros piquets de fer. Parfois ils travaillaient par groupes de deux, et même de quatre, maniant leurs masses alternativement dans une sorte de carrousel admirable. Puis, autour des piquets de fer ils agrafaient des câbles, qui maintiendraient droits les poteaux que d'autres s'occupaient à dresser.

Toutes les langues du monde, me semblait-il, se parlaient et se criaient ici. Et ce n'était pas un des moindres éléments du charme que de savoir et de voir qu'il y avait là des gens qui n'étaient pas de notre pays, des étrangers, des hommes qui étaient nés dans ces contrées merveilleuses dont nous apprenions à connaître les formes dans nos livres de géographie, et d'où il n'était pas croyable qu'on pût venir ou qu'on pût aller. Peut-être se trouvait-il parmi eux des Américains qui auraient un peu connu Texas-Jack ou Buffalo-Bill.

Une odeur d'écurie transportait des ouvertures de campagne. Des chiens reclus dans une voiture à gros barreaux réclamaient à grands cris qu'on les emmenât à la promenade, ou qu'on leur jetât leur pâtée. Quel vacarme, parfois traversé de vibrants hennissements. Quel bonheur! Peut-être y aurait-il une cavalcade?

Tous les enfants des rues étaient là, et même les grands enfants comme Pompelune, comme Tonton... mais Pompelune perdait son prestige et même il semblait y renoncer volontairement... Ah! ses cocardes! Qu'était-ce alors que ses cocardes?... Tonton admirait, réfléchissait, cherchait du coin de l'œil quelque connaissance huppée à qui faire partager son avis. S'il avait pu dire un mot au directeur, lui glisser à l'oreille un bon conseil! Mais c'est à nous, plus tard, qu'il ferait part de ses critiques. Il nous dirait «ce qu'ils auraient dû faire». — Pauvre Tonton! Il n'avait plus l'air de me connaître, et moi-même, je l'avoue, je ne lui prêtais guère attention. Dans un pareil bonheur, chacun y était pour son propre compte. Et à Dieu vat!...

Oh, quels magiciens que ces ouvriers de cirque! Tout changeait, se formait, se bâtissait à vue d'œil.

Voilà qu'ils installaient précisément la grande bâche
verte qui, tout à l'heure n'était encore qu'un gros
bouillon informe par terre, autour du mât central, et qui
s'élevait peu à peu, se gonflait, sous l'effort des
hommes répartis aux quatre coins de la place, par
grappes de huit ou de dix et qui tiraient sur les cordes
comme des haleurs en poussant le même : Ho ! Hisse !
et Ho ! Hisse !… C'était le plus dur, mais ensuite, il ne
resterait plus grand-chose à faire, rien en tout cas que
nous verrions. C'est à l'intérieur maintenant qu'ils tra-
vailleraient, qu'ils monteraient les gradins, les pistes,
la tribune pour l'orchestre… Là aussi ils iraient vite,
et la cavalcade, enfin, sortirait. Quand il y avait une
cavalcade.

Ce n'était pas toujours. Il fallait que le cirque fût un
grand cirque de luxe, avec une belle ménagerie, de
vrais lions, de vraies panthères, des éléphants et des
chameaux.

J'en vis une où la plus belle des écuyères caracolait
en tête, entre deux pages chamarrés. Suivait la fanfare,
et derrière la fanfare, une vingtaine de nègres presque
nus qui dansaient, hurlaient, brandissaient au-dessus de
leurs têtes emplumées des sagaies et des lances dont ils
frappaient leurs boucliers. Plus sages étaient les Hin-
dous qui venaient derrière, précédant un char fleuri où
trônait la reine du cortège.

Un nain gambadait derrière le char, faisait la roue
avec l'air de rouler comme une boule. Il marchait de
temps en temps sur les mains, vif et grimaçant mieux
qu'un singe. Et je vis Pompelune, ensorcelé, qui faisait

des siennes au passage du cortège, avec une telle envie
d'en être, que même un instant, il suivit le nain. Sa
polka naturelle prenait un air de drôlerie fort comique.
Le nain se retourna comme un gros chat. Mais la plaisanterie qu'il préparait lui resta au gosier. Il prit lui-
même un air de stupéfaction si vraie en voyant Pompe-
pelune que les spectateurs éclatèrent de rire.

— Tiens! dit le nain qui reprit ses bonds en se
tapant sur le derrière.

Et Pompelune, délicatement, mais toujours polkant,
quitta la féerie en se pinçant les narines…

Tonton, le long du cortège, distribuait des prospectus. «Tous les détails… Voyez les détails… Deux
pistes… Tout le programme annoncé.» Et à chaque
fois qu'il donnait un prospectus à quelqu'un, on aurait
dit un agent de la police, qui vous remet votre convo-
cation…

Le spectacle de cette cavalcade, au moins, nous était
donné gratis. Mais dès que la troupe était rentrée et que
les lampes s'allumaient sur la place, que la caissière
était installée dans sa petite boîte, finie, pour nous, était
la fête. Nous pouvions rester dehors. On ne nous chas-
serait pas si nous étions tranquilles.

J'écoutais, dans la nuit, quand mon grand-père avait
bien voulu m'emmener voir les lumières, les applaudissements soudains de l'assistance devant quelque
beau travail de dressage, sans doute, les cris de stupéfaction et de terreur au moment le plus angoissant du
saut de la mort. Et les rires, si c'était monsieur Auguste
qui venait d'entrer en piste. Le patron du cirque, gros

ventru à cigare, à chapeau melon, à bottes de palefrenier, prenait le frais devant l'entrée avec des airs de penser à autre chose : il était blasé…

D'autres fois, il n'y avait pas de cavalcade du tout. Ni de ménagerie. Point de chars fleuris, pas de nègres tapageurs, pas même une bâche. Des pauvres venaient offrir leur spectacle en plein vent.

Cela se passait le soir, en été, avec la permission de monsieur le commissaire de police, sur un coin de la place aux Ours. Moyennant un sou ou deux, on pouvait s'asseoir sur un bout de banc, aux premières, les pieds posés sur le tapis jeté au sol, où, dans un instant, quand la somme serait enfin complétée, quand une personne de bon cœur, enfin, aurait jeté les dix derniers centimes, on verrait s'élancer la jeune fille en maillot vert qui travaillerait le cerceau, et le colosse qui arracherait d'un seul coup d'un seul les haltères de cent kilos. Les boules des haltères grosses comme le globe dont se servait notre instituteur luisaient à nos yeux stupéfaits au pied de la barre fixe.

— Vous pouvez constater, Mesdames et Messieurs, s'il y a dans la société un amateur qui connaisse le travail des poids, qu'il vienne un peu voir ici si c'est du carton !

Ainsi clamait en s'égosillant le chef de la troupe. Du bout d'une longue et fine baguette il frappait sur les haltères. Mais rarement l'amateur se montrait. La foule, sans rien dire, assistait à ces longs préparatifs. Enfin, les derniers gros sous tombaient et le chef de la troupe jetait sa baguette comme pour un défi :

— N'en jetez plus ! La cour est pleine ! En avant la fanfare !

Un aigre piston commençait aussitôt à faire grincer la nuit de ses cris d'oiseau plumé vif, tandis que s'élançait à la barre fixe pour un « soleil » prestigieux, un acrobate qui jusqu'alors était resté assis sur une caisse.

A le voir tourner, lâcher la barre, entre ses feux d'acétylène, la rattraper au vol, puis, sans que personne ait compris comment, s'y tenir dressé, le sourire aux lèvres et le petit doigt en l'air, et aussitôt bondir à terre en faisant le saut périlleux, nous avions tous le souffle coupé. Mais ce n'était rien encore. Ce n'était là qu'un petit aperçu du travail qu'on savait faire, une manière de se dérouiller les jointures avant de passer à des exercices, « je dis bien : sensationnels ! » clamait le chef de la troupe. Et une fois encore, il faisait appel aux amateurs, aux connaisseurs, à tous ceux qui étaient capables de se rendre compte, afin qu'ils apportassent leur témoignage aux incrédules...

Quelle insistance à clamer son honnêteté, à réclamer qu'on vînt en chercher la preuve ! La pauvreté de leur attirail, le fait même que la troupe travaillait en plein vent, se traînait d'une ville à l'autre, dans de mauvaises roulottes, constituait une tare même pour des spectateurs venus de nos bas-fonds et pourtant aussi pauvres qu'eux. Tout bas, ils les traitaient de romanichels, de saltimbanques... Et les saltimbanques avaient beau s'exercer, accomplir les plus périlleuses prouesses, montrer toute l'habileté du monde, jamais ils ne réussissaient ce tour de force de détruire dans l'esprit de ceux qui les regardaient, la suspicion, la crainte, peut-être le mépris…

Oh, je sais, et même alors je savais ! Tout n'était pas toujours très pur dans ces petites troupes volantes. Il y régnait parfois une certaine odeur de bagne. Bien souvent des enfants y tenaient une place, y jouaient un rôle, qui éclipsait d'autant plus facilement le rôle des adultes, que ceux-ci ne faisaient rien que d'être là. Et je me souvenais d'Antonio, de Guido et de leurs camarades, soumis à la terrible férule du « padrone ».

Oui, ces petits garçons, ces fillettes que je voyais s'élancer au trapèze et y accomplir mille tours mortels, c'était des enfants martyrs, peut-être volés, à qui même le sourire était imposé sous la menace de la faim et de la corde. Ah ! ceux qui les menaient étaient bien pour moi aussi, des romanichels, des saltimbanques !

Une fillette de dix ans, gracieuse, jolie, adroite, déjà acrobate accomplie s'élance sur le tapis en multipliant les cabrioles. Un baiser à droite, un autre à gauche, un sourire de sa petite bouche déjà fardée, et la voilà debout sur la pointe des pieds, qui saute mieux qu'un chat, plus lestement qu'un singe, et bondit sur un escabeau.

Ses mains se dressent, son petit corps se tend, ses jambes, sous le tutu, s'allongent. Elle se renverse en arrière, souriant toujours, et des deux mains empoignant ses talons, elle passe sa tête entre ses pieds. Elle pose ses deux mains sur le rebord de l'escabeau, son corps se déploie, ses pieds se dressent en l'air. Une cabriole : elle est debout sur le tapis comme projetée par un ressort, son même sourire dans son même fard, un genou ployé et le bout du pied touchant le tapis. Un baiser de ses petits doigts à l'assistance.

Les applaudissements la font rebondir. Un autre escabeau est placé sur le premier. Tout recommence. Puis vient un troisième escabeau, un quatrième… L'assistance se tait et veille. L'angoisse est partout. Quand donc va-t-elle s'arrêter ? Mais elle monte toujours plus haut et de la hauteur où elle se perche, elle s'élance dans le vide à la renverse.

Au lieu de tomber sur ses pieds, c'est sur ses mains qu'elle rebondit. Une cabriole : la voilà debout. Le sourire, les baisers, un genou rapidement ployé.

— Assez ! Assez ! murmurent quelques voix.

Mais ce n'est pas assez pour elle ni pour ceux dont elle gagne le pain. Les uns sur les autres, dix escabeaux sont entassés. Cela fait une tour trois fois plus haute que la pauvrette. Elle y grimpe. Tout le monde se tait.

Elle est au sommet de la tour, toute droite dans le ciel étoilé, elle nous regarde dirait-on, les uns après les autres. Le sourire, les baisers. Mais elle ne s'élance pas encore. Pour la fin de son numéro, qui sera peut-être la fin de sa vie, elle a droit à un instant de répit, le temps de faire son signe de la croix. Au nom du Père, du Fils et du Saint-Esprit. Il n'y a pas à s'y tromper : c'est un vrai signe de la croix, une vraie prière. Cela se voit à la gravité, à la lenteur de ses gestes… Et puis, hop !

Elle se renverse, tombe, parcourt le vide, la tête en bas, comme on tombe d'un toit. Mon Dieu elle est

morte ! Mais pas du tout. Comme les autres fois, elle
a su merveilleusement rebondir. A peine dirait-on
qu'elle a touché le sol avec le bout de ses doigts, pour
y prendre tout juste ce qu'il fallait d'élan pour rejaillir
dans une étincelante pirouette d'où elle apparaît
debout, gracieuse, souriante, son genou ployé et multipliant les baisers… Car cette fois, c'est fini pour elle.
Elle a gagné son pain quotidien et son sommeil ou du
moins, pas tout à fait encore, car il lui reste à faire la
quête.

Outre la joie que me donnait le spectacle même, il
y avait encore pour moi ceci, que chacun de ces
hommes et de ces femmes qui s'exerçaient là sous mes
yeux représentait une aventure. Je les parais d'un destin romanesque dont la forme errante de leur vie était
la garantie, et dont, pour le reste, je puisais les éléments
dans mes lectures et dans mes rêves.

Moi qui n'avais jamais quitté ma ville, je m'émer-
veillais à la pensée que ceux-là qui étaient devant moi,
ces hommes et ces femmes en chair et en os avaient
parcouru le monde. Ce monde que mon frère Daniel
parcourait aussi, mais sans être encore reparu chez
nous une seule fois.

Dans ma bonne foi, dans la générosité de mes rêves,
je ne mettais pas en doute que c'était bien le monde
entier dont mes acrobates avaient battu les routes, et
pas seulement la France. J'aurais voulu chercher dans
leurs yeux s'il n'y était pas resté quelque chose de

toutes les merveilles qu'ils avaient vues. Il me semblait, par exemple, que d'avoir traversé la Cordillère des Andes, ce que je ne doutais pas qu'ils eussent fait les uns et les autres plusieurs fois, ou vu Yokohama, cela avait dû donner à leurs yeux une beauté, une valeur particulière. Je les regardais comme des êtres exceptionnellement fortunés. La réalité ne m'instruisait pas. Leur pauvreté pourtant bien visible, la peine réelle que je les voyais prendre à leur métier ne contredisait pas à mes rêves.

Il se pouvait aussi que, tout en étant de grands voyageurs sur la terre, ils fussent aussi des évadés. Et rien ne prouvait après tout, que ce petit homme si nerveux qui faisait le tour de la piste en marchant, pour ainsi dire sur la tête, n'était pas Colo, le fidèle ami et compagnon de Vidocq, dont je lisais avec passion les aventures. D'ailleurs, il lui ressemblait.

Ai-je besoin de dire avec quelle admiration je le regardais tant je l'aimais pour sa fidélité et son bon cœur, pour son courage et son adresse dans son évasion du bagne de Brest ou de Toulon ?

La chaîne, c'est la gêne...

Mon grand-père nous avait une fois fredonné cette complainte des forçats... Dans sa jeunesse, il l'avait vue passer par ici, la chaîne des galériens.

— A votre bon cœur, Mesdames et Messieurs ! Encore une petite pièce et on recommence !

Le chef de la troupe n'avait presque plus de voix tant

il avait crié depuis le début du spectacle. Inlassablement, le piston distribuait ses couacs à la lune, tandis que la jeune fille en maillot vert faisait le tour de l'assemblée en secouant sa sébile.

— Pour encourager les artistes, Mesdames et Messieurs ! Le Bon Dieu vous le rendra !

Parfois elle offrait une carte postale souvenir, que personne ne lui achetait. Qui se fût soucié de garder une image de ces amuseurs d'un soir ?

La nuit venait. Les plus fatigués déjà étaient partis. Et il ne restait plus guère que les privilégiés qui avaient pu se payer un coin de banc. Il me fallait rentrer à mon tour. D'ailleurs, c'était fini.

— Un grand bonsoir à la compagnie !

C'était pour la dernière fois de la soirée la voix du chef de la troupe que nous entendions. Déjà, les artistes s'occupaient à démonter la barre fixe. Ils rassemblaient les haltères, roulaient le tapis. Ne leur fallait-il pas être prêts le lendemain de bonne heure pour se mettre en route et gagner avant le soir la ville prochaine ?

... Il fallait se coucher sans lumière et sans bruit de crainte de réveiller le grand-père. Dans combien de temps, me disais-je, une soirée comme celle-ci sera-t-elle encore possible ? Il se passait toujours tant de temps avant que se représentât l'occasion d'un plaisir.

A moins que bientôt un 14 juillet avec sa revue, une fête de quartier avec ses courses en sac et ses casse-pots... Mais bah ! Etait-ce comparable ?

Et tout en m'endormant, je rêvais que j'étais du voyage des acrobates, des saltimbanques — et ils n'eussent pas eu besoin de me voler ; je me serais donné à eux. Ce n'était plus dans mon lit que je dormais, mais dans le fond d'une roulotte, cahoté, au trot d'un petit cheval… Où allions-nous ? Loin… Et puis, il n'y avait plus de roulotte du tout. Il n'y avait plus au loin, que le trot de mon petit cheval blanc…

Mais ces plaisirs-là, comme je les aurais donnés tous ensemble pour celui d'aller au théâtre !

Les temps sont-ils à ce point changés ou serais-je devenu si vieux déjà que mes yeux ne sauraient plus voir ce qui les éblouissait tant naguère ? Il me semble que les petits théâtres ambulants qui passaient de ville en ville et parfois séjournaient des mois entiers dans une même place n'existent plus. Non, je ne me trompe pas. Ils n'existent plus, cela est sûr, autrement mon cœur me le dirait à défaut de mes yeux et j'y passerais mon temps.

Le progrès des sciences et des arts, sans parler de celui des guerres, les a balayés mieux qu'aucun cyclone de la face des terres provinciales. Et les roulottes dont la caravane survenant un beau matin dans la ville tirait à tout le monde des cris de joie véritable, nous ne les verrons plus. Nous ne verrons plus sortir de leurs flancs peinturlurés tout le charmant et délicat matériel qu'on employait à la féerie. Il y a beau temps que le bois et la dentelle en sont à jamais pourris avec tout ce qu'ils recélaient même de vivant et nul jamais plus n'y songe.

S'il en est ainsi, voilà bien de l'ingratitude. Mais Dieu qui sonde les reins doit savoir quelles marques délicieuses a laissées dans tant de cœurs le passage de ces petites troupes, et j'ai tort de croire que personne ne songe plus à ces fantômes, seulement c'est en secret.

Quoi de plus enthousiasmant que cette vie des enfants de la balle ! Je n'avais garde de les confondre avec les artisans des cirques que j'avais pourtant en si haut amour. Mais comment aurais-je pu les comparer à ceux-ci qui étaient des rois et des princes ? Et je ne dis rien des reines et des princesses !

Une année, la caravane s'était arrêtée tout près de chez nous, sur la place aux Ours. C'était un jeudi, je m'en souvenais très bien, que m'avaient réveillé non plus les marteaux des tailleurs de pierre au chantier de la Caisse d'Epargne (les maçons et même les couvreurs avaient achevé leur ouvrage et c'était le tour des plâtriers qui ne faisaient guère de bruit) mais la lourde décharge cadencée des masses de fonte sur des piquets de fer qu'on enfonçait au sol. A quoi j'avais reconnu aussitôt que de grandes choses se préparaient.

C'était un théâtre qui venait d'arriver là. Ma mère me le dit. Elle en paraissait elle-même toute réjouie et rajeunie et j'ai tout lieu de penser qu'en son printemps elle aussi avait connu mes joies pleines d'espérance et depuis si mal désapprises.

— Un théâtre ! Quel théâtre, maman ?

— Le théâtre Delamarre, m'avait-elle répondu,

d'un ton comme s'il n'y avait pas eu d'autre théâtre au monde, et comme si j'aurais dû le savoir aussi bien qu'elle.

C'était là, sans doute, qu'elle avait vu jadis, cette *Porteuse de Pain* dont elle nous racontait les malheurs. Je le demandai. Mais non, ce n'était pas là, c'était dans un autre théâtre, elle ne se souvenait plus lequel. J'en éprouvai, sans savoir pourquoi, de la peine. Quelle étrangeté que le passé de ma mère, profond comme toute l'histoire et aussi incompréhensible !

Cependant, les marteaux battaient leur cadence et je m'habillai à la diable, tandis que le grand-père tirait comme toujours l'aiguille, sans prêter la moindre attention à nos discours — du moins, sans en avoir l'air. Que lui importait, à lui, un théâtre ! « Quand on en a vu un, on les a tous vus ! » disait-il. Ou encore : « Tout ça, c'est des attrape-nigauds ! Ces gens-là sont des cure-bourses ! » Quel blasphème ! Mais à grand-hâte je me préparais à sortir. Tout plein encore du ciel de mes rêves, comme j'apparaissais dans la cour où le remue-ménage allait son train habituel, la Pinçon battant du marteau, et Durtail, dans ses bons jours, cognant du maillet sur ses fûts, voici qu'entra un homme, grand, maigre, tout rasé qui portait un chapeau à large bord et tenait à la main un broc.

Il s'avança jusqu'au milieu de la cour et là, avisant mon grand-père qui travaillait à sa fenêtre assis comme toujours sur sa table, il s'arrêta net et se prit à le considérer.

Pour moi, il ne faisait pas de doute que cet homme

était l'un des acteurs du théâtre Delamarre, sinon le chef de la troupe en personne. J'en restai cloué sur place, remettant à plus tard d'aller voir ce qui se passait dehors puisque, aussi bien, pour le moment, c'était ici que se jouait la pièce. La Pinçon avait arrêté son marteau et même, elle se penchait à la fenêtre pour mieux regarder l'inconnu. Durtail, lui aussi, faisait silence et, les bras croisés, les sourcils froncés, on aurait dit qu'il s'apprêtait à demander des comptes à l'intrus.

Quant à mon grand-père, peut-être n'avait-il pas conscience qu'un inconnu l'observait avec tant d'attention. Ou bien se faisait-il encore, comme souvent, un jeu de sembler ne se douter de rien ? L'acteur avait posé son broc. Il s'avança vers la fenêtre du grand-père.

— Salut et fraternité ! s'écria-t-il en ôtant son grand chapeau. Et nous fûmes tous stupéfaits de voir qu'il avait les cheveux tout blancs.

Il s'inclina, d'une manière si polie, si gracieuse mais n'était-ce pas naturel qu'un homme de son état eût des manières de grand seigneur ? Et il répéta encore une fois, d'une voix si gentille, et d'un ton si amical : « Salut et fraternité ! » que le grand-père, enfin, leva la tête.

— Hum ! fit-il en guise de réponse. Et ses lunettes lui churent sur le bout du nez.

Que lui voulait-on ? Et que signifiaient ces drôles de manières ? L'acteur ne bougeait plus. Tenant son chapeau à la main il dit :

— Père tailleur, taillable et corvéable à merci !
Encore une fois, salut et fraternité ! Me donnerez-vous
un peu de votre eau ?

Pour quelque raison, la borne-fontaine de la place
aux Ours ne marchait plus.

— De l'eau ? Prenez, dit le grand-père, en montrant
la pompe. Fallait-il faire tant de manières pour un broc
d'eau ?

— Merci, grand-père, répondit l'acteur. En retour,
je vous chanterai une petite romance…

Au même instant, il posa son chapeau sur le rebord
de la fenêtre, et d'une belle voix chaude, il entonna sa
romance.

C'était *Le Temps des Cerises.*

Depuis, bien souvent, j'ai entendu chanter *Le Temps
des Cerises,* mais jamais plus comme alors. J'ai appris
à mon tour la romance, j'ai appris aussi son histoire.
Je ne puis jamais l'entendre sans revoir cet homme
encore jeune et déjà tout blanc, avec son beau visage
fin et rasé, chantant, debout devant la fenêtre de mon
grand-père, les tendres promesses de l'amour.

Ma mère était apparue aussi. Son visage était tout
radieux. La Pinçon, accoudée à sa fenêtre, en oubliait
ses ressemelages. Durtail était sorti de son atelier
comme malgré lui et, du *Cap de Bonne-Espérance,* une
petite troupe de buveurs, conduite par la tenancière,
était apparue et se rapprochait du chanteur. Mais il n'y
prenait pas garde.

On aurait dit — et j'en étais sûr — qu'il ne chantait
que pour mon vieux grand-père. C'était vers lui qu'il

dirigeait ses gestes, c'était à lui qu'il souriait. Et voilà que — miracle !— le grand-père sourit à son tour, qu'une sorte d'enchantement bouleversa son vieux visage, le remua de tendresse. Quel beau moment ! C'était comme une récompense. Et si inattendue !...

Quand il eut terminé sa romance, l'acteur salua encore une fois, profondément, puis il s'avança vers le grand-père en lui tendant la main. Je vis la vieille main de mon grand-père se tendre à travers la fenêtre, mais, ô stupéfaction ! Au lieu de se contenter de la serrer, voilà que l'acteur, l'ayant saisie, la porta vivement à ses lèvres ! Et, se relevant d'un coup, devant l'assistance ébahie — et mon grand-père tout désemparé et tout confus :

— Salut et fraternité ! dit-il encore une fois en reprenant son chapeau. En même temps il se recoiffa, puis, il se mit à tirer de l'eau à la vieille pompe.

Je le suivis. Je parcourus devant lui, comme dans son ombre, toute la rue du Tonneau. Nous arrivâmes sur la place aux Ours. Mais que s'y passait-il donc d'étrange ? Je n'entendais plus les marteaux. Le travail de montage du théâtre, à peine commencé, semblait abandonné. Un attroupement s'était fait près d'une roulotte...

Mon bel acteur pressa le pas. Arrivé près de la roulotte, il déposa son broc près de lui, et comme moi, comme d'autres, il contempla la scène.

Au pied de l'escabeau, devant la porte, se tenait un

homme de haute taille, en velours, tête nue. Les mains dans les poches, il regardait dans l'intérieur et répétait :

— Donne-moi ma part et que ce soit fini.

Une fillette d'une douzaine d'années était debout sur le seuil de la porte, dans la roulotte. Maigre, échevelée, elle tendait les bras en pleurant.

— Papa ! Oh papa ! Mon papa…

L'homme ne bronchait pas.

La petite lui caressait le visage, elle lui entourait le cou avec ses bras et de temps en temps elle se retournait vers l'intérieur de la roulotte, d'où venait une grosse voix ronchonneuse : celle de la mère.

— Ma part tout de suite…

Du fond de la roulotte arriva une grossièreté.

— Papa ! Oh papa !

— Pour la dernière fois, veux-tu me donner mon dû ?

Il n'y eut pas de réponse.

L'homme ne bougeait pas. Mais il était bien plus terrible ainsi.

— C'est folie que de pousser ainsi un homme à bout, dit quelqu'un.

La fillette se jeta au cou de son père en tremblant. On voyait les secousses de ses petites épaules presque sous le menton de son père. Il ne la repoussait pas.

— Mon chéri ! Oh ! mon chéri !…

— Une fois, deux fois, trois fois : c'est bien vu et bien entendu ?

Pas de réponse.

— Alors je monte.

Et il ôta ses mains de ses poches.

— Non ! mon papa. Non ! non ! non !…

— Ote-toi, petite…

Comme il lui parlait tendrement ! La petite se pendait à son cou. Elle ne le lâchait pas. Elle frottait sa joue trempée de larmes contre la joue de son père.

— Mon chéri papa…

Il avait déjà mis le pied sur la première marche de l'escabeau, mais il l'ôta et la petite le lâcha. Il se laissa tomber d'un coup, et s'assit, le visage dans les mains. Il ne dit plus rien. La petite se tourna vers l'intérieur de la roulotte et leva les bras. Je ne compris pas pourquoi.

Alors, mon bel acteur s'approcha du pauvre homme effondré sur la marche de son escabeau, et, lui posant la main sur l'épaule :

— Albert, dit-il tendrement, mon vieux Albert, il ne faut pas t'abandonner.

Mais l'autre secoua la tête, et je l'entendis murmurer que c'était fini.

— Quoi ? Qu'est-ce qui est fini ?

Il haussa les épaules.

— Après tout, reprit-il, c'est moi le patron. Il est à moi le théâtre…

Et mon bel acteur blêmit.

— Tu ne veux pas le vendre ? demanda-t-il.

— Si, répondit Albert. M. Albert Delamarre, ainsi que je venais de le comprendre. Si. Ah, si, je veux le vendre. Tu dois comprendre cela, Jacques.

Jacques ne répondit pas. Il comprenait. Il comprenait trop bien.

— J'ai fait arrêter le travail. Nous rembarquons tout et nous repartons.

— Ah ! dit Jacques.

— N'importe où ailleurs tu seras plus heureux, dit M. Delamarre. Tu trouveras autre chose.

— Oui, et toi ?

— Oh ! moi… S'il n'y avait pas la petite.

Et il se leva. Du fond de la roulotte arrivait un bruit confus de paroles. Jacques se tourna vers les gens attroupés.

— Mes amis, dit-il, écartez-vous… Ce n'est pas ici le genre de spectacle que nous espérions vous donner. Ecartez-vous. Ce ne serait pas bien de rester. Nous repartons, comme vous venez de l'entendre. Ainsi, ne vous dérangez donc pas ce soir… Adieu…

Et se tournant vers M. Delamarre : Je crois bien, dit-il, que c'est l'occasion de faire nos adieux au public. Merci donc pour votre gentille attention, dit-il en saluant — et pour votre bienveillance aussi. Mais, écartez-vous… Nous ne sommes plus des comédiens. Adieu ! Pour une fois, je ne vous demanderai pas d'applaudir…

Et il salua, une fois encore, une dernière fois, très profondément, comme il avait fait dans notre cour — mais c'était pour ainsi dire saluer le vide, car du premier instant où il s'était mis à parler, les gens s'étaient retirés comme à reculons, effrayés de ce qu'ils voyaient et entendaient.

Dans l'espace vide, devant la roulotte, il n'y avait plus que le broc d'eau, tout seul, oublié...

Ma ville possédait son théâtre propre, qui, par une singularité des plus frappantes, était presque toujours fermé ! On eût dit une maison abandonnée.

La ville était bien trop pauvre pour entretenir une troupe à elle, bien trop insignifiante pour que les troupes des « grands centres » songeassent même à la traverser. Mais il arrivait une ou deux fois l'an peut-être, qu'une occasion exceptionnelle, et que nous pensions toujours être une erreur, fît qu'une troupe d'amateurs louât le théâtre pour une soirée. Le père Gravelotte en bannissait la nouvelle aux carrefours. Il ne sortait jamais son tambour que les jours d'affluence, c'est-à-dire les jours de marché, quand la poissonnerie était en rumeur et les rues qui menaient à la place de l'Evêché toutes grouillantes de ménagères et de bourgeoises qui couraient marchander les œufs. On l'entourait. Ah, la bonne nouvelle qu'il annonçait : « Avis ! La Société d'Art dramatique... »

Eh, oui !

La petite bourgeoisie de la ville se préoccupait en effet de se donner à elle-même des spectacles où elle pût tout au moins peupler les grands déserts de cendre du dimanche. Elle déléguait ce soin à une « troupe » recrutée parmi les intellectuels de la bande, c'est-à-dire les abonnés de la Bibliothèque Municipale, et à leur inspirateur, un pâtissier en retraite. Ils avaient tout un répertoire, prétendaient ne s'inspirer que des grandes traditions classiques, etc.

Qui l'eût cru, parmi ces raides mesdames si agressives dans leur démarche, si impeccables dans les chastes armures de leur toilette, et qui, tout à l'heure, discuteraient si âprement pour gagner un sou sur la livre de beurre, parmi ces petits fonctionnaires qu'on voyait s'esbigner en douce de leur préfecture pour aller siffler un verre à la volée, il y avait donc aussi une Carmen possible, un Don Juan, un Otello ! Et je ne dis rien de Basile ! La mascarade allait donc si loin et le jeu était à ce point truqué !

Bientôt commençaient les préparatifs. C'était un grand branle-bas. On voyait tourner autour du théâtre, le père Gravelotte en tête, les hommes de la voirie chargés de tout remettre en état, de brosser le velours des banquettes, d'ôter les toiles d'araignée dont les loges étaient fanfreluchées. Tout cela n'allait point sans fracas. Aux fenêtres, les crémones rouillées ne jouaient plus. La pluie, la neige avaient si bien travaillé le bois, le soleil lui avait donné tant de gauche, que les vantaux en étaient comme scellés l'un dans l'autre et que, pour les forcer, il fallait y aller du marteau. Il arrivait qu'une vitre sautât. La belle affaire ! On bouchait le trou d'un carton.

Outre le balayage, la besogne des nettoyeurs comprenait encore la chasse aux rats, aux souris, aux chats qui logeaient dans ce théâtre, leur palais. Ils devaient aussi surveiller le bon fonctionnement du rideau et surtout, préparer le lustre.

Peut-on assez se figurer ce qu'était ce lustre et la place qu'il tenait non seulement dans la salle de spectacle même, mais dans la pensée et je devrais dire dans le cœur de *nos* concitoyens ? Bien des choses en ville pouvaient leur sembler de mauvais goût, qu'ils mettaient même une coquette hardiesse à critiquer. Mais le lustre du théâtre ! Le lustre ! Qui eût osé prétendre que ce n'était pas là une pièce admirable, un trésor sans comparaison ? Ce lustre, divers points de vue, la collection d'oiseaux empaillés qu'on gardait au musée, le cimetière, voilà d'où ils tiraient leur plus grande vanité, les joyaux qu'ils ne manquaient jamais de montrer ou de signaler au voyageur dès son débarqué en ville.

Qu'était-ce pourtant que ce lustre ? Rien d'autre qu'un affreux galimatias du plus grossier verre a bouteilles qu'on eût jamais fondu en godets pour y planter des bougies. Il en pouvait supporter la centaine et au-delà. C'est dire son poids, sa taille. Hissé au plafond au bout d'une corde qui roulait sur une poulie, on pouvait à volonté le descendre et le remonter par un treuil caché sous les combles. La merveille c'est que la corde ne se soit jamais écourtée, que le monstrueux grappin ne se soit pas fracassé au milieu du parterre, enfouissant sous ses vastes débris tout ce que la ville comptait de plus rare en fait d'amateurs de spectacles, et jetant le feu aux quatre coins.

Il avait la forme d'une immense suspension bourgeoise, un cône piqué dans le plafond par la pointe, et comme d'une suspension de famille, on en prenait soin au point de l'emmitoufler d'un voile de taffetas rose dès la représentation finie, avec une sollicitude au moins égale à celle de monsieur le curé cachant sous le tulle, à la cathédrale, ses plus charmants plâtras sulpiciens.

Il présentait certainement pour ceux qui avaient leur place aux fauteuils d'orchestre ou dans une loge un grand avantage, mais pour nous, locataires du paradis, il était d'une incommodité plus qu'extrême. Tout simplement il nous crevait la vue. Force était d'accomplir des prodiges d'acrobatie pour apercevoir au-delà de ce monstre quelque chose de ce qui se passait sur la scène et nous y gagnions tous le torticolis.

Quand donc une occasion exceptionnelle voulait qu'on remît le théâtre en état, qu'on renouvelât les bougies du lustre, qu'on ouvrît partout les fenêtres pour chasser de l'endroit l'aigre odeur de moisi qui ne disparaissait jamais tout à fait, la première chose à faire était de déloger de devant le théâtre même, la bande de vagabonds qui s'y réchauffait au soleil.

A coups de gueule et même de bottes, le père Gravelotte, les hommes de la voirie et parfois aussi les agents, les envoyaient plus loin dans une ruelle s'épouiller ou dormir. Les portes s'ouvraient toutes grandes. On sortait des tapis pour les battre sur la place, je voyais transporter des décors, préparatifs pour moi enchanteurs d'une fête à laquelle il n'était jamais dit que je n'assisterais pas. Dès qu'il était annoncé qu'on allait donner un spectacle, ma vie entière n'avait plus de sens que par cette raison même. Je ne me disais pas que cette joie m'était due : personne ne me l'avait pro-

mise et j'étais encore sans méfiance. Je pensais naïvement que tout ne dépendrait que de ma chance ou de
ma ruse. Je devrais ajouter : et de ma persévérance.

Le seul endroit de ce théâtre où je pouvais jamais
espérer de traîner mes pieds boueux, c'était comme il
va de soi, celui que l'on nomme en France le «poulailler» ou le «paradis» et en Allemagne «l'Olympe».
J'ignore de quels sobriquets bas et ironiques on peut
blasphémer en d'autres pays ce grenier chéri de la
canaille et inconnu aux balayeurs. Les hommes de la
voirie, chez nous, n'y pénétraient jamais. On y trouvait
à chaque fois un fumier accru du fumier de la veille :
de la boue séchée, mêlée aux gravats tombés du plafond, la crotte des mégots jaunis, des peaux d'oranges
racornies, dures comme des coquillages, des papiers,
parfois un bouquet d'un sou oublié par une amoureuse.
Voilà ce qu'on trouvait sur ces bancs sans velours, la
volaille se contentant de la planche la plus nue, taillée
dans le plus crotté des perchoirs.

Voilà ce qu'il fallait d'abord balayer soi-même
avant que de prendre place, et c'est à quoi s'em-
ployaient l'un après l'autre les arrivants, qui étalaient
sur la banquette un journal apporté tout exprès, comme
ils auraient déplié sur l'herbe d'été, aux courses ou au
vélodrome leur mouchoir de poche. La puanteur était
forte.

Au-dessus du paradis logeaient les combles. De ce
lieu de ténèbres descendait sur nos épaules une humi-
dité sournoise, filtrait l'odeur pourrie du plâtre en

décomposition, du bois moisi, des ordures, de la vermine et des chats.

Pourquoi n'y avait-il pas de velours aux banquettes ?
Pourquoi ce poulailler était-il laissé dans un tel état
d'abjection ? Je pense que c'était *par des raisons abs-
traites.*

Quand enfin arrivait le jour du spectacle, après une
attente toujours trop longue, il n'était jamais dit que je
pourrais me rendre libre, et mes premières ruses, non
les moins subtiles, je devais les employer à obtenir de
mon grand-père qu'il me laissât sortir. Mais je prenais
grand soin de lui cacher la vérité.

Lui eussé-je avoué que je voulais aller au théâtre
qu'il s'y fût opposé absolument. Et même au cas où
j'aurais eu l'argent du billet. Voilà pourquoi je lui mentais. Encore y avait-il une seconde raison : la pudeur
extrême que j'avais de mon plaisir, mon invincible
répugnance à l'avouer.

Quand donc j'avais obtenu que s'ouvrît pour moi
cette première porte, le reste m'appartenait. J'éprouvais même une certaine joie, peut-être orgueilleuse, à
coup sûr méchante et complice, à penser que je les rou-
lerais tous quand même, que j'entrerais, malgré eux,
dans ce lieu défendu. Je ne me hâtais pas. Je marchais
tranquillement dans la rue vers la place illuminée où
généralement, quand j'arrivais, il y avait déjà, si les
portes n'étaient pas encore ouvertes, une foule en

attente. Elle n'était composée que de postulants au paradis, ouvriers et ouvrières qui, par chance, tenaient quatre sous en poche, et avaient torché leur dîner pour courir aux meilleures places. Dès la porte ouverte, il y avait souvent bataille. D'un bond, il fallait gagner une caisse spécialement établie pour nous à gauche en entrant. Les hauts-de-forme prenaient leurs billets à une autre caisse protégée de notre atteinte par une rampe de velours et des agents factionnaires, sans parler du père Gravelotte.

Les soirs de spectacle, le père Gravelotte était toujours de service à la porte du théâtre. Il contrôlait les billets. Pour la circonstance il était revêtu de ses plus beaux affiquets et coiffé d'une casquette municipale ornée, en souvenir de son tambour, d'une lyre. C'était pour lui des soirs de gloire, et l'on aurait dit qu'il montait la garde non pas devant la caisse d'un théâtre, mais à quelque feu de bivouac, face à l'ennemi.

Ai-je besoin de dire qu'il était incorruptible ? Et qui donc eût songé à le corrompre ! Avec cette conscience légendaire des vieux soldats qui ne connaissent que la consigne, il s'efforçait à prévoir les moindres infractions qui auraient pu y être faites, et du plus loin qu'il nous apercevait, nous les gosses rôdeurs et sans le sou, il nous montrait du bout de son doigt tendu, la pointe vernie de son soulier.

Un vaste escalier de bois, sonore comme une cloche entre deux murs de plâtre vert et gluant menait au paradis. Les favoris de la chance ou de l'audace l'escaladaient à la course. Le paradis était à eux et que les autres se débrouillent !

Que de fois je me suis mêlé à cette foule en attente faisant comme si tout allait se passer pour moi comme pour les autres, me donnant le fol espoir que la *différence ne se verrait pas* et jouant à me la cacher à moi-même ! Peut-être aussi espérais-je qu'une bousculade un peu vive me porterait « malgré moi » là-haut. Mais je m'étais bien vite aperçu que le miracle n'allait pas sans une certaine collaboration de ma part. On apprend comme l'on peut, et par les moyens qu'on peut, à se méfier des Dieux.

Un soir, le père Gravelotte étant à son poste, je rôdais sur la place guettant la fortune. L'affluence était plus grande que jamais, les voitures plus nombreuses, les toilettes plus abondantes et les plus variées. Mes chances n'avaient jamais été plus faibles. De toute la soirée je ne perdis pas le théâtre de vue. Avouer un pareil abaissement est-ce là s'épargner ? Mais c'est affaire à moi seul si je prends honte encore des bassesses si heureusement épargnées à qui peut faire sauter dans sa paume les dix sous d'une planche au paradis. Il est des bassesses d'état.

Je rôdais sur la place, en chien, espérant qu'à la reprise une meilleure occasion surgirait d'aller renifler à la féerie. Et sinon dès le premier entracte, en tout cas sûrement au dernier, car je connaissais la coutume.

Sur le déclin du spectacle, tout avant l'acte final, une mesure de clémence intervenait en faveur des misérables patients restés chômés au seuil du temple. Cette porte si raidement barrée, plus dure que le battant d'acier d'un coffre-fort, voici qu'elle tournait d'elle-même, comme sur des gonds enchantés. Elle semblait sourire, nous inviter, nier qu'elle eût jamais montré à quiconque sa triste et hargneuse grimace. Le flic, débonnaire depuis que le jeune premier l'avait tant fait crever de rire — il en avait encore les larmes aux yeux — semblait avouer enfin qu'il n'était là que pour la frime, qu'on pouvait, il ne s'en offenserait pas, croire et faire comme s'il n'avait pas été un vrai flic, mais un «numéro» dans la comédie. Loin de vous interdire l'entrée de la salle, au contraire, il serait ravi qu'on aille grossir le public qui tout à l'heure encore l'applaudirait. Et le père Gravelotte, son paquet de cartes de sortie à la main, comme un saint Pierre ses clés, semblait toutes vous les offrir depuis qu'il n'en offrait plus à personne.

Il régnait dans le théâtre, du côté du public comme du côté des acteurs, le plus «charmant désordre», la joie, la bonne humeur la plus légère. Toutes les places restées vides au paradis — au paradis seulement, bien entendu! — mais comment donc, on pouvait y aller!

Il arrivait même qu'on fît auprès de nous une sorte de retape, qu'on nous invitât, le père Gravelotte lui-même, à profiter de l'occasion, qu'on nous vantât le charme et le talent de la divette. Ah! ce que nous avions perdu! Non, sans blague, ce que c'était dom-

mage tout de même ! Parce qu'on pouvait bien dire
sans se tromper qu'il s'en passerait du temps, avant
qu'on revoie rien d'aussi bien. On nous plaignait ! Et
c'est le cœur battant que notre misérable horde de
chiens grimpait l'escalier du bonheur, allait quérir des
places dans le dos des autres qui ne cachaient pas leur
déplaisir et souvent aussi leur mépris.

Il est bien clair qu'à cette queue de festin où l'on
nous conviait avec tout l'air de prétendre que c'était
bien notre faute si nous n'étions pas venus plus tôt, et
que c'était nous les mauvaises têtes, nous ne pouvions
rien comprendre. Et même si nous poussions l'inso-
lence et la témérité jusqu'à demander des explications
à nos voisins. Qui était celui-ci ? Qui celle-là ? J'aurais
tant voulu le savoir !

Mais chut, chut ! Allez-vous vous taire ? Silence !
Qu'est-ce que c'est encore que ceux-là qui viennent
nous déranger ? On ne devrait pas permettre… Et nous
nous taisions, nous nous faisions tout petits dans nos
coins, éblouis, éberlués, ne comprenant pas ce qui se
passait et riant, quand nous riions, à contretemps.

L'apothéose n'était jamais pour moi qu'une énigme
et quand, tout fini, je rentrais à la maison, je tremblais
de frayeur à la pensée que j'étais sans doute imbécile.

… Le premier acte s'acheva, et les spectateurs sor-
tirent un peu sur la place prendre l'air et fumer une
cigarette. Je n'avais pas bougé d'une encoignure où je

demeurai, il faut bien que je l'écrive : sans honte, mais non sans douleur.

Je me dis aujourd'hui que sans doute ma persévérance avait d'abord pour raison mon désir obstiné de pénétrer dans ce théâtre, mais aussi que je pouvais bien être guidé, quoique obscurément, par le sentiment d'une nécessité : celle qu'il y eût là un témoin. Mais personne ne faisait attention à moi.

Cinq ou dix minutes passèrent. Un homme fit le tour des rues avoisinantes, en balançant au bout de son bras une cloche de bronze pour avertir que le spectacle allait recommencer. Ceux qui étaient dans les cafés sifflaient leurs verres, des ombres surgissaient du fond des rues dans la lumière de la place et se hâtaient. L'homme continuait sa promenade, dans le jaillissement de sa cloche.

De beaux messieurs, de charmantes dames passèrent devant moi laissant à leur suite une odeur de cigare et de parfum : clients des fauteuils d'orchestre. La place se vida des derniers retardataires et avec le dernier coup de cloche s'évanouit mon dernier espoir. L'homme revenait, son instrument sous le bras, en se hâtant lui aussi. Pas plus que les autres il ne voulait rater la reprise.

— Qu'est-ce que tu fous là ? me dit-il en passant devant moi.

— J'ai pas de sous.

— Ah ?

Plus personne, sauf à la caisse une jeune femme. Le père Gravelotte, de garde au pied de l'escalier, semblait sommeiller. Des portes se refermèrent. Il y eut un instant de brouhaha auquel succéda le silence le plus parfait, et retentirent alors les trois coups solennels du régisseur, annonçant que le rideau allait se lever.

Quittant ma niche, je me mis à rôder. N'avais-je pas encore bien du temps devant moi avant le dernier entracte et la levée de l'interdit ?

… Les Dieux, je pense, voulurent me récompenser ce soir-là d'avoir montré tant de «caractère» car le moment venu enfin de monter au paradis, j'y trouvai non seulement une bonne place, mais, par un miracle inconcevable, la meilleure peut-être, une place d'où le lustre n'était presque plus gênant. Et je m'y installai aussitôt. Mais presque en même temps que moi arriva un homme…

Il faut dire qui était cet homme.

Depuis peu était revenu en ville un certain Grascœur, mauvais sujet s'il en fut, qu'on disait avoir été aux bataillons d'Afrique et qui terrifiait nos bas-fonds. C'était un grand gaillard bien découplé, d'une beauté mâle et canaille. Il devait avoir vingt-cinq ans. Il portait le classique foulard rouge, la casquette et les accroche-cœur. Un homme qu'on disait capable de tout. Il vivait des femmes.

Dans la rue, le soir, il se livrait à de joyeuses provocations, interpellait les passants, se moquait ouvertement de ceux dont la tournure lui déplaisait. Une fois, je l'avais vu se jeter sur un homme le poing levé en s'écriant :

— C'est moi le mac ! J'assomme !

Une bataille à laquelle j'avais assisté était restée
dans ma mémoire comme un événement unique, non
que les batailles fussent rares dans nos rues, mais celle-
ci avait pris un tel caractère de brutalité, j'avais si bien
vu briller l'éclair d'un couteau, que, longtemps, ce souvenir resta en moi comme un cauchemar.

L'adversaire de Grascœur était Chopi, l'ivrogne au
cœur doux. En pleine rue, un soir, Grascœur s'étant
jeté sur lui, Chopi esquiva le coup et Grascœur faillit
perdre pied et rouler à terre le premier. Mais il se ressaisit et, crachant son mégot, jetant par terre sa casquette — il ne s'était débarrassé ni de l'un ni de l'autre
que pour bien faire entendre qu'il allait tout régler
d'une chiquenaude — il croisa les bras, se planta au
milieu de la rue les jambes écartées et dit :

— A ton tour !

Chopi ne se fit pas prier. Il prit son élan, et la tête
baissée, il fonça. Mais Grascœur sauta légèrement de
côté et saisit comme au vol, bloqua comme un gardien
de but un ballon, la tête de Chopi menaçante comme
un boulet.

On le vit alors serrer les dents comme un athlète de
foire qui, la sébile enfin pleine, va soulever les cent
kilos. Les muscles de son visage se gonflèrent, une
veine énorme jaillit à son front et tout doucement il se
mit à tourner sur lui-même, les pieds de Chopi traînant
par terre. La foule était béante.

Grascœur tournait de plus en plus vite. On vit le
corps de Chopi s'élever jusqu'à devenir quasiment
horizontal et Grascœur eut un grand sourire de

triomphe. Il fit tourner Chopi une fois, puis il le lâcha.
Un cri de sauvage horreur jaillit de la foule. Chopi
s'écroula par terre comme un sac lâché d'une fenêtre,
sa tête alla donner sur le bord du trottoir qui aussitôt
se tacha de sang. Il ne bougea plus.

Quelqu'un dans la foule traita Grascœur de brute.
Mais Grascœur resta planté au milieu de la rue, les bras
croisés, cherchant du regard celui qui avait parlé.

— A qui le tour ?

Il n'y eut pas de réponse. Plusieurs qui se donnaient
pour des braves détournèrent les yeux. Alors Grascœur
haussa les épaules et cracha avec mépris. Il se baissait
déjà pour relever sa casquette quand, subitement,
l'homme effondré se dressa d'un seul bond, fouilla
dans sa poche et se jeta sur Grascœur un couteau levé.
Mais une main le saisit au poignet et il trébucha.

— T'es pas fou ? entendis-je.

Le couteau tomba par terre. Grascœur contemplait
la scène en riant.

— Il n'est pas de force, dit-il. Et ramassant sa casquette d'un geste léger, il s'éloigna tout doucement.

On emmenait le blessé. A présent que Grascœur
n'était plus là chacun osait parler haut. Il revint tout à
coup sur ses pas. Il s'approcha en se dandinant de
l'homme qui avait arrêté le bras meurtrier du vaincu.

— Tu verras une autre fois à ne pas te mêler de mes
affaires, dit-il.

— Aurais-tu mieux aimé…

— Ça me regarde seul.

Et cette fois, il disparut pour de bon.

Voilà l'homme terrible qui venait d'entrer au paradis. Or, je n'avais pas de raison pour penser que Grascœur éprouvât pour moi la moindre haine, ni même qu'il soupçonnât mon existence. De cette existence, il ne s'aperçut que dans l'instant où il cherchait pour lui-même une bonne place. En homme habitué à saisir une situation d'un seul coup d'œil il remarqua dès l'abord que ma place était la meilleure. Je le vis s'élancer vers moi, en sautillant avec beaucoup de gaieté, et je compris ce qui allait m'arriver. Mais, j'étais paralysé.

Il glissa ses deux mains sous mes aisselles ; je me sentis soulevé, porté en l'air et déposé hors des gradins sans qu'il eût prononcé la moindre parole et moi poussé le moindre cri. Et il s'installa à ma place, croisa les bras sur la barre de fer qui servait d'appui. Il ne pensait déjà plus à moi et il examinait la salle d'un air tranquille.

Dans son dos, je tremblais.

A moins d'un pas de mon bourreau, là même où il m'avait déposé, je demeurai planté sans souffle, sans larmes, comme attaché à lui par un fil invisible et tout-puissant. Mon regard fasciné ne quittait pas sa nuque grasse, la boule noire et comme huilée de ses cheveux, sous la casquette qu'il portait en crâneur.

Je ne voudrais rien dire là-dessus qui ne fût absolument vrai. Je voudrais ne rien fausser quand je tente de me représenter l'état où son action me plongea, comme je suis sûr de ne rien fausser, dans un autre ordre, quand je dis qu'il portait un veston gris. Certes, je tremblais. La surprise, la peur, y étaient bien pour quelque chose, mais pas pour tout. Dans mon regard rivé à son dos il y avait certes de la haine, la rage mortelle de l'impuissance, mais bien plus que tout cela, le désespoir de ne pas comprendre d'où une pareille action était née et pourquoi. Aussi, une étrange, une odieuse admiration. Je ne me disais point du tout que ce qu'il venait de faire était injuste, je n'avais pas hélas ! cette ressource de penser à la justice, je me disais seulement que c'était ainsi et je ne voyais rien au-delà.

Le plus effrayant c'était cette indifférence persistante de sa part à moi. Bien que je fusse resté très longtemps derrière lui, pas une seule fois il ne détourna son regard. Et aujourd'hui encore je ne pense pas qu'il ait redouté le mien. Non, cela lui était égal. Non seulement il restait insensible à l'acte qu'il venait de commettre, et comme ignorant, mais la honte même de cet acte il me l'avait pour ainsi dire remise. Et je puis bien dire qu'il y avait là plus de honte que n'en peuvent supporter deux âmes.

Je m'étonne, écrivant ceci, de ne rien retrouver dans mon souvenir de relatif aux témoins de cette scène. Car enfin nous n'étions point seuls. Cet acte ignoble s'était accompli au regard d'un certain nombre de témoins. Et j'ai beau chercher, je ne revois pas un visage, je n'entends pas une parole sur quoi je puisse me fonder pour dire avec certitude qu'ils étaient là.

Si je me fiais à mon souvenir plus qu'à ma raison, je serais tenté de dire que cette scène si vive qui a laissé en moi sa brûlure, ne s'était passée qu'entre nous deux dans un paradis désert. Mais je sais bien que ce n'est pas vrai. La prudence humaine est-elle donc si grande,

si géniale, que sur la douleur et la honte qui vont acca-
bler un enfant elle fasse aussitôt détourner les yeux ?
Et la prudence même d'un enfant est-elle si subtile que
dans l'instant où la honte et la douleur l'accablent, elle
lui fasse jeter comme un voile sur les visages des
témoins, au point qu'il ne se souvienne plus ensuite
qu'il y ait eu là personne avec des yeux pour voir et
des oreilles pour entendre ? Quoi qu'il en soit, un vide
s'est fait dans mon souvenir en ce qui les concerne et
je ne revois jamais que Grascœur accoudé sur la barre
de fer et moi tremblant dans son dos...

Je m'éloignai, enfin. J'allai chercher ailleurs un air
respirable, un endroit où me cacher. Ce fut à l'extré-
mité du paradis, dans le coin le plus obscur où, sur un
bout de banc, je découvris une place vide dont personne n'avait voulu, pour la simple raison que de là on
ne pouvait rien voir.

Les malheurs particuliers n'empêchent point d'aller
les affaires du monde, et tandis que tout ceci se déroulait (mais quel mot ! les choses au contraire s'étaient si
bien enroulées) les préparatifs du spectacle s'étaient
achevés, le rideau s'était levé, tout allait commencer.
Mais l'événement qui venait de me surprendre m'avait
laissé si étourdi que je n'entendis même pas les trois
coups du régisseur. Pas davantage je ne me rendis
compte du silence qui se faisait dans la salle, de cet
apaisement progressif des bavardages qui, en toute

autre occasion, eût tellement fait battre mon cœur. Eussé-je entendu les trois coups, eussé-je pris conscience de l'état de la salle, que je me serais au moins penché sur la rampe pour tâcher d'apercevoir un coin si réduit fût-il de la scène et je n'aurais pas été comme je le fus, surpris, arraché à moi-même par l'irruption insolite de quelques notes de musique, si insolite en effet qu'il me sembla dans l'instant que ce n'était point mes oreilles qui les avaient perçues, mais qu'elles venaient de jaillir de mon propre cœur.

J'ignore et ignorerai toujours de quelle musique il pouvait bien s'agir. Tout ce que je sais, c'est qu'elle venait d'un violon, et que j'entendais un violon pour la première fois de ma vie.

Cette musique avait je ne sais quoi en elle de délivrant et il me vint un bonheur, comme au jour de ma première confession, quand le prêtre m'avait dit en partant : « Allez, mon enfant, vous êtes blanc comme la neige » et que je sautais de joie autour de l'église. Aujourd'hui comme alors je sentis que mes péchés m'étaient remis. Ce qui me reste à dire sur cet instant unique, dans l'absolue certitude de la vérité, c'est que du fond de mon cœur, montèrent à mes lèvres ces paroles inattendues : « Quelqu'un t'aime » et que je fondis en larmes à mon banc.

Il vint un temps où je me montrai plus habile. J'y fus aidé d'ailleurs par deux ou trois autres chiens comme moi avec lesquels j'avais lié connaissance autour du théâtre. Ensemble, nous cherchâmes le moyen de vaincre une fois pour toutes l'obstacle et nous le trouvâmes.

Je ne sais lequel d'entre nous observa le premier que des échelles de fer scellées au mur couraient au long de l'édifice jusqu'au toit. Elles devaient servir en cas d'incendie. Or, à chaque étage se trouvait une passe-relle en bois jetée entre l'échelle et le mur d'où l'on pouvait pénétrer à l'intérieur par une fenêtre. Par mal-heur, ces fenêtres ne s'ouvraient pas du dehors.

Grimper à l'échelle était facile, quoique dangereux, mais cela n'eût servi de rien si d'abord un complice n'était monté au paradis par des moyens honnêtes et ne nous eût ouvert la fenêtre. Nous ne le trouvions pas toujours. Il nous restait alors à chercher dans nos poches si nous n'avions pas ensemble de quoi faire les dix sous du billet et à déléguer l'un de nous là-haut, après avoir tiré au sort.

Cachés dans un coin de la place, nous tenions les yeux fixés sur la fenêtre lumineuse qui allait s'ouvrir. Souvent, ça tardait. Des difficultés imprévues paraly-saient notre camarade, la présence d'un agent ou d'un pompier qui faisait une ronde, ou plus simplement la surveillance bénévole du public dont nous connais-sions hélas les instincts de délation. Enfin, la fenêtre s'ouvrait, et nous nous mettions en branle. Ça n'était pas si simple.

L'échelle qu'il nous était le plus commode d'em-prunter tombait dans la cour d'un boulanger qui remisait là sa voiture. Et nous courions toujours le risque qu'un garçon, ou le boulanger lui-même, ne fût occupé de ce côté. Mais il est probable que le boulanger, sa famille et ses garçons allaient régulièrement au spectacle, car jamais nous ne rencontrâmes personne. Nous escaladions le mur et restions tapis dans un coin en suivant des yeux celui de nos camarades dont c'était le tour de monter. Nous ne montions jamais qu'un à la fois, non seulement à cause du danger, mais aussi parce qu'il eût été bien imprudent d'entrer à la suite et par cette voie détournée au paradis. Même seul, de grandes précautions étaient nécessaires et il fallait savoir patienter sur la passerelle quelquefois même fort longtemps. L'habileté était de faire celui qui vient de prendre un peu l'air, de respirer un peu la nuit sur ce perchoir…

Je sais depuis longtemps que ce resquillage où l'on risquait fort bien de se casser les os, était pour rien, pour des choses qui n'en valaient même pas la peine, presque toujours d'une qualité inférieure ou même basse. Dieu sait qu'il m'a été donné depuis d'assister librement à leurs spectacles ! Je sais ce qu'ils valent. Quelle misère ! Voilà donc pourquoi ils faisaient tant de frais, pourquoi ils s'habillaient si richement, paraient leurs femmes. C'était là leurs fêtes ! Voilà ce qu'ils s'appliquaient à nous interdire avec un soin si jaloux ! Je me suis souvent répété depuis qu'ils étaient plus à plaindre que moi.

Je pense encore ainsi, les choses n'ont guère changé. Mais alors, j'étais dupe. Comment ne l'aurais-je pas été ? Ou pour mieux dire, j'étais amoureux. Seul dans mon encoignure au coin de la place, combien de fois n'ai-je pas éprouvé aux trois coups du régisseur, la torture d'un amant jaloux et trompé ? Cela n'en valait pas la peine, dites-vous ? J'en suis bien d'accord. Mais j'étais un enfant. Et qui de nous, au moins une fois, ne s'est trompé dans ses amours ?

L'oncle Paul, qui était resté si longtemps sans revenir au pays, et dont nous étions habitués à penser, comme de la cousine Zabelle et des autres, qu'il n'y reviendrait peut-être jamais, se décida, une année, à y pousser une petite pointe. Et dès lors, il y reparut à peu près tous les étés.

Quelque changement de fortune, pensions-nous, lui permettait de prendre enfin des vacances. Mais nous nous trompions. Il ne nous laissa pas ignorer que dans les années précédentes, toutes celles qui s'étaient écoulées entre sa libération du service et le moment actuel, il n'avait pas manqué d'en prendre. Mais il les avait passées soit à Dinard, soit à Etretat, et une fois même, à Nice.

Il ne nous dit pas si désormais ces fastes lui étaient devenus impossibles. Peut-être s'était-il « assagi » ou, par quelque raison intérieure plus mystérieuse que le changement de sa fortune, peut-être s'était-il pris tardivement de tendresse pour son vieux père. Tout en s'accommodant fort bien de ne jamais lui écrire une lettre, peut-être avait-il désormais besoin, une fois le temps, de sa présence.

Il ne s'annonçait jamais.

C'était un plaisir de plus que celui de la surprise et qui allait fort bien, croyait-il, à son genre parisien. Car parisien, il l'était en tout cas de fait. C'était à Paris qu'il avait passé la plus belle partie de sa vie — sa jeunesse — et il entendait bien y passer tout le reste. Il n'avait que dédain pour son pays natal, auquel, pourtant, il restait si attaché.

Comme il ne prenait jamais que des congés très courts, — ils n'excédaient pas la huitaine — l'oncle Paul ne voulait pas perdre un seul jour. C'était par un train du soir qu'il quittait la capitale. Une nuit de chemin de fer, ce n'était rien pour lui. Et par chance, il lui arrivait de dormir dans son coin de wagon. C'était tout bénéfice.

Il nous surprenait au saut du lit. Et il n'avait pas deux manières de se présenter chez nous. Avec de grandes précautions, il pénétrait dans la cour, sa valise à la main. Si la Pinçon était déjà à son travail, il lui faisait signe, en se mettant un doigt sur la bouche, de ne rien dire, et à pas de loup il s'approchait de la fenêtre.

Le grand-père était déjà chômé sur son perchoir, perdu dans sa couture et sans grande curiosité de ce qui se passait à l'entour. L'oncle Paul pouvait s'approcher et rester un moment debout devant la fenêtre, sans que le grand-père le vît, sans que même il levât les yeux. La farce réussissait à merveille, et il avait peine à ne pas éclater de rire :

— Alors quoi, disait-il enfin, ça va toujours le bou-lot ?

Et le grand-père tressaillait en reconnaissant son fils qui se laissait aller à son gros rire bruyant. L'oncle Paul posait sa valise par terre et à travers la croisée, ils s'em-brassaient.

Ils n'échangeaient guère de paroles pour commen-cer. Généralement même, le grand-père ne disait rien dans le premier instant. Il était trop occupé à se com-poser un visage, et les mots ne lui venaient pas. Et quand ils venaient, ou revenaient, c'était pour s'infor-mer des choses du voyage, de l'heure à laquelle Paul était parti de Paris, du temps qu'il avait mis pour venir... Et puis...

— As-tu seulement cassé la croûte ?

Pauvre grand-père ! C'était là tout ce qu'il savait dire ! L'oncle Paul était plus loquace. Il entrait à grand fracas dans la maison, quelquefois même il sautait par la fenêtre en criant :

— Debout, là-dedans !

Et c'était des rires, des embrassades, de la joie... Et l'effarement de ma mère qui ne s'attendait pas à la visite et qui n'avait rien de prêt.

— Mon doux Jésus, c'est Paul !

Comme la venue de l'oncle Paul ne se produisait jamais que dans le temps des vacances, nous étions tous là en train de flâner dans nos lits, ou nous prépa-rant pour partir à la grève où, la veille nous avions pro-jeté d'aller passer la journée. Mais il s'agissait bien de cela !

— Oncle Paul ! C'est l'oncle Paul !

Il nous tendait les bras en riant. Quelle bonne figure large et rose ! Son canotier rabattu sur la nuque faisait à sa tête ronde une auréole tout juste un peu moins blonde que ses cheveux. Et comme il était bien mis ! Comme il sentait bon ! Comme nous l'aimions ! Comme nous étions fiers de lui !

— Allez ! Allez ! Bas les pattes ! Chacun son tour !

Il nous prenait dans ses bras, examinait nos visages avant de nous embrasser. Celui-ci avait bonne mine, mais cet autre était bien chétif.

— Et Pélo ?

— Oh, Pélo, c'est toujours pareil. Ni mieux ni pire... Il mange bien, pourtant...

— Sacré Pélo, s'écriait l'oncle Paul, vas-tu te dépêcher de guérir ! Tu veux donc pas que je t'emmène à Paris ?

C'était une promesse qu'il lui avait faite : qu'il guérisse. Il le récompenserait en lui montrant la capitale.

— Je veux bien, oncle Paul, répondait la petite voix de Pélo.

Et l'oncle ouvrait sa valise.

— Je t'ai apporté quelque chose, une affaire exprès pour toi, tu vas voir...

Les grands yeux de Pélo s'allumaient. Il tendait ses mains trop pâles, prenait la boîte que lui offrait l'oncle.

— Des ombres chinoises, murmurait-il extasié...

Quel remue-ménage ! Une joie pour tous, pour le grand-père surtout, qui en oubliait sa couture.

— Comment Mado, je vous ai pas dit bonjour ?

s'écriait soudain l'oncle Paul qui, en effet, n'avait pas embrassé ma mère. Ils échangeaient un baiser sans chaleur, joue contre joue, un baiser de famille où nous sentions qu'ils ne s'aimaient pas, sans savoir quelles anciennes discordes mal oubliées les séparaient.

On déjeunait. Le grand-père descendu de son perchoir, venait s'asseoir à table à côté de son fils. L'oncle Paul enlevait sa veste. Quelle belles bretelles ! Quel linge fin et propre !… Et les projets commençaient.

Bien sûr, on irait partout où on voudrait. Il nous payerait même une promenade en voiture à cheval, ce serait pour demain, si ça nous chantait. Et tout en déjeunant il sortait de sa valise les quelques petites bricoles qu'il avait apportées pour nous amuser. Des cadeaux, des jouets, de vrais jouets. Des jouets tout neufs, des jouets payés, qui venaient tout droit du Bazar de l'Hôtel-de-Ville, et qui sentaient si bon la peinture et le vernis.

Le mépris du Parisien pour les pauvres provinciaux que nous étions et que nous resterions sans doute à jamais, éclatait dans tous les propos de l'oncle Paul et dans ses façons en général. Il nous racontait mille circonstances de sa vie qui prouvaient avec abondance combien, comparés à lui, nous n'étions que des arriérés. Mais non content de nous signifier ainsi son immense supériorité, ne voulait-il pas nous enseigner les belles manières, afin, disait-il en nous regardant — nous : les enfants — que nous fût épargnée l'humiliation d'être pris pour des paysans le jour où nous irions dans le monde.

Ce qu'il entendait par «aller dans le monde» je ne le comprenais guère alors, sinon qu'il voulait dire qu'une fois grands, nous ferions de longs voyages autour du monde, comme Daniel et comme Durtail. Ma mère riait de l'entendre. Elle devait se dire combien il était comique dans sa manière de parler du «monde». Car en fait de mondains et de mondaines, il n'avait jamais connu que ceux et celles de la place Clichy et du boulevard Rochechouart. N'importe. Il nous enseignait qu'on ne mange pas de salade en même temps que le rata, tout en appelant son père : bonhomme.

Le grand-père, avec une docilité dont nous étions confondus, se laissait morigéner par son fils, ce qui achevait de nous donner de l'oncle Paul une très haute idée.

— Mais enfin, bonhomme, voyons, on mange la salade à part, dans une assiette à part…

— Brusst, faisait ma mère, en v'là des charibotages !

Mais c'était comme ça, à Paris.

Le «bonhomme» que de telles manières, si tout autre que l'oncle Paul en eût usé à son égard, eussent fait bondir sur sa chaise, prenait un air attentif, presque timide, un air inattendu de bonne volonté…

On parlait du progrès.

— V'là qu'ils ont trouvé les aréoplanes. Tu verras :

c'est que le commencement, bonhomme. Ils iront dans
la lune !

Il avait l'air de le savoir.

— C'est loin, la lune, répondait le grand-père...

Et puis, avant que d'aller courir la lune, est-ce qu'il
n'y avait pas assez à faire sur la terre ? Il avait lu dans
le journal que...

— Mais enfin, bonhomme, tu n'y es pas ! Tu as des
idées d'un autre âge ! Il faut marcher avec son époque,
nom d'un pétard, et ne pas croire tout ce qu'on dit !

L'oncle Paul, lui, ne croyait rien de ce qu'on disait.
Ceci doit s'entendre du journal et de la politique. Mais
le grand-père, sur ces chapitres, en était resté à de
vieilles habitudes. Ou plutôt, ces bêtises lui étaient
indifférentes qu'on imprimait dans les journaux, des
rapports des nations entre elles. Quant à l'oncle Paul,
il ne comprenait pas grand-chose à ces jeux compliqués, il n'y pensait guère, la plupart du temps, mais il
en parlait comme s'il les eût mieux connues que les
autres, comme s'il eût possédé des sources d'information mille fois plus sérieuses que celles dont dispo-
saient les journaux. Et en fin de compte, ces sources
d'information, c'était ce qu'il appelait sa « jugeote ».

Avec un peu de « jugeote » on s'en tire toujours, on
ne se laisse pas monter le coup.

— Tu verras, bonhomme, que cette histoire des
Balkans nous attirera du mauvais. Y a pas de pétard :
un de ces jours ça mettra le feu aux poudres, cette
sacrée guerre-là.

— Vous avez l'air d'en savoir long, vous, Paul, disait ma mère.

Il était flatté.

— Ma pauvre Mado, si vous pouviez seulement vous douter de tout ce qui se dit à Pantruche…

Il semblait tout à la fois heureux pour elle qu'elle ignorât ces choses terribles qu'il cachait, et en même temps, la plaindre.

— Oh, c'est pas moi qui irai me fourrer dans la politique, disait-elle. J'ai bien assez à faire avec ma tambouille et mes gosses. Des bêtises, tout ça…

L'oncle Paul ne quittait pas ses airs profonds. Des bêtises, certes, on pouvait dire que la politique n'était pas autre chose, mais c'était là une affaire dont on ne pouvait convenir qu'entre hommes. Les femmes n'avaient pas à s'en mêler, même pour la juger. Et quand ma mère disait : la politique, c'est des bêtises, il s'en trouvait en quelque sorte offensé.

— Vous ne diriez pas ça, Mado, si vous aviez vu la manifestation Ferrer.

— Qui c'est ça, Ferrer ? demanda le grand-père.

Pour le coup, l'oncle perdit patience. Il croisa les bras, écarquillant ses gros yeux bleus :

— Sans blague, bonhomme, tu veux me faire marcher ?

— Non, je te jure.

— Ça, alors, c'est plus fort que de jouer au bouchon avec des ronds de saucisse à l'ail. Faut-il que le patelin y soye arriéré tout de même !

— Que veux-tu, répondit le grand-père, avec une douceur persévérante, nous sommes loin de tout ici.

C'est vrai, il fallait en convenir. Le pays n'était pas « central ».

— Mais, Ferrer, c'est un anarchiste espagnol que les curés ont fait fusiller. Francisco Ferrer, voyons !

— A cause ?

— Comment, à cause ? Mais pour ses idées par-bleu !

C'était monstrueux. Ça passait l'entendement. Ma mère refusait de le croire... Des histoires comme ça, c'était bon dans les premiers temps, quand on n'était encore que des sauvages. Mais où c'est-il qu'il avait vu qu'on fusillait des gens pour leurs idées ?

— Vous me la copierez, celle-là, ma pauvre Mado, et avec la musique ! Alors vous croyez qu'ils se gênent ?

— Et la Commune ? renchérit le grand-père, qu'est-ce que tu en fais ?

Il reprenait en s'adressant à ma mère son ton de gourmade habituel. Elle se taisait. La Commune ! Sa vieille tante Marie Lageat qui vivait encore (l'oncle Paul était allé la voir une fois mais comme on lui demandait de ses nouvelles, il avait répondu : « bah, c'est un vieillard »), Marie Lageat donc, se souvenait fort bien de la Commune et dans les temps, elle avait parlé à ma mère du mur des Fédérés...

— Oh mon doux Jésus, fit ma mère en soupirant...

— Vous croyez que je blague, reprit l'oncle Paul, mais si je blague, il y en a des milliers et des milliers comme moi qui blaguent. On était je ne sais pas combien, à la manifestation Ferrer. Vous connaissez pas Paris, alors vous pouvez pas vous rendre compte. C'est pas la peine que je vous explique, mais on n'avait jamais vu ça. La police a chargé.

— Elle était à cheval, la police ?

— Si bien sûr, il y en avait. Si vous aviez entendu ça, comme ça gueulait ! Et les coups de revolver, alors…

Il était de plus en plus épaté que nous n'eussions pas entendu parler de cette affaire.

— Tu y étais ? demanda le grand-père.

— Tiens !

— T'aurais peut-être mieux fait de rester chez toi.

— Alors quoi, répondait l'oncle en colère, ils nous diraient toujours miel et on leur dirait toujours merci ?

Il avait l'air redoutable. Je le regardais quant à moi comme un héros.

— Parlez d'autre chose, demanda ma mère en nous montrant, vous allez les effrayer.

Le fait est qu'après de tels récits il m'arrivait de me rêver perdu dans la foule, où apparaissaient soudain de hauts cavaliers casqués en dragons. Je roulais sous les sabots des bêtes. Ah, ce n'était pas mon doux petit cheval blanc ! Mes cris de cauchemar réveillaient toute la maisonnée.

— Chut ! Dors ! murmurait ma mère. Qu'est-ce que tu rêves ?

— Les dragons… répondais-je… la charge.

N'avait-elle pas raison de haïr la politique ?

Au reste, l'oncle Paul ne demandait pas mieux que de changer de conversation. Il n'y avait pas que la politique sur la terre et les manifestations comme celle-là, ça n'arrivait pas tous les jours. C'était même plutôt rare. Et puis, de vrai, il n'était pas venu en vacances pour nous mettre la tristesse dans l'âme. Il n'avait que huit jours à passer avec nous, il fallait les employer dans la joie.

— Ché cha, ché bien cha, disait-il en parodiant l'accent de son bougnat, demain on ira à la campagne, hein Mado ? On emportera un casse-croûte et on boulottera sur l'herbe au bord de la rivière, ça va-t-il comme ça ?

— Demandez au père…

Mais le grand-père, relevant ses lunettes avait l'air de réfléchir à de bien longues choses.

— Tu vas pas dire non, bonhomme ?

Il ne disait rien. Il ne disait ni oui ni non. De toute la force de notre espérance, nous espionnions ses vieilles rides.

— Et Pélo ?

Nous nous taisions tous.

— C'est vrai… Le pauvre petit Pélo…

— Vous me mettrez chez la Pinçon, proposait Pélo.

C'était possible. Cela s'était fait bien des fois. Il n'y était pas malheureux chez la Pinçon, au contraire, on le gâtait.

— Eh bien, c'est ça… Et on te rapportera quelque chose dans le creux de l'oreille. Allons, bonhomme, c'est oui ?

Ce n'était pas encore oui tout à fait. Il aurait tant de retard dans ses pointes d'aiguille que…

— C'est tout ça ? Mais je te donnerai un coup de main, bonhomme, le retard ne se connaîtra même pas. Allez, saute de ton perchoir !

Le grand-père ne comprenait pas. Ce n'était que pour le lendemain, cette partie de campagne ?

— Saute tout de même, on va aller boire l'apéritif.

— Oh, pour ça non, mon vieux lapin…

Comme sa voix était molle !

— Mais si, et même qu'on fera un billard.

C'était l'argument suprême. Le grand-père se grattait la tête, il faisait claquer sa langue et tout en s'efforçant de garder un visage de contrariété, malgré le sourire qui perçait sous la vieille inscription des peines, comme un mot tout neuf perdu dans un grimoire, il donnait à entendre par tous ses gestes qu'il n'y avait qu'à un fils qu'on pût ainsi obéir. Et d'autant plus docilement que ce fils était aussi un hôte, et qu'aux devoirs de l'amour paternel, se mêlaient ceux de l'hospitalité.

— Va falloir que je m'habille, que je me chausse… C'est bien pour te faire plaisir.

— La belle affaire ! Et puis c'est même pas utile. T'as qu'à venir comme t'es.

Mais le grand-père ne voulait pas entendre parler de sortir dans ses vêtements de travail : il ne ferait pas honte à son beau Parisien de fils.

— Ah ! la ! la ! bonhomme ! qu'est-ce que tu vas chercher la rue du Cherche-Midi à quatorze heures.

Allez, dépêche, grouille. On n'aura pas le temps de faire notre partie avant de déjeuner…

Comment ça, avant de déjeuner ? Ce qu'il disait là nous semblait étrange. Nous avions tous déjeuné. Mais l'oncle avait un autre langage. Il savait qu'on déjeune à midi et qu'on dîne le soir vers les sept ou huit heures, que le souper se fait à minuit. Mais nous, ce que nous appelions déjeuner, c'était tremper le matin un bout de pain souvent trop sec dans notre café. Nous dînions à midi de soupe aux choux et nous soupions le soir à sept heures. Quant aux repas de minuit, nous ne songions même pas qu'il pût y avoir au monde une espèce d'hommes si étranges, qu'ils se relevassent de leur lit pour manger quand il faisait si bon dormir. La nuit était au sommeil, cela nous le savions, c'était l'un des piliers de la vie, l'autre étant le jour qui est au travail.

— Ah, disait le grand-père en s'habillant, tu veux dire qu'on sera en retard pour la soupe ?

— Ché cha ! Ché ben cha !

— Mais pour une fois, Mado n'en fera pas de cas, pas vrai ?

— Mais oui, père, allez bien tranquillement. Faites votre petite partie de billard bien à votre aise…

Quel souvenir accablant que celui du grand-père dans ses beaux atours ! Une chemise blanche, un pantalon rayé, une veste noire, de bons souliers, ceux-là mêmes où naguère s'était enfouie la malheureuse cassette. Un chapeau de paille. C'était un autre homme. Et il avait l'air si heureux de faire à son fils cet honneur, et si contrarié que ce fût devant nous ! Est-ce que

nous n'allions point rire de le voir ainsi déguisé ? Il
avait hâte de partir, et tout en achevant sa toilette, il
nous regardait, tantôt avec crainte, tantôt avec le commencement d'un sourire complice, comme si tout cela
n'avait été qu'une farce et que même alors il eût encore
besoin de notre connivence ou de notre approbation.

— Je voudrais bien aller avec toi à Paris, dis, oncle
Paul ?

Cela le fit rire. Il m'examina :

— T'es cor' trop p'tit.

Mais qu'est-ce que cela pouvait faire ? Il n'y avait
pas que des grandes personnes, à Paris.

— Tu te dessalerais trop vite.

Je n'osai pas lui demander ce que cela voulait dire :
dessaler. Et il ne songea pas à m'instruire.

— C'est beau Paris ?

J'appris que Paris était la plus belle ville du monde,
une ville pleine de lumières : la Ville lumière, et qu'il
y avait des tramways dans toutes les rues.

— Qu'est-ce que c'est, des tramways ?

— Ben, ça marche tout seul, au bout d'une perche.

Je ne me trouvais guère avancé. Au reste, ce n'était
pas par mes questions les plus directes que l'oncle Paul
pouvait m'instruire. J'en apprenais davantage, sans
qu'il s'en doutât, par tout ce qu'il ne disait pas, ou par
ce qu'il disait aux autres devant moi.

S'il m'emmenait faire un tour avec lui à travers les
rues, soit qu'il eût quelque commission en tête, ou que
la fantaisie lui fût venue de revoir tel endroit qui se liait

à un souvenir, il était bien rare que nous ne fissions pas quelque rencontre.

— Tiens ce vieux Paul ! Te v'là au pays ? C'est miracle, quasiment…

Presque tous ceux qui l'abordaient, des anciens copains de jeunesse ou de régiment, s'exprimaient de la même manière. Il répondait, d'un air détaché :

— Comme tu vois… J' suis d' passage.

Il avait peur, j'imagine, qu'on pût le croire revenu pour de bon dans son trou. Il tenait à son prestige.

— T'es toujours sur le métier, Paul ?

— Ma foi oui.

— Et à Paris, qu'est-ce qui se passe ?

— Oh, Paris, pour le moment, c'est calme.

— On va prendre un verre ?

— S' t' veux.

L'oncle cherchait les anciens bistros, ceux où il s'était bien amusé, dans les temps, le *Café de la Marine,* par exemple, où, avec «toute la bande» ils avaient fait une «foire» le jour du conseil de révision.

— Tu te rappelles ?

— Tu parles d'une rigolade.

— Qu'est-ce qu'ils sont d'venus, les copains ?

— Ben, Heurtel a rempilé. Il est en Algérie. Pas malheureux, parce qu'il a pas grand-chose à foutre. Briand, lui, il s'est marié, retour du régiment. Il a trois gosses. Ça n'empêche pas sa femme de faire la peau.

C'était dommage, parce que Briand, c'était un gars sérieux. Il ne méritait pas ça.

— Qu'est-ce que tu veux, c'est la vie, mon vieux…

Comme ils avaient l'air tristes devant leur verre ! Le bistro avait une drôle d'odeur à cette heure-là du matin. Les petits dessins, à la sciure de bois, sous les tables, étaient encore tout neufs.

— Et toi, Paul, t'es pas encore marié ?

L'oncle s'esclaffait.

— De quoi que tu causes ? Parle pas de malheur. Moi, mon vieux, je finirai dans la peau d'un célibataire. Je vis pour moi, et alors…

— C'est vrai qu'à Paris…

Et l'autre baissait du nez. Lui, il était marié, il avait des gosses. Ce n'était plus la même chose.

— Tiens, disait-il, j'aurais dû faire comme toi, mon vieux Paul : monter sur Pantruche sitôt ma libération. C'est pas que je m'plaigne, mais, question générale, Paris, c'est mieux. On tire mieux sa croûte.

— D'accord. Et puis, question copains, tu sais, on rigole quoi. Moi, mon vieux, jamais je m'couche avant minuit une heure du matin. T'as l' théâtre, t'as l' caf' conc', t'as l' ciné, tout quoi, et j' parle pas du cirque parce que ça ne me dit rien. Ici, dès que tu veux sortir, macache.

— Ça, c'est vrai.

— Alors quoi, mon vieux, tant qu'on est encore un peu jeune.

— T'as raison d'en profiter, mon vieux Paul.

— Tu sais, moi, courte et bonne. Tel que je suis là, mais j'ai passé un an sans travailler, mon vieux, et jamais j'ai eu tant d' pognon. J'avais une combine, aux courses…

— Ah, les courses, faisait l'autre, qui n'y entendait rien mais croyait savoir que c'était plutôt louche, d'y gagner de l'argent. Un peu comme de vivre des femmes.

Il s'ensuivait une certaine gêne. Peut-être aussi le camarade se trouvait-il humilié **par** l'évocation d'une vie de plaisirs qui n'était pas la sienne, il s'en fallait, mais qui aurait pu l'être, s'il avait été plus malin.

Ils vidaient leurs verres.

— Payez-vous, la patronne.

C'était l'oncle qui payait, en grand seigneur. Et comme ils n'avaient plus grand-chose à se dire, c'était le moment que choisissait le camarade pour s'apercevoir de ma présence.

— C'est ton neveu ?

Quelquefois même il me posait la main sur la tête.

— C'est mon petit neveu.

— Il n'a pas l'air bien fort.

— Qu'est-ce que tu veux, répondait l'oncle Paul, c'est la misère.

Et ils se quittaient en se criant :

— A la r'voyure.

De tout ce que j'avais entendu, tel détail qui m'avait frappé davantage faisait l'objet d'une nouvelle question.

— Qu'est-ce que c'est que les courses, oncle Paul ?

Il me l'expliquait.

— Et comment peut-on y gagner de l'argent ?

Il me l'expliquait aussi et je trouvais cela étrange. Ainsi on pouvait gagner de l'argent sans rien faire, en

jouant, en prenant son plaisir ? Mais quel dommage :
il n'y avait point de courses ici, pensais-je, autrement
le grand-père y fût allé, au lieu de s'échiner sur sa malheureuse bricole, tous les jours, d'un soleil à l'autre.
Ou moi-même…

— Crois-tu que je saurais ?

— T'es cor' trop p'tit.

Je n'insistais pas.

— Et tu n'as pas peur quand tu rentres si tard dans
la nuit à Paris ?

— Penses-tu, tu prends le milieu de la rue, comme
ça tu n'as rien à craindre.

— Pourquoi ?

— Parce qu'ils sont cachés dans les coins de porte.

A sa place, me semblait-il, je n'aurais pas été rassuré tout de même.

— Et puis, faut savoir leur parler. Tiens, une nuit,
avenue de Clichy, il y en a trois qui m'ont arrêté.
Donne-nous ton morlingue, qu'ils disaient.

— Qu'est-ce que c'est qu'un morlingue, oncle
Paul ?

— C'est un porte-monnaie.

— Oh !

— Penses-tu ! Vous allez pas me faire ça à moi, un
copain, que je leur ai dit. Ils m'ont foutu la paix.

— Tu les connaissais ?

— Tu m'embêtes… Copain, c'était manière de parler, tu comprends ? Ne va pas raconter ça au grand-père.

— Oh non ! oncle Paul.

Pourquoi ne devais-je pas raconter ça au grand-

père ? Pourquoi surtout ne lui demandais-je pas de me
le dire ?

— Oncle Paul, qu'est-ce que ça veut dire, faire la
peau ?

Mais à cette nouvelle question il me répondit tranquillement que si je continuais à l'emmieller il ne
m'emmènerait plus nulle part.

— C'est au-dessus de ton âge. Un garçon bien élevé
ne pose pas des questions malpropres.

Je ne répondis rien, mais j'inscrivis dans ma
mémoire : «Faire la peau.»

Pour plus tard.

Quelle nouvelle ce fut pour nous tous, quand, une
année, l'oncle Paul nous annonça son prochain
mariage ! Nous ne voulions pas le croire. Nous nous
disions qu'en bon Parisien blagueur il ne voulait que
se moquer de nous.

— Vous ! dit ma mère. Vous allez vous mettre en
ménage ? Pour sûr que vous badinez...

Elle souriait, incrédule.

— Vous verrez bien, Mado...

— De vrai ?

— Puisque je vous le dis...

Mais ce n'était pas encore au ménage qu'il pensait.
Il était dans le premier feu de son amour.

Le grand-père songeait.

— Est-ce que c'est sérieux, Paul ?

— Mais, bonhomme, bien sûr que c'est sérieux.

Cela fut dit d'un ton qui ne laissa plus de doute à personne. Il en résulta un moment de silence et presque de gêne…

— Ça, par exemple, dit ma mère… Si jamais j'aurais pensé…

— Pourquoi ? Vous ne me croyez pas capable de faire un bon mari ?

— Oh, bien sûr que si. Oh, je ne dis pas ça. Mais l'année dernière vous aviez encore si bien juré de rester garçon.

— A ce petit jeu-là, répondit l'oncle Paul, les plus malins sont pris, on me l'a toujours enseigné, et la preuve…

— T'auras trente-cinq ans cette année, mon gars, dit le grand-père.

— Oui, bonhomme, au mois d'octobre.

Et le grand-père se tut. Pourquoi parler ? Si Paul s'était mis en tête le mariage, eh bien, c'était la vie.

— Mais pourquoi que vous ne l'avez pas amenée, votre future ? dit ma mère. On aurait été content de la connaître.

Elle était sincère, et polie. L'oncle Paul y avait bien pensé, parbleu ! Mais… sa fiancée (il eut une drôle de petite hésitation en prononçant ce mot, et un bien curieux sourire) n'avait pas pu obtenir de ses patrons les vacances auxquelles elle avait bien droit, pourtant, mais qu'elle ne pourrait prendre que plus tard, à cause du « roulement ».

— Vous comprenez, elle travaille dans une grosse

boîte où tout marche comme dans un ministère. Service service. On croyait qu'elle aurait pu s'arranger
avec une copine, mais du flan. Ils ont pas marché. C'est
une boîte sérieuse, une maison réglo.

Il n'eût pas été convenable de demander ce qu'elle
faisait, c'était à lui à le dire, ainsi pensaient ma mère
et mon grand-père. Ils auraient eu l'air de se mêler de
ce qui ne les regardait pas, peut-être de chercher à
savoir si elle avait des sous. Lui, il n'avait que la folie
en tête, comme dans la chanson.

— Quand vous la verrez dans sa robe princesse !

Et de quel air d'extase il dit cela !

— Comment qu'elle s'appelle, oncle Paul ?

A nous, les questions étaient permises.

— Béatrice, répondit-il, mais moi je l'appelle Béa.

— On dirait un nom de roman, se récria ma mère.
Et cette remarque suffisait à prouver combien ce nom
lui semblait beau. Quant à moi il me semblait merveilleux. Avec un nom pareil, quelle femme ce devait
être ! Comme il était dommage qu'elle ne fût pas
venue ! Mais elle viendrait. Ils passeraient quelques
jours ensemble au pays pour leur voyage de noces...

L'oncle, ayant préparé le terrain, poursuivait ses
confidences. Il n'était plus besoin de lui faire des questions tant il était plein de son sujet. Un coude sur le
buffet, comme un brillant causeur à la cheminée d'un
salon, il racontait l'histoire de ses amours.

C'est au restaurant qu'il avait connu Béa. Oh, il y
avait longtemps qu'il l'avait remarquée. Il l'avait bien
étudiée. On pouvait se fier à lui : il n'agissait pas à la

légère. Avant de se mettre la corde au cou — il disait aussi « aliéner sa liberté » — il valait la peine d'y regarder à deux fois. Et à son âge, avec l'expérience qu'il avait…

— C'est une fille vaillante, une grande sérieuse. Ah non, pas de rigolade… Mais pour le bon motif, oui. Vous savez, Paul, qu'elle m'a dit, ce qu'il me faut à moi, c'est la vie de famille. Moi, vous savez, je m'en fiche d'aller au bal et tout ça. Ça m'intéresse pas. J'aime mon chez-moi.

— Tant mieux, dit ma mère. C'est pas une évaporée.

— Pour ça non… Et puis, elle en a vu de rudes. Elle a quitté sa famille.

C'était passer là à un autre ordre de confidences qu'il n'avait peut-être pas le droit de faire, bien qu'il en brûlât d'envie. Ma mère tenta bien de l'en dissuader, en disant que chacun connaît midi à sa porte et que les affaires des uns ne sont pas les affaires des autres. Mais rien n'y fit. Quant au grand-père il demeurait toujours remarquablement muet.

— Ça, reprit l'oncle Paul, c'est le point noir. Justement rapport au mariage va falloir qu'elle se rabiboche, et ça la travaille. Parce que entre nous soit dit, la famille ne vaut pas tripette. Mais moi, je m'en fous, vu que Béa c'est pas pareil, et qu'elle les a même plaqués à cause de ça…

C'était trop en dire ou pas assez. A la fin le grand-père sortit de son mutisme.

— Ça quoi ? dit-il.

— Oh ben, dit l'oncle, la mère c'est quelque chose comme une chiffonnière, bonhomme. Et une drôle de chiffonnière d'après ce que raconte Béa.

Mais il n'y avait pas de sots métiers. Une chiffonnière, et puis après ?

— Oh ben, y a les frères… C'est des frappes. C'est à cause des frangins surtout qu'elle s'est cavalée. Paraît qu'y en a un qu'aurait fait de la boîte…

— Prends garde ousque tu mets tes pieds, fiston !

— Mais, bonhomme, puisqu'elle a rompu…

C'était là son grand argument, son grand espoir. Puisque Béa avait quitté les siens, elle n'approuvait pas leurs manières.

— Faut tout de même avoir quelque chose dans le paletot pour tout plaquer, à dix-huit ans, et se mettre à vivre à Paris et rester honnête.

On ne pouvait pas dire le contraire. C'était une preuve ça. Au nom de quoi aurait-on rendu la sœur responsable des bêtises des frères ?

— Pourquoi qu'il a fait de la prison ?

— Hum… Je sais pas trop… Pour vol, à ce qu'il paraît…

Ce n'était pas encourageant dans l'ensemble. Elle avait beau être vaillante, porter un beau nom, il avait beau s'extasier en parlant de sa robe princesse, tout cela ne disait rien de bon au grand-père, on le voyait à sa mine. Il ne lui jetait pas la pierre, à cette fille, loin de là. Elle était même sympathique, et on ne pouvait que l'approuver d'avoir quitté sa famille. A sa place, il en eût fait tout autant. Forcément, Paul aurait des rapports avec la famille et les histoires viendraient. Un jour, peut-être, il se mordrait les doigts. Et le grand-père acheva son discours en recommandant encore une fois à son fils de prendre bien garde à ne pas mettre les pieds dans le bourbier. Car une fois qu'il y serait, il y serait, et le mariage, c'est pour la vie.

L'oncle Paul écouta son père avec tous les signes de la déférence. Je ne lui avais pas vu encore ce visage recueilli, fraternel, presque tendre. Il devait penser, et le grand-père avec lui, que de tout ce qui avait été autrefois une famille, il ne restait plus qu'eux deux et que, de ce fait, il y avait un ordre d'assistance qu'ils ne pouvaient attendre que l'un de l'autre. Ce fut un instant unique dans leurs rapports et je n'en veux pour preuve que ce fait en apparence insignifiant, mais qui même alors me frappa : en répondant, l'oncle Paul ne dit plus bonhomme, mais : Mon père.

— Mais, mon père, tu dois bien penser que j'ai réfléchi depuis longtemps. C'est pas d'hier qu'on se connaît nous deux Béa. J' suis au courant. Bien sûr que ça aurait pu me faire hésiter, rapport que tout ça n'est pas propre. Mais j'ai réfléchi. V'là longtemps que ça dure cette histoire-là. Y a plus de six mois. Alors j'ai eu le temps d'éprouver Béa. Je sais qu'elle est sérieuse, qu'elle dit la vérité. Avec elle y a rien à craindre. Au fond, tu comprends, je m'en fous des frères… Et puis de la mère aussi.

— Tu dis rien du père ?

— Oh lui, il compte pas, il est aux ordres. Mais les frères, c'est des galopins. Même qu'ils viendraient m'emmieller, je leur foutrais une torgnole et c'est tout. Et puis, même pas, ça c'est bien d'accord avec Béa. On leur fera une visite de politesse et un point c'est tout. Un point final. Et après chacun chez soi…

D'ailleurs, une fois mariés, ils iraient habiter Montmartre, c'était décidé. Et les autres, eux, ils habitaient de l'autre côté de la Nation. Il y avait du chemin…

A cette tirade, le grand-père dut comprendre qu'il n'y avait plus qu'à s'en remettre aux Dieux, car il ne répondit pas un mot. Mais quelle chose singulière, quand j'y repense, que ces rodomontades de l'oncle Paul. Croyait-il vraiment que dans les pires situations de la vie on s'en tire à coups de torgnoles ? Peut-être, pour une part. Il s'était toujours montré très vaniteux de sa force physique qui pourtant ne dépassait pas une honnête moyenne. Et même dans une affaire aussi compliquée, aussi ténébreuse que celle qui se préparait, il comptait d'abord sur cette force pour résoudre toutes sortes de difficultés, comme il comptait sur elle pour mener à bien son travail. C'était là sa confiance en lui-même, son idée de la virilité.

Mais même un homme très sûr de lui peut se montrer le plus emprunté du monde quand il s'agit d'écrire à une femme, surtout si cette femme est une fiancée et s'il est entendu qu'on lui écrira tous les jours. Bien que doué d'une belle faconde, il avait tout juste assez de verve épistolaire pour alimenter deux ou trois petites lettres indispensables vers le bout de l'an. Et l'orthographe n'était pas son fort. Ce n'était pas sa faute. Ce qu'il en savait, il l'avait appris chez les frères et c'était même une espèce de miracle qu'il en sût tant. Mais ce tant, ce peu, il en avait honte devant Béa, laquelle possédait une jolie instruction, ayant poussé jusqu'au brevet, auquel, il est vrai, elle avait échoué. Aussi possédait-il déjà dans son amour un point d'amertume. C'était pour lui une torture que cette lettre quotidienne qu'il avait promise à sa fiancée, où il lui dirait tout, toutes les minutes, afin que même éloignés ils fussent encore ensemble, etc.

Il dut se livrer un grand combat en lui-même, d'où son amour-propre sortit vaincu, car à l'issue de la scène que je viens de raconter, et après avoir longuement réfléchi, il se décida enfin à demander à ma mère qu'elle l'aidât dans son écriture.

— Car, dit-il, elle me plaît bien, oh, pour ça, elle me plaît. Mais je ne sais pas quoi lui mettre.

Et les voilà tous les deux installés à la table. L'encre, le papier, le porte-plume, tout est prêt. Ma mère se retient un peu de rire, mais c'est à cause de toutes les fridondaines qui lui passent par la tête… Et puis, il est si nigaud ! Le dos ployé, la tête penchée sur son papier, il attend. Le porte-plume dans sa grosse main ne bouge pas : il hésite à le tremper dans l'encrier à cause des taches… Il a l'air d'un mauvais élève qu'on aurait puni. Ma mère dicte :

— « Bien chère Béa… »

Ça nous fait rire, nous autres, les enfants. On dirait qu'ils jouent à l'école.

— Un accent comment sur chère ? demande l'oncle Paul.

Mais c'est courir après la petite bête. Ma mère prend un bout de papier. Elle écrit le mot. Il le copie.

— Si vous voulez que je vous fasse un brouillon ?

Il aimerait mieux. Et la voilà qui se met au travail. Il me semble, tout de même, que ce qu'ils font là n'est pas très bien.

Venait le jour où l'oncle Paul devait regagner son Pantruche.

— Comment, déjà ! s'écriait-il. Il me semble que je ne suis arrivé que d'hier.

Et nous étions comme lui, ébahis que le temps ait filé si vite.

— Et comment cela, oncle Paul ?

— Dame, faisait-il, en comptant sur ses doigts, je suis arrivé ici un lundi… Voyons : lundi, mardi, mercredi…

Il énumérait les jours, rappelait nos fêtes. Nous avions déjeuné au bord de la rivière le lendemain de son arrivée. Et le lendemain du lendemain, nous étions allés au théâtre. C'est bien ça ?

— Oui, c'est bien ça.

— Ensuite ?

— Nous sommes allés à la mer, oncle Paul.

— Tiens… on en a fait des choses… Ché cha, ché ben cha, mais c'est fini, y a pas de pardon.

Ainsi !

Il monterait dans la journée à la gare pour se rendre

compte des heures des trains. Il enverrait une dépêche
à Béa.

— Mais vous lui avez déjà écrit ce matin, disait ma
mère.

— N'importe, elle serait pas contente sans ça.

Que d'argent perdu ! Mais quand on est amoureux…
Et puis, ça le regardait.

Cette dernière journée, me semblait-il, passait
encore plus vite que les autres. L'oncle n'était déjà plus
le même. Tantôt il s'affairait autour de ses valises, les
défaisait, les refaisait, les soupesait. Revenu de la gare,
il y retournait une heure après, ayant réfléchi qu'il
aurait peut-être plus d'avantages à prendre le deuxième
train, où il y aurait moins de monde. Tantôt il avait l'air
sombre, ennuyé, et, tantôt, au contraire, il souriait tout
seul dans sa moustache.

— Tu n'es déjà plus ici, disait le grand-père.

Lui non plus il n'était plus tout à fait le même. Il
perdait, comme d'instant en instant, visiblement sous
nos yeux, cette espèce de douceur, cet air de presque
soumission qu'il avait pris depuis l'arrivée de l'oncle
Paul. Bientôt reparaîtrait tout à fait notre grand-père de
tous les jours, qui ne dirait plus un mot, qui passerait
ses journées comme sans savoir que nous étions là.
Mais pour l'instant, il surveillait du coin de l'œil les
préparatifs de son fils, qui ne reviendrait que l'année
prochaine, trop tard, peut-être, pour le revoir encore.

Il avait surtout l'air de s'intéresser au casse-croûte
que préparait ma mère : des œufs durs, bien entendu,
une tranche de jambon, de la saucisse froide, une bonne

livre de pain frais, et du beurre plein un verre à boire.
Ah! du beurre comme celui-là, il n'en trouverait pas à
Paris, c'était du vrai beurre qui venait tout droit de la
ferme. Il devrait en garder un peu, pour en faire goûter à sa promise. L'oncle Paul protestait. De casse-
croûte, il n'avait pas besoin du tout. Il ne partait pas
pour le Mexique. Aller à Paris, c'était un tout petit
voyage, et il n'allait pas manger dans le train, parce
qu'on salissait toujours ses habits.

— Voyons, Mado, c'est de la folie! Si vous en mettez tant que ça, faudra que j'invite tout le wagon!

Et puis, il y avait des buffets, dans les gares.

— Pour vous faire voler?

— Ça, vous avez raison.

Ainsi la journée se passait en petites paroles, en préparatifs et en courses. Pour le dernier repas, l'oncle
payait une bouteille de cacheté et des gâteaux. Ma
mère offrait la goutte dans le café.

— Et à quelle heure qu'il arrive, ton train? demandait le grand-père.

Car il ne fallait pas s'attendre à ce que, dans cette
dernière conversation qu'il aurait avec son fils — et
peut-être la dernière des dernières — il parlât d'autre
chose que de ces babioles, comme les heures de départ
et d'arrivée des trains, le tracas qu'il aurait pour rentrer chez lui en pleine nuit, puisqu'il lui faudrait traverser tout Paris.

— Mais je prendrai un taxi.

— Ça te coûtera chaud.

— Bah! pour une fois...

— Et ton patron ? T'étais bien d'accord avec lui, au moins ?

— Mais oui, bonhomme. Te fais donc pas de bile pour le patron.

Leurs regards, tout le temps qu'ils échangeaient ces menus propos, se cherchaient et se fuyaient tout à la fois. Et quand venait l'heure, enfin, de se dire adieu — le grand-père n'irait pas à la gare, nous seuls accompagnerions l'oncle Paul jusqu'au quai — tout se passait encore de la même façon, dans le faux-semblant des petites préoccupations, dans le gros rire de l'oncle Paul, qui se forçait, et nous le sentions tous, pour avoir l'air à son aise.

— Arrange ta cravate, disait le grand-père.

Je ne crois pas qu'ils se soient jamais séparés sans que le grand-père ait prié l'oncle Paul d'arranger un peu mieux sa cravate.

— Qu'est-ce qu'elle a, ma cravate ? répondait l'oncle Paul, avec l'air de tomber de la lune.

Mais avant qu'il ait eu le temps d'y porter la main ou de se retourner ves la glace, le grand-père, tout en faisant claquer sa langue, tirait l'oncle Paul par le revers de son veston, et l'amenait près de la fenêtre, en disant :

— Faut encore que je m'en mêle.

Et il arrangeait lui-même la cravate de son fils. Ensuite, ils s'embrassaient.

— Et soigne bien ton asthme, disait l'oncle.

Tel était son dernier conseil.

— C'est bon !... c'est bon !... Va ! répondait le

grand-père, en le poussant par l'épaule. Tu vas rater ton train.

Nous étions déjà dans la cour, portant les valises de l'oncle.

— Fume pas trop, bonhomme.

— Va ! va !… Et le bonjour à ta future.

— Manquerai pas !… Merci. A l'année prochaine.

Mais le grand-père ne répondait plus. L'année prochaine. Hum… L'oncle s'arrêtait encore un instant pour dire un mot d'adieu à la Pinçon. Et nous montions à la gare.

Sur le quai, en m'embrassant, il me glissait dans la main une pièce, quelquefois de dix ou de vingt francs.

— Tiens — tu donneras ça à ta mère, pour son dérangement…

Un louis d'or ! Un magnifique louis d'or brillait dans ma main. Dans le feu qui m'en venait aux joues, il y avait autant de la joie que j'escomptais quand je l'apporterais à ma mère, que du souvenir d'un autre louis d'or encore plus beau, d'une certaine cassette…

On fermait les portières. Un employé parcourait le quai en criant : «Les voyageurs pour Paris, en voiture.» L'oncle Paul nous regardait une dernière fois à travers la vitre. Un grand coup de sifflet. C'était fini…

Alors seulement nous rendions-nous compte à quel point nous n'avions été occupés que de lui. Ce qui s'était passé autour de nous, durant le séjour de l'oncle n'avait pour ainsi dire pas eu d'existence. Et tels événements qui, dans l'ordinaire des jours, eussent fait époque pour nous, nous ne les avions même pas sus. Maintenant nous les apprenions.

J'étais, quant à moi, comme un voyageur qui revient de l'étranger, et qu'on a laissé sans nouvelles pendant son absence. Mon grand Daniel, à bord de son *Frivole,* n'était pas plus ignorant des affaires de sa patrie, — c'est-à-dire, des événements de la rue du Tonneau. Car pour ce qui était du reste, comme, par exemple, la visite du Président de la République en notre cité, qu'on nous annonçait depuis plusieurs mois, l'inauguration de la Caisse d'Epargne enfin achevée, ou l'annonce que des élections législatives auraient lieu prochainement, c'était là des choses qui ne nous intéressaient pas, auxquelles nous n'eussions pas prêté la moindre attention, quelles que fussent les circonstances. Mais la mort de la Fée, ou l'internement de Pompelune, emmené de force à l'hôpital, et désormais claustré dans l'asile des incurables, ah, comme c'était mal de ne l'avoir pas su ! Il me semblait avoir failli à quelque chose comme un devoir. Quoi ! Il allait déjà y avoir quinze jours que la Fée était morte, et pendant tout ce temps-là, nous ne lui avions pas donné une pensée ! Pauvre Fée ! Nous apprenions qu'on l'avait trouvée toute raide au pied de son escalier, et qui serrait encore dans sa main sans chair, le petit pot en fer que les demoiselles Durtail n'empliraient plus. Pauvre Fée ! entendais-je soupirer. Elle n'aurait pas pesé plus lourd qu'un petit corps d'enfant à ceux qui l'auraient portée en terre. Mais, ah ! c'était pour elle une délivrance — et plus à plaindre

était le malheureux Pompelune. Lui avait-on enlevé ses
décorations ? Non seulement aurait-il fallu qu'on le
privât de sa liberté, mais encore, au seuil de sa prison,
aurait-il dû déposer ses gloires, comme un général
vaincu ses drapeaux ?

Ces nouvelles, nous les apprenions par la rumeur,
mais plus particulièrement par Tonton, qui, depuis le
jour mémorable où mon grand-père lui avait fait
cadeau de vieilles nippes, avait pris l'habitude de venir
nous faire visite pour ainsi dire tous les jours. L'hiver,
il venait se chauffer à notre feu. L'été, il venait passer
le temps, comme il disait. Mais ayant appris que
l'oncle Paul était là, délicatement, il s'était abstenu. Et
maintenant que l'oncle Paul était parti, il reparaissait,
marquant pour nous le retour à nos habitudes, rétablis-
sant, de nous à notre monde le lien que la présence de
l'oncle avait rompu.

— Tiens, voilà Tonton qui arrive.

J'entends encore ma mère dire cela comme le pauvre
Tonton poussait notre porte. Le grand-père chômé sur
sa table comme toujours, et poussant son bricolage ne
levait même pas le nez.

Tonton entrait, toujours avec le même sourire et le
même embarras. A peine disait-il bonjour à la compagnie et il allait s'asseoir dans son coin où, selon son
humeur, il demeurait sans rien dire et rêvant jusqu'à ce
qu'il sonnât sept heures à la cathédrale. Ou bien, il
racontait les événements de la journée, les choses qu'il
avait vues en ville, celles qu'il avait apprises au tribu-
nal, où il connaissait le concierge, ou à la bibliothèque

municipale où, quand c'était l'hiver, il était allé se
chauffer un peu en lisant l'*Indépendance*.

Il racontait ces choses en nasillant, avec de temps en
temps une sorte de petit rire étouffé qui lui permettait
de reprendre à la fois haleine et contenance, sans que
jamais le grand-père lui répondît un mot sauf pour le
rabrouer à l'occasion. Les rebuffades n'avaient guère
de prise sur Tonton. Par une vieille habitude de pauvre
qui sait ce qu'il sait, qui connaît les hommes et la vie,
il avait depuis longtemps pris le parti d'assimiler les
rebuffades à des plaisanteries et tout ce qu'une injure
pouvait tirer de lui c'était un rire un peu plus confus,
un peu plus tremblant, et l'assurance répétée qu'on
était tout de même un sacré farceur. Un sacré farceur,
mon grand-père !

Là-dessus, Tonton reprenait ses récits, les entremê-
lant parfois de considérations philosophiques et de
regrets du passé, toutes choses qui se confondaient
dans la même amertume et les mêmes invectives aux
puissants de la terre qui savaient si bien tirer leur
épingle du jeu et l'enfoncer dans les yeux du prochain.

— Ah, disait-il, rien ne va plus. C'est une bande de
sorciers. Des tout pour moi...

S'il avait eu à refaire sa vie... Oui, mais, ah ! En
somme, il aurait voulu avoir vingt ans et savoir ce qu'il
savait. Mais on ne peut pas être et avoir été. Ah ! s'il
avait su, il aurait été planter ses choux ailleurs.

Ainsi Tonton débitait son chapelet. Et il finissait par
se taire et tirer de sa poche son okarina qu'il essuyait
d'abord sur sa manche et dans lequel il se mettait à

souffler tout doucement comme pour avertir le grand-père que son cœur était à la musique et lui demander permission.

J'imagine que le grand-père n'osait jamais demander à Tonton de jouer de son instrument mais qu'il attendait toujours qu'il le fît. Peut-être même était-ce là le secret de sa complaisance et Tonton le savait sans doute. Après deux ou trois sons flûtés très doux il se mettait soudain à jouer quelque marche militaire, une romance, une valse de sa jeunesse avec un art et un entrain qui enchantaient tout le monde et lui-même.

Nous en eussions oublié l'heure, si le grand-père, qui n'avait pas besoin de montre pour mesurer le temps, ni d'horloge, car toute une vie d'un même travail avait fait de sa personne même une horloge bien plus exacte que la plus précise des mécaniques, n'eût commencé de replier ses affaires dans l'instant même où au clocher de la cathédrale sonnait le premier coup de sept heures. Alors, Tonton lâchait son okarina. Il l'essuyait longuement sur sa manche avant de le fourrer dans sa poche, puis, à regret, il se levait de son coin en disant :

— Je crois bien qu'il est temps d'aller à la soupe.

Et il partait, souvent sans rien ajouter de plus, sans saluer autrement que par des sourires, comme il avait fait en arrivant, tandis que nous dressions la table, et que ma mère jetait un dernier coup d'œil à son fricot.

Dans les premiers jours qui suivaient le départ de l'oncle Paul, il arrivait aussi que, sur la fin de la soirée, nous eussions la très surprenante visite du facteur.

Il avait eu bien du mal à trouver la maison. Un certain doute lui restait encore dans l'esprit, et il ne nous donnait jamais la lettre, qu'après s'être bien informé si, vraiment, elle était pour nous.

— C'est bien vous monsieur Lhotellier ? demandait-il à mon grand-père, qu'une telle question offensait.

— Ma foi, répondait-il, il y aura tantôt soixante et dix ans que je suis M. Lhotellier.

Et si c'était ma mère qui avait pris la lettre, elle ne l'ouvrait pas, mais elle la tendait au grand-père qui, d'abord, la tournait et la retournait dans ses doigts avec une sorte d'appréhension, comme s'il se fût accoutumé à penser qu'une lettre ne pouvait jamais apporter que des mauvaises nouvelles.

— Ce sera de Paul, disait ma mère.

— Et de qui veux-tu ? répondait-il, en cherchant ses ciseaux pour ouvrir l'enveloppe. Car il n'était pas question qu'il la déchirât.

Il ouvrait donc cette enveloppe avec la pointe de ses ciseaux, puis, par la fente ainsi produite, il soufflait pour en élargir les bords. Puis, entre le pouce et l'index, délicatement, il prenait la lettre et l'extrayait. C'était bien, en effet, une lettre de l'oncle Paul. Elle n'annonçait pas de mauvaises nouvelles, au contraire. L'oncle Paul avait fait un bon voyage. Mais on lui avait mis trop d'affaires dans son casse-croûte. Il n'avait pas pu arriver à tout manger, il en avait donné à ses voisins et il lui en restait encore. Il lui restait du beurre, de quoi en faire goûter à Béa, en attendant qu'elle

vienne en goûter sur place, quand ils seraient mariés.
Elle avait bien reçu sa dépêche et elle était venue l'attendre à la gare.

C'était ma mère, qui lisait tout cela, après que le
grand-père avait essayé d'abord, puis renoncé, sous
prétexte que l'oncle Paul écrivait trop mal.

— Eh bien, disait ma mère, j'espère qu'il en met,
pour une fois.

Mais elle soupçonnait que c'était Béa, qui lui avait
fait son brouillon. L'oncle Paul disait encore tout le
plaisir qu'il avait eu à passer avec nous quelques bons
jours. Il espérait qu'on serait de revue bientôt. Il
embrassait bien son vieux bonhomme de père, en lui
recommandant encore une fois de ne pas trop fumer,
« vu son asthme ». Il y avait aussi un mot « exprès »
pour Pélo, à qui il renouvelait la promesse de l'emmener à Paris dès qu'il se serait décidé à guérir. Enfin il
embrassait toute la maisonnée et demandait qu'on ne
s'en fasse pas pour lui, car il se voyait parti pour le
bonheur.

— C'est ce que je lui souhaite, marmonna le grand-
père, en guise de conclusion. Car la lettre était finie —
et le grand-père la reprit. Il la remit précieusement dans
son enveloppe, et l'enferma dans son tiroir, parmi ses
affaires à lui. Et encore une fois, entendant remuer la
clé dans la serrure du tiroir, je repensai à la cassette…

… Nous mangions et, selon l'humeur du grand-père,
selon la couleur du temps aussi, selon que la musique
militaire donnerait ou non un concert sur les Quinconces, selon que nous avions, ou non, des chats à

perdre, le repas fini, nous partions faire notre grand tour du soir...

Grand ! Il n'était plus tout à fait le même. Sous divers prétextes, le grand-père en raccourcissait la mesure. Tantôt les chemins étaient devenus bien mauvais, en certains côtés, hors de la ville, tantôt, il avait « quelque chose à voir » dans telle rue où nous ne passions guère, d'habitude. Il ne nous disait pas quoi. Tantôt encore, il s'apercevait que nous nous étions mis en retard, et, pour cette raison, parce qu'il fallait que les enfants eussent leur compte de sommeil, nous ne ferions qu'un tout petit tour, juste de quoi nous dégourdir un peu. Quel changement !

C'en était un aussi, qu'il prît la précaution de nous dire toutes ces raisons. C'était un peu comme s'il nous avait consultés, car dans le ton de sa voix, il y avait désormais une douceur qui impliquait que nous pouvions lui répondre, discuter, même proposer autre chose, pourvu que ce fût raisonnable. Il semblait qu'il nous en sollicitât.

Mais nous, trop fidèles à d'anciens plis, nous ne lui répondions que par oui, ou par non, obéissants comme toujours, quand le pauvre et vieux grand-père était si las de se faire obéir et qu'il attendait de nous tout autre chose, que nous ne savions pas lui donner.

Parfois, il prenait l'un de nous par la main, ce qui était une autre nouveauté, et lui, si taciturne, presque muet, d'habitude, voilà qu'il nous contait des histoires, qu'il devenait bavard, pour ainsi dire, et que même il recherchait les occasions de parler. Comme désormais nous ne pouvions plus faire notre petite tournée du soir d'une seule traite, le grand-père s'était composé un itinéraire où il saurait que de temps à autre il trouverait un banc où se reposer. Et qu'il y eût quelqu'un sur le banc déjà, pourvu qu'il y restât encore assez de place pour nous, ce n'était plus pour lui un obstacle. Mais comme il traînait les pieds !

Ah ! nous n'avions plus besoin de trotter pour le suivre. C'était lui au contraire qui devait ralentir notre allure. Nous n'étions pas si pressés, nous avions bien le temps devant nous. Pourquoi courir ? Est-ce que nous avions peur de la pluie ? Le ciel était si clair.

— Regardez un peu les étoiles et dites-moi si le temps est à l'humide ?

Et il riait. Beaucoup des choses qu'il disait maintenant le faisaient rire. Nous en étions tout déconcertés, car bien souvent il n'y avait pas matière. Mais il riait, d'un petit rire comme farceur, un rire dont il lui aurait fallu, malgré lui, libérer de temps en temps les éclats — un petit drôle de rire qu'il aurait toujours eu maintenant dans son dedans — un rire que nous ne lui avions jamais connu, mais qui, pourtant, me rappelait celui que j'avais entendu, certain jeudi, quand ma mère lui avait parlé de sa cassette.

Nous faisions des connaissances, sur les bancs où nous nous reposions. Plusieurs soirs de suite, nous retrouvâmes le même monsieur — il ressemblait un peu à l'oncle Paul — sur le même banc. C'était devant une vallée. Le monsieur venait là, pour prendre un peu le frais, après la journée passée dans son laboratoire, puisqu'il était photographe. Il avait bien besoin d'air pur.

— Bien sûr, disait le grand-père, à cause du poison que vous respirez, autour de vos trucs.

Mais c'était la rançon du progrès. Ah, le progrès ! Non seulement le monsieur photographe ressemblait à l'oncle Paul, mais il parlait comme lui.

Et la conversation roulait.

— Pensez-vous, disait le photographe, avec les moyens qu'ils ont à présent… Mais vous ne savez donc pas qu'on peut faire sauter toute une route ?

Inexplicablement, le grand-père se mettait à rire. Mais si, c'était connu, qu'on savait faire sauter une route. Les ponts, quoi !

— Les ponts ? Oui, les ponts, d'accord. Mais moi, je vous parle aussi de la plaine. Je vous parle de kilomètres carrés, moi ! On fourre de la dynamite là-dessous. Bon. V'là les autres qui rappliquent. Et tout d'un coup… Nom de d'là ! Boum ! Raoum ! V'là tout qui saute, le paysage et les bonshommes avec. C'est pour dire.

— Ça pourrait pas durer longtemps.

— Non, bien sûr. Mais voyez caisse !

Mais comment ça, tout de même, qu'ils feraient sauter des kilomètres carrés ? Le grand-père aurait voulu le savoir.

— Je sais pas, moi, disait le photographe. Ça doit être électrique.

De l'autre côté de la vallée, sur le plateau sans maisons qu'un pont relierait un jour à la ville, puisque tout se développait sans cesse, puisque c'était ça aussi le progrès, il n'y avait, pour le moment, sur un fond de soleil couchant, que des silhouettes de promeneurs qui peut-être étaient des amoureux. C'était ce qu'on appelle une belle soirée d'été, avec tout ce qu'il fallait de tranquillité et de parfums, et cette vague conscience que nous avions que les choses étaient très bien ainsi, qu'il n'y avait peut-être rien d'autre à souhaiter que de voir se prolonger longtemps encore et peut-être toujours une douceur aussi parfaite. Même ce que disait le photographe était sans prise devant cet absolu de calme naturel. Croyait-il lui-même à ce qu'il disait ? Il contemplait devant lui cette belle route neuve au bord de laquelle nous étions assis, au sable si fin et si blond que le soleil couchant teintait ici et là d'un rose de pastèque.

— Si c'est pas malheureux, disait-il, de penser à des choses pareilles ! Ce serait une si belle soirée pour faire du sport !

Au lieu des images guerrières dont son cerveau était hanté, il eût voulu voir se former pour de bon devant lui d'autres belles images sportives. Sur cette route douce comme une piste, il eût voulu voir apparaître des équipes de coureurs à pied, qui se seraient entraînés là pour la prochaine Fête des Sports, ou des cyclistes en maillot.

Mais le grand-père se levait, en riant une dernière fois il disait bonsoir au photographe, qu'on retrouverait peut-être le lendemain, à la même place, « s'il plaît à Dieu» dit une fois mon grand-père, comme en manière de blague. Du moins, le photographe montra-t-il par un geste, qu'il prenait ses paroles pour une plaisanterie. Il se permit même d'en rire et d'ajouter quelque ricanement de son cru dont nous perçûmes mal le sens, car nous étions déjà loin.

— Allons, mes petits lapins, nous disait le grand-père, marchons !

— Mais ce n'est pas par là que nous passons d'habitude, grand-père.

— Laissez-vous conduire...

Nous nous laissions conduire, mais où ? Assurément, il avait son *idée*. Etait-ce pour cela qu'il riait si drôlement parfois ?

Bien que l'épisode de la cassette fût depuis longtemps oublié, la vue des brodequins du grand-père, près de la lampe, sur l'étagère, me causait toujours un profond malaise, et ce n'était jamais bien franchement que mes regards s'y portaient. Ce n'était jamais non plus sans trouble que je saisissais la moindre allusion à de l'argent caché, à des trésors enfouis, ni à ceux qui les découvraient.

Bien du temps s'était écoulé, et je me croyais le seul d'entre nous qui repensât encore à cette malheureuse cassette. Car des allusions à des trésors cachés, ce n'était certes pas mon grand-père qui les faisait, comme on s'en doute, ni personne chez nous. Je ne les trouvais que dans mes lectures, que cela suffisait déjà bien à gâter. Chez nous, au contraire, on aurait dit qu'un mot d'ordre régnait, au terme duquel nous nous serions interdit les uns aux autres de jamais parler d'une telle chose. Non seulement nous ne faisions point d'allusions à la dernière cassette du grand-père, mais nous agissions comme s'il ne devait jamais plus y en avoir.

Désormais, nous en étions sûrs, ma mère ne s'approcherait plus du grand-père, comme elle avait fait un jeudi, pour lui lancer à brûle-pourpoint : «Père, voilà bien longtemps que vous ne nous avez parlé de votre cassette.» Et la scène qui s'en était suivie, jusqu'à la reddition finale, ne se renouvellerait plus. Nous semblions tous l'admettre, avec tout ce que cela impliquait d'affreux, mais d'irrémédiable, comme, dans un autre sens — dans le même sens hélas — nous avions admis que le grand-père «lâchât» la pipe.

— J'ai lâché la pipe.

Il dit cela un soir à Tonton, qui s'étonnait qu'il ne fumât plus. Et il n'y avait pas d'amertume particulière dans la façon dont il le dit…

Mais s'il n'y avait plus de cassette, s'il ne devait plus y en avoir, sûrement, autre chose se tramait. Et bientôt, dans une de nos promenades du soir, il nous dit brusquement, et, cette fois, en riant aux éclats, que nous serions bientôt tous riches. Seulement, nous devions garder pour nous ce secret. Surtout, nous n'en devions rien dire à notre mère. C'était une surprise.

— Est-ce vrai, grand-père ?

— Vous pouvez en être bien sûrs.

Riches ! Comment le deviendrions-nous, il ne nous le dit pas. Et même il nous pria de ne pas le lui demander. Mais nous le deviendrions à coup sûr et dans peu de temps. Alors, nous aurions un château. Notre misérable écurie ne serait même plus pour nous un souvenir : la vie serait si belle, si charmante, nous aurions tant de jouets et de distractions que le temps même pour repenser à notre écurie nous manquerait. Dans notre château à tourelles, nous serions enfin comme des rois, choyés, gâtés, fêtés, heureux, délivrés.

Ces belles images que nous nous formions d'un bonheur tout proche, sans doute au bout d'un certain temps nous vinrent-elles autant de nous-mêmes que de lui. Il nous avait entraînés dans un rêve où bien souvent nous le devancions. Mais au milieu de toutes nos chimères, comme une ancre bien solide où le vaisseau de nos rêves demeurait accroché, il y avait au moins une chose qui n'était pas imaginaire et c'était le château lui-même. Je veux dire que le château dont nous rêvions était bien réel, que nous pouvions, quand il nous plaisait, le voir de nos yeux et en toucher de nos mains le granit.

Personne ne nous en empêchait pour l'excellente raison qu'il était vide, qu'on n'y avait même pas laissé un concierge et que, s'il nous arrivait de rôder autour ce n'était jamais que le soir dans nos promenades, à une heure où la ville était aussi déserte qu'un cimetière. Et depuis quelque temps nous rôdions souvent de ce côté. On aurait dit que quelque chose de plus fort que lui attirait le grand-père toujours de ce côté et qu'en cela il obéissait à quelque sortilège.

— C'est là, grand-père ?

— Chut ! Ne dites rien ! Oui, c'est là.

Telles avaient été nos paroles, la première fois qu'il nous avait conduits devant le château, nos seules paroles, pendant longtemps, car nous étions bien assez occupés à contempler la merveille.

C'était vraiment bien un château. Si même les dimensions extraordinaires de la bâtisse ne nous en eussent pas convaincus, nous l'eussions été sûrement par les tourelles dont il était flanqué, et qui me semblèrent féodales, par la pelouse, qui devant s'étendait, grande comme la plus grande de nos places, par le haut et vaste perron devant sa porte — sa porte d'honneur, j'en étais sûr — et le parc, l'immense parc, qui, derrière, s'étendait à l'infini. Une grille clôturait la pelouse. Une porte, dans cette grille, ne fermait pas. Et c'est par là que nous entrions, que nous nous glissions, comme des voleurs, à travers l'étendue de la pelouse, pour nous avancer jusqu'au château, et toucher sa pierre de nos mains, dans un geste symbolique, comme celui d'un conquérant qui, pour la première fois débarque sur une terre étrangère. Ah ! oui, il nous appartiendrait. Il nous appartenait déjà.

— Et c'est pas tout, disait le grand-père. Non, mes petits lapins. Parce qu'il ne suffit pas d'avoir un château, il faut aussi pouvoir mener une vie en rapport. Mais il y aura de quoi.

Et il riait.

— C'est vrai, grand-père ?

— Oui. Il y aura gros.

— Mais quand ?

— Bientôt. Et gros…

Et il riait encore, il se frottait les mains, il flattait la pierre de « son » château, de petits tapotements. Mais chut !

— Ah ! chut. Et surtout, ne le dites pas à votre mère, encore une fois…

Nous repartions en rêvant tout haut. Parfois, dans notre enthousiasme, nous allions si vite que le grand-père, qui de plus en plus, traînait péniblement ses pas, était forcé de nous rappeler :

— Eh diables ! Pourquoi courez-vous si vite ? On a bien le temps… Qu'est-ce qui vous presse ? Vous n'avez pas peur de la pluie…

Il était tout essoufflé.

— Donnez-moi la main…

Nous lui prenions les mains. Il fallait marcher à son pas, et parfois le soutenir, car il trébuchait, maintenant.

— Grand-père, vous faites vos tournées trop longues, disait ma mère, quand nous rentrions. Vous n'êtes pas raisonnable. Voyez comme vous êtes essoufflé.

Mais il riait, en se laissant tomber sur une chaise, et tout épuisé qu'il était, il nous adressait de petits clins d'œil joyeux. Si elle avait su d'où nous venions ! Si elle avait su quel bonheur nous attendait tous ! Et nous, si nous avions su qu'il avait acheté un billet de loterie ! Que c'était là, aujourd'hui sa cassette !

Comment le grand-père, qui n'entrait jamais chez personne, qui fût mort de faim plutôt que d'aller dîner à l'auberge, comment avait-il trouvé la surprenante audace d'acheter un billet de loterie ? Ou qui donc, à sa place, s'en était chargé ? A qui, au monde, avait-il confié ce secret ? Si nous avions su que c'était à Tonton ! Si nous avions su que dans moins de quinze jours, son billet — oh, il n'en doutait pas — gagnerait le million. Si nous avions su que, dès le lendemain, il devait acheter le château… Si nous avions su — mais l'ignorions-nous donc ? — qu'il allait bientôt mourir ?

— Tu n'as plus de grand-père.

C'est par ces mots que ma mère m'avait accueilli, quand j'étais rentré de l'école, sur la fin de la matinée. Et j'avais tout appris du même coup, tout vu, d'un seul regard — l'unique regard, peut-être, que je lui avais jeté, car depuis lors, mes yeux n'avaient plus osé retourner à ce grand lit, où il reposait, un crucifix dans ses mains jointes, si blanc, si tranquille, presque souriant.

Mais du même regard, son image dernière s'était fixée en moi pour toujours. Il était mort. Cela ne voulait pas dire qu'il venait de mourir, mais que désormais il serait toujours mort, que d'être mort, tel serait désormais son état, tout comme, durant sa vie, son état avait été celui de tailleur. Ma mère était assise à son chevet. Un autre grand crucifix était dressé sur une petite table, entre deux bougies allumées, près de la tête de mon grand-père. Et sur la table, il y avait encore une petite soucoupe pleine d'eau, dans laquelle trempait une branche de buis, dont les visiteurs se servaient pour bénir mon grand-père, en récitant une prière.

Dans la maison — dans l'écurie — tout était en ordre. La baleinière de Pélo avait disparu. Pélo était chez la Pinçon. Et les volets, les grands volets de nuit que le grand-père avait un jour façonnés de ses mains, ma mère les avait rabattus à demi, et comme avec prudence… Elle avait repoussé de côté sa grande table — désormais vide, et rangé ses affaires. La vue de cette table, soudain, me bouleversa bien mieux que ne l'avait fait celle de son cadavre même.

— Oh ! m'écriai-je, sa table ! sa table ! maman !…

Et je montrai sa table, avec mon doigt…

Alors, une ouverture se fit en moi, quelque chose comme le soupçon de ce que pouvait être la mort, et tout le reste du temps je le passai dans cet abîme… Des gens entraient, sortaient, disaient un mot, murmuraient une prière, debout devant le grand lit funèbre. Parfois, avant de partir, ils se retournaient vers moi et m'embrassaient. Ainsi fit Durtail, ainsi fit la Pinçon… Ainsi firent beaucoup d'autres que je n'avais jamais vus. Et quand il n'y avait personne, ma mère me regardait. Elle me disait : — Tu vois ! en me désignant avec ses deux mains notre pauvre vieux nourricier.

Oui, je voyais. Mais je voyais encore bien mieux en moi-même…

Quand vint le soir, et que nous restâmes seuls, quand nous fûmes tous là autour de lui, mes frères, ma mère et moi, quand notre petit Pélo fut revenu de chez la Pin-

çon et que ma mère rabattit tout à fait les grands volets
noirs — si bien qu'il ne resta plus pour nous éclairer
que les deux lueurs sinistres des bougies, oh, alors !
alors nos mains se joignirent du même coup et nous
restâmes là longtemps, tous ensemble, serrés les uns
contre les autres, devant lui qui ne bougerait plus —
qu'aucun appel, qu'aucune étreinte, qu'aucune douleur
ne sortirait plus de sa pierre… Nous ne disions rien.
L'horloge battait. Et dans notre profond silence, son
tic-tac semblait grandir. Au bout d'un long temps :

— Voyez, dit ma mère, ce n'est plus un vieux paria,
c'est un mort comme les autres.

Et nous pleurâmes tous ensemble.

— Comme il est beau ! Comme il nous aime, disait-
elle à travers ses sanglots, et sans lâcher nos mains…

Nous priâmes, parce qu'il y avait un Dieu. Parce
que, dit ma mère, il croyait en Dieu. Car on ne vit pas
comme il avait vécu sans croire en Dieu, sans que
l'aide de Dieu vous soutienne.

— Embrassez-le une dernière fois, mes chéris.
Embrassez-le sur le front. Mais embrassez aussi ses
mains qui ont tant travaillé pour nous. Viens, mon
Pélo.

Et comme on sort un enfant de son berceau elle sortit notre pauvre Pélo de sa baleinière, pour le pencher
vers le grand-père.

— Là ! dit-elle. Là ! mon petit chardonneret.

Car le pauvre Pélo tremblait de tous ses membres.
Puis elle le recoucha et, se tournant vers nous :

— Couchez-vous, dit-elle, moi je le veillerai. Mais couchez-vous…

Et alors, elle se tourna encore une fois vers le grand-père, et lui dit :

— Grand-père, nous vous aimions tous bien, vous l'avez toujours bien su, et maintenant, vous le savez mieux encore. La paix sur vous, grand-père… Et vous, mes petits, dormez. Je veillerai sur vous en même temps que sur lui… Grand-père, pardonnez-moi, mais je vais prendre votre lampe. C'est à la lumière de votre lampe que je veux vous veiller. Cela ne serait pas juste, autrement.

Et, disant cela, elle s'empara de la lampe, elle la posa sur sa grande table et l'alluma, en nous répétant encore une fois :

— Couchez-vous et dormez.

Nous lui obéîmes silencieusement. Quant à moi, je m'endormis presque aussitôt, et du fond de mon rêve je ranimai mon pauvre vieux mort.

Il s'ébroua soudain, frissonna, comme un homme surpris dans son sommeil. Aussitôt il ouvrit les yeux et la pierre de son visage, malicieusement, s'anima. Un sourire où la bonté jouait avec l'ironie, un air de farce si étonnant de sa part, voilà ce que je saisis dans le pli de sa bouche, et jusqu'au fond de son regard prudent. De quoi se méfiait-il *quand même*? Mais rassuré sans doute par l'aspect familier des lieux, il hocha la tête. Alors, sans le moindre bruit, comme s'il avait craint à la fois d'être surpris et de nous surprendre, il se glissa hors du lit, en chemise comme il était, et je le vis tout debout dans la pièce. Il souriait toujours. L'horloge, que personne n'avait songé à arrêter, tinta. Il y jeta un regard, puis, comme tous les jours et de la même manière, je le vis qui prenait ses habits et qui les revêtait simplement.

Cela me paraissait naturel et cependant j'étais intrigué. Je me demandais ce qu'il allait faire, pourquoi il s'était levé puisqu'il était mort : j'étais incapable de prévoir qu'il en ferait comme à son ordinaire et sans doute ne le voulais-je pas. Mais je n'étais pas le maître de rien changer à ce qui se déroulait sous mes yeux, et, quand je le vis allumer le feu pour y faire chauffer son café, puis s'approcher de l'horloge et se mettre à la fourbir, comme il avait fait tant de fois et si tendrement, je ne dirai pas que ma surprise ne se mêlait pas d'inquiétude, mais la curiosité l'emportait encore.

Il y avait je ne sais quoi de confondant dans ce recommencement si parfait des choses qui ne différaient d'elles-mêmes que par ce sourire qui ne le quittait pas. Quelle était sa pensée secrète ? Il me semblait en deviner quelque chose et même y répondre ; quelle pensée, pourtant ? C'est le secret de ce rêve qui ne sera jamais percé. Quoi qu'il en soit le grand-père avala son café, après avoir longuement caressé l'horloge, puis…

Il escalada sa table. Je le vis chausser ses lunettes, choisir dans le tas d'ouvrage amoncelé devant lui ce qui pressait le plus et, soudain, comme il venait à peine de tirer ses premiers points d'aiguille, une volée de cloches éclata, vibra autour de la maison, accompagnée d'une glorieuse fanfare. Cela ressemblait un peu à la musique militaire que nous écoutions ensemble sur les Quinconces, mais il s'y mêlait autre chose, comme des violons cachés sous les cuivres. Et le plus grand miracle c'était bien qu'on les entendît dans le vibrant déluge des cloches, belles comme les cloches nocturnes de la Procession des Pestiférés.

Le grand-père penchait la tête, prêtait l'oreille, souriait du même sourire énigmatique comme si lui seul eût connu le secret.

La fenêtre grande ouverte dans ses volets de charbon bâillait au plus éblouissant soleil. Voici que la table se mit à bouger d'abord tout doucement. Ce ne fut pour commencer qu'un petit tressaut à peine sensible, comme si un homme caché dessous se fût amusé à la soulever de son épaule. Le grand-père ne sembla pas s'en rendre compte. Il était plongé dans son travail, il cousait, décousait, recousait, déjà perdu dans ses songes quotidiens, mais toujours avec son même sourire. Je fis un effort pour lui crier quelque chose ; il ne m'entendit pas. Quel danger le menaçait ? Le mouvement de la table s'accentua. Il devint pareil à celui d'une barque balancée au premier flot et tout à coup… la fenêtre disparut. Et disparut le mur où elle était percée. Il n'en resta pas même une poussière. Or, la table n'était point du tout devenue une barque, mais un char.

Ce char avançait à travers une place immense, tiré par deux magnifiques chevaux blancs et roulant sur quatre roues fleuries. Le char avançait lentement. Mon grand-père ne prenait garde à rien. Où l'entraînait-on ? Il cousait, coupait, taillait, comme à son habitude.

D'innombrables personnages parurent aux fenêtres. Autour du char se pressait la foule. Là-dessus, les cloches, les violons, la fanfare, menaient leur accompagnement allègre, auquel répondirent des chants. C'était comme un triomphe. La ville entière était là. On aurait cru assister au retour d'un être chéri depuis longtemps prisonnier et dont la rançon, enfin, venait d'être acquittée.

La foule croissait. C'était au point que le char ayant quitté la place, la rue où il s'engagea semblait à peine assez large. Il avançait avec une lenteur solennelle. Accroupi dessus et dodelinant de la tête, mon grand-père n'arrêtait pas de coudre, de tailler et de repriser.

Par un incompréhensible mystère, je ne cessai point d'apercevoir son visage bien qu'il me tournât le dos en s'éloignant toujours davantage. Et j'y voyais toujours ce même sourire de rêverie. A moins que ce ne fût la musique qui l'eût engendré, mon grand-père en ayant perçu bien avant moi l'annonce.

Pourtant la douceur d'écouter de la musique n'avait jamais donné à son visage ce curieux air de malice.

Le char avançait toujours, des fleurs pleuvaient de tous côtés. Elles arrivaient par bouquets. Ils fendaient l'air avec de jolis bruits de soie, voletaient au-dessus de sa tête, si nombreux et de couleurs si diverses qu'on eût dit une danse d'oiseaux. L'immense table ne se voyait plus désormais que comme une corbeille géante dans laquelle, toujours immobile et penché, mon grand-père cousait, coupait, taillait, comme un homme qui ne songe qu'à ne point perdre son temps et pour qui tout ce qui n'est point le travail qui fait s'ouvrir dans la main et fleurir le pain quotidien n'est que divertissement et frivolité. Les cloches, les violons, les chants, continuaient toujours. C'était un spectacle grandiose. Et je compris enfin que mon grand-père était un roi.

Etais-je bête ! Comment ne l'avais-je pas deviné ? Il revenait d'exil. Ce n'était pas un roi, mais le Roi. Le roi lui-même depuis des années enfermé dans un cachot, autrefois une écurie, et qu'on venait enfin de délivrer. Enfin la justice triomphait ; le malheureux forçat rentrait enfin parmi les hommes. Et dire qu'il avait fallu pour me le faire comprendre que quelqu'un se mît à crier près de moi : « Vive le roi ! » Comme s'il n'avait pas suffi de l'allégresse générale pour me l'apprendre !

Mais je ne songeais point à rester longtemps confus. Trop de joie, un trop grand bonheur me sollicitaient dans l'instant. Ah, l'ivresse ! Tout était si beau et pur ! Je m'élançai parmi les autres, je me mis à chanter comme eux, comme eux à crier : « Vive le roi ! »

Sous la pluie des fleurs, entre les maisons où pas une fenêtre n'était vide, le char avançait toujours, enveloppé de musique et de vivats. Quel bon roi c'était, disaient certains, et comme nous l'avons méconnu ! Quoi ! Nous l'avons laissé toute sa vie pourrir dans la geôle, nous n'avons rien fait pour l'en arracher. Comment jamais réparer ? Tout l'amour du monde n'y suffira pas.

`Tout l'amour ! Et moi je sentais les larmes ruisseler

sur mes joues. Je me tournais de tous les côtés à la fois. J'aurais voulu répondre à tous et à chacun combien ce qu'ils disaient était vrai, combien ils avaient raison et que je le savais mieux qu'eux encore, moi qui avais été un témoin. « Ah, si vous saviez » aurais-je voulu leur dire, « si vous aviez vu ! » Et toutes les images de notre vie se représentaient à moi, tous les souvenirs, toutes les misères ! Ah, s'ils avaient su !

Mais j'étais emporté, bousculé et je ne voyais plus rien. C'est-à-dire que désormais je n'entrevoyais plus par hasard, quand une trouée se formait un instant dans la foule, qu'un peu de ce qui devait être la tête de mon grand-père. Et cela pourtant me suffisait pour comprendre que, toujours installé de la même manière sur son pavois, il ne cessait pas de coudre, de tailler et de couper.

Où le menait-on ? Mais où pouvait-on le mener, sinon à son château ? Ah, dans ce jour de triomphe, ce ne serait plus au hasard de la loterie qu'il devrait d'y entrer, mais à la justice et à la réparation. Ce ne serait plus en rôdeur qu'il viendrait désormais la nuit tourner autour de son domaine, il y régnerait à bon droit, même le jour, approuvé de tous, réconcilié avec tous, délivré. Et non seulement lui-même réconcilié avec les hommes mais les hommes entre eux. Finies, les angoisses de la réprobation, de la misère et de la honte. Encore un instant et nous entrerions tous dans la gloire. Dans un instant le pont-levis s'abaisserait, tandis que du haut des remparts les hérauts d'arme souffleraient dans leurs trompes. Car, dans mon rêve, j'empruntais à mon livre d'histoire des images dont je parais le souvenir de nos rondes nocturnes autour du château. Et ce qui dans la réalité n'avait jamais été que de la pierre sans inspiration devenait ici grandiose. Je voyais des mâchicoulis, des donjons, des tours fendues de cruelles meurtrières. Mais il n'y aurait plus d'assaillants. Et les petites guérites pointues des guetteurs resteraient vides. Le beffroi ne sonnerait plus le tocsin des guerres. C'était d'en haut de ce beffroi qui ressemblait d'une façon surprenante au clocher de notre cathédrale que partait la volée des sonneries. En vérité, depuis longtemps et peut-être jamais nul n'avait vu pareille fête.

Nous y étions et… le château disparut soudain avant même qu'on ait eu le temps d'abaisser le pont-levis. Le cortège fit halte. Quelque chose se passait d'incompréhensible. Instant solennel. Les cloches cessèrent, les violons se turent, on n'entendit plus un chant.

— Le Roi va parler ! dit quelqu'un.

Une frayeur mortelle me secoua.

— Non ! criai-je de toutes mes forces.

Pourquoi ce non ? De quoi avais-je tant peur ? Mais les autres autour de moi ne semblaient pas non plus fort à l'aise. Je surpris certains regards…

A ce moment, mon grand-père se dressa tout entier sur son pavois.

Cela prit, me sembla-t-il, un temps considérable. Il se dressa, non pas comme un homme qui se lève, mais qui s'allonge dans l'espace et pourrait s'y allonger démesurément. Il était immense. Je le voyais de dos. Il portait comme d'habitude son veston noir et sa culotte rapiécée. Sa maigreur était prodigieuse. Mais comme s'il ne lui eût pas suffi d'étirer dans le ciel cette longue silhouette, voilà qu'il leva les bras et les tint dressés en l'air.

Il ne souriait plus, loin de là ! Son air était celui des pires jours de détresse, le visage terrible de ses colères les plus désespérées. La panique était sur toutes les faces, les unes rouges, les autres vertes.

Des regards cherchaient la fuite, mais quand le grand-père ferma les poings ce fut bien une autre affaire ! Quelles mains énormes ! Et pourtant je les connaissais bien. Ses deux poings levés dans le ciel au-dessus de sa tête apparurent comme deux blocs de fonte, deux boules noires terribles. Un seul cri s'éleva immense, celui de la foule entière. Aussitôt commença la débandade. Il n'y eut plus personne dans la rue, pas une ombre, rien.

Les fenêtres s'étaient refermées toutes ensemble. Le grand-père demeurait seul sur son pavois fleuri, les poings toujours brandis et soudain il les laissa retomber en se retournant vers moi.

Quelque chose dans son visage semblait dire qu'il savait depuis longtemps ma présence. A ma vue cependant il fit une grimace.

— Imbécile, me cria-t-il.

Et je me réveillai tout en sueur.

DEUXIÈME PARTIE

La cousine Zabelle

Madame Isabelle Leprêtre, notre cousine (nous l'appelions Zabelle, ou, moitié par dérision, moitié par une certaine idée de sa situation «à la hauteur» madame Leprêtre) était la femme de ce petit cousin éloigné de ma mère, le pauvre Michel, dont nous étions habitués à penser qu'il vivrait jusqu'à la fin de ses jours parmi les sauvages, dans le fond de sa brousse africaine.

Nous ne les avions jamais vus et nous ne connaissions d'eux que les images conservées dans notre précieux album, où le pauvre Michel figurait sous les apparences d'un marin, qu'il n'était plus depuis si longtemps, debout auprès de sa femme, une fort belle personne, fort séduisante, bien que son noir regard exprimât un caractère un peu trop vigoureux sans doute.

Tous les ans, depuis que nous étions en âge de tenir une plume, nous leur avions écrit pour leur souhaiter la bonne année, comme nous écrivions aux autres membres de la famille. «Cher cousin, chère cousine, je ne voudrais pas laisser passer le premier de l'an sans venir, comme par le passé…» Parfois, ils répondaient.

Parfois même, la cousine s'étant souvenue que nous n'étions que des pauvres, nous envoyait cent sous.

— Comme si nous lui avions écrit pour cela ! disait ma mère.

Zabelle n'habitait pas avec son mari. Tandis que le pauvre Michel demeurait relégué dans sa brousse, Zabelle « l'attendait » à Toulon. Les docteurs le lui conseillaient. La colonie, où elle avait fait deux séjours dans les débuts de son mariage, ne lui avait pas réussi. Le soleil d'Afrique la faisait grossir, elle avait du paludisme. Bref, depuis des années, elle avait pris le parti de louer un petit pavillon à Toulon, et c'était là qu'elle passait sa vie.

J'ignore ce que pensa Michel quand il vit arriver l'heure de la retraite. Poussa-t-il un soupir de soulagement à l'idée qu'enfin, il allait retrouver sa femme, vivre avec elle d'un bout à l'autre de l'année, comme un bon époux ? Ou, au contraire, quand arriva ce moment fatal, son cœur se serra-t-il d'angoisse ? Aimait-il l'Afrique ? C'est probable. Aussi les négresses. J'ai su depuis que si madame Leprêtre étouffait à l'idée d'être trompée avec une blanche, elle permettait à son mari les noires. Quoi qu'il en soit, il s'arracha docilement à son Afrique, et, bien plus, il voulut revenir dans son pays natal où rien ni personne, nous exceptés, ne l'appelait.

Il ne fait point de doute que la cousine Zabelle eût mille fois préféré continuer à vivre à Toulon. Or, elle ne montra pas la moindre résistance quand il s'agit d'en partir. Son despotisme, elle ne songea pas qu'elle pût l'employer à contredire Michel sur ce point.

Elle écrivit. Elle viendrait «en avant» disait-elle. Michel resterait encore une semaine ou deux à Toulon pour régler certaines affaires. En l'attendant, elle s'installerait. Dans sa lettre, il était question d'un neveu, gentil garçon, auquel elle s'intéressait, et qui viendrait vivre avec eux.

Il fut convenu que d'abord, dans les premiers jours, elle habiterait chez nous.

Il ne se pouvait pas que cette cousine enchantée paraissant dans nos vies ne les transformât comme d'un coup de baguette. Telle était notre espérance. Par tout ce que nous savions d'elle et des bonheurs dont sa vie nous semblait comblée, elle ne pouvait, croyions-nous, venir chez nous que comme une médiatrice, une ambassadrice, dont le premier souci serait de détruire l'interdit qui nous tenait prisonniers.

Certes, qu'elle fût notre cousine nous le savions assez et c'était déjà un beau titre, mais outre cela, elle appartenait à cette espèce bienheureuse des gens qui vivent sans réprobation et sans soucis, qui vont partout comme chez eux, qui sont partout chez eux, à qui on ne demande pas de comptes et qui ne s'en demandent pas à eux-mêmes. Les bien-aimés qui n'ont pas honte d'être au monde parce que le monde leur appartient. Elle nous guérirait.

Or, ces événements se passaient dans les quelques semaines qui suivirent la mort de mon grand-père. C'est ici l'occasion de dire que nous ne logions plus

dans notre écurie, que même nous avions quitté la rue
du Tonneau, ou, pour mieux dire, qu'on nous en avait
chassés.

Ce n'était pas, comme nous nous y étions toujours
attendus, au nom du plan d'embellissement de la ville,
qu'on nous avait tirés de là. En fait d'embellissement,
les édiles n'avaient point de hâte, et pour le moment,
leur Caisse d'Epargne leur suffisait. Non, ce n'était
point pour ces raisons, la verrue n'avait point encore
sauté. Mais même une écurie comme celle où nous passions nos jours appartient à quelqu'un, qui entend en
tirer profit ; même quelques pieds carrés de pierre nue
et de gravats se louent leur prix, et il arrive que ce soit
encore trop cher.

Notre pauvre vieux grand-père ayant déposé les
armes, nous nous étions soudain trouvés à découvert,
comme une petite troupe de partisans d'autant mieux
perdue chez l'ennemi que le capitaine vient de tomber.
Lui seul était redoutable. Lui seul, par sa ténacité, par
sa vaillance, et l'usage qu'il avait de la guerre, tenait
l'ennemi en échec. Mais cet ennemi ayant appris qu'il
n'était plus là, qu'enfin il s'était laissé prendre au
piège sur lequel on comptait, connaissant désormais
notre faiblesse, et que nous n'avions plus qu'à nous
rendre à sa merci, l'ennemi nous imposa ses conditions. Il nous fit savoir que bientôt — que tout à
l'heure — il occuperait notre territoire.

Trop bien informé pour croire qu'il était encore utile
de pousser plus loin l'escarmouche, il se contenta de
nous envoyer un ambassadeur, c'est-à-dire une lettre,

qui nous arriva presque en même temps qu'une autre, de l'oncle Paul, lequel expliquait pourquoi il n'avait pas pu venir à l'enterrement de son père. Il avait été prévenu trop tard. Avec la meilleure volonté du monde, il ne serait arrivé qu'après la cérémonie de l'enterrement, ce qui n'aurait «avancé» à rien. C'était notre faute aussi, disait-il, car nous aurions dû lui mettre un peu plus tôt la dépêche (et il mentait, car nous la lui avions mise aussitôt). Enfin, il était désolé. Il avait bien pensé à son pauvre bonhomme. Mais quoi! «Ça ne l'aurait pas ressuscité» qu'il vînt. Et puis, Béa attendait un enfant. Il aurait été bien embêté de la quitter dans l'état où elle se trouvait, nous devions le comprendre.

Telle était sa lettre — une longue lettre, étant donné son auteur. L'autre était courte — mais d'un poids de châtiment, dans sa brièveté. Et si je me souviens de ses termes, ce n'est pas tant que je l'aie souvent relue depuis, car ma mère, ensuite, la garda toujours dans son tiroir, que pour leur étrangeté même, leur fouet, l'espèce de grimace qu'ils semblaient nous transmettre dans leur bizarre agencement, leur incompréhensibilité.

Jamais encore je n'avais vu à la fois tant de mots que je ne pouvais comprendre. Ma mère lut tout haut la lettre, et, la lisant, elle se laissa tomber sur une chaise, aussi pâle que l'avait été le grand-père sur son dernier lit.

— Doux Jésus, murmura-t-elle, c'est le coup de grâce!...

Et, se tournant vers nous :

— Mes pauvres petits, je ne sais pas ce que nous allons devenir, voilà maintenant qu'on nous chasse !

Pélo, tout en se traînant sur ses béquilles, s'était approché et, de ma vie, je n'oublierai le regard qu'il jeta alors à ma mère. Il s'y reprit à deux fois avant de parler, mais enfin, il dit :

— Pourquoi ?

Et il restait planté sur ses béquilles. Ah, je le revois !

— Pourquoi ? répondit ma mère, transportée soudain de douleur. Ah ! pourquoi ? Parce que nous sommes des pauvres, voilà pourquoi ! Parce que nous n'avons plus rien, parce que ton grand-père n'est plus là, pour gagner les quelques sous du loyer. Ah ! Tu demandes pourquoi, fit-elle, en relevant la lettre… oh, mon Dieu, il ne suffit pas d'être pauvre, il faut encore qu'on nous persécute !

Et tournant les yeux vers nos vieux murs, les élevant jusqu'à nos poutrelles et leurs gravats, embrassant, d'un seul regard, tout l'ensemble de notre misère et nous le désignant de ses deux mains :

— Voilà pourtant ce qu'on nous jalouse ! Voilà pourtant de quoi ils sont avares !

Et cette fois, des larmes lui vinrent dans les yeux.

Ah ! oui, c'était le coup de grâce. Déjà nous n'avions plus d'argent, par la mort de notre pauvre vieux et nous ne savions pas si nous aurions du pain, mais bientôt, nous n'aurions même plus de logis.

— Ils ne nous laissent même pas le temps de respirer, reprit ma mère — pas même le temps de chercher du travail. Oh, les méchants !

Elle ne demandait pas mieux que de travailler, avait-elle jamais boudé à l'ouvrage ? Non, certes. Mais qu'on lui laissât au moins le temps de se trouver une place quelconque, qu'on lui fît au moins la justice de ne la point jeter à la rue avec sa marmaille, à peine étions-nous rentrés du cimetière…

— Maman, dit Pélo, qu'est-ce que ça veut dire, un accord verbal ?

— Cela veut dire un accord de parole. Cela veut dire que nous n'avions pas signé de papier avec le propriétaire.

— Ah ! Et des locaux destinés à un nouvel usage ?

— Je ne sais pas, dit-elle. Cela veut dire qu'ils ont l'idée de ne plus louer ici à personne, de faire autre chose, des remises, peut-être.

— Et le reste de la lettre, maman ? où c'est-il dit que nous devons partir ?

Pas plus que moi, Pélo n'avait compris les mots.

— Où ? répondit ma mère, en reprenant la lettre et en soulignant la phrase avec le bout de son doigt. Tiens, ici… « En conséquence, nous vous faisons savoir que vous aurez à vider les lieux pour la date précitée… » As-tu compris, maintenant ? Et elle répéta : « Vider les lieux ! Ils nous parlent comme à des chiens… »

Ah, comme nous étions loin du château, du beau château que nous promettait le grand-père, dans les derniers jours de sa vie ! Le souvenir de nos rondes nocturnes autour du château me revint alors pour la première fois, depuis que nous l'avions conduit en terre, depuis que, dans des habits qui n'étaient pas à

moi, que la Pinçon avait prêtés, j'avais suivi son pauvre
convoi, réduction calcinée du beau char fleuri de mon
rêve… Le château ! Notre château, où nous devions
être si heureux ! Et voilà que notre écurie nous échappait, que, bientôt, dans quelques jours, nous n'aurions
plus que la rue pour tout partage. Si le grand-père avait
vu cela ! S'il nous avait vus à la veille de devenir une
troupe de mendiants !

Car, dans mon désespoir, je ne doutais pas que tel
était le sort qui nous attendait… Nous irions de porte
en porte. Mais quoi ! Puisqu'on nous chassait d'un tel
lieu, où étaient-elles, les portes qui s'ouvriraient pour
nous ? Et, décidément, l'idée s'engrava dans mon
esprit que nous appartenions à une race de bannis, de
châtiés, mais pour quel crime, nous ne le savions pas,
et que jamais, jamais nous n'obtiendrions notre pardon.

Ah, les mauvais jours !

Devançant l'ordre barbare qui nous était donné, nous
faisions déjà nos baluchons, sans savoir où les traîner.
Nous vidions nos tiroirs, nous rassemblions dans des
caisses le menu de nos affaires… Mais les grosses
pièces, les deux grands lits, la table du grand-père, son
horloge… oh, Dieu ! comment ferions-nous ? Et nous
faudrait-il les vendre ? A cette idée, nous frémissions
tous de colère. Vendre l'horloge ! quelle trahison ! Plutôt que de s'y résoudre, ma mère était résolue à la briser.

Les jours passaient. Le terme fatal approchait et ma
mère, qui courait sans cesse la ville, à la recherche, tout
ensemble, d'un travail et d'un gîte, rentrait à notre écurie de plus en plus accablée, n'ayant rien trouvé encore,

mais perdu un peu plus l'espoir. Et, de surcroît, voyait fondre dans sa main pourtant si économe, les derniers sous qui lui restaient. Ah ! la cassette du grand-père ! Ah le trésor, qui un jour avait plu sur nos têtes, du haut des poutrelles ténébreuses !

Mais dans les bouleversements dont notre écurie était le théâtre, nous n'avions rien trouvé qui ressemblât à un trésor, rien, hormis un certain petit papier, tout froissé et tout sali, découvert dans la poche du grand-père : son billet de loterie. Avec quel respect ma mère s'en était emparée ! Elle voulait, disait-elle, le conserver toujours…

Les voisins compatissaient à notre malheur, surtout la Pinçon.

— Quel outrage, disait-elle. Ah ! les gens ne savent pas vivre… Les uns ont trop de mal, dans le monde, pour les autres qui n'ont pas assez de cœur…

Quant à Durtail, il ne disait rien, mais à la façon dont il nous regardait, nous le sentions plein d'une meurtrière violence pour les méchants qui nous condamnaient ainsi à la rue…

Bientôt tout le voisinage fut informé de notre détresse. Autre aspect des choses ! Nous nous sentions désignés à l'attention des passants, nous nous savions le sujet de leurs conversations apitoyées, et parfois même ils ne craignaient pas de nous interroger directement, de nous interpeller, à quelque coin de rue, pour nous demander des nouvelles. Ainsi devais-je répéter plusieurs fois le jour, et souvent à des gens à qui, jusqu'alors, je n'avais jamais parlé, que ma mère n'avait encore rien trouvé et qu'il ne restait plus que trois ou quatre jours, avant que nous fussions obligés de « vider les lieux ». Car ces termes, je les avais parfaitement retenus. Et quels termes étaient plus propres à résumer le tragique de la situation ?

Un matin que nous étions tous dans notre écurie, parmi nos baluchons entassés, et ma mère assise sur l'un d'eux, se demandant, une fois de plus, que faire, voilà qu'après avoir frappé à notre porte, entra chez nous la patronne du petit café à matelots, la maritorne borgne et fardée, qui régnait en souveraine sur les mouvantes populations du *Cap de Bonne-Espérance,* madame Redon en personne, la belle Marceline, comme on l'appelait familièrement.

Nous l'avions bien entendue traverser la cour, dans ses sabots à hauts talons — mais que ce fût pour venir chez nous ! Or, elle était là, dans la fraîcheur de son beau tablier, de ses gros bras nus, répandant autour de sa personne les violents parfums de la poudre de riz et de l'eau de Cologne. Jamais je ne l'avais vue de si près — jamais je n'avais si bien pu admirer ses énormes boucles d'oreilles et ce peigne, ce peigne triomphal, planté dans la grosse laine blanche de ses cheveux comme un signal sur un cap.

— Madame Redon ! s'écria ma mère en se levant…

Et je ne suis pas bien sûr qu'il n'y ait eu, dans la façon dont elle dit cela, un peu plus que de la surprise : une pointe de scandale.

Madame Redon ! La Marceline chez nous ! Elle nous examinait, de son œil unique, avec un visage de moue sérieuse, vaguement dégoûtée — et les deux mains dans les poches de son tablier.

— Ma foi, ma pauvre femme, dit-elle, vous voilà bien dans l'embarras.

— Ah ! Madame Redon !

— Oui, reprit la Marceline — qui regardait toujours autour d'elle comme en reniflant. Mais justement… J'en causais justement tout à l'heure… Mais venez donc jusqu'à chez nous.

— Moi ? dit ma mère, qui n'en pouvait croire ses oreilles.

— Oui, répondit la Marceline. Il y a là quelqu'un de la mairie devant qui on causait tout à l'heure. Il a dit comme ça que vous alliez le trouver à son bureau. Moi, j'ai dit comme ça que j'allais vous chercher, vu qu'il n'y a qu'un pas. C'est un monsieur Berteil. Je crois même qu'il est secrétaire…

Tel fut, mot pour mot, le dialogue. Et ma mère ajouta :

— Des Berteil… j'ai connu autrefois des Berteil…

— Venez. Il attend…

Et nous vîmes ce que nous ne pensions jamais voir : ma mère, traverser la cour, dans le majestueux sillage de la Marceline, la petite porte du *Cap de Bonne-Espérance* s'ouvrir et se refermer sur elles.

… Quand elle revint, au bout d'un temps qui nous parut fort long, qui, en réalité fut très court, ma mère était radieuse.

— Mes enfants, dit-elle, en entrant dans notre écurie, nous sommes…

Mais elle ne put arriver au bout de sa phrase. L'émotion lui tenait la gorge. Et c'est en pleurant de tout son cœur qu'elle parvint enfin à dire :

— ... sauvés !

Ah ! Lumière !... Mais elle tremblait de tout son corps, elle était pâle, aussi pâle que le jour où elle avait reçu l'affreuse lettre, qui nous enjoignait d'avoir à « vider les lieux ». Et, comme alors, il fallut lui avancer une chaise, car ses jambes défaillaient.

— Laissez-moi me remettre, dit-elle en souriant. Ça va passer... Nous avons un logement !

— Où, maman ?

— Pas loin. Sur la place aux Ours. Un vrai logement...

Elle parlait comme dans un souffle, d'une petite voix de bonheur, mais entrecoupée, et l'on aurait dit qu'elle avait de la peine à tenir ses yeux ouverts.

— Et j'aurai du travail !

Cette autre grande nouvelle, elle nous la fit d'une voix encore affaiblie et dans une seconde explosion de larmes qui la courba en deux sur sa chaise.

Un logement ! Du travail ! La tête nous tournait...

— Quand ? Dis, maman ?

— Mais... tout de suite., s'écria-t-elle, en relevant la tête, et nous vîmes qu'elle souriait à travers ses larmes. Aujourd'hui.

Et c'était la Marceline qui avait fait tout cela !

Nous étions dans les beaux jours de Pâques et les premiers grands soleils de l'année venaient d'apparaître. Par la fenêtre grande ouverte rebondissaient jus-

qu'au plus profond de notre écurie, à travers nos baluchons emmêlés, les éclats de la lumière toute nouvelle,
et nos vieilles poutres elles-mêmes, avec leur vermine,
leurs gravats suspendus, toute leur misère, en étaient
soudain comme fleuries. Du moins, il me le sembla. Il
me sembla, du moins, que tout s'était embelli autour
de moi d'un instant à l'autre, que je venais de
m'éveiller, peut-être, ou qu'un Dieu caché venait de
soulever un voile sombre, jusqu'alors tendu devant
mes yeux. Quelle joie ! Quelle fête ! Quelle journée de
Paradis !

— Allons, dit ma mère, quand elle se fut tout à fait
assise, préparez-vous. Nous sortons... Toi aussi, mon
Pélo.

Et nous voilà tous partis, vers la place aux Ours, descendant notre rue du Tonneau, tout doucement à cause
de Pélo et de ses béquilles. Le pauvre Pélo, il n'était
pas encore bien habitué, et ses béquilles étaient si mauvaises, le sol de la rue si raboteux. Mais comme nous
étions fiers !

— Nous allons au logement, dis, maman ?

— Pas encore, nous répondit-elle. Pas avant une
grande heure d'ici. Il faut que M. Berteil y soit d'abord,
avec les clés.

Mais arrivés sur la place aux Ours, elle nous fit arrêter sur le bord du trottoir, près de la boucherie, et, nous
désignant du doigt les plus hautes fenêtres de la maison en bas de laquelle se trouvait l'atelier du père
Roussin et sa forge :

— Tenez, nous dit-elle, c'est là...

Là-haut... dans les mansardes... En plein ciel ! Ce serait là chez nous. Cela allait devenir notre demeure. L'idée en était étrange. Et que voyait-on, de ces hautes fenêtres ? Toute la ville. On devait voir toute la ville, et plus encore, des champs, des routes, celle-là, surtout, par où notre grand Daniel était parti un matin pour s'embarquer, son petit baluchon sur l'épaule, au bout d'un bâton. Peut-être même apercevait-on la mer ? Comme j'aurais voulu déjà y être. Et comment serait-ce à l'intérieur ? Un vrai logement, avait dit ma mère, mais qu'est-ce que c'était, un vrai logement ?

Je rêvais...

— Tu rêves ? me dit ma mère. Et je compris que, depuis un instant, elle me parlait sans que je l'entendisse. Tout à l'heure, reprit-elle, tu iras sous la halle.

— Oui, maman.

— Tu verras s'il n'y a pas là quelqu'un pour nous aider. Je ne sais pas qui, Chopi, peut-être.

— Oui, maman.

— Tu l'amèneras tout de suite. Tu lui diras qu'il y a deux lits à démonter, l'horloge et tout, à transporter jusqu'ici et à grimper jusqu'au troisième. Qu'il trouve une voiture à bras.

— J'y vais, maman.

— Non. Pas tout de suite, dit-elle. Tu feras cela quand nous sortirons de la cathédrale.

— Nous allons à la cathédrale ?

— Tous ensemble, dit-elle. Il faut savoir remercier le bon Dieu quand il fait quelque chose pour nous. Parce que, nous dit-elle, tout en nous menant à travers les petites ruelles qui conduisaient à notre cathédrale, parce que, mes enfants, ce qui arrive là n'est pas un hasard. C'est le bon Dieu, qui veut ça, ne l'oubliez jamais… Et puis, c'est aussi votre grand-père. Votre grand-père, il est au Paradis. Il a vu le bon Dieu. Il lui a parlé de nous…

Et nous trottions. Pélo béquillait. Je rêvais sur ce que disait ma mère, sur cette prodigieuse rencontre de mon grand-père avec le bon Dieu. Pouvait-on se représenter une telle chose ? Comme c'était effrayant d'y penser ! Pouvait-on, *devait-on* y croire ? Il était plus simple de prier, ce que je fis, une fois que nous fûmes entrés dans la cathédrale, et de tout mon cœur.

Pélo priait debout, raide, entre ses deux béquilles, car il ne pouvait s'agenouiller. Mais je voyais remuer ses lèvres, dans son long visage qui semblait encore plus pâle, depuis que nous étions dans la pénombre. Jamais je n'avais vu ma mère à l'église, sauf dans certains grands jours de cérémonie, comme celui de ma première communion, ou plus récemment, l'affreux matin où nous avions enterré le grand-père. J'y repensais, je revoyais le catafalque, dans ses bougies, je revoyais le prêtre, récitant ses funèbres litanies — et malgré le frisson que j'éprouvais au souvenir de ces sinistres moments, je restai frappé comme d'une grande nouveauté, à la vue de ma mère prosternée devant le Saint-Sacrement.

Car elle ne se contenta pas de s'agenouiller sur un bout de chaise. Elle était venue là dans la plénitude et dans la ferveur d'une âme reconnaissante, et je la vis s'avancer, toute seule, dans la cathédrale d'ailleurs presque vide, vers le maître-autel, s'agenouiller à même la dalle, puis, dans un esprit de sacrifice absolu, se prosterner tout à fait et baiser de ses lèvres la pierre sacrée. Puis, elle se releva, s'assit sur une chaise, croisa les mains, et demeura ainsi un long moment, les yeux fixés sur le tabernacle.

Comme le silence de la cathédrale était beau ! Je compris, ce jour-là, qu'une église était avant tout silence, ce que je n'avais fait que pressentir jusqu'alors, et bien que j'eusse depuis un long moment cessé mes prières, je serais volontiers resté là encore longtemps si ma mère ne nous avait donné le signal du départ, en se levant elle-même, en nous désignant du geste à la fois la grande porte entrouverte et les bénitiers tout à côté.

Dehors, le soleil nous éblouit. C'était jour de marché sur la place et le peu de temps que nous avions passé à nos prières avait suffi aux forains à dresser leurs bâches sur leurs étals déployés. Il y en avait de toutes les couleurs, des roses, des vertes, des blanches — des bleues aussi, les unes rapprochées, les autres éparses, et il s'en dressait de nouvelles car il était encore de bonne heure et le marché ne faisait que commencer. Mais c'était déjà la cohue, une rumeur de petite foire, et, pour nous, pour moi, la stupéfiante découverte qu'il y avait là un nègre qui vendait du cirage, et, plus loin, un Chinois, qui faisait manœuvrer au bout de ses doigts habiles comme ceux d'un presti-digitateur, des petits jouets en papier multicolore. Et ça sentait déjà la friture…

Certes, il y aurait bien eu là de quoi m'arrêter et me fasciner autant que l'arrivée d'un cirque, — si je n'avais eu bien présentes à l'esprit les bonnes nouvelles que nous avions apprises dès le matin, la perspective que nous déménagerions aujourd'hui même — que ma mère aujourd'hui même travaillerait (elle ne nous avait pas encore dit à quoi) et que j'avais pour mission d'aller voir sous la halle si je n'y trouverais pas Chopi.

Il y était. Mais adossé contre la vieille ferraille de cette halle, il pleurait tendrement, car on lui avait volé son porte-monnaie. Et il prenait à témoin les passants qu'il n'était pas ivre du tout, qu'il savait ce qu'il disait. Ah, ce n'était pas bien, ce qu'on lui avait fait là !...

— Y avait encore quarante sous dedans...

Mais personne n'écoutait le pauvre Chopi, qui semblait à peine le remarquer, qui n'attendait sans doute pas qu'on lui répondît, car j'eus beau l'interpeller, il ne me répondit pas d'abord, et je dus me résoudre enfin à le tirer par la manche. Il tourna vers moi ses yeux d'enfant noyés de larmes, et je vis alors sur son front, la grosse balafre boursouflée, toute rose, qui lui était restée depuis sa bataille avec Grascœur.

— Qué que tu veux mon p'tit gars ?

J'expliquai ce que je voulais. Il se rasséréna bientôt. On pouvait compter sur lui. Il viendrait tout à l'heure avec une voiture à bras.

— A pas peur. Ça s'ra vite enlevé !

Ah ! il ne mentait pas, et tout fut vite enlevé, comme il l'avait promis. A peine étais-je revenu à notre écu-

rie, qu'il arriva à son tour, traînant une grande voiture
à bras qu'on lui avait prêtée, qu'on lui prêtait généralement dans les grandes occasions. Et Chopi nous apprit
que c'était un menuisier de ses amis, le vieux Turbot,
qui en usait ainsi envers lui depuis des années «dans
la franchise de son bon cœur».

Il approcha la voiture tout près de notre fenêtre,
entra lui-même dans notre écurie, et, aussitôt, se mit au
travail.

C'était un plaisir que de le voir faire. Rien n'était
trop lourd pour lui, rien n'était trop difficile. Démonter nos deux vieux grands lits, ce fut l'affaire d'un instant, en porter les bois sur la voiture, celle d'un éclair.
Il n'était pas lâche au travail, le pauvre Chopi ! Et notre
horloge, la vieille et chère horloge du grand-père, notre
joyau, il l'étreignit dans ses deux bras vigoureux et
l'emporta d'une seule traite. On aurait dit qu'elle ne lui
pesait pas plus qu'une plume. Puis, avec quel soin il la
coucha dans la voiture ! Comme il la fit reposer avec
précaution sur des ballots de linge, comme il la cala,
de manière qu'il ne lui arrivât aucun mal durant le
voyage ! On aurait dit qu'il en connaissait la valeur,
qu'il savait de quel respect, de quel amour nous l'avions
toujours entourée. Et tandis qu'il s'affairait, nous le
regardions avec admiration, avec reconnaissance. Ah !
le brave Chopi !

Nos chaises, nos bancs, la baleinière de notre Pélo,
d'autres bricoles s'entassèrent les unes sur les autres
dans la voiture, et bientôt, il ne resta plus dans l'écu-

rie que la grande table du grand-père, notre petit fourneau et des caisses.

— Ah, dit-il, je vais premièrement tirer tout cela
dans la cour, vu le beau soleil qu'il fait. Ça sera plus
commode à charger, et ça ira plus vite au deuxième
voyage.

Et il démonta le fourneau, sortit la grande table qu'il
porta sur son dos, en hercule, posa dessus nos dernières
caisses. Comme elle nous parut grande l'écurie !...

— Alors en route, dit-il.

Mais nous ne partîmes pas encore.

Ma mère était ainsi faite qu'au moment de quitter
notre écurie, où pourtant nous avions toujours été si
mal, elle ne put s'empêcher de soupirer.

— Voilà, dit-elle, c'est un morceau de la vie qui
s'en va.

Elle s'était sans le savoir attachée à cet endroit. Par
une sorte de miracle, sans lequel la vie ne serait pas
possible sur la terre, elle avait fini par aimer ces murs
lépreux, ces vieilles poutres ramagées de gravats, la
cour et son dangereux café à matelots. Comme il était
étrange de penser qu'elle ne quittait pas cela sans tristesse !

Par la fenêtre ouverte nous la regardions. Elle marchait à petits pas. Tantôt elle levait les yeux au plafond,
tantôt au contraire, elle les tenait obstinément baissés.
Absorbée en elle-même, que contemplait-elle en son
cœur, quelle prière murmuraient ses lèvres ? Etait-ce
au grand-père qu'elle pensait ? Elle fit encore deux ou

trois fois le tour de l'écurie puis, par un geste à elle-
même imprévu, je pense, elle posa sa main sur le mur.

Ce n'était point qu'elle eût besoin de s'appuyer, son
geste ne signifiait pas cela. Elle touchait le mur, penchait la tête. Que voyait-elle ? Qu'est-ce qu'elle écoutait ? Elle se retourna soudain et sortit.

— Allons, dit-elle en soupirant, en route !

A sa voix, Chopi, dans les brancards, passa la bricole à son cou et tira la voiture.

Les roues cahotaient sur le pavé.

Tous les souvenirs de la grande aventure que fut
pour moi ce déménagement — comme d'un grand
voyage, comme du passage émerveillé d'une terre
ingrate à un Eldorado — sont dominés par l'image de
la cousine Zabelle — ou, du moins, par l'image que je
me faisais alors de cette merveilleuse personne.

Il me semblait que tout ce grand changement ne se
faisait que pour elle. Certes, c'était un bonheur, que de
quitter notre froide écurie — mais en pensant que si
nous y étions restés, nous n'aurions pas pu recevoir la
cousine, qu'elle aurait dû aller à l'hôtel, quel plus
grand bonheur encore n'était-ce pas ! Et dans quelle
belle maison allions-nous loger désormais, comme
nous serions fiers d'y introduire notre visiteuse ! Déjà
nous escomptions son ébahissement, nous l'entendions
se récrier : «Ah, que vous avez donc de la chance !»
Et ma mère avait beau hocher la tête, plisser les lèvres,

en signe de doute, quant à moi cela ne me troublait pas...

Quel grand escalier, quels magnifiques degrés de pierre ! Il avait beau être noir comme un four... oh, tout de même, c'était un escalier royal ! Et l'on avait pu y installer en guise de rampe, une grosse corde à nœuds, toute noire d'un enduit séculaire, et toute poisseuse... où donc, justement, aurait-on ainsi trouvé une telle corde ? Qui donc aurait pu se vanter d'en posséder une semblable ? Et que d'espace, quelles grandes pièces, avec leurs lambris et leurs alcôves, leurs cheminées immenses, leurs hautes fenêtres, à tout petits carreaux verdâtres, leurs parquets de brique, dont la plupart, il est vrai, étaient descellées.

A travers cette immensité sonore, je courais comme un échappé, j'allais d'une pièce à l'autre, traversant de petits couloirs fort obscurs, malgré les impostes ménagées au-dessus des portes, ébloui, émerveillé que tout cela fût à nous désormais. Et que de placards... Il y en avait tant, et de si grands, de si profonds, que notre maigre baluchon rassemblé par Chopi au centre de la pièce principale — celle qui donnait sur la place aux Ours — aurait pu tenir tout entier dans la moitié d'entre eux. Mais, autre chose encore : les plafonds aussi *en valaient la peine*. Par quel hasard — ou par quelle fortune — ces grands espaces inhabités depuis tant d'années, recélaient-ils encore d'aussi beaux plafonds, avec leurs moulures et leurs rosaces ? Ah, c'en était enfin terminé, de nos gravats, de nos vieilles poutres, de nos lattes pendantes au-dessus de nos têtes. Et qu'on eût songé à décorer des plafonds, je voyais là un luxe inouï, exceptionnel, et, encore une fois, tel qu'il ne s'en pouvait trouver ailleurs un second exemple. « Cousine Zabelle, regarde un peu nos plafonds… »

Mais ce n'était pas tout que de muser en s'extasiant sur tant de beautés. Encore fallait-il et sans tarder mettre en place notre vieux butin, rapproprier, pour commencer. Et c'est avec une pelle que nous entreprîmes notre ouvrage. Quelle poussière ! Les roues des voitures n'en soulèvent pas plus, sur les routes, en été, que n'en enlevaient à chaque coup nos instruments maniés, il est vrai, avec grande vivacité. Si bien qu'au bout d'un instant, force nous fut d'ouvrir au large toutes les fenêtres, ce par quoi nous eussions bien dû commencer. Mais dans notre hâte d'entreprendre, nous n'y avions même pas songé.

Les crémones scellées de rouille résistaient même à la poigne vigoureuse de Chopi. Je l'entends encore grommeler, et les vitres tressaillir sous son effort, comme au passage de quelque gros camion. Pauvre Chopi ! Il était vexé. Et tout en sueur d'avoir monté sur son dos notre grande horloge, à travers cet escalier noir comme un puits, tout essoufflé par son nouvel effort, et toussant, à cause de la poussière, il réussit enfin, mais trop bien, car la fenêtre s'ouvrit tout d'un coup en grand, et Chopi faillit partir à la renverse.

Il me sembla que le ciel même descendait vers nous d'une course vivante, jolie, comme pour nous fêter et nous accueillir — avec un empressement léger — et que la nouvelle de notre arrivée dans ces hauteurs se répandait d'un même coup aux quatre coins de son empire.

— Ah, dit ma mère, le ciel est avec nous !

Se pouvait-il rien de plus beau ? Assez longtemps, nous avions rampé dans une cave — vécu à tâtons dans la nuit d'un trou. Bien heureux encore que nous n'y eussions point perdu les yeux, comme font les taupes, et qu'ils nous restassent afin de se laisser éblouir aux espaces de lumière qui ne nous manqueraient plus. La tête m'en tournait un peu. J'en avais comme un vertige, comme une peur que cela ne fût pas tout à fait vrai, qu'on vînt nous dire qu'il y avait maldonne, que ces beaux logements au bord du ciel ne seraient pas les nôtres, et qu'on s'était trompés…

— Regardez ! Mais regardez donc en bas, dit ma mère. Voyez comme la place aux Ours a l'air toute petite, vue d'ici !

Et c'était vrai. J'en étais stupéfait.

La place aux Ours — qui m'avait toujours semblé très vaste, au bout de cette rue du Tonneau dont je ne voyais plus que l'embouchure, c'était un tout petit carré presque parfait, où le regard plongeait comme du haut d'une cage d'escalier. Toutes les dimensions étaient changées, tous les rapports. C'était un dépaysement complet. A cause des encorbellements, les boutiques, en bas, ne se voyaient presque plus du tout. On les aurait dites écrasées, aplaties sous les masses surplombantes, comme sous une charge soudain affaissées. Et les gens étaient tout petits, comme des poupées, comme des marionnettes, ce à quoi ils ressemblaient d'ailleurs tellement, dans ce décor ancien et comme théâtral.

Les sons, aussi, n'étaient plus les mêmes. Ils nous parvenaient comme une rumeur sans éclat, montaient vers nous dans un mélange où s'incorporaient d'autres sons venus d'ailleurs, par les airs, des autres points de la ville. Seul était parfaitement distinct et tel que nous l'eussions entendu d'en bas, le grattement d'un sabot de cheval sur le pavé. C'était le beau temps. Et le vieux fiacre délabré du père Morel était là en station, devant la boutique de M. Blanchard.

Oui, c'était quelque chose d'étonnant et de nouveau — comme si jusqu'alors, je n'eusse rien connu de ces vieilles pierres et des personnages qui s'agitaient à leur ombre — et qu'on m'en eût présenté l'image à travers quelque lanterne magique.

Le soleil tombait d'aplomb jusqu'au tréfonds de la place, tranchant, volontaire, sans réplique, seigneur et roi des zones qu'il avait conquises et, dans l'aplomb de sa justice, indifférent quant au reste.

Les plus vieilles poutres semblaient se gonfler sous sa bienheureuse tyrannie, les plus vieilles maisons, avec leurs ventres difformes de grand-mères, soupirer d'aise. Et les oiseaux chantaient. Hélas ! Ils ne chantaient pas tous dans les airs, mais, trop nombreux, dans des cages. Que de cages ! Et que de pots à fleurs ! Chaque fenêtre, pour ainsi dire, avait les siens et les siennes, ce que je n'avais pas observé d'abord, trop occupé du ciel et de la terre. Mais entre le ciel et la terre, étaient comme suspendues les plus proches

fenêtres des autres, nos futurs voisins, si proches
même, qu'on voyait à l'intérieur des bouts de mobilier,
un fourneau, une armoire, et des gens qui allaient et
venaient, apparaissaient, disparaissaient.

Une jeune fille se peignait devant une glace en chantant de tout son cœur. Est-ce qu'elle chantait ainsi tous
les jours ? Plus haut encore, étaient juchées les fenêtres
des mansardes, les lucarnes poussiéreuses des greniers,
aux vitres blanches comme des yeux d'aveugles, dans
l'éparpillement des toits.

Comme il y en avait, des toits ! Ma petite ville était
donc si grande ! Comme ils étaient nombreux, divers,
des plus proches aux plus distants, allégés, au fur et à
mesure qu'ils s'enfonçaient dans le lointain, jusqu'à
confondre le bleu pâli de leurs ardoises d'une manière
presque indiscernable avec le bleu du ciel qui n'était
plus qu'une vapeur… Mais il y en avait aussi des verts,
ainsi étaient les plus proches, d'un beau vert profond
de vieille mousse, tachés d'éclats de dorure, et même
de pointes rousses, comme de rouille — d'autres si
bien jaunis qu'on les aurait crus en chaume. Et des cheminées, montaient, ici et là, dans le ciel de printemps,
de blanches fumées domestiques. C'était l'heure où
l'on met la soupe en train…

Quand il faut tant de mots pour le dire, tout cela
s'embrassait d'un seul regard, ou plutôt, de mille
regards à la fois et dans le même instant. Où s'arrêter ?
Où revenir ? Comment s'emparer de tout d'un même
coup ? Il n'y avait pas moyen. C'était infini.

On ne pouvait s'arracher à un tel spectacle toujours

sur le point de lâcher quelque secret, et ne le lâchant
point, où toujours quelque chose de nouveau apparaissait qu'on était si surpris de n'avoir pas vu d'abord. Et
pourtant c'était une tour, un clocher, l'enclos boisé
d'un grand couvent, une statue de la Vierge dominant
la colline presque parfaitement ronde d'un tertre, déjà
tout doré de blé. Mais oui, à travers les toits — et
j'omets de dire combien ils étaient divers aussi dans
leurs formes, les uns bossus, les autres pointus, certains
portant comme des traces de coups, qui faisaient de
grands creux — à travers et par-delà les toits, apparaissaient des bouts de campagne, des horizons de
route, dans la profondeur des terres. Il y avait bien là
de quoi s'oublier et du même coup oublier notre chantier. Nous étions tous aux fenêtres, et Chopi lui-même,
quand il nous vint à l'esprit qu'il y en avait aussi
d'autres par-derrière. Et d'y courir !

Là, au lieu de l'espace et de la dispersion par-delà
les géométries de la place aux Ours, c'était le rassem-
blement dans une incohérence figée de panique autour
du séculaire et paisible clocher de notre cathédrale. Et
d'abord, nous ne vîmes que lui, si proche, si... mais
oui : si bon...

En le voyant, je me mis encore une fois à penser au
grand-père. N'était-ce pas dans quelqu'une de ces maisons dont les toits semblaient se bousculer et se che-
vaucher, qu'il avait vu le jour ? Comme c'était triste de
penser qu'il était né, à présent qu'il était mort. Et
depuis cet instant de sa naissance, il n'avait plus vécu
un seul jour de sa vie hors de l'atteinte de ce vieux clo-

cher, sinon par la vue, par l'oreille en tout cas, et plus sûrement par le cœur. Quant à nous, c'est à peine si nous en étions séparés par l'étroit espace d'une ou deux ruelles.

— Si on pouvait compter les mètres, dit Chopi, on n'arriverait pas à quarante.

Le cadran de la vieille horloge, tout blanc dans le beau gris bleuté de la pierre, sous les ardoises verdies, semblait immense. Et je voyais ce que je n'avais jamais vu : les cloches, celles de toutes les fêtes et surtout de la Procession des Pestiférés, mes belles cloches pour le moment si docilement endormies sous leurs poutres… Quel bruit terrible elles devaient faire quand elles se réveillaient en branle et qu'on les écoutait d'ici ! Tout devait trembler. Quel délice ! Mais dans l'instant, en fait de bruit, nous n'entendions que les éclats de voix de quelques hommes occupés à décharger un fût, des cris d'enfant, la vague rumeur du marché… Quelqu'un cassait du bois quelque part…

C'est à nos fenêtres que M. Berteil nous surprit et dans l'instant où Chopi, désignant du doigt un toit après l'autre, s'était mis à nous expliquer quel il était, et qui vivait dessous. Ah ! il le connaissait le quartier !… Et le spectacle, les paroles de Chopi nous absorbaient à un tel point, que nous n'avions pas entendu arriver M. Berteil, que, même, il aurait pu rester là encore longtemps sans que nous nous en doutions, s'il ne s'était mis à rire, en nous voyant, d'un bon rire d'homme heureux et bien portant…

— Déjà au balcon ! dit-il...

Et dans le vide de *nos* pièces, sa voix résonna comme un tambour.

Ah, la belle voix ! Et quel bel homme ! Il était grand, rose, gai, alerte, propre, bien vêtu, fort, et par-dessus tout, bon, ah, bon !… Notre bienfaiteur… Je le mangeais des yeux. M. Berteil ! C'est *lui*, M. Berteil…

— Mais oui, nous regardions, répondit ma mère un peu confuse.

— Ça vous changera, dit-il, toujours en riant de son même bon rire… Vous aurez du bon air.

Comme il nous regardait ! Comme il sentait que nous l'aimions ! Comme il en était heureux !…

… Toutes ces pièces, nous dit-il, il y avait des années et des années qu'elles ne servaient à rien. C'eût été dommage que de laisser perdre un aussi beau logement, puisque l'occasion se présentait de lui trouver des locataires. Il fallait en profiter. M. le Maire serait d'accord. Bien sûr, il y aurait un petit loyer à payer — oh, pas grand-chose — et même il faudrait en fin de compte que cette petite affaire soit ratifiée par le Conseil municipal… mais bah ! Des formalités ! Nous n'avions pas à nous faire de soucis. Nous étions chez nous.

— Dame, fit-il en conclusion, ça durera ce que ça durera, il faut bien que vous le sachiez. La maison est condamnée comme la plupart de celles de la place aux Ours, de la rue du Tonneau et ainsi de suite. C'est le plan d'embellissement de la ville qui veut ça… mais vous avez encore bien le temps…

Tout en parlant, il se dandinait d'un pied sur

l'autre… il se frottait les mains, sortant d'un paquet une cigarette qu'il se collait dans la bouche, mais qu'il oubliait d'allumer.

— Quant à l'autre affaire…

— Est-ce que je devrai commencer aujourd'hui ? demanda ma mère comprenant que cette autre affaire c'était celle de son travail.

— Non, non, se récria M. Berteil, prenez votre aise. Emménagez d'abord et dans quelques jours nous verrons…

La suite de la conversation m'apprit que ma mère était promue à la dignité de femme de charge au service de la municipalité, et qu'elle aurait désormais pour mission particulière de balayer tous les jours les classes de l'école même où le père Coco m'avait enseigné les grands principes.

Plus tard, on lui confierait peut-être la cantine.

— Oh ! je n'en demande pas tant, fit-elle.

— Nous verrons ! Nous verrons !…

Et encore en disant cela, il riait. Quel brave homme !

D'immenses greniers biscornus, dangereux tant par l'inattendu des poutres qui les traversaient et que cachaient de grosses parties d'ombre, que par les pièges, les fondrières dont leur sol était semé, s'étendaient par-dessus nos domaines et bien au-delà, communiquaient, par d'obscurs passages, avec les greniers des maisons voisines.

Là-dedans, les services de la voirie avaient installé des remises. Et comme les portes ne fermaient guère, que la liberté était grande, et nulle la surveillance, que de grimper par l'échelle qui y menait était un plaisir de plus, j'eus tôt fait d'en explorer les étendues. Autres richesses — nouvelles merveilles !

J'avais *enfin* trouvé la retraite de tous ces beaux ornements qui servaient aux fêtes de quartier, aux distributions des prix, aux 14 juillet. Oui, c'était là, au-dessus de ma tête, que reposaient d'une année sur l'autre, les tourniquets, les mâts de cocagne, les lampions, et tant d'autres objets tous plus beaux et éloquents les uns que les autres : les drapeaux, les écussons, des uniformes de l'ancien temps et des séries de bustes en plâtre qui étaient ceux de nos rois et aussi de nos présidents. Quelle fortune !

J'en fis tout à la fois la découverte et un premier inventaire dans le jour même où nous prîmes possession de nos domaines, et peu de temps après que M. Berteil fut parti. Telle était mon impatience. L'escapade fut brève, il est vrai mais combien enthousiasmante ! Avec quel nouveau bonheur je me remis ensuite aux travaux de nettoyage, ou pour mieux dire, de déblaiement, qu'il fallut d'abord opérer avant que de songer à nos meubles...

Enfin tout était là. Chopi, qui avait dû aller chercher du renfort, avait enfin monté jusqu'en haut nos deux grands lits, celui de notre vieux grand-père, hélas, dans lequel nul n'avait plus couché depuis qu'il y était mort.

La première personne qui y coucherait désormais, ce

serait la cousine Zabelle. Ainsi le dit ma mère, en ordonnant à Chopi de transporter le lit dans la chambre qu'elle réservait à sa «parente» — ce fut le mot qu'elle employa en s'adressant à Chopi — chambre dont il est bien vain de dire que nous nous occupâmes en tout premier lieu, avec une décision, une joie qui redoublaient notre ardeur et nous faisaient oublier la fatigue. Ah! elle serait bien reçue, la cousine! Quant à cela, elle n'aurait pas à se plaindre!…

— Nous allons lui donner cette grande belle chambre sur le devant. Elle aura pour elle toute la vue de la place aux Ours. Montez le lit dans l'alcôve, Chopi, dit ma mère. En contemplant cette alcôve, j'en suis sûr, elle pensait à ses rideaux blancs…

— Il est fait pour aller là, répondit Chopi en mesurant alternativement de l'œil, tantôt le vieux lit du grand-père et tantôt la profonde alcôve.

— Et ne croyez-vous pas, Chopi, qu'il faudrait faire du feu dans la cheminée pour assainir?

— Ah! Aussi, je me demandais, répondit-il, parce que ça n'a pas l'air humide. Mais si c'est pour assainir… Hep, vous autres!

C'était à moi, à nous qu'il s'adressait.

— Ramassez-moi tous les débris de bois qui traînent… On va faire du feu…

Un instant plus tard, un feu splendide haut et pétillant, craquant, brillait dans l'immense cheminée pour notre joie à tous et, sans doute, pour celle aussi de ses vieilles pierres qui en avaient depuis tant d'années perdu jusqu'au souvenir…

D'un panier, où nous avions vidé nos tiroirs, ma
mère attrapa soudain notre album à photographies. Elle
en ôta celle de la cousine Zabelle, tirée en portrait à
côté de son mari, le pauvre Michel, et la posant sur la
cheminée :

— Là, dit-elle, j'espère qu'elle sera contente. Elle
verra qu'on y a pensé…

Quel œil étincelant elle avait la cousine ! Et comme
le cousin semblait fier de se trouver près d'une si belle
femme ! Debout, une main passée dans l'entrecroise-
ment de sa veste, à la Napoléon, il regardait droit devant
lui, avec un air d'audace, presque de bravade qui, étant
donné son uniforme de marin, en faisait pour moi un
héros. Aussi me demandais-je pourquoi ma mère,
quand elle parlait de lui, ne disait-elle jamais que le
« pauvre Michel » ?

— Et pourquoi dis-tu toujours le « pauvre Michel »,
maman ?

— Parce qu'il n'a pas eu de chance.

Quelle surprise ! Pas de chance, le cousin Michel ?
Allons donc ! Avoir parcouru le monde, traversé des
aventures plus fabuleuses que celles qu'on lisait dans
les livres, avoir épousé une femme si belle, et ma mère
disait qu'il n'avait pas eu de chance ? Elle prenait, en
parlant de lui, un air de pitié et de commisération qui
laissait entendre qu'un secret incompréhensible aux
enfants, une de ces choses mystérieuses qui étaient au-
dessus de notre âge — peut-être même une de ces
choses qu'il nous était défendu de savoir — avait fait

du cousin Michel un tout autre personnage que celui que nous croyions.

— Pourquoi qu'il ne vient pas avec elle ?

— Ça ne te regarde pas.

Elle le savait donc ?

— Et le neveu, maman, qui c'est ?

— Fiche-moi la paix.

Et, à cette occasion, j'appris que le cousin Michel, le pauvre Michel lui-même était le plus doux et le plus honnête des hommes. Etait-ce pour cette raison qu'il n'avait pas eu de chance ?

— Quand arrivera-t-elle, maman ?

— Bientôt, dans un jour ou deux. Dépêchons-nous…

Il y avait tant à faire !…

Dans un repos que nous nous accordâmes, je revois ma mère me montrant et me faisant suivre du doigt sur une carte de France imprimée au dos d'un calendrier tout le voyage que la cousine Zabelle accomplirait pour venir chez nous. Cela me parut merveilleux. Tant de pays qu'il faudrait traverser, toute la France. Quel exploit ! Sans doute avais-je lu des récits de voyage ; et je savais que mon frère Daniel parcourait les mers les plus lointaines… Mais Daniel ! c'est à peine si nous entendions parler de lui, à peine si de mois en mois nous recevions un mot de ses nouvelles. Et quand donc reviendrait-il ? Tandis que la cousine, elle allait arriver. Dans un jour ou deux elle serait là, je la verrais de mes yeux.

— Tu la connais ? Tu l'as déjà vue, maman ?

— Mais oui, bien sûr. On dirait que vous ne le savez pas ?

Nous le savions, mais c'était pour le plaisir de parler. De parler d'elle.

— Est-ce qu'elle est toujours comme sur la photo ? Est-ce qu'elle est grande ?

Et voilà ma mère qui s'arrête de travailler pour réfléchir.

— Elle est grande, dit-elle enfin.

— Très grande ?

Encore un instant de réflexion. Puis :

— Non. Assez grande. Plus grande que moi.

— Et comment sera-t-elle habillée ?

— Bêta ! Est-ce que je sais ? Bien habillée, je pense. A la mode.

A la mode ! J'avais donc raison de penser que ce serait une grande dame.

— Est-ce qu'il faudra lui dire tu ?

— Bien sûr.

— Et au pauvre Michel ?

— Ah, ne dites jamais cela. Ne l'appelez jamais ainsi. Cousin Michel, voilà comment vous direz. A-t-on idée... Au travail, allons !...

Et nous repartions...

De temps en temps je pensais au grand-père. Ah, s'il avait été là encore ! Je le voyais, juché sur sa table et nous espionnant sans mot dire par-dessus ses lunettes avec quelque chose du sourire qu'il avait eu dans mon rêve... Hum ! Hum !... Peut-être bien ne nous approuvait-il pas. Il me semblait même deviner qu'il nous condamnait. Quoi ! Se donner tant de mal, pour une riche cousine !

« Mais ce n'est pas pour cela, grand-père, ce n'est pas parce qu'elle est riche, mais parce que nous l'aimons. »

… L'arrivée de la cousine Zabelle fut enfin annoncée pour le lendemain par un télégramme :

— Mes enfants, dit ma mère, ce n'est plus le moment de bâiller. Il va me falloir faire du fricot. La cousine est une fine bouche. Je cours acheter un poulet. Vous me ferez mes autres commissions.

Et comme un grand général qui se prépare à livrer bataille, ou plutôt comme un ambassadeur qui règle les derniers préparatifs du cérémonial pour l'arrivée d'un prince, elle tint conseil, nous fit part de ses projets et distribua ses ordres.

Bien entendu, nous nous lèverions tous de bonne heure. Aussitôt debout, chacun ferait sa toilette comme le dimanche, les plus grands aidant les plus petits. Et comme on ne savait jamais ce qui pouvait arriver, que la cousine était une futée qui s'y connaissait dans les voyages, il y aurait lieu de ne pas lanterner, car nous étions dans le cas de recevoir un autre télégramme disant qu'elle avait découvert en route une correspondance plus rapide et qu'elle arrivait deux heures plus tôt qu'il n'était prévu…

— Vous m'avez bien compris ?

— Oui, maman.

— Vos habits du dimanche. Tout le monde bien propre et bien peigné. Et pas de disputes !

Et la voilà partie chercher son poulet qu'elle paye-rait sur un louis de vingt francs prêté par la Pinçon.

D'où venait sa joie à elle ? Car elle paraissait joyeuse, elle l'était, et pourtant, elle la connaissait, la cousine ! Mais quoi, et même si autrefois elles avaient eu maille à partir, aujourd'hui, dans la solitude où elle vivait, ma mère l'accueillait en tout cas avec la reconnaissance du prisonnier à qui l'on vient faire visite quand il ne s'y attendait pas.

Et puis, n'y avait-il pas le cousin Michel, à qui nous savions qu'elle gardait une fidélité de cœur qui sans doute trouvait ses raisons dans la personne même de Michel, qui méritait bien qu'on l'aimât, mais par une plongée plus profonde et plus forte dans le temps, par tout le souvenir de ce qu'avait été la famille d'où ils descendaient tous les deux et dont il ne restait plus qu'eux seuls.

Ce fut elle qui se réveilla la première le lendemain matin. Nous dormions encore, de nos sommeils bien-heureux, qu'elle avait déjà préparé le café, coupé les tartines, sorti du coffre nos beaux habits qu'elle s'oc-cupait à brosser. Et ce fut le bruit de la brosse tombant par terre qui nous réveilla comme un signal.

Tout étant prêt et le poulet dans sa casserole mijo-tant sur un petit feu, aucun télégramme nouveau n'étant venu démentir le premier, nous nous mîmes en route tous ensemble pour la gare sur le coup de neuf heures et demie.

Endimanchés des pieds à la tête, et ma mère dans sa belle toilette, nous marchions fièrement sur le trottoir, dans le plus beau soleil du monde. Qu'une apparition aussi merveilleuse que celle au-devant de laquelle nous partions d'un cœur si ouvert pût se trouver contrariée d'un mauvais temps de pluie, quelle rêverie ! Il n'en était pas question. Le ciel était avec nous dans sa légèreté bleutée, dans sa fraîcheur matinale, et si par endroits il était traversé de vapeurs blanchâtres, elles ne faisaient qu'annoncer l'heureuse chaleur de midi.

La pierre du trottoir, limpide et franche claquait sous nos pas et comme nous nous sentions dispos ! Les boutiquiers déroulaient leurs tentes pour protéger les étalages, des stores aux vives couleurs étaient tirés devant les fenêtres. Sûrement, la plupart des gens en ville mangeraient des petits pois frais à midi, et, vers trois heures, sortirait l'arroseuse municipale.

— Trottez, disait ma mère, ou bien nous serons en retard.

A Dieu ne plaise !

Nous arrivâmes fort en avance dans cette vieille gare miraculeuse, et pour le prix de quelques gros sous, mais en un tel jour, est-ce qu'il fallait regarder à la dépense ? nous pénétrâmes jusque sur le quai. C'était là et non à la sortie des voyageurs, que nous attendions notre glorieuse : nous savions vivre.

Que les trains sont longs à venir quand ils arrivent !

Quelque chose d'anormal s'était peut-être produit

dans le hasard des aiguillages, car le nôtre — le sien — ne paraissait pas encore. Ma mère se paya d'audace. Elle interrogea un employé qui vaguait sur le quai, et ainsi apprit-elle qu'aucun mauvais hasard ne s'était produit, que tout était parfaitement en ordre et le train annoncé… C'était notre impatience et rien d'autre qui enfilait ses mauvais songes… Il n'était que de consulter l'horloge et de s'y fier… Mais encore une fois, qu'ils en mettent du temps les trains ! Et pour comble, ils ralentissent leur course. Parfois même il y en a qui s'arrêtent, qui stoppent, comme ils disent — bien en vue des espérants à deux cents mètres du quai. On apprend alors que la voie n'est pas libre, que le signal annonce : fermé…

Ainsi les choses se passèrent-elles. Nous vîmes enfin surgir du bout du monde, ou du ciel peut-être, le mufle fumant de cette grosse bête noire et comme aveugle qui était le train. On aurait dit que la bête en question éprouvait avant tout de la surprise, en apercevant la ville sur laquelle elle allait foncer — une surprise qui sembla un instant la paralyser — à moins qu'elle ne rassemblât ses forces pour un élan définitif. Sans doute même car un grand cri aigu déchira les voûtes célestes, et…

« Attention… Reculez-vous. Attention au bord du quai. »

Tchou… Ah ! Tchou… Ah ! Tchou Tchou !… tchou !… Nous nous enfonçâmes les doigts dans les oreilles, car le sifflet retentit si près cette fois que nos tympans grincèrent. En outre, nous étions aveuglés. Un nuage de vapeur et de poussière s'était levé sous la course du monstre enfin arrêté, dans le grondement multiplié des roues, le râle époumoné des machines qui ne devaient plus en vouloir, le vacarme, le battement, et comme l'éclatement des portières d'où les gens sautaient comme des graines avec toutes sortes de cris, d'appels dans une hâte et dans une joie toutes dorées de beau soleil. Le nuage de vapeur et de poussière ne s'était pas apaisé… Il enveloppait tout l'avant du train dans une espèce de gloire d'apothéose. Et nous, qui étions restés comme assourdis et sans yeux au passage de cette rafale de simoun, agrippés à notre mère comme à un mât, quand nous revînmes à nous, ce que nous vîmes nous sembla un rêve… Car elle était là, oui, elle-même, il n'y avait pas à s'y tromper… Ce ne pouvait être qu'elle.

Dans l'encadrement d'une portière, au milieu des vapeurs qui peut-être étaient celles dont on encense les déesses, le plus beau visage du monde, sous sa voilette blanche à moitié relevée, apparut comme une figure de songe. Tant d'autres à la place de la cousine n'eussent porté dans leurs traits que les fatigues d'un si long voyage. Mais elle ! Elle était fraîche, radieuse — un peu jaune sans doute mais c'était à cause des fumées à travers lesquelles son œil étincelait comme le plus noir charbon. Une main qui me sembla digne de celles des fées releva un peu la voilette. Elle se pencha à la portière…

— Elle ne nous voit pas, dit ma mère en accourant.

Et nous la suivîmes. Quant à moi, mes jambes me soutenaient à peine…

— Porteur !…

De cette bouche divine, cet appel de détresse peut-être, retentit si fort qu'il domina le brouhaha de la gare…

Porteur ? Que voulait-elle dire ?

Un employé passait. Elle l'interpella. Et nous eûmes l'éblouissante révélation de son accent toulonnais.

— Il n'y a pas de porteur-e, dang cette ga-re ?

— Non, madame…

— Eh, va te faire fiche… Pas de porteur-e !

Cependant, malgré la foule, nous avions réussi à aborder le train toujours sans qu'elle nous vît…

Et nous voilà debout, devant cette portière de féerie.

— Zabelle !

C'est ma mère qui l'a appelée…

Tout change… Le visage de la cousine s'éblouit et nous éblouit… Un sourire de bonheur inaugure sa descente du train. La portière grince, bat et claque… Ma mère est dans les bras de la cousine dont le beau visage est tout en larmes…

— Après tant d'années ! Tant d'années, murmure Zabelle.

Ma mère ne dit rien. Une larme aussi roule sur sa joue. Mais voici que la cousine se penche vers nous… A travers ses larmes, rayonne un merveilleux sourire… Elle me prend dans ses bras. Comme sa joue sent bon, et comme elle est douce… Que de dentelles autour de son cou… Quel beau chapeau ! Comme elle est bien habillée, grande et forte !…

— C'est bête, dit-elle, mais il faut que j'y aille de ma larme… Tu comprends ça, Mado ? Mais tiens, toi aussi. Mais attention… Le train va repartir et… Porteur !

— Qu'est-ce que tu veux, Zabelle, dit ma mère… C'est pour tes bagages ? Je t'aiderai à les porter.

Elle rit. Des bagages, il y en avait trop.

— Faut une voiture…

— Porteur, madame ?

C'est un employé de la gare que Dieu envoie… On lui aura fait la commission… Il n'est pas à proprement dire un porteur ; il n'y en a pas ici. Il n'est que commissionnaire, mais il dispose d'une voiture à bras…

— Ah, c'est bon, dit la cousine. Descendez-moi tout ça (on dirait qu'il s'agit de descendre tout ce qu'il y a dans le compartiment y compris les voyageurs) mais c'est moi qui me chargerai de la Belle Saucisse.

La Belle Saucisse ? O, stupéfaction ! C'était une petite chienne qu'elle appelait ainsi. Et la petite chienne était encore dans le compartiment.

— Viens, mon adorée…

Et la Belle Saucisse, qui était une sorte de petit caniche aux longs poils blancs et frisés, aux yeux roses, passa des mains d'une vieille dame chargée de veiller sur elle un instant, dans les bras de la cousine Zabelle…

Oh, que de mamours ! « Ma beauté nous sommes arrivées, va ! C'est fini, ce vilain train. Tu vas avoir du bon lolo, pas vrai, ma belle ? » Tendrement blottie dans les bras de la cousine, la Belle Saucisse frétillait de la queue, léchait les mains de sa maîtresse, tout en regardant autour d'elle, vaguement épouvantée encore.

« Les voyageurs pour Paris en voiture !… »

Le commissionnaire se hâta. Il fit sur le quai même un tas des bagages de la cousine. Mais ce n'était pas tout ; il y avait encore une malle et un carton à chapeaux qui avaient suivi dans le fourgon et qu'il faudrait prendre à la consigne.

— Qu'est-ce que j'ai foutu de mon billet ? Cré bon Dieu !

Comment ! Elle jurait ?

Instant d'angoisse… Mais le billet se retrouva dans le sac à main…

Un coup de sifflet, le train s'ébranla… Les mouchoirs s'agitèrent dans les portières… Les adieux… Il pouvait bien partir ce train ! A présent il ne nous intéressait plus. Elle était là…

— Et Michel ? demanda ma mère tandis que nous montions la garde autour des bagages sur le quai désormais désert.

Le commissionnaire était allé chercher sa voiture.

— Il t'envoie le bonjour.

— De même quand tu lui écriras. Mais j'espère bien qu'on va le voir ?

— Pas tout de suite encore, à cause des affaires en cours.

Après leurs effusions de tout à l'heure, une drôle de

gêne était venue entre elles. Comme si elles n'avaient plus rien eu à se dire. Elles n'osaient plus se regarder.

Le commissionnaire revint avec sa voiture, sur laquelle il avait déjà chargé la malle et le carton à chapeaux. Il installa le reste comme il put, serra le tout avec des cordes, passa son cou dans la bricole.

— Où que c'est qu'on va ? demanda-t-il.

Ma mère lui donna notre adresse. Et en route !

C'était comme au jour de notre déménagement.

— Et ton neveu ? demanda ma mère, comme nous descendions la rue du Chemin-de-Fer.

La cousine Zabelle sursauta légèrement, et même il me sembla qu'une ombre passait sur son visage.

— Quel neveu ? fit-elle, en jetant à ma mère un bien drôle de regard, où il y avait à la fois de la défiance et du défi, de la dureté et de la surprise. Et, en effet, elle s'était laissé surprendre, mais pas pour longtemps. Elle se reprit aussitôt : Ah, dit-elle, c'est de Toussaint que tu parles ?

— Ma foi, répondit ma mère, je ne sais pas s'il s'appelle Toussaint…

— Oui, oui, je t'expliquerai, répondit la cousine d'un ton qui signifiait fort clairement que le sujet lui déplaisait, et qu'il n'y fallait plus insister. Ma mère le comprit.

— Ah bon !

Après tout, cela ne la regardait pas, et elle était comme toujours respectueuse des affaires des autres…

Nous marchâmes pendant quelques instants sans rien dire. La robe de la cousine froufroutait, la voiture

derrière nous gémissait. Que s'était-il donc passé ?
Nous n'étions plus heureux...

— Oui, je t'expliquerai, reprit enfin la cousine. Et,
bien qu'elle eût signifié à ma mère qu'elle n'avait pas
à l'interroger sur ce neveu de discorde, elle se mit elle-
même à donner d'abondants détails pour expliquer son
absence.

— Mais je ne te demande rien, répondit ma mère
vexée sans doute.

Et la cousine Zabelle éclata de rire. Rire de cruauté,
d'un seul envol, presque sur une seule note vaguement
trillée comme d'une alouette mâtinée de quelque impur
oiseau de nuit. Le rouge m'en vint au visage.

— Ma pauvre Mado ! fit la cousine, tu es bien toujours la même.

— Tu trouves ? repartit vivement ma mère.

— Qu'est-ce que tu vas te faire des idées, répondit
la cousine...

Mais chacun, dit ma mère, gouvernait sa vie comme
il l'entendait. Personne n'avait rien à y voir.

— C'est bien ce que je pense, répondit la cousine,
mais ça n'a pas de rapport... Enfin, tu comprends,
Toussaint arrivera ici dans une quinzaine de jours.

— Avec Michel ?

— Oh non ! Michel en aura pour plus longtemps
que ça encore à Toulon... Sa présence est nécessaire
pour bien des affaires, tu comprends... Et des papiers
à mettre en ordre, pour sa retraite...

— Ah oui...

— Toussaint, lui... c'est pas pareil...

Ma mère était lancée, je crois, car elle demanda :

— Il est libre, lui ?

— Libre ? Qu'est-ce que tu veux dire ? Bien sûr qu'il est libre…

On aurait dit, à entendre le ton de la cousine, qu'elle se figurait que ma mère avait pensé à quelles prisons ?

— Même qu'il serait venu avec moi si, au dernier moment, il n'y avait pas eu de complications, comme toujours… Au dernier moment quand tout est réglé, quand on a pensé à tout…

Et ça l'avait bien ennuyée ce contretemps à cause des bagages surtout, de l'excédent. Avec deux billets, elle aurait eu droit à plus de port gratis. Ça faisait une perte…

— Tu savais pas qu'il est coiffeur ?

— Comment que je l'aurais su, dit ma mère.

— C'est vrai, dit Zabelle, on s'est pas beaucoup écrit. Mais enfin, me voilà au pays, et pour longtemps. Peut-être bien jusqu'à la fin de mes jours. On a le temps de se rattraper. Oui, il est coiffeur. C'est un métier comme un autre.

— Y en a pas de sots.

— Pas vrai ? dit-elle… T'as ben raison… Même que c'est un bon ouvrier…

Dieu céleste ! Le neveu de la cousine Zabelle n'était pas un petit garçon ! C'était un ouvrier ! Quel coup !

— Il me doit tout, reprit la cousine. Je l'ai tiré de la misère et même du malheur…

— Ah ! Mon Dieu !

— Sans moi, il était perdu.

— Pauvre garçon, dit ma mère, dont la sincérité était toujours si facilement dupée...

— Un jour, quand nous serons seules toutes les deux, je te raconterai cela, ma pauvre Mado... Tu verras ce que c'est que le monde... Oh, je sais bien, on peut me jeter la pierre sous bien des rapports, mais là, je dis : halte... Ça, comprends-tu, Mado, c'était méritoire... Si je n'avais pas été là, je ne sais pas ce qui serait arrivé. Le pauvre petit se serait peut-être foutu une balle dans la peau... Est-ce qu'on sait ? C'est beau tu sais de relever un homme dans certains cas... Aussi, faut voir sa reconnaissance... Il ne voulait plus me quitter. J'étais son guide, comprends-tu ? Si tu avais vu comme il pleurait, quand je lui ai annoncé que j'allais quitter Toulon. «Bah, je lui ai dit, faut pas pleurer comme ça, Toussaint... J'ai bien pensé à vous, allez. Après tout, qu'est-ce qui vous attache à Toulon ? Vous n'avez plus de famille... Alors pourquoi que vous viendriez pas avec nous là-bas ? Travailler pour travailler, du moment que vous avez un bon métier dans les mains, eh bien, vous trouverez de l'embauche aussi bien là-bas qu'ici.» C'est-il pas vrai, Mado ?

— Dame !

— Il n'attendait que ça.

— Et Michel, lui ?

— Quoi, Michel ?

— Qu'est-ce qu'il en dit ?

— Oh, Michel, il dit comme moi, que quand on a commencé de s'intéresser à quelqu'un, il faut aller jusqu'au bout... Penses-tu ! Mais Michel, c'est lui qui m'a dit de l'emmener. On dirait que tu ne le connais pas, Michel ? Il a bon cœur…

— Pauvre Michel ! murmura ma mère, dans un souffle qu'elle ne put retenir, qui n'était à vrai dire qu'un murmure que ses lèvres dessinèrent à peine, mais que, pourtant, la cousine perçut fort bien.

— Pourquoi dis-tu cela, Mado ?

— Quoi donc ? fit ma mère, qui peut-être croyait n'avoir rien dit.

— Il n'est pas à plaindre, repartit la cousine avec une vivacité qui déjà sentait la poudre.

— Moi ? Mais je ne dis pas cela. Après tout, je n'ai pas à me mêler de vos affaires.

A ma grande surprise, à la surprise de ma mère aussi, je pense, la cousine Zabelle éclata de rire, de ce même rire cruel qu'elle avait eu tout à l'heure…

— Ben vrai ! dit-elle, pour un début, ça va comme sur des roulettes. On va pas recommencer à se faire des scènes ? C'était bon dans le temps. Allons, Mado, il faut prendre la vie du bon côté… Toussaint après tout… y a pas de quoi fouetter un chat… Tu comprendras…

— Je ne dis pas, fit ma mère.

— Eh bien, alors, n'en parlons plus…

Mais elles ne trouvèrent pas tout de suite sur quel autre sujet elles auraient bien pu s'entretenir et nous marchâmes en silence.

Le porteur nous suivait en geignant dans son licou…

— C'est ici, dit ma mère, comme nous atteignions la place aux Ours.

— Tiens, dans ce vieux quartier! fit la cousine…
Michel avait bien raison de me dire que tu avais toujours bien aimé les vieux quartiers.

— Que veux-tu, nous ne sommes pas des princes…

— Oh, mais c'est joli, dit la cousine, qui s'arrêta
pour examiner en touriste toutes ces vieilles maisons…
qui sans doute « existaient en cartes postales ». — Dis?
Est-ce que ça existe en cartes postales? Il faudra que
j'en envoie à des amis. Hop! Porteur! Arrêtez.

— Ici, dit ma mère, en désignant notre porte.

— C'est à quel étage? demanda la cousine.

— En haut, dans les mansardes.

On devait avoir une belle vue. Ce serait toujours ça.

— Mettez tout ça sur le trottoir, porteur. Et prenez
bien garde. Il y a du fragile… Allons, montons… Oh!
mais comme il fait noir…

— Tiens la corde, conseilla ma mère.

— Quelle corde? Ah, une corde… Non, mais que
c'est drôle… Allons-y! Vieng ma Belle Saucisse.
N'aie pas peur…

Et l'ascension commença…

Ma mère marchait devant. Puis, venait la cousine,
qui geignait à chaque degré, soufflait, trébuchait, tenait
d'une main la grosse corde poisseuse, et, dans son autre
bras, bien serrée contre son cœur, la mignonne, la Belle
Saucisse, qui, jamais, sans doute, n'avait été à telle
épreuve. Je suivais. Pélo derrière moi, tâtonnant dans
l'ombre du bout de ses béquilles. Pauvre Pélo, il faisait son apprentissage.

— Ben vrai ! murmurait la cousine de temps en temps…

Ma mère l'encourageait, assurait qu'on allait y être.

— C'est encore haut ?

— Encore un étage.

— Est-ce que la maison n'est pas un peu humide ?

— Si…

— Il me semblait bien…

Enfin — enfin ! nous arrivâmes sur notre palier. Ma mère ouvrit !

— Voilà, dit-elle. Tu es chez toi.

Et alors… Oh, alors !…

La cousine était à bout de souffle — mais ce n'était pas rien que l'effort de la montée, qui lui coupait la respiration, car, dès qu'elle retrouva la parole :

— Comment ! s'écria-t-elle, au comble de la stupéfaction, et sans chercher le moins du monde à cacher son dégoût, et c'est ici que tu prétends me loger ? La petite chienne, sur le bras de la cousine, semblait elle aussi frétiller d'indignation. Eh bien vrai !

Les grands yeux noirs de la cousine étincelaient, allaient d'un objet à l'autre avec une incroyable vivacité. Elle inspectait les murs, le plafond, il me semblait qu'elle voyait même sous les meubles.

Nous restions là stupéfaits autour d'elle, tremblants.

— Mais, Zabelle, murmura ma mère, tu sais bien, Zabelle, que nous autres…

— C'est un taudis ! Un vrai taudis ! Mais regardez-moi ça !

Un taudis, notre nouvelle demeure ! Qu'eût-elle donc

pensé de notre écurie ? Cependant, elle désignait chaque
objet du bout de son doigt ganté, sans bouger de l'endroit où elle était plantée.

— Ma pauvre Mado, dit-elle, d'un ton qui n'était
plus celui de la colère, mais du persiflage, tu es bien
toujours la même…

Et elle se prit à rire.

Ma mère, abasourdie, ne savait que répéter :

— Mais, Zabelle, tu sais bien, Zabelle…

Debout, elle aussi, au milieu de la pièce, immobile.
Elle tenait encore à la main son chapeau qu'elle venait
de défaire en entrant : il la gênait.

— J'ai fait de mon mieux, Zabelle, et je ne m'attendais pas…

— Tu aurais pu me prévenir.

— Tu sais bien que nous ne sommes pas riches, dit
ma mère, dont la patience et la douceur furent en cette
occasion plus qu'extrêmes.

— Et moi ? répliqua la cousine, qui, tout en faisant
la dégoûtée, trouva plus prudent de se faire passer une
fois pour toutes pour pauvre. Crois-tu donc que je sois
millionnaire ?

— Tu es à l'aise, Zabelle.

— En tout cas, à l'aise ou non, ma maison n'est pas
un taudis.

Cette fois, elle avait sauté les bornes.

— Toi ! répliqua ma mère en jetant son chapeau sur
un lit. C'est toi qui oses ? Tu vas dire peut-être que je
te reçois dans une maison sale ?

La réponse fut plus qu'inattendue, car en effet, elle fut affirmative.

— Oui.

La cousine semblait triompher.

Derrière sa grimace de colère, il y avait quelque chose dont je ne saisissais pas alors l'esprit, mais que, depuis, en y repensant, j'ai identifié à coup sûr : de la gaieté.

— Oui, répéta la cousine. Et de plus…

Elle se pinça délicatement le nez entre le pouce et l'index :

— Les odeurs.

— Sors !

— Quoi ?

— File !

— Tu me chasses ?

— Sors tout de suite, répéta ma mère pour la troisième fois.

On ne peut pas dire qu'elle était blême, car ce mot, en la circonstance, ne signifie plus rien. Mais dans la mesure où cela signifie quelque chose quand on dit qu'un visage n'a plus la moindre couleur, que tout le sang en est parti, eh bien, tel était le visage de ma mère.

Ses yeux étaient terribles. Jamais nous ne lui avions vu de tels yeux, et jamais depuis, nous ne lui en revîmes de semblables. Nous ne la reconnaissions pas.

La cousine ne céda pas encore.

— C'est un comble, s'écria-t-elle. Ça, alors, c'est le bouquet !

Ma mère avança d'un pas. Et la cousine recula.

— Je pourrai dire que tu m'as bien reçue, Mado !...

Sans répondre un mot, ma mère fit encore un pas, et la cousine recula cette fois jusqu'à la porte. Elle posa par terre sa petite chienne.

— Allons, vieng, ma Belle Saucisse, dit-elle, en tirant si fort sur la laisse, que la pauvre et Belle Saucisse fit retentir du fond de son étranglement un petit aboi d'angoisse. Mais comprenant dans sa tête de bête qu'il y avait encore plus de danger à protester contre cette poigne vigoureuse qu'à se laisser violenter par elle, même en étouffant, elle suivit le mouvement, si vite d'ailleurs qu'on ne voyait plus marcher ses pattes.

Glissant comme sur un fil dans le sillage que lui ouvrait la robe majestueusement traînante de la cousine, la pauvre bête avait l'air d'un mouton en peluche, acheté au bazar, par quelque grande folle devenue maniaque de son enfance au point de tirer derrière elle un jouet, au bout d'une ficelle.

— Je vous apportais des cadeaux, mais...

Elle n'osa pas en dire davantage, ou elle ne le put : ma mère venait de rabattre sur elle, d'un grand coup, notre porte...

Et nous l'entendîmes qui descendait l'escalier en se forçant à rire d'un gros rire moqueur et insolent, mais qui sonnait faux et qui s'arrêta net d'ailleurs, se transforma en cris de colère : la cousine ayant failli se heurter au porteur, qui, péniblement, montait les premières valises.

— Eh, bougre d'andouille, redescendez-moi ça ! On va à l'hôtel...

— Eh bien, dit ma mère, qui retrouva enfin la parole, est-ce que notre maison n'est pas un peu plus propre, maintenant ?

Et à son tour, elle se mit à rire, mais d'un rire bien différent de celui de la cousine, un rire où il y avait assurément de la colère, de la douleur, mais par-delà la colère, par-delà la douleur, quelque chose qui résonna à nos oreilles comme un chant d'oiseau.

Telle fut, dans sa vérité — et véridiquement rapportée — l'arrivée chez nous de notre cousine Zabelle. Quel désespoir ! Mais quelle leçon !

Ah ! bien trop tôt, avions-nous pu croire à un changement de fortune, bien trop à la légère nous étions-nous enorgueillis d'habiter désormais dans un vrai logement. Il fallait en rabattre. Voyous de la rue du Tonneau nous étions — et tels nous devions rester. Tels nous resterions toujours... Oui, c'était une leçon. Et celui d'entre nous qui paraissait le mieux la comprendre, en mieux éprouver les pointes, c'était notre Pélo, qui, de rage, déchirait le bout de sa manche avec ses dents, sans le savoir.

Quand tout fut terminé, que le silence fut revenu, que nous n'entendîmes même plus les ressauts de la voiture du porteur sur les pavés de la place aux Ours, ma mère, qui restait là toute désorientée au milieu de la pièce, se frappa brusquement dans les mains et s'écria :

— Par Dieu il ne sera pas dit qu'une pareille dondon viendra ici nous porter la mort dans l'âme !... Ah, qu'il ferait beau voir !... Dieu me garde de mépriser personne au monde, mais aussi de supporter qu'on nous méprise. Ne pleurez plus, mes enfants (car à la fin nous nous étions mis à pleurer) cela n'en vaut pas la peine. Elle a son idée. Oh ! oui. Elle n'a pas fait cela par hasard. Elle savait qu'elle le ferait, comment n'y ai-je pas pensé ?

Et bien que nous n'eussions pas à être informés de telles choses — mais il faut pardonner à la douleur de l'humiliation — ma mère, qui pensait tout haut, nous apprit sans le vouloir sans doute, que tout cela était combiné d'avance avec le fameux neveu ; que le neveu, sans doute (sans aucun doute) était arrivé en même temps qu'elle et par le même train, qu'il n'avait fait qu'une course jusqu'à l'hôtel, où, à son tour, elle se précipitait pour le rejoindre.

— Vous comprenez ?

Non, certes, nous ne comprenions pas.

Pourquoi ces mystères ? Pourquoi ce neveu ne serait-il pas venu chez nous avec elle ? Nous avions tant de place.

— C'est cela ! Il lui fallait un prétexte… continua ma mère… quelque chose qu'elle pût dire au pauvre Michel. Ah ! que je le plains.

— Un prétexte ? Mais pourquoi, maman ?

— Pour refuser notre invitation, parbleu. Mais qu'est-ce que je suis là en train de vous raconter ? Pauvres enfants… Allons ! N'y pensez plus !… Désha-billez-vous… Les odeurs ? Elle ose parler des odeurs !… Mes pauvres chéris, en fait d'odeurs, est-ce qu'il ne sent pas bon, notre poulet ?

Ah ! le poulet. Nous l'avions oublié…

— Il sera brûlé, peut-être… Mais non, dit-elle en soulevant le couvercle de la casserole… Hum… quel régal…

Mais — faut-il le dire ? nous n'avions plus le cœur à la fête.

— Toi, dit ma mère, en me prenant par le bras. Attends… N'ôte pas tes habits…

— Oui, maman.

— Va chez la Pinçon, d'un saut.

— Oui, maman.

— Invite-la…

— J'y vais, maman.

— Dis-lui qu'elle amène ses Pinçonnets… Ça fera beaucoup de monde, mais tant pis, ma foi… Je trouverai bien quelque chose pour ajouter. Et qu'elle ne dise pas non… surtout !… Va, sans traîner… Pélo m'aidera à éplucher des patates.

J'étais déjà dans l'escalier qu'elle me criait encore de me presser, de ne pas muser en route et surtout… oh surtout :

— Dis-lui bien que je serai fâchée si elle refuse… Raconte-lui, si elle balance…

Le temps est un grand artiste, dit-on. Je ne sais pas s'il est vrai, comme on le prétend, qu'il embellit toutes choses — il y en a bien trop sur la terre, de si laides, que rien ne saurait transformer ; mais il nous les fait voir comme au spectacle ; il les éclaire ou les assombrit juste dans la mesure qu'il faut, comme un grand metteur en scène...

De cette venue chez nous de la Pinçon, j'ai gardé comme un souvenir de théâtre. Il se passa, il est vrai, durant le repas, la scène la plus inattendue, la plus surprenante, la mieux faite pour nous porter à croire que nous assistions, en effet, à quelque pièce, ou encore que nous rêvions... Mais elle ne se produisit pas tout de suite.

D'abord, ce fut la Pinçon, avec son petit troupeau, qui arriva bien essoufflée — elle devenait grosse, la pauvre Pinçon, elle enflait, à ne point bouger de son tabouret — et tout étourdie encore d'une invitation à la fois si soudaine et si pressante. Car on peut bien croire que je m'étais acquitté de ma mission d'un tel air, et avec de telles paroles, que cette vraie bonne âme accourait bien plus en se demandant « ce qu'il y avait de cassé » qu'attirée par l'odeur de notre poulet...

A peine avait-elle pris le temps d'enlever son tablier, de se donner un coup de peigne... Elle arriva donc, et je la revois, je revois ses loupiots, le vois ma mère, qui se retourne, lâchant son fourneau... Je revois leurs gestes, et comment la Pinçon finit par s'asseoir ; mais les paroles qu'elles se dirent, je ne le sais plus. Les ai-je jamais sues ? Les ai-je seulement entendues ? J'étais là, et pourtant je n'en suis plus très sûr. Et c'est une scène muette, d'autant plus muette, que la scène précédente, entre la cousine Zabelle et ma mère était montée à de tels éclats, et que la scène qui devait suivre me frapperait tellement — nous frapperait tous — et pour tant de raisons qu'on verra.

Que se disaient-elles, en attendant ? La Pinçon, sans doute, s'extasiait sur la manière dont nous étions logés désormais. Je la revois qui se lève, et ma mère qui l'entraîne d'une pièce dans l'autre, ouvre les fenêtres, lui fait admirer nos beaux spectacles ; notre ciel infini, notre clocher si bonhomme… Et les petits Pinçonnets suivent leur mère, trottent, tous ensemble, ils ne la lâchent pas d'une semelle, étonnés, dépaysés, vaguement apeurés, peut-être…

Ombres…

Et puis, tout changea. La visite du logement finie, tout s'annonça d'une autre manière. Il fallait mettre la table, disposer des sièges, procéder aux derniers préparatifs du repas. Et la Pinçon, en femme qui sait se tenir, qui connaît les usages, donna un coup de main. Ce fut elle qui disposa les assiettes… Et, sans doute, jusqu'alors, ma mère ne lui avait-elle encore rien dit de l'algarade avec la cousine Zabelle — car je me souviens fort bien que nous étions tous à table et le poulet, comme sur un trône, au milieu — quand elle s'arrêta brusquement de couper du pain, pour essuyer une larme…

Ah ! ce n'était plus le rire léger, le chant d'oiseau qu'elle avait eu, en mettant la cousine à la porte…

Et moi, j'étais tout plein de songes confus, d'amères questions sans réponses. Les dieux avaient menti, de notre vieil album à photographies. Ah ! la joie mangée en herbe. C'était fini. Mais aussi, découvrir une telle

furie, sous l'image glorieuse que je m'étais faite de la
cousine ! Oui, c'était vrai : maintenant que j'y repensais, elle ressemblait à la belle Marceline. Sauf pourtant, que la belle Marceline avait été bonne pour
nous…

Le repas pouvait bien se continuer, avec ses airs
d'un repas de première communion, tant nous étions
nombreux à table, et je pouvais bien connaître pour une
fois la fortune — le miracle — de voir tomber dans
mon assiette un morceau de poulet, je n'avais point le
cœur à la gourmandise, et je ne touchais à rien que du
bout des dents…

Or…

Or, quelqu'un frappa à la porte. Nous perçûmes soudain quelques coups nets, vigoureux, et ma mère, toute
à la cousine Zabelle fit un bond sur sa chaise en mur-
murant :

— Elle revient ! C'est elle !

Nous étions tous là, nos fourchettes en l'air, et les
yeux tournés vers la porte…

De nouveau, on frappa de la même façon, avec
encore un peu plus d'insistance peut-être.

— Je vous dis que c'est elle, fit ma mère, en se
levant…

Qu'allait-il se passer ? Mais une voix appela, dit
notre nom. Ce n'était pas la voix de la cousine Zabelle.

— Tiens ! dit ma mère…

Elle s'avança vers la porte et l'ouvrit. Alors, apparut une petite dame toute menue, vêtue de noir des
pieds à la tête, le visage entouré d'une capote comme

n'en portaient plus que les grand-mères — et qui tenait à son bras, d'une part, une ombrelle, et, d'autre part, un grand sac, que dans ma naïveté, je pris d'abord pour un sac à provisions... Je ne saurais dire si elle portait une voilette, mais il me semble bien que oui. Dans le premier instant, son visage m'apparut comme une lune bien rose, avec deux petits yeux bleus très vifs et, tout autour du menton — oui ma foi, une fort jolie petite barbe...

Ma mère était muette. Mais la petite dame, voyant enfin la porte ouverte, entra franchement chez nous, en disant d'une voix chuintante :

— Vous avez l'oreille bien dure, mes bonnes gens...

— Mais madame... voulut dire ma mère...

— Fermez la porte, dit la petite dame... on est en plein courant d'air... Voyons, où peut-on s'asseoir, ici ?

— Mais, madame...

— Oui, oui, oui, bonnes gens. Je vais m'expliquer. Que diable, laissez-moi souffler. Toi, dit la petite dame, en me regardant, on ne t'a donc pas appris à respecter les vieilles personnes ? Apporte-moi un siège, galopin !

Le fait est que nous étions si surpris, que nous restions cloués sur nos chaises. Je lui donnai la mienne en rougissant.

— Merci, mon chéri, me dit-elle.

Ma mère, après avoir refermé la porte, s'était rapprochée. Et voilà que la vieille dame, une fois assise, se mit à fouiller dans son sac. Elle en tira un mouchoir

et se moucha — sans faire le moindre bruit, ce qui me
frappa beaucoup — elle remit le mouchoir dans le sac,
tenu sur ses genoux, et en retira un carnet. Puis, pour
la troisième fois, sa main disparut encore une fois dans
le sac et elle en ramena un instrument fort bizarre, qui
semblait en or. Cet instrument était composé d'une tige
et... d'une paire de lunettes. Elle tenait la tige dans sa
main, élevait les lunettes jusqu'à ses yeux... Nous la
regardions faire.

— Continuez votre repas, voyons, nous dit-elle, en
chuintant de plus belle. Ne laissez pas refroidir la
sauce... Qu'est-ce que c'est ?

Elle tendit la tête vers notre table, plissant les yeux,
derrière son face-à-main.

— Du poulet ?...

— Mais, madame...

— Bien !... Très bien !... C'est jour de fête, sans
doute... Il n'y a pas de mal à ça... Moi aussi, j'en
mange, à l'occasion...

Que voulait dire tout cela ? Ma mère et la Pinçon
échangeaient des regards inquiets. Et cependant, la
petite dame, ayant ouvert son carnet sur ses genoux,
lisait dedans, avec grande attention, toujours à travers
son face-à-main.

— Madame Lhotellier ? Voyons ? fit-elle enfin, en
relevant la tête, et ses yeux interrogeaient alternativement ma mère et la Pinçon.

— C'est moi, dit ma mère...

— Ah ! Parfait !... Et cette autre dame ?

— Moi ? dit la Pinçon, en portant la main à son

jabot, comme pour protester de son innocence. Dans quel vilain traquenard l'aurait-on fourrée ?

— Mais je ne vous veux pas de mal, répliqua la vieille petite dame. Attendez que diable !...

J'observai qu'en parlant, il lui venait un peu de salive aux coins des lèvres.

— C'est madame Pinçon, notre voisine, dit ma mère.

— Ah ! parfait ! Très bien ! répondit la vieille petite dame. Et Pélo, où est Pélo, dans toute cette bande de moutards ?

— Moi ? dit Pélo d'un ton tout à fait semblable à celui de la Pinçon...

— Mais madame, fit ma mère...

— C'est M. Berteil qui m'envoie, répondit la vieille petite dame... J'aurais dû vous le dire tout de suite. Il ne vous a pas prévenue ?

— Non, madame.

— C'est dommage... mais enfin, le mal n'est pas grand...

Tout s'éclairait donc. C'était une dame charitable. Ma mère et la Pinçon le comprirent en même temps. Dieu sait ce qu'elles en pensèrent !

— Vaudrait mieux que je m'en aille, dit la Pinçon. Vous aurez à causer...

— Du tout, fit la vieille dame... A moins que... Elle interrogea ma mère d'un regard vif — mais non plus à travers le face-à-main, qui ne lui servait qu'à lire.

— On peut tout dire devant madame Pinçon, répondit ma mère.

Madame Pinçon ! Cela nous eût fait bien rire, en tout autre cas !

— Eh bien, Pélo ? dit la vieille dame.

— Lève-toi, dit ma mère…

— Approche-toi, mon chéri ; c'est toi, surtout, que je suis venue voir. Viens près de moi, dit-elle, en lui tendant les bras. Et il y avait dans sa parole, toujours le même chuintement, bien sûr, mais une douceur, une tendresse que nous n'avions pas soupçonnées.

— Va, mon Pélo, dit ma mère…

Et le pauvre Pélo, s'agrippant de son mieux à ses béquilles, se leva, et s'approcha de la vieille dame.

Quelle mine renfrognée il avait ! Comme il était blanc ! Il avançait — mais sans regarder personne.

— Tu as peur de moi ? fit la vieille dame.

Il fit non avec sa tête.

— Regarde-moi bien en face…

Aussitôt, il releva la tête, d'un coup décidé offrit son regard au regard de la vieille dame… Il me semblait qu'ils se défiaient. Cela dura longtemps, assez longtemps pour qu'il nous en vînt à tous comme une sorte de gêne, puis la vieille dame éleva sa main, caressa la tête rousse de Pélo, et, d'une voix qui ne chuintait presque plus, mais où passait quelque chose comme le remuement d'une émotion refoulée :

— Va, dit-elle, j'ai compris… Veux-tu qu'on s'embrasse ?

Il ne répondit pas.

— Non ? dit-elle.

— Oui, murmura-t-il, presque tout bas.

— Brave gosse, va ! dit la vieille dame en se levant, pour lui prendre la tête à deux mains et mieux l'embrasser sur ses pauvres joues de craie…

Et nous, qui ne savions pas que le sort de Pélo était en train de se décider — que tout, même, était joué déjà depuis une minute — nous restions ébahis devant nos assiettes où la sauce se figeait. Nous regardions Pélo retourner en béquillant à sa place, et la vieille dame, qui s'apprêtait à partir. Elle avait en effet remis dans son grand sac le carnet et le face-à-main, et, debout, appuyée sur son ombrelle, elle disait à ma mère :

— Voulez-vous me l'amener chez moi, demain, par exemple, vers deux heures ? Je voudrais le montrer à un de mes bons amis, un excellent spécialiste… Voulez-vous ? Tenez, dit-elle, en tendant à ma mère un petit bout de carton, sur lequel devaient être écrits son nom et son adresse. Est-ce entendu ?…

Comme elle eut du mal à répondre, ma pauvre mère ! Les mots ne venaient pas — ou ils venaient mal. Elle s'embrouillait. Pénétrée tout à la fois d'appréhension et de reconnaissance, elle ne savait par quel bout commencer, encore moins par quel bout finir… Et dans son désarroi, elle consultait du regard la Pinçon, tout aussi embarrassée, et comme honteuse, d'assister à une scène qui ne la regardait pas.

— Qu'est-ce qu'on lui fera ? finit-elle par dire…

— Mais rien, dit la bonne vieille dame. Il s'agit de l'examiner, rien de plus.

— Pélo ? dit ma mère.

— Oui, répondit Pélo, d'une voix ferme qui nous étonna tous.

Et la bonne vieille dame, entendant cela, partit gaiement, en rappelant l'heure du rendez-vous pour le lendemain, en priant bien qu'on fît grande attention à ne perdre le petit papier qu'elle avait remis à ma mère…

Et c'est ainsi que Pélo nous quitta…

Voudra-t-on le croire : la bonne vieille petite dame à la voix chuintante, au grand sac, et qui ne savait lire dans son carnet qu'à travers un face-à-main, c'était une comtesse…

— Tenez, voyez, nous avait dit ma mère, après son départ, en nous montrant le petit carton qu'elle lui avait laissé. Je ne vous mens pas. Comtesse de Lancieux…

— Ah ! une comtesse.

— Et qu'est-ce que c'est qu'une comtesse, maman ?

— C'est une très grande dame.

— Riche ?

— Oui. Fort riche.

— Elle peut faire tout cc qu'elle veut ?

Malgré tout ce que je savais des fées — et malgré mon âge de presque grand garçon déjà, — je n'étais pas loin d'apparenter notre comtesse aux plus merveilleux personnages dont j'avais lu les exploits dans mes livres…

— Tout ce qu'elle veut ? Non. Personne ne le peut. Mais elle peut faire beaucoup de choses…

Il y avait de quoi rêver, en tout cas…

Et tout cela, c'était l'œuvre de ce M. Berteil, si jovial, si heureux vivant, selon l'apparence. « Il fait ses coups en dessous », disait ma mère…

… Le lendemain, ainsi qu'il avait été convenu, ma mère s'était rendue avec Pélo chez la comtesse de Lancieux, fort inquiète de ce qui se passerait, fort intimidée aussi à l'idée de pénétrer dans une aussi belle demeure que devait l'être, sûrement, celle d'une aussi grande dame. Il y aurait peut-être un valet de chambre ? La perspective que ce pourrait être un valet de chambre qui lui ouvrirait la porte, lui inspirait une telle horreur que, rien qu'en pensant à cela, elle se sentait prête à renoncer à cette visite. Elle nous le dit, avant de se mettre en route. Peut-être espérait-elle que Pélo dirait lui aussi un mot pour ne pas aller chez la comtesse. Mais au contraire. « Il faut y aller, maman. » « Eh bien soit », avait-elle répondu.

Et ils étaient partis…

Quand ils revinrent après une très longue absence, ils étaient l'un et l'autre fort soucieux. Rien qu'à les voir arriver, de la fenêtre où je guettais leur retour, je compris qu'il s'était passé quelque chose de grave, et que cette visite, à laquelle nous étions si éloignés de penser la veille, aurait des suites. Absorbée en elle-même, toute à ce qu'elle venait d'apprendre, cela se voyait, ma mère marchait un peu trop vite pour notre pauvre petit béquillard. Il avait toutes les peines du monde à suivre son train. Elle ne s'en apercevait pas…

Je les vis entrer sous notre porche et je courus à la
porte de notre demeure, en criant :

— Eh bien ?

Ils montaient. J'entendais ma mère respirer, et les
béquilles de Pélo frapper en cadence la pierre de notre
vieil escalier.

— Eh bien ? répétai-je, dans mon impatience…

Mais ce ne fut pas avant que d'être rentrée chez elle
que ma mère raconta ce qui s'était passé chez la comtesse.

— Eh bien, dit-elle… Eh bien !

… Eh bien, elle avait été fort aimablement reçue,
comme on pouvait s'y attendre. Il n'y avait pas eu de
valet de chambre. C'était une bonne, qui était venue lui
ouvrir la porte, une vieille paysanne ma foi fort simple.
Et la maison de la comtesse était fort simple aussi, bien
qu'il y eût partout des tableaux, des bibelots, des tapis…
On les avait fait entrer dans un salon, et, aussitôt la comtesse était arrivée, avec un grand monsieur à lunettes
qui était le spécialiste. La comtesse avait embrassé Pélo.

C'était une brave femme, on n'en pouvait douter.
Elle avait du cœur. Ensuite, le spécialiste avait fait
mettre Pélo tout nu, devant un bon grand feu, heureusement. Et pendant une grande demi-heure il l'avait
regardé sur toutes les coutures, disait ma mère, il
l'avait ausculté, tantôt en appliquant son oreille contre
sa poitrine, ou contre son dos, tantôt en se servant d'un
drôle de petit instrument qui ressemblait à une ven-
touse, qu'il appliquait sur la poitrine de Pélo. Et il y
avait deux tuyaux de caoutchouc dont il se mettait les

bouts dans les oreilles. Il avait regardé sa hanche, sa jambe, posé des tas et des tas de questions. Depuis quand il était malade, comment on l'avait soigné. Et il avait fallu tout dire, tout raconter. « Si vous aviez vu comme il hochait la tête. Et la comtesse, donc ! »

La conclusion de tout cet examen avait été que notre Pélo sans doute avait pris un peu trop tôt des béquilles, qu'il lui aurait fallu, pour bien faire et guérir définitivement, rester encore un peu de temps allongé, que même il n'eût pas été mauvais de le mettre dans le plâtre et, enfin, qu'une chose capitale eût consisté à le changer de climat, à l'envoyer, par exemple, dans un sana, où l'on était si bien outillé pour soigner de telles maladies, puisqu'on ne s'y occupait que de cela. Que c'était un sacrifice évidemment dur que d'envisager une telle séparation, mais que, si elle y consentait, et si le petit pouvait accepter sans trop souffrir l'idée de s'éloigner momentanément des siens, il n'y avait pas autre chose à faire si l'on voulait s'assurer de l'avenir. Oh ! bien sûr, il n'y avait pas péril en la demeure. On pouvait attendre. De plus, le petit n'était pas tellement malade qu'il fallût à toute force l'envoyer dans un sana. Non. Malgré sa maigreur, il était de constitution assez robuste. Et il vivrait. Et même il guérirait sans aller à Berck. Mais si on l'envoyait à Berck, il guérirait plus vite et mieux.

La question des frais ne se posait pas. La comtesse demandait à ma mère la « permission » de s'en charger. « Pensez ! Elle a dit : la permission ! » Et ce ne serait pas le premier qu'elle aurait envoyé là-bas.

Enfin, voilà, il fallait réfléchir, revenir bientôt trouver
la comtesse, parler encore avec elle — en un mot s'ha-
bituer à l'idée qu'un de ces jours on verrait partir Pélo.

Lui, il ne disait rien. Sa résolution était déjà prise. Il
partirait. Il irait à Berck. Il y resterait tout le temps
qu'on voudrait. Et même il attendrait le moins possible
pour partir. «Je veux guérir.» De quel ton il disait
cela… «Je veux aller à Berck.»

Dans les jours qui suivirent, nous n'entendîmes plus
parler que de Berck. Ah, ce nom! Comme il nous semblait pointu, méchant… Berck! On aurait dit une
piqûre, une brûlure, un mal. Et cependant, nous en
cherchions le lieu sur les cartes — tout comme nous
avions cherché Toulon, quand il s'était agi de la cousine Zabelle. Celle-là...

Comme c'était loin, Berck! Tout ce pays qu'il fallait traverser — et même Paris — ce Paris où l'oncle
Paul avait tant promis de l'emmener pour fêter sa guérison… Et voilà qu'il traverserait Paris avant, s'il allait
à Berck — que peut-être aussi, l'oncle Paul, si nous le
prévenions, irait le chercher à la gare… Oui, et puis?
Après? Notre Pélo ne serait plus avec nous. Notre Pélo
serait tout seul parmi des étrangers. Comment pouvions-nous croire cela? Et cependant, ma mère préparait ses affaires, reprisait son linge, ravaudait ses
habits. Il me semblait, quant à moi, que rien de tout
cela ne serait arrivé si le grand-père n'était pas mort.

Il partit… Moins de quinze jours après cette visite
mémorable à la comtesse, nous accompagnâmes notre
petit Pélo à la gare — certes dans des dispositions bien

différentes de celles où nous étions au matin de l'arrivée de la cousine Zabelle ! (Et qu'était-elle devenue,
depuis tout ce temps-là, nous n'y pensions guère.)
C'était la comtesse elle-même qui accompagnait Pélo
dans son voyage, avec quelques autres enfants malades
comme lui et qu'elle avait pris, comme lui, sous sa
protection.

Quel étonnement, quand nous vîmes Pélo penché à
la portière d'un wagon ! J'en croyais à peine mes yeux,
et pourtant c'était vrai… Ah ! Pélo ! notre petite figure
de douleur, au fond de sa baleinière, dans l'ombre de
notre écurie ! Et maintenant, il était là tout changé,
comme un petit personnage, tout propre, dans ses
meilleurs atours, si courageux, et se forçant à sourire à
notre mère qui le regardait du quai avec des yeux pleins
de larmes…

Et pour combien de temps partait-il ? Nous ne le
savions pas. La comtesse elle-même n'en pouvait rien
dire. Cela dépendrait. On verrait comment tourneraient
les choses, et ce que diraient là-bas les médecins. Mais,
en tout cas, il n'y avait pas lieu de se faire trop de souci.
Premièrement, dit-elle, elle resterait à Berck une bonne
quinzaine de jours et elle le surveillerait. « On le dis-
traira s'il s'ennuie. »

— Et si, mais je ne le crois pas, s'il ne s'habituait
vraiment pas là-bas je vous le ramènerais. Comptez
que je vous donnerai des nouvelles aussitôt que nous
serons arrivés, et aussi ensuite, fréquemment. Enfin,
pour vous rassurer tout à fait et rassurer notre bon petit
chéri, dit-elle — en posant sa main sur la tête de

Pélo — s'il reste et s'il est bien sage, sa maman pourra venir le voir dans quelque temps. Allons… Il faut avoir du courage, dans la vie…

Et le train était parti, à peine achevait-elle de dire cela. C'était bien le moment d'en montrer, du courage !

— Comme la maison va être grande ! dit ma mère…

Et nous étions repartis vers cette grande maison, sans rien nous dire, en nous tenant par la main.

Depuis…

Quoique, pour le bon ordre, il faille tenir compte des pauvretés de la chronologie (dans la mesure où le présent écrit est *aussi* une narration) la chronologie en elle-même n'est pas grand-chose, et la narration qui s'en tiendrait au mot à mot des faits n'irait guère plus loin que les horloges, qui ne vont nulle part.

Certes, depuis la mort du grand-père, et notre venue dans ce beau et vaste logement de la place aux Ours — comme notre écurie était loin déjà et que nous y pensions peu — depuis la tumultueuse arrivée chez nous de la cousine Zabelle et le départ si cruel de notre Pélo, bien des choses s'étaient passées, de nombreuses choses, dont l'ensemble avait transformé l'apparence de nos vies. Mais la chose mystérieuse, combien plus importante que tout le reste, celle-là même dont ma vie entière était faite désormais, quand donc avait-elle commencé ? Quel jour ? A quelle heure ?

Il avait pourtant bien fallu qu'il y eût un commencement à cela — si, toutefois, il ne devait jamais y avoir de fin. Et au prix de bien des efforts, je pouvais enfin parvenir non sans angoisse, non sans penser que c'était peut-être mal, à me figurer qu'il y avait eu un temps de ma vie où je n'avais pas connu Gisèle, où, même, je n'avais pas su qu'elle existait. Mais les fleuves qui coulent vers la mer on n'en connaît pas toujours la source — elle est souvent cachée : ainsi m'enseignait-on à l'école. Non plus le père Coco, puisque j'avais changé de classe, et que j'étais désormais un grand garçon qui prépare son certificat d'études — mais un autre, aussi raide et prompt à la taloche : M. Tardivel.

— Encore en train de rêver au lieu de suivre ! Attends, bougre de garnement !

Et j'étais illuminé d'une vaste mornifle destinée à me ramener sur terre, de la lune où je chevauchais, à bien me faire comprendre qu'il y a un temps pour tout : un temps pour les rêves et un autre pour l'arithmétique. Pauvre M. Tardivel ! Il faisait son métier — ou croyait le faire — quelle tristesse ! Mais les mornifles, les semonces, la menace tant de fois répétée qu'il se plaindrait à ma mère, quand elle viendrait, après les classes, balayer nos planchers — ce qu'il faisait en effet — n'avaient pas plus de prise sur moi « qu'un cautère sur une jambe de bois » selon une de ses expressions favorites.

Je ne savais ce qu'on me voulait. Certes, ma stupéfaction n'était point feinte. Et ma mère, aux plaintes de M. Tardivel, répondait doucement :

— Je ne sais pas ce qu'il a. Il est tout changé. A la

maison il rêvasse de même. C'est depuis que son frère
est parti à Berck, il me semble bien.

— Mais enfin, tout de même ! Tout de même ! faisait M. Tardivel, en levant les bras au ciel.

Que disaient-ils là ? Il ne s'agissait pas du tout de
Pélo. Je le savais bien, et bien trop. J'avais assez et trop
de remords de ne pas penser à Pélo, comme j'aurais
voulu et dû le faire. Je rougissais de les entendre… Et
quand ils concluaient en disant qu'il ne s'agissait peut-
être que d'une crise de croissance, qu'il fallait patienter, peut-être trouver le moyen de me donner un forti-
fiant quelconque, là encore, je ne savais pas ce qu'on
me voulait.

Rêveur, assurément M. Tardivel avait bien raison de
dire que je l'étais — encore aurait-il fallu savoir de
quoi était fait ce rêve — ou cette rêverie. C'était lui,
c'était le monde qui étaient *rêvés* — tout ce qui, du
monde, n'était pas Gisèle, tout ce qui, du monde,
n'était pas vrai.

Qu'on n'aille pas s'imaginer que je n'entendais plus
ou ne voyais plus rien en dehors de Gisèle. Non, Gisèle
était la Réalité. Mais, précisément, c'est une loi propre
à tous les rêves, qu'ils se présentent fortement à l'imagination, la frappent souvent, d'une manière puissante
et durable.

Ainsi me frappaient désormais les scènes qui se passaient autour de moi, celles dont je continuais d'être
alternativement l'acteur ou le témoin quotidien et intéressé, mais un peu comme l'est un voyageur en pays
étranger, qui sait fort bien que tout ce à quoi il applique

pour le moment son attention ou même son étude, ne le concerne ni directement ni profondément. Au besoin il pourrait s'en passer. Sa « maison » est ailleurs, et s'il le veut, il peut reprendre le bateau qui l'y ramènera.

Le présent, désormais, possédait deux directions. Et quant au passé — je ne parle point des acquisitions du passé, mais des images — il était comme aboli. Ou si prodigieusement lointain en tout cas, si effacé, qu'il y avait des moments où je pouvais vraiment croire que je n'avais jamais vécu dans une écurie, qu'il n'y avait jamais eu de vieux grand-père chômé sur une table en train d'y coudre du matin au soir. Croire : comme si j'avais eu besoin de croire ceci ou cela, comme si ma volonté ou mon choix avaient eu une existence quelconque. Mais non, je n'étais qu'attentif à ce qui se passait en moi-même — ou plutôt qu'attentif : *fasciné*.

L'amour est de soi. Et, bien entendu, je ne me le disais pas — ni ainsi ni autrement — mais ce que je savais, je le savais mieux que je n'ai depuis jamais rien su et ne saurai jamais rien. Alors, je ne me mentais pas — j'ignorais qu'on pouvait se mentir. Ma vie n'avait de sens que par l'attente de six heures du soir, heure à laquelle s'achevait enfin l'étude, où le silence d'une cinquantaine d'écoliers penchés sur le devoir du jour — on n'entendait que le susurrement du gaz — explosait tout d'un coup dans un grand fracas de sabots au long des escaliers, de cris, de batailles parfois, et des sifflets des instituteurs rappelant à l'ordre cette troupe lâchée qui s'en allait continuer son bruit dans la rue qu'elle dévalait à grand galop.

J'étais dans les premiers, toujours, sinon même le premier de tous. C'était moi, le plus souvent, qui ouvrais la porte de la rue, avec quelle hâte et quelle fièvre, comme si l'école n'avait été qu'une prison, et les prisonniers en révolte contre leurs gardiens. Comme s'il s'était agi, à chaque fois, d'une occasion unique.

Alors, la liberté m'étant rendue — celle de mes jambes — je prenais d'abord ma course sans le moindre souci de m'informer, je l'avoue sans honte, si les autres prisonniers avaient réussi comme moi à franchir le détroit. Et comme si un danger d'être repris m'eût donné des ailes, comme si la zone qui entourait l'école en eût encore participé, je courais tant qu'il me restait de souffle, dans un grand potin de galoches, et mon cartable, comme une balançoire, volant dans mon dos...

Puis, m'arrêtant à quelque coin de rue, pour reprendre haleine, je me demandais par quel chemin aujourd'hui j'irais *là-bas,* et je repartais cette fois d'un pas mesuré. Autant je mettais de brusquerie à fuir l'école et ses dépendances, autant, dès qu'il s'agissait d'aborder les domaines de Gisèle, me fallait-il y employer les plus grandes études, et d'infinies précautions.

Où commençait ce domaine, quels signes merveilleux en indiquaient les frontières ? Aucun que d'autres veux que les miens pussent reconnaître. Mais moi, je lisais ces signes comme la plus claire des écritures. Ce pouvait être tel aspect d'une maison qui ne portait rien en elle de plus particulier qu'une fenêtre un peu de tra-

vers, à laquelle je trouvais tant de charme — et mon
cœur commençait à battre, ou telle vitrine lumineuse
d'un marchand de drap, avec ses mannequins de cire,
qui semblaient par leurs gestes engageants m'inviter à
poursuivre mon chemin, en m'assurant que rien n'était
changé depuis la veille ; que je ne ferais point l'affreuse
rencontre d'une personne connue. Ou tels autres signes
que l'on voudra, et qui marquaient jusqu'à quel point
de l'espace s'étendaient les pouvoirs de Gisèle. Signes
qu'il était si désolant de ne plus rencontrer sur d'autres
points de la ville où elle n'était pas. Ainsi m'avançais-
je, comme dans les contes s'avançaient les chevaliers,
à travers la forêt, jusqu'au château enchanté.

Un peu de bravoure me venait, une fois vaincues les
premières alarmes, et chaque jour encore fallait-il en
renouveler les provisions, chaque jour s'inventer de
nouvelles approches, se tailler de nouveaux passages,
déjouer les pièges inattendus. Mais comme une eau qui
cherche son lit et qui le trouve, et qui le force patiemment en dépit des obstacles accumulés, finissais-je toujours par atteindre mon but. Et qui donc se fût montré
assez habile pour éventer mes ruses, découvrir et bar-
rer mes routes ?

Elles me conduisaient toujours, non loin de la place
aux Ours, de l'autre côté de la cathédrale, vers une
petite rue silencieuse : la rue du Héron. C'était une fort
vieille rue, quoique récente en comparaison des nôtres,
et de la rue du Tonneau surtout, proche la gendarme-
rie. Et sauf les jours de marché, la paix n'en était guère
troublée que par le sabotement des bêtes, quand les

cavaliers de la maréchaussée rentraient de leurs rondes dans la campagne. Là, tout en haut, après avoir passé une bijouterie, et après la bijouterie un petit café qui portait l'enseigne du Héron, là donc se trouvait une modeste boutique qui était bien un bureau de tabac, ainsi que l'indiquait une belle carotte vermeille au-dessus de la porte, mais où l'on vendait aussi un peu de mercerie, quelque papeterie, des bonbons, des images et même des jouets. C'était une boutique peinte en noir, avec de larges vitrines de part et d'autre de la porte — et deux petites marches pour monter. Deux petites marches d'un bois fort usé, creusé là où portaient les pieds, comme était bien écaillée aussi la peinture de la vieille façade. La plus belle boutique qui fût au monde.

Dans chacune des vitrines, brûlait un large papillon de gaz, et, dans la boutique elle-même, un autre, au-dessus d'un comptoir, derrière lequel allait et venait Gisèle.

Quelque beau que fût le nom de Gisèle, comme il était étrange de penser qu'elle en portait un et qu'il n'y en eût pas d'autre pour la désigner. Et certes, je ne lui en aurais pas voulu d'autre… Toutefois…

Quand donc j'avais réussi comme on réussit un exploit, à m'approcher de la boutique, je ne bougeais plus de là ; le nez collé à la vitre, je feignais de m'absorber dans la légitime contemplation des richesses offertes là aux passants, et qui, assurément, étaient bien séduisantes. Tantôt, c'était de grandes feuilles de papier à décalquer, tantôt, des soldats de carton, pour en faire des armées à soi : et de toutes les nations du

monde, même des plus lointaines, comme des Japonais
— tantôt des poupées, des marionnettes multicolores,
ou, à l'époque du mardi-gras, des chapelets de masques
en carton rose, ou des sucreries enrubannées, comme
des mirlitons.

Et ce n'était pas là tout. Il y avait encore des journaux, historiés de couleurs vives, comme des images
d'Epinal, qui contenaient de belles histoires comme
celle des Pieds nickelés — Croquignole, Ribouldingue
et Filochard — de petits livrets non moins vivement
illustrés : Nick Carter, Buffalo-Bill, les Aventures d'un
gamin de Paris… Que de merveilles ! Et qu'il eût donc
fait bon venir me demander ce que je faisais là, avec
mon nez écrasé sur le carreau, mon cartable tenu à deux
mains sur mon derrière, et, quand j'étais fatigué, me
reposant sur un seul pied, comme le héron de l'enseigne…

Ah, fatigué, je pouvais l'être parfois, mais non de la
contempler, non de chercher, à travers tant d'obstacles
pourtant charmants — les masques étaient pendus à
des fils et formaient comme un rideau féroce ou
moqueur — la fine apparence de Gisèle, allant et
venant avec la légèreté des danseurs.

Grâce à Dieu, elle n'était jamais vêtue que de couleurs claires, et le plus souvent, allégées encore de la
plus fine dentelle. Tantôt c'était une robe blanche,
semée de pois bleus, tantôt une blouse rose — d'un
rose tendre et pelucheux comme celui des joues de
poupées — et à sa taille fluette, une étroite ceinture
d'un noir de laque. Tantôt, elle apparaissait toute en

bleu, avec un beau col de dentelle blanche — et il y en avait encore aux poignets. Les couleurs bariolées si diversement répandues dans les vitrines se continuaient dans les toilettes de Gisèle où elles retrouvaient la simplicité et le repos.

Ce que je connaissais le mieux de Gisèle, c'était ses mains, si souvent posées sur le comptoir, autour de tel objet qu'elles venaient d'empaqueter, et immobiles, comme ignorantes du reste de sa personne, tandis qu'elle échangeait avec un client les dernières paroles d'un petit marché. Ou du moins, c'était ses mains que j'avais d'abord appris à connaître le mieux — deux longues mains blanches, comme quand on vient d'être malade, longues et fines, d'une incomparable adresse.

Quant à son visage, je n'avais pu que peu à peu m'en représenter la forme et beaucoup plus qu'autrement par un effort de mémoire comme en aurait pu faire un peintre, rassemblant posément à l'atelier les croquis de détail pris au vol d'un modèle sans cesse en mouvement. Encore n'étais-je pas bien sûr du résultat. Après d'innombrables stations devant la boutique, j'étais enfin parvenu à la quasi-certitude que Gisèle avait les yeux bleus, et les cheveux châtains, qu'il n'y avait pas au monde une ligne de joue qui exprimât plus de douceur — ni un cou plus blanc et plus rond, de petit nez plus parfait et plus droit, avec ses deux coquilles de nacre rose et transparent des narines, la bouche plus vivante, et qui ne fût capable d'un tel sourire.

De tout cela j'étais à peu près sûr et je l'aurais pu être tout à fait si seulement, quand, certaines fois, elle était apparue sur sa porte pour reconduire quelqu'un, j'avais osé lever les yeux. Mais dans ces occasions si redoutées, jamais je ne les avais tenus au contraire plus obstinément tournés vers la vitrine, jamais je n'avais tant eu l'air de m'intéresser avant tout aux soldats de l'armée japonaise, ou à la hideuse grimace d'un masque de Pierrot, suspendu devant mon nez.

Ah ! quel supplice ! Et comme elle était restée long-temps parfois sur le seuil de sa porte regardant sans doute d'un air distrait ce qui se passait dans la rue — et bien sûrement, sans prendre souci le moins du monde du pauvre héron figé de stupeur à ses pieds. Et qui l'aurait pu rester longtemps encore, si, enfin, elle ne s'était décidée à rentrer, ce que j'apprenais comme on apprend qu'on revient à la vie après s'être cru noyé, par le tintement de la sonnette accrochée au-dessus de la porte qui se refermait.

Alors, se rouvrait en moi la conscience que je retrou-vais la liberté de mes gestes. Mon sang se remettait à circuler. Je savais que j'allais pouvoir mettre un pied devant l'autre, puisque mes pieds étaient désenchantés, et m'arracher jusqu'au lendemain à tant de bonheur, et à de si grandes alarmes. Regagner la place aux Ours.

Il devait en être temps ! Peut-être la grosse horloge de la cathédrale avait-elle lâché les sept coups de sept heures ? Je n'en savais rien. Et ma mère ayant achevé son balayage serait rentrée à la maison ; elle ne m'y aurait point trouvé. Que lui dirais-je ? Et que dirait-elle ?

Je m'éloignais tout plein d'un bonheur tantôt chagrin, tantôt émerveillé, avec la vague conscience que j'avais oublié un certain nombre de commissions, mais lesquelles ? Qu'il me restait encore un devoir à finir, une leçon à repasser, mais pour quand ? Et de quoi ? Oh bien ! Là n'était pas l'affaire ! Je grandissais !…

Comme la vie était intéressante ! Alors il n'y avait point de ces dures journées qui ne sont pas même de solitude, mais d'absence, journées de poussière, où le bonheur apparaissant tout à coup n'aurait plus la force de rebondir, où tout se passe, où rien n'arrive, dans une attente qui n'est pas l'attente, une résignation qui n'est pas la résignation… Oui, certes, la grande affaire, c'était six heures du soir, et il n'y en avait point d'autre. Oui, certes, je grandissais ; mais se peut-il que j'aie grandi jusqu'au point où j'en suis aujourd'hui ? Que tout se soit usé ? Ce que nous étions dans nos jours de gloire, il n'était pas fatal que nous cessions de l'être, tout pouvait être sauvé. Ce n'est pas vrai que nous avons perdu les trésors dont nous étions les princes : on nous les a volés. Et nous nous sommes laissé faire. Sur chacun de nous pèsent cette faute et ce remords. Et voilà pourquoi nous sommes si tristes. A notre tour de guichet, quelque diable attentif nous a dérobé nos couronnes et dépouillés de nos manteaux. Nous n'y avons vu que du bleu. Et nous nous sommes retrouvés dans la bourbe des mauvais jours. Nous sommes tous des rois en exil, tous de grands princes déchus. Dans nos royaumes d'autrefois nos jeux n'étaient point faussés et la monnaie que nous échangions était toujours de bon aloi. D'où vient cette complicité de tous et de nous-mêmes avec les autres pour un tel travail de trahison ?

Mais laissons : méditer sur les passions est aux métaphysiciens, les poètes en ont la peinture.

S'il arrivait que le nom de Gisèle, et plus facilement, celui de sa mère, madame Vandeuil, fût prononcé devant moi (allez donc voir madame Vandeuil, la buraliste, elle fait aussi un peu de mercerie ; vous trouverez peut-être chez elle du coton à repriser dans la teinte que vous cherchez) le pourpre me venait au visage. Rien que d'entendre prononcer ce nom d'entre les noms chéris, j'en éprouvais comme un étourdissement qui s'expliquait bien par ce qu'on appelle la pudeur, quand on parle vite, mais aussi, mais surtout, par le refus profondément établi en moi de ne rien apprendre sur Gisèle — ou sur les siens — qui ne me vînt directement d'elle-même. Position hautement embarrassante, puisque je n'avais jamais échangé avec elle la moindre parole, que je ne faisais rien pour y parvenir, que je n'y songeais même pas.

L'idée que j'aurais pu savoir d'elle-même quelque chose qu'elle n'aurait pas su que je savais, m'inspirait la sombre répulsion qu'engendrent les mauvaises actions, les malhonnêtetés, les tristesses, en somme le vol. Je n'avais pas le droit d'exercer la moindre curiosité dans ce domaine sacré. Je ne le voulais pas, et les fois où il était arrivé qu'on eût un peu longuement parlé de madame Vandeuil devant moi, je m'étais arrangé pour en entendre le moins possible, ou pour partir quand je l'avais pu.

Certes, Gisèle n'aurait jamais à me reprocher d'avoir été indiscret à son égard. Toutefois, alors qu'il s'était passé tant d'années sans que le nom de madame Vandeuil eût même frappé mes oreilles, voilà que désormais je l'entendais souvent, ce qui me surprenait d'autant plus que les autres ne me semblaient pas avoir de raisons particulières de le connaître, et la personne qui le portait — ni la famille auquel il s'étendait. Si bien que j'aurais pu croire que madame Vandeuil était nouvellement arrivée en ville, nouvellement installée dans son petit magasin de la rue du Héron, si je n'avais su, par ailleurs qu'elle y avait toujours été, et bien avant que le fusse né.

Oui, cela je le savais, c'était une des choses que j'avais apprises bien malgré moi, et dont je pouvais facilement contrôler l'exactitude rien qu'en me référant à mes propres et légitimes souvenirs. Car il était incroyable, mais vrai, que j'avais moi-même toujours connu le petit magasin de la rue du Héron, que j'étais moi-même cent et mille fois passé devant, sans me douter de rien et que peut-être même y étais-je entré quelquefois. Cela pouvait bien être. Il était presque certain que j'y étais entré… J'en avais un soupçon comme on en a de certains rêves, comme certains prétendent en avoir d'une autre vie qu'ils auraient déjà vécue sur une meilleure planète ou dans une époque plus heureuse.

Mais déchu sans doute, ou même damné, un tel bonheur n'était plus à ma portée, et si c'était à moi qu'on disait : « Va donc voir chez madame Vandeuil la buraliste — tu sais bien, dans la rue du Héron, et demande-lui si elle n'a pas des boutons du même modèle que celui-ci. Et en même temps, tu me prendras une boîte d'allumettes » — on pouvait être bien sûr que des boutons il n'y en aurait pas, ni de ce modèle, ni d'un autre — et que les allumettes viendraient d'ailleurs. Or, qu'on m'envoyât chez madame Vandeuil, quelque voisine, une autre marchande qui n'avait pas chez elle ce que je cherchais, et qui simplement m'expédiait dans la rue du Héron, cela arrivait de plus en plus fréquemment. Par quel mystère ? On aurait dit comme d'une conspiration pour me forcer à pousser enfin cette petite porte enchantée, à faire moi-même retentir le timbre accroché au-dessus, à me présenter devant ce grand comptoir, comme faisaient si facilement les autres, pour me trouver face à face avec Gisèle. Non !… A quoi pensaient-ils donc ? Mes camarades, à l'école, s'en mêlaient.

— J'ai du papier à décalque, les gars, du bath !
— Fais voir ? Oh ! le chouette ! Où qu'tu l'as eu ?
— Chez la mère Vandeuil, dans la rue du Héron…

Mais le papier à décalque ne m'intéressait pas. Et la rue du Héron ? Tiens ! Où c'est la rue du Héron ?…

Ils osaient dire : la *mère* Vandeuil. Je ressentais cette injure comme faite à moi-même. Elle m'était d'autant plus pointue que je ne pouvais y répondre, puisqu'il eût fallu me découvrir, tout révéler et tout avouer de ce qui ne pouvait l'être, puisque j'étais lié bien mieux que par

la parole donnée. Mère ! Mais bien justement parce
qu'elle était *sa* mère, je lui vouais une reconnaissante
prédilection, je l'exceptais dans la série des êtres
vivants, je faisais d'elle une gloire, une bienheureuse
de Paradis…

… Peu à peu, et, encore une fois, bien malgré moi,
j'avais fini par apprendre que madame Vandeuil était
veuve. En cela résidait la raison principale qui avait fait
d'elle une buraliste. Car, si la nécessité n'en fût point
venue, elle eût continué à mener sans doute chez elle,
son train ordinaire de mère de famille, qui ne s'occupe
que du pot-au-feu. Son mari était militaire — de son
vivant. Adjudant, disait-on, et il était mort pour la
France, dans une lointaine colonie. Mort : plutôt assas-
siné par les sauvages, au coin d'une piste, dans une
embûche. Il y avait bien longtemps de cela, si longtemps même qu'on aurait pu n'y plus penser. Quand
j'appris la chose, il me sembla qu'elle venait de se pro-
duire, que l'affreuse nouvelle venait seulement d'être
connue. A la pensée que Gisèle n'avait plus de père,
comme moi-même, et bien que le mien n'ait pas été
tué, je conçus pour la première fois, l'étrange douleur
de l'homme dans l'impuissance de son amour en face
du malheur des autres. O progrès ! Découverte ! Gisèle
pleurait son père, et moi, qui pleurais aussi le mien, je
ne pouvais rien pour elle !…

Une circonstance bien singulière s'ajoutait à ce malheur, car ma science devenant décidément fort étendue
— tant de gens, eût-on dit, s'ingéniaient à m'apporter
chaque jour quelque nouvel élément au tableau que

construisait mon cœur dans sa patience — je savais désormais, et je n'oublierais plus, que ce père tué si loin de sa patrie, n'avait pas connu sa fille… Comble d'infortune et d'injustice ! Elle était née quelque temps après sa mort. Ainsi il n'avait pas su, il n'avait rien su de l'existence de Gisèle. Cela me semblait incroyable. C'était là un aspect du monde que je refusais avec indignation. Dans mes rêveries, je me prenais à penser longuement à cet homme dont j'aurais tant voulu me représenter l'image, que j'aurais tant voulu sauver… Ainsi vont les mystères du cœur.

Maintenant que je savais tant de choses et que chaque jour j'en apprenais davantage, je ne me contentais plus, quand, après la classe, j'allais me poster devant la merveilleuse vitrine, de mes silencieuses adorations. Tout en cherchant à travers la multiplicité des images, des masques et des poupées bariolées, mais inertes, la vivante image de Gisèle, je lui adressais des paroles que je formais dans ma tête, je lui parlais d'elle-même, et bien plus que des secrets de mon amour, des secrets de ses chagrins. De la douleur surtout qu'elle n'eût pas connu son père et qu'il ne l'eût pas connue. Je lui disais combien je la plaignais et combien je l'aimais, lui, en elle, et dans son malheur, si atroce et inhumain plus on y pensait.

Et cependant Gisèle allait et venait au gré des clients, ouvrait et refermait des boîtes, pesait du tabac. Quand il n'y avait personne, elle cousait ou lisait sagement, les deux coudes sur son comptoir. Rarement j'apercevais la silhouette de madame Vandeuil. A cette heure-là, comme il était facile de le deviner, madame Vandeuil était à la cuisine, et Gisèle, seule, avait la garde du magasin. Mais lâchant parfois sa cuisine pour quelque raison ignorée de moi, il arrivait que madame Vandeuil apparût un instant, et j'étais alors témoin d'un conciliabule entre la mère et la fille, qui n'allait jamais sans caresses, sans sourires, sans chatteries.

Comme elles s'aimaient! Comme j'étais heureux qu'elles s'aimassent ainsi! Madame Vandeuil était une grande et forte femme aux cheveux déjà presque blancs, mais si jeune dans sa tournure, si rose de visage, si gaie d'apparence, et quel sourire! Comme il devait faire bon vivre auprès d'elle! Et j'imaginais comment cela devait être, le soir, quand ils se réunissaient chez eux, une fois leurs volets fermés, qu'ils étaient tous ensemble, avec la pensée commune de leur malheureux arraché.

Ils : c'est-à-dire toute la famille.

Longtemps en effet, j'avais pu croire, et peut-être voulu ou aimé à croire que Gisèle était l'unique enfant de madame Vandeuil. Mais je savais maintenant que cela n'était pas vrai. Que Gisèle avait aussi un frère et une sœur. Et l'on doit bien penser que ce supplément de science m'était venu des sources habituelles d'où j'avais tiré déjà tant d'éléments, de la rumeur, quant à l'existence d'un frère, tout au moins.

Bien longtemps avant que d'avoir entrevu même son apparence, j'avais su que Marcel Vandeuil était un garçon de mon âge à peu près, qu'il aurait pu être mon camarade d'école (je ne savais pas si j'aurais dû craindre ou désirer qu'il le fût). S'il ne l'était pas, c'était tout simplement parce qu'il allait au lycée, où il apprenait le latin, tandis que moi j'allais à l'école communale. Cela faisait entre nous une distance qui ne serait jamais comblée.

Quant à l'existence d'une sœur de Gisèle, j'en avais eu un soir la stupéfiante révélation dans l'instant où, collant mon nez à la vitrine, j'avais pu me croire le jouet des pires enchanteurs, puisque ce n'était plus Gisèle que je voyais, mais une autre, une grande fille qui avait l'air de s'ennuyer là, qui ne semblait pas s'y trouver chez elle. D'abord, je la pris pour une étrangère, pour quelque employée, ou pour une visiteuse amie de la famille qui n'était là que pour un instant, tandis que Gisèle était partie faire une course. Oui, c'était cela même : Gisèle ayant dû s'absenter pour quelques minutes, elle avait demandé à cette « personne » de vouloir bien la remplacer derrière son comptoir. Mais sûrement, cela n'allait pas durer. Gisèle allait revenir dans un instant, et l'inconnue disparaîtrait… C'était si méchant, cette substitution ! Il y avait là quelque chose de sournois, tout un abîme de questions infinies et lancinantes auxquelles je ne trouvais de réponses que dans les grimaces des masques suspendus à leurs ficelles. Se pouvait-il !

Mais Gisèle ne revenait pas. L'étrangère, l'inconnue — l'usurpatrice ! — ne semblait pas, de son côté, préparer son départ. Au contraire elle s'installait, et dans la chaise même où Gisèle s'asseyait d'habitude. Elle prenait ses aises, avec des airs nonchalants. Ne sachant que faire, elle se mit à lire…

Dieu puissant ! C'était les gestes mêmes de Gisèle, sa même façon d'appuyer les coudes sur le comptoir. On aurait dit qu'elle voulait l'imiter… Alors, apparut madame Vandeuil et une scène toute semblable à tant d'autres dont j'avais été le témoin entre la mère et la fille, scène qui n'était faite à vrai dire que de petites paroles gentilles (je le supposais), de sourires et de caresses, se déroula, me révélant enfin clairement que l'étrangère n'était pas une étrangère, l'amie, une amie et l'usurpatrice une intruse : mais qu'elle était la sœur même de Gisèle, la grande sœur aînée, et que…

Mais si elle était là, si l'on avait eu besoin de recourir ce soir à ses services, ce ne pouvait être… il ne pouvait avoir d'autre raison que… Mon Dieu ! Gisèle était malade !… « Elle est malade. Elle est couchée dans son lit. Elle a la fièvre ! »… Je n'étais pas loin de l'avoir moi-même. Quoi ! Gisèle était comme les autres, sujette à la maladie, sujette à la… mort.

Et madame Vandeuil avait beau sourire à sa fille aînée, témoigner, et la sœur aînée aussi, par des airs évidents d'insouciance que ce que j'étais en train de me dire de l'autre côté de la vitrine n'était pas vrai (comme je le vis moi-même dès le lendemain en retrouvant Gisèle comme d'habitude à son comptoir) je n'en venais pas moins d'apprendre que ceux qu'on aime le plus sont aussi sujets à la mort. C'était la première nouvelle que j'en prenais… Et si je dis la première, ce n'est pas que j'oublie un seul instant le pauvre vieux grand-père couché dans son grand lit comme un gisant de cathédrale, mais cette image-là de la mort en quoi aurait-elle pu m'instruire quant au reste ?...

Quand j'avais été bien sûr que Gisèle ne reviendrait pas ce soir-là, que je ne la verrais pas, je m'étais enfin arraché à cette vitrine et j'avais quitté la rue du Héron plein d'un silencieux et lucide effroi. Il me semblait que mes facultés s'étaient subitement agrandies et je ne doute pas qu'il en ait été ainsi en effet. D'un coup, je comprenais plus de choses, à partir de ce noyau brûlant qui illuminait toute ma tête, des choses que je ne pouvais encore ni dénombrer, même nommer, mais qui n'en étaient pas moins là pour toujours, comme des personnages jusqu'alors cachés dans la coulisse, mais qui viennent de faire irruption en scène, dans un redoublement de lumière...

C'est à partir de ce jour-là sans doute que j'avais si souvent entendu dire à ma mère que je me renfermais en moi-même, ce qu'elle semblait me reprocher, quoique tendrement, comme un manque de confiance envers elle. Mais parmi les choses que j'avais comprises, dans cet éblouissement, la chose essentielle n'était-elle pas que j'étais seul — et que nous l'étions tous ?...

On s'instruit à tous les âges...

Tout ce qui était de Gisèle échappait au temps. Ni passé, ni avenir, selon ce qu'on entend par là d'habitude. Seul, un merveilleux présent, qui ne savait pas son nom. Qui ne savait pas surtout qu'il pourrait s'abolir un jour, se défaire, comme la fumée au vent. Les verbes être et avoir, qu'il me fallait si souvent conjuguer à l'école, résumaient tout.

Je ne voulais rien, je n'entreprenais rien… Tout se passait « ailleurs ». Et cependant il y avait aussi une vie ordinaire, quotidienne, infiniment moins réelle sans doute et qui se déroulait au fil des heures dans son inlassable et monotone répétition. Seules, me semblait-il, les saisons y apportaient quelque changement. J'y étais comme indifférent, vaguement somnambule, et il fallait des événements d'une considérable importance pour qu'ils me tirassent de ce que je ne veux pas appeler mes songes, et qui, pourtant, n'étaient peut-être pas autre chose… Des événements tels que la réapparition, chez nous, de la cousine Zabelle !…

On aurait pu croire la chose impossible, et quant à moi, les rares fois où il m'était arrivé de repenser à la cousine, en me disant combien il était étrange qu'elle eût quelque part sa maison, peut-être pas loin de chez nous, qu'à tout instant, je pouvais la rencontrer dans la rue, je n'avais pas eu besoin de me demander si jamais je la reverrais « chez nous » car la question ne se posait pas. Après une telle scène !

Or, voici qu'un soir, comme je rentrais à la maison, en revenant de la rue du Héron (où j'avais encore une fois été m'assurer qu'il n'y avait rien de changé, que Gisèle était toujours là, que tout était comme je l'avais laissé la veille) voici qu'en entrant dans notre demeure, j'eus la stupéfaction de voir la cousine, assise devant

notre table, à côté de ma mère. Et il y avait encore là
deux messieurs... Sur la table, des verres, une bouteille, et une boîte de petits gâteaux secs... Un instant
j'aurais pu croire que je m'étais trompé de porte, ou
d'étage — peut-être même de maison — si tant de
choses familières que je voyais ici ne m'eussent appris
que j'étais bien chez moi en effet, si ma mère n'avait
pas été là. Quelle joie sur son visage ! J'en étais
confondu. Et en général si ébahi par ce que je voyais,
que sans faire le moindre geste, je restai debout sur la
porte...

La petite chienne aussi était de la fête, la Belle Saucisse, la mignonne louloute adorée ! Avec son poil
blanc ébouriffé, ses faveurs et ses yeux roses, elle avait
l'air, comme la première fois où je l'avais vue, d'un
jouet perfectionné. Elle s'était assise aux pieds de sa
maîtresse où elle dormait sans doute, paisiblement, se
sachant bien protégée. A ma venue, elle leva vers moi
son petit museau noir, et tout en frétillant de la queue,
en me regardant avec une joie enfantine, elle fit
entendre son petit jappement de poupée, un son unique
et sec, métallique, à la mesure de sa fragile personne...

— Eh bien ! dit ma mère qui, pour une fois, ne me
demanda pas où j'étais resté traîner, avance donc !
viens dire bonjour !...

Se pouvait-il ! Etait-il donc vrai que ma mère elle-
même pût me prier d'embrasser la cousine Zabelle !
Mais celle-ci n'attendit pas, elle se leva d'un bond,
remuant autour de sa grande et belle personne des parfums de poudre de riz, de violette peut-être, et je me

sentis soulevé, emporté dans deux bras vigoureux, et
embrassé avec entrain...

Il n'y avait pas à dire : elle y allait de bon cœur. Et
comme sa joue était douce ! Elle riait. Tout le monde
riait, sauf moi, suffoqué de surprise. Quand enfin elle
m'eut reposé par terre, si étourdi que je tenais à peine
debout, elle me poussa, toujours en riant, vers les deux
autres visiteurs qui étaient, comme on s'en doute, le
cousin Michel et le neveu...

— Allons ! Viens dire bonjour au cousin Michel,
petit !

Le cousin Michel — le pauvre Michel en personne — souriait avec bonhomie, apparemment heureux de se trouver là et amusé de cette scène...

— Bonjour, mon gros, me dit-il, en me tendant sa
joue bien rasée.

Comme il était propre !... Il n'était pas, à proprement parler, tiré à quatre épingles — mais on aurait dit
qu'il était habillé entièrement de neuf. Et comme ses
cheveux étaient bien peignés, quelle belle raie droite
sur le côté ! Et sa moustache, à peine blanchie, comme
elle était soyeuse sous le baiser !...

— Tu viens de voir ta bonne amie ? me dit-il après
qu'il m'eut embrassé...

Et, en disant cela, il eut un drôle de petit rire.

— Michel ! dit la cousine... d'un ton de rappel à
l'ordre...

Je me sentais mourir...

— Pauvre petit ! dit ma mère...

— Eh bien, fit la cousine, en me prenant par la

main, et celui-là, tu ne lui dis pas bonjour ? Dis-lui :
bonjour, monsieur Toussaint…

Devais-je aussi l'embrasser ? Quelle longue figure
de cheval ! Quel air de lassitude et d'ennui… Il semblait ne pas y être — attendre… Quels yeux morts…
Une touffe de poil illustrait sa longue joue blanche.

— Eh ? Ça va bieng ? me dit-il, en me tendant la
plus longue main que j'aie jamais vue — et la plus
molle, la plus blanche aussi, peut-être.

Un regard, comme un regard de réveil coulant péniblement par-dessous une lourde paupière, accompagna
ce geste de rêve.

Il me fit presque peur…

— Eh ! embrasse-le ! dit la cousine.

Ah ! Seigneur !

— Si tu veux, dit le neveu…

J'embrassai sa joue froide… Horreur !… Quelle horreur ! Allait-il me demander, lui aussi, si je revenais de
voir ma bonne amie ? Grâce à Dieu, il n'en fit rien —
résolu, d'ailleurs, semblait-il, après un tel effort, à ne
plus rien faire ni rien dire, en attendant que vînt l'heure
de s'en aller. Assis, ou plutôt écroulé sur sa chaise, il
semblait avoir repris son rêve, et ne pas même savoir
qu'il y eût autour de lui des gens — ni comprendre ce
qu'ils disaient.

La cousine Zabelle tenait le crachoir. D'une belle
voix chantante, qui n'était pas sans douceur ni sans
gaieté, elle reprenait le fil de ce qu'elle était en train
de dire quand mon arrivée l'avait interrompue. Oh !
oui, elle avait eu de la chance, elle avait trouvé un bel

appartement hors ville, on se serait cru en pleine campagne…

— Pas vrai, Michel ?

— Oui, ma poule…

Elle élèverait des lapins, maintenant qu'elle était à la retraite… Et puis des poules. C'était décidé, elle allait devenir fermière. Elle en avait assez de la ville et de tous ses falbalas.

— Pas vrai, Mado ?

— Ça ne serait pas si bête, Zabelle…

— Parbleu !…

Et ça ferait toujours un petit revenu, un petit appoint à la retraite de Michel. D'ailleurs, il allait travailler, Michel. On lui avait promis un poste à la Préfecture, on ne savait pas encore quoi au juste, mais quelque chose dans les bureaux.

— Et tu ne sais pas, Mado ?

— Quoi donc, Zabelle ?

— Mais nous avons trouvé un magasin, pour Toussaint. Une affaire !… Mais oui. Il croyait venir ici comme ouvrier, et il sera patron… Toussaint !

— Eh bé ! fit Toussaint, en sursautant.

— N'est-ce pas que vous allez devenir patron ?

— Eh oui ! fit Toussaint, comme si cette perspective l'eût définitivement accablé.

— Par exemple, dit la cousine, toutes ses économies vont y passer. Mais c'est un bon placement. L'endroit est bien situé : il fera des affaires d'or !…

C'était à deux pas de chez nous, dans la rue des Poids. Nous devions connaître ça : c'était le vieux magasin du père Heurtel. Il n'en pouvait plus, le père Heurtel, il était cuit. Depuis longtemps il avait envie de céder. La cousine avait sauté sur l'occasion.

— Vous verrez ça ! Avec un bon coup de peinture sur la façade !...

— Qu'elle vive la joie ! dit ma mère.

— Ah ! il faut que ça marche, répondit la cousine. Je ne suis pas venue ici pour m'enterrer...

D'allusions à la scène effroyable de l'arrivée, aux injures, au geste infamant de la cousine quand elle s'était pincé le nez, il n'était pas question le moins du monde. J'osais à peine lever les yeux vers ma mère... Il me semblait que, de son côté, elle évitât mon regard — oui, mon Dieu, comme cela était déjà arrivé un jour lointain, lors d'une certaine affaire de cassette — quand elle avait dû mentir devant moi...

— Et il va toujours à l'école, le petit, bien sûr ?

— Ma foi, Zabelle !...

Une autre chanson commençait...

— Tu sais, dit la cousine Zabelle, en me prenant par les deux mains pour m'attirer vers elle, tu sais — écoute-moi bien ! — si tu es sage, si tu apprends bien, je te récompenserai, mets-toi ça derrière l'oreille !... Et se tournant aussitôt vers ma mère : As-tu des nouvelles de ton Pélo ?

— Pas mauvaises, Zabelle.

— Une comtesse ! Une comtesse ! se récria brusquement la cousine, a-t-on jamais vu ! Mais je l'y aurais envoyé, moi, à Berck !

Que disait-elle là ! Qu'osait-elle dire !...

— J'espère bien que tu la mettras à la porte, ta comtesse.

— Oh, Zabelle !…

— Mais si ! Mais si ! Qu'est-ce que tu vas me chercher des comtesses du moment que je suis là !… Pas vrai, Michel ?

— Tu as raison, ma belle en cuisses.

— Michel ! Avec tes manières de matelot !…

Mais il riait, d'un certain petit rire assez étrange, comme tout à l'heure — dont il ne semblait pas être le maître.

Toussaint somnolait dans sa chaise — aussi patient que la Belle Saucisse, qui de temps en temps faisait entendre de légers soupirs bienheureux. Ma mère écoutait Zabelle, avec des airs de recevoir une semonce. Et moi, j'étais là…

— Tu viendras nous voir, dit la cousine. Un de ces jours, quand nous serons installés. Vous viendrez prendre le café. Pas vrai, Michel ?

Cette fois, Michel quitta ses manières de matelot. Il ne rit pas. Mais avec un sérieux qui disait assez combien il était heureux qu'une telle invitation vînt couronner le raccommodement :

— Oh, dit-il, bien sûr ! N'est-ce pas, cousine ?

Il ne semblait plus du tout le même homme…

Que ces affaires des grands étaient compliquées, embrouillées, difficiles à comprendre ! On s'y perdait.

Comme ils partaient, et que la cousine était déjà au milieu de l'escalier, sa Belle Saucisse dans les bras, je surpris cette parole chuchotée du cousin Michel à ma mère :

— Que veux-tu ! Elle est fantasque !…

Et quand nous fûmes seuls enfin, comprenant que j'avais besoin qu'on m'expliquât quelque chose :

— C'est pour lui que j'ai fait cela, me dit ma mère. Parce que lui, comprends-tu, c'est un homme honnête et bon, que j'aime bien… Ah ! si ce n'avait été que pour elle !…

Et une grimace de mépris, un geste de renvoi, une moue de répulsion achevèrent cette confidence…

Madame Vandeuil était alsacienne. Cette nouvelle révélation, je la dus à ma mère, un jour qu'elle nous parlait de sa jeunesse, du temps qu'elle était tailleuse dans l'atelier d'un vieil émigré, le père Sensfelder.

Il n'y avait pas eu que le père Sensfelder à se réfugier dans notre pays. Des émigrés, il en était tant arrivé cette année-là ! Tous ne s'étaient pas installés. Certains étaient allés chercher plus loin une meilleure fortune. D'autres étaient morts. Mais parmi ceux qui avaient réussi à se faire une petite vie au milieu des nôtres, se trouvait un pauvre horloger, du nom de Gaspard Obrecht, qui arrivait tout droit de Strasbourg, avec une nombreuse famille. Souventes fois ma mère avait entendu conter cela, et comment le malheureux Gaspard Obrecht avait longtemps traîné la misère, chez nous, et sa femme avec lui.

— C'est affreux, les guerres ! Et pense un peu, il y avait là une toute petite fille de deux ans, à l'époque. Comment n'est-elle pas morte ? C'était madame Vandeuil, tu sais bien, la buraliste de la rue du Héron ?...

Je cherchai dans ma mémoire...

— Oui. Et alors, maman ?...

— Oh, bien ! on vit, malgré tout...

Elle le savait bien, que la force est immense, qui malgré tout nous fait vivre.

— Mais, vois-tu, elle n'a pas eu de chance, la pauvre Odette Obrecht.

— Qui, maman ?

— C'était son nom de jeune fille. Non, elle n'a pas eu de chance, puisque son mari, M. Vandeuil, a été tué en Afrique...

La guerre — encore !...

— Est-ce qu'il y aura encore la guerre, maman ?

— Dieu veuille que tu ne la voies jamais...

... L'Alsace ! Strasbourg !... Tout s'expliquait ! Comme je comprenais à présent, qu'on nous fît tant aimer l'Alsace, à l'école ! Comme je dévorais maintenant, dans mes livres, tout ce qui avait trait à ce beau pays perdu !... Oh, les vergers et les sapins enchantés, et ta cathédrale, ô Strasbourg !... avec sa merveilleuse horloge ! C'était elle désormais qui réglait mes heures songeuses. Et les cigognes !

Cette courte mais déjà si belle science que je tirais de mes petits livrets d'études, s'agrandit bientôt de la manière la plus féconde par la découverte de certains récits... Mais il y aurait de quoi rêver, au sujet de cette découverte même. Pourquoi alors — et justement alors ? Et comment ? Quelle main providentielle posa donc un matin, sur le bord du trottoir, et comme perdu dans l'étal d'un chiffonnier : *Le Conscrit de 1813, Madame Thérèse, Waterloo* ?... Là encore ne s'arrêta pas la divine faveur qui m'était faite — mais le comble y fut porté, quand le chiffonnier lui-même, voyant mon extase devant ces vieilles livraisons toutes maculées, mais où, en feuilletant, j'avais déjà eu le bonheur de rencontrer le nom glorieux de Phalsbourg, me dit avec bonhomie d'emporter ces vieilles rengaines, si ça me chantait, vu qu'il en serait plutôt débarrassé... Ah ! on ne prête qu'aux riches, et l'eau ne va qu'au moulin !

De grands paysages glacés s'offraient à moi comme au spectacle, avec leurs petits bonshommes noirs trottant de tous côtés dans le désarroi de la guerre. Quelle fièvre, quel empressement ! Que d'angoisses ! Au loin roulait la profonde rumeur du canon des Impériaux... Des troupes faisaient halte à la lisière d'une forêt, dressant leurs bivouacs dans la neige... Et voilà que sous mon nez passait au grand galop un officier de hussards chamarré, une sorte d'hercule, avec un grand sabre à son flanc, qui sautait et rebondissait dans sa course... C'était un officier d'état-major qui s'en allait ventre à terre, porter un ordre de l'Empereur...

Dans les maisons, de vieux grands-pères à bicornes, à guêtres blanches, à gilets rouges, fumaient au coin du feu, dans de grandes pipes en faïence, et hochaient la tête. Les jeunes préparaient leurs sacs, on y mettait un cervelas, et ils partaient en bandes chantantes pour leur régiment. Sur le pas des portes, les fiancées pleuraient, souriaient dans leurs larmes pour montrer qu'elles aussi, elles étaient braves. Les cris de Vive l'Empereur ! répondaient au lointain brouhaha de la bataille… Dans ce tremblement de terre, que devenait le pauvre Gaspard Obrecht, avec toute sa grande famille, et sa petite fille de deux ans à sauver ? Et l'on aurait eu beau venir me dire que toutes ces grandes choses s'étaient passées dans un temps où Gaspard Obrecht lui-même arrivait à peine au monde, si même il y était déjà — eh bien quoi, eussé-je répondu, je le sais bien. Et après ? Il s'agissait bien de cela !

Le pauvre Gaspard Obrecht, comme les autres, se serrait dans le rang sous le feu du boulet, remontait d'un coup d'épaule, son havresac en poil de chèvre, et marchait à l'attaque, ou prenait son poste dans le carré. Feu de file !… Et les hauts Kaiserlicks chargeaient le carré sabre au clair. Tonnerre de Brest ! Ça chauffait !

Quant à moi, invulnérable comme un Dieu, je courais les champs de batailles dans mes grosses galoches, brandissant une gourde que madame Thérèse m'avait confiée. Une gourde éternellement pleine de rhum, intarissable, dont j'abreuvais les blessés couchés sur le bord de la route. « Ici ! Ici ! A moi ! » Et parfois c'était un ennemi qui dans son patois étranger, mais du même ton de plainte que les autres, m'appelait à quelque détour de champ. Et l'ennemi recevait à son tour sa vivifiante gorgée… Ah, quel bon garçon j'étais !

C'était moi qui, en fin de compte, sauvais Gaspard Obrecht de la mort. Moi seul. Et grâce à ma gourde enchantée. Je le découvrais, à la nuit tombante, et comme le combat finissait. Il était là parmi les morts, couché sur le dos, derrière une voiture brisée. Un grand coup de sabre lui avait à moitié fendu la tête, et bien qu'aveuglé par son sang, il s'était traîné jusqu'à cette voiture, pour tirer, de cette embuscade, ses dernières cartouches. Mais maintenant, il gisait par terre, comme un mort, et le sang se caillait sur son front… «Monsieur Obrecht! Monsieur Obrecht! C'est moi, j'arrive… Je viens vous sauver…»

O miracle! Il ouvrait les yeux. J'approchais ma gourde de ses lèvres. Et dans l'instant où il revenait à lui, voici que j'entendais rouler une voiture. «Par ici! Ne nous oubliez pas! N'oubliez pas M. Obrecht!» On l'emportait à l'ambulance.

… Et puis, je ne sais comment, je me trouvais, moi aussi, couché dans une voiture, sur de la paille, et Gisèle à côté de moi. La voiture avançait à petit trot sur la route encore toute poussiéreuse du long passage de l'armée que nous suivions. Des trompettes sonnaient. On entendait, au loin dans les champs, la grosse ferraille de l'artillerie qui court à toute bride pour aller prendre position. Gisèle dormait… Elle pouvait dormir! Je veillais sur elle…

— Allons! ferme ton livre, mon petit capucin. Tu sais bien que ce soir nous allons rendre visite à la cousine Zabelle. Habille-toi vite!…

Comment? comment? comment?...

Et ma mère éclatait de rire.

— On dirait que tu tombes des nues !...

De fait, je me frottais les yeux…

Le cousin Michel était un homme taciturne. On ne l'entendait guère parler des voyages qu'il avait faits autour du monde, quand il était marin, avant que de devenir colonial, comme M. Vandeuil. Tout ce qu'il m'en confia jamais c'est qu'une fois, il avait eu le mal de mer. Encore était-ce sur un fleuve. Mais à travers le hublot, l'eau du Yang-Tsé-Kiang lui était soudain apparue si triste, si sale que, pour la première fois de sa vie, et la seule, il avait éprouvé une sensation désagréable de vertige, suivie d'un haut-le-cœur. Fort heureusement, il n'était pas de quart au moment de « l'accident » et il n'avait eu qu'à s'étendre un peu pour que disparût le malaise.

Ce souvenir l'amusait. Mais quand il voulait savoir quel était le plus beau pays du monde, ou la plus belle aventure qui lui était arrivée dans ses voyages, il se contentait de sourire en tirant sur sa pipe. Car il fumait la pipe de temps en temps et je crois bien — mais il s'en cachait — que lorsqu'il ne fumait pas, il chiquait.

Tous les matins, il partait à son bureau, rasé de frais, net comme un sou. Et sauf un certain air qu'il avait dans sa personne, on aurait pu croire qu'il avait été toute sa vie un petit employé.

La cousine Zabelle était ce qu'on appelle une belle

femme, grande, bien en chair, avec une tendance à l'embonpoint qui n'était encore qu'une maturité épanouie. Elle avait de beaux cheveux noir de corbeau, des traits réguliers, un visage ovale, mais hélas, son teint était jaune, ce qui la faisait enrager. Elle se rattrapait sur l'œil, qui était noir, vif et prompt, arrogant, espagnol, impérial dans les grandes occasions de la colère. Les plus hardis prenaient crainte rien qu'à la voir. Elle eût fait coucher à ses pieds «d'un battement de ses cils» non seulement le Moco, qui n'en était pas d'ailleurs à son premier plat ventre, mais bien d'autres et pas rien que des soupirants.

Il y avait en elle une force toute naturelle et comme ignorante qui inspirait d'emblée à certains une soumission cadavérique. A la moindre velléité de résistance elle laissait paraître une brutalité sans exemple. Sa main n'était pas moins leste que son œil n'était prompt et plus d'une fois dans sa vie, elle-même prenait plaisir à le raconter, elle ne s'était pas fait scrupule de rosser son ennemi du jour. «Ah, la belle tournée que je lui ai passée à celui-là ! Et flic et floc et flac ! Il a dû s'en souvenir longtemps, n'est-ce pas, Michel ?» Et le pauvre Michel acquiesçait en souriant. C'était un homme intelligent.

La cousine pensait fermement qu'elle n'avait été mise au monde que pour s'amuser. Le plaisir était sa loi.

Ce qu'elle entendait par le plaisir, c'était, bien évidemment, l'amour, pourvu qu'il fût romanesque, qu'il s'y mêlât de la jalousie, de la trahison et de l'intrigue,

qu'on y trouvât prétexte à parler de poison et de revolver et, qu'une fois le temps, on pût donner à un bel
Adolphe un rendez-vous derrière le cimetière. Mais ce
n'était pas là tout. Il y avait encore les plaisirs de la
table — et le bon vin ! — le théâtre, le cinéma, les
voyages, en un mot la goguette.

— Ah, s'écriait-elle parfois, je me fous du reste !
Tant pis si je claque tout, ça ne regarde personne.
N'est-ce pas, Michel ?

— Ou, ma belle en cuisses, répondait Michel, qui
voyait avec plaisir que le vent avait tourné, et qu'ils
allaient passer quelques jours dans la bombance et dans
la joie.

Elle avait été, à seize ans, remarquablement jolie. Il
n'était point étonnant que le cousin Michel, qui n'avait
jamais pensé qu'aux femmes, en fût tombé amoureux.
La cousine était nantaise, ses parents tenaient quelque
part sur les quais une gargote ; et c'est là qu'il l'avait
connue, à son retour de Madagascar. Il ne faisait que
passer à Nantes et sans doute n'y fût-il pas resté sans
l'événement fortuit de cette rencontre et de cet amour.

La coquette l'agaçait, promettait, refusait. Elle excitait sa jalousie en se montrant plus qu'avenante avec
les autres. Il devenait fou. Mais l'amour lui inspira une
ruse : il fit le malade.

Soudain, on n'entendit plus parler de lui, on ne le vit
plus. Il restait cloîtré dans sa chambre d'hôtel, et non
seulement cloîtré, mais couché. Et il laissait passer les
jours. Qu'avait-il déjà deviné chez cette femme ? Ou
bien se résignait-il à attendre chez lui son destin ?

Dès qu'un petit billet eut averti la donzelle que son amoureux ne sortait plus de chez lui, son imagination prit le trot, puis le galop. Elle ne douta pas une seconde — au sens qu'il faut donner au mot douter dans un cas semblable — que Michel, qui n'était pas encore le pauvre Michel, mais Miche, ou Michou, n'eût résolu de se laisser périr par amour pour elle. Elle en éprouva une grande joie et bientôt dans le quartier on sut que Michel faisait grève.

Toute sa vie, elle jura qu'elle ne l'avait point dit elle-même, que cela s'était su elle ignorait comment. Et c'est peut-être le seul de ses mensonges qu'elle n'ait jamais osé avouer. Car la cousine Zabelle mettait autant de passion à mentir que de cynisme, ensuite, à avouer qu'elle avait menti. Cela lui était bien égal ! Mais sur ce mensonge précis elle resta toujours ferme.

Au bout de quelques jours, on la vit changer de mine. Elle cessa de se montrer gentille avec ses soupirants ordinaires et même elle en rabroua quelques-uns. Elle fit la boudeuse, la renfrognée, celle qui « a quelque chose ». On ne parvenait pas à la dérider. C'est qu'une grande question se débattait en elle. Irait-elle, ou n'irait-elle pas chez Miche ? Apparaîtrait-elle un soir, dans la chambre d'hôtel, pour le trouver couché sur son lit, pâle, amaigri, un bouquet de tubéreuses sur son cœur, prêt enfin au trépas ? Et lui crierait-elle : « Miche, je vous ordonne de vivre ? » Tel était le problème.

Ah ! apparaître soudain au chevet d'un bel amoureux qui succombe, quelle beauté, quel triomphe ! Elle riait. Tant pis pour le qu'en-dira-t-on. Ou peut-être même tant mieux. Est-ce qu'elle ne l'aimait pas ? Elle l'avait toujours aimé, dès le premier instant, du premier regard. « Epouse-moi ! s'écrierait-elle en entrant. Je suis à toi pour la vie ! »

Et en fin de compte, elle y fut.

Michel était tout tranquillement dans son lit quand elle ouvrit. Zabelle ! Il n'en crut pas ses yeux. C'était le soir. Il venait de dîner. Sa logeuse, à qui il avait fait avaler, comme aux autres, le mensonge de sa maladie, venait de lui monter son repas. Il s'apprêtait à s'endormir sur un roman. Elle entra !

Elle s'était enfuie de la gargote sans faire de toilette, mais ne savait-elle pas qu'avec son tablier blanc elle était bien assez séduisante ?

— Ah, s'écria-t-elle, et c'est une autre qui vous soigne !

Elle ne comprit pas elle-même comment les mots si bien préparés ne vinrent pas. L'admirable scène qu'elle avait rêvée n'eut pas lieu, mais une autre, qui ne s'acheva que le lendemain matin. Mais ils étaient fiancés.

Le mariage eut lieu à grand fracas. Tout se passa dans l'allégresse. Les parents de la cousine trouvèrent bien un peu à redire sur le fait que Michel n'avait guère de situation, qu'il n'était après tout qu'un pauvre marin comme tant d'autres. Mais Michel ayant déclaré qu'il renonçait à la marine, qu'il allait travailler, passer des examens et tâcher de se faire une situation dans les colonies, les parents de la cousine s'en furent rassurés et sans doute bénirent-ils leur enfant.

Tout se passa comme l'avait prédit Michel et sa place aux colonies, il l'obtint. C'était un « garçon » travailleur et persévérant. On sait du reste que la vertu est toujours récompensée. Mais il avait perdu son charme.

Tout ce qui avait fait son charme quand il n'était que marin et qu'il jouait les moribonds dans sa chambre d'hôtel, il s'en trouva soudain dépouillé aussitôt que marié. L'imagination romanesque de la cousine (et quelque diable peut-être aussi la poussant) ne trouvant plus d'aliment dans la personne de Miche, elle s'empressa d'aller en quérir ailleurs. N'était-ce point naturel ? Qui songerait, à propos d'un mari, à imaginer de ces scènes grandioses où l'on vous supplie et conjure de continuer à vivre ? Elle ne songeait pas à se dire que cette scène elle ne l'avait même pas faite mais seulement rêvée. Mais il suffisait qu'il fût impossible désormais même de la rêver pour que cette impossibilité se tournât en haine contre Miche et que la guerre éclatât.

Qui se fût douté que cette jolie fille de seize ans possédât un caractère si violent ? Pas Miche en tout cas. Il fut bien surpris. Il ne l'avait connue que coquette, cajoleuse et amoureuse. Mais il était trop tard ou du moins il le croyait, ce qui revenait au même. Du premier séjour qu'ils firent à la colonie, il garda le souvenir d'une longue bataille. Fort heureusement, elle n'y revint plus.

Qu'elle le trompât, il le savait. Qu'il en eût, les premières fois, souffert, c'est possible, mais il avait bien vite cessé de l'aimer. Et puis il s'arrangeait avec les négresses. Du moins ne lui faisaient-elles pas de scènes.

Michel avait donc passé sa vie entre Toulon et la colonie. Eloignés, ils échangeaient une correspondance fort tendre. A chacun de ses retours, il partait avec elle faire un petit voyage. C'est ainsi qu'une année ils avaient visité les châteaux de la Loire. Il restait quelque temps avec elle, et ensuite il retournait à la colonie, continuait à lui envoyer son argent, à répondre tendrement à ses tendres lettres. Et la vie passait. Ils attendaient tous les deux la retraite.

Or, la retraite acquise, et Michel sachant ce qu'il savait, il était tout de même revenu auprès de sa femme. Ce n'était plus cette fois pour un congé de quelques mois mais pour le restant de ses jours. Marié, il ne lui venait pas en tête de songer qu'il aurait pu tout aussi bien ne plus l'être. Comme il ne lui serait pas arrivé de penser, ayant dans un accident perdu une jambe ou un bras, que cette jambe ou ce bras pussent jamais repousser. Et il est fort probable que la cousine Zabelle partageait jusqu'à un certain degré cette manière de voir puisqu'elle trouva tout naturel de suivre son mari dans le pays où il avait choisi d'aller finir ses jours. Toutefois, la différence de point de vue s'exprime dans le fait qu'elle emmena le Moco.

Le Moco était un grand garçon d'une trentaine d'années, mou, dégingandé, avec, dans un long visage de cheval, une sorte de pli dégoûté aux lèvres. Il ne souriait jamais. Il avait toujours l'air en proie à une rêverie maussade, qui s'exprimait non seulement dans le pli de sa bouche, mais dans le moindre de ses gestes, dans l'extrême nonchalance de sa démarche, dans son œil mort où rien ne passait. L'effort de prendre un journal et de le parcourir ne lui paraissait pas insurmontable, mais bientôt le journal lui tombait des mains, et ce n'était point qu'il s'était endormi, non, il ne s'endormait point : il était seulement indifférent.

Il nous étonna d'abord et nous séduisit par son merveilleux accent. Dès qu'il consentait à dire un mot, mais c'était si rare, il le faisait d'une voix si chaude et si chantante, que nous en restions dans l'extase. Et la cousine d'en profiter pour nous vanter la belle voix de Toussaint, laquelle, s'il avait voulu, lui eût fait gagner une fortune, comme il était arrivé à son frère d'en gagner une avec la sienne.

Suivait l'anecdote du frère, peintre en bâtiment, qui, un jour, tout en barbouillant une devanture chantait de tout son cœur un passage de *Carmen* au beau soleil de la Canebière. Vint à passer le directeur de l'Opéra. «Mon garçon, dit le directeur, vous avez une fortune dans la gorge. Laissez là vos pinceaux et suivez-moi. Votre carrière est faite.»

Et c'est ainsi que le frère de Toussaint était devenu premier ténor à l'Opéra, qu'il s'était couvert de gloire et d'argent, raison pour laquelle il avait cessé tout rapport avec les siens. Et comme la cousine aimait de temps en temps à moraliser, ceci faisait la preuve, disait-elle, que l'argent pourrit les meilleurs cœurs. «Ah, quel malheur que Toussaint n'ait pas voulu faire de la musique : doué comme il l'est !» Mais Toussaint n'avait jamais rien voulu faire, là était le secret. Il prétendait ne pas s'en porter plus mal.

Cette anecdote me rappelait, non sans délices, les lectures que nous faisait naguère l'instituteur, toute la troupe des petits parias italiens soumis à l'odieux «padrone» et comment Antonio chantait. Le souvenir ayant tout bouleversé, de nouveaux charmes s'ajoutaient à cette histoire. Bien que je n'eusse point du tout de voix et malgré tout le bonheur que me donnait la musique, comme j'en restais aussi ignorant qu'il est possible, et destiné à le demeurer, il ne me venait pas en tête de croire que pareille aventure pût m'arriver et me porter jusqu'à la fortune. Mais fallait-il donc tant d'étude pour chanter à la terrasse des cafés, comme l'avait fait Antonio à Bologne et à Florence? Et sans penser que je pusse jamais devenir un artiste, fallait-il rien de plus que le grand désir de mouvement et de nouveauté qui m'emportait pour que je me visse moi-même devenu un chanteur de rue, allant ainsi par le monde et gagnant ma vie à l'aventure?

Ce nouveau rêve me saisit et j'y trouvai de longs charmes. Après tout, cela valait aussi bien que de se faire mousse. Je décidai à part moi qu'un jour ou l'autre je me mettrais en route. Ainsi s'enrichit la somme de mes secrets et j'eus un nouveau thème d'enchantement. Mais revenons au Moco.

La seule passion du Moco, en dehors de celle qu'il était supposé éprouver pour la cousine, c'était la passion des oiseaux. Encore était-elle limitée à une seule variété de ceux-ci : les serins hollandais, dont il élevait

un couple dans une cage qu'il avait faite lui-même.
Ceci donne la mesure de son amour, car cette cage lui
avait coûté bien du travail. Il y avait passé plusieurs de
ses beaux dimanches. C'était une petite cage peinte en
vert, très perfectionnée. Le plancher était fait d'une
plaque de zinc qu'on poussait et retirait à volonté, en
sorte que la cage était toujours propre. Il y avait dedans
un petit godet pour l'eau, une boîte pour la graine, un
petit miroir, et dans un coin, un nid. Ce nid était un
cadeau de la cousine Zabelle, un nid taillé dans le
velours et cousu des propres mains de la donatrice.

Aller passer la soirée chez la cousine Zabelle, c'était
toujours une grande fête. Désormais les fracas de notre
première rencontre étaient bien oubliés ! Ainsi va le
cœur humain — dans sa légèreté, dans sa science et
son espérance ! Je laissais là mes vieux papiers, je les
rangeais avec soin parmi ce que j'appelais « mes
affaires ». Mais je n'oubliais pas mes songes.

Oui, c'était toujours un grand bonheur que d'aller
chez la cousine Zabelle, non seulement pour tout ce
que je trouverais chez elle de divertissant et d'inattendu, mais encore et surtout, parce qu'à l'aller comme
au retour, il nous faudrait passer par la rue du Héron,
si rarement traversée la nuit.

Quel nouvel et bouleversant aspect des choses !
Ainsi, la rue du Héron elle-même appartenait comme
les autres à la paix nocturne. Et sans doute, je le savais ;

mais qu'il y avait loin entre le savoir et le voir ! Et comme mon cœur battait, quand nous abordions les frontières de mon grand domaine enchanté — doublement enchanté de lune et d'étoiles !... Quel dépaysement — et quel jeu, que de se laisser dépayser au sein des choses les mieux connues et les plus chères !

Mais j'étais un voyageur, comme mon grand Daniel. Je revenais du bout du monde — je revoyais après des années, les lieux mêmes qui m'étaient autrefois si chers... Un jour, ce ne serait plus un jeu : je reviendrais pour de vrai. Alors, oui, ce serait vers la rue du Héron que je dirigerais d'abord mes pas, en descendant de la gare. Oui, même avant que de les porter vers la vieille rue du Tonneau, si alors il en restait encore debout quelques pierres. Et sans doute les choses seraient-elles encore telles qu'aujourd'hui — la rue aussi vide, le pavé également sonore, sous nos pas pressés — et sur les deux vitrines merveilleuses, on aurait mis, pour le repos de la nuit, deux gros volets de bois qui laisseraient à peine filtrer de petits rais lumineux.

... Ainsi, il y avait encore quelqu'un à l'intérieur, Gisèle était encore là... Bonsoir Gisèle. Ah ! tu ne sais pas que je suis là, et que je passe... Entends-tu nos pas ?

Plus tard, une heure ou deux plus tard, selon que l'humeur de la cousine voudrait que nous prolongions la soirée, nous repasserions encore sous ces mêmes vitrines où, cette fois, il n'y aurait plus de lumière du tout... Et ma mère dirait : « Allons ! Pressons-nous !

Voyez, il n'y a plus de lumière nulle part. Tout le monde dort. Une autre fois, nous ne resterons pas si tard. »

La cousine habitait une « villa » dans une rue éloignée du « centre » — presque à la campagne, disait-elle — et c'était à moitié vrai. La rue elle-même portait le nom de rue du Bel-Air. C'était une rue très en pente avec, sur les deux versants, de nombreux et vastes jardins. Certaines des maisons, dont celle de la cousine Zabelle, étaient perchées très haut à flanc de côte. Il fallait pousser une grille, gravir un long et étroit sentier, avant d'arriver jusqu'à une sorte de terrasse, qui était la cour... La cousine, qui nous avait entendus, que ma mère appelait d'ailleurs — Zabelle ! Zabelle ! Es-tu là ? — arrivait avec une lampe ou bien elle nous déléguait le pauvre Michel qui nous embrassait en riant...

Et nous entrions.

Comme c'était beau, chez elle ! Il y avait par terre un magnifique linoléum qui imitait à la perfection le plus beau marbre qu'on ait jamais vu dans un palais. Sur la table à rallonges, un vase dans son cache-pot en cuivre étincelant contenait des fleurs fraîchement cueillies. Le buffet était un buffet Henri II plein à crever d'une vaisselle à filets d'or. Il y avait des tableaux aux murs, des assiettes, des livres même sur de petites étagères très joliment travaillées.

— Elles sont pas mal, mes étagères, hein ? C'est maman qui me les a données. Oh, il y avait longtemps que je les lorgnais !

Tout cela était éclairé par une suspension à globe vert au-dessus de la table et chauffé par des salamandres. Le Moco était spécialement chargé de veiller au feu et cela lui allait à merveille car il ne bougeait pas d'auprès. Il y avait chez la cousine d'admirables fauteuils, profonds, moelleux, où l'on s'installait rien que pour le plaisir. Et aussi, des transats, souvenir de la colonie.

— Tu vois ce fauteuil tout en cuir ? Eh bien, je me le suis fait donner par mon père.

Les transats n'étaient d'ailleurs pas les seuls souvenirs de la colonie dans cet intérieur douillet. Michel, autrefois, avait été grand chasseur, et diverses peaux de bêtes s'étalaient ici et là devant les lits ou les feux : celle d'un cheval sauvage, des peaux de panthères, la peau royale d'un tigre, avec la tête, la gueule et les dents… De-ci, de-là, de menus objets rappelaient encore à Michel son bon temps africain. C'était de petits bonshommes en cuivre, des éventails tressés dans du rafia, des armes : flèches empoisonnées, haches de pierre, des fétiches. Tout cela donnait à la maison une odeur d'aventure qui m'enchantait. Mais il y avait aussi, il y avait surtout un phonographe.

C'était un instrument fort primitif, avec son pavillon et ses rouleaux, dont la cousine possédait une grande collection entassée dans deux caisses. Elle n'avait de goût que pour la musique militaire et la chansonnette. Quand ce n'était pas la musique des Equipages de la Flotte qu'elle nous faisait entendre, c'était la *Chandelle,* ou : *J'ai peur de la femme…* Souvent aussi les

Dragons de Villars. A moins qu'elle ne se fût tout récemment éprise d'une romance telle que «*Si j'ai pleuré pour vous*» et nous l'entendions alors vingt fois dans la soirée.

Tandis que nasillait le phonographe, la cousine Zabelle, assise dans le meilleur fauteuil, battait la mesure avec son doigt, l'oreille tournée vers la machine, l'œil en attente, comme paré à la réprimande, et ses lèvres fredonnaient en même temps :

> *... si j'ai cette folie-e*
> *ne croyez pas ô ma mie-e...*

Et parfois, le doigt ne suffisant pas, elle battait aussi la mesure avec son pied. C'était le pauvre Michel qui changeait les rouleaux.

J'étais ravi, comme autrefois sous les Quinconces, quand mon grand-père nous emmenait à la musique. Depuis qu'il était mort, comment y serais-je retourné ? Le phonographe était un autre genre d'enchantement, d'où Gisèle bien sûr n'était pas exclue : cette fois, nous allions ensemble au théâtre. Le Paradis, enfin, s'ouvrait non seulement pour moi mais pour elle aussi — pour nous deux — et...

— Tu ne connais pas ça, Mado ?

— Quoi donc, Zabelle ?

— Quoi donc ! quoi donc ! Tu n'écoutes pas ? C'est bien la peine... Je te parle de *Carmen*. C'est de l'opéra, tu sais... Ecoute ça : «Carmen... ma Carmen adorée !...»

— Ah ! disait ma mère, de l'opéra ! Tu sais bien, Zabelle, que je ne me connais pas beaucoup en opéra.

— C'est pourtant rudement beau, l'opéra ! Pas vrai, Michel ?

Quelquefois, il répondait d'un mot, mais, certains jours, il se contentait de cligner de l'œil, en signe d'assentiment…

L'opéra ! Qu'est-ce que c'était que l'opéra ?

Si la cousine Zabelle avait eu autant de pièces de cent sous dans sa poche qu'elle y était allée de fois, à l'Opéra !…

— J'aurais voulu être actrice, dit-elle un soir. C'était ma vocation.

— Bah ! dit ma mère, tu n'aurais pas mal fait sur les planches. Et la cousine la regarda à deux fois. Comment devait-elle le prendre ? Ma mère avait dit cela si naïvement…

Le pauvre Michel, tout en changeant ses rouleaux, surveillait du coin de l'œil la cafetière qui chantonnait sur la cuisinière, à côté. Le moment venu, il tirait de son buffet une petite boîte de gâteaux secs. Les tasses étaient déjà disposées sur la table…

— Allons ! disait la cousine, on va toujours en boire une petite goutte, il est chaud ! Nous verrons bien si ça nous empêche de dormir…

Et nous faisions cercle autour de la table…

O le délicieux café que c'était ! Quel arôme ! Si jamais il devait nous empêcher de dormir, ce serait que nous voudrions encore y penser — que nous refuserions de laisser s'abolir dans le sommeil le souvenir de son enchantement...

— Hum !

— Hum !

— Hum ! quel nectar !...

Seul, le Moco ne disait jamais rien, il reniflait le merveilleux breuvage avec des airs condescendants... A la rigueur il le sirotait, pourtant, avec plus de volupté que les autres...

Alors, venait toujours un autre spectacle : celui de la Belle Saucisse, qui faisait des grâces pour avoir un bout de sucre...

— Viens, mon adorée, ma perle des Indes... Viens, ma fille... Fais voir comme tu sais faire la belle...

Et la mignonne Saucisse se dressant sur ses frêles pattes de derrière, levait, vers sa maîtresse, son petit museau noir et luisant, implorait, comme en souriant, de ses deux yeux roses braqués sur la blancheur du sucre...

— N'est-ce pas qu'elle est intelligente, ma Belle Saucisse ? demandait la cousine...

Et jetant enfin dans sa petite gueule le morceau de sucre tant convoité, elle lui laissait à peine le temps de le croquer, elle s'emparait de la pauvre bête, la serrait dans ses bras à l'étouffer, l'embrassant, dans un transport frénétique d'amour accompagné de toutes sortes de petits mots tendres...

Une bête pareille, il n'y en avait pas deux au monde.

— Tu ne nous mets plus rien, Michel ? disait la cousine, quand, enfin, elle s'était calmée et que la Belle

Saucisse, pelotonnée dans son giron, s'apprêtait à reprendre son somme…

— Comme tu voudras, mon casque blond ! Et quoi ?

— Je ne sais pas, moi… La Musique des Equipages…

— Va pour la Musique des Equipages ! répondait docilement le pauvre Michel, penché sur sa caisse à rouleaux…

Ainsi passions-nous les soirées, quand la cousine était dans ses bonnes, entre notre tasse de café et le prestigieux phonographe. Mais il arrivait aussi que la cousine, en ayant subitement assez de la musique, ordonnât au pauvre Michel de rengainer le rouleau qu'il tenait entre ses mains. On lui cassait la tête, à force ! A la fin tout de même, il fallait bien s'arrêter. Même de la belle musique, on ne pouvait en entendre toute la journée.

— Vous ne trouvez pas, vous autres ?

— Comme tu voudras, Zabelle, répondait ma mère, avec une grande docilité.

— Oui, c'est ça. Une autre fois, nous en mettrons d'autres. Pas vrai, Michel ?

Délivré de sa corvée, Michel répondait en souriant que rien n'était plus vrai. Et puis, on avait bien le temps. On était de revue !…

Enfin, il pouvait s'asseoir, et fumer sa pipe tout à son aise.

— Tiens, j'y repense, disait la cousine, et ta comtesse ? Tu la vois toujours ?

Ma mère perdait un peu contenance. Elle n'aimait pas que la cousine Zabelle lui parlât de la comtesse.

— Oh, disait-elle, de temps en temps...

— Elle te plaît, ta comtesse !...

Ah ! pourquoi disait-elle cela ? Et de quel ton ! Elle semblait penser que c'était mal, que ma mère vît la comtesse. Ne lui avait-elle pas dit une fois déjà, qu'il fallait la mettre à la porte ?

— C'est une très brave femme, répondait ma mère, en se défendant bien mal.

— Oh, quand on a tant d'argent...

— Mais, il n'y a pas que cela... Elle a bon cœur.

— Allons ! Je vois que tu en es coiffée... Je ne te souhaite pas de mal, Mado, mais j'ai peur que tu ne sois déçue. Avec ces gens-là...

— Mais non, mais non, répondait doucement ma mère.

— Nous verrons... Et ton Pélo ?

— Justement, mon Pélo... Croirais-tu ! il engraisse, il prend des joues et des couleurs. On le soigne fort bien.

— Ah !

— Mais oui, on va me le guérir... Il n'y a que ce deuil de la séparation.

— C'est très long, tu sais, ces maladies-là...

— Oui, je le sais bien, ce n'est pas la peine de me le dire, répondait ma mère en soupirant...

Mais quoi, c'était la vie, disait la cousine. Il fallait se faire une raison. En somme, tout allait au mieux pour Pélo. C'était le principal.

— Et celui-là ? demanda-t-elle un soir en me regardant, qu'est-ce que tu vas en faire ?

Ah ! mon Dieu, c'était mon tour ! Ah ! grâce !…

— Eh bien, Zabelle, il est encore bien petit.

— Qu'est-ce que tu veux être, quand tu seras grand ? me demanda la cousine.

Je rassemblai toutes mes forces et je répondis ce qui était la vérité :

— Marin.

— Comme ton frère Daniel ?

— Oui. Et comme le cousin Michel.

— Michel ! Tu entends ça ? Il veut être marin comme toi…

— Oh ! il y a longtemps ! répondit le pauvre Michel, arraché à sa rêverie. C'est vrai que tu veux être marin ?

— Oui, mon cousin.

— Alors, écoute-moi : travaille. Il te faut une spécialité. Autrement, tu seras matelot de pont ou fusilier… Tu devrais apprendre la mécanique.

La cousine voulut savoir si je travaillais bien à l'école.

— Son instituteur me dit toujours qu'il rêve…

— Oh ! maman !…

— Tu penses à ta bonne amie pendant la classe ? me dit encore une fois le cousin Michel — et toujours en riant de cette même drôle de façon que je lui connaissais déjà…

— Michel !

— Y a pas de mal à ça…

— Tu ne dis que des bêtises, mon pauvre Michel.

Tu ferais mieux… tiens, tu ferais mieux de t'occuper de ce petit-là, mais oui. Il n'a pas l'air bête. Seulement, il n'est pas dirigé. Je ne dis pas ça pour toi, Mado, c'est compréhensible que tu ne puisses pas t'en occuper comme il le faudrait. Avec tout ce que tu as sur le dos, ma pauvre fille !… Parce que, entre nous soit dit, elle est très gentille pour ton Pélo, ta comtesse, mais c'est quand même pas elle qui viendra faire tes balayages à l'école, ni raccommoder tes chaussettes. Oh ! laisse-moi tranquille !… Tu vois bien que j'ai raison. Ce qu'il lui faut, à ce petit-là, c'est quelqu'un d'un peu ferme, qui le comprenne bien… Tiens ! Je vais m'en mêler, moi ! Et je ne suis pas comtesse !

— Zabelle ! dit ma mère…

— Fous-moi la paix ! répliqua tranquillement Zabelle. Et toi, me dit-elle, viens ici…

Je m'approchai.

— Ecoute-moi bien… Elle me prit les deux mains, ma foi tout à fait comme la comtesse avait pris les deux mains de Pélo. Ecoute-moi bien, mon petit bonhomme… Tu viendras me voir tous les jeudis. Tu comprends ? Eh bien, réponds ! Réponds-moi, voyons !

— Oui, ma cousine.

— Et tu me réciteras tes leçons… Je te pousserai, moi, va ! T'as peur de moi ?

Je secouai la tête… Et, de fait, il y avait quelque chose en elle… La cousine Zabelle aimait les enfants. J'avais compris cela.

— Tu verras, me dit-elle… on sera copains tous les deux… qu'est-ce que tu dis de ça, Mado ?

— Eh bien… je te remercie, dit ma mère…

— Fais pas de manières… Ce qui est dit est dit…

Et s'enflammant soudain pour mon avenir, elle se mit à rêver tout haut des belles choses qu'elle entrevoyait… Mais oui… Mais après tout, pourquoi pas… Mais c'était bien simple…

— N'est-ce pas, Michel ?

— Damc ! répondit Michel, s'il veut s'en donner la peine…

— Mais oui, il s'en donnera la peine… Dis, mon mignon ?…

Je ne savais que répondre, j'étais étourdi — effrayé, bouleversé, — quelle étrange femme !…

— On te mettra au lycée…

— Moi ?…

Cette fois, j'avais jeté un cri. Moi au lycée ! Moi, le compagnon d'études de Marcel Vandeuil ! Oh ! non ! non ! Jamais.

— Oh ! non ! cousine Zabelle, répondis-je, oh ! pas au lycée !

— Et pourquoi pas ?

— Oh ! non ! non ! cousine Zabelle !…

— Nigaud, dit-elle, de quoi as-tu peur ? Mais nous verrons, nous verrons. Ce n'est pas pour demain matin, en tout cas… On a bien le temps encore d'y penser… Un de ces jours j'irai voir ton instituteur, je lui parlerai de toi. Nous combinerons cela à nous deux, acheva-t-elle, en clignant de l'œil.

Et là-dessus, ordre fut donné de ne plus parler de cette question et même de ne plus y penser. C'était une affaire réglée — et l'on pouvait savoir que si la cousine avait promis quelque chose, elle n'avait pas l'habitude de manquer à ses promesses.

— Ainsi, dit-elle, voilà qui suffit pour aujourd'hui. Musique, chef d'orchestre !...

Et le chef d'orchestre, le pauvre Michel lui-même, se leva de son fauteuil, et je le vis, encore une fois penché sur la caisse à rouleaux, perplexe. Quelles triomphales musiques devait-il nous faire entendre, pour saluer comme il convenait d'aussi chatoyantes promesses ?...

Désormais, le jeudi et souvent de fort bonne heure, c'est-à-dire vers les dix heures du matin, j'allais chez la cousine Zabelle, traînant mes cahiers et mes livres tout comme si je m'étais rendu à l'école.

J'étais sûr que ce serait le Moco qui viendrait m'ouvrir la porte et qu'il serait en pantoufles. A vrai dire, ses pantoufles n'avaient rien de particulier. Elles n'étaient pas même brodées. La sollicitude de la cousine Zabelle pour son paresseux amant n'allait pas jusqu'à lui faire vaincre sa propre paresse à elle, ce qu'elle avait fait une fois pourtant en taillant dans le velours et en cousant de sa main ce petit nid destiné à la cage à serins. C'était des pantoufles sans ornements. Mais je ne sais pourquoi elles me paraissaient si singulières.

Cela venait sans doute, en premier lieu, de ce qu'à la maison nous n'en portions pas. Les pantoufles étaient choses luxueuses par définition et bien hors de notre portée. Il me semblait donc a priori que le fait d'en porter marquât un degré sérieux dans la différence des états. Mais que dire, si je prenais conscience qu'il était dix heures du matin, que tout le monde qui n'était pas celui des écoliers était depuis longtemps au travail et qu'il n'y avait qu'ici que le travail ne comptât pas ? On n'y pensait pas, mais on venait m'ouvrir la porte en pantoufles, et encore avec un air d'extrême fatigue, comme si le Moco eût tout juste eu assez de force pour soulever le loquet et qu'il ne lui en restât même plus pour tirer sur son mégot éteint et collé à sa lèvre comme une répugnante boursouflure.

— Oh ! c'est toi ! me disait-il. Et qu'est-ce que tu vieng faire ? Ah ! oui, tu vieng pour tes leçons !…

Il m'apprenait que la cousine était encore couchée, soit à cause de ses rhumatismes, soit à cause de son foie, ou pour toute autre raison qui n'était jamais la vraie, et qu'il ne fallait pas faire de bruit, car peut-être dormait-elle encore.

Du bruit, je n'en faisais point. Mais c'était la cousine elle-même qui se mettait à en faire soudain. Ayant entendu qu'on frappait à la porte et impatiente de savoir qui c'était, elle criait d'une voix fraîche :

— Toussaint, qu'est-ce que c'est ?

— C'est le petit, répondait Toussaint, du ton dont il eût annoncé si, par exemple, il eût été blessé quelque part, qu'on venait *encore* de lui faire mal en le heurtant.

Et avec une mauvaise humeur désarmée, quelque chose de la passivité de qui renonce à tout et surtout à

la lutte contre le malheur, il ouvrait la porte de la
chambre à coucher de la cousine, dont les volets étaient
encore fermés.

Elle était là dans son lit, parfaitement heureuse,
lisant à la lumière d'une petite lampe électrique des
bouts de feuilletons coupés dans des journaux et reliés
entre eux à gros points de ficelle.

— Ah ! te voilà, mon beau canard ! Entre. Viens me
faire une bise. Tu me vois au lit mais je t'en fiche ! Tu
viens pour tes leçons ? Tu es bien brave. On va voir ça
tout à l'heure…

Le Moco, décidément n'en pouvant plus, se laissait
tomber de tout son poids dans un fauteuil, en fermant
les yeux, résolu sans doute à ne plus rien voir de ce
monde affreux où il fallait tant peiner et souffrir, à se
recueillir désormais dans la méditation. Je demandais
des nouvelles du cousin Michel. Mais le cousin Michel
allait toujours le diable. Il trottait comme un lapin. Il
était sur le pont dès l'aube. Il n'aimait que son travail.
Et voilà.

Dirais-je que je me plaisais là ? Assurément oui.
Certes, le Moco n'était pas un compagnon fort dis-
trayant, mais il se laissait très bien oublier. Qu'il nour-
rît à l'égard de quiconque des sentiments d'amour ou
de haine, cela ne se voyait jamais. Il n'était pas encom-
brant. Et l'eût-on mille fois dérangé, qu'il se fût borné
à changer mille fois de place, à s'asseoir successive-
ment dans mille fauteuils à mesure qu'on l'eût délogé.
Mais de protestation jamais. Au fond, le Moco était un
doux.

Tout à l'inverse était la cousine. Ayant une bonne fois délaissé ses feuilletons (n'avait-elle pas tout l'après-midi, toute la soirée et au besoin toute la nuit pour en poursuivre la lecture) elle était capable d'engager avec moi la conversation la plus enjouée. Outre cela, l'atmosphère même ici, me plaisait. L'odeur de paresse, l'oisiveté si ouverte, tout ce qu'il y avait de louche en même temps que de libre, d'irrégulier, dans cette demeure, l'étrangeté de cette petite lampe électrique allumée à dix heures du matin, alors qu'audehors il faisait depuis si longtemps grand jour et que le soleil étincelait partout, cet homme encore jeune sommeillant à moitié dans son fauteuil et cette femme plus vieille mais si alerte, si vive dans ses dentelles, tout cela constituait pour moi un univers tellement disproportionné à mon univers habituel que sans chercher d'autre raison, cette disproportion même suffisait bien à enfanter la féerie.

— Va dans la salle à manger, mon gros, pendant que je fais ma toilette. Repasse tes leçons.

— Oui, cousine.

— Quelle heure est-il?

— Dix heures.

— Déjà! Allons va! Va!... Il est tard...

Le Moco, lui aussi, quittait la chambre de la cousine. Souvent, il venait s'asseoir auprès de moi. Mais certains jours, s'il faisait vraiment très beau, il allait faire un petit tour de jardin et je restais seul...

Qu'étaient-ils l'un pour l'autre, ces deux-là? Je me le demandais. Je me répondais qu'ils étaient des

amants. Qu'est-ce que cela voulait dire ?... Et les jours
où le Moco me laissait partir tout seul de la chambre
de la cousine — car cela arrivait aussi, et il assistait
donc à sa toilette — quel mystère me cachaient-ils ?

Il me semble avoir presque toujours compris les discours trop libres tenus devant moi et qu'on croyait si
mystérieux à mes oreilles. Ce qu'ils contenaient de
clarté possible à mon intelligence ou à mon instinct je
m'en emparais avec vivacité. Encore dois-je dire que
cet ardent désir de posséder le mystère n'était nullement comparable à ce que l'on entend généralement
quand on parle d'un but qu'on poursuit. Sans doute
poursuivais-je un but, mais il m'était très facile de l'oublier, sans le moindre ennui, et de n'attendre plus que
du hasard, toujours si merveilleusement serviteur de
l'esprit, qu'il m'apportât de nouveaux moyens de pro-
gresser dans ma découverte.

Or la cousine Zabelle était à ce point de vue un
hasard pour ainsi dire permanent. Par tout ce qu'elle
était, par la manière dont elle vivait, par tout ce que
j'avais entendu dire sur son compte et plus encore peut-
être par tout ce que je savais d'elle sans qu'on m'en
eût jamais rien dit, la cousine Zabelle était à l'égard de
ces problèmes comme un pôle d'un aimant exceptionnel. J'en avais à cause d'elle en grande partie senti la
présence, la puissance et le trouble. Elle ne savait pas
toujours résister au plaisir de provoquer en moi un
éveil prématuré soit par ses interrogations si souvent
lumineuses et ses conseils qui n'avaient pas l'air d'en
être, soit d'une manière plus directe, et sous couleur de

lutter contre ma timidité, en me forçant à embrasser telle fillette. La cousine Zabelle pensait qu'il faut toujours aller de l'avant.

Elle se disait sans doute aussi que puisqu'il n'y avait là personne pour faire mon éducation amoureuse et qu'après tout elle s'y connaissait mieux que quiconque en ces matières qui l'avaient occupée toute sa vie, et continuaient à la passionner, il était tout naturel et même requis qu'elle me donnât quelques lumières et quelques encouragements. N'était-ce pas là mettre le comble et en somme la dernière main à cette entreprise qu'elle avait formée de préparer mon avenir ?

Je ne doute pas de la sorte de plaisir qu'elle prenait là. Et cependant comment lui en voudrais-je ? N'est-ce pas à elle que je dois d'avoir un jour goûté sur la joue d'une fillette de mon âge le plus doux, le plus tendre, le moins facile à oublier des baisers ? Elle riait de mon air gauche et s'amusait de ma rougeur en me poussant dans les bras de cette petite fille que je n'avais jamais vue et que je ne revis jamais, sans se douter de l'espèce d'aurore dont mon cœur s'illuminait.

Ceci se passait devant une caserne. Par un hasard persévérant, tout ce qui a trait à la cousine Zabelle s'entoure volontiers de casernes. Et moi je me croyais ridicule, je me sentais surveillé par le factionnaire et cependant j'étais plein de soleil levant. Mais laissons là les premiers baisers et leur douceur, laissons l'innocence qui nous a laissés. Ces hasards dont j'ai parlé, mille fois plus fertiles chez la cousine que partout ailleurs, il m'arrivait d'en susciter moi-même l'explosion dès que je me trouvais seul dans la salle à manger. J'allais fouiller dans ce que la cousine appelait rêveusement sa bibliothèque.

Il n'est point difficile d'imaginer en quoi elle consistait et il ne faut pas grand effort pour comprendre qu'à côté d'un amas de feuilletons tous coupés dans des journaux et tous reliés comme je l'ai dit, elle contenait aussi des livres d'images, mais d'une imagerie toute particulière, et dont je ne savais pas encore qu'on l'appelait licencieuse, illustrations hélas plus intelligibles à mon esprit que le texte même dont il ne m'était jamais permis d'ailleurs que de lire furtivement des paragraphes.

La toilette de la cousine était toujours fort longue. Il lui arrivait même de ne pas s'y mettre tout de suite, après m'avoir renvoyé de sa chambre, mais de reprendre son feuilleton, histoire d'achever le chapitre commencé, ou tout simplement, de rêvasser encore un petit quart d'heure au chaud. Le quart d'heure devenait facilement une demi-heure ou plus. Elle m'oubliait. Puis, elle se souvenait de moi, et me criait à travers la porte :

— Petit, tu es là ?

— Oui, ma cousine…

— T'en fais pas… j'arrive tout de suite. Et puis ma foi, tu déjeuneras avec nous.

— Merci, ma cousine.

— Repasse tes leçons…

Vers onze heures, il se produisait une chose qui me semblait toujours inattendue : le Moco, faisant un prodigieux effort, dont il ne se savait j'en suis sûr aucun gré, abandonnait ses pantoufles, chaussait ses bottines vernies, s'habillait enfin et partait tout doucement pour sa boutique. C'était ce qu'il appelait « aller au boulot ».

La boutique était ouverte depuis le matin de bonne heure par les soins du garçon. Toussaint y arrivait sur les onze heures et demie, en client de luxe, il échangeait quelques mots avec le garçon, puis, la plupart du temps, il se renfermait dans l'arrière-boutique où il se mettait à jouer de la mandoline. Ainsi les clients étaient-ils rasés en musique.

On comprend de reste qu'il ne touchait jamais à un rasoir. Les clients pouvaient faire la queue dans la boutique, Toussaint n'en continuait pas moins à gratter son instrument, et l'idée ne serait même pas venue au garçon de songer à le déranger. Et pourtant de temps en temps il le dérangeait cependant. Il arrivait que le garçon voyant apparaître certains clients, criât d'une voix d'habitude : « Monsieur Toussaint ! » Et la musique cessait à l'instant. On entendait Toussaint poser son instrument sur la table, mais il ne venait pas dans la boutique, c'était le client qui allait le rejoindre.

Je n'ai su que bien du temps plus tard que ces mystérieux visiteurs mystérieusement reçus entre deux romances, ne venaient là que pour acheter contre de beaux deniers le droit d'emporter chez eux pour les contempler librement ces mêmes images que, dans le même instant, je cherchais de mon côté à surprendre. Il s'y adjoignait encore un autre commerce qui, celui-là, n'était plus de fantaisie et où, contre de bel argent encore, le client pouvait emporter l'assurance que les images s'animeraient pour lui, Toussaint voulant bien lui faire faire la connaissance de quelques amies qui s'ennuyaient et seraient charmées de lui consacrer un soir.

Là-dessus, il reprenait sa mandoline, quelquefois même il allait siroter un petit apéritif, en rêvant au soleil de la Canebière, puis, il rentrait déjeuner, ayant grand besoin de se refaire après une matinée si bien remplie. Mais la cousine lui choisirait les meilleurs morceaux et il dormirait une petite heure après avoir avalé son café.

Il arrivait que je fusse interrompu ou même surpris dans mes furtives recherches par l'arrivée pourtant prévue de quelques fillettes du quartier, avec les parents de laquelle la cousine Zabelle entretenait des relations d'amitié (relations qui ne tardaient jamais à finir dans la brouille la plus tumultueuse) et qui pour le moment venaient faire les commissions et le ménage.

C'était là un autre aspect du caractère de la cousine qu'elle ne pouvait vivre sans susciter autour d'elle comme une cour d'admirateurs et d'amis avec qui on passait les soirées à jouer du phonographe, à boire du café, à manger des gâteaux secs, et dont elle employait les enfants à son service. Ainsi n'avait-elle jamais à s'occuper de sa cuisine, sauf pour en surveiller au dernier moment l'ordonnance.

Au reste, la cousine Zabelle aimait l'enfance pour elle-même. C'était une femme gaie, désintéressée dans un certain sens. Elle aimait sincèrement à faire plaisir.

Aussi gagnait-elle aisément le cœur des enfants qui se trouvaient toujours très bien chez elle. Elle leur promettait monts et merveilles et ne tenait pas toujours ses promesses, mais on ne lui en voulait jamais. Il existait en elle une admirable disposition par quoi, même dans ses fureurs les plus noires, elle savait, s'il y avait là un enfant, redevenir pour lui le personnage enjoué, rieur, et toujours disposé au plaisir qu'elle était d'habitude. Aussi nous sentions-nous à l'abri. D'elle à nous existait une connivence, un pacte qui ne pouvait être rompu, dont la rupture nous fût apparue comme une trahison de la vie elle-même. Et voilà pourquoi nous l'aimions.

Parmi ces petites filles qui fréquentaient si bénévolement la maison de la cousine Zabelle, il s'en trouva une d'une douzaine d'années qui ne ressemblait pas aux autres. J'ignore dans quelle mesure elle tournait elle aussi autour des images défendues et des œuvres de Paul de Kock. Mais alors que les autres avaient toujours l'air plus ou moins «d'y toucher» Marcelle ne semblait pas s'en occuper le moins du monde. Elle n'en avait plus besoin. Et là était la première différence.

Alors que les autres étaient d'ordinairement d'assez innocentes fillettes à peu près toujours jolies mais encore toutes pleines d'enfance, Marcelle possédait une espèce de beauté presque définitive.

De l'enfance, il ne restait en elle que ce qu'il en fallait pour rendre plus admirable et plus rare cette sorte d'accomplissement qu'elle portait déjà dans son corps.

Je la redoutais en raison même de sa beauté, mais bien plus encore pour l'étrange possession d'elle-même dont elle témoignait toujours. Elle avait l'air de participer bien davantage du monde des grandes personnes que de celui des enfants, et les jeux folâtres qui étaient les nôtres, elle les dédaignait, sans hauteur il est vrai mais avec une tranquillité qui désarmait toute résistance et rendait toute sollicitation bien vaine.

Elle souriait rarement, faisait ce qu'elle avait à faire avec une assurance fort belle de qui transporte avec soi un monde particulier, objet de l'attention la plus vive. Elle vaquait dans la maison d'un pas souple qui se retenait de bondir, sur ses hautes jambes fermes si parfaitement taillées, d'un jet si pur. Elle portait déjà des bas de soie et des souliers à hauts talons comme les femmes.

Certes je ne voudrais point préjuger ici de l'influence de la cousine Zabelle et de ses bons conseils sur la destinée particulière de Marcelle, et d'autant moins que si j'y repense je retrouve en elle tous les signes de ce que j'ai appris à reconnaître, depuis, comme les signes mêmes de la vocation. Mais il est pourtant probable que cette influence a joué son rôle, et que si, de toute façon, Marcelle était destinée à devenir une prostituée, elle le fût peut-être devenue un peu moins vite sans les soins attentifs et la sollicitude de la cousine.

Il ne fait presque pas de doute que Marcelle avait dès cette époque compris ce qu'elle était. Autrement le mystère de son visage ne s'expliquerait guère. Et son visage était aussi beau que pouvait l'être son corps : un visage parfaitement ovale et mat, sans douceur, mais d'une telle perfection, avec deux yeux chauds et noirs magnifiques par eux-mêmes, profondément sérieux, et en même temps baignés d'une sorte d'indifférence issue des préoccupations de l'âme, des révélations entrevues ou déjà même acquises de ce que serait son destin. Bien qu'il y eût aussi autre chose qui semblait marquer qu'elle refusait tout ensemble ce qu'elle désirait et voulait si ardemment.

Elle ne s'habillait plus en enfant. Les blouses n'étaient plus faites pour elle, ni les tabliers. Mais comme si elle se fût hâtée de préfigurer pour elle-même et pour son miroir le personnage qu'elle ne tarderait plus à devenir, elle se taillait des robes à la mode et des corsages aussi propres que possible à ne rien laisser ignorer des beautés déjà si parfaites de ses seins.

La cousine Zabelle lui avait appris à se farder. Mais ce qu'il y avait en Marcelle de plus instinctivement savant que dans les artifices malgré tout grossiers de la cousine, avait eu tôt fait de réduire l'emploi des poudres et du fard à l'exacte proportion qu'il en fallait, et elle ne rougissait pas ses lèvres plus qu'il n'était nécessaire à ce qui n'était encore que son rêve. De ses cheveux noirs comme l'encre, elle avait retiré jusqu'au moindre ruban. Elle les portait en bandeaux.

A la maison de la cousine Zabelle faisait suite une sorte de crique qui n'était ni une cour ni un jardin mais qui ressemblait à une carrière abandonnée. Tout autour d'un espace assez vaste pour qu'on pût venir y jouer par exemple à la balle, se dressait verticalement le rocher taillé tout droit comme à la machine, non pas noir comme celui des falaises au bord de la mer auquel il faisait pourtant penser, mais marron, ocre, et traversé par endroits de larges bandes de sable plus claires et même quelquefois franchement jaunes.

Cette crique constituait une admirable retraite. L'été, la cousine y faisait porter une table et c'était là qu'elle déjeunait. Il lui arrivait même certains soirs quand elle se sentait en veine de mélancolie et pas d'humeur à s'habiller pour sortir, de venir là contempler les étoiles. Et à cet effet elle avait prié le pauvre Michel d'y installer un banc.

Or, je ne chercherai pas à me souvenir des hasards qui firent qu'un jour je me trouvai assis sur ce banc ayant Marcelle à côté de moi. Le fait est pourtant étrange en lui-même, car Marcelle me considérait comme elle considérait tous les petits garçons de mon âge, comme parfaitement insignifiant, et elle ne m'accordait jamais l'honneur d'une conversation, que je ne recherchais pas d'ailleurs. Or, nous étions là et nous parlions. Bientôt on nous appellerait pour dîner. Peut-être même aurions-nous dû être à table déjà, mais nous restions là. Sur quoi roulait l'entretien ? C'est bien impossible à dire. Je ne me souviens que d'un regard.

Sur l'histoire même de notre propre vie nous possédons tous des points de repère. Ce ne sont parfois que de tout petits événements en apparence futiles, mais que nous savons, nous, chargés d'une signification lumineuse, ou qui depuis l'est devenue : irréfutable. Sur ce qui fait le fond de notre nature — de notre destin — il faut nous résigner à ne rien jamais savoir que ce que nous apportent ces révélations bien plus comparables à des pressentiments d'un genre particulièrement sérieux qu'à quoi que ce soit qui ressemble à une notion.

Encore aujourd'hui je ne puis dire en quoi le regard de Marcelle me parut chargé d'une signification à la fois si terrible et si définitive. Ce regard posait une question à laquelle il n'était pas en moi de répondre, il me demandait quelque chose que je ne pouvais pas comprendre. Plus que tout, il devinait en moi — de moi — ce que j'étais, suis et serai toujours à l'égard des femmes *mais que je ne saurai pas*. Et quelles qu'aient été plus tard mes rencontres, il s'y est presque toujours mêlé quelque chose de ce regard, où quelqu'un m'a vu tel que je suis et tel que je m'ignore.

Ce fut un long regard, qui se termina soudain par une crispation involontaire du beau visage de Marcelle, qui jamais ne m'avait paru plus sérieux. La crispation devint comme un sourire où il y avait assurément de la douleur, mais autre chose aussi sur quoi il est impossible de mettre un nom.

— Allons manger ! dit-elle.

Et elle partit, la première, en courant, ce que je ne lui avais jamais vu faire.

— Tu vois, me disait la cousine, comme il en faut du temps à une femme pour se préparer ! Ah ! la toilette d'une femme ça n'en finit pas... Voilà midi

sonné… La matinée a passé comme un éclair. Va !
rengaine tes livres pour ce matin. Nous verrons cela
tantôt, tout à notre aise. As-tu bien repassé tes leçons,
au moins ?

— Oh oui, ma cousine.

— Vrai ?

J'en jurais mes grands dieux. Je n'avais pas fait autre
chose.

— Bon, bon… nous verrons cela plus tard…

Et le pauvre Michel arrivait, tramant un filet à provisions, des paquets.

— Eh bien, me disait-il, ça va toujours, la bricole ?

Ce qu'il entendait par la bricole, Dieu sait ! Sans
lâcher les paquets qu'il ramenait du marché — car s'il
ne tenait pas la bourse, c'était tout de même lui qui faisait les commissions — il me tendait sa joue, toujours
soigneusement rasée, fleurant bon la savonnette et
douce à embrasser.

— Mais oui, lui disais-je, et vous, mon cousin ?

— Ça va tout le long de la cuisse, me répondait-il
en riant, de son drôle de petit rire chevroté, ça ne
dépasse pas le genou.

Et il me demandait si j'étais allé voir les femmes ?

— Quelles femmes, mon cousin ?

Ceci le faisait rire aux éclats, mais avec, comme toujours dans le fond de son rire, les grelots curieusement
tintants d'un diablotin.

Il arrivait parfois que ce rire fût, sinon interrompu
du moins momentanément contrarié par quelque apos-
trophe de la cousine Zabelle.

— Vieux cochon ! Tu ne peux pas laisser ce petit tranquille ?

Elle le traitait de grossier personnage, de malotru, mais d'un ton si faux, qui décelait à moi-même d'une manière si évidente l'encouragement sous la gourmade et le plaisir sous le refus qu'il lui répondait en riant :

— Ah, tais-toi, la belle en cuisses !

— Mais tu lui ôtes ses illusions ! s'écriait-elle, et je sentais qu'elle se retenait de rire.

— Bah ! répliquait le cousin Michel, qui, lui, continuait à rire ouvertement.

Et il se débarrassait de ses paquets. J'entendais la cousine ronchonner :

— Tu n'es qu'un vulgaire matelot, tout de même.

Arrivait à son tour le Moco, l'air exténué, le chapeau sur le coin de l'oreille, vaguement fêtard. Il saluait à la ronde d'un murmure et, aussitôt, il se laissait tomber dans un fauteuil.

— Toussaint est rentré, on peut se mettre à table, disait la cousine.

— Allons, me disait le pauvre Michel, vas-y, mon gros, passe devant et suis-moi…

Il me poussait par les épaules et nous nous mettions à table.

Ce qu'étaient ces repas, où il n'est pas bien difficile d'imaginer combien et comment tout m'était nouveau, non seulement par les manières des convives, mais par les apparences de fête qu'une nappe jetée sur une table et la soupe servie dans une soupière faisaient briller à mes yeux, voilà un nouveau point où je laisse au lecteur sa liberté. Qu'il s'en donne !

Parfois la cousine Zabelle poussait le souci du bienvivre jusqu'à orner cette table de fleurs, des pâquerettes quand c'était la saison, des roses, dans un vase à long col, et Marcelle renchérissant inventa une fois d'envelopper les carafes dans du lierre, afin que les boissons s'y tinssent plus au frais. Car en effet les bouteilles étaient proscrites de cette table trop fine pour elles. Et c'était de jolies carafes en cristal qui les remplaçaient.

Du beurre dans un beurrier, avec son petit couteau exprès, des ronds en raphia sous les carafes, des portecouteau et, pour chacun des convives, une serviette pliée en éventail dans un verre... tout ce luxe me semblait ne pouvoir appartenir qu'à des occasions exceptionnelles, à la célébration des grandes fêtes, et pourtant il était de tous les jours.

Quoi de plus simple et de moins coûteux au fond que ce luxe décoratif auquel la cousine attachait tant d'importance et où il faut avouer qu'elle déployait un art fort supérieur à celui qu'elle avait appris dans la gargote familiale, et sans qu'on sût d'où il lui venait ? Marcelle en faisait son profit. Savoir tenir une maison, non seulement dans la rigueur de l'ordre et de l'économie, mais dans l'élégance et l'agrément, cela faisait partie de son programme, s'inscrivait dans l'ordre naturel des choses qu'elle devait apprendre pour plus tard. Et jamais on n'a vu écolière plus docile sous ses airs de rebelle domptée, ni mieux douée pour tout ce qui était de sa vocation. La moindre remarque de la cousine était perçue dans l'instant même et fructifiait pour ainsi dire à vue d'œil.

Quel talent ils avaient tous dans leurs manières ! Tout m'embarrassait, mais eux ! Ils étaient l'aisance même. Les objets ne semblaient pas leur peser aux doigts, au contraire. On aurait dit que par une vertu dont j'étais loin de posséder les secrets, les objets leur obéissaient, accouraient à leurs moindres appels, qu'ils venaient se placer là où il le fallait, au moment choisi, comme si tout avait été réglé jusque dans les combinaisons les plus imprévues, par la puissance d'une incantation dont seuls ils eussent été les maîtres.

Ces serviettes dont il était si mal prouvé que celle qui s'éployait dans mon verre m'était destinée, ils s'en emparaient avec insouciance, avec légèreté, ils n'avaient pas l'air d'y penser. Et la preuve qu'ils n'y pensaient pas du tout, c'était qu'ils continuaient à parler tout en l'étalant sur leurs genoux, en en fourrant un coin dans leur col, comme c'était l'habitude du cousin Michel.

Que de temps m'avait-il fallu pour m'assouplir à leurs rites ! Combien de fois la cousine n'avait-elle pas dû m'expliquer les choses ! Mais élève moins docile que Marcelle, et sans cesse dérouté par les mauvais exemples que ma vie de tous les jours m'offrait en si grande abondance, je n'étais qu'un cancre dès qu'il s'agissait des arts mondains, et ne faisais guère de progrès.

Aussi, craignant toujours de rouler encore à des

erreurs pourtant mille fois signalées, et punies non seulement par les réprimandes de la cousine, mais par les
regards méprisants de Marcelle, me comportais-je à
table à peu près comme je le faisais à la messe, l'œil
fixé sur mon voisin, sur ma voisine, et travaillant à
l'imiter. A la messe, je me levais quand on se levait,
quand on se signait, je me signais, et ainsi du reste. Ici,
il en allait tout de même, bien qu'il ne s'agît jamais
que de savoir quel couteau il fallait choisir, dans quel
verre il fallait verser la goutte de vin qu'on me permettait, etc.

Mais surtout je devais me défendre de protester
quand on changeait les assiettes. A cette habitude
j'avais mis plus de temps à me faire qu'aux autres. Il
est vrai qu'elle me scandalisait. Pourquoi tout ce travail et n'étais-je pas fait à tout mêler dans le même
plat ?

Dirai-je que ces élégantes incommodités me gâtaient
le plaisir ? Assurément oui. Mais comme un beau costume du dimanche vous gâte le plaisir de la promenade
par les précautions qu'il exige. Mais c'est un beau costume tout de même et cette beauté vaut bien qu'on y
sacrifie quelque chose.

Au printemps nous mangions dehors sous une tonnelle, ouvrage du cousin Michel qui en avait tressé les
arceaux selon ce qu'il avait appris des nègres à la colonie. Aussi cette tonnelle entraînait pour moi tous les
charmes du dépaysement et de l'aventure. J'en faisais,
dans ma tête, la loge d'un Grand Chef, peut-être moi-
même, ou dont j'étais le cousin, nullement surpris

d'ailleurs malgré ma qualité de sauvage qu'on me rappelât à l'ordre au nom des bonnes manières et de la civilisation. J'étais en somme un conquis, soumis à l'autorité des blancs et ne demandant pas autre chose dans mon indignité, ne songeant pas le moins du monde à la révolte.

C'était Marcelle qui faisait le service. Elle y mettait une gravité de jeune souveraine, allant de la cuisine à la salle à manger avec la dignité, l'exactitude qu'elle apportait en toute chose et, de plus en plus, l'élégance. A Dieu ne plût qu'il y eût rien de servile dans ses manières ! Certes, dans sa gargote originelle, la cousine Zabelle avait été elle aussi et par bien des raisons un personnage fort remarquable, mais elle n'avait jamais dû approcher de cette perfection d'allure, de cette économie de mouvements, de cette science des rapports où Marcelle triomphait sans y penser. Si bien qu'on avait en même temps l'impression non pas d'être servi selon ce qu'on entend ordinairement par là, mais l'objet d'une attention particulière et consentie, raisonnée, et qu'elle eût tout aussi bien pu ne pas vouloir. Et même retourner contre vous en agressivité si toutefois vous aviez encouru sa disgrâce.

Dans la manière qu'elle avait d'apporter un plat et de l'offrir, elle mettait des grâces dont j'ignorais encore qu'elles étaient dignes du plus grand art. Et chacun ayant reçu ou pris sa part comme un cadeau, Marcelle reprenait sa place à table, rentrait dans le cercle des maîtres et des invités sans qu'il subsistât rien en elle du souvenir de sa « servitude » sinon plus de dignité encore, ce par quoi je me trouvais anéanti. Car autant il me semblait mauvais qu'on changeât si souvent d'assiettes, autant il me paraissait détestable qu'une fillette de mon âge se fît ma servante. Je ne pouvais pas croire qu'elle ne s'en trouvât offensée et il me semblait nécessaire qu'un jour ou l'autre elle m'en fît payer justement l'humiliation.

Les conversations roulaient sur les objets les plus divers. Habituellement, c'était les gens du quartier qui en faisaient les plus grands frais. Aussi me trouvais-je participer en esprit à mille «complots» dont je ne saisissais pas les racines mais dont j'entrevoyais avec une sorte de sombre enchantement les sombres couleurs.

Tantôt c'était une bataille qui avait eu lieu dans la nuit, et même on avait entendu des coups de revolver et des cris, tantôt il s'agissait d'une jeune fille qui était partie pour Paris tout d'un coup, personne n'y songeant la veille, elle-même non plus peut-être. L'huissier était venu dans telle maison, le curé dans telle autre. Il était passé sous les fenêtres de la cousine de très bonne heure, à l'aube, l'enfant de chœur marchant devant lui et faisant tinter sa sonnette. Une autre nuit, toute une bande de rôdeurs avait parcouru le quartier, il y avait eu un vol chez le boulanger. Une autre nuit encore on avait entendu pendant longtemps un jeune homme éperdu d'amour qui chantait d'une voix magnifique de ténor. Quelle voix ! La cousine en profitait pour dire au Moco qu'il ne se pouvait pas que son frère en eût une plus belle. Et lui, comprenant que cela voulait dire combien elle avait été émue par ce chant amoureux et comme elle était jalouse que ce ne fût pas pour elle qu'on eût chanté si bien et si longtemps, trouvait d'autant mieux sa vengeance que tout cela lui était indifférent. A son tour, il se mettait à raconter des choses. Est-ce qu'on n'avait pas vu ce M. Grosvalet, pour qui la cousine avait eu tant de grâces récemment, est-ce qu'on ne l'avait pas vu raccompagner madame Reille, la postière ? Il finirait mal, ce M. Grosvalet, c'était un brouilleur de ménages. Et bien étonnant qu'il le fût, disait la cousine : un homme qui n'avait rien pour lui. « Cause toujours » pensait le cousin Michel : il mangeait tranquillement ses haricots en pensant Dieu sait à quoi.

Marcelle apportait la salade, dans une coupe de cristal. Les fruits étaient sur la desserte comme de magnifiques bijoux. Le café, qui passait tout doucement dans la cuisine répandait jusqu'à nous son arôme. Ou bien, quand nous étions sous la tonnelle, de l'eau bouillait sur un réchaud, comme sur un feu de bivouac. On la verserait tout à l'heure dans des filtres.

Les hommes auraient droit à une petite goutte de liqueur et, par dérogation — je ne devrais pas le dire à ma mère — on m'en verserait une larme sur un sucre : un canard. Peut-être même que le cousin Michel me donnerait en cachette une cibiche, que j'irais fumer dans un ravin de moi connu. Et sur son conseil je croquerais ensuite une pomme, pour chasser l'odeur. Ni vu ni connu…

L'heure du café ranimait la conversation — à vrai dire elle ne languissait jamais — mais qui, sur la fin du repas, s'enrichissait de toute la série d'hypothèses et de déductions que permettait à la cousine tout ce qui s'était dit jusqu'alors. C'était un moment dangereux.

Elle prenait parti en effet et voulait que les autres fissent comme elle, qu'ils se prononçassent absolument sur le bien ou le mal-fondé de telle ou telle escapade dont Marie Pinhouet s'était encore rendue coupable, sur le divorce de madame Soulabaye et, de là, sur l'escapade en soi et le divorce en général. Puis, on ne savait comment, sur les œuvres de Xavier de Montepin, sur la représentation proportionnelle, le prix des petits pois.

Et certes je l'admirais. J'admirais cette vie toujours alerte et si abondante. Mais combien elle m'eût plus encore intéressé si elle avait parlé d'elle-même ! Toulon ! Le nom de cette ville enchantée qui n'existait peut-être que dans les contes, il était pour moi comme une sorte de sésame à une infinité de rêves. Une autre sorte de rêve, faut-il le dire, que ceux inspirés par la cathédrale de Strasbourg et ses environs — des rêves d'une qualité que je ne veux pas dire inférieure et pourtant ! Des rêves qui eussent été dans mon ciel ce que les étoiles sont à la lune… Mais sur Toulon, elle était muette. Ce qui m'eût tant intéressé en elle, on eût dit qu'elle l'avait oublié, qu'elle y était devenue indifférente. C'était le passé. J'ignorais encore à quel point on peut devenir indifférent à son passé, cela ne me semblait pas possible, aussi ne comprenais-je pas ce silence dont le mystère m'était si redoutable que je n'osais pas interroger. Toulon, la colonie, tout ce qui

m'enchantait semblait avoir cessé de leur plaire. Cela
même leur avait-il jamais plu ?

Le cousin Michel fumait sa pipe en attendant l'heure
de retourner à son bureau, le Moco dormaillait dans
son fauteuil. J'aidais Marcelle à relever la table. Ici, car
enfin dans les besognes du service celle-ci était l'une
des plus basses, elle acceptait fort bien mon aide. Mais
cela n'allait point jusqu'à me laisser participer à la
vaisselle. Elle ne la faisait jamais tout de suite,
d'ailleurs, elle attendait qu'il n'y eût plus là personne.
Etait-ce pour ne pas laisser voir les gants de caoutchouc que la cousine lui avait achetés et dont elle revêtait ses belles mains avant de les plonger dans l'eau
grasse ? Pour cette raison et pour d'autres sans doute.
Nous rangions donc la vaisselle fort soigneusement sur
l'évier puis, nous revenions prendre nos places dans la
compagnie comme des enfants bien stylés.

Ce n'était point tant sur son séjour en Afrique que
j'aurais voulu interroger le cousin Michel que sur tout
ce qui avait été la belle époque de sa jeunesse, quand
il était matelot, comme mon frère Daniel et comme
Durtail. Mais ces belles années pleines de soleil et
d'événements, il semblait qu'elles fussent ensevelies
sous tous les sables du désert qu'il n'avait plus fait que
parcourir depuis, et que d'en exhumer le moindre mica
était une chose d'autant plus impossible que le dépo-
sitaire des merveilles que j'aurais tant voulu connaître
semblait manifester à leur égard beaucoup plus que de
l'indifférence.

A quoi bon, me disais-je, avoir parcouru le monde

et risqué tant de fois sa vie, comme je savais que c'était le cas, si c'était pour finir ensuite par ne plus même s'en souvenir ? J'en voulais au cousin Michel de me cacher les trésors dont rien que le soupçon déjà m'enchantait, mais je lui en voulais aussi d'une autre manière de cette espèce de trahison dont il se rendait coupable envers lui-même, ignorant que nous en sommes tous là, et que cette trahison il se pourrait bien que je l'accomplisse moi-même un jour. J'étais d'autant plus sévère que je ne tenais aucun compte des circonstances atténuantes dont j'ai reconnu depuis la puissance, et qui sont dans les érosions du temps, dans les événements mêmes de la vie, pour lui dans son mariage avec la cousine Zabelle, et qu'il ne me venait pas en tête de penser que cet oubli, s'il constituait en effet une trahison, cachait et voulait nier sans y parvenir une sphère de douleur dont il n'était pas un point qui ne fût encore à vif.

Personne n'est jamais tout à fait quitte envers sa jeunesse et nous savons tous à quel point nous l'avons trahie. Quel rapport y avait-il entre le marin qu'il avait été et le petit personnage qu'il montrait aujourd'hui, fumant sa pipe au coin du feu entre une femme jadis aimée, mais qui n'était plus pour lui et depuis longtemps, qu'un « panaris », et le triste Moco dans ses pantoufles ? Assurément il ne se pouvait pas que l'un ait engendré l'autre.

Le marin, c'était ce qu'il avait été, l'autre personnage, le fumeur de pipe taciturne, c'était ce qu'il était devenu. En cela peut-être consistait le fond de sa méditation, contemplation perpétuelle et surprise infinie devant ce qu'on peut devenir, qui constitue pour certains hommes une fascination dont rien ne les peut arracher, et qui dure jusqu'à la majestueuse révélation de ce qu'ils deviendront dans la mort.

Il est probable que le cousin Michel n'était nullement d'accord avec ce qu'il était devenu et que, du fond de son impuissance, et à travers les fumées de sa pipe, il ne cessait point, non peut-être de s'interroger, mais dans une certaine mesure de s'ébahir aux différents tours de passe-passe qui l'avaient amené là où il en était. Parce que le destin est le destin il ne songeait point à se révolter effectivement contre sa vie. Mais s'il n'était pas libre d'y rien changer du point de vue de ce qu'un étonnant vocabulaire appelle la « matérialité des faits » son esprit et son cœur, eux, restaient libres et protestaient, n'acceptaient pas une seconde la déchéance à laquelle pourtant il paraissait consentir avec tant de résignation.

Ceux qui ont quelque chose à se reprocher, c'est-à-dire tout le monde, n'aiment guère qu'on leur rappelle le temps où ils étaient encore purs. L'instinct, combiné avec le remords, leur inspire une habileté merveilleuse dans la surveillance qu'ils exercent sur certaines zones de leur existence, dont ils ont tôt fait de comprendre que la meilleure pratique est de n'en plus jamais parler ni de souffrir qu'on leur en parle. La déchéance d'un homme est une chose sur quoi il ne faut pas lui demander de s'expliquer. Et l'on peut bien être assuré que le forçat qui raconte sa vie pour cent sous est un menteur. Il n'y a point de prostituée qui dise vraiment quelle a été sa première aventure, celle où son cœur a battu pour de bon, pour la première et l'unique fois. Il n'y a personne parmi les déchus dont le nombre est si grand, qui consente à donner aux autres des éléments de comparaison entre ce qu'ils étaient et ce qu'ils sont devenus. A peine osent-ils dans l'obscurité de leur cœur, susciter certaines vieilles images quand un peu d'ivresse les y porte, se rappeler la force et la beauté qu'ils ont perdues, sans comprendre comment les choses se sont faites, comment et par où la douleur est entrée.

Or, il va de soi, surtout quand il s'agit d'un homme aussi faible que l'était le cousin Michel, que leurs points vulnérables sont vite découverts par ceux qui ont *intérêt* à les meurtrir. Et qui, plus que la cousine Zabelle, avait intérêt à le persécuter ? Pour sûr, ce n'était pas le Moco, lequel, par quelque mystère dont lui seul possédait le secret, vivait en paix avec lui-même et ne souhaitait rien tant que de vivre en paix avec tout le monde. Avec la cousine Zabelle, il n'en allait certes pas de même. Mais qu'on ne se laisse pas égarer sur la nature de l'intérêt non qu'elle avait, mais qu'elle *éprouvait* à persécuter son mari et souvent de bien autre façon qu'en lui faisant des scènes.

L'étude des passions humaines ne peut être sans doute que descriptive. A quoi bon vouloir les interpréter quand il est déjà si difficile de les nommer. Le génie qui invente les mots et baptise les choses n'est sans doute qu'un petit génie comparé à celui qui les fait se mouvoir, ou plus simplement qui fait qu'elles sont.

Or, la cousine Zabelle avait depuis longtemps compris toute la puissance qu'elle pouvait exercer sur son mari par des scènes et, comme on sait, elle ne s'en privait pas. Mais la fureur de la colère elle la subissait elle-même plutôt qu'elle ne la choisissait. Un autre moyen d'atteindre Michel était précisément l'inverse.

Plus subtilement que dans les scènes, c'était dans les apparences de la gentillesse qu'elle trouvait ses meilleures aiguilles. Et le pauvre Michel redoutait bien plus certains aspects de beau temps que les violences de l'orage avec ses avalanches. Mais c'était que, précisément, tout ce qu'il n'avait pas envie de dire, toutes ces choses de son passé de jeune homme qui n'étaient qu'à lui, elle allait s'en emparer, les rappeler avec une insistance et une précision si cruelles sous l'apparent badinage... Pour ces sortes d'exercices, la présence de quelques invités lui était nécessaire. Et il n'est pas croyable que le pauvre Michel eût supporté ces pointes de feu dans le tête-à-tête.

Il arrivait en effet que ces repas se prolongeassent encore par l'arrivée de certains amis du moment, que la cousine avait invités à prendre le café. C'était, par exemple, M. Thoraval avec sa blanche épouse, si bien stylée, qu'il semblait mener à la corde comme une brebis pleine de bonne volonté, mais incapable de se faire aux jeux si compliqués du monde, et pourtant pas trop malheureuse d'arriver là.

Elle se répandait dès l'entrée en compliments et en congratulations infinies, d'une voix bêlante, éteinte, qui n'avait jamais dépassé les empâtements de la niaiserie enfantine, et à la manière dont elle tendait la main au cousin Michel et au Moco il était clair qu'elle s'attendait toujours à ce qu'ils la baisassent : espérance éternellement déçue. Mais nous, les enfants, nous devions embrasser sa joue flétrie, mal ou trop fardée sous la voilette blanche à gros pois bleus qu'elle portait, il me semble, hiver comme été. Son mari l'appelait « mon petit Biri », appellation évidemment très tendre, biri voulant dire « agnelle » dans notre patois, mais où il ne mettait pourtant aucune douceur.

— Allons, mon petit Biri, en voilà assez, lui disait-il d'un ton sec, dès qu'il lui paraissait que le compte de compliments y était.

Et le petit Biri se taisait, comme un soldat dans le rang, et prenait place dans un fauteuil. Désormais madame Thoraval ne prononcerait pour ainsi dire plus un mot jusqu'à la fin de la visite, sauf quand il s'agirait de faire quelque remarque sur la couleur du temps, ou de dire combien il lui fallait de sucre dans son café. Pour le reste, elle se contenterait de sourire, c'est-à-dire qu'elle garderait sur le visage une crispation dont rien que la vue me faisait grincer des dents, et dans ses yeux trop bleus, trop grands et trop vagues, un air de patience si véridique qu'on pouvait bien penser qu'elle ne s'ennuyait pas plus ici qu'ailleurs.

Vêtue de blanc des pieds à la tête elle jouait encore

à la lune de miel malgré la cinquantaine bien sonnée et ses vingt-cinq ans de ménage sans enfants.

Quant à M. Thoraval, il participait lui aussi du mouton, mais à cette différence près qu'il avait le visage d'un ogre. Aussi noir que sa femme était blanche, éternellement vêtu de noir et d'une manière quasi cérémonieuse, il n'avait pas un cheveu gris. Son visage parfaitement rond et très haut en couleur se relevait d'une admirable moustache de pandore, noire, mais si noire, disait la cousine, qu'il ne se pouvait pas qu'il ne la fît pas teindre. Et pareillement il devait se faire teindre les cheveux. A cinquante-cinq ans tout de même il devait y avoir de la supercherie quand il prétendait que cette couleur de poil lui était naturelle. Il ne voulait pas l'avouer, mais il était coquet, ce bon M. Thoraval. Et peut-être même se cachait-il du petit Biri, quand il allait à sa teinture ? Mais le petit Biri prenait avec flamme la défense de son époux. Non, non, il n'y avait pas là de mensonge. Et il fallait bien la croire : un petit Biri saurait-il jamais mentir ?

Mais ce qui donnait tout à fait l'air d'un ogre à M. Thoraval, c'était d'une part ses yeux, de très gros yeux ronds et noirs, aussi noirs que ses cheveux, et plus encore ses dents. Quel sourire que le sien ! Sous la moustache déployée sous son gros nez comme deux ailes, voilà que ses dents apparaissaient, blanches comme celles d'un nègre, pointues, coupantes, redoutables dans leur rangée si promptement découverte, si vives ! Et pourtant, nous n'avions pas peur. Non, M. Thoraval ne pouvait inspirer de peur à personne malgré ses airs et son nom, qui sonnait si curieusement, donnait un si triste pressentiment à qui l'entendait pour la première fois. C'était que malgré tout, chez lui, le mouton était victorieux de l'ogre. Quel mystère l'avait enfanté ? D'un ogre et d'une agnelle, tous deux stupéfaits d'être tombés ensemble dans l'amour, il était né dans quelque plaine toulousaine, ainsi qu'en témoignait son accent, ce qui achevait de lui donner des airs de gendarme de comédie. Aussi son langage. Il disait alors, ceusse et même les ceusse…

— Eh bien alorss les ceusse qui s'en font pas, c'est vous ! disait-il en entrant, et il se débarrassait de son parapluie. On les voit, les heureux ! Et alorss comment que ça va ?

Il tendait à la cousine sa patte velue. Déjà son œil errait sur la table, où, en prévision de leur venue, Marcelle avait disposé dans un ordre parfait les tasses, les verres à liqueurs et les éternels petits gâteaux secs (palmers).

— Mais, comme vous voyez, ça ne va pas plus mal, monsieur Thoraval, répondait la cousine d'une voix suave. Ou, au contraire, selon la fantaisie, elle se plaignait de souffrir le martyre : si vous voulez que je vous passe mes rhumatismes…

Et c'était une nouvelle pour tout le monde, car de rhumatismes, il n'avait encore pas été question.

— Ah, faisait M. Thoraval, s'il n'y avait que cela pour vous faire plaisir ! Et vous, monsieur Leprêtre, toujours gaillard ? Il a une mine !

— Oui, répondait le cousin Michel, ça va tout le long de la cuisse.

— Michel ! s'écriait la cousine, en lui désignant d'un regard le petit Biri, qui, sagement, arrangeait les plis de sa jupe.

Le pauvre Michel toussotait.

— Vous en faites donc pas, disait M. Thoraval, elle est incapable de comprendre. N'est-ce pas, mon petit Biri ?

Et le petit Biri, qui tombait de la lune, demandait :

— Tu me causes, Frispoulet ?

— Oui. Et je dis que tu n'es qu'une bête.

— Oh ! pour sûr, répondait-elle, ce qui faisait rire toute la compagnie et rafraîchissait l'atmosphère.

Sur quoi était fondé le rapport de ces deux marionnettes entre elles, et d'elles à la cousine Zabelle ? Il y avait dans la présence de M. Thoraval à la même table que le Moco quelque chose de louche. Et, précisément, M. Thoraval saluait enfin le Moco.

— Tiens… Je ne vous avais pas dit bonjour ! Excuses…

Le Moco souriait, tendait une main tranquille, avec un clin d'œil. A qui ? A lui-même. Qu'est-ce que tout cela pouvait lui faire ?

— Marcelle, ma belle, ordonnait doucement la cousine, nous avons oublié de sortir notre pince à sucre. Va la chercher, tu sais où.

Marcelle, quittant sa place pour aller chercher la pince à sucre, la tête de M. Thoraval se mettait à tourner comme sur une plate-forme. Il ne quittait pas

Marcelle des yeux. Et quand elle avait disparu, sa tête reprenait sa position normale. Il s'essuyait la moustache avec le dos de la main, comme un homme qui vient de tremper ses lèvres dans un verre, et faisait : « Hum… hum… »

Quelque chose bougeait dans sa gorge.

— Ah, à propos, disait la cousine, est-ce que vous avez vu dans le journal… où est-il, le journal, Michel ?

— Le journal ? Il est resté au salon, répondait le Moco, qui, en effet, l'avait emporté en allant au « boulot ».

— Autrement dit qu'on ne le reverra pas, répondait la cousine.

On sentait qu'elle se serait volontiers mise en colère, mais qu'elle se retenait, sans doute pour plaire à M. Thoraval. Est-ce qu'elle n'avait pas répété cent fois qu'on ne devait jamais emporter le journal du jour ni faire des paquets avec ?

— Bon, reprenait-elle, qu'est-ce que je disais ? Qu'est-ce que j'étais en train de dire, Michel ?

— Ma foi, répondait l'élève Michel, je n'en sais rien du tout. Je crois que tu n'avais rien dit encore.

— C'est drôle que je perds la mémoire tout de même !

— Oh, ça arrive à bien du monde, disait M. Thoraval galamment. Ainsi moi…

Mais, à la stupéfaction générale le petit Biri prenait la parole :

— Madame Leprêtre, vous disiez : à propos. Vous

vouliez sans doute nous raconter quelque chose que vous avez lu dans le journal ?

— Voilà le petit Biri qui me coupe ! s'écriait M. Thoraval, en s'esclaffant, comme s'il y avait eu là quelque chose d'extrêmement farce. Mais il n'insistait pas, Marcelle reparaissant avec sa pince à sucre tenue comme un sceptre ou comme une fleur.

— Hum... hum...

— J'y suis ! s'écriait la cousine, en battant des mains. Mais oui ! A propos de quoi ? A propos de bottes. Vous n'avez pas lu dans le journal l'affaire de cette petite fille emmenée par un sadique et... je n'en dis pas plus long à cause des gosses. Un type dans le genre de Vacher, celui qui aimait les bergères !

— C'est bien triste, disait M. Thoraval. On ne devrait pas permettre...

Suivaient des considérations sur la justice. Ah, dans un cas pareil, elle n'eût rien attendu de la justice, la cousine ! Oui, elle lui eût réglé son compte elle-même à ce Vacher.

Tout en parlant elle se levait pour verser le café dans les tasses. Dans ces occasions en effet Marcelle perdait ses droits. Il lui était permis d'être là et de « seconder », non de jouer son rôle habituel. Mais tout en perdant ses droits, elle ne perdait rien de sa hauteur.

— Un sucre, monsieur Thoraval ?

— Deux, je vous prie.

Il s'emparait de la pince à sucre et se servait. Comme c'était curieux de voir sa gêne ! Il y avait quelque chose de subreptice et de voleur dans ses manières. Le petit

Biri refusant la liqueur — plus souvent du simple rhum, mais du trois étoiles — réclamait du lait. Mais le cas était prévu. Son lait était préparé, servi dans un petit pot. Comme on était gentil d'avoir pensé à elle ! Et les palmers circulaient.

Ainsi commençaient ces petites réunions. Mais ce n'était là qu'une entrée en matière, une simple façon de prendre contact avant de passer à des plaisirs plus sérieux, tels que ceux du phonographe, décidément inépuisables en leur répétition monotone. Car la cousine avait acheté une fois pour toutes un certain nombre de rouleaux et semblait ne même pas savoir qu'on pût en renouveler le stock. Mais qu'importait, c'était pour elle toujours un même plaisir.

— Allons, disait-elle, approchez-vous du feu, madame Thoraval, prenez ce fauteuil, c'est le meilleur. La Belle Saucisse viendra sur mes genoux.

Elle prenait elle-même un fauteuil et s'y posait, soulevant avec tendresse la petite chienne qui se réveillait à peine. Le petit Biri changeait de place, tout le monde se rapprochait de la salamandre, on posait les tasses sur la cheminée. La cousine offrait un canard… Et c'était le moment où le pauvre Michel se levait pour prendre congé ! Il allait être deux heures, et s'il tardait encore, il serait en retard à son bureau…

— Ah, comme c'est dommage que vous partiez ! soupirait le petit Biri. Restez donc avec nous, monsieur Leprêtre.

— Je le voudrais bien !

Et il mentait.

M. Thoraval renchérissait :

— Pour une fois, ils y verraient que du bleu, à votre Préfecture…

Mais déjà, le cousin Michel boutonnait sa veste.

— Ce n'est pas cela, répondait-il, mais j'aurais du retard dans mes écritures.

Et là encore, il mentait.

La cousine l'observait du coin de l'œil, elle suivait sa défense, comme un professeur de gymnastique suit les mouvements de son élève, avec trop de raisons de savoir que l'exercice sera une fois de plus manqué. Elle savait bien, elle qui se taisait pour le moment, que tout ce que pouvaient dire les Thoraval ne comptait pas. Elle seule était l'arbitre de la situation.

— M. Leprêtre est un homme exact, disait-elle, il n'a jamais été en retard une fois dans sa vie.

Et le pauvre Michel pâlissait, car le ton de ces paroles, outre les paroles elles-mêmes lui faisait prévoir la suite.

— Pourquoi que vous avez pas tout envoyé balader ? demandait M. Thoraval, qui lui aussi était retraité, mais de l'armée, où il avait fini comme adjudant. La cousine répondait pour son mari :

— Je ne blâme pas ceux qui jouissent de leur retraite comme vous le faites, monsieur Thoraval. Voyez-vous, je crois que ce sont des sages. Mais M. Leprêtre ne peut pas se passer d'activité. Ah, s'il n'y avait que l'argent ! Mais chacun son tempérament.

Le pauvre Michel était sur le gril.

— Allons, je serai en retard, disait-il.

Il allait partir. Il faisait même ses adieux. Je l'embrassais, il embrassait Marcelle. Le voilà qui s'en va, sa main se pose sur le bouton de la porte…

— Michel ?

Un grand silence. Puis :

— Qu'est-ce que tu veux, mon Zaza ?

Elle sourit, minaude.

— Bah, Michou, pour une fois !

Et il est vaincu. Il revient. La cousine triomphe. Elle éclate d'un grand rire désordonné et s'écrie :

— Ah, je le savais bien, qu'il avait envie de rester. Il n'y avait qu'un mot à dire. N'est-ce pas, Michel ?

Et lui aussi, il rit. Et même il s'esclaffe.

— Allons, dit-elle, viens me faire une bise, et foutons-nous du reste !

Il faisait la bise, reprenait sa place dans le cercle, il expliquait qu'en effet ce ne serait pas si grave, s'il manquait une fois à son bureau, et que même on ne s'en apercevrait pas.

M. Thoraval opinait, approuvait.

— Fumez tranquillement votre pipe, allez, monsieur Leprêtre. Il ne faut jamais faire du zèle. Plus qu'on en fait et moins qu'on est considéré.

Il le savait bien, lui !

Le cousin Michel se résignait. Il rallumait sa pipe, il reprenait un petit canard, et les autres, par la même occasion, se laissaient verser une petite goutte.

— N'est-on pas bien chez soi, reprenait la cousine, et ne faut-il pas de temps en temps se donner l'agrément d'un repos auquel on n'avait pas songé ?

A son avis, il n'y avait rien de meilleur. Outre que c'était un surcroît de plaisir que de faire la nique à ceux qui se croyaient des chefs et qui, passez-moi l'expression, monsieur Thoraval, ne sont que des peigne-culs.

— Va, mon pauvre Michel, quand on s'est donné comme toi tant de mal au service de l'Etat on a bien droit à quelque petite compensation de temps en temps. Et si on ne vous la donne pas, il faut savoir la prendre. A la tienne, mon vieux !

Ils trinquaient, dans une approbation générale de cette philosophie, que la cousine n'allait pas manquer tout à l'heure de développer. Elle en motiverait les raisons. Le pauvre Michel était sur la sellette et il y resterait.

— Voudrait-on croire qu'ils ne lui ont même pas donné la médaille militaire ?

A cette phrase inaugurale d'une série de considérations et de tableaux dont le pauvre Michel connaissait par cœur la succession et l'arrangement, pour en avoir tant de fois souffert le supplice, il comprenait que ses pressentiments ne l'avaient pas trompé et qu'une fois encore il allait devoir « y passer ».

Or, de même qu'il gardait toujours un peu d'espoir, contre toute expérience, jusqu'au moment où la cousine prononçait la phrase célèbre sur la médaille militaire, de même encore, aussitôt cette phrase prononcée, tentait-il de résister.

— Voyons, Zabelle, mais voyons, tu sais bien que cela m'est égal. Ils peuvent la garder leur médaille militaire. Il y a tout de même autre chose que ça dans la vie !

Ce n'était plus du tout l'homme aux plaisanteries douteuses qui m'avait accueilli tout à l'heure. Il n'avait plus le même visage ni la même voix.

— N'ennuie donc pas tes invités avec de pareilles histoires, reprenait-il.

Mon Dieu ! N'aurait-on pas dit à l'entendre qu'il était le maître chez lui ! Et même à voir la cousine, qui semblait admettre la semonce, et baissait la tête, mais pour mieux sourire par en dessous. Ça mordait si bien ! Comme toutes les fois, et du premier coup.

— Oh, je ne veux ennuyer personne, mais ce que je dis est vrai. Est-ce qu'ils te la devaient, oui ou non, cette médaille militaire ?

— Oui, ils me la devaient !

— Eh bien, alors, pourquoi n'as-tu pas fait comme les autres ? Pourquoi n'es-tu pas allé trouver qui de droit ? Voyons, monsieur Thoraval, je lui dis tout le temps qu'il est trop modeste, qu'il ne sait pas se défendre. On pensera de lui qu'il n'est pas un homme ! Savez-vous ce qu'il me répond ? Que c'est de l'histoire ancienne, qu'il s'en moque pas mal, qu'il n'a jamais rien voulu demander à personne…

Chaque mot qu'elle disait lui était une blessure dont les traces se voyaient sur son visage, et dans ses mains qui tremblaient. Certes, j'étais alors loin de comprendre ce qui se passait en lui, et même j'avoue que dans la question de la médaille militaire je donnais raison à la cousine. Je ne comprenais pas pourquoi le

cousin Michel montrait tant d'indifférence ou même de
dédain pour une distinction si rare et si noble. Mais
j'avais pitié de lui. Et tandis que mon enthousiasme
allait à la médaille militaire, toute ma compassion était
pour ce malheureux homme si mal à son aise dans le
fauteuil qui n'était qu'un chevalet de torture.

Que cette comédie de la médaille militaire se fût
répétée cent fois entre eux et de la même manière,
qu'ils y eussent à chaque fois l'un et l'autre employé
les mêmes mots, il ne leur en semblait pas moins à tous
deux que c'était pour la première fois qu'ils en abordaient le thème. Dans l'usure du ménage tout ne se
laisse pas atteindre de la même façon. Une immense
variété est en nous.

Dans le pays de la jeunesse de Michel, beau et chaud
comme une autre douce Afrique, il n'y avait rien qui
fût à elle. Or, dans le langage allégorique qui est celui
de deux vieux époux, cette médaille militaire qu'on
avait en effet refusée à Michel bien qu'il la méritât, et
dont l'obtention serait venue couronner sa jeunesse de
marin, en affirmant combien elle avait été courageuse,
cette médaille militaire c'était donc pour ainsi dire le
poteau frontière qui séparait deux zones, tranchait deux
terres ; celle où il avait consenti à se laisser entraîner
avec elle comme un esclave, de celle où il avait vécu
librement, où il n'avait pas été humilié.

Cette frontière si bien défendue, au besoin si violemment, marquait la limite d'un pays où, s'il ne laissait pénétrer personne, il n'allait plus jamais lui-même,
sauf peut-être dans ses rêves. Comme si tout ce qu'il

contenait il l'eût désormais considéré comme trop beau ou sacré pour le déchu qu'il était devenu. Pays sur lequel il essayait lui-même de l'oubli, et où il avait eu le tort à une époque où il se croyait aimé, de la laisser pénétrer librement.

Tandis que le pauvre Michel faisait des rêves d'avenir, Zabelle sans être précisément indifférente à cet avenir avait montré un intérêt au moins égal sinon supérieur pour le passé de son mari, sans d'ailleurs rien dévoiler du sien propre. Comme beaucoup de jeunes gens bien doués sous le rapport de la générosité et du courage, mais dont les progrès de l'intelligence sont encore en voie de s'accomplir, Michel, à l'époque où il s'était marié, considérait son passé comme une matière de séduction. La réalité de ce qui tant de fois avait été la souffrance, et l'immense prestige des voyages qu'il avait faits dans tous les pays du monde, ne lui avaient plus semblé, une fois amoureux, que des parures, et il ne s'était pas fait faute de les étaler aux yeux de Zabelle.

Ces parures-là, il en avait d'autant plus besoin que Zabelle lui plaisait davantage. Il lui voyait de si multiples beautés, il la croyait si riche, il se trouvait si pauvre. Ainsi était-ce comme une espèce d'offrande qu'il avait apporté à Zabelle toute sa jeunesse avec son histoire, ne lui cachant rien de ce qu'avait été son adolescence, ses premiers émois encore si poétiques, avant son entrée dans la Marine, ses souffrances, ses bonheurs, ses courages. Comme il ne savait pas mentir, il avait tout rapporté fidèlement sans penser une seconde que ces aveux qui avaient tant de charmes dans l'époque des fiançailles, allaient constituer dans l'avenir une source intarissable et toujours fraîche de douleur. La vérité se révèle à un homme de plus d'une manière.

De même qu'on a l'habitude en histoire de diviser le temps en siècles, mais de faire commencer le siècle ou l'ère bien moins au millésime qui en marque le début selon la chronologie, qu'à l'événement où se prononce pour la première fois son caractère, de même cette seconde partie de la vie de Michel ne datait pas du jour de son mariage, mais de celui où, pour la première fois, dans une de leurs premières scènes, la cousine Zabelle s'était emparée des confidences qu'il lui avait faites, les retournant contre lui en pointes violentes avec la soudaineté et la force que déploie un agresseur caché au coin de la rue. Il comprit alors ce qu'il n'avait même pas soupçonné. Dans l'instant, il éprouva un vertige réel qui lui fit fermer les yeux. Au cours de cette même scène, tandis que Zabelle parlait encore, il comprit qu'il était désormais blessé pour la vie entière. Elle l'entendit murmurer que jamais plus il ne serait le même et elle répondit quelque chose, mais il ne sut pas quoi, car il n'avait pas parlé pour elle. Les progrès de l'intelligence étaient en marche. Tant de choses se passèrent en lui à cette minute qu'il se souvint toujours d'avoir éprouvé comme physiquement que ses possibilités de comprendre étaient agrandies.

En même temps qu'elle se révélait telle qu'elle était, telle qu'il comprit dans sa lucidité qu'elle serait toujours, elle lui révélait aussi certains aspects de son propre caractère. Et s'il l'avait haïe pour la douleur qu'elle lui avait infligée, quelque chose comme un sentiment de reconnaissance s'était mêlé à cette douleur même en raison des révélations qu'elle lui apportait. C'était plus et moins qu'une trahison de l'amour : une découverte sur la vie. Dans la mesure même où il s'agissait d'une découverte sur la vie, la personne de la cousine Zabelle avait pris beaucoup moins d'importance, et c'était peut-être là ce qui expliquait en partie qu'il ne l'eût pas quittée. Il y avait dans tout cela quelque chose de tellement plus important que les personnes et qui les dépassait tous les deux. C'était là ce qui expliquait que le Moco eût été possible et tous les autres. L'espèce d'indifférence où il était tombé quant à la cousine tenait à la nature des problèmes qui étaient entrés dans sa tête et qu'elle avait sans le savoir si bien travaillé à y faire entrer.

Mais ce genre de scène ne s'était pas produit qu'une fois. Il s'était au contraire renouvelé très abondamment et dans la mesure où Michel avait cessé de parler de son passé, dans la mesure où il avait interdit qu'on lui en parlât, elle s'était mise à l'accuser de vouloir lui cacher des choses. Il n'avait pas du tout prévu ce nouveau tour que prendrait l'aventure. Mais déjà aguerri, il avait fait front. Et la vie avait continué, avec, comme il disait, ses hauts et ses bas.

Or, dans tout ce qui avait trait au passé et aux problèmes qui s'étaient cristallisés en eux à son propos, il se trouvait que le hasard des mots avait fait de la médaille militaire comme le drapeau qu'ils brandissaient l'un et l'autre dans leur combat. L'étendard levé, chacun fourbissait ses armes, préparait sa poudre. Qui peut explorer jusqu'au fond ces luttes entomologiques et en détailler toutes les ruses ? La présence de tiers comme M. Thoraval et son petit Biri garantissait à la cousine que l'interdit était levé, qu'il n'y aurait pas d'esclandre, qu'elle pourrait autant qu'elle le voudrait parler de ce passé si peu mystérieux et pourtant tabou. Mais elle le faisait d'une manière inattendue et qui n'avait pas été non plus une des moindres stupeurs de Michel la première fois où elle s'y était exercée. Tout ce qui, dans la scène à deux, tournait à l'humiliation et à l'abaissement du malheureux, elle le faisait en présence des autres, tourner à sa gloire. Elle savait si bien que c'était pour lui le pire supplice ! Elle vantait sa beauté, sa force, son élégance sous son costume de marin, elle allait chercher des photographies dans son armoire et les étalait sur les genoux des invités. Elle racontait ses prouesses. Une fois, au Tonkin il avait fait preuve d'un sang-froid extraordinaire. Etant tombé avec une corvée d'eau dont il avait le commandement au milieu d'une bande d'insoumis, il avait si bien su « y faire » qu'au moment même où ils se voyaient massacrés, le calme était revenu comme par enchantement. Et les insoumis les avaient laissés partir. Une autre fois, une avarie s'étant produite dans les machines, qui menaçait d'avoir de si graves conséquences que le bateau eût sombré, Michel s'était glissé sous la machine au péril de sa vie, il avait fait la réparation et encore une fois sauvé tout le monde. Et ils ne lui avaient pas donné la médaille militaire, ces cochons-là !

Le pauvre Michel écoutait tout cela avec des airs de condamné à mort. Oui, ce qu'elle disait était vrai. Telle avait été sa vie autrefois. Il n'avait pas eu peur des insoumis, ni de la mort. Devant quoi donc tremblait-il aujourd'hui en écoutant sa femme ?

Un jeudi, la cousine Zabelle étant sortie pour aller faire un petit pas de conduite aux Thoraval, je restai seul avec le cousin Michel.

Marcelle s'occupait à sa vaisselle. Nous étions sous la tonnelle. Il faisait beau. La tête toute pleine de ce que je venais d'entendre — il s'était agi ce jour-là de l'Algérie, du Maroc, de combats contre les Arabes, et peut-être était-ce dans un combat de ce genre que le pauvre M. Vandeuil avait perdu la vie — j'osai demander si «tout cela» s'était bien passé comme l'avait raconté la cousine. Il se retourna brusquement.

— Ça t'intéresse ? me demanda-t-il d'un ton sec, dont je me sentis mortifié. Ah ! reprit-il, avec douceur, cette fois, et même en souriant, c'est vrai que tu veux être marin !…

— Oui, mon cousin.

— Va ! Ne te fais pas marin, mon petit…

Rêvais-je ? Ai-je rêvé depuis ? Il se peut. Ou bien c'était lui, alors, qui rêvait tout éveillé. Car ce qu'il me dit, c'est que la vie de marin est « incompatible » avec la vie de famille.

— Incompatible ? Ça veut dire quoi ?

— Que ça ne va pas ensemble, me répondit-il.

O mystère !

— Pourquoi que vous me racontez jamais rien, mon cousin ?

— Tu sais… quand on vieillit…

Nous entendions Marcelle qui remuait ses assiettes. A travers les feuilles de la tonnelle le soleil passait, faisait des ronds par terre. Il était peut-être un peu plus de trois heures de l'après-midi.

— Et la médaille militaire ? demandai-je.

Cela m'avait échappé.

— Ah ! toi aussi ! s'écria-t-il, en riant cette fois de fort bon cœur. Puis, il ne dit plus rien. Il fumait sa pipe en souriant, et semblait débattre en lui-même s'il dirait ou non une certaine chose…

— Ecoute !

— J'écoute, mon cousin.

— J'étais une fois à Nouméa. Tu sais qu'on y envoie des forçats ?

— Oui.

— Quatre forçats s'étaient évadés. Ils s'étaient fait une barque, eux-mêmes, dans un tronc d'arbre, et ils avaient pris la mer. J'étais à bord d'une canonnière. On nous commanda d'explorer la côte. De temps en temps nous mettions une chaloupe à la mer pour aller en reconnaissance.

— Pour visiter les creux ?

— Tu l'as dit bouffi. Alors, une fois, je suis parti à mon tour avec quatre hommes, et nous les avons vus.

— Les forçats ? Tous les quatre ?

— Oui ma foi. Et il étaient même bien tranquilles. Ils se cachaient à peine. Ils avaient tiré leur rafiot sur un coin de sable et ils se reposaient.

— Quand ils vous ont vus ?

— On leur a fait des signes. Bonjour, quoi. Nous on était des marins, on n'était pas des garde-chiourmes. Nous sommes partis : rien à signaler. Et ils ont fait ce qu'ils ont voulu. Mais ne raconte pas ça… Promis ?

— Oui, mon cousin.

— Autrement, vois-tu, Zabelle n'oserait peut-être plus me parler de la médaille militaire… Et ça lui manquerait.

Il rit. C'était un bon souvenir, tout de même, me dit-il encore, que cette histoire de forçats.

Ainsi arrivait-il que la plus grande partie de la journée du jeudi s'était écoulée sans que la cousine Zabelle ait trouvé le temps de me faire réciter mes leçons. Elle s'en avisait soudain justement comme allait sonner l'heure du goûter.

— Pas possible tout de même ! Quelle boutique ! On peut arriver à rien faire, là-dedans ! s'exclamait violemment la cousine, en jetant un coup d'œil à la pendule. Tu es sûr qu'elle n'avance pas, la pendule, Michel ?

— Quoi ?

— Je te parle de la pendule ! Elle est bien à l'heure ?

— Oui...

— Ça, alors, c'est un peu fort... Marcelle, prépare-nous quelque chose pour goûter, dis, ma belle ? Et toi, viens par ici, faisait la cousine en me prenant par la main...

Elle m'entraînait dans sa chambre. Je prenais mon cartable en passant.

— Ici, me disait-elle en refermant la porte. Comme ça, nous serons bien tranquilles. Personne ne viendra nous déranger. Assieds-toi.

Je prenais un fauteuil, je posais mon cartable sur mes genoux. Elle s'asseyait en face de moi.

— Une leçon de quoi, aujourd'hui ?

— D'histoire, ma cousine. Sur Henri IV.

— Fais voir ton livre si des fois on y parle de la belle Gabrielle ?... Ousque c'est ? Dis-moi la page.

Je disais la page, les paragraphes.

— Bon. Récite.

Et le récitais — sans me lever de mon fauteuil, ce qui me semblait tout drôle...

— Mais tu la sais, ta leçon ! se récriait la cousine, tu la sais par cœur !

— Oui, ma cousine...

— Eh bien alors, quoi ?... C'est tout ? Y a pas autre chose ?

— Si, de la géo.

— Fais voir ton livre. Récite.

Je récitais.

— Mais tu la sais aussi, celle-là !...

— Oui, ma cousine…

— Eh bien alors quoi, ça va !… C'est pas la peine de se tracasser. Tu les sais tes leçons ! Est-ce que tu les sais toujours comme ça ?

— Ça dépend.

— Ton instituteur dit que tu rêvasses ?

— Je ne sais pas, ma cousine…

— Après tout… du moment que tu sais tes leçons !… Allez va ! Rengaine-moi tous tes bouquins, et viens goûter. Après tu partiras. Ta mère serait inquiète… Tu lui diras, à ta mère, que c'est l'année prochaine que tu entreras au lycée… Au mois d'octobre prochain, quoi. Répète-lui bien encore une fois que je me charge de tout… bien que je ne sois pas une comtesse !…

Quel bonheur, quand je me retrouvais dans la rue ! Non pas que le temps m'eût tellement pesé chez la cousine, ou que je m'y fusse en rien senti contraint — mais après tant d'heures où j'étais resté enfermé, loin de ma vraie patrie, comme je respirais plus légèrement une fois dehors !

Tout me semblait nouveau, allègre, plein de promesses. Certes, je rentrerais chez moi d'abord, j'irais rassurer ma mère — lui conter un peu ce qui s'était passé chez la cousine — mais ensuite… Ah ! faut-il le demander…

Ensuite, sur la fin du jour, c'est vers la rue du Héron que je m'en irais comme un endormi… Peut-on croire

qu'un instant j'avais oublié Gisèle ? Non pas. Mille
fois, au contraire, au travers de tout ce que j'avais vu,
dit, entendu, compris ou deviné, je m'étais souvenu
d'elle, seule réalité au monde. Combien j'éprouve
aujourd'hui la pauvreté des mots qui ne sont rien !
Combien j'éprouvais alors la richesse des choses qui
sont tout !

J'étais ! — Seule l'enfance éprouve ce que c'est que
d'être… Ensuite, tout se gâte. Mais j'étais. Et maintenant que je pouvais m'approcher de la rue du Héron,
que je pouvais rentrer tout à fait en moi-même et me
livrer à mes fêtes — *j'étais,* au sens le plus absolu du
mot — hors du temps — y compris le temps illimité
de la mort qui ne viendrait pas — avec Gisèle. Se peut-
il que tout se soit perdu, et qu'il ait fallu vivre depuis
dans une si triste séparation d'avec moi-même, où si je
ne t'ai pas oubliée, j'ai du moins cessé de souffrir ? Un
autre songe, un nouveau sommeil qui ne me conduit
nulle part sont tombés mystérieusement sur moi. Où
roulerons-nous ? A l'abîme. Et j'étais si riche autrefois ! Si vainqueur, quand je voyais briller tes lumières
dans les deux vitrines, autour des poupées, des journaux et des masques roses !…

Je ne voulais rien d'autre, ni de plus.

Il n'était pas nécessaire que j'eusse avec Gisèle
d'autre rapport que celui qui était de moi à moi, pour
que mon amour persévérât et grandît, et rien n'aurait
pu m'en distraire, pas plus qu'il n'était concevable que
je fusse distrait de moi-même, c'est-à-dire d'être. Cet
amour se suffisait d'une manière quasi indépendante

de son objet, dont il m'était pourtant si nécessaire et si doux de savoir qu'il était vivant, dont le moindre désagrément qui lui fût survenu, la plus légère égratignure ou le plus passager malaise m'eussent tant fait souffrir j'en suis sûr, qu'il ne m'eût plus été possible de dissimuler mon secret tant j'aurais eu de mal à mon tour.

Ainsi ne manquais-je pas un jour d'agir en sorte qu'il me fût bien assuré que rien n'était survenu dans les hasards de la veille qui eût changé la moindre chose à l'état où je l'avais laissée. Il faut que les idées les plus communes sur l'amour, et les banalités traînées partout dans les romans soient aussi les plus sûres. Il n'est guère vraisemblable que trop d'idées romanesques m'aient alors gâté la cervelle. C'est à peine si je savais lire. Mon amour était pourtant un amour de chevalier. Gisèle pouvait ne pas le savoir, je veillais sur elle dans l'ombre, prêt à donner ma vie à la moindre occasion.

Quand, le nez appuyé sur la vitre du magasin et feignant de considérer avec passion les illustrés dont la vitrine était remplie, je contemplais avec ravissement Gisèle qui allait et venait sans se soucier le moins du monde de ma présence et même sans la remarquer, il est probable que la plus grande partie du charme que je subissais alors venait justement de ce que je ne me voyais pas, que j'étais aussi entièrement qu'il est possible perdu et absorbé dans une volonté et une joie dont j'avais sans doute la conscience la plus vive mais sur quoi je ne possédais pas la moindre notion. Savais-je seulement que j'étais amoureux ? Assurément pas.

Mon amour peut-être le plus passionné, le plus fidèle,
en tout cas le moins facile à oublier n'a pas su son nom.

Mais il n'était pas nécessaire qu'il le sût et au
contraire valait-il mieux qu'il l'ignorât, comme il était
bon que j'ignorasse certaines des raisons les plus vraies
de ma réserve, ou pour mieux dire, de ma prudence.
Mais les ignorais-je vraiment ? Faut-il donc tant de
courage pour s'avouer à soi-même après tant de temps
écoulé, et quand d'avoir passé comme on dit par l'éta-
mine de la vie m'a au moins appris l'inutilité de tricher
avec soi-même, que ces raisons, je les connaissais parfaitement, que loin de les ignorer je ne me gouvernais
que par elles. Eh bien oui, ma prudence avait sans
doute mille raisons communes à tous, mais elle en avait
surtout une grande, qui était dans ma pauvreté, dans
mon appartenance. Grand Dieu, c'est vrai, j'étais un
pauvre, et cette fillette, dont l'adorable visage m'était
plus doux que le pardon des fautes, elle était ni riche,
du moins le croyais-je. Et en comparaison de notre
dénuement, n'était-il pas vrai qu'elle vivait comme une
princesse ? Du fond de ma pauvreté, qu'avais-je
d'autre à lui offrir que mon sacrifice ? O, apparences !

… L'homme est ainsi fait et le démon qu'il porte —
et supporte — en lui, sur un tel qui-vive, que même le
rêveur le plus persévérant garde toujours une pointe de
l'œil tournée vers la réalité. Ainsi arrivent les malheurs. A moins… car on peut se dire aussi que ces traits
perçus de ce qu'on appelle une réalité, ne sont pas autre
chose que de nouvelles figurations du rêve. Et à ce

compte-là, je puis bien me demander si le Musicien et
son ami ont jamais vraiment *existé* ?

Oh ! même aujourd'hui, je pourrais le savoir. Aujour-
d'hui encore, je pourrais retrouver leurs traces… Les
hommes laissent toujours après eux tant de signes dont
ils ne soupçonnent même pas l'existence — et la
mémoire des petites villes, même à travers les catas-
trophes des guerres, est si longue, et si tenace ! Mais je
n'ai point besoin d'archives, et nulle grand-mère en bonnet ne me sera du moindre secours. Ce que je sais, je le
sais et, fantômes ou non, nés ou non, de leurs mères, ou
d'un secret détestable de mon cœur, je sais bien que l'un
des deux, le Musicien lui-même, le plus gros, le plus
rose, le plus poupin, était aussi celui qui venait là le plus
souvent, qui restait là le plus longtemps ; qui lui souriait
avec le plus d'insistance, me semblait-il — que Gisèle
elle-même accueillait avec le plus de plaisir…

De quel pas hardi il faisait retentir le pavé de la rue
du Héron, le misérable joueur de flûte ! J'avais eu bientôt fait d'en apprendre la cadence, sinistre, inflexible,
comme celle d'un pas d'exécuteur. Du plus loin qu'elle
apparaissait dans le domaine qui n'aurait dû être qu'à
moi, je reconnaissais l'affreux signal. Le désenchan-
teur apparaissait — dans mes beaux décors soudain
flétris. Et je restais là, j'attendais, car je voulais voir…

Souvent il était seul, mais, parfois aussi, accompagné de l'autre. Ils étaient militaires, tous les deux.
L'autre était un petit homme maigre et alerte qui portait des lunettes. Comme ils avaient l'air heureux,
comme ils riaient — avec quelle odieuse assurance ils

entraient dans la boutique de madame Vandeuil ! Et comme tout s'animait brusquement. Gisèle se levait, toute souriante, et un peu rose, elle leur tendait sa main délicate qu'ils serraient dans les leurs avec toutes sortes de manières gentilles, en ôtant leurs képis, qu'ils posaient sur le comptoir, signe qu'ils ne venaient pas là que pour un instant. Parfois même, l'un d'eux s'asseyait. C'était, le plus souvent, le petit. Il parcourait les journaux distraitement, tandis que l'autre, le gros blond poupin au visage de lune, debout dans un coin, parlait avec Gisèle de choses extrêmement drôles sans doute, car il riait tout le temps et, hélas ! il la faisait rire… Et, d'une manière si charmante !

Je m'en allais, tout plein de nouveaux songes — et j'errais par les rues longtemps avant de regagner ma place aux Ours — pendant tout le temps que je serais resté dans la rue du Héron si le Musicien n'était pas venu. Ce que j'avais voulu voir, je l'avais vu, l'assurance que j'avais voulu avoir, je l'avais reçue. A présent, ce n'était pas tant la cruauté du spectacle qui me chassait, mais l'idée que ce spectacle-là n'était pas à moi, qu'il était malhonnête de ma part de le vouloir surprendre, que c'en était trop peut-être déjà que d'avoir su… Pour rien au monde je n'eusse voulu que Gisèle pût savoir que je savais. Je sentais trop bien que cela n'était pas à moi et du reste… du reste, la principale question était ailleurs, hors de la souffrance même issue du cœur, elle était dans un certain « comment », dans un certain « nous sommes ainsi » ou « cela est ainsi ». Et j'apprenais à le discerner.

Décidément, je grandissais. Oui, de jour en jour. La perspective que, dès le mois d'octobre prochain, je serais le compagnon d'études de Marcel Vandeuil m'effarouchait de moins en moins. Est-ce cela qui s'appelle prendre de l'assurance ? Peut-être. Mes beaux contes de bataille, la cathédrale de Strasbourg, Gaspard Obrecht... je n'oubliais rien de tout cela, mais déjà, tout était changé. Chassé de la rue du Héron, je retournais maintenant très souvent dans ma vieille rue du Tonneau, comme un promeneur désenchanté, et là non plus je ne reconnaissais pas les choses, ou plutôt : si. Les choses étaient toujours là, c'était toujours la même lèpre, la même puanteur, la même boue fétide, à la moindre averse, les mêmes boutiques de brocanteurs, les maisons, le *Cap de Bonne-Espérance*... Mais les gens avaient changé. Et moi qui cherchais ici mes assises — mon droit — c'était comme si on ne m'y avait pas connu.

Ah oui, je grandissais et en même temps j'apprenais ce que c'est que de grandir ! Je ne retrouvais plus mon monde — et toute la soirée, je pouvais errer à travers les vieilles ruelles de mon enfance sans jamais rencontrer ma pauvre Fée, ni Pompelune, si beau naguère dans le foisonnement de ses cocardes, ni Durtail, puisqu'enfin il avait eu l'affreux courage de briser sa *Maris-Stella,* et ensuite de se pendre à l'espagnolette de son soupirail. C'était si loin ! Il y avait si longtemps que mon vieux grand-père était mort... C'était vers tout ce monde d'autrefois que je me retournais, dans l'étrange ouverture de silence qui s'était faite en moi depuis que les choses avaient si bien changé dans la rue du Héron, là, que je venais chercher non pas une consolation — car du fond de ce silence même naissait un inexplicable sourire, et je n'avais pas besoin d'être consolé — mais... mais quoi? Je ne sais au juste... J'avais besoin de ces vieilles pierres, de revoir encore une fois notre cour et la fenêtre, qui avait été celle de notre écurie...

Jaloux, assurément je l'étais, mais il ne me venait pas en tête de rien entreprendre ou de rien imaginer pour changer quoi que ce soit aux choses. Autant eût-il valu croire qu'il dépendait de moi que les astres changeassent leur cours. Le monde ne m'apparaissait point du tout comme un objet de conquête; tel qu'il m'était donné, je le laissais se réfléchir dans mon cœur, y plonger ses lumières et ses pointes, plus d'une fois sanglantes, sans jamais croire qu'il m'appartînt de rien faire pour en éviter les déchirures. Même alors que j'en faisais les frais, le pathétique et la beauté du spectacle l'emportaient toujours sur le reste et, dans la plus vive douleur, il me restait encore le recours d'une certaine connaissance qui en était comme la fructification.

Les premières ombres du crépuscule me trouvaient encore rôdant à travers la rue du Tonneau et son dédale de ruelles obscures. Je ne pouvais m'en arracher. Il me semblait que là, j'étais moins tourmenté — que quelque chose, je ne savais pas quoi, veillait sur moi particulièrement et m'aidait... pas quoi, veillait sur moi particulièrement et m'aidait... C'était le même silence qu'autrefois dès que la nuit apparaissait, la même retraite de chacun dans son trou — la même explosion des pianos mécaniques, dans les «maisons», annonçant et préparant les sombres fêtes nocturnes qui s'y déroulaient...

Je me disais que tout à l'heure il allait falloir rentrer. J'étais mieux de me trouver seul, et je reculais jusqu'au dernier moment l'instant de regagner enfin la place aux Ours — si proche et si lointaine à la fois.

Ainsi se passaient les jours — et une fois, comme c'est étrange, dans cette même rue du Tonneau où j'étais si loin de croire qu'une telle chose fût possible, je fis une rencontre... quelle rencontre! Le Musicien lui-même! Le gros poupin! Je le vis très bien sortir d'une des «maisons». Il riait — et marchait d'un pas pressé... ô Gisèle!...

Parfois la cousine Zabelle nous rendait la politesse que nous lui avions faite, en allant chez elle, le soir, boire une tasse de café et écouter son phonographe. Le jeudi précédent, elle me priait d'avertir ma mère qu'elle viendrait nous voir tel jour, avec le cousin Michel, bien sûr, peut-être aussi avec Toussaint, peut-être encore avec Marcelle, qui de plus en plus était considérée comme «de la famille». Mais si Toussaint, si Marcelle ne pouvaient venir, elle viendrait sûrement, c'était dit. Et le cousin Michel.

Ma mère se mettait en frais. On n'aurait pas à prétendre qu'elle recevait mal son monde, que son café était moins bon que celui de la cousine, et ses petits gâteaux secs moins bien choisis ! Seulement, il n'y aurait pas de phonographe !… C'était un grand manque et nous l'éprouverions tous… La cousine Zabelle surtout…

Aussi n'était-il point rare, une fois bue la tasse de café, d'entendre la cousine s'écrier :

— Mais nom de Dieu, il y a concert, ce soir, sur les Quinconces ?…

Elle était déjà debout.

— Je crois bien que oui, disait le cousin Michel. Il me semble avoir lu ça dans le journal.

— Alors… on y va ? Tu viens, Mado ?

— Mais… faisait ma mère, interloquée… Elle n'avait pas l'habitude d'aller au concert public. Est-ce que c'était fait pour elle ?

— Allons ! Mets-toi vite quelque chose sur le dos et partons. Tu verras qu'ils auront joué déjà au moins deux morceaux. Tu t'habilles ?

— Ma foi oui, Zabelle.

— C'est la Municipale, ce soir, Michel ?

— Je ne crois pas, ma Dulcinée. C'est la troupe.

— Tant mieux ! La troupe lotie tellement mieux que la Cipale !…

Bien entendu, ni le Moco ni Marcelle n'étaient là.

L'annonce de leur visite possible n'avait été que pour la forme. Et la cousine savait depuis longtemps

qu'un concert aurait lieu ce jour-là. Tout était prémé-
dité et réglé à point…

Nous partions…

« La troupe ! me disais-je… la musique de la troupe…
Il sera là… »

Une heure plus tôt, je l'avais encore une fois aperçu,
à travers la vitrine enchantée et la petite silhouette de
Gisèle tout près de lui comme toujours souriante…
Que lui disait-il ?…

De nouveau, je me perdais dans mes songes.

— Va en avant, m'ordonnait la cousine, comme
nous approchions des Quinconces, va lire le programme. Tu nous retrouveras près des marches du
kiosque…

Je partais, heureux d'être rendu pour un instant à
moi-même. Il y avait foule, sur les Quinconces. C'était
le beau temps. Bientôt même le beau temps des
grandes vacances après lesquelles j'entrerais au lycée.
Il faisait encore grand jour, bien qu'il fût au moins neuf
heures du soir. Le concert était commencé depuis une
demi-heure et pour l'instant, les musiciens se reposaient, assis sur leurs chaises.

Du premier regard, je le reconnaissais, *lui*. C'était le
plus gros de tous — le plus poupin, le plus blond. Il
tenait entre ses genoux une espèce de gros instrument
de cuivre dont je ne savais pas le nom, et qui ressemblait à une corne d'abondance. Il avait soufflé si fort
dedans, sans doute, que déjà il était tout en nage et s'essuyait le cou, avec son mouchoir… Et près de lui,

tenant entre ses doigts une flûte d'ébène, son ami, le
petit bonhomme maigre aux lunettes.

Le chef de musique rêvait, debout devant son pupitre,
au milieu du cercle. Et soudain, à peine avais-je eu le
temps de jeter un coup d'œil au programme, comme
toujours fixé par un clou sur un tronc d'arbre, voilà que
le chef de musique frappait quelques petits coups de
baguette bien secs sur son pupitre, auquel signal tous
les musiciens se levaient en même temps...

... Ce n'était plus, comme autrefois, quand nous
venions là avec le grand-père, une partie de cache-
cache jouée entre la foule et nous. Bien au contraire.
Dans l'espace libre autour du kiosque, tant que durerait la musique, le beau monde ne cesserait d'aller et
de venir comme à la parade, et la cousine Zabelle,
retrouvée dans l'instant où les premiers éclats des
cuivres, les premiers tonnerres de la grosse caisse
auraient retenti, nous entraînait dans sa suite glorieuse,
à travers cette foule si bien habillée et si digne des
bourgeois de la cité, tout comme si elle avait été des
leurs, et nous aussi. Ah ! combien j'eusse préféré l'ancien style ! Comme je me serais mieux plu, tout seul,
sur le plus éloigné des bancs !...

Mais nous tournions ainsi autour du kiosque jusqu'à
la fin, la cousine ne se gênant pas le moins du monde
pour parler haut et rire aux éclats quand elle en avait
envie, et fût-ce au beau milieu d'un solo de clarinette.
Puis, quand les musiciens repliaient bagage, qu'ils se
formaient en rang pour regagner leur caserne, nous faisions un petit pas de conduite à la cousine, traversant

encore une fois la rue du Héron où tout était si obscur. Et nous nous séparions sur un bout de trottoir, la cousine Zabelle se déclarant enchantée de sa soirée…

Telles étaient les visites qu'elle nous faisait.

Un de ces soirs de visite-concert, comme nous revenions vers notre place aux Ours après les avoir quittés, ma mère ne se retint pas de dire :

— Tout de même, elle exagère !… Oh, la drôle de femme ! Oh, le pauvre cousin, comme je le plains !…

Et nous sûmes alors que ma mère avait parlé au cousin Michel, dans le courant de la soirée, sans que nous l'ayons remarqué, ni personne. Car la conversation qu'elle avait eue avec lui s'était passée dans un moment où la cousine nous avait emmenés à la boutique d'un petit marchand d'oublies.

— Mais qu'est-ce qu'il a dit, maman ?

— Ah, c'est trop triste…

Et nous ne sûmes qu'au fur et à mesure des jours — sans doute n'ai-je appris qu'au fur et à mesure du temps — ce qui avait tant ému ma mère certain soir…

Est-ce que ce n'était pas honteux, pensait-elle, la façon dont elle exploitait le pauvre Michel ! Pour sûr, il était bien bon ! Avoir trimé toute sa vie pour en arriver là, et voir l'argent de sa pension jeté aux quatre vents des festins qui servaient à engraisser le Moco ! Quelle faiblesse, Seigneur Jésus ! Mais il n'y avait rien à dire au cousin. Là-dessus, il n'entendait pas raison C'était la plus triste des choses… « Que veux-tu, ma pauvre Mado, elle fait ce qu'elle veut, et moi de

même ! » Comme c'était pénible ! Ainsi donc il la justifiait par un mensonge, car cette liberté dont il prétendait jouir, il était loin de l'avoir. Et la cousine allait
même jusqu'à prétendre qu'il n'aurait su qu'en faire.
« Mais encore Michel, si elle travaillait, si elle faisait
quelque chose de ses dix doigts ! »

Quand ma mère nous parlait de cette conversation,
elle ne manquait pas de nous dire que le cousin Michel
avait eu l'air de penser qu'elle se mêlait de ce qui ne
la regardait pas. Elle le savait fort bien, mais, disait-
elle, que deviendrait-on dans la vie si on ne s'occupait
jamais que de ce qui nous regarde ? Et quelle raison y
avait-il au monde pour qu'elle laissât le pauvre Michel,
qu'elle aimait de cœur, aller tout doucement à sa perte,
si d'un mot elle y pouvait quelque chose ? Mais va te
faire fiche !

Sur la question du travail il avait aussi trouvé
réponse. Certes, elle ne travaillait pas pour le moment,
on ne lui voyait jamais ni une aiguille ni un crochet
aux mains. Elle passait des heures entières à lire des
feuilletons, à caresser sa chienne, la Belle Saucisse.
Cela oui, c'était vrai. Seulement ce n'était pas tout à
fait de sa faute à elle, car elle avait de la bonne volonté
et même elle pensait à faire quelque chose.

Ayant entendu dire que le travail du tricotage rap-
portait bien pourvu qu'il soit fait en grand et à la
machine, elle était occupée depuis longtemps d'un projet et… elle cherchait des capitaux. Qu'y avait-il là
d'extraordinaire ? Quoi ! Avec quelques centaines de
milliers de francs qu'elle se faisait fort de trouver —

il devait tout de même bien y avoir au monde des finan-
ciers qui n'étaient pas des imbéciles, des hommes qui
comprenaient les choses, qui savaient encourager les
initiatives, à condition bien entendu qu'on fasse preuve
d'esprit — elle mettrait l'affaire en route ! Quand elle
aurait réuni le petit capital qui lui était nécessaire pour
« partir » elle monterait son atelier. Oh, pour commencer, elle n'embaucherait pas plus de quatre à cinq
ouvrières. Mais petit à petit elle s'agrandirait. Ça pourrait même devenir une affaire de conséquence. Elle ne
disait pas une usine, non, le mot était trop gros, mais
enfin quelque chose comme une entreprise, où l'on
gagnerait bien sa vie.

Alors, Michel pourrait cesser de travailler si telle
était son envie. A moins que, par passe-temps… « Et
tu crois à des histoires pareilles, mon pauvre Michel ?
— Pourquoi pas ? Le tout est de trouver la mise de
fonds. » — Etait-il dupe ? Il avait, disait ma mère, parlé
de cette affaire de tricotage absolument comme la cousine l'eût fait elle-même avec les mêmes mots, et
presque du même ton. « Et Toussaint là-dedans ? —
Bah, que veux-tu !… » — Là-dessus, s'était arrêtée la
conversation.

Ce grand rêve d'entreprise et de louis d'or qui
occupa la cousine peut-être pendant une huitaine de
jours, fut abandonné comme tant d'autres l'avaient été
précédemment que nous n'avions pas connus. Renon-
çant à régner sur tout un peuple d'ouvriers et d'em-
ployés… elle acheta une machine à coudre.

De cela, je me souviens fort bien.

Ce fut, à vrai dire, un événement. Non seulement elle prétendit qu'elle se servirait elle-même de la machine, qu'elle ne laisserait jamais personne y toucher, mais elle annonça son intention de lui faire rendre son « maximum », de s'installer carrément couturière, afin que par les sous qu'elle gagnerait de cette manière, elle pût mettre un peu de beurre dans ses épinards. Ils en manquaient, surtout à la fin du mois.

Une fois qu'elle aurait « remonté » sa lingerie, ce qui lui demanderait tout de même pas mal de temps, et en travaillant comme une simple servante, on verrait si elle ne s'établirait pas couturière pour de bon. Elle travaillerait dans le fin. Elle ne se chargerait pas, bien entendu, de n'importe quel bricolage. Du joli travail, qu'elle ferait. Il ne fallait pas oublier qu'elle s'y connaissait, et même sans parler de machine à coudre, qu'elle était une brodeuse hors ligne. Oui, oui, elle n'avait l'air de rien comme ça, mais elle avait plus d'une corde à son arc et elle ne craignait pas la misère. On verrait si bientôt elle ne ferait pas imprimer de petites cartes-réclame qu'on distribuerait partout dans le quartier et même en ville. « Madame Leprêtre. Travaux de couture garantis très soignés. Broderie. » Elle se ferait une clientèle. Et ce modeste projet semblait avoir plus de sérieux que celui du tricotage. En tout cas, la machine était là, une magnifique Singer toute neuve.

— Il a dû vous coûter bon, votre outil, disaient les voisines, non sans jalousie.

— Ah, bien sûr, répliquait fièrement la cousine. De

la marchandise comme ça, ça ne se donne pas. Mais c'est un placement.

Elles n'avaient pas besoin, pas vrai, de savoir qu'elle ne l'avait pas payée ?

C'était un plaisir de plus. C'était peut-être même le seul plaisir que lui procurât cette machine, car elle n'y toucha guère, sauf une fois pour l'essayer, et, ayant trouvé que ce genre de travail lui cassait les reins, lui abîmait les yeux, elle déclara que la machine ne valait rien, qu'il y aurait fallu un petit moteur, que c'était bête comme chou, ce pédalage qu'il fallait faire, et qu'elle ne comprenait pas que des gens puissent passer leur existence à manœuvrer un pareil outil. Bref, elle planta là sa machine, elle la recouvrit de son cache-poussière et n'y pensa plus.

— Vieng, ma Belle Saucisse, vieng nous asseoir toutes les deux devant le feu… Raconte-moi tes peines, et je chercherai tes pupuces… Va, que je te peigne un peu ! Et surtout que je ne te voie pas courir le guille-dou ! Que s'ils te faisaient des petits, ces cochons-là, tu serais capable d'en crever. Méfie-toi des hommes, va…

Mais la Belle Saucisse était la vertu même..

Or, la petite chienne semblait non seulement satis-faite de son état, mais il y avait en elle je ne sais quoi de doux et d'hypocrite qui voulait renchérir sur la reconnaissance qu'elle avait à sa maîtresse. La manière tendre dont elle la regardait, cette façon qu'elle avait de lui lécher les mains, quand elle était pelotonnée dans son giron… hum ! c'était excessif et bien suspect !

Un soir, elle s'échappa…

C'était un soir d'été — sans doute pendant les grandes vacances — et nous étions invités chez la cousine à prendre du café et à entendre le phonographe. Soirée mémorable à bien des égards, et, pour commencer par l'étrangeté de la réception qu'on nous fit.

Grands dieux, que la cousine était belle, ce soir-là ! Plus belle assurément que ne l'avait jamais été aucune femme — et même la femme de mon oncle Paul, ma tante Béa, dans sa robe princesse. (A propos, nous ne recevions plus jamais de nouvelles de l'oncle Paul.) Elle s'était fait faire des boucles et, pour une fois, le paresseux Moco avait dû laisser là sa mandoline, prendre ses fers et se souvenir de ce qu'il avait appris bien malgré lui dans sa jeunesse marseillaise.

Mais n'était-ce pas un délice, pour un amant, que d'avoir à friser sa maîtresse, et une gloire que de le si bien faire ? Le Moco était un artiste, mais modeste. A nos exclamations enthousiastes qui tiraient des cris de joie voluptueuse à la cousine, il répondait par des regards indifférents et presque dédaigneux, par des haussements d'épaule imperceptibles, comme pour bien nous donner à comprendre qu'il ne s'agissait là que de bagatelles, que ce n'était là que le commencement de son art et qu'il n'y avait pas de quoi se mettre en frais de compliments.

— Qu'est-ce que vous dites de mes anglaises ?

Et elle fermait à demi les yeux, haussait le col, penchait coquettement la tête et ne bougeait plus pour mieux se laisser admirer. Il est vrai que les belles boucles noires encadrant son visage parfaitement ovale composaient un ensemble dont il eût été vain et injuste de nier la beauté. Mais nous n'avions pas encore tout vu. Nous étions arrivés pour ainsi dire devant que les chandelles fussent allumées et la cousine nous réservait une surprise.

Soudain, elle se leva, fit une pirouette avec une grâce et une légèreté qui nous laissèrent stupéfaits, car elle était comme on sait plutôt dondon. Et elle disparut en courant dans sa chambre, d'où elle nous cria :

— Je reviens ! Attendez-moi…

Et elle ferma la porte.

— Eh bien, Michel, dit ma mère, je ne l'avais jamais vue aussi belle, ta femme !

Le cousin Michel, qui avait l'air d'être à mille lieues de se douter qu'il se passât rien autour de lui, reprit ses esprits en entendant la voix de ma mère.

— Oui, dit-il, elle s'est fait des accroche-cœur.

— C'est pour une cérémonie ?

— Oh, elle te le dira ! Elle te le dira elle-même. Moi, je n'ai pas le droit.

Pour une fois, parlant sans qu'on lui eût rien demandé, le Moco déclara que nous comprendrions tout quand nous verrions revenir madame Leprêtre. Mais elle tardait.

Nous l'entendions remuer dans sa chambre, et sans doute quelque nouvelle idée lui vint en tête, car elle appela le Moco, et Michel aussi, d'un ton fort joyeux, qui ne nous laissa plus de doute quant au fait qu'elle nous préparait quelque farce.

Ils se levèrent en même temps, et le Moco presque courageux. Quant au cousin Michel, son visage était empreint de l'heureuse gravité d'un enfant.

Ils pénétrèrent tous les deux dans la chambre dont ils refermèrent soigneusement la porte et une fois de plus la belle voix de la cousine retentit.

— Encore deux petites minutes de patience et ça va y être !

Nous mourions de curiosité, mais ne faisions pas un mouvement, ne songions même pas à parler entre nous, paralysés que nous étions par l'étrangeté de ce qui se passait.

Nous entendions dans la chambre des allées et venues sur la pointe des pieds, les chuchotis et les petits rires mystérieux. Il vint comme un coup de marteau appliqué sur le plancher, puis un deuxième, un troisième...

— Qu'est-ce qu'ils font ? murmura tout doucement ma mère.

Est-ce qu'ils s'étaient mis à changer les meubles de place et dans leur hâte incompréhensible avaient-ils fait tomber quelque sujet de bronze ? Non.

Qui l'eût cru : ces trois coups c'était les trois coups du régisseur, le merveilleux signal de la féerie, ô paradis ! l'annonce que le rideau allait se lever. Etait-ce vrai, était-ce cela ou la crainte de m'être trompé qui fit tant battre mon cœur ? Je ne m'étais pas du tout mépris.

Le rideau se leva bel et bien, c'est-à-dire que la porte s'ouvrit, et qu'il en jaillit non plus la cousine Zabelle, non plus le cousin Michel et le Moco, mais trois personnages issus de l'abondance des songes, trois danseurs inconnus, qui se tenaient par la main, plutôt par le petit doigt, et qui s'avançaient vers nous en fredonnant.

— En mesure, Toussaint ! En mesure, Michel… Tra la ! la !… la !… La révérence…

Ils nous firent une profonde révérence tous les trois, puis au commandement de la cousine, ils se remirent à danser tout en faisant le tour de la table…

Ah ! C'était trop beau !

— Mais… voulut dire ma mère…

— Tra… la la la… la !…

— En mesure ! En mesure !…

— Du pied gauche…

— Là ! Suivez ! Tra la la la… la !…

La cousine était vêtue d'une vaste et somptueuse robe rose à volants qui lui tombait jusqu'aux talons — serrée dans un corset dont on voyait dépasser la dentelle dans l'échancrure du corsage. Une vraie marquise ! Le pauvre Michel portait un bleu d'électricien. Une mauvaise casquette toute fripée sur l'œil, un foulard rouge autour du cou, il s'efforçait de prendre les mines d'un escarpe de barrière, et nous accablait de clins d'œil. Le Moco, lui, était travesti en Milord l'Arsouille — en fêtard mondain : requimpette et souliers vernis, foulard de soie, gibus — une vague orchidée à la boutonnière. Une canne…

— Mais c'est carnaval ! s'écria ma mère…

Un immense éclat de rire accueillit cette naïve réflexion — et les trois personnages ayant achevé leur danse, se rapprochèrent de nous, la cousine disant à travers ses rires :

— Carnaval ! Ah, carnaval !… Ma pauvre Mado, tu n'y es pas !

— Eh bien, explique !

— Devine ?

— Toi, Michel, dis-moi ce que ça veut dire ?

— Comment ! Comment ! Comment ! fit le pauvre Michel, tu ne vois pas ?

— Mais triple buse, tu ne comprends donc pas que nous sommes une troupe ?

— Une troupe ? Quelle troupe ?

— Est-elle bête !… Mais une troupe de comédiens ! s'écria la cousine de sa voix la plus perçante, en venant se planter sous le nez de ma pauvre mère.

— Bah ! tu m'en diras tant, Zabelle.

— Tu ne nous crois pas ?

— C'est vrai, Michel, que tu vas jouer la comédie ?

— Tu ne le vois donc pas ? répondit-il. C'est moi le mauvais garçon… l'homme qui vit des femmes !

— Oh !…

— Et moi, dit le Moco, moi, voyez-vous, madame, ié souis oune Brésilien en voyage. Parfaitement !… Oune riche marchand de café qui fait des farces avec les jounes filles des Folies-Bergère !…

Comme il se rengorgeait en débitant son discours !

Jamais il n'avait prononcé tant de paroles d'une seule traite…

— Et toi, Zabelle, qu'est-ce que tu es?…

Elle sourit, avec une profonde malice.

— Tiens-toi bien, répondit-elle : je suis une marquise ! Ah, Seigneur !…

— Une marquise ! se récria ma mère.

— Ça t'épate ?

— Ah, Zabelle, tu as plus d'un tour dans ton sac !

— Tu peux le dire !… Et sais-tu ce que je fais, dans la pièce ? C'est moi qui capte l'héritage. Comme ça ils sont tous baisés. Michel, lui, c'est un voleur.

— Un voleur, Michel ?

— Un voyou !

— Un voyou ! se récria ma mère, scandalisée.

— Une terreur ! acheva le cousin Michel, d'un air sinistre, en faisant le simulacre de brandir un surin…

Comme ils triomphaient de notre stupéfaction ! Quelle joie dans leurs yeux ! Le Moco lui-même semblait tout transformé, délivré, enfin, de son accablante paresse — prêt à l'action !…

Quand ils furent un peu calmés — ce qui ne vint pas tout de suite — quand ils eurent repris leurs places dans leurs fauteuils respectifs — et nous dans les nôtres — quand enfin le pauvre Michel oubliant son rôle d'escarpe, de voyou, de terreur, eut rempli nos tasses de café, avec la grâce si gentille qui lui était propre, la cousine voulut bien alors satisfaire complètement à notre curiosité, en nous apprenant qu'elle venait de

fonder une troupe de comédiens qui porterait le nom
du *Tréteau des Joyeux Vivants*.

— Qu'est-ce que tu veux quoi, ça manquait ! fit-
elle, en se tapant sur les cuisses. Alors, moi, tu sais
comment que je suis, quand ça me prend ? Faut que ça
marche… Eh bien, ma vieille, ça va marcher ! J'ai déjà
une dizaine d'acteurs ou d'actrices sous la main…
Marcelle bien sûr ! quelle soubrette ! M. Thoraval, et
bien d'autres que vous ne connaissez pas, mais que
vous verrez au théâtre, et dans pas longtemps.

— Au théâtre ?

— Mais oui, au théâtre… Où voudrais-tu ? Nous
sommes une société régulière, ma pauvre Mado. Nous
avons nos statuts et tout. Déposés. Papier timbré et tout
le fourbi. Pas vrai, Michel ?

— Nous sommes reconnus par l'Etat, déclara
Michel.

— Et bientôt, j'espère, d'utilité publique, fit le
Moco, en levant un doigt…

Pour une fois, il ne dormait pas dans son fauteuil. Et
il avait gardé, sur sa tête, son beau gibus miroitant…

— Je vous passerai des billets de faveur, dit la
cousine…

— Et nous irons au théâtre ? dis-je.

— Bien sûr. Et vous aurez des bonnes places,
encore !…

O, cousine Zabelle ! Ta puissance, je la savais souveraine, par tant de flamboyants exemples dont tu illus-
trais tes jours et les nôtres — mais quelle preuve plus
merveilleuse pouvais-tu m'en donner jamais qu'en fai-

sant ouvrir pour nous — je ne dois pas dire les portes
— mais les murs de notre théâtre !

— O, cousine Zabelle !...

— Et tu verras si on sait la jouer, la comédie ! Tu
verras si le *Tréteau des Joyeux Vivants* se montre un
peu à la hauteur !... En attendant, fais donc marcher le
phono, Michel... Mets-nous quelque chose de gai...
J'ai le cœur à la rigolade, ce soir !...

... Or, la soirée s'avançait. Il était bien dix heures.
Encore une petite tasse de café, encore un ou deux palmers, le temps d'écouter encore une fois au phonographe les Dragons de Villars et nous partirions. Le cousin Michel fumait sa pipe en silence, retombé à son
monologue, qui, celui-là, n'avait rien à voir avec les
monologues qu'il apprendrait pour la scène, le Moco
dormaillait dans son fauteuil, le gibus sur le coin de
l'oreille, et la cousine battait la mesure du bout de sa
pantoufle, en rêvant à ses gloires prochaines. Bref, tout
allait à merveille et nous offrions le paisible spectacle
d'une simple réunion de famille, quand soudain, avant
même que le dragon de Villars eût fini de supplier sa
Rose, et de clamer à tous les échos quel grand péché ce
serait que de trahir le secret en son âme caché, la cousine Zabelle, regardant à droite, puis à gauche demanda :

— Mais... où donc est ma Belle Saucisse ?

Tous les regards aussitôt s'éveillèrent et même celui
du Moco.

— La Belle Saucisse ? murmura-t-il, je ne sais pas...

— Miche, arrête le phono !

Cet ordre fut donné d'un ton qui ne laissa de doute

à personne sur la gravité de la situation. Le pauvre
Michel se précipita sur la mécanique dont il fit taire le
braiment. Quel souci de ne rien ajouter au malheur qui
se préparait par telle maladresse qui, disons, eût égra-
tigné un rouleau !

— La Belle Saucisse ? reprit le Moco, mais elle était
là tout à l'heure !

Il avait lui aussi la mine d'un coupable et je ne sais
quoi dans le visage d'où l'on pouvait conclure qu'il
était plus que jamais prêt à l'action. En effet, il avait
posé ses deux mains sur les bras du fauteuil, comme
pour se lever. Il n'en fit rien, cependant, il n'était pas
temps encore de se livrer à un pareil effort, surtout
après l'effort tout récent de la danse. A Dieu ne plaise
que le Moco se fût dépensé autrement que par les dernières aiguilles du désespoir !

D'une tape, il remit d'aplomb son beau gibus.

— Mais où est-elle, bon Dieu ? reprit la cousine
Zabelle en nous regardant les uns après les autres,
comme si l'un quelconque d'entre nous avait pu être
soupçonné de l'avoir fourrée dans sa poche.

Ses belles anglaises tremblaient majestueusement.

Ce fut un instant pénible pour tout le monde par
l'humiliation qu'il nous infligea. Car en effet un à un
tous les regards s'abaissèrent devant le terrible œil noir
de la cousine, comme s'abaissent les drapeaux des
rebelles aux pieds du triomphateur.

Le pauvre Michel essuya le premier feu et mourut,
tout escarpe et terreur qu'il était. Le Moco à son tour,
mourut, non sans avoir esquissé une tentative de résis-

tance qui consista il est vrai à ouvrir la bouche comme
pour dire quelque chose et à se taire. Il ne fit rien donc,
il baissa le front, et vint notre tour de foudre.

Bien que nous ne fussions pour rien dans l'escapade
de la Belle Saucisse, nous ne nous en trouvâmes pas
moins impliqués dans le procès. Malgré notre innocence nous nous sentions comme coupables. Puissance
de la cousine Zabelle !

— Nom de Dieu ! s'écria-t-elle, en se donnant deux
grandes claques sur les cuisses, allez-vous me dire ce
que vous avez fait de la Belle Saucisse, nom de Dieu !

Elle se leva, pâle, de sa pâleur des grands jours et
tremblant d'un tremblement sacré. O l'admirable tra-
gédienne !

Son regard s'arrêta sur le Moco comme le regard
d'un empereur sur sa victime. Oh, le beau Brésilien que
c'était ! Mais étant à la fois empereur et bourreau, la
victime étant choisie depuis longtemps, pour des raisons qui sans doute n'avaient rien à voir avec la Belle
Saucisse, elle mit aussitôt la main à la pâte.

— Vous, s'écria-t-elle, en tendant le doigt vers le
Moco, c'est vous qui l'avez laissée filer !

Car par un reste de pudeur — ou par comédie la
cousine disait « vous » au Moco devant les autres.

— Moi ? balbutia le Moco, en se chatouillant la
gargate, où il sentit lui monter comme une boule. L'accusation était si scandaleuse, l'attaque si imprévue !

— Pas un mot !

— Moi ? reprit le Moco. Et ses yeux chaviraient.

— Ah ! rugit la cousine, je vois ce qui se passe…

Et marchant sur le Moco, elle le saisit aux épaules
et le secoua.

— Où est-elle ? Qu'en avez-vous fait, misérable ?
Qu'avez-vous fait de ma Belle Saucisse ?

Eût-il voulu répondre un seul mot qu'il ne l'eût pas
pu. Il suffoquait, avec l'air et la mine d'un blessé.

Cette fois, il ôta son gibus, comme n'en pouvant
plus, et il le posa sur la table.

Michel regardait la scène sans rien dire et rien n'annonçait qu'il songeât à intervenir. Il était seulement
devenu très pâle, et, tenant entre ses dents serrées sa
pipe éteinte, il oubliait de la rallumer.

— Eh ! vous ne me l'avez pas donnée à garder,
votre Belle Saucisse ! répliqua enfin le Moco, qui
trouva en lui, par quel miracle, un reste de courage, de
dignité et de souffle. Mais tout en prononçant ces mots,
il eut un geste comme enfantin pour se protéger le
visage, et la cousine lui lâcha les épaules.

Elle se planta devant lui, croisa les bras, le couvrit
d'un regard tel qu'une fois de plus il s'écroula.

— Ah ! Ah ! Je ne vous l'avais pas donnée à garder ! C'est ainsi qu'on me répond, à présent ! Voilà
comme on me traite, après tout ce que j'ai fait pour
vous...

Le Moco se mit à trembler comme une feuille. Il
comprit que le moment décisif était venu, que la scène,
après ce préambule arrivait à un tournant essentiel.

Jamais la lâcheté ne s'est mieux peinte sur un visage.
Le sien était défait. Si au lieu de se trouver devant sa
furibonde maîtresse on l'eût amené au poste de police,

comme il avait dû lui arriver dans sa jeunesse, il n'eût pas été plus piteux devant les agents prêts à le passer à tabac. La terreur le rendait muet. Nous sentions tous son envie, celle de supplier qu'on lui épargnât les coups, moyennant quoi il était prêt à tout et même aux plus ignobles bassesses. La cousine le sentit, et même avant nous. Sa fureur en redoubla.

— Maquereau ! s'écria-t-elle, moi qui t'ai tiré de la boue !

Sa main se dressa tandis que son œil volcanique visait la joue blême du Moco.

— Tout de même, Za, fit-il, mou et désossé, affolé au point de ne plus savoir où se mettre et de laisser échapper ce petit « Za » complice et amoureux.

— Za ? Que signifie ? Qui vous a permis ces licences ? Ne dirait-on pas…

Un regard scandalisé nous apporta à tous, les uns après les autres, le haut démenti, la protestation véhémente de la cousine à cette audacieuse insinuation.

— Je m'appelle madame Leprêtre, vous entendez, et vous êtes ici chez moi !

Sa main menaçante restait toujours levée. Elle s'abaissa, mais sans tomber sur la joue flétrie du Moco.

— Savez-vous, dit-elle, savez-vous ce que je vais faire ?

Il n'y eut pas de réponse.

— Le savez-vous, monsieur ?

Elle rit.

— Eh bien, monsieur, reprit-elle en marchant tout doucement vers le fond de la pièce…

— Zabelle ! s'écria ma mère, qui pensa Dieu sait à quoi.

— Toi, dit Zabelle, ne t'en mêle pas. Eh bien, reprit-elle, vous m'avez volé ma Belle Saucisse, mais…

Et avant qu'on ait eu le temps d'y rien comprendre, la cage où dormaient les petits serins du Moco fut décrochée de son mur et, une, deux, elle vola dans les airs et roula jusqu'au bas du jardin !

Un cri de vraie douleur jaillit de la bouche du Moco, auquel répondit le rire triomphal de la cousine.

— Allez les chercher ! cria-t-elle sur un ton qui était à la fois celui du défi et du commandement.

Aussitôt, le Moco retrouva ses os. Il bondit à la porte et nous l'entendîmes qui dévalait la côte à grandes enjambées dans la nuit.

— Ça lui apprendra, fit-elle, en se tournant vers nous.

Et voyant le beau gibus sur la table, elle s'en saisit prestement et le jeta à son tour par la fenêtre…

— Ton gibus, marchand de café ! Peur qu'tu t'enrhumes !

Mais sa vengeance n'était pas complète encore, et une nouvelle idée lui vint.

— Michel ! Remets bien vite le phono en marche.

Le pauvre Michel s'exécuta docilement. Il se mit à tourner la manivelle.

— Quel rouleau, Zabelle ?

Elle réfléchit un instant.

— Mets-lui *Le Temps des Cerises,* répondit-elle, en

s'asseyant fort tranquillement dans son fauteuil. Il ne
manquait vraiment qu'un éventail, dans sa main fine.

Je ne sais — et comment ferais-je ? — quelles furent
les pensées du Moco tandis qu'il dévalait la pente à la
recherche des pauvres petits serins, mais j'imagine
qu'il dut s'arrêter net dans son élan quand les premières douceurs du *Temps des Cerises* frappèrent ses
oreilles. Ces quelques notes de musique dont il n'est
pas possible qu'il n'eût aussitôt deviné tout le sens,
durent agir sur lui à la manière d'un lasso garrottant le
cavalier en pleine course. Et s'il ne « mordit pas la
poussière » comme on disait dans mes beaux romans
de Buffalo Bill, il est à peu près certain — il est certain — qu'il s'assit sur le bord du sentier en se prenant
la tête dans les mains. Se boucha-t-il les oreilles avec
les doigts ?

Mais je préfère penser, et le considère comme plus
vraisemblable qu'au contraire il n'en fit rien. Accablé,
mesurant à sa situation même, et au ton de la romance,
tout son destin, peut-être vécut-il là une des minutes
les plus mémorables de sa vie.

C'était une soirée d'été chaude et tranquille, dans sa
majesté parfumée et son silence épanoui comme un
beau songe. Le ciel était peut-être un peu trop noir, on
n'y voyait point d'étoiles, mais tout les promettait et
c'était déjà presque comme si elles eussent couronné
les feuillages solennels des arbres.

Quant au pauvre Michel, son silence et sa pâleur signifiaient sans doute la soumission, mais non la résignation. Et si je comprends bien aujourd'hui le regard qu'il jeta au Moco, quand celui-ci revint, tenant la cage volante, il est clair, qu'à ce moment-là, au moins, il l'aimait.

La cousine éclata d'un rire interminable, en voyant reparaître son bel amant. A peine eut-il franchi la porte, précédé de la cage retrouvée qu'il portait d'une main devant son nez comme un ostensoir — et de l'autre main, il tenait le beau gibus — que la cousine commença à se tire-bouchonner sur son fauteuil, se balançant d'avant en arrière en d'étranges et profondes courbettes, comme en proie, soudain, à la plus violente colique.

Tantôt, elle se tapait sur les cuisses, des deux mains à la fois, tantôt, d'une seule main, elle battait l'air devant son nez, comme qui suffoque ; tantôt, portant une main à son côté, elle faisait comprendre qu'elle y avait une pointe, et, en même temps, de l'autre main, elle désignait le Moco, afin qu'il n'y eût point d'équivoque, et que nous fussions tous bien et dûment informés que c'était à cause de lui qu'elle était tombée dans cet état, parce qu'il n'y avait rien de plus comique au monde, sans doute, que le spectacle qu'il offrait alors…

Et il faut l'avouer, le pauvre Moco, dans sa détresse, avait l'air en effet fort drôle ; il ne comprenait pas ce qui excitait un tel rire chez la cousine. Ramener les serins du fond de la nuit, sans parler du fond du jardin, et les ramener vivants — grâce à Dieu, les serins n'avaient rien ! — n'était pas en soi, une chose comique, mais plutôt sentimentale. Aussi attribuait-il à toute autre raison ce grand fou rire tapageur, et crut-il porter dans sa coiffure, dans sa toilette, ou sur son visage, quelque drôlerie insoupçonnée. Et d'autant plus que la cousine, toujours riant à se défoncer les côtes, et le désignant du doigt toujours, s'était mise à vouloir chanter : Ah ! C'te gueule, c'te gueule, c'te binette ! et que, de n'y être pas arrivée, lui avait donné, cette fois, le fou rire pour de bon.

Cela se reconnut d'abord au fait qu'elle cessa de se tire-bouchonner. Les grands plongeons et les grandes tapes sur les cuisses cessèrent également. Et toute renversée dans son fauteuil, la nuque appuyée sur le coussinet brodé, si bien que nous ne vîmes presque plus ses yeux, elle avait l'air tombée en syncope ou en délire, avec ses deux mains abandonnées sur les bras du fauteuil, la bouche grande ouverte comme pour y verser à boire.

Cela commença ainsi… Puis vint comme une petite secousse qui fit trembler sa gorge tout au long d'un glouglou libérateur, frais et pointu, pressé, mais où les notes se succédaient encore dans une queue leu leu ordonnée, quoique d'une rapidité croissante. Et nous tous, le Moco excepté, qui, à divers titres, et de diverses façons, étions les témoins prudents de ces curiosités — et qui avions fait grise mine au fou rire première manière de la cousine, nous nous sentîmes

tous, le pauvre Michel lui-même, et le plus étonné de
la bande, je le crois, gagnés par cet innocent exemple.

Car pour innocent, il l'était le fou rire ! J'en entends
encore les fraîcheurs, les joyeux désordres… C'était un
fou rire juvénile, presque enfantin, j'hésite à écrire :
délicieux. Mais pourquoi hésiter ? Bien délicieux, voilà
ce qu'il était, et on aurait voulu l'entendre longtemps…
Les glouglous échappés d'abord comme d'un trait,
ouverts comme un éventail, s'étaient comme laissé gri-
ser au sortir de cette gorge remuée de fond en comble
à leur passage et qui n'en pouvait déjà plus. Et cependant, les mains de la cousine ne bougeaient pas, comme
si elle n'eût plus eu de force que dans le haut de la
gorge (elle avait l'air garrottée) tandis que ses seins
vraiment « un peu là » comme disait le pauvre Michel,
semblaient pour le moment vivre d'une vie autonome,
tantôt virant sur eux-mêmes, tantôt soulevés comme
par une lame de fond, jusque par-dessus les dentelles
de son corsage. Et retombant aussitôt dans les cor-
beilles de son corset pour rebondir encore et ainsi de
suite. Son ventre était parcouru de longs frissons sis-
miques. Et bientôt ses épaules subirent elles aussi les
contrecoups de l'invincible bouleversement qui la travaillait. Et elle se mit à les secouer comme s'il se fût
agi d'en faire tomber quelque chose… « Ah ! Ah ! Ah !
Mon Dieu, gémit-elle… Ah ! c'te gueule… »

Et le fou rire redoubla, le sien, le nôtre…

Quel spectacle !… Le Moco n'avait pas fait un pas
dans la pièce. Il était toujours là, sa cage au bout du
bras — mais ses yeux cherchaient une glace.

— Ben quoi, murmura-t-il… qu'est-ce qu'il y a ? Qu'est-ce que j'ai ?

Et il s'examinait lui-même.

La cousine, ayant réussi à dire qu'elle en pissait dans sa culotte, s'était levée comme on sursaute, et mise à marcher dans la pièce d'un côté puis de l'autre, une main appuyée sur sa rate, car, pour le coup, c'était vrai, elle ne pouvait plus respirer…

— Mais enfin, dit le Moco, me direz-vous…

Et il s'arrêta, car de nouveau, elle le montrait du doigt en pouffant de plus belle :

— C'est qu'il a l'air… Non, c'est crevant ! J'étouffe… Ah, Bon Dieu, on dirait un presti… presti… J'arriverai pas à le dire… on dirait qu'il a tiré sa cage de son gibus !… fit-elle, courbée en deux, et n'en pouvant plus. Et soudain retrouvant le mot, elle le lança d'une seule traite montant comme une belle flèche jusqu'aux plus hautes pointes de son rire :

— Prestidigitateur !…

Quel délire !…

Il se fit ensuite un très curieux silence, un de ces silences dont on croit avoir aussitôt compris ce qu'ils annoncent, quand on en reparle, bien qu'on sache que cela n'est pas vrai. Qui aurait pu prévoir en effet ce qui se passa alors ? Personne. Pas même le Moco peut-être.

Il s'avança vers la cousine, tenant toujours la cage à bout de bras, haut levée devant son visage plâtreux. Ses yeux brillaient, ses lèvres tremblaient. Il posa la cage sur la table, et — ô stupéfaction ! — il jeta le beau gibus à la tête de la cousine Zabelle, en s'écriant d'une voix de tonnerre :

— J'en ai assez ! Je pars ! Je rentre à Marseille tout de suite !…

D'abord sans parole, et l'étincelant gibus à ses pieds, la cousine contempla son bel amant, puis, virevoltant à l'espagnole :

— Ah ! Ah ! Ah ! Ah ! s'écria-t-elle. Tra deri dera ! A Marseille !…

Le Moco suait.

— Dès demain !

Alors, elle marcha sur lui. Ah, il n'était plus question de rire ! Elle avait blêmi jusqu'au creux de ses joues. Elle tendait les deux poings…

— Qu'est-ce que je viens de faire là ? bredouilla le Moco.

— Voyou ! Sale voyou ! hurla la cousine… et…

… Mais la suite de cette scène, nous ne la vîmes pas. Les choses venaient de monter à un tel point, qu'elles ne pouvaient plus se régler qu'à huis clos. Ainsi le Moco bénéficiait-il d'un instant de sursis qui, j'espère, lui permit de se recomposer, tandis que la cousine nous mettait à la porte.

En effet, se tournant vers nous :

— Et qu'est-ce que vous foutez là, vous autres ? Pas besoin de chandelles, ici. Occupez-vous de ce qui vous regarde !

Ah ! nous les prîmes nos cliques et nos claques ! Le pauvre Michel, en cette occurrence, fit de son mieux pour nous distraire de l'offense. Il nous accompagna jusqu'à la porte du jardin, et ma mère en profita pour lui dire qu'en fin de compte, il fallait plutôt se réjouir, vu que le Moco s'en irait demain à Marseille.

— Tu ne les connais pas, répondit le cousin à voix basse.

Et il rentra doucement, avec des gestes prudents, qui allaient si bien à son déguisement de cambrioleur...

Cette grande tempête où le *Tréteau des Joyeux Vivants* aurait dû s'abîmer pour toujours, au tourbillon de laquelle, pensions-nous, s'étaient envolés mieux que les plus mortes des feuilles, nos jolis billets de faveur, s'apaisa pourtant, et tout rentra dans l'ordre.

Nous en eûmes la preuve quelques jours plus tard, en recevant par la poste une belle enveloppe à en-tête, qui contenait, outre le programme de la matinée artistique, le bienheureux laissez-passer qui nous en ferait les spectateurs... Ah! le pauvre Michel avait raison! Nous ne les connaissions pas!...

— C'est tout de même un peu fort! dit ma mère, enchantée pourtant à l'idée qu'elle nous emmènerait au spectacle...

Mais fallait-il s'étonner de grand-chose désormais?

Des affiches parurent sur les murs, le père Gravelotte promena sa caisse d'un bout à l'autre de la ville en tirant plus que jamais la patte, en bégayant de plus en plus pour lire son compliment.

«Avis! Le *Tréteau des Joyeux Vivants* donnera dimanche, sur la scène du théâtre municipal une matinée...»

Et c'était la cousine Zabelle qui était la cause de tout cela !…

Dieu puissant ! Faut-il donc achever ce livre sur de telles images !…

Les heureux billets dont nous étions les possesseurs légitimes et fiers devaient nous assurer dans une loge des places qui ne nous seraient point contestées. Elles étaient pour ainsi dire louées d'avance, et le fidèle Gravelotte, loin, cette fois, de menacer mon derrière du bout pointu de sa bottine, veillerait au contraire, comme un ami, à ce que nul Grascœur ne vînt aujourd'hui m'arracher à mon banc. Aussi, quand arriva le jour, et parés comme pour une communion, prîmes-nous tout notre temps avant de nous rendre au théâtre.

La foule des grands jours se pressait aux portes, attirée par la nouveauté de la chose. Jamais on n'avait vu tant de monde se bousculer et même de beaux messieurs et de belles dames. Le père Gravelotte ne savait plus où donner de la tête, ni de la voix. Sur la place, des agents s'agitaient dans leur zèle à faire ranger les voitures. Quel arroi ! Nous en avions le cœur tout dilaté…

Ma mère s'avança dans la foule, tenant à la main et brandissant nos billets comme un passeport. Il ne s'agissait que d'atteindre le père Gravelotte. Elle lui faisait des signes. Mais le père Gravelotte ne la voyait point. Il allait d'un côté, et puis d'un autre, affolé : il n'avait jamais vu pareille cohue. Nous approchions cependant, et même nous arrivâmes. Et tirant le père

Gravelotte par le pan de son veston, ma mère lui montra nos billets.

— Quoi ? dit-il, qu'est-ce que vous voulez, vous
autres ?

Le pauvre homme était en nage.

— Dame ! Nous voulons entrer ! répondit ma mère.

Le père Gravelotte leva les bras au ciel.

— Mais il n'y a plus une place, ma petite Madame !
Plus une, dit-il, en faisant claquer son ongle sous sa
dent. Quand bien même ce serait madame Leprêtre en
personne…

— Tiens justement c'est elle !

— Vous dites ?

— Mais regardez donc ! fit ma mère, en lui mettant
nos billets sous le nez.

— Ah ! c'est autre chose, dit-il. Ah, c'est une autre
affaire… Par ici…

Et lui-même — oui, le père Gravelotte en personne — nous ouvrit un chemin jusqu'à nos places, en
écartant lui-même les fâcheux qui encombraient le
passage.

O revanche ! O triomphe !…

Une dame nous ouvrit la porte de notre loge avec
une clé ! Ma mère lui donna un pourboire…

Eh bien, nous étions dans la place ! Assis sur des
chaises comme des riches !…

O victoire !…

Et quel charmant brouhaha ! quelle gaieté sur tous
les visages, quelle animation, depuis les rampes lointaines du paradis jusqu'aux loges de deuxièmes gale-

ries, les fauteuils de balcon, le parterre !... Il ne restait
pas une place vide...

— Tu vois la loge de M. le Maire ?

— Laquelle, maman ?

— Là ! Devant toi... Et juste en face, la loge du
préfet...

— Oh !

D'où savait-elle toutes ces choses ?

— Est-ce que ça va commencer bientôt ?

— Ils se préparent. Tu n'entends pas ?

De vagues bruits nous parvenaient en effet de derrière le rideau...

Et soudain... Ah ! les trois coups retentirent !... Quel
silence suivit presque aussitôt cet avertissement divin !

Quand le rideau se leva d'abord nous ne vîmes rien
d'autre qu'une scène entièrement vide, ce qui nous surprit extrêmement et même ne laissa pas que de nous
inquiéter un peu. Mais du second coup d'œil, nous
découvrîmes tous ensemble dans un éclat de rire à faire
trembler les vitres de l'édifice et choir à grand fracas
le monstrueux lampadaire — le lustre ! — que « l'artiste » était caché à plat ventre sur le bord de la scène,
comme un ivrogne, dont il figurait d'ailleurs l'emploi,
et qui serait tombé dans un ruisseau, mais dans un ruisseau d'éblouissantes lumières. Au-dessus de la rampe
étincelante il montrait sa grosse tête bouffonne, ver-
millonnée de fard, empanachée des flammes de sa
tignasse avec les grands trous d'ombre de sa bouche
arrondie en o et de ses yeux ronds comme des billes.

Il ne dit rien. Il nous laissa rire. Pour une trouvaille, c'était une trouvaille, et pour un succès, un triomphe.

Dans la petite salle le rire ronflait comme un vent, avec de grandes rafales, des pertes de vitesse et des reprises vertigineuses accélérées en fusées. Un adjudant, mon voisin, se tapait à grosses claques sur les cuisses, saisi d'un puissant délire et ne cessait ses basanes que pour éponger son front chauve et violet. L'artiste donnait à son visage une expression de morne ahurissement, de sombre bêtise et de vulgarité qui déchaînait l'enthousiasme.

Il prit son temps, fit un geste pour se lever et retomba, il esquissa une grimace, se gratta le poil, puis il déclara d'une voix pâteuse qu'il avait mal à la tête et qu'il ne chanterait pas. Voilà na !

Ce fut du délire. On se levait pour applaudir. Il y en avait qui tapaient sur les bancs avec leur canne. A la fin, il se mit à genoux, mais ce fut pour exprimer par des gestes que non seulement il avait mal à la tête, mais au cœur aussi et que peut-être il allait vomir. Cette nouvelle trouvaille obtint un succès auprès duquel tout ce qui précédait n'était que de la dentelle. « J'suis vaseux… fit l'artiste, et v'là tout ! »…

Ah ! le joyeux vivant !… De quel hors-d'œuvre il nous régalait… car ce n'était là qu'une sorte de lever de rideau, un rien du tout, fait pour nous mettre en goût et en train.

Il se dressa enfin, et chanta… Alors, je reconnus le pauvre Michel en personne !…

— Maman !…

— Oui, mon petit gars… c'est lui !

Elle me prit la main. Je voyais bien qu'elle n'osait pas regarder du côté de la scène… Et moi… Ah ! ce qui vint ensuite je ne pouvais pas le lui dire : Gisèle…

Gisèle était là, au parterre, à trois pas de moi. Comment ne l'avais-je pas vue tout de suite. Comment n'avais-je pas entendu son rire… Elle riait donc *ainsi* ! ô la profonde et cruelle surprise…

C'est fini. Ici s'achève le livre. Qu'importe ce que fut la suite de ce confondant spectacle, et que la cousine Zabelle, oubliant brusquement son rôle, se soit tapée sur la cuisse au beau milieu d'une des plus grandes scènes, en s'écriant : « Ah, merde, alors ! »

Que les voiles de l'oubli tombent sur ces misères comme le rideau, enfin, tomba vers les sept heures du soir, la dernière chanson chantée… Moi aussi, j'ai chanté la mienne… Allons dormir. Laissons les gens regagner leurs demeures — et la troupe des joyeux vivants aller célébrer à l'hôtel son premier triomphe. Laissons Gisèle, encore toute secouée de son rire, regagner sa petite boutique enchantée, où bientôt le Musicien viendra la voir. Laissons l'enfance. Désormais, je suis un homme ! Bientôt, j'entrerai au lycée, n'oublie pas cela, ami lecteur. Ai-je gagné ton amitié ? Retournons vers notre place aux Ours, à travers nos ruelles de ténèbres. Il est tard. L'heure sonne au clocher de notre cathédrale. Comme le spectacle a duré ! Rentrons chez nous : il est temps. O Dieu, que s'est-il donc passé ?

Rien ne se ressemble plus. Comme elle riait ! Il en est donc ainsi ! Courons. Rentrons. Mais je voudrais que ce fût non vers notre place aux Ours, mais vers la rue du Tonneau. Je suis un homme, grand-père ! ô grand-père, un homme comme toi… Il fait nuit chez nous. Fait-il plus clair chez toi ? ô mon vieux paria ! Tout à l'heure, nous rallumerons ta lampe…

DU MÊME AUTEUR

COLLECTION FOLIO

3184. Patrick Chamoiseau	*L'esclave vieil homme et le molosse.*
3185. Carlos Fuentes	*Diane ou La chasseresse solitaire.*
3186. Régis Jauffret	*Histoire d'amour.*
3187. Pierre Mac Orlan	*Le carrefour des Trois Couteaux.*
3188. Maurice Rheims	*Une mémoire vagabonde.*
3189. Danièle Sallenave	*Viol.*
3190. Charles Dickens	*Les Grandes Espérances.*
3191. Alain Finkielkraut	*Le mécontemporain.*
3192. J.M.G. Le Clézio	*Poisson d'or.*
3193. Bernard Simonay	*La première pyramide, I : La jeunesse de Djoser.*
3194. Bernard Simonay	*La première pyramide, II : La cité sacrée d'Imhotep.*
3195. Pierre Autin-Grenier	*Toute une vie bien ratée.*
3196. Jean-Michel Barrault	*Magellan : la terre est ronde.*
3197. Romain Gary	*Tulipe.*
3198. Michèle Gazier	*Sorcières ordinaires.*
3199. Richard Millet	*L'amour des trois sœurs Piale.*
3200. Antoine de Saint-Exupéry	*Le petit prince.*
3201. Jules Verne	*En Magellanie.*
3202. Jules Verne	*Le secret de Wilhelm Storitz.*
3203. Jules Verne	*Le volcan d'or.*
3204. Anonyme	*Le charroi de Nîmes.*
3205. Didier Daeninckx	*Hors limites.*
3206. Alexandre Jardin	*Le Zubial.*
3207. Pascal Jardin	*Le Nain Jaune.*
3208. Patrick McGrath	*L'asile.*
3209. Blaise Cendrars	*Trop c'est trop.*
3210. Jean-Baptiste Evette	*Jordan Fantosme.*
3211. Joyce Carol Oates	*Au commencement était la vie.*
3212. Joyce Carol Oates	*Un amour noir.*
3213. Jean-Yves Tadié	*Marcel Proust I.*
3214. Jean-Yves Tadié	*Marcel Proust II.*
3215. Réjean Ducharme	*L'océantume.*
3216. Thomas Bernhard	*Extinction.*
3217. Balzac	*Eugénie Grandet.*
3218. Zola	*Au Bonheur des Dames.*
3219. Charles Baudelaire	*Les Fleurs du Mal.*
3220. Corneille	*Le Cid.*

*Composition Bussière
et impression Bussière Camedan Imprimeries
à Saint-Amand (Cher), le 3 novembre 2000.
Dépôt légal : novembre 2000.
1ᵉʳ dépôt légal dans la collection : janvier 1977.
Numéro d'imprimeur : 004991/1.*

ISBN 2-07-036909-9./Imprimé en France.

Just
Om

Richmal Crompton was born in Bury, Lancashire, on 15 November 1890. She published her first William story in 1919, and between then and her death in 1969 she wrote thirty-eight collections of stories about William, many books of short stories, and several novels for adults.

Just – William first published 1922
More William first published 1922

This omnibus edition published for Bookmart Ltd 1997
by Macmillan Children's Books
a division of Macmillan Publishers Limited
25 Eccleston Place, London SW1W 9NF
and Basingstoke

Associated companies throughout the world

ISBN 0 333 72180 2

1 3 5 7 9 8 6 4 2

A CIP catalogue record for this book is available from
the British Library.

Typeset by Wyvern Typesetting Ltd, Bristol
Printed by Mackays of Chatham plc, Kent

Just – William

RICHMAL CROMPTON

Illustrated by Thomas Henry

MACMILLAN CHILDREN'S BOOKS

"WOULD YOU LIKE TO GO TO COUSIN SYBIL'S WEDDING?" SHE ASKED. "NO I WUN'T," SAID WILLIAM WITHOUT HESITATION.

(*See page* 147)

Contents

Chapter 1

William Goes to the Pictures

It all began with William's aunt, who was in a good temper that morning, and gave him a shilling for posting a letter for her and carrying her parcels from the grocer's.

"Buy some sweets or go to the Pictures," she said carelessly, as she gave it to him.

William walked slowly down the road, gazing thoughtfully at the coin. After deep calculations, based on the fact that a shilling is the equivalent of two sixpences, he came to the conclusion that both luxuries could be indulged in.

In the matter of sweets, William frankly upheld the superiority of quantity over quality. Moreover, he knew every sweet shop within a two miles radius of his home whose proprietor added an extra sweet after the scale had descended, and he patronised these shops exclusively. With solemn face and eager eye, he always watched the process of weighing, and "stingy" shops were known and banned by him.

He wandered now to his favourite confectioner and stood outside the window for five minutes, torn between the rival attractions of Gooseberry Eyes and Marble

Balls. Both were sold at 4 ounces for 2d. William never purchased more expensive luxuries. At last his frowning brow relaxed and he entered the shop.

"Sixpennoth of Gooseberry Eyes," he said, with a slightly self-conscious air. The extent of his purchases rarely exceeded a penny.

"Hello!" said the shopkeeper, in amused surprise.

"Gotter bit of money this mornin'," explained William carelessly, with the air of a Rothschild.

He watched the weighing of the emerald green dainties with silent intensity, saw with satisfaction the extra one added after the scale had fallen, received the precious paper bag, and, putting two sweets into his mouth, walked out of the shop.

Sucking slowly, he walked down the road towards the Picture Palace. William was not in the habit of frequenting Picture Palaces. He had only been there once before in his life.

It was a thrilling programme. First came the story of desperate crooks who, on coming out of any building, glanced cautiously up and down the street in huddled, crouching attitudes, then crept ostentatiously on their way in a manner guaranteed to attract attention and suspicion at any place and time. The plot was involved. They were pursued by police, they leapt on to a moving train and then, for no accountable reason, leapt from that on to a moving motor-car and from that they plunged into a moving river. It was thrilling and William thrilled. Sitting quite motionless, he watched, with wide, fascinated eyes, though his jaws never ceased their rotary movement and every now and then his hand would go mechanically to the paper bag on his knees and convey a Gooseberry Eye to his mouth.

The next play was a simple country love-story, in

which figured a simple country maiden wooed by the squire, who was marked out as the villain by his moustachios.

After many adventures the simple country maiden was won by a simple country son of the soil in picturesque rustic attire, whose emotions were faithfully portrayed by gestures that must have required much gymnastic skill; the villain was finally shown languishing in a prison cell, still indulging in frequent eye-brow play.

Next came another love-story—this time of a noble-hearted couple, consumed with mutual passion and kept apart not only by a series of misunderstandings possible only in a picture play, but also by maidenly pride and reserve on the part of the heroine and manly pride and reserve on the part of the hero that forced them to hide their ardour beneath a cold and haughty exterior. The heroine's brother moved through the story like a good fairy, tender and protective towards his orphan sister and ultimately explained to each the burning passion of the other.

It was moving and touching and William was moved and touched.

The next was a comedy. It began by a solitary workman engaged upon the re-painting of a door and ended with a miscellaneous crowd of people, all covered with paint, falling downstairs on top of one another. It was amusing. William was riotously and loudly amused.

Lastly came the pathetic story of a drunkard's downward path. He began as a wild young man in evening clothes drinking intoxicants and playing cards, he ended as a wild old man in rags still drinking intoxicants and playing cards. He had a small child with a pious and superior expression, who spent her time weeping over him and exhorting him to a better life, till, in a moment of justifiable exasperation, he threw a beer bottle at her head. He then bedewed her bed in Hospital with penitent tears, tore out his hair, flung up his arms towards Heaven, beat his waistcoat, and clasped her to his breast, so that it was not to be wondered at that, after all that excitement, the child had a relapse and with the words "Good-bye, Father. Do not think of what you have done. I forgive you" passed peacefully away.

William drew a deep breath at the end, and still sucking, arose with the throng and passed out.

Once outside, he glanced cautiously around and slunk down the road in the direction of his home. Then he doubled suddenly and ran down a back street to put his imaginary pursuers off his track. He took a pencil from his pocket and, levelling it at the empty air, fired twice. Two of his pursuers fell dead, the rest came on with redoubled vigour. There was no time to be lost. Running for dear life, he dashed down the next street, leaving in his wake an elderly gentleman nursing his toe and cursing volubly. As he neared his gate, William again drew the pencil from his pocket and, still looking back down the road, and firing as he went, he rushed into his own gateway.

William's father, who had stayed at home that day because of a bad headache and a touch of liver, picked himself up from the middle of a rhododendron bush and seized William by the back of his neck.

"You young ruffian," he roared, "what do you mean by charging into me like that?"

William gently disengaged himself.

"I wasn't chargin', Father," he said, meekly. "I was only jus' comin' in at the gate, same as other folks. I jus' wasn't looking jus' the way you were coming, but I can't look all ways at once, cause——"

"Be *quiet!*" roared William's father.

Like the rest of the family, he dreaded William's eloquence.

"What's that on your tongue? Put your tongue out."

William obeyed. The colour of William's tongue would have put to shame Spring's freshest tints.

"How many times am I to tell you," bellowed William's father, "that I won't have you going about eating filthy poisons all day between meals?"

"It's not filthy poison," said William. "It's jus' a few sweets Aunt Susan gave me 'cause I kin'ly went to the post office for her an'——"

LOOKING BACK DOWN THE ROAD AND FIRING HIS PENCIL WILLIAM DASHED INTO HIS OWN GATE.

"Be *quiet!* Have you got any more of those foul things left?"

"They're not foul things," said William, doggedly. "They're good. Jus' have one, an' try. They're jus' a few sweets Aunt Susan kin'ly gave me an'——"

"Be *quiet!* Where are they?"

Slowly and reluctantly William drew forth his bag. His father seized it and flung it far into the bushes. For the next ten minutes William conducted a thorough and systematic search among the bushes and for the rest of the day consumed Gooseberry Eyes and garden soil in fairly equal proportions.

He wandered round to the back garden and climbed on to the wall.

"Hello!" said the little girl next door, looking up.

Something about the little girl's head and curls reminded William of the simple country maiden. There was a touch of the artistic temperament about William. He promptly felt himself the simple country son of the soil.

"Hullo, Joan," he said in a deep, husky voice intended to be expressive of intense affection. "Have you missed me while I've been away?"

"Didn't know you'd been away," said Joan. "What are you talking so funny for?"

"I'm not talkin' funny," said William in the same husky voice, "I can't help talkin' like this."

"You've got a cold. That's what you've got. That's what Mother said when she saw you splashing about with your rain tub this morning. She said, 'The next thing that we shall hear of William Brown will be he's in bed with a cold.'"

"It's not a cold," said William mysteriously. "It's jus' the way I feel."

"What are you eating?"

"Gooseberry Eyes. Like one?" He took the packet from his pocket and handed it down to her. "Go on. Take two—three," he said in reckless generosity.

"But they're—dirty."

"Go on. It's only ord'nery dirt. It soon sucks off. They're jolly good." He poured a shower of them lavishly down to her.

"I say," he said, reverting to his character of simple country lover. "Did you say you'd missed me? I bet you didn't think of me as much as I did of you. I jus' bet you didn't." His voice had sunk deeper and deeper till it almost died away.

"I say, William, does your throat hurt you awful, that you've got to talk like that?"

Her blue eyes were anxious and sympathetic.

William put one hand to his throat and frowned.

"A bit," he confessed lightly.

"Oh, William!" she clasped her hands. "Does it hurt all the time?"

Her solicitude was flattering.

"I don't talk much about it, anyway, do I?" he said manfully.

She started up and stared at him with big blue eyes.

"Oh, William! Is it—is it your—lungs? I've got an aunt that's got lungs and she coughs and coughs," William coughed hastily, "and it hurts her and makes her awful bad. Oh, William, I do *hope* you've not got lungs."

Her tender, anxious little face was upturned to him. 'I guess I have got lungs," he said, "but I don't make a fuss about 'em."

He coughed again.

"What does the doctor say about it?"

William considered a minute.

"He says it's lungs all right," he said at last. "He says I gotter be jolly careful."

"William, would you like my new paintbox?"

"I don't think so. Not now. Thanks."

"I've got three balls and one's quite new. Wouldn't you like it, William?"

"No—thanks. You see, it's no use my collectin' a lot of things. You never know—with lungs."

"Oh, *William!*"

Her distress was pathetic.

"Of course," he said hastily, "if I'm careful it'll be all right. Don't you worry about me."

"Joan!" from the house.

"That's Mother. Good-bye, William dear. If Father brings me home any chocolate, I'll bring it in to you. I will—honest. Thanks for the Gooseberry Eyes. Good-bye."

"Good-bye—and don't worry about me," he added bravely.

He put another Gooseberry Eye into his mouth and wandered round aimlessly to the front of the house. His grown-up sister, Ethel, was at the front door, shaking hands with a young man.

"I'll do all I can for you," she was saying earnestly. Their hands were clasped.

"I know you will," he said equally earnestly.

Both look and handclasp were long. The young man walked away. Ethel stood at the door, gazing after him, with a far-away look in her eyes. William was interested.

"That was Jack Morgan, wasn't it?" he said.

"Yes," said Ethel absently and went into the house.

The look, the long handclasp, the words lingered in

William's memory. They must be jolly fond of each other, like people are when they're engaged, but he knew they weren't engaged. P'raps they were too proud to let each other know how fond they were of each other—like the man and girl at the pictures. Ethel wanted a brother like the one in the pictures to let the man know she was fond of him. Then a light came suddenly into William's mind and he stood, deep in thought.

Inside the drawing-room, Ethel was talking to her mother.

"He's going to propose to her next Sunday. He told me about it because I'm her best friend, and he wanted to ask me if I thought he'd any chance. I said I thought he had, and I said I'd try and prepare her a little and put in a good word for him if I could. Isn't it thrilling?"

"Yes, dear. By the way, did you see William anywhere? I do hope he's not in mischief."

"He was in the front garden a minute ago." She went to the window. "He's not there now, though."

William had just arrived at Mr. Morgan's house.

The maid showed him into Mr. Morgan's sitting-room.

"Mr. Brown," she announced.

The young man rose to receive his guest with politeness not unmixed with bewilderment. His acquaintance with William was of the slightest.

"Good afternoon," said William. "I've come from Ethel."

"Yes?"

"Yes." William fumbled in his pocket and at last drew forth a rosebud, slightly crushed by its close confinement in the company of the Gooseberry Eyes, a penknife, a top and a piece of putty.

"She sent you this," said William gravely.

Mr. Morgan gazed at it with the air of one who is sleep-walking.

"Yes? Er—very kind of her."

"Kinder keep-sake. Souveneer," explained William.

"Yes. Er—any message?"

"Oh, yes. She wants you to come in and see her this evening."

"Er—yes. Of course. I've just come from her.

"SHE SENT YOU THIS!" WILLIAM SAID GRAVELY.

Perhaps she remembered something she wanted to tell me after I'd gone."

"P'raps."

Then, "Any particular time?"

"No. 'Bout seven, I expect."

"Oh, yes."

Mr. Morgan's eyes were fixed with a fascinated wondering gaze upon the limp, and by no means spotless, rose-bud.

"You say she—sent this?"

"Yes."

"And no other message?"

"No."

"Er—well, say I'll come with pleasure, will you?"

"Yes."

Silence.

Then, "She thinks an awful lot of you, Ethel does."

Mr. Morgan passed a hand over his brow.

"Yes? Kind—er—very kind, I'm sure."

"Always talkin' about you in her sleep," went on William, warming to his theme. "I sleep in the next room and I can hear her talkin' about you all night. Jus' sayin' your name over and over again. 'Jack Morgan, Jack Morgan, Jack Morgan.'" William's voice was husky and soulful. "Jus' like that—over an' over again. 'Jack Morgan, Jack Morgan, Jack Morgan.'"

Mr. Morgan was speechless. He sat gazing with horror-stricken face at his young visitor.

"Are you—*sure?*" he said at last. "It might be someone else's name."

"No, 'tisn't," said William firmly. "It's yours. 'Jack Morgan, Jack Morgan, Jack Morgan'—jus' like that. An' she eats just nothin' now. Always hangin' round the windows to watch you pass."

The perspiration stood out in beads on Mr. Morgan's brow.

"It's—*horrible*," he said at last in a hoarse whisper.

William was gratified. The young man had at last realised his cruelty. But William never liked to leave a task half done. He still sat on and calmly and silently considered his next statement. Mechanically he put a hand into his pocket and conveyed a Gooseberry Eye to his mouth. Mr. Morgan also sat in silence with a stricken look upon his face, gazing into vacancy.

"She's got your photo," said William at last, "fixed up into one of those little round things on a chain round her neck."

"Are—you—*sure?*" said Mr. Morgan desperately.

"Sure's fate," said William rising. "Well, I'd better be goin'. She pertic-ler wants to see you alone to-night. Good-bye."

But Mr. Morgan did not answer. He sat huddled up in his chair staring in front of him long after William had gone jauntily on his way. Then he moistened his dry lips.

"Good Lord," he groaned.

William was thinking of the pictures as he went home. That painter one was jolly good. When they all got all over paint! And when they all fell downstairs! William suddenly guffawed out loud at the memory. But what had the painter chap been doing at the very beginning before he began to paint? He'd been getting off the old paint with a sort of torch thing and a knife, then he began putting the new paint on. Just sort of melting the old paint and then scraping it off. William had never seen it done in real life, but he supposed that was the way you did get old paint off. Melting it with some sort of fire, then scraping it off. He wasn't sure whether it was that, but he could find out. As he entered the house he took his penknife from his pocket, opened it thoughtfully, and went upstairs.

Mr. Brown came home about dinner-time.

"How's your head, father?" said Ethel sympathetically.

"Rotten!" said Mr. Brown, sinking wearily into an arm chair.

"Perhaps dinner will do it good," said Mrs. Brown, "it ought to be ready now."

The housemaid entered the room.

"Mr. Morgan, mum. He wants to see Miss Ethel. I've shown him into the library."

"*Now?*" exploded Mr. Brown. "What the deu—why the dickens is the young idiot coming at this time of day? Seven o'clock! What time does he think we have dinner? What does he mean by coming round paying calls on people at dinner time? What——"

"Ethel, dear," interrupted Mrs. Brown, "do go and see what he wants and get rid of him as soon as you can."

Ethel entered the library, carefully closing the door behind her to keep out the sound of her father's comments, which were plainly audible across the hall.

She noticed something wan and haggard-looking on Mr. Morgan's face as he rose to greet her.

"Er—good evening, Miss Brown."

"Good evening, Mr. Morgan."

Then they sat in silence, both awaiting some explanation of the visit. The silence became oppressive. Mr. Morgan, with an air of acute misery and embarrassment, shifted his feet and coughed. Ethel looked at the clock. Then—

"Was it raining when you came, Mr. Morgan?"

"Raining? Er—no. No—not at all."

Silence.

"I thought it looked like rain this afternoon."

"Yes, of course. Er—no, not at all."

"It does make the roads so bad round here when it rains."

"Yes." Mr. Morgan put up a hand as though to loosen his collar. "Er—very bad."

"Almost impassable."

"Er—quite."

Silence again.

Inside the drawing-room, Mr. Brown was growing restive.

"Is dinner to be kept waiting for that youth all night? Quarter past seven! You know it's just what I can't stand—having my meals interfered with. Is my digestion to be ruined simply because this young nincompoop chooses to pay his social calls at seven o'clock at night?"

"Then we must ask him to dinner," said Mrs. Brown, desperately. "We really must."

"We must *not*," said Mr. Brown. "Can't I stay away from the office for one day with a headache, without having to entertain all the young jackasses for miles around." The telephone bell rang. He raised his hands above his head.

"Oh——"

"I'll go, dear," said Mrs. Brown hastily.

She returned with a worried frown on her brow.

"It's Mrs. Clive," she said. "She says Joan has been very sick because of some horrible sweets William gave her, and she said she was so sorry to hear about William and hoped he'd be better soon. I couldn't quite make it out, but it seems that William has been telling them that he had to go and see a doctor about his lungs and the doctor said they were very weak and he'd have to be careful."

Mr. Brown sat up and looked at her. "But—why—on—earth?" he said slowly.

"I don't know, dear," said Mrs. Brown, helplessly. "I don't know anything about it."

"He's mad," said Mr. Brown with conviction. "Mad. It's the only explanation."

Then came the opening and shutting of the front door and Ethel entered. She was very flushed.

"He's gone," she said. "Mother, it's simply horrible! He didn't tell me much, but it seems that William actually went to his house and told him that I wanted to see him alone at seven o'clock this evening. I've hardly spoken to William to-day. He couldn't have misunderstood anything I said. And he actually took a flower with him—a dreadful-looking rosebud—and said I'd sent it. I simply didn't know where to look or what to say. It was horrible!"

Mrs. Brown sat gazing weakly at her daughter.

Mr. Brown rose with the air of a man goaded beyond endurance.

"Where *is* William!" he said shortly.

"I don't know, but I thought I heard him go upstairs some time ago."

William *was* upstairs. For the last twenty minutes he had been happily and quietly engaged upon his bedroom door with a lighted taper in one hand and penknife in the other. There was no doubt about it. By successful experiment he had proved that that was the way you got old paint off. When Mr. Brown came upstairs he had entirely stripped one panel of its paint.

* * *

An hour later William sat in the back garden on an upturned box sucking, with a certain dogged defiance,

WILLIAM WAS HAPPILY AND QUIETLY ENGAGED IN BURNING THE PAINT OFF HIS BEDROOM DOOR.

the last and dirtiest of the Gooseberry Eyes. Sadly he reviewed the day. It had not been a success. His generosity to the little girl next door had been misconstrued into an attempt upon her life, his efforts to help on his only sister's love affair had been painfully misunderstood, lastly because (among other things) he had discovered a perfectly scientific method of removing old paint, he had been brutally assaulted by a violent and unreasonable parent. Suddenly William began to wonder if his father drank. He saw himself, through a mist of pathos, as a Drunkard's child. He tried to imagine his father weeping over him in Hospital and begging his forgiveness. It was a wonder he wasn't there now, anyway. His shoulders drooped —his whole attitude became expressive of extreme dejection.

Inside the house, his father, reclining at length in an armchair, discoursed to his wife on the subject of his son. One hand was pressed to his aching brow, and the other gesticulating freely. "He's insane," he said, "stark, raving insane. You ought to take him to a doctor and get his brain examined. Look at him to-day. He begins by knocking me into the middle of the rhododendron bushes—under no provocation, mind you. I hadn't spoken to him. Then he tries to poison that nice little thing next door with some vile stuff I thought I'd thrown away. Then he goes about telling people he's consumptive. He looks it, doesn't he? Then he takes extraordinary messages and love tokens from Ethel to strange young men and brings them here just when we're going to begin dinner, and then goes round burning and hacking at the doors. Where's the sense in it—in any of it? They're the acts of a lunatic—you ought to have his brain examined."

Mrs. Brown cut off her darning wool and laid aside the sock she had just finished darning.

"It certainly sounds very silly, dear," she said mildly. "But there might be some explanation of it all, if only we knew. Boys are such funny things."

She looked at the clock and went over to the window, "William!" she called. "It's your bedtime, dear."

William rose sadly and came slowly into the house.

"Good night, Mother," he said; then he turned a mournful and reproachful eye upon his father.

"Good night, Father," he said. "Don't think about what you've done, I for——"

He stopped and decided, hastily but wisely, to retire with all possible speed.

Chapter 2

William the Intruder

"She's different from everybody else in the world," stammered Robert ecstatically. "You simply couldn't describe her. No one could!"

His mother continued to darn his socks and made no comment.

Only William, his young brother, showed interest.

"*How's* she different from anyone else?" he demanded. "Is she blind or lame or sumthin'?"

Robert turned on him with exasperation.

"Oh, go and play at trains!" he said. "A child like you can't understand anything."

William retired with dignity to the window and listened, with interest unabated, to the rest of the conversation.

"Yes, but who is she, dear?" said their mother. "Robert, I can't *think* how you get these big holes in your heels!"

Robert ran his hands wildly through his hair.

"I've *told* you who she is, Mother," he said. "I've been talking about her ever since I came into the room."

"Yes, I know, dear, but you haven't mentioned her name or anything about her."

"Well," Robert spoke with an air of superhuman patience, "she's a Miss Cannon and she's staying with the Clives and I met her out with Mrs. Clive this morning and she introduced me and she's the most beautiful girl I've ever seen and she——"

"Yes," said Mrs. Brown hastily, "you told me all that."

"Well," went on the infatuated Robert, "we must have her to tea. I know I can't marry yet—not while I'm still at college—but I could get to know her. Not that I suppose she'd look at me. She's miles above me—miles above anyone. She's the most beautiful girl I've ever seen. You can't imagine her. You wouldn't believe me if I described her. No one could describe her. She——"

Mrs. Brown interrupted him with haste.

"I'll ask Mrs. Clive to bring her over one afternoon. I've no more of this blue wool, Robert. I wish you didn't have your socks such different colours. I shall have to use mauve. It's right on the heel; it won't show."

Robert gave a gasp of horror.

"You *can't*, Mother. How do you know it won't show? And even if it didn't show, the thought of it—! It's—it's a crisis of my life now I've met her. I can't go about feeling ridiculous."

"I say," said William open-mouthed. "Are you spoony on her?"

"William, don't use such vulgar expressions," said Mrs. Brown. "Robert just feels a friendly interest in her, don't you, Robert?"

"'A friendly interest'!" groaned Robert in despair. "No one ever *tries* to understand what I feel. After all I've told you about her and that she's the most beautiful girl I've ever seen and miles above me and above anyone and you think I feel a 'friendly interest' in her. It's—it's the one great passion of my life! It's——"

"Well," put in Mrs. Brown mildly, "I'll ring up Mrs.

Clive and ask if she's doing anything tomorrow afternoon."

Robert's tragic young face lit up, then he stood wrapt in thought, and a cloud of anxiety overcast it.

"Ellen can press the trousers of my brown suit to-night, can't she? And, Mother, could you get me some socks and a tie before to-morrow? Blue, I think—a bright blue, you know, not too bright, but not so as you don't notice them. I wish the laundry was a decent one. You know, a man's collar ought to *shine* when it's new on. They never put a shine on to them. I'd better have some new ones for to-morrow. It's so important, how one looks. She—people *judge* you on how you look. They——"

Mrs. Brown laid her work aside.

"I'll go and ring up Mrs. Clive now," she said.

When she returned, William had gone and Robert was standing by the window, his face pale with suspense, and a Napoleonic frown on his brow.

"Mrs. Clive can't come," announced Mrs. Brown in her comfortable voice, "but Miss Cannon will come alone. It appears she's met Ethel before. So you needn't worry any more, dear."

Robert gave a sardonic laugh.

"*Worry!*" he said, "There's plenty to worry about still. What about William?"

"Well, what about him?"

"Well, can't he go away somewhere to-morrow? Things never go right when William's there. You know they don't."

"The poor boy must have tea with us, dear. He'll be very good, I'm sure. Ethel will be home then and she'll help. I'll tell William not to worry you. I'm sure he'll be good."

*   *   *

William had received specific instructions. He was not to come into the house till the tea-bell rang, and he was to go out and play in the garden again directly after tea. He was perfectly willing to obey them. He was thrilled by the thought of Robert in the rôle of the love-lorn hero. He took the situation quite seriously.

He was in the garden when the visitor came up the drive. He had been told not to obtrude himself upon her notice, so he crept up silently and peered at her through the rhododendron bushes. The proceeding also happened to suit his character of the moment, which was that of a Red Indian chief.

Miss Cannon was certainly pretty. She had brown hair, brown eyes, and dimples that came and went in her rosy cheeks. She was dressed in white and carried a parasol. She walked up the drive, looking neither to right nor left, till a slight movement in the bushes arrested her attention. She turned quickly and saw a small boy's face, smeared black with burnt cork and framed in hens' feathers tied on with tape. The dimples peeped out.

"Hail, O great chief!" she said.

William gazed at her open-mouthed. Such intelligence on the part of a grown-up was unusual.

"Chief Red Hand" he supplied with a fierce scowl.

She bowed low, brown eyes alight with merriment.

"And what death awaits the poor white face who has fallen defenceless into his hand?"

"You better come quiet to my wigwam an' see," said Red Hand darkly.

She threw a glance to the bend in the drive behind which lay the house and with a low laugh followed him through the bushes. From one point the drawing-room window could be seen, and there the anxious Robert stood, pale with anxiety, stiff and upright in his newly-creased trousers (well turned up to show the new blue socks), his soulful eyes fixed steadfastly on the bend in the drive round which the beloved should come. Every now and then his nervous hand wandered up to touch the new tie and gleaming new collar, which was rather too high and too tight for comfort, but which the shopkeeper had informed his harassed customer was the "latest and most correct shape."

Meanwhile the beloved had reached William's "dug-out." William had made this himself of branches cut down from the trees and spent many happy hours in it with one or other of his friends.

"HAIL, O GREAT CHIEF!" SHE SAID.

"Here is the wigwam, Pale-face," he said in a sepulchral voice. "Stand here while I decide with Snake Face and the other chiefs what's goin' to be done to you. There's Snake Face an' the others," he added in his natural voice, pointing to a small cluster of shrubs.

Approaching these, he stood and talked fiercely and unintelligibly for a few minutes, turning his scowling corked face and pointing his finger at her every now and then, as, apparently, he described his capture.

Then he approached her again.

"That was Red Indian what I was talkin' then," he explained in his ordinary voice, then sinking it to its low, roaring note and scowling more ferociously than ever, "Snake Face says the Pale-face must be scalped and cooked and eat!"

He took out a penknife and opened it as though to perform the operation, then continued, "But me and the others say that if you'll be a squaw an' cook for us we'll let you go alive."

Miss Cannon dropped on to her knees.

"Most humble and grateful thanks, great Red Hand," she said. "I will with pleasure be your squaw."

"I've gotter fire round here," said William proudly, leading her to the back of the wigwam, where a small wood fire smouldered spiritlessly, choked by a large tin full of a dark liquid.

"That, O Squaw," said Red Hand with a dramatic gesture, "is a Pale-face we caught las' night!"

The squaw clasped her hands together.

"Oh, how *lovely!*" she said. "Is he cooking?"

Red Hand nodded. Then,

"I'll get you some feathers," he said obligingly. "You oughter have feathers, too."

He retired into the depth of the wigwam and returned

with a handful of hen feathers. Miss Cannon took off her big shady hat and stuck the feathers into her fluffy brown hair with a laugh.

"This is jolly!" she said. "I love Red Indians!"

"I've got some cork you can have to do your face, too," went on William with reckless generosity. "It soon burns in the fire."

She threw a glance towards the chimneys of the house that could be seen through the trees and shook her pretty head regretfully.

"I'm afraid I'd better not," she said sadly.

"Well," he said, "now I'll go huntin' and you stir the Pale-face and we'll eat him when I come back. Now, I'll be off. You watch me track."

He opened his clasp-knife with a bloodthirsty flourish and, casting sinister glances round him, crept upon his hands and knees into the bushes. He circled about, well within his squaw's vision, obviously bent upon impressing her. She stirred the mixture in the tin with a twig and threw him every now and then the admiring glances he so evidently desired.

Soon he returned, carrying over his shoulder a door-mat which he threw down at her feet.

"A venison, O squaw," he said in a lordly voice. "Let it be cooked. I've had it out all morning," he added in his ordinary tones; "they've not missed it yet."

He fetched from the "wigwam" two small jagged tins and, taking the larger tin off the fire, poured some into each.

"Now," he said, "here's some Pale-face for you, squaw."

"Oh," she said, "I'm sure he's awfully good, but——"

"You needn't be frightened of it," said William protectively. "It's jolly good, I can tell you." He picked up the paper cover of a packet of soup from behind the trees. "It's jus' that and water and it's jolly good!"

"How lovely! Do they let you——?"

"They don't let me," he broke in hastily, "but there's heaps in the larder and they don't notice one every now an' then. Go on!" encouragingly, "I don't mind you having it! Honest, I don't! I'll get some more soon."

Bravely she raised the tin to her lips and took a sip.

"Gorgeous!" she said, shutting her eyes. Then she drained the tin.

William's face shone with pride and happiness. But it clouded over as the sound of a bell rang out from the house.

"Crumbs! That's tea!"

Hastily Miss Cannon took the feathers from her hair and put on her hat.

"You don't keep a looking-glass in your wigwam I suppose?" she said.

"N-no" admitted William. "But I'll get one for next time you come. I'll get one from Ethel's room."

"Won't she mind?"

"She won't know," said William simply.

Miss Cannon smoothed down her dress.

"I'm horribly late. What will they think of me? It was awful of me to come with you. I'm always doing awful things. That's a secret between you and me." She gave William a smile that dazzled him. "Now come in and we'll confess."

"I can't," said William. "I've got to wash an' come down tidy. I promised I would. It's a special day. Because of Robert, you know. Well *you* know. Because of—Robert!"

He looked up at her mystified face with a significant nod.

*　　*　　*

Robert was frantic. He had run his hands through his hair so often that it stood around his head like a spiked halo.

"We *can't* begin without her," he said. "She'll think we're awful. It will—put her off me for ever. She's not used to being treated like that. She's the sort of girl people don't begin without. She's the most beautiful girl I've ever met in all my life and you—my own mother—treat her like this. You may be ruining my life. You've no idea what this means to me. If you'd seen her you'd feel more sympathy. I simply can't describe her—I——"

"I said four o'clock, Robert," said Mrs. Brown firmly, "and it's after half-past. Ethel, tell Emma she can ring the bell and bring in tea."

The perspiration stood out on Robert's brow.

"It's—the downfall of all my hopes," he said hoarsely.

Then, a few minutes after the echoes of the tea-bell died away, the front door bell rang sharply. Robert stroked his hair down with wild, unrestrained movements of his hands, and summoned a tortured smile to his lips.

Miss Cannon appeared upon the threshold, bewitching and demure.

"Aren't I perfectly disgraceful?" she said with her low laugh. "To tell the truth, I met your little boy in the drive and I've been with him some time. He's a perfect little dear, isn't he?"

Her brown eyes rested on Robert. Robert moistened

his lips and smiled the tortured smile, but was beyond speech.

"Yes, I know Ethel and I met your son—*yesterday*, wasn't it?"

Robert murmured unintelligibly, raising one hand to the too tight collar, and then bowed vaguely in her direction.

Then they went in to tea.

William, his hair well brushed, the cork partially washed from his face, and the feathers removed, arrived a few minutes later. Conversation was carried on chiefly by Miss Cannon and Ethel. Robert racked his brain for some striking remark, something that would raise him in her esteem far above the ranks of the ordinary young man, but nothing came. Whenever her brown eyes rested on him, however, he summoned the mirthless smile to his lips and raised a hand to relieve the strain of the imprisoning collar. Desperately he felt the precious moments passing and his passion yet unrevealed, except by his eyes, whose message he was afraid she had not read.

As they rose from tea, William turned to his mother, with an anxious sibilant whisper,

"Ought *I* to have put on my best suit *too*?"

The demure lights danced in Miss Cannon's eyes and the look the perspiring Robert sent him would have crushed a less bold spirit.

William had quite forgotten the orders he had received to retire from the scene directly after tea. He was impervious to all hints. He followed in the train of the all-conquering Miss Cannon to the drawing-room and sat on the sofa with Robert who had taken his seat next his beloved.

"Are you—er—fond of reading, Miss Cannon?"

began Robert with a painful effort.

"I—*wrote* a tale once," said William boastfully, leaning over Robert before she could answer. "It was a jolly good one. I showed it to some people. I'll show it to you if you like. It began with a pirate on a raft an' he'd stole some jewel'ry and the king the jewels belonged to was coming after him on a steamer and jus' when he was comin' up to him he jumped into the water and took the jewls with him an' a fish eat the jewls and the king caught it an'" he paused for breath.

"I'd love to read it!" said Miss Cannon.

Robert turned sideways, and resting an arm on his knee to exclude the persistent William, spoke in a husky voice.

"What is your favourite flower, Miss Cannon?"

William's small head was craned round Robert's arm.

"I've gotter garden. I've got Virginia Stock grow'n all over it. It grows up in no time. An' must'erd 'n cress grows in no time, too. I like things what grow quick, don't you? You get tired of waiting for the other sorts, don't you?"

Robert rose desperately.

"Would you care to see the garden and greenhouses, Miss Cannon?" he said.

"I'd love to," said Miss Cannon.

With a threatening glare at William, Robert led the way to the garden. And William, all innocent animation, followed.

"Can you tie knots what can't come untied?" he demanded.

"No," she said, "I wish I could."

"I can. I'll show you. I'll get a piece of string and show you afterwards. It's easy but it wants practice, that's all. An' I'll teach you how to make aeroplanes out of paper

WILLIAM'S SMALL HEAD WAS CRANED ROUND ROBERT'S ARM. "I
LIKE THINGS WHAT· GROW QUICK, DON'T YOU?" HE SAID—ALL
INNOCENT ANIMATION.

what fly in the air when it's windy. That's quite easy.
Only you've gotter be careful to get 'em the right size. I
can make 'em and I can make lots of things out of match
boxes an' things an'——"

The infuriated Robert interrupted.

"These are my father's roses. He's very proud of
them."

"They're beautiful."

"Well, wait till you see my Virginia Stock! that's all.
Wait——"

"Will you have this tea-rose, Miss Cannon?" Robert's
face was purple as he presented it. "It—er—it suits you.

You—er—flowers and you—that is—I'm sure—you love flowers—you should—er—always have flowers. If I——"

"An' I'll get you those red ones and that white one," broke in the equally infatuated William, determined not to be outshone. "An' I'll get you some of my Virginia Stock. An' I don't give my Virginia Stock to *anyone*," he added with emphasis.

When they re-entered the drawing-room, Miss Cannon carried a large bouquet of Virginia Stock and white and red roses which completely hid Robert's tea-rose. William was by her side, chatting airily and confidently. Robert followed—a pale statue of despair.

In answer to Robert's agonised glance, Mrs. Brown summoned William to her corner, while Robert and Miss Cannon took their seat again upon the sofa.

"I hope—I hope," said Robert soulfully, "I hope your stay here is a long one?"

"Well, why sha'n't I jus' *speak* to her?" William's whisper was loud and indignant.

"'Sh, dear!" said Mrs. Brown.

"I should like to show you some of the walks around here," went on Robert desperately with a fearful glance towards the corner where William stood in righteous indignation before his mother. "If I could have that—er—pleasure—er—honour?"

"I was only jus' *speaking* to her," went on William's voice. "I wasn't doin' any harm, was I? Only *speaking* to her!"

The silence was intense. Robert, purple, opened his lips to say something, anything to drown that horrible voice, but nothing would come. Miss Cannon was obviously listening to William.

"Is no one else ever to *speak* to her." The sibilant

whisper, raised in indignant appeal, filled all the room. "Jus' 'cause Robert's fell in love with her?"

The horror of the moment haunted Robert's nights and days for weeks to come.

Mrs. Brown coughed hastily and began to describe at unnecessary length the ravages of the caterpillars upon her husband's favourite rose-tree.

William withdrew with dignity to the garden a minute later and Miss Cannon rose from the sofa.

"I must be going, I'm afraid," she said with a smile.

Robert, anguished and overpowered, rose slowly.

"You must come again some time," he said weakly but with passion undaunted.

"I will," she said. "I'm longing to see more of William. I adore William!"

*   *   *

They comforted Robert's wounded feelings as best they could, but it was Ethel who devised the plan that finally cheered him. She suggested a picnic on the following Thursday, which happened to be Robert's birthday and incidentally the last day of Miss Cannon's visit, and the picnic party was to consist of—Robert, Ethel, Mrs. Clive and Miss Cannon, and William was not even to be told where it was to be. The invitation was sent that evening and Robert spent the week dreaming of picnic lunches and suggesting impossible dainties of which the cook had never heard. It was not until she threatened to give notice that he reluctantly agreed to leave the arrangements to her. He sent his white flannels (which were perfectly clean) to the laundry with a note attached, hinting darkly at legal proceedings if they were not sent back, spotless, by Thursday morning. He went about with an expression of set and solemn purpose upon his frowning countenance. William he utterly ignored. He bought a book of poems at a second-hand bookshop and kept them on the table by his bed.

They saw nothing of Miss Cannon in the interval, but Thursday dawned bright and clear, and Robert's anxious spirits rose. He was presented with a watch and chain by his father and with a bicycle by his mother and a tin of toffee (given not without ulterior motive) by William.

They met Mrs. Clive and Miss Cannon at the station and took tickets to a village a few miles away whence they had decided to walk to a shady spot on the river bank.

William's dignity was slightly offended by his pointed exclusion from the party, but he had resigned himself to it, and spent the first part of the morning in the character of Chief Red Hand among the rhododendron bushes. He had added an ostrich feather found in Ethel's room to his head-dress, and used almost a whole cork on his face. He wore the door-mat pinned to his shoulders.

After melting some treacle toffee in rain-water over his smoking fire, adding orange juice and drinking the resulting liquid, he tired of the game and wandered upstairs to Robert's bedroom to inspect his birthday presents. The tin of toffee was on the table by Robert's bed. William took one or two as a matter of course and began to read the love-poems. He was horrified a few minutes later to see the tin empty, but he fastened the lid with a sigh, wondering if Robert would guess who had eaten them. He was afraid he would. Anyway he'd given him them. And anyway, he hadn't known he was eating them.

He then went to the dressing-table and tried on the watch and chain at various angles and with various postures. He finally resisted the temptation to wear them for the rest of the morning and replaced them on the dressing-table.

Then he wandered downstairs and round to the shed, where Robert's new bicycle stood in all its glory. It was shining and spotless and William gazed at it in awe and admiration. He came to the conclusion that he could do it no possible harm by leading it carefully round the house. Encouraged by the fact that Mrs. Brown was out shopping, he walked it round the house several times. He much enjoyed the feeling of importance and possession that it gave him. He felt loth to part with it. He wondered if it was very hard to ride. He had tried to ride one once when he was staying with an aunt. He stood on a garden bench and with difficulty transferred himself from that to the bicycle seat. To his surprise and delight he rode for a few yards before he fell off. He tried again and fell off again. He tried again and rode straight into a holly bush. He forgot everything in his determination to master the art. He tried again and again. He fell off or rode into the holly bush again and again. The shining black paint of the bicycle was scratched, the handle bars were slightly bent and dulled; William himself was bruised and battered but unbeaten.

At last he managed to avoid the fatal magnet of the holly bush, to steer an unsteady zig-zag course down the drive and out into the road. He had had no particular intention of riding into the road. In fact he was still wearing his befeathered headgear, blacked face, and the mat pinned to his shoulders. It was only when he was actually in the road that he realised that retreat was impossible, that he had no idea how to get off the bicycle.

What followed was to William more like a nightmare

than anything else. He saw a motor-lorry coming towards him and in sudden panic turned down a side street and from that into another side street. People came out of their houses to watch him pass. Children booed or cheered him and ran after him in crowds. And William went on and on simply because he could not stop. His iron nerve had failed him. He had not even the presence of mind to fall off. He was quite lost. He had left the town behind him and did not know where he was going. But wherever he went he was the centre of attraction. The strange figure with blackened, streaked face, mat flying behind in the wind and a head-dress of feathers from which every now and then one floated away, brought the population to its doors. Some said he had escaped from an asylum, some that he was an advertisement of something. The children were inclined to think he was part of a circus. William himself had passed beyond despair. His face was white and set. His first panic had changed to a dull certainty that this would go on for ever. He would never know how to stop. He supposed he would go right across England. He wondered if he were near the sea now. He couldn't be far off. He wondered if he would ever see his mother and father again. And his feet pedalled mechanically along. They did not reach the pedals at their lowest point; they had to catch them as they came up and send them down with all their might.

It was very tiring; William wondered if people would be sorry if he dropped down dead.

I have said that William did not know where he was going.

But Fate knew.

The picknickers walked down the hill from the little station to the river bank. It was a beautiful morning.

Robert, his heart and hopes high, walked beside his goddess, revelling in his nearness to her though he could think of nothing to say to her. But Ethel and Mrs. Clive chattered gaily.

"We've given William the slip," said Ethel with a laugh. "He's no idea where we've gone even!"

"I'm sorry," said Miss Cannon, "I'd have loved William to be here."

"You don't know him," said Ethel fervently.

"What a beautiful morning it is!" murmured Robert, feeling that some remark was due from him. "Am I walking too fast for you—Miss Cannon?"

"Oh, no."

"May I carry your parasol for you?" he enquired humbly.

"Oh, no, thanks."

He proposed a boat on the river after lunch, and it appeared that Miss Cannon would love it, but Ethel and Mrs. Clive would rather stay on the bank.

His cup of bliss was full. It would be his opportunity of sealing lifelong friendship with her, of arranging a regular correspondence, and hinting at his ultimate intentions. He must tell her that, of course, while he was at college he was not in a position to offer his heart and hand, but if she could wait—— He began to compose speeches in his mind.

They reached the bank and opened the luncheon baskets. Unhampered by Robert the cook had surpassed herself. They spread the white cloth and took up their position around it under the shade of the trees.

Just as Robert was taking up a plate of sandwiches to hand them with a courteous gesture to Miss Cannon, his eyes fell upon the long, white road leading from the village to the riverside and remained fixed there, his face frozen with horror. The hand that held the plate dropped lifelessly back again on to the table-cloth. Their eyes followed his. A curious figure was cycling along the road—a figure with blackened face and a few drooping feathers on its head, and a door-mat flying in the wind. A crowd of small children ran behind cheering. It was a figure vaguely familiar to them all.

"It can't be," said Robert hoarsely, passing a hand over his brow.

No one spoke.

It came nearer and nearer. There was no mistaking it.

"William!" gasped four voices.

William came to the end of the road. He did not turn aside to either of the roads by the riverside. He did not even recognise or look at them. With set, colourless face he rode on to the river bank, and straight amongst them. They fled from before his charge. He rode over the table-cloth, over the sandwiches, patties, rolls and cakes, down the bank and into the river.

* * *

They rescued him and the bicycle. Fate was against Robert even there. It was a passing boatman who performed the rescue. William emerged soaked to the skin, utterly exhausted, but feeling vaguely heroic. He was not in the least surprised to see them. He would have been surprised at nothing. And Robert wiped and examined his battered bicycle in impotent fury in the background while Miss Cannon pillowed William's dripping head on her arm, fed him on hot coffee and sandwiches and called him "My poor darling Red Hand!"

She insisted on going home with him. All through the journey she sustained the character of his faithful

HE RODE OVER THE TABLE-CLOTH, OVER THE SANDWICHES AND
PATTIES, DOWN THE BANK AND INTO THE RIVER.

squaw. Then, leaving a casual invitation to Robert and Ethel to come over to tea, she departed to pack.

Mrs. Brown descended the stairs from William's room with a tray on which reposed a half-empty bowl of gruel, and met Robert in the hall.

"Robert," she remonstrated, "you really needn't look so upset."

Robert glared at her and laughed a hollow laugh.

"Upset!" he echoed, outraged by the inadequacy of the expression. "You'd be upset if your life was ruined. You'd be upset. I've a *right* to be upset."

He passed his hand desperately through his already ruffled hair.

"You're going there to tea," she reminded him.

"Yes," he said bitterly, "with other people. Who can talk with other people there? No one can. I'd have talked to her on the river. I'd got heaps of things ready in my mind to say. And William comes along and spoils my whole life—and my bicycle. And she's the most beautiful girl I've ever seen in my life. And I've wanted that bicycle for ever so long and it's not fit to ride."

"But poor William has caught a very bad chill, dear, so you oughtn't to feel bitter to him. And he'll have to pay for your bicycle being mended. He'll have no pocket money till it's paid for."

"You'd think," said Robert with a despairing gesture in the direction of the hall table and apparently addressing it, "you'd think four grown-up people in a house could keep a boy of William's age in order, wouldn't you? You'd think he wouldn't be allowed to go about spoiling people's lives and—and ruining their bicycles. Well, he jolly well won't do it again," he ended darkly.

Mrs. Brown proceeded in the direction of the kitchen.

"Robert," she said soothingly over her shoulder, "you surely want to be at peace with your little brother, when he's not well, don't you?"

"*Peace?*" he said. Robert turned his haggard countenance upon her as though his ears must have deceived him. "*Peace!* I'll wait. I'll wait till he's all right and going about; I won't start till then. But—peace! It's not peace, it's an *armistice*—that's all."

Chapter 3

William Below Stairs

William was feeling embittered with life in general. He was passing through one of his not infrequent periods of unpopularity. The climax had come with the gift of sixpence bestowed on him by a timid aunt, who hoped thus to purchase his goodwill. With the sixpence he had bought a balloon adorned with the legs and head of a duck fashioned in cardboard. This could be blown up to its fullest extent and then left to subside. It took several minutes to subside, and during those minutes it emitted a long-drawn-out and high-pitched groan. The advantage of this was obvious. William could blow it up to its fullest extent in private and leave it to subside in public concealed beneath his coat. While this was going on William looked round as though in bewildered astonishment. He inflated it before he went to breakfast. He then held it firmly and secretly so as to keep it inflated till he was sitting at the table. Then he let it subside. His mother knocked over a cup of coffee, and his father cut himself with the bread knife. Ethel, his elder sister, indulged in a mild form of nervous breakdown. William sat with a face of startled innocence. But nothing enraged his family so much as William's expression of innocence. They fell upon him, and he defended himself as well as he could. Yes, he was holding the balloon under the table. Well, he'd blown it up some time ago. He couldn't keep it blown up for ever. He had to let the air out some time. He couldn't help it making a noise when the air went out. It was the way it was made. He hadn't made it. He set off to school with an air of injured innocence—and the balloon. Observing an elderly and irascible-looking gentleman in front of him, he went a few steps down a back street, blew up his balloon and held it tightly under his coat. Then, when abreast of the old gentleman, he let it off. The old gentleman gave a leap into the air and glared fiercely around. He glanced at the small virtuous-looking schoolboy with obviously no instrument of torture at his lips, and then concentrated his glare of fury and suspicion on the upper windows. William hastened on to the next pedestrian. He had quite a happy walk to school.

School was at first equally successful. William opened his desk, hastily inflated his balloon, closed his desk, then gazed round with his practised expression of horrified astonishment at what followed. He drove the French master to distraction.

"Step out 'oo makes the noise," he screamed.

No one stepped out, and the noise continued at intervals.

The mathematics master finally discovered and confiscated the balloon.

"I hope," said the father at lunch, "that they've taken away that infernal machine of yours."

William replied sadly that they had. He added that some people didn't seem to think it was stealing to take other people's things.

"Then we may look forward to a little peace this evening?" said the father politely. "Not that it matters to me, as I'm going out to dinner. The only thing that relieves the tedium of going out to dinner is the fact that for a short time one has a rest from William."

William acknowledged the compliment by a scowl and a mysterious muttered remark to the effect that some people were always at him.

During preparation in afternoon school he read a story-book kindly lent him by his next-door neighbour. It was not because he had no work to do that William read a story-book in preparation. It was a mark of defiance to the world in general. It was also a very interesting story-book. It opened with the hero as a small boy misunderstood and ill-treated by everyone around him. Then he ran away. He went to sea, and in a few years made an immense fortune in the goldfields. He returned in the last chapter and forgave his family and presented them with a noble mansion and several shiploads of gold. The idea impressed William—all except the end part. He thought he'd prefer to have the noble mansion himself and pay rare visits to his family, during which he would listen to their humble apologies, and perhaps give them a nugget or two, but not very much—certainly not much to Ethel. He wasn't sure whether he'd ever really forgive them. He'd have rooms full of squeaky balloons and trumpets in his house anyway, and he'd keep caterpillars and white rats all over the place too—things they made such a fuss about in their old house—and he'd always go about in dirty boots, and he'd never brush his hair or wash, and he'd keep dozens of motor-cars, and he wouldn't let Ethel go out in any of them. He was roused from this enthralling day-dream by the discovery and confiscation of his story-book by the master in charge, and the subsequent fury of its owner. In order adequately to express his annoyance, he dropped a little ball of blotting-paper

soaked in ink down William's back. William, on
attempting retaliation, was sentenced to stay in half an
hour after school. He returned gloomily to his history
book (upside down) and his misanthropic view of life.
He compared himself bitterly with the hero of the
story-book and decided not to waste another moment of
his life in uncongenial surroundings. He made a firm
determination to run away as soon as he was released
from school.

*　　　*　　　*

He walked briskly down the road away from the
village. In his pocket reposed the balloon. He had made
the cheering discovery that the mathematics master had
left it on his desk, so he had joyfully taken it again into
his possession. He thought he might reach the coast
before night, and get to the goldfields before next week.
He didn't suppose it took long to make a fortune there.
He might be back before next Christmas and—crumbs!
he'd jolly well make people sit up. He wouldn't go to
school, for one thing, and he'd be jolly careful who he
gave nuggets to for another. He'd give nuggets to the
butcher's boy and the postman, and the man who came
to tune the piano, and the chimney-sweep. He wouldn't
give any to any of his family, or any of the masters at the
school. He'd just serve people out the way they served
him. He just would. The road to the coast seemed rather
long, and he was growing rather tired. He walked in a
ditch for a change, and then scraped through a hedge
and took a short cut across a ploughed field. Dusk was
falling fast, and even William's buoyant spirits began to
flag. The fortune part was all very well, but in the
meantime he was cold and tired and hungry. He hadn't
yet reached the coast, much less the goldfields.
Something must be done. He remembered that the boy

in the story had "begged his way" to the coast. William determined to beg his. But at present there seemed nothing to beg it from, except a hawthorn hedge and a scarecrow in the field behind it. He wandered on disconsolately deciding to begin his career as a beggar at the first sign of human habitation.

At last he discovered a pair of iron gates through the dusk and, assuming an expression of patient suffering calculated to melt a heart of stone, walked up the drive. At the front door he smoothed down his hair (he had lost his cap on the way), pulled up his stockings, and rang the bell. After an interval a stout gentleman in the garb of a butler opened the door and glared ferociously up and down William.

"Please——" began William plaintively.

The stout gentleman interrupted.

"If you're the new Boots," he said majestically, "go round to the back door. If you're not, go away."

He then shut the door in William's face. William, on the top step, considered the question for a few minutes. It was dark and cold, with every prospect of becoming darker and colder. He decided to be the new Boots. He found his way round to the back door and knocked firmly. It was opened by a large woman in a print dress and apron.

"What y' want?" she said aggressively.

"He said," said William firmly, "to come round if I was the new Boots."

The woman surveyed him in grim disapproval.

"You bin round to the front?" she said. "Nerve!"

Her disapproval increased to suspicion.

"Where's your things?" she said.

"Comin'," said William without a moment's hesitation.

"Too tired to bring 'em with you?" she said

"IF YOU'RE THE NEW BOOTS," HE SAID MAJESTICALLY, "GO ROUND
TO THE BACK DOOR."

sarcastically. "All right. Come in!"

William came in gratefully. It was a large, warm, clean kitchen. A small kitchenmaid was peeling potatoes at a sink, and a housemaid in black with a frilled cap and apron, was powdering her nose before a glass on the wall. They both turned to stare at William.

"'Ere's the new Boots," announced Cook, "'is valet's bringin' 'is things later."

The housemaid looked up William from his muddy boots to his untidy hair, then down William from his untidy hair to his muddy boots.

"Imperdent-lookin' child," she commented haughtily, returning to her task.

William decided inwardly that she was to have no share at all in the nuggets.

The kitchenmaid giggled and winked at William, with obviously friendly intent. William mentally promised her half a ship-load of nuggets.

"Now, then, Smutty," said the housemaid without turning round, "none of your sauce!"

"'Ad your tea?" said the cook to William. William's spirits rose.

"No," he said plaintively.

"All right. Sit down at the table."

William's spirits soared sky high.

He sat at the table and the cook put a large plate of bread and butter before him.

William set to work at once. The housemaid regarded him scornfully.

"Learnt 'is way of eatin' at the Zoo," she said pityingly.

The kitchenmaid giggled again and gave William another wink. William had given himself up to wholehearted epicurean enjoying of his bread and butter and took no notice of them. At this moment the butler entered.

He subjected the quite unmoved William to another long survey.

"When next you come a-hentering of this 'ouse, my boy," he said, "kindly remember that the front door is reserved for gentry an' the back for brats."

William merely looked at him coldly over a hunk of bread and butter. Mentally he knocked him off the list of nugget-receivers.

The butler looked sadly round the room.

"They're all the same," he lamented. "Eat, eat, eat. Nothin' but eat. Eat all day an' eat all night. 'E's not bin in the 'ouse two minutes an' 'e's at it. Eat! eat! eat! 'E'll 'ave all the buttons bust off his uniform in a week like wot the larst one 'ad. Like eatin' better than workin' don't you?" he said sarcastically to William.

"Yes, I do, too," said William with firm conviction.

The kitchenmaid giggled again, and the housemaid give a sigh expressive of scorn and weariness as she drew a thin pencil over her eyebrows.

"Well, if you've quite finished, my lord," said the butler in ponderous irony, "I'll show you to your room."

William indicated that he had quite finished, and was led up to a very small bed-room. Over a chair lay a page's uniform with the conventional row of brass buttons down the front of the coat.

"Togs," explained the butler briefly. "Your togs. Fix 'em on quick as you can. There's company to dinner to-night."

William fixed them on.

"You're smaller than wot the last one was," said the butler critically. "They 'ang a bit loose. Never mind.

With a week or two of stuffin' you'll 'ave most probable
bust 'em, so it's as well to 'ang loose first. Now, come on.
'Oo's bringing over your things?"

"E—a friend," explained William.

"I suppose it *is* a bit too much to expeck you to carry
your own parcels," went on the butler, "in these 'ere
days. Bloomin' Bolshevist, I speck, aren't you?"

William condescended to explain himself.

"I'm a gold-digger," he said.

"Criky!" said the butler.

William was led down again to the kitchen.

The butler threw open a door that led to a small
pantry.

"This 'ere is where you work, and this 'ere," pointing
to a large kitchen, "is where you live. You 'ave not,"
he ended haughtily, "the hentry into the servants'
'all."

"Crumbs!" said William.

"You might has well begin at once," went on the
butler, "there's all this lunch's knives to clean. 'Ere's a
hapron, 'ere's the knife-board an' 'ere's the knife-
powder."

He shut the bewildered William into the small pantry
and turned to the cook.

"What do you think of 'im?" he said.

"'E looks," said the cook gloomily, "the sort of boy
we'll 'ave trouble with."

"Not much clarse," said the housemaid, arranging her
frilled apron. "It surprises me 'ow any creature like a
boy can grow into an experienced, sensible, broad-
minded man like you, Mr. Biggs."

Mr. Biggs simpered and straightened his necktie.

"Well," he admitted, "as a boy, of course, I wasn't
like 'im."

Here the pantry-door opened and William's face, plentifully adorned with knife-powder, came round.

"I've done some of the knives," he said, "shall I be doin' something else and finish the others afterwards?"

"'Ow many 'ave you done?" said Mr. Biggs.

"One or two," said William vaguely, then with a concession to accuracy, "well, two, But I'm feeling tired of doin' knives."

The kitchenmaid emitted a scream of delight and the cook heaved a deep sigh.

The butler advanced slowly and majestically towards William's tousled head, which was still craned around the pantry door.

"You'll finish them knives, my boy," he said, "or——"

William considered the weight and size of Mr. Biggs.

"All right," he said pacifically. "I'll finish the knives."

He disappeared, closing the pantry door behind him.

"'E's goin' to be a trile," said the cook, "an' no mistake."

"Trile's 'ardly the word," said Mr. Biggs.

"Haffliction," supplied the housemaid.

"That's more like it," said Mr. Biggs.

Here William's head appeared again.

"Wot time's supper?" he said.

He retired precipitately at a hysterical shriek from the kitchenmaid and a roar of fury from the butler.

"You'd better go an' do your potatoes in the pantry," said the cook to the kitchenmaid, "and let's 'ave a bit of peace in 'ere and see 'e's doin' of 'is work all right."

The kitchenmaid departed joyfully to the pantry.

William was sitting by the table, idly toying with a knife. He had experimented upon the knife powder by mixing it with water, and the little brown pies that were

the result lay in a row on the mantelpiece. He had also
tasted it, as the dark stains upon his lips testified. His
hair was standing straight up on his head as it always did
when life was strenuous. He began the conversation.

"You'd be surprised," he said, "if you knew what I
really was."

She giggled.

"Go on!" she said. "What are you?"

"I'm a gold-digger," he said. "I've got ship-loads an'
ship-loads of gold. At least, I will have soon. I'm not
goin' to give *him*," pointing towards the door, "any, nor
any of them in there."

"Wot about me?" said the kitchenmaid, winking at
the cat as the only third person to be let into the joke.

"You," said William graciously, "shall have a whole
lot of nuggets. Look here." With a princely flourish he
took up a knife and cut off three buttons from the middle
of his coat and gave them to her. "You keep those and
they'll be kind of tokens. See? When I come home rich
you show me the buttons an' I'll remember and give you
the nuggets. See? I'll maybe marry you," he promised,
"if I've not married anyone else."

The kitchenmaid put her head round the pantry door.

"'E's loony," she said. "It's lovely listening to 'im
talkin'."

Further conversation was prevented by the ringing of
the front-door bell and the arrival of the "company."

Mr. Biggs and the housemaid departed to do the
honours. The kitchenmaid ran to help with the dishing
up, and William was left sitting on the pantry table, idly
making patterns in knife powder with his finger.

"Wot was 'e doin'?" said the cook to the kitchenmaid.

"Nothin'—'cept talkin'," said the kitchenmaid. "'E's
a cure, 'e is," she added.

"If you've finished the knives," called out the cook, "there's some boots and shoes on the floor to be done. Brushes an' blacking on the shelf."

William arose with alacrity. He thought boots would be more interesting than knives. He carefully concealed the pile of uncleaned knives behind the knife-box and began on the shoes.

The butler returned.

"Soup ready?" he said. "The company's just goin' into the dining-room—a pal of the master's. Decent-lookin' bloke," he added patronisingly.

William, in his pantry, had covered a brush very thickly with blacking, and was putting it in heavy layers

"I'M A GOLD DIGGER," SAID WILLIAM. "I'VE GOT SHIPLOADS AN'
SHIPLOADS OF GOLD. AT LEAST, I WILL HAVE SOON."

on the boots and shoes. A large part of it adhered to his own hands. The butler looked in at him.

"Wot's 'appened to your buttons?" he said sternly.

"Come off," said William.

"Bust off," corrected the butler. "I said so soon as I saw you. I said you'd 'ave eat your buttons bust off in a week. Well, you've eat 'em bust off in ten minutes."

"Eatin' an' destroyin' of 'is clothes," he said gloomily, returning to the kitchen. "It's all boys ever do—eatin' an' destroyin' of their clothes."

He went out with the soup and William was left with the boots. He was getting tired of boots. He'd covered them all thickly with blacking, and he didn't know what to do next. Then suddenly he remembered his balloon in his pocket upstairs. It might serve to vary the monotony of life. He slipped quietly upstairs for it, and then returned to his boots.

Soon Mr. Biggs and the housemaid returned with the empty soup-plates. Then through the kitchen resounded a high-pitched squeal, dying away slowly and shrilly.

The housemaid screamed.

"Lawks!" said the cook, "someone's atorchurin' of the poor cat to death. It'll be that blessed boy."

The butler advanced manfully and opened the pantry door. William stood holding in one hand an inflated balloon with the cardboard head and legs of a duck.

The butler approached him.

"If you let off that there thing once more, you little varmint," he said, "I'll——"

Threateningly he had advanced his large expanse of countenance very close to William's. Acting upon a sudden uncontrollable impulse William took up the brush thickly smeared with blacking and pushed back Mr. Biggs's face with it.

WILLIAM TOOK UP THE BRUSH, THICKLY SMEARED WITH BLACKING, AND PUSHED BACK MR. BIGGS'S FACE WITH IT.

There was a moment's silence of sheer horror, then Mr. Biggs hurled himself furiously upon William. . . .

*   *   *

In the dining-room sat the master and mistress of the house and their guest.

"Did the new Boots arrive?" said the master to his wife.

"Yes," she said.

"Any good?" he said.

"He doesn't seem to have impressed Biggs very favourably," she said, "but they never do."

"The human boy," said the guest, "is given us as a discipline. I possess one. Though he is my own son, I find it difficult to describe the atmosphere of peace and relief that pervades the house when he is out of it."

"I'd like to meet your son," said the host.

"You probably will, sooner or later," said the guest gloomily. "Everyone in the neighbourhood meets him sooner or later. He does not hide his light under a bushel. Personally, I prefer people who haven't met him. They can't judge me by him."

At this moment the butler came in with a note.

"No answer," he said, and departed with his slow dignity.

"Excuse me," said the lady as she opened it, "it's from my sister. 'I hope,' she read, 'that you aren't inconvenienced much by the non-arrival of the Boots I engaged for you. He's got "flu."'" But he's come," she said wonderingly.

There came the sound of an angry shout, a distant scream and the clattering of heavy running footsteps . . . growing nearer. . . .

"A revolution, I expect," said the guest wearily. "The Reds are upon us."

At that moment the door was burst open and in rushed a boy with a blacking brush in one hand and an inflated balloon in the other. He was much dishevelled, with three buttons off the front of his uniform, and his face streaked with knife powder and blacking. Behind him ran a fat butler, his face purple with fury beneath a large smear of blacking. The boy rushed round the table, slipped on the polished floor, clutched desperately at the neck of the guest, bringing both guest and chair down upon the floor beside him. In a sudden silence of utter paralysed horror, guest and boy sat on the floor and stared at each other. Then the boy's nerveless hand relaxed its hold upon the balloon, which had somehow or other survived the vicissitudes of the flight, and a shrill squeak rang through the silence of the room.

The master and mistress of the house sat looking round in dazed astonishment.

As the guest looked at the boy there appeared on his countenance amazement, then incredulity, and finally frozen horror. As the boy looked at the guest there appeared on his countenance amazement, then incredulity and finally blank dejection.

"Good Lord!" said the guest, "it's *William!*"

"Oh, crumbs!" said the Boots, "it's *father!*"

Chapter 4

The Fall of the Idol

William was bored. He sat at his desk in the sunny schoolroom and gazed dispassionately at a row of figures on the blackboard.

"It isn't *sense*," he murmured scornfully.

Miss Drew was also bored, but, unlike William, she tried to hide the fact.

"If the interest on a hundred pounds for one year is five pounds," she said wearily, then, "William Brown, do sit up and don't look so stupid!"

William changed his position from that of lolling over one side of his desk to that of lolling over the other, and began to justify himself.

"Well, I can't unner*stand* any of it. It's enough to make anyone look stupid when he can't unner*stand* any of it. I can't think why people go on givin' people bits of money for givin' 'em lots of money and go on an' on doin' it. It dun't seem sense. Anyone's a mug for givin' anyone a hundred pounds just 'cause he says he'll go on givin' him five pounds and go on stickin' to his hundred pounds. How's he to *know* he will? Well," he warmed to his subject, "what's to stop him not givin' any five pounds once he's got hold of the hundred pounds an' goin' on stickin' to the hundred pounds——"

Miss Drew checked him by a slim, upraised hand.

"William," she said patiently, "just listen to me. Now suppose," her eyes roved round the room and settled on a small red-haired boy, "suppose that Eric wanted a hundred pounds for something and you lent it to him——"

"I wun't lend Eric a hundred pounds," he said firmly, "'cause I ha'n't got it. I've only got 3½d., an' I wun't lend that to Eric, 'cause I'm not such a mug, 'cause I lent him my mouth-organ once an' he bit a bit off an'——"

Miss Drew interrupted sharply. Teaching on a hot afternoon is rather trying.

"You'd better stay in after school, William, and I'll explain."

William scowled, emitted his monosyllable of scornful disdain "Huh!" and relapsed into gloom.

He brightened, however, on remembering a lizard he had caught on the way to school, and drew it from its hiding-place in his pocket. But the lizard had abandoned the unequal struggle for existence among the stones, top, penknife, bits of putty, and other small objects that inhabited William's pocket. The housing problem had been too much for it.

William in disgust shrouded the remains in blotting paper, and disposed of it in his neighbour's ink-pot. The neighbour protested and an enlivening scrimmage ensued.

Finally the lizard was dropped down the neck of an inveterate enemy of William's in the next row, and was extracted only with the help of obliging friends. Threats of vengeance followed, couched in blood-curdling terms, and written on blotting-paper.

Meanwhile Miss Drew explained Simple Practice to a small but earnest coterie of admirers in the front row. And William, in the back row, whiled away the hours for which his father paid the education authorities a substantial sum.

But his turn was to come.

At the end of afternoon school one by one the class departed, leaving William only nonchalantly chewing an india-rubber and glaring at Miss Drew.

"Now, William."

Miss Drew was severely patient.

William went up to the platform and stood by her desk.

"You see, if someone borrows a hundred pounds from someone else——"

She wrote down the figures on a piece of paper, bending low over her desk. The sun poured in through the window, showing the little golden curls in the nape of her neck. She lifted to William eyes that were stern and frowning, but blue as blue above flushed cheeks.

"Don't you *see*, William?" she said.

There was a faint perfume about her, and William the devil-may-care pirate and robber-chief, the stern despiser of all things effeminate, felt the first dart of the malicious blind god. He blushed and simpered.

"Yes, I see all about it now," he assured her. "You've explained it all plain now. I cudn't unner*stand* it before. It's a bit soft—in't it—anyway, to go lending hundred pounds about just 'cause someone says they'll give you five pounds next year. Some folks is mugs. But I do unner*stand* now. I cudn't unnerstand it before."

"You'd have found it simpler if you hadn't played with dead lizards all the time," she said wearily, closing her books.

William gasped.

He went home her devoted slave. Certain members of the class always deposited dainty bouquets on her desk in the morning. William was determined to outshine the rest. He went into the garden with a large basket and a pair of scissors the next morning before he set out for school.

It happened that no one was about. He went first to the hothouse. It was a riot of colour. He worked there with a thoroughness and concentration worthy of a nobler cause. He came out staggering beneath a piled-up basket of hothouse blooms. The hothouse itself was bare and desolate.

Hearing a sound in the back garden he hastily decided to delay no longer, but to set out to school at once. He set out as unostentatiously as possible.

Miss Drew, entering her class-room, was aghast to see instead of the usual small array of buttonholes on her desk, a mass of already withering hothouse flowers completely covering her desk and chair.

William was a boy who never did things by halves.

"Good Heavens!" she cried in consternation.

William blushed with pleasure.

He changed his seat to one in the front row. All that morning he sat, his eyes fixed on her earnestly, dreaming of moments in which he rescued her from robbers and pirates (here he was somewhat inconsistent with his own favourite rôle of robber-chief and pirate), and bore her fainting in his strong arms to safety. Then she clung to him in love and gratitude, and they were married at once by the Archbishops of Canterbury and York.

William would have no half-measures. They were to be married by the Archbishops of Canterbury and York, or else the Pope. He wasn't sure that he wouldn't rather have the Pope. He would wear his black pirate suit with the skull and crossbones. No, that would not do——

WILLIAM FELT THE FIRST DART OF THE LITTLE BLIND GOD. HE
BLUSHED AND SIMPERED.

"What have I just been saying, William?" said Miss Drew.

William coughed and gazed at her soulfully.

"'Bout lendin' money?" he said, hopefully.

"William!" she snapped. "This isn't an arithmetic lesson. I'm trying to teach you about the Armada."

"Oh, *that!*" said William brightly and ingratiatingly. "Oh, yes."

"Tell me something about it."

"I don't *know* anything—not jus' yet——"

"I've been *telling* you about it. I do wish you'd listen," she said despairingly.

William relapsed into silence, nonplussed, but by no means cowed.

When he reached home that evening he found the garden was the scene of excitement and hubbub. One policeman was measuring the panes of glass in the conservatory roof, and another was on his knees examining the beds near. His grown-up sister, Ethel, was standing at the front door.

"Every single flower has been stolen from the conservatory some time this morning," she said excitedly. "we've only just been able to get the police. William, did you see any one about when you went to school this morning?"

William pondered deeply. His most guileless and innocent expression came to his face.

"No," he said at last. "No, Ethel, I didn't see nobody."

William coughed and discreetly withdrew.

That evening he settled down at the library table, spreading out his books around him, a determined frown upon his small face.

His father was sitting in an armchair by the window reading the evening paper.

"Father," said William suddenly, "s'pose I came to you an' said you was to give me a hundred pounds an' I'd give you five pounds next year an' so on, would you give it me?"

"I should not, my son," said his father firmly.

William sighed.

"I knew there was something wrong with it," he said.

Mr. Brown returned to the leading article, but not for long.

"Father, what was the date of the Armada?"

"Good Heavens! How should I know? I wasn't there."

William sighed.

"Well, I'm tryin' to write about it and why it failed an'—why did it fail?"

Mr. Brown groaned, gathered up his paper, and retired to the dining-room.

He had almost finished the leading article when William appeared, his arms full of books, and sat down quietly at the table.

"Father, what's the French for 'my aunt is walking in the garden'?"

"What on earth are you doing?" said Mr. Brown irritably.

"I'm doing my home-lessons," said William virtuously.

"I never even knew you had the things to do."

"No," William admitted gently, "I don't generally take much bother over them, but I'm goin' to now—'cause Miss Drew"—he blushed slightly and paused—"'cause Miss Drew"—he blushed more deeply and began to stammer, "'c—cause Miss Drew"—he was almost apoplectic.

Mr. Brown quietly gathered up his paper and crept out to the verandah, where his wife sat with the week's mending.

"William's gone raving mad in the dining-room," he said pleasantly, as he sat down. "Takes the form of a wild thirst for knowledge, and a babbling of a Miss Drawing, or Drew, or something. He's best left alone."

Mrs. Brown merely smiled placidly over the mending.

Mr. Brown had finished one leading article and begun another before William appeared again. He stood in the doorway frowning and stern.

"Father, what's the capital of Holland?"

"Good Heavens!" said his father. "Buy him an encyclopedia. Anything, anything. What does he think I am? What——"

"I'd better set apart a special room for his homework," said Mrs. Brown soothingly, "now that he's beginning to take such an interest."

"A room!" echoed his father bitterly. "He wants a whole house."

Miss Drew was surprised and touched by William's earnestness and attention the next day. At the end of the afternoon school he kindly offered to carry her books home for her. He waved aside all protests. He marched home by her side discoursing pleasantly, his small freckled face beaming devotion.

"I like pirates, don't you, Miss Drew? An' robbers an' things like that? Miss Drew, would you like to be married to a robber?"

He was trying to reconcile his old beloved dream of his future estate with the new one of becoming Miss Drew's husband.

"No," she said firmly.

His heart sank.

"Nor a pirate?" he said sadly.

"No."

"They're quite nice really—pirates," he assured her.

"I think not."

"Well," he said resignedly, "we'll jus' have to go huntin' wild animals and things. That'll be all right."

"Who?" she said, bewildered.

"Well—jus' you wait," he said darkly.

Then: "Would you rather be married by the Archbishop of York or the Pope?"

"The Archbishop, I think," she said gravely.

He nodded.

"All right."

She was distinctly amused. She was less amused the next evening. Miss Drew had a male cousin—a very nice-looking male cousin, with whom she often went for walks in the evening. This evening, by chance, they passed William's house, and William, who was in the garden, threw aside his temporary rôle of pirate and joined them. He trotted happily on the other side of Miss Drew. He entirely monopolised the conversation. The male cousin seemed to encourage him, and this annoyed Miss Drew. He refused to depart in spite of Miss Drew's strong hints. He had various items of interest to impart, and he imparted them with the air of one assured of an appreciative hearing. He had found a dead rat the day before and given it to his dog, but his dog didn't like 'em dead and neither did the ole cat, so he'd buried it. Did Miss Drew like all those flowers he'd got her the other day? He was afraid that he cudn't bring any more like that jus' yet. Were there pirates now? Well, what would folks do to one if there was one? He din't see why there shun't be pirates now. He thought he'd start it, anyway. He'd like to shoot a lion. He was goin' to one day. He'd shoot a lion an' a tiger. He'd bring the skin home to Miss Drew, if she liked. He grew recklessly generous. He'd bring home lots of skins of all sorts of animals for Miss Drew.

"Don't you think you ought to be going home, William?" said Miss Drew coldly.

William hastened to reassure her.

WILLIAM HAD VARIOUS ITEMS OF INTEREST TO IMPART, AND HE IMPARTED THEM WITH THE AIR OF ONE ASSURED OF AN APPRECIATIVE HEARING.

"Oh, no—not for ever so long yet," he said.

"Isn't it your bed-time?"

"Oh, no—not yet—not for ever so long."

The male cousin was giving William his whole attention.

"What does Miss Drew teach you at school, William?" he said.

"Oh, jus' ornery things. Armadas an' things. An' 'bout lending a hundred pounds. That's a norful *soft* thing. I unnerstand it," he added hastily, fearing further explanation, "but it's *soft*. My father thinks it is, too, an' he oughter *know*. He's bin abroad lots of times. He's bin chased by a bull, my father has——"

The shades of night were falling fast when William reached Miss Drew's house still discoursing volubly. He was drunk with success. He interpreted his idol's silence as the silence of rapt admiration.

He was passing through the gate with his two companions with the air of one assured of welcome, when Miss Drew shut the gate upon him firmly.

"You'd better go home now, William," she said.

William hesitated

"I don't mind comin' in a bit," he said. "I'm not tired."

But Miss Drew and the male cousin were already half-way up the walk.

William turned his steps homeward. He met Ethel near the gate.

"William, where *have* you been? I've been looking for you everywhere. It's *hours* past your bed-time."

"I was goin' a walk with Miss Drew."

"But you should have come home at your bed-time."

"I don't think she wanted me to go," he said with dignity. "I think it wun't of bin p'lite."

William found that a new and serious element had
entered his life. It was not without its disadvantages.
Many had been the little diversions by which William
had been wont to while away the hours of instruction. In
spite of his devotion to Miss Drew, he missed the old
days of care-free exuberance, but he kept his new seat in
the front row, and clung to his rôle of earnest student.
He was beginning to find also, that a conscientious
performance of home lessons limited his activities after
school hours, but at present he hugged his chains. Miss
Drew, from her seat on the platform, found William's
soulful concentrated gaze somewhat embarrassing, and
his questions even more so.

As he went out of school he heard her talking to
another mistress.

"I'm very fond of syringa," she was saying. "I'd love
to have some."

William decided to bring her syringa, handfuls of
syringa, armfuls of syringa.

He went straight home to the gardener.

"No, I ain't got no syringa. Please step off my
rose-bed, Mister William. No, there ain't any syringa in
this 'ere garding. I dunno for why. Please leave my 'ose
pipe alone, Mister William."

"Huh!" ejaculated William, scornfully turning away.

He went round the garden. The gardener had been
quite right. There were guelder roses everywhere, but
no syringa.

He climbed the fence and surveyed the next garden.
There were guelder roses everywhere, but no syringa. It
must have been some peculiarity in the soil.

William strolled down the road, scanning the gardens
as he went. All had guelder roses. None had syringa.

Suddenly he stopped.

On a table in the window of a small house at the bottom of the road was a vase of syringa. He did not know who lived there. He entered the garden cautiously. No one was about.

He looked into the room. It was empty. The window was open at the bottom.

He scrambled in, removing several layers of white paint from the window-sill as he did so. He was determined to have that syringa. He took it dripping from the vase, and was preparing to depart, when the door opened and a fat woman appeared upon the threshold. The scream that she emitted at sight of William curdled the very blood in his veins. She dashed to the window, and William, in self-defence, dodged round the table and out of the door. The back door was open, and William blindly fled by it. The fat woman did not pursue. She was leaning out of the window, and her shrieks rent the air.

"Police! Help! Murder! Robbers!"

The quiet little street rang with the raucous sounds.

William felt cold shivers creeping up and down his spine. He was in a small back garden from which he could see no exit.

Meanwhile the shrieks were redoubled.

"Help! *Help! Help!*"

Then came sounds of the front-door opening and men's voices.

"Hello! Who is it? What is it?"

William glared round wildly. There was a hen-house in the corner of the garden, and into this he dashed, tearing open the door and plunging through a mass of flying feathers and angry, disturbed hens.

William crouched in a corner of the dark henhouse determinedly clutching his bunch of syringa.

Distant voices were at first all he could hear. Then they came nearer, and he heard the fat lady's voice loudly declaiming.

"He was quite a small man, but with such an evil face. I just had one glimpse of him as he dashed past me. I'm sure he'd have murdered me if I hadn't cried for help.

THE DOOR OPENED AND A FAT WOMAN APPEARED ON THE THRESHOLD.

Oh, the coward! And a poor defenceless woman! He was standing by the silver table. I disturbed him at his work of crime. I feel so upset. I shan't sleep for nights. I shall see his evil, murderous face. And a poor unarmed woman!"

"Can you give us no details, madam?" said a man's voice. "Could you recognise him again?"

"*Anywhere!*" she said firmly. "Such a criminal face. You've no idea how upset I am. I might have been a lifeless corpse now, if I hadn't had the courage to cry for help."

"We're measuring the footprints, madam. You say he went out by the front door?"

"I'm convinced he did. I'm convinced he's hiding in the bushes by the gate. Such a low face. My nerves are absolutely jarred."

"We'll search the bushes again, madam," said the other voice wearily, "but I expect he has escaped by now."

"The brute!" said the fat lady. "Oh, the *brute!* And that *face*. If I hadn't had the courage to cry out——"

The voices died away and William was left alone in a corner of the hen-house.

A white hen appeared in the little doorway, squawked at him angrily, and retired, cackling indignation. Visions of life-long penal servitude or hanging passed before William's eyes. He'd rather be executed, really. He hoped they'd execute him.

Then he heard the fat lady bidding good-bye to the policeman. Then she came to the back garden evidently with a friend, and continued to pour forth her troubles.

"And he *dashed* past me, dear. Quite a small man, but with such an evil face."

A black hen appeared in the little doorway, and with

an angry squawk at William, returned to the back
garden.

"I think you're *splendid*, dear," said the invisible
friend. "How you had the *courage*."

The white hen gave a sardonic scream.

"You'd better come in and rest, darling," said the
friend.

"I'd better," said the fat lady in a plaintive, suffering
voice. "I do feel very . . . shaken. . . ."

Their voices ceased, the door was closed, and all was
still.

Cautiously, very cautiously, a much-dishevelled William crept from the hen-house and round the side of the
house. Here he found a locked side-gate over which he
climbed, and very quietly he glided down to the front
gate and to the road.

"Where's William this evening?" said Mrs. Brown. "I
do hope he won't stay out after his bed-time."

"Oh, I've just met him," said Ethel. "He was going up
to his bedroom. He was covered with hen feathers and
holding a bunch of syringa."

"Mad!" sighed his father. "Mad! mad! mad!"

The next morning William laid a bunch of syringa
upon Miss Drew's desk. He performed the offering with
an air of quiet, manly pride. Miss Drew recoiled.

"*Not* syringa, William. I simply can't *bear* the smell!"

William gazed at her in silent astonishment for a few
moments.

Then: "But you *said* . . . you *said* . . . you said you
were fond of syringa an' that you'd like to have them."

"Did I say syringa?" said Miss Drew vaguely. "I
meant guelder roses."

William's gaze was one of stony contempt.

He went slowly back to his old seat at the back of the
room.

That evening he made a bonfire with several choice friends, and played Red Indians in the garden. There was a certain thrill in returning to the old life.

"Hello!" said his father, encountering William creeping on all fours among the bushes. "I thought you did home lessons now?"

William arose to an upright position.

"I'm not goin' to take much bother over 'em now," said William. "Miss Drew, she can't talk straight. She dunno what she *means*."

"That's always the trouble with women," agreed his father. "William says his idol has feet of clay," he said to his wife, who had approached.

"I dunno as she's got feet of clay," said William, the literal. "All I say is she can't talk straight. I took no end of trouble an' she dunno what she means. I think her feet's all right. She walks all right. 'Sides, when they make folks false feet, they make 'em of wood, not clay."

Chapter 5

The Show

The Outlaws sat around the old barn, plunged in deep thought. Henry, the oldest member (aged 12¼) had said in a moment of inspiration:

"Let's think of—sumthin' else to do—sumthin' quite fresh from what we've ever done before."

And the Outlaws were thinking.

They had engaged in mortal combat with one another, they had cooked strange ingredients over a smoking and reluctant flame with a fine disregard of culinary conventions, they had tracked each other over the country-side with gait and complexions intended to represent those of the aborigines of South America, they had even turned their attention to kidnapping (without any striking success), and these occupations had palled.

In all its activities the Society of Outlaws (comprising four members) aimed at a simple, unostentatious mode of procedure. In their shrinking from the glare of publicity they showed an example of unaffected modesty that many other public societies might profitably emulate. The parents of the members were unaware of the very existence of the society. The ill-timed and tactless interference of parents had nipped in the bud many a cherished plan, and by bitter experience the

Outlaws had learnt that secrecy was their only protection. Owing to the rules and restrictions of an unsympathetic world that orders school hours from 9 to 4 their meetings were confined to half-holidays and occasionally Sunday afternoons.

William, the ever ingenious, made the first suggestion.

"Let's shoot things with bows an' arrows same as real outlaws used to," he said.

"What things?" and

"What bows an' arrows?" said Henry and Ginger simultaneously.

"Oh, anything—birds an' cats an' hens an' things—an' buy bows an' arrows. You can buy them in shops."

"We can make them," said Douglas, hopefully.

"Not like you can get them in shops. They'd shoot crooked or sumthin' if we made them. They've got to be jus' so to shoot straight. I saw some in Brook's window, too, jus' right—jus' same as real outlaws had."

"How much?" said the outlaws breathlessly.

"Five shillings—targets for learnin' on before we begin shootin' real things an' all."

"Five shillings!" breathed Douglas. He might as well have said five pounds. "We've not got five shillings. Henry's not having any money since he broke their drawing-room window an' Ginger only has 3*d.* a week an' has to give collection an' we've not paid for the guinea pig yet, the one that got into Ginger's sister's hat an' she was so mad at, an'——"

"Oh, never mind all that," said William, scornfully. "We'll jus' get five shillings."

"How?"

"Well," uncertainly, "grown-ups can always get money when they want it."

"How?" again.

William disliked being tied down to details.

"Oh—bazaars an' things," impatiently.

"Bazaars!" exploded Henry. "Who'd come to a bazaar if we had one? Who would? Jus' tell me that if you're so clever! Who'd come to it? Besides, you've got to sell things at a bazaar, haven't you? What'd we sell? We've got nothin' to sell, have we? What's the good of havin' a bazaar with nothin' to sell and no one to buy it? Jus' tell me that!"

Henry always enjoyed scoring off William.

"Well—shows an' things," said William desperately.

There was a moment's silence, then Ginger repeated thoughtfully. "Shows!" and Douglas, whose eldest brother was home from college for his vacation, murmured self-consciously, "By Jove!"

"We *could* do a show," said Ginger. "Get animals an' things an' charge money for lookin' at them."

"Who'd pay it?" said Henry, the doubter.

"Anyone would. You'd pay to see animals, wouldn't you?—real animals. People do at the Zoo, don't they? Well, we'll get some animals. That's easy enough, isn't it?"

A neighbouring church clock struck four and the meeting was adjourned.

"Well, we'll have a show an' get money and buy bows an' arrows an' shoot things," summed up William, "an' we'll arrange the show next week."

William returned home slowly and thoughtfully. He sat on his bed, his hands in his pockets, his brow drawn into a frown, his thoughts wandering in a dreamland of wonderful "shows" and rare exotic beasts.

Suddenly from the next room came a thin sound that gathered volume till it seemed to fill the house like the roaring of a lion, then died gradually away and was followed by silence. But only for a second. It began again—a small whisper that grew louder and louder, became a raucous bellow, then faded slowly away to rise again after a moment's silence. In the next room William's mother's Aunt Emily was taking her afternoon nap. Aunt Emily had come down a month ago for a week's visit and had not yet referred to the date of her departure. William's father was growing anxious. She was a stout, healthy lady, who spent all her time recovering from a slight illness she had had two years ago. Her life held two occupations, and only two. These were eating and sleeping. For William she possessed a subtle but irresistible fascination. Her stature, her appetite, her gloom, added to the fact that she utterly ignored him, attracted him strongly.

The tea bell rang and the sound of the snoring ceased abruptly. This entertainment over, William descended to the dining-room, where his father was addressing his mother with some heat.

"Is she going to stay here for ever, or only for a few years? I'd like to know, because——"

Perceiving William, he stopped abruptly, and William's mother murmured:

"It's so nice to have her, dear."

Then Aunt Emily entered.

"Have you slept well, Aunt?"

"Slept!" repeated Aunt Emily majestically. "I hardly expect to sleep in my state of health. A little rest is all I can expect."

"Sorry you're no better," said William's father sardonically.

"*Better?*" she repeated again indignantly. "It will be a long time before I'm better."

She lowered her large, healthy frame into a chair, carefully selected a substantial piece of bread and butter and attacked it with vigour.

"I'm going to the post after tea," said William's mother. "Would you care to come with me?"

Aunt Emily took a large helping of jam.

"You hardly expect me to go out in the evening in my state of health, surely? It's years since I went out after tea. And I was at the post office this morning. There were a lot of people there, but they served me first. I suppose they saw I looked ill."

William's father choked suddenly and apologised, but not humbly.

"Though I must say," went on Aunt Emily, "this place does suit me. I think after a few months here I should be a little stronger. Pass the jam. William."

The glance that William's father fixed upon her would have made a stronger woman quail, but Aunt Emily was scraping out the last remnants of jam and did not notice.

"I'm a bit over-tired to-day, I think," she went on. "I'm so apt to forget how weak I am and then I overdo it. I'm ready for the cake, William. I just sat out in the sun yesterday afternoon and sat a bit too long and over-tired myself. I ought to write letters after tea, but I don't think I have the strength. Another piece of cake, William. I'll go upstairs to rest instead, I think. I hope you'll keep the house quiet. It's so rarely that I can get a bit of sleep."

William's father left the room abruptly. William sat on and watched, with fascinated eyes, the cake disappear, and finally followed the large, portly figure upstairs and sat down in his room to plan the "show" and incidentally listen, with a certain thrilled awe, for the sounds from next door.

The place and time of the "show" presented no little

difficulty. To hold it in the old barn would give away to the world the cherished secret of their meeting place. It was William who suggested his bedroom, to be entered, not by way of the front door and staircase, but by the less public way of the garden wall and scullery roof. Ever an optimist, he affirmed that no one would see or hear. The choice of a time was limited to Wednesday afternoon, Saturday afternoon, and Sunday. Sunday at first was ruled out as impossible. But there were difficulties about Wednesday afternoon and Saturday afternoon. On Wednesday afternoon Ginger and Douglas were unwilling and ungraceful pupils at a dancing class. On Saturday afternoon William's father gardened and would command a view of the garden wall and scullery roof. On these afternoons also Cook and Emma, both of a suspicious turn of mind, would be at large. On Sunday Cook and Emma went out, William's mother paid a regular weekly visit to an old friend and William's father spent the afternoon on the sofa, dead to the world.

Moreover, as he pointed out to the Outlaws, the members of the Sunday School could be waylaid and induced to attend the show and they would probably be provided with money for collection. The more William thought over it, the more attractive became the idea of a Sunday afternoon in spite of superficial difficulties; therefore Sunday afternoon was finally chosen.

The day was fortunately a fine one, and William and the other Outlaws were at work early. William had asked his mother, with an expression of meekness and virtue that ought to have warned her of danger, if he might have "jus' a few friends" in his room for the afternoon. His mother, glad that her husband should be spared his son's restless company, gave willing permission.

By half-past two the exhibits were ready. In a cage by the window sat a white rat painted in faint alternate stripes of blue and pink. This was Douglas' contribution, handpainted by himself in water colours. It wore a bewildered expression and occasionally licked its stripes and then obviously wished it hadn't. Its cage bore a notice printed on cardboard:

> RAT FROM CHINA
> RATS ARE ALL LIKE
> THIS IN CHINA

Next came a cat belonging to William's sister, Smuts by name, now imprisoned beneath a basket-chair. At the best of times Smuts was short-tempered, and all its life had cherished a bitter hatred of William. Now, enclosed by its enemy in a prison two feet square, its fury knew no bounds. It tore at the basket work, it flew wildly round and round, scratching, spitting, swearing. Its chair bore the simple and appropriate notice:

> WILD CAT

William watched it with honest pride and prayed fervently that its indignation would not abate during the afternoon.

Next came a giant composed of Douglas upon Ginger's back, draped in two sheets tied tightly round Douglas's neck. This was labelled:

> GENWIN GIANT

Ginger was already growing restive. His muffled voice was heard from the folds of the sheets informing the other Outlaws that it was a bit thick and he hadn't known it would be like this or he wouldn't have done it, and anyway he was going to change with Douglas half time or he'd chuck up the whole thing.

The next exhibit was a black fox fur of William's mother's, to which was fortunately attached a head and several feet, and which he had surreptitiously removed from her wardrobe. This had been tied up, stuffed with waste paper and wired by William till it was, in his eyes, remarkably lifelike. As the legs, even with the assistance of wire, refused to support the body and the head would only droop sadly to the ground, it was perforce exhibited in a recumbent attitude. It bore marks of sticky fingers and of several side slips of the scissors when William was cutting the wire, but on the whole he was justly proud of it. It bore the striking but untruthful legend:—

**BEAR SHOT
BY OUTLAWS
IN RUSHER**

Next came:

BLUE DOG

This was Henry's fox terrier, generally known as Chips. For Chips the world was very black. Henry's master mind had scorned his paint box and his water colours. Henry had "borrowed" a blue bag and dabbed it liberally over Chips. Chips had, after the first wild

frenzied struggle, offered no resistance. He now sat, a
picture of black despair, turning every now and then a
melancholy eye upon the still enraged Smuts. But for
him cats and joy and life and fighting were no more. He
was abject, shamed—a blue dog.

William himself, as showman, was an imposing figure.
He was robed in a red dressing-gown of his father's that
trailed on the ground behind him and over whose cords
in front he stumbled ungracefully as he walked. He had
cut a few strands from the fringe of a rug and glued them
to his lips to represent moustaches. They fell in two
straight lines over his mouth. On his head was a tinsel
crown, once worn by his sister as Fairy Queen.

The show had been widely advertised and all the
neighbouring children had been individually canvassed,
but under strict orders of secrecy. The threats of what
the Outlaws would do if their secret were disclosed had
kept many a child awake at night.

William surveyed the room proudly.

"Not a bad show for a penny, I *should* say. I guess
there aren't many like it, anyway. Do shut up talkin',
Ginger. It'll spoil it all, if folks hear the giant talking out
of his stomach. It's Douglas that's got to do the giant's
talking. Anyone could see that. I say, they're comin'!
Look! They're comin'! Along the wall!'

There was a thin line of children climbing along the
wall in single file on all fours. They ascended the scullery
roof and approached the window. These were the first
arrivals who had called on their way to Sunday School.

Henry took their pennies and William cleared his
throat and began:—

"White rat from China, ladies an' gentlemen, pink an'
blue striped. All rats is pink an' blue striped in China.
This is the only genwin China rat in England—brought

WILLIAM WAS AN IMPOSING FIGURE.

over from China special las' week jus' for the show. It
lives on China bread an' butter brought over special,
too."

"Wash it!" jeered an unbeliever. "Jus' wash it an' let's
see it then."

"Wash it?" repeated the showman indignantly. "Its
gotter be washed. It's washed every morning an' night

same as you or me. China rats have gotter be washed or
they'd die right off. Washin' 'em don't make no
difference to their stripes. Anyone knows that that
knows anything about China rats, I guess."

He laughed scornfully and turned to Smuts. Smuts
had grown used to the basket chair and was settling
down for a nap. William crouched down on all fours, ran
his fingers along the basket-work, and, putting his face
close to it, gave vent to a malicious howl. Smuts sprang
at him, scratching and spitting.

"Wild cat," said William triumphantly. "Look at it!
Kill anyone if it got out! Spring at their throats, it would,
an' scratch their eyes out with its paws an' bite their
necks till its teeth met. If I jus' moved away that chair
it would spring out at you." They moved hastily away
from the chair, "and I bet some of you would be dead
pretty quick. It could have anyone's head right off with
bitin' and scratchin'. Right off—separate from their
bodies!"

There was an awe-stricken silence.

Then:

"Garn! It's Smuts. It's your sister's cat!"

William laughed as though vastly amused by this idea.

"Smuts!" he said, giving a surreptitious kick to the
chair that infuriated its occupant still more. "I guess
there wouldn't be many of us left in this house if Smuts
was like this."

They passed on to the giant.

"A giant," said William, re-arranging the tinsel
crown, which was slightly too big for him. "Real giant.
Look at it. As big as two of you put together. How d'you
think he gets in at doors and things? Has to have
everything made special. Look at him walk. Walk,
Ginger."

Ginger took two steps forward. Douglas clutched his shoulders and murmured anxiously, "By Jove!"

"Go on," urged William scornfully, "That's not walkin'."

The goaded Ginger's voice came from the giant's middle regions!

"If you go on talkin' at me, I'll drop him. I'm just about sick of it."

THE GOADED GINGER'S VOICE CAME FROM THE GIANT'S MIDDLE REGIONS.

"All right," said William hastily.

"Anyway it's a giant," he went on to his audience. "A jolly fine giant."

"It's got Douglas's face," said one of his audience.

William was for a moment at a loss.

"Well," he said at last, "giant's got to have some sort of a face, hasn't it? Can't not have a face, can it?"

The Russian Bear, which had often been seen adorning the shoulders of William's mother and was promptly recognised, was greeted with ribald jeers, but there was no doubt as to the success of the Blue Dog. Chips advanced deprecatingly, blue head drooping, and blue tail between blue legs, making abject apologies for his horrible condition. But Henry had done his work well. They stood around in rapt admiration.

"Blue dog," said the showman, walking forward proudly and stumbling violently over the cords of the dressing gown. "Blue dog," he repeated, recovering his balance and removing the tinsel crown from his nose to his brow. "You never saw a blue dog before, did you? No, and you aren't likely to see one again, neither. It was made blue special for this show. It's the only blue dog in the world. Folks 'll be comin' from all over the world to see this blue dog—an' thrown in in a penny show! If it was in the Zoo you'd have to pay a shilling to see it, I bet. It's—it's jus' luck for you it's here. I guess the folks at the Zoo wish they'd got it. Tain't many shows have blue dogs. Brown an' black an' white—but not blue. Why, folks pay money jus' to see shows of ornery dogs—so you're jus' lucky to see a blue dog *an'* a dead bear from Russia *an'* a giant, *an'* a wild cat, *an'* a China rat for jus' one penny."

After each speech William had to remove from his mouth the rug fringe which persisted in obeying the force of gravity rather than William's idea of what a moustache should be.

"It's jus' paint. Henry's gate's being painted blue," said one critic feebly, but on the whole the Outlaws had scored a distinct success in the blue dog.

Then, while they stood in silent admiration round the unhappy animal, came a sound from the next door, a gentle sound like the sighing of the wind through the trees. It rose and fell. It rose again and fell again. It increased in volume with each repetition, till at its height it sounded like a wild animal in pain.

"What's that?" asked the audience breathlessly.

William was slightly uneasy. He was not sure whether this fresh development would add lustre or dishonour to his show.

"Yes," he said darkly to gain time, "what is it? I guess you'd like to know what it is!"

"Garn! It's jus' snorin'."

"Snorin'!" repeated William. "It's not ornery snorin', that isn't. Jus' listen, that's all! You couldn't snore like that, I bet. Huh!"

They listened spellbound to the gentle sound, growing louder and louder till at its loudest it brought rapt smiles to their faces, then ceasing abruptly, then silence. Then again the gentle sound that grew and grew.

William asked Henry in a stage whisper if they oughtn't to charge extra for listening to it. The audience hastily explained that they weren't listening, they "jus' couldn't help hearin'."

A second batch of sightseers had arrived and were paying their entrance pennies, but the first batch refused to move. William, emboldened by success, opened the door and they crept out to the landing and listened with ears pressed to the magic door.

Henry now did the honours of showman. William stood, majestic in his glorious apparel, deep in thought. Then to his face came the faint smile that inspiration brings to her votaries. He ordered the audience back into the showroom and shut the door. Then he took off his shoes and softly and with bated breath opened Aunt Emily's door and peeped within. It was rather a close afternoon, and she lay on her bed on the top of her eiderdown. She had slipped off her dress skirt so as not to crush it, and she lay in her immense stature in a blouse and striped petticoat, while from her open mouth issued the fascinating sounds. In sleep Aunt Emily was not beautiful.

William thoughtfully propped up a cushion in the doorway and stood considering the situation.

In a few minutes the showroom was filled with a silent, expectant crowd. In a corner near the door was a new notice:

> PLACE FOR TAKING
> OFF SHOES AND TAKING
> OTH OF SILENCE

William, after administering the oath of silence to a select party in his most impressive manner, led them shoeless and on tiptoe to the next room.

From Aunt Emily's bed hung another notice:

> FAT WILD WOMAN
> TORKIN NATIF
> LANGWIDGE

They stood in a hushed, delighted group around her bed. The sounds never ceased, never abated. William only allowed them two minutes in the room. They came out reluctantly, paid more money, joined the end of the queue and re-entered. More and more children came to see the show, but the show now consisted solely in Aunt Emily.

The China rat had licked off all its stripes; Smuts was fast asleep; Ginger was sitting down on the seat of a chair and Douglas on the back of it, and Ginger had insisted at last on air and sight and had put his head out where the two sheets joined; the Russian Bear had fallen on to the floor and no one had picked it up; Chips lay in a disconsolate heap, a victim of acute melancholia—and no one cared for any of these things. New-comers passed by them hurriedly and stood shoeless in the queue outside Aunt Emily's room eagerly awaiting their turn. Those who came out simply went to the end again to wait another turn. Many returned home for more money, for Aunt Emily was 1d. extra and each visit after the first, ½d. The Sunday School bell pealed forth its summons, but no one left the show. The vicar was depressed that evening. The attendance at Sunday School had been the worst on record. And still Aunt Emily slept and snored with a rapt, silent crowd around her. But William could never rest content. He possessed ambition that would have put many of his elders to shame. He cleared the room and re-opened it after a few minutes, during which his clients waited in breathless suspense.

When they re-entered there was a fresh exhibit. William's keen eye had been searching out each detail of the room. On the table by her bed now stood a glass containing teeth, that William had discovered on the washstand, and a switch of hair and a toothless comb, that William had discovered on the dressing-table. These all bore notices:

FAT WILD	FAT WILD	FAT WILD
WOMAN'S	WOMAN'S	WOMAN'S
TEETH	HARE	KOME

Were it not that the slightest noise meant instant expulsion from the show (some of their number had already suffered that bitter fate) there would have been no restraining the audience. As it was, they crept in, silent, expectant, thrilled, to watch and listen for the blissful two minutes. And Aunt Emily never failed them. Still she slept and snored. They borrowed money recklessly from each other. The poor sold their dearest treasures to the rich, and still they came again and again. And still Aunt Emily slept and snored. It would be interesting to know how long this would have gone on, had she not, on the top note of a peal that was a pure delight to her audience, awakened with a start and glanced around her. At first she thought that the cluster of small boys around her was a dream, especially as they turned and fled precipitately at once. Then she sat up and her eye fell upon the table by her bed, the notices, and finally upon the petrified horror-stricken showman. She sprang up and, seizing him by the shoulders, shook him till his teeth chattered, the tinsel crown fell down, encircling ears and nose, and one of his moustaches fell limply at his feet.

"You wicked boy!" she said as she shook him, "you *wicked, wicked, wicked* boy!"

He escaped from her grasp and fled to the showroom, where, in sheer self-defence, he moved a table and three chairs across the door. The room was empty except for Henry, the blue dog, and the still sleeping Smuts. All that was left of the giant was the crumpled sheets. Douglas had, with an awe-stricken "By Jove!" snatched up his rat as he fled. The last of their clients was seen scrambling along the top of the garden wall on all fours with all possible speed.

Mechanically William straightened his crown.

"She's woke," he said. "She's mad wild."

He listened apprehensively for angry footsteps descending the stairs and his father's dread summons, but none came. Aunt Emily could be heard moving about in her room, but that was all. A wild hope came to him that, given a little time, she might forget the incident.

"Let's count the money—" said Henry at last.

They counted.

"Four an' six!" screamed William. "Four an' six! Jolly good, I *should* say! An' it would only have been about two shillings without Aunt Emily, an' I thought of her, didn't I? I guess you can all be jolly grateful to me."

"All right," said Henry unkindly. "I'm not envying you, am I? You're welcome to it when she tells your father."

And William's proud spirits dropped.

Then came the opening of the fateful door and heavy steps descending the stairs.

William's mother had returned from her weekly visit to her friend. She was placing her umbrella in the stand as Aunt Emily, hatted and coated and carrying a bag, descended. William's father had just awakened from his peaceful Sunday afternoon slumber, and, hearing his wife, had come into the hall.

Aunt Emily fixed her eye upon him.

"Will you be good enough to procure a conveyance?"

she said. "After the indignities to which I have been subjected in this house I refuse to remain in it a moment longer."

Quivering with indignation she gave details of the indignities to which she had been subjected. William's mother pleaded, apologised, coaxed. William's father went quietly out to procure a conveyance. When he returned she was still talking in the hall.

"A crowd of vulgar little boys," she was saying, "and horrible indecent placards all over the room."

He carried her bag down to the cab.

"And me in my state of health," she said as she followed him. From the cab she gave her parting shot.

"And if this horrible thing hadn't happened, I might have stayed with you all the winter and perhaps part of the spring."

William's father wiped his brow with his handkerchief as the cab drove off.

"How dreadful!" said his wife, but she avoided meeting his eye. "It's—it's *disgraceful* of William," she went on with sudden spirit. "You must speak to him."

"I will," said his father determinedly. "William!" he shouted sternly from the hall.

William's heart sank.

"She's told," he murmured, his last hope gone.

"You'd better go and get it over," advised Henry.

"William!" repeated the voice still more fiercely.

Henry moved nearer the window, prepared for instant flight if the voice's owner should follow it up the stairs.

"Go on," he urged. "He'll only come up for you."

William slowly removed the barricade and descended the stairs. He had remembered to take off the crown and dressing gown, but his one-sided moustache still hung limply over his mouth.

His father was standing in the hall.

"What's that horrible thing on your face?" he began.

"Whiskers," answered William laconically.

His father accepted the explanation.

"Is it true," he went on, "that you actually took your friends into your aunt's room without permission and hung vulgar placards around it?"

William glanced up into his father's face and suddenly took hope. Mr. Brown was no actor.

"Yes," he admitted.

"It's disgraceful," said Mr. Brown, "*disgraceful!* That's all."

But it was not quite all. Something hard and round slipped into William's hand. He ran lightly upstairs.

"Hello!" said Henry, surprised. "That's not taken long. What——"

William opened his hand and showed something that shone upon his extended palm.

"Look!" he said. "Crumbs! Look!" It was a bright half-crown.

Chapter 6

A Question of Grammar

It was raining. It had been raining all morning. William was intensely bored with his family.

"What can I do?" he demanded of his father for the tenth time.

"*Nothing!*" said his father fiercely from behind his newspaper.

William followed his mother into the kitchen.

"What can I do?" he said plaintively.

"Couldn't you just sit quietly?" suggested his mother.

"That's not *doin'* anything," William said. "I *could* sit quietly all day," he went on aggressively, "if I wanted."

"But you never do."

"No, 'cause there wouldn't be any *sense* in it, would there?"

"Couldn't you read or draw or something?"

"No, that's lessons. That's not doin' anything!"

"I could teach you to knit if you like."

With one crushing glance William left her.

He went to the drawing-room, where his sister Ethel was knitting a jumper and talking to a friend.

"And I heard her say to him——" she was saying. She broke off with the sigh of a patient martyr as William came in. He sat down and glared at her. She exchanged a glance of resigned exasperation with her friend.

"What are you doing, William?" said the friend sweetly.

"Nothin'," said William with a scowl.

"Shut the door after you when you go out, won't you, William?" said Ethel equally sweetly.

William at that insult rose with dignity and went to the door. At the door he turned.

"I wun't stay here now," he said with slow contempt, "not even if—even if—even if," he paused to consider the most remote contingency, "not even if you wanted me," he said at last emphatically.

He shut the door behind him and his expression relaxed into a sardonic smile.

"I bet they feel *small!*" he said to the umbrella-stand.

He went to the library, where his seventeen-year-old brother Robert was showing off his new rifle to a friend.

"You see——" he was saying, then, catching sight of William's face round the door, "Oh, get out!"

William got out.

He returned to his mother in the kitchen with a still more jaundiced view of life. It was still raining. His mother was looking at the tradesmen's books.

"Can I go out?" he said gloomily.

"No, of course not. It's pouring."

"I don't mind rain."

"Don't be silly."

William considered that few boys in the whole world were handicapped by more unsympathetic parents than he.

"Why," he said pathetically, "Have they got friends in an' me not?"

"I suppose you didn't think of asking anyone," she said calmly.

"Well, can I have someone now?"

"No, it's too late," said Mrs. Brown, raising her head from the butcher's book and murmuring "ten and elevenpence" to herself.

"Well, when can I?"

She raised a harassed face.

"William, do be quiet! Any time, if you ask. Eighteen and twopence."

"Can I have lots?"

"Oh, go and ask your father."

William went out.

He returned to the dining-room, where his father was still reading a paper. The sigh with which his father greeted his entrance was not one of relief.

"If you've come to ask questions——" he began threateningly.

"I haven't," said William quickly. "Father, when you're all away on Saturday, can I have a party?"

"No, of course not," said his father irritably. "Can't you *do* something?"

William, goaded to desperation, burst into a flood of eloquence.

"The sort of things I want to do they don't want me to do an' the sort of things I don't want to do they want me to do. Mother said to knit. *Knit!*"

His scorn and fury were indescribable. His father looked out of the window.

"Thank Heaven, it's stopped raining! Go out!"

William went out.

There were some quite interesting things to do outside. In the road there were puddles, and the sensation of walking through a puddle, as every boy knows, is a very pleasant one. The hedges, when shaken, sent quite a shower bath upon the shaker, which also is a pleasant sensation. The ditch was full and there was the thrill of seeing how often one could jump across it without going in. One went in more often than not. It is also fascinating to walk in mud, scraping it along with one's boots. William's spirits rose, but he could not shake off the idea of the party. Quite suddenly he wanted to have a party and he wanted to have it on Saturday. His family would be away on Saturday. They were going to spend the day with an aunt. Aunts rarely included William in their invitation.

He came home wet and dirty and cheerful. He

"THE SORT OF THINGS I WANT TO DO THEY DON'T WANT ME TO DO, AN' THE SORT OF THINGS I DON'T WANT TO DO THEY WANT ME TO DO." WILLIAM'S SCORN AND FURY WAS INDESCRIBABLE.

approached his father warily.

"Did you say I could have a party, father?" he said casually.

"*No*, I did *not*," said Mr. Brown firmly.

William let the matter rest for the present.

He spent most of the English Grammar class in school next morning considering it. There was a great deal to be said for a party in the absence of one's parents and grown-up brother and sister. He'd like to ask George and Ginger and Henry and Douglas and—and—and—heaps of them. He'd like to ask them all. "They" were the whole class—thirty in number.

"What have I just been saying, William?"

William sighed. That was the foolish sort of question that schoolmistresses were always asking. They ought to know themselves what they'd just been saying better than anyone. *He* never knew. Why were they always asking him? He looked blank. Then:

"Was it anythin' about participles?" He remembered something vaguely about participles, but it mightn't have been to-day.

Miss Jones groaned.

"That was ever so long ago, William," she said. "You've not been attending."

William cleared his throat with a certain dignity and made no answer.

"Tell him, Henry."

Henry ceased his enthralling occupation of trying to push a fly into his ink-well with his nib and answered mechanically:

"Two negatives make an affirmative."

"Yes. Say that, William."

William repeated it without betraying any great interest in the fact.

"Yes. What's a negative, William?"

William sighed.

"Somethin' about photographs?" he said obligingly.

"*No*," snapped Miss Jones. She found William and the heat (William particularly) rather trying. "It's 'no' and 'not.' And an affirmative is 'yes.'"

"Oh," said William politely.

"So two 'nos' and 'nots' mean 'yes,' if they're in the same sentence. If you said 'There's not no money in the box' you mean there is."

William considered.

He said "Oh" again.

Then he seemed suddenly to become intelligent.

"Then," he said, "if you say 'no' and 'not' in the same sentence does it mean 'yes'?"

"Certainly."

William smiled.

William's smile was a rare thing.

"Thank you," he said.

Miss Jones was quite touched. "It's all right, William," she said, "I'm glad you're beginning to take an interest in your work."

William was murmuring to himself.

"'No, of course *not*' and 'No, I did not' and a 'no' an' a 'not' mean a 'yes,' so he meant 'yes, of course' and 'yes, I did.'"

He waited till the Friday before he gave his invitations with a casual air.

"My folks is goin' away to-morrow an' they said I could have a few fren's in to tea. Can you come? Tell your mother they said jus' to come an' not bother to write."

He was a born strategist. Not one of his friends' parents guessed the true state of affairs. When William's conscience (that curious organ) rose to reproach him, he said to it firmly:

"He *said* I could. He said '*Yes*, of course.' He said '*Yes*, I did.'"

He asked them *all*. He thought that while you are having a party you might as well have a big one. He hinted darkly at unrestrained joy and mirth. They all accepted the invitation.

William's mother took an anxious farewell of him on Saturday morning.

"You don't mind being left, darling, do you?"

"No, mother," said William with perfect truth.

"You won't do anything we've told you not to, will you?"

"No, mother. Only things you've said 'yes' to."

Cook and Jane had long looked forward to this day. There would be very little to do in the house and as far as William was concerned they hoped for the best.

William was out all the morning. At lunch he was ominously quiet and polite. Jane decided to go with her young man to the pictures.

Cook said she didn't mind being left, as "that Master William" had gone out and there seemed to be no prospect of his return before tea-time.

So Jane went to the pictures.

About three o'clock the postman came and cook went to the door for the letters. Then she stood gazing down the road as though transfixed.

William had collected his guests en route. He was bringing them joyfully home with him. Clean and starched and prim had they issued from their homes, but they had grown hilarious under William's benign influence. They had acquired sticks and stones and old tins from the ditches as they came along. They perceived from William's general attitude towards it that it was no ordinary party. They were a happy crowd. William headed them with a trumpet.

They trooped in at the garden gate. Cook, pale and speechless, watched them. Then her speechlessness departed.

"You're not coming in here!" she said fiercely. "What've you bought all those boys cluttering up the garden?"

"They've come to tea," said William calmly.

She grew paler still.

"That they've *not!*" she said fiercely. "What your

THEY TROOPED IN AT THE GARDEN GATE. COOK, PALE AND
SPEECHLESS, WATCHED THEM.

father'd say——"

"He *said* they could come," said William. "I asked him an' he said 'Yes, of course,' an' I asked if he'd said so an' he said 'Yes, I did.' That's what he said 'cause of English Grammar an' wot Miss Jones said."

Cook's answer was to slam the door in his face and lock it. The thirty guests were slightly disconcerted, but not for long.

"Come on!" shouted William excitedly. "She's the enemy. Let's storm her ole castle."

The guests' spirits rose. This promised to be infinitely superior to the usual party.

They swarmed round to the back of the house. The enemy had bolted the back door and was fastening all the windows. Purple with fury she shook her fist at William through the drawing-room window. William brandished his piece of stick and blew his trumpet in defiant reply. The army had armed itself with every kind of weapon, including the raspberry-canes whose careful placing was the result of a whole day's work of William's father. William decided to climb up to the balcony outside Ethel's open bedroom window with the help of his noble band. The air was full of their defiant war-whoops. They filled the front garden, trampling on all the rose beds, cheering William as he swarmed up to the balcony, his trumpet between his lips. The enemy appeared at the window and shut it with a bang, and William, startled, dropped down among his followers. They raised a hoarse roar of anger.

"Mean ole cat!" shouted the enraged general.

The blood of the army was up. No army of thirty strong worthy of its name could ever consent to be worsted by an enemy of one. All the doors and windows were bolted. There was only one thing to be done. And this the general did, encouraged by loyal cheers from his army. "Go it, ole William! Yah! He—oo—o!"

The stone with which William broke the drawing-room window fell upon a small occasional table, scattering Mrs. Brown's cherished silver far and wide.

William, with the born general's contempt for the minor devastations of war, enlarged the hole and helped his gallant band through with only a limited number of cuts and scratches. They were drunk with the thrill of battle. They left the garden with its wreck of rose trees and its trampled lawn and crowded through the broken window with imminent danger to life and limb. The enemy was shutting the small window of the coal-cellar, and there William imprisoned her, turning the key with a loud yell of triumph.

The party then proceeded.

It fulfilled the expectations of the guests that it was to be a party unlike any other party. At other parties they played "Hide and Seek"—with smiling but firm mothers and aunts and sisters stationed at intervals with damping effects upon one's spirits, with "not in the bedrooms, dear," and "mind the umbrella stand," and "certainly not in the drawing-room," and "don't shout so loud, darling." But this was Hide and Seek from the realms of perfection. Up the stairs and down the stairs, in all the bedrooms, sliding down the balusters, in and out of the drawing-room, leaving trails of muddy boots and shattered ornaments as they went!

Ginger found a splendid hiding-place in Robert's bed, where his boots left a perfect impression of their muddy soles in several places. Henry found another in Ethel's wardrobe, crouching upon her satin evening shoes among her evening dresses. George banged the drawing-room door with such violence that the handle came

off in his hand. Douglas became entangled in the
dining-room curtain, which yielded to his struggles and
descended upon him and an old china bowl upon the
side-board. It was such a party as none of them had
dreamed of; it was bliss undiluted. The house was full of
shouting and yelling, of running to and fro of small boys
mingled with subterranean murmurs of cook's rage.
Cook was uttering horrible imprecations and hurling
lumps of coal at the door. She was Irish and longed to
return to the fray.

It was William who discovered first that it was
tea-time and there was no tea. At first he felt slightly
aggrieved. Then he thought of the larder and his spirits
rose.

"Come on!" he called. 'All jus' get what you can."

They trooped in, panting, shouting, laughing, and all
just got what they could.

Ginger seized the remnants of a cold ham and picked
the bone, George with great gusto drank a whole jar of
cream, William and Douglas between them ate a
gooseberry pie, Henry ate a whole currant cake. Each
foraged for himself. They ate two bowls of cold
vegetables, a joint of cold beef, two pots of honey, three
dozen oranges, three loaves and two pots of dripping.
They experimented upon lard, onions, and raw sausages. They left the larder a place of gaping emptiness.
Meanwhile cook's voice, growing hoarser and hoarser as
the result of the inhalation of coal dust and exhalation of
imprecations, still arose from the depths and still the
door of the coal-cellar shook and rattled.

Then one of the guests who had been in the
drawing-room window came back.

"She's coming home!" he shouted excitedly.

They flocked to the window.

Jane was bidding a fond farewell to her young man at the side gate.

"Don't let her come in!" yelled William. "Come on!"

With a smile of blissful reminiscence upon her face, Jane turned in at the gate. She was totally unprepared

A SHOWER OF ONIONS, THE HAM BONE, AND A FEW POTATOES
PURSUED HER INTO THE ROAD.

for being met by a shower of missiles from upper windows.

A lump of lard hit her on the ear and knocked her hat on to one side. She retreated hastily to the side gate.

"Go on! Send her into the road."

A shower of onions, the ham bone, and a few potatoes pursued her into the road. Shouts of triumph rent the air. Then the shouts of triumph died away abruptly. William's smile also faded away, and his hand, in the act of flinging an onion, dropped. A cab was turning in at the front gate. In the sudden silence that fell upon the party, cook's hoarse cries for vengeance rose with redoubled force from the coal cellar. William grew pale.

The cab contained his family.

*   *   *

Two hours later a small feminine friend of William's who had called with a note for his mother, looked up to William's window and caught sight of William's untidy head.

"Come and play with me, William," she called eagerly.

"I can't. I'm goin' to bed," said William sternly.

"Why? Are you ill, William?"

"No."

"Well, why are you going to bed, William?"

William leant out of the window.

"I'm goin' to bed," he said, "'cause my father don't understand 'bout English Grammar, that's why!"

Chapter 7

William Joins the Band of Hope

"William! you've been playing that dreadful game again!" said Mrs. Brown despairingly.

William, his suit covered with dust, his tie under one ear, his face begrimed and his knees cut, looked at her in righteous indignation.

"I haven't. I haven't done anything what you said I'd not to. It was 'Lions an' Tamers' what you said I'd not to play. Well, I've not played 'Lions an' Tamers,' not since you said I'd not to. I wouldn't *do* it—not if thousands of people asked me to, not when you said I'd not to. I——"

Mrs. Brown interrupted him.

"Well, what *have* you been playing at?" she said wearily.

"It was 'Tigers an' Tamers.'" said William. "It's a different game altogether. In 'Lions an' Tamers' half of you is lions an' the other half tamers, an' the tamers try to tame the lions an' the lions try not to be tamed. That's 'Lions an' Tamers'. It's all there is to it. It's quite a little game."

"What do you do in 'Tigers and Tamers'?" said Mrs. Brown suspiciously.

"Well——"

William considered deeply.

"Well," he repeated lamely, "in '*Tigers* an' Tamers' half of you is *tigers*—you see—and the other half——"

"It's exactly the same thing, William," said Mrs. Brown with sudden spirit.

"I don't see how you can call it the same thing," said William doggedly. "You can't call a *lion* a *tiger*, can you? It jus' isn't one. They're in quite different cages in the Zoo. '*Tigers* an' Tamers' can't be 'zactly the same as '*Lions* an' Tamers.' "

"Well, then," said Mrs. Brown firmly, "you're never to play 'Tigers and Tamers' either. And now go and wash your face."

William's righteous indignation increased.

"My *face?*" he repeated as if he could hardly believe his ears. "My *face?* I've washed it twice to-day. I washed it when I got up an' I washed it for dinner. You told me to."

"Well, just go and look at it."

William walked over to the looking-glass and surveyed his reflection with interest. Then he passed his hands lightly over the discoloured surface of his face, stroked his hair back and straightened his tie. This done, he turned hopefully to his mother.

"It's no good," she said. "You must wash your face and brush your hair and you'd better change your suit—and stockings. They're simply covered with dust!"

William turned slowly to go from the room.

"I shouldn't think," he said bitterly, as he went, "I shouldn't think there's many houses where so much washin' and brushin' goes on as in this, an' I'm glad for their sakes."

She heard him coming downstairs ten minutes later.

"William!" she called.

He entered. He was transformed. His face and hair shone, he had changed his suit. His air of righteous indignation had not diminished.

"That's better," said his mother approvingly. "Now, William, do just sit down here till tea-time. There's only about ten minutes, and it's no good your going out. You'll only get yourself into a mess again if you don't sit still."

William glanced round the drawing-room with the air of one goaded beyond bearing.

"Here?"

"Well, dear—just till tea-time."

"What can I do in here? There's nothing to *do*, is there? I can't sit still and not *do* anything, can I?"

"Oh, read a book. There are ever so many books over there you haven't read, and I'm sure you'd like some of them. Try one of Scott's," she ended rather doubtfully.

William walked across the room with an expression of intense suffering, took out a book at random, and sat down in an attitude of aloof dignity, holding the book upside down.

It was thus that Mrs. de Vere Carter found him when she was announced a moment later.

Mrs. de Vere Carter was a recent addition to the neighbourhood. Before her marriage she had been one of *the* Randalls of Hertfordshire. Everyone on whom Mrs. de Vere Carter smiled felt intensely flattered. She was tall, and handsome, and gushing, and exquisitely dressed. Her arrival had caused quite a sensation. Everyone agreed that she was "charming."

On entering Mrs. Brown's drawing-room, she saw a little boy, dressed very neatly, with a clean face and well-brushed hair, sitting quietly on a low chair in a corner reading a book.

"The little dear!" she murmured as she shook hands with Mrs. Brown.

William's face darkened.

Mrs. de Vere Carter floated over to him.

"Well, my little man, and how are you?"

Her little man did not answer, partly because Mrs. de Vere Carter had put a hand on his head and pressed his

MRS. DE VERE CARTER PRESSED WILLIAM'S HEAD TO HER BOSOM.

face against her perfumed, befrilled bosom. His nose narrowly escaped being impaled on the thorn of a large rose that nestled there.

"I adore children," she cooed to his mother over his head.

William freed his head with a somewhat brusque movement and she took up his book.

"Scott!" she murmured. "Dear little laddie!"

Seeing the expression on William's face his mother hastily drew her guest aside.

"*Do* come and sit over here," she said nervously. "What perfect weather we're having."

William walked out of the room.

"You know, I'm *frightfully* interested in social work," went on her charming guest, "especially among children. I *adore* children! Sweet little dear of yours! And I *always* get on with them. Of course, I get on with most people. My personality, you know! You've heard perhaps that I've taken over the Band of Hope here, and I'm turning it into *such* a success. The pets! Yes, three lumps, please. Well, now, it's here I want you to help me. You will, dear, won't you? You and your little mannikin. I want to get a different class of children to join the Band of Hope. Such a sweet name, isn't it? It would do the village children such a lot of good to meet with children of *our* class."

Mrs. Brown was flattered. After all, Mrs. de Vere Carter was one of *the* Randalls.

"For instance," went on the flute-like tones, "when I came in and saw your little treasure sitting there so sweetly," she pointed dramatically to the chair that had lately been graced by William's presence, "I thought to myself, 'Oh, I *must* get him to come.' It's the refining influence of children in *our* class that the village children need. What delicious cakes. You will lend him to me, won't you? We meet once a week, on Wednesday afternoons. May he come? I'll take great care of him."

Mrs. Brown hesitated.

"Er—yes," she said doubtfully. "But I don't know that William is really suited to that sort of thing. However——"

"Oh, you can't put me off!" said Mrs. de Vere Carter shaking a playful bejewelled finger. "Don't I *know* him already? I count him one of my dearest little friends. It never takes me long to know children. I'm a *born* child-lover."

William happened to be passing through the hall as Mrs. de Vere Carter came out of the drawing-room followed by Mrs. Brown.

"*There* you are!" she said. "I *thought* you'd be waiting to say good-bye to me."

She stretched out her arm with an encircling movement, but William stepped back and stood looking at her with a sinister frown.

"I *have* so enjoyed seeing you. I hope you'll come again," untruthfully stammered Mrs. Brown, moving so as to block out of the sight of William's face, but Mrs de Vere Carter was not to be checked. There are people to whom the expression on a child's face conveys absolutely nothing. Once more she floated towards William.

"Good-bye, Willy, dear. You're not too old to kiss me, are you?"

Mrs. Brown gasped.

At the look of concentrated fury on William's face, older and stronger people than Mrs. de Vere Carter would have quailed, but she only smiled as, with another virulent glare at her, he turned on his heel and walked away.

"The sweet, shy thing!" she cooed. "I *love* them shy."

Mr. Brown was told of the proposal.

"Well," he said slowly, "I can't quite visualise William at a Band of Hope meeting; but of course, if you want him to, he must go."

"You see," said Mrs. Brown with a worried frown, "she made such a point of it, and she really is very charming, and after all she's rather influential. She was one of *the* Randalls, you know. It seems silly to offend her."

"Did William like her?"

"She was sweet with him. At least—she meant to be sweet," she corrected herself hastily, "but you know how touchy William is, and you know the name he always hates so. I can never understand why. After all, lots of people are called Willy."

The morning of the day of the Band of Hope meeting arrived. William came down to breakfast with an agonised expression on his healthy countenance. He sat down on his seat and raised his hand to his brow with a hollow groan.

Mrs. Brown started up in dismay.

"Oh, William! What's the matter?"

"Gotter sick headache," said William in a faint voice.

"Oh, dear! I *am* sorry. You'd better go and lie down. I'm *so* sorry, dear."

"I think I will go an' lie down," said William's plaintive, suffering voice. "I'll jus' have breakfast first."

"Oh, I wouldn't. Not with a sick headache."

William gazed hungrily at the eggs and bacon.

"I think I could eat some, mother. Jus' a bit."

"No, I wouldn't, dear. It will only make it worse."

Very reluctantly William returned to his room.

Mrs. Brown visited him after breakfast.

No, he was no better, but he thought he'd go for a little walk. Yes, he still felt very sick. She suggested a strong dose of salt and water. He might feel better if he'd been actually sick. No, he'd hate to give her the trouble. Besides, it wasn't *that* kind of sickness. He thought a walk would do him good. He felt he'd like a walk.

Well wrapped up and walking with little, unsteady steps, he set off down the drive, followed by his mother's anxious eyes.

Then he crept back behind the rhododendron bushes next to the wall and climbed in at the larder window.

The cook came agitatedly to Mrs. Brown half an hour later, followed by William, pale and outraged.

"''Es eat nearly everything, 'm. You never saw such a thing. 'E's eat the cold 'am and the kidney pie, and 'e's eat them three cold sausages an' 'e's all that new jar of lemon cheese."

"*William!*" gasped Mrs. Brown, "you *can't* have a sick headache, if you've eaten all that."

That was the end of the sick headache.

He spent the rest of the morning with Henry and Douglas and Ginger. William and Henry and Douglas and Ginger constituted a secret society called the Outlaws. It had few aims beyond that of secrecy. William was its acknowledged leader, and he was proud of the honour. If they knew—if they guessed. He grew hot and cold at the thought. Suppose they saw him going—or someone told them—he would never hold up his head again. He made tentative efforts to find out their plans for the afternoon. If only he knew where they'd be—he might avoid them somehow. But he got no satisfaction.

They spent the morning "rabbiting" in a wood with Henry's fox terrier, Chips, and William's mongrel,

"'E'S EAT NEARLY EVERYTHING, MUM. 'E'S EAT THE COLD 'AM AND
THE KIDNEY PIE, AND 'E'S EAT THE JAR OF LEMON CHEESE!" COOK
WAS PALE AND OUTRAGED.

Jumble. None of them saw or heard a rabbit, but Jumble
chased a butterfly and a bee, and scratched up a
molehill, and was stung by a wasp, and Chips caught a
field-mouse, so the time was not wasted.

William's interest, however, was half-hearted. He

was turning over plan after plan in his mind, all of which
he finally rejected as impracticable.

He entered the dining-room for lunch rather earlier
than usual. Only Robert and Ethel, his elder brother
and sister, were there. He came in limping, his mouth set
into a straight line of agony, his brows frowning.

"Hello! What's up?" said Robert, who had not been
in at breakfast and had forgotten about the Band of
Hope.

"I've sprained my ankle," said William weakly.

"Here, sit down, old chap, and let me feel it," said
Robert sympathetically.

William sat down meekly upon a chair.

"Which is it?"

"Er—this."

"It's a pity you limped with the other," said Ethel
drily.

That was the end of the sprained ankle.

The Band of Hope meeting was to begin at three. His
family received with complete indifference his complaint of sudden agonising toothache at half-past two, of
acute rheumatism at twenty-five to three, and of a touch
of liver (William considered this a heaven-set inspiration. It was responsible for many of his father's absences
from work) at twenty to three. At a quarter to three he
was ready in the hall.

"I'm sure you'll enjoy it, William," said Mrs. Brown
soothingly. "I expect you'll all play games and have
quite a good time."

William treated her with silent contempt.

"Hey, Jumble!" he called.

After all, life could never be absolutely black, as long
as it held Jumble.

Jumble darted ecstatically from the kitchen regions,

his mouth covered with gravy, dropping a half-picked bone on the hall carpet as he came.

"William, you can't take a dog to a Band of Hope meeting."

"Why not?" said William, indignantly. "I don't see why not. Dogs don't drink beer, do they? They've as much right at a Band of Hope meeting as I have, haven't they? There seems jus' nothin' anyone *can* do."

"Well, I'm sure it wouldn't be allowed. No one takes dogs to meetings."

She held Jumble firmly by the collar, and William set off reluctantly down the drive.

"I hope you'll enjoy it," she called cheerfully.

He turned back and looked at her.

"It's a wonder I'm not *dead*," he said bitterly, "the things I have to do!"

He walked slowly—a dejected, dismal figure. At the gate he stopped and glanced cautiously up and down the road. There were three more figures coming down the road, with short intervals between them. They were Henry, Douglas and Ginger.

William's first instinct was to dart back and wait till they had passed. Then something about their figures struck him. They also had a dejected, dismal, hang-dog look. He waited for the first one, Henry. Henry gave him a shamefaced glance and was going to pass him by.

"You goin' too?" said William.

Henry gasped in surprise.

"Did she come to *your* mother?" was his reply.

He was surprised to see Ginger and Douglas behind him and Ginger was surprised to see Douglas behind him. They walked together sheepishly in a depressed silence to the Village Hall. Once Ginger raised a hand to his throat.

"Gotter beas'ly throat," he complained, "I didn't ought to be out."

"I'm ill, too," said Henry; "I *told* 'em so."

"An' me," said Douglas.

"An' me," said William with a hoarse, mirthless laugh. "Cruel sorter thing, sendin' us all out ill like this."

At the door of the Village Hall they halted, and William looked longingly towards the field.

"It's no good," said Ginger sadly, "they'd find out."

Bitter and despondent, they entered.

Within sat a handful of gloomy children who, inspired solely by hopes of the annual treat, were regular attendants at the meeting.

Mrs. de Vere Carter came sailing down to them, her frills and scarfs floating around her, bringing with her a strong smell of perfume.

"Dear children," she said, "welcome to our little gathering. These," she addressed the regular members, who turned gloomy eyes upon the Outlaws, "these are our dear new friends. We must make them *so* happy. *Dear* children!"

She led them to seats in the front row, and taking her stand in front of them, addressed the meeting.

"Now, girlies dear and laddies dear, what do I expect you to be at these meetings?"

And in answer came a bored monotonous chant:

"Respectful and reposeful."

"I have a name, children dear."

"Respectful and reposeful, Mrs. de Vere Carter."

"That's it, children dear. Respectful and reposeful. Now, our little new friends, what do I expect you to be?"

No answer.

The Outlaws sat horrified, outraged, shamed.

"You're *such* shy darlings, aren't you?" she said, stretching out an arm.

William retreated hastily, and Ginger's face was pressed hard against a diamond brooch.

"You won't be shy with us long, I'm sure. We're *so* happy here. Happy and good. Now, children dear, what is it we must be?"

Against the bored monotonous chant:

"Happy and good, Mrs. de Vere Carter."

"That's it. Now, darlings, in the front row, you tell me. Willy, pet, you begin. What is it we must be?"

At that moment William was nearer committing murder than at any other time in his life. He caught a gleam in Henry's eye. Henry would remember. William choked but made no answer.

"You tell me then, Harry boy."

Henry went purple and William's spirits rose.

"Ah, you won't be so shy next week, will they, children dear?"

"No, Mrs. de Vere Carter," came the prompt, listless response.

"Now, we'll begin with one of our dear little songs. Give out the books." She seated herself at the piano. "Number five, 'Sparkling Water.' Collect your thoughts, children dear. Are you ready?"

She struck the opening chords.

The Outlaws, though provided with books, did not join in. They had no objection to water as a beverage. They merely objected to singing about it.

Mrs. de Vere Carter rose from the piano.

"Now, we'll play one of our games, children dear. You can begin by yourselves, can't you, darlings? I'll just go across the field and see why little Teddy Wheeler hasn't come. He must be *regular*, mustn't he, laddies

dear? Now, what game shall we play. We had 'Puss in
the Corner' last week, hadn't we? We'll have 'Here we
go round the mulberry-bush' this week, shall we? No,
not 'Blind Man's Buff,' darling. It's a horrid, rough
game. Now, while I'm gone, see if you can make these
four shy darlings more at home, will you? And play
quietly. Now before I go tell me four things that you
must be?"

"Respectful and reposeful and happy and good, Mrs.
de Vere Carter," came the chant.

She was away about a quarter of an hour. When she
returned the game was in full swing, but it was not "Here
we go round the mulberry-bush." There was a screaming, struggling crowd of children in the Village Hall.
Benches were overturned and several chairs broken.
With yells and whoops, and blows and struggles, the
Tamers tried to tame; with growls and snarls and bites
and struggles the animals tried not to be tamed. Gone
was all listlessness and all boredom. And William, his tie
hanging in shreds, his coat torn, his head cut, and his
voice hoarse, led the fray as a Tamer.

"Come on, you!"

"I'll get you!"

"Gr-r-r-r-r!"

"Go it, men! Catch 'em, beat 'em, knife 'em, kill
'em."

The spirited roarings and bellowing of the animals was
almost blood-curdling.

Above it all Mrs. de Vere Carter coaxed and
expostulated and wrung her hands.

"Respectful and reposeful," "happy and good,"
"laddies dear," and "Willy" floated unheeded over the
tide of battle.

Then somebody (reports afterwards differed as to

"GO IT, MEN! CATCH 'EM, BEAT 'EM, KNIFE 'EM, KILL 'EM!" THE
TAMER ROARED.

who it was) rushed out of the door into the field and
there the battle was fought to a finish. From there the
Band of Hope (undismissed) reluctantly separated to its
various homes, battered and bruised, but blissfully
happy.

Mrs. Brown was anxiously awaiting William's return.

When she saw him she gasped and sat down weakly on
a hall chair.

"William!"

"I've not," said William quickly, looking at her out of a fast-closing eye, "I've not been playing at either of them—not those what you said I'd not to."

"Then—what——?"

"It was—it was— 'Tamers an Crocerdiles,' an' we played it at the Band of Hope!"

Chapter 8

The Outlaws

It was a half-holiday and William was in his bedroom making careful preparations for the afternoon. On the mantel-piece stood in readiness half a cake (the result of a successful raid on the larder) and a bottle of licorice water. This beverage was made by shaking up a piece of licorice in water. It was much patronised by the band of Outlaws to which William belonged and which met secretly every half-holiday in a disused barn about a quarter of a mile from William's house.

So far the Outlaws had limited their activities to wrestling matches, adventure seeking, and culinary operations. The week before, they had cooked two sausages which William had taken from the larder on cook's night out and had conveyed to the barn beneath his shirt and next his skin. Perhaps "cooked" is too euphemistic a term. To be quite accurate, they had held the sausages over a smoking fire till completely blackened, and then consumed the charred remains with the utmost relish.

William put the bottle of licorice water in one pocket and the half cake in another and was preparing to leave the house in his usual stealthy fashion—through the bathroom window, down the scullery roof, and down the water-pipe hand over hand to the back garden. Even when unencumbered by the presence of a purloined half cake, William infinitely preferred this mode of exit to the simpler one of walking out of the front-door. As he came out on to the landing, however, he heard the sound of the opening and shutting of the hall door and of exuberant greetings in the hall.

"Oh! I'm *so* glad you've come, dear. And is this the baby! The *duck!* Well, den, how's 'oo, den? Go—o—oo."

This was William's mother.

"Oh, crumbs!" said William and retreated hastily. He sat down on his bed to wait till the coast was clear. Soon came the sound of footsteps ascending the stairs.

"Oh, William," said his mother, as she entered his room, "Mrs. Butler's come with her baby to spend the afternoon, and we'd arranged to go out till tea-time with the baby, but she's got such a headache. I'm insisting on her lying down for the afternoon in the drawing-room. But she's *so* worried about the baby not getting out this nice afternoon."

"Oh!" said William, without interest.

"Well, cook's out and Emma has to get the tea and answer the door, and Ethel's away, and I told Mrs. Butler I was *sure* you wouldn't mind taking the baby out for a bit in the perambulator!"

William stared at her, speechless. The Medusa's classic expression of horror was as nothing to William's at that moment. Then he moistened his lips and spoke in a hoarse voice.

"*Me?*" he said. "*Me? Me* take a baby out in a pram?"

"Well, dear," said his mother deprecatingly, "I know it's your half-holiday, but you'd be out of doors getting the fresh air, which is the great thing. It's a nice baby and a nice pram and not heavy to push, and Mrs. Butler would be *so* grateful to you."

"Yes, I should think she'd be that," said William bitterly. "She'd have a right to be that if I took the baby out in a pram."

"Now, William, I'm sure you'd like to help, and I'm sure you wouldn't like your father to hear that you wouldn't even do a little thing like that for poor Mrs. Butler. And she's got such a headache."

"*A little thing like that!*" repeated William out of the bitterness of his soul.

But the Fates were closing round him. He was aware that he would know no peace till he had done the horrible thing demanded of him. Sorrowfully and reluctantly he bowed to the inevitable.

"All right," he muttered, "I'll be down in a minute."

He heard them fussing over the baby in the hall. Then he heard his elder brother's voice.

"You surely don't mean to say, mother," Robert was saying with the crushing superiority of eighteen, "that you're going to trust that child to—William."

"Well," said William's mother, "someone has to take him out. It's such a lovely afternoon. I'm sure it's very kind of William, on his half-holiday, too. And she's got *such* a headache."

"Well, of course," said Robert in the voice of one who washes his hands of all further responsibility, "you know William as well as I do."

"Oh, dear!" sighed William's mother. "And everything so nicely settled, Robert, and you must come and find fault with it all. If you don't want William to take him out, will you take him out yourself?"

Robert retreated hastily to the dining-room and continued the conversation from a distance.

"I don't want to take him out myself—thanks very much, all the same! All I say is—you know William as well as I do. I'm not finding fault with anything. I simply am stating a fact."

Then William came downstairs.

"Here he is, dear, all ready for you, and you needn't go far away—just up and down the road, if you like, but stay out till tea-time. He's a dear little baby, isn't he? And isn't it a nice Willy-Billy den, to take it out a nice ta-ta, while it's mummy goes bye-byes, den?"

William blushed for pure shame.

He pushed the pram down to the end of the road and round the corner. In comparison with William's feelings, the feelings of some of the early martyrs must have been pure bliss. A nice way for an Outlaw to spend the afternoon! He dreaded to meet any of his brother-outlaws, yet, irresistibly and as a magnet, their meeting-place attracted him. He wheeled the pram off the road and down the country lane towards the field which held their sacred barn. He stopped at the stile that led into the field and gazed wistfully across to the barn in the distance. The infant sat and sucked its thumb and stared at him. Finally it began to converse.

"Blab—blab—blab—blab—blub—blub—blub!"

"Oh, you shut up!" said William crushingly.

Annoyed at the prolonged halt, it seized its pram cover, pulled it off its hooks, and threw it into the road. While William was picking it up, it threw the pillow on to his head. Then it chuckled. William began to conceive an active dislike of it. Suddenly the Great Idea came to him. His face cleared. He took a piece of string from his pocket and tied the pram carefully to the railings. Then, lifting the baby cautiously and gingerly out, he climbed the stile with it and set off across the fields towards the barn. He held the baby to his chest with both arms clasped tightly round its waist. Its feet dangled in the air. It occupied the time by kicking William in the stomach, pulling his hair, and putting its fingers in his eyes.

"It beats me," panted William to himself, "what people see in babies! Scratchin' an' kickin' and blindin' folks and pullin' their hair all out!"

When he entered the barn he was greeted by a sudden silence.

"Look here!" began one outlaw in righteous indignation.

"It's a kidnap," said William, triumphantly. "We'll get a ransom on it."

They gazed at him in awed admiration. This was surely the cream of outlawry. He set the infant on the ground, where it toddled for a few steps and sat down suddenly and violently. It then stared fixedly at the tallest boy present and smiled seraphically.

"Dad—dad—dad—dad—dad!"

Douglas, the tallest boy, grinned sheepishly. "It thinks I'm its father," he explained complacently to the company.

"Well," said Henry, who was William's rival for the leadership of the Outlaws, "What do we do first? That's the question."

"In books," said the outlaw called Ginger, "they write a note to its people and say they want a ransom."

"We won't do that—not just yet," said William hastily.

"Well, it's not much sense holdin' somethin' up to ransom and not tellin' the folks that they've got to pay nor nothin', is it?" said Ginger with the final air of a man whose logic is unassailable.

"N——oo," said William. "But——" with a gleam of

hope— "who's got a paper and pencil? I'm simply statin' a fact. Who's got a paper and pencil?"

No one spoke.

"Oh, yes!" went on William in triumph. "Go on! Write a note. Write a note without paper and pencil, and we'll all watch. Huh!"

"Well," said Ginger sulkily, "I don't s'pose they had paper and pencils in outlaw days. They weren't invented. They wrote on—on—on leaves or something," he ended vaguely.

"Well, go on. Write on leaves," said William still more triumphant. "We're not stoppin' you are we? I'm simply statin' a fact. Write on leaves."

They were interrupted by a yell of pain from Douglas. Flattered by the parental relations so promptly established by the baby, he had ventured to make its further acquaintance. With vague memories of his mother's treatment of infants, he had inserted a finger in its mouth. The infant happened to possess four front teeth, two upper and two lower, and they closed like a vice upon Douglas' finger. He was now examining the marks.

"Look! Right deep down! See it? Wotcher think of that! Nearly to the bone! Pretty savage baby you've brought along," he said to William.

"I jolly well know that," said William feelingly. "It's your own fault for touching it. It's all right if you leave it alone. Just don't touch it, that's all. Anyway, it's mine, and I never said you could go fooling about with it, did I? It wouldn't bite *me*, I bet!"

"Well, what about the ransom?" persisted Henry.

"Someone can go and tell its people and bring back the ransom," suggested Ginger.

There was a short silence. Then Douglas took his injured finger from his mouth and asked pertinently:

"Who?"

"William brought it," suggested Henry.

"Yes, so I bet I've done my share."

"Well, what's anyone else goin' to do, I'd like to know? Go round to every house in this old place and ask if they've had a baby taken off them and if they'd pay a ransom for it back? That's sense, isn't it? You know where you got it from, don't you, and you can go and get its ransom."

"I can, but I'm not goin' to," said William finally. "I'm simply statin' a fact. I'm not goin' to. And if anyone says I daren't" (glancing round pugnaciously) "I'll fight 'em for it."

No one said he daren't. The fact was too patent to need stating. Henry hastily changed the subject.

"Anyway, what have we brought for the feast?"

William produced his licorice water and half cake, Douglas two slices of raw ham and a dog biscuit, Ginger some popcorn and some cold boiled potatoes wrapped up in newspaper, Henry a cold apple dumpling and a small bottle of paraffin-oil.

"I knew the wood would be wet after the rain. It's to make the fire burn. That's sense, isn't it?"

"Only one thing to cook," said Ginger sadly, looking at the slices of ham.

"We can cook up the potatoes and the dumpling. They don't look half enough cooked. Let's put them on the floor here, and go out for adventures first. All different ways and back in a quarter of an hour."

The Outlaws generally spent part of the afternoon dispersed in search of adventure. So far they had wooed the Goddess of Danger chiefly by trespassing on the ground of irascible farmers in hopes of a chase which were generally fulfilled.

They deposited their store on the ground in a corner of the barn, and with a glance at the "kidnap," who was seated happily upon the floor engaged in chewing its hat-strings, they went out, carefully closing the door.

After a quarter of an hour Ginger and William arrived at the door simultaneously from opposite directions.

"Any luck?"

"No."

"Same here. Let's start the old fire going."

They opened the door and went in. The infant was sitting on the floor among the stores, or rather among what was left of the stores. There was paraffin-oil on its hair, face, arms, frock and feet. It was drenched in paraffin-oil. The empty bottle and its hat lay by its side. Mingled with the paraffin-oil all over its person was cold boiled potato. It was holding the apple-dumpling in its hand.

"Ball!" it announced ecstatically from behind its mask of potato and paraffin-oil.

They stood in silence for a minute. Then, "Who's going to make that fire burn now?" said Ginger, sharing at the empty bottle.

"Yes," said William slowly, "an' who's goin' to take that baby home? I'm simply statin' a fact. Who's goin' to take that baby home?"

There was no doubt that when William condescended to adopt a phrase from any of his family's vocabularies, he considerably overworked it.

"Well, it did it itself. It's no one else's fault, is it?"

"No, it's not," said William. "But that's the sort of thing folks never see. Anyway, I'm goin' to wash its face."

"What with?"

William took out his grimy handkerchief and

advanced upon his prey. His bottle of licorice water was lying untouched in the corner. He took out the cork.

"Goin' to wash it in that dirty stuff?"

"It's made of water—clean water—I made it myself, so I bet I ought to know, oughtn't I? That's what folks wash in, isn't it?—clean water?"

"Yes," bitterly, "and what are we goin' to drink, I'd like to know? You'd think that baby had got enough of our stuff—our potatoes and our apple-dumpling, an' our oil—without you goin' an' given' it our licorice water as well."

William was passing his handkerchief, moistened with licorice water, over the surface of the baby's face. The baby had caught a corner of it firmly between its teeth and refused to release it.

"If you'd got to take this baby home like this," he said, "you wouldn't be thinking much about drinking licorice water. I'm simply statin'——"

"Oh, shut up saying that!" said Ginger in sudden exasperation. "I'm sick of it."

At that moment the door was flung open and in walked slowly a large cow closely followed by Henry and Douglas.

Henry's face was one triumphant beam. He felt that his prestige, eclipsed by William's kidnapping coup, was restored.

"I've brought a cow," he announced, "fetched it all the way from Farmer Litton's field—five fields off, too, an' it took some fetching, too."

"Well, what for?" said William after a moment's silence.

Henry gave a superior laugh.

"What for! You've not read much about outlaws, I

guess. They always drove in cattle from the surroundin' districks.''

"Well, what for?" said William again, giving a tug at his handkerchief, which the infant still refused to release.

"Well—er—well—to kill an' roast, I suppose," said Henry lamely.

"Well, go on," said William. "Kill it an' roast it. We're not stoppin' you, are we? Kill it an' roast it—an' get hung for murder. I s'pose it's murder to kill cows same as it is to kill people—'cept for butchers.''

The cow advanced slowly and deprecatingly towards the "kidnap," who promptly dropped the handkerchief and beamed with joy.

"Bow-wow!" it said excitedly.

"Anyway, let's get on with the feast," said Douglas.

"Feast!" echoed Ginger bitterly. "Feast! Not much feast left! That baby William brought's used all the paraffin-oil and potatoes, and it's squashed the apple-dumpling, and William's washed its face in the licorice water.''

Henry gazed at it dispassionately and judicially.

"Yes—it looks like as if someone had washed it in licorice water—and as if it had used up all the oil and potatoes. It doesn't look like as if it would fetch much ransom. You seem to have pretty well mucked it up.''

"Oh, shut up about the baby," said William picking up his damp and now prune-coloured handkerchief. "I'm just about sick of it. Come on with the fire.''

They made a little pile of twigs in the field and began the process of lighting it.

"I hope that cow won't hurt the 'kidnap,'" said Douglas suddenly. "Go and see, William; it's your kidnap.''

"Well, an' it's Henry cow, and I'm sorry for that cow if it tries playin' tricks on that baby."

But he rose from his knees reluctantly, and threw open the barn door. The cow and the baby were still gazing admiringly at each other. From the cow's mouth at the end of a long, sodden ribbon, hung the chewed remains of the baby's hat. The baby was holding up the dog biscuit and crowed delightfully as the cow bent down its head and cautiously and gingerly smelt it. As William entered, the cow turned round and switched its tail against the baby's head. At the piercing howl that followed, the whole band of outlaws entered the barn.

"What are you doing to the poor little thing?" said Douglas to William.

"It's Henry's cow," said William despairingly. "It hit it. Oh, go on, shut up! Do shut up."

The howls redoubled.

"You brought it," said Henry accusingly, raising his voice to be heard above the baby's fury and indignation. "Can't you stop it? Not much sense taking babies about if you don't know how to stop 'em crying!"

The baby was now purple in the face.

The Outlaws stood around and watched it helplessly.

"P'raps it's hungry," suggested Douglas.

He took up the half cake from the remains of the stores and held it out tentatively to the baby. The baby stopped crying suddenly.

"Dad—dad—dad—dad—dad," it said tearfully.

Douglas blushed and grinned.

"Keeps on thinking I'm its father," he said with conscious superiority. "Here, like some cake?"

The baby broke off a handful and conveyed it to its mouth.

"It's eating it," cried Douglas in shrill excitement.

FROM THE COW'S MOUTH HUNG THE CHEWED REMAINS OF THE HAT.
THE COW AND THE BABY GAZED ADMIRINGLY AT EACH OTHER.

After thoroughly masticating it, however, the baby repented of its condescension and ejected the mouthful in several instalments.

William blushed for it.

"Oh, come on, let's go and look at the fire," he said weakly.

They left the barn and returned to the scene of the fire-lighting. The cow, still swinging the remains of the baby's hat from its mouth, was standing with its front feet firmly planted on the remains of what had been a promising fire.

"Look!" cried William, in undisguised pleasure. "Look at Henry's cow! Pretty nice sort of cow you've brought, Henry. Not much sense taking cows about if you can't stop them puttin' folks' fires out."

After a heated argument, the Outlaws turned their attention to the cow. The cow refused to be "shoo'd off." It simply stood immovable and stared them out. Ginger approached cautiously and gave it a little push. It switched its tail into his eye and continued to munch the baby's hat-string. Upon William's approaching it lowered its head, and William retreated hastily. At last they set off to collect some fresh wood and light a fresh fire. Soon they were blissfully consuming two blackened slices of ham, the popcorn, and what was left of the cake.

After the "feast," Ginger and William, as Wild Indians, attacked the barn, which was defended by Douglas and Henry. The "kidnap" crawled round inside on all fours, picking up any treasures it might come across *en route* and testing their effect on its palate.

Occasionally it carried on a conversation with its defenders, bringing with it a strong perfume of paraffin oil as it approached.

"Blab—blab—blab—blab—blub—blub—Dad—dad
—dad—dad—dad. Go—o—o—o."

William had insisted on a place on the attacking side.

"I couldn't put any feelin'," he explained, "into
fightin' for that baby."

When they finally decided to set off homewards,
William gazed hopelessly at his charge. Its appearance
defies description. For many years afterwards William
associated babies in his mind with paraffin-oil and
potato.

"Just help me get the potato out of its hair," he
pleaded; "never mind the oil and the rest of it."

"My hat! doesn't it smell funny!—and doesn't it
look funny—all oil and potato and bits of cake!" said
Ginger.

"Oh! shut up about it," said William irritably.

The cow followed them down to the stile and watched
them sardonically as they climbed it.

"Bow-wow!" murmured the baby in affectionate
farewell.

William looked wildly round for the pram, but—the
pram was gone—only the piece of string dangled from
the railings.

"Crumbs!" said William, "Talk about bad luck! I'm
simply statin' a fact. Talk about bad luck!"

At that minute the pram appeared, charging down the
hill at full speed with a cargo of small boys. At the
bottom of the hill it overturned into a ditch accompanied
by its cargo. To judge from its appearance, it had passed
the afternoon performing the operation.

"That's my pram!" said William to the cargo, as it
emerged, joyfully, from the ditch.

"Garn! S'ours! We found it."

"THAT'S MY PRAM!" SAID WILLIAM TO THE CARGO, AS THEY
EMERGED JOYFULLY FROM THE DITCH.

"Well, I left it there."

"Come on! We'll fight for it" said Ginger, rolling up
his sleeves in a businesslike manner. The other Outlaws
followed his example. The pram's cargo eyed them
appraisingly.

"Oh, all right! Take your rotten old pram!" they said
at last.

Douglas placed the baby in its seat and William
thoughtfully put up the hood to shield his charge as far as
possible from the curious gaze of the passers-by. His
charge was now chewing the pram cover and talking
excitedly to itself. With a "heart steeled for any fate"
William turned the corner into his own road. The baby's
mother was standing at his gate.

"There you are!" she called. "I was getting quite anxious. Thank you *so* much, dear."

**BUT THAT IS WHAT SHE SAID BEFORE
SHE SAW THE BABY!**

Chapter 9

William and White Satin

"I'd simply love to have a page," murmured Miss Grant wistfully. "A wedding seems so—second-rate without a page."

Mrs. Brown, her aunt and hostess, looked across the tea-table at her younger son, who was devouring iced cake with that disregard for consequences which is the mark of youth.

"There's William," she said doubtfully. Then, "You've had quite enough cake, William."

Miss Grant studied William's countenance, which at that moment expressed intense virtue persecuted beyond all bearing.

"*Enough!*" he repeated. "I've had hardly any yet. I was only jus' beginning to have some when you looked at me. It's a plain cake. It won't do me any harm. It's a plain cake. It won't do me any harm. I wu'nt eat it if it'd to me any harm. Sugar's *good* for you. Animals eat it to keep healthy. *Horses* eat it an' it don't do 'em any *harm*, an' poll parrots an' things eat it an' it don't do 'em any——"

"Oh, don't argue, William," said his mother wearily.

William's gift of eloquence was known and feared in his family circle.

Then Miss Grant brought out the result of her study of his countenance.

"He's got such a—*modern* face!" she said. "There's something essentially mediæval and romantic about the idea of a page."

Mrs. Brown (from whose house the wedding was to take place) looked worried.

"There's nothing mediæval or romantic about William," she said.

"Well,"—Miss Grant's intellectual face lit up—"what about his cousin Dorita. They're about the same age, aren't they? Both eleven. Well, the *two* of them in white satin with bunches of holly. Don't you think? Would you mind having her to stay for the ceremony?" (Miss Grant always referred to her wedding as "the ceremony.") "If you don't have his hair cut for a bit, he mightn't look so bad?"

William had retired to the garden with his three bosom friends—Ginger, Henry, and Douglas—where he was playing his latest game of mountaineering. A plank had been placed against the garden wall, and up this scrambled the three, roped together and wearing feathers in their caps. William was wearing an old golf cap of his mother's, and mentally pictured himself as an impressive and heroic figure. Before they reached the top they invariably lost their foothold, rolled down the plank and fell in a confused and bruised heap at the bottom. The bruises in no way detracted from the charm of the game. To William the fascination of any game consisted mainly in the danger to life and limb involved. The game had been suggested by an old alpenstock which had been thoughtlessly presented to William by a friend of Mr. Brown's. The paint of the staircase and upstairs corridor had been completely ruined before the family knew of the gift, and the alpenstock had been confiscated for a week, then restored on the condition that it was not to be brought into the house. The result was the game of mountaineering up the plank. They carried the alpenstock in turns, but William had two turns running to mark the fact that he was its proud possessor.

Mrs. Brown approached William on the subject of his prospective rôle of page with a certain apprehension. The normal attitude of William's family towards William was one of apprehension.

"Would you like to go to Cousin Sybil's wedding?" she said.

"No, I wu'nt," said William without hesitation.

"Wouldn't you like to go dressed up?" she said.

"Red Injun?" said William with a gleam of hope.

"Er—no, not exactly."

"Pirate?"

"Not quite."

"I'd go as a Red Injun, or I'd go as a Pirate," he said firmly, "but I wu'nt go as anything else."

"A page," said Miss Grant's clear, melodious voice, "is a mediæval and romantic idea, William. There's the glamour of chivalry about it that should appeal strongly to a boy of your age."

William turned his inscrutable countenance upon her and gave her a cold glare.

They discussed his costume in private.

"I've got a pair of lovely white silk stockings," said his mother. "They'd do for tights, and Ethel has got a satin petticoat that's just beginning to go in one place. I should think we could make some sort of costume from that, don't you? We'll buy some more white satin and get some patterns."

"WOULD YOU LIKE TO GO TO COUSIN SYBIL'S WEDDING?" SHE
ASKED. "NO, I WU'NT," SAID WILLIAM WITHOUT HESITATION.

"No, I won't wear Ethels' ole clothes," said William smouldering. "You all jus' want to make me look ridiclus. You don't care how ridiclus I look. I shall be ridiclus all the rest of my life goin' about in Ethel's ole clothes. I jus' won't do it. I jus' won't go to any ole weddin'. No, I *don't* want to see Cousin Sybil married, an' I jus' *won't* be made look ridiclus in Ethel's ole clothes."

They reasoned and coaxed and threatened, but in vain. Finally William yielded to parental authority and went about his world with an air of a martyr doomed to the stake. Even the game of mountaineering had lost its charm and the alpenstock lay neglected against the garden wall. The attitude of his select circle of friends was not encouraging.

"Yah! *Page!* Who's goin' to be a *page?* Oh, crumbs. A page all dressed up in white. *Dear* little Willie. Won't he look swe-e-e-et?"

Life became very full. It was passed chiefly in the avenging of insults. William cherished a secret hope that the result of this would be to leave him disfigured for life and so unable to attend the wedding. However, except for a large lump on his forehead, he was none the worse. He eyed the lump thoughtfully in his looking-glass and decided that with a little encouragement it might render his public appearance in an affair of romance an impossibility. But the pain which resulted from one heroic effort at banging it against the wall caused him to abandon the plan.

Dorita arrived the next week, and with her her small brother, Michael, aged three. Dorita was slim and graceful, with a pale little oval face and dark curling hair.

Miss Grant received her on the doorstep.

"Well, my little maid of honour?" she said in her flute-like tones. "Welcome! We're going to be such friends—you and me and William—the bride" (she blushed and bridled becomingly) "and her little page and her little maid of honour. William's a boy, and he's just a *leetle* bit thoughtless and doesn't realise the romance of it all. I'm sure you will. I see it in your dear little face. We'll have some lovely talks together." Her eyes fell upon Michael and narrowed suddenly. "He'd look sweet, too, in white satin, wouldn't he?" turning to Mrs. Brown. "He could walk between them. . . . We could buy some more white satin. . . ."

When they had gone the maid of honour turned dark, long-lashed, demure eyes upon William.

"Soft mug, that," she said in clear refined tones, nodding in the direction of the door through which the tall figure of Miss Grant had just disappeared.

William was vaguely cheered by her attitude.

"Are you keen on this piffling wedding affair? she went on carelessly, "'cause I jolly well tell you I'm not."

William felt that he had found a kindred spirit. He unbent so far as to take her to the stable and show her a field-mouse he had caught and was keeping in a cardboard box.

"I'm teachin' it to dance," he confided, "an' it oughter fetch a jolly lot of money when it can dance proper. Dancin' mice do, you know. They show 'em on the stage, and people on the stage get pounds an' pounds every night, so I bet mice do, too—at least the folks the mice belong to what dance on the stage. I'm teachin' it to dance by holdin' a biscuit over its head and movin' it about. It bit me twice yesterday." He proudly displayed his mutilated finger. "I only caught it yesterday. It oughter learn all right to-day," he added hopefully.

Her intense disappointment, when the only trace of the field-mouse that could be found was the cardboard box with a hole gnawed at one corner, drew William's heart to her still more.

He avoided Henry, Douglas and Ginger. Henry, Douglas and Ginger had sworn to be at the church door to watch William descend from the carriage in the glory of his white satin apparel, and William felt that friendship could not stand the strain.

He sat with Dorita on the cold and perilous perch of the garden wall and discussed Cousin Sybil and the wedding. Dorita's language delighted and fascinated William.

"She's a soppy old luny," she would remark sweetly, shaking her dark curls. "The soppiest old luny you'd see in any old place on *this* old earth, you betcher life! She's made of sop. I wouldn't be found dead in a ditch with her—wouldn't touch her with the butt-end of a barge-pole. She's an assified cow, she is. Humph!"

"Those children are a *leetle* disappointing as regards character—to a child lover like myself," confided Miss Grant to her intellectual *fiancé*. "I've tried to sound their depths, but there are no depths to sound. There is none of the mystery, the glamour, the 'clouds of glory' about them. They are so—so material."

The day of the ordeal drew nearer and nearer, and William's spirits sank lower and lower. His life seemed to stretch before him—youth, manhood, and old age—dreary and desolate, filled only with humiliation and shame. His prestige and reputation would be blasted for ever. He would no longer be William—the Red Indian, the pirate, the dare-devil. He would simply be the Boy Who Went to a Wedding Dressed in White Satin. Evidently there would be a surging crowd of small boys at the church door. Every boy for miles round who knew William even by sight had volunteered the information that he would be there. William was to ride with Dorita and Michael in the bride's carriage. In imagination he already descended from the carriage and heard the chorus of jeers. His cheeks grew hot at the thought. His life for years afterwards would consist solely in the avenging of insults. He followed the figure of the blushing bride-to-be with a baleful glare. In his worst moments he contemplated murder. The violence of his outburst when his mother mildly suggested a wedding present to the bride from her page and maid of honour horrified her.

"I'm bein' made look ridiclus all the rest of my life," he ended. "I'm not givin' her no present. I know what I'd *like* to give her," he added darkly.

"Yes, and I *do*, too."

Mrs. Brown forebore to question further.

The day of the wedding dawned coldly bright and sunny. William's expressions of agony and complaints of various startling symptoms of serious illnesses were ignored by his experienced family circle.

Michael was dressed first of the three in his minute white satin suit and sent down into the morning-room to play quietly. Then an unwilling William was captured from the darkest recess of the stable and dragged pale and protesting to the slaughter.

"Yes, an' I'll *die* pretty soon, prob'ly," he said pathetically, "and then p'r'aps you'll be a bit sorry, an' I shan't care."

In Michael there survived two of the instincts of primitive man, the instinct of foraging for food and that of concealing it from his enemies when found. Earlier in the day he had paid a visit to the kitchen and found it

"SHE'S A SOPPY OLD LUNY!" DORITA REMARKED SWEETLY.

empty. Upon the table lay a pound of butter and a large bag of oranges. These he had promptly confiscated and, with a fear of interruption born of experience, he had retired with them under the table in the morning-room. Before he could begin his feast he had been called upstairs to be dressed for the ceremony. On his return (immaculate in white satin) he found to his joy that his treasure trove had not been discovered. He began on the butter first. What he could not eat he smeared over his face and curly hair. Then he felt a sudden compunction and tried to remove all traces of the crime by rubbing his face and hair violently with a woolly mat. Then he sat down on the Chesterfield and began the oranges. They were very yellow and juicy and rather overripe. He crammed them into his mouth with both little fat hands at once. He was well aware, even at his tender years, that life's sweetest joys come soonest to an end. Orange juice mingled with wool fluff and butter on his small round face. It trickled down his cheeks and fell on to his white lace collar. His mouth and the region round it were completely yellow. He had emptied the oranges out of the bag all around him on the seat. He was sitting in a pool of juice. His suit was covered with it, mingled with pips and skin, and still he ate on.

His first interruption was William and Dorita, who came slowly downstairs holding hands in silent sympathy, two gleaming figures in white satin. They walked to the end of the room. They also had been sent to the morning-room with orders to "play quietly" until summoned.

"*Play?*" William had echoed coldly. "I don't feel much like *playing*."

They stared at Michael, openmouthed and speechless. Lumps of butter and bits of wool stuck in his curls and adhered to the upper portion of his face. They had been washed away from the lower portion of it by orange juice. His suit was almost covered with it. Behind he was saturated with it.

"*Crumbs!*" said William at last.

"*You'll* catch it," remarked his sister.

Michael retreated hastily from the scene of his misdeeds.

"Mickyth good now," he lisped deprecatingly.

They looked at the seat he had left—a pool of crushed orange fragments and juice. Then they looked at each other.

"*He'll* not be able to go," said Dorita slowly.

Again they looked at the empty orange-covered Chesterfield and again they looked at each other.

"Heth kite good now," said Michael hopefully.

Then the maid of honour, aware that cold deliberation often kills the most glorious impulses, seized William's hand.

"Sit down. *Quick!*" she whispered sharply.

Without a word they sat down. They sat till they felt the cold moisture penetrate to their skins. Then William heaved a deep sigh.

"*We* can't go now," he said.

Through the open door they saw a little group coming—Miss Grant in shining white, followed by William's mother, arrayed in her brightest and best, and William's father, whose expression revealed a certain weariness mingled with a relief that the whole thing would soon be over.

"Here's the old sardine all togged up," whispered Dorita.

"William! Dorita! Michael!" they called.

Slowly William, Dorita and Michael obeyed the summons.

When Miss Grant's eyes fell upon the strange object that was Michael, she gave a loud scream.

"*Michael!* Oh, the *dreadful* child!"

She clasped the centre of the door and looked as though about to swoon.

Michael began to sob.

"*Poor* Micky," he said through his tears. "He feelth tho thick."

They removed him hastily.

"Never mind, dear," said Mrs. Brown soothingly, "the other two look sweet."

But Mr. Brown had wandered further into the room and thus obtained a sudden and startling view of the page and maid of honour from behind. .

"What? Where?" he began explosively.

William and Dorita turned to him instinctively, thus providing Mrs. Brown and the bride with the spectacle that had so disturbed him.

The bride gave a second scream—shriller and wilder than the first.

"Oh, what have they done? Oh, the *wretched* children! And just when I wanted to feel *calm*. Just when all depends on my feeling *calm*. Just when——"

"We was walkin' round the room an' we sat down on the Chesterfield and there was this stuff on it an' it came on our clothes," explained William stonily and monotonously and all in one breath.

"*Why* did you sit down," said his mother.

"We was walkin' round an' we jus' felt tired and we sat down on the Chesterfield and there was this stuff on it an' it came on——"

"Oh, *stop!* Didn't you *see* it there?"

William considered.

"Well, we was jus' walking round the room," he said, 'an' we jus' felt tired and we sat——"

"*Stop* saying that."

"Couldn't we make *cloaks?*" wailed the bride, "to hang down and cover them all up behind. It wouldn't take long——"

Mr. Brown took out his watch.

"The carriage has been waiting a quarter of an hour already," he said firmly. "We've no time to spare. Come along, my dear. We'll continue the investigation after the service. You can't go, of course, you must stay at home now," he ended, turning a stern eye upon William. There was an unconscious note of envy in his voice.

"And I did so *want* to have a page," said Miss Grant plaintively as she turned away.

Joy and hope returned to William with a bound. As the sound of wheels was heard down the drive he turned head over heels several times on the lawn, then caught

"THERE WAS THIS STUFF ON THE CHESTERFIELD, AND IT CAME ON OUR CLOTHES," WILLIAM EXPLAINED STONILY ALL IN ONE BREATH.

sight of his long-neglected alpenstock leaning against a wall.

"Come on," he shouted joyfully. "I'll teach you a game I made up. It's mountaineerin'."

She watched him place a plank against the wall and begin his perilous ascent.

"You're a mug," she said in her clear, sweet voice. "I know a mountaineering game worth ten of that old thing."

And it says much for the character and moral force of the maid-of-honour that William meekly put himself in the position of pupil.

It must be explained at this point that the domestics of the Brown household were busy arranging refreshments in a marquee in the garden. The front hall was quite empty.

In about a quarter of an hour the game of mountaineering was in full swing. On the lowest steps of the staircase reposed the mattress from William's father's and mother's bed, above it the mattress from Miss Grant's bed, above that the mattress from William's bed, and on the top, the mattress from Dorita's bed. In all the bedrooms the bedclothes lay in disarray on the floor. A few nails driven through the ends of the mattresses into the stairs secured the stability of the "mountain." Still wearing their robes of ceremony, they scrambled up in stockinged feet, every now and then losing foothold and rolling down to the pile of pillows and bolsters (taken indiscriminately from all the beds) which was arranged at the foot of the staircase. Their mirth was riotous and uproarious. They used the alpenstock in turns. It was a great help. They could get a firm hold on the mattresses with the point of the alpenstock. William stood at the top of the mountain,

THEY USED THE ALPENSTOCK IN TURNS—IT WAS A GREAT HELP.

hot and panting, his alpenstock in his hand, and paused for breath. He was well aware that retribution was not far off—was in the neighbouring church, to be quite exact, and would return in a carriage within the next few minutes. He was aware that an explanation of the yellow stain was yet to be demanded. He was aware that this was not a use to which the family mattresses could legitimately be put. But be cared for none of these things. In his mind's eye he only saw a crowd of small boys assembled outside a church door with eager eyes fixed on a carriage from which descended—Miss Grant, Mrs. Brown, and Mr. Brown. His life stretched before him bright and rose-coloured. A smile of triumph curved his lips.

"Yah! Who waited at a church for someone what never came? Yah!"

"I hope you didn't get a bad cold waitin' for me on Wednesday at the church door."

"Some folks is easy had. I bet you all believed I was coming on Wednesday."

Such sentences floated idly through his mind.

"I say, my turn for that stick with the spike."

William handed it to her in silence.

"I say," she repeated, "what do you think of this marriage business?"

"Dunno," said William laconically.

"If I'd got to marry," went on the maid of honour, "I'd as soon marry *you* as anyone."

"I wu'nt mind," said the page gallantly. "But," he added hastily, "in ornery clothes."

"Oh, yes," she lost her foothold and rolled down to the pile of pillows. From them came her voice muffled, but clear as ever. "You betcher life. In ornery clothes."

Chapter 10

William's New Year's Day

William went whistling down the street, his hands in his pockets. William's whistle was more penetrating than melodious. Sensitive people fled shuddering at the sound. The proprietor of the sweet-shop, however, was not sensitive. He nodded affably as William passed. William was a regular customer of his—as regular, that is, as a wholly inadequate allowance would permit. Encouraged William paused at the doorway and ceased to whistle.

"'Ullo, Mr. Moss!" he said.

"'Ullo, William!" said Mr. Moss.

"Anythin' cheap to-day?" went on William hopefully. Mr. Moss shook his head.

"Twopence an ounce cheapest," he said.

William sighed.

"That's awful *dear*," he said.

"What isn't dear? Tell me that. What isn't dear?" said Mr. Moss lugubriously.

"Well, gimme two ounces. I'll pay you tomorrow," said William casually.

Mr. Moss shook his head.

"Go on!" said William. "I get my money to-morrow. You know I get my money to-morrow."

"Cash, young sir," said Mr. Moss heavily. "My terms is cash. 'Owever," he relented, "I'll give you a few over when the scales is down to-morrow for a New Year's gift."

"Honest Injun?"

"Honest Injun."

"Well, gimme them now then," said William.

Mr. Moss hesitated.

"They wouldn't be no New Year's gift then, would they?" he said.

William considered.

"I'll eat 'em to-day but I'll *think* about 'em tomorrow," he promised. "That'll make 'em a New Years's gift."

Mr. Moss took out a handful of assorted fruit drops and passed them to William. William received them gratefully.

"An' what good resolution are you going to take to-morrow?" went on Mr. Moss.

William crunched in silence for a minute, then,

"Good resolution?" he questioned. "I ain't got none."

"You've got to have a good resolution for New Year's Day," said Mr. Moss firmly.

"Same as giving up sugar in tea in Lent and wearing blue on Oxford and Cambridge Boat Race Day?" said William with interest.

"Yes, same as that. Well, you've got to think of some fault you'd like to cure and start to-morrow."

William pondered.

"Can't think of anything," he said at last. "You think of something for me."

"You might take one to do your school work properly," he suggested.

William shook his head.

"No," he said, "that wun't be much fun, would it? Crumbs! It *wun't!*"

"Or—to keep your clothes tidy?" went on his friend.

William shuddered at the thought.

"Or to—give up shouting and whistling."

William crammed two more sweets into his mouth and shook his head very firmly.

"Crumbs, No!" he ejaculated indistinctly.

"Or to be perlite."

"Perlite?"

"Yes. 'Please' and 'thank you,' and 'if you don't mind me sayin' so,' and 'if you excuse me contradictin' of you,' and 'can I do anything for you?' and such like."

William was struck with this.

"Yes, I might be that," he said. He straightened his collar and stood up. "Yes, I might try bein' that. How long has it to go on, though?"

"Not long," said Mr. Moss. "Only the first day gen'rally. Folks gen'rally give 'em up after that."

"What's yours?" said William, putting four sweets into his mouth as he spoke.

Mr. Moss looked round his little shop with the air of a conspirator, then leant forward confidentially.

"I'm goin' to arsk 'er again," he said.

"Who?" said William mystified.

"Someone I've arsked regl'ar every New Year's Day for ten year."

"Asked what?" said William, gazing sadly at his last sweet.

"Arsked to take me. o' course," said Mr. Moss with an air of contempt for William's want of intelligence.

"Take you where?" said William. "Where d'you want to go? Why can't you go yourself?"

"Ter *marry* me, I means," said Mr. Moss, blushing slightly as he spoke.

"Well," said William with a judicial air, "I wun't have asked the same one for ten years. I'd have tried someone else. I'd have gone on asking other people, if I wanted to get married. You'd be sure to find someone that wouldn't mind you—with a sweet-shop, too. She must be a softie. Does she *know* you've got a sweet-shop?"

Mr. Moss merely sighed and popped a bull's eye into his mouth with an air of abstracted melancholy.

*　　　*　　　*

The next morning William leapt out of bed with an expression of stern resolve. "I'm goin' to be p'lite," he remarked to his bedroom furniture. "I'm going' to be p'lite all day."

He met his father on the stairs as he went down to breakfast.

"Good mornin', Father," he said, with what he fondly imagined to be a courtly manner. "Can I do anything for you to-day?"

His father looked down at him suspiciously.

"What do you want now?" he demanded.

William was hurt.

"I'm only bein' p'lite. It's—you know—one of those things you take on New Year's Day. Well, I've took one to be p'lite."

His father apologised. "I'm sorry," he said. "You see, I'm not used to it. It startled me."

At breakfast William's politeness shone forth in all its glory.

"Can I pass you anything, Robert?" he said sweetly.

GOOD MORNIN', FATHER," SAID WILLIAM WITH WHAT HE FONDLY
IMAGINED TO BE A COURTLY MANNER.

His elder brother coldly ignored him. "Going to rain again," he said to the world in general.

"If you'll 'scuse me contradicting of you Robert," said William, "I heard the milkman sayin' it was goin' to be fine. If you'll 'scuse me contradictin' you."

"Look here!" said Robert angrily, "Less of your cheek!"

"Seems to me no one in this house understands wot bein' p'lite is," said William bitterly. "Seems to me one might go on bein' p'lite in this house for years an' no one know wot one was doin'."

His mother looked at him anxiously.

"You're feeling quite well, dear, aren't you?" she said. "You haven't got a headache or anything, have you?"

"No. I'm bein' *p'lite*," he said irritably, then pulled himself up suddenly. "I'm quite well, thank you, Mother dear," he said in a tone of cloying sweetness.

"Does it hurt you much?" inquired his brother tenderly.

"No thank you, Robert," said William politely.

After breakfast he received his pocket-money with courteous gratitude.

"Thank you very much, Father."

"Not at all. Pray don't mention it, William. It's quite all right," said Mr. Brown, not to be outdone. Then, "It's rather trying. How long does it last?"

"What?"

"The resolution."

"Oh, bein' p'lite! He said they didn't often do it after the first day."

"He's quite right, whoever he is," said Mr. Brown. "They don't."

"He's goin' to ask her again," volunteered William.

"Who ask who what?" said Mr. Brown, but William had departed. He was already on his way to Mr. Moss's shop.

Mr. Moss was at the door, hatted and coated, and gazing anxiously down the street.

"Goo' mornin' Mr. Moss," said William politely.

Mr. Moss took out a large antique watch.

"He's late!" he said. "I shall miss the train. Oh, dear! It will be the first New Year's Day I've missed in ten years."

William was inspecting the sweets with the air of an expert.

"Them pink ones are new," he said at last. "How much are they?"

"Eightpence a quarter. Oh, dear, I shall miss the train."

"They're very small ones," said William disparagingly. "You'd think they'd be less than that—small ones like that."

"Will you—will you do something for me and I'll *give* you a quarter of those sweets."

William gasped. The offer was almost too munificent to be true.

"I'll do *anythin'* for that," he said simply.

"Well, just stay in the shop till my nephew Bill comes. 'E'll be 'ere in two shakes an' I'll miss my train if I don't go now. 'E's goin' to keep the shop for me till I'm back an' 'e'll be 'ere any minute now. Jus' tell 'im I 'ad to run for to catch my train an' if anyone comes into the shop before 'e comes jus' tell 'em to wait or to come back later. You can weigh yourself a quarter o' those sweets."

Mr. Moss was certainly in a holiday mood. William pinched himself just to make sure that he was still alive and had not been translated suddenly to the realms of the blest.

Mr. Moss, with a last anxious glance at his watch, hurried off in the direction of the station.

William was left alone. He spent a few moments indulging in roseate day dreams. The ideal of his childhood—perhaps of everyone's childhood—was realised. He had a sweet-shop. He walked round the shop with a conscious swagger, pausing to pop into his mouth a Butter Ball—composed, as the label stated, of pure farm cream and best butter. It was all his—all those rows and rows of gleaming bottles of sweets of every size and colour, those boxes and boxes of attractively arranged chocolates. Deliberately he imagined himself as their owner. By the time he had walked round the shop three times he believed that he was the owner.

At this point a small boy appeared in the doorway. William scowled at him.

"Well," he said ungraciously, "what d'you want?" Then, suddenly remembering his resolution, "*Please* what d'you want?"

"Where's Uncle?" said the small boy with equal ungraciousness. "'Cause our Bill's ill an' can't come."

William waved him off.

"That's all right," he said. "You tell 'em that's all right. That's quite all right. See? Now, you go off!"

The small boy stood, as though rooted to the spot. William pressed into one of his hands a stick of liquorice and into the other a packet of chocolate.

"Now, you go *away*! I don't *want* you here. See? You *go away* you little—assified cow"!

William's invective was often wholly original.

The small boy made off, still staring and clutching his spoils. William started to the door and yelled to the retreating figure, "if you don't mind me sayin' so."

He had already come to look upon the Resolution as a kind of god who must at all costs be propitiated. Already the Resolution seemed to have bestowed upon him the dream of his life—a fully-equipped sweet-shop.

He wandered round again and discovered a wholly new sweetmeat called Cokernut Kisses. Its only drawback was its instability. It melted away in the mouth at once. So much so that almost before William was aware of it he was confronted by the empty box. He returned to the more solid charms of the Pineapple Crisp.

He was interrupted by the entrance of a thin lady of uncertain age.

"Good morning," she said icily. "Where's Mr. Moss?"

William answered as well as the presence of five sweets in his mouth would allow him.

"I can't hear a word you say," she said—more frigidly than ever.

William removed two of his five sweets and placed them temporarily on the scale.

"Gone," he said laconically, then murmured vaguely, "thank you," as the thought of the Resolution loomed up in his mind.

"Who's in charge?"

"Me," said William ungrammatically.

She looked at him with distinct disapproval.

"Well, I'll have one of those bars of chocolates."

William looking round the shop, realised suddenly that his own depredations had been on no small scale. But there was a chance of making good any loss that Mr. Moss might otherwise have sustained.

He looked down at the twopenny bars.

"Shillin' each," he said firmly.

She gasped.

"They were only twopence yesterday."

"They're gone up since," said William brazenly, adding a vague, "if you'll kin'ly 'scuse me sayin' so."

"Gone up——?" she repeated indignantly. "Have you heard from the makers they're gone up?"

"Yes'm," said William politely.

"When did you hear?

"This mornin'—if you don't mind me saying so."

William's manner of fulsome politeness seemed to madden her.

"Did you hear by post?"

"Yes'm. By post this mornin'."

She glared at him with vindictive triumph.

"I happen to live opposite, you wicked, lying boy, and I know that the postman did not call here this morning."

William met her eye calmly.

"No, they came round to see me in the night—the makers did. You cou'n't of heard them," he added hastily. "It was when you was asleep. If you'll 'scuse me contradictin' of you."

It is a great gift to be able to lie so as to convince other people. It is a still greater gift to be able to lie so as to convince oneself. William was possessed of the latter gift.

"I shall certainly not pay more than twopence," said his customer severely, taking a bar of chocolate and laying down twopence on the counter. "And I shall report this shop to the Profiteering Committee. It's scandalous. And a pack of wicked lies!"

William scowled at her.

"They're a *shillin'*," he said. "I don't want your nasty ole tuppences. I said they was a *shillin'*."

He followed her to the door. She was crossing the street to her house. "You—you ole *thief!*" he yelled after her, though, true to his Resolution, he added softly with dogged determination, "if you don't mind me sayin' so."

"I'll set the police on you," his late customer shouted angrily back across the street. "You wicked, blasphemous boy!"

William put out his tongue at her, then returned to the shop and closed the door.

Here he discovered that the door, when opened, rang a bell, and, after filling his mouth with Liquorice All Sorts, he spent the next five minutes vigorously opening and shutting the door till something went wrong with the mechanism of the bell. At this he fortified himself with a course of Nutty Footballs and, standing on a chair, began ruthlessly to dismember the bell. He was disturbed by the entry of another customer. Swallowing a Nutty Football whole, he hastened to his post behind the counter.

The newcomer was a little girl of about nine—a very dainty little girl, dressed in a white fur coat and cap and long white gaiters. Her hair fell in golden curls over her white fur shoulders. Her eyes were blue. Her cheeks were velvety and rosy. Her mouth was like a baby's. William had seen this vision on various occasions in the town, but had never yet addressed it. Whenever he had seen it, his heart in the midst of his body had been even as melting wax. He smiled—a self-conscious, sheepish smile. His freckled face blushed to the roots of his short stubby hair. She seemed to find nothing odd in the fact of a small boy being in charge of a sweet-shop. She came up to the counter.

"Please, I want two twopenny bars of chocolate."

Her voice was very clear and silvery.

Ecstasy rendered William speechless. His smile grew wider and more foolish. Seeing his two half-sucked Pineapple Crisps exposed upon the scales, he hastily put them into his mouth.

She laid four pennies on the counter.

William found his voice.

"You can have lots for that," he said huskily. "They've gone cheap. They've gone ever so cheap. You can take all the boxful for that," he went on recklessly. He pressed the box into her reluctant hands. "An'—what else would you like? You jus' tell me that. Tell me what else you'd like?"

"Please, I haven't any more money," gasped a small, bewildered voice.

"*Money* don't matter," said William. "Things is cheap to-day. Things is awful cheap to-day. *Awful* cheap! You can have—anythin' you like for that fourpence. Anythin' you like."

"'Cause it's New Year's Day?" said the vision, with a gleam of understanding.

"Yes," said William, "'cause it's that."

"Is it your shop?"

"Yes," said William with an air of importance. "It's all my shop."

She gazed at him in admiration and envy.

"I'd love to have a sweet-shop," she said wistfully.

"Well, you take anythin' you like," said William generously.

She collected as much as she could carry and started towards the door. "*Sank* you! Sank you ever so!" she said gratefully.

William stood leaning against the door in the easy attitude of the good-natured, all-providing male.

"*MONEY* DON'T MATTER," SAID WILLIAM. "THINGS IS CHEAP
TO-DAY. AWFUL CHEAP!"

"It's all right," he said with an indulgent smile. "Quite
all right. Quite all right." Then, with an inspiration born
of memories of his father earlier in the day. "Not at all.
Don't menshun it. Not at all. Quite all right."

He stopped, simply for lack of further expressions,

and bowed with would-be gracefulness as she went through the doorway.

As she passed the window she was rewarded by a spreading effusive smile in a flushed face.

She stopped and kissed her hand.

William blinked with pure emotion.

He continued his smile long after its recipient had disappeared. Then absent-mindedly he crammed his mouth with a handful of Mixed Dew Drops and sat down behind the counter.

As he crunched Mixed Dew Drops he indulged in a day dream in which he rescued the little girl in the white fur coat from robbers and pirates and a burning house. He was just leaping nimbly from the roof of the burning house, holding the little girl in the white fur coat in his arms, when he caught sight of two of his friends flattening their noses at the window. He rose from his seat and went to the door.

"'Ullo, Ginger! 'Ullo, Henry!" he said with an unsuccessful effort to appear void of self-consciousness.

They gazed at him in wonder.

"I've gotta shop," he went on casually. "Come on in an' look at it."

They peeped round the door-way cautiously and, reassured by the sight of William obviously in sole possession, they entered, openmouthed. They gazed at the boxes and bottles of sweets. Aladdin's Cave was nothing to this.

"Howd' you get it, William?" gasped Ginger.

"Someone gave it me," said William. "I took one of them things to be p'lite an' someone gave it me. Go on," he said kindly. "Jus' help yourselves. Not at all. Jus' help yourselves an' don't menshun it."

They needed no second bidding. With the unerring

instinct of childhood (not unsupported by experience) that at any minute their Eden might be invaded by the avenging angel in the shape of a grown-up, they made full use of their time. They went from box to box, putting handfuls of sweets and chocolates into their mouths. They said nothing, simply because speech was, under the circumstances, a physical impossibility. Showing a foresight for the future, worthy of the noble ant itself, so often held up as a model to childhood, they filled pockets in the intervals of cramming their mouths.

A close observer might have noticed that William now ate little. William himself had been conscious for some time of a curious and inexplicable feeling of coldness towards the tempting dainties around him. He was, however, loth to give in to the weakness, and every now and then he nonchalantly put into his mouth a Toasted Square or a Fruity Bit.

It happened that a loutish boy of about fourteen was passing the shop. At the sight of three small boys rapidly consuming the contents, he became interested.

"What yer doin' of?" he said indignantly, standing in the doorway.

"You get out of my shop," said William valiantly.

"*Yer* shop?" said the boy. "Yer bloomin' well pinchin' things out o' someone else's shop, *I* can see. 'Ere, gimme some of them."

"You get *out!*" said William.

"Get out *yerself!*" said the other.

"If I'd not took one to be p'lite," said William threateningly, "I'd knock you down."

"Yer would, would yer?" said the other, beginning to roll up his sleeves.

"Yes, an' I would, too. You get out." Seizing the nearest bottle, which happened to contain Acid Drops, he began to fire them at his opponent's head. One hit him in the eye. He retired into the street. William, now a-fire for battle, followed him, still hurling Acid Drops with all his might. A crowd of boys collected together. Some gathered Acid Drops from the gutter, others joined the scrimmage. William, Henry, and Ginger carried on a noble fight against heavy odds.

It was only the sight of the proprietor of the shop coming briskly down the side-walk that put an end to the battle. The street boys made off (with what spoils they could gather) in one direction and Ginger and Henry in another. William, clasping an empty Acid Drop bottle to his bosom, was left to face Mr. Moss.

Mr. Moss entered and looked round with an air of bewilderment.

"Where's Bill?" he said.

"He's ill," said William. "He couldn't come. I've been keepin' shop for you. I've done the best I could." He looked round the rifled shop and hastened to propitiate the owner as far as possible. "I've got some money for you," he added soothingly, pointing to the four pennies that represented his morning's takings. "It's not much," he went on with some truth, looking again at the rows of emptied boxes and half-emptied bottles and the *débris* that is always and everywhere the inevitable result of a battle. But Mr. Moss hardly seemed to notice it.

"Thanks, William," he said almost humbly. "William, she's took me. She's goin' ter marry me. Isn't it grand? After all these years!"

"I'm afraid there's a bit of a mess," said William, returning to the more important matter.

Mr. Moss waved aside his apologies.

"It doesn't matter, William," he said. "Nothing

matters to-day. She's took me at last. I'm goin' to shut shop this afternoon and go over to her again. Thanks for staying, William."

"Not at all. Don't menshun it," said William nobly. Then, "I think I've had enough of that bein' p'lite. Will one mornin' do for this year, d'you think?"

"Er—yes. Well, I'll shut up. Don't you stay, William. You'll want to be getting home for lunch."

Lunch? Quite definitely William decided that he did not want any lunch. The very thought of lunch brought with it a feeling of active physical discomfort which was much more than mere absence of hunger. He decided to go home as quickly as possible, though not to lunch.

"Goo'-bye," he said.

"Good-bye," said Mr. Moss.

"I'm afraid you'll find some things gone," said William faintly; "some boys was in."

"That's all right, William," said Mr. Moss, roused again from his rosy dreams. "That's quite all right."

But it was not "quite all right" with William. Reader, if you had been left, at the age of eleven, in sole charge of a sweet shop for a whole morning, would it have been "all right" with you? I trow not. But we will not follow William through the humiliating hours of the afternoon. We will leave him as, pale and unsteady, but as yet master of the situation, he wends his homeward way.

Chapter 11

The Best Laid Plans

I

"She's—she's a real Botticelli," said the young man dreamily, as he watched the figure of William's sister, Ethel, disappearing into the distance.

William glared at him.

"Bottled cherry yourself!" he said indignantly. "She can't help having red hair, can she? No more'n you can help havin'—havin'——" his eye wandered speculatively over the young man in search of physical defects—" having big ears," he ended.

The young man did not resent the insult. He did not even hear it. His eyes were still fixed upon the slim figure in the distance.

"'Eyes of blue and hair red-gold,'" he said softly. "Red-gold. I had to put that because it's got both colours in it. Red-gold, 'Eyes of blue and hair red-gold.' What rhymes with gold?"

"Cold," suggested William brightly. "That's jolly good, too, 'cause she has gotter cold. She was sneezing all last night."

"No. It should be something about her heart being cold."

> *"Eyes of blue and hair red-gold,*
> *Heart of ice—so stony cold——"*

"That's jolly good!" said William with admiration. "It's just like what you read in real books—poetry books!"

The young man—James French by name—had met Ethel at an evening party and had succumbed to her charm. Lacking courage to pursue the acquaintance, he had cultivated the friendship of her small brother, under a quite erroneous impression that this would win him her good graces.

"What would you like most in the world?" he said suddenly, leaning forward from his seat on the top of the gate. "Suppose someone let you choose."

"White rats," said William without a moment's hesitation.

The young man was plunged in deep thought.

"I'm thinking a way," he said at last. "I've nearly got it. Just walk home with me, will you? I'll give you something when we get there," he bribed with pathetic pleading, noting William's reluctant face. "I want to tell you my idea."

They walked down the lane together. The young man talked volubly and earnestly. William's mouth opened wide with amazement and disapproving horror. The words "white rats" were repeated frequently. Finally William nodded his head, as though acquiescing.

"I s'pose you're balmy on her," he said resignedly at the end, "like what folks are in books. I want 'em with long tails, mind."

William was not unacquainted with the tender passion. He had been to the pictures. He had read books. He had seen his elder brother Robert pass

several times through every stage of the consuming
fever. He had himself decided in moments of deep
emotion to marry the little girl next door as soon as he
should reach manhood's estate. He was willing to
further his new friend's suit by every legitimate means,

"WHAT WOULD YOU LIKE MOST IN THE WORLD?" HE SAID
SUDDENLY. "WHITE RATS!" SAID WILLIAM WITHOUT A MOMENT'S
HESITATION.

but he was rather aghast at the means suggested. Still—white rats were white rats.

The next morning William assumed his expression of shining virtue—the expression he reserved for special occasions.

"You goin' shoppin' this mornin'?" he inquired politely of Ethel.

"You know I am," said Ethel shortly.

"Shall I come with you to carry parcels an' things?" said William unctuously.

Ethel looked at him with sudden suspicion.

"What do you want?" she said. "I'm not going to buy you anything."

William looked pained.

"I don't want anything," he said. "I jus' want to *help* you, that's all. I jus' want to carry your parcels for you. I—I jus' don't want you to get tired, that's all."

"All right." Ethel was still suspicious. "You can come and you can carry parcels, but you won't get a penny out of me."

They walked down together to the shops, and William meekly allowed himself to be laden with many parcels. Ethel's grim suspicion passed into bewilderment as he passed toyshop after toyshop without a glance. In imagination he was already teaching complicated tricks to a pair of white rats.

"It's—it's awfully decent of you, William," said Ethel, at last, almost persuaded that she had misjudged William for the greater part of his life. "Do you feel all right? I mean, you don't feel ill or anything, do you?"

"No," he said absently, then corrected himself hastily. "At least, not *jus'* now. I feel all right jus' *now*. I feel as if I might not feel all right soon, but I don't know."

Ethel looked anxious.

"Let's get home quickly. What have you been eating?"

"Nothing," said William indignantly. "It's not that sort of not well. It's quite diff'rent."

"What sort is it?"

"It's nuffin'—not jus' now. I'm all right jus' now."

They walked in silence till they had left the road behind and had turned off to the long country road that led to William's house. Then, slowly and deliberately, still clasping his burden of parcels, William sat down on the ground."

"I can't walk any more, Ethel," he said, turning his healthy countenance up to her. "I'm took ill sudden."

She looked down at him impatiently.

"Don't be absurd, William," she said. "Get up."

"I'm not absurd," he said firmly. "I'm took ill."

"Where do you feel ill?"

"All over," he said guardedly.

"Does your ankle hurt?"

"Yes—an' my knees an' all up me. I jus' can't walk. I'm took too ill to walk."

She smiled round anxiously.

"Oh, what *are* we going to do? It's a quarter of a mile home!"

At that moment there appeared the figure of a tall young man. He drew nearer and raised his hat.

"Anything wrong, Miss Brown?" he said, blushing deeply.

"Just *look* at William!" said Ethel, pointing dramatically at the small figure seated comfortably in the dust of the road. "He says he can't walk, and goodness knows what we're going to do."

The young man bent over William, but avoided meeting his eyes.

"You feeling ill, my little man?" he said cheerfully.

"Huh!" snorted William. "That's a nice thing for *you* to ask when you know you told me——"

The young man coughed long and loud.

"All right," he said hastily. "Well, let's see what we can do. Could you get on my back, and then I can carry you home? Give me your parcels. That's right. No, Miss

"I CAN'T WALK ANY MORE, ETHEL," HE SAID, TURNING HIS HEALTHY COUNTENANCE UP TO HER. "I'M TOOK ILL SUDDEN!"

Brown. I *insist* on carrying the parcels. I couldn't *dream* of allowing you—well, if you're *sure* you'd rather. Leave me the big ones, anyway. Now, William, are we ready?"

William clung on behind, nothing loth, and they set off rather slowly down the road. Ethel was overcome with gratitude.

"It *is* kind of you, Mr. French. I don't know what we should have done without you. I do hope he's not fearfully heavy, and I do hope he's not beginning anything infectious. Do let me take the other parcels. Won't you, really? Mother *will* be grateful to you. It's such a strange thing, isn't it? I've never heard of such a thing before. I've always thought William was so strong. I hope it's not consumption or anything like that. How does consumption begin?"

Mr. French had had no conception of the average weight of a sturdy small boy of eleven. He stumbled along unsteadily.

"Oh, no," he panted. "Don't mention it—don't mention it. It's a pleasure—really it is. No, indeed you mustn't take the parcels. You have quite enough already. Quite enough. No, he isn't a bit heavy. Not a bit. I'm so glad I happened to come by at a moment that I could do you a service. *So* glad!" He paused to mop his brow. He was breathing very heavily. There was a violent and quite unreasonable hatred of William at his heart.

"Don't you think you could walk now—just a bit, William?" he said, with a touch of exasperation in his panting voice. "I'll help you walk."

"All right," William acceded readily. "I don't mind. I'll lean on you hard, shall I?"

"Do you feel well enough?" said Ethel anxiously.

"Oh, yes. I can walk now, if he wants—I mean if he

doesn't mind me holding on to his arm. I feel as if I was goin' to be *quite* all right soon. I'm nearly all right now."

The three of them walked slowly up the drive to the Brown's house, William leaning heavily on the young man's arm. Mrs. Brown saw them from the window and ran to the door.

"Oh, dear!" she said. "You've run over him on your motor-cycle. I knew you'd run over somebody soon. I said when I saw you passing on it yesterday——"

Ethel interrupted indignantly.

"Why, Mother, Mr. French has been so kind. I can't think what I'd have done without him. William was taken ill and couldn't walk, and Mr. French has carried him all the way from the other end of the road, on his back."

"Oh, I'm *so* sorry! How very kind of you, Mr. French. Do come in and stay to lunch. William, go upstairs to bed at once and I'll ring up Dr. Ware."

"No," said William firmly. "Don't bother poor Dr. Ware. I'm all right now. Honest I am. He'd be mad to come and find me all right."

"Of course you must see a doctor."

"No, I *mustn't*. You don't understand. It wasn't that kind of not wellness. A doctor couldn't of done me no good. I jus'—jus' came over queer," he ended, remembering a phrase he had heard used recently by the charwoman.

"What do you think, Mr. French?" said Mrs. Brown anxiously.

Both Mrs. Brown and Ethel turned to him as to an oracle. He looked from one to the other and a deep flush of guilt overspread his countenance.

"Oh—er—well," he said nervously. "He *looks* all right, doesn't he? I—er—wouldn't bother. Just—er—

don't worry him with questions. Just—let him go about as usual. I—er—think it's best to—let him forget it," he ended weakly.

"Of course he's growing very fast."

"Yes. I expect it was just a sort of growing weakness," said Mr. French brightly.

"But Mr. French was *splendid!*" said Ethel enthusiastically, "simply splendid. William, I don't think you realise how kind it was of Mr. French. I think you ought to thank him."

William fixed his benefactor with a cold eye.

"Thank you very much indeed for carrying me," he said. Then, as his mother turned to Ethel with a remark about the lunch, he added. "*Two*, remember, and, with long tails!"

Mr. French stayed for lunch and spent the afternoon golfing with Ethel up at the links. William was wrapt up in rugs and laid upon the library sofa after lunch and left to sleep off his mysterious complaint in quietness with the blinds down.

Mrs. Brown, entering on tiptoe to see how her son was faring, found him gone.

"Oh, he's gone," she said anxiously to her husband. "I left him so comfortable on the sofa, and told him to try to sleep. Sleep is so important when you're ill. And now he's gone—he'll probably stay away till bedtime!"

"All right," said her husband sardonically. "Be thankful for small mercies."

Ethel and her esquire returned to tea, and, yielding to the entreaties of the family, who looked upon him as William's saviour, he stayed to dinner. He spent the evening playing inadequate accompaniments to Ethel's songs and ejaculating at intervals rapturous expressions of delight. It was evident that Ethel was flattered by his obvious admiration. He stayed till nearly eleven, and then, almost drunk with happiness, he took his leave while the family again thanked him profusely.

As he walked down the drive with a smile on his lips and his mind flitting among the blissful memories of the evening, an upper window was opened cautiously and a small head peeped out. Through the still air the words shot out——

"*Two*, mind, an' with long tails."

II

"Where did you get it from?" demanded Mr. Brown fiercely.

William pocketed his straying pet.

"A friend gave it me."

"*What* friend?"

"Mr. French. The man what carried me when I was took ill sudden. He gave me it. I di'n't know it was goin' to go into your slipper. I wun't of let it if I'd known. An' I di'n't know it was goin' to bite your toe. It di'n't mean to bite your toe. I'spect it thought it was me givin's it sumthin' to eat. I expect——"

"Be *quiet!* What on earth did Mr. French give you the confounded thing for?"

"I dunno. I s'pect he jus' wanted to."

"He seems to have taken quite a fancy to William," said Mrs. Brown.

Ethel blushed faintly.

"He seems to have taken a spite against me," said Mr. Brown bitterly. "How many of the wretched pests have you got?"

"They're rats," corrected William, "White 'uns. I've only got two."

"Good Heavens! He's got *two*. Where's the other?"

"In the shed."

"Well, *keep* it there, do you hear? And this savage brute as well. Good Lord! My toe's nearly eaten off. They ought to wear muzzles; they've got rabies. Where's Jumble? He in the shed, too?" hopefully.

"No. He dun't like 'em. But I'm tryin' to *teach* him to like 'em. I let 'em loose and let him look at 'em with me holdin' on to him."

"Yes, go on doing that," said Mr. Brown encouragingly. "Accidents sometimes happen."

That night William obeyed the letter of the law by keeping the rats in a box on his bedroom window-sill.

The household was roused in the early hours of the morning by piercing screams from Ethel's room. The more adventurous of the pair—named Rufus—had escaped from the box and descended to Ethel's room by way of the creeper. Ethel awoke suddenly to find it seated on her pillow softly pawing her hair. The household, in their various sleeping attire, flocked to her room at the screams. Ethel was hysterical. They fed her on hot tea and biscuits to steady her nerves. "It was *horrible!*" she said. "It was pulling at my hair. It just sat there with its pink nose and long tail. It was perfectly *horrible!*"

"Where *is* the wretched animal?" said Mr. Brown looking round with murder in his eyes.

"I've got it, Father," piped up William's small voice at the back of the crowd. "Ethel di'n't understand. It was playin' with her. It di'n't mean to frighten her. It——"

"I told you not to keep them in the house."

Mr. Brown in large pyjamas looked fiercely down at William in small pyjamas with the cause of all the tumult

MR. BROWN IN LARGE PYJAMAS LOOKED FIERCELY DOWN AT WILLIAM IN SMALL PYJAMAS.

clasped lovingly to his breast. Ethel, in bed, continued to gasp weakly in the intervals of drinking tea.

"They weren't in the house," said William firmly. "They were outside the window. Right outside the window. Right on the sill. You can't call outside the window in the house, can you? I *put* it outside the house. I can't help it *comin*' inside the house when I'm asleep, can I?"

Mr. Brown eyed his son solemnly.

"The next time I catch either of those animals inside this house, William," he said slowly, "I'll wring its neck."

When Mr. French called the next afternoon, he felt that his popularity had declined.

"I can't think why you gave William such dreadful things," Ethel said weakly, lying on the sofa. "I feel quite upset. I've got such a headache and my nerves are a wreck absolutely."

Mr. French worked hard that afternoon and evening to regain his lost ground. He sat by the sofa and talked in low tones. He read aloud to her. He was sympathetic, penitent, humble and devoted. In spite of all his efforts, however, he felt that his old prestige was gone. He was no longer the Man Who Carried William Home. He was the Man Who Gave William the Rat. He felt that, in the eyes of the Brown household, he was solely responsible for Ethel's collapse. There was reproach even in the eyes of the housemaid who showed him out. In the drive he met William. William was holding a grimy, blood-stained handkerchief round his finger. There was reproach in William's eyes also. "It's bit me," he said indignantly. "One of those rats what you gave me's bit me."

"I'm awfully sorry," said Mr. French penitently. Then, with sudden spirit, "Well, you asked for rats, didn't you?"

"Yes," said William. "But not savage ones. I never asked for savage ones, did I? I di'n't ask for rats what would scare Ethel and bite me, did I? I was jus' teaching it to dance on its hind legs an' holding up its front ones for it an' it went an' bit me."

Mr. French looked at him apprehensively.

"You—you'd better not—er—tell your mother or sister about your finger. I—I wouldn't like your sister to be upset any more."

"Don't you want me to let 'em know?"

"Er–no."

"Well, what'll you give me not to?" said William brazenly.

Mr. French plunged his hand into his pocket.

"I'll give you half-a-crown," he said.

William pocketed the coin.

"All right!" he said. "If I wash the blood off an' get my hands dirty nobody'll notice."

Things went well for several days after that. Mr. French arrived the next morning laden with flowers and grapes. The household unbent towards him. Ethel arranged a day's golfing with him. William spent a blissful day with his half-crown. There was a fair in full swing on the fair ground, and thither William and Jumble wended their way. William had eleven consecutive rides on the merry-go-round. He had made up his mind to have twelve, but, much to his regret, had to relinquish the twelfth owing to certain unpleasant physical sensations. With a lordly air, he entered seven tents in succession and sat gazing in a silent intensity of rapture at the Strong Man, the Fat Woman, the Indiarubber Jointed Boy, the Siamese Twins, the Human Eel, the Man-headed Elephant and the Talking Monkey. In each tent he stayed, silent and enraptured, till ejected by the showman to make room for others who were anxious to feast their eyes upon the marvels. Having now completely recovered from the sensations caused by the merry-go-round, he purchased a large bag of pop-corn and stood leaning against a tent-pole till he had consumed it. Then he purchased two sticks of nougat and with it drank two bottles of ginger-beer. The remaining 4*d.* was spent upon a large packet of a red sticky mixture called Canadian Delight.

Dusk was falling by this time and slowly, very slowly, William returned home. He firmly refused all food at supper. Mrs. Brown grew anxious.

"William, you don't look a bit well," she said. "You don't feel like you did the other day, do you?"

William met Mr. French's eye across the table and Mr. French blushed.

"No, not a bit like that," said William.

When pressed, he admitted having gone to the fair.

"Someone gave me half-a-crown," he excused himself plaintively. "I jus' had to go somewhere."

"It's perfectly absurd of people," said Mrs. Brown indignantly, "to give large sums of money to a boy of William's age. It always ends this way. People ought to know better."

As they passed out from the supper-table, William whispered hoarsely to Mr. French:

"It was the half-crown what you give me."

"Don't tell them," whispered Mr. French desperately.

"What'll you give me not to?"

Furtively Mr. French pressed a two-shilling piece into his hand.

Glorious vistas opened before William's eyes. He decided finally that Mr. French must join the family. Life then would be an endless succession of half-crowns and two-shilling pieces.

The next day was Sunday, and William went to the shed directly after breakfast to continue the teaching of Rufus, the dancing rat. Rufus was to be taught to dance, the other, now christened Cromwell, was to be taught to be friends with Jumble. So far this training had only reached the point of Cromwell's sitting motionless in the cage, while in front of it William violently restrained the enraged Jumble from murder. Still, William thought, if they looked at each other long enough, friendship would grow. So they looked at each other each day till William's arm ached. As yet friendship had not grown.

"William! It's time for church."

William groaned. That was the worst of Sundays. He was sure that with another half-hour's practice Rufus would dance and Cromwell would be friends with Jumble. He was a boy not to be daunted by circumstance. He put Rufus in his pocket and put the cage containing Cromwell on the top of a pile of boxes, leaving Jumble to continue the gaze of friendship from the floor.

He walked to church quietly and demurely behind his family, one hand clutching his prayer-book, the other in his pocket clasping Rufus. He hoped to be able to continue the training during the Litany. He was not disappointed. Ethel was on one side of him, and there was no one on the other. He knelt down devoutly, one hand shading his face, the other firmly holding Rufus's front paws as he walked it round and round on the floor. He grew more and more interested in its progress.

"Tell William to kneel up and not to fidget," Mrs. Brown passed down via Ethel.

William gave her a virulent glance as he received the message and, turning his back on her, continued the dancing lesson.

The Litany passed more quickly than he ever remembered its doing before. He replaced the rat in his pocket as they rose for the hymn. It was during the hymn that the catastrophe occurred.

The Browns occupied the front seat of the church. While the second verse was being sung, the congregation was electrified by the sight of a small, long-tailed white creature appearing suddenly upon Mr. Brown's shoulder. Ethel's scream almost drowned the organ. Mr. Brown put up his hand and the intruder jumped upon his head and stood there for a second, digging his claws into his victim's scalp. Mr. Brown turned upon his son a purple face that promised future vengeance. The choir turned fascinated eyes upon it, and the hymn died away. William's face was a mask of horror. Rufus next

WILLIAM'S FACE WAS A MASK OF HORROR.

appeared running along the rim of the pulpit. There was a sudden unceremonial exit of most of the female portion of the congregation. The clergyman grew pale as Rufus approached and slid up his reading-desk. A choir-boy quickly grabbed it, and retired into the vestry and thence home before his right to its possession could be questioned. William found his voice.

"He's took it," he said in a sibilant whisper. "It's mine! He took it!"

"*Sh!*" said Ethel.

"It's mine," persisted William. "It's what Mr. French give me for being took ill that day, you know."

"What?" said Ethel, leaning towards him.

The hymn was in full swing again now.

"He gave it me for being took ill so's he could come and carry me home 'cause he was gone on you an' it's mine an' that boy's took it an' it was jus' gettin' to dance an'——"

"*Sh!*" hissed Mr. Brown violently.

"I shall never look anyone in the face again," lamented Mrs. Brown on the way home. "I think *everyone* was in church! And the way Ethel screamed! It was *awful!* I shall dream of it for nights. William, I don't know how you *could!*"

"Well, it's mine," said William. "That boy'd no business to take it. It was gettin' to know *me*. I di'n't *mean* it to get loose, an' get on Father's head an' scare folks. I di'n't mean it to. I meant it to be quiet and stay in my pocket. It's mine, anyway, an' that boy took it."

"It's not yours any more, my son," said Mr. Brown firmly.

Ethel walked along with lips tight shut.

In the distance, walking towards them, was a tall, jaunty figure. It was Mr. French, who, ignorant of what had happened, was coming gaily on to meet them returning from church. He was smiling as he came, secure in his reception, composing airy compliments in his mind. As Ethel came on he raised his hat with a flourish and beamed at her effusively. Ethel walked past him, without a glance and with head high, leaving him, aghast and despairing, staring after her down the road. He never saw Mr. and Mrs. Brown. William realised the situation. The future half-crowns and two-shilling pieces seemed to vanish away. He protested vehemently.

"Ethel, don't get mad at Mr. French. He di'n't mean anything! He only wanted to do sumthin' for you 'cause he was mad on you."

"It's *horrible!*" said Ethel. "First you bringing that dreadful animal to church, and then I find that he's deceived me and you helped him. I hope Father takes the other one away."

"He won't," said William. "He never said anything about that. The other's learnin' to be friends with Jumble in the shed. I say, Ethel, don't be mad at Mr. French. He——"

"Oh, don't *talk* about him," said Ethel angrily.

William, who was something of a philosopher, accepted failure, and the loss of any riches a future allied with Mr. French might have brought him.

"All right!" he said. "Well, I've got the other one left, anyway."

They entered the drive and began to walk up to the front-door. From the bushes came a scampering and breaking of twigs as Jumble dashed out to greet his master. His demeanour held more than ordinary pleasure: it expressed pride and triumph. At his master's feet he laid his proud offering—the mangled remains of Cromwell.

William gasped.

"Oh, William!" said Ethel, "I'm so *sorry*."

William assumed an expression of proud, restrained sorrow.

"All right!" he said generously. "It's not your fault really. An' it's not Jumble's fault. P'r'aps he thought it was what I was tryin' to teach him to do. It's jus' no one's fault. We'll have to bury it." His spirits rose. "I'll do the reel buryin' service out of the Prayer Book."

He stood still gazing down at what was left of Jumble's friend. Jumble stood by it, proud and pleased; looking up with his head on one side and his tail wagging. Sadly William reviewed the downfall of his hopes. Gone was Mr. French and all he stood for. Gone was Rufus. Gone was Cromwell. He put his hand into his pocket and it came in contact with the two-shilling piece.

"Well," he said slowly and philosophically, "I've got *that* left anyway."

Chapter 12

"Jumble"

William's father carefully placed the bow and arrow at the back of the library cupboard, then closed the cupboard door and locked it in grim silence. William's eyes, large, reproachful, and gloomy, followed every movement.

"Three windows and Mrs. Clive's cat all in one morning," began Mr. Brown sternly.

"I didn't *mean* to hit that cat," said William earnestly. "I didn't—honest. I wouldn't go round teasin' cats. They get so mad at you, cats do. It jus' got in the way. I couldn't stop shootin' in time. An' I didn't *mean* to break those windows. I wasn't *tryin'* to hit them. I've not hit anything I was trying to hit yet," wistfully. "I've not got into it. It's jus' a knack. It jus' wants practice."

Mr. Brown pocketed the key.

"It's a knack you aren't likely to acquire by practice on this instrument," he said drily.

William wandered out into the garden and looked sadly up at the garden wall. But The Little Girl Next Door was away and could offer no sympathy, even if he climbed up to his precarious seat on the top. Fate was against him in every way. With a deep sigh he went out of the garden gate and strolled down the road disconsolately, hands in pockets.

Life stretched empty and uninviting before him without his bow and arrow. And Ginger would have his bow and arrow, Douglas would have his bow and arrow. He, William, alone would be a thing apart, a social outcast, a boy without a bow and arrow; for bows and arrows were the fashion. If only one of the others would break a window or hit a silly old cat that hadn't the sense to keep out of the way.

He came to a stile leading into a field and took his seat upon it dejectedly, his elbows on his knees, his chin in his hands. Life was simply not worth living.

"A rotten old cat!" he said aloud, "a rotten old cat!—and didn't even hurt it. It—it made a fuss—jus' out of spite, screamin' and carryin' on! And windows!— as if glass wasn't cheap enough—and easy to put in. I could—I could mend 'em myself—if I'd got the stuff to do it. I——" He stopped. Something was coming down the road. It came jauntily with a light, dancing step, fox-terrier ears cocked, retriever nose raised, collie tail wagging, slightly dachshund body a-quiver with the joy of life.

It stopped in front of William with a glad bark of welcome, then stood eager, alert, friendly, a mongrel unashamed.

"Rats! Fetch 'em out!" said William idly.

It gave a little spring and waited, front paws apart and crouching, a waggish eye upraised to William. William broke off a stick from the hedge and threw it. His visitor darted after it with a shrill bark, took it up, worried it, threw it into the air, caught it, growled at it, finally brought it back to William and waited, panting, eager, unmistakably grinning, begging for more.

William's drooping spirits revived. He descended

from his perch and examined its collar. It bore the one word "Jumble."

"Hey! Jumble!" he called, setting off down the road.

Jumble jumped up around him, dashed off, dashed back, worried his boots, jumped up at him again in wild, eager friendship, dashed off again, begged for another stick, caught it, rolled over with it, growled at it, then chewed it up and laid the remains at William's feet.

"Good ole chap!" said William encouragingly. "Good ole Jumble! Come on, then."

Jumble came on. William walked through the village with a self-conscious air of proud yet careless ownership, while Jumble gambolled round his heels.

Every now and then he would turn his head and

IT STOPPED IN FRONT OF WILLIAM WITH A GLAD BARK OF WELCOME.

whistle imperiously, to recall his straying *protégé* from the investigation of ditches and roadside. It was a whistle, commanding, controlling, yet withal careless, that William had sometimes practised privately in readiness for the blissful day when Fate should present him with a real live dog of his own. So far Fate, in the persons of his father and mother, had been proof against all his pleading.

William passed a blissful morning. Jumble swam in the pond, he fetched sticks out of it, he shook himself violently all over William, he ran after a hen, he was chased by a cat, he barked at a herd of cows, he pulled down a curtain that was hanging out in a cottage garden to dry—he was mischievous affectionate, humorous, utterly irresistible—and he completely adopted William. William would turn a corner with a careless swagger and then watch breathlessly to see if the rollicking, frisky little figure would follow, and always it came tearing eagerly after him.

William was rather late to lunch. His father and mother and elder brother and sister were just beginning the meal. He slipped quietly and unostentatiously into his seat. His father was reading a newspaper. Mr. Brown always took two daily papers, one of which he perused at breakfast and the other at lunch.

"William," said Mrs. Brown, "I do wish you'd be in time, and I do wish you'd brush your hair before you come to table."

William raised a hand to perform the operation, but catching sight of its colour, hastily lowered it.

"No, Ethel dear, I didn't know anyone had taken Lavender Cottage. An artist? How nice! William dear, *do* sit still. Have they moved in yet?"

"Yes," said Ethel, "they've taken it furnished for two months, I think. Oh, my goodness, just *look* at William's hands!"

William put his hands under the table and glared at her.

"Go and wash your hands, dear," said Mrs. Brown patiently.

For eleven years she had filled the trying position of William's mother. It had taught her patience.

William rose reluctantly.

"They're not dirty," he said in a tone of righteous indignation. "Well, anyway, they've been dirtier other times and you've said nothin'. I can't be *always* washin' them, can I? Some sorts of hands get dirty quicker than others an' if you keep on washin' it only makes them worse an'——"

Ethel groaned and William's father lowered his paper. William withdrew quickly but with an air of dignity.

"And just *look* at his boots!" said Ethel as he went. "Simply caked; and his stockings are soaking wet—you can see from here. He's been right *in* the pond by the look of him and——"

William heard no more. There were moments when he actively disliked Ethel.

He returned a few minutes later, shining with cleanliness, his hair brushed back fiercely off his face.

"His *nails*," murmured Ethel as he sat down.

"Well," said Mrs. Brown, "go on telling us about the new people. William, do hold your knife properly, dear. Yes, Ethel?"

William finished his meal in silence, then brought forth his momentous announcement.

"I've gotter dog," he said with an air of importance.

"What sort of a dog?" and "Who gave it to you?" said Robert and Ethel simultaneously.

"No one gave it me," he said. "I jus' got it. It began following me this morning an' I couldn't get rid of it. It wouldn't go, anyway. It followed me all round the village an' it came home with me. I couldn't get rid of it, anyhow."

"Where is it now?" said Mrs. Brown anxiously.

"In the back garden."

Mr. Brown folded up his paper.

"Digging up my flower-beds, I suppose," he said with despairing resignation.

"He's tied up all right," William reassured him. "I tied him to the tree in the middle of the rose-bed."

"The rose-bed!" groaned his father. "Good Lord!"

"Has he had anything to eat?" demanded Robert sternly.

"Yes," said William, avoiding his mother's eye. "I found a few bits of old things for him in the larder."

William's father took out his watch and rose from the table.

"Well, you'd better take it to the Police Station this afternoon," he said shortly.

"The Police Station!" repeated William hoarsely. "It's not a *lost* dog. It—it jus' doesn't belong to anyone, at least it didn't. Poor thing," feelingly. "It—it doesn't want *much* to make it happy. It can sleep in my room an' jus' eat scraps."

Mr. Brown went out without answering.

"You'll have to take it, you know, William," said Mrs. Brown, "so be quick. You know where the Police Station is, don't you? Shall I come with you?"

"No, thank you," said William hastily.

A few minutes later he was walking down to the Police

Station followed by the still eager Jumble, who trotted along, unconscious of his doom.

Upon William's face was a set, stern expression which cleared slightly as he neared the Police Station. He stood at the gate and looked at Jumble. Jumble placed his front paws ready for a game and wagged his tail.

"Well," said William, "here you are. Here's the Police Station."

Jumble gave a shrill bark. "Hurry up with that stick or that race, whichever you like," he seemed to say.

"Well, go in," said William, nodding his head in the direction of the door.

Jumble began to worry a big stone in the road. He rolled it along with his paws, then ran after it with fierce growls.

"Well, it's the Police Station," said William. "Go in if you want."

With that he turned on his heel and walked home, without one backward glance. But he walked slowly, with many encouraging "Hey! Jumbles" and many short commanding whistles. And Jumble trotted happily at his heels. There was no one in the garden, there was no one in the hall, there was no one on the stairs. Fate was for once on William's side.

William appeared at the tea-table well washed and brushed, wearing that air of ostentatious virtue that those who knew him best connected with his most daring coups.

"Did you take that dog to the Police Station, William?" said William's father.

William coughed.

"Yes, father," he said meekly with his eyes upon his plate.

"What did they say about it?"

JUMBLE TROTTED ALONG UNCONSCIOUS OF HIS DOOM.

"Nothing, father."

"I suppose I'd better spend the evening replanting those rose-trees," went on his father bitterly.

"And William gave him a *whole* steak and kidney pie," murmured Mrs. Brown. "Cook will have to make another for to-morrow.

William coughed again politely, but did not raise his eyes from his plate.

"What is that noise?" said Ethel. "Listen!"

They sat, listening intently. There was a dull grating sound as of the scratching of wood.

"It's upstairs," said Robert with the air of a Sherlock Holmes.

Then came a shrill, impatient bark.

"It's a *dog!*" said the four of them simultaneously. "It's William's dog."

They all turned horrified eyes upon William, who coloured slightly but continued to eat a piece of cake with an unconvincing air of abstraction.

"I thought you said you'd taken that dog to the Police Station, William," said Mr. Brown sternly.

"I did," said William with decision. "I did take it to the Police Station an' I came home. I s'pose it must of got out an' come home an' gone up into my bedroom."

"Where did you leave it? In the Police Station?"

"No—at it—jus' at the gate."

Mr. Brown rose with an air of weariness.

"Robert," he said, "will you please see that that animal goes to the Police Station this evening?"

"Yes, father," said Robert, with a vindictive glare at William.

William followed him upstairs.

"Beastly nuisance!" muttered Robert.

Jumble, who was chewing William's door, greeted them ecstatically.

"Look!" said William bitterly. "Look at how it knows one! Nice thing to send a dog that knows one like that to the Police Station! Mean sort of trick!"

Robert surveyed it coldly.

"Rotten little mongrel!" he said from the heights of superior knowledge.

"Mongrel!" said William indignantly. "There jus' isn't no mongrel about *him*. Look at him! An' he can learn tricks easy as easy. Look at him sit up and beg. I only taught him this afternoon."

He took a biscuit out of his pocket and held it up. Jumble rose unsteadily on to his hind legs and tumbled over backwards. He wagged his tail and grinned, intensely amused. Robert's expression of superiority relaxed.

"Do it again," he said. "Not so far back. Here! Give it me. Come on, come on, old chap! That's it! Now stay there! Stay there! Good dog! Got any more? Let's try him again."

During the next twenty minutes they taught him to sit up and almost taught him "Trust" and "Paid for." There was certainly a charm about Jumble. Even Robert felt it. Then Ethel's voice came up the stairs.

"Robert! Sydney Bellew's come for you."

"Blow the wretched dog!" said the fickle Robert rising, red and dishevelled from stooping over Jumble. "We were going to walk to Fairfields and the beastly Police Station's right out of our way."

"I'll take it, Robert," said William kindly. "I will really."

Robert eyed him suspiciously.

"Yes, you took it this afternoon, didn't you?"

"I will, honest, to-night, Robert. Well, I couldn't, could I?—after all this."

"I don't know," said Robert darkly. "No one ever knows what *you* are going to do!"

Sydney's voice came up.

"Hurry up, old chap! We shall never have time to do it before dark, if you aren't quick."

"I'll take him, honest, Robert."

Robert hesitated and was lost.

"Well," he said, "you just mind you do, that's all, or I'll jolly well hear about it. I'll see *you* do too."

So William started off once more towards the Police Station with Jumble, still blissfully happy, at his heels. William walked slowly, eyes fixed on the ground, brows knit in deep thought. It was very rarely that William admitted himself beaten.

"Hello, William!"

William looked up.

Ginger stood before him holding his bow and arrows ostentatiously.

"You've had your bow and arrow took off you!" he jeered.

William fixed his eye moodily upon him for a minute, then very gradually his eye brightened and his face cleared. William had an idea.

"If I give you a dog half time," he said slowly, "will you give me your bow and arrows half time?"

"Where's your dog?" said Ginger suspiciously.

William did not turn his head.

"There's one behind me, isn't there," he said anxiously. "Hey, Jumble!"

"Oh, yes, he's just come out of the ditch."

"Well," continued William, "I'm taking him to the Police Station and I'm just goin' on an' he's following me and if you take him off me I won't see you 'cause I won't turn round and jus' take hold of his collar an' he's called Jumble an' take him up to the old barn and we'll keep him there an' join at him and feed him days and days about and you let me practise on your bow and arrow. That's fair, isn't it?"

Ginger considered thoughtfully.

"All right," he said laconically.

William walked on to the Police Station without turning round.

"Well?" whispered Robert sternly that evening.

"I took him, Robert—least—I started off with him, but when I'd got there he'd gone. I looked round and he'd jus' gone I couldn't see him anywhere, so I came home."

"Well, if he comes to this house again," said Robert, "I'll wring his neck, so just you look out."

Two days later William sat in the barn on an upturned box, chin in hands, gazing down at Jumble. A paper bag containing Jumble's ration for the day lay beside him. It was his day of ownership. The collecting of Jumble's "scraps" was a matter of infinite care and trouble. They

WILLIAM SAT IN THE BARN GAZING DOWN AT JUMBLE

consisted in—a piece of bread that William had managed to slip into his pocket during breakfast, a piece of meat he had managed to slip into his pocket during dinner, a jam puff stolen from the larder and a bone removed from the dustbin. Ginger roamed the fields with his bow and arrow while William revelled in the ownership of Jumble. To-morrow William would roam the fields with bow and arrow and Ginger would assume ownership of Jumble.

William had spent the morning teaching Jumble several complicated tricks, and adoring him more and more completely each moment. He grudged him bitterly to Ginger, but—the charm of the bow and arrow was strong. He wished to terminate the partnership, to resign Ginger's bow and arrow and take the irresistible Jumble wholly to himself. He thought of the bow and arrow in the library cupboard; he thought, planned, plotted, but could find no way out. He did not see a man come to the door of the barn and stand there leaning against the door-post watching him. He was a tall man with a thin, lean face and a loose-fitting tweed suit. As his eyes lit upon William and Jumble they narrowed suddenly and his mobile lips curved into a slight, unconscious smile. Jumble saw him first and went towards him wagging his tail. William looked up and scowled ungraciously. The stranger raised his hat.

"Good afternoon," he said politely. "Do you remember what you were thinking about just then?"

William looked at him with a certain interest, speculating upon his probable insanity. He imagined lunatics were amusing people."

"Yes."

"Well, if you'll think of it again and look just like that,

I'll give you anything you like. It's a rash promise, but I will."

William promptly complied. He quite forgot the presence of the strange man, who took a little block out of his pocket and began to sketch William's inscrutable, brooding face.

"Daddy!"

The man sighed and put away his block.

"You'll do it again for me one day, won't you, and I'll keep my promise. Hello!"

A little girl appeared now at the barn door, dainty, dark-eyed and exquisitely dressed. She threw a lightning flash at the occupants of the barn.

"Daddy!" she screamed. "It's Jumble! It *is* Jumble! Oh, you horrid dog-stealing boy!"

Jumble ran to her with shrill barks of welcome, then ran back to William to reassure him of his undying loyalty.

"It *is* Jumble," said the man. "He's called Jumble," he explained to William, "because he is a jumble. He's all sorts of a dog, you know. This is Ninette, my daughter, and my name is Jarrow, and we've taken Lavender Cottage for two months. We're roving vagabonds. We never stay anywhere longer than two months. So now you know all about us. Jumble seems to have adopted you. Ninette, my dear, you are completely ousted from Jumble's heart. This gentleman reigns supreme."

"I *didn't* steal him," said William indignantly. "He just came. He began following me. I didn't want him to—not jus' at first anyway, not much anyway. I suppose," a dreadful fear came to his heart, "I suppose you want him back?"

"You can keep him for a bit if you want him, can't he

Daddy? Daddy's going to buy me a Pom—a dear little white Pom. When we lost Jumble, I thought I'd rather have a Pom. Jumble's so rough and he's not really a *good* dog. I mean he's no pedigree."

"Then can I keep him jus' for a bit?" said William, his voice husky with eagerness.

"Oh, yes. I'd much rather have a quieter sort of dog. Would you like to come and see our cottage? It's just over here."

William, slightly bewildered but greatly relieved, set off with her. Mr. Jarrow followed slowly behind. It appeared that Miss Ninette Jarrow was rather a wonderful person. She was eleven years old. She had visited every capital in Europe, seen the best art and heard the best music in each. She had been to every play then on in London. She knew all the newest dances.

"Do you like Paris?" she asked William as they went towards Lavender Cottage.

"Never been there," said William stolidly, glancing round surreptitiously to see that Jumble was following.

She shook her dark curly head from side to side—a little trick she had.

"You funny boy. *Mais vous parlez Francais, n'est ce pas?*"

William disdained to answer. He whistled to Jumble, who was chasing an imaginary rabbit in a ditch.

"Can you jazz?" she asked.

"I don't know," he said guardedly. "I've not tried. I expect I could."

She took a few flying graceful steps with slim black silk-encased legs.

"That's it. I'll teach you at home. We'll dance it to a gramophone."

William walked on in silence.

She stopped suddenly under a tree and held up her little vivacious, piquant face to him.

"You can kiss me if you like," she said.

William looked at her dispassionately.

"I don't want to, thanks," he said politely.

"Oh, you *are* a funny boy!" she said with a ripple of laughter, "and you look so rough and untidy. You're rather like Jumble. Do you like Jumble?"

"Yes," said William. His voice had a sudden quaver in it. His ownership of Jumble was a thing of the past.

"You can have him for always and always," she said suddenly. "*Now* kiss me!"

He kissed her cheek awkwardly with the air of one determined to do his duty, but with a great, glad relief at his heart.

"I'd love to see you dance," she laughed. "You *would* look funny."

She took a few more fairy steps.

"You've seen Pavlova, haven't you?"

"Dunno."

"You must know."

"I mustn't," said William irritably. "I might have seen him and not known it was him, mightn't I?"

She raced back to her father with another ripple of laughter.

"He's *such* a funny boy, Daddy, and he can't jazz and he's never seen Pavlova, and he can't talk French and I've given him Jumble and he didn't want to kiss me!"

Mr. Jarrow fixed William with a drily quizzical smile.

"Beware, young man," he said. "She'll try to educate you. I know her. I warn you."

As they got to the door of Lavender Cottage he turned to William.

"Now just sit and think for a minute. I'll keep my promise."

"I do like you," said Ninette graciously as he took his departure. "You must come again. I'll teach you heaps of things. I think I'd like to marry you when we grow up. You're so—*restful*."

William came home the next afternoon to find Mr. Jarrow in the armchair in the library talking to his father.

"I was just dry for a subject," he was saying; "at my wits' end, and when I saw them there, I had a Heaven-sent inspiration. Ah! here he is. Ninette wants you to come to tea to-morrow, William. Ninette's given him Jumble. Do you mind?" turning to Mr. Brown.

Mr. Brown swallowed hard.

"I'm trying not to," he said. "He kept us all awake last night, but I suppose we'll get used to it."

"And I made him a rash promise," went on Mr. Jarrow, "and I'm jolly well going to keep it if it's humanly possible. William, what would you like best in all the world?"

William fixed his eyes unflinchingly upon his father.

"I'd like my bow and arrows back out of that cupboard," he said firmly.

Mr. Jarrow looked at William's father beseechingly.

"Don't let me down," he implored. "I'll pay for all the damage."

Slowly and with a deep sigh Mr. Brown drew a bunch of keys from his pocket.

"It means that we all go once more in hourly peril of our lives," he said resignedly.

After tea William set off again down the road. The setting sun had turned the sky to gold. There was a soft haze over all the countryside. The clear bird songs filled all the air, and the hedgerows were bursting into summer. And through it all marched William, with a slight swagger, his bow under one arm, his arrows under the other, while at his heels trotted Jumble eager, playful, adoring—a mongrel unashamed—all sorts of a dog. And at William's heart was a proud, radiant happiness.

There was a picture in that year's Academy that attracted a good deal of attention. It was of a boy sitting on an upturned box in a barn, his elbows on his knees, his chin in his hands. He was gazing down at a mongrel dog and in his freckled face was the solemnity and unconscious, eager wistfulness that is the mark of youth. His untidy, unbrushed hair stood up round his face. The mongrel was looking up, quivering, expectant, trusting, adoring, some reflection of the boy's eager wistfulness showing in the eyes and cocked ears. It was called "Friendship."

Mrs. Brown went up to see it. She said it wasn't really a very good likeness of William and she wished they'd made him look a little tidier.

More William

More William

RICHMAL CROMPTON

Illustrated by Thomas Henry

MACMILLAN CHILDREN'S BOOKS

"WOT YOU DRESSED UP LIKE THAT FOR?" SAID THE
APPARITION, WITH A TOUCH OF SCORN IN HIS VOICE.

(*See page* 122.)

Contents

Chapter 1

A Busy Day

William awoke and rubbed his eyes. It was Christmas Day—the day to which he had looked forward with mingled feelings for twelve months. It was a jolly day, of course—presents and turkey and crackers and staying up late. On the other hand, there were generally too many relations about, too much was often expected of one, the curious taste displayed by people who gave one presents often marred one's pleasure.

He looked round his bedroom expectantly. On the wall, just opposite his bed, was a large illuminated card hanging by a string from a nail—"A Busy Day is a Happy Day." That had not been there the day before. Brightly-coloured roses and forget-me-nots and honeysuckle twined round all the words. William hastily thought over the three aunts staying in the house, and put it down to Aunt Lucy. He looked at it with a doubtful frown. He distrusted the sentiment.

A copy of "Portraits of our Kings and Queens" he put aside as beneath contempt. "Things a Boy Can Do" was more promising. *Much* more promising. After inspecting a penknife, a pocket-compass, and a pencil-box (which shared the fate of "Portraits of our Kings and Queens"), William returned to "Things a Boy Can Do." As he turned the pages, his face lit up.

He leapt lightly out of bed and dressed. Then he

began to arrange his own gifts to his family. For his father he had bought a bottle of highly-coloured sweets, for his elder brother Robert (aged nineteen) he had expended a vast sum of money on a copy of "The Pirates of the Bloody Hand." These gifts had cost him much thought. The knowledge that his father never touched sweets, and that Robert professed scorn of pirate stories, had led him to hope that the recipients of his gifts would make no objection to the unobtrusive theft of them by their recent donor in the course of the next few days. For his grown-up sister Ethel he had bought a box of coloured chalks. That also might come in useful later. Funds now had been running low, but for his mother he had bought a small cream jug which, after fierce bargaining, the man had let him have at half-price because it was cracked.

Singing "Christians Awake!" at the top of his lusty young voice, he went along the landing, putting his gifts outside the doors of his family, and pausing to yell "Happy Christmas" as he did so. From within he was greeted in each case by muffled groans.

He went downstairs into the hall, still singing. It was earlier than he thought—just five o'clock. The maids were not down yet. He switched on lights recklessly, and discovered that he was not the only person in the hall. His four-year-old cousin Jimmy was sitting on the bottom step in an attitude of despondency, holding an empty tin.

Jimmy's mother had influenza at home, and Jimmy and his small sister Barbara were in the happy position of spending Christmas with relations, but immune from parental or maternal interference.

"They've gotten out," said Jimmy, sadly. "I got 'em for presents yesterday, an' they've gotten out. I've been feeling for 'em in the dark, but I can't find 'em."

"What?" said William.

"Snails. Great big suge ones wiv great big suge shells. I put 'em in a tin for presents an' they've gotten out an' I've gotten no presents for nobody."

He relapsed into despondency.

William surveyed the hall.

"They've got out right enough!" he said, sternly. "They've got out right *enough*. Jus' look at our hall! Jus' look at our clothes! They've got out *right* enough."

Innumerable slimy iridescent trails shone over hats, and coats, and umbrellas, and wall-paper.

"Huh!" grunted William, who was apt to overwork his phrases. "They got *out* right enough."

He looked at the tracks again and brightened. Jimmy was frankly delighted.

"Oo! Look!" he cried, "Oo *funny!*"

William's thought flew back to his bedroom wall—"A Busy Day is a Happy Day."

"Let's clean it up!" he said. "Let's have it all nice an' clean for when they come down. We'll be busy. You tell me if you feel happy when we've done. It might be true wot it says, but I don't like the flowers messin' all over it."

Investigation in the kitchen provided them with a large pail of water and scrubbing-brush each.

For a long time they worked in silence. They used plenty of water. When they had finished the trails were all gone. Each soaked garment on the hatstand was sending a steady drip on to the already flooded floor. The wall-paper was sodden. With a feeling of blankness they realised that there was nothing else to clean.

It was Jimmy who conceived the exquisite idea of dipping his brush in the bucket and sprinkling William with water. A scrubbing-brush is in many ways almost as good as a hose. Each had a pail of ammunition. Each had a good-sized brush. During the next few minutes they experienced purest joy. Then William heard threatening movements above, and decided hastily that the battle must cease.

"Backstairs," he said shortly. "Come on."

Marking their track by a running stream of water, they crept up the backstairs.

But two small boys soaked to the skin could not disclaim all knowledge of a flooded hall.

William was calm and collected when confronted with a distracted mother.

"We was tryin' to clean up," he said. "We found all snail marks an' we was tryin' to clean up. We was tryin' to help. You said so last night, you know, when you was talkin' to me. You said to *help*. Well, I thought it was helpin' to try an' clean up. You can't clean up with water an' not get wet—not if you do it prop'ly. You said to try an' make Christmas Day happy for other folks and then I'd be happy. Well, I don't know as I'm very happy," he said, bitterly, "but I've been workin' hard enough since early this morning'. I've been workin'," he went on pathetically. His eye wandered to the notice on his wall. "I've been *busy* all right, but it doesn't make me *happy*—not jus' now," he added, with memories of the rapture of the fight. That certainly must be repeated some time. Buckets of water and scrubbing-brushes. He wondered he'd never thought of that before.

William's mother looked down at his dripping form.

"Did you get all that water with just cleaning up the snail marks?" she said.

William coughed and cleared his throat. "Well," he said, deprecatingly, "most of it. I think I got most of it."

"If it wasn't Christmas Day . . ." she went on darkly.

William's spirits rose. There was certainly something to be said for Christmas Day.

It was decided to hide the traces of the crime as far as possible from William's father. It was felt—and not without reason—that William's father's feelings of respect for the sanctity of Christmas Day might be overcome by his feelings of paternal ire.

Half an hour later William, dried, dressed, brushed, and chastened, descended the stairs as the gong sounded in a hall which was bare of hats and coats, and whose floor shone with cleanliness.

"And jus' to think," said William, despondently, "that it's only jus' got to brekfust time."

William's father was at the bottom of the stairs. William's father frankly disliked Christmas Day.

"Good morning, William," he said, "and a happy Christmas, and I hope it's not too much to ask of you that on this relation-infested day one's feelings may be harrowed by you as little as possible. And why the deu—dickens they think it necessary to wash the hall floor before breakfast, Heaven only knows!"

William coughed, a cough meant to be a polite mixture of greeting and deference. William's face was a study in holy innocence. His father glanced at him suspiciously. There were certain expressions of William's that he distrusted.

William entered the dining-room morosely. Jimmy's sister Barbara—a small bundle of curls and white frills—was already beginning her porridge.

"Goo' mornin'," she said, politely, "did you hear me cleanin' my teef?"

He crushed her with a glance.

He sat eating in silence till everyone had come down, and Aunts Jane, Evangeline, and Lucy were consuming porridge with that mixture of festivity and solemnity that they felt the occasion demanded.

Then Jimmy entered, radiant, with a tin in his hand.

"Got presents," he said, proudly. "Got presents, lots of presents."

He deposited on Barbara's plate a worm which Barbara promptly threw at his face. Jimmy looked at her reproachfully and proceeded to Aunt Evangeline. Aunt Evangeline's gift was a centipede—a live centipede that ran gaily off the tablecloth on to Aunt Evangeline's lap before anyone could stop it. With a yell that sent William's father to the library with his hands to his ears, Aunt Evangeline leapt to her chair and stood with her skirts held to her knees.

"Help! Help!" she cried. "The horrible boy! Catch it! Kill it!"

Jimmy gazed at her in amazement, and Barbara looked with interest at Aunt Evangeline's long expanse of shin.

"*My* legs isn't like *your* legs," she said pleasantly and conversationally. "My legs is knees."

It was some time before order was restored, the centipede killed, and Jimmy's remaining gifts thrown out of the window. William looked across the table at Jimmy with respect in his eye. Jimmy, in spite of his youth, was an acquaintance worth cultivating. Jimmy was eating porridge unconcernedly.

Aunt Evangeline had rushed from the room when the slaughter of the centipede had left the coast clear, and refused to return. She carried on a conversation from the top of the stairs.

"When that horrible child has gone, I'll come. He may have insects concealed on his person. And someone's been dropping water all over these stairs. They're *damp!*"

"Dear, dear!" murmured Aunt Jane, sadly.

Jimmy looked up from his porridge.

"How was I to know she didn't like insecks?" he said, aggrievedly. "*I* like 'em."

William's mother's despair was only tempered by the fact that this time William was not the culprit. To William also it was a novel sensation. He realised the advantages of a fellow criminal.

After breakfast peace reigned. William's father went out for a walk with Robert. The aunts sat round the drawing-room fire talking and doing crochet-work. In this consists the whole art and duty of aunthood. *All* aunts do crochet-work.

They had made careful inquiries about the time of the service.

"You needn't worry," had said William's mother. "It's at ten-thirty, and if you go to get ready when the clock in the library strikes ten it will give you heaps of time."

Peace . . . calm . . . quiet. Mrs. Brown and Ethel in the kitchen supervising the arrangements for the day. The aunts in the drawing-room discussing over their crochet-work the terrible way in which their sisters had brought up their children. That, also, is a necessary part of aunthood.

Time slipped by happily and peacefully. Then William's mother came into the drawing-room.

"I thought you were going to church," she said.

"We are. The clock hasn't struck."

"But—it's eleven o'clock!"

There was a gasp of dismay.

"The clock never struck!"

Indignantly they set off to the library. Peace and quiet reigned also in the library. On the floor sat William and Jimmy gazing with frowns of concentration at an open page of "Things a Boy Can Do." Around them lay most indecently exposed the internal arrangements of the library clock.

"William! You *wicked* boy!"

William raised a frowning face.

"It's not put together right," he said, "it's not been put together right all this time. We're makin' it right now. It must have wanted mendin' for ever so long. *I* dunno how it's been goin' at all. It's lucky we found it out. It's put together wrong. I guess it's *made* wrong. It's goin' to be a lot of trouble to us to put it right, an' we can't do much when you're all standin' in the light. We're very busy—workin' at tryin' to mend this ole clock for you all."

"Clever," said Jimmy, admiringly. "Mendin' the clock. *Clever!*"

"William!" groaned his mother, "you've ruined the clock. What *will* your father say?"

"Well, the cog-wheels was wrong," said William doggedly. "See? An' this ratchet-wheel isn't on the pawl prop'ly—not like what this book says it ought to be. Seems we've got to take it all to pieces to get it right. Seems to me the person wot made this clock didn't know much about clock-making. Seems to me——"

"Be *quiet*, William!"

"We was be quietin' 'fore you came in," said Jimmy severely. "You 'sturbed us."

"Leave it just as it is, William," said his mother.

"You don't *unnerstand*," said William with the excitement of the fanatic. "The cog-wheel an' the ratchet ought to be put on the arbor different. See, this is the cog-wheel. Well, it oughtn't to be like wot it was. It was put on all *wrong*. Well, we was mendin' it. An' we was doin' it for *you*," he ended, bitterly, "jus' to help an'—to—to make other folks happy. It makes folks

AROUND THEM LAY, MOST INDECENTLY EXPOSED, THE
INTERNAL ARRANGEMENTS OF THE LIBRARY CLOCK.

happy havin' clocks goin' right, anyone would *think*. But if you *want* your clocks put together wrong, *I* don't care."

He picked up his book and walked proudly from the room followed by the admiring Jimmy.

"William," said Aunt Lucy patiently, as he passed, "I don't want to say anything unkind, and I hope you won't remember all your life that you have completely spoilt this Christmas Day for me."

"Oh, dear!" murmured Aunt Jane, sadly.

William, with a look before which she should have sunk into the earth, answered shortly that he didn't think he would.

During the midday dinner the grown-ups, as is the foolish fashion of grown-ups, wasted much valuable time in the discussion of such futilities as the weather and the political state of the nation. Aunt Lucy was still suffering and agrieved.

"I can go this evening, of course," she said, "but it's not quite the same. The morning service is different. Yes, please, dear—*and* stuffing. Yes, I'll have a little more turkey, too. And, of course, the vicar may not preach to-night. That makes such a difference. The gravy on the potatoes, please. It's almost the first Christmas I've not been in the morning. It seems quite to have spoilt the day for me."

She bent on William a glance of gentle reproach. William was quite capable of meeting adequately that or any other glance, but at present he was too busy for minor hostilities. He was *extremely* busy. He was doing his utmost to do full justice to a meal that only happens once a year.

"William," said Barbara pleasantly, "I can *dweam*. Can you?"

He made no answer.

"Answer your cousin, William," said his mother.

He swallowed, then spoke plaintively. "You always say not to talk with my mouth full," he said.

"You could speak when you've finished the mouthful."

"No. 'Cause I want to fill it again then," said William, firmly.

"Dear, *dear!*" murmured Aunt Jane.

This was Aunt Jane's usual contribution to any conversation.

He looked coldly at the three pairs of horrified aunts' eyes around him, then placidly continued his meal.

Mrs. Brown hastily changed the subject of conversation. The art of combining the duties of mother and hostess is sometimes a difficult one.

Christmas afternoon is a time of rest. The three aunts withdrew from public life. Aunt Lucy found a book of sermons in the library and retired to her bedroom with it.

"It's the next best thing, I think," she said with a sad glance at William.

William was beginning definitely to dislike Aunt Lucy.

"Please'm," said the cook an hour later, "the mincing machine's disappeared."

"Disappeared?" said William's mother, raising her hand to her head.

"Clean gone'm. 'Ow'm I to get the supper'm? You said as 'ow I could get it done this afternoon so as to go to church this evening. I can't do nuffink with the mincing machine gone."

"I'll come and look."

They searched every corner of the kitchen, then William's mother had an idea. William's mother had not been William's mother for eleven years without learning many things. She went wearily up to William's bedroom.

William was sitting on the floor. Open beside him was "Things a Boy Can do." Around him lay various parts of the mincing machine. His face was set and strained in mental and physical effort. He looked up as she entered.

"It's a funny kind of mincing machine," he said, crushingly. "It's not got enough parts. It's *made* wrong——"

"Do you know," she said, slowly, "that we've all been looking for that mincin' machine for the last half-hour?"

"No," he said without much interest, "I di'n't. I'd have told you I was mendin' it if you'd told me you was lookin' for it. It's *wrong*," he went on aggrievedly. "I can't make anything with it. Look! It says in my book 'How to make a model railway signal with parts of a mincing machine.' Listen! It says, 'Borrow a mincing machine from your mother——' "

"Did you borrow it?" said Mrs. Brown.

"Yes. Well, I've got it, haven't I? I went all the way down to the kitchen for it."

"Who lent it to you?"

"No one *lent* it me. I *borrowed* it. I thought you'd like to see a model railway signal. I thought you'd be interested. Anyone would think anyone would be interested in seein' a railway signal made out of a mincin' machine."

His tone implied that the dullness of people in general was simply beyond him. "An' you haven't got a right sort of mincin' machine. It's wrong. Its parts are the wrong shape. I've been hammerin' them, tryin' to make them right, but they're *made* wrong."

Mrs. Brown was past expostulating. "Take them all down to the kitchen to cook," she said. "She's waiting for them."

On the stairs William met Aunt Lucy carrying her volume of sermons.

"It's not quite the same as the spoken word, William dear," she said. "It hasn't the *force*. The written word doesn't reach the *heart* as the spoken word does, but I don't want you to worry about it."

William walked on as if he had not heard her.

It was Aunt Jane who insisted on the little entertainment after tea.

"I *love* to hear the dear children recite," she said. "I'm sure they all have some little recitation they can say."

Barbara arose with shy delight to say her piece.

"Lickle bwown seed, lickle bwown bwother,
And what, pway, are you goin' to be?
I'll be a poppy as white as my mother,
Oh, DO be a poppy like me!
What, you'll be a sunflower? Oh, how I shall miss you
When you are golden and high!
But I'll send all the bees up to tiss you.
Lickle bwown bwother, good-bye!"

She sat down blushing, amid rapturous applause.

Next Jimmy was dragged from his corner. He stood up as one prepared for the worst, shut his eyes, and—

"Licklaxokindness lickledeedsolove—
make—thisearfanedenliketheeav'nabovethasalliknow."

he gasped all in one breath, and sat down panting.

This was greeted with slightly milder applause.

"Now, William!"

"I don't know any," he said.

"Oh, you *do*," said his mother. "Say the one you learnt at school last term. Stand up, dear, and speak clearly."

Slowly William rose to his feet.

"It was the schooner Hesperus that sailed the wintry sea,"

he began.

Here he stopped, coughed, cleared his throat, and began again.

"It was the schooner Hesperus that sailed the wintry sea."

"Oh, get *on!*" muttered his brother, irritably.

"I can't get on if you keep talkin' to me," said William sternly. "How can I get on if you keep takin' all the time up, *sayin'* get on? I can't get on if you're talkin', can I?"

"It was the Hesper Schoonerus that sailed the wintry sea an' I'm not goin' on if Ethel's goin' to keep gigglin'. It's not a funny piece, an' if she's goin' on gigglin' like that I'm not sayin' any more of it."

"Ethel, dear!" murmured Mrs. Brown, reproachfully. Ethel turned her chair completely round and left her back only exposed to William's view. He glared at it suspiciously.

"Now, William, dear," continued his mother, "begin again and no one shall interrupt you."

William again went through the preliminaries of coughing and clearing his throat.

"It was the schooner Hesperus that sailed the wintry seas."

He stopped again, and slowly and carefully straightened his collar and smoothed back the lock of hair which

"IT WAS THE HESPER SCHOONERUS THAT SAILED THE WINTRY
SEA AN' I'M NOT GOIN' ON IF ETHEL'S GOIN' TO KEEP
GIGGLIN'."

was dangling over his brow.

"*The skipper had brought*—" prompted Aunt Jane,
kindly.

William turned on her.

"I was *goin'* to say that if you'd left me alone," he said.
"I was jus' thinkin'. I've got to think sometimes. I can't
say off a great long pome like that without stoppin' to
think sometimes, can I? I'll—I'll do a conjuring trick for
you instead," he burst out, desperately. "I've learnt one
from my book. I'll go an' get it ready."

He went out of the room. Mr. Brown took out his
handkerchief and mopped his brow.

"May I ask," he said patiently, "how long this
exhibition is to be allowed to continue?"

Here William returned, his pockets bulging. He held a

large handkerchief in his hand.

"This is a handkerchief," he announced. "If anyone'd like to feel it to see if it's a real one, they can. Now I want a shilling," he looked round expectantly, but no one moved, "or a penny would do," he said, with a slightly disgusted air. Robert threw one across the room. "Well, I put the penny into the handkerchief. You can see me do it, can't you? If anyone wants to come an' feel the penny is in the handkerchief, they can. Well," he turned his back on them and took something out of his pocket. After a few contortions he turned round again, holding the handkerchief tightly. "Now, you look close"—he went over to them—"an' you'll see the shil—I mean, penny," he looked scornfully at Robert, "has changed to an egg. It's a real egg. If anyone thinks it isn't a real egg——"

But it *was* a real egg. It confirmed his statement by giving a resounding crack and sending a shining stream partly on to the carpet and partly on to Aunt Evangeline's black silk knee. A storm of reproaches burst out.

"First that horrible insect," almost wept Aunt Evangeline, "and then this messy stuff all over me. It's a good thing I don't live here. One day a year is enough . . . My nerves! . . ."

"Dear, dear!" said Aunt Jane.

"Fancy taking a new-laid *egg* for that," said Ethel severely.

William was pale and indignant.

"Well, I did jus' what the book said to do. Look at it. It says: 'Take an egg. Conceal it in the pocket.' Well, I took an egg an' I concealed it in the pocket. Seems to me," he said bitterly, "seems to me this book isn't 'Things a Boy Can Do.' It's 'Things a Boy Can't Do.' "

Mr. Brown rose slowly from his chair.

"You're just about right there, my son. Thank *you*," he said with elaborate politeness, as he took the book from William's reluctant hands and went over with it to a small cupboard in the wall. In this cupboard reposed an airgun, a bugle, a catapult, and a mouth-organ. As he unlocked it to put the book inside, the fleeting glimpse of his confiscated treasures added to the bitterness of William's soul.

"On Christmas Day, too!"

While he was still afire with silent indignation Aunt Lucy returned from church.

"The vicar *didn't* preach," she said. "They say that this morning's sermon was beautiful. As I say, I don't want William to reproach himself, but I feel that he has deprived me of a very great treat."

"*Nice* Willum!" murmured Jimmy sleepily from his corner.

As William undressed that night his gaze fell upon the flower-bedecked motto: "A Busy Day is a Happy Day."

"It's a story," he said, indignantly. "It's jus' a wicked ole story."

Chapter 2

Rice-mould

"Rice-mould," said the little girl next door bitterly. "Rice-mould! Rice-mould! Every single day. I *hate* it, don't you?"

She turned gloomy blue eyes upon William, who was perched perilously on the ivy-covered wall. William considered thoughtfully.

"Dunno," he said. "I just eat it; I never thought about it."

"It's *hateful*, just *hateful*. Ugh! I've had it at dinner and I'll have it at supper—bet you anything. I say, you are going to have a party to-night, aren't you?"

William nodded carelessly.

"Are you going to be there?"

"Me!" ejaculated William in a tone of amused surprise. "I should think so! You don't think they could have it without *me*, do you? Huh! Not much!"

She gazed at him enviously.

"You *are* lucky! I expect you'll have a lovely supper—not rice-mould," bitterly.

"Rather!" said William with an air of superiority.

"What are you going to have to eat at your party?"

"Oh—everything," said William vaguely.

"Cream blanc-mange?"

"Heaps of it—*buckets* of it."

The little girl next door clasped her hands.

"Oh, just think of it! Your eating cream blanc-mange and me eating—*rice-mould!*" (It is impossible to convey in print the intense scorn and hatred which the little girl next door could compress into the two syllables.)

Here an idea struck William.

"What time do you have supper?"

"Seven."

"Well, now," magnanimously, "if you'll be in your summer-house at half-past, I'll bring you some cream blanc-mange. Truly I will!"

The little girl's face beamed with pleasure.

"Will you? Will you *really?* You won't forget?"

"Not me! I'll be there. I'll slip away from our show on the quiet with it."

"Oh, how *lovely!* I'll be thinking of it every minute. Don't forget. Good-bye!"

She blew him a kiss and flitted daintily into the house.

William blushed furiously at the blown kiss and descended from his precarious perch.

He went to the library where his grown-up sister Ethel and his elder brother Robert were standing on ladders at opposite ends of the room, engaged in hanging up festoons of ivy and holly across the wall. There was to be dancing in the library after supper. William's mother watched them from a safe position on the floor.

"Look here, mother," began William. "Am I or am I not coming to the party to-night?"

William's mother sighed.

"For goodness' sake, William, don't open that discussion again. For the tenth time to-day, you are *not!*"

"But *why* not?" he persisted. "I only want to know why not. That's all I want to know. It looks a bit funny, doesn't it, to give a party and leave out your only son, at least"—with a glance at Robert, and a slight concession

"IF YOU'LL BE IN YOUR SUMMER-HOUSE AT HALF-PAST, I'LL
BRING YOU SOME CREAM BLANC-MANGE. TRULY I WILL!" SAID
WILLIAM.

to accuracy—"to leave out one of your only two sons? It looks a bit queer surely. That's all I'm thinking of—how it will look."

"A bit higher your end," said Ethel.

"Yes, that's better," said William's mother.

"It's a *young* folks' party," went on William, warming to his subject. "I heard you tell Aunt Jane it was a *young* folks' party. Well, I'm young, aren't I? I'm eleven. Do you want me any younger? You aren't ashamed of folks seeing me, are you! I'm not deformed or anything."

"That's right! Put the nail in there, Ethel."

"Just a bit higher. That's right!"

"P'raps you're afraid of what I'll *eat*," went on William bitterly. "Well, everyone eats, don't they? They've got to—to live. And you've got things for us—them—to eat to-night. You don't grudge me just a bit of supper, do you? You'd think it was less trouble for me to have my bit of supper with you all, than in a separate room. That's all I'm thinking of—the trouble——"

William's sister turned round on her ladder and faced the room.

"Can't *anyone*," she said desperately, "stop that child talking?"

William's brother began to descend his ladder. "I think I can," he said grimly.

But William had thrown dignity to the winds, and fled.

He went down the hall to the kitchen, where cook hastily interposed herself between him and the table that was laden with cakes and jellies and other delicacies.

"Now, Master William," she said sharply, "you clear out of here!"

"I don't want any of your things, cook," said William, magnificently but untruthfully. "I only came to see how you were getting on. That's all I came for."

"We're getting on very well indeed, thank you, Master William," she said with sarcastic politeness, but nothing for you till to-morrow, when we can see how much they've left."

She returned to her task of cutting sandwiches. William, from a respectful distance, surveyed the table with its enticing burden.

"Huh!" he ejaculated bitterly, "think of them sitting and stuffing, and stuffing, and stuffing away at *our* food all night! I don't suppose they'll leave much—not if I know the set that lives round here!"

"Don't judge them all by yourself, Master William," said cook unkindly, keeping a watchful eye upon him. "Here, Emma, put that rice-mould away in the pantry. It's for to-morrow's lunch."

Rice-mould! That reminded him.

"Cook," he said ingratiatingly, "are you going to make cream blanc-mange?"

"I am *not*, Master William," she said firmly.

"Well," he said, with a short laugh, "it'll be a queer party without cream blanc-mange! I've never heard of a party without cream blanc-mange! They'll think it's a bit funny. No one ever gives a party round here without cream blanc-mange!"

"Don't they indeed, Master William," said cook, with ironic interest.

"No. You'll be making one, p'raps, later on—just a little one, won't you?"

"And why should I?"

"Well, I'd like to think they had a cream blanc-mange. I think they'd enjoy it. That's all I'm thinking of."

"Oh, is it? Well, it's your ma that tells me what to make and pays me for it, not you."

This was a novel idea to William.

He thought deeply.

"Look here!" he said at last, "if I gave you"—he paused for effect, then brought out the startling offer—"sixpence, would you make a cream blanc-mange?"

"I'd want to see your sixpence first," said cook, with a wink at Emma.

William retired upstairs to his bedroom and counted out his money—twopence was all he possessed. He had expended the enormous sum of a shilling the day before on a grass snake. It had died in the night. He *must* get a cream blanc-mange somehow. His reputation for omnipotence in the eyes of the little girl next door—a reputation very dear to him—depended on it. And if cook would do it for sixpence, he must find sixpence. By fair means or foul it must be done. He'd tried fair means, and there only remained foul. He went softly downstairs to the dining-room, where, upon the mantelpiece, reposed the missionary-box. He'd tell someone next day, or put it back, or something. Anyway, people did worse things than that in the pictures. With a knife from the table he extracted the contents—three-halfpence! He glared at it balefully.

"Three-halfpence!" he said aloud in righteous indignation. "This supposed to be a Christian house, and three-halfpence is all they can give to the poor heathen. They can spend pounds and pounds on"—he glanced round the room and saw a pyramid of pears on the sideboard—"tons of pears an'—an' green stuff to put on the walls, and they give three-halfpence to the poor heathen! Huh!"

He opened the door and heard his sister's voice from the library. "He's probably in mischief somewhere. He'll be a perfect nuisance all the evening. Mother, couldn't you make him go to bed an hour earlier?"

William had no doubt as to the subject of the conversation. *Make him go to bed early!* He'd like to see them! He'd just like to see them! And he'd show them, anyway. Yes, he would show them. Exactly what he would show them and how he would show them, he was not as yet very clear. He looked round the room again. There were no eatables in it so far except the piled-up plate of huge pears on the sideboard.

He looked at it longingly. They'd probably counted them and knew just how many there ought to be. Mean sort of thing they would do. And they'd be in counting them every other minute just to see if he'd taken one. Well, he was going to score off somebody, somehow. Make him go to bed early indeed! He stood with knit brows, deep in thought, then his face cleared and he smiled. He'd got it! For the next five minutes he munched the delicious pears, but, at the end, the piled-up pyramid was apparently exactly as he found it, not a pear gone, only—on the inner side of each pear, the side that didn't show, was a huge semicircular bite. William wiped his mouth with his coat sleeve. They were jolly good pears. And a blissful vision came to him of the faces of the guests as they took the pears, of the faces of his father and mother and Robert and Ethel. Oh, crumbs! He chuckled to himself as he went down to the kitchen again.

"I say, cook, could you make a small one—quite a small one—for threepence-halfpenny?"

Cook laughed.

"I was only pulling your leg, Master William. I've got one made and locked up in the larder."

"That's all right," said William. "I—wanted them to have a cream blanc-mange, that's all."

"Oh, *they'll* have it all right; they won't leave much for you. I only made *one!*"

"Did you say locked in the larder?" said William carelessly. "It must be a bother for you to *lock* the larder door each time you go in?"

"Oh, no trouble, Master William, thank you," said cook sarcastically; "there's more than the cream blanc-mange there; there's pasties and cakes and other things. I'm thinking of the last party your ma gave!"

William had the grace to blush. On that occasion William and a friend had spent the hour before supper in the larder, and supper had to be postponed while fresh provisions were beaten up from any and every quarter. William had passed a troubled night and spent the next day in bed.

"Oh, *then!* That was a long time ago. I was only a kid then."

"Umph!" grunted the cook. Then, relenting, "Well, if there's any cream blanc-mange left I'll bring it up to you in bed. Now that's a promise. Here, Emma, put these sandwiches in the larder. Here's the key! Now mind you *lock it* after you!"

"Cook! Just come here for a minute."

It was the voice of William's mother from the library. William's heart rose. With cook away from the scene of action great things might happen. Emma took the dish of sandwiches, unlocked the pantry door, and entered. There was a crash of crockery from the back kitchen. Emma fled out, leaving the door unlocked. After she had picked up several broken plates, which had unaccountably slipped from the shelves, she returned and locked the pantry door.

William, in the darkness within, heaved a sigh of relief. He was in, anyway; how he was going to get out he wasn't quite sure. He stood for a few minutes in rapt admiration of his own cleverness. He'd scored off cook! Crumbs! He'd scored off cook! So far, at any rate. The first thing to do was to find the cream blanc-mange. He found it at last and sat down with it on the bread-pan to consider his next step.

Suddenly he became aware of two green eyes staring at him in the darkness. The cat was in too! Crumbs! The cat was in too! The cat, recognising its inveterate enemy, set up a vindictive wail. William grew cold with fright. The rotten old cat was going to give the show away!

"Here, Pussy! Good ole Pussy!" he whispered hoarsely. "Nice ole Pussy! Good ole Pussy!"

The cat gazed at him in surprise. This form of address from William was unusual.

"Good ole Pussy!" went on William feverishly. "Shut up, then. Here's some nice blanc-mange. Just have a bit. Go on, have a bit and shut up."

He put the dish down on the larder floor before the cat, and the cat, after a few preliminary licks, decided that it was good. William sat watching for a bit. Then he came to the conclusion that it was no use wasting time, and began to sample the plates around him. He ate a whole jelly, and then took four sandwiches off each plate, and four cakes and pasties off each plate. He had learnt wisdom since the last party. Meanwhile, the cat licked away at the cream blanc-mange with every evidence of satisfaction. It even began to purr, and as its satisfaction increased so did the purr. It possessed a peculiar penetrating purr.

"Cook!" called out Emma from the kitchen.

Cook came out of the library where she was assisting with the festoon hanging. "What's the matter?"

"There's a funny buzzing noise in the larder."

"Well, go in and see what it is. It's probably a wasp, that's all."

Emma approached with the key, and William, clasping the blanc-mange to his bosom, withdrew behind the door, slipping off his shoes in readiness for action.

"Poor Puss!" said Emma, opening the door and meeting the cat's green, unabashed gaze. "Did it get shut up in the nasty dark larder, then? Who did it then?"

She was bending down with her back to William, stroking the cat in the doorway. William seized his chance. He dashed past her and up the stairs in stockinged feet like a flash of lightning. But Emma, leaning over the cat, had espied a dark flying figure out of the corner of her eye. She set up a scream. Out of the library came William's mother, William's sister, William's brother and cook.

"A burglar in the larder!" gasped Emma. "I seed 'im, I did! Out of the corner of my eye, like, and when I looked up 'e wasn't there no more. Flittin' up the 'all like a shadder, 'e was. Oh, lor! It's fairly turned me inside! Oh, lor!"

"What rubbish!" said William's mother. "Emma, you must control yourself!"

"I went into the larder myself, 'm," said cook indignantly, "just before I came in to 'elp with the greenery ornaments, and it was hempty as—hair. It's all that silly Emma! Always 'avin' the jumps she is——"

"Where's William?" said William's mother with sudden suspicion. "William!"

William came out of his bedroom and looked over the balusters.

"Yes, mother," he said, with that wondering innocence of voice and look which he had brought to a fine art, and which proved one of his greatest assets in times of stress and strain.

"What are you doing?"

"Jus' readin' quietly in my room, mother."

"Oh, for heaven's sake don't disturb him, then," said

William's sister.

"It's those silly books you read, Emma. You're always imagining things. If you'd read the ones I recommend, instead of the foolish ones you will get hold of——"

William's mother was safely mounted on one of her favourite hobby-horses. William withdrew to his room and carefully concealed the cream blanc-mange beneath his bed. He then waited till he heard the guests arrive and exchange greetings in the hall. William, listening with his door open carefully committed to memory the voice and manner of his sister's greeting to her friends. That would come in useful later on, probably. No weapon of offence against the world in general and his own family in particular, was to be despised. He held a rehearsal in his room when the guests were all safely assembled in the drawing-room.

"Oh, *how* are you, Mrs. Green?" he said in a high falsetto, meant to represent the feminine voice. "And how's the *darling* baby? *Such* a duck! I'm dying to see him again! Oh, Delia, darling! There you are! *So* glad you could come! What a perfect darling of a dress, my dear. I know whose heart you'll break in that! Oh, Mr. Thompson!"—here William languished, bridled and ogled in a fashion seen nowhere on earth except in his imitations of his sister when engaged in conversation with one of the male sex. If reproduced at the right moment, it was guaranteed to drive her to frenzy, "I'm *so* glad to see you. Yes, of course I really am! I wouldn't say it if I wasn't!"

The drawing-room door opened and a chatter of conversation and a rustling of dresses arose from the hall. Oh, crumbs! They were going in to supper. Yes, the dining-room door closed; the coast was clear. William took out the rather battered-looking delicacy from

under the bed and considered it thoughtfully. The dish
was big and awkwardly shaped. He must find something
that would go under his coat better than that. He
couldn't march through the hall and out of the front
door, bearing a cream blanc-mange, naked and unashamed. And the back door through the kitchen was
impossible. With infinite care but little success as far as
the shape of the blanc-mange was concerned, he
removed it from its dish on to his soap-dish. He forgot,
in the excitement of the moment, to remove the soap,
but, after all, it was only a small piece. The soap-dish
was decidedly too small for it, but, clasped to William's
bosom inside his coat, it could be partly supported by his
arm outside. He descended the stairs cautiously. He
tip-toed lightly past the dining-room door (which was
slightly ajar), from which came the shrill, noisy,
meaningless, conversation of the grown-ups. He was
just about to open the front door when there came the
sound of a key turning in the lock.

William's heart sank. He had forgotten the fact that
his father generally returned from his office about this
time.

William's father came into the hall and glanced at his
youngest offspring suspiciously.

"Hello!" he said, "where are you going?"

William cleared his throat nervously.

"Me?" he questioned lightly. "Oh, I was just'—jus'
goin' a little walk up the road before I went to bed.
That's all I was going to do, father."

Flop! A large segment of the cream blanc-mange had
disintegrated itself from the fast-melting mass, and,
evading William's encircling arm, had fallen on to the
floor at his feet. With praise-worthy presence of mind
William promptly stepped on to it and covered it with his
feet. William's father turned round quickly from the

stand where he was replacing his walking stick.

"What was that?"

William looked round the hall absently. "What, father?"

William's father now fastened his eyes upon William's person.

"What have you got under your coat?"

"Where?" said William with apparent surprise.

Then, looking down at the damp excrescence of his coat, as if he noticed it for the first time, "Oh, that!" with a mirthless smile. "Do you mean *that?* Oh, that's jus'—jus' somethin' I'm takin' out with me, that's all."

Again William's father grunted.

"Well," he said, "if you're going for this walk up the road why on earth don't you go, instead of standing as if you'd lost the use of your feet?"

William's father was hanging up his overcoat with his back to William, and the front door was open. William wanted no second bidding. He darted out of the door and down the drive, but he was just in time to hear the thud of a falling body and to hear a muttered curse as the Head of the House entered the dining-room feet first on a long slide of some white, glutinous substance.

"Oh, crumbs!" gasped William as he ran.

The little girl next door was sitting in the summerhouse, armed with a spoon, when William arrived. His precious burden had now saturated his shirt and was striking cold and damp on his chest. He drew it from his coat and displayed it proudly. It had certainly lost its pristine, white, rounded appearance. The marks of the cat's licks were very evident; grime from William's coat adhered to its surface; it wobbled limply over the soap dish, but the little girl's eyes sparkled as she saw it.

"Oh, William, I never thought you really would! Oh, you are wonderful! And I *had* it!"

WILLIAM LEANT BACK IN A SUPERIOR, BENEVOLENT MANNER
AND WATCHED THE SMILE FREEZE UPON HER FACE AND HER
LOOK OF ECSTASY CHANGE TO ONE OF FURY.

"What?"

"Rice-mould for supper, but I didn't mind, because I thought—I hoped, you'd come with it. Oh, William, you *are a nice* boy!"

William glowed with pride.

"William!" bellowed an irate voice from William's front door.

William knew that voice. It was the voice of the male parent who has stood all he's jolly well going to stand from that kid, and is out for vengeance. They'd got to the pears! Oh, crumbs! They'd got to the pears! And even the thought of Nemesis to come could not dull for William the bliss of that vision.

"Oh, William," said the little girl next door sadly, "they're calling you. Will you have to go?"

"Not me," said William earnestly. "I'm not going— not till they fetch me. Here! you begin. I don't want any. I've had lots of things. You eat it all."

Her face radiant with anticipation, the little girl took up her spoon.

William leant back in a superior, benevolent manner and watched the smile freeze upon her face and her look of ecstasy change to one of fury. With a horrible suspicion at his heart he seized the spoon she had dropped and took a mouthful himself.

He had brought the rice-mould by mistake!

Chapter 3

William's Burglar

When William first saw him he was leaning against the wall of the White Lion, gazing at the passers-by with a moody smile upon his villainous-looking countenance.

It was evident to any careful observer that he had not confined his attentions to the exterior of the White Lion.

William, at whose heels trotted his beloved mongrel (rightly named Jumble), was passing him with a casual glance, when something attracted his attention. He stopped and looked back, then, turning round, stood in front of the tall, untidy figure, gazing up at him with frank and unabashed curiosity.

"Who cut 'em off?" he said at last in an awed whisper.

The figure raised his hands and stroked the long hair down the side of his face.

"Now yer arskin'," he said with a grin.

"Well, who *did?*" persisted William.

"That 'ud be tellin'," answered his new friend, moving unsteadily from one foot to the other. "See?"

"You got 'em cut off in the war," said William firmly.

"I didn't. I bin in the wor orl right. Stroike me pink, I bin in the wor and *that's* the truth. But I didn't get 'em cut orf in the wor. Well, I'll stop kiddin' yer. I'll tell yer strite. I never 'ad none. *Nar!*"

William stood on tiptoe to peer under the untidy hair at the small apertures that in his strange new friend took the place of ears. Admiration shone in William's eyes.

"Was you *born* without 'em?" he said enviously.

His friend nodded.

"Nar don't yet go torkin' about it," he went on modestly, though seeming to bask in the sun of William's evident awe and respect. "I don't want all folks knowin' 'bout it. See? It kinder *marks* a man, this 'ere sort of thing. See? Makes 'im too easy to *track*, loike. That's why I grown me hair long. See? 'Ere, 'ave a drink?"

He put his head inside the window of the White Lion and roared out "Bottle o' lemonide fer the young gent."

William followed him to a small table in the little sunny porch, and his heart swelled with pride as he sat and quaffed his beverage with a manly air. His friend, who said his name was Mr. Blank, showed a most flattering interest in him. He elicited from him the whereabouts of his house and the number of his family, a description of the door and window fastenings, of the dining-room silver and his mother's jewellery.

William, his eyes fixed with a fascinated stare upon Mr. Blank's ears, gave the required information readily, glad to be able in any way to interest this intriguing and mysterious being.

"Tell me about the war," said William at last.

"It were orl right while it larsted," said Mr. Blank with a sigh. "It were orl right, but I s'pose, like mos' things in this 'ere world, it couldn't larst fer ever. See?"

William set down the empty glass of lemonade and leant across the table, almost dizzy with the romance of the moment. Had Douglas, had Henry, had Ginger, had any of those boys who sat next him at school and joined in the feeble relaxations provided by the authorities out of school, ever done *this*—ever sat at a real table outside a real public-house drinking lemonade and talking to a man with no ears who'd fought in the war and who looked as if he might have done *anything?*

Jumble, meanwhile, sat and snapped at flies, frankly bored.

"Did you"—said William in a sibilant whisper—"did you ever *kill* anyone?"

Mr. Blank laughed a laugh that made William's blood curdle.

"Me kill anyone? Me kill anyone? '*Ondreds!*"

William breathed a sigh of satisfaction. Here was romance and adventure incarnate.

"What do you do now the war's over?"

"DID YOU"—SAID WILLIAM IN A SIBILANT WHISPER—"DID YOU EVER *KILL* ANYONE?"

Mr. Blank closed one eye.

"That 'ud be tellin', wudn't it?"

"I'll keep it awfully secret," pleaded William. "I'll never tell anyone."

Mr. Blank shook his head.

"What yer want ter know fer, anyway?" he said.

William answered eagerly, his eyes alight.

" 'Cause I'd like to do jus' the same when I grow up."

Mr. Blank flung back his head and emitted guffaw after guffaw of unaffected mirth.

"Oh 'ell," he said, wiping his eyes. "Oh, stroike me pink! That's good, that is. You wait, young gent, you wait till you've growed up and see what yer pa says to it. Oh 'ell!"

He rose and pulled his cap down over his eyes.

"Well, I'll say good day to yer, young gent."

William looked at him wistfully.

"I'd like to see you again, Mr. Blank, I would, honest. Will you be here this afternoon?"

"Wot d'yer want to see me agine fer?" said Mr. Blank suspiciously.

"I *like* you," said William fervently. "I like the way you talk, and I like the things you say, and I want to know about what you do!"

Mr. Blank was obviously flattered.

"I may be round 'ere agine this arter, though I mike no promise. See? I've gotter be careful, I 'ave. I've gotter be careful 'oo sees me an' 'oo 'ears me, and where I go. That's the worst of 'aving no ears. See?"

William did not see, but he was thrilled to the soul by the mystery.

"An' you don't tell no one you seen me nor nothing abart me," went on Mr. Blank.

Pulling his cap still farther over his head, Mr. Blank set off unsteadily down the road, leaving William to pay for his lemonade with his last penny.

He walked home, his heart set firmly on a lawless career of crime. Opposition he expected from his father and mother and Robert and Ethel, but his determination was fixed. He wondered if it would be very painful to have his ears cut off.

He entered the dining-room with an air of intense mystery, pulling his cap over his eyes, and looking round in a threatening manner.

"William, what *do* you mean by coming into the house in your cap? Take it off at once."

William sighed. He wondered if Mr. Blank had a mother.

When he returned he sat down and began quietly to remodel his life. He would not be an explorer, after all, nor an engine-driver nor chimney-sweep. He would be a man of mystery, a murderer, fighter, forger. He fingered his ears tentatively. They seemed fixed on jolly fast. He glanced with utter contempt at his father who had just come in. His father's life of blameless respectability seemed to him at that minute utterly despicable.

"The Wilkinsons over at Todfoot have had their house broken into now," Mrs. Brown was saying. "*All* her jewellery gone. They think it's a gang. It's just the villages round here. There seems to be one every day!"

William expressed his surprise.

"Oh, 'ell!" he ejaculated, with a slightly self-conscious air.

Mr. Brown turned round and looked at his son.

"May I ask," he said politely, "where you picked up that expression?"

"I got it off one of my fren's," said William with quiet pride.

"Then I'd take it as a personal favour," went on Mr. Brown, "if you'd kindly refrain from airing your friends' vocabularies in this house."

"He means you're never to say it again, William," translated Mrs. Brown sternly. "*Never*."

"All right," said William. "I won't. See? I da—jolly well won't. Strike me pink. See?"

He departed with an air of scowling mystery and dignity combined, leaving his parents speechless with amazement.

That afternoon he returned to the White Lion. Mr. Blank was standing unobtrusively in the shadow of the wall.

" 'Ello, young gent," he greeted William, "nice dorg you've got."

William looked proudly down at Jumble.

"You won't find," he said proudly and with some truth, "you won't find another dog like this—not for *miles!*"

"Will 'e be much good as a watch dog, now?" asked Mr. Blank carelessly.

"Good?" said William, almost indignant at the question. "There isn't any sort of dog he isn't good at!"

"Umph," said Mr. Blank, looking at him thoughtfully.

"Tell me about things you've *done*," said William earnestly.

"Yus, I will, too," said Mr. Blank. "But jus' you tell me first 'oo lives at all these 'ere nice 'ouses an' all about 'em. See?"

William readily complied, and the strange couple gradually wended their way along the road towards William's house. William stopped at the gate and considered deeply. He was torn between instincts of hospitality and a dim suspicion that his family would not afford to Mr. Blank the courtesy which is a guest's due. He looked at Mr. Blank's old green-black cap, long, untidy hair, dirty, lined, sly old face, muddy clothes and gaping boots, and decided quite finally that his mother would not allow him in her drawing-room.

"Will you," he said tentatively, "will you come roun' an' see our back garden? If we go behind these ole bushes and keep close along the wall, no one'll see us."

To William's relief Mr. Blank did not seem to resent the suggestion of secrecy. They crept along the wall in silence except for Jumble, who loudly worried Mr.

WILLIAM DEPARTED WITH AN AIR OF SCOWLING MYSTERY, LEAVING HIS PARENTS SPEECHLESS WITH AMAZEMENT.

Blank's trailing boot-strings as he walked. They reached a part of the back garden that was not visible from the house and sat down together under a shady tree.

"P'raps," began Mr. Blank politely, "you could bring a bit o' tea out to me on the quiet like."

"I'll ask mother——" began William.

"Oh no," said Mr. Blank modestly. "I don't want ter give no one no trouble. Just a slice o' bread, if you can find it, without troublin' no one. See?"

William had a brilliant idea.

"Let's go 'cross to that window an' get in," he said eagerly. "That's the lib'ry and no one uses it 'cept father, and he's not in till later."

Mr. Blank insisted on tying Jumble up, then he swung himself dexterously through the window. William gave a gasp of admiration.

"You did that fine," he said.

Again Mr. Blank closed one eye.

"Not the first time I've got in at a winder, young gent, nor the larst, I bet. Not by a long way. See?"

William followed more slowly. His eye gleamed with pride. This hero of romance and adventure was now his guest, under his roof.

"Make yourself quite at home, Mr. Blank," he said with an air of intense politeness.

Mr. Blank did. He emptied Mr. Brown's cigar-box into his pocket. He drank three glasses of Mr. Brown's whiskey and soda. While William's back was turned he filled his pockets with the silver ornaments from the mantel-piece. He began to inspect the drawers in Mr. Brown's desk. Then:

"William! Come to tea!"

"You stay here," whispered William. "I'll bring you some."

But luck was against him. It was a visitor's tea in the

MR. BLANK MADE HIMSELF QUITE AT HOME.

drawing-room, and Mrs. de Vere Carter, a neighbour, there, in all her glory. She rose from her seat with an ecstatic murmur.

"Willie! *Dear* child! *Sweet* little soul!"

With one arm she crushed the infuriated William against her belt, with the other she caressed his hair. Then William in moody silence sat down in a corner and

began to eat bread and butter. Every time he prepared
to slip a piece into his pocket, he found his mother's or
Mrs. de Vere Carter's eye fixed upon him and hastily
began to eat it himself. He sat, miserable and hot, seeing
only the heroic figure starving in the next room, and
planned a raid on the larder as soon as he could
reasonably depart. Every now and then he scowled
across at Mrs. de Vere Carter and made a movement
with his hands as though pulling a cap over his eyes. He
invested even his eating with an air of dark mystery.

Then Robert, his elder brother, came in, followed by
a thin, pale man with eye-glasses and long hair.

"This is Mr. Lewes, mother," said Robert with an air
of pride and triumph. "He's editor of *Fiddle Strings*."

There was an immediate stir and sensation. Robert
had often talked of his famous friend. In fact Robert's
family was weary of the sound of his name, but this was
the first time Robert had induced him to leave the haunts
of his genius to visit the Brown household.

Mr. Lewes bowed with a set, stern, self-conscious
expression, as though to convey to all that his celebrity
was more of a weight than a pleasure to him. Mrs. de
Vere Carter bridled and fluttered, for *Fiddle Strings* had
a society column and a page of scrappy "News of the
Town," and Mrs. de Vere Carter's greatest ambition
was to see her name in print.

Mr. Lewes sat back in his chair, took his tea-cup as
though it were a fresh addition to his responsibilities,
and began to talk. He talked apparently without even
breathing. He began on the weather, drifted on to art
and music, and was just beginning a monologue on The
Novel, when William rose and crept from the room like
a guilty spirit. He found Mr. Blank under the library
table, having heard a noise in the kitchen and fearing a
visitor. A cigar and a silver snuffer had fallen from his

pocket to the floor. He hastily replaced them. William went up and took another look at the wonderful ears and heaved a sigh of relief. While parted from his strange friend he had a horrible suspicion that the whole thing was a dream.

"I'll go to the larder and get you sumthin'," he said. "You jus' stay here."

"I think, young gent," said Mr. Blank, "I think I'll just go an' look round upstairs on the quiet like, an' you needn't mention it to no one. See?"

Again he performed the fascinating wink.

They crept on tiptoe into the hall, but—the drawing-room door was ajar.

"William!"

William's heart stood still. He could hear his mother coming across the room, then—she stood in the doorway. Her face filled with horror as her eyes fell upon Mr. Blank.

"*William!*" she said.

William's feelings were beyond description. Desperately he sought for an explanation for his friend's presence. With what pride and *sang-froid* had Robert announced his uninvited guest! William determined to try it, at any rate. He advanced boldly into the drawing-room.

"This is Mr. Blank, mother," he announced jauntily. "He hasn't got no ears."

Mr. Blank stood in the background, awaiting developments. Flight was now impossible.

The announcement fell flat. There was nothing but horror upon the five silent faces that confronted William. He made a last desperate effort.

"He's bin in the war," he pleaded. "He's—killed folks."

Then the unexpected happened.

Mrs. de Vere Carter rose with a smile of welcome. In her mind's eye she saw the touching story already in print—tattered hero—the gracious lady—the age of Democracy. The stage was laid and that dark, pale young man had only to watch and listen.

"Ah, one of our dear heroes! My poor, brave man! A cup of tea, my dear," turning to William's thunderstruck mother. "And he may sit down, may he not?" She kept her face well turned towards the sardonic-looking Mr. Lewes. He must not miss a word or gesture. "How *proud* we are to do anything for our dear heroes! Wounded, perhaps? Ah, poor man!" She floated across to him with a cup of tea and plied him with bread and butter and cake. William sat down meekly on a chair, looking rather pale. Mr. Blank, whose philosophy was to take the goods the gods gave and not look to the future, began to make a hearty meal. "Are you looking for work, my poor man?" asked Mrs. de Vere Carter, leaning forward in her chair.

Her poor man replied with simple, manly directness that he "was dam'd if he was. See?" Mr. Lewes began to discuss The Drama with Robert. Mrs. de Vere Carter raised her voice.

"*How* you must have suffered! Yes, there is suffering ingrained in your face. A piece of shrapnel? Ten inches square? Right in at one hip and out at the other? Oh, my poor man! *How* I feel for you. How all class distinctions vanish at such a time. How——"

She stopped while Mr. Blank drank his tea. In fact, all conversation ceased while Mr. Blank drank his tea, just as conversation on a station ceases while a train passes through.

Mrs. Brown looked helplessly around her. When Mr. Blank had eaten a plate of sandwiches, a plate of bread and butter, and half a cake, he rose slowly, keeping one hand over the pocket in which reposed the silver ornaments.

"Well 'm," he said, touching his cap. "Thank you kindly. I've 'ad a fine tea. I 'ave. A dam' fine tea. An' I'll not forget yer kindness to a pore ole soldier." Here he winked brazenly at William. "An' good day ter you orl."

Mrs. de Vere Carter floated out to the front door with him, and William followed as in a dream.

Mrs. Brown found her voice.

"We'd better have the chair disinfected," she murmured to Ethel.

Then Mrs. de Vere Carter returned smiling to herself

"ARE YOU LOOKING FOR WORK, MY POOR MAN?" ASKED MRS.
DE VERE CARTER.

and eyeing the young editor surmisingly.

"I witnessed a pretty scene the other day in a suburban drawing-room . . ." It might begin like that.

William followed the amazing figure round the house again to the library window. Here it turned to him with a friendly grin.

"I'm just goin' to 'ave that look round upstairs now. See?" he said. "An' once more, yer don't need ter say nothin' to no one. See?"

With the familiar, beloved gesture he drew his old cap down over his eyes, and was gone.

William wandered upstairs a few minutes later to find his visitor standing at the landing window, his pockets bulging.

"I'm goin' to try this 'ere window, young gent," he said in a quick, business-like voice. "I see yer pa coming in at the front gate. Give me a shove. Quick, nar."

Mr. Brown entered the drawing-room.

"Mulroyd's had his house burgled now," he said. "Every bit of his wife's jewellery gone. They've got some clues, though. It's a gang all right, and one of them is a chap without ears. Grows his hair long to hide it. But it's a clue. The police are hunting for him."

He looked in amazement at the horror-stricken faces before him. Mrs. Brown sat down weakly.

"Ethel, my smelling salts! They're on the mantelpiece."

Robert grew pale.

"Good Lord—my silver cricket cup," he gasped, racing upstairs.

The landing window had been too small, and Mr. Blank too big, though William did his best.

There came to the astounded listeners the sound of a fierce scuffle, then Robert descended, his hair rumpled and his tie awry, holding William by the arm. William looked pale and apprehensive. "He was there," panted Robert, "just getting out of the window. He chucked the things out of his pockets and got away. I couldn't stop him. And—and William was there——"

William's face assumed the expression of one who is prepared for the worst.

"The plucky little chap! Struggling with him! Trying to pull him back from the window! All by himself!"

"I *wasn't*," cried William excitedly. "I was *helping* him. He's my *friend*. I——"

But they heard not a word. They crowded round him, praised him, shook hands with him, asked if he was hurt. Mrs. de Vere Carter kept up one perpetual scream of delight and congratulation.

"The *dear* boy! The little *pet!* How *brave!* What *courage!* What an *example* to us all! And the horrid, wretched man! Posing as a *hero*. Wangling himself into the sweet child's confidence. Are you hurt, my precious? Did the nasty man hurt you? You *darling* boy!"

When the babel had somewhat subsided, Mr. Brown came forward and laid a hand on William's shoulder.

"I'm very pleased with you, my boy," he said. "You can buy anything you like to-morrow up to five shillings."

William's bewildered countenance cleared.

"Thank you, father," he said meekly.

Chapter 4

The Knight at Arms

"A knight," said Miss Drew, who was struggling to inspire her class with enthusiasm for Tennyson's "Idylls of the King," "a knight was a person who spent his time going round succouring the oppressed."

"Suckin' wot?" said William, bewildered.

"Succour means to help. He spent his time helping anyone who was in trouble."

"How much did he get for it?" asked William.

"Nothing, of course," said Miss Drew, appalled by the base commercialism of the twentieth century. "He helped the poor because he *loved* them, William. He had a lot of adventures and fighting and he helped beautiful, persecuted damsels."

William's respect for the knight rose.

"Of course," said Miss Drew hastily, "they needn't necessarily be beautiful, but, in most of the stories we have, they were beautiful."

Followed some stories of fighting and adventure and the rescuing of beautiful damsels. The idea of the thing began to take hold of William's imagination.

"I say," he said to his chum Ginger after school, "that knight thing sounds all right. Suckin'—I mean helpin' people an' fightin' an' all that. I wun't mind doin' it an' you could be my squire."

"Yes," said Ginger slowly, "I'd thought of doin' it, but I'd thought of *you* bein' the squire."

"Well," said William after a pause, "let's be squires in turn. You first," he added hastily.

"Wot'll you give me if I'm first?" said Ginger, displaying again the base commercialism of his age.

William considered.

"I'll give you first drink out of a bottle of ginger-ale wot I'm goin' to get with my next money. It'll be three weeks off 'cause they're takin' the next two weeks to pay for an ole window wot my ball slipped into by mistake."

He spoke with the bitterness that always characterised his statements of the injustice of the grown-up world.

"All right," said Ginger.

"I won't forget about the drink of ginger-ale."

"No, you won't," said Ginger simply. "I'll remind you all right. Well, let's set off."

"'Course," said William, "it would be *nicer* with armour an' horses an' trumpets, but I 'spect folks ud think anyone a bit soft wot went about in the streets in armour now, 'cause these times is different. She said so. Anyway, she said we could still be knights an' help people, di'n't she? Anyway, I'll get my bugle. That'll be *something*."

William's bugle had just returned to public life after one of its periodic terms of retirement into his father's keeping.

William took his bugle proudly in one hand and his pistol (the glorious result of a dip in the bran tub at a school party) in the other, and, sternly denying themselves the pleasures of afternoon school, off the two set upon the road of romance and adventure.

"I'll carry the bugle," said Ginger, "'cause I'm squire."

William was loth to give up his treasure.

"Well, I'll carry it now," he said, "but when I begin fightin' folks, I'll give it you to hold."

They walked along for about a mile without meeting anyone. William began to be aware of a sinking feeling in the region of his waist.

"I wonder wot they *eat*," he said at last. "I'm gettin' so's I wouldn't mind sumthin' to eat."

"We di'n't ought to have set off before dinner," said the squire with after-the-event wisdom. "We ought to have waited till *after* dinner."

"You ought to have *brought* sumthin'," said William severely. "You're the squire. You're not much of a squire not to have brought sumthin' for me to eat."

"An' me," put in Ginger. "If I'd brought any I'd have brought it for me more'n for you."

William fingered his minute pistol.

"If we meet any wild animals . . ." he said darkly.

A cow gazed at them mournfully over a hedge.

"You might go an' milk that," suggested William. "Milk 'ud be better'n nothing."

"*You* go an' milk it."

"No, I'm not squire. I bet squires did the milkin'. Knights wu'n't of done the milkin'."

"I'll remember," said Ginger bitterly, "when you're squire, all the things wot you said a squire ought to do when I was squire."

They entered the field and gazed at the cow from a respectful distance. She turned her eyes upon them sadly.

"Go on!" said the knight to his reluctant squire.

"I'm not good at cows," objected that gentleman.

"Well, I will, then!" said William with reckless bravado, and advanced boldly upon the animal. The animal very slightly lowered its horns (perhaps in sign of greeting) and emitted a sonorous mo-o-o-o-o. Like lightning the gallant pair made for the road.

"Anyway," said William gloomily, "we'd got nothin' to put it in, so we'd only of got tossed for nothin', p'raps, if we'd gone on."

They walked on down the road till they came to a pair of iron gates and a drive that led up to a big house. William's spirits rose. His hunger was forgotten.

"Come on!" he said. "We might find someone to rescue here. It looks like a place where there might be someone to rescue."

There was no one in the garden to question the right of entry of two small boys armed with a bugle and a toy pistol. Unchallenged they went up to the house. While the knight was wondering whether to blow his bugle at the front door or by the open window, they caught sight suddenly of a vision inside the window. It was a girl as fair and slim and beautiful as any wandering knight could desire. And she was speaking fast and passionately.

William, ready for all contingencies, marshalled his forces.

"Follow me!" he whispered and crept on all fours nearer the window. They could see a man now, an elderly man with white hair and a white beard.

"And how long will you keep me in this vile prison?" she was saying in a voice that trembled with anger, "base wretch that you are!"

"Crumbs!" ejaculated William.

"Ha! Ha!" sneered the man. "I have you in my power. I will keep you here a prisoner till you sign the paper which will make me master of all your wealth, and beware, girl, if you do not sign, you may answer for it with your life!"

"Golly!" murmured William.

Then he crawled away into the bushes, followed by his

attendant squire.

"Well," said William, his face purple with excitement, "we've found someone to rescue all *right*. He's a base wretch, wot she said, all *right*."

"Will you kill him?" said the awed squire.

"How big was he? Could you see?" said William the discreet.

"He was ever so big. Great big face he had, too, with a beard."

"Then I won't try killin' him—not straight off. I'll think of some plan—somethin' cunnin'."

He sat with his chin on his hands, gazing into space, till they were surprised by the opening of the front door and the appearance of a tall, thick-set, elderly man. William quivered with excitement. The man went along a path through the bushes. William and Ginger followed on all fours with elaborate caution. At every almost inaudible sound from Ginger, William turned his red, frowning

WILLIAM AND GINGER FOLLOWED ON ALL FOURS WITH ELABORATE CAUTION.

face on to him with a resounding "Sh!" The path ended
at a small shed with a locked door. The man opened the
door—the key stood in the lock—and entered.

Promptly William, with a snarl expressive of cunning
and triumph, hurled himself at the door and turned the
key in the lock.

"Here!" came an angry shout from inside. "Who's
that? What the devil——"

"You low ole caitiff!" said William through the
keyhole.

"Who the deuce——?" exploded the voice.

"You base wretch, like wot she said you was," bawled
William, his mouth still applied closely to the keyhole.

"Let me out at once, or I'll——"

"You mean ole oppressor!"

"Who the deuce are you? What's the tomfool trick?
Let me *out!* Do you hear?"

A resounding kick shook the door.

"I've gotter pistol," said William sternly. "I'll shoot
you dead if you kick the door down, you mangy ole
beast!"

The sound of kicking ceased and a scrambling and
scraping, accompanied by oaths, proceeded from the
interior.

"I'll stay on guard," said William with the tense
expression of the soldier at his post, "an' you go an' set
her free. Go an' blow the bugle at the front door, then
they'll know something's happened," he added simply.

*   *   *

Miss Priscilla Greene was pouring out tea in the
drawing-room. Two young men and a maiden were the
recipients of her hospitality.

"Dad will be here in a minute," she said. "He's just
gone to the dark-room to see to some photos he'd left in

toning or fixing, or something. We'll get on with the
rehearsal as soon as he comes. We'd just rehearsed the
scene he and I have together, so we're ready for the ones
where we all come in."

"How did it go off?"

"Oh, quite well. We knew our parts, anyway."

"I think the village will enjoy it."

"Anyway, it's never very critical, is it? And it loves a
melodrama."

"Yes. I wonder if father knows you're here. He said
he'd come straight back. Perhaps I'd better go and find
him."

"Oh, let me go, Miss Greene," said one of the youths
ardently.

"Well, I'd don't know whether you'd find the place.
It's a shed in the garden that he uses. We use half as a
dark-room and half as a coal-cellar."

"I'll go——"

He stopped. A nightmare sound, as discordant as it
was ear-splitting, filled the room. Miss Greene sank
back into her chair, suddenly white. One of the young
men let a cup of tea fall neatly from his fingers on to the
floor and there crash into fragments. The young lady
visitor emitted a scream that would have done credit to a
factory siren. Then at the open French window
appeared a small boy holding a bugle, purple-faced with
the effort of his performance.

One of the young men was the first to recover speech.
He stepped away from the broken crockery on the floor
as if to disclaim all responsibility for it and said sternly:

"Did you make that horrible noise?"

Miss Greene began to laugh hysterically.

"Do have some tea now you've come," she said to
Ginger.

Ginger remembered the pangs of hunger, of which

excitement had momentarily rendered him oblivious, and, deciding that there was no time like the present, took a cake from the stand and began to consume it in silence.

"You'd better be careful," said the young lady to her hostess; "he might have escaped from the asylum. He looks mad. He had a very mad look, I thought, when he was standing at the window.".

"He's evidently hungry, anyway. I can't think why father doesn't come."

Here Ginger, fortified by a walnut bun, remembered his mission.

"It's all right now," he said. "You can go home. He's shut up. Me an' William shut him up."

"You see!" said the young lady, with a meaning glance around. "I *said* he was from the asylum. He looked mad. We'd better humour him and ring up the asylum. Have another cake, darling boy," she said in a tone of honeyed sweetness.

Nothing loth, Ginger selected an ornate pyramid of icing.

At this point there came a bellowing and crashing and tramping outside and Miss Priscilla's father, roaring fury and threats of vengeance, hurled himself into the room. Miss Priscilla's father had made his escape by a small window at the other end of the shed. To do this he had had to climb over the coals in the dark. His face and hands and clothes and once-white beard were covered with coal. His eyes gleamed whitely.

"An abominable attack . ... utterly unprovoked . . . dastardly ruffians!"

Here he stopped to splutter because his mouth was full of coal dust. While he was spluttering, William, who had just discovered that his bird had flown, appeared at the window.

"He's got out," he said reproachfully. "Look at him. He's got out. An' all our trouble for nothing. Why di'n't someone *stop* him gettin' out?"

* * *

William and Ginger sat on the railing that separated their houses.

"It's not really much *fun* bein' a knight," said William slowly.

"No," agreed Ginger. "You never know when folks *is* oppressed. An' anyway, wot's one afternoon away from school to make such a fuss about?"

"Seems to me from wot father said," went on William gloomily, "you'll have to wait a jolly long time for that drink of ginger-ale."

An expression of dejection came over Ginger's face.

"HE'S GOT OUT," WILLIAM SAID REPROACHFULLY. "WHY DI'N'T SOMEONE *STOP* HIM GETTIN' OUT?"

"An' you wasn't even ever squire," he said. Then he brightened.

"They were jolly good cakes, wasn't they?" he said.

William's lips curved into a smile of blissful reminiscence.

"*Jolly* good!" he agreed.

Chapter 5

William's Hobby

Uncle George was William's godfather, and he was intensely interested in William's upbringing. It was an interest with which William would gladly have dispensed. Uncle George's annual visit was to William a purgatory only to be endured by a resolutely philosophic attitude of mind and the knowledge that sooner or later it must come to an end. Uncle George had an ideal of what a boy should be, and it was a continual grief to him that William fell so short of this ideal. But he never relinquished his efforts to make William conform to it.

His ideal was a gentle boy of exquisite courtesy and of intellectual pursuits. Such a boy he could have loved. It was hard that fate had endowed him with a godson like William. William was neither quiet nor gentle, nor courteous nor intellectual—but William was intensely human.

The length of Uncle George's visit this year was beginning to reach the limits of William's patience. He was beginning to feel that sooner or later something must happen. For five weeks now he had (reluctantly) accompanied Uncle George upon his morning walk, he had (generally unsuccessfully) tried to maintain that state of absolute quiet that Uncle George's afternoon rest required, he had in the evening listened wearily to Uncle George's stories of his youth. His usual feeling of

mild contempt for Uncle George was beginning to give
way to one which was much stronger.

"Now, William," said Uncle George at breakfast,
"I'm afraid it's going to rain to-day, so we'll do a little
work together this morning, shall we? Nothing like
work, is there? Your Arithmetic's a bit shaky, isn't it?
We'll rub that up. We *love* our work, don't we?"

William eyed him coldly.

"I don't think I'd better get muddlin' up my school
work," he said. "I shouldn't like to be more on than the
other boys next term. It wouldn't be fair to them."

Uncle George rubbed his hands.

"That feeling does you credit, my boy," he said, "but
if we go over some of the old work, no harm can be done.
History, now. There's nothing like History, is there?"

William agreed quite heartily that there wasn't.

"We'll do some History, then," said Uncle George
briskly. "The lives of the great. Most inspiring. Better
than those terrible things you used to waste your time
on, eh?"

The "terrible things" had included a trumpet, a
beloved motor hooter, and an ingenious instrument very
dear to William's soul that reproduced most realistically
the sound of two cats fighting. These, at Uncle George's
request, had been confiscated by William's father.
Uncle George had not considered them educational.
They also disturbed his afternoon's rest.

Uncle George settled himself and William down for a
nice quiet morning in the library. William, looking
round for escape, found none. The outside world was
wholly uninviting. The rain came down in torrents.
Moreover, the five preceding weeks had broken William's spirits. He realised the impossibility of evading
Uncle George. His own family were not sympathetic.
They suffered from him considerably during the rest of

the year and were not sorry to see him absorbed completely by Uncle George's conscientious zeal.

So Uncle George seated himself slowly and ponderously in an arm-chair by the fire.

"When I was a boy, William," he began, leaning back and joining the tips of his fingers together, "I loved my studies. I'm sure you love your studies, don't you? Which do you love most?"

"Me?" said William. "I like shootin' and playin' Red Injuns."

"Yes, yes," said Uncle George impatiently, "but those aren't *studies*, William. You must aim at being *gentle*."

"It's not much good bein' *gentle* when you're playin' Red Injuns," said William stoutly. "A *gentle* Red Injun wun't get much done."

"Ah, but why play Red Indians?" said Uncle George. "A nasty rough game. No, we'll talk about History. You must mould your character upon that of the great heroes, William. You must be a Clive, a Napoleon, a Wolfe."

"I've often been a wolf," said William. "That game's nearly as good as Red Injuns. An' Bears is a good game too. We might have Bears here," he went on brightening. "Jus' you an' me. Would you sooner be bear or hunter? I'd sooner be hunter," he hinted gently.

"You misunderstand," said Uncle George. "I mean Wolfe the man, Wolfe the hero."

William, who had little patience with heroes who came within the school curriculum, relapsed into gloom.

"What lessons do we learn from such names, my boy?" went on Uncle George.

William was on the floor behind Uncle George's chair endeavouring to turn a somersault in a very restricted space.

"History lessons an' dates an' things," he said shortly. "An' the things they 'spect you to remember——!" he added with disgust.

"No, no," said Uncle George, but the fire was hot and his chair was comfortable and his educational zeal was dying away, "to endure the buffets of fate with equanimity, to smile at misfortune, to endure whatever comes, and so on——"

He stopped suddenly.

William had managed the somersault, but it had

WILLIAM WAS ON THE FLOOR BEHIND UNCLE GEORGE'S CHAIR ENDEAVOURING TO TURN A SOMERSAULT IN A VERY RESTRICTED SPACE.

somehow brought his feet into collision with Uncle George's neck. Uncle George sleepily shifted his position.

"Boisterous! Boisterous!" he murmured disapprovingly. "You should combine the gentleness of a Moore with the courage of a Wellington, William."

William now perceived that Uncle George's eyelids were drooping slowly and William's sudden statuesque calm would have surprised many of his instructors.

The silence and the warmth of the room had their effect. In less than three minutes Uncle George was dead to the world around him.

William's form relaxed, then he crept up to look closely at the face of his enemy. He decided that he disliked it intensely. Something must be done at once. He looked round the room. There were not many weapons handy. Only his mother's work-box stood on a chair by the window, and on it a pile of socks belonging to Robert, William's elder brother. Beneath either arm of his chair one of Uncle George's coat-tails protruded. William soon departed on his way rejoicing, while on to one of Uncle George's coat-tails was firmly stitched a bright blue sock and on to the other a brilliant orange one. Robert's taste in socks was decidedly loud. William felt almost happy. The rain had stopped and he spent the morning with some of his friends whom he met in the road. They went bear-hunting in the wood; and though no bears were found, still their disappointment was considerably allayed by the fact that one of them saw a mouse and another one distinctly smelt a rabbit. William returned to lunch whistling to himself and had the intense satisfaction of seeing Uncle George enter the dining-room, obviously roused from his slumbers by the luncheon bell, and obviously quite unaware of the blue and orange socks that still adorned his person.

"Curious!" he ejaculated, as Ethel, William's grown-up sister, pointed out the blue sock to him. "Most curious!"

William departed discreetly, muttering something about "better tidy up a bit," which drew from his sister expressions of surprise and solicitous questions as to his state of health.

"Most curious!" again said Uncle George, who had now discovered the orange sock.

When William returned, all excitement was over and Uncle George was consuming roast beef with energy.

"Ah, William," he said, "we must complete the History lesson soon. Nothing like History. Nothing like History. Nothing like History. Teaches us to endure the buffets of fate with equanimity and to smile at misfortune. Then we must do some Geography." William groaned. "Most fascinating study. Rivers, mountains, cities, etc. Most improving. The morning should be devoted to intellectual work at your age, William, and the afternoon to the quiet pursuit of—some improving hobby. You would then find the true joy of life."

To judge from William's countenance he did not wholly agree, but he made no objection. He had learnt that objection was useless, and against Uncle George's eloquence silence was his only weapon.

After lunch Uncle George followed his usual custom and retired to rest. William went to the shed in the back garden and continued the erection of a rabbit hutch that he had begun a few days before. He hoped that if he made a hutch, Providence would supply a rabbit. He whistled blithely as he knocked nails in at random.

"William, you mustn't do that now."

He turned a stern gaze upon his mother.

"Why not?" he said.

"Uncle George is resting."

With a crushing glance at her he strolled away from the shed. Someone had left the lawn mower in the middle of the lawn. With one of his rare impulses of pure virtue he determined to be useful. Also, he rather liked mowing the grass.

"William, don't do that now," called his sister from the window. "Uncle George is resting."

He deliberately drove the mowing machine into the middle of a garden bed and left it there. He was beginning to feel desperate. Then:

"What *can* I do?" he said bitterly to Ethel, who was still at the window.

"You'd better find some quiet, improving hobby," she said unkindly as she went away.

It is a proof of the utterly broken state of William's spirit that he did actually begin to think of hobbies, but none of those that occurred to him interested him. Stamp-collecting, pressed flowers, crest-collecting— Ugh!

He set off down the road, his hands in his pockets and his brows drawn into a stern frown. He amused himself by imagining Uncle George in various predicaments, lost on a desert island, captured by pirates, or carried off by an eagle. Then something in the window of a house he passed caught his eye and he stopped suddenly. It was a stuffed bird under a glass case. Now that was something *like* a hobby, stuffing dead animals! He wouldn't mind having that for a hobby. And it was quite quiet. He could do it while Uncle George was resting. And it must be quite easy. The first thing to do of course was to find a dead animal. Any old thing would do to begin on. A dead cat or dog. He would do bigger ones like bears and lions later on. He spent nearly an hour in a fruitless search for a dead cat or dog. He searched the ditches on

both sides of the road and several gardens. He began to
have a distinct sense of grievance against the race of cats
and dogs in general for not dying in his vicinity. At the
end of the hour he found a small dead frog. It was very
dry and shrivelled, but it was certainly a *dead* frog and
would do to begin on. He took it home in his pocket. He
wondered what they did first in stuffing dead animals.
He'd heard something about "tannin'" them. But what
was "tannin'," and how did one get it? Then he
remembered suddenly having heard Ethel talk about the
"tannin'" in tea. So *that* was all right. The first thing to
do was to get some tea. He went to the drawing-room. It
was empty, but upon the table near the fire was a
tea-tray and two cups. Evidently his mother and sister
had just had tea there. He put the frog at the bottom of a
cup and carefully filled the cup with tea from the teapot.
Then he left it to soak and went out into the garden.

A few minutes later William's mother entered the
drawing-room.

Uncle George had finished resting and was standing
by the mantel-piece with a cup in his hand.

"I see you poured out my tea for me," he said. "But
rather a curious taste. Doubtless you boil the milk now.
Safer, of course. Much safer. But it imparts a curious
flavour."

He took another sip.

"But—I didn't pour out your tea——" began Mrs.
Brown.

Here William entered. He looked quickly at the table.

"Who's meddlin' with my frog?" he said angrily, "It's
my hobby, an' I'm stuffin' frogs an' someone's been an'
took my frog. I left it on the table."

"On the table?" said his mother.

"Yes. In a cup of tea. Gettin' tannin'. You know. For
stuffin'. I was puttin' him in tannin' first. I——"

IN FROZEN SILENCE UNCLE GEORGE PUT A SPOON INTO HIS CUP
AND INVESTIGATED THE CONTENTS. IN STILL MORE FROZEN
SILENCE MRS. BROWN AND WILLIAM WATCHED.

Uncle George grew pale. In frozen silence he put a
spoon into his cup and investigated the contents. In still
more frozen silence Mrs. Brown and William watched.
That moment held all the cumulative horror of a Greek
tragedy. Then Uncle George put down his cup and went
silently from the room. On his face was the expression of
one who is going to look up the first train home. Fate had
sent him a buffet he could not endure with equanimity, a
misfortune at which he could not smile, and Fate had
avenged William for much.

Chapter 6

The Rivals

William was aware of a vague feeling of apprehension when he heard that Joan Clive, the little girl who lived next door, was having a strange cousin to stay for three weeks. All his life, William had accepted Joan's adoration and homage with condescending indifference, but he did not like to imagine a possible rival.

"What's he *coming* for?" he demanded with an ungracious scowl, perched uncomfortably and dangerously on the high wall that separated the two gardens and glaring down at Joan. "What's he comin' *for*, any way?"

"'Cause mother's invited him," explained Joan simply, with a shake of her golden curls. "He's called Cuthbert. She says he's a sweet little boy."

"*Sweet!*" echoed William in a tone of exaggerated horror. "Ugh!"

"Well," said Joan, with the smallest note of indignation in her voice, "you needn't play with him if you don't like."

"*Me?* Play? With *him?*" scowled William as if he could not believe his ears. "I'm not likely to go playin' with a kid like wot *he'll* be!"

Joan raised aggrieved blue eyes.

"You're a *horrid* boy sometimes, William!" she said. "Any way, I shall have him to play with soon."

It was the first time he had received anything but admiration from her.

He scowled speechlessly.

Cuthbert arrived the next morning.

William was restless and ill-at-ease, and several times climbed the ladder for a glimpse of the guest, but all he could see was the garden inhabited only by a cat and a gardener. He amused himself by throwing stones at the cat till he hit the gardener by mistake and then fled precipitately before a storm of abuse. William and the gardener were enemies of very long standing. After dinner he went out again into the garden and stood gazing through a chink in the wall.

Cuthbert was in the garden.

Though as old and as tall as William, he was dressed in an embroidered tunic, very short knickers, and white socks. Over his blue eyes his curls were brushed up into a golden halo.

He was a picturesque child.

"What shall we do?" Joan was saying. "Would you like to play hide and seek?"

"No; leth not play at rough gameth," said Cuthbert.

With a wild spasm of joy William realised that his enemy lisped. It is always well to have a handle against one's enemies.

"What shall we do, then?" said Joan, somewhat wearily.

"Leth thit down an' I'll tell you fairy thorieth," said Cuthbert.

A loud snort from inside the wall just by his ear startled him, and he clutched Joan's arm.

"What'th that?" he said.

There were sounds of clambering feet on the other side of the wall, then William's grimy countenance appeared.

"Hello, Joan!" he said, ignoring the stranger.

Joan's eyes brightened.

"Come and play with us, William," she begged.

"We don't want dirty little boyth," murmured Cuthbert fastidiously. William could not, with justice, have objected to the epithet. He had spent the last half-hour climbing on to the rafters of the disused coach-house, and dust and cobwebs adorned his face and hair.

"He's *always* like that," explained Joan carelessly.

By this time William had thought of a suitable rejoinder.

"All right," he jeered, "don't look at me then. Go on tellin' fairy *thorieth*."

Cuthbèrt flushed angrily.

"You're a nathty rude little boy," he said. "I'll tell my mother."

Thus war was declared.

He came to tea the next day. Not all William's pleading could persuade his mother to cancel the invitation.

"Well," said William darkly, "wait till you've *seen* him, that's all. Wait till you've heard him *speakin'*. He can't talk even. He can't *play*. He tells fairy stories. He don't like *dirt*. He's got long hair an' a funny long coat. He's *awful*, I tell you. I don't *want* to have him to tea. I don't want to be washed an' all just because *he's* comin' to tea."

But as usual William's eloquence availed nothing.

Several people came to tea that afternoon, and there was a sudden silence when Mrs. Clive, Joan and Cuthbert entered. Cuthbert was in a white silk tunic embroidered with blue, he wore white shoes and white silk socks. His golden curls shone. He looked angelic.

"Oh, the darling!"

"Isn't he adorable?"

"What a *picture!*"

"Come here, sweetheart."

Cuthbert was quite used to this sort of thing.

They were more delighted than ever with him when they discovered his lisp.

His manners were perfect. He raised his face, with a charming smile, to be kissed, then sat down on the sofa between Joan and Mrs. Clive, swinging long bare legs.

William, sitting, an unwilling victim, on a small chair in a corner of the room, brushed and washed till he shone again, was conscious of a feeling of fury quite apart from the usual sense of outrage that he always felt upon such an occasion. It was bad enough to be washed till the soap went into his eyes and down his ears despite all his protests. It was bad enough to have had his hair brushed till his head smarted. It was bad enough to be hustled out of his comfortable jersey into his Eton suit which he loathed. But to see Joan, *his* Joan, sitting next the strange, dressed-up, lisping boy, smiling and talking to him, that was almost more than he could bear with calmness. Previously, as has been said, he had received Joan's adoration with coldness, but previously there had been no rival.

"William," said his mother, "take Joan and Cuthbert and show them your engine and books and things. Remember you're the *host*, dear," she murmured as he passed. "Try to make them happy."

He turned upon her a glance that would have made a stronger woman quail.

Silently he led them up to his play-room.

"There's my engine, an' my books. You can play with them," he said coldly to Cuthbert. "Let's go and play in the garden, you and me, Joan."

But Joan shook her head.

"I don't thuppoth the'd care to go out without me," said Cuthbert airily. "*I'll* go with you. Thith boy can play here if he liketh."

And William, artist in vituperation as he was, could think of no response.

He followed them into the garden, and there came upon him a wild determination to show his superiority.

"You can't climb that tree," he began.

"I can," said Cuthbert sweetly.

"Well, *climb* it then," grimly.

"No, I don't want to get my thingth all methed. I *can* climb, but you can't. He can't climb it, Joan, he'th trying to pretend he can climb it when he can't. He knowth I can climb it, but I don't want to get my thingth methed."

Joan smiled admiringly at Cuthbert.

"I'll *show* you," said William desperately. "I'll just *show* you."

He showed them.

He climbed till the tree-top swayed with his weight, then descended, hot and triumphant. The tree was covered with green lichen, a great part of which had deposited itself upon William's suit. His efforts also had twisted his collar round till its stud was beneath his ear. His heated countenance beamed with pride.

For a moment Cuthbert was nonplussed. Then he said scornfully:

"Don't he look a *fright*, Joan?"

Joan giggled.

But William was wholly engrossed in his self-imposed task of "showing them." He led them to the bottom of the garden, where a small stream (now almost dry) disappeared into a narrow tunnel to flow under the road and reappear in the field at the other side.

"You can't crawl through that," challenged William, "you can't *do* it. I've *done* it, done it often. I bet *you* can't. I bet you can't get halfway. I——"

"Well, *do* it, then!" jeered Cuthbert.

William, on all fours, disappeared into the mud and slime of the small round aperture. Joan clasped her hands, and even Cuthbert was secretly impressed. They stood in silence. At intervals William's muffled voice came from the tunnel.

"It's jolly muddy, too, I can *tell* you."

"I've caught a frog! I say, I've caught a frog!"

"Crumbs! It's got away!"

"It's nearly quicksands here."

"If I tried I could nearly *drown* here!"

At last, through the hedge, they saw him emerge in the field across the road. He swaggered across to them aglow with his own heroism. As he entered the gate he was rewarded by the old light of adoration in Joan's blue eyes, but on full sight of him it quickly turned to consternation. His appearance was beyond description. There was a malicious smile on Cuthbert's face.

"Do thumthing elth," he urged him. "Go on, do thumthing elth."

"Oh, William," said Joan anxiously, "you'd better not."

But the gods had sent madness to William. He was drunk with the sense of his own prowess. He was regardless of consequences.

He pointed to a little window high up in the coal-house.

"I can climb up that an' slide down the coal inside. That's what I can do. There's *nothin'* I can't do. I——"

"All right," urged Cuthbert, "if you can do that, do it, and I'll believe you can do anything."

For Cuthbert, with unholy glee, foresaw William's undoing.

"I CAN CLIMB UP THAT AN' SLIDE DOWN THE COAL INSIDE. THAT'S WHAT I CAN DO. THERE'S *NOTHIN'* I CAN'T DO!" SAID WILLIAM.

"Oh, William," pleaded Joan, "I *know* you're brave, but don't——"

But William was already doing it. They saw his disappearance into the little window, they heard plainly his descent down the coal heap inside, and in less than a minute he appeared in the doorway. He was almost unrecognisable. Coal dust adhered freely to the moist consistency of the mud and lichen already clinging to his suit, as well as to his hair and face. His collar had been almost torn away from its stud. William himself was smiling proudly, utterly unconscious of his appearance. Joan was plainly wavering between horror and admiration. Then the moment for which Cuthbert had longed arrived.

"Children! come in now!"

Cuthbert, clean and dainty, entered the drawing-room first and pointed an accusing finger at the strange figure which followed.

"He'th been climbing treeth an' crawling in the mud, an' rolling down the coalth. He'th a nathty rough boy."

A wild babel arose as William entered.

"*William!*"

"You *dreadful* boy!"

"Joan, come right away from him. Come over here."

"What *will* your father say?"

"William, my *carpet!*"

For the greater part of the stream's bed still clung to William's boots.

Doggedly William defended himself.

"I was showin' 'em how to do things. I was bein' a host. I was tryin' to make 'em *happy!* I——"

"William, don't stand there talking. Go straight upstairs to the bathroom."

It was the end of the first battle, and undoubtedly William had lost. Yet William had caught sight of the

smile on Cuthbert's face and William had decided that
the smile was something to be avenged.

But fate did not favour him. Indeed, fate seemed to do
the reverse.

The idea of a children's play did not emanate from
William's mother, or Joan's. They were both free from
guilt in that respect. It emanated from Mrs. de Vere
Carter. Mrs. de Vere Carter was a neighbour with a
genius for organisation. There were few things she did
not organise till their every other aspect or aim was lost
but that of "organisation." She also had what amounted
practically to a disease for "getting up" things. She "got
up" plays, and bazaars, and pageants, and concerts.
There were, in fact, few things she did not "get up." It
was the sight of Joan and Cuthbert walking together
down the road, the sun shining on their golden curls,
that had inspired her with the idea of "getting up" a
children's play. And Joan must be the Princess and little
Cuthbert the Prince.

Mrs. de Vere Carter was to write the play herself. At
first she decided on Cinderella. Unfortunately there was
a dearth of little girls in the neighbourhood, and
therefore it was decided at a meeting composed of Mrs.
de Vere Carter, Mrs. Clive, Mrs. Brown (William's
mother), and Ethel (William's sister), that William
could easily be dressed up to represent one of the ugly
sisters. It was, however, decided at a later meeting,
consisting of William and his mother and sister, that
William could not take the part. It was William who
came to this decision. He was adamant against both
threats and entreaties. Without cherishing any delusions
about his personal appearance, he firmly declined to
play the part of the ugly sister. They took the news with
deep apologies to Mrs. de Vere Carter, who was already
in the middle of the first act. Her already low opinion of

William sank to zero. Their next choice was Little Red Riding Hood, and William was lured, by glowing pictures of a realistic costume, into consenting to take the part of the Wolf. Every day he had to be dragged by some elder and responsible member of his family to a rehearsal. His hatred of Cuthbert was only equalled by his hatred of Mrs. de Vere Carter.

"He acts so *unnaturally*," moaned Mrs. de Vere Carter. "Try really to *think* you're a wolf, darling. Put some spirit into it. Be—*animated*."

William scowled at her and once more muttered monotonously his opening lines:

> "*A wolf am I—a wolf on mischief bent,*
> *To eat this little maid is my intent.*"

"Take a breath after 'bent,' darling. Now say it again."

William complied, introducing this time a loud and audible gasp to represent the breath. Mrs. de Vere Carter sighed.

"Now, Cuthbert darling, draw your little sword and put your arm round Joan. That's right."

Cuthbert obeyed, and his clear voice rose in a high chanting monotone:

> "*Avaunt! Begone! You wicked wolf, away!*
> *This gentle maid shall never be your prey.*"

"That's beautiful, darling. Now, William, slink away. *Slink* away, darling. Don't stand staring at Cuthbert like that. Slink away. I'll show you. Watch me slink away."

Mrs. de Vere Carter slunk away realistically, and the sight of it brought momentary delight to William's weary soul. Otherwise the rehearsals were not far removed from torture to him. The thought of being a wolf had at first attracted him, but actually a wolf character who had to repeat Mrs. de Vere Carter's meaningless couplets and be worsted at every turn by the smiling Cuthbert, who was forced to watch from behind the scenes the fond embraces of Cuthbert and Joan, galled his proud spirit unspeakably. Moreover, Cuthbert monopolised her both before and after the rehearsals.

"Come away, Joan, he'th prob'bly all over coal dutht and all of a meth."

The continued presence of unsympathetic elders prevented his proper avenging of such insults.

The day of the performance approached, and there arose some little trouble about William's costume. If the wearing of the dining-room hearth-rug had been forbidden by Authority it would have at once become the dearest wish of William's heart and a thing to be accomplished at all costs. But, because Authority decreed that that should be William's official costume as the Wolf, William at once began to find insuperable difficulties.

"It's a dirty ole thing, all dust and bits of black hair come off it on me. I don't think it *looks* like a wolf. Well, if I've gotter be a wolf folks might just as well *know* what I am. This looks like as if it came off a black sheep or sumthin'. You don't want folks to think I'm a *sheep* 'stead of a *wolf*, do you? You don't want me to be made look ridiclus before all these folks, do you?"

He was slightly mollified by their promise to hire a wolf's head for him. He practised wolf's howlings (though these had no part in Mrs. de Vere Carter's play) at night in his room till he drove his family almost beyond the bounds of sanity.

Mrs. de Vere Carter had hired the Village Hall for the performance, and the proceeds were to go to a local charity.

On the night of the play the Hall was packed, and Mrs. de Vere Carter was in a flutter of excitement and importance.

"Yes, the dear children are splendid, and they look *beautiful!* We've all worked so *hard*. Yes, entirely my own composition. I only hope that William Brown won't *murder* my poetry as he does at rehearsals."

The curtain went up.

The scene was a wood, as was evident from a few small branches of trees placed here and there at intervals on the stage.

Joan, in a white dress and red cloak, entered and began to speak, quickly and breathlessly, stressing every word with impartial regularity.

> *"A little maid am I—Red Riding-Hood,*
> *My journey lies along this dark, thick wood.*
> *Within my basket is a little jar*
> *Of jam—a. present for my grand-mamma."*

Then Cuthbert entered—a Prince in white satin with a blue sash. There was a rapt murmur of admiration in the audience as he made his appearance.

William waited impatiently and uneasily behind the scenes. His wolf's head was very hot. One of the eye-holes was beyond his range of vision, through the other he had a somewhat prescribed view of what went on around him. He had been pinned tightly into the dining-room hearth-rug, his arms pinioned down by his side. He was distinctly uncomfortable.

At last his cue came.

Red Riding-Hood and the Prince parted after a short conversation in which their acquaintance made rapid strides, and at the end of which the Prince said casually as he turned to go:

> *"So sweet a maid have I never seen,*
>   *Ere long I hope to make her my wife and queen."*

Red Riding-Hood gazed after him, remarking (all in the same breath and tone):

> *"How kind he is, how gentle and how good!*
>   *But, see what evil beast comes through the wood!"*

Here William entered amid wild applause. On the stage he found that his one eye-hole gave him an excellent view of the audience. His mother and father were in the second row. Turning his head round slowly he discovered his sister Ethel sitting with a friend near the back.

"William," hissed the prompter, "go on! 'A wolf am I——' "

But William was engrossed in the audience. There was Mrs. Clive about the middle of the room.

" 'A wolf am I'—*go on*, William!"

William had now found the cook and housemaid in the last row of all and was turning his eye-hole round in search of fresh discoveries.

The prompter grew desperate.

" 'A wolf am I—a wolf on mischief bent.' *Say* it, William."

William turned his wolf's head towards the wings. "Well, I was *goin'* to say it," he said irritably, "if you'd lef' me alone."

The audience tittered.

"Well, say it," said the voice of the invisible prompter.

"Well, I'm going to," said William. "I'm not goin' to say that again wot you said 'cause they all heard it. I'll go on from there."

The audience rocked in wild delight. Behind the scenes Mrs. de Vere Carter wrung her hands and sniffed strong smelling salts. "That boy!" she moaned.

Then William, sinking his voice from the indignant clearness with which it had addressed the prompter, to a muffled inaudibility, continued:

"To eat this little maid is my intent."

But there leapt on the stage again the radiant white and blue figure of the Prince brandishing his wooden sword.

"Avaunt! Begone! You wicked wolf, away!
This gentle maid shall never be your prey."

At this point William should have slunk away. But the vision revealed by his one available eye-hole of the Prince standing in a threatening attitude with one arm round Joan filled him with a sudden and unaccountable annoyance. He advanced slowly and pugnaciously towards the Prince; and the Prince, who had never before acted with William in his head (which was hired for one evening only) fled from the stage with a wild yell of fear. The curtain was lowered hastily.

There was consternation behind the scenes. William, glaring from out his eye-hole and refusing to remove his head, defended himself in his best manner.

"Well, I di'n't tell him to run away, did I? I di'n't *mean* him to run away. I only *looked* at him. Well, I was goin' to slink in a minit. I only wanted to look at him. I was *goin'* to slink."

"Oh, never mind! Get on with the play!" moaned Mrs. de Vere Carter. "But you've quite destroyed the *atmosphere*, William. You've spoilt the beautiful story.

But hurry up, it's time for the grandmother's cottage scene now."

Not a word of William's speeches was audible in the next scene, but his attack on and consumption of the aged grandmother was one of the most realistic parts of the play, especially considering the fact that his arms were imprisoned.

"Not so roughly, William!" said the prompter in a sibilant whisper. "Don't make so much noise. They can't hear a word anyone's saying."

At last William was clothed in the nightgown and nightcap and lying in the bed ready for little Red Riding-Hood's entrance. The combined effect of the rug and the head and the thought of Cuthbert had made him hotter and crosser than he ever remembered having felt before. He was conscious of a wild and unreasoning indignation against the world in general. Then Joan entered and began to pipe monotonously:

"*Dear grandmamma, I've come with all quickness*
To comfort you and soothe your bed of sickness,
Here are some little dainties I have brought
To show you how we cherish you in our thought."

Here William wearily rose from his bed and made an unconvincing spring in her direction.

But on the stage leapt Cuthbert once more, the vision in blue and white with golden curls shining and sword again drawn.

"Ha! evil beast——"

It was too much for William. The heat and discomfort of his attire, the sight of the hated Cuthbert already about to embrace *his* Joan, goaded him to temporary madness. With a furious gesture he burst the pins which attached the dining-room hearth-rug to his person and freed his arms. He tore off the white nightgown. He sprang at the petrified Cuthbert—a small wild figure in a jersey suit and a wolf's head.

Mrs. de Vere Carter had filled Red Riding-Hood's basket with packages of simple groceries, which included, among other things, a paper bag of flour and a jar of jam.

William seized these wildly and hurled handfuls of flour at the prostrate, screaming Cuthbert. The stage was suddenly pandemonium. The other small actors promptly joined the battle. The prompter was too panic-stricken to lower the curtain. The air was white with clouds of flour. The victim scrambled to his feet and fled, a ghost-like figure, round the table.

"Take him off me," he yelled. "Take him *off* me. Take William off me." His wailing was deafening.

The next second he was on the floor, with William on top of him. William now varied the proceedings by emptying the jar of jam on to Cuthbert's face and hair.

They were separated at last by the prompter and stage manager, while the audience rose and cheered hysterically. But louder than the cheering rose the sound of Cuthbert's lamentation.

"He'th a nathty, rough boy! He puthed me down. He'th methed my nith clotheth. Boo-hoo!"

Mrs. de Vere Carter was inarticulate.

"That boy . . . that *boy* . . . *that boy!*" was all she could say.

William was hurried away by his family before she could regain speech.

"You've disgraced us publicly," said Mrs. Brown plaintively. "I thought you must have gone *mad*. People will never forget it. I might have known. . . ."

When pressed for an explanation, William would only say:

THE SIGHT OF THE HATED CUTHBERT ABOUT TO EMBRACE *HIS*
JOAN GOADED WILLIAM TO TEMPORARY MADNESS.

"Well, I felt hot. I felt awful hot, an' I di'n't like Cuthbert."

He appeared to think this sufficient explanation, though he was fully prepared for the want of sympathy displayed by his family.

"Well," he said firmly, "I'd just like to see you do it, I'd just like to see you be in the head and that ole rug an' have to say stupid things an'—an' see folks you don't like, an' I bet you'd *do* something."

But he felt that public feeling was against him, and relapsed sadly into silence. From the darkness in front of them came the sound of Cuthbert's wailing as Mrs. Clive led her two charges home.

"*Poor* little Cuthbert!" said Mrs. Brown. "If I were Joan, I don't think I'd ever speak to you again."

"Huh!" ejaculated William scornfully.

But at William's gate a small figure slipped out from the darkness and two little arms crept round William's neck.

"Oh, *William*," she whispered, "he's going to-morrow, and I am glad. Isn't he a softie? Oh, William, I do *love* you, you do such '*citing* things!"

Chapter 7

The Ghost

William lay on the floor of the barn, engrossed in a book. This was a rare thing with William. His bottle of lemonade lay untouched by his side, and he even forgot the half-eaten apple which reposed in his hand. His jaws were arrested midway in the act of munching.

"Our hero," he read, "was awakened about midnight by the sound of the rattling of chains. Raising himself on his arm he gazed into the darkness. About a foot from his bed he could discern a tall, white, faintly-gleaming figure and a ghostly arm which beckoned him."

William's hair stood on end.

"Crumbs!" he ejaculated.

"Nothing perturbed," he continued to read, "our hero rose and followed the spectre through the long winding passages of the old castle. Whenever he hesitated, a white, luminous arm, hung around with ghostly chains, beckoned him on."

"Gosh!" murmured the enthralled William. "I'd have bin scared!"

"At the panel in the wall the ghost stopped, and silently the panel slid aside, revealing a flight of stone steps. Down this went the apparition followed by our intrepid hero. There was a small stone chamber at the bottom, and into this the rays of moonlight poured, revealing a skeleton in a sitting attitude beside a chest of golden sovereigns. The gold gleamed in the moonlight."

"Golly!" gasped William, red with excitement.

"William!"

The cry came from somewhere in the sunny garden outside. William frowned sternly, took another bite of apple, and continued to read.

"Our hero gave a cry of astonishment."

"Yes, I'd have done that all right," agreed William.

"*William!*"

"Oh, shut *up!*" called William, irritably, thereby revealing his hiding-place.

His grown-up sister, Ethel, appeared in the doorway.

"Mother wants you," she announced.

"Well, I can't come. I'm busy," said William, coldly, taking a draught of lemonade and returning to his book.

"Cousin Mildred's come," continued his sister.

William raised his freckled face from his book.

"Well, I can't help that, can I?" he said, with the air of one arguing patiently with a lunatic.

Ethel shrugged her shoulders and departed.

"He's reading some old book in the barn," he heard her announce, "and he says——"

Here he foresaw complications and hastily followed her.

"Well, I'm *comin'*, aren't I?" he said, "as fast as I can."

Cousin Mildred was sitting on the lawn. She was elderly and very thin and very tall, and she wore a curious, long, shapeless garment of green silk with a golden girdle.

"Dear child!" she murmured, taking the grimy hand that William held out to her in dignified silence.

He was cheered by the sight of tea and hot cakes.

Cousin Mildred ate little but talked much.

"I'm living in *hopes* of a psychic revelation, dear," she

said to William's mother. "*In hopes!* I've heard of wonderful experiences, but so far none—alas!—have befallen me. Automatic writing I have tried, but any communication the spirits may have sent me that way remained illegible—quite illegible."

She sighed.

ETHEL APPEARED IN THE DOORWAY. "MOTHER WANTS YOU," SHE ANNOUNCED.

William eyed her with scorn while he consumed reckless quantities of hot cakes.

"I would *love* to have a psychic revelation," she sighed again

"Yes, dear," murmured Mrs. Brown, mystified. "William, you've had enough." ·

"*Enough?*" said William, in surprise. "Why I've only had——" He decided hastily against exact statistics and in favour of vague generalities.

"I've only had hardly any," he said aggrievedly.

"You've had *enough*, anyway," said Mrs. Brown firmly.

The martyr rose, pale but proud.

"Well, can I go then, if I can't have any more tea?"

"There's plenty of bread and butter."

"I don't want bread and butter," he said, scornfully.

"Dear child!" murmured Cousin Mildred, vaguely, as he departed.

He returned to the story and lemonade and apple, and stretched himself happily at full length in the shady barn.

"But the ghostly visitant seemed to be fading away, and with a soft sigh was gone. Our hero, with a start of surprise, realised that he was alone with the gold and the skeleton. For the first time he experienced a thrill of cold fear and slowly retreated up the stairs before the hollow and, as it seemed, vindictive stare of the grinning skeleton."

"I wonder wot he was grinnin' at?" said William.

"But to his horror the door was shut, the panel had slid back. He had no means of opening it. He was imprisoned on a remote part of the castle, where even the servants came but rarely, and at intervals of weeks. Would his fate be that of the man whose bones gleamed white in the moonlight?"

"Crumbs!" said William, earnestly.

Then a shadow fell upon the floor of the barn, and Cousin Mildred's voice greeted him.

"So you're here, dear? I'm just exploring your garden and thinking. I like to be alone. I see that you are the same, dear child!"

"I'm readin'," said William, with icy dignity.

"Dear boy! Won't you come and show me the garden and your favourite nooks and corners?"

William looked at her thin, vague, amiable face, and shut his book with a resigned sigh.

"All right," he said, laconically.

He conducted her in patient silence round the kitchen garden and the shrubbery. She looked sadly at the house, with its red brick, uncompromisingly-modern appearance.

"William, I wish your house was *old*," she said sadly.

William resented any aspersions on his house from outsiders. Personally he considered newness in a house an attraction, but, if anyone wished for age, then old his house should be.

"*Old!*" he ejaculated. "Huh! I guess it's *old* enough."

"Oh, is it?" she said, delighted. "Restored recently, I suppose?"

"Umph," agreed William, nodding.

"Oh, I'm so glad. I may have some psychic revelation here, then?"

"Oh yes," said William, judically. "I shouldn't wonder."

"William, have you ever had one?"

"Well," said William, guardedly, "I dunno."

His mysterious manner threw her into a transport.

"Of course not to anyone. But to *me*—I'm one of the sympathetic! To me you may speak freely, William."

William, feeling that his ignorance could no longer be hidden by words, maintained a discreet silence.

"To me it shall be sacred, William. I will tell no one—not even your parents. I believe that children see—clouds of glory and all that," vaguely. "With your unstained childish vision——"

"I'm eleven," put in William indignantly.

"You see things that to the wise are sealed. Some manifestation, some spirit, some ghostly visitant——"

"Oh," said William, suddenly enlightened, "you talkin' about *ghosts?*"

"Yes, ghosts, William."

Her air of deference flattered him. She evidently expected great things of him. Great things she should have. At the best of times with William imagination was stronger than cold facts.

He gave a short laugh.

"Oh, *ghosts!* Yes, I've seen some of 'em. I guess I *have!*"

Her face lit up.

"Will you tell me some of your experiences, William?" she said, humbly.

"Well," said William, loftily, "you won't go *talkin'* about it, will you?"

"Oh, *no.*"

"Well, I've seen 'em, you know. Chains an' all. And skeletons. And ghostly arms beckonin' an' all that."

William was enjoying himself. He walked with a swagger. He almost believed what he said. She gasped.

"Oh, go on!" she said. "Tell me all."

He went on. He soared aloft on the wings of imagination, his hands in his pockets, his freckled face puckered up in frowning mental effort. He certainly enjoyed himself.

"If only some of it could happen to *me,*" breathed his confidante. "Does it come to you at *nights,* William?"

"Yes," nodded William. "Nights mostly."

"I shall—watch to-night," said Cousin Mildred. "And you say the house is old?"

"Awful old," said William, reassuringly.

Her attitude to William was a relief to the rest of the family. Visitors sometimes objected to William.

"She seems to have almost taken to William," said his mother, with a note of unflattering incredulity in her voice.

William was pleased yet embarrassed by her attentions. It was a strange experience to him to be accepted by a grown-up as a fellow-being. She talked to him with interest and a certain humility, she bought him sweets and seemed pleased that he accepted them, she went for walks with him, and evidently took his constrained silence for the silence of depth and wisdom.

Beneath his embarrassment he was certainly pleased and flattered. She seemed to prefer his company to that of Ethel. That was one in the eye for Ethel. But he felt that something was expected from him in return for all this kindness and attention. William was a sportsman. He decided to supply it. He took a book of ghost stories from the juvenile library at school, and read them in the privacy of his room at night. Many were the thrilling adventures which he had to tell to Cousin Mildred in the morning. Cousin Mildred's bump of credulity was a large one. She supplied him with sweets on a generous scale. She listened to him with awe and wonder.

"William . . . you are one of the elect, the chosen," she said, "one of those whose spirits can break down the barrier between the unseen world and ours with ease." And always she sighed and stroked back her thin locks, sadly. "Oh, how I wish that some experience would happen to *me!*"

One morning, after the gift of an exceptionally large tin of toffee, William's noblest feelings were aroused.

Manfully he decided that something *should* happen to her.

Cousin Mildred slept in the bedroom above William's. Descent from one window to the other was easy, but ascent was difficult. That night Cousin Mildred awoke suddenly as the clock struck twelve. There was no moon, and only dimly did she discern the white figure that stood in the light of the window. She sat up, quivering with eagerness. Her short, thin little pigtail stuck out horizontally from her head. Her mouth was wide open.

"Oh!" she gasped.

The white figure moved a step forward and coughed nervously.

Cousin Mildred clasped her hands.

"Speak!" she said, in a tense whisper. "Oh, speak! Some message! Some revelation."

William was nonplussed. None of the ghosts he had read of had spoken. They had rattled and groaned and beckoned, but they had not spoken. He tried groaning and emitted a sound faintly reminiscent of a sea-sick voyager.

"Oh, *speak!*" pleaded Cousin Mildred.

Evidently speech was a necessary part of this performance. William wondered whether ghosts spoke English or a language of their own. He inclined to the latter view and nobly took the plunge.

"Honk. Yonk. Ponk," he said, firmly.

Cousin Mildred gasped in wonder.

"Oh, explain," she pleaded, ardently. "Explain in our poor human speech. Some message——"

William took fright. It was all turning out to be much more complicated than he had expected. He hastily passed through the room and out of the door, closing it noisily behind him. As he ran along the passage came a sound like a crash of thunder. Outside in the passage were Cousin Mildred's boots, William's father's boots, and William's brother's boots, and into these charged William in his headlong retreat. They slid noisily along

SHE SAT UP, QUIVERING WITH EAGERNESS. HER SHORT, THIN LITTLE PIGTAIL STUCK OUT HORIZONTALLY FROM HER HEAD. HER MOUTH WAS WIDE OPEN.

the polished wooden surface of the floor, ricochetting into each other as they went. Doors opened suddenly and William's father collided with William's brother in the dark passage, where they wrestled fiercely before they discovered each other's identity.

"I heard that confounded noise and I came out——"

"So did I."

"Well, then, who *made* it?"

"Who did?"

"If it's that wretched boy up to any tricks again——"

William's father left the sentence unfinished, but went with determined tread towards his younger son's room. William was discovered, carefully spreading a sheet over his bed and smoothing it down.

Mr. Brown, roused from his placid slumbers, was a sight to make a brave man quail, but the glance that William turned upon him was guileless and sweet.

"Did you make that confounded row kicking boots about the passage?" spluttered the man of wrath.

"No, Father," said William, gently. "I've not bin kickin' no boots about."

"Were you down on the lower landing just now?" said Mr. Brown, with compressed fury.

William considered this question silently for a few seconds, then spoke up brightly and innocently.

"I dunno, Father. You see, some folks walk in their sleep, and when they wake up they dunno where they've bin. Why, I've heard of a man walkin' down a fire escape in his sleep, and then he woke up and couldn't think how he'd got to be there where he was. You see, he didn't know he'd walked down all them steps sound asleep, and——"

"Be *quiet*," thundered his father. "What in the name of—what on earth are you doing making your bed in the middle of the night? Are you insane?"

William, perfectly composed, tucked in one end of his sheet.

"No, Father, I'm not insane. My sheet just fell off me in the night and I got out to pick it up. I must of bin a bit restless, I suppose. Sheets come off easy when folks is restless in bed, and they don't know anythin' about it till they wake up jus' same as sleep walkin'. Why, I've heard of folks——"

"Be *quiet*——*!*"

At that moment William's mother arrived, placid as ever, in her dressing-gown, carrying a candle.

"Look at him," said Mr. Brown, pointing at the meek-looking William.

"He plays Rugger up and down the passage with the boots all night and then he begins to make his bed. He's mad. He's——"

William turned his calm gaze upon him.

"*I* wasn't playin' Rugger with the boots, Father," he said, patiently.

Mrs. Brown laid her hand soothingly upon her husband's arm.

"You know, dear," she said, gently, "a house is always full of noises at night. Basket chairs creaking——"

Mr. Brown's face grew purple.

"*Basket chairs*——*!*" he exploded, violently, but allowed himself to be led unresisting from the room.

William finished his bed-making with his usual frown of concentration, then, lying down, fell at once into the deep sleep of childish innocence.

But Cousin Mildred was lying awake, a blissful smile upon her lips. She, too, was now one of the elect, the chosen. Her rather deaf ears had caught the sound of supernatural thunder as her ghostly visitant departed, and she had beamed with ecstatic joy.

"Honk," she murmured, dreamily. "Honk, Yonk, Ponk."

*   *   *

William felt rather tired the next evening. Cousin Mildred had departed leaving him a handsome present of a large box of chocolates. William had consumed these with undue haste in view of possible maternal interference. His broken night was telling upon his spirits. He felt distinctly depressed and saw the world through jaundiced eyes. He sat in the shrubbery, his chin in his hand, staring moodily at the adoring mongrel, Jumble.

"It's a rotten world," he said, gloomily. "I've took a lot of trouble over her and she goes and makes me feel sick with chocolates."

Jumble wagged his tail, sympathetically.

Chapter 8

The May King

William was frankly bored. School always bored him. He disliked facts, and he disliked being tied down to detail, and he disliked answering questions. As a politician a great future would have lain before him. William attended a mixed school because his parents hoped that feminine influence might have a mellowing effect upon his character. As yet the mellowing was not apparent. He was roused from his day-dreams by a change in the voice of Miss Dewhurst, his form mistress. It was evident that she was not talking about the exports of England (a subject in which William took little interest) any longer.

"Children," she said brightly. "I want to have a little May Queen for the first of May. The rest of you must be her courtiers. I want you all to vote to-morrow. Put down on a piece of paper the name of the little girl you think would make the sweetest little Queen, and the rest of you shall be her swains and maidens."

"We're goin' to have a May Queen," remarked William to his family at dinner, "an' I'm goin' to be a swain."

His interest died down considerably when he discovered the meaning of the word swain.

"Isn't it no sort of animal at all?" he asked indignantly.

"Well, I'm not going to be in it, then," he said when he heard that it was not.

The next morning Evangeline Fish began to canvass for votes methodically. Evangeline Fish was very fair, and was dressed always in that shade of blue that shrieks aloud to the heavens and puts the skies to shame. She was considered the beauty of the form.

"I'll give you two bull's eyes if you'll vote for me," she said to William.

"*Two!*" said William with scorn.

"Six," she bargained.

"All right," he said, "you can give me six bull's eyes if you want. There's nothing to stop you givin' me six bull's eyes if you want, is there? Not that I know of."

"But you'll have to promise to put down my name on the paper if I give you six bull's eyes," she said suspiciously.

"All right," said William. "I can easy promise that."

Whereupon she handed over the six bull's eyes. William returned one as being under regulation size, and waited frowning till she replaced it by a larger one.

"Now, you've promised," said Evangeline Fish. "They'll make you ill an' die if you break your promise on them."

William kept his promise with true political address. He wrote "E. Fish—I *don't* think!" on his voting paper and his vote was disqualified. But Evangeline Fish was elected May Queen by an overwhelming majority. She was, after all, the beauty of the form and she always wore blue. And now she was to be May Queen. Her prestige was established for ever. "Little angel," murmured the elder girls. The small boys fought for her favours. William began to dislike her intensely. Her voice, and her smile, and her ringlets, and her blue dress began to jar upon his nerves. And when anything began to jar on William's nerves something always happened.

It was not till about a week later that he noticed Bettine Franklin. Bettine was small and dark. There was nothing "angelic" about her. William had noticed her vaguely in school before and had hardly looked upon her as a distinct personality. But one recreation in the playground he stood leaning against the wall by himself, scowling at Evangeline Fish. She was surrounded by a crowd of admirers, and was prattling to them artlessly in her angelic voice.

"I'm going to be dressed in white muslin with a blue sash. Blue suits me, you know. I'm so fair." She tossed back a ringlet. "One of you will have to hold my train and the rest must dance round me. I'm going to have a crown and——" She turned round in order to avoid the scowling gaze of William in the distance. William had discovered that his scowl annoyed her, and since then had given it little rest. But there was no satisfaction in scowling at the back of her well-curled head, so he relaxed his scowl and let his gaze wander round the playground. And it fell upon Bettine. Bettine was also standing by herself and gazing at Evangeline Fish. But she was not scowling. She was looking at Evangeline Fish with wistful envy. For Evangeline Fish was "angelic" and a May Queen, and she was neither of these things. William strolled over and lolled against the wall next to her.

"'Ullo!" he said, without looking at her, for this change of position had brought him again within range of Evangeline Fish's eye, and he was once more simply one concentrated scowl.

"'Ullo," murmured Bettine shyly and politely.

"You like pink rock?" was William's next effort.

"Um," said Bettine, nodding emphatically.

"I'll give you some next time I buy some," said

William manifcently, "but I shan't be buying any for a long time," he added bitterly, " 'cause an ole ball slipped out my hands on to our dining-room window before I noticed it yesterday."

She nodded understandingly.

"I don't mind!" she said sweetly. "I'll like you jus' as much if you don't give me any rock."

William blushed.

"I di'n't know you liked me," he said.

"I do," she said fervently. "I like your face an' I like the things you say."

William had forgotten to scowl. He was one flaming mixture of embarrassment and delight. He plunged his hands into his pockets and brought out two marbles, a piece of clay, and a broken toy gun.

"You can have 'em all," he said in reckless generosity.

"You keep 'em for me," said Bettine sweetly. "I hope you dance next me at the Maypole when Evangeline's Queen. Won't it be lovely?" and she sighed.

"Lovely?" exploded William. "Huh!"

"Won't you like it?" said Bettine wonderingly.

"*Me!*" exploded William again. "Dancin' round a pole! Round that ole girl?"

"But she's so pretty."

"No, she isn't," said William firmly, "she jus' isn't. Not *much!* I don' like her narsy shiny hair an' I don't like her narsy blue clothes, an' I don' like her narsy face, an' I don't like her narsy white shoes, nor her narsy necklaces, nor her narsy squeaky voice——"

He paused.

Bettine drew a deep breath.

"Go on some more," she said. "I *like* listening to you."

"Do *you* like her?" said William.

"No. She's awful *greedy*. Did you know she was awful

greedy?"

"I can *b'lieve* it," said William. "I can b'lieve *anything*
of anyone wot talks in that squeaky voice."

"Jus' watch her when she's eatin' cakes—she goes on
eatin' and eatin' and eatin'."

"She'll bust an' die one day then," prophesied
William solemnly, "an' *I* shan't be sorry."

"But she'll look ever so beautiful when she's a May
Queen."

"You'd look nicer," said William.

Bettine's small pale face flamed.

WILLIAM ACCORDED HER A CERTAIN GRUDGING ADMIRATION.
ICED CAKES, CREAM CAKES, PASTRIES MELTED AWAY BEFORE
HER.

"Oh, *no*," she said.

"Would you like to be a May Queen?"

"Oh, *yes*," she said.

"Um," said William, and returned to the discomfiture of Evangeline Fish by his steady concentrated scowl.

The next day he had the opportunity of watching her eating cakes. They met at the birthday party of a mutual classmate, and Evangeline Fish took her stand by the table and consumed cakes with a perseverance and determination worthy of a nobler cause. William accorded her a certain grudging admiration. Not once did she falter or faint. Iced cakes, cream cakes, pastries melted away before her and never did she lose her ethereal angelic appearance. Tight golden ringlets, blue eyes, faintly flushed cheeks, vivid pale blue dress remained immaculate and unruffled, and still she ate cakes. William watched her in amazement, forgetting even to scowl at her. Her capacity for cakes exceeded even William's, and his was no mean one.

They had a rehearsal of the Maypole dance and crowning the next day.

"I want William Brown to hold the queen's train," said Miss Dewhurst.

"*Me?*" ejaculated William in horror. "D'you mean *me?*"

"Yes, dear. It's a great honour to be asked to hold little Queen Evangeline's train. I'm sure you feel very proud. You must be her little courtier."

"Huh!" said William, transferring his scowl to Miss Dewhurst.

Evangeline beamed. She wanted William's admiration. William was the only boy in the form who was not her slave. She smiled at William sweetly.

"I'm not *good* at holdin' trains," said William. "I don't *like* holdin' trains. I've never bin *taught* 'bout holdin' trains. I might do it wrong on the day an' spoil it all. I shan't like to spoil it all," he added virtuously.

"Oh, we'll have heaps of practices," said Miss Dewhurst brightly.

As he was going Bettine pressed a small apple into his hand.

"A present for you," she murmured. "I saved it from my dinner."

He was touched.

"I'll give you somethin' to-morrow," he said, adding hastily, "if I can find anythin'."

They stood in silence till he had finished his apple.

"I've left a lot on the core," he said in a tone of unusual politeness, handing it to her, "would you like to finish it?"

"No, thank you. William, you'll look so nice holding her train."

"I don't want to, an' I bet I *won't!* You don't *know* the things I can do," he said darkly.

"Oh, William!" she gasped in awe and admiration.

"I'd hold your train if you was goin' to be queen," he volunteered.

"I wouldn't want you to hold my train," she said earnestly. "I'd—I'd—I'd want you to be May King with me."

"Yes. Why don't they have May Kings?" said William, stung by this insult to his sex.

"Why shouldn't there be a May King?"

"I speck they *do*, really, only p'raps Miss Dewhurst doesn't know about it."

"Well, it doesn't seem sense not having May Kings, does it? I wun't mind bein' May King if you was May Queen."

*　　*　　*

The rehearsal was, on the whole, a failure.

"William Brown, don't hold the train so high. No, not quite so low. Don't stand so near the Queen, William Brown. No, not so far away—you'll pull the train off. Walk when the Queen walks, William Brown, don't stand still. Sing up, please, train bearer. No, not quite so loud. That's deafening and not melodious."

In the end he was degraded from the position of train-bearer to that of ordinary "swain." The "swains" were to be dressed in smocks and the "maidens" in print dresses, and the Maypole dance was to be performed round Evangeline Fish, who was to stand in queenly attire by the pole in the middle. All the village was to be invited.

At the end of the rehearsal William came upon Bettine, once more gazing wistfully at Evangeline Fish, was was coquetting (with many tosses of the fair ringlets) before a crowd of admirers.

"Isn't it lovely for her to be May Queen?" said Bettine.

"She's a rotten one," said William. "I'm jolly glad *I've* not to hold up her rotten ole train an' listen to her nasty squeaky voice singin' close to, an' I'll give you a present to-morrow."

He did. He found a centipede in the garden and pressed it into her hand on the way to school.

"They're jolly int'restin'," he said. "Put it in a match-box and make holes for its breath and it'll live ever so long. It won't bite you if you hold it the right way."

And because she loved William she took it without even a shudder.

Evangeline Fish began to pursue William. She grudged him bitterly to Bettine. She pirouetted near him in her sky-blue garments, she tossed her ringlets about him. She ogled him with her pale blue eyes.

And in the long school hours during which he
dreamed at his desk, or played games with his friends,
while highly-paid instructors poured forth their wisdom
for his benefit, William evolved a plan. Unfortunately,
like most plans, it required capital, and William had no
capital. Occasionally William's elder brother Robert
would supply a few shillings without inconvenient
questions, but it happened that Robert was ignoring
William's existence at that time. For Robert had (not for
the first time) discovered his Ideal, and the Ideal had
been asked to lunch the previous week. For days before
Robert had made William's life miserable. He had
objected to William's unbrushed hair and unmanicured
hands, and untidy person, and noisy habits. He had
bitterly demanded what She would think on being asked
to a house where she might meet such an individual as
William; he had insisted that William should be taught
habits of cleanliness and silence before She came; he had
hinted darkly that a man who had William for a brother
was hampered considerably in his love affairs because
She would think it was a queer kind of family where
anyone like William was allowed to grow up. He had
reserved some of his fervour for the cook. She must have
a proper lunch—not stews and stuff they often had—
there must be three vegetables and there must be cheese
straws. Cook must learn to make better cheese straws.
And William, having swallowed insults for three whole
days, planned vengeance. It was a vengeance which only
William could have planned or carried out. For only
William could have seized a moment just before lunch
when the meal was dished up and cook happened to be
out of the kitchen to carry the principal dishes down to
the coal cellar and conceal them beneath the best nuts.

It is well to draw a veil over the next half-hour. Both

William and the meal had vanished. Robert tore his hair and appealed vainly to the heavens. He hinted darkly at suicide. For what is cold tongue and coffee to offer to an Ideal? The meal was discovered during the afternoon in its resting-place and given to William's mongrel, Jumble, who crept about during the next few days in agonies of indigestion. Robert had bitterly demanded of William why he went about the world spoiling people's lives and ruining their happiness. He had implied that when William met with the One and Only Love of his Life he need look for no help or assistance from him (Robert), because he (William) had dashed to the ground his (Robert's) cup of happiness, because he'd never in his life met anyone before like Miss Laing, and never would again, and he (William) had simply condemned him to a lonely and miserable old age, because who'd want to marry anyone that asked them to lunch and then gave them coffee and cold tongue, and he'd never want to marry anyone else, because it was the One and Only Love of his Life, and he hoped he (William) would realise, when he was old enough to realise, what it meant to have your life spoilt and your happiness ruined all through coffee and tongue, because someone you'd never speak to again had hidden the lunch. Whence it came that William, optimist though he was, felt that any appeal to Robert for funds would be inopportune, to say the least of it.

But Providence was on William's side for once. An old uncle came to tea and gave William five shillings.

"Going to dance at a Maypole, I hear?" he chuckled.

"P'raps," was all William said.

His family were relieved by his meekness with regard to the May Day festival. Sometimes William made such a foolish fuss about being dressed up and performing in public.

"You know, dear," said his mother, "it's a dear old festival, and quite an honour to take part in it, and a smock is quite a nice manly garment."

"Yes, Mother," said William.

The day was fine—a real May Day. The Maypole was fixed up in the field near the school, and the little performers were to change in the schoolroom.

William went out with his brown paper parcel of stage properties under his arm and stood gazing up the road by which Evangeline Fish must come to the school. For Evangeline Fish would have to pass his gate. Soon he saw her, her pale blue radiant in the sun.

"'Ullo!" he greeted her.

She simpered. She had won him at last.

"Waitin' to walk to the school with me, William?" she said.

He still loitered.

"You're awful early."

"Am I? I thought I was late. I meant to be late. I don't want to be too early. I'm the most 'portant person, and I want to walk in after the others, then they'll all look at me."

She tossed her tightly-wrought curls.

"Come into our ole shed a minute," said William. "I've got a present for you."

She blushed and ogled.

"Oh, *William!*" she said, and followed him into the wood-shed.

"Look!" he said.

His uncle's five shillings had been well expended. Rows of cakes lay round the shed, pastries, and sugar cakes, and iced cakes, and currant cakes.

"Have a lot," said William. "They're all for you. Go

on! Eat 'em all. You can eat an' eat an' eat. There's lots
an' lots of time and they can't begin without you, can
they?"

"Oh, *William!*" she said.

She gloated over them.

"Oh, may I?"

"There's heaps of time," said William. "Go on! Eat
them all!"

Her greedy little eyes seemed to stand out of her head.

"Oo!" she said in rapture.

"HAVE A LOT," SAID WILLIAM. "THEY'RE ALL FOR YOU. GO ON!
EAT 'EM ALL. YOU CAN EAT AN' EAT AN' EAT."

She sat down on the floor and began to eat, lost to everything but icing and currants and pastry. William made for the door, then he paused, gazed wistfully at the feast, stepped back, and, grabbing a cream bun in each hand, crept quietly away.

Bettine in her print frock was at the door of the school.

"Hurry up!" she said anxiously. "You're going to be late. The others are all out. They're waiting to begin. Miss Dewhurst's out there. They're all come but you an' the Queen. I stayed 'cause you asked me to stay to help you."

He came in and shut the door.

"You're goin' to be May Queen," he announced firmly.

"*Me?*" she said in amazement.

"Yes. An' I'm goin' to be King."

He unwrapped his parcel.

"Look!" he said.

He had ransacked his sister's bedroom. Once Ethel had been to a fancy dress dance as a Fairy. Over Bettine's print frock he drew a crumpled gauze slip with wings, torn in several places. On her brow he placed a tinsel crown at a rakish angle. And she quivered with happiness.

"Oh, how lovely!" she said. "How lovely! How lovely!"

His own preparations were simpler. He tied a red sash that he had taken off his sister's hat over his right shoulder and under his left arm on the top of his smock. Someone had once given him a small 'bus conductor's cap with a toy set of tickets and clippers. He placed the cap upon his head with its peak over one eye. It was the only official headgear he had been able to procure. Then he took a piece of burnt cork from his parcel and solemnly drew a fierce and military moustache upon his cheek and lip. To William no kind of theatricals was complete without a corked moustache.

Then he took Bettine by the hand and led her out to the Maypole.

The dancers were all waiting holding the ribbons. The audience was assembled and a murmur of conversation was rising from it. It ceased abruptly as William and Bettine appeared. William's father, mother and sister were in the front row. Robert was not there. Robert had declined to come to anything in which that little wretch was to perform. He'd jolly well had enough of that little wretch to last his lifetime, thank you very much.

William and Bettine stepped solemnly hand in hand upon the little platform which had been provided for the May Queen.

Miss Dewhurst, who was chatting amicably to the parents till the last of her small performers should appear, seemed suddenly turned to stone, with mouth gaping and eyes wide. The old fiddler, who was rather short-sighted, struck up the strains, and the dancers began to dance. The audience relaxed, leaning back in their chairs to enjoy the scene. Miss Dewhurst was still frozen. There were murmured comments. "How curious to have that boy there! A sort of attendant, I suppose."

"Yes, perhaps he's something allegorical. A sort of pageant. Good Luck or something. It's not quite the sort of thing I expected, I must admit."

"What do you think of the Queen's dress? I always thought Miss Dewhurst had better taste. Rather tawdry, I call it."

"I think the moustache is a mistake. It gives quite a common look to the whole thing. I wonder who he's meant to be? Pan, do you think?" uncertainly.

"Oh, no, nothing so *pagan*, I hope," said an elderly matron, horrified. "He's that Brown boy, you know. There always seems to be something queer about anything he's in. I've noticed it often. But I *hope* he's meant to be something more Christian than Pan, though one never knows in these days," she added darkly.

William's sister had recognised her possessions, and was gasping in anger.

William's father, who knew William, was smiling sardonically.

William's mother was smiling proudly.

"You're always running down William," she said to

WILLIAM AND BETTINE STEPPED SOLEMNLY HAND IN HAND UPON THE LITTLE PLATFORM WHICH HAD BEEN PROVIDED FOR THE MAY QUEEN.

the world in general, "but look at him now. He's got a very important part, and he said nothing about it at home. I call it very nice and modest of him. And what a dear little girl."

Bettine, standing on the platform with William's hand holding hers and the Maypole dancers dancing round her, was radiant with pride and happiness.

*   *   *

And Evangeline Fish in the wood-shed was just beginning the last currant cake.

Chapter 9

The Revenge

William was a scout. The fact was well known. There was no one within a five-mile radius of William's home who did not know it. Sensitive old ladies had fled shuddering from their front windows when William marched down the street singing (the word is a euphemism) his scout songs in his strong young voice. Curious smells emanated from the depth of the garden where William performed mysterious culinary operations. One old lady whose cat had disappeared looked at William with dour suspicion in her eye whenever he passed. Even the return of her cat a few weeks later did not remove the hostility from her gaze whenever it happened to rest upon William.

William's family had welcomed the suggestion of William's becoming a scout.

"It will keep him out of mischief," they had said.

They were notoriously optimistic where William was concerned.

William's elder brother only was doubtful.

"You know what William is," he said, and in that dark saying much was contained.

Things went fairly smoothly for some time. He took the scout's law of a daily deed of kindness in its most literal sense. He was to do one (and one only) deed of kindness a day. There were times when he forced complete strangers, much to their embarrassment, to be the unwilling recipients of his deed of kindness. There were times when he answered any demand for help with a cold: "No, I've done it to-day."

He received with saint-like patience the eloquence of his elder sister when she found her silk scarf tied into innumerable knots.

"Well, they're jolly good knots," was all he said.

He had been looking forward to the holidays for a long time. He was to "go under canvas" at the end of the first week.

The first day of the holidays began badly. William's father had been disturbed by William, whose room was just above and who had spent most of the night performing gymnastics as instructed by his scout-master.

"No, he didn't *say* do it at nights, but he said do it. He said it would make us grow up strong men. Don't you *want* me to grow up a strong man? He's ever so strong an' *he* did 'em. Why shun't I?"

His mother found a pan with the bottom burnt out and at once accused William of the crime. William could not deny it.

"Well, I was makin' sumthin', sumthin' he'd told us an' I forgot it. Well, I've *got* to make things if I'm a scout. I didn't *mean* to forget it. I won't forget it next time. It's a rotten pan, anyway, to burn itself into a hole jus' for that."

At this point William's father received a note from a neighbour whose garden adjoined William's and whose life had been rendered intolerable by William's efforts upon his bugle.

The bugle was confiscated.

Darkness descended upon William's soul.

"Well," he muttered, "I'm goin' under canvas next

week an' I'm jolly *glad* I'm goin'. P'r'aps you'll be sorry when I'm gone."

He went out into the garden and stood gazing moodily into space, his hands in the pocket of his short scout trousers, for William dressed on any and every occasion in his official costume.

"Can't even have the bugle," he complained to the landscape. "Can't even use their rotten ole pans. Can't tie knots in any of their ole things. Wot's the good of *bein'* a scout?"

His indignation grew and with it a desire to be avenged upon his family.

"I'd like to *do* somethin'," he confided to a rose bush with a ferocious scowl. "Somethin' jus' to show 'em."

Then his face brightened. He had an idea.

He'd get lost. He'd get really lost. They'd be sorry then all right. They'd p'r'aps think he was dead and they'd be sorry then all right. He imagined their relief, their tearful apologies when at last he returned to the bosom of his family. It was worth trying, anyway.

He set off cheerfully down the drive. He decided to stay away for lunch and tea and supper, and to return at dusk to a penitent, conscience-stricken family.

He first made his way to a neighbouring wood, where he arranged a pile of twigs for a fire, but they refused to light, even with the aid of the match that William found adhering to a piece of putty in the recess of one of his pockets.

Slightly dispirited, he turned his attention to his handkerchief and tied knots in it till it gave way under the strain. William's handkerchiefs, being regularly used to perform the functions of blotting paper among other duties not generally entrusted to handkerchiefs, were always in the last stages of decrepitude.

He felt rather bored and began to wonder whether it was lunch-time or not.

He then "scouted" the wood and by his wood lore traced three distinct savage tribes' passage through the wood and found the tracks of several elephants. He engaged in deadly warfare with about half a dozen lions, then tired of the sport. It must be about lunch-time. He could imagine Ethel, his sister, hunting for him wildly high and low with growing pangs of remorse. She'd wish she'd made less fuss over that old scarf. His mother would recall the scene over the pan and her heart would fail her. His father would think with shame of his conduct in the matter of the bugle.

"Poor William! How cruel we were! How different we shall be if only he comes home. . . .!"

He could almost hear the words. Perhaps his mother was weeping now. His father—wild-eyed and white-lipped—was pacing his study, waiting for news, eager to atone for his unkindness to his missing son. Perhaps he had the bugle on the table ready to give back to him. Perhaps he'd even bought him a new one.

He imagined the scene of his return. He would be nobly forgiving. He would accept the gift of the new bugle without a word of reproach. His heart thrilled at the thought of it.

He was getting jolly hungry. It must be after lunch-time. But it would spoil it all to go home too early.

Here he caught sight of a minute figure regarding him with a steady gaze and holding a paper bag in one hand.

William stared down at him.

"Wot you dressed up like that for?" said the apparition, with a touch of scorn in his voice.

William looked down at his sacred uniform and scowled. "I'm a scout," he said loftily.

"'Cout?" repeated the apparition, with an air of

polite boredom. "Wot's your name?"

"William."

"Mine's Thomas. Will you catch me a wopse? Look at my wopses!"

He opened the bag slightly and William caught sight of a crowd of wasps buzzing about inside the bag.

"Want more," demanded the infant. "Want lots more. Look. Snells!"

He brought out a handful of snails from a miniature pocket, and put them on the ground.

"Watch 'em put their horns out! Watch 'em walk. Look! *They're walkin'*. They're *walkin'*."

His voice was a scream of ecstasy. He took them up and returned them to their pocket. From another he drew out a wriggling mass.

"Wood-lice!" he explained, casually. "Got worms in 'nother pocket."

He returned the wood-lice to his pocket except one, which he held between a finger and thumb laid thoughtfully against his lip. "Want wopses now. You get 'em for me."

William roused himself from his bewilderment.

"How—how do you catch 'em?" he said.

"Wings," replied Thomas. "Get hold of their wings an' they don't sting. Sometimes they do, though," he added casually. "Then your hands go big."

A wasp settled near him, and very neatly the young naturalist picked him up and put him in his paper prison.

"Now you get one," he ordered William.

William determined not to be outshone by this minute but dauntless stranger. As a wasp obligingly settled on a flower near him, he put out his hand, only to withdraw it with a yell of pain and apply it to his mouth.

"Oo—ou!" he said. "Crumbs!"

Thomas emitted a peal of laughter.

"You stung?" he said. "Did it sting you? *Funny!*"

William's expression of rage and pain was exquisite to him.

"Come on, boy!" he ordered at last. "Let's go somewhere else."

William's bewildered dignity made a last stand.

"*You* can go," he said. "I'm playin' by myself."

"All right!" agreed Thomas. "You play by you'self an' me play by myself, an' we'll be together—playin' by ourselves."

He set off down a path, and meekly William followed. It must be jolly late—almost tea-time.

"I'm hungry," said Thomas suddenly. "Give me some brekfust."

"I haven't got any," said William irritably.

"Well, find some," persisted the infant.

"I can't. There isn't any to find."

"Well, buy some!"

"I haven't any money."

"Well, buy some money."

Goaded, William turned on him.

"Go away!" he bellowed.

Thomas's blue eyes, beneath a mop of curls, met his coldly.

"Don't talk so loud," he said sternly. "There's some blackberries there. You can get me some blackberries."

William began to walk away, but Thomas trotted by his side.

"There!" he persisted. "Jus' where I'm pointing. Lovely great big suge ones. Get 'em for my brekfust."

Reluctantly the scout turned to perform his deed of kindness.

Thomas consumed blackberries faster than William could gather them.

"Up there," he commanded. "No, the one right up

there I want. I want it *kick*. I've etten all the others."

William was scratched and breathless, and his shirt was torn when at last the rapacious Thomas was satisfied. Then he partook of a little refreshment himself, while Thomas turned out his pockets.

"I'll let 'em go now," he said.

One of his wood-lice, however, stayed motionless where he put it.

"Wot's the matter with it?" said William, curiously.

"I 'speck me's the matter wif it," said Thomas succinctly. "Now, get me some lickle fishes, an' tadpoles an' water sings," he went on cheerfully.

William turned round from his blackberry-bush.

"Well, I won't," he said decidedly. "I've had enough!"

"You've had 'nuff brekfust," said Thomas sternly. "I've found a lickle tin for the sings, so be *kick*. Oo, here's a fly! A green fly! It's sittin' on my finger. Does it like me 'cause it's sittin' on my finger?"

"No," said William, turning a purple-stained countenance round scornfully.

It must be nearly night. He didn't want to be too hard on them, to make his mother ill or anything. He wanted to be as kind as possible. He'd forgive them at once when he got home. He'd ask for one or two things he wanted, as well as the new bugle. A new penknife, and an engine with a real boiler.

"Waffor does it not like me?" persisted Thomas.

William was silent. Question and questioner were beneath contempt.

"Waffor does it not like me?" he shouted stridently.

"Flies don't like people, silly."

"Waffor not?" retorted Thomas.

"They don't know anything about them."

"Well, I'll *tell* it about me. My name's Thomas," he

said to the fly politely. "Now does it like me?"

William groaned. But the fly had now vanished, and Thomas once more grew impatient.

"Come *on!*" he said. "Come on an' find sings for me."

William's manly spirit was by this time so far broken that he followed his new acquaintance to a neighbouring pond, growling threateningly but impotently.

"Now," commanded his small tyrant, "take off your boots an' stockings an' go an' find things for me."

"Take off yours," growled William, "an' find things for yourself."

"No," said Thomas, "crockerdiles might be there an' bite my toes. An pittanopotamuses might be there. If you don't go in, I'll scream an' scream an' *scream!*"

William went in.

He walked gingerly about the muddy pond. Thomas watched him critically from the bank.

"I don't like your *hair*," he said confidingly.

William growled.

He caught various small swimming objects in the tin, and brought them to the bank for inspection.

"I want more'n that," said Thomas calmly.

"Well, you won't *get* it," retorted William.

He began to put on his boots and stockings, wondering desperately how to rid himself of his unwanted companion. But Fate solved the problem. With a loud cry a woman came running down the path.

"Tommy," she said. "My little darling Tommy. I thought you were lost!" She turned furiously to William. "You ought to be ashamed of yourself," she said. "A great boy of your age leading a little child like this into mischief! If his father was here, he'd show you. You ought to know better! And you a scout."

William gasped.

"Well!" he said. "An' I've bin doin' deeds of kindness

on him all morning. I've——"

She turned away indignantly, holding Thomas's hand.

"You're never to go with that nasty rough boy again, darling," she said.

"Got lots of wopses an' some fishes," murmured Thomas contentedly.

They disappeared down the path. With a feeling of depression and disillusionment William turned to go home.

Then his spirits rose. After all, he'd got rid of Thomas,

SHE TURNED FURIOUSLY TO WILLIAM. "YOU OUGHT TO BE ASHAMED OF YOURSELF," SHE SAID.

and he was going home to a contrite family. It must be about supper-time. It would be getting dark soon. But it still stayed light a long time now. It wouldn't matter if he just got in for supper. It would have given them time to think things over. He could see his father speaking unsteadily, and holding out his hand.

"My boy . . . let bygones be bygones . . . if there is anything you want . . ."

His father had never said anything of this sort to him yet, but, by a violent stretch of imagination, he could just conceive it.

His mother, of course, would cry over him, and so would Ethel.

"Dear William . . . do forgive us . . . we have been so miserable since you went away . . . we will never treat you so again."

This again was unlike the Ethel he knew, but sorrow has a refining effect on all characters.

He entered the gate self-consciously. Ethel was at the front-door. She looked at his torn shirt and mud-caked knees.

"You'd better hurry if you're going to be ready for lunch," she said coldly.

"Lunch?" faltered William. "What time is it?"

"Ten to one. Father's in, so I warn you," she added unpleasantly.

He entered the house in a dazed fashion. His mother was in the hall.

"*William!*" she said impatiently. "Another shirt torn! You really are careless. You'll have to stop being a scout if that's the way you treat your clothes. And *look* at your knees!"

Pale and speechless, he went towards the stairs. His father was coming out of the library smoking a pipe. He looked at his son grimly.

"If you aren't downstairs *cleaned* by the time the lunch-bell goes, my son," he said, "you won't see that bugle of yours this side of Christmas."

William swallowed.

"Yes, father," he said meekly.

He went slowly upstairs to the bathroom.

Life was a rotten show.

Chapter 10

The Helper

The excitement began at breakfast. William descended slightly late, and, after receiving his parents' reproaches with an air of weary boredom, ate his porridge listlessly. He had come to the conclusion that morning that there was a certain monotonous sameness about life. One got up, and had one's breakfast, and went to school, and had one's dinner, and went to school, and had one's tea, and played, and had one's supper, and went to bed. Even the fact that to-day was a half-term holiday did not dispel his depression. *One* day's holiday! What good was *one* day? We all have experienced such feelings.

Half abstractedly he began to listen to his elders' conversation.

"They promised to be here by *nine*," his mother was saying. "I do hope they won't be late!"

"Well, it's not much good their coming if the other house isn't ready, is it?" said William's grown-up sister Ethel. "I don't believe they've even finished *painting!*"

"I'm so sorry it's William's half-term holiday," sighed Mrs. Brown. "He'll be frightfully in the way."

William's outlook on life brightened considerably.

"They comin' removin' this *morning?*" he inquired cheerfully.

"Yes, DO try not to hinder them, William."

"*Me?*" he said indignantly. "I'm goin' to *help!*"

"If William's going to help," remarked his father, "thank Heaven *I* shan't be here. Your assistance, William, always seems to be even more devastating in its results than your opposition!"

William smiled politely. Sarcasm was always wasted on William.

"Well," he said, rising from the table, "I'd better go an' be gettin' ready to help."

Ten minutes later Mrs. Brown, coming out of the kitchen from her interview with the cook, found to her amazement that the steps of the front door were covered with small ornaments. As she stood staring William appeared from the drawing-room staggering under the weight of a priceless little statuette that had been the property of Mr. Brown's great grandfather.

"WILLIAM!" she gasped.

"I'm gettin' all the little things read for 'em jus' to carry straight down. If I put everything on the steps they don't need come into the house at all. You *said* you didn't want 'em trampin' in dirty boots!"

It took a quarter of an hour to replace them. Over the fragments of a blue delf bowl Mrs. Brown sighed deeply.

"I wish you'd broken *anything* but this, William."

"Well," he excused himself, "you said things *do* get broken removin'. You said so *yourself!* I didn't break it on purpose. It jus' got broken removin'."

At this point the removers arrived.

There were three of them. One was very fat and jovial, and one was thin and harassed-looking, and a third wore a sheepish smile and walked with a slightly unsteady gait. They made profuse apologies for their lateness.

"You'd better begin with the dining-room," said Mrs. Brown. "Will you pack the china first? William, get out of the *way!*"

She left them packing, assisted by William. William carried the things to them from the sideboard cupboards.

"What's your names?" he asked, as he stumbled over a glass bowl that he had inadvertently left on the hearth-rug. His progress was further delayed while he conscientiously picked up the fragments. "Things *do* get broken removin'," he murmured.

"Mine is Mister Blake and 'is is Mister Johnson, and 'is is Mister Jones."

"Which is Mr. Jones? The one that walks funny?"

They shook with herculean laughter, so much so that a china cream jug slipped from Mr. Blake's fingers and lay in innumerable pieces round his boot. He kicked it carelessly aside.

"Yus," he said, bending anew to his task, "'im wot walks funny."

"Why's he walk funny?" persisted William. "Has he hurt his legs?"

"Yus," said Blake with a wink. "'E 'urt 'em at the Blue Cow comin' 'ere."

Mr. Jones' sheepish smile broadened into a guffaw.

"Well, you rest," said William sympathetically. "You lie down on the sofa an' rest. *I'll* help, so's you needn't do *anything!*"

Mr. Jones grew hilarious.

"Come on!" he said. "My eye! This young gent's all *roight*, 'e is. You lie down an' rest, 'e says! Well, 'ere goes!"

To the huge delight of his companions, he stretched himself at length upon the chesterfield and closed his eyes. William surveyed him with pleasure.

"That's right," he said. "I'll—I'll show you my dog when your legs are better. I've gotter *fine* dog!"

"What sort of a dog?" said Mr. Blake, resting from his

WILLIAM SURVEYED HIM WITH PLEASURE. "I'LL SHOW YOU MY
DOG WHEN YOUR LEGS ARE BETTER," HE SAID.

labours to ask the question.

"He's no *partic'lar* sort of a dog," said William
honestly, "but he's a jolly fine dog. You should see him
do tricks!"

"Well, let's 'ave a look at 'im. Fetch 'im art."

William, highly delighted, complied, and Jumble showed off his best tricks to an appreciative audience of two (Mr. Jones had already succumbed to the drowsiness that had long been creeping over him and was lying dead to the world on the chesterfield).

Jumble begged for a biscuit, he walked (perforce, for William's hand firmly imprisoned his front ones) on his hind legs, he leapt over William's arm. He leapt into the very centre of an old Venetian glass that was on the floor by the packing-case and cut his foot slightly on a piece of it, but fortunately suffered no ill-effects.

William saw consternation on Mr. Johnson's face and hastened to gather the pieces and fling them lightly into the waste-paper basket.

"It's all right," he said soothingly. "She *said* things get broken removin'."

When Mrs. Brown entered the room ten minutes later, Mr. Jones was still asleep, Jumble was still performing, and Messrs. Blake and Johnson were standing in negligent attitudes against the wall appraising the eager Jumble with sportsmanlike eyes.

"'E's no breed," Mr. Blake was saying, "but 'e's orl *roight*. I'd loik to see 'im arfter a rat. I bet 'e'd——"

Seeing Mrs. Brown, he hastily seized a vase from the mantel-piece and carried it over to the packing case, where he appeared suddenly to be working against time. Mr. Johnson followed his example.

Mrs. Brown's eyes fell upon Mr. Jones and she gasped.

"Whatever——" she began.

"'E's not very well 'm," explained Mr. Blake obsequiously. "'E'll be orl roight when 'e's slep' it orf. 'E's always orl roight when 'e's slep' it orf."

"He's hurt his legs," explained William. "He hurt his

legs at the Blue Cow. He's jus' *restin'!*"

Mrs. Brown swallowed and counted twenty to herself. It was a practice she had acquired in her youth for use in times when words crowded upon her too thick and fast for utterance.

At last she spoke with unusual bitterness.

"Need he rest with his muddy boots on my chesterfield?"

At this point Mr. Jones awoke from sleep, hypnotised out of it by her cold eye.

He was profuse in his apologies. He believed he had fainted. He had had a bad headache, brought on probably by exposure to the early morning sun. He felt much better after his faint. He regretted having fainted on to the lady's sofa. He partially brushed off the traces of his dirty boots with an equally dirty hand.

"You've done *nothing* in this room," said Mrs. Brown. "We shall *never* get finished. William, come away! I'm sure you're hindering them."

"Me?" said William in righteous indignation. *Me?* I'm *helpin'!*"

After what seemed to Mrs. Brown to be several hours they began on the heavy furniture. They staggered out with the dining-room sideboard, carrying away part of the staircase with it in transit. Mrs. Brown, with a paling face, saw her beloved antique cabinet dismembered against the doorpost, and watched her favourite collapsible card-table perform a thorough and permanent collapse. Even the hatstand from the hall was devoid of some pegs when it finally reached the van.

"This is simply breaking my heart," moaned Mrs. Brown.

"Where's William?" said Ethel, gloomily, looking round.

"'Sh! I don't know. He disappeared a few minutes ago. I don't know *where* he is. I only hope he'll stay there!"

The removers now proceeded to the drawing-room and prepared to take out the piano. They tried it every way. The first way took a piece out of the doorpost, the second made a dint two inches deep in the piano, the third knocked over the grandfather clock, which fell with a resounding crash, breaking its glass, and incidentally a tall china plant stand that happened to be in its line of descent.

Mrs. Brown sat down and covered her face with her hands.

"It's like some dreadful *nightmare!*" she groaned.

Messrs. Blake, Johnson and Jones paused to wipe the sweat of honest toil from their brows.

"I dunno *'ow* it's to be got out," said Mr. Blake despairingly.

"It got in!" persisted Mrs. Brown. "If it got in it can get out."

"We'll 'ave another try," said Mr. Blake with the air of a hero leading a forlorn hope. "Come on, mites."

This time was successful and the piano passed safely into the hall, leaving in its wake only a dislocated door handle and a torn chair cover. It then passed slowly and devastatingly down the hall and drive.

The next difficulty was to get it into the van. Messrs. Blake, Johnson and Jones tried alone and failed. For ten minutes they tried alone and failed. Between each attempt they paused to mop their brows and throw longing glances towards the Blue Cow, whose signboard was visible down the road.

The gardener, the cook, the housemaid, and Ethel all gave their assistance, and at last, with a superhuman effort, they raised it to the van.

They then all rested weakly against the nearest support and gasped for breath.

"Well," said Mr. Jones, looking reproachfully at the mistress of the house, "I've never 'andled a pianner——"

At this moment a well-known voice was heard in the recesses of the van, behind the piano and sideboard and hatstand.

"Hey! let me out! What you've gone blockin' up the van for? I can't get out!"

There was a horror-stricken silence. Then Ethel said sharply:

"What did you go *in* for?"

The mysterious voice came again with a note of irritability.

"Well, I was *restin'*. I mus' have some rest, mustn't I? I've been helpin' all mornin'."

"Well, couldn't you *see* we were putting things in?"

The unseen presence spoke again.

"No, I can't. I wasn't lookin'!"

"You can't get out, William," said Mrs. Brown desperately. "We can't move everything again. You must just stop there till it's unpacked. We'll try to push your lunch in to you."

There was determination in the voice that answered:

"I want to get out! I'm *going* to get out!"

There came tumultuous sounds—the sound of the ripping of some material, of the smashing of glass and of William's voice softly ejaculating "Crumbs! that ole lookin' glass gettin' in the way!"

"You'd better take out the piano again," said Mrs. Brown wanly. "It's the only thing to do."

With straining, and efforts, and groans, and a certain amount of destruction, the piano was eventually lowered again to the ground. Then the sideboard and hat-stand were moved to one side, and finally there emerged from the struggle—William and Jumble. Jumble's coat was covered with little pieces of horsehair, as though from the interior of a chair. William's jersey was torn from shoulder to hem. He looked stern and indignant.

"A nice thing to do!" he began bitterly. "Shuttin' me up in that ole van. How d'you expect me to breathe, shut in with ole bits of furniture. Folks can't live without air, can they? A nice thing if you'd found me *dead!*"

Emotion had deprived his audience of speech for the time being.

With a certain amount of dignity he walked past them into the house followed by Jumble.

It took another quarter of an hour to replace the piano. As they were making the final effort William came out of the house.

"Here, *I'll* help!" he said, and laid a finger on the side. His presence rather hindered their efforts, but they succeeded in spite of it. William, however, was under the impression that his strength alone had wrought the miracle. He put on an outrageous swagger.

"I'm jolly strong," he confided to Mr. Blake. "I'm stronger than most folk."

Here the removers decided that it was time for their midday repast and retired to consume it in the shady back garden. All except Mr. Jones, who said he would go down the road for a drink of lemonade. William said that there was lemonade in the larder and offered to fetch it, but Mr. Jones said hastily that he wanted a special sort. He had to be very particular what sort of lemonade he drank.

Mrs. Brown and Ethel sat down to a scratch meal in the library. William followed his two new friends wistfully into the garden.

**WILLIAM'S JERSEY WAS TORN FROM SHOULDER TO HEM. HE
LOOKED STERN AND INDIGNANT.**

"William! Come to lunch!" called Mrs. Brown.

"Oh, leave him alone, Mother," pleaded Ethel. "Let
us have a little peace."

But William did not absent himself for long.

"I want a red handkerchief," he demanded loudly
from the hall.

There was no response.

He appeared in the doorway.

"I say, I want a red handkerchief. Have you gotter red handkerchief, Mother?"

"No, dear."

"Have you, Ethel?"

"NO!"

"All right," said William aggrievedly. "You needn't get mad, need you? I'm only askin' for a red handkerchief. I don't want a red handkerchief off you if you haven't *got* it, do I?"

"William, go *away* and shut the door."

William obeyed. Peace reigned throughout the house and garden for the next half-hour. Then Mrs. Brown's conscience began to prick her.

"William must have something to eat, dear. Do go and find him."

Ethel went out to the back garden. A scene of happy restfulness met her gaze. Mr. Blake reclined against one tree consuming bread and cheese, while a red handkerchief covered his knees. Mr. Johnson reclined against another tree, also consuming bread and cheese, while a red handkerchief covered his knees. William leant against a third tree consuming a little heap of scraps collected from the larder, while on his knees also reposed what was apparently a red handkerchief. Jumble sat in the middle catching with nimble, snapping jaws dainties flung to him from time to time by his circle of admirers.

Ethel advanced nearer and inspected William's red handkerchief with dawning horror in her face. Then she gave a scream.

"*William*, that's my silk scarf! It was for a hat. I've only just bought it. Oh, Mother, do *do* something to William! He's taken my new silk scarf—the one I'd got to trim my Leghorn. He's the most *awful* boy. I don't think——"

Mrs. Brown came out hastily to pacify her. William handed the silk scarf back to its rightful owner.

"Well, I'm *sorry*. I *thought* it was a red handkerchief. It *looked* like a red handkerchief. Well, how could I *know* it wasn't a red handkerchief? I've given it her back. It's all right, Jumble's only bit one end of it. And that's only jam what dropped on it. Well, it'll *wash*, won't it? Well, I've said I'm sorry.

"I don't get much *thanks*," William continued bitterly. "Me givin' up my half holiday to helpin' you removin', an' I don't get much *thanks!*"

"Well, William," said Mrs. Brown, "you can go to the new house with the first van. He'll be less in the way there," she confided distractedly to the world in general.

William was delighted with this proposal. At the new house there was a fresh set of men to unload the van, and there was the thrill of making their acquaintance.

Then the front gate was only just painted and bore a notice "Wet Paint." It was, of course, incumbent upon William to test personally the wetness of the paint. His trousers bore testimony to the testing to their last day, in spite of many applications of turpentine. Jumble also tested it, and had in fact to be disconnected from the front gate by means of a pair of scissors. For many weeks the first thing that visitors to the Brown household saw was a little tuft of Jumble's hair adorning the front gate.

William then proceeded to "help" to the utmost of his power. He stumbled up from the van to the house staggering under the weight of a medicine cupboard, and leaving a trail of broken bottles and little pools of medicine behind. Jumble sampled many of the latter and became somewhat thoughtful.

It was found that the door of a small bedroom at the

top of the stairs was locked, and this fact (added to Mr. Jones' failure to return from his lemonade) rather impeded the progress of the unpackers.

"Brike it open," suggested one.

"Better not."

"Per'aps the key's insoide," suggested another brightly.

William had one of his brilliant ideas.

"Tell you what I'll do," he said eagerly and importantly. "I'll climb up to the roof an' get down the chimney an' open it from the inside."

They greeted the proposal with guffaws.

They did not know William.

It was growing dusk when Mrs. Brown and Ethel and the second van load appeared.

"What is that on the gate?" said Ethel, stooping to examine the part of Jumble's coat that brightened up the dullness of the black paint.

"It's that *dog!*" she said.

Then came a ghostlike cry, apparently from the heavens.

"Mother!"

Mrs. Brown raised a startled countenance to the skies. There seemed to be nothing in the skies that could have addressed her.

Then she suddenly saw a small face peering down over the coping of the roof. It was a face that was very frightened, under a superficial covering of soot. It was William's face.

"I can't get down," it said hoarsely.

Mrs. Brown's heart stood still.

"Stay where you are, William," she said faintly. "Don't *move*."

The entire staff of removers was summoned. A ladder was borrowed from a neighbouring garden and found to be too short. Another was fetched and fastened to it. William, at his dizzy height, was growing irritable.

"I can't stay up here for *ever*," he said severely.

At last he was rescued by his friend Mr. Blake and brought down to safety. His account was confused.

"I wanted to *help*. I wanted to open that door for 'em, so I climbed up by the scullery roof, an' the ivy, an' the drain-pipe, an' I tried to get down the chimney. I didn't know which one it was, but I tried 'em all an' they were all too little, an' I tried to get down by the ivy again but I couldn't, so I waited till you came an' hollered out. I wasn't scared," he said, fixing them with a stern eye. "I wasn't scared a bit. I jus' wanted to get down. An' this ole black chimney stuff tastes beastly. No, I'm all right," he ended, in answer to tender inquiries. "I'll go on helpin'."

He was with difficulty persuaded to retire to bed at a slightly earlier hour than usual.

"Well," he confessed, "I'm a bit tired with helpin' all day."

Soon after he had gone Mr. Brown and Robert arrived.

"And how have things gone to-day?" said Mr. Brown cheerfully.

"Thank heaven William goes to school to-morrow," said Ethel devoutly.

Upstairs in his room William was studying himself in the glass—torn jersey, paint-stained trousers, blackened face.

"Well," he said with a deep sigh of satisfaction, "I guess I've jolly well HELPED to-day!"

Chapter 11

William and the Smuggler

William's family were going to the seaside for February. It was not an ideal month for the seaside, but William's father's doctor had ordered him a complete rest and change.

"We shall have to take William with us, you know," his wife had said as they discussed plans.

"Good heavens!" groaned Mr. Brown. "I thought it was to be a *rest* cure."

"Yes, but you know what he is," his wife urged. "I daren't leave him with anyone. Certainly not with Ethel. We shall have to take them both. Ethel will help with him."

Ethel was William's grown-up sister.

"All right," agreed her husband finally. "You can take all responsibility. I formally disown him from now till we get back. I don't care *what* trouble he lands you in. You know what he is and you deliberately take him away with me on a rest cure!"

"It can't be helped dear," said his wife mildly.

William was thrilled by the news. It was several years since he had been at the seaside.

"Will I be able to go swimmin'?"

"It *won't* be too cold! Well, if I wrap up warm, will I be able to go swimmin'?"

"Can I catch fishes?"

"Are there lots of smugglers smugglin' there?"

"Well, I'm only *askin'*, you needn't get mad!"

One afternoon Mrs. Brown missed her best silver tray and searched the house high and low for it wildly, while dark suspicions of each servant in turn arose in her usually unsuspicious breast.

It was finally discovered in the garden. William had dug a large hole in one of the garden beds. Into the bottom of this he had fitted the tray and had lined the sides with bricks. He had then filled it with water and taking off his shoes and stockings stepped up and down his narrow pool. He was distinctly aggrieved by Mrs. Brown's reproaches.

"Well, I was practisin' paddlin', ready for goin' to the seaside. I didn't *mean* to rune your tray. You talk as if I *meant* to rune your tray. I was only practisin' paddlin'."

At last the day of departure arrived. William was instructed to put his things ready on his bed, and his mother would then come and pack for him. He summoned her proudly over the balusters after about twenty minutes.

"I've got everythin' ready, Mother."

Mrs. Brown ascended to his room.

Upon his bed was a large pop-gun, a football, a dormouse in a cage, a punchball on a stand, a large box of "curios," and a buckskin which was his dearest possession and had been presented to him by an uncle from South Africa.

Mrs. Brown sat down weakly on a chair.

"You can't possibly take any of these things," she said faintly but firmly.

"Well, you *said* put my things on the bed for you to pack an' I've put them on the bed, an' now you say——"

"I meant clothes."

"Oh, *clothes!*" scornfully. "I never thought of *clothes.*"

"Well, you can't take any of these things, anyway."

William hastily began to defend his collection of treasures.

"I *mus'* have the pop-gun 'cause you never know. There may be pirates an' smugglers down there, an' you can *kill* a man with a pop-gun if you get near enough and know the right place, an' I might need it. An' I *must* have the football to play on the sands with, an' the punchball to practise boxin' on, an' I *must* have the dormouse, 'cause—'cause to feed him, an' I *must* have this box of things and this skin to show to folks I meet down at the seaside 'cause they're int'restin'.''

But Mrs. Brown was firm, and William reluctantly yielded.

In a moment of weakness, finding that his trunk was only three-quarter filled by his things, she slipped in his beloved buckskin, while William himself put the pop-gun inside when no one was looking.

They had been unable to obtain a furnished house, so had to be content with a boarding house. Mr. Brown was eloquent on the subject.

"If you're deliberately turning that child loose into a boarding house full, presumably, of quiet, inoffensive people, you deserve all you get. It's nothing to do with me. I'm going to have a rest cure. I've disowned him. He can do as he likes."

"It can't be helped, dear," said Mrs. Brown mildly.

Mr. Brown had engaged one of the huts on the beach chiefly for William's use, and William proudly furnished its floor with the buckskin.

"It was killed by my uncle," he announced to the small crowd of children at the door who had watched with interest his painstaking measuring on the floor in order to place his treasure in the exact centre. "He killed it dead—jus' like this."

William had never heard the story of the death of the buck, and therefore had invented one in which he had gradually come to confuse himself with his uncle in the *rôle* of hero.

"It was walkin' about an' I—he—met it. I hadn't got no gun, and it sprung at me an' I caught hold of its neck with one hand an' I broke off its horns with the other, an' I knocked it over. An' it got up an' ran at me—him—again, an' I jus' tripped it up with my foot an' it fell over again, an' then I jus' give it one big hit with my fist right on its head, an' it killed it an' it died!"

There was an incredulous gasp.

Then there came a clear, high voice from behind the crowd.

"Little boy, you are not telling the truth."

William looked up into a thin, spectacled face.

"I wasn't tellin' it to you," he remarked, wholly unabashed.

A little girl with dark curls took up the cudgels quite needlessly in William's defence.

"He's a very *brave* boy to do all that," she said indignantly. "So don't you go *saying* things to him."

"Well," said William, flattered but modest, "I didn't say I did, did I? I said my uncle—well, partly my uncle."

Mr. Percival Jones looked down at him in righteous wrath.

"You're a very wicked little boy. I'll tell your father—er—I'll tell your sister."

For Ethel was approaching in the distance and Mr. Percival Jones was in no way loth to converse with her.

Mr. Percival Jones was a thin, pale, æsthetic would-be poet who lived the thrived on the admiration of the elderly ladies of his boarding-house, and had done so for the past ten years. Once he had published a volume of poems at his own expense. He lived at the same boarding-house as the Browns, and had seen Ethel in the distance at meals. He had admired the red lights in her dark hair and the blue of her eyes, and had even gone so far as to wonder whether she possessed the solid and enduring qualities which he would require of one whom in his mind he referred to as his "future spouse."

He began to walk down the beach with her.

"I should like to speak to you—er—about your brother, Miss Brown," he began, "if you can spare me the time, of course. I trust I do not er—intrude or presume. He is a charming little man but—er—I fear—not veracious. May I accompany you a little on your way? I am—er—much attracted to your—er—family. I—er—should like to know you all better. I am—er—deeply attached to your—er—little brother, but grieved to find that he does not—er—adhere to the truth in his statements. I—er——"

Miss Brown's blue eyes were dancing with merriment.

"Oh, don't worry about William," she said. "He's *awful*. It's much best just to leave him alone. Isn't the sea gorgeous to-day?"

They walked along the sands.

Meanwhile William had invited his small defender into his hut.

"You can look round," he said graciously. "You've seen my skin what I—he—killed, haven't you? This is my gun. You put a cork in there and it comes out hard when you shoot it. It would kill anyone," impressively, "if you did it near enough to them and at the right place. An' I've got a dormouse, an' a punchball, an' a box of

"YOU'RE A VERY WICKED LITTLE BOY!" SAID MR. PERCIVAL
JONES.

things, an' a football, but they wouldn't let me bring
them," bitterly.

"It's a *lovely* skin," said the little girl. "What's your
name?"

"William. What's yours?"

"Peggy."

"Well, let's be on a desert island, shall we? An'
nothin' to eat nor anything, shall we? Come on."

She nodded eagerly.

"How *lovely!*"

They wandered out on to the promenade, and among a large crowd of passers-by bemoaned the lonely emptiness of the island and scanned the horizon for a sail. In the far distance on the cliffs could be seen the figures of Mr. Percival Jones and William's sister, walking slowly away from the town.

At last they turned towards the hut.

"We must find somethin' to eat," said William firmly. "We can't let ourselves starve to death."

"Shrimps?" suggested Peggy cheerfully.

"We haven't got nets," said William. "We couldn't save them from the wreck."

"Periwinkles?"

"There aren't any on this island. I know! Sea-weed! An' we'll cook it."

"Oh, how *lovely!*"

He gathered up a handful of seaweed and they entered the hut, leaving a white handkerchief tied on to the door to attract the attention of any passing ship. The hut was provided with a gas ring and William, disregarding his family's express injunction, lit this and put on a saucepan filled with water and seaweed.

"We'll pretend it's a wood fire," he said. "We couldn't make a real wood fire out on the prom. They'd stop us. So we'll pretend this is. An' we'll pretend we saved a saucepan from the wreck."

After a few minutes he took off the pan and drew out a long green strand.

"You eat it first," he said politely.

The smell of it was not pleasant. Peggy drew back.

"Oh, no, you first!"

"No, you," said William nobly. "You look hungrier than me."

She bit off a piece, chewed it, shut her eyes and swallowed.

"Now you," she said with a shade of vindictiveness in her voice. "You're not going to not have any."

William took a mouthful and shivered.

"I think it's gone bad," he said critically.

Peggy's rosy face had paled.

"I'm going home," she said suddenly.

"You can't go home on a desert island," said William severely.

"Well, I'm going to be rescued then," she said.

"I think I am, too," said William.

It was lunch time when William arrived at the boarding-house. Mr. Percival Jones had moved his place so as to be nearer Ethel. He was now convinced that she was possessed of every virtue his future "spouse" could need. He conversed brightly and incessantly during the meal. Mr. Brown grew restive.

"The man will drive me mad," he said afterwards. "Bleating away! What's he bleating about anyway? Can't you stop him bleating, Ethel? You seem to have influence. Bleat! Bleat! Bleat! Good Lord! And me here for a *rest* cure."

At this point he was summoned to the telephone and returned distraught.

"It's an unknown female," he said. "She says that a boy of the name of William from this boarding-house has made her little girl sick by forcing her to eat seaweed. She says it's brutal. Does anyone *know* I'm here for a rest cure? Where is the boy? Good heavens! Where is the boy?"

But William, like Peggy, had retired from the world for a space. He returned later on in the afternoon, looking pale and chastened. He bore the reproaches of his family in stately silence.

Mr. Percival Jones was in great evidence in the drawing-room.

"And soon—er—soon the—er—Spring will be with us once more," he was saying in his high-pitched voice as he leant back in his chair and joined the tips of his fingers together. "The Spring—ah—the Spring! I have a—er—little effort I—er—composed on—er—the Coming of Spring—I—er—will read to you some time if you will—ah—be kind enough to—er—criticise—ah—impartially."

"*Criticise!*" they chorused. "It will be above criticism. Oh, do read it to us, Mr. Jones."

"I will—er—this evening." His eyes wandered to the door, hoping and longing for his beloved's entrace. But Ethel was with her father at a matinée at the Winter Gardens and he looked and longed in vain. In spite of this, however, the springs of his eloquence did not run dry, and he held forth ceaselessly to his little circle of admirers.

"The simple—ah—pleasures of nature. How few of us—alas!—have the—er—gift of appreciating them rightly. This—er—little seaside hamlet with its—er—sea, its—er—promenade, its—er—Winter Gardens! How beautiful it is! How few appreciate it rightly!"

Here William entered and Mr. Percival Jones broke off abruptly. He disliked William.

"Ah! here comes our little friend. He looks pale. Remorse, my young friend? Ah, beware of untruthfulness. Beware of the beginnings of a life of lies and deception." He laid a hand on William's head and cold shivers ran down William's spine. "'Be good, sweet child, and let who will be clever,' as the poet says." There was murder in William's heart.

At that minute Ethel entered.

"No," she snapped. "I sat next a man who smelt of

bad tobacco. I *hate* men who smoke bad tobacco."

Mr. Jones assumed an expression of intense piety.

"I may boast," he said sanctimoniously, "that I have never thus soiled my lips with drink or smoke . . ."

There was an approving murmur from the occupants of the drawing-room.

William had met his father in the passage outside the drawing-room. Mr. Brown was wearing a hunted expression.

"Can I go into the drawing-room?" he said bitterly, "or is he bleating away in there?"

They listened. From the drawing-room came the sound of a high-pitched voice.

Mr. Brown groaned.

"Good Lord!" he moaned. "And I'm here for a *rest* cure and he comes bleating into every room in the house. Is the smoking-room safe? Does he smoke?"

Mr. Percival Jones was feeling slightly troubled in his usually peaceful conscience. He could honestly say that he had never smoked. He could honestly say that he had never drank. But in his bedroom reposed two bottles of brandy, purchased at the advice of an aunt "in case of emergencies." In his bedroom also was a box of cigars that he had bought for a cousin's birthday gift, but which his conscience had finally forbidden to present. He decided to consign these two emblems of vice to the waves that very evening.

Meanwhile William had returned to the hut and was composing a tale of smugglers by the light of a candle. He was much intrigued by his subject. He wrote fast in an illegible hand in great sloping lines, his brows frowning, his tongue protruding from his mouth as it always did in moments of mental strain.

His sympathies wavered between the smugglers and the representatives of law and order. His orthography was the despair of his teachers.

"'*Ho!' sez Dick Savage,*" he wrote. "*Ho! Gadzooks! Rol in the bottles of beer up the beech. Fill your pockets with the baccy from the bote. Quick, now! Gadzooks! Methinks we are observed!*" *He glared round in the darkness. In less time than wot it takes to rite this he was srounded by pleesemen and stood, proud and defiant, in the light of there electrick torches wot they had wiped quick as litening from their busums.*

"'*Surrender!' cried one, holding a gun at his brain and a drorn sord at his hart, 'Surrender or die!'*

"'*Never,' said Dick Savage, throwing back his head, proud and defiant, 'Never. Do to me wot you will I die.'*

"*One crule brute hit him a blo on the lips and he sprang back, snarling with rage. In less time than wot it takes to rite this he had sprang at his torturer's throte and his teeth met in one mighty bite. His torturer dropped ded and lifless at his feet.*

"'*Ho!' cried Dick Savage, throwing back his head, proud and defiant again, 'So dies any of you wot insults my proud manhood. I will meet my teeth in your throtes.'*

"*For a minit they stood trembling, then one, bolder than the rest, lept forward and tide Dick Savage's hands with rope behind his back. Another took from his pockets bottles of beer and tobacco in large quantities.*

"'*Ho!' they cried exulting. 'Ho! Dick Savage the smugler caught at last!'*

"*Dick Savage gave one proud and defiant laugh, and, bringing his tide hands over his hed he bit the rope with one mighty bite.*

"'*Ho! ho!' he cried, throwing back his proud hed, 'Ho, ho! You dirty dogs!'*

"*Then, draining to the dregs a large bottle of poison he*

had concealed in his bosum he fell ded and lifless at there feet."

There was a timid knock at the door and William, scowling impatiently, rose to open it.

"What d'you want?" he said curtly.

A little voice answered from the dusk.

"It's me—Peggy. I've come to see how you are, William. They don't know I've come. I was awful sick after that seaweed this morning, William."

William looked at her with a superior frown.

"Go away," he said. "I'm busy."

"What you doing?" she said, poking her little curly head into the doorway.

"I'm writin' a tale."

She clasped her hands.

"Oh, how lovely! Oh, William, do read it to me. I'd *love* it!"

Mollified, he opened the door and she took her seat on his buckskin on the floor, and William sat by the candle, clearing his throat for a minute before he began. During the reading she never took her eyes off him. At the end she drew a deep breath.

"Oh, William, it's beautiful. William, are there smugglers now?"

"Oh, yes. Millions," he said carelessly.

"*Here?*"

"Of course there are!"

She went to the door and looked out at the dusk.

"I'd love to see one. What do they smuggle, William?"

He came and joined her at the door, walking with a slight swagger as became a man of literary fame.

"Oh, beer an' cigars an' things. *Millions* of them."

A furtive figure was passing the door, casting suspicious glances to left and right. He held his coat tightly round him, clasping something inside it.

"I expect that's one," said William casually.

They watched the figure out of sight.

Suddenly William's eyes shone.

"Let's stalk him an' catch him," he said ·excitedly. "Come on. Let's take some weapons." He seized his pop-gun from a corner. "You take"—he looked round the room—"you take the waste-paper basket to put over his head an'—an' pin down his arms an' somethin' to tie him up!—I know—the skin I—he—shot in Africa. You can tie its paws in front of him. Come on! Let's catch him smugglin'"

He stepped out boldly into the dusk with his pop-gun, followed by the blindly obedient Peggy carrying the wastepaper basket in one hand and the skin in the other.

Mr. Percival Jones was making quite a little ceremony of consigning his brandy and cigars to the waves. He had composed "a little effort" upon it which began,

> "*O deeps, receive these objects vile*
> *Which nevermore mine eyes shall soil.*"

He went down to the edge of the sea and, taking a bottle in hand, held them out at arms' length, while he began in his high-pitched voice,

> "*O deeps, receive these——*"

He stopped. A small boy stood beside him holding out at him the point of what in the semi-darkness Mr. Jones took to be a loaded rifle. William mistook his action in holding out the bottles.

"It's no good tryin' to drink it up," he said severely.

"We've caught you smugglin'."

Mr. Percival Jones laughed nervously.

"My little man!" he said, "that's a very dangerous—er—thing for you to have! Suppose you hand it over to me, now, like a good little chap."

William recognised his voice.

"Fancy you bein' a smuggler all the time!" he said with righteous indignation in his voice.

"Take away that—er—nasty gun, little boy," pleaded his captive plaintively.

"You—ah—don't understand it. It—er—might go off."

William was not a boy to indulge in half measures. He meant to carry the matter off with a high hand.

"I'll shoot you dead," he said dramatically, "if you don't do jus' what I tell you."

"WE'VE CAUGHT YOU SMUGGLING!" WILLIAM SAID SEVERELY.

Mr. Percival Jones wiped the perspiration from his brow.

"Where did you get that rifle, little boy?" he asked in a voice he strove to make playful. "Is it—ah—is it loaded? It's—ah—unwise, little boy. Most unwise. Er—give it to me to—er—take care of. It—er—might go off, you know."

William moved the muzzle of his weapon, and Mr. Percival Jones shuddered from head to foot. William was a brave boy, but he had experienced a moment of cold terror when first he had approached his captive. The first note of the quavering high-pitched voice had, however, reassured him. He instantly knew himself to be the better man. His captive's obvious terror of his pop-gun almost persuaded him that he held in his hand some formidable death-dealing instrument. As a matter of fact Mr. Percival Jones was temperamentally an abject coward.

"You walk up to the seats," commanded William. "I've took you prisoner for smugglin' an'—an'—jus' walk up to the seats."

Mr. Percival Jones obeyed with alacrity.

"Don't—er—*press* anything, little boy," he pleaded as he went. "It—ah—might go off by accident. You might do—ah—untold damage."

Peggy, armed with the wastepaper basket and the skin, followed open-mouthed.

At the seat William paused.

"Peggy, you put the basket over his head an' pin his arms down—case he struggles, an' tie the skin wot I shot round him, case he struggles."

Peggy stood upon the seat and obeyed. Their victim made no protest. He seemed to himself to be in some horrible dream. The only thing of which he was conscious was the dimly descried weapon that William

held out at him in the darkness. He was hardly aware of
the wastepaper basket thrust over his head. He watched
William anxiously through the basket-work.

"Be careful," he murmured. "Be careful, boy!"

He hardly felt the skin which was fastened tightly
round his unresisting form by Peggy, the tail tied to one
front paw. Unconsciously he still clasped a bottle of
brandy in each arm.

Then came the irate summons of Peggy's nurse
through the dusk.

"Oh, William," she said panting with excitement, "I
don't want to leave you. Oh, William, he might *kill*
you!"

"You go on. I'm all right," he said with conscious
valour. "He can't do nothin' 'cause I've got a gun an' I
can shoot him dead"—Mr. Percival Jones shuddered
afresh—"an he's all tied up an' I've took him prisoner
an' I'm goin' to take him home."

"Oh, William, you *are* brave!" she whispered in the
darkness as she flitted away to her nurse.

William blushed with pride and embarrassment.

Mr. Percival Jones was convinced that he had to deal
with a youthful lunatic, armed with a dangerous
weapon, and was anxious only to humour him till the
time of danger was over and he could be placed under
proper restraint.

Unconscious of his peculiar appearance, he walked
before his captor, casting propitiatory glances behind
him.

"It's all right, little boy," he said soothingly, "quite all
right. I'm—er—your friend. Don't—ah—get annoyed,
little boy. Don't—ah—get annoyed. Won't you put
your—gun down, little man? Won't you let me carry it
for you?"

William walked behind, still pointing his pop-gun.

"I've took you prisoner for smugglin'," he repeated doggedly. "I'm takin' you home. You're my prisoner. I've took you."

They met no one of the road, though Mr. Percival Jones threw longing glances around, ready to appeal to any passer-by for rescue. He was afraid to raise his voice in case it should rouse his youthful captor to murder. He saw with joy the gate of his boarding-house and hastened up the walk and up the stairs. The drawing-room door was open. There was help and assistance, there was protection against this strange persecution. He entered, followed closely by William. It was about the time he had promised to read his "little effort" on the Coming of Spring to his circle of admirers. A group of elderly ladies sat round the fire awaiting him. Ethel was writing. They turned as he entered and a gasp of horror and incredulous dismay went up. It was that gasp that called him to a realisation of the fact that he was wearing a waste-paper basket over his head and shoulders, and that a mangy fur was tied round his arms.

"Mr. *Jones!*" they gasped.

He gave a wrench to his shoulders and the rug fell to the floor, revealing a bottle of brandy clasped in either arm.

"Mr. *Jones!*" they repeated.

"I caught him smugglin'," said William proudly. "I caught him smugglin' beer by the sea an' he was drinking those two bottles he'd smuggled an' he had thousands an' *thousands* of cigars all over him, an' I caught him, an' he's a smuggler, an' I brought him up here with my gun. He's a smuggler an' I took him prisoner."

Mr. Jones, red and angry, his hair awry, glared through the wickerwork of his basket. He moistened his lips. "This is an outrage," he spluttered.

"I CAUGHT HIM SMUGGLING," WILLIAM EXPLAINED PROUDLY.
"HE HAD THOUSANDS AN' THOUSANDS OF CIGARS AND THAT
BEER!"

Horrified elderly eyes stares at the incriminating
bottles.

"He was drinkin' 'em by the sea," said William.

"Mr. *Jones!*" they chorused again.

He flung off his wastepaper basket and turned upon
the proprietress of the establishment who stood by the
door.

"I will not brook such treatment," he stammered in
fury. "I leave your roof to-night. I am outraged—
humiliated. I—I disdain to explain. I—leave your roof
to-night."

"Mr. *Jones!*" they said once more.

Mr. Jones, still clasping his bottles, withdrew, pausing
to glare at William on his way.

"You *wicked* boy! You *wicked* little, *untruthful* boy," he said.

William looked after him. "He's my prisoner an' they've let him go," he said aggrievedly.

Ten minutes later he wandered into the smoking-room. Mr. Brown sat miserably in a chair by a dying fire beneath a poor light.

"Is he still bleating there?" he said. "Is this still the only corner where I can be sure of keeping my sanity? Is he reading his beastly poetry upstairs? Is he——"

"He's goin'," said William moodily. "He's goin' before dinner. They've sent for his cab. He's mad 'cause I said he was a smuggler. He was a smuggler 'cause I saw him doin' it, an' I took him prisoner an' he got mad an' he's goin'. An' they're mad at me 'cause I took him prisoner. You'd think they'd be glad at me catchin' smugglers, but they're not," bitterly. "An' Mother says she'll tell you an' you'll be mad too an'——"

Mr. Brown raised his hand.

"One minute, my son," he said. "Your story is confused. Do I understand that Mr. Jones is going and that you are the cause of his departure?"

"Yes, 'cause he got mad 'cause I said he was a smuggler an' he was a smuggler an' they're mad at me now, an'——"

Mr. Brown laid a hand on his son's shoulder.

"There are moments, William," he said, "when I feel almost affectionate towards you."

Chapter 12

The Reform of William

To William the idea of reform was new and startling and not wholly unattractive. It originated with the house-maid whose brother was a reformed burglar now employed in a grocer's shop.

" 'E's got conversion," she said to William. " 'E got it quite sudden-like, an' 'e give up all 'is bad ways straight off. 'E's bin like a heavenly saint ever since."

William was deeply interested. The point was all innocently driven in later by the Sunday-school mistress. William's family had no real faith in the Sunday-school as a corrective to William's inherent wickedness, but they knew that no Sabbath peace or calm was humanly possible while William was in the house. So they brushed and cleaned and tidied him at 2.45 and sent him, pained and protesting, down the road every Sunday afternoon. Their only regret was that Sunday-school did not begin earlier and end later.

Fortunately for William, most of his friends' parents were inspired by the same zeal, so that he met his old cronies of the week-days—Henry, Ginger, Douglas and all the rest—and together they beguiled the monotony of the Sabbath.

But this Sunday the tall, pale lady who, for her sins, essayed to lead William and his friends along the straight and narrow path of virtue, was almost inspired. She was

like some prophetess of old. She was so emphatic that
the red cherries that hung coquettishly over the edge of
her hat rattled against it as though in applause.

"We must all *start afresh*," she said. "We must all be
turned—that's what *conversion* means."

William's fascinated eye wandered from the cherries
to the distant view out of the window. He thought
suddenly of the noble burglar who had turned his back
upon the mysterious, nefarious tools of his trade and
now dispensed margarine to his former victims.

Opposite him sat a small girl in a pink and white
checked frock. He often whiled away the dullest hours
of Sunday-school by putting out his tongue at her or
throwing paper pellets at her (manufactured previously
for the purpose). But to-day, meeting her serious eye,
he looked away hastily.

"And we must all *help someone*," went on the urgent
voice. "If we have *turned* ourselves, we must help
someone else to *turn* . . ."

Determined and eager was the eye that the small girl
turned upon William, and William realised that his time
had come. He was to be converted. He felt almost
thrilled by the prospect. He was so enthralled that he
received absent-mindedly, and without gratitude, the
mountainous bull's-eye passed to him from Ginger, and
only gave a half-hearted smile when a well-aimed pellet
from Henry's hand sent one of the prophetess's cherries
swinging high in the air.

After the class the pink-checked girl (whose name
most appropriately was Deborah) stalked William for
several yards and finally cornered him.

"William," she said, "are you going to *turn?*"

"I'm goin' to think about it," said William guardedly.

"William, I think you ought to turn. I'll help you," she
added sweetly.

William drew a deep breath. "All right, I will," he said.

She heaved a sigh of relief.

"You'll begin *now*, won't you?" she said earnestly.

William considered. There were several things that he had wanted to do for some time, but hadn't managed to do yet. He had not tried turning off the water at the main, and hiding the key and seeing what would happen; he hadn't tried shutting up the cat in the hen-house; he hadn't tried painting his long-suffering mongrel Jumble with the pot of green paint that was in the tool shed; he hadn't tried pouring water into the receiver of the telephone; he hadn't tried locking the cook into the larder. There were, in short, whole fields of crime entirely unexplored. All these things—and others—must be done before the reformation.

"I can't begin *jus'* yet," said William. "Say day after to-morrow."

She considered this for a minute.

"Very well," she said at last reluctantly, "day after to-morrow."

* * *

The next day dawned bright and fair. William arose with a distinct sense that something important had happened. Then he thought of the reformation. He saw himself leading a quiet and blameless life, walking sedately to school, working at high pressure in school, doing his homework conscientiously in the evening, being exquisitely polite to his family, his instructors, and the various foolish people who visited his home for the sole purpose (apparently) of making inane remarks to him. He saw all this, and the picture was far from unattractive—in the distance. In the immediate future, however, there were various quite important things to be done. There was a whole normal lifetime of crime to be crowded into one day. Looking out of his window he espied the gardener bending over one of the beds. The gardener had a perfectly bald head. William had sometimes idly imagined the impact of a pea sent violently from a pea-shooter with the gardener's bald head. Before there had been a lifetime of experiment before him, and he had put off this one idly in favour of something more pressing. Now there was only one day. He took up his pea-shooter and aimed carefully. The pea did not embed itself deeply into the gardener's skull as William had sometimes thought it would. It bounced back. It bounced back quite hard. The gardener also bounced back with a yell of anger, shaking his fist at William's window. But William had discreetly retired. He hid the pea-shooter, assumed his famous expression of innocence, and felt distinctly cheered. The question as to what exactly would happen when the pea met the baldness was now for ever solved. The gardener retired grumbling to the potting shed, so, for the present, all was well. Later in the day the gardener might lay his formal complaint before authority, but later in the day was later in the day. It did not trouble William. He dressed briskly and went down to breakfast with a frown of concentration upon his face. It was the last day of his old life.

No one else was in the dining-room. It was the work of a few minutes to remove the bacon from beneath the big pewter cover and substitute the kitten, to put a tablespoonful of salt into the coffee, and to put a two-day's old paper in place of that morning's. They were all things that he had at one time or another vaguely thought of doing, but for which he had never yet seemed to have time or opportunity. Warming to his subject he removed the egg from under the egg cosy on

THE PEA DID NOT EMBED ITSELF INTO THE GARDENER'S SKULL
AS WILLIAM HAD SOMETIMES THOUGHT IT WOULD. IT BOUNCED
BACK. THE GARDENER ALSO BOUNCED BACK.

his sister's plate and placed in its stead a worm which had just appeared in the window-box in readiness for the early bird.

He surveyed the scene with a deep sigh of satisfaction. The only drawback was that he felt that he could not safely stay to watch results. William possessed a true strategic instinct for the right moment for a retreat.

Hearing, therefore, a heavy step on the stairs, he seized several pieces of toast and fled. As he fled he heard through the open window violent sounds proceeding from the enraged kitten beneath the cover, and then the still more violent sounds proceeding from the unknown person who removed the cover. The kitten, a mass of fury and lust for revenge, came flying through the window. William hid behind a laurel bush till it had passed, then set off down the road. School, of course, was impossible. The precious hours of such a day as this could not be wasted in school. He went down the road full of his whole purpose. The wickedness of a lifetime was somehow or other to be crowded into this day. To-morrow it would all be impossible. To-morrow began the blameless life. It must all be worked off to-day. He skirted the school by a field path in case any of those narrow souls paid to employ so aimlessly the precious hours of his youth might be there. They would certainly be tactless enough to question him as he passed the door. Then he joined the main road. The main road was empty except for a caravan—a caravan gaily painted in red and yellow. It had little lace curtains at the window. It was altogether a most fascinating caravan. No one seemed to be near it. William looked through the window. There was a kind of dresser with crockery hanging from it, a small table and a little oil stove. The further part was curtained off but no sound came from it, so that it was presumably empty too. William wandered round to inspect the quadruped in front. It appeared to be a mule—a mule with a jaundiced view of life. It rolled a sad eye towards William, then with a deep sigh returned to its contemplation of the landscape. William gazed upon caravan and steed fascinated. Never, in his future life of noble merit, would he be able to annex a caravan. It was his last chance. No one was about. He could pretend that he had mistaken it for his own caravan or had got on to it by mistake or—or anything. Conscience stirred faintly in his breast, but he silenced it sternly. Conscience was to rule him for the rest of his life and it could jolly well let him alone *this* day. With some difficulty he climbed on to the driver's seat, took the reins, said "Gee-up" to the melancholy mule, and the whole equipage with a jolt and faint rattle set out along the road. William did not know how to drive, but it did not seem to matter. The mule ambled along and William, high up on the driver's seat, the reins held with ostentatious carelessness in one hand, the whip poised lightly in the other, was in the seventh heaven of bliss. He was driving a caravan. He was driving a caravan. He was driving a caravan. The very telegraph posts seemed to gape with envy and admiration as he passed. What ultimately he was going to do with his caravan he neither knew nor cared. All that mattered was, it was a bright sunny morning, and all the others were in school, and he was driving a red and yellow caravan along the high road. The birds seemed to be singing a pæon of praise to him. He was intoxicated with pride. It was *his* caravan, *his* road, *his* world. Carelessly he flicked the mule with the whip. There are several explanations of what happened then. The mule may not have been used to the whip; a wasp may have just stung him at that particular minute; a wandering demon may have entered into him. Mules are notoriously accessible to wandering demons. Whatever the explanation, the mule suddenly started forward and galloped at full speed down the hill. The reins dropped from William's hands; he clung for dear life on to his seat, as the caravan, swaying and jolting along the uneven road, seemed to be doing its utmost to fling him off. There came a rattle of crockery from within. Then suddenly there came another sound from within—a loud, agonised scream. It was a female scream. Someone who had been asleep behind the curtain had just awakened.

William's hair stood on end. He almost forgot to cling to the seat. For not one scream came but many. They rent the still summer air, mingled with the sound of breaking glass and crockery. The mule continued his mad career down the hill, his reins trailing in the dust. In the distance was a little gipsy's donkey cart full of pots and pans. William found his voice suddenly and began to warn the mule.

"Look out, you ole softie!" he yelled. "Look out for the donk, you ole ass."

But the mule refused to be warned. He neatly escaped the donkey cart himself, but he crashed the caravan into it with such force that the caravan broke a shaft and overturned completely on to the donkey cart, scattering pots and pans far and wide. From within the caravan came inhuman female yells of fear and anger. William had fallen on to a soft bank of grass. He was discovering, to his amazement, that he was still alive and practically unhurt. The mule was standing meekly by and smiling to himself. Then out of the window of the caravan climbed a woman—a fat, angry woman, shaking her fist at the world in general. Her hair and face were covered with sugar and a fork was embedded in the front of her dress. Otherwise she, too, had escaped undamaged.

The owner of the donkey cart arose from the *mêlée* of pots and pans and turned upon her fiercely. She screamed at him furiously in reply. Then along the road could be seen the figure of a fat man carrying a fishing rod. He began to run wildly towards the caravan.

"*Ach! Gott in Himmel!*" he cried as he ran, "my beautiful caravan! Who has this to it done?"

He joined the frenzied altercation that was going on

between the donkey man and the fat woman. The air was rent by their angry shouts. A group of highly appreciative villagers collected round them. Then one of them pointed to William, who sat, feeling still slightly shaken, upon the bank.

"It was 'im wot done it," he said, "it was 'im that was a-drivin' of it down the 'ill."

With one wild glance at the scene of devastation and anger, William turned and fled through the wood.

"*Ach! Gott in Himmel!*" screamed the fat man, beginning to pursue him. The fat woman and the donkey man joined the pursuit. To William it was like some ghastly nightmare after an evening's entertainment at the cinematograph.

WILLIAM'S HAIR STOOD ON END. HE ALMOST FORGOT TO CLING TO THE SEAT. FOR NOT ONE SCREAM CAME BUT MANY, MINGLED WITH THE SOUND OF BREAKING GLASS AND CROCKERY.

Meanwhile the donkey and the mule fraternised over the *débris* and the villagers helped themselves to all they could find. But the fat man was very fat, and the fat woman was very fat, and the donkey man was very old, and William was young and very fleet, so in less than ten minutes they gave up the pursuit and returned panting and quarrelling to the road. William sat on the further outskirts of the wood and panted. He felt on the whole exhilarated by the adventure. It was quite a suitable adventure for his last day of unregeneration. But he felt also in need of bodily sustenance, so he purchased a bun and a bottle of lemonade at a neighbouring shop and sat by the roadside to recover. There were no signs of his pursuers.

He felt reluctant to return home. It is always well to follow a morning's absence from school by an afternoon's absence from school. A return in the afternoon is ignominious and humiliating. William wandered round the neighbourhood experiencing all the thrill of the outlaw. Certainly by this time the gardener would have complained to his father, probably the schoolmistress would have sent a note. Also—someone had been scratched by the cat.

William decided that all things considered it was best to make a day of it.

He spent part of the afternoon in throwing stones at a scarecrow. His aim was fairly good, and he succeeded in knocking off the hat and finally prostrating the wooden framework. Followed—an exciting chase by an angry farmer.

It was after tea-time when he returned home, walking with careless bravado as of a criminal who has drunk of crime to its very depth and flaunts it before the world. His spirits sank a little as he approached the gate. He could see through the trees the fat caravan-owner gesticulating at the door. Helped by the villagers, he had tracked William. Phrases floated to him through the summer air.

"Mine beautiful caravan. . . . *Ach.* . . . *Gott in Himmel!*"

He could see the gardener smiling in the distance. There was a small blue bruise on his shining head. William judged from the smile that he had laid his formal complaint before authority. William noticed that his father looked pale and harassed. He noticed, also,

WILLIAM'S SPIRITS SANK A LITTLE AS HE APPROACHED THE GATE. HE COULD SEE THROUGH THE TREES THE FAT CARAVAN-OWNER GESTICULATING AT THE DOOR.

with a thrill of horror, that his hand was bound up, and
that there was a long scratch down his cheek. He knew
the cat had scratched *somebody*, but . . . Crumbs!

A small boy came down the road and saw William
hesitating at the open gateway.

"*You'll* catch it!" he said cheerfully. "They've wrote
to say you wasn't in school."

William crept round to the back of the house beneath
the bushes. He felt that the time had come to give
himself up to justice, but he wanted, as the popular
saying is, to be sure of "getting his money's worth."
There was the tin half full of green paint in the tool shed.
He'd had his eye on it for some time. He went quietly
round to the tool shed. Soon he was contemplating with
a satisfied smile a green and enraged cat and a green and
enraged hen. Then, bracing himself for the effort, he
delivered himself up to justice. When all was said and
done no punishment could be really adequate to a day
like that.

*   *   *

Dusk was falling. William gazed pensively from his
bedroom window. He was reviewing his day. He had
almost forgotten the stormy and decidedly unpleasant
scene with his father. Mr. Brown's rhetoric had been
rather lost on William, because its pearls of sarcasm had
been so far above his head. And William had not been
really loth to retire at once to bed. After all, it had been a
very tiring day.

Now his thoughts were going over some of its most
exquisite moments—the moments when the pea and the
gardener's head met and rebounded with such satisfactory force; the moment when he swung along the high
road, monarch of a caravan and a mule and the whole
wide world; the moment when the scarecrow hunched

up and collapsed so realistically; the cat covered with green paint. . . . After all it was his last day. He saw himself from to-morrow onward leading a quiet and blameless life, walking sedately to school, working at high pressure in school, doing his homework conscientiously in the evening, being exquisitely polite to his family and instructors—and the vision failed utterly to attract. Moreover, he hadn't yet tried turning off the water at the main, or locking the cook into the larder, or—or hundreds of things.

There came a gentle voice from the garden.

"William, where are you?"

William looked down and met the earnest gaze of Deborah.

"Hello," he said.

"William," she said. "You won't forget that you're going to start to-morrow, will you?"

William looked at her firmly.

"I can't jus' to-morrow," he said. "I'm puttin' it off. I'm puttin' it off for a year or two."

Chapter 13

William and the Ancient Souls

The house next William's had been unoccupied for several months, and William made full use of its garden. Its garden was in turns a jungle, a desert, an ocean, and an enchanted island. William invited select parties of his friends to it. He had come to look upon it as his own property. He hunted wild animals in it with Jumble, his trusty hound; he tracked Red Indians in it, again with Jumble, his trusty hound; and he attacked and sank ships in it, making his victims walk the plank, again with the help and assistance of Jumble, his trusty hound. Sometimes, to vary the monotony, he made Jumble, his trusty hound, walk the plank into the rain tub. This was one of the many unpleasant things that William brought into Jumble's life. It was only his intense love for William that reconciled him to his existence. Jumble was one of the very few beings who appreciated William.

The house on the other side was a much smaller one, and was occupied by Mr. Gregorius Lambkin. Mr. Gregorius Lambkin was a very shy and rather elderly bachelor. He issued from his front door every morning at half-past eight holding a neat little attaché case in a neatly-gloved hand. He spent the day in an insurance office and returned, still unruffled and immaculate, at about half-past six. Most people considered him quite dull and negligible, but he possessed the supreme virtue in William's eyes of not objecting to William. William had suffered much from unsympathetic neighbours who had taken upon themselves to object to such innocent and artistic objects as catapults and pea-shooters, and cricket balls. William had a very soft spot in his heart for Mr. Gregorius Lambkin. William spent a good deal of his time in Mr. Lambkin's garden during his absence, and Mr. Lambkin seemed to have no objection. Other people's gardens always seemed to William to be more attractive than his own—especially when he had no right of entry into them.

There was quite an excitement in the neighbourhood when the empty house was let. It was rumoured that the newcomer was a Personage. She was the President of the Society of Ancient Souls. The Society of Ancient Souls was a society of people who remembered their previous existence. The memory usually came in a flash. For instance, you might remember in a flash when you were looking at a box of matches that you had been Guy Fawkes. Or you might look at a cow and remember in a flash that you had been Nebuchadnezzar. Then you joined the Society of Ancient Souls, and paid a large subscription, and attended meetings at the house of its President in costume. And the President was coming to live next door to William. By a curious coincidence her name was Gregoria—Miss Gregoria Mush. William awaited her coming with anxiety. He had discovered that one's next-door neighbours make a great difference to one's life. They may be agreeable and not object to mouth organs and whistling and occasional stone-throwing, or they may not. They sometimes—the worst kind—go to the length of writing notes to one's father about one, and then, of course, the only course left to one is one of Revenge. But William hoped great things from Miss Gregoria Mush. There was a friendly sound about the name. On the evening of her arrival he climed up on the roller and gazed wistfully over the fence at the territory that had once been his, but from which he was

"HOW DARE YOU STARE AT ME, YOU RUDE BOY?" SHE SAID.

now debarred. He felt like Moses surveying the Promised Land.

Miss Gregoria Mush was walking in the garden. William watched her with bated breath. She was very long, and very thin, and very angular, and she was reading poetry out loud to herself as she trailed about in her long draperies.

"'Oh, moon of my delight . . .'" she declaimed, then her eye met William's. The eyes beneath her pince-nez were like little gimlets.

"How dare you stare at me, you rude boy?" she said.

William gasped.

"I shall write to your father," she said fiercely, and then proceeded still ferociously, "'. . . that knows no wane.'"

"Crumbs!" murmured William, descending slowly from his perch.

She did write to his father, and that note was the first of many. She objected to his singing, she objected to his shouting, she objected to his watching her over the wall, and she objected to his throwing sticks at her cat. She objected both verbally and in writing. This persecution was only partly compensated for by occasional glimpses of meetings of the Ancient Souls. For the Ancient Souls met in costume, and sometimes William could squeeze through the hole in the fence and watch the Ancient Souls meeting in the dining-room. Miss Gregoria Mush arrayed as Mary, Queen of Scots (one of her many previous existences) was worth watching. And always there was the garden on the other side. Mr. Gregorius Lambkin made no objections and wrote no notes. But clouds of Fate were gathering round Mr. Gregorius Lambkin. William first heard of it one day at lunch.

"I saw the old luny talking to poor little Lambkin to-day," said Robert, William's elder brother.

In these terms did Robert refer to the august President of the Society of Ancient Souls.

And the next news Robert brought home was that "poor little Lambkin" had joined the Society of Ancient Souls, but didn't seem to want to talk about it. He seemed very vague as to his previous existence, but he said that Miss Gregoria Mush was sure that he had been Julius Cæsar. The knowledge had come to her in a flash when he raised his hat and she saw his bald head.

There was a meeting of the Ancient Souls that evening, and William crept through the hole and up to the dining-room window to watch. A gorgeous scene met his eye. Noah conversed agreeably with Cleopatra in the window seat, and by the piano Napoleon discussed the Irish question with Lobengula. As William watched, his small nose flattened against a corner of the window, Nero and Dante arrived, having shared a taxi from the station. Miss Gregoria Mush, tall and gaunt and angular, presided in the robes of Mary, Queen of Scots, which was her favourite previous existence. Then Mr. Gregorius Lambkin arrived. He looked as unhappy as it is possible for man to look. He was dressed in a toga and a laurel wreath. Heat and nervousness had caused his small waxed moustache to droop. His toga was too long and his laurel wreath was crooked. Miss Gregoria Mush received him effusively. She carried him off to a corner seat near the window, and there they conversed, or, to be more accurate, she talked and he listened. The window was open and William could hear some of the things she said.

"Now you are a member you must come here ofen . . . you and I, the only Ancient Souls in this vicinity . . . we will work together and live only in the Past. . . . Have you remembered any other previous existence? . . . No? Ah, try, it will come in a flash any

time . . . I must come and see your garden . . . I feel
that we have much in common, you and I . . . We have
much to talk about . . . I have all my past life to tell you
of . . . what train do you come home by? . . . We must
be friends—real friends . . . I'm sure I can help you
much in your life as an Ancient Soul. . . . Our names
are almost the same . . . Fate in some way unites
us. . . ."

And Mr. Lambkin sat, miserable and dejected and yet
with a certain pathetic resignation. For what can one do
against Fate? Then the President caught sight of William
and approached the window.

"Go away, boy!" she called. "You wicked, rude,
prying boy, go away!"

Mr. Lambkin shot a wretched and apologetic glance
at William, but William pressed his mouth to the open
slit of the window.

"All right, Mrs. Jarley's!" he called, then turned and
fled.

William met Mr. Lambkin on his way to the station
the next morning. Mr. Lambkin looked thinner and
there were lines of worry on his face.

"I'm sorry she sent you away, William," he said. "It
must have been interesting to watch—most interesting
to watch. I'd much rather have watched than—but
there, it's very kind of her to take such an interest in me.
Most kind. But I—however, she's very kind, *very* kind.
She very kindly presented me with the costume. Hardly
suitable, perhaps, but *very* kind of her. And, of course,
there *may* be something in it. One never knows. I *may*
have been Julius Cæsar, but I hardly think—however,
one must keep an open mind. Do you know any Latin,
William?"

"Jus' a bit," said William, guardedly. "I've *learnt* a
lot, but I don't *know* much."

"Say some to me. It might convey something to me. One never knows. She seems so sure. Talk Latin to me, William."

"Hic, haec, hoc," said William obligingly.

Julius Cæsar's reincarnation shook his head.

"No," he said, "I'm afraid it doesn't seem to mean anything to me."

MR. LAMBKIN SAT, MISERABLE AND DEJECTED, AND YET WITH A
CERTAIN PATHETIC RESIGNATION.

"Hunc, hanc, hoc," went on William monotonously.

"I'm afraid it's no good," said Mr. Lambkin. "I'm afraid it proves that I'm not—still one may not retain a knowledge of one's former tongue. One must keep an open mind. Of course, I'd prefer not to—but one must be fair. And she's kind, very kind."

Shaking his head sadly, the little man entered the station.

That evening William heard his father say to his mother:

"She came down to meet him at the station to-night. I'm afraid his doom is sealed. He's no power of resistance, and she's got her eye on him."

"Who's got her eye on him?" said William with interest.

"Be quiet!" said his father with the brusqueness of the male parent.

But William began to see how things stood. And William liked Mr. Lambkin.

One evening he saw from his window Mr. Gregorius Lambkin walking with Miss Gregoria Mush in Miss Gregoria Mush's garden. Mr. Gregorius Lambkin did not look happy.

William crept down to the hole in the fence and applied his ear to it.

They were sitting on a seat quite close to his hole.

"Gregorius," the President of the Society of Ancient Souls was saying, "when I found that our names were the same I knew that our destinies were interwoven."

"Yes," murmured Mr. Lambkin. "It's so kind of you, so kind. But—I'm afraid I'm overstaying my welcome. I must——"

"No. I must say what is in my heart, Gregorius. You live on the Past, I live in the Past. We have a common mission——the mission of bringing to the thoughtless and uninitiated the memory of their former lives. Gregorius, our work would be more valuable if we could do it together, if the common destiny that has united our noménclatures could unite also our lives."

"It's so *kind* of you," murmured the writhing victim, "so kind. I am so unfit, I——"

"No, friend," she said kindly. "I have power enough for both. The human speech is so poor an agent, is it not?"

A door-bell clanged in the house.

"Ah, the Committee of the Ancient Souls. They were coming from town to-night. Come here to-morrow night at the same time, Gregorius, and I will tell you what is in my heart. Meet me here—at this time—to-morrow evening."

William here caught sight of a stray cat at the other end of the garden. In the character of a cannibal chief he hunted the white man (otherwise the cat) with blood-curdling war-whoops, but felt no real interest in the chase. He bound up his scratches mechanically with an ink-stained handkerchief. Then he went indoors. Robert was conversing with his friend in the library.

"Well," said the friend, "it's nearly next month. Has she landed him yet?"

"By Jove!" said Robert. "First of April to-morrow!" He looked at William suspiciously. "And if you try any fool's tricks on me you'll jolly well hear about it."

"I'm not thinkin' of you," said William crushingly. "I'm not goin' to trouble with *you!*"

"Has she landed him?" said the friend.

"Not yet, and I heard him saying in the train that he was leaving town on the second and going abroad for a holiday."

"Well, she'll probably do it yet. She's got all the first."

"It's bedtime, William," called his Mother.

"Thank heaven!" said Robert.

William sat gazing into the distance, not seeing or hearing.

"*William!*" called his mother.

"All right," said William irritably. "I'm jus' thinkin' something out."

*   *   *

William's family went about their ways cautiously the next morning. They watched William carefully. Robert even refused an egg at breakfast because you never knew with that little wretch. But nothing happened.

"Fancy your going on April Fool's day without making a fool of anyone," said Robert at lunch.

"It's not over, is it?—not yet," said William with the air of a sphinx.

"But it doesn't count after twelve," said Robert.

William considered deeply before he spoke, then he said slowly:

"The thing what I'm going to do counts whatever time it is."

*   *   *

Reluctantly, but as if drawn by a magnet, Mr. Lambkin set off to the President's house. William was in the road.

"She told me to tell you," said William unblushingly, "that she was busy to-night, an' would you mind not coming."

The tense lines of Mr. Lambkin's face relaxed.

"Oh, William," he said, "it's a great relief. I'm going away early to-morrow, but I was afraid that to-night——" he was almost hysterical with relief. "She's so kind, but I was afraid that—well, well, I can't say I'm sorry—I'd promised to come, and I couldn't break it.

But I was afraid—and I hear she's sold her house and is leaving in a month, so—but she's kind—*very* kind."

He turned back with alacrity.

"Thanks for letting me have the clothes," said William.

"Oh, quite welcome, William. They're nice things for a boy to dress up in, no doubt. I can't say I—but she's *very* kind. Don't let her see you playing with them, William."

"GREGORIUS," SAID THE PRESIDENT. "HOW DEAR OF YOU TO COME IN COSTUME!" THE FIGURE MADE NO MOVEMENT.

William grunted and returned to his back garden.

For some time silence reigned over the three back-gardens. Then Miss Gregoria Mush emerged and came towards the seat by the fence. A figure was already seated there in the half dusk, a figure swathed in a toga with the toga drawn also over its drooping head.

"Gregorius!" said the President. "How dear of you to come in costume!"

The figure made no movement.

"You know what I have in my heart, Gregorius?"

Still no answer.

"Your heart is too full for words," she said kindly. "The thought of having your destiny linked with mine takes speech from you. But have courage, dear Gregorius. You shall work for me. We will do great things together. We will be married at the little church."

Still no answer.

"Gregorius!" she murmured tenderly:

She leant against him suddenly, and he yielded beneath the pressure with a sudden sound of dissolution. Two cushions slid to the ground, the toga fell back, revealing a broomstick with a turnip fixed firmly to the top. It bore the legend:

APRIL FOOL

And from the other side of the fence came a deep sigh of satisfaction from the artist behind the scenes.

Chapter 14

William's Christmas Eve

It was Christmas. The air was full of excitement and secrecy. William, whose old-time faith in notes to Father Christmas sent up the chimney had died a natural death as the result of bitter experience, had thoughtfully presented each of his friends and relations with a list of his immediate requirements.

He had a vague and not unfounded misgiving that his family would begin at the bottom of the list instead of the top. He was not surprised, therefore, when he saw his father come home rather later than usual carrying a parcel of books under his arm. A few days afterwards he announced casually at breakfast:

"Well, I only hope no one gives me 'The Great Chief,' or 'The Pirate Ship,' or 'The Land of Danger' for Christmas."

His father started.

"Why?" he said sharply.

"Jus' 'cause I've read them, that's all," explained William with a bland look of innocence.

The glance that Mr. Brown threw at his offspring was not altogether devoid of suspicion, but he said nothing. He set off after breakfast with the same parcel of books under his arm and returned with another. This time, however, he did not put them in the library cupboard, and William searched in vain.

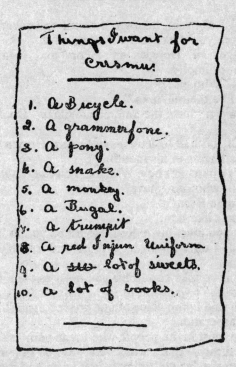

Things I want for Crismus.
———
1. A Bicycle.
2. A grammerfone.
3. A pony.
4. A snake.
5. A monkey.
6. A Bugal.
7. A trumpit
8. A red Injun Uniform
9. A ~~sw~~ lot of sweets.
10. A lot of books.

The question of Christmas festivities loomed large upon the social horizon.

"Robert and Ethel can have their party on the day before Christmas Eve," decided Mrs. Brown, "and then William can have his on Christmas Eve."

William surveyed his elder brother and sister gloomily.

"Yes, an' us eat up jus' what they've left," he said with bitterness. "*I* know!"

Mrs. Brown changed the subject hastily.

"Now let's see whom we'll have for your party,

William," she said, taking out pencil and paper. "You say whom you'd like and I'll make a list."

"Ginger an' Douglas an' Henry and Joan," said William promptly.

"Yes? Who else?"

"I'd like the milkman."

"You can't have the milkman, William. Don't be so foolish."

"Well, I'd like to have Fisty Green. He can whistle with his fingers in his mouth."

"He's a butcher's boy, William! You *can't* have him?"

"Well, who *can* I have?"

"Johnnie Brent?"

"I don't like him."

"But you must invite him. He asked you to his."

"Well, I didn't want to go," he said irritably, "you made me."

"But if he asks you to his you must ask him back."

"You don't want me to invite folks I don't *want?*" William said in the voice of one goaded against his will into exasperation.

"You must invite people who invite you," said Mrs. Brown firmly, "that's what we always do in parties."

"Then they've got to invite you again and it goes on and on and *on*," argued William. "Where's the *sense* of it? I don't like Johnnie Brent an' he don't like me an' if we go on inviting each other an' our mothers go on making us go, it'll go on and on and *on*. Where's the *sense* of it? I only jus' want to know where's the *sense* of it?"

His logic was unanswerable.

"Well, anyway, William, I'll draw up the list. You can go and play."

William walked away, frowning, with his hands in his pockets.

"Where's the *sense* of it?" he muttered as he went.

He began to wend his way towards the spot where he, and Douglas, and Ginger, and Henry met daily in order to while away the hours of the Christmas holidays. At present they lived and moved and had their being in the characters of Indian Chiefs.

As William walked down the back street, which led by a short cut to their meeting-place, he unconsciously assumed an arrogant strut, suggestive of some warrior prince surrounded by his gallant braves.

"Garn! *Swank!*"

He turned with a dark scowl.

On a doorstep sat a little girl, gazing up at him with blue eyes beneath a tousled mop of auburn hair.

William's eye travelled sternly from her Titan curls to her bare feet. He assumed a threatening attitude and scowled fiercely.

"You better not say *that* again," he said darkly.

"Why not?" she said with a jeering laugh.

"Well, you'd just better *not*," he said with a still more ferocious scowl.

"What'd you do?" she persisted.

He considered for a moment in silence. Then: "You'd see what I'd do!" he said ominously.

"Garn! *Swank!*" she repeated. "Now do it! Go on, do it!"

"I'll—let you off *this* time," he said judicially.

"Garn! *Softie*. You can't do anything, you can't! You're a softie!"

"I could cut your head off an' scalp you an' leave you hanging on a tree, I could," he said fiercely, "an' I will, too, if you go on calling me names."

"*Softie! Swank!* Now cut if off! Go on!"

He looked down at her mocking blue eyes.

"You're jolly lucky I don't start on you," he said

threateningly. "Folks I do start on soon get sorry, I can tell you."

"What do you do to them?"

He changed the subject abruptly.

"What's your name?" he said.

"Sheila. What's yours?"

"Red Hand—I mean, William."

"I'll tell you sumpthin' if you'll come an' sit down by me."

"What'll you tell me?"

"Sumpthin' I bet you don't know."

"I bet I *do*."

"Well, come here an' I'll tell you."

He advanced towards her suspiciously. Through the open door he could see a bed in a corner of the dark, dirty room and a woman's white face upon the pillow.

"Oh, come *on!*" said the little girl impatiently.

He came on and sat down beside her.

"Well?" he said condescendingly, "I bet I knew all the time."

"No, you didn't! D'you know," she sank her voice in a confidential whisper, "there's a chap called Father Christmas wot comes down chimneys Christmas Eve and leaves presents in people's houses?"

He gave a scornful laugh.

"Oh, that *rot!* You don't believe *that* rot, do you?"

"Rot?" she repeated indignantly. "Why, it's *true—true* as *true!* A boy told me wot had hanged his stocking up by the chimney an' in the morning it was full of things an' they was jus' the things wot he'd wrote on a bit of paper an' thrown up the chimney to this 'ere Christmas chap."

"Only *kids* believe that rot," persisted William. "I left off believin' it years and *years* ago!"

Her face grew pink with the effort of convincing him.

"But the boy *told* me, the boy wot got things from this 'ere chap wot comes down chimneys. An' I've wrote wot I want an' sent it up the chimney. Don't you think I'll get it?"

"GARN! *SWANK!*" WILLIAM TURNED WITH A DARK SCOWL.

William looked down at her. Her blue eyes, big with apprehension, were fixed on him, her little rosy lips were parted. William's heart softened.

"I dunno," he said doubtfully. "You might, I s'pose. What d'you want for Christmas?"

"You won't tell if I tell you?"

"No."

"Not to no one?"

"No."

"Say, 'Cross me throat.'"

William complied with much interest and stored up the phrase for future use.

"Well," she sank her voice very low and spoke into his ear.

"Dad's comin' out Christmas Eve!"

She leant back and watched him, anxious to see the effect of this stupendous piece of news. Her face expressed pride and delight. William's merely bewilderment.

"Comin' out?" he repeated. "Comin' out of where?"

Her expression changed to one of scorn.

"*Prison*, of course! *Silly!*"

William was half offended, half thrilled.

"Well, I couldn't *know* it was prison, could I? How could I *know* it was prison without bein' told? It might of been out of anything. What"—in hushed curiosity and awe—"what was he in prison for?"

"Stealin'."

Her pride was unmistakable. William looked at her in disapproval.

"Stealin's wicked," he said virtuously.

"Huh," she jeered, "you *can't* steal! You're too soft! *Softie!* You *can't* steal without bein' copped fust go, you can't."

"I *could!*" he said indignantly. "And, any way, he got

copped, di'n't he? or he'd not of been in prison, *so there!*"

"He di'n't get copped fust go. It was jus' a sorter mistake, he said. He said it wun't happen again. He's a jolly good stealer. The cops said he was and *they* oughter know."

"Well," said William changing the conversation, "what d'you want for Christmas?"

"I wrote it on a bit of paper an' sent it up the chimney," she said confidingly. "I said I di'n't want no toys nor sweeties nor nuffin'. I said I only wanted a nice supper for Dad when he comes out Christmas Eve. We ain't got much money, me an' Mother, an' we carn't get 'im much of a spread, but—if this 'ere Christmas chap sends one fer 'im, it'll be—*fine!*"

Her eyes were dreamy with ecstasy. William stirred uneasily on his seat.

"I tol' you it was *rot,*" he said. "There isn't any Father Christmas. It's jus' an' ole tale folks tell you when you're a kid, an' you find out it's not true. He won't send no supper jus' 'cause he isn't anythin'. He's jus' nothin'—jus' an ole tale——"

"Oh, shut *up!*" William turned sharply at the sound of the shrill voice from the bed within the room. "Let the kid 'ave a bit of pleasure lookin' forward to it, can't yer? It's little enough she 'as, anyway."

William arose with dignity.

"All right," he said. "Go'-bye."

He strolled away down the street.

"*Softie!*"

It was a malicious sweet little voice.

"*Swank!*"

William flushed but forbore to turn round.

That evening he met the little girl from next door in the road outside her house.

"Hello, Joan!"

"Hello, William!"

In these blue eyes there was no malice or mockery. To Joan William was a god-like hero. His very wickedness partook of the divine.

"Would you—would you like to come an' make a snow man in our garden, William?" she said tentatively.

William knit his brows.

"I dunno," he said ungraciously. "I was jus' kinder thinkin'."

She looked at him silently, hoping that he would deign to tell her his thoughts, but not daring to ask. Joan held no modern views on the subject of the equality of the sexes.

"Do you remember that ole tale 'bout Father Christmas, Joan?" he said at last.

She nodded.

"Well, s'pose you wanted somethin' very bad, an' you believed that ole tale and sent a bit of paper up the chimney 'bout what you wanted very bad and then you never got it, you'd feel kind of rotten, wouldn't you?"

She nodded again.

"I did one time," she said. "I sent a lovely list up the chimney and I never told anyone about it and I got lots of things for Christmas and not *one* of the things I'd written for!"

"Did you feel awful rotten?"

"Yes, I did. Awful."

"I say, Joan," importantly, "I've gotter secret."

"*Do* tell me, William!" she pleaded.

"Can't. It's a crorse-me-throat secret!"

She was mystified and impressed.

"How *lovely*, William! Is it something you're going to do?"

He considered.

"It might be," he said.

"I'd love to help." She fixed adoring blue eyes upon him.

"Well, I'll see," said the lord of creation. "I say, Joan, you comin' to my party?"

"Oh, *yes!*"

"Well, there's an awful lot comin'. Johnnie Brent an' all that lot. I'm jolly well not lookin' forward to it, I can *tell* you."

"Oh, I'm so sorry! Why did you ask them, William?"

William laughed bitterly.

"Why did I invite them?" he said. "*I* don't invite people to my parties. *They* do that."

In William's vocabulary "they" always signified his immediate family circle.

William had a strong imagination. When an idea took hold upon his mind, it was almost impossible for him to let it go. He was quite accustomed to Joan's adoring homage. The scornful mockery of his auburn-haired friend was something quite new, and in some strange fashion it intrigued and fascinated him. Mentally he recalled her excited little face, flushed with eagerness as she described the expected spread. Mentally also he conceived a vivid picture of the long waiting on Christmas Eve, the slowly fading hope, the final bitter disappointment. While engaging in furious snowball fights with Ginger, Douglas, and Henry, while annoying peaceful passers-by with well-aimed snow missiles, while bruising himself and most of his family black and blue on long and glassy slides along the garden paths, while purloining his family's clothes to adorn various unshapely snowmen, while walking across all the ice (preferably cracked) in the neighbourhood and being several times narrowly rescued from a watery grave— while following all these light holiday pursuits, the

picture of the little auburn-haired girl's disappointment
was ever vividly present in his mind.

The day of his party drew near.

"*My* party," he would echo bitterly when anyone of
his family mentioned it. "I don't *want* it. I don't *want* ole
Johnnie Brent an' all that lot. I'd just like to un-invite
'em all."

"But you want Ginger and Douglas and Henry,"
coaxed his Mother.

"I can have them any time an' I don't like 'em at
parties. They're not the same. I don't like *anyone* at
parties. I don't *want* a party!"

"But you *must* have a party, William, to ask back
people who ask you."

William took up his previous attitude.

"Well, where's the *sense* of it?" he groaned.

As usual he had the last word, but left his audience
unconvinced. They began on him a full hour before his
guests were due. He was brushed and scrubbed and
scoured and cleaned. He was compressed into an Eton
suit and patent leather pumps and finally deposited in
the drawing-room, cowed and despondent, his noble
spirit all but broken.

The guests began to arrive. William shook hands
politely with three strangers shining with soap, brushed
to excess, and clothed in ceremonial Eton suits—who in
ordinary life were Ginger, Douglas, and Henry. They
then sat down and gazed at each other in strained and
unnatural silence. They could find nothing to say to each
other. Ordinary topics seemed to be precluded by their
festive appearance and the formal nature of the
occasion. Their informal meetings were usually cele-
brated by impromptu wrestling matches. This being
debarred, a stiff, unnatural atmosphere descended upon
them. William was a "host," they were "guests"; they

had all listened to final maternal admonitions in which the word "manners" and "politeness" recurred at frequent intervals. They were, in fact, for the time being, complete strangers.

Then Joan arrived and broke the constrained silence.

"Hullo, William! Oh, William, you do look *nice!*"

William smiled with distant politeness, but his heart warmed to her. It is always some comfort to learn that one has not suffered in vain.

"How d'you do?" he said with a stiff bow.

Then Johnnie Brent came and after him a host of small boys and girls.

William greeted friends and foes alike with the same icy courtesy.

Then the conjurer arrived.

Mrs. Brown had planned the arrangement most carefully. The supper was laid on the big dining-room table. There was to be conjuring for an hour before supper to "break the ice." In the meantime, while the conjuring was going on, the grown-ups who were officiating at the party were to have their meal in peace in the library.

William had met the conjurer at various parties and despised him utterly. He despised his futile jokes and high-pitched laugh and he knew his tricks by heart. They sat in rows in front of him—shining-faced, well-brushed little boys in dark Eton suits and gleaming collars, and dainty white-dressed little girls with gay hair ribbons. William sat in the back row near the window, and next him sat Joan. She gazed at his set, expressionless face in mute sympathy. He listened to the monotonous voice of the conjurer.

"Now, ladies and gentlemen, I will proceed to swallow these three needles and these three strands of cotton and shortly to bring out each needle threaded

with a strand of cotton. Will any lady step forward and
examine the needles? Ladies ought to know all about
needles, oughtn't they? You young gentlemen don't
learn to sew at school, do you? Ha! Ha! Perhaps some of
you young gentlemen don't know what a needle is? Ha!
Ha!"

William scowled, and his thoughts flew off to the little
house in the dirty back street. It was Christmas Eve. Her
father was "comin' out." She would be waiting,
watching with bright, expectant eyes for the "spread"
she had demanded from Father Christmas to welcome
her returning parent. It was a beastly shame. She was a
silly little ass, anyway, not to believe him. He'd told her
there wasn't any Father Christmas.

"Now, ladies and gentlemen, I will bring out the three
needles threaded with the three strands of cotton.
Watch carefully, ladies and gentlemen. There! One!
Two! Three! Now, I don't advise you young ladies and
gentlemen to try this trick. Needles are very indigestible
to some people. Ha! Ha! Not to me, of course! I can
digest anything—needles, or marbles, or matches, or
glass bowls—as you will soon see. Ha! Ha! Now to
proceed, ladies and gentlemen."

William looked at the clock and sighed. Anyway,
there'd be supper soon, and that was a jolly good one,
'cause he'd had a look at it.

Suddenly the inscrutable look left his countenance.
He gave a sudden gasp and his whole face lit up. Joan
turned to him.

"Come on!" he whispered, rising stealthily from his
seat.

The room was in half darkness and the conjurer was
just producing a white rabbit from his left toe, so that
few noticed William's quiet exit by the window followed
by that of the blindly obedient Joan.

"You wait!" he whispered in the darkness of the garden. She waited, shivering in her little white muslin dress, till he returned from the stable wheeling a hand-cart, consisting of a large packing case on wheels and finished with a handle. He wheeled it round to the open French window that led into the dining-room. "Come on!" he whispered again.

Following his example, she began to carry the plates of sandwiches, sausage rolls, meat pies, bread and butter, cakes and biscuits of every variety from the table

FEW NOTICED WILLIAM'S EXIT BY THE WINDOW, FOLLOWED BY
THE BLINDLY OBEDIENT JOAN.

to the hand-cart. On the top they balanced carefully the plates of jelly and blanc-mange and dishes of trifle, and round the sides they packed armfuls of crackers.

At the end she whispered softly, "What's it for, William?"

"It's the secret," he said. "The crorse-me-throat secret I told you."

"Am I going to help?" she said in delight.

He nodded.

"Jus' wait a minute," he added, and crept from the dining-room to the hall and upstairs.

He returned with a bundle of clothing which he proceeded to arrange in the garden. He first donned his own red dressing-gown and then wound a white scarf round his head, tying it under his chin so that the ends hung down.

"I'm makin' believe I'm Father Christmas," he deigned to explain. "An' I'm makin' believe this white stuff is hair an' beard. An' this is for you to wear so's you won't get cold."

He held out a little white satin cloak edged with swansdown.

"Oh, how *lovely*, William! But it's not my cloak! It's Sadie Murford's!"

"Never mind! you can wear it," said William generously.

Then, taking the handle of the cart, he set off down the drive. From the drawing-room came the sound of a chorus of delight as the conjurer produced a goldfish in a glass bowl from his head. From the kitchen came the sound of the hilarious laughter of the maids. Only in the dining-room, with its horrible expanse of empty table, was silence.

They walked down the road without speaking till Joan gave a little excited laugh.

"This is *fun*, William! I do wonder what we're going to do."

"You'll see," said William. "I'd better not tell you yet. I promised a crorse-me-throat promise I wouldn't tell anyone."

"All right, William," she said sweetly. "I don't mind a bit."

The evening was dark and rather foggy, so that the strange couple attracted little attention, except when passing beneath the street lamps. Then certainly people stood still and looked at William and his cart in open-mouthed amazement.

At last they turned down a back street towards a door that stood open to the dark, foggy night. Inside the room was a bare table at which sat a little girl, her blue, anxious eyes fixed on the open door.

"I hope he gets here before Dad," she said. "I wouldn't like Dad to come and find it not ready!"

The woman on the bed closed her eyes wearily.

"I don't think he'll come now, dearie. We must just get on without it."

The little girl sprang up, her pale cheek suddenly flushed.

"Oh, *listen!*" she cried; "*something's* coming!"

They listened in breathless silence, while the sound of wheels came down the street towards the empty door. Then—an old handcart appeared in the doorway and behind it William in his strange attire, and Joan in her fairy-like white—white cloak, white dress, white socks and shoes—her bright curls clustered with gleaming fog jewels.

The little girl clasped her hands. Her face broke into a rapt smile. Her blue eyes were like stars.

"Oh, oh!" she cried. "It's Father Christmas and a fairy!"

Without a word William pushed the cart through the doorway into the room and began to remove its contents and place them on the table. First the jellies and trifles and blanc-manges, then the meat pies, pastries, sausage rolls, sandwiches, biscuits, and cakes—sugar-coated, cream-interlayered, full of plums and nuts and fruit. William's mother had had wide experience and knew well what food most appealed to small boys and girls. Moreover, she had provided plentifully for her twenty guests.

FIRST THE JELLIES AND BLANCMANGES—THEN THE MEAT PIES AND TRIFLES.

The little girl was past speech. The woman looked at them in dumb wonder. Then:

"Why, you're the boy she was talkin' to," she said at last. "It's real kind of you. She was gettin' that upset. It 'ud have broke her heart if nothin' had come an' I couldn't do nothin'. It's real kind of yer, sir!" Her eyes were misty.

Joan placed the last cake on the table, and William, who was rather warm after his exertions, removed his scarf.

The child gave a little sobbing laugh.

"Oh, isn't it *lovely?* I'm so happy! You're the funny boy, aren't you, dressed up as Father Christmas? Or did Father Christmas send you? Or were you Father Christmas all the time? May I kiss the fairy? Would she mind? She's so beautiful!"

Joan came forward and kissed her shyly, and the woman on the bed smiled unsteadily.

"It's real kind of you both," she murmured again.

Then the door opened, and the lord and master of the house entered after his six months' absence. He came in no sheepish hang-dog fashion. He entered cheerily and boisterously as any parent might on returning from a hard-earned holiday.

"'Ello, Missus! 'Ello, Kid! 'Ello! Wot's all this 'ere?" His eyes fell upon William. "'Ello, young gent!"

"Happy Christmas," William murmured politely.

"Sime to you an' many of them. 'Ow are you, Missus? Kid looked arter you all right? That's *right*. Oh, I *sye!* Where's the grub come from? Fair mikes me mouth water. I 'aven't seen nuffin' like *this*—not fer *some* time!"

There was a torrent of explanations, everyone talking at once. He gave a loud guffaw at the end.

"Well, we're much obliged to this young gent and this little lady, and now we'll 'ave a good ole supper. This is all *right*, this is! Now, Missus, you 'ave a good feed. Now, 'fore we begin, I sye three cheers fer the young gent and little lady. Come on, now, 'Ip, 'ip, 'ip, 'ooray! Now, little lady, you come 'ere. That's fine, that is! Now 'oo'll 'ave a meat pie? 'Oo's fer a meat pie? Come on, Missus! That's right. We'll *all* 'ave meat pie! This 'ere's sumfin *like* Christmas, eh? We've not 'ad a Christmas like this—not for many a long year. Now, 'urry up, Kid. Don't spend all yer time larfin. Now, ladies an' gents, 'oo's fer a sausage roll? All of us? Come on, then! I mustn't eat too 'eavy or I won't be able to sing to yer arterwards, will I? I've got some fine songs, young gent. And Kid 'ere 'll dance fer yer. She's a fine little dancer, she is! Now, come on, ladies an' gents, sandwiches? More pies? Come on!"

They laughed and chattered merrily. The woman sat up in bed, her eyes bright and her cheeks flushed. To William and Joan it was like some strange and wonderful dream.

And at that precise moment Mrs. Brown had sunk down upon the nearest dining-room chair on the verge of tears, and twenty pairs of hungry horrified eyes in twenty clean, staring, open-mouthed little faces surveyed the bare expanse of the dining-room table. And the cry that went up all round was:—

"*Where's William?*"

And then:—

"*Where's Joan?*"

They searched the house and garden and stable for them in vain. They sent the twenty enraged guests home supperless and aggrieved.

"Has William eaten *all* our suppers?" they said.

"Where *is* he? Is he dead?"

"People will never forget," wailed Mrs. Brown. "It's simply dreadful. And where *is* William?"

They rang up police-stations for miles around.

"If they've eaten all that food—the two of them," said Mrs. Brown almost distraught, "they'll *die!* They may be dying in some hospital now! And I do wish Mrs. Murford would stop ringing up about Sadie's cloak. I've told her it's not here!"

Meantime there was dancing, and singing, and games, and cracker-pulling in a small house in a back street not very far away.

"I've never had such a *lovely* time in my life," gasped the Kid breathlessly at the end of one of the many games into which William had initiated them. "I've never, never, *never*——"

"We won't ferget you in a 'urry, young man," her father added, "nor the little lady neither. We'll 'ave many talks about this 'ere!"

Joan was sitting on the bed, laughing and panting, her curls all disordered.

"I wish," said William wistfully, "I wish you'd let me come with you when you go stealin' some day!"

"I'm not goin' stealin' *no* more, young gent," said his friend solemnly. "I got a job—a real steady job—brick-layin', an' I'm goin' to stick to it."

All good things must come to an end, and soon William donned his red dressing-gown again and Joan her borrowed cloak, and they helped to store the remnants of the feast in the larder—the remnants of the feast would provide the ex-burglar and his family with food for many days to come. Then they took the empty hand-cart and, after many fond farewells, set off homeward through the dark.

Mr. Brown had come home and assumed charge of operations.

Ethel was weeping on the sofa in the library.

"Oh, dear little William!" she sobbed. "I do *wish* I'd always been kind to him!"

Mrs. Brown was reclining, pale and haggard, in the armchair.

"There's the Roughborough Canal, John!" was saying weakly. "And Joan's mother will always say it was our fault. Oh, *poor* little William!"

"It's a good ten miles away," said her husband drily. "I don't think even William——" He rang up fiercely. "Confound these brainless police! Hallo! Any news? A boy and girl and supper for twenty can't disappear off the face of the earth. No, there had been *no* trouble at home. There probably *will* be when he turns up. but there was none before! If he wanted to run away, why would he burden himself with a supper for twenty? Why— one minute!"

The front door opened and Mrs. Brown ran into the hall.

A well-known voice was heard speaking quickly and irritably.

"I jus' went away, that's all! I jus' thought of something I wanted to do, that's all! Yes, I *did* take the supper. I jus' wanted it for something. It's a secret what I wanted it for, I——"

"*William!*" said Mr. Brown.

Through the scenes that followed William preserved a dignified silence, even to the point of refusing any explanation. Such explanation as there

"WASN'T SHE A JOLLY LITTLE
KID?" WILLIAM SAID EAGERLY.

was filtered through from Joan's mother by means of
the telephone.

"It was all William's idea," Joan's mother said
plaintively. "Joan would never have done *anything* if William hadn't practically *made* her. I
expect she's caught her death of cold. She's in
ben now——"

'Yes, so is William. I can't *think* what they
wanted to take *all* the food for. And he
was just a common man straight from
prison. It's dreadful. I do hope they
haven't picked up any awful language.
Have you given Joan some quinine? Oh,
Mrs. Murford's just rung up to see if
Sadie's cloak has turned up. Will you send it
round? I feel so *upset* by it all. If it wasn't
Christmas Eve——"

The house occupied by William's and Joan's
families respectively were semi-detached, but
William's and Joan's bedroom windows faced
each other, and there was only about five yards
between them.

There came to William's ears as he lay drowsily
in bed the sound of a gentle rattle at the window.
He got up and opened it. At the opposite window
a little white-robed figure leant out, whose golden
curls shone in the starlight.

"William," she whispered, "I threw some
beads to see if you were awake. Were your
folks mad?"

"Awful," said William laconically.

"Mine were too. I di'n't care, did you?"

"YES." A PAUSE, THEN—"WILLIAM, YOU
DON'T LIKE HER BETTER'N ME, DO YOU?"

"No, I di'n't. Not a bit!"

"William, wasn't it *fun?* I wish it was just beginning again, don't you?"

"Yes, I jus' do. I say, Joan, wasn't she a jolly little kid and di'n't she dance fine?"

"Yes,"—a pause—then, "William, you don't like her better'n me, do you?"

William considered.

"No, I don't," he said at last.

A soft sigh of relief came through the darkness.

"I'm so *glad!* Go'-night, William."

"Go'-night," said William sleepily, drawing down his window as he spoke.

THE END

Other books about Just William

Bill
Grooms

Handsome, rich and looking for love…

Three passionate novels!

In September 2006 Mills & Boon bring
back two of their classic collections,
each featuring three favourite
romances by our bestselling authors...

BILLIONAIRE GROOMS
The Billionaire Bridegroom
by Emma Darcy
In the Billionaire's Bed by Sara Wood
The Billionaire Bid by Leigh Michaels

HEART OF A HERO
The Paramedic's Secret by Lilian Darcy
Police Doctor by Laura MacDonald
Fire Rescue by Abigail Gordon

Billionaire Grooms

THE BILLIONAIRE BRIDEGROOM
by
Emma Darcy

IN THE BILLIONAIRE'S BED
by
Sara Wood

THE BILLIONAIRE BID
by
Leigh Michaels

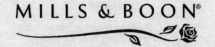

MILLS & BOON®

*MILLS & BOON and MILLS & BOON with the Rose Device
are registered trademarks of the publisher.
Harlequin Mills & Boon Limited,
Eton House, 18-24 Paradise Road, Richmond, Surrey, TW9 1SR*

BILLIONAIRE GROOMS
© by Harlequin Enterprises II B.V., 2006

The Billionaire Bridegroom, In the Billionaire's Bed and
The Billionaire Bid were first published in Great Britain by
Harlequin Mills & Boon Limited in separate, single volumes.

*The Billionaire Bridegroom © Emma Darcy 2003
In the Billionaire's Bed © Sara Wood 2003
The Billionaire Bid © Leigh Michaels 2003*

ISBN 10: 0 263 84968 6
ISBN 13: 978 0 263 84968 4

05-0906

*Printed and bound in Spain
by Litografía Rosés S.A., Barcelona*

THE BILLIONAIRE BRIDEGROOM

by

Emma Darcy

Initially a French/English teacher, **Emma Darcy** changed careers to computer programming before the happy demands of marriage and motherhood. Very much a people person, and always interested in relationships, she finds the world of romance fiction a thrilling one and the challenge of creating her own cast of characters very addictive.

CHAPTER ONE

Wow! Definitely a million-dollar property! Real class, Serena Fleming decided appreciatively, driving the van past perfectly manicured lawns to the architect designed house owned by one of her sister's clients, Angelina Gifford. Michelle's Pet Grooming Salon drew quite a few wealthy people who used the mobile service provided, but Serena was more impressed with this place than any other she had visited in the course of picking up pampered dogs and cats.

Michelle had told her the land in this area had only been released for development four years ago. The Giffords had certainly bought a prime piece of real estate—three acres sited on top of a hill overlooking Terrigal Beach and a vast stretch of ocean. There were no formal gardens, just a few artistically placed palm trees—big fat pineapple-shaped palms with a mass of fronds growing out of the top. Must have cost a fortune to transport and plant them, all fully grown, but then quite clearly the whole place had to have cost a fortune.

The fabulous view was cut off as the van drew level with the house which seemed to have walled courtyards on this western side. All the windows would face north and east, Serena thought. Still, even the wall arrangement was interesting, painted in dark blue with a rich cream trim, suggesting sea and sand.

She brought the van to a halt adjacent to the front

door, cut the engine and hopped out, curious to meet the man who had designed all this. Nic Moretti was his name, a highly successful architect, also the brother of Angelina Gifford, whose husband had whisked her off for a trip overseas. The talented Nic had been left in charge of the house and Angelina's adored dog, Cleo, who was due for a clip and shampoo this morning.

No doubt it was convenient for him to stay here. According to the local newspaper, his design had just won the contract to build a people's park with various pavilions on crown land overlooking Brisbane Water. Easy for him to supervise the work from such a close vantage point, a mere half hour drive to the location of the proposed park.

Serena rang the doorbell and waited. And waited. She glanced at her watch. It was now ten minutes past the nine o'clock appointment. She rang the doorbell again, with considerably more vigour.

In her other life as a hair stylist in a very fashionable Sydney salon, it was always rich people who disregarded time, expecting to be fitted in whenever they arrived. Here she was on the Central Coast, a good hour and a half north of Sydney, but it was obviously no different, she thought on a disgruntled sigh. The wealthy expected others to wait on them. In fact, they expected the whole world to revolve around them.

Like her ex-fiancé…

Serena was scowling over the memory of what Lyall Duncan had expected of *her* when the door she faced was abruptly flung open.

'Yes?' a big brute of a man snapped.

Serena's jaw dropped. His thick black hair was rumpled. His unshaven jaw bristled with aggression. His muscular and very male physique was barely clothed by a pair of exotic—or was it erotic?—silk boxer shorts. And if she wasn't mistaken—*no, don't look there!* She wrenched her gaze up from the distracting bulge near his groin, took a deep breath and glared straight back at glowering dark eyes framed by ridiculously long thick eyelashes that were totally wasted on a man.

Italian heritage, of course. What else could it be with names like Nic and Angelina Moretti?

'I'm Serena from Michelle's Pet Grooming Salon,' she announced.

He frowned at her, the dark eyes sharper now as he scrutinised her face; blue eyes, pert nose, full-lipped mouth, slight cleft in her chin, wisps of blond hair escaping from the fat plait that gathered in the rest of it. His gaze dropped to the midriff top that outlined her somewhat perky breasts and the denim shorts that left her long shapely legs on full display, making Serena suddenly self-conscious of being almost as naked as he was, though definitely more decently dressed.

'Do I know you?' he barked.

He'd probably been a Doberman pinscher in another life, Serena was thinking, just before the shock of recognition kicked her heart.

'No!' she answered with panicky speed, not wanting *him* to make the link that had suddenly shot through her mind.

It had been a month ago. A whole rotten month of working fiercely at putting the still very raw experience in the irretrievable past; breaking off her engagement to Lyall, leaving her job, leaving Sydney, taking wound-licking refuge with her sister. To be suddenly faced with the *architect* of those decisions...

She could feel her forehead going clammy, the blood draining from her face as her mind screamed at the unfairness of it all. Her hands clenched, fighting the urge to lash out at him. A persistent thread of common sense argued it wasn't Nic Moretti's fault. He'd simply been the instrument who'd drawn out the true picture of her future if she went ahead with her fairy-tale marriage—Cinderella winning the Prince!

He was the man Lyall had been talking to *that night,* the man who'd expressed surprise at the high-flying property dealer, Lyall Duncan, for choosing to marry *down,* taking a lowly hairdresser as his wife. And Serena had overheard Lyall's reply—the reply that had ripped the rose-coloured spectacles off her face and shattered all her illusions. This man had heard it, too, and the humiliation of it forced her into a defensive pretence.

'Since I don't know you...' she half lied in desperate defence.

'Nic Moretti,' he rumbled at her.

'...I don't see how you can know me,' she concluded emphatically.

He'd seen her at Lyall's party but they hadn't been introduced, and she'd been all glammed up for the occasion, not in her *au naturel* state as she was this morning. Surely he wouldn't make the connection. The environment was completely different. Yet despite her denial of any previous encounter with him, he was still frowning, trying to place her.

'I'm here to collect Cleo,' she stated briskly, hating this nasty coincidence and wanting to get away as fast as possible.

'Cleo,' he repeated in a disconnected fashion.

'The dog,' she grated out.

The expression on his rugged handsome face underwent a quick and violent change, the brooding search for her identity clicking straight into totally fed up frustration. 'You mean the monster,' he flashed at her derisively.

The blood that had drained from her face, surged to her head again, making Serena see red. It was impossible to resist giving this snobby man a dose of the condescension he ladled out himself.

'I would hardly characterise a sweet little Australian silky terrier as a monster,' she said loftily.

'Sweet!' He thrust out a brawny forearm marked with long and rather deep scratches. 'Look what she did to me!'

'Mmm...' Serena felt no sympathy, silently applauding the terrier for doing the clawing this man very likely deserved. 'Raises the question...what did you do to her?'

'Nothing. I was simply trying to rescue the wretched creature,' he declared in exasperation.

'From what?'

He grimaced, not caring for this cross-examination. 'A friend of mine put her on the slippery dip out at the swimming pool. She skidded down it into the water, looking very panicky. I swam over to lift her out and...'

'Dogs can swim, you know.'

'I know,' he growled. 'It was a reflex action on my part.'

'And clawing you would be a reflex action on her part. Not being able to get any purchase on the slippery dip would have terrified her.'

Another grimace at being put on the spot. 'It was only meant as a bit of fun.'

Serena raised her eyebrows, not letting him off the hook. 'Some people have strange ideas of what is fun with animals.'

'I tried to save her, remember?' He glared at the implication of cruelty. 'And let me tell you *she* wasn't the one left bleeding everywhere.'

'I'm glad to hear it. Though I think you should rearrange your thoughts on just who is the monster here. Take a good long look at whom you choose to mix with and how they treat what they consider *lesser* beings.'

The advice tripped off her tongue, pure bile on her part. He didn't like it, either, but Serena didn't care. It was about time someone got under his silver-spoon-fed, beautifully tanned, privileged skin. She was still burning over the way Lyall had discussed her with this man, telling him the kind of wife he wanted, the kind of wife he expected to get by taking on a non-competitive little hairdresser who'd be so grateful to be married to him, she'd be a perfectly compliant home-maker and never question anything he did. Definitely placing her as *a lesser being*.

But perhaps she'd gone too far on the critical front. Nic Moretti did, after all, represent one of her sister's regular clients who didn't care what it cost to keep her dog beautifully groomed—a client Michelle wouldn't like to lose. Never mind that the super-duper architect made Serena bristle from head to toe. Business was business. She stretched her mouth into an appeasing smile.

'Mrs. Gifford made a booking for Cleo at the salon this morning. If you'll fetch her for me...'

'The salon,' he repeated grimly. 'Do you cut claws there or do I have to take her to the vet?'

'We do trim pets' nails.'

'Then please do it while you've got her in *your* custody,' he growled. 'Have you got a leash for her?'

Serena raised her eyebrows. 'Doesn't Cleo have her own?'

'I'm not going near that dog until its claws are clipped.'

'Fine! I'll get one from the van.'

Unbelievable that a man of his size should be cowed by a miniature dog! Serena shook her head over the absurdity as she collected a leash and a bag of crispy bacon from the van. The latter was always a useful bribe if a dog baulked at doing what she wanted it to do. The need to show some superiority over Nic Moretti, even if it was only with a small silky terrier, burned through Serena's heart.

He waited for her by the front door, still scowling over their exchange. Or maybe he had a hangover. Clearly the ringing of the doorbell had got him out of bed and he wasn't ready to face the rest of the day yet. Serena gave him a sunny smile designed to reproach his ill humour.

'Do you want to lead me to Cleo or shall I wait here until you shoo her out of the house?'

His eyes glinted savagely at the latter suggestion, conscious of retaining some semblance of dignity, even in his boxer shorts. 'You can have the fun of catching her,' he said, waving Serena into the house.

'No problem,' she tossed at him, taking secret satisfaction in the tightening of his jaw.

Though her pulse did skip a little as she passed him by. Nic Moretti had the kind of aggressive masculinity that would threaten any woman's peace of mind. Serena tried telling herself he was probably gay. Many artistic men were. In fact, he had the mean, moody and magnificent look projected by the pin-up models in the gay calendars her former employer had lusted over in his hairdressing salon.

Mentally she could hear Ty raving on, 'Great pecs, washboard stomach, thighs to die for...'

The old patter dried up as the view in front of her claimed her interest. The foyer was like the apron of a stage, polished boards underfoot, fabulous urns dressing its wings. Two steps led down to a huge open living area where practically every piece of furniture was an ultra-modern objet d'art. Mind-boggling stuff.

Beyond it all was a wall of glass which led her gaze outside to a vast patio shaded by sails, and a luxurious spa from which a water slide—the infamous slippery dip—led to a glorious swimming pool on a lower level. She didn't see a kennel anywhere, nor the dog she'd come to collect.

She threw an inquiring glance back over her shoulder to the man in charge, only to find his gaze fastened on her derrière. Her heart skipped several beats. Nic Moretti couldn't be gay. Only heterosexual men were fascinated by the jutting contours of the well-rounded backside that had frequently embarrassed Serena by drawing wolf-whistles.

It wasn't really voluptuous. Her muscle tone was good, no dimple of cellulite anywhere. She simply had a bottom that stuck out more than most, or was more emphasised by the pit in her back. Of course, wearing shorts probably did draw more attention to it, but she saw no reason to hide the shape of her body anyway. At least the denim didn't invite the pinching she had sometimes been subjected to in the streets of Sydney while waiting for a pedestrian traffic light to change to green.

It was just her bad luck that Lyall Duncan was a *bottom* man, finding that particular piece of female equipment sexier than big breasts or long legs or whatever else men fancied in a woman. More to the point, he'd told Nic Moretti so, the memory of which instantly turned up Serena's heat level. Was he recognising *this* feature of her?

'Where might I find Cleo?' she rapped out, snapping his attention back to the business in hand.

His gaze lifted but the dark frown returned, as though he was pulling his wandering mind back from a place he found particularly vexatious. 'I don't know,' he said testily. 'I've only just rolled out of bed...'

'What do we have here?' another voice inquired, a female voice lifted in a supercilious upper class drawl.

Serena's hackles rose again. Her head whipped around. The newcomer on the scene was drifting into the open living area from what had to be a bedroom wing. She was wearing a slinky thigh-length silk and lace negligee in an oyster shade, one arm up, lazily ruffling long tawny hair. An amused little smile sat on a face that could have graced the cover of a fashion magazine, as could the rest of her, the tall slender figure being of model proportions.

'Ah…Justine…' Nic Moretti said in deep relief.

Perfect name for her, Serena thought caustically.

'…have you seen Cleo? This…uh…lady…has come to collect her for some grooming.'

He'd forgotten her name. Typical! Not important enough on his social scale to remember. Which was just as well, given other memories he might be nursing.

'Grooming!' Justine rolled her eyes. Green eyes. 'Pity she hasn't come to put the monster down. You should have let the wretched little beast drown yesterday, Nic.'

'Angelina would never forgive me if I let any harm come to her pet, Justine,' he reproved in a tight tone.

'It's obviously spoiled rotten,' came the sneering response.

'Nevertheless…'

'You'll find it shut up in the laundry,' she informed with towering distaste. 'I don't know how you could have slept through all its yap-yap-yapping outside the bedroom door last night. It was driving me mad. And the little bitch was so rabid, I had to pick it up by its collar and carry it away from me.'

Half choking it to death, Serena thought venomously.

'You should have woken me. Let me deal with it,' Nic grated out, undoubtedly aware of the cruelty to animals tag which was fast gathering more momentum.

Great company he kept! Hot body, cold mean heart. Serena viewed Justine from a mountain of contempt as she carried on like a spoiled rich bitch who expected to always be the centre of attention.

'Leaving me alone while you nurse-maided a dog? No thanks.' Her eyelids lowered in flirtatious play. 'Much better to have no distractions, wasn't it, darling?'

A clearing of throat behind Serena suggested some embarrassment. 'The laundry,' Nic Moretti growled, stepping up to her side and gesturing her to follow him. 'It's this way.'

'Watch the mess!' Justine warned. 'There's bound to be some. I threw in a leftover chicken leg to stop the yapping.'

'A chicken leg!' Serena stopped and glared at the self-serving woman. 'Cooked chicken bones splinter. They could stick in the dog's throat.'

'Let's go!' Nic muttered urgently.

He was right. This was no time to be instructing anyone. Besides which, Justine would probably rejoice if Cleo was dead. At least Nic Moretti had an anxious air about him as he led the way through a space age stainless steel kitchen.

'Cleo!' he called commandingly, striding across a mud room area containing boot racks and rows of hooks for hats, coats and umbrellas. Any thought of his own injury from Cleo's claws was apparently obliterated by the fear of injury to his sister's pet.

A shrill barking instantly started up, relieving his obvious body tension before he reached the door behind which the dog was imprisoned. He flung it open and the little silky terrier charged out between his legs, flying past Serena before she could react, shooting through the kitchen like a missile, clearly intent on escaping from any form of captivity.

'Bloody hell!' Nic breathed, glancing inside the laundry.

A determined dog was capable of creating a lot of damage. Serena didn't feel the need to comment on this. It was her job to catch Cleo who was now in the living room, barking hysterically, probably at the sight of the woman who had so callously mistreated her.

'Oh, you horrible little monster!' Justine shrieked.

Serena pelted through the kitchen just in time to see a vicious kick aimed at the silky terrier who was darting away from it. 'Cleo,' she called in a singsong tone, dropping to her knees to give herself less threatening height and tossing a piece of crispy bacon onto the floor between her and the dog.

Cleo stopped the frenetic activity, sniffed, came forward cautiously and snaffled the bacon. Serena tossed out another piece closer to herself. Then another and another as the dog responded warily to the trail being laid. Finally she snatched a piece held in Serena's fingers and paused long enough to submit to a calming scratch behind the ears. The fragile little body under its long hair was trembling—evidence of the trauma it had been through.

Serena stroked and scratched, telling Cleo in a soft indulgent tone how beautiful and clever she was until the dog was happy enough to rise up on its hind legs and lick her face.

'Oh, yuk!' Justine remarked in disgust, just as Serena scooped the dog into her arms, holding it securely against her shoulder while she rose from her kneeling position.

'Shut up, Justine!' Nic shot at her.

The classically oval jaw dropped in shock.

'Just let the lady do her job,' he expounded with no less irritation at his girlfriend's total lack of any sensitivity to the situation.

Serena almost liked him at that moment. However, she headed straight for the front door without any comment. Nic Moretti followed her right out to the van.

'What door do you want opened?' he asked solicitously.

'The driver's side. I'll put her on the passenger seat beside me so I can pat her. There's a dog harness attached to the safety belt so she won't be a problem when I'm driving.'

He opened the door and watched as Serena settled Cleo into the harness. 'She seems to be okay,' he said half anxiously.

'Fighting fit,' Serena answered dryly.

'I don't think Justine is used to dogs.'

'Maybe you should growl at her more often.' This terse piece of advice took him aback. Serena was past dealing in diplomacy. She reached out and pulled her door shut, then spoke to him through the opened window. 'Normally I would deliver Cleo back at one o'clock. How does that sit with you?'

'Fine!' He was frowning again.

'Will your girlfriend still be here?'

The dark eyes suddenly took on a rivetting intensity. His mouth thinned into a grim set of determination. 'No, she won't,' he stated categorically.

The decision gave Serena a highly pleasant sense of satisfaction. 'Then I'll see you at one o'clock.'

CHAPTER TWO

NIC MORETTI watched the van until it turned onto the public road, chagrined by the way the sassy little piece behind the driver's wheel had got under his skin, yet unable to dismiss the truths she had flung in his face. A pet groomer...obviously caring more about the canine breed than she did for people. Though he had to concede he hadn't cut too impressive a figure this morning. Justine even less so.

Which brought him to the sobering conclusion that the scorn in those vivid blue eyes had been justified and maybe it was time he took stock of what he was doing, shrugging off stuff he didn't like for the sake of cruising along in the social swim, doing his balancing act with people on the grounds that no one was perfect and if they were good for something, what did it matter if they fell short in other areas?

Judgment day...

He shook his head over the irony of that being delivered to him by a pet groomer who'd descended on him out of nowhere. Damned if he could even remember the name she had given! *Michelle* had been printed on the van she drove but he was sure it wasn't that.

And it still niggled him that he had seen her before somewhere. Though it seemed highly unlikely, given her job and location on the Central Coast. Sydney was his usual stamping ground. Besides, how could he forget that pert mouth and even perter bottom? Both of them were challenges he rather fancied coming to grips with.

He smiled self-mockingly at this last thought.

The hangover from last night's party was obviously affecting his brain. What could he possibly have in common with a pet groomer, except the welfare of Cleo for the duration of Angelina's overseas trip? Better get his mind geared to deal with Justine who was turning into a royal pain over his sister's beloved Cleo. Worse than that, in fact. There was a cruel streak in her treatment of the dog and Nic didn't like it. He wouldn't invite her here again.

He frowned over the memory of her laughing as she'd tossed her hapless victim onto the slippery dip yesterday. 'Here's company for you, Nic!' A great joke, laughing at the dog's frantic attempts to fight its way back up to the spa level against the inevitable skid into the pool. Unkind laughter.

He'd been annoyed by the whole episode, especially the painful scratches which had led him to transfer his annoyance to Cleo. Wrong! He could see that now. The pet groomer had straightened him out on quite a few areas that needed his attention. For one thing, dog-minding was not a breeze. It obviously required some expertise he didn't have.

Having resolved to take more positive action on that front, he went inside to face the problem he now had with Justine. She was in the kitchen, watching coffee brew in the percolator. While her attention was still engaged on getting a shot of caffeine, he viewed her with more critically assessing eyes.

Did he want their affair to continue? They'd been

reasonably compatible both sexually and socially, but the relationship had been more about superficial fun than deep and meaningful. He had the very definite feeling that *the fun* had just run out.

She turned around, probably having heard the front door shut and looking to check where he was. 'Ah! You've seen them off,' she said, rolling her eyes at the fuss of it all. 'Blissful peace for a while!'

'Cleo will be returned at one o'clock,' he informed her as he strolled into the kitchen and headed for the refrigerator. A couple of glasses of iced water should help clear the hangover.

'It is ridiculous to have our lives ruled by a dog!' Justine declared in exasperation. 'Why don't you put her in one of those boarding kennels, Nic? It would save all this aggravation and you'd be free to...'

'Out of the question,' he cut her off.

She swung on him, hands on hips. '*Why* is it out of the question?'

'I promised Angelina I'd take care of Cleo.'

'Boarding kennels are better equipped to look after that dog than you are.'

She was probably right, but that wasn't the point, Nic thought as he downed the first glass of water. Besides, he intended to learn how to handle Cleo better.

'Your sister need never know,' Justine argued.

'*I* would know. A promise is a promise.'

'What people don't know won't hurt them.'

He cocked a mocking eyebrow at her as he reached for the jug again. 'One of the principles by which you live?'

'It avoids trouble.'

'Oh, I don't know. Seems to me you get double the trouble when people find out what you've tried to hide from them.' He poured more water from the jug and drank again, wondering how many deceptions Justine had played with him.

She threw out her hands in frustrated appeal. 'You can't want to be tied to that cantankerous little bitch for the next two months.'

'I'll learn to get along with Cleo,' he answered blandly.

'Well, I won't!' she hurled at him, eyes flashing fury at his stubborn resistance to her plan. 'I'm not spending another night with that damned dog yapping its head off.'

'Then I suggest you pack up and leave, Justine, because the dog will be staying. With me.'

She looked gob-smacked.

He set the empty glass down on the kitchen bench. 'Best be gone before one o'clock,' he advised coldly. 'Please excuse me while I clean up the mess in the laundry which doesn't happen to have a doggy door for Cleo to go outside.'

He was at the doorway to the mud room before Justine caught her breath. 'You want *me* to go?' It was an incredulous squawk.

He paused to look back at her, feeling not one whit of warmth to soften his decision. 'What we have here, Justine, is an incompatible situation.'

'You'd put that miserable little dog ahead of me?'

'Perhaps the dog will be less miserable with you gone.'

'Oh!' She stamped her foot.

Nic sensed a wild tantrum teetering on the edge of

exploding from her. He didn't wait for it. If she followed him to the laundry, he'd hand her a bucket and suggest she clean up the result of her action in carelessly shutting Cleo in an inescapable place. That would undoubtedly send her packing in no time flat.

The pet groomer would have no problem with it but Justine…no way would she get down on her knees for a dog. Nor get her hands dirty. In fact, she obviously wanted to be treated like a pampered pet herself. Nic decided he didn't really care for that in a woman, certainly not in any long-term sense.

He wasn't followed.

By the time he had the laundry back in a tidy and pristine state, Justine had dressed, packed, and gone without favouring him with a farewell. The front door had been slammed shut on her way out, transmitting her pique at coming off second best to Cleo, and the engine of her SAAB convertible had roared down the driveway, punctuating her departure and displeasure.

Nic poured himself a coffee from the brew that had been left simmering and reflected that he could have appealed for understanding, maybe shifted Justine's attitude a little. Cleo wasn't just a *pet* to Angelina, more a surrogate child on whom she poured out all the frustrated love she couldn't give to a baby.

After years of trying to get pregnant, it had been a terrible grief to her when medical tests had revealed her husband's sperm count was so low it would be a miracle if she ever conceived. Poor Ward had been devastated, too, even going so far as to offer Angelina a divorce, knowing how set she was on having a family.

That wasn't an option to his sister. She and Ward

really did love each other. Their marriage seemed to have grown even stronger since the pressure to have a child had been erased. Ward had brought home the puppy for Angelina, a loveable little bundle of silky fur, and they both treated it like the queen of Egypt, nothing too good for their adored Cleo.

To put it in an impersonal boarding kennel… Nic shook his head. Angelina would never forgive him. *And* she'd know about it. Cleo was booked into the pet grooming salon every Monday morning. He'd forgotten about that earlier today but he knew it was written on Angelina's list of instructions. If the appointments weren't kept, no doubt *Michelle* would reveal that fact to his sister on her return.

Besides, as he'd told Justine, a promise was a promise. If she couldn't respect that, he was definitely better off having no further involvement with her, even if it meant being celibate for a couple of months. He couldn't overlook the cruel streak in her, either. The thought of it dampened any desire for more of Justine Knox. Good riddance, he thought, downing the last of the coffee.

A shower, a shave, a couple of hours' work in the room he'd designated as his office for the duration of his stay here, and he'd feel much more on top of everything when the pet groomer returned with Cleo at one o'clock.

'Aren't you beautiful now!' Michelle crowed indulgently as she ruffled Cleo's silver-grey silky hair with her fingers while giving it a last blast from the dryer. 'You look good, you smell good and you feel good.'

The dog's big brown eyes clung soulfully to

Michelle who invariably talked nonstop to each pet as she gave them whatever treatment was scheduled. Cleo had been given the lot this morning; nail trim, hair-clip, ears and eyes cleaned, shampoo, conditioner and blow-dry.

Serena reflected this was very little different to a hairdressing salon. Michelle even played background music, always soft romantic tracks to soothe any savage hearts, and she charged similar fees. Of course, it wasn't as upmarket, no stylish fittings or decorator items, just plain workbenches, open shelves, and a tiled floor that made cleaning easy.

The best thing about it, Serena decided, was the pets didn't talk back, dumping all their problems or complaints on the stylist who was expected to dish out unlimited sympathy even when it was obvious there were two sides to be considered. Not that that was the case with Cleo who was clearly an innocent victim, yet the darling little silky terrier hadn't even raised a bark since Serena had rescued her from the dark brute and his evil witch-woman.

'You can put on her pink ribbon, Serena,' Michelle instructed, having finished with Cleo and about to pick up another dog waiting for his turn to be pampered, a Maltese terrier who'd sat tamely in line like all the other pets in the salon, content to watch Michelle do her thing.

'I'm not sure Nic Moretti is going to appreciate the pink ribbon,' Serena dryly commented as she cut off an appropriate length from the roll Michelle kept on a shelf.

It earned the look of unshakeable authority. 'No pet leaves this salon without wearing a ribbon. It's the finishing touch. Cleo knows it and expects it. She'll be upset if you don't give it to her. You can tell Angelina's brother that from me. He has to consider the dog's sense of rightness or he's going to have a traumatised pet on his hands.'

When it came to dog handling her sister was a genius. Serena accepted her advice without question. But would Nic Moretti? Confronting him again stirred mixed feelings. The fear of being recognised as Lyall Duncan's belittling choice of wife had been somewhat allayed. It seemed unlikely that he would make the connection now, given the distraction of her current job. Besides, it would be interesting to see if he had got rid of his penthouse pet in the interests of properly safeguarding his sister's.

Smiling at Cleo as she tied the ribbon around her neck, she softly crooned, 'Pretty pink bow.'

The dog sprang up from the bench top and licked her chin. Starved for praise and affection, Serena concluded, and decided to add a bit more advice to her sister's when she spoke to Nic Moretti again. Her smile widened to a grin. Teach the brute a few lessons that would hopefully stick in his arrogant craw.

'I'm off now,' she called out to Michelle.

'Okay. Don't forget to pick up Muffy at Erina on the way back.'

'Will do.'

It was twenty minutes to one o'clock. As Serena took Cleo out to the van, she thought how good it was to be out of the city. Although Michelle's five acre property at Holgate wasn't exactly country, it was big enough to give a sense of real space and freedom while still being located close to the large populated areas of Gosford, Erina, Wamberal and Terrigal.

The salon was a large two-roomed shed behind the house and the parking area that served it took up quite a bit of room, but there was still plenty of land for Michelle's seven-year-old daughter to keep a pony which she rode every day after she came home from school. All in all, Serena thought her widowed older sister had done a fantastic job of setting up a business she could run while looking after Erin. Though she did seemed to have settled too much into the life of a single parent. Did the idea of getting involved in another relationship make her feel too vulnerable?

At thirty-two, Michelle was only four years older than herself, still very attractive with lovely glossy brown hair, big hazel eyes, a young pretty face and a whip-lean figure from all the physical work she did. Maybe her manless state was due to not having much opportunity to get out and meet people. Which could certainly be fixed now that Serena was here to mind her niece whenever her sister would like to go out.

On the other hand, not having a man in one's life was a lot less complicated. Maybe both she and her sister were better off on their own.

Serena pondered this dark thought as she settled Cleo in the van, then took off for the return trip to the Gifford house. Without a doubt she was starting to enjoy this complete change of lifestyle; not having to put on full make-up every day, not having to construct a hairstyle that fitted the out-there image of Ty's salon, not having to worry about wearing right up-to-date fashionable clothes, nor *compete* on any social scene. Lyall hadn't wanted her to compete with him but he'd certainly wanted her to shine amongst other women.

From now on, she simply wanted to be her own person. No putting on a show for anybody. And that included Nic Moretti. Wealth and success and good looks in a man were attractive attributes, but she wasn't about to let them influence her into not looking for what the man was like inside. Nor was she about to change herself to please him, just because he was attractive.

Well, not exactly attractive.

More loaded with sex appeal.

A woman would have to be dead not to notice.

But snobbery was not sexy at all, Serena strongly reminded herself, so she was not about to be softened up by Nic Moretti's sex appeal. In fact, it would be fun to get under his skin again, have those dark eyes burning intensely at her, make him see her as a person he couldn't dismiss out of hand.

Sweet revenge for how he'd spoken about her to Lyall.

Yes.

This was one man who definitely needed to be taught a few lessons.

CHAPTER THREE

IT WAS just on one o'clock when Serena rang the doorbell of the Gifford home. Perfect punctuality, she thought, and wondered if Nic Moretti would keep her waiting again. He had been told when she'd return. It was a matter of courtesy and respect to answer her call with reasonable promptness. No excuse not to.

She was constructing a few pertinent remarks about the value of *her* time when the door opened and there was the man facing her, all polished up and instantly sending a quiver through her heart. His black hair was shiny, his gorgeously fringed chocolate eyes were shiny, his jaw was shiny, even his tanned skin was shiny. The guy was a star in any woman's language.

He wore sparkling white shorts and a navy and white sports shirt and a smile that was whiter than both of them. Positively dazzling. 'Hello again,' he said pleasantly, causing Serena to swallow the bile she'd been building up against him.

'Hi!' she croaked, cravenly wishing she had put some effort into her own appearance. Too late now. Frantically regathering her scattered wits, she made the totally unbrilliant statement, 'Here's Cleo.'

He smiled down at the dog. 'And looking very…feminine.'

As opposed to her?

No, no, he was referring to the pink bow.

Get a grip, girl!

'I take it you've clipped her claws?' he asked.

'As much as they can be without making her bleed,' Serena managed to answer sensibly.

Her own blood was tingling as though it had been subjected to an electric charge. It was embarrassing to find herself so *taken* by him this time around. Hating the feeling of being at a disavantage, she seized on the action of detaching the leash from Cleo's collar. Retreat was the better part of valour in these tricky circumstances and the dog was now his responsibility, not hers.

Her fingers fumbled over the catch and the little silky terrier wriggled with impatience, anticipating the moment of freedom. Finally the deed was done, release completed, and Serena straightened up from her crouch, feeling flushed and fluttery, making the quite unnecessary declaration, 'She's all yours!'

Whereupon Cleo shot into the house, barking like a maniac.

Nic Moretti grimaced a kind of helpless appeal. 'What's got into her now?'

Here was opportunity handed to her on a plate and Serena found she couldn't resist asking, 'Is your girlfriend still here?'

'No. She left some hours ago,' he replied, frowning over the noisy racket inside the house.

'Well, I'd say Cleo is checking everywhere for her presence.'

The frown deepened. 'I think I might need some help. Would you mind coming in for a few minutes?'

He stepped back, waving her forward.

Serena hesitated, not liking the sense of having her services taken for granted just because she'd helped beyond the call of duty this morning. Being *used* by this man did not appeal to her. She wasn't his dogs-body and she certainly didn't intend to give him any cause to see her in that role.

She folded her arms in strongly negative body language. 'Mr. Moretti…'

'Nic.' A quick apologetic smile. 'I'm sorry. I didn't catch your name this morning.'

'Serena.' Which shouldn't ring any bells because Ty had decided Rene was a more fashionable name for her and Lyall had always used it, having first met her at Ty's salon where he regularly had his hair cut, styled and streaked to complement his yuppie image. 'Serena Fleming,' she added so she wasn't just a one name person. 'And I have to pick up another pet…'

'Please…' He was distracted by the shrill yapping, now in the living room behind him. It stopped abruptly, just as he glanced back at the dog. 'Oh, my God!'

He was off at a fast stride, leaving Serena standing at the door. Curiosity got the better of her earlier inclination to get out of here and away from an attraction that made her feel uncomfortable. Besides which, he had invited her in. She stepped into the foyer. On the polished floorboards of the living-room floor, precisely where the evil witch-woman had aimed a kick at Cleo this morning, was a large spreading puddle.

The dog stood back from it, wagging her tail triumphantly. Serena rolled her eyes, thinking she should have walked Cleo on the lawn before ringing the doorbell. From the kitchen came the sound of taps running full blast. Nic Moretti reappeared with a bucket and sponge.

'Why would she do that?' he demanded in exasperation. 'She knows where the doggy door is and has been trained to use it.'

'Primal instinct can be stronger than any training,' Serena dryly observed. 'Cleo has just reclaimed her territory from the enemy.'

'The enemy?' He looked totally lost.

'I'd say that's where your girlfriend's scent was the strongest. It's now been effectively killed.'

'Right!' He gritted his teeth, bent down and proceeded to sponge up the puddle.

His thighs bulged with muscular strength. His shorts tightened across a very sexy butt. From her elevated position in the stepped up foyer, Serena couldn't help smiling at the view of this magnificent male, almost on his hands and knees, performing a menial task that a woman was usually expected to do. Her feeling of inferiority evaporated.

'See what I mean?' he grumbled. 'I have a problem.'

'It is easily fixable,' Serena blithely assured him. 'You're doing a good job there.'

'This is only one thing.' He looked up, caught her amused smile and huffed his frustration at the position he was in. 'Obviously I need a dog psychologist to explain why Cleo is running amok.'

'Well, you can always contact the television show, *Harry's Practice,* and see if you can line up a visit.'

'From everything you've said, *you're* the person I want,' he declared, dropping the sponge into the bucket and straightening up to his full height to eye her with commanding intensity.

Serena couldn't deny a little thrill at his *wanting*

her, even if it was only in an advisory capacity. Which would put her on top in this relationship. The boss. A very tempting situation. Except she couldn't bring herself to pretend she was something she wasn't.

'I'm not a qualified dog psychologist.'

'But you know how dogs think. And react,' he bored in.

'More or less,' she replied offhandedly, half turning towards the front door as she realised he was grasping at what he saw as the *easy* option. He didn't *want* her. He wanted to make use of her, which placed her as his servant, and she was not about to become his willing slave. 'I really do have to go now,' she tossed at him. 'Muffy's owner is expecting me to…'

'Wait! I'll pay you.'

Typical, thinking money could buy him anything. Serena steeled herself against giving in. 'I have a schedule to keep. If you'll excuse me…'

'When do you finish work today?' he shot at her.

That gave her pause for second thoughts. She eyed him consideringly. 'What do you have in mind?'

'If you could give me the benefit of your expertise for an hour or so…'

'You're asking for a consultation?'

He seized the idea of a professional appointment. 'Yes. I'll pay whatever fee you nominate.'

An edge of desperation had crept into his voice. Serena did some swift calculation. An hour's work on a client's hair in Ty's salon would usually cost well over a hundred dollars. But she had been an expert stylist with years of training behind her. As far as canine behavioural science was concerned, she was strictly an amateur. But Nic Moretti didn't know that and being cheap did not engender respect.

'Seventy dollars an hour,' she decided.

'Fine!' He didn't even blink at the fee. 'Can you come this evening?'

A bit of power dressing was called for in these circumstances. Not to mention a shower, shampoo and blow-dry in order to look properly professional. 'Does seven-thirty suit?'

'Great!' he said with a huge air of relief.

The guy had to be really desperate, Serena thought, feeling positively uplifted at the idea of being the font of all wisdom to him. And she'd better arm herself with a stack of practical wisdom from Michelle this afternoon so he'd think the consultation was worth every cent of that outrageous fee.

Flashing him a brilliant smile to assure him all was well between them, she raised her hand in a farewell salute. 'Must be off. I'll be back at seven-thirty.'

Deal closed.

Very much in *her* favour.

More sweet satisfaction.

Nic watched her jaunty walk to the front door, his gaze automatically fastening on the sexy roll of the delectable twin globes of her highly female bottom, pouched pertly in the tight denim shorts. He grinned in the triumphant belief he'd just won this round with the cheeky Miss Serena Fleming. Her brain was his to pick tonight and maybe—just maybe—she'd unbend enough to let him explore the possibility of enjoying more of her than the workings of her mind.

She pulled the front door shut behind her, cutting

off the visual pleasure of her back view. Nic, however, had no problem recalling it. Her front view, as well, the firm roundness of her breasts, emphasised by her folded arms as she'd stood her ground and denied him any more of her time. No favours from Miss Fleming.

It was quite clear she disapproved of him—not the usual response he got from women—and despite his putting his best foot forward to make up for this morning's fiasco, she hadn't intended to budge from her stance. Not until he'd offered payment for her expertise. He suspected she'd done him in the eye there, too, demanding top dollar. Probably thought he wouldn't agree to it.

The money was irrelevant.

He'd picked up her challenge and forced her to come to his party. The sense of winning put Nic in such a good mood, he even grinned down at the troublesome terrier who had brought him no pleasure at all to this date. 'You might be good for something after all, Cleo,' he said whimsically.

The stumpy tail wagged eager agreement.

Then Nic remembered having to clean up the puddle and he wagged an admonishing finger at the dog. 'But you certainly don't deserve that pretty pink bow. What self-respecting female would let her bladder loose in the wrong place?'

The accusing tone instantly broke their brief understanding. A series of hostile barks reminded Nic that hostility bred hostility and he couldn't blame the dog for wanting to get rid of Justine's smell. 'Okay, okay,' he soothed, copying the soft, singsong lilt Serena had used to calm the beast. 'You probably did me a favour there, too, bringing out the worst of her character for me to see. Let's call it quits on Justine.'

Back to tail wagging.

'It's time for lunch now.' If any of his friends ever heard him talking to a dog like this, he'd never hear the end of it. However, it was definitely a winning ploy, so he continued in the same soppy vein. 'Would you like some more chicken?'

Chicken, according to Angelina, was a magic word that could winkle her darling pet out of any bad mood. It hadn't produced the desired result while Justine had been present, but right now it worked like a charm. Cleo literally bounced out to the kitchen and stood in front of the refrigerator, yipping impatiently for her treat.

Nic obliged, carefully deboning the chicken as he filled her food dish. She wolfed it all down, moved on to her water dish, took a long drink, then happily trotted off to her miniature trampoline in the living room, hopped onto it, scratched it into shape, curled herself down and closed her eyes in sleepy contentment.

Nic shook his head in bemusement. Maybe he didn't need Serena Fleming's advice after all. Maybe he'd only needed to get rid of Justine. On the other hand, one little success did not guarantee peaceful coexistence for two months. And something had to be done about the barking at night.

He knew Angelina and Ward let Cleo sleep on their bed. They actually laughed about it burrowing up between them. No way was he about to start sleeping with a dog, waking up to a lick on the face. Devotion to duty only went so far. And if he managed to get

Serena Fleming into bed with him, he certainly didn't want a jealous dog leaping into the fray.

Wondering if he could persuade the feisty little blonde into being his playmate for the next two months, Nic went back to the refrigerator to see what he could rustle up for his own lunch. His appetite for tasty morsels had been aroused. He spotted a bottle of Chardonnay and thought he might begin tonight's consultation by offering a glass of wine—a friendly, hospitable thing to do.

The idea of killing two birds with one stone had fast-growing appeal.

A desirable woman in his bed.

An expert dog-handler on tap.

Definitely a challenge worth winning.

CHAPTER FOUR

'SEVENTY dollars!' Michelle looked her disbelief.

'Well, I don't believe in undercharging,' Serena explained. 'It's a matter of psychology.'

'Psychology?'

'Yes. The more you make people pay, the more they believe they're getting something special. Ty taught me that.'

The disbelief took on a sceptical gleam. 'And what's the something special you're going to give Nic Moretti for his seventy dollars?'

'That's where you come in. I need all the tips you can give me on solving problems with dogs. And I'll go you halves on the fee.'

Michelle sighed at the offer. 'Well, I won't say no, but I think you might be putting yourself at risk, Serena.'

'How...if I'm all prepared?'

'I'm just remembering something Angelina Gifford said about her brother. She was expecting Cleo to adore him because there wasn't a female alive who didn't l...u...u...u...v Nic.'

'No way am I going to be a victim on that count,' Serena emphatically assured her sister. 'I'm simply fleecing the guy for being as arrogant as Lyall Duncan. Though I will play fair by giving him value for his money.'

'Hmm...he's got to you already. You've just been

hurt by one rich, eligible bachelor. Better watch your step with…'

'Michelle! I don't even like him!'

'He's striking sparks in you. That's more dangerous than *like*.'

'Oh, for goodness' sake! It's just a one-hour deal. And I need your help.'

'Okay. Let's see if you can keep your mind on the job.'

I am not going to let Nic Moretti close enough to hurt me, Serena silently vowed. Her sister didn't understand the score. This was simply a game of one-upmanship where she ended up the winner.

For the rest of the afternoon, her mind was trained on collecting all the advice that would make Nic Moretti's head spin with her bank of expert knowledge. Admiration, respect, gratitude…that was what she wanted from him. Balm for her wounded pride.

And, of course, it was pride behind the care she took with her appearance that evening. Not that she went all out to impress in any sexual sense. No perfume. No jewellery. No eye make-up. Only some perfectly applied pink lipstick. Her hair was newly clean and shiny and she left it long and loose, except for the side tresses which were held together at the back with a clip to maintain a neat, tidy effect.

Deciding on smart casual clothes, she teamed turquoise blue slacks with a tailored white shirt sprinkled with pink and turquoise and purple daisies. She strapped a businesslike navy Swatch watch on her wrist, pushed her feet into navy sandals and picked up a small navy shoulderbag to hold her keys and money. With this outfit, no one, not even her too perceptive older sister, could say she was man-hunting.

Michelle and Erin were settled in the lounge room, like two peas in a pod with their light brown hair cut in short bobs, their delicately featured faces recognisably mother and daughter, and both of them dressed in blue jeans and red T-shirts. Serena waved to them from the doorway. 'I'm off now.'

'You look pretty, Aunty Serena,' her niece remarked.

'Good enough to eat,' Michelle dryly added. 'Watch out for big bad wolves!'

'Oh, Mummy!' Erin chided, giggling at the reference to a fairy story. 'She's not wearing a red cape and hood.'

'Besides, I'm wolf-proof,' Serena declared.

But she wasn't quite so sure of that when Nic Moretti invited her into his lair twenty minutes later. He suddenly looked very wolfish in tight black jeans and an open-necked white shirt which played peek-a-boo with the sprinkle of black curls that had been fully displayed on the centre of his chest this morning, reminding Serena of what else had been displayed.

Fortunately, Cleo was also at the door to greet her. She bent down to scratch the little terrier behind her ears, sealing an easy bond of affection between them while sternly reminding herself that the dog had to be the focus of her attention here, regardless of how *distracting* Nic Moretti was. However, as she straightened up, the top button of her shirt popped out of its buttonhole, giving the man of the moment a tunnel vision shot of cleavage.

Which he took.

Completely destroying the sense of starting this encounter on a professional footing.

Serena sighed with frustration, inadvertently causing her breasts to lift, pushing the opening further apart. Embarrassed, she clutched the edges of the shirt and hauled them back together.

'Excuse me. This new cotton stretch fabric obviously has its perils,' she bit out, shoving the button back in its hole and fiercely hoping it would stay there.

Nic Moretti lifted a twinkling gaze that elevated the heat in her bloodstream. 'That button would have to be classified as a sexual tease,' he said, amusement curling through his voice.

'It's not meant to be,' she flashed back at him.

'Perhaps it's better left open. The temptation to watch for it to pop again might get beyond my control.'

'This is ridiculous!' Serena muttered, fighting against losing her own control of the situation. 'Why are you flirting with me?'

He laughed. 'Because it's fun. Can't you enjoy some fun, Serena?'

'This is a professional visit,' she hotly insisted.

His eyes teased her attempt at seriousness. 'Does that mean you have to keep yourself buttoned up?'

'Oh, puh-lease!' Anger at his lack of respect flared. 'If you're going to be impossible, let's call this consultation off right now!'

Cleo yapped at the sudden burst of temper from her.

'Sorry, sorry.' Nic's hand shot up in a halting gesture as he made a valiant attempt to reconstruct his expression into apologetic appeal. 'Just a touch light-headed from the relief of having you come.'

She wrenched her gaze from the lurking twinkle in his and looked down at the agitated dog. 'It's okay,' she soothed. 'As long as your keeper behaves himself.'

'She's been very good this afternoon. No trouble at all,' Nic said in a straight tone.

'Then you don't need me.'

'Yes, I do,' came the quick retort, the vehement tone drawing her gaze back to his. The dark eyes were now burning with an intensity of purpose that would not be denied. 'The nights are bad. Very bad. Come…I'll show you.'

He gestured her to fall into step with him. Relieved they were getting down to proper business, Serena moved forward, traversing the foyer to the living room with a determinedly confident walk, though feeling oddly small and all too vulnerable with her head only level to his big broad shoulders. She wasn't petite. In fact, she was above average height for a woman. It was just that he was very tall. And strong. And terribly macho looking, which was probably due to his Italian heritage.

Nevertheless, her heart was racing.

She was acutely conscious of being alone in this house with this man, not that she believed he would really come onto her but that initial bit of flirting had been deeply unsettling, making her aware that he found her attractive. Maybe even desirable.

While that was very flattering—and ironic, since he'd criticised Lyall for choosing her as his mate for marriage—Serena wished Nic Moretti wasn't quite so sexually desirable himself. He was much more of a *hunk* than Lyall, whose luxurious lifestyle and lavish romancing had seduced her into thinking herself in love with him. Which, she realised now, wasn't the same as being *hot* for him.

Every nerve in her body jangled alarm as Nic cupped her elbow to steer her towards what she had assumed this morning was the bedroom wing. 'Where are we going?' she demanded suspiciously.

'To view the damage so you'll understand what I'm dealing with,' he answered reasonably.

'Okay. Damage,' she agreed unhitching her elbow from his grasp.

He cocked an eyebrow at the somewhat graceless action. 'Do you have a thing about personal space?'

'Only when it's invaded without my giving a green light.'

'I'll remember that,' he said with a quirky little smile. 'If you're still nervous about that button…'

'I am not nervous!' she hotly denied, barely stopping herself from looking down to check that it was still fastened.

Cleo yapped again, apparently keeping a barometer on her temperature level.

'Fine!' Nic said with too much satisfaction for Serena's comfort. 'I'd much prefer you to feel relaxed.'

They were now walking down a wide curved corridor. On its south side, floor length windows gave a view of fern-filled courtyards. Closed doors along the other wall obviously led to bedrooms with their windows facing north, getting all-day sunshine and the spectacular vista of shoreline and sea.

'Where's the damage?' Serena asked, totally unable to relax her inner tension.

Nic pointed ahead to the door at the end of the corridor. 'That leads to the master bedroom suite. The first night I was here alone with Cleo, she barked continually outside that door. I showed her no one was in the suite, then took her back to her trampoline. It didn't stop her. She returned and...see for yourself...attacked the door, scratching to get in.'

'I take it Mr. and Mrs. Gifford allowed her to sleep on their bed.'

'Yes, but I thought with them gone...' He sighed. 'In the end, I let her in and left her there.'

'Problem solved?'

He grimaced. 'It only worked the first night. The second night she attacked my door. See?'

Scratches on the second door.

'She wanted to sleep with someone,' Serena interpreted.

'I am not having a dog in bed with me,' Nic growled.

'She's only little.' It was more a tease than an argument, the words popping out of Serena's mouth before she could think better of them.

The comment earned a blistering glare. 'Do you ever reach a climax?'

'I beg your pardon?'

'I can't imagine how your boyfriend manages to get you to a sufficient level of excitement if you have a dog interfering all the time.'

'I don't have a boyfriend,' she flared at him.

'Not surprising if you insist on sleeping with a third party.'

'I don't have a dog, either!'

'So why load me with one in my bed?'

'You told me your girlfriend was gone,' Serena hurled back at him, getting very hot under the collar, so hot her tongue made the unwise move of fanning the flames. 'I didn't know you had another *third party* waiting in the wings.'

His eyes sizzled back at her, lifting the heat to furnace level. 'Sometimes unexpected things happen,' he drawled. 'Have we now established that neither you nor I want a dog in bed with us?'

'There is no…*us,*' Serena hissed, completely losing her head.

'Of course there is. Here we are together…'

'In consultation!'

'Absolutely! And very interesting it is, too.'

'So let's get back to Cleo,' she shot out, desperate to get both their minds off *bed.* 'After she barked and scratched at this door, what did you do?'

'Got up, watched television, fell asleep on the chaise longue in the living room.'

'Then let's go back to the living room.'

She swung on her heel and did some fast power-walking out of the bedroom wing which was far too sensitive a place to be with a man who oozed sexual invitation.

'So, the second night you spent out here on…' Her gaze swung around and fastened on the only piece of furniture that remotely resembled a chaise longue. 'Do you mean that spiky blue thing?'

It looked like more of an instrument of torture than a place to sleep. A round stainless steel base with a central cylinder supported a curved lounger shape covered with dozens of protruding blue cones which certainly looked too sharp to lie on comfortably.

Nic grinned. 'It's a fantastic design. The cones are made of a specially developed flexible rubber foam. They wrap around your body and let you submerge into them. And they're temperature sensitive, reacting to your body heat, sinking down to cushion and support anyone's individual shape.'

Serena shook her head in amazement.

'Try it for yourself,' Nic urged, waving her forward as he moved forward himself.

Curiosity drew her to the savage looking piece of furniture. 'I've never seen anything like it,' she remarked, still with a sense of disbelief in its comfort.

'It's a prototype. Not on the market yet. It's currently being displayed in international furniture shows,' Nic explained. 'Ward, Angelina's husband, likes to showcase the latest designs. He supplies to interior decorators.'

She hadn't known what business the Giffords were in but this information certainly made sense of their space age decor. 'Well, I guess you could say the chaise longue is spectacular, but I am reminded of a porcupine.'

'Don't be put off. Sit on the concave section, then swivel onto the back rest as you swing your legs up.'

The construction was so extraordinary Serena couldn't resist testing it, though once she was fully stretched out on the cones, the experience was so incredibly sensual, it made her terribly aware of her body, especially with Nic Moretti standing over her, smiling as he watched the chaise longue adjust to her shape and length.

His gaze travelled down her legs and back again, lingering at the apex of her thighs, almost making her squirm. He made another pause at the precarious button…willing it to pop? Serena felt her nipples tightening, pushing at the flimsy fabric of her bra. Her body heat was accelerating so fast, it would probably melt the seductive cones if she didn't get off.

She jackknifed back to a sitting position, swinging her feet firmly onto the floor again. 'Okay…' He was standing too close. Her eyes stabbed at his, demanding he give her more room as she determinedly switched her mind to business. 'Where was Cleo while you slept here?'

A tantalising little smile played on his lips as he backed off and gestured to a small dog's trampoline bed, set between two weirdly curved chairs facing a huge television screen. Obviously this was Cleo's place when the Giffords watched their favourite programs.

'She's in the habit of sleeping there when it suits her,' Nic said wryly. 'Apparently it doesn't suit her at night unless I'm out here with her. I was hoping when Justine arrived on Saturday…but no.' He heaved a much put upon sigh. 'Once again I ended up on the chaise longue because Cleo was driving us mad.'

Justine would have loved that—distracted from sexual pleasure, then deserted for a dog. No doubt there'd been premeditated murder in her heart when she'd put the little terrier on the slippery dip for a fast slide into deep water. Serena smiled at Cleo, silently congratulating the dog for frustrating Justine and being the survivor. Its tail wagged in conspiratorial satisfaction. Serena decided she could become very fond of Cleo, clearly a cunning intelligence at work in that little brain.

'I had a party of friends here yesterday,' Nic went on. 'By the time they left, I fell into bed and...' He grimaced. 'Well, you know how Justine dealt with last night.'

Serena looked him straight in the eye. 'Not a kind solution.'

'No,' he agreed, then pointedly added, 'My relationship with Justine came to an abrupt end this morning.'

Exit the witch-woman...enter the dog-handler?

His eyes held a gleam that told Serena he definitely fancied her as a replacement. It was a highly purposeful and suggestive gleam, reinforcing all the suggestive stuff he'd thrown at her outside his bedroom door.

While her mind furiously resented his assumption that she would share this desire, her body had a will of its own, seriously responding with little charges of electric excitement running riot everywhere. The heat coursing through her completely dried up her mouth and throat. It rose to her brain, as well, and wiped out any sensible thought processes. The only words forming there were, *I want you, too.*

Which, of course, was mad, reckless, shocking and inadmissable. The silence stretched into a seething mass of unspeakable words...

Why shouldn't I experience him?

He's free.

He's gorgeous, sexy, and I've never felt this physically attracted to anyone in my whole life.

The voice of caution finally kicked in…

It won't lead anywhere,

Remember his snobby attitudes.

He just wants to use you while he's stuck here.

You'll get involved and end up hurt.

Her body started screaming a positively wanton protest…

Don't think pain. Think pleasure.

This could be the best you'll ever have!

Fortunately Nic broke the wild torrent inside her by speaking himself. 'I was going to offer you a drink when you arrived.' He smiled in self-reproach. 'Got sidetracked. Will you have one with me now?'

'Yes,' she croaked. Her mouth was a desert.

He led off to the kitchen. She followed slowly on legs that had gone slightly wobbly on her. By the time she reached the kitchen he had wineglasses set on a bench and was pouring from a chilled bottle of Chardonnay that he'd obviously opened and re-corked earlier. A premeditated tactic for seduction?

Serena told herself she should protest. She was driving and this was supposed to be a professional consultation. No alcohol. But her gravel throat needed an instant injection of liquid so when he handed her a glass, she took it and sipped, silently vowing not to drink much.

'Thank you.' Even with the soothing moisture of the wine her voice was still husky. She drank some more.

'You like it?' he asked.

'Nice oaky flavour,' she answered, not to be out-done on the wine-tasting front. Nic Moretti might mix with high society in Sydney, but she wasn't exactly

a backwoods girl to be patronised by him or anyone else.

He raised an amused eyebrow. 'You're an expert
on Chardonnay, too?'

'I have many talents,' she said loftily and deliberately left him guessing as she returned to the one he
was paying her for. 'Since you don't want Cleo in
your bed...'

His eyes said he infinitely preferred *her* between
his sheets.

'...and you don't want her keeping you awake all
night...'

'Please don't say I have to camp permanently on
the chaise longue,' he appealed.

Not big enough for two, putting a severe constric-
tion on his sex life, Serena thought, though a wicked
afterthought fancied it could provide some interesting
sensations. She dragged her wayward mind back to
the business in hand.

'No. But we do have to create a secure and comfortable environment for her with no access to the
bedroom wing. I presume there is a doggy door for
her to get in and out?'

'The mud room.'

'Can this room be closed off from the rest of the
house?'

'Yes,' he breathed in huge relief. 'It's just through
here.'

They moved from the kitchen to the mud room
which Serena had briefly seen this morning. She
checked out the doggy door, then viewed the rows of
hooks on the wall.

'I think they're too high to hang blankets from,' she decided.

'Blankets?'

'What I'd recommend is a kind of cage to throw blankets over at night. You put the trampoline bed inside and make it a snuggly place for Cleo so she'll feel safe.' She nodded to the corner where only an easily removable umbrella stand was in the way. 'That corner would be best.'

'The bar stools could make a cage.' Having seized the idea, he moved into action. 'I'll go and get them. Blankets, too.'

Relieved of the influence his magnetic presence had on her, Serena took a long, deep breath and tried to figure out what she should do about Nic Moretti. Before the hour was up a decision had to be made. Yes or no. Hold the line here or let it be pushed further.

She remembered her sister relating Angelina Gifford's words... *There wasn't a female alive who didn't love Nic.* So getting any woman he wanted was all too easy.

The idea of being *easy* for him did not appeal.

It smacked of being one of a queue lining up to serve his pleasure. Never mind that her pleasure might be served, too. Pride insisted that he would value her more if she played hard to get.

But then she might lose her chance.

Well, if she lost it she lost it, Serena finally reasoned. After her experience with Lyall Duncan, she wanted to be valued as the person she was, not considered just another roll in the hay, suiting Nic Moretti's convenience.

To be viewed—taken—like that would be too demeaning.

Humiliating.

The decision had to be no.

The plain truth was she was off her brain to even consider having any kind of relationship with Nic Moretti. How could she ever feel good about it, knowing what she knew about him and his attitudes?

Give it up right now.

Right now! she repeated to stamp it in her mind.

CHAPTER FIVE

Nic returned to the mud room, carrying a bar stool heaped with blankets. He grinned at her. 'If this works, I'll have a cage frame made tomorrow.'

The grin played havoc with Serena's resolution. Warm pleasure zinged from him, making her skin tingle and her toes curl. She found herself clutching her wineglass too tightly and realised she was still holding it. Nic had set his down somewhere.

He put the stool in the corner she'd indicated. 'Won't be long bringing the others,' he tossed at her and strode off through the doorway to the kitchen again, leaving Serena to catch her breath.

The guy was dynamite, especially when he was being charming. She gulped down some of the Chardonnay in the hope it would cool her down. A console table with a mirror above it stood near the entrance to the kitchen. She set her glass on it and checked her reflection in the mirror.

Her cheeks were almost as pink as her lipstick and her eyes were fever bright, vividly blue. Her hair was slightly mussed from lying on the porcupine chaise longue and she quickly smoothed it back and refastened the clip. It made her feel slightly more *together*, instead of in danger of falling apart.

While Nic brought the other three stools, Cleo trotted back and forth with him, intrigued by all this strange activity. Serena concentrated on keeping out of his way, unfolding the blankets and figuring out how best to construct the cave for the troublesome little terrier.

Once Nic had finished his task, he closed in on her again, assisting with the blanket spreading. Desperate to avoid even accidental contact, which Serena feared might lead to purposeful contact, she sent him off on another mission.

'We need a radio.'

He gave her a quizzical look. 'What do we need a radio for?'

'Company for Cleo.'

'Company?'

'She won't feel she's alone if a radio is playing. You can set it on the console table over there. I saw a power-point next to it.'

'I'm to leave a radio playing all night?' he queried.

'If you turn the volume down low, you shouldn't hear it from the bedroom wing.'

He went off, shaking his head and muttering, 'I can't believe I'm doing this for a dog.'

Serena smiled and her inner tension relaxed a little. The *pro temps* cave was as secure as she could make it by the time Nic returned with a very expensive looking radio. He looked sternly at the dog at his feet as he set it on the console table. 'I hope you appreciate I'm giving this up for you.'

Cleo yipped her appreciation.

'Best you tune it into a station now so you can just switch it on later,' Serena advised. 'Find one that plays classical music.'

Nic gave her an incredulous look. 'Are you telling

me dogs know the difference between Beethoven and
Britney Spears?'

'Which music would you prefer to go to sleep
with?'

'Now there's an interesting question.' Wicked
speculation sparkled at her. 'What turns you on…or
off…as the case may be? Violins, guitar, tom-toms…'

'I doubt Cleo will settle down to a jungle beat,'
Serena cut in with pointed emphasis on the terrier.
'Excessive drumming might well set her barking.'

'Right! Soft, soothing music.' He fiddled until he
found it, gave Serena a smugly triumphant look, then
declared, 'Now we can put Cleo to bed.'

'Absolutely not,' Serena corrected him. 'You can't
do that until you're ready to go yourself.'

His lashes lowered, barely veiling a look of searing
intent that put a host of butterflies in her stomach.
Bed was definitely on his mind, but not in the context
of sleeping. She could almost hear him thinking, *I'm
ready if you are.*

'Cleo won't settle while ever she senses anyone is
still up and around,' Serena rushed out, clutching
frantically at any defence—including the active presence of Cleo—to keep Nic Moretti at arm's length.
'Putting her in here is the last thing you do at night,'
she stated emphatically. 'And there are other things
you should do, as well.'

'Like what?' he bit out with an air of sorely tried
patience.

Three doors led out of the mud room, one to the
kitchen, one to the laundry, and the third she assumed
to a corridor that served another wing of the house.

'Mostly Cleo would come into this room via the kitchen, wouldn't she?'

'Yes.'

'I suggest you bring her in that way, with her trampoline bed which you'll set in the makeshift cave. Then turn the radio on, lay a big pillow along the bottom of the closed kitchen door…'

'A pillow?'

'To stop her from scratching at a familiar exit,' Serena explained matter-of-factly, trying to ignore the increased charge of electricity coming from him. 'You can go out the other door once you settle her into the cave.'

'Is that all?' Nic drawled, clearly wanting to move on to other scenarios which had nothing to do with canine behaviour.

Serena had to concede, 'All I can think of at the moment.'

'Good!' He picked up her wineglass which she'd emptied and set aside earlier. His grin came back in full force, barrelling into her heart and dizzying her brain. 'Let's go and raise a toast to the success of this plan. Plenty of wine left in the bottle.'

She was drawn into accompanying him back into the kitchen where he headed for the refrigerator to extract the bottle of Chardonnay. Wine was an intoxicant she certainly didn't need with Nic Moretti scrambling any straight thinking, though at least it would keep his hands occupied for a little while, Serena reasoned, and she didn't have to drink much. A quick check of her watch showed the hour was almost up. She only had to get through another ten minutes.

'You must live locally,' he said as he refilled their glasses.

'Yes.'

'Where?'

'Holgate.'

'Been there all your life?'

Alarm bells rang. Was he trying to *place* her again, a memory of her still niggling? 'It's a good place to be,' she answered evasively, then quickly returned a question which established the distance she knew was between them. 'You're usually based in Sydney, aren't you?'

'Yes. I have an apartment at Balmoral.'

North Shore million dollar territory. Serena privately bet his apartment was in a prime position overlooking Sydney Harbour. The best of everything for Nic Moretti.

He handed her the filled glass, his eyes twinkling suggestively as he added, 'But I'll be supervising a project near Gosford so I'll be commuting quite a bit until it's completed.'

He was holding out the bait that he'd be available for longer than the two months his sister and brother-in-law were away. Serena didn't believe for one moment there was a chance in hell that he'd pursue a serious relationship with her. On the social scale, a dog-handler was probably a rung down from a hairdresser. The trick was to keep him talking so he didn't zero in on her.

'I saw photos of your sketches for the park in the local newspaper. Very impressive.' She lifted her glass in a toast to his talent. 'Should be a great place to go in the future.'

'Thank you.' He looked surprised at her knowledge but the light of golden opportunity swiftly followed surprise. 'I'm pleased with the plan. Would you like to see more of it? I have it here. I've turned one of the bedrooms into a temporary office.'

No way was she going near the bedroom wing again! Her heart was galloping at the idea of sharing the intimacy of looking at his designs. The temptation to share even deeper intimacies would be hanging in the air, gathering momentum the whole time.

Stay cool, she commanded herself, forcefully over-riding the strong inclination to say *yes*.

Just smile and decline.

'Perhaps another time. I must be off soon. I have family waiting for me. Do you have other problems with Cleo you'd like to discuss before I go?'

He frowned, probably at his failure to seduce her into falling in with *his* plan of action. 'The nights have been the worst. She was okay this afternoon with just having me here.'

Serena nodded wisely. 'A party of strangers would have been unsettling for her.'

'I guess so.' He grimaced at the reminder, then clinked Serena's glass with his and smiled, pouring out another dose of sexually charged charm. 'We were going to drink to the success of your advice.'

'I hope it works for you,' Serena replied, very sincerely, given the fee she'd demanded. She took a sip of the wine, battling the effect of his smile which had stirred a hornet's nest of hormones, then determinedly set the glass on the bench beside her. 'If there's nothing else...?'

With an air of reluctant resignation, he took out his wallet and handed her the seventy dollars.

'Thank you.' She tucked the money into her shoulder bag, pointedly getting her car keys out at the same time, then gave him her best smile to soften the ego blow of her departure. 'I can be contacted at Michelle's Pet Grooming Salon should you need any more help.'

'Fine!' His dark eyes suddenly glittered with the determination to take up a challenge. 'I'll see you to your car.'

Proximity was definitely dangerous. Serena seized on *the third party* to protect her from whatever Nic Moretti had in mind. 'Then I suggest you bring Cleo along. Take her for a walk on the lawn. I saw her leash hanging up in the mud room.'

The glitter turned to a sizzle. He looked down at the dog who was sitting on the kitchen floor watching both of them. More than likely it was going to follow where they went and he'd be stuck with a fuss at the front door if he tried to close her inside. Muttering something dark and dire under his breath, he went to the mud room, Cleo trailing after him, and he secured the leash on her before reappearing, the dog in tow.

'Ready!' he declared through gritted teeth.

Cleo yipped excitedly.

'Walkies for you,' Serena crooned at her, laughing inside as she went ahead of them, out of the kitchen, through the living room, up to the foyer.

She wasn't aware that her bottom was swinging in jaunty triumph at having won this round with Nic Moretti, nor that it was being viewed with a burning desire to have it clutched hard in the hands of the

man who was following her. Clutched and lifted so
her body fitted snugly to the rampant need she had
aroused.

She paused at the front door and he quickly reached
around her to open it. A whiff of tantalisingly male
aftershave cologne caught in her nostrils. On top of
all his other sexy attributes, he even smelled good. It
put Serena on pins and needles as she stepped outside
and headed for her car, a neat little Peugeot 360
which always gave her the sense of welcoming her
into it. She needed that tonight. A safe refuge from
the big bad wolf.

He walked beside her, emanating a tension that
robbed her of any conversational train of thought. He
didn't say anything for her to hit off, either. Cleo was
trotting in front of them. They'd reached the driver's
side of the car when the little terrier suddenly stopped,
then darted back around Serena's legs, tripping her
up with the leash. She stumbled in her haste to step
over it and found herself scooped against a hard un-
yielding chest.

'I'm okay,' she gasped, her hands curling at the
body heat coming through his shirt.

'You're shaking,' he said, his arm encircling her
even more firmly, bringing her into such acute physical contact with him, it set off tremors that had nothing to do with almost losing her balance.

She looked up in agitated protest. The blazing intensity of his eyes so close to hers had a hypnotic
force that fried her brain, turning her into a passive
dummy as he slowly lowered his head towards her
upturned face. Even with more intimate collision imminent, she couldn't bring herself to react. His mouth

covered hers and then it was too late to think, to speak, to do anything but feel him.

His lips seemed to tug at hers, enticing them to open, though there was no blitzing invasion, more a slow, sensual exploration that had her whole mouth tingling with excitement, his tongue teasing, goading, twining. She was drawn into actively participating, compelled to respond by a need to know more, feel more.

Whether this signalled consent or surrender, Serena had no idea. Her mind was flooded with intoxicating sensation. Yet what had been enthralling suddenly exploded into wild passion and a tidal wave of chaotic need crashed through her entire body, engulfing her with such power she completely lost herself in it, craving hot and urgent union with the man who was kissing her, holding her locked to him.

Her thighs clung to the strong muscularity of his, revelling in their maleness. Her stomach exulted in the questing erection that pressed into it. Her breasts wantonly flattened themselves against the heated wall of his chest, instinctively seeking the beat of his heart. Her arms wound around his neck, as fiercely possessive as the hands curled around her bottom, lifting her into this fantastic fit with him.

She was consumed with excitement, the rampant desire coursing between them blotting out everything else until the avid kissing was broken by a muffled curse and one of the hands holding her in perfect place lost its grip on her fevered flesh. A shrill barking blasted into her ears, opening them to the outer world again, jarring her mind into sharp recognition of where she was.

And with whom!

Sheer shock thumped her feet back on the ground again, her arms flying down from their stranglehold on Nic Moretti's neck. Cleo was barking her head off and tugging hard on the leash that was looped around Nic's wrist, her claws digging at the gravel on the driveway in ferocious determination to pull the two people apart and draw attention to herself again.

Saved by the dog, Serena thought dizzily. It was paramount she pull her wits together to deal with this terribly vulnerable situation. If Cleo hadn't come to the rescue, she and Nic could have been tearing each other's clothes off and coupling on the lawn. Or against her car.

Car!

Miraculously she still had the keys clutched in her hand. She swung around, pressing the remote control button to unlock the doors. Hearing the affirmative click, she aimed a brilliant smile at Nic who was still busy persuading Cleo to calm down and come to heel.

'Got to go,' she stated firmly.

'Go?' he repeated dazedly.

'Yes.' She reached for the driver's door handle and yanked it open. 'I guess that kiss was a thank you.'

'A thank you?' He looked incredulously at her.

'Very nice it was, too.'

'Nice?' It was a derisive bark of disbelief.

'Goodnight. And good luck with Cleo.'

She jumped into the driver's seat, slammed the door shut, gunned the engine and was off before he could stop her or say anything that would deny her dismissive reading of what had actually been a cataclysmic event for her. She only just remembered to put on the headlights as she was about to turn onto the public road.

There was still enough light to see by but twilight was fast turning to night. The clock on the dashboard said eight forty-five. How long had she been in that clinch with Nic Moretti, telling him she was his for the taking? She'd lost all her bearings, as though an earthquake had hit her. In fact, she was still trembling.

Having made her escape and travelled enough distance to feel safe, Serena pulled over to the verge of the road and cut the engine. Feeling in desperate need of liberal doses of oxygen to her fevered brain, she wound down her window and took several deep breaths of fresh cool air.

The awful truth was, the big bad wolf had pounced and she'd been only too eager to be gobbled up. No hiding that. But she didn't have to put herself at risk again.

The worst of it was, in all her twenty-eight years, no man had ever drawn such an overwhelming response from her. This had to be some diabolical trick of chemistry because it was very clear in Serena's mind that she didn't fit into Nic Moretti's world and never would.

He was a high-flyer. He'd marry one of his own kind. No way would he climb down enough to consider her a suitable mate for life. The only mating he'd want with her would be strictly on the side, and she was not going to put herself in that position.

Absolutely not!

A kiss was just a kiss, she told herself, as she re-started the car and headed for home.

But what a kiss!

CHAPTER SIX

NIC let the damned dog take *him* for a walk around
the lawn. He was in a total daze, his mind shot
through with disbelief. Serena Fleming was a challenging cutie but he hadn't expected her to blow him
away. On two counts! First, punching him out with a
powerhouse of passion, then kissing him off with a
dismissive goodbye.

He shook his head.

This didn't happen to him.

In all his years of dating women, never had a first
kiss spun him out of a controlled awareness of how
it was going for both himself and the other partici-
pant. Completely losing it was incomprehensible to
him, especially over a pert little chick with whom he
had nothing in common apart from a problem with a
dog.

No denying she raised his sexual instincts sky-high.
He had one hell of an itch to get her into bed with
him. And moving right down to animal level, *she* had
been on heat to mate with him. But for Cleo's un-
timely intervention, it could well have ended in a
highly primitive *fait accompli*. Would Serena Fleming
have dusted him off her then and made the same fast
getaway?

Every woman he'd ever known had lingered for
more of whatever he gave them. Purring for it, more
times than not. Yet here was a slip of a girl, kissing

him with stunning passion, then leaving him as flat as a pricked balloon.

Anger stirred. He glared at the dog who was prancing along, blithely careless of the frustration it had caused. 'She cares more about you than she does about me.'

Cleo paused and looked at him with soulful eyes.

'You needn't think I'm taking *you* to bed with me,' Nic growled. 'You go into your cave tonight.'

He was feeling distinctly cavemanlike himself. In fact, if Serena Fleming was still here, he'd throw her over his shoulder, slap her provocative backside, and haul her off to a sexual orgy that would give him intense satisfaction and reduce her to his willing slave.

Which just went to prove how far she'd got under his skin.

Nic usually prided himself on being a highly civilised man, considerate of others, obliging their needs where they didn't clash too much with his own, caring about their sensitivities, playing the diplomat with finesse. Clearly there was some strange mutant chemistry at work here with the dog-handler, changing parameters he had always controlled.

The sensible course was to simply let her go, limit their encounters to the brief dog pick-ups and deliveries every Monday. No problem with that arrangement. It was foolish to let what was really an aberrational choice of bed partner get into his head like this, disturbing the general tenor of his life.

Having decided to sideline an obviously unsuitable attraction, Nic took Cleo inside and proceeded to lock up the house. He tried watching television for a while but ended up changing from one program to another, none of them holding his interest. Taking a book to bed with him seemed a better idea. He had the latest Patrick Kennedy novel to read—good author.

Having collected a king-size pillow and Cleo's trampoline bed, he led the little terrier to the mud room. Almost forgot the water dish. He moved that from the kitchen and placed it next to the doggy door, then followed all Serena's instructions to the letter. Half of him hoped her advice wouldn't work so he could take her down a peg or two, demand his money back, but he knew that was being churlish. Better that it did work so he could get a good night's sleep.

Amazingly, after a few initial barks to protest Nic's departure, Cleo did settle. Maybe the music got to her, or she decided the cave of blankets wasn't a bad place to be. Whatever… Nic wasn't about to check as long as peace reigned. He turned off all the lights and retired to his bed.

After several episodes of his mind wandering where he'd resolved it shouldn't go, he finally had the characters in the novel sorted out and was getting the hang of the story. Then the telephone rang, wrecking his concentration again.

He checked his watch since Cleo had his clock radio. Ten-thirty. He wasn't expecting a call from anyone at this hour. Was it Serena, ostensibly ringing to check the dog situation while surreptitiously checking his response to her? Maybe *she* was thinking about that kiss, suffering some after-effects, having a change of mind about leaving him flat.

Nic was smiling to himself as he picked up the receiver. This was his opportunity to be dismissive, which would put him back on top and in control where he liked to be. If Serena Fleming was hanging out for some pillow-talk, she would come up empty tonight.

'Nic here,' he said pleasantly, projecting perfectly good humour.

'Oh, Nic darling!' *His sister's voice!* 'You weren't asleep, were you? I'm calling from New York and it's morning here. Ward said the time difference was…'

'It's okay,' Nic broke in, trying not to sound vexed and deflated. 'I wasn't asleep. How's the trip so far?'

'I haven't managed a decent sleep yet. Last night I couldn't help worrying about Cleo. Is she missing us terribly?'

'She's fine during the day but she does miss you at night.'

'Poor baby!'

'In fact, I haven't managed a decent sleep, either, with her barking non-stop.'

'Oh, dear!'

'Not to worry, Angelina. I got some expert advice from your pet grooming lady and Cleo seems to have settled down tonight.'

'Michelle is quite marvellous, the way she…'

'It wasn't Michelle. Serena came and organised…'

'Serena? Who's Serena?'

'From the salon. Serena Fleming.'

'There's no Serena at the salon. Only Michelle and Tammy.'

Nic frowned at the certainty in his sister's voice. 'Well, she drove the salon van today, picking up Cleo and bringing her back, and she impressed me as knowing a lot about dog behaviour.'

'Mmm…Michelle must have taken on a new girl then. You say she's good? She's helped with my precious baby?'

'An absolute miracle worker,' Nic assured his sister while privately notching up a host of questions to be examined later. 'Cleo is now fast asleep in her own special cave of blankets with the radio playing classical music,' he explained to soothe Angelina's concern.

'Really?'

'Truly,' he affirmed.

'I know Michelle always plays music at the salon. She says it has a calming influence.'

'Apparently it works. Anyhow, don't fret about Cleo any more. She's eating well and we're getting along just fine.'

The little terrier had a very good appetite, as long as there was cooked chicken or steak or bacon on the menu. The tinned dog food was left untouched but Nic thought it wiser not to tell his sister that her precious pet had decided it would only eat what Nic was eating. Angelina would only fuss and what was the point? He could afford to feed the dog what it wanted.

He asked about New York and they chatted briefly of non-dog things. His sister sounded happy by the time the call ended, her concern over Cleo having abated.

Nic did not go back to reading his book.

He thought about Serena Fleming…about her quick wit and air of self-confidence…her ability to take charge…her disdainful attitude towards Justine who, on the surface of it, cut a stunning image that would intimidate most ordinary women...her experienced comment on the Chardonnay...and last, but not least, her incredible *sangfroid* in dismissing their clinch as a mere *thank you* from him.

Adding all this to the fact that she was very new to Michelle's Pet Grooming Salon, Nic was strongly reminded that his first impression of Serena Fleming was that he'd seen her before somewhere, most probably at some social function in Sydney. She might well have a city background. When he'd asked if she'd always lived in Holgate, her answer had suggested but not confirmed it was so.

The suspicion grew that she wasn't what she presented herself to be, but something very different and not ordinary at all.

The picture now emerging in his mind placed her as extraordinary, which made him feel considerably better about the whole situation. She posed far more of an intriguing challenge that he had initially assumed, and Nic knew he wouldn't rest content until he got to the bottom of Serena Fleming.

He grinned to himself.

In more senses than one!

CHAPTER SEVEN

MONDAY morning…back to the Gifford house to collect Cleo for her weekly grooming. Serena wished she could ask Michelle to do it, but that would give rise to searching questions and ultimately embarrassing answers. It would also be an unfair request since her sister's time was better spent in grooming the pets to the standard of perfection which was her trademark. In short, this was Serena's job and she couldn't shirk it.

Which meant facing Nic Moretti again.

He hadn't called about any problems with the dog. Presumably Michelle's instructions had worked and the nights were now smooth sailing. A pity she couldn't say that about her own. She'd spent many sleepless hours in her bed, going over and over what had happened with the testosterone loaded architect.

It was the sheer shock of her total vulnerability to what Nic Moretti could make her feel that had sent Serena skittering into her car. Fate had played a very unkind trick on her, placing such a bombshell in her path when she was fighting to attain some level-headed wisdom after her bitter disillusionment with Lyall.

Serena told herself it was just as well Nic Moretti hadn't attempted any follow-up to that devastating kiss because temptation was a terrible thing and it would have been very very difficult to handle, not to

70

mention maintaining the dignity her self-respect demanded.

It took true grit to put herself in the van and drive to the Gifford house. Along the way, Serena decided she'd prefer a dog's life. Much simpler.

Michelle had told her about a silky terrier who'd flatly refused to be mated with her own kind. She preferred big dogs. She'd ended up with a litter by a labrador and a litter by a Doberman pinscher before her owners gave up on getting purebreds from her and had the terrier desexed. Only people wanted purebreds, Serena thought darkly. Animals followed their instincts.

No doubt Angelina Gifford would want Cleo mated suitably with another pedigreed silky terrier. Running wild would be frowned upon in that family, especially when it came to mating. A man might sow some wild oats but when it came to marriage, it was usually to their own kind. Only men like Lyall, who wanted an underling wife, went beyond the fold. And Serena knew what Nic Moretti thought of that!

She'd worked herself up into a finely edged temper by the time she arrived at the Gifford house. One bit of condescension or snobbery from Cleo's guardian and fur might fly. At least he couldn't think she'd dressed up for him. Her work clothes were the same as last week, though she'd teamed a plain blue singlet top with her denim shorts this morning so he couldn't possibly see a bare midriff as a come-on. And her hair was stuffed back into a practical plait. Not a skerrick of make-up, either.

Serena walked to the front door with stiff-backed pride and pressed her thumb to the bell-push rather longer than necessary. She didn't want to be kept waiting. Her feet felt as though they were on hot coals.

The door opened only seconds later. Nic Moretti filled the space with such overwhelming impact, Serena found herself retreating a step in sheer defence against the male dominance of his big strong physique, once again blaring at her since he only wore surfing shorts. Her hands clenched and the nails digging into her palms helped to ground her at an arm's length away from him.

He smiled. 'You're on time.'

He had a killer smile. Serena's pulse-beat soared. Fighting the dizziness in her brain, she poured out every word she could think of. 'I'm always on time. I consider punctuality a courtesy that I like to have returned.'

'Ah!' The smile turned lopsided. 'Black mark against me last week. I promise it won't happen again.'

The warm charm had the perverse effect of chilling her nipples. She could feel them tightening into hard buds, pushing against her sports bra. Any moment now he'd see them poking at her clingy singlet and he'd know…

'I take it Cleo has settled down at night,' she gabbled, desperate to keep his attention on her face.

'Your plan worked like a charm. I picked up a wooden crate to replace the bar stools. Want to see?'

'No, no, as long as it works. I must keep moving this morning.'

She tore her gaze from the twinkling invitation in his and looked down at the dog who was waiting at his feet. The leash attached to Cleo's collar ran up to a loop around Nic Moretti's wrist. Vividly recalling how treacherous that leash could be, Serena immediately crouched and picked up the little silky terrier, cradling her against her chest, which also helped to hide the aroused state of her breasts.

'If you'll just unhand the leash, I'll be off,' she said somewhat breathlessly.

He took his time unhitching himself from the looped strap, chatting on as he did so. 'My sister called from New York, wanting to know if Cleo was fretting for her. I told her about you helping me. The odd thing was…'

He paused and Serena made the mistake of meeting his eyes again, dark probing eyes that had the searing intent to scour her mind.

'…she told me there was no Serena Fleming working at Michelle's Pet Grooming Salon.'

Her heart kicked. Was he thinking of the seventy dollars he'd paid out for *her expertise?* But the advice had worked so how could he complain? She'd simply been standing in for Michelle whose knowledge was worth every cent of that money since it had produced a week of peaceful nights.

'She mentioned a Tammy,' he went on.

'Tammy's gone. I've stepped into her place,' Serena rushed out.

He cocked a quizzical eyebrow. 'New to the job then?'

'Not exactly new,' she quickly defended. 'I'm Michelle's sister. I'm well acquainted with the business she's been running for the past five years. And I have an affinity with animals, just as she does.'

'So you're helping out your sister.'

'More a case of helping each other. I wanted to get out of Sydney.' The words tripped out before she could bite them back.

'What did you do in Sydney, Serena?'

Danger…danger…danger…

If he connected her to Lyall Duncan now she'd die a million deaths. Not only that, she needed to cover her tracks on the animal front. Leaving herself open to an accusation of false pretences would not be good. Her mind zinged into overdrive, wildly seeking an escape with honour.

'I practised a lot of psychology.'

It wasn't a lie. Dealing with Ty's clients had been like conducting a therapy session more times than not. The salon policy demanded that everyone have a smile on their face when they left. One way or another, you had to make them feel good, happy if possible, at least better than when they had arrived. Of course, listening was the big thing. And the clients lay in curved couches when they were having their hair shampooed and conditioned, same kind of relaxation as they'd get in a psychiatrist's office.

'May I have the leash, please?' she quickly asked, seeing he was digesting this information at the speed of light and deciding a fast getaway was essential. Cleo was making no objection to being cuddled so shouldn't cause any delay.

Fortunately, Nic handed the looped strap to her as he commented, 'I thought you said you weren't a qualified psychologist.'

'I'm not,' she conceded, swinging towards the van. 'That doesn't stop me from using it to get the result

I'm aiming for. 'Bye now,' she tossed over her shoulder as she got her legs moving away from him.

He didn't pursue her, though she felt his gaze burning into her body, making her acutely conscious of being watched and examined from head to toe. It was a huge relief to put the van between them.

'Back at one o'clock?' he called as she opened the driver's door and leaned in, bundling Cleo onto the passenger seat.

She popped back out to say, 'Yes. One o'clock,' then climbed into her own seat and shut the door with too much force, revealing an anxiety to depart that she hoped he wouldn't pick up. Her fingers worked very fast attaching Cleo's safety harness and her own seat belt. She didn't exactly burn rubber driving off but her inner tension only began to ease when she was well on her way to Holgate.

Escape made good.

Except she had to face Nic Moretti again at one o'clock and she knew he hadn't yet wiped her off his slate. It was possible that the smile and the welcoming charm had been employed to put their association back on a friendly footing—more comfortable all around since they would be seeing each other every Monday. Also very diplomatic if he happened to need more help with the dog.

But the curiosity about her background…her life in Sydney…that demonstrated personal interest beyond what was required to promote congenial meetings. It smacked of wanting to get close to her, and *close* was very dangerous to Serena's peace of mind. Not that she had any around him anyway. The man had a sexual magnetism that had all her nerves going haywire.

She had managed to cut him off at the pass this time, but what about the next and the next and the next? Maybe she should just say she'd been a hairdresser and have done with it. Let him link her to Lyall Duncan. It would undoubtedly cool his interest.

She'd probably fuelled it with her reference to psychology. Stupid move! Though it had seemed brilliant at the time. Brilliant and satisfying, seeing the respectful assessment of her being recalculated in his eyes. Why knock that down? She deserved respect. Everybody did. There was nothing shameful about working in a service industry. Didn't he service people, too, creating architectural designs to please them? Just because he made more *money*…

Serena sighed away the ferment in her mind.

There was nothing she could do to change the status of wealth. And if Nic Moretti was such a snob, he deserved to be misled about her status. Not that she would actually lie, but he could mislead himself as much as he liked. It should be interesting to see what he came up with next!

Nic congratulated himself on the deductions he'd made about Serena Fleming. She had been in Sydney until very recently and grooming pets was not a job she usually did. It was her sister's business. More likely than not, Serena had held some kind of consultancy position where pushing the right buttons with people would serve her very well. And charging a whopping fee came naturally to her. Definitely a smart businesswoman who was not backward in coming forward.

Though that latter attitude did not apply to sex.

Nic wondered why. Surely she was the type of woman who went after what she wanted. Why back off last Monday night? Was it because she'd suddenly found herself not on top of everything, control completely lost?

He could empathise with that shock to the system. It hit hard.

On the other hand, he certainly wasn't averse to trying another dose of it, if only to see how far it went. Nic smiled to himself, pleased with the thought that Serena had been out for the count in their clinch, every bit as much as himself. But for Cleo...

Nic's smile broke into a grin as he realised Serena had been using Cleo as a shield just now. All he had to do was think of some ruse to get her guard down so they could meet on ground they might both find highly satisfying.

One o'clock.

Having made a point about punctuality Serena arrived on the dot. It was disconcerting to find the front door wide open. Should she call out or ring the bell? Was Nic Moretti home or was the house being burgled?

Cleo pranced straight into the foyer. Naturally the dog was confident of entering its own domain. The leash Serena held was pulled tight before she could decide what to do. Then the dog yapped and Nic Moretti strolled out of the kitchen.

Shock and relief triggered a sharp rush of words. 'You gave me a fright, leaving the door open.'

He paused, threw his hands out in apologetic appeal. 'Sorry. I'm just home from a business meeting and I knew you'd be here any minute.'

He looked incredibly handsome, dressed in classic grey trousers and a grey and white striped shirt. Serena's heart pitter-pattered in helpless array. She'd geared herself up to ignore his beefcake attributes, and here she was, faced with an even more impressive side of him, the polished businessman.

He gestured to the kitchen. 'I was making a pot of coffee. Do you have time to have a cup with me?'

Temptation roared through her. He was so terribly attractive and there was nothing threatening in his expression, nothing more than a friendly inquiry. 'Yes,' tripped straight off her tongue. 'That would be nice, thank you.'

No harm in being a bit friendly, she swiftly argued, stepping into the foyer, but closing the door behind her did raise her sense of vulnerability and she wondered if she was being hopelessly foolish.

Cleo tugged at the leash, barking to be freed. She unclipped it and the little terrier raced off to Nic who crouched down, grinning as he ruffled the silky hair. 'Want to be admired, do you? All prettied up with your pink bow?' He raised an amused gaze to Serena. 'Do the male dogs get a blue bow?'

She couldn't help smiling. 'Yes, they do. And they tug like mad to get it off.'

Nic laughed and straightened up, maintaining a relaxed air as he led into the kitchen and poured the freshly brewed coffee into mugs. 'Milk, cream, sugar?'

'No. Straight black.'

'Easily pleased.'

'More practical. I've had many friends who never have milk or sugar on hand.'

'Always dieting?'

'It's the curse of modern society that skinny is more desirable than a Rubenesque shape.'

'Not too skinny. Anorexic women are a tragedy,' he commented soberly, picking up the mugs. 'Let's sit on the terrace.'

'I can't stay long.'

'I won't hold you up.'

This assurance made it easy to follow him and she was enjoying the casual banter between them. They settled at a table overlooking the spa and pool. A sea breeze wafted through the sails that shaded them. Very pleasant, Serena thought. And seductive, caution whispered.

'Have you studied art?'

The question completely threw her, coming out of the blue. Was he digging into her background again? Playing some snob card?

It spurred Serena into full frontal attack mode, eyes flashing a direct challenge. 'Why ask me that?'

He shrugged, denying the question any importance. 'I was just struck by what you said earlier about a Rubenesque figure. Most people would have contrasted skinny with overweight. It showed you were familiar with the kind of women Rubens always painted.'

He was quick to pick up anything, Serena warned herself, but there was no harm in answering this. 'I did take art at school. I guess some of what I learnt stuck.'

'Do you ever go to exhibitions at the art gallery?'

A probe into her social activities? Where was this conversation leading? Although wary now, she decided there was no danger in this particular subject.

'When there's something special on,' she replied offhandedly. 'Like the Monet one recently.'

He had seen it, as well, and they chatted on about the artist's work—a really convivial conversation which Serena was reluctant to end. However she had no excuse to stay once she had finished her coffee, and while she had actually relaxed in his company for a while, there was no guarantee that would last long. Besides which, Michelle would be expecting her back at the salon.

'Thanks for the coffee,' she said, rising to her feet. 'I have to go now.'

He returned a rueful smile. 'Needs must. I'll see you out.'

He stood to accompany her and Serena was once more swamped by how big and tall he was. She was acutely conscious of him as he walked at her side through the house. He hadn't touched her at all— didn't now—yet the memory of everything she'd felt of him last Monday night was flooding through her, stirring her own sexuality into a treacherous yearning.

'Do you happen to be free on Saturday?'

The casual question instantly set her nerve ends twitching. Was this some kind of a trap? Had she just been lulled into enjoying his company, a paving of the way for another pounce?

'If you could join me here for lunch…' he went on, rolling out temptation again, on a much bigger scale.

'No, I can't,' Serena forced herself to say. 'My

niece is riding in a gymkhana on Saturday and I promised to go and watch her.'

'Well, a promise is a promise,' he accepted without any hint of acrimony. 'Where is the gymkhana being held?'

'At Matcham Pony Club.' Lucky it was the truth so she had facts at her fingertips to back up her reply to him.

'I might go and watch for a while myself. Take Cleo out for a run. Introduce her to the world of horses.'

Serena's heart started galloping so hard, it felt as though a whole herd of horses were trapped in her chest. She barely found wits enough to effect a graceful departure at the front door. Her mind kept pounding with one highly sizzling fact.

Nic Moretti had decided to chase her.

Chase her, corner her, bed her.

That was how it would go.

Somehow she had to stop this.

But did she want to? Did she *really* want to?

CHAPTER EIGHT

CUTTING up onions was not Serena's favourite job. Her eyes were watering non-stop by the time she'd finished. Despite washing her hands and eyes at the sink in the clubhouse, the pungent smell was still getting to her as she carried the platter out to the barbecue where Michelle's friend, Gavin Emory, was in charge of the sausage sizzle.

Blurred vision was to blame for the lack of any warning. Serena didn't even look at the customer waiting at the barbecue. What focus she had was trained on handing the platter of onions over to Gavin as fast as possible.

'Here we are!' Gavin said cheerfully, tipping the lot onto the hotplate. 'Won't take long to cook.'

'No hurry,' came the good-natured reply.

Serena's head instantly jerked towards the customer. No mistaking the timbre of *that voice*. Hearing it so unexpectedly was almost enough to cause a heart seizure.

Nic Moretti grinned at her. 'Hi! Beautiful day, isn't it?'

'You came!' The words shot out before she could catch them back, revealing she'd been on the lookout for him, missed him, given up on seeing him here at the gymkhana, and now that he had come, he shouldn't have because she'd settled in her mind that he wouldn't.

'Great spot for a picnic,' he enthused, ignoring her accusatory tone. 'Wonderful trees. Plenty of shade. Lush grass. I brought a rug with me. Thought I'd relax and watch the riders go through their paces.'

'Where is…?' She looked down and there was the silky terrier under the trestle table which held the buttered rolls, bread and condiments, chomping away on a cooked sausage, oblivious to anything but food.

'She didn't want to wait for onions,' Nic said offhandedly. 'Didn't want mustard or sauce, either. Cleo likes her meat straight.'

Serena took a deep breath and moved behind the trestle table, blinking rapidly to clear the stinging moisture from her eyes. Nic Moretti had brought the dog. He couldn't *corner* her here. Not seriously. Too much public interference. So she had nothing to worry about. The only problem was in fighting his attraction.

'What have you ordered?' she asked, trying not to notice the way he filled his red and white checked sports shirt and blue jeans.

'Two rolls with the lot,' he answered, his dazzling grin sabotaging Serena's attempt to remain cool and collected. 'I've just been chatting with your sister…'

Shock slammed into her heart. *What had he wormed out of Michelle?*

'Met your niece, too. Charming girl.'

Serena gritted her teeth. Charm was undoubtedly what he'd used to get what he wanted out of her family.

'They told me Erin would be riding in an event at two o'clock.' He checked his watch. 'One-fifteen now. Will you be finished up here by then?'

'Sure she will,' Gavin chimed in. 'My daughter's riding in the same event.'

'Ah! Double interest!' Nic pounced, his eyes twinkling a challenge at Serena. 'Will you join me then and explain the finer points of the event?'

If she didn't, he'd come looking for her again, imposing his presence anyway. 'Okay,' she agreed, thinking her best defence was to get a few things out in the open with Nic Moretti. In private.

He chatted on to Gavin about the pony club until the onions were cooked and he was served with the sausage rolls he'd ordered. The moment he was gone, Gavin turned to her with a knowing grin. 'Nice guy!'

'More a master of manipulation,' Serena muttered darkly. 'I've got to go and see Michelle. Can you manage on your own?'

'No problem.'

There were problems aplenty in Serena's mind as she hot-footed it to the pony yard beyond the amenities block, hoping to find her sister and niece there. She needed to know just how much they'd blabbed to Nic Moretti before she tackled him herself. Luckily they were both there, along with Gavin's daughter, Tamsin, who was Erin's best friend.

Serena briefly reflected on how very chummy the two families were, and since Gavin was a widower, maybe there was no reason to be concerned about her sister's single state continuing for much longer. Right now, however, she was more concerned about her own entanglement with Nic Moretti who was definitely pursuing a coupling.

Michelle spotted her approach and moved to meet her, leaving the two girls to look after their ponies.

'You'll never guess who came and introduced himself to us,' she said, eyes sparkling with speculation.

'Cleo's keeper,' Serena answered dryly.

'What a nice guy! As well as gorgeous!'

'Did he happen to ask about me?' Serena pressed, ignoring both accolades since the *gorgeous* part was only too evident and it suited Nic's purpose to be *nice*.

'Only where to find you.'

'No questions about my past?'

'None at all. He did say you'd been great with Cleo. Mostly he asked about the gymkhana and chatted to Erin about how long she'd been riding. No really personal stuff.'

No reason for it if his only quest was bed. Serena was ruminating on this—her mind torn between relief and disappointment—as her sister rattled on.

'Gavin has asked me to dinner at his place tonight. And Erin will want to sleep over with Tamsin. Any chance that Nic Moretti will ask you out?'

Serena frowned at her. 'What happened to the warning about the big bad wolf?'

Michelle grinned. 'He has great teeth.'

'All the better to bite me with.'

'Come on, Serena. You're attracted. He's attracted. Might be just the man to get you over Lyall Duncan.'

'They're two of a kind,' she flashed bitterly.

Michelle shook her head. 'He wasn't patronising to either me or Erin. Not like Lyall.'

'You didn't tell me that before. I thought you liked Lyall.'

'At the time you could see no wrong in him. I just

let it pass, hoping you'd wake up to what you were getting before you married him. And you did.'

Thanks to Nic Moretti!

'Anyhow, what you choose to do is your business, Serena. I was just letting you know Erin and I won't be home tonight. Okay?'

'You *liked* Nic?'

'Yes, I did.'

It didn't prove anything. Angelina Gifford's observation just seemed more pertinent—*There wasn't a female alive who didn't love Nic.*

Michelle reached out and squeezed her arm. 'You know, I've learnt it's wrong to judge everything from a hurt that someone else has inflicted. Sometimes it's good…just to follow your instincts.'

She was referring to her own life—how the tragedy of her husband's death had cast a long shadow on her thinking, making her ultra-cautious and reluctant to let people get close.

Serena leaned over and kissed her older sister's cheek. 'I'm glad Gavin came along. Must get back to the sausage sizzle now. I've left him managing on his own.'

For the rest of the afternoon, the conversation with Michelle kept popping into Serena's mind, even though she rejected it as not applicable to her situation with Nic Moretti. She *knew* he was a snob, even though she couldn't once accuse him of being patronising in either speech or manner while they watched the riding events together. To make matters worse, being with him stirred instincts that waged a continual war with her brain, because following *them* meant abandoning all the common sense she was trying to cling to. In fact, most of the time they prompted things she had no control over.

He smiled and her facial muscles instinctively responded.

His arm brushed hers and her skin tingled with excitement.

He spoke and her heart played hopscotch to the tune of his voice.

If his gaze met hers for more than a few seconds, her body temperature heated up.

All of which brought Serena to the conclusion that she was hopelessly in lust with the man—a totally physical thing that she couldn't squash, shake off, or block. And maybe—just maybe—she should let nature take its course, especially since she'd never been affected like this before. There was something to be said for experiencing the highs in life, even if they were followed by lows.

This mental seesaw came to an abrupt crisis point when Nic casually asked, 'Doing anything in particular after the gymkhana?'

'No,' slid off her tongue, completely wiping out any ready excuses for rejecting the imminent invitation.

'I've got some great T-bone steaks and a good bottle of red. How are you at throwing a salad together? We could do a barbecue out by the pool, have a swim…'

'Sounds good,' she heard herself say, a sense of sheer recklessness buzzing through her mind. 'I have a deft hand with lettuce leaves.'

He laughed and there was no mistaking the triumphant satisfaction dancing in his eyes.

Cornered!

But not bedded yet.

Let him make one snobbish remark—just one—Serena silently and fiercely resolved, and lust would go on ice so fast, *his* head would spin.

His mouth twitched into a quizzical little smile. 'Why do I get the feeling I've just been put on trial?'

'Probably because I have the feeling you take too much for granted,' she retorted, raising a challenging eyebrow.

'With you, that would definitely be a mistake,' he declared, but there was wicked mischief in his eyes. 'Should *I* make the salad?'

She laughed at the ridiculously trivial point. 'No. I'll bring it with me.'

He frowned. 'I have the makings at home. We could just take off from here...'

'It's been a long day. I need to clean up first. I'll drive to your place with my contribution.' *And with my car on hand for an easy getaway when I choose to leave.*

'An independent lady,' he drawled.

'I like to be on top of the game.'

His eyes glittered with the promise of competition for that spot even as he answered, 'I'm happy to go along with teamwork. So when will I see you? Five-thirty?'

'Six. Gives me time to be creative with the salad.' And stops him from thinking she was only too eager to get there.

'I shall look forward to a gourmet's delight.'

A sexual feast, he meant. Every nerve end in Serena's body was twitching with the same anticipation, but no way was she going to admit it. Or go for it unless she felt it was right.

'Well, I hope I don't disappoint you,' she said, taking secret satisfaction in the double entendre. 'If you'll excuse me, I'll head off now. Have to let Michelle know what I'm doing.'

'Fine! I'll gather up my rug and dog and see you later.'

Nic smiled to himself as he watched her stroll away from him. Mission achieved. He glanced at his watch. Just on four o'clock. In fishermen's terms, he'd been playing out the line for three hours and he now had the result he wanted. More or less. Serena Fleming was a very slippery fish. He had her in his net but she wasn't leaping into his frying pan.

And she was providing herself with an escape vehicle by bringing her own car.

Nic reasoned he'd have to be fast tonight.

Very fast.

Knock her right off the top of her game before she could mount defences and retreat.

Funny…he couldn't remember relishing a date as much as he relished this one. The trick was to bring it to the end he wanted, with Serena wanting the same end, admitting it, accepting it, and wild to have it.

Wild…

Weighing up his memory of the kiss they'd shared had eventually brought Nic to the decision that *civilised* didn't hold a candle to *wild*.

CHAPTER NINE

SHE'D clicked off.

What had he said wrong?

Done wrong?

From the moment she had arrived until just a few minutes ago, Nic knew he'd carried Serena with him. The connection had been exhilarating—eye contact, mind contact, everything but body contact. Was it because the meal was now over that she was withdrawing into herself, shutting him out, getting herself geared up to evade what had been simmering between them before it came to the boil?

She'd undoubtedly felt *safe* with a table separating them, *safe* out here on the patio eating *al fresco*. Nothing too intimate about the open air. And she'd kept the conversation away from herself, peppering him with questions about his career, his recent contracts, what he felt were his greatest architectural achievements, favourite designs. Her interest had seemed genuine, yet her attention had started slipping when he'd described the town house complex he'd done for Lyall Duncan.

Her gaze had dropped to the glass of wine by her emptied dinner plate. She had the stem of it between her fingers and thumb, turning it in slow circuits. Her face was completely still, expressionless, as though the slight swirl of the claret had her mesmerised. There was no awareness that he'd fallen silent.

He'd lost her.

The need to snatch her back from wherever she'd gone in her mind was paramount. He'd been a fool to keep talking about himself, despite her encouragement. Such a one-way track could too easily become boring. He leaned forward, a tense urgency pumping through him.

'Serena...?'

Her lashes flew up, vivid blue eyes jolted into refocusing on him. But the distance was still there. He instantly felt it—an invisible barrier that was very real nonetheless. He tried a smile, adding a quick whimsical question to grab her attention.

'Where are you?'

Her responding smile was slow, a touch wry. 'I was thinking of all the connections you must have made. Friends in high places. Big property investors like Lyall Duncan...'

'Lyall is more a business associate than a friend,' he cut in, wondering if she couldn't see herself fitting into *his* world. Which was absurd. She was clever enough to fit anywhere. If she wanted to. That, he suspected was the big thing with Serena, choosing what she *wanted*.

Her eyebrows lifted quizzically. 'You don't mix socially?'

He shrugged, sensing this was a loaded question but not grasping the logic behind it. 'Business lunches. The huge party he threw to officially launch the town house complex. Lyall tends to big-note everything he does. He enjoyed parading me as *his* architect that night. We're not really connected beyond the professional level.'

He could almost see an assessment clicking through her mind. Whether it had a positive or a negative outcome he had no idea. What he did know was that this was shifting ground and fast action was required.

'Let's clear these plates.' He pushed his chair back and stood up, cheerfully announcing, 'Time for dessert. Angelina left a selection of gourmet ice-creams in the freezer—macadamia nut and honey, Bailey's Irish Cream, death by chocolate…'

She smiled. 'Okay, I'm tempted.'

Tempted by more than chocolate, Nic hoped, relieved to have her on her feet and moving with him. He quickly picked the leftover steak bone off her plate and called Cleo to give her the special treat of two good bones to chew on, which would certainly keep the troublesome little terrier occupied and out of play for quite a while. She settled under the table with her version of doggy heaven, happily gnawing away while Nic and Serena collected what they'd used and headed inside to the kitchen.

Serena walked ahead of him, carrying the cutlery and salad bowl. Her long blond hair fell like a smooth silk curtain down her back, making his fingers itch to stroke it. No confining plait or clips tonight. She wore a highly sensuous petticoat dress that slid provocatively over her feminine curves with each sway of her hips. It was white with splashes of flowers on it, some filmy kind of fabric with an underslip. No need to wear a bra with it, Nic thought, and no trouble at all sliding off those shoestring straps. Her honey-tan skin gleamed enticingly.

All evening it had taken the utmost discipline not

to touch her. The bonds of restraint were now at breaking point. Every muscle in his body was taut, all wound up to make the move he had to make. She might decide against the ice-cream, might decide to skip out on him. Her thoughts were still a challenging mystery but he hadn't missed the sexual signals. She was vulnerable to him. He had to tap that vulnerability before her mind clamped down on it.

Serena set the salad bowl on the kitchen bench and dumped the cutlery in the sink. Her mind was in total ferment. Nic wasn't a friend of Lyall's. It didn't sound as if he shared the same attitudes. There'd been a lightly mocking tone in his voice when he'd spoken about Lyall big-noting himself.

She automatically turned on the tap to rinse the cutlery while reconsidering the humiliating conversation she'd overheard between the two men. Might it not have been surprise on Nic's part that Lyall's ego would allow him to choose a hairdresser as his wife? Had he simply been stringing Lyall along while the choice was explained to him, giving understanding as a pragmatic business tactic? Taking a critical attitude would not have been the diplomatic thing to do.

'You don't have to wash up,' Nic said over her shoulder. 'They go here.'

She turned to find him lowering the door of the dishwasher which was right beside her. He proceeded to stack the plates he'd brought in, his unbuttoned shirt flapping right open as he bent down. It was a casual Hawaiian shirt with parrots and hibiscus flowers on wildly tropical foliage, worn over royal blue surfing shorts, ready for the swim he'd offered but she'd decided not to take up since it would only provoke more temptation and she hadn't been sure where she was going with Nic Moretti.

Still wasn't sure…but she found her breath caught in her throat as she was faced with a wide expanse of bare muscular chest, a line of dark hair arrowing down to the waistband of his shorts, disappearing but heading straight for the apex of his powerhouse thighs.

'Special place for cutlery,' he pointed out. 'Put them in.'

She scooped them out of the sink and bent to place them properly, only to realise too late it caused her bodice to gape and Nic was right there looking at her, impossible to miss a bird's-eye view of her breasts. Heat instantly flooded her entire skin surface, raising a sensitivity that jerked her upright in a hopelessly graceless movement.

Nic closed the dishwasher door and suddenly he was standing very close to her, and despite the high-heeled sandals she wore, he seemed overwhelmingly big and tall, making her feel frail and fragile. She shrank back against the sink, her heart thumping so hard she could feel the throb of it in her temples.

Nic frowned, raising his hands in an open gesture that promised he was harmless as he protested her reaction. 'You can't be frightened of me, Serena.'

Her mind whirled, trying to find some reasonable response. How to explain that he generated a sexual force-field that she had no power to fight?

Nice guy, Gavin had said.

Echoed by Michelle—*Nice guy.*

And he hadn't been patronising. Not at all.

So why did she have to fight?

'You...it just surprised me, finding you so close,' she babbled, feeling hopelessly confused over what she should do, knowing only too well what her body was clamouring for, but was it right? *Was it right?*

'Not fear?' he asked, wanting confirmation.

His dark eyes were burning into hers. She had the weird sense they were tunneling into all her secret places, finding the truth of *their* response to him, never mind what words she spoke. Everything within her craved to *feel* this man, and denial suddenly seemed like a denial of life, of all that made life worth living. This mutual attraction had to be dictated by nature. How could it be wrong?

A hand lifted and touched her cheek. 'Serena...?'

What question was he asking? She couldn't think. His fingertips were softly stroking down her skin, making it tingle, and her entire body yearned to be similarly caressed by him. The memory of the kiss they'd shared ignited a chaotic surge of desire, a rampant need to know if the same wild passion could be aroused again. Her chest felt too tight, holding in too much. Her breathing quickened, trying to ease the pressure. Her mouth opened to suck in more air, or was it being pushed out?

Her mind couldn't cope with all this rushing inside her. She lost track of everything but his touch, sliding past her chin, down her throat, under her hair to the nape of her neck. He loomed closer, his eyes hypnotically fastened on hers, simmering with the intent to explore the same memory that was jamming her thought processes. An arm suddenly looped around her waist and clamped her body to the heat and strength of his. Her hair was tugged, tilting her face up. Then his mouth was on hers, his hot, hungry, marvellous mouth, explosively exciting, smashing past anticipation and delivering more sensation than her memory had retained.

Her hands instinctively sought to hold him, pushing under his opened shirt, revelling in gliding over his naked skin, feeling the taut muscles of his back, clutching him hard so that her breasts swelled onto the wide expanse of his chest, imprinting them on him in a wild urge to press an intense awareness of her own sexuality, of all that made her the woman *she* was.

The hand in her hair disentangled itself and moved to her shoulder, fingers hooking under her strap, pulling it down, dragging the top of her bodice with it. One breast freed, revelling in the stripping of the fabric barrier between her flesh and his, a mega-leap in sensitivity. Better still when he freed the other and shed his shirt. Wonderful to lift her arms out of the straps and throw her hands around his neck, running her fingers through the thick texture of his hair, able to press a far more intimate contact, exultantly satisfying.

He kissed her and kissed her, a passionate onslaught of kisses that drove her wild with wanting more of him. And it was there for her to have, his erection pressing into her stomach, wanting entry, seeking entry, as urgently desperate for it as she was.

Driven by a frenzy of desire she rubbed herself against the hard erotic roll of his highly charged sex, wishing she could hoist herself up to fit where she should, needing to engulf him, possess him, draw him deep inside her to where she ached to be filled, over and over again.

Then his hands were at her waist, thrusting her dress down over her hips, dragging her panties with it. 'Step out of them,' he gruffly commanded and they were whisked away from her as she blindly obeyed— blindly, recklessly, inhibitions totally abandoned. And it seemed to her in the same instant his shorts were gone, too, discarded in a swift tumult of action that rid them of all barriers to the ultimate intimacy.

He lifted her, propped her on the edge of the bench, moved between her legs, and finally, blissfully, he was there, sliding into the slick hot depths that had been waiting for him, tilting her back so he could reach further, and all her inner muscles clenched around him in ecstatic pleasure. Her legs instinctively locked around his hips, an act of utter exultation, and he kissed her, driving the overwhelming passion for this moment of union to an incredible level of sensation, total merging, making her feel they were flowing into each other and every cell in her body was melting from the sheer power of it.

He muttered something fierce under his breath as his mouth left hers, then in a harsh rasp close to her ear, 'Please say you're on the pill, Serena.'

'Yes,' spilled from her lips on a sigh of grateful relief. She hadn't thought…didn't want to think now…only to feel.

And the feeling was fantastic as he moved inside her, a series of fast surges that left her on one pinnacle of exquisite sensation after another. Even when he climaxed it left her afloat on a sea of sweet pleasure.

She didn't want to move. Doubted that she could anyway. Her arms and legs seemed drained of strength. But for his support she would have collapsed in a limp heap.

His chest was heaving. 'Shouldn't have happened here,' he muttered, his tone raw, savage. 'Madness…'

Serena was beyond comment.

'A kitchen bench, for God's sake!' he went on, sounding shocked, horrified. He swept her off it, strong arms holding her securely against him, carrying her…swift strides being taken. 'Sorry, sorry…' The anguished apology jerked out as he seemed intent on rushing her somewhere else. 'I'll make it up to you, I swear.'

Why did it matter? Serena thought in hazy confusion. Was he worried that it hadn't been good for her? Had he somehow missed her response? Her head was resting on his wonderfully broad shoulder, her hands loosely linked behind his neck. She sighed, not knowing what to say, loving his aggressive maleness, trusting him to look after the next step to wherever they were going together. It was like being swept along in a dream she didn't want to end, and the best part was he was real. All she was feeling with him was real.

He laid her on a bed, a soft doona on its surface beneath her, a soft pillow under her head, lovely sensual comfort. He stood looking down at her, shaking his head in a kind of awed wonderment as his gaze travelled slowly from the spill of her hair on the pillow to the languorous satisfaction written on her face, the tilt of her breasts, the curved spread of her hips, the moist apex of her thighs, the relaxed sprawl of her legs.

She didn't mind being so open to his view. She could look her fill of him, too, his magnificent physique, the immense power packed into his beautifully male anatomy. *The man,* she thought with a fatuous smile, and dizzily hoped he was seeing her, thinking of her as *the woman,* because none of this would ever make sense to her unless such special terms were applied to it.

'I'm not a rough, inconsiderate lover, Serena,' he assured her anxiously. 'Let me show you.'

Rough? He hadn't done anything she hadn't wanted. As for the kitchen bench…it had helped, not hurt. He hadn't hurt her one bit. Absolutely the contrary. She hadn't needed foreplay. But she was curious now about his thoughts. He seemed appalled at himself for having lost his sense of what he considered a suitable place for sex. Or was it about loss of control?

She liked the idea of Nic losing control with her. Somehow that made it even more right, whereas a step-by-step attempt at seduction would have felt wrong. Was that what he planned to do now, or was he intent on proving something to himself? It wasn't clear to her. Nothing much was…except how he made her feel.

He moved to the end of the bed, gently picked up one of her feet and started to unbuckle the ankle strap of her high-heeled sandal. Serena was amazed she was still wearing it—both of them. They'd completely dropped out of her consciousness. He stroked the shape of her ankle, the sole of her foot as he slipped the sandal off. Her toes curled as a zing of excitement travelled up her leg, fanning the embers of sexual arousal.

He lifted her other foot, caressing it in the same way as he removed its sandal and Serena almost squirmed from the exquisite sensuality of his touch. He knelt between her legs, skimming her calves and her inner thighs with his fingertips, her flesh tingling, quivering as he parted the soft lips of her sex and bent his head to kiss her there, flooding her with such intense feeling, her whole body arched in convulsive need for him.

He moved his hand to the same place, stroking to answer her need as he lifted himself up and hovered over her. 'Cup your breasts for me, Serena. Hold them close,' he commanded huskily.

She did. His mouth closed over them, one at a time, drawing deeply on them, lashing the distended nipples with his tongue, and she found her fingers squeezing her breasts higher for him, revelling in the wild voluptuousness of the action while his fingers were stroking and circling the soft moist entry to the seething need within, preparing the way, building the anticipation to screaming point.

Which was reached.

'Come…now…now!' she shrieked, unable to hold on any longer.

And he did, surging up and plunging in, shooting her to an instant shattering climax, then taking her on a constant roll of orgasms that totally rewrote her experience of sexual pleasure. So consumed was she by what *he* could do for her, she lost all awareness of anything else. Her hands found their own paths of sensual delight, gliding over the taut muscles of his body, touching his face, his hair. Her feet slid down his thighs, savouring their incredible strength and stamina.

Sometimes he paused to kiss her and she surrendered her mouth to his with a blissful joy in the heightened intimacy. Most of the time she just closed her eyes and let the marvels of their inner world wash through her, focusing on every magic ripple of it. And the final burst of melding warmth lingered on long after Nic had moved to lie beside her, his arm clasping her so close her head rested over his heart, their bodies humming a sweet togetherness.

He stroked her hair, planted a slow, warm kiss on it, murmured, 'I hope I got it right for you this time.'

Amazing that he doubted himself in any way. 'You did the first time,' she answered truthfully.

The hand stroking her hair stilled. She could hear the frown in his voice as he queried, 'But I just…took you.'

She lifted herself up enough to smile her totally unclouded pleasure in him. 'I took you, too. Didn't you realise that, Nic?'

The V between his brows didn't clear. She reached up and gently smoothed it away, still smiling to erase any concern in his mind. 'I've loved every minute of having you.'

Taking him? Having him?

It blew Nic's mind. Serena was still on top of this game while he…he'd almost completely lost it back there in the kitchen, going for it full-on, already inside her before he'd even thought of contraception. All right for her. She'd known she was on the pill. No worries there to slow her down or give her heart a hell of a jolt. Then not saying a word when he'd brought her in here, letting him make love to her to see what that was like as opposed to the raw sex event...no wonder she looked so smugly satisfied.

She'd taken him!

While he... Nic pulled himself up on the wild flurry of thoughts. He'd got what he wanted, hadn't he? Serena was in bed with him, happy to be here. So why did he feel screwed up about it? He should be feeling great. He did. But he wasn't on top of what was going on here. It was like...she was drawing more from him than he was drawing from her. He'd never had this situation before. The need to feel secure with this woman was gnawing at him. Why it meant so much he didn't know but he had to reach into her somehow and make their connection firm.

He returned her smile. 'Well, that's good to hear, Serena. I didn't want you to feel...badly used.'

She laughed a little self-consciously. 'Not at all. It was truly a mutual thing.'

'Fine!'

A thump on the bed startled both of them. It was Cleo who proceeded to prance around them excitedly, wagging her tail, tongue hanging out, looking for a place to lick.

'Oh, no you don't!' Nic yelled, hastily disentangling himself from Serena as he silently cursed himself for leaving the bedroom door open.

The little terrier evaded his first grab. It was Serena who caught Cleo—predictably!—and lifted her down onto the floor, laughing as she patted the dog to calm the barks of protest.

'No third parties allowed in here,' she said, then turned twinkling eyes to Nic. 'I guess it's time for us to try that ice-cream.'

'Good idea!'

Giving him time to win more from the highly challenging Serena Fleming. He didn't understand how he'd got so far out of his depth with this woman...or was he already in too deep to change anything?

If he just went with the flow...

Why not?

Wasn't he winning, too?

CHAPTER TEN

NIC scooped up their clothes from the kitchen floor and laid them on the bar counter separating kitchen from living room, moving away from them to go to the freezer for the ice-cream.

'Not dressing?' Serena asked, unaccustomed to walking around completely naked in front of a man, though she liked watching him, his beautiful body in motion, the slight swagger in his carriage that denoted total confidence in himself, nude or otherwise.

He threw her a wicked grin. 'Why give ourselves the frustration of clothes getting in the way again?'

She blushed, realising he wanted her easily accessible, sexually accessible. Lust not sated yet. And in all honesty, was hers for him?

He cocked a quizzical eyebrow. 'You're shy?'

'No. Not exactly.' She wanted it to be more than lust. A total connection. Was that too unreasonable, given their different backgrounds and circumstances?

'You shouldn't be.' His gaze sparkled over her. 'You're beautiful, incredibly sexy, and I want the pleasure of looking at you.'

The compliments boosted her confidence. It was silly to feel self-conscious. She had a good figure. They had just been deeply intimate. There was no turning back from that. Nor did she want to. Wherever it led, she was going with it now, tugged by feelings she had never experienced before.

Yet as he turned away to open the freezer, her mind flashed back to their very first encounter, with Nic opening the front door in boxer shorts, obviously pulled on for a modicum of modesty—*over an erection*—then Justine strolling out from the bedroom wing in a skimpy wraparound, another modicum of modesty in front of a possible visitor. They had both been naked before the doorbell had rung. And now here *she* was…naked…with the same man…barely a fortnight later.

Had he said the same things to Justine?

Stop it! she fiercely berated herself. Jealousy was an ugly thing. Nic hadn't chased after the penthouse pet. He'd dropped Justine cold and gone all out to set up this situation. *She* was the woman he wanted to be with.

He lined up four tubs of ice-cream on the bench beside the freezer, then reached up to a cupboard for dishes. 'Spoons from the cutlery drawer, Serena,' he instructed, flashing her his dazzling smile as she brought them over. Her heart started pitter-pattering again.

'I'll give Cleo some of the chocolate,' he said, spooning ice-cream from that tub.

'Chocolate isn't good for dogs,' she automatically recited, having heard Michelle give that advice to clients.

'She loves it. And everyone deserves a treat now and then, even if it isn't good for them,' Nic blithely declared, setting the dish on the floor in front of Cleo who instantly showed approval of this particular *treat*.

'Now you…what would you like? A taste of everything?'

She laughed at the tempting twinkle in his eyes. 'Why not?'

'Why not indeed?'

He put scoops of each flavour into their two dishes and returned the tubs to the freezer. She was standing in front of the bench, about to pick up her dish and take it to wherever they were going to eat when he moved behind her and rested his hands on either side of the bench, encircling her in that space, grazing kisses across her shoulder.

Serena forgot the ice-cream, sucking in a quick breath as her heart battered her chest. The seductive heat of his mouth on her skin aroused a flood of sensitivity that paralysed any thought or action.

'What do you want to taste first?' he murmured, bringing her mind back into focus on the dishes in front of her.

'The...' She had to think hard to remember the selection. 'The macadamia and honey.'

'Uh-huh.' He was nudging her hair aside with his chin to kiss her neck. 'Go ahead. You can spoon some up to me, too.'

She did, and continued to do so at his insistence, even though she was hopelessly distracted with him moving closer, fitting himself to the cleft of her buttocks, stroking her thighs, spreading his hands across her stomach, gliding them up to cup her breasts, fanning her nipples with his thumbs. It was incredibly erotic, the cold creamy taste on her tongue, the hot excitement of his touch, spooning ice-cream up to both of their mouths while he orchestrated the intensely sensual friction of their bodies.

'Hmm...I think I like the strawberries and cream

best.' The words were softly blown into her ear, making it tingle with excitement, too.

'Not…not the chocolate?' It was wild, talking like this, pretending to ignore the slide of his erection, reaching up to the pit of her back.

'Or maybe the honey…' His hands left her breasts and moved down to the triangle of hair between her thighs. 'You're like honey, Serena. An endless store. And I want every bit of it.'

She couldn't answer. He was so good at caressing her, tantalisingly gentle yet knowing exactly what was most exciting. She wanted him, every bit of him, too. It was all she could think of.

'Lean over. Elbows on the bench.'

She didn't grasp what he meant to do. She just did as she was told on automatic pilot, unable to bear any halt to the intense waves of pleasure he was inciting. His arm encircled her hips, lifting her off her feet. The initial shock of the position he was taking was instantly obliterated by the deeper shock of penetration, fast and deep, explosively exciting.

He held her pinned to him as he pumped a fast, compulsive, almost violent possession, and somewhere in Serena rose waves of fierce, primitive satisfaction. Her feet curled around the back of his knees, giving her some purchase in the driving rhythm. He clutched her breasts, moving them to the beat within. It was wild…wild…and a wildly lustful exultation swept through her as she felt him come, spilling himself deep inside her in uncontrollable bursts, the aggression melting, shuddering to a halt, his breathing reduced to harsh gasps blowing through her hair.

'I lost it again,' he said in a tone of shell-shocked bewilderment. His hold on her shifted to bring her down onto her feet, once more standing with her back to him. 'Sexiest bottom in the whole damned world,' he added as though he needed some excuse to make sense of *losing* it. 'I think it's time we had a swim. Yes. A long, cool swim. Out to the pool.'

And Serena found herself being swept up and carried, but she didn't feel so limp and dazed this time. She felt exhilarated. Here was Nic, falling into the role of caveman on the loose, though he seemed to want to deny the more hot-headed—or hot-bodied— aspects of that role, and Serena had to admit she was revelling in not only being the object of his desire, but also the reason for his apparently much stronger than usual sexual impulses.

'Maybe we should stay out of the kitchen,' she suggested, unable to contain a smile. 'Kitchens can be very dangerous places.'

He frowned down at her happily teasing eyes. 'You're a provocative little package of dynamite, Serena Fleming.'

'So what should I call you? Nuclear fusion?' she tossed back.

'That's about right!' he said rather grimly.

'Actually it's incredibly marvellous.' She lifted her head, kissed his ear, and whispered, 'No one has ever made me feel…so much.'

It stopped him. He looked at her with burning eyes, searing away any glibness from that statement. 'Well, fair's fair,' he said with satisfaction. 'Can I take it you'll be staying the night? You're not going to hop in your car and leave me flat?'

She laughingly shook her head. 'How could I walk away from this?'

'A bit difficult when I've got your feet off the ground.'

'Do you make a habit of sweeping women up to get your own way with them?'

'No. But you're very slippery so I'm holding you fast. Only way to guarantee keeping you with me.'

'I *want* to be with you, Nic.'

'You're not going to make some excuse about having to go home to your sister and niece?'

'They're away for the night.'

'Aha! So you came here planning to seduce me.'

'I did not!'

He grinned, triumph dancing into his eyes. 'Got you then.'

It struck a bad note with Serena, bursting her bubble of joy. 'Is that what it's all about to you, Nic? Winning?'

He looked taken aback, as though she wasn't supposed to realise that. It chilled Serena into firing another arrow from the same bitter bow. 'Am I just another notch on your bedpost?'

'Another notch?' he repeated incredulously. 'There's never been a notch like you in my entire life. You can take that as gospel!'

Relief swept through her. He was so emphatic she believed him. Even more so when his eyes flashed dark resentment, as though she had totally wrecked his comfort zone by not conforming to any standard amongst the women he'd known.

Fair's fair, Serena thought elatedly.

* * *

He probably shouldn't have told her that, Nic thought, as he walked on across the patio. Gave her even more power over him. None of this was turning out how it was supposed to. He'd only meant to play an erotic game with the ice-cream, get her melting for him, give himself the satisfaction of knowing she was totally on heat before leading her out to the pool, wiping out any thought she might have had of dressing and going home. Instead of which...

He must be out of his mind. Still, it hadn't put her off him. Quite the contrary. And he didn't know what to think about that. Except he had achieved one end goal. She wanted to stay the night. Which meant he could put her down on her feet now. She wasn't about to run away.

On the other hand, he liked holding her like this. It gave him the sense of being in control, directing the action. He reached the edge of the pool before he thought to ask, 'You can swim?'

She laughed. 'Yes, I can. But please don't dump me in.'

'A mutual dive,' he promised, still not wanting to let her go. He wanted everything to be mutual tonight.

For Serena, it was another first. She'd never gone skinny-dipping by herself, let alone with a man. It was a fantastic sensation, feeling their naked bodies sliding together, the water engulfing them like warm silk. She kept thinking this would be a night to remember for the rest of her life.

Even when they started swimming side by side, there was a sense of intimate unison about it, the shared pleasure of watching each other, smiling, enjoying the intoxicating freedom of being together like this, no inhibitions. It was a perfect night, a cloudless sky full of stars, a full moon rising above the fronds of a palm tree, the air still warm and balmy from the hot summer day. Again Serena thought this was like a dream, too good to last, though she wanted it to…wanted it to last forever.

They kissed and played a teasing game of catch-if-you-can in the water. Nic hauled her out of the pool and wrapped her in one of the towels he'd laid out ready before she'd arrived, but they were both too aroused to dry themselves properly. The towels were dropped as desire erupted into urgent need. A nearby sun-lounger was quickly put to use, providing cushioned comfort as they merged and found more heights to climb.

It was all incredibly idyllic, lying cuddled together afterwards, looking up at the stars, Nic asking her what she wished for when they spotted a falling one.

'I'm completely content,' she answered without hesitation, feeling nothing could be better than this.

He laughed a happy laugh.

They put Cleo to bed in the mud room, leaving her with the radio playing music.

Showering with Nic was another sensual delight, leading to an even more intense exploration of their sexuality. Anything and everything seemed so perfectly right with him. Brilliantly right. So much so, Serena was tempted into thinking that they *did* suit each other. Perfectly. They *belonged* together, at least on some primal level that wasn't influenced by outside factors.

And it didn't change when she woke in the morning.

It just continued on.

They had a late breakfast on the patio—eggs, bacon, tomato and mushrooms which they'd cooked together. Nic had pulled on a pair of shorts and found a sarong for Serena to wear. The mood was happily casual, yet bubbling with an exhilarating sense of togetherness that sharpened their appetites for more and more sharing.

Serena thought fleetingly of calling Michelle to explain where she was but decided her sister wouldn't worry. Besides, she didn't want to introduce an outside note. It might jar on this very special time with Nic.

But an outside note did come.

And it jarred everything.

CHAPTER ELEVEN

SERENA and Nic were in the kitchen, cleaning up after breakfast. The Sunday newspapers had been delivered and they were about to take them down to poolside when the telephone on the bar counter rang. Nic picked up the receiver, answered 'Yes,' a couple of times, then passed the cordless instrument to Serena with a rueful little smile. 'Your sister…sounding anxious.'

She frowned as she took the phone. It wasn't like Michelle to break into what was essentially Serena's private business. Something had to be wrong at home. 'What's up?' she asked without preamble.

'Sorry to interrupt but we have a visitor here and he's not about to be turned away,' Michelle rattled out. 'Can we talk or is Nic still close by?'

He'd left her to the call, heading out to the patio, carrying the newspapers and his mug of coffee, probably expecting her sister's concern to be quickly soothed. 'We're okay,' she assured Michelle.

'It's Lyall Duncan, Serena.'

Lyall! Her night with Nic had driven her ex-fiancé completely out of her mind. It was a shock to realise that had actually happened, especially when linking them had previously affected many of her reactions and responses to Nic. Now…the memory of Lyall was like an unwelcome ghost at a feast, casting a shadow she desperately didn't want.

113

'He's driven up from Sydney this morning, arrived about ten minutes ago,' Michelle went on. 'And he's determined on seeing you. Says he'll wait all day if he has to.'

'Why?' It was more a cry of protest than a request for information.

'Perhaps it's a case of absence making the heart grow fonder.'

'Not for me it hasn't.'

'Lyall isn't about to accept that message from me, Serena. He's actually demanding to know where you are and I can't really pretend I have no idea. As it is, I've left him out on the verandah, cooling his heels while I'm on the phone, *trying* to contact you.'

Serena heaved a fretful sigh. What on earth did Lyall think he would achieve, just landing on Michelle's doorstep and throwing his weight around? Was he looking to effect a reconciliation, having given Serena six weeks to reconsider her position? Did he expect her to be grateful that he'd come to offer her a second chance?

'Serena…?'

'Sorry…I just can't believe this. What's over is over.'

'Then I suggest the sooner you tell him that, the better. And the most tactful place to do it is here, not there,' Michelle said pointedly.

Which meant leaving Nic and all they'd been sharing because Lyall's super-ego couldn't accept rejection from a woman he considered his whenever he felt like crooking his finger. After all, he was a top prize for such as Rene Fleming, and she would surely have come to her senses by now.

Anger and frustration boiled through her at being trapped into responding to a man she didn't want anymore, and being forced to part from a man she did. But this was not Michelle's problem and it was unfair to leave her with it.

'All right! I'll be home in half an hour. But please try to get Lyall to come back in an hour because I don't want him there waiting for me. Okay?'

'I'll do my best.'

'Thanks. Sorry for the hassle, Michelle.'

Even more of a hassle if Lyall saw her arriving home in last night's clothes without the make-up and grooming appropriate to them. That could instigate a very ugly scene, especially if he was expecting her to be regretting their break-up. No way would he have imagined her plunging into intimacy with someone else. And of all men, for that *someone else* to be Nic Moretti...

Serena took a long, deep, sobering breath as she returned the cordless telephone to its slot on the counter. The sense of having been on a wild roller-coaster ride with Nic hit her hard, now that it had to be brought to a halt.

She didn't know the heart of the man, yet last night...last night...the connection had been so strong, so overwhelming, surely it meant as much to him as it had to her. And this morning...it wasn't just some amazing sexual chemistry that made it feel right to be with him, was it?

Her heart fluttered with uncertainties as she moved across the living room to the door that stood open to the patio. How *did* Nic feel about her? He'd insisted she wasn't just another notch on his bedpost, but where did she fit in his thinking? Had he put her in any context at all?

He sat at the table where they'd breakfasted, looking totally relaxed, perusing the newspaper spread out in front of him. She paused in the doorway, acutely aware of the tug of attraction that made what she'd felt with Lyall seem hopelessly insignificant.

But discounting the sheer physical impact of him, was Nic so different to Lyall when it came to other aspects of his life? Did he simply want women to be there when he wanted them, while his work and how he performed in that arena remained his central focus?

She didn't know.

She didn't know nearly enough about him, nor how far her feelings could be trusted in these circumstances. In fact, the only certainty she did have in her mind was that she couldn't resume a relationship with Lyall Duncan.

Nic's concentration on a news story was broken by a prickling at the back of his neck. He turned his head quickly and caught Serena staring at him—motionless in the doorway and staring with an intensity that instantly twisted Nic's gut.

'What's wrong?' He pushed his chair back, instinctively rising to fight whatever was putting distance between them.

Her hand flew up in a halting gesture. 'Don't move. I have to go. Michelle needs me at home.'

'Why?'

She shook her head, shutting him out of her family business. 'Just a problem that has to be dealt with.'

'Can I help?'

'No.' Her mouth tilted in a wry grimace. 'Sorry about this. Can't be helped. I'll have to dress and get going.'

She was off, heading towards the bedroom wing before Nic could assimilate exactly what was happening here. One minute the flow between them had been brilliantly positive, then...total withdrawal! Not even a sharing of the problem that had caused it. With a nasty little frisson of shock, Nic realised he'd ceased to count in her mind. Serena had cut him off...point-blank.

The urge to go after her, imprint himself on her consciousness again, had him striding into the living room before he checked himself. This was not a reasonable reaction. If she had to go, she had to go. Why should she share some crisis at home with him? They weren't *close* in the sense of confiding personal problems.

Which brought him to the question of how close did he want to get?

He'd had a couple of quite serious relationships in his twenties. Both of them had eroded under the pressure of separate careers—different life-goals and values emerging as the shine of *being in love* had rubbed thin and *togetherness* had gradually ceased to exist. A few of his friends had married, but were now divorced. In fact, he could only think of his sister and Ward as an example of love holding steady, regardless of the bumps in life.

He knew he was getting more and more cynical about *love*. Those of his cousins who were married had done what he thought of as the Italian thing, making advantageous connections that added to the network of the Moretti business interests. Over the years, his parents had lined up several *choices* for him, but he'd always refused to consider a pragmatic marriage. It turned him off the whole idea of linking himself to any woman for life.

His mouth curled in distaste as he recalled Justine's attitude about sliding out of promises on the principle that what people didn't know, didn't hurt them. As far as Nic was concerned, trust and loyalty were big issues. So was family.

He frowned, realising his thoughts were drifting towards exploring a lot more with Serena than he'd originally anticipated. But what was going on in *her* mind?

It was okay for her to rush off to help her sister. He just didn't like her switching off from him, not when he was still so switched on to her, wanting more. She was one very elusive lady, had been from the start, and despite having managed to keep her with him overnight, Nic had the uneasy feeling he didn't have her locked into any future continuance.

What made her pull away from him?

She'd done it last night when he'd been talking about the people he associated with.

She'd been doing it again just now.

It didn't feel right to Nic. There shouldn't be any blocks, given the intimacy they'd shared. Whatever was causing these shifts in Serena had to be uncovered, pinned down. Having come this far with her, he was not about to lose the ground he'd won, nor give up on knowing all he wanted to know about this woman.

Footsteps coming down the corridor from the bed-room wing…

Play it cool, Nic cautioned himself. *Let her go for now and plan for tomorrow.*

Yet the moment he saw her, head down, shoulders slumped dejectedly, his heart felt as though it was being squeezed and the impulse to take on and dispose of whatever this divisive problem was, roared through his head. Her name flew off his tongue.

'Serena…'

She stopped in her tracks, shoulders squaring, head snapping up, her body stiffening in automatic rejection of any approach from him, yet the wild look in her eyes was one of intense vulnerability.

The aggression building up in Nic instantly abated. She didn't want to feel any form of entrapment with him. Force wouldn't achieve anything.

She began walking again. Faster. Making a beeline for the front door. 'Thank you for the dinner last night. And breakfast this morning,' she trotted out in a tight little voice. 'I'll pick up the salad bowl to-morrow when I come for Cleo.'

She was going.

'If there's anything I can do…' he offered again.

Heat whooshed into her cheeks. 'No. Please… I have to hurry.' She quickly averted her gaze from his, fastening it on the door as she took the steps up to the foyer. Her neck was now burning, too.

Why leave the salad bowl when it would only take a slight detour—past him—to get it? Was she remembering the two sexual connections in the kitchen? Evading any risk of tempting contact?

Her hand was on the doorknob.

'It's been a very special time with you, Serena,' he said quickly, wanting to hit some positive chord with her before she left.

She paused, looked back over her shoulder, though her lashes were at half-mast so he couldn't see what she was thinking. 'Thank you for that, Nic. I appreciate it,' she said huskily. 'It's been special for me, too.'

But it didn't stop her from going. The door was opened and a few seconds later it was closed behind her. Nic stared at it, wondering if there was something more effective he could have said or done that might have broken this unwelcome impasse.

The day ahead suddenly felt very empty.

Cleo trotted up to the door and barked at it, as though she, too, was protesting Serena's departure. 'She'll be back tomorrow,' Nic told the little terrier.

Yet he didn't feel confident about what tomorrow might bring where Serena was concerned. Which set off a strong determination to move directly into her territory and stake a claim on it.

CHAPTER TWELVE

To SERENA'S immense relief, Lyall's yellow Porsche was not in the parking area provided for the pet salon's clients. At least she had some time to prepare for their confrontation. Having brought her own car to a quick halt, she burst into the house at a run, not knowing what leeway Michelle had managed to negotiate. Her sister met her in the front hall, hands up in a calming gesture.

'No rush. You've got an hour and a half before he gets back.'

Serena deflated on the spot. 'Where's he gone?' she gasped.

'Apparently there's some beachfront property up for auction at Wamberal and he wanted to inspect it. Said to tell you he'll take you out to lunch when he returns.'

Serena shook her head. 'I don't want this, Michelle. I don't want Lyall. I don't want to be with him, talk to him, or…or anything else.'

Tears of helpless frustration welled into her eyes and Michelle quickly wrapped her in a sisterly hug. 'I'm sorry he's putting you through this, messing up what you've got going with Nic. Did he mind your leaving?'

'I…I don't think so. He offered…to help.'

'There you are then. Nice guy. Just make it clear to Lyall your relationship with him is over and put it all behind you. I'm here to back you up if need be. Okay?'

'Yes…sorry…guess I'm too tensed up about it.'

Michelle drew back and gave her a sympathetic smile as she stroked Serena's hair away from her face. 'Chin up, love. This, too, will pass. Go and have a long hot shower and you'll feel better able to face the fray.'

Serena nodded, took a deep breath, and headed for the bathroom, grateful for her sister's understanding and support. Michelle's words, *This, too, will pass,* made her realise she was letting herself get too over-wrought with this Lyall/Nic situation. It wasn't any-where near as bad as when Michelle's husband was killed, nor the earlier shock and grief they'd had to handle when their parents had died in a car crash.

She'd only been sixteen then.

Sixteen and forced to grow up fast, tackle life as best she could because it moved on, regardless of loss. Though it was never the same as before. There were holes that couldn't be filled no matter how hard she worked or how far she travelled or how hard she played. The sense of belonging she'd craved, and had continually looked for in everything she'd done these past twelve years had always evaded her.

She'd talked herself into believing she could make it happen with Lyall. With him she could have the family she dreamed of having and they would all be secure in a wonderful home of their own. Lyall could provide everything they'd need or want and she'd love him for it. Her life wouldn't feel empty anymore.

A pipe dream.

Which had come crashing down at the realisation

that the man she'd decided to marry wouldn't stand up for her if someone put her down. How could she ever feel any sense of belonging with a man whom she couldn't trust to speak of her with love and respect? The seductive prospect of marrying money had instantly lost every vestige of appeal.

There had to be love. Real love. On both sides for a lifetime marriage to work. Never again would she compromise on that principle. Emotional security was far more important than financial security.

Lyall had been a monumental mistake.

And Nic Moretti might be one, too.

There was no ignoring the fact that he belonged to the same social arena that Lyall occupied. She could very well be jumping out of the frying pan and into the fire by plunging into intimacy with Nic. Yet she didn't want to back off. After last night and this morning…it hurt to even think of backing off. Somehow she'd already connected too deeply with him. Though maybe her feelings were being too heavily influenced by the incredibly strong sexual attraction.

Whatever the level of her involvement with Nic, Serena found herself totally untouched by Lyall Duncan when he finally turned up at one o'clock, a half hour later than the time he'd stipulated. She suspected he'd deliberately delayed this meeting so she'd be waiting on him—his time being more important than hers.

Determined not to invite him into the house, she walked up to the parking area, noting as he stepped out of the Porsche that his appearance was a perfect illustration for casual designer wear—cream jeans with tan stitching, a tan vest over a collarless cream silk shirt, sleeves rolled up his forearms to show off his Rolex watch, and, of course, his tan hair was artfully streaked with creamy strands to make it seem naturally sunbleached.

His physique was much slighter than Nic's, more wiry. He wasn't tall, either, his height only just topping Serena's when she wore high heels. Nevertheless, he could exude a charm of manner that made his amiable face quite handsome, and he always—always—looked a million dollars.

Trappings did have their impact, Serena thought, rueing her own susceptibility to them in the past. How many times had she excused Lyall's arrogance, thinking he had a right to it, considering how successful all his entrepreneurial ventures had been in the property market? But that didn't include the right to view her as someone who should be subservient to him.

He frowned as he took in her unsophisticated appearance. Her shorts and tank top did not comprise a suitable outfit for accompanying him today, certainly not to the type of restaurant Lyall favoured. She wanted to emphasise with absolute finality how very *unsuitable* she was for him.

His mouth thinned into a grimace of impatience. 'I told your sister I'd be taking you out to lunch.'

'I told you our relationship was over, Lyall,' Serena countered. 'I'm not going anywhere with you today or any other day. You're wasting your time here.'

Another deeper frown. Faced with rigid opposition, he tempered his arrogance, trying a tone of firm authority. 'I wanted to talk to you about that. You misunderstood what was going on in the conversation you overheard, Rene.'

'I don't think so.'

'That guy was my architect. No one you're likely to meet again,' he stated, as though it excused the offence. Or warranted overlooking it.

At least this statement echoed Nic's—business associates, not personal friends—but it painted her current situation with black irony. 'That's not the point,' she argued. 'It was the revelation of what you expected from me as your wife.'

'That was only what I said to him, not what I really think.' Lyall made a dismissive gesture. 'He's one of the Morettis. Huge in the construction business and they've got connections that run through everything to do with building. I mean, we are talking about money you wouldn't believe. Billions, not just millions.'

'So?' It was a defiant stance, hiding the cramp that had hit her stomach at this sickening information.

'So he brought Justine Knox to the party. Her family made a fortune out of mining gold at Kalgoorlie. Her old man is known as Fort Knox, he's sitting on so much loot.'

The penthouse pet... No doubt Justine was well accustomed to penthouses and everything else money could provide, putting her on the same elevated plane as the Morettis—an appropriate coupling of two huge fortunes.

'And since you couldn't compete with me, you put me down. Is that it, Lyall?' Serena asked coldly, feeling the chill of hopelessness running down her spine. She was way out of her league with Nic, even more than she'd been with Lyall.

Her ex-fiancé finally realised he might have to offer

some appeasement. 'I'm sorry, Rene. You weren't meant to hear those things. It just got to me...Nic Moretti being amused that I'd choose to marry a hairdresser.'

A bitter blow to his ego.

Far more important to him than anything else.

'Well, I guess you evened up the score by letting him think you'd lined up an obliging little slave-wife instead of having to pander to a gold-plated heiress.'

He grimaced at her interpretation but Serena knew in her bones it was true.

'I swear it was a one-off thing, Rene. It'll never happen again. I love the way you are. I love...'

'No!' she cut in quickly. 'Please don't go on, Lyall. I'm sorry if it's not over for you, but it is for me.'

'But we had it good. I can give you anything you want...'

'No, you can't. You kind of swept me off my feet, courting me as you did, making me feel special...'

'You *are* special!'

Serena took a deep breath and spilled out the truth. 'I don't love you, Lyall. I thought I did, but I don't. I've met someone else who's shown me that what we had wasn't real. Not for me. I'm sorry, but there it is.'

'Someone else!' he repeated as though she could not have delivered a worse insult.

No doubt it would be if she tagged Nic Moretti's name onto it, but Serena wasn't looking for more trouble. She just wanted out. Eventually she stonewalled long enough for Lyall to give up beating his head against unrelenting resistance.

It was not a pleasant parting but at least Serena was satisfied it was final this time.

This was, however, a hollow achievement, doing nothing to stop the depression that rolled in on her after Lyall had gone. He'd deepened all her doubts about getting involved with Nic Moretti, adding an edge of sharp pain to them now that she had succumbed to the temptation of following her instincts.

Trust them, Michelle had advised, but her sister didn't know what she knew. Michelle had never aspired to the high life, had no experience of how it worked. Her only contact with it had been Lyall, and Nic was different to Lyall.

One of the big differences, Serena reasoned, was that Lyall was a self-made millionaire and liked to show it off. The Moretti family wealth was clearly a given, no need for Nic to demonstrate it or flaunt it. He'd had it in his background all his life, something he took for granted, yet it had to influence his choices…life choices.

Construction…architecture…it was probably a natural path for him, an extension of the family business, and he certainly had the talent for it. He enjoyed the work, too, liked seeing his designs translated into solid reality. That had come through very strongly in their conversation over dinner last night. He was a natural achiever, and maybe that was where she came in.

Nic had wanted her in his bed.

Possibly her initial resistance had made the achievement of that goal even more desirable, striking on a need to win.

So he'd won.

What came next?

Serena inwardly fretted over this all afternoon. When the telephone rang just before six o'clock, Michelle and Erin were outside feeding the pony and filling its water-trough. Serena was in the kitchen preparing their evening meal and she took the call, expecting it to be for her sister or niece.

It stunned her when she heard Nic's voice asking, 'Everything okay there, Serena?'

'Oh…yes…' she bumbled out, dizzied by a sudden rush of blood to her head.

'Glad to hear it.'

Nice guy, nice guy, went whizzing through her mind, planting seeds of hope.

'I realised after you'd gone, I have a meeting with Gosford City Council scheduled tomorrow morning,' he went on. 'I'll bring Cleo to the salon on my way in. Save you a trip.'

She managed to get her voice working properly. 'Right! Thank you.'

'And return your salad bowl.'

She shouldn't have left it behind. She'd been in such a flutter… 'Sorry about that.'

'No problem. But I was wondering if it was possible to leave Cleo at the salon until my business with the council is done. Could be midafternoon before I can get away.'

'We can keep her here for you.'

'Great! I'll pick her up on my way home.'

'Do you know how to get here?'

'I looked up the address. Same road as the Matcham Pony Club.'

'Yes. So…we'll see you in the morning.'

'Nine o'clock sharp,' he said, and ended the call.

Serena's heart sank. It had been all business, nothing personal. Apart from the mention of the salad bowl, what had happened between them last night might not have been. Indeed, delivering the bowl back to her himself, and the arrangements he'd made for Cleo, kept her away from the Gifford house and any material reminder of the intimacy they had shared.

Was this the first step to establishing a distance which wouldn't be crossed again? Having won the jackpot, with bonus points, had Nic Moretti decided not to risk getting more deeply involved with a woman who was never going to be a suitable match for him?

A one-night stand could be brushed off.

An ongoing relationship might result in a nasty comeback further down the trail if any expectations were inadvertently raised. Men with big money could become targets of avaricious women who'd be only too happy to sell a juicy story on them.

Serena almost made herself sick with these fevered imaginings. She didn't confide them to Michelle because she knew they sounded neurotic, and probably were. If Lyall hadn't come today, stirring all those snobby issues up again, she'd probably be taking Nic's arrangements about tomorrow at face value.

By the time she went to bed, a resolution had firmed not to cross bridges until she came to them. Whatever Nic had decided about their relationship was beyond her control, and if there was still a choice for her to make about continuing their relationship, it was better made when she could assess his response to her in person.

Michelle had a valid point. There was a lot to be said for trusting one's instincts.

CHAPTER THIRTEEN

THE next morning Serena worked hard at maintaining a calm, natural manner as she went about her chores. She had just taken early delivery of a poodle at the salon and was seeing the client out of the reception lobby when a fabulous red Ferrari arrived in the parking area.

It was five minutes to nine.

Serena could hardly believe her eyes when Nic Moretti stepped out of it, followed by Cleo on her leash. He'd driven a four-wheel-drive Cherokee to the pony club on Saturday. She wasn't prepared for this in-your-face evidence of huge personal wealth, even though she knew it was in his background.

Many people could afford a Cherokee, but a Ferrari…it left a Porsche a long way in the shade, costing more than half a million Australian dollars she recollected from a motor show Lyall had taken her to. The famous Italian sports car shouted class, style and performance, and it emphatically underlined the social gap between Serena and Nic Moretti.

The fire was right in front of her now, blazing into her eyes, and it would have to be self-destructive perversity not to step back from it.

She saw Nic pluck the salad bowl from the jump-seat and forced her legs into action. She didn't want him bringing the bowl to the salon where it would be a constant reminder of her *weakness* for this man.

131

Better to meet him on the path and take the bowl to the house, putting it away, just as any further personal connection to Nic Moretti had to be put away. It was simply too foolish to entertain any hope at all that there could be any real place for her in his world.

He saw her coming and waited by his car, his smile and eyes radiating a warm pleasure in her that totally scattered Serena's wits again. Why did he have to be so attractive? Why, why, why? she silently railed, unable to stop her heart from racing and every nerve in her body buzzing in conflict with what common sense dictated.

'Hi!' he said, his eyes twinkling an invitation to resume the intimacy that had been so abruptly put on hold yesterday. He nodded to the departing car of the poodle owner. 'I see you're busy already.'

'Yes. What happened to the Cherokee?' she asked, wondering if he'd deliberately deceived her with it on Saturday, playing down the huge difference between them.

He shrugged. 'It belongs to Ward. He asked me to take it for a spin now and then. Stop the battery going flat.'

She gestured to the Ferrari. 'This is yours?'

'Yes.' He frowned, picking up on her guarded expression. 'I guess you haven't seen me driving it before.'

'No, I haven't.'

His gaze locked on hers with forceful purpose. 'It doesn't change anything, Serena. I'm still the same man you were with on Saturday.'

The challenge sent a quiver right through Serena

but she stood her ground, managing an ironic little smile. 'It does show I don't know you very well, Nic.'

'A situation I'll be only too happy to correct if you're free this evening.'

Her stomach cramped as his sexual magnetism came at her full-force. Her mind whirled with the knowledge that he wasn't finished with her. He wanted more. And so did she. *So did she.* Yet if she succumbed to this attraction again, got in deeper, it would be all the more painful when it did end, as it inevitably would.

'No, I can't,' she blurted out. 'Be free, I mean. I have family commitments here. Especially during the week. Michelle and Erin…' She paused for breath, shaking her head at the excuses pouring from her mouth when all she had to do was say *no* and stick to it.

'Fair enough,' Nic replied. 'Disappointing, but fair enough. Can I pass *my* family commitment to you here?' he went on, holding out Cleo's leash.

She took it, and the bowl he handed to her.

'Haven't got time to talk now,' he said with a rue-ful smile. 'I'll see you when I return this afternoon.'

She nodded, not trusting what might come out of her mouth if she spoke. He took off in his Ferrari—magnificent man, magnificent car—leaving Serena torn between the desire to take what she could of him and the certainty she'd be heading for miserable hu-miliation if she did.

A little Peugeot hatchback could never match a Ferrari. The two were worlds apart. The invitation to join him this evening had to be aimed at more sex and Serena fiercely told herself she'd done right to put him off. She hoped Nic had got the message that she was not a readily available bed partner.

The day was busy. At four o'clock, Nic still hadn't returned to collect Cleo and Serena took off in the van to return the Maltese terrier, Muffy, to her owner at Erina, an elderly lady whose arthritis made any activity difficult. Today she was in considerable pain with her hip and asked Serena to feed the dog for her as bending over hurt too much.

Serena didn't mind the delay. In fact, she made sure Muffy's owner had everything she needed within easy reach before she left. If she missed seeing Nic, so much the better. It saved her from the torment of facing him again.

Except she wasn't spared *anything*.

The red Ferrari was in the parking area when she returned home and Nic was leaning on the post and rail fence that enclosed the grazing paddock, watching Erin riding her pony around the makeshift jumps course. As Serena brought the van to a halt outside the salon, he turned to wave at her, a happy grin on his face.

She closed her eyes, wishing she was a million miles away. He hadn't given up. He wasn't letting her go. And this was all too hard. It wasn't fair, either. Couldn't he see it wasn't fair? A surge of angry rebellion against Fate and Nic Moretti's persistent pursuit of her demanded affirmative action. He had to be told in no uncertain terms they were going nowhere and he had to stop impinging on her personal life.

As this determination shot her out of the van, Nic swung around to walk towards her, a perfectly groomed Cleo on her leash trotting beside him, a pink ribbon around her neck, *and* a pink ribbon tied around a large cellophane cone which looked suspiciously like a sheaf of flowers resting in the crook of his arm.

Flowers…to lead her down his garden path!

No, no, no! She wasn't going to be bought, wasn't going to be seduced…

'Nice place you've got here,' Nic greeted her.

The comment hit very raw nerves. 'You mean this property is worth quite a bit in real estate terms,' she bit out, coming to a halt and folding her arms in belligerent self-containment.

He halted, too, cocking his head in a quizzical fashion. 'Actually I wasn't putting a dollar value on it. The grass is green, the old gum trees are marvellous, the cottage garden around this country style house is very pretty. I was simply thinking what a nice place this is.'

Which completely wrong-footed her, but Serena was not about to be moved from a full frontal attack on the wealth issue. 'Well, it's not mine. I have no equity in it at all. Nor in any other property. And it wasn't bought with family money. There is no family money. Our parents died when I was sixteen and the farm they'd owned was heavily mortgaged. We inherited nothing. What you see here was mostly bought with the compensation payout when Michelle's husband was killed in the line of duty.'

Her outburst succeeded in forcing Nic to pause for thought. He eyed her with an air of grave consideration, weighing her emotional agitation and her strongly negative body language. Whether what she'd said had shattered some pipe dream of his, Serena had no idea, but at least he couldn't argue against the truth of her situation, which meant he had to take stock of it and deal with it openly and honestly.

Finally, to her intense frustration, he said, 'I guess you're making some point here, Serena. Want to tell me what it is?'

Her arms flew out of their fold into a scissor movement of total exasperation. 'Don't tell me you can't work it out! Our backgrounds are chalk and cheese, Nic. You turn up here in a Ferrari. You have an apartment at Balmoral. You're a top of the tree architect. And the Moretti family is...'

'Always in my face,' he cut in with an ironic grimace. 'Makes me wonder sometimes if it's an absolute hindrance to what I want for myself.' His dark eyes mocked her argument. 'Being a Moretti is a two-edged sword, Serena. At least *you* know you're wanted for yourself, not for what your family can provide or the influence they can wield. You have no concept of how much that can taint.'

Somehow he'd completely shifted the ground on which she'd made her stand, turning it all around so that *he* was disadvantaged by the wealth issue, not *her*. Serena shook her head, hopelessly confused about where she should be heading with him now.

He sighed, his expression changing to one of wry appeal. 'You know, for once I'd really like it to be left out of the equation. Could you try that with me? I'll keep on driving the Cherokee if it helps.'

Serena was still desperately trying to sort herself out. She'd wound herself up, completely blinded by the negative side of his wealth for her, only to be suddenly shown there was another negative side for him. And maybe she was doing him a terrible injustice, judging from a prejudice that Lyall had fed to her.

'I'm sorry…' Her hands fretted at each other as she struggled to get her head together. 'I guess I feel a bit lost with you.'

'So why don't we take the time to find out more about each other?'

More time with him…yes, that was what she needed. All her instincts were clamouring for it. Maybe she nodded. Before she could construct some verbal agreement, he pursued the idea, offering another invitation.

'While I was at the council today I saw a poster about a new exhibition at Gosford Art Gallery. It opens Friday evening. We could take it in and go out for dinner afterwards. I hear the restaurant right on Brisbane Water, *Iguana Joe's,* is very good. I could book us a table…if you're free that night.'

A proper date, she thought, not an easy drop into bed at his sister's home. 'Yes. I'd like that,' she heard herself say, all the fight having drained out of her, leaving the still simmering desire to have what she could of this man.

He smiled and stepped forward to present her with the sheaf of flowers. 'I passed a rose farm on the way here. Thought these might say more eloquently that I want to be with you, Serena.'

The perfume flooded up from what had to be at least two dozen roses, a random selection of many varieties and colours. 'They're lovely. Thank you.' She offered him an apologetic smile. 'I'll try not to be so prickly in future.'

He laughed and wrapped an arm around her shoulders as they turned to go back to the parking area. Serena was instantly swamped with memories of how physically intimate they'd been and she knew it would happen again. There'd be no stopping it. But she no longer cared where it might lead or how it would end.

Nic Moretti had just become a part of her life she had to live, regardless of the consequences.

'Got her back, Cleo!' Nic grinned triumphantly at the little dog riding in the passenger seat of the Ferrari. 'A bit tricky there, but I turned it around and reeled her in.'

He was buzzing with exhilaration and wished he could put his foot down and feel the power of the car. Impossible on these local roads and he didn't really need the speed. He was riding a high, anyhow, having broken the barrier Serena had erected between them.

He laughed and shook his head at Cleo. 'Who'd have thought I'd ever come across a woman who was turned off by a Ferrari?'

Clearly the dog was perfectly content to ride in one. But then Angelina's precious darling was used to the best of everything, as was everyone attached to the Moretti family. Nic readily acknowledged he and Serena had very different backgrounds, but he wasn't about to let anything deter him from having more of a woman who was…unique in his experience.

Tantalising.

Intriguing.

Challenging.

He didn't even mind waiting until Friday for her. She was worth the wait. He liked the fact that she didn't kowtow to wealth, made choices that felt right to her, spoke her mind without regard to fear or favour. No artifice. He looked forward to viewing an art exhibition with her, sure she'd give him natural, honest opinions, not the pseudo-intellectual arty stuff he usually heard at fashionable gallery gatherings.

'I really like her, Cleo,' he confided to the little terrier, who returned an appropriate look of soulful understanding. Nic took a hand off the driving wheel to ruffle the silky hair behind the pointed ears. 'You like her, too, don't you?'

There was no yap of disagreement.

Remembering Cleo's hostility to Justine, Nic felt fully justified in declaring, 'Trust a dog to know the heart of a person. We're definitely on the right track with Serena Fleming.'

CHAPTER FOURTEEN

STRANGELY enough, over the next few days Nic didn't even feel sexually frustrated by the wait. He threw himself into work with a zest that seemed to bubble through everything he did. It was as if Serena had somehow rejuvenated him, given him a new lease on life. When Friday evening finally came and he was driving the Cherokee to Holgate, he felt almost light-headed with happiness.

Serena must have been watching out for him to arrive. He'd no sooner stepped out of the Cherokee in the parking area adjacent to Michelle's salon, than he saw her stepping onto the path from the front verandah of the house. No waiting. She lived up to her own maxim of punctuality being a courtesy. Another first amongst the women he'd dated.

She looked beautiful, elegant, and incredibly sexy in a one shoulder cocktail dress that shimmered in shades of blue and hugged every feminine curve of her body. Her hair fell in a shiny swathe over her bare shoulder but was swept back with a silver slide on the other side. She wore strappy silver sandals and carried a small silver evening bag.

Nic just stood and watched her come to him, doing his utmost to control a rush of primitive instincts that might not serve him well in these circumstances. He sensed a tense wariness in her approach and knew he had only won more time with her. She was holding back body and soul until a deeper trust was established.

Keep it light, Nic told himself. *Make it fun.* If she was giving him the benefit of some doubt, he had to blow away the doubt. Only then would she open up to him. He smiled, relishing this further challenge, and his heart seemed to dance when she smiled back. 'You look lovely,' he said, pouring out the warmth of his pleasure in her while trying to contain the heat of his desire.

'Thank you.'

It was a slightly stilted reply and Nic moved quickly to open the passenger door, fighting the temptation to touch her. As she stepped into the Cherokee, he caught a whiff of perfume, a musky scent that instantly stirred erotic thoughts. It was just as well the driving wheel would keep his hands occupied during their trip to Gosford.

'So what are we going to see?' she asked, once they were on the road.

'The main exhibition comprises twenty years of pop posters announcing concerts featuring the band, *Mental As Anything.*'

She gave a sharp little laugh.

He cocked a questioning eyebrow at her.

A wry look flashed back at him. 'I'm feeling just a touch of insanity myself.'

'Then you're in the right mood to view such art,' he countered with an encouraging smile, aware that she was twitchy and wanting her to relax with him. 'There's also an exhibition of nudes by local artists.'

She expelled a long sigh, then dryly remarked, 'I bet the nudes are all women.'

'Would you prefer men?'

'A mix would be more interesting. Of all the art work I saw when I was backpacking around Europe, the one that sticks in my mind most is the statue of David by Michelangelo.'

'That could be because it's displayed so spectacularly in the Tribuna of the Academy Gallery.'

'You've been to Florence?'

'I've been to Italy several times.'

'Oh! Of course.'

She dried up. Heat whooshing into her cheeks. Gaze averted. Bad mistake to remind her of his family, Nic thought furiously, and focused on drawing her out about her backpacking trip.

No family wealth behind her, he reflected, as she described her travels, scrimping on lodgings everywhere, endless walking to save money, yet the walking had given her an in-depth experience of each country and its culture that transcended the usual take by well-funded tourists.

She'd only been twenty-one when she'd gone, accompanied by a girlfriend her own age, brave adventurous spirits taking on the world. He admired her resourcefulness, her determination to see and learn all she could, and realised her self-assurance came from having achieved her goals, fitting in wherever she had to, talking her way into groups that protected her, getting where she wanted to go.

He thought of other women he knew who'd done the grand tour in luxurious style. Talking to them about it was like ticking off a list of *been there, seen that*. Serena gave him a different view. It was more grounded. More real. He enjoyed listening to her. Very much.

She was more relaxed with him by the time they arrived at the art gallery, a well-designed building that faced out onto a delightful Japanese garden. They collected glasses of complimentary wine, browsed on huge platters of fruit, cheese, dips and crackers, viewed the paintings of nudes, listened to the mayor's speech opening the main exhibition, then took in all the pop posters which gave a fascinating insight of the change in street design over the years.

There was quite a crowd moving through the display rooms. It seemed natural enough for Nic to take Serena's hand, holding her beside him as people milled around them. It amazed him how pleasurable it was, this least intimate of links, the warm brushing of her skin, the acute sense of physical contact that was agreeable to her. Not once did she try to pull away. They were having fun. It was good.

By the time they left the gallery Nic felt they were in harmony. It was only a short drive to *Iguana Joe's,* a waterfront restaurant and bar, splendidly sited between the ferry wharf and the sailing club. Serena happily commented on its architecture, asking if he thought it was inspired by the Sydney Opera House.

'Only insofar as the visual effect is of a boat sitting in the water. The sails of the roof are a different shape and the deep blue facia being shaped like a wave just beneath them, is a masterly touch.'

She pressed for his opinion on other buildings that had changed Sydney's skyline in recent years and this conversation continued until they were settled in the restaurant and given menus to peruse.

Without any hesitation, Serena ordered oysters, to be followed by the char-grilled swordfish with crab risotto and fig compote. She was perfectly at ease in this classy place, and with a classy menu. It raised the tantalising question of what she had done with her life in Sydney.

'How did you and your sister manage when your parents died, Serena?'

Here it comes, she thought, her heart fluttering against the rise of tension that dispelled the far more comfortable sense of floating along in an enjoyable stream of light-hearted fun. But there was no dodging the reality of her life and Serena didn't want to. This was the acid test. If Nic Moretti reacted negatively to her having been a hairdresser, it was best she know now.

She took a deep breath, fiercely telling herself there was no shame in being poor, in having to take what work one could get instead of being in a position where choices could be made. Nic's expression was sympathetic. She watched his eyes, expecting critical assessment to take over from sympathy. A judgment would be made and all her senses were on red alert, acutely aware that this judgment would direct where their relationship would go.

'Michelle and I had no idea how deeply in debt our parents were, the farm mortgaged to the hilt because of years of drought...'

'Where was the farm?'

'Near Mudgee. Dad ran sheep. He bred kelpies, too. Trained them as sheepdogs.' She shook her head, remembering the shock of all she had known in her childhood and teens suddenly ending. 'When everything was cleared, there was no money for us to continue our education. Michelle had been studying law at Sydney University. She dropped out and managed to get into the police force.'

'And you?'

'I had to leave school. Michelle took me to Sydney with her. The only job I could get was as an apprentice hairdresser.'

He frowned.

Serena lifted her chin in defiant pride. 'I was determined to be so good at it they wouldn't think of letting me go. It was a scary time for us, trying to set up a new life together and make ends meet.'

He nodded, the frown clearing, his eyes taking on an appreciative gleam. 'I bet you were the best apprentice hairdresser they ever had.'

'I topped my classes and won competitions for hairstyle and colour. This gave me the qualifications to move myself into a more highly paid position in a trendy city salon.'

'So you kept on in this field until you trekked off overseas?' he prompted, apparently finding this train of events acceptable.

'Yes. In the meantime Michelle had married David and given birth to Erin. They were a very happy family unit.' Not meaning to exclude her from it, Serena knew, yet she had felt like the onlooker, not really belonging. 'I felt free to take off and travel,' she went on, brushing aside the private feelings which could sound too much like envy.

'Your sister was happily settled with her husband and daughter,' Nic murmured, nodding his understanding.

'Yes. So I took myself off. Luckily I managed to get casual work at an upmarket London salon to supplement my savings.' She smiled at the whimsical irony of finding a job advantage in being a foreigner. 'The clients quite liked having *the Australian girl* doing their hair. They used to ask for me.'

'I'm sure you brightened their day,' Nic commented, his smile seeming to approve what she'd done.

'Whatever…it helped. The salon was happy to employ me in between my backpacking trips. I'd been based in London for almost two years when Michelle called me about David's death.'

'Killed in the line of duty, you said,' Nic recalled. 'What duty?'

Serena heaved a sigh to relieve the tightness in her chest before continuing. 'He was a policeman. He'd caught up with a stolen car and the driver had shot him. I flew home straight away, and the next few months were…very hard. Michelle needed me.'

'Another huge upheaval for her,' Nic murmured.

Another load of grief. But how to explain grief to anyone who hadn't experienced it—the vast emptiness of the hole left in one's life at the abrupt and absolute departure of people you've loved and depended upon to be there for you.

'Have you lost anyone close to you in your family, Nic?'

'No, I haven't. Even my grandparents are still alive.'

He'd never had the parameters of his world shaken, Serena thought, couldn't possibly understand the effect it had. He looked so strong, invincible, and maybe that was part of his irresistible attraction for her, the innate confidence that nothing could ever beat him. Did that come from the secure backing of great wealth or was it in his genes? All she really knew was how good it felt to be with him—when she didn't feel torn about their different stations in life.

A waiter arrived with the bottle of wine Nic had ordered. As they were served with it, Serena's gaze drifted out over the water which had turned grey with the twilight. Life had many greys, she decided, and she was treading a very grey area with Nic right now, an area that could turn black.

Nic hesitated over breaking Serena's pensive mood, even though the wine waiter had gone. The guy at the baby grand piano, providing mellow background music for the restaurant, had begun playing and singing *Memories* from Andrew Lloyd Webber's musical, *Cats*. Maybe Serena's memories were very poignant right now and Nic felt he had to respect them, give her time to come back to him.

He reflected on his own relatively smooth path to here and now. No real bumps. No big loads to carry. No huge adjustments to make. All in all, it could be said he'd had a fortunate life. It made him wonder how he would have handled the dark situations Serena and her sister had faced. Impossible to even imagine. He could only admire their strength in emerging from catastrophe and the love and loyalty that bonded them in an unselfish sacrificing of personal ambitions.

Michelle giving up law.

Serena, becoming a hairdresser.

Nic shook his head. A wicked waste of ability. Yet

what choice had they had, given their need to remain together. And who could blame them for that after the tragic loss of their parents?

The guy at the piano raised his voice to deliver the last line of the song—*A new day has begun.*

It must have impinged on Serena's consciousness because her gaze swung back to him, a sad mockery in her eyes. 'At least there was money this time. To begin a new day,' she said.

He nodded, realising she was referring to a compensation settlement for David's death.

'Michelle couldn't bear to stay in Sydney,' she went on. 'I think buying the place at Holgate, working with animals again, was a retreat to what we'd known as kids. To Michelle it was, and is, a safe place.'

'It looks as though she's done well with it,' Nic commented, sincerely impressed by her sister's achievement in establishing an independent business to support herself and her daughter.

'It's been good for her.'

'What about you, Serena?'

She shook her head, a wry little smile tilting her mouth. 'It wasn't good for me. Not then. To me, nothing felt safe. I had this urge to live as much as I could, go after the high life, have the best of everything, forget any planning for a future that might be taken away from me in a split second.'

'I can see how you'd feel that.' He smiled encouragingly. 'So you talked your way into a high-flying job.' This was where practising psychology had come in, Nic reasoned, anticipating her move into some public relations arena.

She laughed, but it wasn't a laugh of happy

achievement. It held a hint of derision, and her eyes were suddenly diamond hard, biting into him. 'Do you need that from me, Nic?' she demanded. 'Something respectably impressive?'

He was instantly aware that the whole atmosphere between them had changed. There was no longer any reaching out for understanding. This was hard-core challenge.

She sat back in her chair, establishing distance, and the air between them bristled with electric needles. The back of his neck felt pricked by them. Even the beating of his heart was suspended, anticipating attack. His mind screamed that the utmost caution was required here, and sweeping in behind this instinctive awareness was the conviction that he didn't care what she'd done. He wanted this woman. Losing her at this point was unacceptable.

He gestured an appeal. 'I'm sorry if I assumed something wrong. Please...I'd really like to know what you did next.'

Scarlet patches burned from her cheeks like twin battle flags. 'I went to what is probably the most fashionable hairdressing salon in Sydney. Have you heard of Ty Anders?'

'No.' He shook his head. 'The name means nothing to me.'

She shrugged off his ignorance. 'Ty is much in demand by socialites, models and movie stars because he can create individual images. My upmarket London experience particularly impressed him. He took me on, though he insisted I be called Rene, not Serena, which he considered downmarket. So I became Rene Fleming.'

She seemed to fling the name at him, as though it should strike some familiar chord, but it didn't. 'I'm not in this kind of fashion loop, Serena,' he offered apologetically, excusing himself by adding, 'I'm a man. When my hair gets too long, I go to a barber.'

'We had many wealthy male clients, believe me,' she said ironically, then paused, perhaps reflecting on his reply. 'The point is…I learnt how the wealthy lived and I spent every cent I earned on going to the *in* places, mixing with the *in* people, wearing designer clothes which I found could be snapped up relatively cheaply from secondhand boutiques where Ty's clients off-loaded stuff they'd only worn once or twice. I was a fun, fashionable person who knew all the hot gossip and all the right moves. Ty had taught me how to flatter, how to cajole, how to press the buttons that opened doors. You could say I was…a brilliant apprentice.'

Her words were laced with bitter cynicism. Being an adept social climber had not brought her joy. 'So what went wrong for you?' Nic asked quietly.

'Oh, I breezed along with all this for years, telling myself I was having a wow of a time, playing the game you beautiful people play, right up until it culminated in a proposal of marriage from a millionaire,' she tossed out flippantly. 'I even thought I was in love with him. I might actually have gone ahead and married him.'

Her alienation from this whole scene was reflected in her eyes…a bleak disillusionment that rejected every aspect of *the high life*.

'Something must have happened to change your mind,' he probed.

She stared at him, her expression flat, unreadable. Finally, she said, '*You* happened, Nic.'

'Me?' It didn't make sense to him. She'd left Sydney behind before they'd ever met.

'I overheard you talking to my erstwhile fiancé at a party.'

He shook his head, still not connecting anything together.

Her eyes mocked his forgetfulness. 'I was left with the very strong impression that you didn't think a *hairdresser* was good enough to be Lyall Duncan's wife. And his reply to you told me I'd been living in a fool's paradise.'

Shock rolled through him, wave after wave of it as recollections hit him; what he'd said to Lyall, what Lyall had said to him, the initial niggle that he'd seen Serena somewhere before, her none too subtle scorn aimed at both him and Justine, the possibly vengeful desire to score off him, her rejection of that first sexual impact, her resistance to any follow-up, the questioning about his association with Lyall...

A waiter arrived at the table with the plates of oysters they'd ordered. Nic was still speechless, totally rocked by the revelations that now coloured his relationship with Serena. She flashed the man a 'Thank you,' and they were left alone again.

With an air of careless disregard for his reaction to her disclosures, she picked up her fork, then flicked Nic a wildly reckless look. 'Bon appetit!'

His stomach cramped.

She jabbed the fork into an oyster.

Payback time, he thought.

And felt sick.

CHAPTER FIFTEEN

SERENA shoved each oyster into her mouth and gulped it down, glad she hadn't ordered something that would need chewing. Even so, it was amazing that her churning stomach didn't reject them. Her whole body was a mass of twanging nerves. She couldn't bear to look at Nic. The shock on his face only added to her torment.

The end, she thought, knowing he had expected her to have taken a different course—a more *intelligent* course—in this latter part of her life, and the bottom line was she now felt ashamed of the choices she had made, hated herself for having spent years pursuing some huge empty mirage that she'd been fooling herself with—the dress-ups, the sophisticated patter, the importance of knowing all the *right* places and things to do. No depth to any of it. No real meaning.

It hurt that she'd wasted so much time on what didn't count at all. She'd been bottling up the hurt, determinedly keeping a lid on it, but it was seeping out now, mingling with the hurt of being found wanting by this man who tugged on every fibre of her being.

She picked up her glass of wine, needing to wash down the lingering taste of oysters, and the bitter taste of loss. Nic had belatedly picked up his fork. She watched the shells on his plate being slowly emptied and sensed he was forcing himself to eat, to see this evening with her through, hiding what he really thought behind a polite facade, which was what polished people did...playing out the game until the whistle was blown and they could go home with honour.

Rebellion stirred in Serena. She was sick of sophisticated pretence, sick of dishonesty, sick of any kind of game-playing. She waited until Nic had consumed his last oyster, then burst into speech.

'I should thank you for instigating the conversation you had with Lyall about me.'

'Thank me?' He looked at her with dazed eyes, uncomprehending.

'It was a humiliating wake-up call to what I was doing with my life, but at least it did make me realise I had to get out of it and find something else.'

Conflicting emotions chased across his face—guilt, anger, pride, shame—all finally coalescing into a burning flash of accusation. 'How could a woman as smart as you even *think* of marrying a pretentious egomaniac like Lyall Duncan?'

It stung. It stung all the more because it portrayed her as a gold-digger who hadn't cared to look past the wealth dangled in front of her, and she had no defence against it, except her own deep-seated need to feel cossetted and secure, and the equally strong need to ensure that the children she wanted to have would always have solid support.

'That's over,' she grated out, shamed by his judgment though also resenting how quickly he'd made it, not pausing to take her circumstances or feelings into account. 'It's all over,' she went on, driven to try to rebalance the scales in his mind. 'I broke my engagement to Lyall. I resigned from my job with Ty Anders. I walked away from all my *fashionable* connections. I was caught up in a stupid fantasy and I woke up.'

He didn't take that into consideration, either. 'But you didn't let it go, Serena,' he shot back at her. 'You've coupled me with Lyall.'

'How could I not? The two of you showed me where I was in your very privileged world. Right on the outer rim,' she argued. 'And you…your intimacy…with Justine Knox certainly reinforced my impression that social status was a higher recommendation to you than any questions of character.'

'I'd made no agreement to *marry* Justine.'

Serena reined in the jealousy that had erupted from her wounded heart. It served no good purpose. As far as she knew, the woman was out of his life so her argument was hopelessly out of line, anyway. She was simply fighting the wretched feeling of being in the wrong because she wasn't really, was she?

Not now.

The mistakes she'd made had been recognised and she was intent on taking a different direction, had already made strides towards doing so. She need not have been so brutally honest about herself with Nic. The desire to be done with false images had driven her into opening up on everything.

The waiter returned to remove their plates, inquiring if everything was to their satisfaction. Nic's curt reply put a swift end to his intrusion. The atmosphere at the table was hardly conducive to genial chat.

Serena sipped some more wine, wanting to anaesthetise the pain. It didn't matter how much she drank.

If this was *the end* with Nic, a taxi could be called to take her home.

'You deceived me from day one, Serena. Deliberately deceived me,' he asserted, his low tone simmering with a violence of feeling which upset her even more.

'I did not!' The fierce denial leapt from her tongue. At least, she could defend this ground! 'You asked if you knew me and you most certainly did not know me. Which I told you.'

'But you knew me,' he countered.

'I didn't *know* you. I simply recognised you as the man who seemed amused that Lyall Duncan should choose to marry a mere hairdresser. Did you expect me to recall your part in a conversation that humiliated me?'

'There was no intention on my part to humiliate you,' he stated vehemently. 'I was just curious. Lyall Duncan is into status symbols in a big way. Marrying a hairdresser didn't fit.'

'Well, we both heard how it did fit, didn't we?'

'The man's a fool! And because I listened to his absurdly feudal idea of marriage, you set out to take me down, didn't you?'

'At the beginning...yes, I did,' she admitted. 'And I honestly felt justified by your initial attitude towards me.'

'What attitude?' he tersely demanded.

She flushed, wondering if she was guilty of misjudging again, yet there had been things that had made her feel...beneath his notice. 'The way you greeted me that first morning. I was so unimportant to you, a nobody whose name you instantly forgot, just someone you could use to alleviate an annoying problem. What I said and did was not so much to take you down, but to score a few points that made me feel better.'

'But once you realised I was strongly attracted...'

'You did all running, Nic.'

'And no doubt you revelled in that fact. Better still if you could bring me to my knees.'

That was so far wrong, Serena refused to dignify it with a reply. 'If you want to believe that, you go right ahead and believe it.'

'That's a cop-out, Serena.'

'For you, yes. Which is what you want, isn't it, now that you know everything about me. I'm sure you feel absolutely righteous about dismissing me as a nasty little schemer.' Riled by his wrong reading of her motives, she flung the snobby prejudice that had been eating at her right in his face. 'That certainly makes me *not good enough* for you.'

His mouth thinned into a grim line. His eyes and silence seethed with a violent challenge to her judgment of him. And maybe it was unfair, Serena thought despairingly. He'd never said it, never implied it, never acted that way. He'd given a reasonable explanation for the way he'd quizzed Lyall. It had nothing to do with *the person she was*.

With those intemperate words, she had given him just cause to believe she'd been playing some vengeful game with him. And in all honesty, she couldn't deny there had, indeed, been a payback element in letting the situation between them run on—a sense of having power over him.

She was so screwed up by *his* wealth and position,

and the fact that he'd been a party to that devastating conversation with Lyall, it was too difficult now to separate all that negative emotional baggage from the attraction Nic exerted. It was mixed up with things she'd wanted to leave behind, except Nic had linked her back to them.

In short, she was a mess again.

Whatever Nic Moretti was or wasn't, she didn't have the right to pass judgment on him or teach him any lessons. Her whole approach to him had been tainted by past events and she should have stayed clear of any personal involvement. Except...

'You weren't the only one who was strongly attracted,' she blurted out, shaking her head in sheer anguish of spirit.

Nic grimaced, shooting her a look of savage mockery. 'You've been neatly skirting around the truth ever since you met me. I don't even know if that's true.'

She heaved a ragged sigh, raising bleakly derisive eyes to his. 'Why do you think I'm here with you?'

'It's part of the pattern of your walking away, then making me work to get you back. That's a power play, Serena.'

A wry laugh gurgled from her throat. 'It's the power *you* have to override every bit of common sense that tells me to stop this...this hopeless relationship. I tried to lay that out to you on Monday.'

'My family has nothing to do with what I felt we could share,' he cut back impatiently.

'What? Some casual sex?' she snapped, completely losing all sense of perspective in the face of his continued assault on her character.

'There was nothing *casual* about it,' he asserted, looking fiercely affronted at the suggestion.

And he had every right to be because that wasn't fair comment, either. She knew the sex between them had been incredibly special, as deeply felt by him as by her. She was handling this badly, plunging straight down a destructive track and unable to pull herself off it. If there'd been any chance of reaching some understanding with Nic, it was long gone now.

'I'm sorry,' she said on a wave of sheer misery. Then in a last-ditch defence, she added, 'Do you think I enjoyed stripping my soul bare for you tonight? Did it sound like a power game to you, Nic?'

His face tightened. The blaze of anger in his eyes was averted, his gaze turned to the water beyond the open deck.

Black water.

Serena wished she could drown in it.

This, too, will pass, she recited with very little conviction. She gathered the shreds of some dignity together, pushed her chair back, and stood up. The action snapped his attention back to her.

'I'm sorry. I didn't set out to play false with you. Nor did I mean to inflict hurt. Things just…got out of hand between us,' she said in a tremulous rush, knowing she was on the verge of tears. 'I'm sorry about dinner, too, but…if you'll excuse me…'

There was no time for Nic to stop her. She was off, making a fast retreat through the restaurant to the reception desk and the exit. Frustration forced him to his feet. This conflict with Serena had not been settled to his satisfaction. She was right. It had got out of hand. Precisely where and how he wasn't sure, but be damned if it was going to be left like this.

He whipped out his wallet as he strode after her, extracting two hundred dollars and handing them to the startled receptionist as he passed her desk. 'To cover what we ordered,' he tossed at her in explanation.

He had no plan. His mind was in total ferment, stewing over everything that had been said and done between him and Serena. Adrenalin was charging his body with an aggressive drive to act first—catch and hold her—because nothing would ever be settled if she got away from him.

Through the glass doors of the foyer, he saw her half running, almost stumbling down the steps to the parking lot. She'd reached the shadow of the palm trees lining the driveway before he caught up with her and forcibly blocked any further attempt at escape by wrapping his arms around her.

'Oh, please…please…' She beat her hands against his chest. Tears were streaming down her cheeks. 'Can't you see this is no good?'

Her distress only served to convince Nic of the rightness in stopping this headlong flight away from him. 'It *was* good!' he fiercely insisted, the words pouring from feelings that would not be denied. 'Earlier tonight. Last Saturday and Sunday morning… It *was* good! And I won't believe anything different.'

Her resistance to his embrace crumpled, the fight draining out of her. She closed her eyes and shook her head dejectedly. 'You make me want to forget…what I should remember. There's too big a gap between us, Nic.'

'No, there isn't.' He gathered her closer, pressing her sagging head onto his shoulder, needing to feel the physical contact that had previously bonded them to a depth of intimacy he had never known before. 'Can you argue a gap now, Serena?'

The soft fullness of her breasts swelled against his chest as she dragged in a deep breath. The release of it in a long shuddering sigh was like a soft waft of her inner life seeping through his shirt and the words that came rawly from her throat opened the gates to understanding.

'I didn't want to want you.'

Pain…torment…

Like a thunderclap, it struck him that he'd delivered another kind of death to her with his careless conversation about a marriage that would have promised her every luxury money could provide. Not that he regretted for one moment that he'd been instrumental in breaking up her engagement to Lyall Duncan. She would have been wasted on a man whose ego demanded she worship the ground he walked on. But he himself had hurt her. Very badly. And unfairly. All on the spurious grounds that she was…a hairdresser.

She'd built herself a bright glittering bubble to banish the dark times and he'd burst it, stripping her of years of effort so she could step into a world he'd been born to. And what merit was there in a set of circumstances that gave him everything with no effort on his part?

None.

She was the one who had worked for it. And he'd unwittingly blighted it for her. Blighted it so comprehensively she'd walked away from all of it. What right did he have to blame her for being tempted to take him down a peg or two, or to show him she was a person to be reckoned with, not a walkover?

Her cry, *I didn't want to want you,* made absolute sense. His course was very clear now. He had to move Serena past that conflict, make her understand where he was coming from, convince her it was okay to want him because the wanting was very, very mutual.

He brushed his cheek over the silky softness of her hair, planted a kiss on it. 'You have nothing to be sorry for, Serena,' he assured her. 'I'm the one who should be apologising for my behaviour. That night at Lyall's party, I was bored. Bored out of my mind with all the big-noting that was going on. And I was niggled by Lyall's pretentious act of owning me. *His* architect. Not *the* architect.'

'It made him look good…you being who you are,' she muttered, a brittle edge to her voice.

'Not me. The Moretti name. He was riding on it. I expected his fiancée to have a name worth dropping, too, so I was surprised…and amused…when he conceded what you actually did for a living. I didn't even think of you as a person. I was irritated with Lyall and I needled him about his choice.'

'Choice!' Her head snapped up. Her whole body stiffened. 'You didn't even pause to find out what that choice entailed—the reputation I'd earned as a topline stylist. You just cast me as some kind of low-life…'

'Okay! I did do that. And I know ignorance is no excuse for what must have sounded like a snobbish criticism of you. I can only say it had to do with the person I knew Lyall to be, not the person he was marrying. And I'm sorry you overheard what was a mean and unkind act on my part. Sorry you were so hurt by it.'

She moved restively in his hold, still uneasy with his explanation. 'It was like…who I was inside didn't matter.'

'It does,' he pressed earnestly, knowing this was the core of her hurt. 'It matters more than anything else. And if I'd met you that night, Serena, those words would never have been spoken.'

She lifted her head and strained against his embrace, looking a pained protest at him when he didn't loosen his hold. 'It's not just me. It's an attitude. And being a victim of that attitude is not a place I want to go. Ever again.'

His gut twisted at the finality he sensed in those words. He had to fight it. He couldn't stomach losing.

'I swear to you it's not an attitude I live by,' he stated vehemently. 'On the whole I take people as I find them. And what I've found in you is what I want, Serena.'

He dropped his embrace to cup her face, to keep her gaze locked to his, desperate now to impart the intensity of his feeling for her. 'You've found something you want in me, too. Or we wouldn't be here now. And it was good. It can still be good. Even better for having all this out in the open.'

'No. It poisons things.'

'I won't let it. Trust me on this.'

'Trust?' Her expression of painful conviction wavered.

'Yes.' He dropped a promising kiss on her forehead. Then he took her hand, gripping it tightly as he pulled her towards the Cherokee, determined on drawing her into his territory and keeping her there.

'Where are you taking me?' It was a fearful cry. Her hand tugged against his.

He stopped to answer her, to use every persuasion he could think of, barely restraining the urge to sweep her off her feet and carry her away with him. Her face held the same wildly vulnerable look he'd seen on it last Sunday morning. It distracted him from his immediate purpose, the compelling need to under-stand everything about her taking instant priority.

'What was the problem Michelle called you about last Sunday?'

A flood of heat washed into her pale, strained face. 'It was Lyall. He'd come demanding to see me. He…he wanted…'

'To get you back.'

A nod.

'But you wouldn't have him.'

A shake of her head.

'Because of me?'

She took a deep breath, her eyes anxiously search-ing his, perhaps needing to know how much their con-nection had meant to him. 'I couldn't go back any-way. What I'd had with Lyall was gone,' she stated with stark simplicity.

'But against the whole tide of those past events, you did choose to stay with me, be with me, even though you didn't want to want me,' he argued, force-fully reminding her of how it had been. 'That says a lot, Serena. You can't want to cut off what we have together any more than I do.'

Helpless turmoil in her eyes.

'It's too good to give up,' he asserted strongly, and led off towards the Cherokee again, pulling her with him.

'It won't work! It can't work!' she wildly insisted. 'Let me go, Nic!'

'I can't undo the past, but be damned if I'll let it wreck the present or the future,' he declared with passionate fervour, ignoring her plea for release.

'But I'll be in the same place with you as I was with Lyall. Worse. *No one's* going to think *I'm* good enough for Nic Moretti.'

'Then I'll tell them why you are. And it sure as hell won't be in the same terms Lyall Duncan used,' he retorted fiercely, whipping out the car keys and pressing the remote control button to unlock the doors.

Before Serena could protest again, he had the passenger door open and took intense satisfaction in picking her up bodily and placing her on the seat where she'd be right beside him on the journey he was determined on their taking together.

'I shouldn't be letting you do this,' she agonised as he fastened the seat belt around her.

'When the going gets rough, the tough get going,' he recited, and stroked her lightly on the cheek. 'You're tough, Serena. You're like that mythical bird, the phoenix. You keep rising from the ashes. Nothing can put you down for long. And I refuse to accept that you'd be happy if you wimped out on us.'

He closed the door on any further argument, strode around the bonnet to the driver's side and climbed into his seat, closing his own door with a sense of triumphant achievement.

'I do have the right to choose,' she threw at him in one last challenge.

He returned a challenge of his own. 'Then make a choice I can respect, Serena. Give us a chance.'

CHAPTER SIXTEEN

THE warm tingling glide of fingertips trailing down the curve of her waist and hip drew Serena out of sleep and put a smile on her lips as she rolled onto her back and opened her eyes.

Nic was propped up on one elbow, a happy glow in his eyes. 'Good morning,' he said with a smile that transmitted he couldn't imagine a better one.

'Hi to you, too,' she replied, loving his unshakable confidence in the rightness of their being together like this.

If it was just the two of them in a world of their own, Serena knew she would have no problem with it, either. Last night Nic had been intent on carrying all before him and she'd been persuaded to let their relationship run on, to *give it a chance*.

It was impossible to regret that decision now. He was a fantastic lover. While sex wasn't the answer to everything, Serena knew she'd passed the point where she might have brought herself to give up this wonderful intimacy with him. Nic was right. It was too good to let go.

'*A new day has begun,*' he sang, then laughed and leaned over to kiss her. 'Our day, Serena,' he murmured against her lips. 'Call Michelle and tell her you're spending it with me.'

'You're getting to be a bossy-boots, Nic Moretti.'

'Oh, I'm sure you'll pull me back into line, Ms. Fleming.'

She wound her arms around his neck and shuffled her body closer to his. 'What about this line?' she teased, loving the feel of him, the scent of him, the taste of him. He was so beautiful, and sexy, and... Serena gave up on thinking as she once again revelled in the sensations Nic aroused.

Much later they let Cleo out of the mud room, Serena called Michelle to let her sister know she wouldn't be coming home today, and Nic set about cooking breakfast. He really was quite domesticated, Serena thought appreciatively, liking that in a man.

It recalled what he'd told her about his family last night. His father was a dyed in the wool empire builder outside his home—a bull of a man—but inside it, his mother ruled the roost, her husband indulging her every wish like a lamb, even to cooking Italian feasts for the family.

She fancied Nic was in the same mould as his father. He certainly had the strength of mind to pursue whatever his heart was set on. She wondered what it might be like to be his wife, then clamped down on that train of thought, wary of wanting too much from him.

She fed Cleo the meaty ring biscuits she liked, making a game of it by tossing each ring on the floor for her to chase and pounce on before chewing it up. Nic laughed at the little terrier's antics, commenting that he'd never thought of making a game of the breakfast food like that.

'You've taught me a lot, Serena,' he warmly added.

'Me?' She gave him a look of quizzical surprise.

He nodded. 'Forced me into reassessing quite a bit of my life. You're the best thing that's happened to me in a long time.'

She flushed with pleasure. 'That's really nice of you to say.'

'It's the truth.'

Nice guy…nice guy… Michelle was right. Serena resolved to keep trusting her instincts with Nic and shut out all the doubts that could spoil her pleasure in him.

He grinned at her, his eyes dancing with wicked mischief. 'You look very fetching in that sarong.'

He'd given her one from a pile kept for the Giffords' house guests. He was wearing nothing but a pair of shorts and she deliberately ran her gaze over his magnificent physique as she replied, 'Best we keep some distance. You're cooking.'

'Mmm…I do have a couple of burning memories.'

They laughed and bantered on over breakfast which they ate at the table on the patio. It was a brilliant summer day. It was easy to relax and browse through the *Saturday Morning Herald*, swapping comments on what they read. Serena pointed out a photo of a model on the social pages.

'I used to do her hair. Whoever's taken over from me is on a personal art trip,' she said in disgust. 'That style doesn't suit her at all.'

'You're right,' Nic agreed, then looked at her seriously. 'Are you sure that walking away from it is right for you, Serena?'

'No question,' she answered without hesitation. 'You've got to be full of hype to keep riding that scene and I'm done with pandering to people, day in, day out.'

'Do you have some other direction planned?'

'Not exactly. I thought I'd do some courses at the local TAFE college while helping out Michelle. Get myself some other qualifications that could help me move forward.'

'There's no particular ambition burning in you?'

'Not at the moment. No.'

'No dream career you want to pursue?'

She shrugged. 'I know it's unfashionable to have this attitude these days, but work has only ever been a means to an end for me. What I want most...'

'Yes?'

She grimaced, realising he could read too much into her dearest dream.

'Please...' he urged, sharp interest in his eyes. 'I'd like to know.'

'Well, don't take this personally,' she warned, frowning at the possibility that he might. 'What I want most is to be...a mother. And have a whole houseful of kids. Somewhere in my future.'

He gave her a wry smile. 'I guess that played a big part in why you agreed to marry Lyall Duncan.'

She returned a rueful look. 'It would have been a bad mistake. A marriage should be about loving each other.'

'That it should,' Nic agreed. He dispelled the awkward moment by going on to tell her about his sister's marriage, how Angelina and Ward couldn't have children but they were still very happy making a life together. 'And Cleo, of course, makes three a delight for them, not a nuisance,' he finished, making Serena laugh again.

They moved down to the pool and were enjoying a lazy and highly sensual swim together when they heard a car zoom up the driveway on the other side of the house. The alien sound intruded harshly on their private intimacy, triggering a nervous flutter in Serena's heart. Up until this moment, Nic had seemed totally absorbed in her, giving her a growing confidence in the relationship being forged. Now he was distracted, his mind dragged elsewhere.

'Are you expecting someone?' she asked anxiously, not wanting what they had been sharing broken by anyone.

'No.' He frowned. 'Guess I'd better go and see who it is.'

Both of them were naked. Serena had loved the physical awareness, the casual caresses that kept excitement simmering, the wonderful sense of being there for each other, freely within reach, no barriers. However, as Nic heaved himself out of the pool and fastened a towel around his waist, the security she'd felt in his company started slipping.

Cleo was racing inside, barking to let them know someone was at the front door, someone who might find her presence highly questionable.

'I'll send them away,' Nic growled, obviously vexed by the situation.

Serena watched him stride across the patio, wondering if he was vexed at the unwelcome interruption or vexed at the thought of being trapped into introducing her to someone he couldn't turn away—a close friend, an important business associate—someone who might find his involvement with a local no-body...*amusing*.

Goaded by this spine-chilling possibility, Serena scrambled out of the pool and raced to the sun-lounger where they'd dropped beach towels. She quickly dried herself, fastened the sarong above her breasts, then wrung the wetness from her wet hair before raking it back behind her ears, effecting a rea-sonably tidy appearance. Just in time!

'Well, well, well, who do we have here?' a voice drawled from behind her.

Nerves screaming, heart clamouring, Serena spun to find a woman, having apparently chosen to stroll around the house rather than wait for the front door-bell to be answered.

And not just any woman!

It was Justine Knox, in full battle make-up and full battle dress, looking as though she'd top the polls at a photo shoot during Fashion Week.

The message was instantly loud and clear.

Justine had come for Nic Moretti and she still con-sidered him *her man!*

But he wasn't, Serena fiercely told herself, quelling the sickening rise of panic. Nic had asked her to trust him. He wouldn't let anyone put her down. Not in his company. She had to give him the chance to prove what he'd said and this was undoubtedly a prime op-portunity.

Justine came to a halt beside the spa where she had a commanding view of anyone emerging from the house, as well as the lower pool level where Serena had remained, determinedly standing her ground and refusing to feel intimidated.

On the surface, Justine looked all class. She had a wonderful mane of long tawny hair, falling in rippling waves around her shoulders. Her face would turn heads anywhere, strikingly beautiful. She wore a green silk top with a low cowl neckline above slacks in the same colour, printed with huge pink and gold flowers in an artful splendour that shouted designer wear, probably *Escada*. Gold chains adorned her long graceful neck, gold sandals on her feet, and a pocket-size gold handbag hung from her shoulder.

She looked stunning, and made Serena acutely conscious of her wet straggling hair, bare face, bare everything but for the sarong. On top of that, Justine was tall, statuesque, a much better match in physique to Nic. And, in other people's eyes, a more appropriate match in every way, Serena thought, her heart quailing again at the stark contrast between herself and the other woman.

Justine cocked her head consideringly. 'Do I know you? Your face looks familar but...'

Serena dragged air out of suddenly tight lungs and forced herself to reply, 'We haven't been introduced.'

'I'm Justine Knox, a friend of Nic's,' came the confident announcement, not the slightest hint of uncertainty that she might not be welcomed by him.

'Serena Fleming.' With a sense of doom rushing at her, she added, 'You were here when I picked up Cleo one Monday morning.'

'Good God!' Justine rolled her eyes as memory clicked in. 'The dog-handler!' Her perfect mouth tilted into a smirk. 'So that's why you're here. Nic's had more problems with the wretched little beast.'

Hot angry blood flared into Serena's face at the

patronising assumption. Before she could correct it, Cleo came hurtling out of the house, barking like a maniac at sight of Justine, who drew herself up in haughty contempt at the little terrier's fierce reaction to her presence.

Good dog! Serena silently but heartily approved. At least Cleo wasn't blinded by surface class. She recognised an enemy straight-off. Superficial glamour meant nothing to her.

Nic followed, looking grim-faced, his gaze cutting from Justine to Serena and back again. Clearly he didn't like the situation, but the basis for his ill humour was yet to be determined. Serena couldn't help tensing up. Last night she had believed that snobbery played no part in his character, that he was absolutely genuine in liking and wanting the person she was. She would not change her mind unless he changed it for her.

'Do call this yappy creature off, Nic, or haven't you learnt to control it yet?' Justine said a trifle waspishly, the shrill barking putting a crack in her perfect composure. It was instantly papered over as she switched on a condescending smile, beamed straight at Serena. 'Silly of me. I should have asked you, Serena, since you're the dog expert.'

'Shut up, Cleo!' Nic thundered.

It shocked the little terrier into jumping around to face him, the barking silenced, her little tail frantically wagging as though pleading to know what she'd done wrong. Nic bent and picked up the dog, tucking it protectively in the crook of one arm while using his other hand to calm it down, ruffling the silky hair behind her ears. Cleo responded by eagerly licking every reachable part of Nic's bare skin.

'Well, this is progress,' Justine remarked, trilling an amused laugh.

'I went to the front door, only to find your vacated SAAB parked at the steps,' Nic said tersely.

She shrugged. 'Oh, I thought I'd find you out here. Such a glorious morning!'

'Yes, it is. And I'm wondering why you've come, driving all the way from Sydney without first calling me to...'

'I just dropped in on the off-chance you were home, Nic,' she rolled out, putting on an expression of charming appeal. 'I'm on my way to Terrigal, joining friends for lunch at *The Galley*. You remember the Norths, Sonia and Joel. They're just back from racing their yacht at San Diego. And Liz and Teddy...'

Serena numbly listened to the celebrity status of Justine's *friends,* knowing this was Nic's social circle, too. An A-list luncheon party, without a doubt, and being described to tempt Nic into joining it, as well as spelling out that Serena wouldn't fit, if indeed Justine even saw *the dog-handler* as anyone to be counted.

Nic was frowning, looking impatient with Justine's spiel...or finding himself hooked on the horns of a dilemma. Inconvenient for him that Serena was still here, if he fancied taking up the invitation subtly being offered. Last night Nic had made her feel indispensible to him...or had she been fooling herself, believing in something that had only been generated by the heat of lust?

'So you're off to a luncheon with the people you like mixing with,' Nic drawled mockingly. 'Why drop in here?'

Serena's sluggish heartbeat instantly picked up. It didn't sound as if he cared for the company at all. Nor was he being receptive to having Justine's presence thrust upon him.

'Don't be like that, Nic,' she cajoled, pouting with sexy appeal. 'I'm sorry I left without saying goodbye after my weekend with you.'

'I took goodbye for granted from the manner of your departure,' he answered coldly.

They'd had a fight, Serena swiftly surmised. Was Nic's pride at stake here, or was he truly finished with Justine?

'I'm sorry. Okay? I lost my temper...' She raised her hands in apologetic appeal. 'Put it down to not much sleep because of the dog.' She forced a smile at Cleo. 'Now that you've got her tamed...'

'Thanks to Serena,' Nic slid in and pointedly turned his gaze to her, looking determined that she not be ignored or left out of this conversation any longer.

'Yes. I can see you're very grateful to her. Nice of you to invite her for a swim in the pool,' Justine said dismissively, her eyes glittering green daggers at Serena as she condescendingly added, 'But you're not expecting to stay all day, are you, dear? You won't mind if I carry Nic off to lunch with our friends?'

Nic came in hard and fast. 'I've invited Serena to stay *all* day and I'm not the least bit interested in joining your party, which I would have told you if you'd called instead of coming here uninvited and making unwarranted assumptions,' he stated tersely.

Justine sighed and tried a silky challenge, placing a hand on a provocatively jutting hip. 'Why wouldn't I think I'd be welcome, Nic? We have been lovers for…'

'Just give it up, Justine,' he cut in, the harsh command slightly softened by the follow-up appeal. 'Okay?'

It wasn't okay. It produced a sulky protest. 'I have apologised…'

Angry impatience burst from Nic. 'That currency won't buy you back in. I've moved on.' He flashed Serena a look that commanded her compliance with his next assertion. 'I'm very happy in Serena's company and have no wish to exchange it for anyone else's.'

Serena held her breath. Here it was—the situation punched out in no uncertain terms. Nic's handsome face looked so hard it could have been carved out of granite. Having told Justine where he was at, he wasn't about to excuse his actions, either. This declaration was a straight slap in the face to any hope or expectation of any intimacy with her being resumed. Certainly not today, anyway.

Retaliation was not slow in coming.

'Your bed feeling a bit cold, was it?' Justine mocked, her lip curling up in distaste as she subjected Serena to a contemptuous dismissal. 'And, of course, *you'd* be only too happy to oblige him. Panting for the chance, no doubt, just like a bitch on heat.'

'That's enough!' Nic rasped.

'Oh, for God's sake, Nic!' Her hands scissored to-

tal exasperation. 'You can't be serious about taking
up with *her!* She might be handy for sex and useful
for looking after the dog, but...'

'Serena is a great deal more than that and I am
very serious about holding on to her as long as I can,'
Nic cut in with such fury in his voice it startled Cleo
into barking again.

'This is ridiculous!' Justine glared at the silky terrier, then carried her glare to Nic, returning his fury
with all the fury of a woman scorned. 'You're turning
me down for a common local tart who works with
stinky little animals?'

'Serena happens to be the most *un*common woman
I've ever met. And be warned about that *tart* crack,
Justine. What goes around comes around and if I hear
it repeated in public, you'll find yourself tagged with
something similarly unpleasant.'

Shock had Justine gaping at him. 'You'd humiliate
me...for her?'

'You start it... I'll deliver it back to you in spades.
What's more, I wouldn't carry on about stinky little
animals if I were you, because you're making a nasty
stink yourself right now and I'm finding it extremely
ugly.'

The *ugly* word was meant to hit hard and it did.
Justine visibly recoiled from the offensiveness of it.
Serena couldn't help feeling justice had been served,
considering the offensiveness the other woman had
dished out.

Nevertheless, a haughty recovery was quickly ef-
fected. An arrogant pride stamped itself on the beautiful face. The glorious mane of hair was tossed in
disdain of everything that had been said as she shook

her head and proceeded to adopt a mock-indulgent tone.

'Well, I must admit I'm not enamoured with the dog situation you have here so I'll overlook this temporary aberration of yours, Nic. Call me when you get back to Sydney and we'll pick up from there.'

'It won't happen,' Nick told her with emphatic finality.

Justine chose to ignore him, swinging on her heel and swanning off in catwalk mode, taking her own path around the house again, flaunting *her* message that Justine Knox was not about to be shown the door and she'd still be on call when Nic came to his senses.

It wasn't only Serena watching her go. Nick's gaze was glued to Justine's back until it disappeared from view. Was he wondering if he'd made the right decision? Angry that he'd been caught in a hard place, knowing he'd come off as a real slime if he'd tried to wriggle out of or skate over what had been going on with Serena?

An engine was loudly revved, a decisive signal that Justine was, indeed, on her way out. Nic set Cleo down on the patio, a somewhat premature move since the little terrier went hurtling off around the house to chase the car and bark it off the premises. Nic shrugged and shook his head at the unstoppable action, then started down the steps to the pool level, grimacing his displeasure at having been forced to deal with such a scene.

'Don't take anything Justine said to heart, Serena. That was all just bitchy grandstanding,' he said dismissively.

'You really are finished with her, Nic?'

He looked startled that she could think otherwise. 'No way in the world would I ever get back with Justine Knox.' He frowned at her possible uncertainty. 'You can't believe I would?'

She grimaced. 'I don't want to.'

'Then don't. You're the only woman I want.' A wicked smile broke across his face as he reached out and scooped her into his embrace. 'If you need more convincing…'

The only woman I want…music to her ears, a joyful beat through her heart. She linked her hands around his neck, suddenly yearning to hold on to him forever, though she couldn't help thinking they would be torn asunder sooner or later.

'You know Justine won't be the only one to say such things about me, Nic. You'll be answering to this kind of prejudice for as long as you have me with you. It's about who you are and who I'm not, and nothing you can say or do will really change that.'

'You're wrong, Serena.' His eyes burned with the belief in his own power to beat any criticism of their relationship. 'I promise you, any controversy about our pairing will fade very quickly.'

'You can't dominate people's minds…alter ingrained attitudes.'

He stroked her cheek, smiling with a kind of whimsical indulgence as though she were a child he was instructing. 'You see the power of wealth, Serena, but you don't understand it. Not from the inside as I do. If my family accepts you, believe me, everyone else will be only too happy to acknowledge you and treat you with enormous respect.'

She shook her head, thinking his family's acceptance a highly unlikely eventuality. 'I don't see how that could happen.'

He kissed her doubting eyes closed, kissed the end of her nose, kissed the fear from her mouth, then murmured with passionate confidence, 'Trust me. I have the perfect plan.'

CHAPTER SEVENTEEN

'WOW, little sister!' Michelle exclaimed with a huge
sigh of feeling as they finally reached the luxurious
bedroom suite assigned to them. 'The Morettis certainly throw everything into celebrating a family wedding. This has been totally, totally overwhelming!'

Serena laughed. Over the past few months, she had
gradually become used to the Italian effusiveness in
Nic's family, the hugging, the kissing, the generous
gift-giving, and she had learnt to gracefully accept the
unbelievable extravagance in the planning for this
wedding—hers and Nic's. However, she well understood Michelle's reaction to the culmination of all
these plans.

Outside, in the grounds of the Moretti compound
on the Sydney Harbour shoreline, was a fabulous
white marquee, festooned with flowers and thousands
of fairy lights, filled with people in dazzling evening
wear, the best French champagne flowing from an
endless store, gourmet food being constantly offered
and served, a variety of live bands providing music
for dancing and singing. It was an event, the like of
which neither of them had ever experienced before,
let alone played star roles in it.

'Did I get through it okay?' Michelle asked a trifle
anxiously.

'You were great,' Serena warmly assured her sister.
'The perfect matron of honour.'

Michelle grinned. 'Well, I'd have to say you're the most spectacular bride I've ever seen.'

Serena grinned back. 'I could see Nic's mother adored all this elaborate beading and lace. She just beamed with pleasure when I chose it.'

'It's pure fairy-tale princess stuff. And it's obvious Nic's mum adores you, too.'

'God knows why, but she seemed delighted to welcome me into the family right from the start. Nic's dad, too.'

'Well, they might be filthy rich, but they are nice people,' Michelle declared. 'Now let's get you out of your bridal gear and into your going away outfit.'

This was a frivolous little dress in shell pink silk chiffon, shoe-string shoulder straps, frills around the bodice, frills around the hem of the skirt. After the exquisite, form-fitting formality of the ceremonial bridal gown, it was a relief to simply slide into a dress that skimmed her figure and felt frothy and feminine. Relaxing.

'Don't forget you still have to throw your bouquet,' Michelle reminded her.

'I'll throw it to you,' Serena promised, hoping her older sister would marry Gavin who seemed to share many interests with her. He was here at the wedding with his daughter, who thought it was *excellent* that Erin, her best friend, was the flower girl at the ceremony.

'No need.' Michelle's eyes sparkled above suddenly pink cheeks. 'Gavin proposed to me tonight. I said yes.'

'Oh, that's marvellous!' Serena threw her arms

around her sister and hugged hard. 'I hope you'll both be very happy together.'

Michelle hugged back. 'You, too, with Nic.'

Emotion welled between them.

'Maybe we've reached our journey's end, Michelle.'

'You mean since Mum and Dad died.'

'And David.'

'Do you feel you really belong with Nic, Serena?'

'Yes, I do.'

'Gavin gives me that feeling, too. Like finally filling what's been missing in my life…coming home.'

So much had been missing that Nic had filled, Serena thought as they returned to the marquee. He made her feel protected, provided for, looked after, understood. He was like a rock of absolute and enduring stability, unshakable in bestowing his love and loyalty and support. She'd given him her trust and the reward of that act of faith was still awesome to her. Even his formidable family had welcomed her into their midst without so much as a raised eyebrow.

She smiled as she glanced over at his parents, thinking how lucky she was to have met their son. Beside them were Angelina and Ward, with Cleo on a white satin leash, Nic having insisted the dog be here since the little terrier had been a prime mover in their relationship. And was much beloved by his sister.

They all caught her smile and smiled back. There had not once been any criticism of her from any of these people, no patronising, no hint of condescension. She was sure in her own mind that Nic had made this happen for her. He'd spoken of the power of wealth, and its buying power was all around her, but in her heart, she couldn't believe he could *buy* her this level of genuine approval.

Having completed the last bridal act of throwing her bouquet, she headed straight for him and he left the group of guests he'd been chatting to, moving to meet her, his dark eyes locking onto hers, and what she felt coming from him was the power of love, not wealth.

'One more dance with you in that flirty little dress before we go,' he said with a sexy suggestiveness that had her whole body humming with desire for him as he swept her into his arms and twirled her onto the dance-floor.

He was a superb dancer, fantastic at everything, Serena thought giddily. 'Thank you for loving me, Nic,' she said in a rush of sheer happiness. 'And for bringing me into your wonderful family and making me feel I belong with you.'

'You do belong with me.' He grinned, his whole face lit with triumphant pleasure. 'We're married.'

She laughed at his delight in this achievement. 'So we are. And I love my husband very much.'

'Rightly so. It wouldn't be fair if you didn't since I've applied myself so diligently to winning your love.'

'Now why would you do that when I presented so many problems?' she teased, adoring him for wanting the role of her knight in shining armour.

He heaved a mock sigh. 'I'm a sucker for challenges.'

She arched her eyebrow. 'Don't you think tying yourself to me for life is taking a challenge too far?'

'I'm into bondage with you. Can't help myself. My soul says you're my soul mate, now and forever. If marriage is a challenge, I'm definitely up for it as long as you're my wife.'

He rolled out the words with such relish Serena had to laugh again, but her soul was deeply stirred by his commitment to her and silently echoed it—now and forever. Nic clasped her closer and whirled her around in a burst of exhilaration that left them both simmering with the desire to be by themselves and make wild passionate love together.

'Just tell me one more thing before we take our leave of everyone,' Serena begged.

'I'll grant you one minor delay.'

'Your family seems to think I'm the best thing that's ever happened to you. And I don't know why.'

'That's easy.' His eyes twinkled with devilish delight. 'I had the perfect plan to win their instant approval of our marriage, and to regard you as manna from heaven.'

'Manna from heaven?'

'Serena, the Morettis are of strong Italian blood and the big thing in their lives is family.'

'But I don't have much in the way of family. Only Michelle and…'

'The point is, my darling wife, you're keen to provide one.'

She looked her bewilderment. 'I don't understand.'

'It's a great sorrow to my parents that Angelina and Ward can't have children. So what did I tell them? Apart from the fact that I loved you and couldn't imagine a life without you at my side… I told them what you wanted most was to be the mother of my children and have a houseful of kids.'

'Children,' she repeatedly dazedly. 'Oh, my God! What if I can't have them?'

'Trust me,' Nic said with supreme confidence. 'I'm very potent.'

Trust…that was what it had been about all along…and it worked.

Serena smiled at her all powerful husband. 'You're right, Nic,' she agreed with the same supreme confidence he had shown. 'You *are* very potent.'

Sydney Morning Herald
Personal Columns
Births

Moretti—On the first day of January to very proud parents, Serena and Nic—triplets—a fine son, Lucas Angelo, and two beautiful daughters, Isabella Rose and Katriona Louise—three wonderful grandchildren for Frank and Lucia.

IN THE BILLIONAIRE'S BED

by

Sara Wood

Childhood in Portsmouth meant grubby knees, flying pigtails and happiness for **Sara Wood.** Poverty drove her from typist and seaside landlady to teacher till writing finally gave her the freedom her Romani blood craved. Happily married, she has two handsome sons: Richard is married, calm, dependable, drives tankers; Simon is a roamer – silversmith, roofer, welder, always with beautiful girls. Sara lives in the Cornish countryside. Her glamorous writing life alternates with her passion for gardening which allows her to be carefree and grubby again!

CHAPTER ONE

'HI, EVERYONE.'

Catherine tried to sound bright but failed. As she eased her narrow boat alongside Tom's massive Dutch barge she could see from her friends' faces that the rumours she'd heard in Saxonbury town were probably true.

Tom, Steve, Nick and Dudley rose from the spacious well of the foredeck, looking alarmingly sympathetic. That made things worse. Her stomach did an impromptu roll of its own accord.

Now she had to face the fact that if Tresanton Island *had* been sold then her immediate future lay in the hands of the new owner.

Turning her head, she looked back longingly at the beautiful island further up river. She'd had no legal right to be there, even though she'd had the mooring for the past three years. That hadn't mattered with the tolerant and genial Edith Tresanton as her landlady. But ever since Edith's death there had been an air of uncertainty about her situation.

Willing hands caught the ropes she tossed. Hitching up her long skirt, she let The Boys—as she called them—haul her on board. Her gypsy-black pre-Raphaelite hair escaped from its binding and she deftly fastened it again, her sweet, fragile-boned face an unusual pallor.

'Been talking about you,' Tom said in greeting. 'Cuppa?'

She shook her head and perched apprehensively on the

deck lid. Steve gave her a friendly kiss and wasted no time getting to the point.

'You know the island's got a new owner?' he asked anxiously.

Her heart sank. 'I suspected it. That means I could be in trouble,' she said, her hopes disappearing into her tiny size three's. She rubbed suddenly damp palms on the thin cotton of her flowing skirt. 'What do you know?' she asked. 'Have the people moved in? I didn't see a car on the bank when I came past.'

'Removal van's been and gone. Local traders say a bossy, yuppie London woman's taken it over,' Tom answered, spiralling Catherine's spirits down still further. 'Fancy yuk-yellow sports car, all chrome and turbo thrust and so's she. City suit, egg-whisk hair, killer heels and an elaborately painted face.'

'Not exactly a kindred spirit,' she muttered.

She'd hoped that a nature lover would buy Tresanton Island. Who else would want somewhere so isolated, so rural? A nature lover would have liked having narrow boats around. Would have considered it romantic. The new owner didn't sound as if she'd be too empathetic.

'Yeah. Not our sort—or Edith's,' he grunted. 'A really bossy type. She's moved her stuff in and cleaned everyone out of expensive gourmet provisions—after screeching with shock-horror because Saxonbury doesn't stock wheat grass.' He grinned. 'Some bright spark directed her to a field for the grass and she went ballistic, calling him an ignorant peasant! That's all we know.'

Catherine managed a smile then released a huge breath of resignation. It sounded as though there would definitely be changes to the island—and to Edith's house. The manor's charming, countrified air would probably be transformed with the addition of a stainless steel kitchen and futuristic technology. And the island laid to lawn.

But what of her? Her wistful gaze lingered on her boat's scarlet cabin roof cluttered with flower boxes, assorted chimneys and narrow boat paraphernalia. Traditional in style and wonderfully cosy, the narrow boat had been the ideal solution for somewhere cheap to live and work in an expensive area. In all her twenty-six years she'd never felt so insecure.

'Yellow car's coming along the lane,' warned Steve, making everyone sit up sharply.

The colour screamed its yellowness so successfully that it was visible half a mile away. They watched it bumping slowly along. Catherine's heart bumped too. By the time she motored back to the island and moored her boat the new owner would be in residence.

She stood up shakily, her mouth set. Perhaps she'd be allowed to stay. Edith had let her have a small patch of ground for growing vegetables. And she'd liked to see Catherine's chickens roaming freely. Maybe this yuppie owner would be equally charmed.

'Thanks for the information,' she said, determined to fight her corner. 'I'd better introduce myself and see where I stand. There's no point in hanging around and imagining what's going to happen to me.'

'Want us to come as your "heavies"?' suggested Steve, flexing his muscles and adopting a mock-belligerent pose.

She smiled gratefully. Each one of them had helped her enormously in the early days, when the workings of a narrow boat were a mystery to her. All The Boys were poor, but they had good hearts and would do anything for her.

Dwarfed by Steve, she rested her small hand on the thin sleeve of his hole-ridden jumper and made a mental note to knit him another before winter came. If she was still there…

'I'll let you know,' she replied. 'First I'll appeal to her better nature. But keep the knuckle-dusters handy in case she hasn't got one,' she joked feebly.

'Get into her good books. Find her some wheat grass,' suggested Tom drily.

She gave a shaky little laugh. 'Fat chance!'

'And if she says your clients can't use the bridge, or tells you to go?' Steve asked.

She sucked in a wobbly breath. They all knew that moorings were like rocking horse droppings. Non-existent.

The thought hit her like a punch in the stomach. It would be the end of her idyllic life. Hello grotty flat in some crime-ridden ghetto. And she felt panic setting in because it would take years to build up her client-base again.

'I'd have no choice but to leave,' she answered.

'Good luck,' the men chorused with sympathy as she clambered back on board and cast off.

'Thanks,' she managed to choke out.

Remarkably, she focused her mind on the tricky task of doing the watery equivalent of a three-point-turn where the river widened. With her stomach apparently full of jitterbugging butterflies competing for the World Title, she straightened the boat up and headed for home on the far side of the island.

Luck? She let out a low groan. Judging from the information about the new owner she'd need something nearer to a miracle.

CHAPTER TWO

ZACHARIAH TALENT didn't notice the sheet of bluebells which were generously trying to obliterate the woodland floor. In fact, he didn't even register the existence of the wood itself.

Similarly, hedgerows passed by in a blur of white May blossom, while the verges quite fruitlessly boasted stately pink foxgloves, rising like rockets above the masses of buttery primulas.

City man from the top of his expensively cut dark hair to his polished black shoes, Zach remained oblivious to any of these rural delights.

'Pretty countryside. Shame about the yokels. They're dire, I can tell you. Look at that idiot,' his PA remarked sarcastically, swerving to avoid a lone walker.

'Uh,' Zach grunted.

Without looking up from the laptop computer balanced on his knees, he continued to read off a succession of figures into his mobile phone, his trade-mark frown drawing his hard dark brows together.

'Nearly there, Zach,' the soignée Jane cooed breathily. 'Isn't it exciting?'

Sharply he put Hong Kong on hold and glanced at his PA. She flashed him a smile that seemed worryingly warm. Never one to mix business with pleasure, he met it with his habitual, emotionless stare, his grey eyes cold and forbidding.

Was it happening again? he thought bleakly. And, if so, why did the women he worked with always imagine themselves in love with him? It wasn't as if he gave them any encouragement. Far from it. He couldn't be more distant if he tried.

'It's just a house. Bricks and mortar. An investment,' he said curtly.

'Oh, it's more than that!' she declared, alarming him even further with the mingled look of rapture and slyness on her face. 'It has real character. A home for a *family*.'

There was a significant pause during which his irritation level increased several notches and then, in the absence of any comment from him, Jane hurried on. 'It needs modernising, of course. Better facilities all round. But the potential's there. Huge, airy rooms to set off your elegant antiques and furnishings—and its grounds run down to the River Saxe—'

'So you said,' he interrupted, cutting off her estate agent eulogy in mid-flow.

Mentally noting that he might soon have to advertise for a new PA, Zach dealt with his ringing phone, bought a tranche of well-priced bonds on the Hong Kong market and closed a profitable deal on some utilities shares.

'Have you any idea *why* Mrs Tresanton left you the house in her will?' Jane ventured curiously when he'd wrapped the call.

'No relatives. No one close,' he replied in his usual curt manner.

But it had been a surprise and he still had no idea why Edith had favoured him. He wasn't exactly the country type.

To avoid Jane's unsettling dreamy expression, he looked out of the window and scowled because his headache was getting worse.

The scenery seemed to leap at him, demanding his attention. He had an impression of an explosion of greenery that was almost unnerving.

They were driving along a pot-holed lane beside the river which looked utterly still and so smooth that it could have been enamelled the same blue as the sky. Saxe blue perhaps, he thought idly. He remembered that Edith had often talked of its beauty and had nagged him to call. There'd never been the time, of course.

She had been a good client of his. Almost a mother to him. His mouth tightened in an effort to control the bitter memory of his own mother's death seventeen years ago, a few months after his father had suffered a fatal stroke.

Odd, how overpowering his grief had been. He'd been eighteen then, but had barely known his parents. They'd both worked so hard for his betterment that he'd been a latch-key kid from the age of five and used to looking after himself. But when they'd died he'd suddenly become truly alone in the world.

Perhaps that was why he had become fond of Edith. Normally he didn't get close to his clients, preferring to devote himself to managing their financial affairs as creatively and as securely as possible.

But Edith had been different. Although she'd mothered him with constant reprimands about his hectic work schedules, she'd also made him laugh with her odd, eccentric ways during their monthly meetings in London. And laughter was in short supply in his busy life.

'I hope you like the house,' Jane said a little nervously, parking her banana yellow Aston Martin on a small tarmac area beside the river. And more petulantly, 'I just wish you'd checked it over first, before asking me to arrange for all your stuff to be moved in.'

'No time free. Not with those back-to-back meetings in the States. I'm sure you've settled me in very well,' he retorted crisply, leaping out and looking around for Tresanton Manor.

To his surprise, there was nothing to be seen but the placid river, some black duck things with white blobs on their foreheads, clumps of trees and bushes on a nearby island and stretches of unkempt fields. Apart from the rather piercing trill of birdsong the place seemed eerily quiet. The lack of traffic bothered him. It had implications.

'So where is it?' he demanded, feeling decidedly out of place in his sharply tailored business suit and fashionable purple shirt.

Jane teetered a little on her spindly heels, equally incongruous in her formal jacket and tight skirt. Tighter than usual, he suddenly realised. And...had she ever shown cleavage before? Help, he thought. Trouble ahead.

'Er...the house is over the bridge.' Meekly she indicated the narrow plank affair that led from the bank to the island.

Zach's mouth fell open. He put a hand to his throbbing temple.

'Over...?' With difficulty he mastered his shock. 'You're not telling me that the house is on...an...*island*?' he asked with cold incredulity.

Jane looked at him in panic. 'Zach! You must have read the deeds! Tresanton Manor and Tresanton Island—'

'No!' He glared. How could she have ever thought this place was suitable? 'That's what I employ *you* for. To summarise everything. To identify the crucial points. And I think I'd call an island a crucial point, wouldn't you? Where's the road across?' he rapped out.

'There isn't one,' Jane replied in a small voice. 'We have to walk from here—'

'We *what*...? I don't believe this!' he muttered. 'You expect me to park my Maserati here in the open—*when* I eventually get it back from the garage—to be vandalised by any idle yob who passes?'

'I don't think it's that kind of area...' Jane began nervously.

'Every area is that kind!' Zach muttered, thoroughly disenchanted with Edith's house already. He could imagine what it would be like, stuck here on a wet wintry day with his bored son, unable to walk straight from an integral garage into the warmth of a welcoming house. Hell. Now what? He'd promised Sam a house with a garden. 'I can't stay here. I'll have to hunt for something else,' he added.

'But you can't do that, remember?'

Zach groaned. He recalled Edith's peculiar requirement, which had seemed typically nutty but acceptable at the time:

> ...bequeath Zachariah Talent my house and all its contents, to live in for at least a year, otherwise the house is to be given to the first person he sees when he sets foot on the island.

Unbelievable. The milkman could end up owning two million's worth of real estate! If there *was* a milkman in this uninhabited outback, he thought sourly.

'OK. So I'll come just on weekends and camp out,' he growled.

He couldn't disappoint Sam. But this wasn't what he'd had in mind at all. He wanted proximity to burger bars, cinemas and zoos. How else did you entertain an eight-year-old?

'Jane!' he exclaimed suddenly. 'What the devil are those scruffy boats doing there?' he demanded, an extraordinary depth of disappointment making him want to lash out at anyone and anything.

She followed his scowl which directed her to the huddled boats, further down-river.

'Canal boats. Or are they called narrow boats? I believe Inland Waterways allows them to tie up there,' she replied helpfully.

Zach's mouth hardened like a trap. They'd be a security risk. Slowly he scanned the area, his expression becoming grimmer as he realised that Jane had also conveniently omitted to tell him that the house was in the middle of nowhere. The jagged pains in his head increased.

This was an unbelievable mess! He'd made a terrible mistake in delegating something this important!

Cursing himself for letting Jane handle everything, he was pragmatic enough to know that there wasn't much he could do for now.

All right. He'd grit his teeth and use the house on weekends for the required year, but no way was he going to rest until there were decent paths and safety rails to stop his son from falling into the river.

Nor was he going to live permanently on an island where goodness knew who could easily leap from a boat and merrily rob him of his entire art collection.

'Get on to the garage and have my car delivered here as soon as possible,' he rapped out. '*I'm* dealing with this mess personally, so cancel any engagements till further notice. I'll e-mail you with the improvements that I decide will be necessary before the house goes on the market. And find me something more suitable in the meantime where I can live and secure my valuables. In a city. Near restaurants. A gym. Theatres. Understand? Keys!' Peremptorily he held out his hand, knowing he was being unreasonably curt. 'Please,' he growled as the flustered Jane fumbled anxiously in her bag.

She was a good PA. But ever since she'd viewed Tresanton Manor there had been a light in her eye that had boded ill. She was ready to nest and he was in her sights. But he sure as hell wasn't going to choose sofas and curtains with anyone ever again.

Choking back an urge to rant and rail that his plans had gone awry and his son was unlikely to bond with him in this rural hell, he grabbed his laptop, bade Jane a curt goodbye and strode over the bridge, wondering with some desperation if he would ever win his son's love.

He'd been banking on this house to help achieve that goal. And only now did he realise how important it was to him that he was loved by his child. Of course, he'd talked about his son's indifference to Edith, but he'd never let her know how deeply he was hurt. Or even admitted it to himself.

He felt a heavy ache in his heart. Pain tightened his mouth and burned in his charcoal eyes. One day his son would hug him, he vowed, instead of treating him with cool reserve.

Women he could do without in his life. All the ones he'd met socially had rung up pound signs in their eyes when they knew who he was.

And none of the women he'd dated had been able to cope with the realities of his hectic work-load. Nor had his ex-wife. But he wanted to give his son financial security, and you didn't get rich—or stay rich—dancing attendance on females and taking them out shopping.

In a thoroughly bad mood at the collapse of his dreams, he stomped along the muddy path, occasionally ducking his head to avoid being attacked by the boughs of apple trees. You didn't have such problems with pavements.

He couldn't understand why Edith had thought she was doing him a favour by forcing him to live here for a year. How could she call this place a paradise? he wondered grumpily.

And then he noticed the woman.

CHAPTER THREE

SHE was walking ahead of him through the orchard. No, drifting. He stopped dead in his tracks, brought up short by what he saw.

She must have heard his approach because, slender as a flexing wand, she slowly turned to face him, her small face so delicate and fey that he wondered if he was hallucinating. Tiny and graceful, she stood up to her ankles in a sea of buttercups and she looked as though she had just stepped out of a medieval illustration.

Not normally fanciful, he tried to understand why he'd had this impression. It could have been her long, close-fitting skirt flaring out from below the knee, or the long-sleeved soft cream top that hugged her slim figure like a second skin.

Or perhaps it was the hair that made her look like a modern day Guinevere. It was black and cascaded in thick waves down her lissom back from an imprisoning twist of...

He narrowed his eyes in surprise. She'd caught up her hair at the nape of her long neck with a rope of living greenery. Ivy, or something. Entwined with real flowers. Weird.

A hippie flower child, he decided, and scowled. Maybe from one of those boats. Spying out the land. Instinctively he fingered the scar on his forehead.

After the unpleasant experience of a burglary and two muggings—one of which had involved a woman who'd diverted his attention with a plausible sob story—he'd learnt to be suspicious where itinerant strangers were concerned. Even medieval hippies as tiny as this one.

In London you didn't look strangers in the eye. Never wore an expensive watch. Walked quickly everywhere, locked your car while driving, kept the car revved at traffic lights and stayed alert at all times. That's how you survived in the City.

'You're on my land!' he growled, deliberately projecting menace.

Her placid expression didn't alter. She remained very still and calm, as if waiting for him to approach. Much to his surprise, he did. Usually people came to him.

As he glowered his way towards her a small hand came out in a meek greeting.

'I'm Catherine Leigh. How do you do?'

It was a sweet, gentle voice and before he knew it he had taken the dainty, fluttering fingers in his and was muttering less irritably, 'Zach Talent.'

Had he noticed how nervous she was? Hastily she retracted her fingers from the firm, decisive grip and clasped them behind her back so that he didn't see how badly they were shaking.

'You…said this was *your* island,' she began huskily, her face puzzled.

'Apparently it is,' he replied, his mouth clamping shut into a hard, exasperated line as if that fact didn't please him one bit. His intimidating frown deepened and it seemed that his eyes glinted with shards of icy anger.

'Oh!'

She considered this, deciding that she'd rather deal with the woman with egg-whisk hair and killer heels than this elegantly clad grouch. Then she brightened. The woman must be his wife. Better to wait and talk to her.

'Are you on your own?' asked the owner of the frown.

He turned to scan the undergrowth as if marauding bandits might leap out at any minute.

'Yes. Just me,' she replied quietly.

'Hmm.' He relaxed his guard a fraction. 'So what are you doing here?' he shot out.

'I came to speak to your wife,' Catherine told him with absolute truth.

'Did you?' He sounded unconvinced for some inexplicable reason.

She continued to gaze at him with a pleasant, non-committal expression on her face and was relieved to see the deep line between his brows easing a little. She noticed a long scar on his forehead and wondered apprehensively how he'd acquired it.

'Can I see her? Is she in?'

'No.'

How to win friends and influence people, she thought drily. He really was the most surly of men!

'Then I think I'll come back later when she's at home,' she suggested gravely.

'No, you don't. *Wait!*' The command was barked out just as she turned to go.

Caught off-guard as she whirled around, her wide-eyed look of utter surprise seemed to take him unawares too. For a split second she thought his steely eyes had softened to a misty grey.

Then she realised it must have been a trick of the light. When she looked again they were hard and shuttered with no hint of his feelings at all.

'You'll talk to *me*,' he said sharply. 'Let's see if you can come up with a convincing excuse for being here.'

'Of course I can!' she replied in surprise, not allowing herself to be riled by his rudeness.

'In that case, I'm not standing here knee-deep in muck,' he exaggerated. 'Come to the house.'

Without waiting for her response to this arrogant order, Zach Talent strode off down the path, his shiny leather shoes squelching in the mud.

Catherine hesitated and then, before she knew it, she was following. She felt almost as if she had been drawn by a magnet. And as she walked and marvelled at the man's compelling authority she ruefully prepared to tug her forelock. A lot.

She heaved a sigh. Somehow she felt it wouldn't help even if she tugged out handfuls of hair in the process.

Zach was clearly one of those suspicious types who imagined everyone was trying to pull a fast one. He'd looked at her as if she might be planning something evil.

From his manner, she reckoned that he also liked to be in control. He wasn't the kind of man to do anyone a favour. For him, she suspected that it would be a matter of honour not to show any sign of weakness by granting concessions to any passing peasant.

Anxiously she studied his taut body as he strode rapidly along, rocketing out staccato orders to someone on his mobile phone as if every second and every word was precious and not to be wasted by adding pleasantries.

With gloom in her heart, she hurried after him through Edith's—Zach's!—beautiful wild-life garden. And she wondered how long it would be before Killer Heels and The Frown strimmed every blade of grass within an inch of its life and installed soulless carpet bedding. Perhaps even artificial turf and security lights. With a helipad.

She mourned for the island's bleak future. Lifting her bowed head, she listened to the insistent warble of a blackcap, high on its perch in a lemon-scented azalea. It was joined by the unmistakable trill of a robin, singing its heart out from an oak tree.

Ring doves were cooing lovingly from the gnarled old mulberry tree and occasionally she heard a watery scuffle as a mallard drake enthusiastically courted a lady friend.

She and Zach were making their way through the rhododendron walk. Here, the peeling trunks arched over their heads like arms reaching out to embrace one another. In a few weeks the walk would be a blaze of colour.

The perfume of the lilies of the valley beneath made her catch her breath in wonder and she believed that, although Zach's ear was still attached to his phone, even he had slowed his relentlessly brisk stride to savour the beauty of the garden.

Still holding her breath, she waited till he reached the glade. And was pleased to see that he had stopped, briefly looking around. But her pleasure was short-lived. When she quietly came to stand beside him, she realised that the man was a heathen after all.

'Sell,' he was curtly instructing some hapless minion, his hand massaging the back of his neck abstractedly. 'And let's have your investment strategy for the Far East by the end of the day...'

Barbarian! Infuriated by his insensitivity, she firmly shut him out. They were on different planets. This could be the last time she enjoyed the poignantly familiar sight that met her eyes, and she wanted to savour it to the full.

Bluebells had colonised the grassy glade, creating a sea of sapphire waves as the breeze stirred the nodding bells. The blossom-laden branches of ancient apple and pear trees bowed down almost to the shifting patches of blue, but where the path ran, ornamental Japanese cherry trees formed a vista to the house.

Framed dramatically, and with the shedding cherry

blossom fluttering to the ground like confetti before it, the lovely Georgian manor house basked in the sun, its honey stone walls glowing as if they'd been dipped in liquid gold.

Entranced, she looked up at Zach for his reaction, hoping that he'd been stirred by the glory of it all. But with his frown resolutely in place he was intently tapping in a new number on his wretched mobile.

'Tim? About those Hedge Funds,' he growled, giving his mud-spattered shoes a basilisk stare.

She despaired, doubting that the funds were a charitable donation to the preservation of England's beautiful country hedges.

He'd seen nothing. Not the rich dark throats of the dazzling white azaleas brushing his jacket, or the ladies fingers, violets, forget-me-nots and scarlet pimpernel which were shyly peeping from the undergrowth beside the path.

Deaf to everything but the grinding machine of business, he'd heard nothing of the jubilant birds filling the island with sweet song. And he was too busy sniffing out a deal to register the mingled fragrances that drifted on the slight breeze, or the musty, warm aroma that arose from the leaf litter in the surrounding woodland.

Edith's heaven was totally lost on him. Catherine watched sadly as he strode on, discussing High Fidelity Bonds instead of being alive to the wonders of the natural world around him. She felt a wave of sadness jerk at her chest. He would never love this place as she did.

It was small consolation that he hadn't ploughed straight through the bluebells, but had skirted the edge. He wasn't a total heathen then. But she could see that he would have no empathy for Edith's carefully rampant style of gardening.

Zach and his wife were obviously people with different

values and priorities. Sophisticates, who lived the fast life of the City.

Catherine knew instinctively that they would definitely *not* approve of the way she earned her living. Nor would they be sympathetic towards a woman who chose to live on a boat like a water gypsy.

Her face fell. She might as well accept now that she'd probably be hurled out on her ear. She'd be obliged to wander the rivers and canals of England until she found a vacant mooring that she could afford. And then she'd have to start building up her clientele all over again.

She bit her lip, trying to stop herself from crying with frustrated anger. And she wondered crossly why this man had taken on Tresanton Manor when it was so patently wrong for him.

With her ears assailed by a barrage of fast-paced business deals which broke the gentle, monastic peace of the magical garden, she trudged silently towards the house she loved, aching to think that not only would she be leaving the island and all her friends, but that a Philistine and his wife would be ignorant of its joys.

She had to try to persuade him that there were benefits in having someone around to keep an eye on things. But in her heart she knew that she didn't stand a chance.

Oh, Edith! she sighed. If you only knew who was about to desecrate your lovely island!

CHAPTER FOUR

'ALL these keys!' Grumbling, Zach was turning the huge bunch in his hand, trying to find the one that opened the main door.

'It's like this one,' Catherine said with commendable patience.

Tiredly she lifted the rope line at her waist and selected Edith's key from the others for comparison.

Zach stiffened. 'You have a *key*?' he barked in staccato consternation, as if she'd committed a crime. Or was about to.

'I often came to see the previous owner,' she explained, her spirits at an all-time low. 'She gave me one to let myself in.'

Zach's eyes narrowed and fixed on her like heat-seeking missiles.

'Have you been in the house since she died?' he shot out suspiciously.

Bristling, she regarded him with the level and reproving gaze of a Victorian schoolmistress confiscating jelly beans from a naughty child.

'You mean have I nipped in to steal anything?' she flung back haughtily. 'Brass fittings? A marble fireplace or two? A staircase, maybe?'

'It happens.' He didn't seem embarrassed by her bluntness. 'Though I suppose you're not likely to admit to theft.'

His audacity was breathtaking. Catherine inhaled

deeply. It was that or hit him and she didn't believe in violence.

'I haven't stolen anything. In fact, I haven't set foot in the house since I found Edith in her bed,' she informed him, the faint tremor in her voice betraying how painful that discovery had been.

'*You* found her?' He seemed to be on the verge of saying something—his sympathies, perhaps—but, thought Catherine darkly, he managed to stop himself in time from doing anything so remotely human. Instead, he grunted. 'Hmm. I'll have to take your word for it, then,' he muttered, but his eyes lingered on her tremulous mouth thoughtfully.

'Or you could ask around,' she said, tightening her lips in a rare display of anger, 'and then you'd learn that I don't have a dishonest bone in my body!'

To her discomfort, he examined her with clinical detail, as if to check how honest her bones might be. His intense scrutiny brought a flush to her face and she lowered her startled nut-brown eyes to avoid his road-driller stare.

'Don't think I won't do that,' he snapped.

Her mutinous gaze flashed up to his again. 'Can't you read faces? Don't you realise the kind of person I am?'

He seemed to flinch and withdraw into himself. The hard and impenetrable coldness he was projecting made her shiver, as if she'd stepped into cold storage.

'I make it a habit never to trust anyone until I have overwhelming proof of their integrity.'

'You must find it hard to make friends,' she observed drily.

His gaze burned angrily into her. 'I'd like that key,' he growled.

With her own dark eyes conveying her scorn, she eased

it off the cork float that had twice saved her boat keys from sinking to the bottom of the river.

OK. She'd blown it. But she wouldn't be bullied. If standing up to this monster meant that she'd have to leave, then that would have to be her fate.

She had never disliked anyone before, always finding good in everyone she met. But this guy was without any decent characteristics at all.

And he owned Edith's island! Conquering her misery, she tipped up her small chin in a direct challenge.

'Take it.' She thrust the key at him. 'I won't be needing it any more,' she bit out, stiff with indignation.

'Darn right you won't,' he muttered, taking it from her.

Tossing back her tumbling hair and with protesting cherry blossom falling from the ivy tie, she took an angry intake of breath. She felt close to breathing out fire and brimstone and melting Zach Talent where he stood!

'No. You're no Edith, breathing sweetness and light. So I doubt that I'll be popping in to play gin rummy with you,' she snapped, 'or to help you patch your sheets or paint rainbows in the bathroom!'

Clearly astonished by her outburst, he hooked up an eyebrow and stared deeply into her defiant eyes—which rounded in confusion when she felt something go *bump* somewhere in the region of her heart. Shocked, she pressed a fluttering hand to her breast in bewilderment.

An expression of liquid warmth eased the tautness of his face and then was gone. But in that brief flash, when vibrant life lit smoky fires in his grey eyes and the corners of his firm mouth lifted with hungry desire, she felt as though she'd been felled by a thunderbolt.

After a breathless second, while something hot and visceral seemed to link them both in its fatal flames, he spun furiously on his heel to plunge the key into the keyhole with brute force.

Quivering, she stood gazing in horror at his broad and powerful back while he struggled irritably with the tricky lock. What had all that been about?

Sex, she thought—the answer nipping with alarming boldness into her head. She cringed with mortification. Quite unexpectedly, she had discovered that fierce passions lurked beneath Zach Talent's granite exterior.

And, more shocking, within her, too. He was married! How *could* she?

The surging fizz of her blood, and the sense of danger and excitement which had electrified the air between them, was something she'd never known before. She had never believed such a force could exist—or that it might one day seek her out.

Love, she'd fondly imagined, would be a gentle, warm sensation. Like sinking into a deep bath. With love, would come the joy of eventually uniting with the person you trusted and adored above all other people. The union would be sweet and beautiful, a meeting of mind and body and soul. Two people expressing the totality of their love.

But she had been taken unawares by the effect of Zach's raw, sexual attraction. Never had she expected to feel this harsh, primeval urge of nature that owed nothing to love and everything to pure, animal instinct. It was humiliating that she should. And, given the fact that she knew his marital state, it demeaned her.

It only showed her innocence, she thought wryly, that she could be so easily zapped into a quivering mess by a rogue City trader—who was also her unwitting landlord!

How silly to be affected. He certainly hadn't known what he'd been doing, or that one unguarded and casual look from him could turn her insides out!

Men were supposed to think about sex every six seconds, she'd read. She supposed that she'd been in his eyeline at the time.

She made a face. How she pitied his wife! He'd be a terrible lover. He'd probably fit in his embraces between calls to New York and the London Stock Exchange!

Would he take his mobile to bed? she wondered, warming to her theme. Very likely, she conceded and her face relaxed into a broad grin at the thought of his wife's fury at being interrupted by a discussion on High Fidelity bonds at a crucial moment.

Stifling a giggle, she was relieved to find that her pulses had stopped careering about in hysteria and that her body had calmed down after its peculiar insurrection.

It had been a blip in her hormonal activity. The result of Zach's overwhelming good looks and perfect physique. Plus the frisson of being in close proximity with an Alpha male.

She was susceptible to superficial looks, it seemed. Well. If a man could ogle with impunity, so could she.

'You're smiling,' he accused gruffly.

He had pushed the door open and was standing back, waiting for her to enter. With understandable caution she flicked her amused eyes up to his and was horrified to find herself immediately swimming for her life.

'Isn't it allowed?' she retorted.

But her defiance was spoiled by a dismaying huskiness.

He shrugged. 'Be my guest. But share the joke. Or is it on me?' he asked suspiciously. And he searched around for bandits again.

She waved a deprecating hand.

'Forget it. You wouldn't understand!'

'Try me,' he said with underlying menace.

She read too much into that and found herself stupidly blushing.

'Absolutely not!'

What did he mean by saying the joke might be on him? Why was he so wary of her motives? Desperate to hide her flushed face, she hastily bent to remove her shoes before heading for the farmhouse kitchen, glad to sit down and give her jellied legs some relief.

'You do know your way around,' he drawled speculatively, appearing in his stockinged feet.

Nice feet, she noticed. High arches. Crossing one leg over the other, he leant, dark and brooding, in the doorway. And a curl of excitement quickened her breath.

So she gritted her teeth and said nothing. All her energies were concentrated on controlling her wilful hormones in case their eyes met while his brain was connecting with his loins again.

'Glad you made yourself at home,' he added with dry sarcasm.

Catherine jumped up. 'Oh! You must think I'm so rude. I'm sorry,' she said hastily, remembering her manners. This was his home now. She fixed him with her dark chocolate eyes, suitably apologetic. 'Forgive me,' she murmured contritely. 'It was force of habit.'

His intently focused stare was disconcerting. Something had happened to his mouth. It seemed to be fuller. Beautifully shaped. The tip of her tongue tasted her own lips as if in anticipation.

Wicked, wanton ideas flashed through her mind before she could stop them. Like putting her hands on his warm chest, standing on tiptoe and kissing those classically curved lips till he melted. Appalled beyond belief, she clamped down on the impulse ruthlessly.

Somehow she dragged her gaze away and lowered her

thick lashes, sick to the stomach by her runaway feelings. She felt bewildered by what was happening to her strong sense of morality.

'Habit? Does that mean you lived here at one time?' he asked in a slow kind of slur, quite different to his earlier speech. And so sexy as to set her nerves jangling. 'Or did you merely come to stay in the house?'

'No.' Hot and bothered, she struggled to regain the clarity of her voice. 'I've never lived here. Though Edith asked me to, a few months after we first met.'

Zach looked puzzled. 'And you refused?'

'I like my independence,' Catherine replied. 'I've lived alone for ten years, ever since I was sixteen. Edith understood, once I'd explained. Our friendship wasn't affected.'

'Did you know she had an extensive portfolio?' he shot out.

'Not unless you translate that for me,' she countered, annoyed by his City-speak. 'I only learnt English and French at school,' she added with rare sarcasm.

'She was very wealthy,' he drawled.

'Really? Are you sure?' she said in surprise. 'She lived very simply.'

'But she also owned this house and island,' he pointed out.

'Plenty of people live in big houses they've inherited— yet they're as poor as church mice. Places like this cost a great deal to keep maintained. If you see someone like Edith making economies, turning worn sheets sides to middle and rarely buying any clothes, you assume they're hard up,' Catherine retorted.

His sardonic eyes narrowed. 'Did she ever help you out financially?'

'Certainly not!' Catherine looked at him askance. 'She

wouldn't ever have been so crass! I stand on my own feet.
I'd never respect myself otherwise!'

'But you were a frequent visitor and made yourself at
home,' he probed.

'Yes. As a friend. When I called, I'd let myself in. Edith
would be sitting there,' she explained, indicating the comfortable pine armchair on the opposite side of the big table. 'And I'd sit here.'

Her eyes were misty with memories when they looked
up into his and met a blaze of answering fire.

There was a hushed pause while the air seemed to
thicken and enfold them both. Catherine floundered. Some
kind of powerful force was trying to draw her to him. She
could hear the thudding of her heart booming in her ears.

Panicking, she lifted a fluttering hand to fiddle with her
hair. The caress of his eyes, as she curled a strand around
her ear, made her stomach turn to water.

At last he spoke, quietly and yet with a grating tone,
as if something was blocking his throat.

'If you knew her well, then you might be able to help
me.'

'Help you?' she repeated stupidly, playing for time
while her brain unscrambled itself and began to rule her
body again.

Almost vaguely, he glared at his trilling phone, im-
mobilised it and clipped it on to his belt. Then he took a
deep breath.

'Yes. But first I need a coffee,' he announced, brisk
and curt once more. 'So, for a start, any idea where the
kettle might be?'

'On the Aga.' Relieved to be involved in something
practical, she pointed to the scarlet enamelled stove, one
of Edith's few extravagances. 'I didn't turn it off. I

thought it would be best if it was cosy and welcoming in here, for whoever came to view the house.'

He looked at the kettle uncertainly, as if he didn't know what to do with a piece of equipment that didn't hitch up to an electric socket. She took pity on him, deftly filling the kettle with water and carrying it to the hob.

Her skin prickled. He had come very close and was watching what she did. Slightly flustered by the invading infusion of heat in her body, she lifted the hob lid, put the kettle on the boiling plate then hurried over to the dresser.

As she lifted down the mugs her hand faltered and she stared blindly into space, thinking of the countless times she and Edith had chatted together at this very table.

'I've had groceries delivered,' Zach announced crisply, rummaging in the cupboards. 'It's a matter of finding them. Coffee do you as well?' He waved an expensive pack of ground coffee at her, only then noticing her mournful face. 'What's the matter?'

Catherine bit her lip and unearthed Edith's cafetière, selecting an herb tea for herself.

'I miss her,' she said softly, her eyes misting over again. It was odd. She rarely cried. But her emotions had been tested to the limit over the past ten days. And especially during the past hour. 'I miss her more than I could ever have imagined,' she blurted out.

'Hmm. You were very close, then?'

The low vibration of his voice seemed to rumble through her body. She shuddered, thinking that if this man ever turned his attention to a woman and opened up his emotions, she wouldn't have a chance.

'We were like mother and daughter. I was devastated to—to find her,' she whispered, making a hash of spooning the aromatic coffee into the pot.

The spoon was taken from her hand. For a moment their fingers were linked: warm, strangely comforting. Horrible flashes of fire attacked her loins and she snatched her hand away in appalled fury, turning her back on him and feeling stupidly like bursting into tears of utter shame.

'Mother and daughter,' Zach repeated in a voice rolling with gravel. She heard him suck in a huge breath. 'I'm sorry,' he said flatly. 'It's obvious that her death has touched you deeply.'

She hunched her slight shoulders and could only nod. She didn't want to break down in front of this hard-hearted stranger. But losing her beloved Edith, with all her merry, wacky ways, *plus* the prospect of never seeing the island again, just made her want to wail.

'I—I came to check on her every day. We'd have breakfast together,' Catherine mumbled painfully. She was torturing herself and she didn't know why she was confiding in someone she disliked so much, only that she had to do so. 'She made wonderful bread. We'd lather it with butter and home-made jam or marmalade and watch the birds demolishing our fat balls.'

Zach looked puzzled. 'Your what?'

'Fat. Impregnated with nuts and seeds,' she said listlessly. 'We melt the fat, stir in the nuts and so on and pour the mixture into pots till it sets. We—I—' she stumbled, '—only provide seed now.'

'Really?'

Feeling forlorn, Catherine gazed at the trees outside the window, adorned with bird feeders. Two long-tailed tits were currently availing themselves of the facility.

'Yes. You need to vary the food, depending on the time of year and whether the birds are nesting,' she advised absently.

'And you've been coming over here and doing this ever since Edith died,' he remarked with disapproval.

Dumbly, she nodded. 'Someone had to,' she mumbled, sensing that the birds would have to fend for themselves through the winter in future.

'You won't, of course, be doing that again,' said Zach sternly, confirming her worst fears. 'I value my privacy and I don't want people wandering about my land, particularly when I'm not here.'

She looked up, her eyes wide and watchful.

'Won't you be living here all the time, then?'

He grimaced as if he'd rather find a convenient cave in the Himalayas.

'No.'

'You don't like it, do you?'

'Not much.'

Presumably the wife had bought the house without his knowledge. What an odd thing to do. Unless his wife was the one with the money.

'Poor Edith,' she said quietly. 'She often said she had great plans for this place when she'd gone. But she'd never tell me what she meant. I didn't even know it was on the market.'

'It wasn't. She left it to me in her will.'

Catherine's mouth fell open in amazement. 'You?' she gasped. 'I don't believe it! You weren't even at her funeral—'

'I don't go to them,' he said, with an odd tightening of his mouth.

There had been an ostentatious wreath, Catherine remembered, a sharp contrast to the country flowers she and her boating friends had placed on the coffin. The florist's card bore just one word. 'Farewell.' Not the most heartfelt

message she'd ever seen, but typical of someone like
Zach. And now she was intrigued.

'You were the lilies,' she said.

'I was the lilies,' he confirmed.

Catherine's eyes widened. Knowing Edith as she did,
it seemed inconceivable that Zach and the old lady could
have any point of contact!

'How would Edith ever know someone like you?' she
wondered aloud.

'I run an investment company. I was her financial ad-
viser and I managed her money.'

She nodded. *That* made sense. But Edith wouldn't have
liked him enough to entrust her precious island to his
smooth, City hands!

'Why would she give the island to you?' she asked in
confusion. 'You're the last person on earth—'

She clamped her lips together. She'd said too much.

'You're right,' he said, his mouth curling in wry amusement. 'I don't understand either. For some wacky reason
known only to Edith, she wanted me to live here.'

'But you must already have a house!' she declared, vis-
ualising an opulent mansion with four swimming pools
and obsequious servants tugging their forelocks like crazy.

'No. A flat in London.'

And that, she thought, would suit him perfectly. Something in stainless steel with furniture that looked stylish
but was hell to use, something in a smart and expensive
district.

'Well, you can't *want* this island!' she argued.

'You're right. I don't.'

For a moment, Catherine felt a glimmer of hope. He'd
off-load it on to someone else—someone more empathetic—and she'd have a better chance of persuading the
next owner to let her stay.

'I see,' she said, perking up considerably. 'You'll put it on the market, then.'

'I don't discuss my business,' he replied cuttingly.

Suitably rebuked, Catherine nodded, still delighted that their acquaintance would probably be short and sour.

'I don't blame you,' she confided. 'The path gets horribly muddy in the winter. You can see what it's like now, even with the few showers we've had recently. And of course you're very isolated here.' She remembered the wheat grass. 'No city amenities. A distinct lack of exotic food.'

He gave her a thoughtful and searing look which suggested he knew exactly what she was up to.

'But despite all these problems, you...love it all,' he observed in a low tone.

Her eyes rounded. 'How do you know that?'

There was a pause, during which she noticed the increased rise and fall of his chest.

'The way you looked at the bluebells.' Apparently about to say something else, he cleared his throat instead.

'You noticed them, then?' she said drily.

'In passing.' Zach tilted his head to one side and gave her another speculative look. 'If you were as close to Edith as you claim,' he mused, 'why didn't she leave *you* the house and land?'

Catherine smiled, thinking of her conversation with the old lady.

'Oh, she said she was planning to do that. But I told her I didn't want it,' she answered solemnly.

He gave a snort of disbelief. 'I find that hard to accept,' he said scathingly.

'It was a practical decision. How would I afford to run it?' she argued.

'With her money, of course.'

'But I didn't know she had any!' Catherine protested.

'Odd that she didn't tell you,' he mused.

'I didn't give her a chance. I told her that I'd rattle around in Tresanton Manor on my own and feel lonely. And my friends might not come and visit me any more.'

'Why not?'

'Because they're ordinary people and they'd feel intimidated,' she said simply.

'You could have sold it.'

She stared, uncomprehending. 'What would be the point in being given a house and then immediately off-loading it?'

'Are you deliberately being provocative, or are you financially naïve?' he marvelled sarcastically. 'The point is that you would have made a lot of money.'

Money. It obviously ruled his life. Acquisitions, material possessions, they were all he saw, all he knew. Odd that she was so attracted to him. Perhaps it was the magnetism of opposites. Even now, alienated by his cold obsession with wealth, she felt an undeniable feral thrill from his extreme masculinity.

But where to start, to explain her philosophy of life? He wouldn't understand it for a moment. His eyebrow hooked up cynically as though she must be lying because she hadn't come up with an explanation. That galvanised her to give him one.

'Edith knew my views on living simply,' she said with quiet passion. 'I wouldn't want more money than I knew what to do with. Besides, I'd worry like mad if I had money invested in the stock market.'

'Think of all the new clothes you could have had,' he suggested.

'I have all I need! If I want something like a winter coat, I work extra hours. I already have a home that means a great deal to me. I truly have everything I want. Why should I rock the boat by changing my circumstances? I could end up very unhappy and out of my depth. Edith knew me well enough to know that quality of life is more important to me than material possessions. She accepted that because it was her philosophy too.' Catherine smiled fondly.

Clearly baffled, he shook his head. 'I don't understand.'

'No,' she said with a gentle sorrow. 'I don't suppose you do. But… Supposing I had accepted her offer. It would have changed the way people regard me, especially if she'd left me all her money too. As I said, my friends would have been ill at ease in the manor and very conscious of the differences in our situations. If I bought them a round of drinks in the pub, they might think I was being patronising. If I didn't, they'd think I was mean. You can't win. When someone's financial circumstances change, the attitude of people around them changes too. I have good friends, people I am very fond of,' she said, gazing up at him earnestly. 'I don't want to lose their unquestioning friendship. It means everything to me.'

'Living in an expensive house you'd soon make new friends,' he remarked cynically.

'Exactly! They would be drawn by my apparent wealth,' she cried with heartfelt passion. 'That's the last thing I want! My friendships are *genuine*. People like me for who I am, not *what* I am or how much money I've got. We do one another favours, which makes for a wonderful sense of community and protection. I am very happy and I'd be a fool to jeopardise that happiness. I explained all this to Edith and she realised that I already had…my…paradise.'

Her voice had faltered towards the end of the sentence. Any moment now and it could be Paradise Lost.

The kettle began to sing. Just in time, she managed to stop him from lifting it and burning his hand. Unfortunately her dash to the stove meant that they ended up body to body, his arms wrapping around her protectively when she cannoned into him.

'Hot,' she babbled breathily, her flapping hand indicating the kettle. But all she could feel was the fiery furnace of his chest. The frantic beating of her imprisoned heart. She was too shocked to move.

'Hot. I see,' he murmured, his mouth a sinful curve as his head seemed to bend low to hers.

Scorn laced her eyes. Another married man on the make, ready for any opportunity. Buster, she thought, your six seconds are up.

'I'll make the drinks,' she snapped, glaring at him.

The grey eyes chilled. The sinful curve disappeared and she was abruptly released.

'You do that.'

With elaborate care she filled the cafetière and placed it on the table. Then she added hot water to the herbal tea bag and slid, subdued, into her chair again.

Her pulses were galloping like a herd of wild horses. The man was so packed with rampant male hormones that he was a danger to her self-respect. She had to get away.

Her heart sank. That meant she must broach the subject of her mooring without any further beating about the bush.

She'd hoped to prepare the ground by chatting in a companionable way so that he felt at ease with her, and therefore more inclined to let her stay. But, she thought gloomily, a leisurely approach was out of the question now.

'Have you thought of a reason for wandering about my island?' he asked sardonically before she could come up with her opening line.

Her shoulders slumped. Not the most promising of starts.

'Edith let me moor my boat on the far side,' she began, deciding on a full frontal attack.

'What kind of a boat?' The frown was working hard as he pulled a pack of painkillers from inside his jacket and popped out two pills. 'Do you row over here from the village or something?'

Catherine wondered if his bad temper was due to his headache. He'd been rubbing his head a lot, she recalled.

'It's a narrow boat,' she explained. 'I live on it.'

His face was a picture. Hastily she took advantage of his astonishment.

'I was wondering, if temporarily—'

'No.'

She blinked. 'You haven't heard what I was about to say!'

'I'm not stupid. I make my living by putting two and two together. You want to continue the arrangement. The answer's no.'

'Surely, if you're going to sell—?'

'All the more reason to get rid of any illicit vagrants who call in whenever the fancy takes them.'

Her face flamed at the description. 'But it's—!'

'No.'

Her mutinous gene seemed to assert itself. 'Why?' she demanded, her eyes blazing with anger.

Zach's gaze dropped, his thick black lashes a heart-stopping crescent on his cheeks as he pushed down the cafetière plunger slowly then poured out the coffee, filling the kitchen with its rich aroma.

'Nobody would buy this place with itinerants tied up to its banks. And while I'm still here I want privacy and security. I'm not likely to get that with you camping out in the reeds and thinking you can treat my island like your own garden, to visit whenever you feel like it,' he replied irascibly.

Catherine thought gloomily that it was just as well she hadn't mentioned the chickens or the vegetable plot.

'You wouldn't know I was there,' she persisted.

He looked her up and down. There was almost a dry amusement in his expression, although she doubted that his mouth cracked into a smile more than once a year.

'Don't you believe it,' he said, as cold as the Arctic. 'The answer's no. Get used to it.'

The cracked ice eyes tried to freeze her resolve over the rim of the mug. She'd never heard such a definite refusal in her life. But what did she have to lose?

'I can understand your reservations, but think of the advantages,' she coaxed, all soft sugar and reason. 'I could keep an eye on things while you're away—'

'Forget it,' he snapped, swallowing both pills with a gulp of coffee. 'I'll install an alarm system.'

She winced, imagining sirens wailing across the peaceful countryside and emptying it of animal life for ever.

'OK.' She sighed. 'Your position is clear. Nevertheless, I think I'll wait and see what your wife has to say,' she told him, playing her last, desperate card.

'You'll have a long wait,' he muttered.

She frowned. 'I don't see why. She's been here several times already. Everyone's seen her. She drives a yellow car and she supervised the men in the removal van—'

'Word does get about,' he drawled.

'That's because the removal men didn't get a tip,' she said tightly. 'They went into the local pub for a much-needed drink and complained that your wife was tight-fisted—considering they had to trudge across the bridge and through the orchard with everything you own!'

'I'll rectify that. But your gossips shouldn't jump to conclusions,' he shot back. 'She's my PA, not my wife. I'm divorced.'

Somehow she managed to stop herself from declaring that she wasn't surprised. Her fingers played with the handle on her mug. The woman with egg-whisk hair had been a long shot, but a possible ally, nevertheless. Now her last hope was gone. Her body slumped a little in the chair.

'There's no way I can persuade you to let me live here till the new owner takes over?' she begged in a small voice. 'You see, I'll lose my business if I can't work from my boat—'

'Wait a minute!' His frown was ferocious. 'I had the impression that you were asking to moor here *occasionally*. You're talking about a *permanent* arrangement?'

'Yes,' she admitted meekly. 'I've been here three years, you see. It would mean nothing to you, to let me tie up, but it would be everything to me. My whole livelihood would go if I have to leave. I have people who rely on me for regular—'

'That's your problem, not mine. I want you gone. See to it.'

Catherine rose to her feet, wondering what he would look like with half a pint of blackcurrant tea poured over his head. But dignity stayed her hand.

'Very well. I'll go,' she said coolly. 'But when it's known how you've treated me, it will be your problem, too.'

'Is that a threat?' he growled.

She shrugged. 'I just know what the local people are like. Treat them with courtesy and respect and they'll go to the ends of the earth for you. Treat them or their friends badly…' She shook her head as if he was making a huge mistake. 'I just hope your plumbing doesn't fail, or that you ever need help in the garden.'

And she stalked out before he could reply. Despite her bravado, she was shaking from the confrontation. And miserably she faced up to the fact that she was on the brink of leaving her beloved Tresanton Island for ever.

CHAPTER FIVE

EVEN as he followed her he knew he'd regret it. It would be far wiser to leave her to fly off in a huff and never see her again.

But of course, he argued, craning his neck to see where she'd gone, he had that bequest in the will to fulfil. And Catherine was the only person he knew who might tell him the whereabouts of the mysterious Perdita that Edith had mentioned.

Otherwise he wouldn't be ruining a perfectly good pair of shoes by plunging through dense undergrowth in the search for a tiny scrap of a woman who seemed to have got so thoroughly under his skin that he was still tingling from head to toe in places he didn't even know *could* tingle.

Wretched female! Irritably he pulled away a ferocious bramble which was trying to capture his jacket. He swore under his breath when it ripped the expensive cloth.

That was *it*. He'd had it up to here. She could take herself off and Perdita would have to do without the fifteen thousand pounds that Edith had left her—unless she read his advert, which he was honour bound to publish in the broadsheets.

He had work to do. Calls to make. This house was going to take up enough of his precious time, without him adding a stroppy flower child to his action list.

Fine. He'd made his decision.

And yet…he couldn't carry it out. He, Mr Decisive

himself. Something was holding him back. Curiosity, perhaps.

He grunted. Who was he kidding? *Catherine* was stopping him. A woman of extreme contradictions. Delicate and yet strong, sometimes laser-sharp with her eyes and tongue but with a voice so soft that it soothed his churning brain. A stubborn mouth. A smile that could melt diamonds.

Even more oddly, she was an old-fashioned sort of woman he wouldn't have looked at twice if she'd walked past him in London. He went for the elegant type, well-groomed, high maintenance. They looked good and knew how to work a room. Catherine wouldn't even know what that meant.

And yet his body had danced the moment he'd really looked at her. Flashes of intelligence and fire from those chocolate drop eyes had intrigued him. So had her face, seemingly fragile enough for the bones to be crushed if his hands ever cradled it. Not that they would, of course.

His mind skittered into thinking of her body. Lithe and flexible. Incredibly sensual despite its slimness...

No. This overwhelming urge to see her again was too ridiculous. He'd return to the house and...

He jumped as a chicken scuttled out of the bushes. Not an ordinary one—this was the size of a turkey and a kind of pinky buff. With a black beard, for heaven's sake. It saw him, stopped in surprise and came up to him with an almost hopeful look on its intelligent face.

Well, OK, he amended, feeling stupid. That bright-eyed, head on one side look *could* have been interpreted as intelligent.

'I suppose you're Edith's, too, are you?' he muttered, and looked around furtively, suddenly embarrassed at talking to a chicken.

He sighed. The poor thing must have been living on air. Unless Catherine had been feeding it. He wouldn't put it past her.

The chicken began to unpick his shoelace and he hurriedly moved on, heading back to the house. His steps were annoyingly reluctant, but he had far too much to do to chase after Catherine.

She'd soon go. And if she didn't, he'd get the lawyers on to her. Any chickens would have to be sold or killed for the nearest market. Problem solved. He'd put Jane on to that one and keep her out of mischief, he thought with relief.

Once indoors, he went upstairs to find the master bedroom. He wasn't interested in anywhere else, only where he'd sleep. There wasn't time for aimless wandering.

Jane had hung up his suits and stored the rest of his clothes with unnerving care. He checked that he had everything he needed and settled down at the desk in the window, where she'd placed his computer.

Waiting for it to power up, he wriggled out of his jacket, slipped it over the back of the chair and happened to glance idly at the view of the garden.

He was high enough to see to the end of the island. A branch of the path ran from the bridge to the far side, though its destination was concealed by huge rhododendrons, their buds fat and ready to burst.

He froze. A man in a red T-shirt and jeans was walking along the path towards the rhododendrons. Zach's scowl deepened. One of Catherine's friends, no doubt.

Hopefully he'd find she'd gone and wouldn't trespass on his land again. If he had any trouble, he'd have to put a locked gate on the bridge. This was his land, not a public park!

Angrily he punched in his password and concentrated

on the day's prices. Or tried to. Over the next hour he kept looking up, drawn by the view. Extraordinarily, the more he did, the more he felt his muscles relax.

The tension had eased from his shoulders. His muscles felt liquid instead of rock hard. And his almost permanent headache had cleared.

There must be something restful about the garden. He pursed his lips and tried to work out what it might be. Those soft, harmonising colours, perhaps? The variety of shapes—tall, conical trees and shrubs, weeping ones, fat, exuberant ones and some with feathery leaves? It was really rather attractive, he had to admit—

He held his breath, his smug serenity suddenly shattered. The intruder was on his way back, making for the bridge. On his way he passed a second man, who nodded as if they were both strangers to one another. This new arrival walked on steadily towards the rhododendrons. And, presumably, Catherine.

Bristling with indignation, he was thundering down the stairs before he knew it. Thrusting his feet into his mud-caked shoes. Hurrying in the direction of those damn rhododendrons. This was his land. *His.*

And these men... She'd talked about people who needed her. That she'd lose her livelihood if her regulars...

His breath came short in his throat as he thought the unthinkable. Surely she wasn't...a *prostitute*?

Immediately as the idea came into his head he dismissed it out of hand. She seemed too innocent and unworldly. But the thought lingered, nevertheless. And he wondered grimly what he'd find.

He reached the end of the path, giant hens scattering before him, and studied the brightly painted boat snuggling up to the bank. It was half-hidden by overhanging trees, with just the bow and stern visible.

The entire boat seemed to be rocking gently. His jaw tightened and he had to force himself not to listen to the evil voice in his head that was telling him *why* it might be rocking. Only one way to find out.

Gingerly he stepped down on to the blue-painted deck. There was a notice which had been hung on the brass handles of the brightly coloured cabin doors. 'Hello! Welcome. Please wait outside,' it said. Naturally he ignored it and pushed the doors open.

Catherine looked up in surprise as Zach's bulk filled the doorway. Immediately she noticed his fury. And took charge before he let rip with his mercurial temper.

'I'm working,' she declared with firm authority. 'Please go outside and wait until I've finished.'

There was a breathless moment while their eyes clashed and she recognised utter contempt in his expression.

'*Working*?' he spat out, with a fearsome glare at her virtually naked client.

'As you see. I'll be half an hour at least,' she replied tightly.

With a snort of disgust he withdrew, slamming the doors behind him.

'I'm sorry about that. Landlord trouble,' she said ruefully to Joe.

'That's OK,' he murmured in a dreamy haze, his senses spinning from her expert hands.

She began to work her magic again but it took her a while to become properly focused. Instead of concentrating on Joe's needs her mind kept wandering off to think about Zach. *Now* what had she done to annoy him? He really was the most irascible of men!

Forty minutes later she had waved goodbye to yet another satisfied client and was tucking away the cash he'd given her when Zach came in, clambering awkwardly down the narrow wooden steps into the cabin.

He frowned at the notes in her hand. Tight-lipped, Catherine closed the lid of her cash box, locked it, and then folded away the drop-down bed where Joe had been lying. It took that long for her to gain total control of her temper.

'If you're wondering why I haven't gone yet…' she began haughtily.

'Why didn't you tell me you're operating a floating brothel?' he demanded savagely.

'A…?'

Blank amazement turned swiftly to a smile. Which became a broad grin and finally outright laughter.

She was almost hysterical from laughing by the time he caught her arms and gave her a brief shake.

'It's not funny!' he snarled. 'I suppose circumstances have driven you to whoring, but—'

'I'm not a prostitute,' she gasped out, wiping her streaming eyes. 'Really, Zach! I haven't even got the right clothes! There isn't a pair of fishnet tights in sight! And you may not have noticed, but we're horribly short of street corners here!'

His mouth was thin with disbelief. 'I saw a steady stream of men—'

'Two, I think,' she answered drily.

'All right!' he snapped, far angrier than seemed necessary. 'Two to my knowledge and goodness knows how many more lined up on the bank waiting for their turn!' he hurled.

'Don't be ridiculous—!' she gasped.

'I know what I saw! That last one was stripped naked on your bed and you were bending over him, your hands

doing heaven knows what when I opened those doors!'
he stormed. 'If that isn't evidence, I don't know what is!
How dare you use my island as a knocking shop? I suppose you pulled the wool over Edith's eyes about your
activities, but you won't find me so naïve!'

He didn't want to listen to her, that was clear. She
shrugged and slid from his grasp. What did she care if he
thought badly of her? He wasn't worth the effort of explaining.

'Is that why you came here?' she asked with a sigh.

'You bet it was!' he spat. 'You've got to get out of
here. Now! I won't have this going on under my nose—'
He broke off with an irritable mutter when his phone
played an incongruously merry tune. 'Damn! Thought I'd
turned that off!' he growled.

Staring angrily at the display, he evidently decided the
caller was important because he answered with a suddenly
gentle 'Hello.'

Giving him up as a bad job, Catherine turned away.
She was now resigned to leaving in the next two minutes,
so she began to check her appointments to see who she'd
have to cancel.

Perhaps, she mused, she could risk taking a temporary
mooring nearer to the village. But she'd have to keep
moving every two weeks, that was the law. It didn't bode
well for a thriving business.

Without realising it, she found herself listening to
Zach's conversation. It sounded as if he'd turned into another person altogether. He was speaking warmly, even
lovingly. And for such a positive, dogmatic man he
seemed strangely anxious.

'You see,' he was saying carefully, 'the house isn't
what I expected. It's quite unsuitable... Because it's on an
island...yes... Well, I suppose it is exciting... You have

to cross over a bridge... No. Narrow. Wooden—like the ones in adventure stories...'

Intrigued, she slanted a quick glance at Zach. He looked astonished, as if he hadn't expected the caller to be interested in his purchase. Was this his ex-wife? Girlfriend?

'But it's nowhere near any cinema, or a burger bar...' he cautioned and she knew he must be speaking to a child. 'Boats? Er...yes, there are boats, but I wouldn't know if...' There was a long pause while Zach listened intently, his face clearing as if the sun had come out. 'Of course I'll try. Leave it to me. See you tomorrow, Sam,' he said huskily. 'OK. Early, providing that's all right with your mother,' he agreed, suddenly elated. 'Yes. I know it'll be just for the Saturday. She told me about your party on Sunday. I understand. Look forward to seeing you.'

He couldn't believe it. Sam actually wanted to visit! Though, he thought ruefully, it was undoubtedly the island and its bridge that had appealed. Still, it was a start.

How long Sam's interest would last, he didn't know. But there might be an hour or two when the two of them didn't behave as if a wall of ice lay between them.

Smiling, he caught Catherine's enquiring eye. 'My son,' he said lovingly, wanting to share his delight. 'Coming for the day.'

'He'll have a whale of a time,' she replied softly.

'Do you think? Doing what?' Zach looked perplexed.

'A million things. He could build a camp from branches and stuff. Bully you into making him a tree house. His imagination can run riot here. Play pirates, Treasure Island... Oh, it's the place of boys' dreams.'

It was? Maybe she was right. Slowly he nodded, seeing the possibilities. And suddenly with the rush of pleasure that maybe this wouldn't turn out to be a disaster after all, he felt unusually generous.

'Look,' he said gruffly. 'I appreciate the fact that you have to earn your living any way you can. And I know it's going to be difficult for you to move.' He reached in his back pocket and lifted out his wallet, unaware of her look of horror. Peeling off a stack of fifties, he held them out, his conscience satisfied. 'Here. To help you settle somewhere else.'

She stepped back, her eyes showing her hurt. 'No, thank you,' she said curtly.

'Go on!' he encouraged. 'You must need it—'

'No,' she said with dignity. 'I don't need it any more than I need your patronising gestures. Perhaps you'd go and leave me to stow away my stuff. I have to find somewhere else to tie up before dusk falls.'

'You're a stubborn woman,' he muttered, astonished that she should refuse so much money.

She seemed to draw herself to her full height. Touchingly, she was still only as tall as his chest.

'One day,' she said quietly, 'you'll learn that there's more to life than money. People like to feel good about themselves. Integrity matters to my well-being.'

'Integrity?' he spluttered.

'Yes. Would you leave, please? You're trespassing on my boat.'

Now he was *trespassing*? He couldn't believe her nerve! His teeth jammed together in anger. And he swung abruptly on his heel, storming out of the narrow boat and back to the house, quite unreasonably disturbed by the value Catherine set on her honour.

After all, she was no better than she should be.

He made a hash of his deals that afternoon. And as the evening drew on, he found he wasn't even able to take in the figures on his spread sheets—figures that were usually child's play to him.

Infuriatingly, his head was full of her. Blazing brown eyes, full of scorn. Soft mouth suddenly scornful and quivering with righteous indignation. Supple body rigid with anger. And pride. Such pride—despite her chosen way of life!

He sobered. Perhaps it was all she had left, the only thing that held her self-respect together. Although he hated what she was doing, he felt a grudging admiration for her. He'd never met anyone like Catherine. And probably never would.

Though it was just as well. In her profession, she needed to know how to lure men and make them desire her. She'd certainly hit all the right buttons where he was concerned. He shifted in his seat to dissipate the ache in his loins.

Sternly he told himself that her sultry looks were part of an act. And, he thought in disgust, he didn't want to get involved in her sexual games. She was only interested in one thing; permission to keep her floating whorehouse tied up to his island.

Strangely depressed, despite the prospect of his son's arrival the next day, he went down to the kitchen, found an instant meal and pushed it in the microwave.

Eating its tasteless contents in the silent house, he found himself thinking of Catherine and the good friends she'd talked about. Much to his surprise, he wondered how she would fare without them since they meant so much to her.

Slowly he returned to his desk upstairs, his feet ponderous and leaden as he approached the window.

And held his breath. The black, moonless night was punctured by tiny white fairy lights which bedecked the path leading to Catherine's boat. It was a beautiful sight.

He opened the window. Somewhere a set of wooden wind chimes played tunes with the breeze. He became aware that unfamiliar and delicious scents were assailing his nostrils.

For a long time he stood there, just letting the night air and its strange sounds wash over him. New York awaited his call, but he was reluctant to tear himself away. Instead, he leant over the windowsill, intent on the extraordinarily liquid notes of a bird.

Didn't birds stop singing when it got dark? Suddenly alert with pleasure, he realised it must be a nightingale. The first he'd ever heard. And, yes, it was a lyrical and joyous song. He felt privileged, as if he'd been awarded a great prize.

Disappointingly, it stopped. With a faint smile of regret, he was about to close the window when he heard voices. Beams of light swept the path and soon he could make out a group of young men, hurrying along with bottles tucked under their arms. After a short time a larger crowd followed; men, women and children, bearing what was clearly plates of food.

His face darkened. She was still there, then!

'Catherine's friends,' he mused, irritated that she'd ignored his order to leave.

Presumably this mixed bunch of people were saying goodbye to her. His brows drew together. They didn't seem to care what she was.

He thought with some distaste of the naked man on her bed. Of Catherine's pliable body, intent on serving her client's needs. His lip curled. And they said that cities were a hotbed of immorality!

Grimly he pushed aside the fact that really bothered him. It had been Catherine who was offering her body so freely, Catherine who spent her working hours pretending to men that she enjoyed their clumsy fumblings. And he couldn't handle his feelings on that score.

What really annoyed him was that initially she'd lied; assuming indignation and protesting her innocence. But in the end she'd been unable to deny his accusations— though he'd half-hoped he'd made a mistake and there would be a simple explanation.

Whatever the case, he wouldn't be made a fool of. If she hadn't gone by the morning, he decided irascibly, he'd damn well cut her adrift.

CHAPTER SIX

JUST after dawn Catherine rolled sleepily from her bed, showered and dressed then scattered grain about to encourage the chickens into the assorted cat baskets which she'd borrowed.

Her own breakfast would have to be taken on the run. When she had tried to start her engine the previous afternoon it had spluttered and died and no amount of coaxing would persuade it back into life again.

Still, it had been an ill wind. At least she'd been able to say goodbye to her friends. She gave a wan smile. So much laughter, so many tears...

Things to do, she told herself briskly. And, slipping a pair of overalls on top of her shorts and T-shirt, she grabbed her tool kit from a locker and removed the lock and chain on the engine hole hatch in the stern. There followed a good two hours of frustration, during which she became daubed in oil and grease.

'Wow!'

Catherine lifted her head from the bowels of the engine, her face flushed from exertion. She looked to see who'd spoken.

'Hello,' she said, smiling broadly at the skinny little boy.

Sam, she thought immediately. Let out loose to play while Daddy fixed his mobile to his ear and flung orders into the ether.

And her heart softened at the sight of the kiddie. He was pale and entirely lacking in his father's air of confidence. He stood on the bank, smoky grey eyes wide with fascination, his body language revealing an intense shyness that was battling with an equally intense curiosity.

'Those your chickens?' he asked in awe, nodding at her Silver Laced hens.

'That's right.' Fondly she eyed her tiny chickens eating their way towards the baskets. Next to her huge Faverolles they looked very dainty with every white feather delicately edged in black. She jumped on to the bank, shooed some in and fastened the clasps. 'These big ones are mine, too. They come from France.'

'Mega!' he declared. Nervously he stretched out a hand to a fat buff hen nearby. An expression of delight spread over his face. 'It's letting me stroke it! Oh! It feels all soft and warm!'

Picking up a stray and giving it a fond stroke, she nodded in a friendly way.

'They're very tame. They have pink eggs, you know.'

'Yuk! Girly!' He grinned, disarmed.

'Like to help me get the hens into their baskets?' she asked.

'Would I!'

They worked for a few moments, shooing in the last stragglers, and she fastened the clasps. She boarded the boat. Struggling with the weight of the baskets, Sam passed them to her and she placed them securely on the cabin roof.

'Six...seven, eight,' she counted. 'All the Silver Laced present and correct. Four Favs. Good! Thanks a lot,' she said cheerfully. 'Now I can go back to that engine.'

Sam craned his neck to see. 'What are you doing with it?'

'Trying to get it to start,' she answered with a rueful

grin. Then on a sudden impulse, she added; 'Want to help?'

'Ohhh! Can I?' gasped Sam, squeezing just about every excited muscle in his small person.

'Of course. Come on board. Take my hand.'

'Oh, cool!' Jumping eagerly on to the deck, he peered into the engine hole with wide-eyed fascination. 'What can I do?'

Dubiously she considered his pale blue shirt and beige shorts. They had been ironed within an inch of their lives, the knife-edge creases in danger of slashing any passing stranger. She wondered if he'd actually dared to sit down yet.

'You'll get dirty unless we find something for you to wear,' she observed.

Shining eyes turned to her, eyes that oddly reminded her of his father. Although Sam's coaxed and Zach's eyes commanded, she thought, returning a few moments later with an old T-shirt of hers and a couple of bulldog clips.

'There!' she declared with satisfaction when she'd covered him up from neck to knee.

He didn't seem to mind having the clips sitting perkily on his bony shoulders. At least they'd taken up the slack, and now he could forage to his heart's content.

'Right,' she said cheerfully. 'Pass me that spanner, please.'

'Spanner.'

She hid a grin. Sam had obviously watched hospital soaps.

'Rag.' She held out her hand, surgeon-like.

'Rag,' Sam said solemnly and to her delight it was slapped into her hand in the manner of a theatre nurse.

'Oil.' There was a pause. Surfacing, she saw that he was looking doubtfully at the array of cans in her engine box. She dived down again. 'One can, complete with little spout,' she expanded.

The oil was smacked into her hand and a small, confiding head came down to hers, breathing pure joy.

'I've never worked on an engine before!' Sam sighed blissfully.

'Couldn't have done this without you,' she fibbed. 'Finger there, please,' she said, choosing somewhere he could do no harm. 'Hold it absolutely steady...'

'My dad knows about boats,' Sam whispered in her ear, his finger going an alarming shade of white.

Probably the market value of an oil tanker, she thought uncharitably.

'*Does* he?' she replied, injecting a totally unfelt admiration for the child's sake. 'Lift that finger a fraction...'

'Grandpa had a barge on the Thames,' Sam said surprisingly.

'Good grief!'

She jerked her head around to stare at the small, solemn face close to hers. Who would have thought it? She'd imagined Zach had been born in a pin-stripe romper suit with a silver mobile hooked over his ear. It seemed he was the son of an ordinary mortal after all!

'Perhaps we should ask your father to stick his head down here and sort us out,' she joked.

'I could go and ask him!' Sam cried excitedly.

'No! Er...I'm sure he's busy—'

'Yeah. He's always busy,' Sam confided in a forlorn voice.

Catherine winced. And silently cursed Zach for being ignorant of the important things in life.

'No problem,' she declared cheerily. 'We'll get this done, you and me.'

Sam's chest swelled with pride. 'Then we can show him!' he cried.

Poor kiddie. He was desperate to impress his unimpressable father.

'He'll be amazed,' she promised, vowing that she'd make darn sure that he was.

'Cool!' breathed Sam with a blissful smile.

She handed him back the spanner and noticed that somehow he'd already managed to get himself covered in oil.

'Uh-oh! We are going to be in the most awful trouble unless we pop you in my shower before you go back,' she said with a giggle. 'Your face is black. And look at your hands!'

'You're all oily too!' laughed Sam. 'It's all over your forehead and cheeks—'

'*Sam!* What on earth—?'

They eyed one another, startled. Sam looked horribly like a rabbit trapped in headlights. Slowly they straightened and they both turned to look at the tight-lipped Zach on the bank.

She giggled at the picture they must present and grabbed Sam's trembling hand and swung it backwards and forwards to reassure him.

At least, she thought, Zach was more sensibly dressed for island life. Apart from his annoying X factor that made her heart bump uncomfortably, he could have been almost normal in jeans, a cream polo shirt and muddied loafers. Pity about his wall-to-wall frown, though.

'Sam! You're filthy!' he exclaimed in reproval. 'And what *do* you think you look like in that outfit?'

His son stiffened, glanced down at the T-shirt and squirmed beside the furious Catherine.

'No problem. The oil's not permanent. It'll wash off,'

she dismissed, remaining sweet and modulated for Sam's sake. 'And this is his makeshift overall. We thought you'd rather his clothes weren't spoilt. I do hope that was the right decision.' Her wide eyes, all innocence, fixed on the annoyed Zach. 'Sam's been helping me to mend my engine. And good morning to you, Zachariah,' she added drily.

The frown had intensified at her use of his full name.

'*You* are not supposed to be here,' he snapped, while his son shifted uncomfortably from one foot to the other.

Catherine gently squeezed Sam's hand and gave him a huge smile. It didn't come easily. She wanted to scowl back at Zach and tear strips off him.

'I know,' she agreed as equably as possible.

'Then why are you still hanging around?' Zach demanded in an irritable growl.

Ruefully she looked down at her oily overalls.

'You're good at putting two and two together, I understand. I leave you to guess.'

With a grunt of exasperation, he came closer to the edge of the bank and peered at the engine hole.

'Engine trouble? You could have checked it over yesterday,' he reproved.

'I did,' she replied meekly. 'I fiddled about for ages till it got too dark to work.'

'And then you had a party.'

It sounded as if she'd recklessly opened an opium den.

'My friends gave me a farewell do,' she corrected.

Zach grunted and glanced sourly around, giving the impression he was searching for hypodermics and perhaps even a few stray revellers.

'Hmm. I must say, I expected to find the place strewn with beer cans and bottles,' he muttered.

'Heavens! We're more civilised than that. Were you

spying on me?' she countered in an amiable tone, conscious that Sam was looking up at her with a kind of scared admiration. She doubted that many people stood up to his father.

Slightly embarrassed, Zach thrust his hands into his jeans pockets. 'Of course not! My desk is in a bedroom window,' he replied curtly. 'I could hardly miss the procession beating *my* path to your door. I certainly couldn't avoid hearing everyone going home.'

She grinned, remembering the affectionate farewells, the exchanges of phone numbers and addresses. She'd had no idea so many people in the village were so fond of her. It had been a fabulous send-off.

Feeling generous, she beamed at the cold-hearted City man whose life probably lacked such riches.

'Sorry if we disturbed you,' she said with genuine warmth. 'They all promised they wouldn't sing on the way back.'

'They didn't,' Zach conceded gruffly. 'It was just…the murmur of voices. Laughter. I happened to be still working.'

At two in the morning? she thought in amazement.

'Good. They didn't wake you then,' she said, thinking that she'd won that one. 'And you can be sure that it won't happen again, can't you?' she added with a sad sigh.

'That's right. It won't.' He turned his attention to his son, who was clutching Catherine's hand tightly. 'Sam, you haven't had your breakfast. And I told you the river was dangerous,' he scolded.

'Sorry, Dad. You were on the phone,' Sam explained meekly. 'I went for an explore.'

He had the grace to colour up. 'I got involved. Something very important.'

'Yes, Dad.'

Poor child! she thought. To be ignored for some wretched business call—it was unforgivable. No wonder the kiddie looked crushed.

'You must do your exploring with me,' Zach told him firmly. 'Now, Miss Leigh has things to do. Come off that boat.'

Her hand closed around the scrawny shoulder.

'Can't he—?' she began.

'No. Let go of my son!' he ordered.

She sensed the little boy's deflation and wanted to give him a hug, but he'd already taken his father's outstretched hand and jumped to the bank.

'What a shame. I enjoyed having him with me. You're acting as if I'm contagious,' she complained, annoyed at the kiddie's scurrying obedience. The poor child looked miserable.

'Your morals might be,' Zach muttered.

'So that's it!' she exclaimed indignantly. 'I'd forgotten! Just a moment. Wait there. I'll show you!'

Grim-lipped, she hurried into the cabin and grabbed her framed diplomas from their hooks. She dearly wanted to spend a little more time with the sweet-natured Sam. But she knew that Zach would frown on that if he thought she was hell bent on corrupting a minor by introducing him into a world of pimps and prostitutes.

'Here,' she said in a tone of injured pride, after stepping on to the bank and presenting Zach with her precious diplomas. 'I think these will relieve your anxiety about your child's moral welfare.'

When he glanced at the first one his cold expression became even chillier. 'A masseuse?' he muttered, giving her an old-fashioned look.

'It's not what you're thinking,' she said tartly. 'I'm

fully qualified from a respectable society, as you see. Therapeutic and Sports Massage does wonders for muscle injuries. And it works miracles on muscle tension in stressed-out people too,' she added meaningfully.

'I bet,' he muttered, and she went hot beneath his dark and mocking glance. Cynically he examined the rest of the framed certificates. And did a double-take. '*Homoeopath?* You?' he said in surprise.

'Height isn't a requirement,' she quipped.

'Evidently,' he drawled, but seemed faintly amused because his mouth had quivered a fraction. Though nothing as revolutionary as a real smile.

'What's a homey-thing, Daddy?' asked Sam, his eyebrows drawn together in an exact copy of his father's.

Seeing Zach's look of uncertainty, she crouched down and took Sam's small hands in hers.

'Ho-me-oh-path,' she said softly. 'That means I've studied in a college in London. I help people when they're ill,' she explained.

'Like a doctor?' Sam asked, wide-eyed.

'Kind of,' she conceded. 'But my medicines trigger the body to heal itself. They're made only from natural things, like plants and minerals and so on. If you were bitten by an adder, for instance, I'd give you a tiny, watered-down dose of Vipera, which is made from the adder's poison.'

'Wow!' Sam breathed, his eyes now like saucers. 'Anything else weird you give people?'

Amused, she tried to think of something he'd recognise. It was difficult simplifying a method of treatment that was so complex and comprehensive.

'Well, supposing you couldn't sleep, night after night because your mind was churning with thoughts—'

'Like it does on Christmas Eve, or just before a birthday?' broke in Sam eagerly.

'That's it!' she approved, and was rewarded by his pleased smile. 'Then I might use a medicine made from coffee beans.'

'Coffee keeps you awake,' objected Zach scornfully.

'Exactly.' She stood up, her face betraying the passion she felt for her profession. 'That's how homoeopathy works. What harms you, cures you in tiny doses. Take the bark of the Cinchona tree. It can cause violent fevers. Even conventional medicine uses it to cure malaria—'

'No. They use quinine,' Zach broke in with an expression of contempt.

'Cinchona *is* quinine,' she replied.

'Hippocrates would be turning in his grave,' he dismissed.

'Hippocrates,' she said, sticking up for the Father of Medicine's incredible genius, 'believed that what caused illness could cure it.'

Zach grunted. 'I'll stick to conventional medicine, thanks.'

'I wasn't trying to convert you,' she said drily. 'Only to reassure you about my morals.'

He pursed his lips, considering her thoughtfully.

'Those men I saw... They were your patients, I suppose.'

'That's right,' she answered gravely.

'Only men?' he shot back.

She sighed. He was hard to convince of her integrity.

'No. I also treat children, women, and old ladies. And babies. They're my speciality. If you step inside I could show you the book which lists my patients and the remedies they've had. And they and many others are going to miss me when I go, because we're half-way through their treatments.'

The frown cleared and her heart did its fatal *bump*.

'I apologise,' he said and drew in a deep breath. 'Whatever I think of your crazy medical ideas, I admit I maligned you.' He looked faintly embarrassed. 'I don't usually jump to conclusions like that. But...I'd seen you and that man with my own eyes and—'

'It's OK,' she said, unable to take the breath-stopping effect of his soft gaze any longer. 'It must have looked bad,' she added generously.

'It did.' He scowled. 'And you didn't do anything to dispel my assumption.'

'As I recall, you weren't in a mood to listen,' she pointed out.

'Hmph. You could be right. Forgive me?' he asked shortly, holding out his hand.

It wasn't the most gracious of apologies but it was all she was being offered. And something told her that this had been a huge concession on Zach's part and that he rarely admitted he might be wrong.

She looked at the outstretched hand. 'Forgiven,' she agreed.

And, with a smile, she took it. A sensation of protective warmth flooded through her and for one mad moment she wanted to stay linked to him like that for ever.

But abruptly his grip relaxed and he drew his hand away with a slightly insulting rapidity that suggested he objected to physical contact with her.

'You promised me a shower on your boat,' Sam reminded her anxiously, bringing her back to earth.

'We've got our own—' Zach began stiffly.

'I promised,' she told him gently, sad to see the forlorn little boy standing four chilly inches from his father. 'And you wouldn't want his mucky fingers all over the house, would you?' An urge to do something, to make a difference to this dysfunctional father and son, swept recklessly

over her. 'Look, I'm starving and you haven't had breakfast.' She grinned at Sam's hopeful face. 'Why don't we
mechanics get cleaned up and cook something nourish-
ing?' she suggested.

'Me? Cook?' he squeaked.

'Why not? I've got new-laid eggs, still warm from the
hens—'

'*Pink* ones?' Sam breathed.

'You don't get pink eggs…' began Zach.

'Oh, yes, you do,' she said with a laugh. 'Wait till you
see them. And we'll have home-made bread, herby sausages, mushrooms and tomatoes. How's that sound?'

'Oh!' breathed Sam, suddenly in ecstasy again. 'I'd
love to cook. *And* eat on a boat! Could I, Dad?' he asked
timidly. He put his small hands together in an earnest
entreaty. 'Please, *please*?'

Zach cleared his throat, peculiarly moved. He'd never
known his son so excited. He was reminded of his own
uncontainable joy when he'd first stood proudly on his
father's barge at the age of six. He had chugged down the
Thames in a haze of delight.

They'd eaten doorstep sandwiches of cheese and ham
and never had food tasted so good. People had waved at
them and his father had pointed out places of interest. For
a whole day he'd been close to his father and even now
he could remember the rush of disappointment when it
was time to go home.

Ruthlessly he tucked away that memory. It was making
him feel sentimental. But suddenly his stomach seemed
desperate for a cooked breakfast. It had sounded mouth-
watering the way Catherine had described it.

His son looked up at him trustingly, the habitual expression of uncertainty suddenly replaced by a huge grin
as he recognised capitulation when he saw it.

'Dad?' Sam prompted in a hushed whisper.

Zach's heart turned over. How he loved his child! And Catherine and her boat were providing him with a means to break down the barriers that had frozen the ground between him and Sam. It wouldn't hurt. She'd be gone in a few hours.

'Why not? Catherine,' he said decisively, 'thank you for your invitation. We accept.'

'Whoopee! Thanks, Dad!' squealed Sam, flinging his arms around Zach's knees.

He melted from head to toe. *Contact!* he thought. At last. After all these years of avoidance…

'Thank Catherine,' he prompted huskily.

'Yes! Thanks a million, trillion!' cried Sam, jumping up and down.

She laughed. 'You haven't tasted my cooking yet,' she warned with a giggle. 'Now. How about we whip off that T-shirt here, and get you into that shower? Then after breakfast, if it's OK with your father and you don't have any other plans, I'll show you around the boat. After that, I really must get back to sorting out my engine.'

Zach felt oddly elated as they scrambled on board and she led them into the rear cabin which she called the boatman's cabin. It was small and neat and Sam lingered in awe, asking a flood of questions. Zach couldn't relate this to the reserved, reticent child he'd been struggling to communicate with.

But Sam had been different from the moment his mother had dropped him off by the river. He'd never shown any interest in boats or the country before, but the island and the bridge had totally captured his interest.

To his amusement and Kate's Sam had run backwards and forwards over the wooden structure with such joy on his face that it had physically hurt Zach.

And now he could feel the contentment emanating from his son, even when Catherine firmly insisted that he should clean himself up first and that they'd have to leave the Grand Tour till after breakfast.

He watched her talking easily to Sam, clasping his son's hand as if they'd been friends for years.

Zach sympathised. She had that effect on him too. That morning, when he'd first seen that the boat was still there, he'd felt a totally irrational surge of pleasure which had mentally knocked him off balance. That was why he'd been so angry. He didn't do 'irrational'.

But something akin to tenderness had touched his heart when she'd turned to face him like a guilty child, oil-streaked and apologetic. And then, he had to admit, he had been stricken with jealousy.

Sam had obviously been having a good time. It had hurt that his son had been so reluctant to leave her. Thoughtfully he followed the small figures along a corridor into a tiny bathroom.

'Here,' he said gruffly. 'I'll unbutton your shirt, Sam. Your fingers are too mucky.'

He crouched down. Obediently his son stood, happily watching Catherine as she bustled about with towels and tested the setting on the shower.

It had been a long time since he'd undressed Sam. In fact, his son had shied away from physical contact of any kind and had made it quite plain that affectionate gestures on Zach's part were distinctly unwelcome.

'Give it time,' his ex-wife had said sympathetically. 'He's hurting from our break-up. Perhaps he wants to punish you.'

Punish! He winced. It had been three years of torture. Zach had given his son some space. Great wide gaps of it. And their perfunctory, dutiful kisses had torn the heart from him.

'There you go,' he said unnecessarily.

'Thanks, Dad.'

That had been accompanied by a huge and happy smile which made him want to weep. He felt a huge lurch of love at the frailty of the small bones and the innocence in those soft grey eyes as his child waited patiently in his underwear for the adventure to continue.

Thank you, Catherine, he thought fervently. Thank you for this chance to find my son. The child I love above all else.

'All set, Sam. Now, would you like to know a special rule of this boat?' Catherine asked when she'd explained to Sam how to turn on the shower.

Zach rose to his feet, admiring her technique. Sam was putty in her hands, his proud 'Yes, please!' indicating that he'd do anything for her.

'Right. Of course, I'm sure you know already that water is precious,' she said in her gentle voice. 'But on a boat every drop counts because it isn't piped into our homes as it is in your house.'

'How do you get it then, if it doesn't come out of taps?' Sam wrinkled his forehead and Zach recognised his own frown on his son's small, perplexed face.

'We're lucky here. There's a tap with a hose on the bank which the previous owner had put in, so I can fill my tanks from that.'

'Where are the tanks?' Zach asked with interest.

'Under the fore deck, with an access point via the gas hatch,' she explained, looking up at him briefly.

'Gas? Is that…safe?' he asked, wondering why he felt so churned up by her dark glance. Their eyes seemed to lock and he felt a warmth stealing through his body.

'Propane,' she said huskily. 'It doesn't freeze.'

'Interesting,' he murmured.

To his surprise, she went a delicate shade of pink and turned back to Sam.

'On other moorings,' she went on hurriedly, 'sometimes we just have to take our boats along the river to fill up from one of the Water Authority's sites. They give us keys for that. So we get into the habit of using enough water to get clean, but no more. We don't hang about in the shower. Just get in, scrub madly and turn it off again. OK?'

Wryly Zach reckoned that it would have been OK if she'd suggested Sam rubbed himself with a scouring pad and coarse salt.

'Use a smear of this on the worst bits,' she instructed, taking off the lid of a small tin. 'The stuff in here will lift off the oil and grease. Then lather up as usual.'

With a warm smile, she closed a sliding door that shut off the shower area from the rest of the small bathroom and began to undo her overall straps. Feeling a little awkward, he hung around in the doorway waiting to help dry Sam when he came out.

The breath came short and rapid in his throat as she emerged like a butterfly from a cocoon, her brief cut-off shorts a kingfisher blue, her T-shirt clinging damply to her body. Her legs were fabulous; slender and toned and the colour of pale honey.

A bolt of electricity seemed to shoot across the room at him. He sucked in his stomach, taken aback by its unexpectedness. Why her? he marvelled, steeling himself to damp down the fires licking through his body.

She wasn't his sort. Too small. Too dark. Scornful of fashion and devoted to some airy-fairy medicine.

And yet...she was moving now as if drugged, her

graceful arms hanging up the overall on a peg as though she were performing in a ballet. Her slim body was so supple and…touchable that it was all he could do not to reach out and span that small waist with his hands. And then to run them around the curve of her spine and the…

'Zach,' she breathed, staring at him pink-faced again and pursing unnervingly kissable lips.

He dragged his hot gaze up to meet her startled eyes.

'Uh?' he grunted stupidly.

'Would you forage in the kitchen?' she asked breathily.

His brain seemed paralysed. His voice box had joined in too.

'What?' he forced out after a moment.

'There's…' She swallowed and he realised he must be staring too hard so he scowled at the wood block floor instead. 'There's a table flap that unhooks, er…knives, forks and plates, mugs and salt and pepper to find,' she finished in a rush.

'I was going to help Sam get dry,' he growled, feeling parched in the throat himself.

'Pop back in a moment. I'm going to wash,' she said hastily, turning her back on him and giving an odd kind of laugh. 'You must think I've met an oil slick head on.'

Fortunately she had no idea how appealing she looked and how badly he wanted to rub the smudge of black from her small nose. For absolutely no reason at all, he found himself chuckling softly under his breath.

She confounded him by jerking her head around in surprise. His hand lifted before he could stop it, and suddenly he didn't care. Mesmerised, she watched as his finger came her way and traced the path of that oil slick all the way across her smooth, flawless forehead and down her prominent cheekbones to the delicate jaw.

'Don't be long,' he muttered, finding it hard not to kiss her sweet mouth.

There was a crazy voice inside him, saying *why not do it*? even though his child was singing lustily a foot or so away. Coming to his senses, he recoiled, appalled by his behaviour.

She gulped. 'Why not?'

He managed to frown. 'Because I want to make sure Sam dries between his toes,' he snapped prosaically.

And before she could tempt him any more with that artless pink mouth he closed the door behind him.

He indulged in some deep breathing, spending a moment or two getting his brains back into his head.

OK. She was delectable. Unusual. Like no other woman he'd ever met. But that didn't mean he had to make a pass at her while his son was so close. Totally out of order.

Grimly he strode through the boat. Unlike him, it was in an immaculate state with nothing out of place at all. There were cupboards and gleaming brass everywhere and a general air of…cosiness. Armchairs invited him to lounge. Comfort seemed to surround him and unravel his irritation.

A little nonplussed by his sensation of ease in such alien surroundings, he passed by a huge bookshelf which lined the fore cabin wall.

In the Shaker-style kitchen beyond he found the drop-down table and everything Catherine had requested. He was about to return when she and Sam appeared, their faces glowing, identical great grins stretching from ear to ear.

'He did between his toes,' Catherine offered, giving Sam a friendly hug. And it was enthusiastically returned.

He felt extraordinarily helpless. This complete stranger

had effortlessly infused his son with joy and contentment. Something all his money and lavish gifts had failed to do.

He's my son, he thought bleakly. And I don't know how to win his love.

CHAPTER SEVEN

UNUSUALLY subdued, he watched Catherine and Sam bustling around preparing breakfast. His own pathetic attempts to slice mushrooms had resulted in half of them skittering to the floor.

Catherine pretended that this had been an accident, caused by the fact that there wasn't enough room for them all to do jobs.

'Why don't you relax?' she suggested gently. 'You could do the washing up afterwards.'

'I'm good at that,' he said with a grateful smile.

She could have made fun of his efforts. Most women would, in that amused and patronising voice they adopted when men strayed into areas they couldn't handle.

So he lounged back on the bench cushions, increasingly fascinated by the length and slenderness of her neck, and the way that strands of her amazing hair tumbled in silken coils from the huge gold clip on top of her head.

Deft and willowy, she worked with an economy of movement borne of necessity in the cramped kitchen. And her soft, murmuring voice soothed him, lulling all his senses and taut muscles into a false sense of peace.

Because no woman ever brought peace to a man's life.

Miraculously, his nervy son's jerky and uncoordinated movements seemed more controlled under her calm guidance. She had a knack with him, a natural ease that he'd never seen in anyone—other than Kate, of course.

All the women he'd introduced to Sam—including the

unnervingly competent Jane—had been unable to get past his son's chilly reserve.

But these two were giggling like conspirators. What was she doing right? he agonised.

Leaning forward, his dark eyes intent on them, he tried to analyse her method. It couldn't be any harder than reading a balance sheet.

'No, there aren't any problems,' she was saying cheerfully. 'I can't keep clutter because I don't have much room here, but then I like to keep my life simple and I've never yearned for a hundred pairs of shoes when I can only wear one pair at a time. It's a choice I've made, Sam. I work to live, instead of living to work.'

Zach's mouth compressed. That would be over his son's head. He wouldn't understand.

'What do you mean?' Sam asked, proving him right.

'You hold the plates, I'll dish up.'

For a moment, he thought scornfully that she had ducked the issue. Then, when the plates were on the table and enticing him with their contents, she spoke again, her face intent and serious.

'I work just enough hours to supply my needs. I want to have leisure time to enjoy my friends and my surroundings.' She smiled. 'That's what matters in the end. Friends and family.'

'You've got children?' asked Sam innocently.

'No. I'm not married. And I don't have parents, either. They're dead. I was brought up in a Children's Home.'

'Oh, that's awful!' Sam declared.

'No, it wasn't!' She laughed. 'I had a whale of a time. More friends than I could wish for. They're my family. And so I make time for them, and the world I live in. If I couldn't sit outside and…say…watch the kingfisher during the day, I'd feel I'd missed something wonderful.'

'Dad works all the time,' Sam declared, clearly having trouble in accepting this alien work ethic.

Catherine's soft, unjudgemental gaze met Zach's. 'I know,' she said gently. 'He's pursuing happiness in his own way.'

Happiness! What did that have to do with work? Angrily he ate a piece of sausage, consuming it at his usual rate—which one of his dates had likened to the speed of sound.

And then he paused. Speared a second piece and chewed more slowly. There had been an explosion of taste in his mouth; subtle herbs, onion—or perhaps leeks—and the best pork he'd tasted this side of a gourmet dinner.

Oblivious to the chatter across the table, he sliced the fried egg which had once been encased in a baby-pink shell. Though its size had nothing to do with babies and everything to do with giant hens. It was certainly the most enormous egg he'd ever seen.

He leaned back when his plate was clean—wiped thoroughly with a hunk of her home-made bread—and waited for the acid discomfort that always attacked him after meals. When it didn't come he realised that he was feeling deeply relaxed. And that—much to his surprise—he was almost smiling as he watched his son enthusiastically accepting the offer of a second egg.

'You're in luck. This one's got a double yolk,' Catherine announced proudly, bringing his son's plate back to the table.

Eagerly Sam tucked in, and he was conscious that both he and Catherine were watching Sam in proud amusement. Their eyes met. They smiled at one another in mutual pleasure. His heart leapt, alarming him.

'Good meal,' he said crisply, as detached as if she were a maître d'.

'The best!' sparkled Sam, putting down his knife and fork with a contented sigh.

She ruffled Sam's hair and it annoyed Zach that his son didn't mind, but grinned up at her adoringly.

'Thank you,' she said, her warmth mainly directed at Sam.

'Tell me which butcher you use,' Zach said, aware that he'd been a little too curt. 'I'd like to put in a regular order for those sausages.'

She smiled. 'They're vegetarian,' she replied, much to his astonishment. 'From the village store.' Eyes twinkling at his dumbstruck expression, she demurely collected up their plates. 'Look…it's such a lovely day. Why don't we sit outside and finish our drinks there?' She pointed through the double cabin doors to the fore deck, which was ablaze with sunshine. 'If we're very still and quiet, we might see the kingfisher.'

'Can we, Dad?' begged Sam, immediately anxious.

Zach tenderly stroked his son's frowning forehead, immeasurably pleased to see the lines disappear as if by magic. He was bonding with his child. Touching him. Reassuring him. So this was how it was done…

'Of course we can,' he said huskily, awash with indulgent love. What did a few more minutes matter if his son was happy? 'I'll wash up later.' He stood aside politely. 'Catherine?' he prompted, when she hung back.

She shook her head, needing a moment to gather herself together. Zach's relationship with Sam tugged at her heartstrings.

'Won't be a second. Just want to check the hot water situation,' she fudged.

Zach climbed up the steps and bowed his head beneath the low cabin doors. He seemed less tense than before, his body moving with fluid power.

She tried to still her clamouring senses. Cooking breakfast had been a simple task. And yet it had seemed to be one of those defining moments in her life.

Encouraging little Sam and with Zach watching approvingly, she had been in seventh heaven. Especially when they had both enjoyed the food so much.

Her feelings had become muddled. They needed sorting out. Why was she so keen to introduce Zach and Sam to her way of life? Why did it matter so much to her? She'd never flung so many facts about homoeopathy at a total stranger before. But she'd wanted Zach to respect what she did.

And even odder, she could understand her motherly feelings towards the little boy, but not why she felt such an irrational yearning to alleviate Zach's stress.

Perhaps it was her healing instincts. People came to her, sick and miserable, and she delighted in seeing them gradually bloom and come alive again.

But, however needy they might be, Sam and Zach were not her patients. They hadn't asked for her help. Her whole life was based on a principle of being unjudgemental. The way Zach chose to live his life was none of her business.

She grinned. She might want to shake him and say that he was destroying himself—and his privileged position as a father—by focusing so much on work, but she really had to keep her nose out!

Her small nose wrinkled instead. So why was she doing her best to prove that he was missing the very essence of life as she lived it?

Because, came the blunt answer, he'd rung all her bells. And she wanted his to ring to the same tune.

'You're a fool!' she breathed to herself.

Then she laughed ruefully and went out into the sunshine to join Zach and Sam on the bench. Zach looked up at her with his intense and mesmeric gaze. The bells pealed joyously and she found herself with a stupid smile on her face.

'It's extraordinarily quiet out here,' he murmured.

'It is. Just the sounds of the river, birdsong and the rustling of the leaves,' she agreed, a little unsteadily.

'Where's this kingfisher, then?' he asked quietly.

Cradling her mug, she nodded towards the bird's favourite perch, a branch that overhung the river.

'It usually sits there.' Her heart pounded and she stilled it with her hand. 'Very quiet, now. Very still.'

The silence enfolded them. The river gurgled and murmured gently. Her hens muttered quietly to themselves in their containers. Rays of sun streamed through the trees, bathing everything in gold. Zach looked transformed, all the lines on his face erased.

She couldn't tear her gaze away. He seemed rapt, those steely eyes soft now as they focused intently on the branch. The strong bone structure of his cheeks and jaw made a little spasm of pleasure knot and twist inside her.

She'd never known anyone with such animal magnetism. Had never felt so unstable and out of control. It was exciting and frightening at the same time. She felt drawn to him—and yet fearful of the maelstrom that might envelop her.

Life would never be simple with Zach. It would be a turbulent roller-coaster of a ride. He had the most intense passions of any man she had ever known. And she didn't think she could handle them.

Slowly his head turned and he met her liquefied gaze, holding it for several long seconds before he frowned and averted his eyes. She flinched. He was annoyed with her.

He'd seen her interest and had been appalled by her presumption.

She felt humiliated. And it was her own fault. Men like Zach weren't for the likes of her to convert from the worship of Mammon. Who was she kidding? He was a lost cause, anyway.

Zach's heart was pumping fit to burst. He cursed himself for dropping his guard. Catherine was leaving. And it was crazy to think that there was anything other than a crude physical attraction between them. She could never understand his needs, his life-style.

Ruefully he acknowledged that if they'd met in any other circumstances they would be flirting now. Making a date.

He would have treated her to candlelit dinners in the best restaurants around. Taken her to a show in London, a première, maybe. A trip to Paris. Bought her a new wardrobe, a car—even an apartment near to his...

Sam's indrawn breath and stiffened body brought Zach back to reality. The kingfisher had appeared. A tiny scrap of iridescence, it peered down into the water with watchful, bright eyes. Suddenly there was a flash of searing blue, as fast as a lightning strike, and the bird had vanished.

Feeling oddly privileged, as though he'd witnessed something momentous, he turned to Sam and quite involuntarily hugged him.

'Did you see it?' he breathed.

'Yes! Dad—! You're grinning!' his son declared in wonder, snuggling deeper into his father's arms.

'Well, it was special. Wasn't it?' he muttered gruffly.

'Your frown's gone,' said Sam happily. Zach felt it reappear and a small finger came up to rub it away. 'Don't, Dad. You look scary when you do that.'

A jerk of pain made his chest ache. 'I'll try not to,' he said softly. He made a face. 'I just have a lot to think about. By the end of the day I'll have a monumental back-up of calls on my mobile.'

He could have kicked himself. Sam had flinched and moved away. How stupid could he be? It had just been a comment but it must have sounded as if he was fretting about work. Two days ago he would have let that remark lie. Today he felt bold enough to risk rejection.

'Still, who cares?' he said lightly, grabbing Sam's limp hand. 'I'd rather be here, with you.'

'Would you, Dad?'

Tearful pale eyes searched his and Zach put all his heart and soul into his gaze.

'Course I would,' he said gruffly. 'And we'll have a day to remember. But first, I promised to wash up. Why don't you and Catherine have that tour while I get acquainted with the sink?' he added with a smile.

'Good idea,' Catherine agreed with a peculiar hearti-ness. 'Then I must get that engine going and be off—or you'll never see the back of me.'

He registered Sam's look of horror, the way he clutched at Catherine's skirt and lifted his dismayed face to hers.

'You're not leaving?' Sam cried in protest.

Gently her hand caressed the small, pale face. 'I must. I can't stay—'

'Why not? Why can't she, Dad?'

He floundered, unwilling to condemn himself in his son's eyes.

'Because…well, it's like this…'

Catherine generously saved him. 'I need a proper site. Somewhere else to tie up—'

'But this is nice, isn't it?'

'Ye-es, Sam—' she agreed awkwardly.

'Then you can stay here! Can't she, Dad?' Sam cried.

'We can't keep Catherine if she needs to leave,' he muttered.

'But she doesn't *want* to go. You must be able to see that. Her eyes went all watery. And I don't want her to go, either,' Sam said grumpily. 'Tell him!' he insisted, tugging Catherine's skirt. 'Tell him you want to stay!'

Zach met the intense blaze of his son's steel grey eyes with a sober gaze. On this he would be judged. His relationship with his son hung by a thread.

It was a case of being a hero in Sam's eyes, or playing safe. Because, if Catherine stayed, he knew he'd find it hard to keep away from her. There was something about her that pulled him closer, despite all his efforts not to be attracted.

That went against all logic. He had been weak once and his world had fallen apart. It had taken a long time to build it up again.

Nothing and no one would hurt him again. He'd see to that. Barriers were his speciality. He'd had plenty of practice in shutting women out of his life...

A pair of hot little hands settled on his knees. Sam was close to tears and on impulse Zach drew his son close in a comforting hug.

'You can't expect people to stay around just because you want them to,' he said with infinite tenderness. The scrawniness of his child jerked at his heart. He would give him the world if it would make him happy. That was more important than stray sexual urges he might feel for unsuitable females. 'However...'

His eyes met Catherine's in a query. Trying not to be affected by her charm, he said in a deliberately detached tone, 'If she doesn't mind staying here for a little while then that's fine by me. Although she will need to find somewhere else. A proper, permanent site.' He paused and calculated. Four weekends with Sam should do it. By then the two of them would be close. 'Could you manage… say…a month?'

There was a tense silence while he and Sam waited for her response. He felt the erratic fluttering of his son's heart against his chest and tried to calm him by caressing the dark head pressed hard into his shoulder.

Watching them, Catherine gave a sudden smile of such radiance that he had to swallow the lump that came into his throat.

'That sounds fine. I would like to take you up on that offer,' she said softly and he felt as if he were bathed in light. 'Thank you very much.'

He was nearly throttled by a pair of wiry arms that wrapped around his neck.

'Dad, oh, Dad! We can come and see Catherine every day when I visit!'

Suddenly released, he saw Catherine suffer the same fate. She had caught Sam in her arms and lifted him up and he was hugging her as if she'd filled his pockets with gold.

'We can do that, can't we? We'll be very good and not get in your way or—'

'You are more than welcome to visit me,' she said lovingly, her eyes glistening. 'You too, Zach,' she added with equal warmth. 'Any time.'

His head went into a spin and he tried to make it settle so he could make sense of what had happened. She was too accommodating. Too eager. But then, he argued, she had everything to win and nothing to lose.

Somehow she'd manoeuvred the situation so that he'd been obliged to let her moor her darn boat to his island. Before he knew it, she'd have half the countryside beating a path to her door and the banks would be strung with the mooring ropes of every stray narrow boat in England.

'I'm doing this for my son,' he said coolly, so that she was in no doubt.

'And he's thrilled,' she acknowledged. 'You've made him very happy.'

Zach grunted. In a world of his own, Sam was dreamily trailing his fingers in the water, leaning perilously over the side.

'And you,' he drawled. 'You've got what you want.'

She seemed to flinch. 'Is that how you see it?' she asked, all round-eyed and innocent.

'That's how it is,' he replied sardonically.

Her chin lifted and her expression became chilly.

'I'll show Sam around,' she muttered. He felt almost disappointed that she hadn't continued to protest her innocence. Presumably she knew she hadn't a leg to stand on. She rose, every inch the aggrieved Ice Queen. 'The washing up liquid is under the sink,' she added, collecting Sam and leading him into the cabin.

At least she knew where she stood, he thought in satisfaction, following them after a decent interval. She knew he was on to her wheedling ways.

And there would be no more lingering looks on his part. She was a means to an end. His son's emotional happiness.

Still smarting from Zach's insulting suggestion that she'd used Sam for her own ends, she decided to annoy him by spending ages showing the little boy around.

He tried every cupboard door, sat in her easy chair and the comfortable bench, then when she'd converted the bench into the bed he even tried that. The heavy iron door to the stove was heaved open and the neatly laid wood and coal inside duly admired.

Deliberately, Zach went out to the fore deck when he'd finished the chores. Catherine's murmuring voice was beginning to slide under his defences. It had a wonderful soothing quality—probably part of her professional manner—and it annoyed him that he kept wanting to be part of her tour.

So, to prove his inner strength and indifference to female charms, he excluded himself from it completely.

Leaning back on the comfortable bench, he closed his eyes and let the sun warm his lids. Already he was beginning to identify the sounds around him. The ripple of water as a duck scurried by. The hens cracking their beaks quietly. A soft plop as an unidentifiable fish surfaced and grabbed at an unsuspecting insect admiring its reflection in the river.

He opened his eyes at an odd trilling sound. Two little brown birds were processing along the river, doing that up-ending thing that ducks did, so that just their tails were visible as they hunted beneath the surface for…whatever ducks ate. He felt a little put out by his lack of knowledge and hoped Sam didn't expect him to be an expert on the countryside.

'Aren't they smashing?'

He found that he was already smiling broadly when he turned to Sam, who was eyeing the ducks with fascination.

'Cute,' he agreed.

'Dabchicks,' Sam said, proud of his new knowledge.

'Ah.' He stood up, excited about the prospect of having the whole day with his son. 'Come on, Sam. We have things to do. You need to find a suitable place on the island to build a camp. And then we must plan a tree house…'

'Wow!' His son's slight frame cannoned into his, accompanied by a loud whoop.

Yes, he thought, meeting Catherine's heart-jerkingly tender eyes. He owed her. He couldn't deny that.

'Thank you,' he mouthed over Sam's head while his son tried to squeeze the life out of him.

Her chocolate drop eyes melted and her smile oozed silkily into his body, destroying its barriers. Time to get away.

'Say goodbye for now,' he instructed Sam. 'There's a lot to do before you go home.'

Catherine hugged the little boy briefly and immediately hurried back through the boat. For a moment she paused to do a bit of deep breathing till her hands stopped shaking in such a stupid way.

There was no doubt about it. Her heart was deeply touched by Zach's joyous smile at his son's pleasure. He might be driven and ambitious, but he did care passionately about his child. And for that she could forgive him much.

Perhaps even like him.

She felt elated and knew why. It wasn't because she could enjoy the island for another month and could therefore repaint the sides as she'd planned, but because she'd almost certainly see Zach during that time. He intrigued her more than anyone she'd ever known. There was a loving heart concealed beneath that granite exterior, of that she was sure.

Perhaps Edith had known that. Catherine caught her breath. The old lady had been very astute. It was quite possible that she'd given Zach the island because she knew it could change his life for the better.

She remembered something Edith had said, and which had puzzled her at the time—'You do trust me to do the best for the island, don't you? Whatever happens, have faith in me. I think you'll find I've made a sound judgement.'

Catherine's excitement increased. Edith had met Zach several times, presumably, and had judged that Zach would be a worthy owner of her beloved island.

There must be a very special person lurking under Zach's stern exterior. She smiled dreamily, thinking that it would be a fascinating process, seeing that person emerge.

Four weeks. That was all she had. She leant back against the ticket drawer, half-scared to trust her instincts. Because all along they had been trying to tell her that this man was special and that somewhere in that scowling high-flier there was a heart so big and a personality so dazzling that no other man would ever match him.

The swell of happiness that surged through her was frightening. She could be wrong. Edith could be mistaken. But…life was for living. She had to trust her intuition. Even though she felt she was poised to jump off a cliff into an abyss.

CHAPTER EIGHT

TEMPTED though she was to 'accidentally' bump into Zach and Sam that day, she controlled her longing and left them firmly alone. They needed to be together, father and son.

She thought fondly of the pleasure Zach would have, and that a little bit of his carefully guarded heart would be melted by the end of the day.

In a fever of activity she fixed the engine, made some bread and put it to rise, then energetically sanded down the side door panels which bore the name of the boat and its fleet number. Feeling pleased with the start she'd made, she started up the engine again and took a trial trip down the river.

'Catherine! Look at us!' squealed a familiar voice as she approached the little copse on the island.

'Hello, Sam! Zach!' She waved madly, her eyes misting over to see Zach with his arm proudly around his son's shoulders.

'We're making a camp! Come and see!'

She hesitated. Urged on by Sam, Zach beckoned. And she couldn't refuse, could she? Throwing the boat into reverse to stop it, she eased the tiller over and swung close to the bank.

As if born to boat life Zach leapt on board, flinging a rope to Sam, then scrambled back to tie it to a tree. Catherine finished sliding the narrow boat alongshore and fastened the stern rope as well.

'Come on, come *on*!' Sam cried impatiently, dragging her along.

'He's terribly excited,' she murmured to Zach, her eyes shining with pleasure.

'Delirious,' came the curt reply.

She smiled to herself. Zach was a master of caution. And yet the glow in his face betrayed the fact that he was thrilled too.

'You are both absolutely filthy!' she pointed out with a giggle.

'I know.'

With a near smile, he glanced down at the muddied jeans, the shirt smeared with lichen stains where he'd clearly carried branches for the camp.

'There it is!'

'Oh, Sam!' she cried, clasping her hands in awe. 'It's far grander than I ever imagined!'

'Dad's idea. Look. There's a door that opens and this'll be a window when we're finished—'

The little boy chattered on, describing everything in detail. She was amazed. Far from being a heap of wood leaning precariously to form a kind of cave, this 'den' had a proper roof and the sides had been fixed with nails.

Her heart began to thud. It wasn't a temporary structure, to amuse his son for a few weekends. This was permanent.

'You've built this so well!' she marvelled, opening and closing the door and sticking her fingers through the letterbox.

Zach shrugged and tried to look modest. 'My father could turn his hand to anything. I used to fetch and carry for him when he did DIY till I went away to school.'

A small hand dragged her inside. 'Chairs! And look, a proper table! And Dad's promised to build more furniture from scraps of wood this week. Now we're going to make a fire then we'll get potatoes to bake in it for high tea! Isn't it brill?'

'Brill,' she agreed warmly. 'You really are having a fabulous day, aren't you, Sam?'

'The best! Shall I get a potato for you?'

'Catherine's on her way somewhere,' Zach said quickly and with an unmistakable veto in his warning eyes. 'Glad you fixed the engine,' he added with studied politeness.

Disappointed though she was, she took the hint. This was Zach's day to be a father. She couldn't begrudge him that.

'Yes. So am I glad! Well, Robinson Crusoes, I am off. Thank you for showing me your camp. I think it's wonderful.'

At the end of the day Zach and Sam cleaned themselves up in the comfortable kitchen, thankful for the warmth of the stove. Over the last half hour the air had turned chilly and a faint dampness had crept like a moving veil over the river.

'I'm so tired!' sighed Sam blissfully, leaning against his father.

Overcome with love, he hugged his son and held him for a golden moment.

'Me too. Good, though, wasn't it? Now,' he sighed reluctantly, 'we must get your coat on. Your mother will be arriving any minute. We'll meet her on the other side of the river, shall we?' He bent his head and smelled the mixture of soap and child that so delighted him. 'You'll have loads to tell her.'

His heart turned over at the glow in Sam's eyes and the enormous grin that lit the pale face. Except it wasn't pale now, but pink and healthy. Zach wondered if a city life was entirely suitable for a child. And he began to think that he might keep Tresanton Island for a permanent weekend bolt hole.

With mist wreathing about his ankles a short time later he waved goodbye to Sam, knowing that this had been a turning point in their relationship.

A lump came into his throat and he stood by the bridge, waving as frantically as his son until the car was out of sight.

'Thank you, Edith,' he muttered under his breath, understanding at last why she'd gifted the island to him. In doing so, she had given him his son back. There was no value you could put on something like that.

Ignoring his furiously vibrating phone—as he'd done so all day—he hurried back to the warm and welcoming house. He needed just a little more time to himself before he launched into the financial world again. And then he'd work through the night to catch up with the backlog. He pulled a sweater over his shirt and poured himself a glass of wine.

He was still sitting at the kitchen table, his mind drifting, when he heard a rapping on the back door. Looking up, he recognised the small, slender form of Catherine.

Steady, he warned himself as his breath shortened. Keep the barrier up. Stay safe, unhurt, focused.

'Yes?' he asked curtly when he'd opened the door a crack.

'Could I see you for a minute?' she asked meekly.

He found a frown, despite the sweetness of her face. 'I'm busy.'

'It won't take long.' She wrapped her arms around herself, a hessian bag swinging weightily from one hand. 'Please?'

Catherine gave an involuntary shiver and he noticed then that she'd changed into a honey-coloured skirt of some soft material that brushed the tops of her shoes. Like the matching jersey shirt she wore, it was clearly not warm enough for the fresh evening.

Although she was hugging herself he could see that she wasn't wearing a bra. The cold air had hardened her nipples so that they were pushing against the soft fabric.

Trying not to weaken like his treacherously succumbing body he opened the door wider but made no move to ask her in.

'Well?'

He was quite pleased with that 'well?' He'd put all his effort into sounding irritated, despite the fact that his emotions were urging him to invite her in for a drink—two, three, a cosy chat…perhaps more…

It worried him that his eyes might have softened, because she was smiling that wall-breaking smile. He pushed out a scowl to counteract it.

'Zach, I realise this is perhaps inconvenient,' she said softly, 'but I am absolutely freezing. I hadn't realised it was so chilly out. Could I just step inside before I catch pneumonia and die a terrible and lingering death on your doorstep?'

She wanted something. Another favour. He let his eyes flicker briefly with cynicism.

'If you must.'

Demurely she stepped over the threshold though he still barred her way, his folded arms helping him to maintain his aloofness to her tiny, trembling form which cried out for the protection of his arms and the warmth of his body.

'Could I snuggle up to the Aga?' she pleaded, her teeth chattering. 'Early May can be so treacherous where weather's concerned. Fickle.' She arched an eyebrow at him. 'Doesn't seem to know what it wants to do. Warm one moment, cold the next.'

Was that a reference to him? He wouldn't put it past her. She was clever, he knew that.

With a carefully resigned sigh to show his irritation, he stepped aside. She sank to her knees in front of the oven, her skirts pooling about her like liquid honey as she rubbed her hands gratefully over one of the shiny red doors.

Her waist was tiny. He could see her spine just outlined through the stretchy material of her shirt. Her hands were very elegant, her arms graceful in every movement. The river ripple of her hair seemed designed to be stroked and he felt an overwhelming urge to crouch down beside her, enfold her in his arms and bury his face in its perfumed tresses. Then to taste the glide of her neck, her jawline and...

He looked longingly at her mouth, contemplating the feel of it. She was smiling to herself, as though her mind was full of memories.

'You know, Edith and I used to do this in the winter,' she mused softly, 'after we'd been—'

'What do you want?' he broke in abruptly.

Catherine felt as if he'd slapped her face. Courtesy would be nice, she thought, upset by his response. A tiny hint of a social grace.

'I was only reminiscing,' she said, her voice shaky.

'I told you. I'm busy.'

Subdued by his abruptness, by his lack of interest in Edith—or her—she rose to her feet and reached mechanically into her hessian bag.

'Right. Sorry. I brought you some eggs.' Diving into the depths of the bag, she pulled out the box. 'And bread. It's still warm,' she said flatly.

To her relief, his mouth did move in the direction of a smile, even if it stopped long before one was properly formed. He sniffed at the bread and broke off a piece of crust, chewing it with skilfully concealed pleasure. But his eyes were appreciative and she relaxed a little. He was all bark and no bite, she decided, her hopes rising.

'Thanks. Why?' he shot out.

Catherine's eyes widened and she blinked. 'Why what?'

'Why are you giving me this?'

Wryly she noticed he didn't return her gifts. 'It's a neighbourly thing to do,' she answered, working overtime to remain calm and even-tempered. 'A friendly gesture.'

'And what do you want in return?'

Her mouth compressed as she composed something cutting in reply. And then she grinned. He was right. She was intent on bribery!

'Guilty,' she admitted with a laugh and leaned back against the stove. 'I hadn't seen it like that. Around here we always take little gifts—'

'What,' he interrupted coldly, 'do you want?'

'To clear up a small point—'

'Which is? And how small?' he growled, pulling off another chunk of bread.

'You've very kindly let me stay for a month,' she began.

'Purely because you and your boat amuse Sam,' he explained hurriedly.

'I know,' she agreed, her face soft as she recalled the little boy's enchanting eagerness. 'He's a lovely kiddie. You've had a good day, I imagine. How were the potatoes?'

Zach visibly relaxed. 'Best we've ever tasted.' He laughed at a private joke and she held her breath, dazzled by his happiness. 'They were black on the outside and uncooked on the inside but we ate every scrap!'

She laughed too. 'I'm glad it was a success,' she said in a low tone.

'It was.' His curtness had returned. 'Thank you for the idea.'

If only he would drop his role as the driven financier and stick with being a loving father! She hated one. Liked the other. Very much.

'*You* carried the idea out—and in a spectacular fashion,' she told him quietly.

'I enjoyed it too,' he said to himself, as though that surprised him.

She sighed with pleasure. 'That's wonderful.' A tremor shook the warm sincerity in her voice.

Slowly raising his head, he looked at her and a silence fell as their gazes meshed and held. But it was a tense hush, the air electric between them.

'So, Catherine. What do you want of me?' he asked throatily.

Catherine fought to remember, her startled eyes huge as she weakened beneath his sultry scrutiny. I want it all, she thought, with sudden honesty. Everything he has to offer.

'I—I…' It came to her. Somehow she dragged her brain out of reverse and got down to business. 'It's about the path from the bridge.' She waited for an encouraging response but didn't get one so she continued. 'The fact is that I don't know if my patients can still use it and come to see me while I'm here. You didn't say. I'd be grateful if they could, then I can keep my appointments going for this month and I'll have time to make other arrangements for when I leave.'

He seemed to be weighing up his answer and trying to decide whether to grant her plea or deny it. Tense and nervous, she watched four powerful inhalations of his breath and four exhalations before he was ready to reply.

'No.'

She slumped, shocked by the depth of her disappointment. Stark-eyed, she stared at him, hoping to see a sign that he might relent. Cold and hard, his flint eyes stared back unflinchingly.

'I could pay you some rent—' she offered.

'No.'

And that, as far as he was concerned, seemed to be his final decision.

'You don't waste words, do you?' she muttered crossly.

'Life's too short.'

'It's for living!' she cried passionately and yes, there, she caught a brief flash of a reaction, a passionate longing which was just as quickly brought under control.

'I have calls to make.'

'I'm sure you have.' She sighed.

Extraordinarily depressed, she turned to go. All day, she realised gloomily, she'd harboured stupid, irrational little fantasies in the back of her mind. And they had all included Zach telling her she could stay after all. And she'd predicted that he'd mellow under the influence of the island and they'd fall madly in love and...

Oh, what was the use? She'd made a terrible mistake. He wasn't special at all. Edith had been wrong.

Worse than that, her whole livelihood was now threatened.

'I'll see you out,' he muttered, striding stiffly to the door and holding it open.

It looked bleak outside. She shrank into herself. 'Goodbye,' she mumbled, glum-faced. 'I might have known it would come to this. If I can't work, then I might as well leave the island tomorrow. I can't live on air.' And she headed for the door, her heart in her boots.

'*No!*'

With that fierce rocket of a word Zach shot out a hand and stopped her in mid-stride. Startled, she looked back at him, surprised to see an expression of panic in his eyes.

'No,' he said, more quietly but with tight emphasis.

She found her other arm imprisoned by his firm grip and then she had been swung around to face him. It was beneath her dignity to resist. Instead, she stood there scornfully meeting his fiery eyes.

His plans were going awry and he didn't like that. He thought she'd be a pushover and she'd do as he wanted, did he? That an order from him would bully her into abject submission?

Her face set in mutinous lines. She wasn't one of his minions, to be issued instructions on how, when and where to do his bidding! No one had ever pushed her around and they weren't going to start now. Least of all this selfish, egocentric, arrogant City slicker who had his brain full of figures and a heart that beat eagerly to the tune of clinking coins.

'I have to go, you must see that! You leave me no choice!' she bit out.

'I don't want you to,' he said with a scowl.

'I bet. My boat and my chickens interest Sam too much, don't they?' she snapped waspishly.

A strange bitterness seemed to be eating into her heart. Yet she'd known—had even welcomed—the fact that Zach and Sam had needed help. Why should she now feel so hurt when Zach wanted to keep her as a source of amusement for his son?

'I've already said that. You are the equivalent of the local theme park to him, yes,' he growled.

Her eyes were scathing. 'Now I'm a minor tourist attraction, am I?'

At least he had the grace to look slightly abashed. 'You said you would stay. I assumed it was a promise that would be kept.' Craftily, he added, 'Are you in the habit of disappointing children?'

Catherine glared. They seemed to be closer suddenly, his warmth invading her space and making her flounder just when it was important for her to keep her wits about her. She gritted her teeth.

'Naturally I would have left a letter explaining to him why I had to leave after all,' she muttered. 'He'd understand that I have to work. And that *your* refusal was preventing me,' she added defiantly. 'And don't offer me money to tide me over. I won't accept it. Now let me go. I have to prepare the boat. *Again*.'

'Don't do this!' he blurted out hoarsely.

His eyes burned feverishly into hers. She reeled from his passion for his son. And felt moved by it, too. But he was using her for his own ends and she wouldn't stand for that. There had to be an equal arrangement between them...

An idea occurred to her. She lifted her head and looked him directly in the eyes. For a moment she faltered, because they were dark and pained and she felt compassion for him. His great love for his son touched her deeply. He'd do anything for Sam. Perhaps even change his mind.

'You want me to stay,' she said slowly, marshalling her thoughts.

His eyes glowed as if he had detected her surrender.

'Yes!' he muttered with low passion.

She swallowed, shaken by the intensity of his feelings.

'I want to stay, too—though for an entirely different reason.'

She wished she could sound crisp and businesslike and not as husky as a sixty a day smoker. Whatever was the matter with her throat?

'That's...' He checked himself, the flashing smile and brilliant light in his eyes dimming considerably as his self-control overcame any foolish display of pleasure. 'That's good—'

'I haven't finished,' she interrupted icily and his face turned to stone. 'I *will* stay and be a theme park attraction whenever your son comes here...' She paused, disconcerted by the leap of joy in his expression. How he loved his child! There was good in him then...

'I sense there's a "but" or an "if" coming,' he said drily.

The grip on her arms became less confining. Unfortunately, he was so engrossed in the possibility of getting his own way that he was absently rubbing his thumbs backwards and forwards across her tingling flesh.

Catherine tried desperately to steady her racing pulses. 'You're right. It is an "if". Let's make a deal. You must be used to those. I will stay—providing you give me temporary use of the bridge path so that I can continue my treatments. You must understand, Zach. There must be something in this for me. Otherwise I'm off.'

He looked down at her, reluctant to grant any favours. But she knew that his love for Sam would win the day.

'Very clever.'

'I thought so,' she acknowledged.

She'd intended to sound calm and detached. To her ears, her husky voice had been decidedly shaky.

But there was a glint of humour in his eyes and a faint lift to his suddenly carnal mouth.

'Done!' he said decisively.

She was released so abruptly that she staggered back a

little. And only then did she realise that she'd been holding her breath and every muscle she possessed had been squeezed tightly in tension.

Clutching at a handy chair back to help support her shaky legs, she watched Zach stride across the kitchen to the bottle of wine on the counter top, his entire body bursting with barely controlled delight.

He found a glass and brought it over with the wine. His mood seemed strange. A mixture of taut exhilaration and annoyance. She supposed that made sense. He'd be pleased to have his theme park attraction and annoyed that he'd had to make a concession!

The glass was thrust at her without charm, his burning eyes piercing hers in a stare so powerful that her knees began to wobble.

'You know I have no choice,' he said abruptly. 'I must agree to your bargain.' Apparently hot, he stripped off his jumper and flung it to one side. Then he sipped his wine, never once taking his eyes from her. 'But let's get this clear. It is just for a month.'

'Clear.'

'No longer.'

'Agreed.'

She could be as curt as he. But in her case it was because her throat was closing up. Zach towered over her, dominating the room, overwhelming her entire body with his extraordinary presence.

'No riotous parties.'

'No.'

Had he come a step closer? It seemed the gap between them had filled with a thick and electrifying heat. Catherine clung frantically to her glass, bending her head and sipping the wine in the hope that it would take centre stage, instead of Zach.

'Nobody is to wander about the island unless it's you—and then only with my permission.'

'Right.'

Her ears were playing her up. He had sounded as husky as she. Desperate to force herself away, she flashed him a quick glance. And found herself paralysed and unable to move. Her lips quivered and parted.

'Keep...out of...my hair,' he muttered. And his hands lifted slowly, coming to rest on her trembling shoulders.

'Yes,' she whispered.

Her face had lifted to his. The closeness of his mouth made her head whirl.

'Next weekend. As part of your duties...'

There was a long pause and she waited, her nerves stretched to their limits.

'Uh huh?' she prompted. And when he still didn't answer, she croaked out, 'Duties?'

'Oh. Yes, I thought...maybe a boat...trip.'

She closed her eyes and nodded dumbly, knowing that nothing coherent could ever emerge from her throat. And then she felt something brush her lips. Something warm. Soft yet firm.

Her skin tingled. She dare not open her eyes. Dare not move, but stood there, willing, hoping, and wantonly available.

Because every fibre of her being was crying out for Zach to touch her, hold her, and make passionate love to her—even though she knew she'd be nothing more to him than a passing fancy.

And that afterwards she'd regret every moment.

CHAPTER NINE

SHE was willing. They were adults, Zach argued, his conscience still making a hash of fighting his physical urges. His brain seemed to be in tangles and knots and he couldn't think straight. But he had to.

He clenched his jaw and did his best. This had to be stopped. Now. And yet…why deny himself?

Catherine wasn't conventional. She probably believed in free love—and he wanted her more than he'd ever wanted any woman in the whole of his life.

How he'd stopped himself from ripping all her clothes off, he didn't know. Except that he wanted this to be slow and exploratory and to be the best lover she'd ever known…

'This is a purely business arrangement,' he said, intending to sound stern but he was too close to that beautiful mouth for anything but a soft murmur to emerge.

'Mm-hmm,' she agreed.

The flutter of her lashes and her sigh was his downfall. How could he resist? Flesh and blood met in a sudden fiery embrace. Slow and languid it was not. Closer to torrid.

His mouth and hers became irretrievably joined and he groaned at the sweet taste of her, the softness of her willowy body, the tantalising scent that rose from her skin and hair.

'Nothing permanent,' he croaked thickly.

'Nnnn,' she breathed into his mouth.

And her hands wound around his neck, drawing his

head down more firmly, demanding the same kind of fierce passion that boiled in his veins.

We are matched, he thought dizzily. She seemed to fit his embrace and his body as if she'd been made for him. There was nothing clumsy about their exploration of one another's mouths. Just a perfect knowing, as if they'd been synchronised and rehearsed by a choreographer, with each passionate and near-desperate kiss sliding smoothly into the next.

His hand stole up her thigh. Touched silken skin, as hot as his fingers. She flung her head back and he kissed her throat with gentle reverence. Without another word, he took her hand and led her upstairs.

'Zach,' she whispered uncertainly, seeming to realise suddenly that they were in his bedroom.

But he gathered her to him and coaxed her trembling mouth apart, whispering to her.

'You are so beautiful. Feel so good. Taste...' he emerged breathless and dizzy from a long, deep kiss '...like nothing else on earth. I could kiss you for hours. Hold you in my arms and just enjoy the way our bodies melt together.'

In the back of his mind he was startled by himself. He'd never spoken like that before. Never felt so lyrical about sex. He felt alarmed. It was sweeping him along like a river in full spate and he had no control any more.

Just when he was on the brink of drawing away she looked deep into his eyes with such a melting joy that he shook. Her fingers slipped between the buttons of his shirt and he impatiently ripped it open, frantic to feel her palms on his chest, the softness of her cheek against his pounding heart.

And as if reading his mind, this is what she did. First, a wandering exploration of his torso, tracing the contours.

Then her mouth following the path her fingers had taken. And finally she listened to his heart while he cradled her head with one hand and inhaled the lemony scent of her shampoo.

He stood her back a little, mesmerised by her shining eyes and sifting his fingers through her glossy waves where they hung close to the slender fragility of her neck.

'Catherine,' he murmured, his head swimming.

Her finger touched his lips. He kissed it, then enclosed her mouth with his, lifting her in his arms at the same time. She was as light as a feather and when he laid her gently on the bed he felt suddenly unsure, even though they were both collaborating in undressing her.

He drew in his breath as her soft shirt fell open to reveal small, high and perfect breasts. Helpless to resist, he bent his head with a groan and nurtured each one with his mouth and tongue and fingers, thrilling when they leapt with touching eagerness to his caresses.

She had shed her skirt and his urging body could feel the heat of her, writhing against him. But she was so fragile! Her bones felt as if they'd snap too easily. He caught her small face in his and willed her to open her eyes.

'Catherine! Catherine!' he said huskily, and two drowsy, sultry dark eyes were suddenly melting his loins. He held back. With difficulty. 'I don't want to hurt you,' he whispered.

'You won't,' she breathed and, closing her eyes again in bliss, she touched him.

Inch by inch he explored and so did she. The sweet pain of waiting made him ache with longing. She began to moan, to demand, to beg him with an intensity that shook him to the very core.

Sensitively, slowly, he slid within her, his lungs emptying as he uttered a ragged groan of relief at the final promise. On the edge of losing control, he managed to coax and caress her until he knew it was the right time to let go.

And then sheer instinct took over, his body moving with hers in a harmony he could never have imagined. And evoking such erotic sensations that he heard himself in the dim distance saying extraordinary things; words of wonder, disbelief and infinite tenderness.

It was someone else who had taken him over. Not him.

Together they clung and gasped and climbed higher and higher until every sense erupted in pleasure.

Together they lay, sweat-slicked and panting, their exhausted and sated bodies slowly subsiding into a deep contentment.

And he began to think. To fear what he had done, and how he had felt. This had been something extraordinary and beyond his understanding. Although he'd tried not to let it happen, there had seemed to be an inevitability about it. And, quite reasonably, he had imagined that since she had seemed willing she was probably experienced and therefore the sex would be good—especially as he seemed to be so hungry.

Yet it had been more than a roll in the hay. He had discovered a sense of caring. She had found a different side to him, a better person. Amazingly, for a short time he had felt a giant among men and that had been a sensation he wanted to cling to.

More profoundly, he felt…connected to her. His body chilled.

'Penny,' she murmured in an appealing little slur that made his heart lurch unnervingly.

'Mmm?' He pretended to look puzzled, giving himself time to think of a suitable response.

'Penny. For your thoughts.'

He turned his head and wished he didn't drown in her chocolate drop eyes.

'Are you cold?' he asked politely.

She smiled. Everything in her face lit up and he felt his solar plexus contract.

'I won't be in a second,' she purred.

When she snuggled up to him, her head tucked beneath his chin, he released a taut breath and almost surrendered to the needs of his emotions. Because he wanted to clutch her to his heart and whisper sweet nothings in her ear. He wanted them to cuddle all night. Maybe sex, but not essentially. Just Catherine and him. Together in his bed.

Him; the giant among men. Catherine; the creator of giants.

She sighed. Then eased herself away. 'I have to go,' she said, her hair swinging forward like a concealing curtain.

Inexplicably insulted that she didn't share his longings, he pushed back the gleaming waves and frowned at her siren face.

'Fine,' he said, trying to sound as if he didn't care.

She giggled, sliding sensuously up his body and pressing her fingers between his brows to smooth out the dark anger there.

'Don't do that!' she crooned. 'I must check the chickens, Zach.'

'Chickens.'

'Yes!' Her smile faded and she looked unsure of herself. Which softened his heart completely. 'Do I…say goodnight, or…do we have other things to…discuss?' she asked in a small voice.

He couldn't resist the thought of a whole night with her in his arms. It wouldn't hurt. He'd probably gone over the top about his emotions because it had been so long since he'd made love to a woman. And she had less guile than most.

'Quite a lot to…er…discuss, you wanton woman,' he said with a grin, doing his best to turn this into a sexual adventure and nothing more. 'Why don't you bring your toothbrush in case it's too late for you to get a cab home?'

Her laughter delighted him. Her kiss increased that delight.

'I'll see you soon,' she whispered into his mouth.

'Very soon,' he breathed back. 'Take a shower before you go, if you like.'

'No. I ought to dash. Perhaps…later.'

He watched her slipping on her clothes, marvelling at the way her limbs moved with such fluidity.

'Borrow one of my jackets from the hall,' he called as she headed for the door. 'It'll be even colder now.'

Turning, she beamed at him, lighting up his entire body with her radiance.

'That's very thoughtful of you. What a sweet man you are,' she murmured. 'Thank you.' And with a little flutter of her hand she left.

When she sleepily stirred the next morning she reached out for Zach in vain. Disappointed by his absence and wishing they could just lie together and chat, she pulled his pillow to her and held it close, breathing in the smell of him.

A small movement startled her. Jerking her head around, she saw him standing fully dressed by the window, his face unreadable.

'Hello,' she said softly, blushing that he'd been watching her.

'I've got work to do,' he muttered, back to his old, repressed self again.

'Me too! I have chickens to feed,' she cried merrily.

She wouldn't entrap him. She'd rely on his tender inner nature to surface again. As if she slept with virtual strangers every day and thought nothing of it, she leapt from the bed and unselfconsciously stood naked in the middle of the room.

'OK if I shower again?' she asked.

Zach seemed about to say something. His eyes had certainly blazed with hunger.

'Sure. I've had my breakfast. Help yourself. I need to call New York.'

She gave him a long look. 'Isn't it the middle of the night, there?' she enquired mildly.

His eyes flickered. 'I meant Tokyo.'

Catherine nodded, disregarding the excuse. She judged that he was scared of what had happened between them. And rightly so. It had been amazing: the sex, the sweetness he'd shown to her and the astonishing glimpses of the wonderful man beneath the image he showed to the world.

She wanted that man to emerge into the light and never hide again.

'I might see you around,' she flung casually, on her way to the en suite bathroom.

'Possibly.'

She shut the door behind her and leaned against it till her heart ceased thumping inside her rib cage. Zach couldn't be hurried. If she wanted him to throw himself heart and soul into their relationship then she must be patient. A slow smile spread over her happy face. He was more than worth the wait.

Every second that morning she hoped to see him but

presumably he'd turned into a walking automaton again and was wasting satellite time with those hedge fund thingies.

The rain was unrelenting and had turned the paths into a quagmire. Luckily her patients were amiable and hadn't protested when she'd suggested they bring their wellington boots.

Even Lady Christabel cheerfully pounded through the morass and arrived on time for her appointment, all smiles and dripping waterproofs.

'Don't mind at all,' she insisted, when Catherine apologised for the state of the path. 'You've brought me back to health. A year ago, I would have had hysterics. Today I can accept minor irritations like torrential rain and mud with a big grin and an umbrella.'

Catherine laughed and for the first time that morning she truly relaxed, chatting contentedly to Lady Christabel as she worked on her lymph glands. She thought that she, too could accept setbacks and put her trust in her intuitive feelings.

In Zach's arms the previous night she had been absolutely sure that they were meant for one another. She'd felt unbelievably cherished and special. And, try as he might, he hadn't been able to hide how moved he'd been by the whole experience.

She bade a fond farewell to Lady Christabel, slid away the treatment bed and quickly filled in the necessary notes, closing the huge book with a satisfied thump because she had seen all of her patients for that day.

She slipped off her shoes and padded around in her socks. Tea and scones were in the offing and then—

She jumped at a sharp rap on the door, her heart in her mouth.

'Please let it be Zach!' she whispered under her breath and adjusted her joyous smile to something less obvious.

'Hello! Quick, you'd better come in!' she said in a friendly-but-not-desperate way.

Shedding water all over the cabin floor, he stared at her as though he didn't really know why he'd come. She smiled affectionately at his frown.

'Here,' she said, taking over and feeling she was clucking like one of her hens. 'You're soaking. Don't you possess a hat or an umbrella?'

He pursed his lips in thought and let her unbutton his raincoat.

'Somewhere,' he said vaguely.

'Shoes off. And next time you're in town, buy some boots, for heaven's sake!' she scolded. 'Now your socks.'

She stuffed newspaper in the sodden shoes and put them near the boiler. The socks were draped over the rack and his raincoat found the hook she'd placed in the shower for just that purpose.

'Tea and scones. They're almost done.'

'Catherine—' he croaked.

'Warm yourself first. Talk later,' she soothed, seeing he looked harrowed.

And she put on some gentle background music after bullying Zach into her most comfortable armchair. It was lovely fussing over him, though she knew she mustn't seem too overpowering.

Conscious of his eyes upon her, she began to sing softly to herself as she slid the scones from the oven. Gorgeous. Baked to perfection. Happily she brewed the tea and packed a plate with the hot scones, butter, cream and jam.

'It's vile out,' she offered, passing him a plate.

'Unexpected. They forecast sun.'

To her secret pleasure he took two halves and healthy

dollops of everything to spread on top. She watched him out of the corner of her eye, wondering if last night had been unexpected for him, too.

'The path's an awful mess,' she ventured cheerfully.

'I've decided to have all the paths on the island properly laid. Gravel bed. York stone for the main one to the house.'

She beamed. 'Lovely. Scones all right?'

She wanted to giggle. The previous night they'd been as intimate as two people could be. Today they were politely chatting over a cream tea!

'Melting in the mouth.'

They contemplated one another's mouths for a moment before she was able to rouse herself and continue the silly conversation.

'How was Tokyo? Having a heatwave?' she asked brightly.

He looked puzzled. 'Oh. Tokyo. I don't know. I...I didn't do much work, actually.'

She lowered her lashes to hide her reaction. That was good, she thought in glee, her shaking hand making an awful mess of buttering the scone. She put it to one side and focused on calming herself down.

'Why was that?' she asked with pleasing indifference.

He took an intense interest in swirling his knife over the cream-topped scone and making intricate patterns.

'I want you to know,' he said heavily, 'that last night—'

'Yes?'

Her heart was racing. She couldn't sit there any longer so she got up and put some more wood into the belly of the stove.

'I hope you didn't get the wrong idea,' Zach muttered behind her. And she smiled, knowing she had the right idea even if he didn't recognise it. 'I did say before that you would be leaving—'

'In a month, yes,' she said evenly. And turned to smile at him.

He looked nonplussed. 'You…don't mind? I'm telling you that this…between us…is just a—'

'Fling,' she provided.

She had to turn away then, because he had looked wounded for a moment, before he'd brought those shutters over his pained eyes, and his inner disappointment had delighted her.

'Most women would be offended,' he growled.

'Ah, but I'm not most women.'

She returned to her seat, even more convinced that something fundamental had happened to him, too. Her eyes sparkled as she stretched out her arms to the fire and she felt, rather than saw, his silent intake of breath. And knew it was because he found her body exciting.

'Zach,' she murmured, wickedly hitching up her skirt, stretching out her legs to the stove and twiddling her toes in the cosy cartoon socks. 'I know the score. We made an agreement. What happened last night…' Her voice softened. 'It was wonderful. You are an incredible lover…' She felt her whole body go into meltdown at his mingled desire and shy pride. Oh, she adored him! 'But,' she continued a little shakily, 'I lead an independent life and I don't make demands on people. I'm not a clinger. I have too much pride for that. My philosophy is to take each day as it comes and to live that day to the full.'

She left the rest out. That the need to love and be loved was central to existence—and in Zach she had found the man who could fulfil her existence. The problem was to ensure he realised that too.

'That's fine,' he muttered.

But it didn't look fine at all. Lines of strain marred his mouth.

'Something wrong?' she asked gently.

'Headache. I have a lot of them. Hardly ever free.'

'I'm not surprised.'

He looked up at her sharply. 'What do you mean?'

'You are too hard on yourself. You don't give yourself enough leisure time. The body needs to rest. It needs peace and calm to regenerate itself.' She rose from the chair again. 'Where is the pain?'

'Here.' His fingers described a path from the root of his nose and over one brow to his temple.

Sitting on the arm of his chair, she gently reached out and stroked the deep crevasse between his eyebrows. After a moment's resistance he leaned back with a sigh.

'That's good,' he muttered.

'Stay there. I'll do it properly,' she said softly.

Deliberately she took her time adding lavender to the base oil. And she was very quiet, allowing the peaceful background music to soothe him in preparation.

To her surprise, she was nervous. But she wanted to ease his headache so very badly. She brought warm towels, gently easing one under his head and the other around his shoulders. Ideally she'd have him on the treatment bench, but that would be a step too far at the moment. Keep it casual. Spontaneous.

Putting all her love and tenderness into her movements, she began to massage his forehead. The tension there was alarming but it grew less and she could see his entire body gradually softening.

'Feels good,' he murmured, still, however, unconsciously fighting her touch.

Delicately she worked into his scalp with rhythmic, mesmerising movements. The lines on his face vanished, the muscles now in repose. And she felt a stab of awe at the change in him.

'How's that?' she asked tenderly.

He opened his eyes slowly, the thick, black lashes lifting like a curtain until he was gazing directly at her. A look of utter contentment passed between them.

'Wonderful,' he slurred.

She removed the towels and washed her hands. Then, with her heart in her throat, she went back to him. He pulled her on to his lap and, to her intense joy, he kissed her.

'Thank you.'

'My pleasure.'

'No. Mine.'

And he cuddled her to him, stroking her arm and occasionally kissing the top of her head. Deeply happy, Catherine curled her feet up and lay there, listening to the thudding of his heart. Gently he lifted her chin and brushed her lips with his.

'No strings.'

'None,' she whispered, and meant it.

Two people should be able to love in freedom, she thought dreamily, as his kisses deepened. She feared domination herself; had always shied away from the restrictions that some people seemed to put on one another the moment they became an 'item'. So she wasn't intending to make Zach her possession.

They made love and it was just as tender and intensely passionate as before. She felt very close to him and knew that they were now irretrievably linked.

'Tea's cold,' she murmured, when she finally began to emerge from her blissful daze.

'Come to the house tonight. I'll cook dinner,' he said

huskily and stroked her naked shoulder, then nibbled it appreciatively.

She captured his face in her hands and smiled at him, feeling infinitely happy.

'I'll come.'

Unable to resist his answering smile, she kissed its curves.

'Bring your toothbrush,' he said softly, and bent to kiss her in return. 'We can do our teeth in unison and admire the rainbows in the bathroom.'

'You like them?' she asked in delight.

'Love them.'

He stayed so long, just sitting there listening to the music and holding her in his arms, that they left for the manor and the promised dinner together.

Helping him to prepare the meal, she felt as though she were floating on air. Never had she been so happy.

'I *must* work tomorrow,' he murmured, ruffling her hair and suddenly kissing her ear as though he couldn't help but touch her.

'Of course. So must I.'

'Will you be free around tea-time?'

She rolled her eyes. 'You're after my scones again, aren't you?'

His mouth became wry. 'I'll probably need a massage too.'

'It's yours.'

And, she thought, padding over to check the pasta, so was she.

CHAPTER TEN

TIME seemed to stand still. The days passed in a leisurely, golden glow. Living for each hour, she and Zach worked as usual then met up late every afternoon. And stayed together until morning.

But, although she felt as if she were bathed in sunlight every morning, the weather was actually unusually wet. Accordingly she had to abandon any idea of rubbing the rest of the boat down for its repaint job, and was obliged to put up with the scruffy door panels reproaching her.

Sam arrived each weekend and they spent wonderful, entire days together then, playing hide-and-seek in the house and other silly games.

Between rain showers they rushed out to check the pond for tadpoles and great crested newts, watching the nesting birds as they worked ceaselessly to feed their young.

They also added more and more outlandish items to the Den. To Catherine's joy, she, Zach and Sam behaved like crazy kids as they gradually turned it into a bizarre cross between a miniature stately home and an outlandishly tacky palace.

Their latest enthusiastic dawn trawl in the local markets and boot fairs had ended up with them triumphantly bearing home fake silver sprayed ornaments, gruesomely sentimental pictures of cats dressed as Victorians and a plaster statue so ugly that they could only marvel that it had ever been produced at all.

When they arranged their new finds with the rest of

what Zach loftily called their 'tat', they stood back in admiration and awe.

'Isn't it dreadful?' she cried in glee.

'Fantastically gross,' Zach said with a chuckle.

'Nobody's got a Den like this,' said Sam, pride and happiness bursting from every inch of him.

'I think you can be sure of that!' Zach agreed drily.

And they all collapsed in helpless laughter that left them weak and stretched out on the fake Persian carpet, its bilious greens and yellows so worn that in places the foam backing could be seen.

'This is heaven,' Catherine sighed blissfully when she could speak again.

Lying on his back, and in a position where the orange plastic chandelier could be viewed in all its glory, Zach reached out and squeezed her hand.

'Oh, I do hope not!' he groaned, and set them all laughing again.

With so much laughter in his life, Zach unwound a little more every day. That gave her more happiness than anything.

And she knew that she had fallen helplessly, irrevocably, head-over-heels in love with him.

They were all in the garden watching the swifts wheeling overhead one cloudy Sunday. She was explaining how the birds slept briefly on the wing but rarely landed.

Sam was fascinated. He wrote down the information in the nature notebook he'd begun to keep.

'They come all the way from Africa,' she told him. 'They go there for the winter, sensible birds.'

'They've got lovely slicy wings,' Sam remarked.

'The shape of a scimitar,' she agreed. 'A sword.'

'Oh, yes! I've seen those in cartoons,' Sam declared

eagerly. 'Why didn't we see the swallows yesterday? Have they only just arrived?'

'They were here last week. But today they're everywhere because it's cloudy and late in the day and the air is full of tiny flies. That's why they're so active. They're swooping about with their beaks wide open, sort of hoovering up flies as they go.'

'My goodness,' came a warm, female voice. 'I never knew that!'

'Mum!'

Sam leapt up to hug his mother as Catherine and Zach turned around.

Her heart bumped when Zach kissed his ex-wife fondly and asked how she was.

'I'm fine,' she said, eyeing him oddly. 'And you look well. What happened to your stressed-out look?'

'Dad doesn't work when I'm here,' Sam offered eagerly.

'That's a first,' Kate teased. Her thoughtful eyes swivelled to Catherine.

'This is Catherine Leigh.' Zach introduced them. 'And this is Kate, as you've probably gathered.'

'How do you do?' Catherine said, feeling a little wary. But Kate's smile was friendly, dispelling any awkwardness.

'I've heard nothing but ''Catherine says,'' and ''Catherine thinks,'' for the past few weeks!' she declared with a laugh.

'Oh. How embarrassing!' Catherine giggled.

'Not really. I've been envious of some of the things you've been doing. Could I possibly see this famous Den?' Kate asked.

Sam let out a squeal and dragged his mother off.

Catherine and Zach glanced at one another and meekly followed.

She decided she liked Kate very much. Although she was dressed casually, her clothes were obviously expensive. The linen suit and cashmere jumper were in a lovely muted cinnamon colour that showed off her glorious blonde hair, cut in a freely swinging bob.

Her manner with Sam was affectionate and un-mumsy and she listened to what her son said without any patronising smile or silly comments.

But it was her attitude to Zach—and his to Kate—that disconcerted Catherine. They teased one another. Touched. Exchanged the kind of looks that married people gave when their offspring were being particularly amusing, sweet, or cute.

Her heart began to beat hard. They were still linked, she thought, and tried to be pleased for Zach. She told herself that divorced people—who remained on good terms—would always have their child or children as a bond between them. And Kate was undeniably nice.

Why had they divorced? Were they still a little bit in love? If they'd parted because of Zach's hectic work schedule, would Kate fall for him all over again now that he was relaxed and human again?

Catherine felt cold inside. Kate and Zach had so much in common. And suddenly she was no longer sure of her future.

They went on to see her boat and Kate made all the right noises. Zach seemed eager to show his ex-wife how everything worked. And then the two of them began to chat in a friendly way.

Feeling something of an outsider, she retreated from the reminiscences and sat with Sam, watching the sun go down and turn the river to liquid gold.

'There you are, Sam!' declared Kate. 'I wondered where you'd got to. Daddy's asked us back for a drink.'

'You too, Catherine,' Zach said quietly.

'I think I'll stay here,' she said, feeling awkward. 'Don't want to intrude.'

'Nonsense. I insist. Please?' he said with a winning smile.

And with Sam and Kate adding their pleas she had no choice. Kate curled up in an armchair in the beautiful drawing room looking very much at home, while Catherine sat on the edge of a Victorian buttonback settee, feeling unusually nervous.

Sam settled himself at Catherine's feet, engrossed in writing up his nature notes and occasionally checking various points with her.

After an hour of answering Kate's questions about herself, Catherine felt exhausted. She wondered why she was getting the third degree.

'No, I don't feel lonely living on the boat,' she replied with as much patience as she could muster.

'Course not! You've got us!' Sam declared happily.

'Yuk!'

She wrinkled her nose in pretend distaste and Sam tussled with her. They ended up in a giggling heap on the floor. Catherine became aware of a faint frost emanating from Kate and hastily scrambled back to her seat.

Sam cuddled up to her and, after a moment's hesitation, she put her arm around the little boy. Kate might not like her son feeling affection for another woman but Catherine wasn't going to play it cool with him for Kate's sake.

'I have a whole heap of friends, you see,' she said calmly, answering the question rather belatedly.

'Heaps!' Sam marvelled. 'There's The Boys downriver who live in narrow boats too—and virtually everybody in the village. Everyone likes Catherine,' he declared loyally. 'She's mega.'

Zach's mouth curled in amusement. His eyes danced merrily at Catherine.

'Very popular,' he agreed.

'You must have a string of boyfriends, then,' Kate said with a smile that didn't quite reach her eyes.

'Only me!' giggled Sam, fortunately diverting attention from Zach's sudden stillness.

'Huh! You'll have to grow a bit before I'm walking down the aisle with you,' Catherine joked and Sam laughed.

'Yeah! We'd look a bit dopey!'

'So, lots of admirers?' persisted Kate.

Catherine could see that she was edgy.

'All The Boys want to marry her,' interjected Sam earnestly. 'I said I wanted to when I was grown up and they told me to get in line, buster.'

Catherine and Zach laughed and she hugged the solemn little boy.

'My goodness,' Kate murmured, her hand firmly on Zach's knee. 'We have a real Mata Hari here!'

'I think Sam's been exaggerating the extent of Catherine's relationships,' Zach muttered, looking annoyed.

'Some people who live on the fringe of society,' Kate said in a deceptively sweet voice, 'have different values, different ways of looking at relationships, to boring old fogies like you and me. You believe in freedom to do as you please, don't you, Catherine? I understand the appeal of that.'

She frowned. 'I like my freedom, yes.'

'There you are!' Kate turned triumphantly to Zach. 'A true free spirit. The open road—or, in this case, the open river—not a care in the world. Oh, it must be wonderful not to be burdened by responsibility. Or to feel obliged to stick to the dull courting rituals that society expects. The freedom to experiment and to share love with many people. It's very appealing, I can see that.'

'I hope you're not suggesting Catherine might be...' Zach glanced at Sam and considered his words carefully '...free with her favours?'

'Of course not!' Kate cried, looking horrified but clearly thinking exactly that. 'I was talking generally. I'm sure the...er...Boys...are moral and upright, despite appearances.'

'The Boys don't have the money to look smart,' Catherine explained, hoping to change the subject. 'And they're a mix of backgrounds, professions and ages—from twenty-two to fifty-three—'

'*Professions?*' Kate queried silkily.

'Oh, yes. Carpenters, decorators, plumbers and a silversmith,' Catherine replied quietly. 'They've been very kind to me. I suppose we're a close-knit community because we're boat people.'

Kate nodded. 'Same values.'

'We don't pursue money for its own sake,' Catherine agreed. She saw Zach's frown and decided to terminate the interrogation. 'Tomorrow they're all motoring up to an annual boat fair some distance away. I'll miss them,' she added unnecessarily. But it lightened the conversation. 'And now—' she rose decisively to her feet '—I really must go.'

'Oh, no!' protested Sam.

She hugged him and kissed his cheek. 'The Favs and Silver Laced's need me. See you next week. We'll check the weed hatch and paint the cabin slides we managed to rub down. OK?'

She turned to Kate with an understanding smile. It must be hard to see your kiddie so fond of someone else.

'Goodbye,' she said warmly, extending her hand. 'I'm glad we've met. Sam talks about you a lot.'

Kate's face became wreathed in smiles and Catherine's heart softened. The woman really did love her son.

'Does he? Don't believe all of it,' she joked. 'Goodbye, Catherine.'

'I'll see you out,' Zach drawled.

Sam scampered along with them. At the drawing room door Catherine half-turned on an impulse and caught Kate looking tight and upset. She bit her lip, wishing Kate felt more generous about her son's affections.

'Sam!' Kate called loudly. 'Come back and show me your nature book.'

For a moment he looked torn, and then with a gentle push from Catherine he galloped back to his mother.

'I'm glad you met Kate,' Zach murmured as they walked through the hall.

Yes, she thought. It was just as well that she knew as much as possible about Zach. Seeing Kate had raised doubts in her mind—and it was better to have those doubts now rather than later.

She decided to ask the questions which were burning inside her.

'Where did you meet her originally?'

'We both worked for the same financial house. We had a lot in common.'

She realised ruefully that she hadn't wanted to hear that.

'In that case, why did you two divorce?' she asked directly.

He shrugged. 'My fault entirely. I was devastated when

she said she wanted me to go. I thought I was doing everything right.'

'And weren't you?' she wondered.

'Not really. I started out with high ambitions and specific goals. I worked furiously to attain them so that my family was well-provided for and then, just as I was becoming established, my personal life collapsed. Kate was fed up with taking second place to my career. I am beginning now to see where I went wrong. It's all a question of balance, isn't it?' he said ruefully.

She managed a weak smile, squeezed his hand and pulled on her boots. Kate called Zach's name sharply. Hastily Catherine hurried out, turning with a farewell wave. But he had already gone back to his ex-wife and the door was firmly shut.

Catherine heaved a sigh. It seemed that her efforts to show Zach a less stressful way of life had reaped unexpected benefits for Kate, who now must be thinking that he was once again the man she'd fallen in love with.

Disconsolately she mooched about the boat, expecting to hear Kate's car starting up as she and Sam headed for their London home.

After two hours of tiptoeing around with her ears on full alert and hearing no such thing, Catherine decided she'd had enough. She'd go to the pub and cheer herself up with some friendly company.

The car was still there when she went over the bridge. It was still there when she returned at midnight, after a jolly evening and an hour or two chatting at a friend's home.

It was still there in the morning.

She hadn't meant to go and look, but something had driven her to do so. And when she saw the car was parked in exactly the same place her stomach swooped. For a moment she could hardly breathe as it dawned on her that they'd spent the night together.

Distraught, fighting with the ugliness of her jealousy, she went about her jobs mechanically. And felt a desperate need for her friends.

She had an excuse—not that she needed one. Her month's stay was virtually up and there seemed to be no chance that Zach would ask her to stay now that he and Kate were back on course. So she'd go to say goodbye to The Boys before they left for their trip.

Gloomily Zach watched Kate's car shoot off down the lane, touched when Sam appeared, half in and half out of the window, waving frantically. Yes, he thought, I must concentrate on my son. His needs are paramount.

The car slowed and he saw Sam's arms flapping again with renewed energy. This time the farewell wasn't for him. Zach's gaze swivelled to the group of boats moored to the bank, the focus of Sam's attention.

He stiffened. A familiar and slender figure on the big Dutch barge gracefully returned Sam's wave. For a moment Catherine stood there, holding hands with the curly-headed Tom who owned *Rainbow*. The two of them watched as Kate's car disappeared up the lane.

And then Zach froze. She had flung herself into Tom's arms. He felt rage boil within him and his rational mind battled to say it didn't matter, that he had no right to mind.

But they were cheek to cheek like lovers. It looked like he was kissing her. And a moment later they had disappeared into the cabin, glued together as though they'd been irretrievably welded by mutual adoration and hunger.

He had never felt such jealousy. It ripped through him so viciously that it stopped his breath. He rocked on his feet, totally submerged by a red hot anger and only his self-respect kept him from storming over to grab Tom and throw him in the river.

Was this the reason why Catherine had been so keen to keep their relationship on a 'no strings' basis? So that she could sleep with whoever she chose? It was none of his business how she lived her life.

But it hurt. So much that he could almost imagine that the lump in his throat and the moisture in his eyes was something to do with Catherine's betrayal, instead of the sharp wind that was now ruffling the river's surface.

Abruptly he turned around. Stumbled, half-blinded and numb, back to the house. Where he stood feeling totally lost and stupidly sorry for himself. But as angry as hell with Catherine.

A short time later he left for the City. It was all he could think of to do, with his mind so possessed by Catherine's casual treatment of his feelings.

Kate had rung him to say that she and Sam were safely home. He couldn't bring himself to tell Kate she'd been right about Catherine. That you couldn't live a life of freedom and not have some of it seep into your sex life.

And he had to admit that Catherine had been very nonchalant about their relationship. As far as she knew she was leaving in a week's time. And yet, even though she must have expected it would be a temporary fling, she had been more than willing to sleep with him.

She would never know that he'd been poised to suggest they make it a more permanent arrangement. His long conversation with Kate had saved him from a foolish mistake which he would have regretted for the rest of his life.

Angrily he punched in his first call. He was well out of it. Catherine was a butterfly, as Kate had said, and would never stay anywhere long enough. It wasn't in her nature. You couldn't tame a half-wild creature or change its ways. How stupid of him to think he could.

He could have kicked himself for being taken in. Not once, in the whole of his life, had he ever been gullible. But Catherine had softened him up and offered him so many delights...

His body flamed while his heart ached. And, determined not to be ruined by the loss of the enchanting but fickle Catherine, he planned a week of back-to-back meetings.

Annoyingly, work gave him little pleasure. He found his attention wandering sometimes, occasionally while he was in mid-sentence but particularly when one of his employees was earnestly holding forth.

All too often his mind leapt longingly to the island with its leafy calm and amusing dabchicks. To a woman with her hair tumbling about her as she raised her arms to him and purred with satiated lust.

'Zach? Are you with me?'

He blinked at the fresh-faced, sharp-eyed young man in the regulation city suit, two inches of cuff and an attitude of ferocious ambition. That was him, ten years ago. Ten long years of working from seven in the morning till eleven at night. Would this young man end up with a broken marriage too?

He frowned, realising that everyone around the table was looking alarmed, as if they suspected he'd lost the plot.

'Where else would I be?' he growled. 'Get to the point.'

Where else? On an island. Bedding a treacherously amoral woman who had no idea that it might hurt people if she offered her favours around. For all his macho image, he knew he was a deeply moral man. That was his parents' influence. He'd squired women around since his divorce but hadn't slept with any of them.

He wanted a loving wife who'd accept Sam as her own. More children. A welcoming home, where the smell of newly baked bread and children's laughter offered him a haven from life.

And Catherine would never have filled that role.

He nodded approvingly at the young tyro and the meeting broke up in a rustle of papers and the sound of laptops being closed. His staff respected him. Looked up to him.

Little did they know that he'd just had his first affair and he'd retired from it severely wounded!

The week passed. He was unnervingly reluctant to get up each morning and drag himself through the crowded city to work. Felt resentful. Became irritated by Kate's incessant calls. So he pushed himself harder and hated every minute of every day.

Whenever he gazed out at the rain-lashed grey pavements of central London he wondered what the devil he was doing there. And felt a rush of homesickness for his beautiful island.

By the time he'd driven through massive traffic jams in the teeming rain and was back at the Manor for Sam's weekend visit, he'd become thoroughly bad-tempered. What he needed was a massage. Without any strings attached.

His mood didn't improve when Kate rang to say that Sam had gastro-enteritis and would be staying at home.

'Why don't you come over? Stay the weekend?' she suggested warmly.

'Better not,' he said with frustrated regret. 'It's passed on by contact, isn't it? I don't want to risk passing on anything like that to my secretary. She's pregnant. I'll call him, have a chat.'

'Sam will be so disappointed,' sighed Kate. 'And me. Incidentally, I was wondering how he got it. Have you or Catherine had any stomach upsets at all?' she asked lightly.

'I wouldn't know about her. I've been in London all week and I've been fine,' he muttered, annoyed that his eagerly anticipated weekend had been scuppered.

'Oh, well,' Kate said, sounding cheerful. 'I suppose she's got used to germs, the way she lives.'

She rang off before he could remind her that, however grubby Catherine's morals might be, her narrow boat was perfectly clean and tidy.

Uncertain whether to go or stay, he spent the next hour lethargically stopping a leak in the wall of the utility room. Perhaps it was the unearthly silence of the empty house, but the rain sounded very loud outside and the noise of the river seemed more like Niagara than the serene Saxe. It was, however, too dark and foul outside for him to go and look.

He settled himself in the drawing room with a post-dinner brandy—the meal being a miserable apology of a packaged lamb casserole and assorted E numbers which would have appalled Catherine.

Pity she didn't seem to have the same exacting standards where her body was concerned.

Looking up to glower at the teeming rain, he saw a light wobbling about outside in the garden. He leapt to his feet, his heart beating hard. When he reached the window and peered out he saw a shadowy figure with a torch, rooting about in one of the outbuildings.

His mouth compressed. One of those Boys, scavenging. He should have put in those security lights and an alarm system. Catherine had soothed his suspicions about The

Boys, and because of that he hadn't sent his art works away for safety.

Nevertheless, he suspected that The Boys' sense of property wasn't as rigid as his and they'd take anything they regarded as of little value. Unless, he thought stiffening, it was a real burglar.

Grimly he strode to the kitchen and pulled out his new boots, only to be brought up sharp by a frantic rapping on the door. It shook on its hinges as someone tried to turn the handle.

Burglars didn't announce their presence. Nevertheless, he grabbed a carving knife and unbolted the door. A small, bedraggled figure tumbled in.

'Catherine!' Discarding the knife he caught her, held her up, and as he did so his hands actually squeezed water from her sopping jumper. He felt an odd kind of fury. 'You *fool* to come out without a coat in this!'

'Oh, shut up, Zach! I need a rope!' she screamed hysterically, her face contorted in panic.

'A rope? What the devil for?' he demanded.

She drew in a shuddering breath. *'My boat's sunk!'* she wailed.

CHAPTER ELEVEN

FOR a fraction of a second he stared at her in astonishment. Then he pushed her roughly into a chair.

'Sit there!' he ordered grimly. 'And don't move a muscle!'

Racing upstairs three at a time, he roared along to the linen cupboard and grabbed two bath towels before charging back again at breakneck speed.

'Get your clothes off,' he snapped. 'Wrap up in these—'

'No!' she yelled, leaping up and banging the table in helpless frustration. 'Didn't you hear me? My boat's sunk—!'

'What do you think you're going to do about it?' he said impatiently. 'Lasso it and drag it up again?'

'Secure it!' she hurled, her entire body shaking as if she had a fever. 'Stop it being dragged downstream!'

'You're doing no such thing. Get out of those wet clothes. Take a warm bath and root about in my wardrobe till you find something that'll fit you,' he ordered. '*I'll* secure your damn boat.'

'But—'

'See sense, Catherine!' he barked, irrationally bad-tempered with her. 'We're wasting time here and every second counts. I'm stronger than you and I know enough about boats to manage. Now do as you're told.'

He didn't wait for her to argue, but togged himself up in his new waterproofs and picked up a powerful searchlight. There was a towing rope in the shed—he'd seen it when they'd been watching the swallows building their nests there.

The rain had mercifully died down. When he got to the bank with the rope he saw that the river had risen at least seven feet or so. And there, straddled across the raging torrent with its stern wedged on the opposite bank, was Catherine's boat.

Or, at least, five feet of it. The rest was beneath the water, dragged down at a perilous angle by the bow rope which was still attached to its mooring somewhere beneath the surging river.

It was surprising that Catherine should have been so careless and unobservant that she hadn't eased off the mooring ropes. Perhaps she'd been otherwise occupied with a lover or two.

A flash of fury ripped through him and he had to force himself to concentrate on the task in hand. To secure the stern he'd have to get to the other bank. That meant a long walk to the village, crossing the weir there, and walking back down the other side.

But he managed it. Scrabbled down the muddy bank, fixed the rope and tied it securely to a stout tree. Panting with exertion he arrived back at the house a good hour and a half later.

Catherine was huddled over the stove, frail and frightened and almost lost inside one of his warm shirts and a jumper. A pair of his socks flopped oddly on her small feet and he felt a jerk of something tender and painful in his chest.

'All done,' he said crossly, shedding his wet boots and coat. With curt thanks, he took the towel she offered. He rubbed at his wet hair. 'Brandy for you—'

'I've had some. I hope you don't mind,' she said in a

small voice. 'I got you a glass, too. You've been ages. I thought...I thought—'

'I crossed the river,' he snapped, accepting the drink and cradling it in his hands. 'It took a while.'

'I wish I'd come with you,' she mumbled.

Her eyes were huge and panicky, her mouth trembling. And she'd been crying. Every inch of his stupid, treacherous body yearned to console her. Appalled, he took a sip of the brandy and felt revived.

'You wouldn't have been able to do anything and you would have been in the way,' he said shortly. 'At least you can be sure that your boat won't go anywhere now. We can't do any more till morning. Sit down, for goodness' sake. You look terrible. Tell me what happened.'

'I don't really know, except I think someone must have opened the sluice gates,' she mumbled. 'The first I knew was that the boat was rocking wildly and it seemed to be rising up.'

'That makes sense. The river's several feet higher than usual. It looked like the water at the base of Niagara— boiling white waves surging in all directions.' He looked down at her and suddenly found himself giving impromptu thanks for her preservation. 'I don't know,' he said gruffly, 'how you ever escaped.'

She shuddered. 'Sheer luck. If I'd been in bed...'

His hand touched her shoulder briefly and she gave him a brave little smile which ripped into his heart more surely than if she'd burst into tears.

Don't be swayed, he told himself. Don't weaken.

'You're here. You're safe.' He gave a dismissive wave of his hand as though the whole event had been a minor incident.

Her eyes looked hollow. 'I know. I don't know how. I'll never forget it.'

She stared into space, reliving the horrific moment. He felt desperate to know every detail. But in asking would he betray his concern? He could see her going over and over it all, her hands trembling uncontrollably. And he could contain himself no longer.

'You must tell me,' he said in the manner of a detached counsellor, pulling up a chair in front of her. 'Don't keep it bottled up,' he advised loftily. 'Run through the events.'

Her hand swept over her tumbled curls. 'It was so quick!' she marvelled. 'I was trying to keep my balance as the boat heeled over. In a matter of seconds there was a loud rushing sound outside and all the timbers sort of…groaned.' She bit her lip.

Zach's muscles strained with the effort of containment. He folded his arms to keep them from reaching out.

'Go on,' he said coolly.

She was too wrapped up in what had happened to notice his detachment. 'I could hear the ropes squeaking, that's the only word that describes it,' she mumbled. 'I flung open the stern doors to see walls of white water rushing at me. It was foaming over the stern. I don't know why, but instinctively I leaped for the bank—just as the stern mooring gave way with the force of the river.' She shuddered. 'The tree must have been literally torn from the bank. I stood there, clinging on for dear life as the water rose around my feet and watched my boat being dragged across the river. I saw most of it disappear under the water. For a long time I couldn't move. I kept thinking I could have been drowned!' she wailed.

He covered up his horror and steeled himself not to comfort her physically. Words would have to do. Otherwise he'd abandon the promise he'd made to himself that he'd not get involved with Catherine again.

'Yes. But you weren't. You're just shocked.' He saw

that her fingers kept plucking at her skirt and her knees still shook. 'Catherine,' he said in what he thought was a more fatherly tone. 'You are alive. That's the main thing. Nothing else matters. Your life is more important than any possessions. They can be salvaged or acquired again. *You* are *alive*,' he repeated passionately. 'It's a blessing.'

'Yes,' she croaked. 'You're right. I am lucky. I'm holding on to that.'

'Good,' he encouraged. 'As for someone opening those sluice gates, I think it's outrageous they should do that without warning anyone downstream,' he fumed, reaching for the telephone directory. 'We must both sue, of course. There must have been thousands of gallons released in a matter of minutes. Whoever opened those sluices—'

'It's my home,' she said, her plaintive voice interrupting his rant. 'Everything I love and own. It'll all be ruined—even if I ever manage to raise her. All my medicating potencies, my patient records— Oh, excuse me!' she flared, seeing him punching numbers into his mobile phone. 'Have I interrupted an international conference call or something?'

'I'm calling the emergency number of the Water Board,' he replied tightly.

How could she think that? he thought, furious that she could imagine he'd be so crass.

'Oh, I'm *sorry*! I don't know what I'm saying, my mind's jerking about all over the place—'

He flung her a glance of contempt that stopped her apology in its tracks. Someone answered his call. He began to lodge his complaint with the official. After listening to the man's explanation, he put the phone down.

'Nobody sanctioned the release of the sluice gate,' he told Catherine curtly. 'The officer thinks it must have been vandals. Were you insured?'

Her look of dismay gave him the answer and he felt like shaking her till her teeth rattled.

'Don't glare at me like that!' she wailed. 'I was going to!'

'Honestly, Catherine,' he snapped in exasperation. 'You take casual living too far! You have to take responsibility more seriously. You've made yourself homeless!'

Cringing from his tongue-lashing—which he secretly knew came from despair at the vast differences between them—she incoherently mumbled an excuse.

'I know! But the insurance had come up for renewal. I...I was waiting till I'd found somewhere else and could give the new mooring site,' she said miserably. 'It—it seemed to make sense at the time.'

She looked so forlorn that he almost caught her up in his arms and told her that he'd buy her a new boat. But he managed to stop himself before he lost his head.

He remained silent and brooding. There was nothing to say. No consolation to offer. She had lost her home, her entire possessions and her means of making a living.

'I wish The Boys were here,' she mourned.

He winced, his male pride wounded. 'Why?' he flung back.

Her dark, passion-filled eyes flashed up to his.

'Because they'd know how to raise her! Then they'd show me how to take the boat apart and dry it and...'

'I could do that,' he found himself saying to his horror.

The shining light in her eyes completely erased any thoughts he might have had of giving a light laugh and saying that he'd been talking rubbish. And then her face fell.

'You can't know much about raising a boat,' she said glumly.

His mouth hardened. 'I'm not incapable,' he said with

icy frostiness. 'It's all a matter of common sense and application. I have a good brain, some practical knowledge and plenty of people I can draw on for advice. Of course I can do it,' he scoffed.

The hopeful light shone in her eyes again. 'Could you?' she asked eagerly. 'There might be a chance I can salvage stuff if it's not under water too long.'

He scowled, just to make sure she knew he wasn't doing this because he wanted to pick up their relationship again.

'I don't have much choice,' he growled. 'I don't want the wretched boat blocking the river, do I?'

She looked suitably chastened. 'No. But...the fire brigade won't be able to get to the site. Nor would a crane. And The Boys aren't around. I don't see how you could raise her on your own. I suppose we'll have to ask some of my village friends to help—'

'Do they know anything about boats?' he asked.

'No, but they'd be willing—'

'If they're not used to the river and boats they'll be more hindrance than they're worth, however well-meaning they might be. I can't spare time and energy to watch over their safety and keep telling them what to do. Better we cope on our own. I'll get her up,' he promised recklessly. 'And we'll salvage what we can.'

'Zach, I would be so grateful!' she whispered.

'I want the river clear,' he repeated. Not wanting her to offer herself in return. He beetled his brows together. 'It's very annoying. You were due to go.'

She bit her lip and hung her head. 'Yes. I'm sorry. I couldn't know this was going to happen, though.'

'No. I appreciate that.'

Hell. She looked so forlorn. Restlessly he strode up and down, fighting the overwhelming urge to give her a hug.

'Well.' He heard her get to her feet. Heard the misery and shock that robbed her voice of its gentle serenity. 'We can't do anything now. I'd better find somewhere to stay,' she muttered.

He whirled around to see her trudging disconsolately to the door.

'Don't be ridiculous. You'll stop here.'

With her back to him she paused, her shoulders drooping.

'You don't want me around. I don't think so,' she said tightly.

'I'm not intending to haul you into my bed,' he grated, crushing the stab of pain that had arrowed into his heart. She didn't want his consolation. Was scared that he'd make sexual demands on her. Presumably her affections had swung to Tom for the moment. And who might it be next week? Fury ripped through him. Or perhaps it was pain. Difficult to tell. 'There are plenty of bedrooms without me having to invite you into mine,' he snapped, cut to the quick by her fickle nature.

She had gone scarlet. 'It's... I can't impose on you,' she stumbled.

'I don't want you in this house, any more than you want to be,' he told her coldly. 'But it makes sense. You'll be on hand in the morning to see the damage. There's no point in finding digs in the village at this time of night. See sense, Catherine!' he fumed, when she didn't respond. 'If you think I'm going to jump you, then you're out of your mind! I've moved on from our *fling*.'

'Yes. Of course,' she said tiredly. 'Thank you. I would be grateful. I feel so shaky I can hardly move.'

'Go to bed, then. I'll show you up and find some linen.'

She winced at his curtness. Hell, he thought. He really was giving her a hard time. She'd nearly drowned, had lost her entire home and everything she possessed, and he was barking at her as if she'd done something wrong.

'Catherine...' he began, more softly.

'Don't worry!' Aroused by an extraordinary passion, she glared at him, her dark eyes blazing into his. 'I won't be a nuisance, if that's what you're concerned about. In fact, you don't need to help at all. I can do this on my own. I don't need you. Except for a bed tonight. And, since I'm leaving in three days, Kate won't know I've stayed the night, either, because I won't be around to tell her—and I'm sure you won't!'

Puzzled, he stared after her as she set off for the hall. She was distraught, she didn't know what she was saying. He followed her taut, stomping figure up the stairs, aching to gather her into his arms and soothe her till she fell asleep from sheer exhaustion. But he kept his barriers up, even though he longed to tear them down.

He and Catherine were worlds apart. They'd fused in bed for a brief time. But that wasn't enough.

'Have this room,' he said irritably, dumping pillows and sheets in the main guest bedroom.

'Thanks. I'm sorry to be a nuisance.'

He grunted. She took one corner of the sheet. Between them they made the bed in total silence. She seemed as tense and as wound up as he was, but then she'd lost her home and everything in it.

'Anything else you want?' he enquired coolly, anxious to leave before his self-discipline cracked.

'No. Thank you.' Her head lifted and he saw a new resolve in her expression. 'Zach, I meant what I said. I can do this on my own.'

He felt an enormous respect for her then. She was forcing herself to overcome the shock and, instead of giving way to perfectly understandable tears, she was beginning to fight the calamity that had befallen her.

'But I will help, whether you like it or not,' he said gruffly. 'I have no intention of having that river jammed by your boat for days on end. We'll talk in the morning. Try to sleep.'

Catherine woke with a start after finally falling asleep in the early hours. Her mind had teemed with thoughts and, try as she might, she hadn't been able to settle down.

She was homeless, she thought, the horror washing icily through her body. And even though she cared little for possessions, the few she had were important to her.

Nausea churned in her stomach. She'd never been in such an awful situation.

As she slipped on Zach's shirt she wondered how long it would be before she could earn her living again. And...in the meantime, where would she live?

Trying to be positive, to remind herself that she was fit and young—and alive—she tiptoed down the stairs to see if her clothes had dried where she had hung them over the Aga.

She paused in the kitchen doorway, her face softening with tenderness. There was Zach, fast asleep and slumped over the pine table with his head on his arms, his faithful mobile and sheaves of paper close by.

Her eyes hardened. He'd been catching up on work that she'd interrupted. She thought of his coldness the night before, his reluctance to even pat her shoulder in sympathy. She'd longed for a gesture from him.

But his manner had made it perfectly clear what he felt about her now—*nothing*. Anger surged through her, making her eyes blaze. Why couldn't he have told her he was back with Kate? Was it because he saw their *fling* as something utterly inconsequential?

Her blood boiling, she moved closer. But she saw that instead of working on financial figures and percentages he'd clearly been organising the delivery of industrial pumps, a winch and a canoe. And some of the pages were covered with calculations.

It seemed that he'd been up all night, puzzling over methods of raising her boat. Instead of being pleased, she felt upset. Her mouth tightened. He must be desperate to get rid of her!

Feeling horribly depressed by this, she left him sleeping while she hurriedly dressed in the utility room and then slipped out to check on the chickens. The door banged when she returned and he woke with a start, staring at her with a blank expression.

'Sorry. I didn't mean to disturb you,' she said stiffly.

He groaned and ran a hand over his sleepy face. She saw that his cheek bore marks from the creases of his sleeve and her heart softened for a moment before she angrily reclaimed it again. He groaned more loudly when he checked his watch.

'Is that the time? I meant to be up early.' Stiff and awkward, he got up and stretched his cramped body, his eyes narrowing. 'You've been out,' he accused.

'To see the chickens. Why shouldn't I?' she defended with a toss of her head. 'And you can bill me if you like for the bread I pinched to feed them. You'll be glad to know they're fine. They spent all night roosting in the trees.'

'You can have the bread with my compliments,' he said caustically. 'What about the boat?'

'Still there. Your mooring held.' She hesitated, her manners overcoming her anger with him. 'It was a dan-

gerous thing to do,' she said jerkily. 'I—I can't thank you
enough—'

'We've got to get that boat up so you can take it off
to be repaired,' he said curtly.

Catherine felt as if he'd stamped on her. She was a
nuisance in his eyes. And an embarrassment. He would
move heaven and earth to get rid of her. He must know
that Kate wouldn't be too pleased to have another woman
around when she and Sam came to live with Zach again.

'First it has to be raised,' she said, her spirits sunk as
deeply as her boat. 'Maybe it can't be repaired. I don't
know how I'll afford to do so, anyway.'

'It will have to be raised. I'm not having it here. I'll
show you what I've organised.' Cold and grim-mouthed,
he waved a curt hand at the papers on the table. 'I'll go
up for a shower and get dressed. Perhaps you'd do us
some breakfast. We'll need a good meal inside us.'

She nodded glumly. He was doing his best to ensure
that she didn't jump to any conclusions about the help he
was giving her. Every gesture, every detached remark,
were designed to keep her at arm's length. When she
wanted to be hugged and stroked. To hear his warm, rich
voice murmuring that everything would be all right.

She wanted to cry. She had never felt so isolated or
alone in the whole of her life.

Her head lifted as she remembered something and she
called to him as he left the kitchen.

'Zach! It's the weekend!'

'So?'

She hesitated, upset that the raising of her boat would
be put off. But he had priorities. Sam and Kate.

'You'll want to be spending it with Sam—'

'He's not well. Tummy bug,' he answered curtly.

'Poor kiddie!' she sympathised. 'You...you don't have

to help me,' she said, denying her own needs. Sam was sick. He'd want to see his father. 'Your Sam is more important—'

'I know he is. But my secretary is pregnant and I wouldn't want her to catch the bug from me. It's better I keep away. He's sleeping most of the time anyway.'

She gazed at his closed face and wished she could see into his mind.

'You won't see Kate...' she ventured, unable to help herself.

'No,' he said, frowning, and he turned abruptly on his heel and disappeared.

Catherine swallowed back the lump in her throat. With a huge effort she pulled herself together and started grilling bacon. They would be working closely together over the next few hours. If she was to survive without wincing with the pain of 'if only' every time he came near, she'd better shape up and get used to the fact that Zach had been reclaimed by his ex-wife.

It would be good for Sam to have his parents back together, she consoled herself. But, try as she might, she couldn't accept that it would be good for Zach. She hung her head. That was very selfish of her. And arrogant to think that only she could make him happy.

Tears tried to water down the eggs she was scrambling. Furiously she scrubbed at her eyes with her handkerchief, vowing that she would be tough from now on. She had a mountain to climb in terms of her future. A boat to renovate, a life to begin all over again. The future seemed utterly daunting and unfriendly.

There wasn't any place for emotion. She choked back a sob. No place at all.

CHAPTER TWELVE

BY THE time Zach hurtled back into the kitchen again she was calm and determined. Quickly she drew their break-fasts from the simmer oven and slid them on to the table.

'Right,' she said briskly, picking up her knife and fork. 'Tell me what you've organised. You clearly spent half the night ringing people. Weren't they all in bed?'

'I called colleagues in New York who put me on to experts,' he replied. 'They explained what I had to do. I worked out the maths. We need three industrial pumps and a winch with a grappling hook if we're to pull the boat off that bank. Because the mud will be soft, the stern will be firmly embedded by now. The cabin has to be sealed entirely if the pumping is to be efficient. That can be done today—I doubt we'll be able to get hold of the pumps themselves till tomorrow at the earliest. I'll get on with sealing the boat while you make the phone calls.'

She was impressed. 'I want to help you,' she said quickly. 'I want to be there. You shouldn't be working on your own out there. Anything might happen.'

He considered this for a moment, his cold Arctic eyes boring right through her.

'You're right,' he said eventually. 'Take my mobile in case of emergency, and keep me in sight.'

As he explained what he intended to do she was help-less to prevent the admiration showing in her eyes. Cool and efficient, Zach was taking charge. And she knew that he would succeed because he had an air of total confi-dence in himself.

It wasn't misplaced, either. Watching his increasingly animated face and listening to his crisp, well-ordered plan, she began to realise that he was an extraordinary combination of practicality and intelligence.

Her eyes grew wider and wider. Her secret love for him spilled out and it must have reached him because he stopped in mid-sentence and looked confused, as if he'd lost the thread of what he'd been saying.

'I'm sorry,' she whispered, hot from the fierce tension in the room. 'Go on.'

He cleared his throat. All she could do was gaze at him, weak with love. Like an embarrassed uncle, he patted her hand and stood up.

'It'll be all right,' he said in his familiar, abrupt manner. 'Rely on me. I know exactly what I'm doing.'

She wished she knew what *she* was doing. Whatever common sense told her, it seemed that her heart and soul were conspiring to rebel. She wanted to be with Zach. Till the end of her life.

But she made an effort to block out her needs. However badly he'd behaved, his needs were more important. If he loved Kate, then she had to accept that. She ought to be glad that a broken marriage was being mended and a little boy would have both his parents back again.

After pushing the dishes into the dishwasher she listened silently to her instructions. Obediently she searched the telephone book for the numbers she wanted and then went out to make her calls from the riverbank as Zach had suggested.

That evening they staggered back exhausted. Only the darkness had stopped Zach from continuing. She supported his stumbling, weary body, marvelling at his dogged determination.

'You need a bath,' she murmured, aching with love.

He almost crawled up the stairs. She ran his bath and looked at him, slumped on a stool, his hair dripping from where he'd dived over and over again—in just a pair of bathing trunks—to secure a tarpaulin around the boat.

She had been terrified when he'd said it was the only way to seal the various outflow pipes. When he'd disappeared beneath the boat to drag the tarpaulin through to the other side, she had known that if he didn't surface soon then she'd jump in after him. And she would get him out, or die in the attempt.

Her love awed her. She would willingly die for him, she knew. Would Kate?

Reproaching herself for that question, she gently began to undress him.

'I can do that,' he croaked, rousing himself and irritably pushing her away.

'I'll bring you something to eat,' she said softly, ignoring his bad temper.

'You must be tired too,' he muttered, slowly and painfully shrugging off his wet shirt.

His laboured movements brought a tenderness to her eyes. 'I haven't done half as much work. I haven't fixed panels of wood over smashed windows and doors. I haven't spent half the day under water. I didn't heave things out of the boat, either. You wouldn't let me.'

'Everything was submerged. You'd never have had the strength,' he grunted. 'I only got out the chairs and other bulky things. I thought they'd get in the way tomorrow.'

'I know.' She stroked his forehead, wanting to erase his frown. 'Zach,' she murmured.

He seemed to tense up. And he turned his head away as if in disgust. 'I'm too tired to talk,' he muttered.

'I just wanted to say thank you,' she persisted. 'Whatever your reasons, you've been wonderful. I mean that, Zach. From the bottom of my heart. Thank you.'

With pain in her heart she went down to heat a tin of soup, all she felt she could manage to prepare. Wearily she took it up to his room. He fell asleep as soon as he'd finished and she lightly caressed his forehead, knowing that this would probably be the last time she'd be able to be so close to him.

His lashes, so thick and dark and lush on his cheeks, gave a little flutter. Her fingers stilled.

'Don't stop,' he murmured.

'I should go,' she breathed, feeling unnervingly weak.

Languidly the smoky eyes opened. 'You're swaying on your feet. And you're trembling.'

'I think the shock is beginning to tell,' she admitted in a whisper.

Her legs buckled and she steadied herself with a hand on the bed.

'I've been hard on you,' he said in a low voice.

'You—you've done more than anyone could have asked,' she said jerkily.

She couldn't tear her eyes away. And she found herself shaking so much that she couldn't remove her hand when he placed his over it, his face dark with concern.

He was worried she'd be a burden, she thought dejectedly. That she might hang around, pleading poverty and desperation, and might queer his pitch with Kate. A sob jerked out from her trembling lips.

'Here,' he grated roughly. 'Lie down for a minute. You're dead on your feet.'

She swayed, fighting her longing to agree. 'I—I can't—'

'Don't flatter yourself,' he muttered. 'I have no designs on you. But I'm too tired to carry you to the other room and you're in a terrible state and incapable of going under your own steam. Get in.' He eased back the bedclothes and moved to the far edge. 'Plenty of room. Lie down and let's both get some rest,' he added irritably. 'I don't want to spend half the night arguing. I've had enough.'

It seemed she had no fight left in her. So she slid into the bed and lay there, shaking with exhaustion, shock and misery.

After a moment, Zach heaved an exasperated sigh and none too gently pulled her to him. Immediately her body sank gratefully into his. Muscle by muscle, she gradually relaxed.

Cuddled into the warmth of his body she heard his deep breathing and felt glad that he was getting some rest. It was going to be tough the next morning.

Tough for him because of the physical work he had ahead of him. Tough for her because she'd be waking up in the knowledge that soon Kate would be in this bed, right here. Kate would be making love to him, sighing, dying with joy beneath his caresses and gasping with pleasure at his whispered words of love.

Despite her silence, something woke him and he turned over, his hands searching for her face in the dark. When his fingers slid over her tear tracks, he gave a low cry of compassion.

'Catherine,' he soothed, holding her close. 'Don't cry. It will all be fine. I promise.'

She knew then that he imagined she was sobbing over her boat and her homelessness. She didn't correct him. He was kissing away her tears and she couldn't bear it.

Her mouth closed on his and immediately fire flowed through her veins. Far from being tired, she felt she could conquer the world. But suddenly he pushed her away, as if he'd only just realised what he was doing.

'We need to sleep,' he muttered.

'Yes,' she jerked out hastily. 'I'm shattered.'

And she turned her back on him, burning with hunger and humiliation because she'd made a fool of herself. Again.

The pumps arrived—she discovered later—at six the next morning. Zach was up and out before she even stirred, which was just as well because she was glad of some time to gather herself before she faced him.

Wearing the survival suit she'd ordered, Zach was feeding the flexible pump hoses into one of the tiny windows at the stern of the boat, the only part above water.

She knew what she had to do. He'd explained the day before. When she'd finished feeding the chickens, Zach slid into the inflatable canoe and took her over to the boat.

She clambered on to the cabin roof and waited by the pumps while he disappeared into the submerged cabin. Then in response to his shout, she switched the pumps on and arcs of water gushed out into the river.

For a long time nothing seemed to be happening. Every now and then, when the water became a trickle, she slammed her hand as he'd directed over the pump outlets to let suction build up again. After two tiring hours, she realised that she could see more of the roof. Her relief was immense. The boat must be rising!

When Zach emerged to check on progress she crawled to the edge of the roof in excitement and looked down at his elated face.

'It's working!' she cried, overjoyed.

'Yeah. Slowly but surely!' he shouted happily. 'Keep it going. Nice work.'

'Oh, Zach!' she yelled. 'Look! It's Tom's boat! He's back!'

His mouth tightened when he saw the big Dutch barge heading towards them and Tom's appalled face peering from the cockpit.

'Get him on to the pumps,' Zach said curtly. And disappeared back inside.

Her delight at seeing Tom had put him in his place. He took a deep breath and dived beneath the water in the cabin, his raw and bleeding fingers ripping spoons, paper, reeds and muck from the wire covering the pump nozzles so that they weren't blocked.

He concentrated on that. The pain was almost welcome. The cold seeped into his bones despite the survival suit and he was about to scramble out of the rear cabin doors when he bumped into a familiar figure in the boatsman's cabin.

'Hot coffee's on the go,' Tom announced cheerily. 'Doughnuts, too. You look bushed. Take a break.'

He was about to decline the offer when he realised he was being stupid. A good shot of caffeine would be very welcome, even if he had to drink it while Tom and Catherine gazed into one another's eyes.

'Thanks,' he said gratefully, following the curly-haired Tom.

They sat on the Dutch barge while Catherine described what had happened. Zach was relieved that she showed no inclination to snuggle up to her boyfriend.

In fact, anyone would have been forgiven for imagining that her main concern was for Zach himself, since she cried out in distress when she saw his bloodied fingers.

'If I had my equipment I could have treated them,' she wailed, holding his injured hands in dismay.

'I'd rather have a warm jumper,' he said wryly. 'I'm freezing.'

'I'll get one. OK, Tom?' she asked, half-way to the cabin door.

'You know where they are,' he said amiably. 'And would you bring out the whisky? We'll have a tot in our coffees.'

Zach frowned at his knees and wished he hadn't asked. How many more men's wardrobes did she know intimately? he wondered angrily.

He accepted the dash of whisky and downed his drink then took Tom's sweatshirt from her. With muttered thanks he unzipped the survival suit and wriggled out of the upper half, pulling on the cosy top and zipping himself up again.

'I'm going back,' he said tersely and before she or Tom could say anything he had dived back into the river to check the boat's timbers.

Slowly, over the next few hours, the water receded in the cabin till it was only up to his knees. It had left a terrible trail of destruction. Mud and silt was everywhere, from the ceiling to the floor and in every nook and cranny. He looked at Catherine's precious books and despaired. Beneath the murky water he could see that the heavy tomes which held her patients' records had slid to the floor. They were thick with sludge and completely saturated.

Some things like the cutlery, cooking pans and plates could be steam cleaned. Her bedding would have to be thrown away. But other items were irreplaceable. Would all her photos, books and documents have to be dumped?

He wanted to be the one who comforted her when she saw the mess. But it would be Tom, of course. Hugging. Kissing. Murmuring sweet nothings—

'Hi.'

His head jerked around. 'Hi, Tom,' he said, trying to get his voice right.

'Came to help. Catherine insisted. She said your fingers would be down to the bone otherwise.'

'Thanks.'

He hated himself. He'd been imagining Tom as his enemy. But common sense told him that this guy, now in waders and oilskins and energetically clearing the nozzles of debris, must be gentle and kind. Catherine wouldn't have slept with him otherwise.

'Steve and Nick are manning the pumps,' Tom shouted above the noise of the pump motors. 'Dudley's making one of his famous curries. We've sent Catherine back to help.'

He looked into Tom's open, genial face and found himself regretting his jealousy. Contrary to his earlier belief, Tom was a hard worker and they made a good team. So he smiled and nodded and they went back to work companionably till only a puddle or two of water sloshed about in the boat.

'What a nightmare! She'll be devastated,' Tom said quietly, looking around at the chaos.

Zach took a step and felt the water squelching in the cavity beneath the tongue and groove floor.

'This'll have to come up. All the wood panelling on the sides, too.' His heart felt heavy. 'She won't accept financial help, I suppose.'

'No.' Tom looked worried. 'Unfortunately we're all off again tomorrow.'

Startled, Zach straightened his aching back. 'She'll need you,' he said selflessly. 'Can't you stay?'

'Not this time.' Tom grinned. 'I'm getting married to a woman up country!'

'*Married?*' He felt indignant on Catherine's behalf. 'Does Catherine know about this?' he demanded.

'Oh, yes,' came the casual answer. 'Told her a while ago. She was going to come to the ceremony, but obviously she won't be able to now. You'll have to help her. Take care of her for us.' He slapped Zach on the shoulder. 'I know we can rely on you.'

'Yes. Of course you can,' he replied, stunned by the easy come easy go nature of sexual relationships in Catherine's and Tom's world. 'I think we're done,' he said more briskly. The task ahead was formidable. But he'd rise to it. He felt an odd kind of excitement at the prospect. 'Next job is to prise off the panels I nailed over the windows. Then you can help me to remove the tarpaulin.'

The boat was afloat at last. He and Tom ripped off the panels and manhandled the tarpaulin on to the bank. Feeling as if he were riding on a high, he directed the winch to be set up, securing it to a stout tree. Taking the winch cable and a grappling hook, he paddled in the canoe to the bow of Catherine's boat and fixed the hawser firmly there.

Inch by inch, Steve and Nick sweated to crank the winch and heave the twenty ton boat off the bank where its weight had jammed it deeply into the mud.

Standing on the bank, he waited with bated breath. Beside him, Catherine clasped her hands anxiously.

'It's nearly there!' she squealed, jumping up and down.

Nine hours, he thought proudly. I did it! He punched the air when the boat finally slipped into the horizontal. Dimly he was aware of a ragged cheer from The Boys.

More clearly he felt Catherine's arms around him in a bear hug, heard her gleeful voice, and wished he could live this moment again and again.

'You're wonderful!' she sobbed.

'Hey. No tears,' he muttered huskily, his loins going into melt-down. 'It's hours past lunch-time. How about that curry?'

It was entirely his imagination that she took a long time to detach herself. Then she rubbed her eyes and laughed.

'I go, oh master,' she cried and raced off, to be gathered up by The Boys and thoroughly hugged before they released her.

Zach knew that everything would be an anti-climax from now on. After his insistence that they light Catherine's stove first to begin drying out the boat, they all sat on Tom's barge, wolfing down huge amounts of warm curry and mopping it up with some of Dudley's home-made bread. Steve brought out a bottle of cider and they raised their mugs.

'A toast,' declared Steve. 'To Zach. Well done, mate. It's one hell of an achievement.'

They all shook his hand and clapped him on the back. He smiled, grateful for their friendly praise and suddenly felt perfectly at home with them.

'Thanks for your help,' he said quietly. 'Without you this would have taken all day.'

'Whereas now we've got time to unload before nightfall,' Tom declared, standing up and finishing his coffee. 'Ready everyone?'

Too tired to speak, Catherine surveyed the contents of her boat, which had been ferried by wheelbarrows to the house terrace. The filth horrified her. Her possessions were not only thick with sludge and bits of plant life, but a slick of diesel oil covered everything too.

But there was no time for self-pity. Zach was already wheeling her patient records and papers into the kitchen.

'You wash and I'll dry,' he joked when she came in, her arms full of photo albums.

'Why are you doing this for me?' she asked shakily. 'The boat's up. You didn't have to do more.'

For a moment he looked nonplussed. 'Can't stand the mess out there. Got to get your rubbish sorted out. The sooner we do that, the sooner you're out of my hair,' he replied.

Feeling miserable, she nodded, her eyes widening when he dunked her books into the sink.

'Are you sure you know what you're doing?' she protested in alarm.

'Absolutely. I made enquiries. We can't do proper flood damage renovation. Haven't got the equipment. The next best thing, apparently, is to clean off the muck by immersion, then we interleave the pages with blotting paper and slowly dry them. They'll be a bit crinkly,' he advised, 'because we want to get everything done quickly. Still, you'll be able to read your papers, that's the main thing. Individual papers we can dry directly on the Aga. We'll set up a conveyor belt. It's all a matter of systems and organisation.'

She couldn't help but smile at his efficiency. 'It'll take days to do this lot!'

'We have days. Especially if you use the utility room sink and get on with the photographs.'

'OK.' She moved there and put the plug in the sink, calling out above the noise of the running tap. 'But what about your work—?'

'It's on hold,' he called back. 'I don't do much on weekends, anyway.'

'Oh! I forgot!' she cried, turning off the tap and nervously dunking a wallet of photographs in the water. 'It's getting late. You ought to ring Sam. Kate will be wondering what's happened to you. I'm sure she'd like you to call,' she shouted, trying to feel generous and failing rather badly.

She wanted this incredible man. Wanted to feel his arms about her, to share in his life... He muttered something and she walked to the dividing door.

'What did you say?' she asked.

'I said that I try to avoid speaking to Kate,' he muttered grimly.

She drew in a sharp breath and held it. Her heart thudded loudly in her ears.

'Why?' she asked cautiously.

He seemed very busy with the muddied book suddenly.

'When we divorced,' he replied, 'we agreed that for Sam's sake we'd be civil and friendly. Not avoid one another. Make a point of being affectionate and warm with each other. Kate seems to be taking that a bit far and it bothers me that Sam might think we're getting back together.'

'Aren't you?' she said, her voice near to a squeak.

'Not in a million years.'

Hope rushed through her body, filling her with uncontainable joy.

'I thought...' She swallowed. 'I thought you and Kate were close again?' she breathed.

He scowled into the sink. 'Whatever gave you that idea?'

'She stayed overnight,' she ventured.

He shot her a furious glance, his mouth tight with anger.

'Catherine,' he growled with weary irritation, 'you have to get it out of your head that I haul any passing women into bed!'

'Well…why did she stay?' she persisted, her heart thumping even harder.

'Because we'd talked late. About…various things that were happening in my life,' he retorted. 'She felt too tired to wake Sam and drive back so she camped in the spare room.' He shot her a blazingly angry glance. 'I'd been making love to you,' he snapped. 'Do you honestly think I'm the sort of man to switch my passions so easily and so lightly?' His voice hardened, the line of his mouth growing grimmer with every word that lashed out. 'I'm not fickle. I don't go in for casual affairs. I am not a free spirit, lusting after any woman who crosses my path!'

'No,' she breathed, her eyes sparkling with happiness. 'Of course you're not. I just thought that since Kate had been your wife—'

'I made a mistake where she was concerned,' he said shortly. 'I thought we had a lot in common. Perhaps we did at one time—but now I know we haven't—other than Sam, of course. I no longer want what she wants. We're light years away from each other in compatibility.'

'So…what is it that you want, Zach?' she asked.

His hands stilled in the muddy water. Staring out of the window at the darkened garden, he said quietly, 'I want to live here. To have time and space in my life for my son—and myself, too. To enjoy the small things that make life here so worthwhile and fulfilling. The first rhododendron flower to open. The first sighting of baby ducklings. And to harvest my own vegetables.' He turned to her. 'You opened my eyes to all these things. And for that, I'll be forever grateful,' he said huskily.

She beamed, her eyes misting over. Suddenly the future looked brighter. 'I couldn't be more pleased,' she said simply.

And, standing on tiptoe, she kissed his cheek quickly

before slipping back to the task of swilling silt from each photograph before she pegged them up to dry.

He didn't love Kate, she exulted. But why had he been so distant with her? She yearned for them to be together that night. And possibly for the rest of their lives.

Merrily she unrolled the ball of garden string and fixed lines across the kitchen and breakfast room, carefully hanging up the washed photographs.

Far from being daunted by the task ahead, of cleaning and washing every single paper and all of her belongings, she now felt confident that she could do it. With Zach's help.

Contentedly she worked with him until her head reeled with exhaustion and from the vile smell of glue and size from the sopping papers being dried. She'd had enough. She could do no more.

'That's it for today,' she said, her hand on his arm. 'Come to bed.'

He swallowed. 'Later, Catherine—' he began hoarsely.

Turning his unresisting body around and winding her arms about his neck, she gazed up at him with love in her eyes.

'Now. With me,' she insisted. 'I want to feel your arms around me. To fall asleep with you close by.'

For several seconds he resisted. She could feel the strain as his muscles tensed and began to massage the back of his neck, her eyes never leaving his. There seemed to be some sort of struggle going on in his mind.

'You want me,' she murmured. 'Why hold back?'

He gave a strange kind of laugh. And, although he then kissed her, she felt there had been a bitterness in his eyes just before their mouths locked.

'Why not?' he growled. 'Why ever not?'

Overwhelmed by the sweetness of his mouth and the

depth of her happiness, she took his face in her hands and kissed him passionately.

'We'll need a shower,' she purred.

He began to unbutton her shirt, his breathing short and hard.

'Clothes off here. They're a mess,' he grated.

He captured her mouth, igniting fire within her. Suddenly she wasn't tired any more, only filled with a wild and crazy adoration for him, her senses so inflamed that she astonished herself by stripping off all her clothes and pressing herself wantonly against his half-naked body.

'I want you,' she whispered.

He groaned. His eyes blazed, dark and—for a moment—frighteningly angry. But she must have been mistaken because he bent his head and tenderly kissed her, his hands moving over her body so erotically that she could hardly bear it.

This was different. Almost raw and carnal. But she'd wanted him for so long that his avid hunger matched hers and she felt awed by his need and thrilled that she had aroused it.

His mouth suckled sensually on her neck and she gasped as shudders of pleasure shot through her. His hands slid to her small breasts and cupped them in urgent possession.

She wanted to give herself completely to him. Arching her back, she moaned as his knowing fingers circled her nipples and they grew harder and more erect with every erotic sweep.

'I've wanted this for so long,' he muttered. 'To feel you again. Smell you, taste you. The softness of your skin. The scent of your hair. Your kisses…'

She was weak with longing. Being kissed hard, with a force and a desperation that she'd not known before, she felt herself being lifted on to the table. Her legs twined around his waist and he pressed her back.

Almost immediately she felt the hard, hotness of him against her thighs. His raw fingers teasing her body into moist compliance. The passion of his kisses as they deepened and demanded, his body fevered in its actions—a fever equalled by hers.

'Take me!' she moaned, unable to stand the sweet agony any longer.

'Catherine!' he said in a choked voice.

She kissed him and that kiss was filled with her unbounded love and rapture at being part of him. He slid into her with a groan of release and she shuddered the length of her slender body.

There were no more preliminaries. No teasing, none of the slow driving to a climax. This time he moved fast and hard within her, his mouth and hands fierce and impassioned.

Her fingers twisted in his hair. Her teeth savaged his jaw, his throat, his chest. She caught at his shoulders, her fingers digging into his flesh as she flung her head back and moaned little helpless breathy gasps, her body thrashing about on the hard, ungiving table.

His movements quickened. Slicked with sweat, they surrendered everything—minds, emotions, bodies, to the primitive rhythm. Her brain seemed to be swirling inside and all she knew was that she loved this man and needed to be united with him.

'Catherine!' he groaned, his voice shaking as if he was in agony.

She tightened around him, the sheer pleasure causing her to cry his name, over and over. And surrendered totally to the intense climax that robbed her of breath, of thought, of all consciousness other than the knowledge that she and Zach were as one. And he would always have her heart.

It was a long while before he gained control of himself again. At first he pretended they were real lovers, true lovers. He watched her small face glowing with an inner ecstasy and held her fragile, sensual body in the cradle of his arms. Unable to stop himself, he kissed her. Little butterfly kisses. On her forehead, her enchanting little nose, her mouth and throat. Overcome with emotion he clasped her to him and buried his face in her hair so that she wouldn't see the pain in his eyes.

Because he knew the score where she was concerned. This was sheer pleasure for her. Nothing more.

For his own sake he had to face up to the fact that this relationship might be brief. One day she would fly away like a bird on the wing. Like the swallows who always left the country of their birth.

But for now, she was content to be his. Tom had found someone else and she—so intensely sexual a being—needed a man in her bed and the release of her passions. And he lurched between anger and a helpless understanding that his role had no real meaning for her.

He felt her body relax into sleep. Gently he lifted her and took her to his bed. Her glorious hair writhed across the white pillow as if claiming its place as a permanent right. Her lashes were dark and still and there was a sweet smile on her face.

His stomach contracted. If this was all he could have, then that would have to be enough. Because he couldn't keep away from her. Had to touch her. Kiss the softness of her breast. Inhale the incredible scent of woman.

She'd taken him to paradise that night. His face darkened. And he knew with a chilling certainty that one day she would fling him into hell.

CHAPTER THIRTEEN

'THERE. All done,' she said crisply ten days later, her eyes darting in alarm to the clock above the mantelpiece. So late! She'd over-run again. Her agitation made her frown. 'Come back next week,' she said hastily.

'But…' Her patient sat up, puzzled. 'You didn't work on my arthritis. You always—'

'I'm sorry,' she apologised, already checking through the appointments book. 'There isn't time. Friday at two suit you?'

The woman struggled into her clothes. 'Yes, I suppose so,' she said doubtfully.

'Good. Would you mind letting yourself out?' Catherine asked anxiously. 'I'm in a bit of a rush.'

'Yes, all right, Catherine. Good…bye.'

But Catherine had fled. She had to work all hours now, to earn enough money to do up her boat. As soon as she could, she had to leave.

Zach might want to make love to her every night but he was cold and distant otherwise and very curt with her. She realised where she stood now. He was just using her. They were good in bed together but there was no future for her here.

And so she'd eventually told him she was tired, or had a headache, and had then moved into the spare bedroom.

To salvage her pride and regain her self-respect she must get away from him as soon as possible. He was destroying her, inch by inch.

Zach found the woman in the hall staring blankly at the

passage that led to the back door. He gave a rueful smile.
Since Catherine had been using the study as a make-shift
consulting room he'd rescued several people from the
confusion of corridors.

'You look lost,' he said politely.

'No,' the woman replied. 'I know the way to go. It's
just…Catherine.'

He was on the alert at once. 'Something wrong?'

'I don't know. Only that she's different. To be honest,'
the woman said, 'one or two of us have noticed that she's
less caring since her boat sank. She seems preoccupied.
Have you noticed she's always frowning? I suppose it's
only to be expected. All that stress. But she's such a
sweetie normally. We're giving her the benefit of the
doubt, but we're not happy, I can tell you. We pay for a
service and expect to get it.'

'You're right,' he said grimly. 'I'll speak to her.'

He saw the woman out, his mouth tight with anger as
he strode to the boat, where he'd almost surely find her.
Time for a showdown. Catherine had been impossible
lately.

He stepped on board and found her jemmying off the
last remnants of the once beautifully polished planks
which had lined the sides of the boat. With the kitchen
units ripped out, together with all the fitted cupboards, the
interior of the boat looked bleak and empty. Nothing but
an ugly shell.

'A word,' he said succinctly.

'Too busy,' she snapped, heaving a swollen and dis-
torted plank to the floor.

'Not for this. You're being rude to your patients. You
can bite my head off if you must, but you have no excuse
for venting your spleen on them,' he grated.

Her hand faltered, then she clenched her jaw and continued to apply leverage to the planks.

'I'm perfectly civil to them,' she muttered.

'They're used to more than civility.'

She whirled around, her eyes blazing. 'Well, tough!' she yelled. 'I have no emotional energy left to do any more! I'm working till I drop, here! I've taken on more patients and I do a full day's work six days a week and then I start on the boat! I'm not Superwoman. I can't stay all sweetness and light and keep up that kind of schedule!' she stormed.

'Why do it then?' he hurled back. 'What's the all-fired rush?'

'Because I don't want to stay any longer than I have to!' she flung out.

'I see.' He had the truth now. She was leaving as soon as she could. 'I suppose it's not any of my business if you lose your patients,' he said coldly. 'Live your life as you choose, Catherine—'

'I will!' she yelled, ripping off timbers and hurting her hands in the process. 'Let me get on with my own life, Zach!' she muttered, trying not to cry with the pain. 'You glue that phone to your ear and I'll sort my own boat out—'

'If you'd been aware of me at all,' he said loftily, 'you would have realised that I've cut down my financial activities. I only have a few favoured customers and my own investments keep me solvent. I'm trying to enjoy the beauties of this life—'

'I should be so lucky!' she flung back crossly.

When would she ever have time to herself again? She missed her peaceful moments. There were none of those nowadays. And she felt crabbier and crabbier as the days went on. She turned to make a tart remark to the oh-so-lucky Zach, who didn't have her worries, but he'd gone.

So she flung the jemmy on the floor and stamped her foot like a stupid, frustrated child. Then, because she had no choice, she set to work again, scowling so hard that her head ached.

Dragging herself back to the house, she tried to work out how long it would be before she didn't have to rely on Zach for a roof over her head.

First, the floor had to come up, she'd have to pump out the bilges and rip out the shower and loo then put new fittings back after laying a new floor.

Gloomily she realised that she'd have to take on even more patients from the waiting list. Perhaps do evenings, as well. It was the only way to pay for it all. If she spent the whole of Sundays on the boat, from dawn till midnight, she might just be able to live on board after several weeks.

Too long. There must be another way. Her head lifted. Perhaps there was, she thought. Anything would be preferable to seeing day by day how much Zach hated her.

'She can't still be working!'

'Afraid she is, Sam.'

'But she knows I'm here!' Sam protested. 'She always kept the weekends free—'

'It's different now, son.' He caressed the much loved face of his child, pleased to see that Sam had put on weight. 'Catherine has to earn money to pay for the repairs to her boat. For the wood and new fittings and a new bed and bedding—'

'Is that more important than us?' Sam asked in a small, disappointed voice.

'It's her priority at the moment, yes.' He didn't want

to hurt Sam but he felt angry with Catherine. She knew how much Sam enjoyed being with her. Couldn't she have spared half an hour at lunch-time, instead of racing off to the bank in town? 'Come on,' he said cheerfully. 'We'll make that rope ladder for our tree house.'

They were fixing a climbing net when Catherine finally came along the nearby path. Sam gave a whoop and shinned down to greet her. Zach stayed where he was, his expression cynical.

'Come and see!' exulted Sam, tugging at her arm. 'You've got to try this real cool—'

'I can't,' she said fractiously. 'I've too much to do. Sorry, Sam. Another day.'

She walked on a step or two before Sam stopped staring in dumb amazement and ran up to her again.

'It'll only t-take a moment,' he said, plainly upset.

'Catherine!'

She turned unwillingly and crossly at Zach's commanding tone. 'Yes?' she said, every inch of her body ungracious and defiant.

'Just admire it, will you?' he asked tightly.

Her glance was no more than cursory. It was nothing but a split-second flicker of her eyes. 'Brilliant,' she said shakily. Her mouth trembled as she touched Sam's shoulder in a fleeting gesture. 'Now... Oh, I'm so sorry, sweetheart, but I must go.'

'Dad!'

His teeth jammed together at the plaintive cry and his son's trembling lip. To compensate, he became over-enthusiastic. After a short time, Sam was squealing in delight as Zach 'ahah me heartie'd' himself stupid as they pretended to be rival pirates boarding one another's ships.

Every second he fooled around in an effort to take his son's mind off the cruel snub he felt himself getting angrier and angrier. When Catherine got back he'd give her a piece of his mind. And tell her to get the hell out.

She spent the whole time ripping up her beautiful floor and crying. Not because she had laboured for hours and hours in laying it just six months before the boat had sunk, but because she'd had no time to spare for dear Sam.

She was so on edge she couldn't think straight. Thousands of things to do and to remember. Tiredness washed over her and yet she had to keep going. She had never been more miserable in the whole of her life.

Eventually she could do no more and she made her way back to the house. She disconsolately pushed open the back door and stood in the kitchen hardly able to move another step.

'How dare you?' growled a familiar voice.

Her eyes closed. Not now. She'd scream. She had no patience, no energy for an argument. Her emotions were raw.

'Leave me alone! I'm tired,' she mumbled and began to shuffle to the hall door.

'You'll listen to me!'

She felt herself being dragged bodily along, and then she was pushed unceremoniously into a deep armchair. OK, she thought. She'd fall asleep here—

'Listen to me!'

'Stop shaking me!' she complained hysterically.

Her eyes snapped open. Saw two glowing charcoal eyes filled with hate. Her throat closed up. This was the man she'd once loved. How could she have made such a stupid mistake?

'I want you to pay attention,' he growled, still shaking her.

'I am! I am!' she moaned. 'Just leave me alone! I don't want you to touch me!'

He moved back, his expression contemptuous. 'You don't think I wanted to soil my hands with you, do you?' he snarled. 'I'm doing this because of Sam and for no other reason. I want you to know that you upset him to-day. You will never, ever be curt or dismissive of him again. Do you understand?'

She put her face in her hands. 'I know what I did,' she whispered. 'And I'm sorry.' She lifted her face. 'Tell Sam I didn't mean to hurt him. I—I care for him very much. Zach, you have to explain.'

'Explain what?' he asked coldly.

'That I am at the end of my tether. I do nothing but work and go to bed,' she said miserably. 'I have never been so tired in the whole of my life. I know I'm short-tempered and snappy but all I can think of is getting enough cash to pay for my boat so I can leave—'

'You've changed, Catherine,' he said harshly. 'Once you were gentle and sweet and thoughtful. You had time and affection for everyone—'

'I could afford the time then!' she wailed. 'I can't now. You must see what it's like for me! You don't think I *like* what I'm having to do, do you? I can see the difference in the way people treat me. My patients are reserved with me now because the atmosphere between us is different. I'm not getting the results I used to and I hate it!' she sobbed. 'But tell me how else I'm to cope? I have to work all hours to make enough or I will remain homeless for the rest of my life. I need time to work on the boat. I'm going mad trying to reconcile the two!'

'I could give you a loan,' he said gruffly.

'No. You're the last person I'd accept help from!' she flared.

'But can't you see,' he snapped, anger flashing from his icy eyes, 'you're alienating the very people you need!

Your patients. Your friends. You're making the same mistake I made. You are working at the expense of your humanity. We've swapped roles, Catherine. And, whatever I think of your morals, I have to admit that you were once a lovely person to know. But not any more.'

'You won't have to worry about it much longer,' she muttered. 'I've been to the bank and I've taken out a loan. I'm leaving tomorrow and taking the boat to a yard for them to do the repairs. I'll dry dock her and get my Boat Safety Certificate at the same time.'

'That's a stupid thing to do!' he raged. 'You could have had the money from me at no interest at all whereas now you'll take years to pay off the debt!'

'It doesn't matter!' she hurled back hysterically. 'At least I'm independent of you!'

Unable to bear his anger and contempt any longer, she ran out and stumbled up to her bedroom, where she mechanically got ready for bed and suddenly fell into a storm of weeping.

She was horrible. A hateful person. Her nerves were in shreds.

Tomorrow, she told herself, she'd be gone. But that thought only made her sob even more. Ahead of her she had the prospect of long hours of work from eight to six or even later in order to fund her frightening debt. And the love of her life loathed her. Little Sam too, probably. She couldn't blame him...

She couldn't bear it. She'd go mad. She loved Zach so much. And no other man could ever match him.

'Catherine, are you OK?' came his stern voice.

'No!' she snuffled into her pillow, in a flash of self-pity.

The bed depressed and she was being rolled over, the air cool on her hot, wet face.

He sighed and then startled her by taking her in his arms. 'I want you to listen to me,' he murmured into her ear.

'Go away!' she moaned.

Ignoring her, he stroked her hair, pushing back the wet strands behind her ears while she sobbed into his shoulder.

'Take *some* time off,' he said gently. 'I know what you're trying to do and I admire you for it. But not the way you're going about it. You're killing yourself. Both physically, mentally and emotionally. You've lost weight and you had hardly any to lose in the first place. You've become a bad-tempered shrew and that's not you. Not the Catherine I l...like to remember,' he said, correcting his peculiar stumble.

'Got to work,' she said crossly.

'An hour here and there won't make much difference. But it will revive your spirits. You know that better than anyone. Why am I having to tell you this? It's all a question of balance, you told me.'

'The difference between us is that you didn't *need* to work so hard. You had enough money. I don't.'

'I know your circumstances are unusual at the moment.' He surprised her by kissing her head. 'But you won't survive long-term if you go on as you are. Let me tell you something. Come on. Snuggle up...'

'Why?' she said sulkily, longing to do just that.

He plumped up the pillows and tucked her into them, slipping off his shoes and curling up beside her. His arm slipped around her shoulders and he drew her into the shelter of his arms. It was blissful. And painful, too. Her hand went out to touch his chest. It would be the last time, she thought mournfully.

'I want to make a difference to your life,' he said huskily. 'Whatever you choose to do, I want you to find that gentle, loving person you once were. You see, my parents were workaholics. And I wish I knew then what I know now. I'm sure they would still be alive.'

'How?' she asked, puzzled.

'Dad was a Thames bargee and took on double shifts. Mum worked in a pub and held down a cleaning job too. I rarely saw them—not because they didn't love me, but because they *did*. They wanted me to have all the advantages they never had. They saved enough to send me to a private school and then I won a place at a top boarding school. Fees still had to be paid, though, and my parents worked even harder. They never enjoyed the small things in life. I'm sure they worked themselves into the ground. When they died I felt I owed it to them to work hard too, and to become successful. Otherwise their sacrifice would have been a waste of time. But I was wrong to think that material success was the only way to judge people, Catherine. It's the kind of person you are that's important. How you treat people. The time you have for others and their problems. You taught me that and I'll never forget what you've done for me and Sam. Don't fall into the trap that I did,' he said softly. 'You're too special for that.'

'I thought you hated me,' she whispered.

'I was angry with you.' He sighed.

'Why?'

'We're from different worlds, Catherine. I don't agree with some of your values.'

'Oh.' Different worlds. There never had been any hope for them.

'Promise me you won't get as scratchy and grouchy as I was,' he said with a rueful smile. 'You'll have frown lines on that beautiful forehead if you go on like this.'

She managed a wavering smile back, but it didn't remain for long.

'OK,' was all she could croak.

'I'll go now. Let you get some sleep.'

'Tell Sam I do care!' she cried suddenly.

'You can do that yourself in the morning. Find time for him, yes?'

'I...I have to leave early,' she choked.

'Then we'll get up to see you off,' he said huskily.

Resolute, he left the room. He felt his heart beating hard but he knew he had to let her go—even though he wanted to beg her to stay. She needed to be free, to claim her independence. To give her body to men she befriended.

She would never be happy tied to a house and one man. Much as he wanted her, he knew that he would rather she left than watch their friendship slowly turn to hatred.

He paused on the dark landing, feeling cold and bleak inside.

'Goodbye, Catherine. Goodbye,' he said in silent farewell.

CHAPTER FOURTEEN

'So, Sam,' she said brightly. 'I'd like to lark around today with you more than anything, and be an enemy pirate, but I have to get my boat fixed. You do understand, don't you?'

His small arms squeezed her waist even more tightly than before.

'Yes, I do,' he said sadly. 'You will come back, won't you?'

'Your father has let me store my things in his shed,' she replied. 'I'll have to call in for them.'

'And then?'

The small face stared at her in a demanding query that was so like his father's that her heart lurched.

'I don't know what I'll do,' she answered in a croak.

'Catherine,' Zach said quietly, 'doesn't plan out her life.'

'Mummy said you were a here today, gone tomorrow kind of person.'

She bit her lip. 'Well I am here today and I'll be gone tomorrow,' she said as evenly as she could. 'So I suppose she's right.'

'Mummy said—'

'Sam!' Zach knelt beside his anxious-looking son, his hand gently rubbing the little boy's back. 'Mummy doesn't know Catherine very well. You must make up your own mind about Catherine.'

'I love her, Dad.'

'I love you, too,' Catherine said, hugging the child. The

moment had come. Somehow she must tear herself away. 'I must go,' she said, choking back the tears. 'Look after Daddy, won't you?'

'You don't want to go,' Sam observed, his lower lip trembling.

'No,' she said honestly, refusing to lie to a child. 'I don't.'

'Is that because you love Daddy and me?' he asked with devastating directness.

She forced an artificial smile. 'Of course!' she cried gaily. 'Zach!' Her eyes pleaded with him to help her escape.

'Right.' He cleared his froggy throat. 'We'll wave madly from the bank. Got everything?'

'Not much to take,' she said ruefully as they marched at a cracking pace towards the boat. 'You're sure you can look after the chickens?'

'Sure.'

'And if you can't handle the vegetable garden—'

'I can. I will.'

'Here we are then,' she announced, appalled at the huge ball of emotion that had stuck in her throat. 'Goodbye, Sam. See you some time.' The little boy hugged her silently and then clung to his father. 'Bye, Zach,' she cried breathily.

He just nodded and waved. So she turned her back on them and cast off. The engine fired and she felt a huge lurch of regret that it didn't immediately splutter to a stop. The exhaust funnel on the roof began to vibrate. There was nothing to prevent her leaving. Staring into the mid-distance, she grasped the tiller and put the boat into gear.

Her wave was directed at Zach and Sam on the bank but she didn't dare to look at them. And as she chugged past the island she felt as if her heart was being rent in two.

Even The Boys' boats were missing. They were still returning from Tom's wedding. She wiped away a tear. She'd write to them. Explain everything.

'Goodbye, island. Sam. Goodbye, my darling Zach,' she whispered.

And gritted her teeth, steeling herself against the void in her heart and the lonely life ahead.

'...Or we could grab a pizza and a video—'

'No, thanks, Dad.'

Zach eyed his disconsolate son helplessly. He didn't blame him. He felt the same. Catherine had gone from their lives and left a gaping hole. They'd tried to amuse one another all day but had failed and were reduced to mooching about the garden pretending to do jobs that weren't really necessary.

'Come and have a cuddle,' he said gently.

Sam flew into his arms. 'I feel miserable,' he mumbled.

'Yeah.' He held his son close. 'I know, son.'

'You love her, don't you, Dad? Mum said you didn't but then, after she got friendly with this man from work and started singing about the house, she suddenly said I was right and that you did love Catherine.'

Zach's thumb tipped up his son's chin. He smiled at the earnest little face and marvelled at the needle-like perception of children.

'Your mother's met someone?' he said. 'I'm pleased for her. It's important for people to find their soulmates.'

'Is Catherine your soulmate?'

He shook his head. 'Unfortunately not. I love her, but she wouldn't be happy with me.'

'Yes she would!' Sam declared hotly. 'She looks at you all dreamy like in films.'

He ruffled Sam's hair affectionately. 'You're willing that to be true,' he said, letting his son down as gently as he could. 'Catherine doesn't like to be tied to anyone or anything.'

'Mum said she loves you,' Sam declared with a child's utter confidence.

Zach smiled. 'Likes me. It's not the same thing.' He looked up at the sound of the doorbell. 'Who's that at this time of night?' he asked.

'Catherine!' squealed Sam, leaping from his grasp.

His heart pounded as he raced after his son, who was dancing up and down in front of the door, demanding it to be opened *now*.

But he knew she wouldn't come to the front door. And so his heart slowed and his hand was perfectly steady when he undid the chain and flung the door open.

'Hi!' said a smiling Tom. Sam burst into tears and hid his face in Zach's side. 'Something I said?' Tom asked, appalled.

'No. Come in. What can I do for you?' Zach pushed the door wide, inviting him in.

'Won't come in. Muddy boots,' Tom said cheerfully. 'Just wanted to invite you over for a drink tomorrow. Seven o'clock. Sort of Coming Home party. And…I wondered where Catherine was. I want her to meet Susie, my wife.'

'Thanks.' He managed a smile for the affable Tom. 'I'd like that. But…Catherine's not here. She's taken her boat to the yard to be fitted out. In any case,' he added with a frown, 'do you think she would have wanted to meet your wife under the circumstances?'

'I don't understand.'

Tom was wide-eyed as if it didn't occur to him that ex-mistresses might find it awkward meeting a new bride.

Zach looked meaningfully at Sam's head. 'You and Catherine were…friends.'

'Still are— Oh! You mean…?' Tom grinned. 'Never! She needs a lot more than mere friendship to…er… develop a more meaningful relationship.'

'That's not how it looked to me,' Zach persisted irritably. Did Tom think he was blind? The least he could do was to acknowledge the truth of what he was saying. 'You and she seemed a lot more than "friendly" when I saw you together once. Close. You know what I mean?'

Tom scratched his head. 'Can't think when…' He paused as if something had struck him. Then he laughed. 'Zach, for a clever man, you're a fool! It was after your ex-wife stayed overnight, wasn't it?'

'Yes.' He wasn't so sure he liked Tom's attitude.

'Catherine was upset,' Tom said quietly. 'She imagined…all kinds of things. She cried on my shoulder and I took her inside to calm her down. She was upset, you idiot, because she loves you.'

'Told you, Dad!' piped up Sam's mournful voice.

'I don't think so,' he said tightly.

'Why else would she sob her heart out because she thought you'd betrayed her?' Tom asked. 'She's been crazy about you for ages. We've all seen it, all commented on it.'

'She can't be,' he said hoarsely. 'She hates being tied down—'

'Did she say so?'

He felt his pulses leap. And fought to stay calm and controlled. 'No. But I know that—'

'Listen, Zach,' Tom said, his expression now angry. 'There's no one more moral and upright than Catherine.

In all the years I've known her she hasn't once strayed off the straight and narrow. And I mean in all aspects of life, if you follow my drift,' he added, with a quick glance at the fascinated Sam.

'But…but…'

He couldn't speak. Had he got her so wrong? He wanted to ask questions but his throat was so jammed with emotion that all he could do was gaze beseechingly at Tom.

'She loves you.' The curly head shook in disbelief at Zach's stupidity. 'You're the only one who hasn't realised that. Find Perdita. Go and talk to her. Ask her outright. She won't deny it.'

'Find…*who*?' he asked in amazement.

'Perdita. Her boat.'

He swept a hand over his hair. 'Her *boat!* I don't believe it! I'd totally forgotten…' Perdita, he thought in amazement. Edith, you devious old woman! He fixed his gaze intently on Tom. 'I've got to find Catherine!' he cried urgently. 'I can make her life a lot easier. But I don't know where she is!'

'Then you'll have to search, won't you,' Tom said with a grin. 'Cancel that invitation. You've got some hunting to do. And, knowing your tenacity, I think you'll be successful. Cheers, Sam. See you later.'

'Dad?'

He looked down at his son through mist-filled eyes. 'Telephone book!' he said urgently and they both leapt for it.

If he could do nothing else, he could ensure that Catherine felt financially secure in her own right. The thought of seeing her again both exhilarated and unnerved him, but he had to fulfil the bequest in the will. It would make a difference to her life. Pay off her debts, give her a start towards her future. He would remain perfectly courteous and polite, he and Catherine would exchange pleasantries and then they would go their separate ways.

Carpenters had begun to fit out the interior of her boat in the week since she had left the island. In addition, she had rented a room in a health clinic in Bishop's Stortford at an exorbitant cost and had resumed her practice.

Taking Zach's words to heart, she finished at five in the afternoons and spent her time painting the exterior of the boat to save money. Her debt was spiralling alarmingly and every time she thought of it she went cold inside.

She had begun on the elaborate, traditional lettering on the side of the boat when she heard a voice she knew very well.

The brush slipped. The white letter T smudged and she spent a moment tidying it up and adding the dark green under-shading before she allowed herself to turn.

'Hello, Sam, Zach,' she said, trying to seem cheerful but sounding tight and strained instead.

'I've been looking for you everywhere. And now I've found you and Perdita,' Zach murmured in a self-satisfied tone. 'That's the name of your boat.'

'Yes,' she said in surprise. 'Why?'

'We've got some money for you,' Sam said proudly.

'Very kind. Give it to charity instead,' she replied.

She felt screwed up inside and knew she couldn't keep up her indifference for long. Zach was looking devastatingly handsome in his stone jeans and casual mint-coloured shirt. Her knees felt watery at the very sight of him and her heart was lurching drunkenly inside her rib-cage.

'This is from Edith.' Zach held out a package. 'She left

it to you—or rather Perdita—in her will. I meant to ask you a long time ago if you knew who Perdita was. I don't know why I didn't see the name on your boat before—'

'Oh, that's easy,' she replied. 'The bushes on the bank would have hidden it from view. And then I rubbed the panel down ready to be repainted.'

'I see. I'm sorry. It slipped my mind. You could have been comfortably off if I'd remembered.'

She looked at him and the parcel suspiciously. 'You said this is from Edith?'

'Sure. There's a copy of her will inside. You'll see the bequest on page three.'

In silence she opened the envelope and unfolded the will, ignoring the huge stack of notes with it.

'I think,' Zach said quietly, 'she knew you wouldn't accept money for yourself. But this is for the boat. Fifteen thousand pounds. Perdita needs it. You will use it, won't you?'

'Oh, Edith!' she sighed. 'That's a vast amount of money! But how can I refuse her dying wish? Thank you for bringing it to me, Zach. It means I can pay off my debt and set myself up again. I am free of all encumbrances.'

Zach shifted awkwardly. 'Well. That's that, then. We'll be off.'

'No, we won't!' protested Sam.

'Catherine has work to do,' he said sternly.

'But you haven't asked her!'

'Asked me what?' she wondered, replacing the will in the thick envelope.

'Nothing. Sam, you can't embarrass—'

'You do love Daddy, don't you?' he cried plaintively.

'Sam!' Zach scolded as she stared in dismay.

'I want to know!' Sam protested.

Zach put an affectionate hand on his son's shoulder.

'You've put Catherine in a difficult position—'

'Adults are so complicated,' Sam complained.

She found her eyes captured by Zach's. Her pulse began to race. There was so much anguish in his expression that it aroused an answering dart of pain within her.

'Not really, Sam,' she said softly. 'They're just more stupid than children.' She drew in a sharp little breath. 'He's right. I do love you, Zach,' she said shakily and turned back to paint in the A.

'Told you!' said the triumphant Sam.

'Would you mind,' croaked Zach in a hoarse whisper, 'popping off to that shop at the top end of the boatyard and getting me some sweets, Sam?'

'You don't eat sweets, Dad.'

'No. But you do,' he muttered.

She heard the sound of scuffling behind her and then Sam's giggle.

'Oh! Got you!' he said in a stage whisper. 'I'll be a while,' he announced in a loud and utterly false voice. 'Bye for now.'

There was a long silence. So long that she felt the heat of Zach's eyes boring into her back and could hardly see what she was doing.

'What's the matter, Catherine? Are you afraid of commitment?' Zach asked baldly.

'No.' Steadying her hand with the mahl stick, she concentrated hard and moved on to the elaborate scrolls which bordered the boat's name.

'Then why aren't we together, talking about our future?' he asked softly.

She whirled around, paint from the tiny pot in her hand flying all over her. Losing her balance, she fell and crashed down hard on the stone quay.

'Oh, my rear!' she moaned.

'Here. I have some arnica for that,' he said, rummaging in his pocket.

Her eyes opened wide. 'Do you?' Amazed, she took the small bottle and shook out one of the pills.

'Carry them all the time. Did a bit of reading on homoeopathy,' he said. 'I like to have a few emergency items for Sam.'

'That's nice,' she said, her voice wavering as he hauled her up.

'Now,' he murmured. 'Do you worry that life would be too restrictive with me?'

She shook her head dumbly.

'Lost your voice?' he purred.

She nodded.

'Do you think I'd restrict your freedom?'

A shake of the head.

'Would you rather we lived together and didn't marry, so that you felt free to leave any time you want?'

A swallow. Another shake of the head. 'You...you didn't want me,' she finally stumbled. 'Everything was w-wonderful and then you were cold and distant—'

Tenderly he held her trembling shoulders. 'That was due to Kate,' he said. 'That night she stayed. Remember? I told her how I felt about you. That I'd fallen head-over-heels in love with you. She was horrified. And gradually she worked on my doubts, persuading me that you were a free spirit and not the kind of woman to settle down. I felt guilty that I'd made love to you.'

Her eyes opened wide. 'Why, Zach?'

'All the time I wanted to possess you, to have you for myself. And yet it seemed that you didn't want a stable relationship. I realised I'd be caging a wild bird. Kate said I hadn't been fair on you, that I should have seen you only wanted a casual affair. Then I saw you with Tom the next morning when I said goodbye to Kate. You were in his arms—'

'Crying!' she said huskily. 'Over you! Because I loved you and Kate had spent the night with you—'

'I know that now,' he murmured. 'But when I saw you two disappear into Tom's cabin…well that only seemed to confirm everything Kate had said. I thought you treated sex lightly and that I was just one in a long line of your lovers. Which would get even longer as the years went on. I couldn't cope with that, Catherine. So I hardened my heart to you.'

She lifted starry eyes to his. 'I have only had one lover before you,' she breathed. 'It was very serious at the time. You know how it is with young love. But I was seventeen and soon I realised I was in love with the idea of being married and having a family. So we parted, amicably. There's been no one since.'

He took her hands. Knelt on the ground, oblivious of the earth and blobs of paint.

'I will live wherever you want to live. I will be whatever you want me to be. All I ask is that you marry me. I love you more than I can say. I think of you all the time. Dream of you. Conjure up scenes where we are old and grey and greeting our grandchildren. There is nothing in this world I want more than to be your husband. To love you. Cherish you. Make your life perfect. Marry me, Catherine. I know I can make you happy.'

She beamed. 'We could live in the manor. We'll keep it cosy and welcoming and our friends won't be intimidated. The Boys respect you enormously,' she said, her voice shaking with emotion. 'Don't be anything other than yourself.' She smiled. 'And don't stop dreaming of me or imagining our grandchildren. Because I've been doing the same. I love you and admire you and when I'm with you I feel as if I've come home.'

'And...Perdita?' he asked.

Catherine smiled. 'She can be our fun home, for holidays and river trips. For Sam and our children to enjoy.'

'Our children?' he repeated shakily.

'Oh, yes, Zach! I can't think of anything I want more than to be your wife and for you to be the father of my children. I know we'll be happy because every time I am with you I feel pure joy, even if we're doing something ordinary like feeding the hens. The answer's yes, Zach,' she whispered, the tears beginning to form in her huge eyes. '*Yes!*'

He gave a groan, rose to his feet and drew her into a long and impassioned embrace. Somewhere in the distance she thought she heard a cheer. She and Zach looked at one another, startled.

They turned and saw Sam some distance away, jumping up and down in raptures. With him were the yard manager, the shopkeeper and several boat owners she'd befriended.

'Is he going to tell everyone he meets all about our personal business?' Catherine said with a giggle.

'Probably,' Zach answered with a grin. 'Edith met him once. He described the kind of...'

'What?' she asked, wondering why he'd frozen in midsentence.

Chuckling, he shook his head in wry amusement. 'Sam listed all the qualities he wanted in a step-mother. I think that's when Edith hatched her plot. You see, this paragon of a woman he described, fits you to a T. Edith was always on at me to stop working so hard—'

'And she nagged me to find a nice young man!' Catherine laughed.

'The sly old…!' He kissed her tenderly. 'She knew us both well enough to realise we are made for one another. She pushed us together and hoped that time and proximity would do their work. And she even insured against me taking one look at the island and stalking off,' he said ruefully.

'How do you mean?' she murmured, amazed at Edith's deviousness.

'There was a clause in the will which said if I didn't stay for a year then the island and the manor reverted to whoever I first met there. She knew that was likely to be you.'

She gazed at him in adoration. 'She was fond of us both. She knew the island would be in good hands if she left it to you, and that we'd fall in love. Well, that settles it. Can't disappoint her, can we?' she sighed, winding her arms around Zach's neck.

'Absolutely not, my darling,' he murmured huskily and kissed her long and deep.

'Is it nearly lunch-time?' asked a hopeful little voice close by.

They laughed and broke away.

'Yes, Sam!' Catherine said happily. 'Let's go and celebrate.' She drew in a contented breath.

'We're a family now,' Zach said, hugging them both. 'You and your mother and her husband-to-be, you and me and my bride-to-be.'

'Cool!' enthused Sam.

She exchanged a loving smile with Zach. She felt free from her troubles at last. She had everything she could want in the world. Zach and Sam. Perhaps their own children in time. Nothing else mattered.

Just love. Pure and simple.

THE BILLIONAIRE BID

by

Leigh Michaels

Leigh Michaels wrote her first book when she was fourteen and thought she knew everything. Now she's a good bit older and wise enough to realise that she'll never know everything. She has written more than seventy-five romances, teaches writing in person and online, and enjoys long walks, miniatures, and watching wild deer and turkey from her living room.

CHAPTER ONE

WHEN Gina reached the restaurant, she was relieved to see that she was a few minutes early. Not only would it be bad manners to keep a guest waiting, but in this case it would be purely stupid. She had one shot at this presentation. If she couldn't pull it off today, the plan wouldn't fly at all. So she'd take advantage of the extra few minutes to go over her mental notes once more.

The maître d' looked her over doubtfully. "Would you like to wait in the bar, Ms. Haskell? Or at your table?"

"The table, I believe. My companion will be arriving within a few minutes. You do know Mrs. Garrett, don't you? Anne Garrett?"

The man's expression didn't so much as flicker, but his voice was cool. "Certainly I know the publisher of the local newspaper, Ms. Haskell." He didn't show her to the table; he snapped his fingers and a subordinate arrived to escort her instead.

Dumb question, Gina thought philosophically. If she'd tried, she couldn't have made it clearer that she was moving outside her normal circles. *Next time, why don't you just ask him if the fish is fresh? He couldn't be any more insulted by that.*

If there ever was a next time, of course. There weren't many occasions for Gina to go to a really first-class restaurant.

In fact, though she'd lived in Lakemont much of her life, Gina had never been inside The Maple Tree before. As the waiter seated her, she took a quick—and, she hoped, un-

5

obtrusive—glance at her surroundings. The dining room was large, but because the tables were set far apart there weren't as many of them as she would have expected. Though she could hear the murmur of voices from the ones nearest to hers, she couldn't have eavesdropped even if she'd tried. Not only the distance between tables but the soft tinkle of ragtime music in the background prevented it.

The decorating scheme seemed to have been adopted from the restaurant's name; as if to make the point, on one wall was a grouping of arty photographs of trees and individual leaves. The walls and carpet were the soft green of new leaves, while the table linens were a splash of autumn colors—red napkins against pale gold tablecloths. Unusual though it was, Gina thought the effect was stunning.

At the far end of the room sat a glossy grand piano next to a small dance floor, and along one side of the dining room was a bar. Its wood surface—no doubt it was maple to fit the theme, Gina thought—was so highly polished that it gleamed nearly as brightly as the brass that accented it.

For an upscale restaurant at lunchtime, she thought, the bar seemed strangely quiet. In fact, there was only one man sitting there, occupying the tall stool at the end nearest to Gina's table. He thumped his index finger against his glass, and the bartender moved toward him and picked up the glass. The man turned toward the room and with no warning whatsoever looked directly into Gina's eyes.

She felt herself turning pink. It was one of the hazards of being a redhead—though in this case it was perfectly ridiculous to feel the slightest embarrassment. It wasn't as if she'd been watching him—it was pure coincidence that she had happened to be facing his direction when he'd turned.

No matter what he might think, he hadn't caught her doing anything rude—which was more than she could say for him at the moment. A gentleman would have made momentary eye contact and then looked away. But this man...

He tipped his head back a fraction of an inch. His eyes narrowed. He settled an elbow on the bar as if to brace himself while he looked her over to his satisfaction.

Gina felt like walking over to him and making it absolutely clear that she hadn't been staring at him—or indeed at anything. But to do that would only call more attention to an episode which had already gotten far bigger than it had any reason to. She'd merely been looking around the room, appreciating the ambience and the decor. It certainly wasn't her fault he'd happened to be in the way, blocking her view.

She opened the menu the waiter had left. But the words inside looked strangely blurry, as if once she'd focused her gaze on the man at the bar she couldn't get her eyes to adjust to a different distance. She unfolded her napkin and fussed with laying it out just right on her lap. She reminded herself that these last few minutes of quiet would be better used to review the presentation she would be making over lunch.

None of it worked. Her senses were still on high alert, because he was still watching her. Even without looking up, she knew it.

Fine, Gina told herself irritably. *Two can play that game. What's good for the goose...*

She pushed the menu aside. This time she didn't bother with a survey of the room; he'd only interpret that as coyness anyway. She put both elbows on the edge of the table, rested her chin on her fingertips, and stared back at him.

Actually, she had to admit, he wasn't a bad addition to

either the ambience or the decor. He was tall; she could tell that much from the way he was half sitting on the high stool with one foot hooked easily onto the rung and the other still planted on the floor. And he was good-looking in a hard-edged fashion, with blue-black hair, a strong jaw, and a proud nose. Of course, she'd never been much interested in the dark, predatory type.

What, she wondered, had made him bore in on her? Surely he didn't stare at every woman who glanced at him as Gina had done—or even every woman who took a long hard second look. For one thing, if he did he'd have no time left to do anything else, because there must be plenty of women who—unlike Gina—would find that package attractive enough to inspect at length.

Without taking his gaze off Gina, the man at the bar stretched out a hand unerringly for his replenished glass and held it up, as if offering a toast to her.

Well, Haskell, that didn't exactly turn out the way you planned. Now what?

The man shifted on the bar stool as if he was about to rise. Gina tensed. *If he comes over here…*

Beside her, the maître d' cleared his throat loudly.

Startled, Gina jumped up. Her chair rocked, coming dangerously close to upsetting. Her napkin trailed off her lap onto the floor, and the edge of her suit jacket snagged on the corner of the menu and flipped it off the table. Gina felt color flood her face. The man at the bar, she thought, must be enjoying this show immensely. Fortunately, because of the way the table was angled, he couldn't see her face now. Even better, she couldn't see him anymore.

The maître d', looking as if he were suffering from a sudden cramp, waved a busboy over to retrieve the menu and bring a fresh napkin while he pulled out a chair for her guest. "Mrs. Garrett," he said, enunciating very carefully.

As if he felt it necessary to introduce us, Gina thought irritably.

Anne Garrett stretched a hand across the table. "Hello, Gina. It's nice to see you again." She glanced up at the maître d' and added dryly, "Thank you, Bruce. I believe I can handle it from here."

The maître d' looked skeptical, but he retreated.

"Sorry," Gina said, feeling breathless. "I'm not usually quite so clumsy." *I will not look at the bar,* she told herself. Seeing amusement in those deep-set eyes would not help matters.

I wonder what color his eyes are, anyway.

"Bruce's evil stare would make Saint Peter feel guilty," Anne murmured. "I've always wondered how many of the waiters he hires last a full week without having a nervous breakdown." She opened her menu. "I'm sorry to say I only have an hour before I have to be back at the newspaper for one of those ghastly endless meetings. So let's order first, if you don't mind, and then you can tell me what's going on."

Gina's throat tightened as time seemed to compress around her. An hour wasn't nearly long enough... Though, on the other hand, if she couldn't convince Anne Garrett of the value of her plan in an hour, then she probably couldn't do it in a week either. And if she couldn't convince Anne Garrett...

What a cheerful thought that is.

Gina ordered a salad almost at random, sipped her iced tea, and began. "First I want to thank you for meeting with me. I appreciate being able to get your advice, since where Lakemont is concerned, you're an expert."

Anne paused with the cream pitcher suspended above her coffee cup. "I wouldn't go quite that far. I'm a native, but so are you—aren't you?"

"Not quite. And I don't have nearly the contacts you do."

Anne set the cream down and picked up her spoon. "So tell me what it is you want from my contacts."

Gina wanted to choke herself. That hadn't been very neatly done at all. "It's the museum," she said, and sighed. "Oh, that sounded foolish, didn't it? Of course it's the museum. You were gracious enough to show an interest in it when you visited a couple of weeks ago."

"Of course I'm interested. It's a nice little museum, full of history."

"And that's the point." Gina ran a hand over the nape of her neck. It felt just a little itchy; the man at the bar must still be watching her. "Lakemont and Kerrigan County deserve more than just a *nice little museum,* one that's so short of space it's crammed full with no place to turn around. Just last week we were offered the stained-glass windows from St. Francis Church. It's probably going to be torn down before long, you know. But we don't have a shed big enough to store the windows in, much less a place to display them."

The waiter returned with their salads. When he was finished arranging the table, Anne drizzled dressing over the crabmeat which topped her salad and said, "So you're asking for a donation for...what? To remodel a room for the windows?"

"Not exactly." Gina took a deep breath and plunged. "That would be a start, but I want to reconstruct the entire museum."

Anne Garrett's eyebrows climbed. "Put up a new building, you mean?"

"No—oh, no." The thought was like a knife to Gina's heart. "A new building for a museum of history? It would be anachronous."

"The house you're in now must be a hundred and fifty years old."

Gina nodded. "And the museum has been there from its beginning. You see, there wouldn't be a museum at all if it hadn't been for Essie Kerrigan. She not only started the Kerrigan County Historical Society, but she kept it going almost single-handed for years. Her possessions formed the nucleus of the collection, her money filled the gaps whenever there was a shortfall in the budget, and her house has provided a roof to shelter it. She devoted her entire life to creating and nurturing it."

"But Essie's gone now, and you're the director. So you can do whatever you think best."

Gina smiled wryly. "I still wouldn't consider a modern building. For one thing, Essie would haunt it—and if she were to be surrounded by wallboard and cheap pine moldings, she would not be a happy ghost. Besides, there's the problem of where to put a new building. A museum of history needs to be in the historical area, not the suburbs— and that means near downtown."

"Near the lakefront, where land is scarce and expensive."

"Exactly."

"So if it's not a new building you want, what do you have in mind? My kids and I had a very pleasant afternoon at the museum, you know—so I'm having trouble seeing what could possibly need to be changed."

"A pleasant afternoon." Gina put down her fork and leaned forward. "I'm glad you enjoyed your visit, but would you come back again? No, don't answer right away—that's a serious question. In a couple of hours you saw everything we have room to display. Unless we can create more space, room for changing exhibits, there's no reason for anyone to visit more than once. And unless we have repeat traffic—regular visitors—then the museum can't possibly support itself. So let me ask again. Would you come back for another visit?''

Anne sighed. ''Probably not anytime soon.''

''That's precisely my point. The museum is now at the stage where it needs to grow, or else it's going to die.'' Gina stabbed a tomato chunk.

''What sort of growth are you talking about?'' Anne Garrett sounded doubtful.

Gina felt herself wavering. Maybe it would be wise to pull back a bit? Sometimes people who asked for the moon ended by getting nothing at all.

No, she thought. It was true, of course, that if she aimed too high, she might miss altogether. But if she aimed too low, she'd always wonder if she could have done better. And it would be the museum that would suffer. Essie Kerrigan's precious museum. Gina couldn't let that happen.

''I want to renovate the entire building,'' she said firmly. ''It's been years since there has been any more than make-do maintenance—for instance, we've patched the roof, but it really needs to be replaced. Then I want to restructure the interior to provide real galleries instead of cramped spaces that will hardly hold a display cabinet.''

''I can't imagine Essie would like seeing you do that to her house.''

''She wouldn't be thrilled,'' Gina admitted. ''But she understood the need. She said herself that it was a shame we couldn't have more wide-open space, and better lighting. And security, of course—you have no idea how difficult it is now to keep an eye on every visitor.''

Anne smiled wryly. ''I thought it was lovely to have a private tour guide showing us around. Eleanor—was that her name? I never considered that she was really a guard, making sure we didn't walk off with anything.''

Gina winced at her own lack of tact. "We don't like to think of our volunteers as guards. But security is a problem, because we never have enough people on hand. I'd also like to build a couple of new wings for additional gallery space."

"Where?" Anne sounded incredulous. "You don't have room to build on wings."

"Well, we don't need a backyard. Or a driveway, for that matter." Gina moved a slice of black olive to the side of her salad. "I want to make it clear, by the way, that I'm not asking you for the money."

"That's a relief," Anne murmured.

"But it's going to take some major fund-raising, and I hoped you might have some ideas."

"And you'd like the support of the newspaper when you start your campaign, I suppose."

Gina admitted, "That, too." If the *Chronicle* were to endorse the idea of a museum expansion, the publicity would make raising the money much easier.

Anne stirred her lettuce with an abstracted air. "And I thought perhaps you'd asked me to lunch merely to invite me to join the board," she mused.

Gina sat still, almost afraid to breathe. Afraid to interrupt.

As the silence drew out, her neck started to feel itchy again. The sensation of being watched had never quite gone away, though she'd tried her best to suppress the feeling so she could concentrate on the museum. She'd caught herself several times running a hand over the nape of her neck, as if to brush away an insect—or a bothersome stare.

She couldn't stand it anymore. She had to look. If he was still sitting there staring at her…

But the stool at the end of the bar was empty. He was gone. Her feeling of being watched must have been merely a shadow, an impression which had lingered on because of the intensity of his gaze.

How foolish, she told herself, to feel just a little let down. She'd wanted him to stop looking and go away. Hadn't she?

She gave up on her unfinished salad—the lettuce seemed to have kept growing even after it was arranged on her plate—and glanced around the room while she waited for Anne to gather her thoughts. Her gaze came to rest on a pair of men at a nearby table.

He hadn't left after all. He'd only moved.

And of course, the instant she spotted him, he turned his head and looked directly at her, as if her gaze had acted like a magnet.

She couldn't stand it an instant longer. Gina said abruptly, "The man at the third table over. In front of the fireplace. Who is he?"

Anne looked puzzled. "There are two men at that table," she pointed out. "Which one are you asking about?"

"The one who looks like an eagle."

"Looks like a *what?*"

"You know," Gina said impatiently. "Proud and stern and looking for prey."

Anne's eyebrows lifted. "Well, that's not a bad description. Especially the part about prey. I thought you'd know him, since he's some kind of cousin or nephew of Essie's. His name's Dez Kerrigan."

Gina knew the name, of course. Essie had been just as devoted to genealogy as to every other sort of history, and so Gina had heard a lot about the various branches of the Kerrigans. But she'd never met him; he obviously hadn't been as interested in the family as Essie had been, or he'd have come 'round once in a while to visit his aunt or cousin or whatever Essie was to him.

And there was something else she should remember about him—something Essie had said. The memory nagged at the back of Gina's brain, but it wouldn't come out in the open. She clearly remembered Essie making the comment, because it had verged on sounding catty, and that wasn't like Essie. But she couldn't remember for the life of her what Essie had said.

"Now *that's* interesting," Anne murmured. "Why do you want to know?"

Sanity returned just in time. *You're an idiot,* Gina thought, *to call attention to yourself like that. Making a journalist wonder why you're fascinated by a particular man...*

"Just wondering." Gina tried to keep her voice casual. "And what's so interesting? That Essie's nephew is having lunch here?"

"No. Who he's having lunch with." Anne put her napkin down. "I'm sorry, Gina. I must get back to the office."

Gina put out a hand. "I understand that you may not want to commit yourself in any way just now. But—"

"But you want to hear my instant opinion anyway. All right. For what it's worth, I believe you're thinking on much too small a scale."

"Too *small?*" Gina asked blankly.

Anne nodded. She pulled out a business card and scrawled something on the back of it. "By the way, I'm having a cocktail party Sunday night. You can meet some of your potential donors on neutral territory and size them up before you officially start asking for money. Here's the address. And now I really need to run—but be sure you read the newspaper in the morning."

Before Gina could ask what tomorrow's *Lakemont Chronicle* could possibly have to do with anything, she was gone.

* * *

Gina was habitually an early riser, a habit ingrained from her upbringing. But on the following morning she was awake well before dawn, waiting to hear the distinctive off-key whine of the newspaper carrier's car engine idling down the street while he tossed bundles onto front porches.

She'd never felt anything but safe here, even though the neighborhood, once an exclusive enclave, was now hemmed in on all sides by commercial and industrial development. She'd lived in a lot of places that were worse. Still, she couldn't blame a parent for not allowing a kid on a bike to deliver the morning newspaper.

Which brought her squarely back to the question of what was supposed to be so special about this morning's newspaper. Or was that simply Anne Garrett's way of saying goodbye—taking every opportunity to promote the newspaper she published? Surely not.

Gina made herself a cup of instant coffee and sat down by the window in her living room, which overlooked the front door of the brown-brick row house. Once the building had housed a single family, along with their servants, but years ago it had been split into rental units. Gina's apartment had originally been the family's bedrooms.

She liked being up high, even though hauling everything upstairs got to be a pain after a while. And she liked the feeling of space that the tall ceilings of an old house offered. Besides, her apartment was close to work; the Kerrigan County Historical Museum was only three blocks down the street and around a corner, so Gina didn't need to keep a car. A good thing, too, since there was no place for her to park it except in the museum's driveway—a driveway that, with any luck, would soon disappear under a new gallery.

You're thinking on much too small a scale, Anne Garrett

had told her. Well, that was easy for Anne to say, with the resources of the *Chronicle* behind her.

It was true, Gina admitted, that the long, narrow strip of concrete next to Essie Kerrigan's house was not large enough for the spacious, airy galleries she'd like to have. But if they pushed out the back of the house as well, essentially roofing in the entire garden...

There still wouldn't be room for things like the windows from St. Francis Church, regrettable though the loss would be. But Gina had to work with the raw material she'd been given, as sensitively as it was possible to do.

Of course, they'd leave the front facade just as it had been constructed by Essie's grandfather Desmond Kerrigan—at least as far as they could. It would be criminal to destroy that wide, spacious open porch and corner tower. So long as the addition on the driveway side was stepped back so it didn't overwhelm the front of the building, it would still look all right.

Desmond Kerrigan hadn't been the first of his name to come to Lakemont, and he wasn't the Kerrigan that the county had been named for. But he had been the first of the family to consistently turn small investments into large ones, so when he'd built his home in what was then the most exclusive section of Lakemont, he hadn't pinched pennies. He'd built solid and strong—but even so, a century and a half had taken a toll on the house as well as on the neighborhood. The red brick had long ago been darkened by city smoke and fumes. Hailstorms through the years had left behind cracked and broken roof slates.

In the last years of her life, Essie Kerrigan had not had energy to take care of those things, and so delayed building maintenance was one of the jobs that had fallen to Gina when she'd assumed Essie's title as head of the museum.

And as long as they would have to raise money for restoration, why not go the whole way and expand at the same time?

Essie had understood the need to expand the museum, though she had sighed over the idea of adding modern wings to her beloved old house. Gina wondered what Dez Kerrigan would think of the plan.

Not that he would have any say in what the museum board did, of course. The house had been Essie's, and the will she had written couldn't have made her intentions any clearer. Still, Gina supposed that the other branches of the family might have feelings about the matter. And one who had apparently been named after the distant ancestor who had built the house in the first place might have strong sentiments indeed.

Gina wondered if Dez Kerrigan had known who she was yesterday. Was that why he'd been staring—looking at her not as a woman, but as the person who had—in a manner of speaking—ended up in possession of Desmond Kerrigan's house?

It couldn't be any more than that, she was certain. If he'd known about her plans for expansion, he might well object—even though he had no real right to an opinion. But the fact was he couldn't possibly know about that. The plans were still so tentative that the only people she'd discussed them with were the members of the museum's board and Anne Garrett. They hadn't even hired an architect yet.

On the other hand, Gina thought, his reaction yesterday probably had nothing at all to do with the museum. Her first assessment of Dez Kerrigan had probably been the correct one—the man was simply rude. He thought he'd caught her staring at him, and he'd taken it as license to stare back.

What was it about the man that she ought to remember, but couldn't? She was certain Essie had said something about him. Not that it was important—but if she had time today when she got to work, she'd dig out Essie's family history files. Essie had noted down every jot of information she'd dug out, every source and reference, even her every suspicion. Somewhere in there should be the clue to Dez Kerrigan.

Gina heard three distinct thumps on the front porch—her newspaper, along with those of her upstairs and downstairs neighbors. As quietly as she could, watching out for the creaky stair, Gina went down to retrieve her copy. She spread it carefully on the old trunk which doubled as a coffee table, flipped through the pages once to see if anything leaped out at her, and then refilled her coffee cup and settled down to look at each individual story.

Million-dollar verdict in civil suit—but it was unlikely the winner was the type to donate money to a historical museum. *City councilman challenges mayor*—nothing unusual about that. *Tyler-Royale expected to close downtown store—five hundred jobs at stake—formal announcement expected today…* That kind of blow to the community's economy wouldn't make raising money for a museum expansion any easier.

Gina turned the page, then turned it back and sat staring at the picture of the Tyler-Royale department store building. There were two pictures, in fact—one of a group of clerks beside an old-fashioned cash register, taken when the store was brand new nearly a century before, and a shot from just yesterday of shoppers at the front entrance.

You're thinking too small, Anne Garrett had said. And then *Be sure you read the newspaper.*

Had she…could she have been…thinking about the Tyler-Royale building as a home for the historical museum? It seemed the only explanation of that cryptic comment. But why hadn't she just come straight out and said it?

Because if the announcement wasn't going to be made until today, not just everybody had known about the store closing—and the last thing the publisher of the *Chronicle* would do would be to take a chance of the local television station beating her newspaper to the story.

Gina closed her eyes and tried to picture the department store. It had been a while since she'd shopped there, but if her memory was accurate, the space could hardly be better suited to house a museum. Areas which had been designed for the display of merchandise would be just as good for showing off exhibits, and a soaring atrium in the center of the building brought natural but indirect light to the interior of every floor. The store was big enough to house not only every exhibit the museum currently displayed but every item currently in storage as well. The stained-glass windows from St. Francis Church would be no problem; they could have a gallery to themselves.

In addition, the building sat squarely in the middle of the downtown area—an even better location for a museum than Essie Kerrigan's house was. There was even a parking ramp right next door.

But best of all, in Gina's opinion, was the fact that nobody in their right minds would pay good money for that building. If Tyler-Royale couldn't run a profitable store in the center of downtown Lakemont, then it was dead certain nobody else could. No, Tyler-Royale couldn't sell it—but they could donate it to a good cause and save themselves a wad in taxes.

And why shouldn't that good cause be the Kerrigan County Historical Society?

The newspaper said that the CEO of Tyler-Royale had come up from Chicago to make the announcement at a press conference scheduled for ten o'clock that morning.

Since she didn't know how long Ross Clayton would be in town, Gina figured that would be her best opportunity to talk to him. All she needed, after all, was a few minutes of his time.

Not that she expected the man to make a spur-of-the-moment decision. This was hardly like making a contribution to the United Way; he couldn't donate company property without the approval of his board of directors. And even if he was in the mood to give away a building at the drop of a hat, Gina couldn't exactly take it. She didn't even want to think about the fuss it would create if she were to call a meeting of the museum's board of directors and announce that—without permission or consultation with any of them—she'd gone and acquired a new building.

But a few minutes with the CEO would be enough to set the process in motion. To give the man something to think about. And to give her a hint about whether he might act on the suggestion.

Her path toward downtown took her past Essie Kerrigan's house. Gina paused on the sidewalk in front of the museum and looked up at the three-story red brick Victorian. The building looked almost abandoned, its facade oddly blank because most of the windows had been covered from the inside to provide more room for displays.

Gina had spent the best hours of her life inside that house. As a teenager, she had visited Essie Kerrigan and listened to the old woman's tales of early life in Kerrigan County. As a college student, she'd spent weeks in the museum library doing research. As a new graduate, her first job had been as Essie's assistant—and then, eventually, her successor.

In a way, she felt like a traitor—to the house and to Essie—even to consider moving the museum away from its first and only home. The building was a part of the museum; it always had been.

But in her heart, she knew Anne Garrett had been right. She had been thinking too small. She simply hadn't wanted to let herself look too closely at the whole problem, because she had thought there was no viable alternative.

Putting a roof over the garden and the driveway would be a temporary solution for the cramped conditions, but if the plan was successful and the museum grew, in a few years they would find themselves stuck once more in exactly the same dilemma. And then they'd have nowhere to go, because the building was already landlocked, hemmed in by houses and commercial buildings.

If the museum was ever going to move, now was the time. Before they had invested hundreds of thousands of dollars in new construction. Before they tore up Essie Kerrigan's house. The house was salvageable now—a restorer would have no trouble reversing the few changes which had been made to accommodate the museum. But as soon as the work started, knocking out walls and adding a couple of wings, the house would be even more of a white elephant than the Tyler-Royale store was.

"It's all right," she whispered, as if the house were listening. "It'll be better this way. You won't be carved up after all, because a family will buy you and make you truly beautiful again."

Why the CEO had chosen to hold his press conference at the city's premiere hotel instead of in the store was beyond Gina's understanding, until she walked into the main ballroom and saw the final preparations under way. Cables and power cords snaked underfoot; lights and cameras formed a semicircle around the lectern set on a low stage at one side of the room, and people were milling everywhere. No wonder he'd wanted to keep this circus out of the store. Even though it would be closing soon, there was no sense in driving the last customers away with all the noise and confusion.

It was not exactly the place for a confidential chat, of course. But she didn't have much choice about the place or the time, so she edged into the crowd, watching intently.

Almost beside Gina, a reporter from one of the Lakemont television stations was tapping her foot as she waited for her cameraman to finish setting up. "Will you hurry up? He'll be coming in the door to the left of the podium—make sure you get that shot. And don't forget to check the microphone feed."

Gina, hoping the woman knew what she was talking about, edged toward the left side of the podium. She was standing next to the door when it opened, and she took a deep breath and stepped forward, business card in hand, to confront the man who came out onto the little stage. "Sir, I realize this is neither the time nor the place," she said, "but I'm with the Kerrigan County Historical Society, and when you have a minute I'd like to talk to you about your building. I think it would make a wonderful museum."

The man looked at her business card and shook his head. "If you mean the Tyler-Royale store, you've got the wrong man, I'm afraid."

"But you—aren't you Ross Clayton? Your picture was in the *Chronicle* this morning."

"Yes," he admitted. "But I don't exactly own the building anymore."

Gina felt her jaw go slack with shock. "You've sold it? Already?"

"In a manner of speaking."

Gina looked more closely at him and felt a trickle of apprehension run through her as she recognized him. The photo of him in this morning's paper hadn't been a particularly good one, and she only now made the connection. This was the man who'd been having lunch with Dez Kerrigan yesterday at The Maple Tree.

At that instant a tape recorder seemed to switch on inside her brain, and Gina heard in her memory what Essie had said about Dez Kerrigan.

He has no sense of history, Essie had said with a dismissive wave of her hand. *In fact, the older the building is, the better he likes knocking it down so he can replace it with some glass and steel monster.*

Dez Kerrigan was a property developer—that was what Gina should have remembered as soon as she heard his name.

A familiar and uncomfortable prickle ran up the side of her neck, and she turned her head to see exactly what she was expecting to see. Dez Kerrigan had followed Tyler-Royale's CEO onto the little stage.

"I own the building," Dez said. "Or, to be perfectly precise, what I own is the option to buy it. But I'm always ready to listen to an offer. Your place or mine?"

CHAPTER TWO

GINA couldn't believe the sheer arrogance of his question. *Your place or mine?* The very suggestion was an insult. Even if she actually *had* been staring at him yesterday at The Maple Tree—which of course she hadn't—she wouldn't have been inviting that sort of treatment. If he went around like this, propositioning every woman who happened to look in his direction...

The CEO said under his breath, "Dez, I think you're on thin ice."

Dez Kerrigan didn't seem to hear him. He glanced at his watch and then back at Gina. "I'm a little busy just now, but after the press conference we can meet at your office, or at mine. Which would you prefer?"

Gina gulped. "Office?"

"Of course." There was a speculative gleam in his eyes. "What did you think I was doing—inviting you to climb into my hot tub for a chat?" He shook his head. "Sorry, but I'd have to know you a lot better before I did that."

Gina felt as if she was scrambling across a mud puddle, trying desperately to keep her feet from sliding out from under her. She needed to do something—and fast—to get her balance back. "I, on the other hand," she said sweetly, "am quite certain that getting better acquainted wouldn't make any difference at all in how I feel about you."

His eyes, she had noticed, were not quite hazel and not quite green, but a shade that fell in between. Unless he was amused—then they looked almost like emeralds. And there was no question at the moment that he was amused.

25

"I suppose I should be flattered," he murmured. "Lust at first sight is a well-recognized phenomenon, of course, but—"

Even though Gina knew quite well that he was laughing at her, she still couldn't stop herself. "That is *not* what I meant. I was trying to say that I can't imagine any circumstance whatever that would get me into a hot tub with you."

"Good," Dez said crisply. "Now we both know where we stand. Do you want to talk about the building, or not?"

Gina could have hit herself in the head. How could she have gotten so distracted? "Since you've only just cut a deal to buy it, I don't see why you'd be interested in talking about selling it."

"Don't know much about the real estate market, do you? Just because there's been one deal negotiated doesn't mean there couldn't be another. Let me know if you change your mind." He stepped off to the side of the platform as Ross Clayton tapped the central microphone in the bank set up on the lectern.

Gina, fuming, headed for the exit. What was the point in sticking around? She had real work to do.

The television reporter who had been standing next to her earlier intercepted her near the door. "What was that little face-off all about?"

"Nothing at all," Gina said firmly and kept walking.

She was halfway back to the museum before she could see the faintest glimmer of humor in the whole situation. And she found herself feeling a hint of relief as well. Of course, she was still disappointed at losing the chance to acquire an ideal building, but at least she hadn't made a fool of herself by going public with her crazy plan before she'd checked it out. It would have been almighty embarrassing to have gotten the museum board excited over the possibilities and then had to go back to them and admit that her brainstorm hadn't worked.

Tyler-Royale's CEO was a pro with the press, Dez thought as he listened to the smooth voice explaining that no, the five hundred employees of the downtown store would not lose their jobs but would be absorbed into the chain's other area stores. The reporters were circling like sharks in the water, snatching bites now and then, but Ross remained perfectly calm and polite. As the questions grew more inane, Dez let his attention wander to more interesting matters.

Like the little redhead who had been lying in wait for them. Now she was something worth thinking about. First she'd turned up at The Maple Tree yesterday, having lunch with the press. He'd thought that perhaps she was a reporter too. That would account for the inspection she'd given him. She'd looked him over like a cynical searchlight—not exactly the sort of feminine once-over he was used to.

Apparently his guess had been wrong, however. *I'm with the Kerrigan County Historical Society,* she'd told Ross. And she wanted the building. *I think it would make a wonderful museum.*

Dez snorted. The trouble with the history-loving types was that they were completely impractical. The woman was totally out of touch with reality or she wouldn't have suggested anything so patently ridiculous as turning the Tyler-Royale store into a museum.

His aunt Essie would have done the same sort of thing, of course. Dez remembered visiting Essie when he was a kid, and being creeped out and fascinated all at the same time. In Essie's house, there was no telling what you might run into at the next turn. He'd found a full human skeleton in a bedroom closet once; Essie had calmly told him it was left over from the personal effects of the first doctor who'd set up practice in Kerrigan County.

And that had been well before Essie's house had formally become a museum. Though he hadn't been inside the place in at least a decade, he had no trouble imagining how much more stuff she'd collected over the years. He'd been frankly amazed, when Essie died, that they hadn't had to tear the house down in order to extricate her body from all the junk she'd collected.

At least this young woman appeared to have a little more sense than Essie had—she didn't seem to want to live in her museum. Other than that, she might as well be Essie's clone.

Apart from looks, of course. Essie had been tall and thin, seemingly all angular bone and flyaway gray hair, while this young woman was small and delicately built and rounded in all the right places. She had the big, wide-set, dark brown eyes of a street urchin—an unusual color for a redhead. Odd, how her hair had seemed sprinkled with gold under the myriad lights in the ballroom...

"Dez?" the CEO said. "I'll let you address that question."

Dez pulled himself back to the press conference, to a sea of expectant faces. What the hell was the question?

"The *Chronicle* reporter asked about your plans for the building," Ross Clayton pointed out.

I owe you one, buddy, Dez thought gratefully. At least it was an easy question—a slow pitch low and outside, easy to hit out of the park. He stepped up to the microphone. "That won't take long to explain," he said, "because I don't have any yet."

A ripple of disbelief passed over the crowd. The reporter from the newspaper waved a hand again. "You expect us to believe you bought that building without any idea what you're going to do with it?''

''I haven't bought the building,'' Dez pointed out. ''I've bought an option to buy the building.''

''What's the difference?'' the reporter scoffed. ''You wouldn't put out money for the fun of it. So what are you planning to do with the building?''

Another reporter, the one from the television station, waved a hand but didn't wait for a cue before she said, ''Are you going to tear it down?''

''I don't know yet, Carla. I told you, I haven't made any plans at all.''

''You don't know, or you just won't say?'' she challenged. ''Maybe the truth is you simply don't want to talk about what will happen to the building until it's too late for anyone to do anything to save it.''

''Give me a break here,'' he said. ''The announcement that the store was closing came as a surprise to me, too.''

''But you leaped right in with cash in hand.'' It was the *Chronicle* man again.

''It wouldn't be the first time I've bought something without knowing what I'd end up doing with it.''

The television reporter bored in. ''Isn't it true in those cases that you've always torn the buildings down?''

''I suppose so.'' Dez ran over the last few years, the last dozen projects. ''Yes, I think that's true. But that doesn't mean...'' What had happened to the easy question, he thought irritably, the slow, low, outside pitch that should have been so simple? He felt like someone had tossed a cherry bomb at him instead. ''Look, folks, I'll tell you the same thing I told the young lady from the historical society. Just because there's already been one deal doesn't mean there couldn't be another one.''

''Then you'd resell the property?''

"I'd consider it. I'm a businessman—I'll consider any reasonable option that's presented to me."

"Including preserving the building?" It was the television reporter again.

"Including that." Irritation bubbled through Dez. Damn reporters; they were making it sound like he carried a sledgehammer around with him just in case he got a chance to knock something down. "As long as we're talking about preservation, though, let me give the do-gooders just one word of warning. Don't go telling me what I should do with the building unless you have the money to back up your ideas. I'm not going to take kindly to anyone nosing into my business and telling me what I should do with my property if it's *my* money you plan to spend on the project. I think that's all."

The reporters obviously realized that they'd pushed as far as was safe, and they began to trickle out of the room. A crew moved in to tear down lights and roll up cables.

In the anteroom behind the stage, Ross Clayton paused and eyed Dez with a grin. "Thanks for snatching the headlines away from the question of what's going to happen to all my employees," he said. "After the challenge you issued, that pack of wolves will be too busy ripping into you to check out anything I said."

That afternoon Gina dug out the blueprints of Essie Kerrigan's house from the attic closet where they'd been stored, and when she finished work for the day she took them home with her. Not that she was any kind of expert; expanding the museum would take not only a good architect but an engineer. Still, she might get some ideas. She might even have missed something obvious.

But when she unrolled the papers on her tiny kitchen table, she had to smother a dispirited sigh. For a little while today, it looked as if she'd found the perfect solution. It was so ideal. So sensible.

But then Dez Kerrigan had gotten in the way, and she was back at square one. Only now, as she looked at the floor plans, she was finding it difficult to focus on the possibilities. All she could see at the moment were the obstacles—the challenges which stood in the way of turning an old house into a proper museum. She had done too good a job of convincing herself that the Tyler-Royale building was the answer.

She unfolded the age-yellowed site map. Originally the house had stood alone on a full city block. Desmond Kerrigan had centered his house along one edge of his property, to leave the maximum space behind it for an elaborate garden, and he had built it facing east so it could look proudly out over the business district to the lakefront. But through the years his descendants had sold off bits and pieces of the land. The garden had been plowed up and broken into lots long ago. Later the area to each side of the house had been split off and smaller homes built there, and the street in front had been widened. The result was that the Kerrigan mansion was surrounded, hemmed in, with just a handkerchief-size lawn left in front and only a remnant of the once-grand garden behind.

It wasn't enough, Gina thought. Still, it was all they had to work with.

She weighed down the corners of the blueprints with the day's mail so she could keep looking at the drawings while she fixed herself a chicken stir-fry. Perhaps some radically new idea would leap out at her and solve the problem… For instance, what if instead of simply building over the garden, they were to excavate and add a lower level as well?

Nice idea, she concluded, but one to run past an engineer.

Would it even be possible to get heavy equipment into that small space? And how risky would it be to dig directly next to a foundation that was well over a century old?

Finally, Gina rolled up the plans and turned on the minuscule television set beside the stove. Even the news would be less depressing than her reflections at the moment.

But when the picture blinked on, the screen was filled with a shot of the Tyler-Royale store.

On the other hand, maybe it won't be less depressing.

"...and a final-close-out sale will begin next week," the female reporter—the one who had been standing next to Gina at the press conference—announced.

The anchorman shook his head sadly. "What a shame. Is there any word of what will happen to the building, Carla?"

"That question was asked at the press conference, Jason, but Mr. Kerrigan would only say that he had made no plans." She smiled coyly. "However, we did get a hint that he's negotiating a deal of some sort with the Kerrigan County Historical Society museum."

Gina's wooden spoon slipped and hot oil and vegetables surged over the edge of the pan onto her index finger. Automatically she stuck the burned tip in her mouth.

The reporter went on, "The museum's curator, Gina Haskell, was at the press conference but refused to comment—"

Gina stared unbelieving at the reporter. "I didn't refuse to comment," she protested. "I told you there was nothing going on!"

"—and when I talked to the president of the historical society just now, he would only say that it would be a crime for such a landmark building to be destroyed."

Gina put her elbows on the edge of the counter and dropped her head into her hands. They'd actually called her boss for a comment. The boss she hadn't bothered to tell about the events of the day, because her harebrained notion had come to nothing.

"Indeed it would be a crime," the anchor broke in.

The reported nodded. "However, an arrangement like that would be a first for Dez Kerrigan. He admitted today that in his entire career in property development he's never preserved a building."

"Hard to believe," the anchor said. "Keep us posted on the historical society's preservation efforts, Carla."

"*What* preservation efforts?" Gina groaned.

The phone rang. She stared at it warily, but she knew that putting off answering wasn't going to make the president of the historical society any easier to deal with. The trouble was that she didn't blame him for being furious with her. At least he hadn't told the reporter that the whole thing was news to him.

But the caller wasn't her boss. The voice on the other end of the phone was one she'd heard just once before, but she recognized it instantly. It was rich, warm—and arrogant.

"You have quite a grip on the media, don't you?" Dez accused. "Yesterday it was the newspaper, and today the TV station. What's next—rallying your troops by satellite?"

"I didn't do anything," Gina protested, but she found herself talking to a dead line.

Though she wasn't inclined to be sympathetic, she could understand why Dez Kerrigan was annoyed at being made to sound like a criminal. He'd asked for it, of course. More than ten years in the business of buying and selling property, of building and developing real estate, and he'd *never* saved a building? Still, she didn't exactly blame him for being exasperated. She was sure he had his reasons for knocking down every building that passed through his hands—inadequate though the justification might sound to ordinary people. People like her.

Being made to sound like a criminal...

Now that, she mused, might just offer some real possibilities.

It was ten in the morning, exactly twenty-four hours since their encounter in the hotel ballroom, when Gina walked into Dez Kerrigan's office.

It hadn't been easy to find him. There was no Kerrigan listed in the telephone book—not that she'd expected his home number to be published. What she had expected to find was a Kerrigan Corporation or a Kerrigan Partners or a Kerrigan-something-else. But there was nothing like that either.

Of course, she reflected, the mere fact that a man hadn't named his business after himself didn't necessarily mean the business wasn't a monument to his ego. Maybe he just liked being able to deny responsibility once in a while—and that would be harder to do with his name actually blazoned on every site he touched. Or perhaps he thought that the name had lost its impact, since it was now associated with everything from Kerrigan County itself to Kerrigan Hall over at the university, and a whole lot of stuff in between.

Eventually she located his business. He'd named it Lakemont Development, as if to say it was the only company in town that mattered. While she didn't doubt that if Dez Kerrigan had his way, his fingerprints would be all over any significant building which took place in the city, Gina thought it was hardly a less egotistical choice than naming it after himself.

Even after she'd found his business, however, she still

had a fair journey before finding Dez Kerrigan himself. Lakemont Development had offices spread all over the city, and she'd called each of them in turn, starting with the shiniest glass-and-steel tower in Lakemont and working her way down until finally a receptionist admitted, cautiously, that Mr. Kerrigan did indeed have an office in that particular building and that he was on the premises today.

Gina didn't leave her name—she just went straight over. It was only a few blocks from the museum, but she'd never noticed the building before. And no wonder it hadn't caught her eye, she thought as she approached. It looked like a converted school building—one that had been abandoned when the city's population had shifted to the suburbs. Hardly the kind of place where she'd expect to find the headquarters of somebody who played with skyscraper towers as if they were building blocks.

Inside, the building was quietly bustling. She found her way down a long corridor to Dez Kerrigan's office.

His secretary fingered Gina's business card and looked at her doubtfully. Gina wasn't surprised; the words "historical society" must be something of a red flag with any of Dez Kerrigan's employees.

"I don't have an appointment," she admitted to the secretary. "But I imagine he's been expecting me to drop in. You may have seen on the news last night that we're negotiating a deal on the Tyler-Royale building."

The secretary's eyes widened, but she didn't comment. She picked up the telephone, and Gina sat down in the nearest chair. She hoped she was making the point, as quietly and clearly as possible, that she wasn't going to move until she'd seen the boss.

A few minutes later the door of Dez Kerrigan's office opened. "Well, if it isn't the media magnet in the flesh," he said. "Come in."

Gina put aside her magazine and took her time crossing the small waiting room to the inner office. He stepped back and gestured her inside with elaborate politeness.

He really was as tall as she'd thought, that day in The Maple Tree. At the press conference, she'd been too pre-occupied to notice much, but now she remembered how far she'd had to look up into those odd hazel-green eyes. They didn't look like emeralds today, she noted. That was all right—she wasn't here to amuse him.

She paused just inside the door and looked around thoughtfully. "This isn't anything like I expected." The room was large—obviously it had once been a classroom—and the wall of windows and the neutral color scheme made it look larger yet. Nearly everything was various shades of gray—walls, carpet, sofa, window blinds. The desk looked like ebony. Only the art—mostly watercolors of build-ings—added color. She waved a hand at a stylized drawing of a skyscraper. She recognized it—Lakemont Tower, one of the city's newest and grandest. "That's one of your proj-ects, of course."

He nodded.

"As towers go, it's not bad. At least it has some class. But I expected you'd have your office there, with a gor-geous view over Lake Michigan."

Dez shrugged. "This office was good enough for me when I started the company, and it's still good enough. Besides, offices at the top of Lakemont Tower command a very high price. Why tie up the space myself when I can rent it out for good money?"

"Oh, yes," Gina mused. "I remember now. You told the reporters yesterday that you're the practical type."

He frowned a little. "I didn't realize you stayed around for the whole press conference."

"I didn't. But I watched the report on the late news, too.

They had more footage from the press conference then, and there you were, big as life. *'I'm a businessman,'''* she quoted. *'''I'll consider any reasonable option that's presented to me.'''*

"What about it? It's not like I'm admitting to a secret vice. Look, it's charming that you stopped by—it would have been even more charming if you'd brought a nice hazelnut coffee, but I won't hold that against you this time. However, as much as I'd like to chat, I do have things to do today."

Gina sat down on one end of the couch. "Of course you do. So I'll come to the point. I have a reasonable option for you to consider."

"Reasonable is a relative term. Unless you have the cash to buy me out—"

"No. I don't."

"Then please don't waste my time lecturing me about why I should preserve the Tyler-Royale building. Obviously you didn't hear the entire press conference or you'd know better than to try."

"I don't intend to do anything of the sort." She crossed her legs just so, put her elbow on the arm of the couch, propped her chin against her hand, and smiled. "I'm here this morning to give you the chance to be a hero."

Dez looked at her in disbelief. *She* was going to offer *him* a chance to be a hero? The woman had lost her mind. *If she ever had one to begin with.* "Ms. Haskell—" he began.

"Oh, call me Gina—please. I don't blame you for being upset last night," she went on with a sympathetic tone that was so palpably false that it made the air feel sticky.

"Upset?" he snorted. "I don't get upset."

"Really? Then why did you call me up and yell at me?"

Dez was honestly taken aback. "I didn't yell at you."

"Oh? I suppose that's what you call calmly expressing an opinion?"

"It sure as hell is. I wasn't yelling. I admit I was annoyed at the way that pack of jackals twisted my words, especially when I thought you might have fanned the flames, but—"

She nodded. "That's what I said. You were..." It was obvious that she saw the expression on his face, for she broke off abruptly. "The news reports made you sound like King Kong, stomping around the city knocking down every building in sight. Of course you were put out by such unfair reporting."

"Lady, if I got *upset* every time a bunch of reporters took after me, I'd be living on antacids." He threw himself down on the opposite end of the couch from her. "Now what's this about you making me a hero?"

"It won't be my doing, really. I'm just here to show you the way."

She shifted around to face him, and her skirt slid up an inch, showing off a silky, slim knee. The maneuver didn't look practiced, but that only demonstrated how smooth an operator she was. "You've got about two minutes before I throw you out," Dez warned.

"Very well." With an unhurried air, she consulted her wristwatch, then settled herself more comfortably on the couch. "The media seems to have decided that you're public enemy number one. And you must admit that you've played right into their hands. Really—after all these years, and after all the projects you've been involved in, you've never yet found yourself owning a building that was worth saving?" She shook her head in apparent disbelief.

"Only this one."

She looked around the room. "And it's starting to get some age on it. Be careful, or one of these days you'll find yourself preserving a historic structure in spite of yourself.''

"There's nothing historic about this building, and I'll keep it for exactly as long as it suits my purpose. Look, sweetheart, if you think I'm going to let the opinions of a few reporters keep me awake nights, you're wrong. They'll forget about saving the Tyler-Royale store just as soon as another story catches their interest. This will pass—it always does.''

She kept smiling. ''Sure about that, are you?''

The fact that her voice was practically dripping honey didn't lessen the threat that lay underneath the words. The antacids were starting to sound like a good idea after all.

"But why make it hard on yourself?'' she went on. ''You already own eight square blocks of downtown Lakemont. Or maybe it's even more than that—those were just the properties I found listed in a quick search at the county assessor's office this morning.''

He had to hand it to her; she'd done her homework.

"To a tycoon, what's one block more or less?'' she went on. ''The media have adopted the Tyler-Royale building as their darling. If you save it, you'll be—''

"Lakemont's own superhero,'' he mused. ''If you asked me, I'd say you've been reading too many comic books. Just for the sake of argument, exactly what kind of plan do you have in mind for saving the building? I suppose you want me to just hand it over to you?''

"Well, not to me personally, of course. But just think how marvelous you'd look if you gave it to the Kerrigan County Historical Society.''

"Well, if all the goodwill in the world was resting on it, I couldn't do that. Remember? I don't own the building. I suppose I could give you the option to buy it, if I happened to be in the mood to donate something that cost me a couple of hundred thousand dollars, but what good would that do? You told me a few minutes ago you don't have any money. An option to buy is worthless if you don't have the cash to exercise it.''

"I'm sure you could help me encourage your friend the CEO to donate the building. It's not as if he wouldn't be getting anything out of the deal, after all—''

"Now you're onto something," Dez pointed out. "He'd still have my two hundred grand, so he'd be happy. You'd have the building, so you'd be happy. And I'd be left holding the bag. Unfortunately for your argument, that doesn't make me look heroic. It makes me look stupid.''

"Generous," she corrected gently. "Of course, you'd also be getting a nice tax deduction.''

He couldn't help but be impressed. There weren't many people who could be on the receiving end as he demolished their line of reasoning and still keep smiling like that. He wasn't sure if it was naiveté or chutzpah she was displaying, but she hadn't wilted, and that was saying something.

"And," she went on smoothly, "you really shouldn't underestimate the value of improving your reputation.''

"By all means, I won't underestimate it. Doing something like that would land me on the hit list of every fundraiser and con artist in this corner of the state. You know, it would serve you right if I did hand over the option and convince Ross to sell you the building for a dollar or two. Have you actually looked at that store?''

For the first time, uncertainty flickered in her face, though she tried to mask it quickly. "Not lately," she admitted.

"Well, you are in for a treat." He jumped up and pulled open the office door. "Sarah, if anybody comes looking for me, just tell them that I took Ms. Haskell for a walk.''

It was only a few blocks from Dez's office to the

Tyler-Royale store, and his long legs ate up the distance. "Taking me for a *run* is more like it," Gina said, sounding breathless.

He looked disparagingly down at the strappy sandals she wore. "If you'd choose some sensible shoes, you wouldn't have so much trouble keeping up."

"And if you weren't so tall…" She stopped dead on the sidewalk in front of the main doors, looking up, and a large woman who was carrying a stack of boxes and half a dozen loaded shopping bags almost mowed her down.

Dez pulled her out of the line of traffic just in time and followed her gaze as she surveyed the front facade of the building. "What's the matter, Gina?" he hazarded. "Is it a little larger than you remembered?"

"I was just thinking it looks too busy for a store that should be closing."

Sure she was. He'd seen the way her eyes had widened as she'd taken in the sheer size of the place. But he'd play along—for a while—and let her save face.

Besides, she was right about the store being busy. People were streaming into and out of every entrance. Dez shrugged. "That happens all the time. People only realize what they have when they're told it's going to disappear. There will be a last burst of interest, and then everybody will forget about it and move on to the next store. By this time next year, if you stand on this corner and ask people what used to be here, only about half of them would even be able to tell you."

"Especially if what's here in a year is only an empty hole."

He shot a suspicious look at her, but she returned it blandly.

"Come on," Dez said. He gave the revolving door a push for her.

Just inside, a woman in a dark suit was offering samples of perfume. Gina paused and held out her wrist. Dez suspected she did it more to annoy him than because she wanted to try the scent. ''The shoe department's just over there if you want to take a look,'' he suggested.

She sniffed delicately at the perfumed pulse point. ''Oh, no. I wouldn't dream of taking up your valuable time with shoes. Or perhaps I should say I wouldn't follow your advice anyway, so I'd rather not have to listen to it.''

He ushered her between the makeup counters, past fine jewelry and antique silver, to the atrium lobby. The floor was tiled in a brilliantly-colored mosaic, spirals and scallops swooping in an intricate pattern. At the center the tiny tiles formed a stylized red rose, the symbol of the department store chain. Dez led her to the heart of the rose. ''Stand right here,'' he said.

''What's the big deal? Everybody in Lakemont has done this a million times. 'Meet me on the rose' is part of the vernacular.''

''I know, I know. My mother made me report here, too. But that's not why I brought you. Look up.''

For an instant he caught an odd expression in her eyes, something that looked almost like pain. What had he said to cause that reaction? Then she followed instructions, raising her eyes to the stained-glass dome seven stories above their heads.

If that didn't make her see the light, Dez thought, nothing would. He'd almost forgotten himself how immense the building was, how the rows of white-painted iron balconies seemed to go on forever, up seven floors and out for what seemed miles.

She turned back to Dez. ''And the point you're trying to make is…?''

The nonchalant tone didn't fool him. ''The point is that

even if you got this building for free, you couldn't handle it. You couldn't afford to keep the lights on, much less heat and cool it.''

"It's a little bigger than what we have now, of course," Gina conceded.

Dez stared at her for a minute, and then he started to laugh. "Oh, that's rich! It's like saying that Lake Michigan is a little bigger than the puddle you stepped over at the curb on our way inside."

"And it's a well-known phenomenon that when a museum expands, not only the number of visitors increases but donations do as well."

"In your dreams." He extended an index finger upward and drew an imaginary circle that took in the whole building. "Get real, Gina. Give it up. Maybe there's another building somewhere that would actually be practical."

She shook her head. "You don't understand, do you? Another building might be more practical, but this is the one that's captured people's hearts. This is the one that has aroused their feelings."

Foreboding trickled through his veins.

"I'd be a fool to give up on this," she said, as if she savored the words.

Not as much of a fool as if you hang on to it, he wanted to say.

"It's a cause, you see—almost a crusade. It's already building momentum." She had the nerve to smile at him, as she added sweetly, "And all I have to do is feed it a little."

CHAPTER THREE

Dez stared at her for so long that Gina thought perhaps he'd gone into a catatonic state. But even when he finally blinked and shook his head as if he was trying to clear it, he didn't say anything to her. Instead, he pulled his cell phone off his belt and without looking at it punched two keys. "Sarah, cancel my lunch meeting." He didn't wait for an answer. "Come on. Let's find a place where we can sit down and talk sense for a change."

Gina shook her head. "No, really," she said. She tried very hard not to let irony seep into her voice, and she almost succeeded. "You mustn't put yourself out for my sake. It's quite useless to try to convince me."

"It's not you I'm worried about. If you were the only one who'd be affected by this idiotic idea, I'd stand by and watch while you walked out in front of the freight train."

Well, that was brutally frank, Gina thought. "Thank you."

He frowned. "For what?"

"Confirming my suspicions that you're not nearly as unconcerned about your public image as you pretend to be."

"You think this is about my image?" He made a sound that could charitably have been called a snort. "The tearoom on the sixth floor is probably the quietest place in the building at this hour."

"And I seem to recall they have hazelnut coffee," Gina murmured.

"Hey, you can't blame me for wanting to get *something*

44

pleasant out of this. Though if you'd rather, we could stop on the fifth floor instead.''

"What's there?'' Gina asked warily.

"Hot tubs. They usually keep at least one full of water as a demonstration model.''

"On second thought, coffee sounds like a great idea.'' She paused beside the Art Deco elevator and with the tip of her index finger traced the pattern overlaid on the cool gray metal. "Elevators. Already installed. And such nice ones, too.''

"They're the originals,'' Dez countered.

"I know. They'll be like an exhibit themselves.''

"You can look at them and romanticize their history if you want, but all I see is old machinery that needs an expensive overhaul—if it isn't obsolete altogether.'' He punched at the sixth-floor button with his fist.

"They'll certainly need work if you're going to treat them that way. Surely you'll admit that they're beautiful— or isn't there a single sentimental bone in your body? Maybe I don't want you to answer that.''

"What's the big attraction of elevators, anyway?''

"We were going to have to install one. Do you have any idea how very few government grants a museum can apply for if the building isn't already completely accessible to the handicapped?''

"I can't say I've given it a lot of thought.''

"And retrofitting an elevator in an old building is extraordinarily expensive.'' That was the main reason the whole idea of building a wing onto Essie's house had come up in the first place—because there was nowhere to put a shaft. "So instead of spending the thousands of dollars we've budgeted for a new elevator, we can put that money into a fund to cover the extra utility costs.''

The elevator ran so smoothly and quietly that Gina could

hardly hear the motors. She didn't point out the fact, though; a quick glance told her that Dez already looked as if he'd like to kick something.

The beveled glass door of the tearoom rattled as he pulled it open. Though the restaurant had opened just a few minutes before, a few patrons were already there, surrounded by packages as they relaxed with drinks and pastries.

As soon as they were seated Dez leaned forward and braced his forearms on the edge of the table. "Okay," he said. "What is it that you *really* want?"

Gina raised her eyebrows at him. "Pardon me?"

"You'd be completely over your head if you got this building. You know it, and I know it. This building has close to a quarter of a million square feet of retail space. How much room do you have now? Five thousand total?"

"On the main floors, but— Wait a minute. How did you know that?"

"I make my living by judging property. Even if your head is actually as full of fluff as it seems, you can't be naive enough to think you can make that kind of jump and not fall flat on your face."

"Thanks," Gina said dryly. "It's a somewhat mixed compliment, but it's apparently the best I'm going to get."

"You're welcome. So my question is, what do you want instead? You'd have to be a fool to hold out for this building. It's not only unavailable, it's impractical. It's fifty times as big as Essie's house, give or take—you couldn't possibly use it all. Hell, with the budget you have, you probably couldn't afford to keep it all clean."

That might actually be true, Gina reflected. Not that she planned to admit it.

Her nerves hadn't completely stopped reverberating from the news that he'd paid out two hundred thousand dollars but didn't actually own a single brick. It wasn't the sheer amount of money which bothered her; the renovations on Essie's house would cost far more. But if she'd been the one spending a fifth of a million dollars, Gina thought, she'd at least have something to show for it.

Dez, on the other hand, had put out that much money with—he said—no real idea of what he'd do with his new property. It was almost as if he were using fake money from some sort of board game.

But surely even Dez Kerrigan didn't spend that kind of money lightly. Though he might not know precisely what he was going to do with the property, Gina would bet next month's rent that right now his brain was busy sorting out possibilities.

She believed him, however, when he'd said he hadn't given any thought to the building. It was nothing more than a nuisance, an obstacle that stood between him and what he really wanted—the land that lay beneath it. That was where Gina had made her original mistake—she'd failed to realize that the building wasn't the only thing for sale.

The waiter brought their coffee, Dez's hazelnut in a tall glass mug, Gina's cappuccino in a cup the size of a small mixing bowl.

She stirred her drink and said thoughtfully, "You know, it sounds to me as if you've been keeping a close eye on Essie's house."

"Why? Because I made a good guess on how big it is? No, I haven't been checking out the old home place lately. In fact, I haven't been inside it since I was about twelve."

That would have been around twenty years ago, Gina guessed. Give or take. "That was before Essie started the museum."

"No," Dez corrected, "it was before she *opened* it. She must have started collecting junk for her precious museum about the time she climbed out of her cradle. But stop trying to change the subject and let's get back to the point. This building.''

"Of course. You know, I figured when you dragged me over here that you were going to show me things like leaks in the roof and sagging walls and peeling paint.'' She eyed him over the rim of her cup. "But you can't, can you? There's nothing wrong with it.''

"The building's in sound shape.'' He sounded as if the words had been extracted under torture.

"In fact,'' Gina mused, "I'm betting it's so solid that it would be very difficult to tear it down. Very expensive. Very time-consuming.''

"If you're putting out a feeler to see what I'm planning to do with it, don't waste the effort. I couldn't tell you even if I wanted to, because I haven't decided. But that doesn't mean it's up for grabs. Look, Gina, we both know the building is only a diversion and you've got some other scheme in mind.''

"You may think you know—'' she began.

"So why don't you save us both some trouble and tell me what you really want? Maybe—and I'm not making any promises now, you have to understand. But maybe there's something I can do about it.''

She set her cup down very carefully, not looking at him. "You're right about one thing. The historical museum would have trouble using all this space.''

"Good. You're starting to see reason.''

Gina went straight on. "But there are at least a dozen small museums in Kerrigan County that are in the same sort of position we are. We don't have enough space to showcase exciting exhibits, so we have trouble drawing enough visitors even to pay the bills, much less to provide some of the extras that entice more visitors. However, if all those organizations were to throw our resources together, we could create The Museum Center."

"A lot of museums?" Dez's voice sounded a little hollow.

Gina nodded. "Come to one building, pay one admission charge, and visit all twelve if you like. Grandpa can wander around the historical museum and look at items from his boyhood, while Mom admires the wonderful paintings and sculptures in the art gallery, and the kids can learn about dinosaurs at the science center. All under one roof." She sipped her cappuccino. "I think it's perfect—and just wait till the television station hears about this one." She looked at him with feigned concern. "Is there something wrong with your coffee, Dez? You don't seem to be enjoying it."

For the rest of his life, Dez thought, the mere smell of hazelnut coffee was likely to bring on one heck of a case of heartburn—because it would remind him of a petite redhead with an obsession. And not an ordinary, garden-variety obsession, either.

"You couldn't just be one of the nuts who's convinced you're really Cleopatra," he complained. "Oh, no—that would be much too simple. You have to be—"

Gina cleared her throat and rolled her eyes to one side. For an instant he wondered if she was about to have a seizure—how was he to predict the way her seemingly fragile mind might unravel? Then he realized that she was merely trying to direct his attention to a woman who was approaching their table.

He cast a sidelong look and had to suppress a groan. He'd called Gina a media magnet, and he'd been right—for here was that blasted television reporter who had caused all the trouble at the press conference yesterday.

Gina couldn't have planned this encounter, he reminded

himself. It hadn't been her idea to come over to the store this morning, much less to sit over coffee and negotiations in the tearoom. And there hadn't been any opportunity for her to make a phone call.

No—much as he'd like to, he couldn't blame this on her.

"Well, hello," the reporter said sweetly. "Imagine running into you two. Together."

Only Carla, he thought, could have made that one simple word sound as if she'd caught them cavorting naked in the middle of the tearoom. He half rose from his chair, making the gesture of politeness as minimal as possible. "What brings you here, Carla?"

"We're doing a series on the store, about the building's history and its architecture—that sort of thing. Do you realize that the dome is composed of over three million pieces of colored glass?"

"Thanks for counting all of them," Dez said. "It was keeping me awake nights, not knowing how many there were. If you'll excuse us, Carla—"

The reporter arched her brows. "Can I interpret that to mean you two have business to discuss? Perhaps you're talking about what's going to happen to the building?"

"Not at all," Dez said. "I'm taking a lovely lady out for coffee, that's all."

"Only coffee?" The reporter smiled. "I never thought you were so cheap, Dez. Ms. Haskell, can you give my cameraman and me some time in the next couple of days for an interview?"

Gina's gaze wandered from the reporter back to Dez. The mischief in her eyes was enough to make him wish that she really did have a Cleopatra fixation instead. Even handling an asp would be a lot less dangerous than dealing with Gina.

"I think I can fit that into my schedule," Gina murmured.

Like she wouldn't drop everything else for the opportunity.

"When would you like to arrange it?" Gina asked.

"Whenever it's convenient for you."

Dez, tired of the polite dance, growled, "Oh, why not right now?" Maybe the less time she had to prepare for an interview, the less damage she could do.

"That would be ideal," the reporter agreed. "In fact, I was going to call the museum this afternoon, so it's really been a stroke of luck to run into you. However, I wouldn't want to interfere with your…discussion."

"Oh, I think Dez is right—we're finished for the moment." Gina pushed her chair back and stood. "Thanks for the coffee, Dez. I'll see you later. Unless you'd like to come along and have the tour."

"I'd sooner have the chicken pox," he muttered.

Gina smiled brightly. "Poor dear," she said. She patted his shoulder comfortingly. "In that case, we'll just leave you here to be grumpy." She strolled away, chatting to the reporter.

Dez glumly finished his coffee and went back to his office to spend most of the afternoon shuffling paperwork. He was not going to waste time thinking about Gina Haskell, he decided. He was not going to concern himself with what she might say on camera. He was not going to contemplate how those wide, bright, pleading brown eyes would come across on television. He wasn't even going to watch the news that night.

And he certainly wasn't going to call her up to find out what had happened. He was damned if he'd give her the satisfaction.

It didn't matter, anyway. Whatever argument she might make to Carla and the television station's viewers couldn't make a fragment of difference in whatever he decided to do. No matter what sort of pressure she tried to put on him, she couldn't force him to do a single thing. He was the one who owned the building—or would own it, if he chose to. He was the one who would decide what to do with it, and he was the one who would have to come up with the money to carry out his plan. It wasn't as if he had a hand out to beg funds from the public.

But he still wished he knew what she was really up to. What was it going to take to shake loose her obsession with the Tyler-Royale building?

One thing was quite clear—she hadn't been able to conceal her shock when she'd finally realized the enormity of what she was asking for. And yet, could she really have been so shortsighted as to go after the building without having a solid plan? Without any idea whether the project she had in mind was even feasible?

You did, he reminded himself. In fact, he hadn't stopped to think at all. It had almost been a reflex action to offer to buy an option on the building, the moment he realized it was going to be for sale.

And he'd spent good money for the opportunity, too, while all Gina Haskell had invested was a little time. So if they were going to compare leaps of faith, his was certainly the longer one.

Of course, the difference was that he knew from long experience what he was doing. A square block smack in the middle of a city could always be put to good use, even if he didn't know just now exactly what that use would turn out to be. Or when it would happen. He'd taken the same leap before, and he hadn't fallen on his face yet. Someday, without a doubt, he'd seize an equally large and risky opportunity.

So perhaps Gina had simply reacted just the same way he had, and with no more planning. On the other hand, she had certainly done her homework where he was concerned. She'd known almost to the square inch how much of Lakemont he'd happened to own as of this morning. Was it reasonable to think she'd have researched him but not the building she was trying to acquire?

And yet, if she'd feigned the shock in her face just a few hours ago when she'd got her first good look at the front facade of the Tyler-Royale store and realized how enormous it really was, he'd eat the whole building. She really had been stunned for an instant—it hadn't been some sort of weird double bluff. What would have been the point, anyway?

At least, he was almost sure she hadn't been faking that reaction. The trouble was, he didn't know her well enough to take a guess as to what she really wanted.

He growled, pushed his paperwork aside, grabbed his car keys, and headed for the Kerrigan County Historical Society Museum.

He'd been truthful when he told Gina that he hadn't been inside Essie's house for the better part of two decades. But that didn't mean he hadn't driven by it on occasion. In fact, its location, just off a major street on the very edge of downtown and only a couple of blocks from his own office, made the house difficult for him to avoid.

Not that he'd tried to do that, either. He drove past it regularly, but always when he was on his way to somewhere else. Sometimes, when his mind was free, he glanced at the old house and thought about Essie and her eccentricities. Sometimes he forgot it altogether.

This time he paid much closer attention.

The front facade was shadowed, but from behind the house, the glow of sunset formed a red halo around the steep-pitched roof and the rounded cap of the tower. It was later than he'd thought. There were no lights, the doors were closed tightly, and there wasn't even a car in the driveway. The whole place was shut up tight.

That was all right, he told himself. He'd take a good look around. Tomorrow would be time enough to tackle Gina Haskell again.

He left his car under the porte cochere by the side entrance and strolled the length of the property. The back of the house was bathed in soft red light that warmed the old brick and reflected fiery red from the wavy old glass of the windowpanes. The windows looked blank and blind, but they were no longer blocked with the heavy drapes that Essie had used to protect her precious possessions; they looked instead as if they'd been boarded up from the inside.

Through the wrought-iron railing that fenced the back of the house, he surveyed the garden. There were still traces of the original, very formal arrangement, but he wasn't surprised to see that many of the plants had run wild and the flagstone paths were covered with moss. Even Essie had given up on the garden, preferring to devote her time to the interior, so it was really no wonder that the museum board hadn't been able to find the funds to keep the garden under control.

Climbing the back corner of the house and spreading over several of the blanked-out windows was a vine with glossy green leaves and stems as thick as his index finger. From the driveway he could reach a strand of it. When he pulled, a small chunk of mortar came loose with the vine's tendrils. He surveyed it thoughtfully and looked more closely at the wall.

The back door opened and Gina leaned out. "Museum hours are posted on the front porch."

He looked up from the fingernail-size chunk of mortar he was holding. "So if it's closed, why are you still here?"

"Catching up on all the work I should have been doing earlier today, when I was having coffee with you and talking to the press. Want to come in? I'll have to let you in the side door because the garden gate is rusted shut."

Dez dropped the mortar chunk into the gravel at his feet and walked back to the porte cochere.

She was waiting for him with the door held open. She'd turned on a chandelier in the entrance hall and its light added a golden sheen to her hair—but beyond the hallway he could see little more than shadows, for the only light was the red glow of the exit signs required for any place where the public gathered.

"I didn't see a car," Dez said. He pushed the door closed. The hinges creaked, but the heavy panel swung solidly into place.

"Or you wouldn't have stopped? I don't have one. I live just a few blocks away."

"You walk in this neighborhood?"

"It's no more dangerous than any other place in town. Come on back—I was just getting a soda to take up to my office."

She led the way down a short hallway. The house smelled like a museum, Dez thought. But then it always had.

Gina gave a hard push to the swinging door into the kitchen. He remembered the door from the days when he and his brother had been sent out to get themselves a snack while Essie and his parents were talking in the front parlor. Back then, the door had swung easily instead of rasping in protest as if the frame wasn't quite square.

And back then, the kitchen had been dim. Somewhere over the years the ceiling fixtures had been replaced with fluorescent ones, and now the room was bright. But the harsh bluish light didn't improve things much, Dez thought. In fact, it made the room look even dingier than he remembered—which was saying something.

Gina opened the old refrigerator and held up a can. "Would you like a Coke? There doesn't seem to be anything to go with it, though."

He took the can and popped the top. "You mean you don't still have some of those fig cookies Essie liked?"

"Sorry—I think we finally threw out the last of them. Sit down." She picked up her own can from the table which stood in the center of the room, and pulled out a chair. Curiosity sparkled in her eyes. "Was that one of the treasured memories of your childhood? Milk and cookies at Essie's?"

"Not exactly treasured, but certainly memorable." Dez took a chair across from her. "I'll never forget those rock-hard fig cookies—it took a full glass of milk to soak up each one. Is her cookie jar still around somewhere?"

"If you mean the chubby little blue-glazed pot, yes. It's upstairs, on display."

"A cookie jar?" He didn't try to keep the incredulity out of his voice. "Why? Because it was Essie's?"

"Not exactly. It wasn't really intended to be a cookie jar, you know—it's a prize piece of pottery fired in the first kiln built in Kerrigan County."

"Figures," Dez said. "No wonder the cookies dried out."

"Well, that wasn't entirely the fault of the jar, because the cookies had a head start before they ever got that far. Essie bought them in bulk at the day-old bakery store since they cost less there."

"She bought cheap, already-stale cookies, but she stored them in an old pot she probably paid a fortune for."

"She didn't, actually. But even if she had, it would have been worth it. As far as we can figure out, it's the only piece of that potter's work which has survived."

Dez shook his head. "Essie hadn't changed much, obviously."

"We all have soft spots, things that are particularly precious to us."

He wasn't going to get a better opening, Dez thought. "And this museum is one of yours."

She didn't bother to answer, just raised her soda can in a sort of half salute.

He leaned an elbow on the table. "I can already see why you want to move the museum out of the house, of course."

Gina raised an eyebrow. "Oh, really? Why?"

He pointed at the ceiling, where a crack ran diagonally across the room. "Things like that. This house must be settling every which way."

"On the contrary. That crack has been there as long as I remember. It's part of the character of the house. Practically an old friend."

"How long is it since you made its acquaintance?"

"Ten or twelve years." She sounded almost wary.

She must have been barely in her teens, he thought. "How did you get to know Essie well enough to be invited into her kitchen?"

"She was still teaching history when I was in middle school."

It wasn't exactly an answer to the question, he noted. But it seemed to Dez that she'd said all she intended to. "And the creaky swinging door? I suppose you're going to say it's always been like that, too."

"Well, it might not have been creaky in your time," she

pointed out. "Though for all I know, the hinges are sprung because you used to work up an appetite for Essie's fig cookies by using it as a climbing gym."

"How did you know— Essie must have told you."

"As a matter of fact, she didn't. If she had realized you were using the door as a playground ride, she'd have put a stop to it. I said it because it just seemed to be the sort of thing you'd do."

"Because it's destructive, I suppose you mean."

"You said that—I didn't. But if your hand fits in that particular cookie jar—"

"Then I have to claim it? So if the house is in such great shape, why are you anxious to move?"

"Oh, I'm sure you don't need me to explain that."

"That's true enough. I can think of at least sixteen reasons, ranging from the fact that you have no place to put a parking lot for guests to the fact that the lack of air circulation in here can't be good for your priceless collections. I just wondered which of the sixteen was most important to you."

"Be careful," Gina murmured. "You're only encouraging me to want the Tyler-Royale building more and more."

"That building is a ridiculous stretch for you and we both know it. What about St. Francis Church?"

"Meaning what?" She sounded even more wary. "I've already been offered the windows, but I don't have room for them. Unless I get the Tyler-Royale building—"

He cut her off almost mid-word. "You could use the church for your museum. There's already a nice big parking lot and an elevator. You can even leave the windows right where they are."

She looked thoughtful.

Now we're getting somewhere. He pressed the advantage.

"Get real about the Tyler-Royale building, and let's start talking about St. Francis Church instead."

"I should have known you owned that, too. Funny—it didn't show up on the list this morning."

He wasn't about to admit why she hadn't found a record of the sale. "Good. Now that you see the sense in using that building instead—"

"Whoa. I didn't say anything of the sort. I was just wondering why you weren't planning to bulldoze the stained-glass windows along with the rest of the building." She tapped her forehead lightly with the back of her hand. "Oh, that was dumb. Obviously saving them wasn't your idea. What happened? An activist group in the parish insisted, as a condition of the sale?"

He ignored her. "You could kill two birds with one stone. Have your new museum building *and* the windows, without even the cost of moving them."

She shook her head. "I've been all through the church, when I was appraising the windows. It isn't enough bigger than what we have now to be worth the effort of moving everything we own."

Was the woman nuts? Or hadn't he made himself clear? "I'm willing to give it to you, Gina, if you'll just let go of the crazy notion that you can manage to end up with the Tyler-Royale building."

"I know you're offering to give it to me," she murmured. "That's what makes the whole thing so interesting, you see. St. Francis as an opening offer, free and clear. I wonder how much more you'll be willing to give me before it's over."

And she smiled at him.

CHAPTER FOUR

GINA let the silence draw out for a few seconds as she sipped her Coke. She could almost see the calculations going on inside Dez's head. "I really must get back to work now," she murmured. "But feel free to look around. My office is right at the top of the attic stairs. Just let me know when you're finished, and I'll come down and lock up."

He didn't answer. He moved suddenly, and she thought for an instant that he was going to reach out a hand to stop her, but he seemed to think better of it.

Gina climbed the open staircase from the main floor, turning on the lights as she went. Normally she didn't bother, because she knew every inch of the house so well she could walk through it blindfolded. But if Dez took her up on the invitation to look around, he might not even know where to look for the light switches. Since the house had been built well before electricity was common in Lakemont, some of the wiring had ended up in pretty odd locations.

Essie had run the museum from a desk in her bedroom, but now that room, too, was open to the public. Gina had done her best to reproduce an old-time photo studio there, choosing from a stash of items that Essie had bought at auction years ago, after a longtime business had closed downtown. But though the room was the largest on that floor, the artifacts were cramped and the setting not quite convincing. And some of the best items were still in crates in the basement, because they were too large to fit into the display.

"If we just had more room," she muttered as she passed the door and went on up the narrow, winding stairway which led to the attic. Space there was less precious, so she could spread out her work without feeling as if she was stealing exhibit possibilities from the museum. And having an office right at the top of the house had an extra advantage—not as many people were willing to climb all the way up to talk to her.

Her office was, as she'd told Dez, literally at the top of the attic stairs, where the peak of the roof was highest. She'd never gotten around to building walls or even ordering an office cubicle; she'd simply pushed trunks and boxes aside to leave enough room for a desk and a folding table. The lamp on her desk cast a pool of light to work by and threw mysterious shadows across the rest of the room, turning a dress form into a misshapen monster, gleaming dully off a tarnished silver candelabra, and reflecting from the age-darkened mirror of the old coatrack which stood at the end of her desk. The only thing she'd managed to do to mark her territory was to put out her favorite coffee cup and hang her college diploma on one of the coatrack's hooks.

She set down her soda can and buried herself once more in trying to plan a budget—not an easy task since she had no real idea of where the museum would be located at this time next year. She had almost forgotten Dez when she heard the narrow stairs creak under his weight and saw his head appear just above the railing in front of her desk.

He stopped a few steps down from the top so his face was level with hers as she sat at her desk, and looked around at the attic miscellany. "Now I see why you want more space."

Gina didn't look up from the budget figures she was crunching. "Congratulations. You win first prize for perception. However, if you think this is bad, you should see the basement.''

"You store stuff in the basement?"

"It's a little musty, but it's perfectly dry. Any better ideas? Say, for instance, the storage rooms on the lower level of—''

"Don't say it." He came up the last few steps and around the railing. "If everything Essie owned is so precious to the museum—''

Gina pulled the calculator over and began adding up a row of figures. "Did I say that?"

"Then what about the house itself? She tried to save everything else—but what's going to happen to the house when you move out?"

"It will be preserved."

"I see. That's the reason you want the Tyler-Royale building—because this whole house will fit inside the atrium, right on top of the rose, and leave room to spare."

He was exaggerating, of course, and Gina refused to rise to the bait. "No, I'm not planning to move it. It will be a home again."

"For whom? You?"

She looked up at that. "Me? What would I do with the place?"

Dez shrugged. "It seemed logical. You appear to be one of the few people who wouldn't be put off by the neighborhood."

"I'm not trying to move the museum just so I can personally get my hands on this house. It's a great house— but I don't have time to do all the work it needs."

"At least you're admitting it needs work." He leaned a hip against the stair railing. It creaked ominously and he moved, without apparent haste, to prop himself against the coatrack instead.

Was he joking? "Of course it needs work. The kitchen's fine as a staff room for now, but no serious cook could put up with it for long. Essie was different—she was used to it."

He looked at her curiously. "You're talking about remodeling."

"I'd say stripping a room to the walls and starting over is more than simple remodeling, but you can call it whatever you want."

"So you're a serious cook."

"I could be," Gina admitted cautiously, "if I had time and energy. But if you mean, have I designed my dream kitchen to fit into that space, no. The house is much too large for one person—even with all her possessions, Essie rattled around in it."

"So who's going to live here, if it isn't you?"

Was there more than casual interest in his voice? "How should I know? Some family will buy it and fix it up, I suppose."

Dez shook his head. "Considering the rest of the houses around here, it's far more likely to end up cut into makeshift apartments. Or else it'll be a burned-out hulk."

Gina shook her head. "If you're trying to convince me that it's my civic duty to stay right here and anchor the neighborhood because that's what Essie wanted—"

"I wondered if you'd admit that."

Gina didn't pause. "I'm not admitting anything. How could you possibly know what Essie intended? You never came around to see her."

"Did you hang around here enough to meet all her visitors?"

As a matter of fact, yes. "Surely if you'd been visiting on a regular basis, you would know how much I was hanging around,'' she said sweetly. ''Besides, you told me you hadn't been inside the house in twenty years.''

''Oh. I forgot I said that.''

''Perhaps you should take notes. At any rate, before you start telling me what Essie would have wanted, I suggest you think twice.''

''You, on the other hand, know all about what Essie wanted. And what she didn't want.''

It wasn't a question, and his tone was both silky and insinuating.

Gina said warily, ''I'm the one who was here. You weren't.''

He sat down on the corner of the desk. ''It's an interesting question, you know. What exactly you found so absorbing about an old woman and all her collections.''

As if I'm going to explain it to you. ''If you're suggesting that I cozied up with Essie for what I could get out of her—''

''My goodness, we're touchy.''

Yes, Gina thought. *We are.*

''Though from all appearances, if that's what you were doing, you weren't very successful.'' His gaze flicked around the office space, at the worn top of the old wooden desk, at the filing cabinet with the dented drawer front. ''I can't imagine the museum pays you very well. Perhaps that explains why you want a different building.''

''As an excuse to raise funds so I can skim a little off the top? The way your mind works is quite interesting.''

''But I'm not the one who mentioned stealing.'' His voice was like satin.

Gina's hand clenched on her pencil, and she forced her muscles to relax. *Time to change the subject.* ''As far as the house is concerned, Essie was a realist.''

''Up to a point, I'm sure she was. But that doesn't mean

she'd be pleased at seeing it turned into a boardinghouse or a bordello. But frankly I can't see much other future for it—anyone who has the money it would take isn't going to invest in a house in this neighborhood. They'd never be able to resell it.''

''Why would they want to? And for your information, at least three times a week museum guests comment about how beautiful the house is and how much they'd like to own it.''

''And they probably think they mean it, too,'' Dez agreed. ''Right up to the point where you would actually offer to sell it to them. Then they'd turn just as green as you did this morning when you realized what a big chunk of real estate the Tyler-Royale building represents, and how far above your head you were reaching.''

''I did not turn green. In any case, if you're so worried about what happens to Essie's house, there's an easy solution.'' Gina pushed the calculator aside. ''Buy it yourself.''

''This house? Me? Why would I want it?''

''A better question is, why wouldn't you?'' she murmured, and picked up her pencil again.

''My dear girl, if you're going to start in on me about why I should honor the Kerrigan heritage by maintaining the family estate, as if it were some stately home listed on the National Register…''

''Of course not. That would be silly.''

''Good. At least you haven't gone quite over the brink and started worshiping anything that's mildly old, regardless of actual value.''

''I don't mean that it would be silly to value the family heritage,'' she mused. ''Expecting you to appreciate and honor it, on the other hand—*that's* what would be silly. I just meant that buying the house must make perfect sense from your point of view." She looked straight at him. "Why not snap it up? You seem to want to own everything else."

Dusk had settled around the museum by the time Gina locked the side door behind Dez. She turned off the lights in the entrance hall, but she didn't go back up to her office. Instead, she stood at the bottom of the long stairway, one hand caressing the satin-smooth walnut railing where it curved into the newel post, thinking.

Was Dez right? Had she been absurdly optimistic about what would happen to Essie's house if the museum moved out of it?

Or was she simply being foolish now even to give it a thought?

"Your responsibility is to the museum," she reminded herself. "It's not to Essie anymore."

For many years the two things—Essie and her museum—had been inseparable. But now, with Essie gone…what if the choice which produced the best outcome for the museum was no longer what Essie would have wished?

"Then you have to do what's right for the museum," Gina told herself firmly. "That's your job."

But though that was without question true, it didn't feel comfortable. The very idea of going against what Essie would have wanted, what Essie would have thought, sent flutters of misgiving down every nerve. After everything Essie had done for her, Gina felt as if she was turning her back on her mentor. No, worse than that. It felt as if she were sticking out her tongue and blowing a raspberry.

Just as the kids in middle school had done on occasion—but only when Essie couldn't see them.

Old Maid Essie, the kids had called her—behind her

back, of course. They had thought her stern and humorless, and in her classroom, there was no modern nonsense about how the best way for thirteen-year-olds to learn about the Pilgrims was to dress up in black suits and hop from one desk to another, pretending that one was the *Mayflower* and the other Plymouth Rock. Essie Kerrigan taught history—and grumble though her students might about her methods, they learned it.

Gina had heard the stories and the warnings before she'd ever entered Essie Kerrigan's classroom, and so from the very first day she'd kept her head down and tried not to draw attention to herself. Without much success—though exactly why Miss Kerrigan had first taken an interest in her, Gina had never known. She certainly hadn't invited curiosity in the classroom.

And now she was repaying Essie's interest and Essie's confidence in her by destroying the old woman's house. Or at least that was the way Dez Kerrigan had tried to make it sound.

As if he cared what happened to Essie's house. The question would probably never have occurred to him if she'd accepted his offer of St. Francis Church as a substitute. But as soon as she had turned that down, he'd immediately shifted tactics—trying, with an armload of guilt, to con her into staying exactly where she was.

Down deep, Gina knew, his real intention hadn't changed at all. She wondered just how far he'd go in his attempt to get her distracted from the Tyler-Royale building.

Well, one thing was sure—when it came to destruction, Dez Kerrigan knew what he was talking about. It would take a miracle to save the Tyler-Royale building.

That must be why he hadn't even asked about her interview this afternoon—because he had already made up his mind.

She wondered exactly what he'd decided to do with the land, and how long it would take him to start moving.

Dez had absolutely no intention of watching the late news. No matter what Gina had said to Carla and the camera crew that afternoon, it couldn't make any difference to him. His time would be much better spent in reviewing the preliminary reports that he'd brought home with him, and then doing some serious thinking. Maybe even sketching out a design or two to pass along to the architects, just to give them some direction.

At any rate, whatever Gina Haskell did, it wasn't his problem. He'd handed her the best option anywhere around when he'd offered her St. Francis Church. If she didn't have the good sense to grab it, that wasn't his problem.

Though as a matter of fact it *was* his problem, he admitted, because now he had to decide what to do with the darned thing.

On the other hand, perhaps it would be smart to at least see what she was up to…

He put down his sketch pad and reached for the remote control. The instant he turned on the television, Gina's face—all earnestness and wide brown eyes—filled the screen.

The cameraman must have been mesmerized, Dez thought, judging by the way he'd focused in tight on her eyes and cut the reporter out of the picture entirely. Dez didn't blame him. Those eyes were big enough and deep enough to drown a man's common sense.

And he didn't have to look far for an example. Half a dozen times today he'd found himself wishing she'd chosen the hot tub instead of the tearoom this morning—and not just because they'd have escaped Carla, either.

He needed his head examined, that was all there was to it.

"Of course," Gina was saying soberly, "I think it would make a wonderful museum. But perhaps I'm prejudiced, since that's my job. At any rate, it's not up to me to make the choice. The building belongs to Dez Kerrigan, and he'll be the one who decides what happens to it."

Dez's jaw dropped. She was actually admitting—in public, on television—that he was the one in charge and she had nothing to say about it?

"But I'm sure everyone in Lakemont has an opinion about it, just as I do," she went on. "And I hope they'll all let Mr. Kerrigan know how they feel."

I should have known she wouldn't let me off the hook that easily.

"Now that's a thought," Carla said. "Perhaps we should find out what the man on the street thinks."

The tape cut away to show Carla outside the main entrance of Tyler-Royale, stopping every passerby to ask what he or she thought should be done with the building.

Turn it into a hotel, one said. Make it a flea market, said another.

Dez rolled his eyes.

"A jail," one woman said triumphantly. "Just think how many prisoners it would hold!"

Carla conceded that was indeed true. Dez had to give her credit for keeping a straight face as she turned back to the camera. "Tomorrow we'll delve further into the history of the building," she said. "And we'll take a closeup look at the ornamentation which covers it, and find out from Gina Haskell what all that decoration means, and why it's there."

The camera focused once more on Gina as she pointed up at the roofline of the building. Then the lens followed her gesture upward, zooming in on a face molded into a medallion which looked out over the city from a perch along the very top edge of the terra-cotta frieze.

What a waste of money, putting it way up where nobody can even see it without binoculars.

It was too bad, Dez thought, that the damn medallion hadn't chosen that instant to let go of the perch where it had been glued for a hundred years. Not that he *really* wanted to see Gina Haskell squashed on the sidewalk, but the crash would certainly have made the point that no matter how many grand ideas were floating around, sooner or later somebody would have to be practical.

A jail. He snorted and went back to his sketch pad.

Of all the aspects of her job, the one Gina liked least was the social obligation that came with being not only the director of the museum but its entire public relations department and the head fund-raiser. Essie had never quite understood her hesitation—but then Essie had been strong-arming her friends into donating money and volunteering time. Gina was still, for the most part, approaching strangers.

A *lot* of strangers, she realized when she got out of the cab in front of Anne Garrett's Tudor house on Sunday evening. The street was choked with cars even though there was a temporary valet stand set up at the curb, and there was a steady stream of party-goers on the sidewalk.

She paid the driver and joined the parade of guests, trying not to think about how much she hated cocktail parties and how useless they all seemed to be. An entire evening of mumbled names and inane remarks that no one ever listened to anyway, even if the noise level wasn't such to prevent easy comprehension... But at least she could exchange business cards, and then when the museum board decided which direction to move, she could call all these people and remind them of where they'd met.

But Anne Garrett's party was different, and not only because the surroundings were grander than Gina had encountered before. She was barely inside the front door, still admiring the linen-fold paneling and the coffered ceiling of the entrance hall as she waited her turn to go into the big room beyond, when a man standing in the far corner of the hallway almost pushed aside his companion and came over to her.

Gina saw the look on his face and braced herself. "Hello, Mr. Conklin."

Jim Conklin didn't bother with the niceties. "What in hell do you think you're doing these days?" he demanded. "Cavorting all over television and making deals right and left without even asking a by-your-leave... The board hired you to be director of the museum, not dictator-in-chief."

Dictator-in-chief. That was cute, Gina admitted. Unfortunately, Jim Conklin hadn't meant it as a joke.

"Have you even talked to the president?" he growled.

"Not yet," Gina admitted. "I've been trying to reach him. However, I'll be happy to give you and all the other members of the board a full report at next week's meeting."

He snorted. "After you've got everything lined up the way you want it, I suppose."

No—because if I waited that long, it would be well into the next century. She started to say that she would have already called a special meeting if there had been anything to report, but Jim Conklin didn't give her a chance.

"Well, if you expect the board to rubber-stamp your decisions this time," he went on irritably, "think again. I always did say we made a mistake, giving you the job just because Essie wanted you to have it. You're too much like her—thinking the museum's your own pet project. Swapping buildings right and left…''

Over his shoulder, Gina caught a glimpse of a tall blond woman who seemed to be craning her neck in Gina's direction. Not that Jim Conklin wasn't giving everyone within twenty feet plenty of reason to stare—but this woman looked vaguely familiar. From some other cocktail party, probably, Gina told herself. After a while, she'd found, all the parties—and all the people—tended to run together until it was difficult to remember who she had met and when.

''Will you pay attention when I'm talking to you?'' Jim Conklin snapped.

Gina had had enough. ''When you're *talking,* yes,'' she said softly. ''So if you'd like to stop by my office in the next few days so we can discuss this rationally instead of shouting about it—''

''I'm a working man. I can't take time off to run over to the museum because you want to chitchat. I've already spent precious time arranging for an expert to come to the board meeting next week to talk about our ideas for expansion, and then I find out on the nightly news that you've set aside the whole idea of building new wings in favor of adopting the biggest white elephant Kerrigan County's ever seen.''

A voice behind Gina said lazily, ''I think I'd consider that a vote against moving the museum.''

She wheeled around, and Dez reached for her hand and closed her fingers around the stem of a champagne flute. ''You look as if you could use this, my dear.''

Gina fleetingly thought about *using* it to rinse his hair, but he'd already looked on past her to Jim Conklin. ''You'll excuse us, sir, I'm sure. Gina and I have so many things to settle.''

She could have braced her feet and resisted the gentle tug on her arm, but what was the point? At least—judging from previous experience—Dez wasn't likely to air their quarrel for the world to listen in on, which made a nice change from Jim Conklin.

Dez moved slowly through the crowd. When they were halfway across the big living room, a man stepped out into Dez's path, a wide grin on his face. "As long as you're soliciting opinions on your building, Kerrigan, I think you should make it an amusement park. Gut the inside and put up roller coasters. It's a natural—you'd never have to shut down because of weather." He laughed merrily and without waiting for an answer he moved out of the way.

Oh, dear, Gina thought. What was it Dez had said? *Gina and I have so many things to settle...* She had a feeling she wasn't going to like this at all.

She tried to dawdle, but Dez seemed able to find a path where Gina would have sworn there wasn't one. A tap on the shoulder, a word, and the way parted before them. Before she knew it, they had bypassed the portable bar set up at the far end of the living room and he'd led her out into a solarium beyond.

"Just how far are you planning to take me?" she asked finally. "Because if we're going much further, perhaps I should stop at home and pack a bag."

Dez stopped beside a metal cart full of blooming orchids and swung her around to face him. "Oh, what you're wearing will be good enough." His gaze traveled down to her toes, and then back up. "I see your taste in shoes hasn't improved. And obviously I was wrong about one of my guesses."

"Only one? I'd counted a dozen miscalculations at least."

"My speculation about how much the museum pays you

must have been way off—if your salary lets you dress like that."

If he thought she was going to explain to him how she managed life on a museum director's salary, he was dead wrong. She ran a hand over the shoulder of her cream-colored dress. "Thank you." She kept her voice as sweet as she could. "And yes, you're right—it is a designer label. Quite unique, in fact." *Especially after I brought it home from the thrift shop and altered it to fit me.*

"I gather that was one of your board members," Dez said. "There appears to be some dissension in the ranks."

Gina sipped her champagne. "Isn't there always? No group of people always agrees, and when you're dealing with a governing body where every individual thinks he's the boss... Well, you must have found that out from dealing with your own board of directors."

"I don't have one. There really is only one boss in my business."

"No wonder you can toss around money like confetti," Gina muttered.

"At least it's my money. You, on the other hand, toss around cheap ideas and really gum up the works. *I hope they'll all let Mr. Kerrigan know how they feel,*" he mimicked. "Congratulations. They listened."

"You mean the guy who proposed the amusement park?"

"That is the least of the schemes. It has also been suggested that I turn it into a grain elevator—"

"It's not close enough to the docks to be practical," Gina murmured, and then thought better of it when she saw his expression. "Sorry."

Dez plowed on. "—Or a car dealership, an artists' colony, a skateboard ramp, or a factory to grow hydroponic tomatoes. My favorite was the idea of making it into a zoo—but only if I can personally, and very slowly, feed you to the lions. Everywhere I've gone for the last two days, someone has another zany idea of what I should do with my building.''

"I sort of like the artists' colony," Gina offered. "Nice big studios with lots of natural light. Of course, most artists don't have much money."

"The only thing no one has mentioned, in fact, is a museum. Does that give you a clue how the thinking is running?"

"Well," she said reasonably, "if this has become Lakemont's newest party game, then the kookier the ideas, the better people like them. And since turning it into a museum actually makes sense, of course that's the last thing anyone would suggest to you."

He growled. "Then I come here tonight and find out that you're not even serious."

Gina frowned. "How did you reach that conclusion?"

"Because you and your board member were talking about building wings onto Essie's house. Wings! Not only is that just about the worst idea I've ever heard, but—"

"If you're worried about the house, Dez, I've already told you how you can protect it."

"Buy it? No, thanks. Besides, it doesn't sound like your board of directors would be willing to sell."

"Don't judge them all by Jim Conklin. Some of the others are less excited than he is by the idea of putting on an addition or two."

"Sounds like at least some of them have their heads on straight."

"Well, it *would* be a shame to build a cube sided in white vinyl on the front lawn and cover up the tower."

Dez looked at her with narrowed eyes, and Gina thought perhaps she'd gone just a bit too far. He must realize she wouldn't do anything to Essie's house that would actually destroy it.

"Building onto that house would be a damn-fool thing to do." His voice was flat.

Gina shrugged. "Then offer me some options. And don't start with St. Francis Church this time."

Through the door and down the two steps into the solarium came the tall blonde who had been eyeing Gina in the front hall. "I'm so sorry to interrupt," she said, sounding anything but apologetic. "But I simply had to be certain. It really is you, isn't it, Gina?"

Gina had learned the hard way, long ago, not to bluff about remembering someone. There were too many trip wires, too many pitfalls. "I'm afraid I don't recall you."

"Oh, you wouldn't, I'm sure." The blonde approached and held out a hand. "Jennifer Carleton—we were in school together. We must have been about thirteen. I've changed a bit since then, no doubt."

Gina remembered the woman, though she wouldn't have said they were in school *together*. She would have called it being in school *at the same time*—because she couldn't think of a single class or activity or even conversation that she and Jennifer Carleton had ever shared. "That's been a long time ago."

Jennifer smiled. Her teeth were very white and very straight, and for just an instant they looked as if the edges had been filed sharp. "Yes, and you had such a lot on your mind at the time… You haven't changed much at all, I must say. It was your dress that first caught my eye tonight, you know. It's just—exactly—like one I used to wear."

"What a coincidence." Gina kept both her gaze and her voice level.

"Isn't it, though? I'm quite unhappy with the designer. He assured me it was one of a kind. I wonder what ever happened to mine… Oh, I remember now. I donated it to the Salvation Army thrift store. Dez, when you're free…" *When you've cut yourself loose from this nuisance,* her tone said.

"Oh, don't let me keep you waiting," Gina said gently. "Dez was so anxious to get me to himself that I haven't even had a chance to say hello to my hostess yet." With her head high, she crossed the solarium.

Gina climbed the steps, watching from the corner of her eye as Jennifer laid a hand on Dez's arm. "I need to talk to you about the plans for the Carousel Ball," Jennifer said in an intimate undertone. "One of the committee members thought it would be fun to hold the dance in the Tyler-Royale atrium this year. But she didn't feel she knew you well enough to ask, so I was delegated to do the dirty work." She laughed merrily.

Public dance hall. There's another possibility for you, Dez.

It was the first time in her life that Gina had looked out across a cocktail party crowd with a feeling of relief and then plunged into the noise with actual enthusiasm. She'd just have to keep an eye out to make sure she didn't run headlong into either Jim Conklin or Jennifer Carleton again. Once in an evening was enough.

It was bound to happen sometime, Gina told herself philosophically. *If you're going to buy clothes at thrift shops and wear them to events like this…* The only wonder, she supposed, was that it hadn't happened before. Unless, of course, the previous owners of her other clothes had simply been less certain, or more tactful, than Jennifer Carleton was.

Anne Garrett was nowhere in sight, so Gina swapped her champagne flute for a fresh one and started to circulate through the crowd.

She was so busy watching out for Jim Conklin and Jennifer Carleton that she was almost face-to-face with Tyler-Royale's CEO before she spotted him. In fact, she bumped his elbow while she was reaching for a tidbit from the sumptuous array on the table. "Sorry," she said automatically. "I've never seen an ice carving that shape before. And it's practical, too—carving a shell and using it as a bowl to hold the shrimp." Then she looked up. "Mr. Clayton—you're still in town?"

That was pretty stupid, she told herself. *Obviously he's not in Tokyo.*

He smiled. "And I'll be here for quite a while yet, I'm afraid. There's a mountain of paperwork that goes along with closing a store. It's one of the reasons we hate to close one."

"I can imagine."

"And the presence of senior management helps to reassure our employees that we really do mean to take care of them, not toss them out in the cold. I'm glad to run into you again, though. I need to thank you."

"For what?" Gina said uncertainly.

"For the sudden rush of customers we've experienced. In the last few days foot traffic has increased by thirty percent, and a good two-thirds of our visitors say they want the store preserved just like the lady from the museum was talking about on television."

Gina frowned. "So does that mean you've decided to keep it open?"

"Oh, no." His voice was dry. "I said foot traffic was up, not sales. It's been very interesting, however. Everyone has a suggestion about what should happen to the building. All the sales associates have started collecting them, and whenever I hear a particularly good one, I call Dez and leave it on his voice mail."

"He isn't answering his phone anymore?"

"He stopped sometime yesterday, though I can only speculate as to why. So I don't know yet how he reacted to the idea of turning it into the world's biggest recycling center."

Anne Garrett reached between them for a tiny sandwich. "Hi, Ross—thanks for sending over your ice sculptor. I hope you're not laying him off when the store closes, but if you are, I want his phone number. Gina—I'm glad you came, because we need to talk." She shook her head in what looked like amazement. "You know, I never dreamed you'd be so good at taking advice."

Gina asked warily, "Is that a problem?"

Dez reached over Gina's shoulder and speared a shrimp with a plastic skewer. "Good at taking advice? *Gina?* Now this I have to hear."

CHAPTER FIVE

GINA tried to catch Anne's eye to telegraph a message. *Whatever's going on, this isn't the time to discuss it.* But Anne wasn't looking at her. She was smiling up at Dez.

"I hear," Anne said calmly, "that you're thinking of building a ski slope inside the Tyler-Royale building. Climate controlled, year-round..."

Dez assumed the air of a wounded puppy. "If you want me to go away, Anne, all you have to do is ask. You don't have to kick me when I'm down."

"Oh, it's good for you to get a slug in the ego every now and then," Anne said.

Gina wanted to nod agreement, but she figured it would be a lot wiser to remain invisible.

"So what advice have you been handing out?" Dez wondered.

"Not to mind other people's business," Anne said sweetly.

"And you think Gina listened too well? That's a laugh. But I can take a hint."

"That's the first evidence I've seen of it," Anne muttered.

Dez piled up a plateful of snacks. "I think I'll go see if I can find that board member again. Conklin? Is that what you said his name was, Gina?"

Gina didn't much care who he went looking for, as long as he went. In any case, she thought, he was probably only trying to get a rise out of her by making her think he was going to compare notes with Jim Conklin. The moment he was out of earshot, she turned to Anne. "What are you talking about? What's the problem?"

"I wouldn't exactly call it a problem. I just thought I should tell you that the advice you apparently acted on didn't happen to be the same advice I was giving."

Gina was still puzzled. "You said I should be sure to read the newspaper. I just put two and two together."

"And you got sixteen. I said you should think bigger, but it never occurred to me that you might take on Goliath."

"But the Tyler-Royale story was right there on the front page—"

Anne nodded. "Yes, it was. You couldn't miss it. But I never dreamed you'd think that was what I was talking about."

Gina's ears were buzzing as if her brain had somehow gone out of tune. Anne *hadn't* been tipping her off about the department store? *Hadn't* been suggesting that she go after it?

"Apparently you didn't get past the front page that day," Anne went on.

Gina's throat was dry. "I flipped through the whole paper. But I thought it was so obvious that you were hinting about the store closing, but you couldn't tell me because it might ruin your exclusive. So—if that's not what you meant—what *were* you talking about?"

"There was a column on the editorial page about the museum. I enjoyed my tour so much that I wrote a piece about Kerrigan County's hidden treasure chest, suggesting that everybody in town should make a visit."

"I never saw it." *I was so caught up in thinking about Tyler-Royale...* "Visits have been up a bit, but I just assumed that was because of the controversy."

"No doubt it is," Anne admitted. "My story was just a

pleasant little rambling about how much fun our visit had been. And the headline could certainly have been better. If it had actually named the museum, it would have been more likely to catch your eye. But editorial page headlines are one of the things I don't have much control over."

"Even if you wrote the story?" Gina hardly heard her own words; she was still too stunned by the news.

"Even then. Of course, if I'd realized when I wrote it that you were going to be starting a fund-raising drive, I would have done it a little differently, but since the column was already set up before our lunch date, it was too late to change anything."

Gina was hardly listening. "But if you weren't suggesting I go after the Tyler-Royale building…"

"No, I'm afraid even I wasn't thinking on quite such a scale. That one was entirely your idea, Gina."

"What a colossal blunder." Gina's voice was little more than a whisper; she suddenly was having incredible trouble drawing a full breath. How could she have been such an idiot?

"Or else it's sheer genius," Anne mused. "I'll be as interested as everybody else in town to see which it turns out to be. In the meantime, if you're to have any chance at all, you really need to start asking for money while people are in the mood to give. The first few pledges and volunteer workers will be easy to find, but you aren't going to get much further without an organized effort. How about lunch sometime next week to get things rolling?"

"I don't think so," Gina managed. "If I ask for money to turn that building into a museum, and then I don't get the building—"

Anne shook her head. "No, no. You're sounding pessimistic, and that's no way to accomplish anything. We'll raise funds for museum expansion, with no promises of exactly how the money will be used. Oh, there's someone by the front door that I need to talk to before she leaves. We'll talk about it over lunch—give me a call at the office.''

Gina nodded numbly.

She wanted to climb under the table and hide. Or better yet, she could just put her face into the punch bowl and drown.

But as the shock began to wear off, her mind started to work again. Just because the idea had been entirely her own didn't make it a bad one. Maybe it *was* sheer genius, as Anne had said—just look how many people seemed to agree.

Of course they're not the ones who would have to actually make it all work.

But that was defeatist thinking, and there was no room for anything of the sort if she was going to run a successful fund-raising campaign. Or for that matter a successful museum. Realism was one thing—pessimism another.

And giving up was impossible. She had already gone much too far down the road to admit that the whole thing had been a misunderstanding. She would look like a fool, but—much worse—if the museum's director lost her credibility, so did the institution.

Abruptly, Gina realized that while she'd been standing there thinking, the majority of the guests had departed. The noise level had dropped by at least half, and the waiters who had circulated all evening with trays of drinks and canapés were now gathering up empty glasses and used plates.

She found Anne Garrett still at the front door, dispensing hugs and goodbyes.

''Is there a phone I can use to call a cab?'' Gina asked.

"Of course," Anne said. "But if you want my advice…"

"Only if you're willing to put it in writing," Gina said, not quite under her breath.

Anne laughed. "I'd suggest that you get to know your adversary. Dez!"

Gina hadn't seen him till then, leaning against a doorway leading into a big dining room, with his back to the entrance hall. He turned without haste, and she looked past him to see that he'd been talking to Jennifer Carleton.

"Dez, Gina needs a ride," Anne said, and as if the matter was settled she turned her attention to the next group of departing guests.

"Going my way?" Dez asked lazily.

Gina looked beyond him to where Jennifer was waiting. "Only if you're headed for your office, I expect."

"I wasn't actually planning to go back to work tonight. Unless of course you and Anne have come up with a new twist to this whole conspiracy so I have no other choice."

"Not at all. I just meant I'd hate to trouble you if you've already made plans."

Anne turned her head. "So polite," she mocked. "Knock it off, both of you, and get out of here."

Dez clicked his heels together, saluted Anne, and offered his arm to Gina. Rather than make a fuss, she took it. But as soon as they had left the house and were far enough down the sidewalk to be outside the circle of light where they could still be easily observed from inside, she stopped. "I'm serious," she said. "I don't want to put you to any trouble. So if Jennifer was expecting you to drive her home—"

"Then Jennifer would have been disappointed in any case."

"You could just call a cab for me."

Dez tossed his keys to the valet and looked her over thoughtfully. "I'm not planning to bury your mutilated body in the sand on Nicolet Point, you know."

"That's a comfort," Gina muttered.

"Not that I wouldn't like to," he went on as if she hadn't spoken. "But Anne knows you left with me, and I'd hate to have my name splashed all over the front page of the *Chronicle* as a suspect. It would not be good for my reputation."

"I thought you didn't care about your reputation."

"I didn't think I did either," he said earnestly. "But thanks to you, I've realized how much my good name means to me."

"But only when it comes to being suspected of murder."

"That's pretty much where I draw the line, yes."

Gina laughed. "All right. If you really don't mind giving me a ride… I suppose in a way I'm doing you a favor."

The valet returned with a sleek little sports car—dark green, Gina thought, though it was always hard to tell under streetlights what color something really was.

Dez helped her in and walked around to slide behind the wheel. "Doing me a favor how?" He sounded wary, Gina thought.

"At least Jennifer had to stop wheedling at you about the Carousel Ball."

"She wasn't wheedling."

"Then she's changed." Gina bit her tongue an instant too late. "Sorry—I shouldn't have said that." *Even if it's true.*

"Oh, she tried coaxing for a while. Then she switched to guilt. I expect nagging would have been next. She just hasn't figured out yet that manipulation isn't going to change my mind."

"Somehow," Gina mused, "I feel there's a message for me hidden in there."

"You have good instincts, my dear. Where are we going, besides toward my office?"

"A couple of blocks beyond the museum, on Belmont Street. So the Carousel Ball won't be held at Tyler-Royale? The dance isn't till November, I know, but that's only a few months off."

"In the property business, a few months can be forever."

"So that must mean you've made up your mind, if you're planning to be knocking down the building by November. What have you decided to build there?"

He shot a glance at her. "You sound awfully calm about the idea all of a sudden."

Gina shrugged. "Well, you do keep pointing out that it's none of my business what you do with your building."

"I wish I believed the message was actually sinking in. I'm not going to tell you, you know."

"Why not? Carla's already filled me in on all the gossip and speculation. Wouldn't it be better if you told me yourself, so I'd be sure to have it right?"

He was looking at her as if she'd lost her mind.

Apparently not, Gina thought. "Surely you're not ashamed of your plan...so what can it possibly be, for you to need to keep it such a secret?"

"What did Carla tell you?"

He sounded only vaguely interested, but Gina wasn't fooled. "Why should I give you the satisfaction of knowing what she said?"

"Because maybe you'll be able to guess the truth from my reactions, if you get anywhere close."

"That might actually be entertaining," Gina conceded. "All right. She says the talk around town is— How long did you date her, anyway?"

"Carla?"

Gina nodded firmly. "Don't try to deny it. Some things are obvious."

Dez shook his head as if it hurt, but he answered promptly enough. "Once. If you can even call it a date—which I wouldn't, myself."

"Only once? So that's why she's not exactly neutral when she talks about you. What did you do? Take her hiking through a mosquito-laden marsh? Or—I know. You just never called her back afterward."

"I was manipulated into escorting her to the Carousel Ball last year."

"I thought you told me you couldn't be manipulated," Gina said gently. "But never mind trying to explain that. Carla says the talk is that you're thinking of adding an apartment tower and a shopping mall to your empire."

"Hey, next time you see Carla, pass on my thanks for the idea. I'll look into it."

"You expect me to believe you haven't already? In any case, I don't believe she's right."

He shot her a quizzical look.

"Oh, the apartment tower, maybe. But the shopping mall?" Gina shook her head. "If a wide-spectrum department store like Tyler-Royale couldn't survive in that location, a mall doesn't stand a chance."

"Ah. You forget all the people who'll be living in the apartments. They have to buy their bologna and cheese somewhere."

"And after paying their rent, that's about all they'll be able to afford, I expect. I still don't think that's what you're planning, or you'd have dodged the question with more finesse. Turn right at the corner. I live in one of the row houses—the third one down on the west side of the street. Thanks for the ride, by the way."

He pulled the car in to the curb. "Aren't you going to invite me in for coffee?"

"There would be no point in it," Gina said earnestly. "I don't keep hazelnut on hand."

"I'd just like to see what the place looks like inside. These used to be pretty stylish—back in the days when Essie's house was a mansion."

"Essie's house is still a mansion."

"Not if you do everything to it that Jim Conklin says you're planning to do."

The trouble, Gina thought, was that Jim Conklin might have said almost anything at all, true or not. And Dez's voice had held a note of warning...

"On second thought," she said, "would you like to come in for a cup of coffee?"

"I'd love some." He killed the engine. "I thought you'd never ask."

Gina led the way upstairs. Under her slight weight, the squeaky stair protested only feebly, but when Dez hit it, the creak brought a rustle from the downstairs apartment. The door opened a crack and an eye peered out at them.

"Hello, Mrs. Mason," Gina said pleasantly.

The woman sniffed and closed her door.

"Nice neighbors," Dez murmured. "Or do you make a habit of bringing men home for her to check out? And if so, how do you think I scored on her scale?"

Gina ignored him.

Though she'd always liked the high ceilings and big windows, tonight her apartment felt smaller and the air more stuffy than it ever had before. Though perhaps, she thought, that was simply due to the presence of one large male. Dez wasn't exactly pacing, but he looked as if he'd like to.

She kept one eye on him as she made coffee—extra strong and not decaffeinated, because it wasn't her problem if he didn't get any sleep at all. He seemed, she thought, to be memorizing the place.

"There's one thing that still puzzles me," he said finally.

Gina kept her voice light. "Only one?"

"Well, maybe two, now that you mention it. Or three. Why is it such a big secret that you're planning to build onto Essie's house?"

"I wouldn't call it a big secret." She got a mug down from the cabinet.

Dez shook his head. "I stay pretty much on top of what's going on in Lakemont, and I hadn't heard a word about that till tonight. No architects' gossip, no engineers' talk. Nothing."

"Oh, that's easy to explain. You haven't heard any speculation from architects or engineers because we haven't consulted any." She watched him from the corner of her eye. Was he really turning slightly green?

At any rate, Gina thought philosophically, now she'd experienced life's ultimate thrill. Striking Dez Kerrigan speechless—nothing else she ever did could possibly top that.

She took pity on him. "It was only an idea, not a plan. We hadn't consulted experts yet because we were only beginning to think about additions when the Tyler-Royale building became a possibility."

"It's not a possibility," Dez said flatly.

"Well, not if you insist on knocking it down. But do you seriously believe enough people want to live downtown to make an apartment tower profitable?"

He didn't answer. Gina poured his coffee, and when she finally looked up at him, holding out the cup, she realized he wasn't simply pretending not to have heard the question. He was scraping one index finger along the other in a gesture that released a well of emotion from Gina's earliest memories. "Shame on you," he said gently. "I thought you'd didn't believe Carla's conclusions."

She had to pull herself back. *Oh, yes—Carla and the apartment tower.*

Dez took the mug. "So you've been planning to add chunks to Essie's house even though you haven't a clue whether it's possible, much less wise."

"Of course it's possible—I know that much about buildings and codes. If you have enough money, you could add a museum wing to an airplane. And in that neighborhood we can build right up to the property line without special permits."

"That fact alone should make you stop and think."

"Why?"

"Because if you can, so can your neighbors."

Gina thought about it, and shrugged. "I don't see that it makes much difference. We're not going to, and neither are they."

"They must all be nice and cooperative people," Dez mused. "Sort of like the woman who lives downstairs."

"Well, as far as Mrs. Mason is concerned," Gina admitted, "I'd appreciate it, when you leave, if you'd make sure to step on that squeaky stair again."

"Just so it's obvious that I'm actually going? Make it worth my while, and I'll jump up and down on it."

"That won't be necessary. Why should it bother you, anyway, no matter what we do to the museum? Essie's house has nothing to do with you." But the words seemed to echo inside Gina's head, as if there was some extra meaning that she was missing. She frowned a little, but before she could think about it Dez had gone on.

"The other thing that puzzles me," he said, "is that you're willing to sell Essie's house at all. You seem to feel reverence for everything Essie owned, and yet you're willing to hand over her house to the highest bidder no matter what they intend to do with it.''

''That's just not true, Dez. I'll be very careful about who ends up with it. And it'll be far better for the house to be a home again than to be chopped up as we'd have to do to turn it into galleries.''

''But you *can't* be careful,'' Dez said flatly. ''For one thing, it's not your decision—it's your board's, and they're going to want every last dollar it'll bring.''

Gina bit her lip in consternation. He was probably right about that. They'd *need* every last dollar.

''And you aren't going to convince me that Jim Conklin will worry himself out of sleeping at night because he's afraid Essie's house isn't in safe hands.'' He drained his coffee cup. ''Mind if I pour myself another one?''

Gina was too annoyed with herself to do anything but wave a hand vaguely toward the coffeemaker. How had she managed to avoid allowing herself to see the obvious, when it had been so clear to Dez?

Because you didn't want to think about the reality, that's why.

Essie's house wasn't likely to bring much money, under any circumstances. But the board, faced with putting a different building into shape to house the museum, would want to squeeze every cent they could out of the property they were selling. She couldn't blame them for that—it was the only sensible thing to do. Besides, it was a matter of public trust. They couldn't honestly ask the public for donations to pay for a new museum while at the same time they were giving away the assets they already possessed.

And there was yet another hitch in her rose-colored plan, now that she stopped to think about it. The very people who should have the house—a young family who had energy to spare to make it beautiful again—would likely not be in a position to pay much for it. And if they did put in a sizable bid, they wouldn't have cash left to do the necessary restorations...

Talk about being hooked on a dilemma.

She said, "We'll worry about that when the time comes."

"Very sensible," Dez agreed.

That surprised her, and she shot an inquisitive look at him.

"Because the time won't come unless you find some other building you like better," he explained. "And as long as you have your heart set on Tyler-Royale, anybody who's waiting for this house might as well try to buy the lake."

Gina refused to rise to the bait. She pretended to ignore him and started to clean the coffeemaker, dumping the rest of the brew down the drain. The hot, bitter smell almost choked her. How could he drink the stuff, anyway?

"I guess this means I'm not having a third cup," Dez murmured. "There's one more thing I'd like to know, too. What was it that made Essie so special to you? As far as I could see, she was a very boring old woman."

"Perhaps," Gina said sweetly, "you only thought so because you were a boring kid at the time you made that assessment."

"Ouch. All right, I deserved that one. But you must have been about the same age when you decided she was interesting. At least you said you'd been hanging around here for ten or twelve years before she died. So how old were you?"

"I was thirteen," Gina said. She didn't look at him.

"That must have been about the same time you were in school with Jennifer Carleton."

What had Jennifer told him? "Somewhere around then, I guess."

"So what caused your fascination with Essie?"

I wonder what you'd think if I told you. "I suppose you could call it hero-worship."

He moved closer. "For *Essie?* You're joking. But it has to have been more than just being interested in her old stuff."

"Not really." Gina ruefully concluded that if she scrubbed the coffeemaker any longer, she'd likely clean a hole straight through the glass. So she set the carafe aside and put down her brush. "It started out as a job. The first task was to take inventory of her collection."

"She let a thirteen-year-old kid handle everything she owned?"

"Under supervision."

"I'll bet. She must have hovered over you like a surveillance drone."

"And as I worked with her and listened to her stories—"

"Speaking of drones…"

"She wasn't monotonous or dreary at all. I should have thought you'd be particularly interested in everything she had to say, since most of it was about the early days of Kerrigan County and about your ancestors. How much do you know about Desmond Kerrigan, anyway?"

"The question isn't how much I know," Dez countered. "It's how much I want to know—which isn't much at all. So you worked for her, and you got in the habit of listening to her stories…"

"I got in the habit of appreciating history," Gina corrected.

"So you're saying Essie was the making of you."

In more ways than you would believe. "She certainly changed the course of my life."

He was silent. The only sound was the click of his empty coffee cup as he set it on the counter beside her.

Gina rinsed out the sink and dried her hands. Finally, wary of the long pause, she turned to face him. He was standing closer than she'd realized.

"Thank you," Dez said soberly.

Gina shrugged. "I can make better coffee than that, when I'm not in a rush."

"I didn't mean the coffee. Thank you for befriending an old woman who shouldn't have been so alone."

She felt her jaw go slack, and she had trouble getting a breath. Was it actually regret she was hearing in his voice? "I can see why the stories would seem boring to you," she managed finally. "But they were all new to me, and that made them exciting."

He smiled a little. "You must have been very special to her."

And just how, Gina thought, was she supposed to respond to that?

But Dez didn't seem to expect an answer. He looked down at her for a long moment, and then under his breath he said, "Oh, to heck with it." He cupped her chin in his hand and turned her face up, and kissed her.

His mouth moved slowly and gently against hers, as lightly as if her lips might bruise under pressure. Too stunned to respond, Gina stood as still as if she were frozen. But inside she was awash in warmth and confusion. He wasn't even touching her, except for the tips of his fingers resting in the hollow just under the point of her chin, but she felt as if every inch of her had been caressed with sandpaper. Every nerve was quivering.

When he raised his head, she had to make an effort to keep her voice level. "And that was your way of saying thank you for what I meant to Essie, I suppose."

He lifted an eyebrow. "Of course."

"I'm glad we have that clear." She stepped aside. "Good night, Dez."

He didn't move. "The next one won't be. It'll be a lesson in how to kiss."

"I don't need lessons, thank you."

"Yes, you do. Let me know when you're ready to move on."

Before she could find her voice, he was gone. As she moved to lock the door behind him, she heard the telltale step near the bottom of the staircase creak under his weight.

So she'd been wrong about Dez Kerrigan—he *did* have a sentimental bone in his body. She wouldn't bet on there being more than one, of course. But at least he had finally realized how much he had missed by not getting to know Essie.

Essie—who was really not much like the somber, strait-laced schoolmarm that she had pretended to be. She'd scared Gina half to death, that first day...so long ago now that it felt as if it had happened in another world, another life. To another person.

Because I was a different person back then, Gina thought. And that change was entirely thanks to Essie.

Kissing lessons, indeed. Though it hadn't been a bad recovery, Gina had to admit. What a way for the man to cover up a rare moment of uncontrolled sentiment—by teasing her with the threat of kissing lessons.

No doubt he thought she'd be so excited at the prospect that she'd forget all about him getting just a bit maudlin over Essie. But then he didn't know Gina as well as he thought. She wasn't distracted.

Not in the least.

CHAPTER SIX

GINA took one long last look around what had once been Essie Kerrigan's dining room. Now it was the museum's conference and meeting room, and on Monday evening the table was set up for the regular meeting of the board of directors. Eight chairs were arranged precisely, and Gina's most regular and reliable volunteer was giving the long mahogany table a last-minute polishing. Gina followed along, putting out notepads and pencils at each seat. Coffee was perking in a big old pot on the sideboard, and a tray of soft drinks sat nearby.

"I think the only thing we still need is the water pitchers," Gina said. "If you'll bring those in, Eleanor, I'll get the glasses. I really appreciate you coming in to help me set up. Especially on a day when you weren't scheduled to work in the first place."

Eleanor shrugged. "It's not that I don't like the visitors, but I always enjoy being here on a day when the museum's closed. It's fun to pretend—" She broke off with a grin. "Besides, my husband's taking the kids fishing tonight, and I'd do anything rather than go along."

Gina laughed. "In that case, before you bring in the water pitchers, will you run up and get the copies of the agenda off my desk? I just realized I forgot to bring them down. Then you can go, if you like—if you're sure the coast will be clear at home."

"Actually," Eleanor said, "I was thinking of staying to listen. I mean—usually nobody shows up for the board

96

meetings except for the members. But that doesn't mean that nobody else is allowed to come, does it?''

Gina was startled. "Of course you can stay. Since we get part of our funding from the taxpayers of Kerrigan County, our board meetings are public and anyone can attend. But—" She hesitated. "Is there something going on that I should know about? Do you have a problem?''

"Who, me? Of course not." Eleanor looked down at the floor. "I'm just wondering what the board's planning to do about the house. If they're going to get this big new building, are they going to sell the house?''

Was there a strange sort of quaver in the woman's voice? "Eleanor, I know you love this house. But I wouldn't get too worried just yet.''

"I'm not worried, exactly. Oh, it's silly of me—because I know even if it was for sale my husband and I couldn't afford it. We couldn't stretch the budget that far. So it's probably just as well.'' She gave a final swipe to the table and tucked her cleaning cloth into her belt.

"In any case, the board won't make any final decisions tonight,'' Gina said. "But I'll keep in mind what you said.''

"For what it's worth,'' Eleanor said a bit glumly. She hurried off toward the stairs.

The side door by the porte cochere creaked open, and Gina gave a nervous little shiver and went to greet the first arrival. To her relief, it was the president of the historical society. She'd been hoping to have a private word with him before the rest of the board members arrived.

He looked down his Roman nose at her and said, "I hope you can explain what's been going on.''

"I'll certainly try, sir. I'm glad you're early tonight— I've been trying to reach you all weekend. You must have been out of town.''

He nodded. "My daughter had her baby, so my wife

insisted that we go to Minneapolis to be with her. It's her third child and our fifth grandchild—you'd think everybody would be a little calmer about the whole reproductive process by now. But no, my wife had to be there to hold our daughter's hand through the whole thing.''

Sounds pretty wonderful to me. But Gina bit her lip—it wasn't her place to comment. Instead, she said, ''I'm sorry not to have warned you, but I had no idea that reporter would call you about the Tyler-Royale building.''

''Odd thing, wasn't it? Of course it's a shame that Kerrigan's going to knock it down.''

''I don't think we should give up quite so soon, sir.''

''Oh, we'll do what we can. But obviously you haven't gone up against him before. I have, a time or two.''

And the buildings are gone. He didn't need to say the words, because Gina could hear them in the tone of his voice. Matter-of-fact, calm, resigned.

''In any case,'' he went on, ''even if it was given to us on a platter, we couldn't use all that space.''

''That's something I wanted to discuss with the board tonight, sir. I think there is a practical way to use the entire building. You see—''

But before she could go on, the door opened again, and within a few minutes the entire board had assembled and were milling around the dining room, pouring coffee and catching up on news.

The last to arrive was Jim Conklin, with a stranger in tow. He brought the man straight to Gina. ''This is the expert I was telling you about,'' he said. ''Nathan Haynes—he's an architect with a firm here in town. I've talked to him about the expansion plans, and he's going to take a look and give us some suggestions.''

The board president tapped on the table. ''Let's get started, now that everyone's here.''

Chairs scraped against the oak floor. Gina took her regular seat at the foot of the table; Eleanor had brought in an extra chair and sat nearby, a short distance away from the table.

The rustle died as everyone settled down. The president said, "The meeting is called—"

The side door creaked as it opened.

Who could that be? Gina wondered. Nobody was missing, nobody was late. They were expecting no guests tonight.

Her heart was beating faster than usual as she considered the possibilities. A visitor, perhaps; while the hours were clearly posted, all the traffic might have led someone to believe the museum was open tonight. Or…someone with a very different agenda. Like robbery.

Darn Dez Kerrigan, she thought. All his propaganda about the neighborhood being so unsafe was beginning to take its toll on her—she was actually wishing she'd sent Eleanor to lock the door after the last board member had arrived. Never before, in all the time she'd worked at the museum, had such a thought come into her head.

Then, as if her random thought had called him up like a ghost at a séance, Dez appeared in the doorway. "Hello, everybody," he said. "Sorry to be late, but I ended up walking over from my office because I couldn't find a place to park."

Gina's heart rate didn't slow. *In the long run, I might have preferred the robber.*

"You know," he went on easily, "you really ought to consider that problem before you decide to make this place even bigger." He looked around the room and his gaze came to rest on Gina. "Where will I find an extra chair, Gina? Or shall I just perch on the arm of yours?"

*   *   *

The shock in Gina's face was priceless, even though Dez was a bit surprised that she'd reacted at all. Had she really not anticipated that he would show up tonight?

She actually seemed to be turning slightly blue, as if she'd stopped breathing. He considered the options. The Heimlich maneuver probably wouldn't do much good since it wasn't food she'd choked on, but his mere presence. That seemed to leave him with a choice—toss a glass of water in her face, or bend her over his arm and kiss her. Either would probably do the trick as far as shocking her back to reality, but there was no question which method he would prefer. He wondered how she'd cast her vote.

Before he could act, however, Gina had pulled herself together. "Chairs are in the next room," she said. Her voice was a little lower than usual, and a little less steady, but otherwise she was back to normal. The others at the table might not even have noticed.

Dez awarded her points for a quick comeback and went to get a chair. When he came back, he set it down right next to hers, though he studiously avoided meeting her eyes. Instead, he was surveying the board members. He nodded to the president—a nice enough guy, even if he did have some strange notions about old buildings—and to Jim Conklin. And next to Jim... "Hi, Nate," he said to the architect. "What are you doing here?"

Nathan Haynes grinned. "Pretty much the same thing you are, I expect," he said. "Just observing things at the moment."

That was odd, Dez thought as he settled into his chair. An architect without a plan? Besides, Gina had told him they hadn't hired either an architect or an engineer yet.... His memory twinged. This must be the expert Jim Conklin had been referring to, at that infernal cocktail party—the one he said he'd gone to so much trouble to persuade to come to this gathering.

The chairman called the meeting to order and the secretary began to read the minutes.

Dez reached over Gina's shoulder and picked up her copy of the evening's agenda. *Possible cooperation with other organizations to form a museum center.* Nothing surprising about that one. *Fund-raising events*—it should be an interesting evening.

Beside him, Gina shifted in her chair and toyed with a pencil. He watched from the corner of his eye, trying to gauge the precise moment when she wouldn't be able to stand it any more.

She held out longer than he expected. But as the secretary droned on, she leaned toward him and said under her breath, "What are you doing here?"

"Being a good citizen," he whispered back. "Keeping an eye on how my tax money is being spent."

She gave a cute little snort and turned her attention back to the discussion. Or at least she pretended to focus on the board.

Dez leaned back in his chair, folded his arms, and settled in to enjoy himself.

Gina had half expected that when the meeting ended, Dez would be the first one out the door. Instead, he drifted off to the corner of the room where Jim Conklin and his architect friend were talking to the board president. As she unplugged the still-hot coffeepot, she heard the architect say, "Hey, Dez, is it true that you're going to consolidate the whole red-light district under one roof in the Tyler-Royale building? I heard at City Hall that the mayor's thinking of giving you an award for public service for cleaning up the town."

Gina wasn't a bit surprised when Dez only grunted and swiftly volunteered to carry the coffeepot into the kitchen for her.

By the time she and Eleanor had finished clearing away the mess in the dining room, the board members had all left and the house was quiet. Eleanor began to wash the dishes while Gina went to lock the door.

She found Dez standing in the silent hallway, one hand on the newel post at the base of the long curving staircase, looking up into the dimness at the top.

"I'm surprised you're still hanging around," she said. "Especially considering that you didn't have a word to say the whole way through the meeting. If you weren't going to put your two cents' worth into the discussion, why did you bother to come?"

"If I'd had anything to say, I'd have said it. But I thought you were doing such a fine job that there was nothing to add."

He sounded so innocent that Gina shot a suspicious look at him. "Your halo is a little askew," she pointed out. "The truth is, if the board had threatened to do anything that might interfere with your plans, you'd have had plenty to say."

"Well, in that case, of course, I'd have had to straighten them out."

"*Straighten them out?* Do you absolutely always believe that you're right? Never mind. I suppose I should be happy that at least you've stopped pretending to be just a private citizen checking up on how your taxes are being spent."

"But that's exactly what I am," Dez protested.

"Somehow I doubt you devote this much time and energy to every board and committee and organization that winds up with a few dollars of your money, Dez."

"That's true—but then some uses of my hard-earned

cash inspire deeper feelings in me than others do.'' He cast
an appraising glance around the hallway. ''Like the whole
idea of pouring it into modern wings attached to this
house.''

Gina put her hands on her hips. ''You know, I wish
you'd make up your mind what you want. Over the weekend you seemed to think we should stay put and build additions. Now you sound as if you think we shouldn't. Not
that our decisions will rest on your advice, of course, but
it would be nice if you'd stop playing hopscotch.''

''It would be a waste of money.''

''And this is a waste of breath. I already know what
you're going to say—there's no sense in building on because we already have a shortage of parking. So what? Not
every one of our visitors has a car. Maybe we'll start a
downtown trolley line, or a shuttle bus service—something
that would actually be a public service. Honestly, why you
think it's any of your business—''

Dez was shaking his head. ''That's not what I mean.
Gina, this place is falling down around your head and you
can't even see it.''

The somber tone of his voice sent chills down Gina's
spine, but only for a moment. Then she rolled her eyes and
smiled. ''You don't expect me to take your word for that,
surely. You're the king of demolition. Your entire philosophy is *If it's more than fifteen minutes old, dynamite it.*
Which reminds me, what are you planning to do with
Lakemont Tower when it starts creaking? Because, you
know, it has a much shorter life expectancy than the warehouses you knocked down to build it.''

''Just remember that I tried to warn you,'' Dez said.

''I'll be sure to make a note of it. In any case, who says
we're staying here? I thought my suggestion for turning the

Tyler-Royale building into a museum center went over very well with the board."

"Or else they were too polite to tell you what they really thought of the idea."

"It may take them a while to come around," Gina conceded. "But in the long run, they'll see that it makes perfect sense. Each museum could still be independent while sharing most of the expensive extras. There would be only one gift shop to stock and run. One security system. One receptionist and ticketing booth—"

"Have you actually talked to all the other museums?"

"Not every last one of them. Is that why you didn't plunge into the discussion? Because you thought I was bluffing? Or is it because you're confident I can't convince enough of the other organizations to make the plan work?"

"No. The reason I didn't plunge into the discussion was because there was no need. It doesn't matter if you get everybody on the west coast of Lake Michigan to agree. I'm still the one who owns the option."

"That is a problem," Gina admitted. "Seriously, Dez— how much do you want for that option?"

"It's not for sale."

"Come on. You can't expect me to believe that. You said yourself that where there was one deal there could always be another."

"Not in this case."

"You could build your apartment tower anywhere. You'll be tearing down St. Francis Church anyway, right? I mean, you're not planning to start up your own congregation there, are you?"

"I don't think leading a religious flock is quite my vocation."

"And you're not going to renovate the church so you can live there?"

He didn't answer. But had he actually shuddered just a little at the notion? Gina wouldn't be surprised. If his idea of living space was anything like his office... Not that his office wasn't nice enough. In fact, it was so starkly simple that it had a quiet kind of elegance. But it was a whole world away from the age-frayed elegance of St. Francis Church.

She held out both hands, palms up. "So what's the problem? Put your tower there. Instead of being smack in the middle of downtown, it would be right on the edge. Instead of overwhelming the central city, it would complement it."

"The site's not large enough."

Gina shrugged. "Surely that's not enough to stop you. Just add a few more stories onto the top."

"That's much more easily said than done. When you're talking about living units—"

"Ah."

His eyes narrowed. "What do you mean, *Ah?*"

"You just admitted that despite all the denials, you *are* building an apartment tower. Wait till I tell Carla she was right."

Dez shook his head. "I was speaking hypothetically."

"Sure you were. And I moved here from Mars, too."

"Now *that* I could believe," he muttered.

Gina ignored him. "How much do you want for the option?"

"I didn't hear the board approving you to negotiate. So I'm not going to get into a pointless discussion."

"There must be something you want." Too late, she realized that what she'd said could have an infinite number of meanings, most of them off-color. "Of course, I don't mean—"

"I thought you said you were going to negotiate. Not that you have anything much to offer, since I also didn't hear the board authorizing any money for this deal. Unless you're thinking of things like getting in a hot tub with me—and though that would be interesting, it would hardly make financial sense."

Gina decided to ignore that entire line of conversation and pretend that she wasn't turning ever-so-slightly pink. "You wouldn't expect a board to speculate about how much money you might be willing to take when you're right there in the room, surely. And we do have resources."

He ticked them off on his fingers. "An annual allotment from Kerrigan County taxpayers. Sales of season tickets and museum memberships. Admissions fees for one-time visitors. The odd donation and memorial fund. Oh, and the proceeds from Essie's estate and life insurance. That's the one sizable chunk of cash the museum has, but of course it's tied up tight in trust with the income already budgeted—mostly to pay your salary." He must have seen surprise in her face, for his eyebrows raised a bit. "I can do research too."

"You overlooked the money we've already set aside for expansion and remodeling."

"You mean your rainy-day fund? Sweetheart, believe me—there's thunder in the distance, and it's getting closer." He cast an appraising eye around the hallway once more.

"Are you admiring the paneling, or waiting for the ceiling to fall in?"

"Just noticing that the place does have its charms." He shot a sideways glance at her. "Particularly when it's nearly dark inside. Whenever you decide for certain what you're going to do for a fund-raiser, by the way, let me know." He turned toward the door.

Gina stepped into his path. "Why? So you can be sure to sabotage it?"

"Of course not, darling. So I can buy a ticket. You're going to need all the help you can get."

Before she could catch her breath, he was gone.

Eleanor had finished in the kitchen, and they went out together. Eleanor strolled down the driveway while Gina paused to get out her key. The lock was being unusually balky tonight, and it took her a couple of minutes to persuade it to work. But finally the house was secure and she walked down the drive to where Eleanor was standing, hands in the pockets of her jacket, staring back at the house.

"It's a grand old place," she said. "I didn't think so at first, when I started to work here. I thought it was spooky and musty and old and tired—sort of like Essie herself, as a matter of fact." She shot a sidelong look at Gina as if thinking she might have said too much. "But after a while... The house sort of creeps into your heart."

"Sort of like Essie did," Gina said softly.

"Yeah," Eleanor agreed. "Well—see you tomorrow." She turned the corner and walked down the street to where her car was parked.

Gina stood still for a moment longer, taking a long look at the house.

After a while, the house sort of creeps into your heart.

What was it Dez had said? *The place does have its charms.*

That was different, Gina thought. He'd been talking at random, changing the subject because he was unwilling even to talk about selling that option.

But why wouldn't he put a price on it? Not because he absolutely wouldn't consider selling, that was sure—because he'd said himself that he was always open to a deal.

Was it because he thought it wasn't worth the effort to decide on a figure? He seemed to think that whatever the price was, Gina would have trouble raising it—and that was true enough, she admitted.

Or was it because he wanted something other than money?

Was it possible that he wanted Essie's house?

You've been drinking way too much coffee, Gina told herself. *You've got a major case of the jitters, to even be thinking that way.*

But there was a basic contradiction in what he'd said. He'd told her that the house was falling down, but he'd also said he was beginning to notice its good points. And then he'd quickly changed the subject to fund-raising.

Very quickly.

This place does have its charms. She'd bet any amount of money that he'd never said anything of the sort about any other old building. Only this one.

But Essie's house was different from all the other old buildings he'd ever dealt with. It was his great-grandfather who had built it. It was his family heritage that seeped from every brick.

Was it possible that despite his long lack of interest Dez had begun to care about those things? He'd asked a lot of questions—for Dez, at least—about Essie. He'd seemed to regret missing out on knowing her. And he'd spent a couple of hours wandering around the house the night he'd first visited the museum. What was it that he had found so fascinating? The exhibits showing historical Kerrigan County? Or the building that housed them?

Gina knew he was capable of sentiment, because he'd proved it the night he'd taken her home after Anne Garrett's cocktail party. He'd kissed her in a sort of sudden rush of gratitude that she'd been there for Essie in his aunt's final years.

And if she had to stake next month's rent on the question

of why he'd come to the meeting tonight, she would bet that it was for much the same reason that Eleanor had. To find out first-hand what was going to happen to the house. Even if he didn't want to admit it, he cared.

Maybe, Gina thought, there was a deal to be made here after all.

Dez sat back in his chair and surveyed the man sitting across the conference table from him. Nathan Haynes finished jotting notes in a pocket calendar, looked once more at the rough sketches Dez had handed him, and said, ''I'll get to this as soon as I can, but it may be a while before I can do the actual drawings.''

''Preliminaries are good enough. Just tell me whether we can do it.'' Dez flipped his notebook closed and asked casually, ''Have you had a chance to look at the museum building yet?''

''Not in any detail. I was there this morning, as a matter of fact, but I was only getting started when you called.''

''What are you going to advise they do?''

Nathan shook his head. ''Dez, you know better than to think I'll discuss a client's business with another client. Or with anyone else for that matter, so don't ask an old girlfriend to call and quiz me, either.''

Dez shrugged. ''It was worth a try.'' He pushed his chair back. ''Let me know when you have a tower to show me.'' He walked Nathan out to the parking lot, and when he came back he stopped beside his secretary's desk. ''Did anything exciting happen while I was tied up?''

''Only a lunch invitation.'' The secretary moved a folder from one stack to another and looked up at him with a gleam of curiosity. ''From Gina Haskell.''

Now what is the woman up to? ''I hope you told her I was busy.''

"I told her you were in conference. She said she'd wait for you at The Maple Tree till one o'clock, just in case you could come."

"If she's lucky, she took a good book with her—because that's all the company she's going to have." Dez went back into his office. He tidied up the scraps of paper he and Nate had been pushing back and forth, putting them away so no chance visitor would get a glimpse, and sat down at his desk.

The woman had a nerve, expecting him to drop everything and rush off to have lunch with her. Though from what his secretary had said, perhaps she hadn't exactly *expected* it. Sarah had made it sound more like a hopeful invitation than a summons.

So what did Gina want to talk to him about? What had come up in the day and a half since the board meeting?

Nate said he hadn't looked at the museum in detail yet. But if he'd been there this morning... Had Nate already made a preliminary report? And if so, what had he told Gina?

Dez tossed his fountain pen down on the blotter and strode across his office. "I'm going out for lunch, Sarah."

The secretary didn't look up. "Cutting it a little close, aren't you?"

Dez fixed her with a stare. "I didn't say I was going to The Maple Tree."

"Of course not, sir. Shall I call to tell her you're on the way?"

Dez called over his shoulder, "Not if you still want to have a job this afternoon."

Sarah only grinned at him.

It was five minutes to one when he walked into The Maple Tree, and Gina was sitting at the bar. She was wearing something yellow—he noticed it mainly because it made her hair look even more like flame—and though she didn't have a book, she looked as if she'd like one. She was sitting very upright and looking straight ahead, and quite obviously she was trying to ignore the man on the next stool who was attempting to strike up a conversation.

Dez stood for a moment at the opposite side of the dining room, enjoying the sight. Then, without haste, he crossed the room.

"Sorry to be late, darling," he murmured. "Meetings can be such a pain." He cupped her chin in his palm and kissed her, slowly and thoroughly. She tasted of ginger ale and uncertainty. As he raised his head, he said, "What a surprise. The guy who was hitting on you just a minute ago seems to have been suddenly called away."

Gina's voice was husky. "I invited you for lunch, not…"

"A kissing lesson?" He felt just a little gruff himself. "That was just assignment one—how to kiss in public places in order to avoid men who want to accost you."

"I'm having a little trouble with the logic there, Dez. He may have wanted to accost me, but you actually did it."

"I'm sure you'll eventually work it out to your satisfaction. Is Bruce saving us a table?" He waved the maître d' over, and a moment later was holding a chair for Gina. "So why did you call this meeting?"

"You did tell me to let you know when I'd decided on a fund-raiser."

That was true, but Dez would give pretty good odds that wasn't the real reason they were here. "Oh, yes," he mused as he looked over the menu. "I've been giving thought to your fund-raising problems."

"I'll just bet you have. We've decided to hold an old-fashioned village fair on the lawn to kick off the campaign."

"Is that all? I'm disappointed. Still, keep the first ticket for me."

"I'll call Carla and have her bring a camera crew to show you buying it."

"You're too kind." He put the menu down, told the waiter to bring him a cup of coffee, and braced his elbows on the edge of the table. "Now, Gina my dear, you can tell me what this lunch is really about."

She looked down. "Well....I have a sort of proposition."

Dez thought about it and shook his head. "I'll listen, but unless this proposition involves a hot tub I don't think I'm going to be interested."

"What is it with you and hot tubs? Of course, this is only a preliminary offer because it would require board approval, but—"

His coffee arrived, along with another glass of ginger ale for Gina. He picked up his cup, inhaled the fragrance of hazelnut, and gestured for her to continue.

"I'm offering you a trade," she said. "Even up—Essie's house for your option to buy the Tyler-Royale building."

He choked on a mouthful of hot coffee. If she'd been trying to kill him, he thought, her timing couldn't have been better. It took a minute to stop coughing, and even then he was hoarse and could hardly get a full breath. "You want to trade *what?*"

She seemed a bit impatient at having to explain. "You give the museum your option to buy the building, and we give you Essie's house."

"That's what you call an even trade? No, Gina—I will not trade the Tyler-Royale building for Essie's house."

"I'm not asking for the whole *building,*" she said impatiently. "Just the *option.*"

"Offer me Essie's house and half a million dollars and I might think about it."

A look of cool calculation came into her eyes. "Half a million? Then I guess I'll just have to work harder at fund-raising."

"I said I *might* think about it," Dez warned.

She obviously wasn't listening. "Or perhaps I just need to get more creative...." She squared her shoulders and looked straight at him. "All right, Dez. How much is it worth for me to get into a hot tub with you?"

CHAPTER SEVEN

THE woman *was* trying to kill him, Dez decided. She hadn't managed to choke him to death with coffee, so she'd opted to try stopping his heart with astonishment.

"How much is it worth to you?" she repeated. "Because for—say—ten thousand dollars, I'd consider it."

"Ten *thousand*—" He cleared his throat and tried again. "You have an inflated idea of what an evening of your time is worth."

He could almost hear ice cubes tinkling in her voice. "And let's make it quite clear that my time is absolutely all I'm talking about."

"No hanky-panky in the hot tub," he agreed smoothly.

"And the ten thousand is payable to the museum fund. A cashier's check would do nicely."

I'll bet it would. "Incredibly selfless of you, Gina—to make such a sacrifice for the museum."

Her eyes had narrowed. "You don't think I'd do this for any other reason, do you?"

Mischief reared its head, and Dez tried without much success to bite back a grin. "Maybe not the first time. But once you've experienced the pleasures—" The expression in her eyes warned him not to push her any further, so he added hastily, "Give me a chance to think it over. I'll let you know." He pushed back his chair. "Thanks for the coffee. Sorry I can't stay for lunch."

Believe me, sweetheart, I'll let you know.

But it wasn't the hot tub he was thinking about as he

left The Maple Tree. It was her other off-the-wall suggestion that was nagging at him.

What on earth had she been thinking?

It was enough of an insult to suggest that he might consider trading his option to buy a square block of downtown
Lakemont for Essie Kerrigan's house. But then she'd offered to make it an even trade—and she'd sounded as if
she expected him to jump at the opportunity. No, it was
even more than that. She'd sounded as if she honestly
thought she was giving him a steal—that Essie's house was
a bargain at the price.

The woman was nuts. Or else she thought *he* was.

Dez was pulling out his cell phone and hitting speed-dial
as he strode to his car. When Nathan Haynes answered, he
sounded a bit breathless, and Dez grinned. "Sorry to interrupt you, Nate. Give the lady my apologies."

"This is no lady," Nate said. "Just a big outcropping of
rock that didn't show up on the preliminary surveys. The
excavators hit it while they were digging the trenches for
a foundation and we're either going to have to take it out
the hard way or redesign the building."

"As long as it's not one of my projects—"

"I couldn't be that lucky. And if you're calling about
your drawings, no, I haven't got them done yet. I know it's
been an entire hour since I left your office, but—"

"That's not why I'm calling. Did you talk to Gina
Haskell this morning at the museum?"

"Dez, you know I can't tell you that."

"I'm not asking what you discussed—just whether you
talked to her."

"I wouldn't call it talking." Nate sounded cautious. "I
said good morning and so did she."

Dez frowned. "But that's all?"

"Pretty much. Why?"

"Nothing." Maybe Gina wasn't quite as crazy as he'd thought. "Nate, don't be in a hurry to do those drawings of mine."

"Oh, that's a bonus. What you mean is, you won't bug me about them till tomorrow."

"No," Dez said soberly. "What I mean is that I may—just may—want to make some fundamental changes in the plan. I'll let you know."

Well, that entire scheme had gone flat as a pancake, Gina thought philosophically. But she'd succeeded in providing Dez Kerrigan with his day's entertainment—at least, his eyes had turned a more brilliant green than she'd ever seen them before.

Of course, being amused hadn't made the man let down his guard even an iota. He hadn't missed a beat. *Essie's house and half a million dollars and I might think about it.*

Not that he would actually hold out for that much, or expect it. Negotiations always started with outlandish figures; it was part of the game. She had expected that Dez would want something extra thrown in to sweeten the pot.

But at least—finally—he'd stopped saying the option wasn't for sale and he'd actually set a price on it. No matter how preposterous the figure was, he'd started to deal, and now he couldn't back out. By putting a figure on the table he had, in effect, agreed to sell.

If they could reach a mutually satisfactory price.

So how much money would he insist on getting? She'd been hoping that he'd take a hundred thousand dollars. It was less than he'd paid for the option, that was true. But by the time everything was figured in, he would still be buying the Kerrigan mansion for a song.

Now it didn't seem likely that Dez would be quite that flexible.

It would be reasonable, however, to think that he'd asked for at least twice what he expected to settle for. So at tops, a quarter of a million should satisfy him. And in fact, that would not only give him a bonus over what he'd paid, but it was easy money—all he'd had to do to earn it was to own the option for a week or two.

He could use the leftover fifty grand to redecorate Essie's house to his taste.

Gina wrinkled her nose at the thought of Essie's house swathed in slate-gray carpet and drapes like those in his office. But at least she wouldn't have to see it. And though Essie might not have appreciated the decor, Gina was certain she wouldn't have made a fuss about it, either. She would have been happy to see the house back in the hands of a family member and the museum in a location that was better for it than the house could ever be.

Yes, Gina decided, a quarter of a million dollars would be more than fair to Dez. Not that she planned to make a counteroffer right away. She'd let him sweat just a little. Let him wonder if the house might slide through his grasp after all. And even when she did make a move, she would offer him only part of the money, just to see what he said.

In any case, before she could start throwing those kinds of figures around, she'd need to have a pretty good idea of where the money was coming from.

It didn't take a genius to see that holding a village fair in Essie's garden wasn't going to raise that kind of cash. And to add to the problem, getting hold of the option would be only the first step on the road. She would still have to talk Tyler-Royale into donating the store, and then there would be costs to adapt the building and move the museum…

She had some serious fund-raising to do. To get the kind of money she needed, she was going to have to take her case to the public. Carla could help with that, and Anne Garrett...

Though it was too bad Dez hadn't gone for the hot tub idea. That would have been the easiest ten thousand dollars she'd ever raise.

Visitor traffic in the museum had picked up because of Anne Garrett's article in the *Chronicle* and Carla's television coverage of the whole Tyler-Royale controversy, and some days it seemed to Gina that Essie's house was bulging at the seams.

It had always been difficult to find enough volunteers to guide all the tours, and now it was impossible. But it was equally unthinkable to turn away visitors who had cash in hand—especially when they'd need every dollar they could raise.

Gina was spending most of the museum's open hours walking from room to room and trying to keep an eye on everybody. It was an impractical plan, but it was the best she could do.

Inevitably, there were problems. The bored child of inattentive parents knocked over a Civil-War-era camera in the photography display upstairs, shattering the glass in the brass-barreled lens. When Gina asked the parents to be more careful, the father told her that it was her own fault for having a too-crowded exhibit.

Gina bit her tongue hard, and when she could control her voice again, she said, ''We're trying to do something about that right now. If you'd care to make a donation toward a more spacious museum, I'd be happy to accept your check.''

The couple looked at her as if she'd sprouted horns, and moved off to the next exhibit.

Gina sighed.

Eleanor had come running at the sound of the crash, still holding a dust cloth. "Makes you wonder sometimes if it's worth all the effort," she muttered. "Go and sit down, Gina. I can dust and ride herd on this bunch at the same time—don't forget I've got a couple of kids of my own."

"Yours aren't like this one," Gina muttered. But she gratefully accepted the help and headed for the kitchen to get a cold drink.

She didn't get that far. In the entrance hall, a beleaguered volunteer was surrounded by what looked like a seething mass of piranhas in a pool. Startled, Gina looked again and realized it was only a group of children, about kindergarten age—a class they hadn't been expecting. Each of the children was jumping up and down, holding up a hand full of cash, and demanding to be first. Their chaperon was earnestly explaining to the volunteer that it was a learning experience for each one of them to buy their own individual tickets.

Just beyond them, lounging against the door with his arms folded across his chest and looking both patient and dangerous, was Dez Kerrigan.

Gina tried to avoid making eye contact with him. *First things first,* she thought.

"Get in a line," she called, and the noise level dropped a little. "I'll take care of the money, Beth," she told the volunteer, "and you stamp their hands as each one pays. Then I'll take over here for a while, so you can show them through the exhibits."

The volunteer looked as if she'd rather submit to having lighted matches stuck under her toenails.

Gina didn't blame her. But if Dez had come to talk about

. the trade, she could hardly put him on hold. She'd deal
with him first. Then as soon as she could she'd catch up
and take over as tour guide—and maybe Beth wouldn't quit
altogether.

"What fun," Beth said under her breath, and as soon as
the last little hand surrendered the last grubby wad of bills,
she shepherded the group up the stairs.

The staircase creaked as the group bounced on every
step.

"Sounds pretty threatening," Dez said. "And it's only
a bunch of little kids."

"They're small, but they're energetic. And there are a
lot of them."

"You should have Nate take a good look at the supports
under there."

"I'll keep it in mind. But of course the stairs weren't
built to handle crowds."

"That's exactly my point."

Gina went smoothly on. "Not like the Tyler-Royale
building was, at any rate. That's why it would be so perfect
for a museum... What can I do for you today?"

"I came to buy a ticket for the village fair."

Is that all? "If you're going to ask me to break a big
bill, I hope you don't mind getting lots of small change."

"I'll write a check."

"Good choice—much more sanitary than taking home
dollar bills smeared with heaven knows what. Pizza sauce,
for one." Gina opened a cabinet under the stairs and pulled
out the metal ticket box devoted to the village fair. "Have
you thought any more about my offer?"

"Which one?" Dez didn't look up from his checkbook.

Gina pretended she hadn't heard him. The whole hot tub
issue would be far better forgotten—only a momentary
madness had made her mention it in the first place. She

brushed dust off the top of the box. "I'm afraid that half a million is more than the board will agree to spend—considering that they wouldn't have much to show for it."

"Then they won't get the option." Dez tore out the check and handed it over.

"But I'm sure if you'd consider lowering the price—"

"To what?" he asked pleasantly.

Gina bit back a smile. He was interested; he couldn't hide it. "I think they'd go for a hundred and fifty thousand. And Essie's house, of course."

"Oh, I hadn't forgotten that part. A hundred and fifty, hmm?"

The silence stretched out and was broken by the thunder of small feet in the room over their heads. She held up his ticket.

"From nothing to a hundred and fifty in just a few days," Dez said finally. "That's not bad. A couple more jumps like that and you'll be in my neighborhood." He took the ticket from her hand.

Gina was stunned. "You're not even willing to negotiate?"

"I told you my price, sweetheart."

"But the real estate market doesn't work that way. It never has. The first time a Neanderthal asked his neighbor how many animal skins he wanted in order to trade caves, the neighbor asked for twice as many as he thought he'd actually get!"

"I'd point out that I'm not a Neanderthal, but I suspect that would only start an argument. I should correct myself—I actually didn't tell you my price. I said that was the lowest figure I'd even consider. So unless you're going to talk half a million dollars—"

"You'd rather I not waste your time," Gina finished.

"You want to negotiate in reverse, don't you? If I'd offer you what you asked, you'd raise it."

"Probably. Give it up, Gina. You aren't going to get that building."

"Maybe not," she said. "But one thing is sure. I can make it positively mortifying for you if you try to destroy it."

He flicked the ticket across her cheek. The serrated edge, where she'd torn it from the booklet, tickled her skin.

"Give it a whirl and see what happens," he said. "At least it'll keep you busy."

Gina was at the television station early, waiting in a small room just outside the studio where the local-interest current affairs program was aired. She was trying to keep her mind occupied with a magazine, when Carla swooped in and dropped into the next chair.

Gina felt a surge of relief. "I didn't know you were going to be hosting the talk show tonight."

"I'm not. I'm only here because I have to put together a piece about the dog show for the late news." Carla rolled her eyes. "A dog show, of all things. It's been a slow news day—you'll get good coverage on your fund-raising pitch. I see you took my advice about how to dress."

Gina smoothed a hand over her dark blue suit. "I wish you were hosting."

"It's Jason's show and he's terrific at it. Just relax, you'll be fine. Did you bring some exhibit stuff? Show-and-tell is always good."

Gina pointed to a box on the table next to her. "I'd hoped to talk to the host beforehand about the things I brought and the points I want to make."

Carla shook her head. "Jason never talks to a guest before the show starts—the conversation is always fresher and better that way. It's more interesting, and more lively.''

''And more surprising,'' Gina said glumly. ''Particularly for the guest.''

Carla smiled. ''Just relax and answer his questions. Tell him about the things you've brought—you really sparkle when you're talking about history. Oh, here you go.''

A young woman was leaning into the room. ''Ms. Haskell? Jason's ready for you now.''

But am I ready for him? Gina squared her shoulders and tried not to think about how important it was that she make a good impression on the viewers tonight. They were the ones who would decide—through their contributions— what the future of the museum would be.

She forgot her box and had to go back for it. So when she finally settled into her chair on the set, with the box on a low table beside her, there was only a minute to go till the show went on the air, and the crew spent most of that time fiddling with the microphone they'd put on her earlier. Despite what the assistant had said, the host was nowhere to be seen.

Gina still hadn't quite got her breath when the door opened again. The host came in with a flourish, flicked his microphone into place with one hand, and glanced down at the bare desk in front of him. ''Where are my notes?'' he called. ''Who do we have on the show tonight?''

Gina tried not to wince. If he didn't even know who she was, much less why she was there… *This is going to be a disaster.*

A young female assistant handed Jason a sheet of paper and ducked off the set just as the camera's red light glared straight into Gina's eyes.

Jason said smoothly, ''Good evening, and welcome to *Current Affairs.* Our guest tonight is Gina Haskell of the

Kerrigan County Historical Museum, here to talk about her quest to save the Tyler-Royale building from its threatened destruction. Ms. Haskell, tell us how your interest in the department store began.''

But that's not why I'm here, Gina wanted to say. Then she thought better of it. Carla had said the man knew what he was doing; perhaps it would be better if she played along. Maybe he was just using Tyler-Royale as a springboard to build audience interest before he got into the museum's need to raise money.

''I've always been interested in the building,'' she said. ''I think everybody in Lakemont has walked through that store and marveled at the atrium, with its stained-glass dome and mosaic floor.''

The anchor nodded. ''With that enormous red rose inlaid right smack in the middle. 'Meet me on the rose,''' he quoted. ''It makes you wonder where people will choose as a meeting place if the building is destroyed. 'Meet me by the mailbox on the corner' doesn't have nearly the same charm.''

Gina smiled. ''It almost sounds like a book title, doesn't it? *Meet Me On the Rose—Memories of Tyler-Royale.*'' She hoped Dez was watching this. The very idea of a book celebrating the landmark he was personally aiming to destroy should kick his heartburn into high gear.

''That's a good one. Tell me, Gina—may I call you Gina?—what's your strongest memory of the rose? Meeting your mother there on a shopping trip, perhaps?''

The question took her off guard, and she spoke too quickly; her voice was almost a squeak. ''No.'' She took a breath and forced herself to smile. ''No—my strongest memory is of meeting a date there, when I was in college.''

Jason's gaze was bright and inquisitive, and Gina felt a

flicker of fear. But he didn't push the question. "How is it going—the campaign to save the building?"

Miserably. "I've met with Mr. Kerrigan a number of times, and we're discussing the possibilities."

"I understand one potential use for the building is to house the Kerrigan County Historical Museum. Your museum."

"Well, I wouldn't call it mine, personally. It belongs to all the people of Kerrigan County. But yes, that's one of the possibilities that Mr. Kerrigan and I have touched on." *Here's my chance,* Gina thought. "You see, the museum really needs more space. Whether we move into a different building or put an addition on the one we currently have is yet to be decided, but we're asking for donations from the public to allow us to acquire more room—one way or the other."

"Well, that's a worthwhile cause—particularly if it helps save the Tyler-Royale building. Put me down for a pledge—we'll talk about the amount later."

"With pleasure," Gina said.

"You've been involved with the museum for a number of years, I understand. Tell us how you got so interested in history."

Gina relaxed a little. At last they were onto familiar ground. "My history teacher in middle school was Essie Kerrigan, who single-handedly started the historical society and the museum."

Jason's eyebrows rose a little. "Well, my middle school history teacher was a bit of a crank, too, but that didn't make me an historian."

"Well, perhaps I was predisposed to like the subject. But I enjoyed hearing about the things she owned—take her cookie jar, for instance." Gina reached into the box and carefully lifted the pottery jar out of its protective paper wrapping. Under the strong studio lights, the blue glaze looked almost purple. "Essie bought it at an antiques shop here in town for just a few dollars, simply because she liked the shape of it. But it had an unusual mark on the bottom." She tipped it up, and the camera obligingly zoomed in. "She kept looking for the explanation of that mark, and when she discovered that it was the potter's initials, she realized what an unusual piece it was. It's quite rare, in fact—it's one of the first pieces of pottery ever made in Kerrigan County."

"And she was using it as a cookie jar? Of course, as soon as she realized it was valuable, she must have put a stop to that."

"Oh, no. It had cookies in it till the day she died." Gina laughed at the expression on Jason's face. "That was what was so unusual about Essie. She lived with her collection, she used her possessions—and she passed along not only love of her things but of their history. That was truly a gift for someone who had very little history of her own—"

Someone like me.

She stopped abruptly, realizing that Jason's eyes had brightened once more and his nose was practically twitching at the scent of an interesting story. Now she was in for it. If he started to probe... She'd better try to gloss it over before he began asking questions.

She took a deep breath. "I was raised in foster homes, so I really didn't have any family stories. Essie shared hers with me." She set the pottery jar back in the box.

"You mean stories like how great-granddad came over on the boat, and Uncle Harry went to Alaska in the Gold Rush and never came back?"

"Every family has its private fairy tales."

"So because you didn't know your own, you borrowed the Kerrigan family legends."

"I suppose you could put it that way. I certainly know them all by heart." She dug into the box again. "I've also brought a few things from the prehistoric period—a stone ax and some arrowheads that were found in western Kerrigan County. We have a lot of prehistoric items in the collection, but we don't have gallery space to show them right now. In a new building, or a new wing, we could have these visible all the time."

Jason's gaze held a tinge of sympathy, Gina thought, as well as a good deal of admiration for the way she'd changed the subject. It might not have been terribly smooth, but it had been effective.

"I must say I'm not a big fan of stone axes," he admitted. "What else do you have in that box?"

Gina pulled out an ivory-colored card, the shape of a fan, with a faded pink ribbon dangling. "This is a dance card from the first Carousel Ball, over a hundred years ago," she said. "Every debutante at the ball had a card, and young men signed their names in the spaces to claim their dances. The ribbon let the debutante wear it dangling from her wrist while she danced. This one belonged to Essie Kerrigan's mother, and that ball was where she first met her future husband."

"Quite a lot different than how couples court these days," Jason mused.

Gina smiled. "Yes, it is. She probably had two chaperones keeping an eye on her that night. I was surprised to learn that the dance that year was held in the brand-new Tyler-Royale building. We found a group photograph of the debutantes, and it's clearly taken in the atrium—they're standing on the rose."

"Really?" Jason stretched out a hand for the photograph. "I wonder why they let that tradition die."

"Probably because the dance was held before the store

opened, so the building was still pretty much empty. It would be much more difficult to make it work these days—though I understand there's some interest in holding this year's ball there as well, if Mr. Kerrigan will allow it.''

"Tell you what," Jason said. "Let's ask him."

"Of course, just as the Carousel Ball was the very first use of the building," Gina said, "it could end up being the very last use as well, if— *What* did you say?''

Jason was gesturing to the young woman who'd handed him his notes at the start of the show. She ducked around the camera crew and went to the studio door.

"We've invited Dez Kerrigan to join the discussion tonight," Jason said smoothly, "since he's the only one who knows the answers concerning the Tyler-Royale building.''

If he'd picked up the stone ax and whacked her with it, Gina couldn't have been more shocked. *I've been ambushed,* she thought.

Why hadn't Carla warned her? Unless Carla hadn't known, either. From what she'd said, Jason seemed to like surprises....

Dez crossed the set with an unhurried stride and shook Jason's hand. Gina, determined to be a good sport, offered her hand too, but instead of shaking it, Dez raised it to his mouth.

She couldn't help it; her fingers clenched into a fist. He brushed each tight knuckle with his lips, and smiled at her as he released her hand. "Hello, Gina."

"Nice to see you, Dez."

"That's good," said Jason, sounding gleeful. "The formalities have been observed and now you can both come out of your corners swinging. Dez, what about the Carousel Ball? Will it be held in the Tyler-Royale atrium as Gina suggests?''

"You'd have to talk to the committee in charge of the

dance, I'm afraid. Or perhaps someone at Tyler-Royale. Until the store actually closes, I don't have anything to say about what happens there.''

''But that won't be long now, will it?'' Jason asked. ''The final sales are well under way.''

''No one's given me a date.''

''And when you take possession, how soon will you be doing something with the site?''

''I'm not sure I'll be doing anything,'' Dez said. ''Don't forget that I don't actually own it yet.''

''As if you'd give up that option money,'' Gina muttered, ''and get nothing back for it.''

Dez casually rested a fingertip on the microphone clipped to his tie. ''At least then I'd know exactly what it would cost me. On the other hand, if I trade it for Essie's house, I'm only getting started.''

''Dez,'' Jason said, ''I'm afraid you're blocking your microphone. What were you saying?''

''But think of what you'd have,'' Gina said.

''Believe me, I've thought.'' He smiled at Jason. ''So sorry. Careless of me. What was the question again?''

''There's talk around town that you're considering building an apartment tower.''

''There's always talk around town. It would be premature to make announcements of any kind.''

Jason bored in. ''But you intend to demolish the building.''

''I said, no announcements of *any* kind.''

''Just think about what a monument it would be to your ego if you preserved it,'' Gina said. This time she didn't bother to keep her voice low.

''And yours, if you could boast that you'd single-handedly saved it.''

Jason was grinning.

"My main interest is the museum and what's best for it," Gina said firmly. "It always has been."

Jason rubbed his hands together in glee. "Yes, what about the museum, Dez? You must have some personal interest in it. Was it your grandmother who started it?"

"Great-aunt," Dez said. "Essie was my grandfather's sister."

"You actually know that much about the family tree?" Gina said under her breath.

He gave her what must, Gina thought, be his most charming smile. "Yes, but you'll have to fill me in on the legends sometime." Turning back to Jason, he said, "Of course I want to see the museum continue and be successful. However, it's land-locked where it is, so the most sensible course is to move it out of the current building."

"Into the Tyler-Royale store?" Jason asked eagerly.

"I'm not going to take a stand on where it should go. That's up to the museum board to decide. But I'll happily make a pledge to the fund-raising campaign."

Gina blinked. "You will? That's very—"

"A few days ago you made me a proposition concerning a hot tub," Dez said.

Me and my big mouth.

"If you'll get into it with me, Gina, I'll pledge a hundred dollars—"

She grasped at the figure with relief. "Only a hundred?" she jeered. "That's hardly worth the effort."

"A hundred dollars for every minute you stay in."

Jason said, "Well, Gina? What about it? Sounds to me like a pretty easy way to make money."

She had to give him credit; Dez had boxed her in so neatly that there was only one thing to do. She gritted her teeth for a moment, and then forced herself to smile. "Fine. Name the time and the place and I'll be there."

"Friday night, eight o'clock," Dez said. "Under the stained-glass dome."

Stained glass… Gina gasped. "At *Tyler-Royale?*"

"Yes, darling," Dez said, his voice silky. "Meet me on the rose."

CHAPTER EIGHT

JASON looked as if he was going to need a forklift to get his jaw back in place. Gina understood only too well how he felt.

"At the st-store?" she stammered.

Dez's eyebrows rose. "Since Tyler-Royale is donating the use of the hot tub, it didn't seem reasonable for me to ask them to move it across town as well."

Since when have you worried about being reasonable? "I thought—"

"That we were going to use my own personal private tub," he agreed. "I thought so too, and I know how much you were looking forward to it."

Gina thought she was going to choke.

"But then I realized that a private little splash—just the two of us—wouldn't do the museum much good. And once I started thinking of the promotional possibilities and how we could use this for the good of the museum, everything just mushroomed."

He sounds positively sanctimonious, Gina thought. *Talking about the good of the museum—as if he cares!*

"As soon as I suggested it to the Tyler-Royale people, they fell in love with the idea. The manager figures it will draw the biggest crowd downtown Lakemont has seen in years." Dez paused for a moment, and then added gently, "The CEO's even matching my pledge."

That raised the stakes to two hundred dollars per minute. Gina swallowed hard.

He had already very carefully pointed out to every last

viewer that the hot tub had been her idea in the first place—
so if she turned the offer down now, she might as well call
off the fund-raising campaign altogether, because nobody
would ever again take her seriously. She had to admire the
neat construction of the trap he'd sprung, even while she
frantically looked for any possible way out.

But she knew better than to think she'd find one. He'd
had days to create this snare, and he'd deliberately left her
only minutes to react to it.

"It's a deal," she said. Her voice seemed to be coming
from a great distance. "Eight o'clock Friday, in the
atrium."

Jason seemed, at long last, to have regained control of
his jaw. "You'll certainly have a new, long-lasting memory
of meeting on the rose, Gina. You told us earlier that Essie
Kerrigan's mom probably had two chaperones keeping an
eye on her the night she danced there. You'll no doubt have
two hundred watching you take a bath there."

Oh, that really makes me feel better.

"Instead of a dance card," Dez said dreamily, "you can
have them all sign your pledge card. Better make it a big
one."

Jason turned to face the camera. "Well, folks, there you
have it—the show tonight has truly been a *Current Affair*.
And don't worry—if you can't make it downtown yourself
on Friday night, just tune to this station because we'll have
a camera crew on hand."

The red lights on the cameras blinked off. "Thanks for
a great show," Jason said. "You two—honestly. What a
performance!" He breezed off the set.

Gina sagged in her chair and put her head in her hands.

"Would you like a drink of water?" Dez asked helpfully. "A jolt of caffeine? A slug of vodka?"

"The only thing I want," she said between clenched teeth, "is never to see you again."

Dez didn't seem to hear her. He was looking at the contents of the box on the table beside her. "If it isn't my old friend the cookie jar," he murmured. "Am I allowed to touch it?"

Gina waved a hand in consent. If she picked up the jar right now, she realized, she'd be apt to crown him with it.

She'd simply set the jar into the box. He wrapped it once more in its protective paper, stowed it safely, and picked up the box.

"I'll take that," she said automatically.

"It's no problem. How did you get all this down here, anyway?"

"The same way I'll get it back to the museum—in a cab."

"I'll give you a ride."

"No, thank you."

"Donate the cab fare to the museum fund."

Since he'd put it that way, Gina could hardly be ungracious enough to refuse. Besides, she had a few things to tell him that would not be smart to say inside any building that housed cameras and recording equipment. "You can just drop me at home—I'll take the box back to the museum tomorrow."

He put the box into the back of his car and helped her in. Gina stared straight forward as the car pulled into traffic. "Whatever inspired you to bring Tyler-Royale into this, anyway?"

"It was a natural. Actually, I thought about The Maple Tree first."

"The restaurant? *Why?*"

"Because it was where we first met." The sentimental note in his voice was so sweet that it practically sent Gina into sugar overload. "But they can't fit in as big a crowd, and therefore the cover charge would have to be pretty steep. However, considering that this is really all about Tyler-Royale in the first place— Why are you taking this so personally, anyway? People get into hot tubs together all the time without necessarily being intimate friends."

That was true enough, Gina admitted. In hotels, perfect strangers shared spas and whirlpools without a second thought. Even at private pool parties, the people cavorting around in swimsuits weren't always pals. Why was she making such a production out of it?

There's nothing to it, really. All I have to do is get into a small tank of warm, bubbly water, stay there just as long as I can keep myself from killing him, and get out. And the museum fund will be hundreds—maybe thousands—of dollars richer.

It didn't help.

She was taking it so personally, Gina concluded, because from the very beginning Dez had implied that getting into a hot tub with him would be much more than a casual soak to soothe an aching spine. And when he talked about being intimate friends—well, his emphasis was hardly on the friendship part.

Of course, she mused, *with two hundred chaperones observing every move, it's hardly going to be intimate.*

"Unless you want it to be personal," he said. "Now there's an interesting thought."

She pretended to ignore him. "I guess it's just because I'm not used to parading around in public in a swimsuit. If I'd only realized what was in my future, I'd have entered the Miss America pageant just for practice. But I still want to know what prompted you to turn this event into a circus."

He shrugged. "You said it would take ten thousand dollars to get you into a hot tub. You didn't specify that it had to be *my* ten grand. So I got to thinking that if you aren't going to allow any of the really interesting ways to pass time in a hot tub—''

"You're absolutely right—unless reading a book is on your list."

"Too soggy. Anyway, if you aren't going to allow yourself to have fun, then you might as well maximize the financial impact of the stunt. Never settle for ten grand when you might collect twenty-five."

"That much? Do you really think so?" *How many minutes would that be?*

He shot a look at her. "Greedy little thing, aren't you? Your eyes are positively glowing at the idea. I wasn't joking about the pledge card, either. I'm sure we can pick up a little extra action on the side. In fact, as long as we're talking about you parading around in a swimsuit—''

"Don't even *think* about suggesting I strut around the store wearing one."

"You could put a sandwich board over it that says, 'Come Watch The Kerrigan County Historical Museum Make A Splash.'"

"That's too long to be a good slogan."

"True. And having you walking around in a swimsuit wasn't what I was going to suggest anyway."

"If it's worse than that, I *really* don't want to hear what you were thinking about."

He didn't pause. "I was thinking that this whole thing would be more fun without swimsuits."

"In your dreams, Kerrigan." *Unless…* It had been pretty careless of him not to specify restrictions on what she could wear instead of a suit. Unusually careless, in fact.

He seemed to read her mind. "Hold it right there, Gina. I didn't mean you could get into the water in your street clothes. You get in the tub and then hand me your swimsuit, and I'll pay two hundred dollars a minute.''

''You don't think I'll do it, do you?''

''I guess we'll see.'' He didn't sound as if the question concerned him much. ''Just leave the box in the car— I'll drop it off at the museum on my way to work in the morning.''

''If you're sure you don't mind. You don't have to walk me to the door, Dez.''

''Wouldn't miss it for the world.'' He parked by the curb in front of her row house and got out of the car.

On the front porch he said, ''Ready for lesson two?''

No. In fact, I'm planning to drop that class.

But then he would imagine that she felt threatened by a good-night kiss. It would only inflate his ego further, and the last thing the man needed was encouragement in that department.

''Why?'' she asked instead. ''Are you having trouble finding study partners?''

He smiled and draped an arm around her shoulders. Then he leaned back against the porch pillar. As if, Gina thought, he didn't want to have to think about keeping his balance— so he could devote all his attention to her.

There was an odd sort of flutter in the pit of her stomach, now that it was too late to back out. Slowly he drew her closer, until she was standing only a breath away. In the cool evening air, the warmth of his body acted like a magnet.

His lips were cool, grazing the line of her jaw, her earlobe, her cheekbone. Her eyelids fluttered, and closed. She intended to stay perfectly still, but instead she found herself turning her head to meet his kiss.

She could feel his lips curve in amusement. Aggravated by her own half-conscious complicity, she tried to pull out of his arms. But her will seemed to have drained away under that gentle touch, and she could no longer move.

He kissed her long and softly, and then the tip of his tongue teased against her lips, and she relaxed and let him deepen the kiss.

He kissed her forever, and yet it was not long enough. When he stopped, she would have protested—except that she'd completely lost the power of speech.

Dez ran a fingertip down the side of her face and said, "You've been doing your homework." His voice sounded just a little unsteady.

The front door opened. Gina tried to focus her eyes, but for a moment she wasn't sure what she was seeing. Her downstairs neighbor, that much was clear—but what was Mrs. Mason doing?

The woman was wearing a loud tartan-plaid dressing gown, and her hair was in curlers. In her hand was a wire carrier holding four squat glass bottles. "Excuse me," she said tartly. "But you're standing right where the milk bottles go."

Gina tried to move out of the way and lost her balance. Dez put his hands on her shoulders to hold her perpendicular.

As if he thinks I can't stand up on my own, Gina thought. The fact that he was right was beside the point.

Mrs. Mason set her empty bottles next to the porch pillar, looked Dez and Gina up and down, sniffed, and went back in, shutting the door with a firm thump.

Gina frowned. "She's demented. Do you have any idea how many years it's been since there was regular milk delivery in this neighborhood?"

Dez was laughing. "No, but I'll bet Mrs. Mason knows. You don't seriously think that had anything to do with milk bottles, do you? Come here."

Gina shook her head and bent over the wire carrier to inspect the bottles. "I'll have to ask her to donate them to the museum. We don't have any from this particular dairy."

Dez sighed. "That trims me down to size—coming in second to a quartet of milk bottles. See you tomorrow."

He was whistling softly as he walked down the sidewalk.

Thank you, Mrs. Mason, Gina thought. That lesson of his had been so devastatingly effective that she'd been on the point of inviting Dez upstairs for the final exam.

As if the fact that the man kissed like an angel meant that making love with him wouldn't be a devilishly bad idea.

Get in the tub and hand me your swimsuit, and I'll pay two hundred dollars a minute.

She might as well take him up on it. Because in truth it wouldn't matter what she wore into the tub.

Bathing suit. Street clothes. Suit of armor... No matter what she put on, Dez could make it feel like nothing at all.

Gina had forgotten Carla's careless comment, before the television show began, about it having been a very slow news day, with few important stories to cover. But the reporter had been right. Every media outlet in Lakemont jumped on the hot tub story and ran with it.

Anne Garrett, stopping by the museum at midafternoon on Thursday, found Gina at the admissions stand in the main hallway and looked her over admiringly. "No wonder you haven't set up a lunch date so we can plan your fund-raising campaign. This caper makes everything I've considered look pretty tame."

"I'm sorry about the lunch," Gina said hastily. "It's been awfully busy around here. But we're still going to need all your ideas, because I can't stay in that tub long enough to collect all the money we'll need.''

"Why on earth not?'' Anne murmured. ''From all appearances, you look forward to getting yourself in hot water. And you do it so well, too. Oh, all right, I'll keep thinking. But this is going to be a very tough act to follow.''

"Actually, before you go off and start brainstorming… I don't know all that much about hot tubs. Can you help me figure out how much bubble bath to put in? I need enough bubbles to cover the whole surface, but I don't want suds overflowing all over the atrium. Or suffocating me, either, if it comes to that.''

Anne shook her head. "You can't put bubble bath in a whirlpool tub—I think it's because it'll clog up the jets. What's wrong with just plain warm water, anyway?''

"It's transparent.''

"Sort of like your face, you mean. You're turning very pink all of a sudden. No bubbles—the store people would have a collective stroke. But there's something else that might do the trick—''

Gina heard the door creak open and caught a glimpse of blue-black hair. She held up both hands, silently pleading for Anne to say no more.

Dez came in with Gina's box of museum treasures held casually under one arm. "It makes me suspicious whenever I see you two with your heads together but not talking. Sorry I didn't get your box delivered this morning, Gina. I had a crisis.''

"That's all right. Only one person asked about the cookie jar today, and he said he'd come back some other time.''

"I'm relieved. Don't let me interrupt, by the way.''

"Oh, I need to run along,'' Anne said cheerfully. "I just

came by to pick up some tickets for the village fair. There's no sense in talking to people about the event if I can't guilt-trip them into buying a ticket right then.''

Gina got the ticket box out from under the stairs and wiped off the top with a tissue. "One pack?"

"Why bother with only one? Give me ten at least. Want me to sign for them?" Anne reached for Gina's pen. "Give me that receipt book." She signed with a flourish, flipped the booklet shut, and handed it back to Gina. "You can finish filling it out later." She flashed a smile at Dez and was gone.

Without suggesting what I can use instead of bubble bath, Gina thought glumly. She started to put the tickets away. "Want to take some tickets, Dez? If you don't think you can sell them, they'd make great employee incentives."

"Thanks, but I believe I'm already doing my part to support the museum. Have you bought your new swimsuit yet?"

"How did you—" She stopped.

Dez was grinning. "Because no woman worth thinking about would get into that tub in an old one, that's why. And sweetheart, you are definitely worth thinking about." He moved the box he'd carried inside to a safer spot on the ledge between the pillars which separated the entrance hall from the enormous living room. Then he put his index finger under Gina's chin, turned her face up, and kissed her.

"Was that lesson three?" Gina asked calmly.

"No, dear. Neither one of us has time for lesson three just now. That was only a pop quiz to keep you fresh."

He'd been gone for several minutes when Gina started to put away the ticket box and remembered the receipt Anne had signed. She'd better write down the numbers of the ticket books Anne had taken, because in the press of things she was likely to forget.

But Anne hadn't signed her name on the receipt. Instead, she'd written two simple words—the phrase she'd no doubt been about to utter when Dez had walked in and interrupted. The answer to Gina's question.

The perfect answer.

"Eleanor!" Gina called, and the volunteer leaned over the railing of the upstairs landing. "Can you handle things for a while? I need to go shopping."

The cabbie who picked up Gina in front of the museum on Friday evening was obviously curious about the contents of the three enormous black plastic garbage bags she was carrying, particularly when she had trouble fitting them through the back door of the cab. By the time her packages were finally stowed, there wasn't enough room left for Gina, so she got in the front seat.

"You know, I took a clown to a birthday party once," the cabbie mused. "Had all kinds of trouble getting his helium balloons in the car. Must have been a hundred of them. And once a buddy of mine took a guy with a bunch of garbage bags up to a boat ramp twenty miles north of town. It turned out later he was dumping a body in the lake. Well, pieces of it, anyway."

Gina winced.

"But I guess what you've got isn't heavy enough to be a body, or light enough to be balloons," he said.

"Congratulations," Gina said. "You guessed right."

He waited a while in hopeful silence before he finally said, "So what is it?"

"Oh, you'll have far more fun speculating than if you actually knew. I wouldn't want to ruin your fun. You can drop me at the front entrance—that will be fine."

There were already two television-station trucks parked outside Tyler-Royale, satellite dishes at the ready. But at least the entrance wasn't thronged with people. Maybe that meant all the predictions had been wrong and the public was entirely indifferent to the whole question of hot tubs.

The bad part of that, Gina thought, was that if this ploy wasn't enough to get their attention, they might not give much thought to the rest of the fund-raising campaign, either.

Don't be such a pessimist, she told herself. *Maybe they're just staying home to watch it on TV.*

She excavated her bags from the back of the cab, paid the cabbie, and said, "If you really can't stand the suspense of not knowing what's in the bags, check out the late news on Channel Five."

Comprehension dawned in his face. "Oh, you're part of *that,*" he said. "I told my wife to record it all so I can watch when I get home."

"I hope you won't be disappointed," Gina murmured.

One of the television crew held the door for her, and another offered to put her bags atop the cart full of equipment he was getting ready to roll in. But Gina declined with a smile. Anybody who thought she'd let the precious contents of these bags out of her hands, much less out of her sight, had to be crazy. After the trouble she'd had getting hold of them...

She turned the corner between cosmetics and shoes, saw the atrium open up ahead of her, and stopped dead.

The entrance hadn't been practically deserted because of a lack of interest. It was because the crowd had already gathered, apparently anxious to make sure they had the best possible view. The atrium was almost standing-room-only, and all the way to the top of the building, every balcony was lined.

"A hot-dog vendor could do a booming business," Gina muttered.

It took a while to work her way through the crowd, considering that with her bags she took up the same amount of room as ten ordinary people. But finally she reached the center. On top of the mosaic rose, covering it entirely, was the tub, already set up and running.

A very big tub—so big that there was a short flight of steps next to it, to aid in getting in and out. A bright red, heart-shaped tub.

I should have expected he'd choose something like that, she thought. She only hoped three bags full would be enough.

Dez didn't see her come in; the press of the crowd prevented that. But he knew she was there, because some internal radar had gone crazy the moment she'd reached the atrium. Or perhaps, he reassured himself, it wasn't really Gina that he'd sensed but the changed attitude of the crowd as they recognized her. Yes, that would be it—the noise level had dropped and then risen excitedly. That was what he'd reacted to—not Gina herself.

Unhurriedly, he continued to work the crowd, trading teasing barbs, collecting pledges, and answering questions, and only when he'd circled the entire atrium did he come back to the side of the tub.

Gina was standing there waiting for him, wearing a terrycloth robe and looking extraordinarily pleased with herself. On the tile floor at her feet lay three empty black plastic garbage bags. And in the tub...

He had to look a second time to convince himself that he wasn't seeing things.

In the tub floated hundreds—maybe thousands—of plastic toys. Or maybe *floated* wasn't quite the right word, because there were so many of them that some were stacked on top of each other, not even touching the water.

At a glance he could see at least a hundred ducks. Not ordinary ducks, either. There were red ducks, blue ducks, purple ducks, green ducks, and a few ordinary yellow ducks. There were ducks sporting sunglasses, ducks with snorkels, ducks in nightcaps, ducks wearing tutus, ducks in sunbonnets, ducks riding rafts, ducks wearing headphones, and ducks balanced on water-skis. There was a duck that looked vaguely like Marilyn Monroe, and one right on top of the pile that was wearing a life-jacket stamped *Titanic*.

But she hadn't just filled the tub with ducks. Bobbing up and down alongside was every other sort of water-loving creature as well. Dolphins, whales, seahorses, sharks, pelicans, Canadian geese, fish of every shape and color, and a whole brood of penguins. He wouldn't be surprised, if he reached in, to find a plastic clamshell clamped to his finger.

And then there were the boats. Small plastic rowboats, tugboats, cabin cruisers, wind-up submarines...

How had Gina managed to buy up every floating toy in the city of Lakemont without him getting wind of it? And there was no doubt in his mind that was exactly what she'd done. It would take a shovel to move enough of the floating debris so a person could get in. And once in, a body could get lost under layers of toys...

Which, of course, was the entire point of the flotilla.

"That's my girl," he said. "You're actually going to do it."

"Of course. I'm just applying your own philosophy, Dez. It would be foolish to settle for a hundred dollars a minute when I can get two hundred. And that's just from you. I'm not even counting the other pledges." She shrugged off the robe and let it pool at her feet. Underneath it was a two-piece, neon-pink swimsuit. It was so bright that it almost glowed.

"However," she said primly, "I'm sure you'll remember that you said I could get in the tub first, and then hand you my suit."

"Damn," Dez said.

"No changing your mind now. You were very specific." From the top of the steps beside the tub, she stuck in one foot and wiggled a few toys out of the way. Then she climbed in and sank into the midst of the flotsam. Ducks piled up in heaps around her.

The crowd was almost silent, watching her. She seemed to be having trouble—not surprising, Dez thought. Taking a wet swimsuit off while staying underwater would be a challenge even without all the ducks getting in the way.

It took almost two minutes before a slender hand emerged from the water, holding up a dripping neon-pink swimsuit top. The crowd roared its approval.

Dez leaned over the edge of the tub and snagged the top by a shoulder strap. Despite the evidence of his own eyes, he still couldn't quite believe she'd done it. "That's good enough," he said. "You've proved yourself."

She gave him a wide-eyed look. "You're not going to back down on your offer to double your pledge, are you? Because if you're going to try to get by with a hundred and fifty a minute, I'll hand you the other half."

Dez surrendered. "You've got witnesses, Gina. Two hundred bucks a minute, starting now." He consulted the waterproof watch on his wrist. "It's twelve minutes past eight, and counting."

She gave him a gamine smile. "Come on in, the water's great."

If she hadn't teased him, he thought, he might have let it rest there. But that smile and the come-hither look in her eyes stirred up a pool of mischief inside him that had already been threatening to flood over.

He held up the swimsuit top. "Now that Gina doesn't need this any more, let's have a little auction. All for the good of the museum, of course. What am I bid for one slightly used, very wet—"

He ignored the strangled protest from the tub. What was she going to do about it, anyway? Climb out and try to stop him?

He sold the swimsuit top to one of the television guys for three hundred dollars. With a deep sense of satisfaction, he slid out of his own robe—to a chorus of groans from the female half of the audience when they saw he was wearing trunks—and climbed into the tub.

He splashed a bit before he got comfortable. "Except for trying not to inhale a duck," he said, "this is very nice. You really are a sport, Gina. Maybe we can talk the store into donating the tub to the museum, now that it's a historic artifact." He held out both arms to form a dam to hold back the ducks, and tried to sail a tugboat across the few inches of open water by blowing on it. But the rest of the floating toys surged back, and he gave it up, settled back in the warm water, and closed his eyes.

If he only had a hazelnut coffee…and if he'd been smart enough to choose a smaller tub…life would be perfect.

It was thirty-nine minutes by Dez's stopwatch before Gina said, "That's it. I've had enough. I'm practically boiled."

A good bit of the crowd had drifted away, but there were still enough die-hards to make things interesting.

Dez opened his eyes. She did look a little pink. He wondered if it was heat, or contemplation of what came next. "And just how are you going to get out?" he asked lazily.

"You can't reach your robe. But if you ask me very nicely, I might climb out first and hand it to you."

Gina smiled at him, and in a sort of reverse dive, with her arms extended and her fingers pointed up, emerged from the water.

Dez blinked and looked again. She was wearing the neon-pink suit. All of it.

"Now wait a minute," he sputtered.

"You said, 'Get in the tub and hand me your suit,'" she quoted. "You didn't say it had to be the suit I was wearing at that moment—just that I own it. And I've even got the receipt to prove it's mine."

"You know perfectly well that was not what I meant."

"Really?" She looked so innocent that he wanted to drown her right there, before she could corrupt anyone else. "It was actually you who gave me the idea, Dez—asking me if I'd bought a new suit yet. So, while I was shopping, I just bought two."

"And sneaked one into the tub when you dumped all the floaty toys. No wonder it took you some time and fancy gyrations before you handed over that top—you had to find it at the bottom of the tub."

"It was a little more difficult than I'd planned on," she admitted. "The tub's bigger than I expected, you see. The other half of the suit's still down there somewhere, if you want to go diving."

But Dez wasn't listening. There was something just a little odd about her, as she stood there. Her skin looked blue, everywhere but her face—as if she'd just climbed out of very cold water.

But that wasn't possible. She should be pink all over—not only from the heat, but from pure shame at the stunt she'd pulled. Unless...

He reached for a blue duck. It slid out of his hand, leaving a white streak on the duck and blue coloring coating his palm.

''These weren't all intended to be bathtub toys,'' he said.

''No, there seemed to be a shortage of them around town. So I bought a few decorations from florists, and some from craft shops. Why?''

He held up his hand. ''Because they obviously weren't intended to soak in warm water. Let's just hope it washes off of us like it does the ducks—or we're going to have a serious case of the blues.''

CHAPTER NINE

ALMOST everyone on the museum's volunteer roster stopped in during the morning after the great hot tub event—even ones Gina hadn't seen in weeks. They gave various excuses, but she was convinced there was only one reason—every last one of them wanted to find out whether she'd managed to get rid of the blue dye yet.

In fact, it had taken her over an hour, and in desperation she'd finally ended up using a facial scrub from head to foot before she'd gotten back her normal color. How a dye which practically slid off a plastic duck could attach itself so firmly to skin was beyond her.

She took advantage of the opportunity to press onto each volunteer a book of tickets to the village fair, now only a few days away. She was handing out the last ones when Dez came in.

"You're looking fine," Gina told him.

"I thought for a while I was going to have to send myself to the dry cleaner's. I brought a check to pay my pledge to the museum fund."

Gina didn't move. "If you'd like, we could hold a ceremony at the fair in appreciation of your contribution. Even if I did earn every cent of the money."

"No, thanks, I'd rather duck that one."

"Cute."

"But I'm sure everybody else who pledged would be honored by the attention. *And* you could require that they all buy tickets in order to come and be recognized."

Gina stretched out a hand. "Two hundred dollars a minute, right?"

He held up the slip of paper, just out of her reach. "Against my better judgment, yes. I didn't even deduct anything for the swimsuit caper."

"You'd better not. In fact, I'd say you owe me extra for that. The leftover half a suit I still have is pretty useless."

"That's entirely the wrong attitude, Gina. Look at it as spare parts."

"I'll keep that in mind. I'd love to chat, but between one thing and another I have a lot to do today."

He gestured toward the box which she'd left sitting on the ledge between entrance hall and living room. "I see you haven't even put Essie's cookie jar back on display."

"I haven't had time since you brought it back." She started to pull papers out of the box. "So unless you want to talk about terms for our trade—"

"As a matter of fact—"

Gina pulled out the last of the paper wrappings, but there was no pottery cookie jar. Everything else she'd taken to the television studio was still in the box, but the jar was gone. "That's odd. I wonder if someone saw it sitting here and put it back upstairs."

But the jar was not in its accustomed spot. Eleanor, who had been the only volunteer in the museum all day Friday, said she hadn't touched it. "And you've been in the hallway since opening time this morning, Gina," she pointed out, "so none of the other volunteers could have moved it."

With half a dozen people looking, it didn't take long to search the museum—and to reach the inevitable conclusion. Essie's cookie jar had disappeared. When and how it had vanished, Gina couldn't begin to guess. It didn't matter much, anyway, because however it had happened, she was responsible.

Guilt surged through her veins, and unshed tears burned her eyelids. "It's my fault."

Dez, who had helped search and then settled quietly onto the ledge where the box had once rested, said, "I'm just as much to blame—I'm the one who brought it back at an inconvenient time instead of when I told you I would."

"No, I'm responsible. I left the box sitting there." *And I went shopping,* she reminded herself. She'd been so inspired by the two words Anne Garrett had written on that receipt—rubber ducks—that she'd forgotten everything else in her quest to collect every floating object in the city of Lakemont.

And so Essie's prized piece of pottery was gone.

"I should have put it back in the display immediately," Gina said.

"It wouldn't have been much safer upstairs," Dez pointed out. "In fact, it might have been even easier to steal. All someone would have to do is wait until they were alone in the room. They'd have only needed a minute."

"If you're trying to make me feel worse, Dez, it's working. I know the security around here stinks. It's one of the reasons we need to remodel or move."

"That's true enough. If somebody was determined to get the jar out of here, they'd have gotten it no matter where it was. Why they'd want it is beyond me, but—"

"Well, that's my fault too, isn't it?" Gina asked bitterly. "I'm the one who held it up on television to talk about how valuable it was." She leaned against the newel post, shoulders slumped. The volunteers, she noticed, all seemed to have melted away as if they didn't want to be involved.

Dez slid off the ledge. "Come on," he said. "Let's go up to your office."

"Why not?" Gina muttered. "There's nothing left worth stealing down here."

"Knock it off, Gina. You've lost track of one of Essie's possessions, which means you have about fourteen thousand and seventy-six of them left."

"But that was an important one," Gina said drearily.

"Important to her, or important to you?"

"Both." The flight of stairs had never seemed so long. She stopped halfway up and looked back at Dez, suspicion suddenly percolating through her veins. Was she absolutely certain the cookie jar had been in the box at all?

It had definitely been there when she'd left the television studio; she'd watched Dez wrap it safely and put it in the box. That meant it had gotten as far as his car. But when he'd brought the box into the museum a day later, had she looked inside? Had she even touched the box? She remembered him carrying it in under his arm, as if it were only feather-weight, and setting it on the ledge...

This is nuts, she told herself. Why would Dez take the cookie jar? He'd just said himself that he saw no reason anybody would want it. Of course, that could be an attempt to cover up, but the fact was the man had just about as much sentimental feeling as the jar itself was capable of experiencing. And in any case, he couldn't possibly have known that she wouldn't unpack the box the moment he set it down and discover the jar missing.

Of course he hadn't taken it. This sudden attack of suspicion was only her own guilty conscience running amok, trying desperately to shift the blame to an innocent party. Anyone but herself.

That realization only made her feel guiltier yet. Suddenly she couldn't stand it anymore, and the tears she'd been holding back with such effort overflowed.

Dez put an arm around her shoulders, which only made

her cry harder. If he knew she'd been suspicious of him, even for a moment, he wouldn't be trying to comfort her.

He handed her a tissue from the box on her desk. "We'll fix it, sweetheart."

She couldn't stop sobbing. "I don't know how you think this can be fixed," she managed to say. "Anyway, it's not just the cookie jar. I'm trying to take good care of Essie's legacy. I don't just want to keep her museum going, I want to make it great. But instead I go and lose her cookie jar!"

"You'll make the museum great, Gina. Let's talk about that proposition you offered me."

"Trading the Tyler-Royale building for Essie's house?" Gina blotted her eyes. "What about it?"

"I've been considering it. I think we can make some kind of a deal."

She stared at him and then burst into tears all over again. "You know perfectly well this museum can't afford that whole building. You've been telling me that all along, and you're right. So if you think you're doing me any favors now—"

"Gina, we will work out a solution. Just stop crying so we can talk about it, all right?"

Suddenly what he'd said hit her, hard. The man who didn't even like old buildings was suddenly going out of his way and making an enormous financial sacrifice so she could have what she wanted?

Only so he can have Essie's house in return, whispered a voice in the back of her mind.

But wanting the house wasn't enough to explain this willingness to deal, she thought. In fact, there was only one explanation. The man who had never before found an old building worth saving had changed in some essential way.

She'd known from the moment she met him that he was

unusual, one of a kind. He'd always been special. Now...now he was extraordinary.

It was no wonder she'd fallen in love with him.

Oh, no, she thought. *What a foolish thing to do.*

At least Gina had stopped crying, Dez thought. She looked dazed, almost as if he'd picked up the rusty old miner's shovel which was leaning against her desk—why was it standing there, anyway?—and hit her over the head with it, but she wasn't sobbing wildly anymore.

Was she honestly so flabbergasted by what he'd said that she couldn't even talk? That wasn't very flattering, but it was probably true.

He had to admit, though, that nothing about this conversation was going the way he'd expected. He'd just been working up to introduce the subject when the damn cookie jar had turned up missing. Who'd have thought a cookie jar could cause so much trouble?

He sat down on the corner of her desk. "I'll make sure you get a suitable building."

She blinked, and frowned. "Not Tyler-Royale?"

"Gina, for heaven's sake, you yelled at me just now when you thought that's what I was offering you."

"Oh. I guess I did. So what are you offering? Because if you've still got St. Francis Church on the brain—"

"I don't," he said hastily. "As a matter of fact, I've got plans for it, so it's completely out of the equation. Can we shake hands on the deal?"

"Are you joking? Without knowing what you're offering to trade?"

Dez sighed. "There's no shortage of buildings in this town. There are some warehouses down by the lake that would be—"

"Maybe," she said warily. "But I'm not agreeing to give up Essie's house for an unknown."

"Unknown right at the moment, maybe—but it's guaranteed to be better than what you've got now."

"By whose standards? Yours or mine?"

It hadn't taken her long to pull herself together, Dez thought irritably. "All right. I'll find you a building, you look at it, and then we'll deal."

He didn't wait for an answer, because he was already running behind schedule.

And because now—no matter what it took to get it—he absolutely must have Essie's house.

Gina was still in shock. She had only a vague idea of what she'd said to Dez, because the sudden realization that she'd been idiot enough to fall in love with him was still echoing 'round her brain even after he was gone.

She supposed she should have seen it coming. But from the first moment everything about their relationship had been so off kilter that there had been no reason to be cautious. She couldn't possibly be seriously attracted to a guy whose values were so different from her own.

Play games with him, yes. Flirt, definitely. But get serious about him? Fall in love? Not a chance.

Except that was exactly what she'd done.

He had knocked her off guard because he'd turned out to be so very different from what she'd thought he was. Somehow, seeing Essie's house again had been a turning point for him. Something about it had awakened a sense of history, of destiny, of family, that had lain dormant inside Dez so long that he—and everybody around him—had thought it was dead.

That hidden inner self was the part of him that Gina had seen, without even being fully aware of what she was looking at. That was the part she had fallen in love with, the Dez who could care about Essie's house as much as she did.

But now what? Getting serious had never been part of the bargain, but now that she'd gone and done it anyway...how would Dez react to that?

What would happen if next time she saw him, she were to stroll up, lay one hand on his lapel, and say, "By the way, Dez, I love you?"

He'd probably think she was making some kind of bizarre joke. That would be bad enough. But if he took her seriously—that would be even worse. He'd either turn pale, or he'd scream and run—in much the same way she would have done yesterday, if he had come up to her, put his hand on her shoulder, and said, "You know, Gina, I think I love you."

She could almost hear him, and that was even more painful. Because she knew how the words would sound—and because she knew she would never hear him say them.

The village fair had gotten off to an incredible start. Gina wandered through the booths and tents, trying to keep an eye on everything at once. Some of her volunteers, in historic costumes, were portraying early settlers and showing off long-ago skills like butter-churning to the delight of the small children who were watching.

It was too bad, she thought, that nobody had asked Dez to play Desmond Kerrigan. He'd have been a natural as the host of the house, welcoming a throng of guests. Of course, he'd been a little busy lately—probably too busy to study a part and be fitted for a costume.

Gina hadn't even seen him since the day the cookie jar had vanished—disappeared right along with her illusions of being aloof and uninterested in him.

She hadn't yet recovered from either shock. The police had not been hopeful about the chances of recovering the pottery jar. And though she'd tried to convince herself that her sudden realization had been only a mistake after all, a few days spent away from Dez had not helped. She missed being teased. She missed his kissing lessons. She even missed the blunt way he challenged her beliefs and sometimes forced her to change her mind.

She missed *him*. All of him.

She'd expected that he would come to the village fair—he had, after all, bought a ticket. But as the evening wore on and the sky darkened to indigo, her hopes diminished to wistful dreams.

She tried to tell herself that he was simply busy—trying to find her a satisfactory building, perhaps. But she couldn't quite make herself believe it. Instead, she was afraid that somehow she had given herself away. Somehow she had let him guess what she was feeling.

And she suspected that Dez, realizing how she felt about him but unable to return her affection, was staying as far away as he could. Perhaps he was doing the kindest thing he could think of by keeping his distance. Or perhaps, she admitted, the explanation was less selfless, and he was protecting himself in the best way he knew....

She was thinking about that as she waited in line at the homemade-ice-cream stand. She'd put off sampling any of the treats, telling herself she was too busy with the workings of the fair to indulge in homemade taffy or funnel cakes or kettle corn. In fact, what she'd been doing was waiting for Dez to come, because there wasn't a single treat at the fair she wouldn't enjoy more if she was in his company.

It had been foolish of her, of course. He wasn't coming, and it was time for her to move on. She'd had a lesson, that was all. She'd get over it eventually. She'd get over him. In the meantime, the first step was to go on just as normal and pretend that everything was all right.

She waited to be last in line. It was simple good manners, she told herself, to take care of guests before herself. It wasn't like she was still waiting for...anybody.

When it was her turn she stepped up to the makeshift counter. "Strawberry, if you still have it," she said.

Beside her, Dez said, "Make it two."

Gina spun to face him. "You came. You're here!" she said, before she could stop herself.

For a few seconds, he looked into her eyes, and then he turned to the man behind the counter to trade a folded bill for two old-fashioned soda fountain dishes heaped with pale pink ice cream.

Gina gritted her teeth. *Fool,* she told herself, and deliberately smothered her feelings, trying to tamp down her joy until it appeared to be nothing more than the pleasure she'd shown when greeting any other guest. "I'm glad you could make it after all," she said as he handed her a dish. She was quite proud; her voice sounded perfectly normal. Friendly, warm, but not excited. "It would have been such a shame to waste your ticket. To say nothing of the hazelnut coffee we ordered just for you."

"And to miss out on Essie's garden gate being open for the first time in who knows how many years," he agreed. "Would you rather sit down or walk around?"

Gina considered. Sitting down meant talking, and looking at each other. Normally it was a prospect she would have welcomed. But tonight, when she would have to put forth every iota of self-control to stay on her guard... "Walk around," she said. "You haven't seen any of the fair yet."

"Oh, I've been here for a while."

She could have kicked herself for assuming that he would come in the gate and straight to her. Why should he have rushed to her side? Why would she have expected him to? She only hoped those questions didn't occur to him.

She went on hastily, "We've had a lot of last-minute ticket sales. That's unusual, for an event like this. Usually everyone who's interested buys in advance. We should turn a nice profit."

You're babbling, Gina. Shut up. Or at least change the subject. "Thank you for the ice cream."

"You're welcome. I see what you mean about the crowd. Essie's garden hasn't held this many people since old Desmond's gardeners planted it."

He hadn't seized the chance for a kissing lesson. For that matter, he hadn't even touched her. And after that one long look, he'd seemed to be more interested in everything— anything—else.

Sadness washed over Gina. *Don't think about it now,* she ordered herself.

"You must have been working hard."

He shot a sideways look at her.

She added hastily, "At least I assume you have, because you haven't been around to show me a building yet."

"It's been harder to find a suitable one than I expected."

"That's good. I mean, if you're being choosy it'll save me a lot of time." Of course, she reflected sadly, it also meant that he wouldn't have to spend time with her, taking her around to inspect all the possibilities.

"The garden looks better at night," Dez mused. "Or maybe it's actually been improved by being trampled by the crowd."

"All the people haven't hurt anything. The grass will look tired tomorrow, but the plants will still be fine." She reached up to touch the glossy leaf of a holly bush. "It could still be beautiful, you know. Everything's here—it's just overgrown."

He looked as if he had serious doubts about that. Gina didn't push the subject. It wasn't up to her to say what he should do with the garden.

They wandered between the rows of booths, but they hadn't covered anywhere near all the fair when closing time came. Before long, the grounds were almost empty; only the volunteers who had helped to set up and run the booths remained.

Gina helped to clear up the ice cream booth, while Dez lent a hand to take down tables. Finally the mess was cleared away. "I'll give you a ride home," Dez said.

"Oh—that's not necessary." Gina fumbled for an excuse. "I think I'll stay awhile and total up the ticket sales and everything."

Eleanor, passing by with a tray full of ice cream dishes, said, "Oh, for heaven's sake, Gina, go home. You've been here long enough for one day."

"So have you," Gina called after her, but Eleanor didn't stop. "Thanks," Gina said. "I'd appreciate a ride."

She knew she was too quiet on the drive. Unusually quiet. She just hoped he would chalk it up to exhaustion instead of looking for other reasons. In front of the row house, she said, "Thank you," and started to get out.

"I'm coming in," Dez said.

Her heart skipped a beat. Why? What did he want to say to her that couldn't have been said at the fair? *I'm not going to like this,* she thought. But whatever it was, perhaps it was better to get it over with—now, privately.

Whatever it was.

Mrs. Mason must have gone on vacation, for she wasn't peeking through her door as they climbed the stairs. Gina fumbled with her key, and Dez took it out of her hand, turned the lock, and opened the door. She stepped inside, but before she could turn on the lights he caught her hand and pulled her toward him. Gently, he cupped his hands around her face and kissed her, long and hard. And then, without breaking the kiss, he slid his hands along her throat, over her shoulders, and down her back, until she was held fast in his arms, molded against the length of his body.

If she had wanted to, Gina couldn't have resisted that tender assault on her senses. And she didn't want to. She wanted to stay there forever, sheltered in his arms, feeling treasured, feeling precious.

Even when he raised his head, he didn't release her. It was just as well, for Gina wasn't sure she could stand on her own. She looked up at him, her vision foggy, and said, "What—"

"You gave yourself away," Dez said.

She was stunned. If he knew how she felt…and this was his reaction….

"You were happy to see me," he whispered, and kissed her again, softly this time.

So he didn't know all of her secret. A bit of her inner glow dissipated, but so did a good deal of the fear she'd been feeling. So long as she was careful…

"Was that lesson three?" she asked. Her voice felt as if she hadn't used it in a long time.

"Yes. Intended to demonstrate the power of restraint."

"*That* was restrained?"

"I wanted to kiss you at the fair. See how much waiting improves the final result? Just holding back a while… resisting desire…"

"But…" She hardly recognized her voice. "What if I don't feel like holding back? Or resisting? Or waiting?"

"That's lesson four," he whispered against her lips. "Total abandon. But that one's up to you."

For a split second, she hesitated, and then she closed her eyes and kissed him. It felt just a little like stepping out of an airplane without checking to make sure she had a parachute. But when his arms tightened around her, Gina knew that no matter how wild the turbulence, he would not let her plunge out of control.

She had never let herself dream about what it would be like to make love with him, for it had seemed to her that the fantasy would provide only needless pain. Now she knew that fantasizing would have been not only painful but futile—for the soul-shattering joy of joining with him was outside her power to imagine.

Gina sat up in bed with the coffee Dez had brought her, watching him get dressed. Despite the fact that his clothes had spent the night on her bedroom floor, he looked crisp, fresh, and bright-eyed. Only the shadow of beard gave him away.

He looked delicious.

He settled the collar of his shirt and sat down on the edge of the bed, leaning over to kiss her. Gina's heart gave a little skip of pure joy, and she had to remind herself that caution was still the order of the day. *Act casual,* she told herself. *Not as if your world has settled into an entirely new orbit. Even though it has.* "Are you off to find me a building this morning?" she teased.

"Nope."

She was puzzled. "But I thought— Weren't you looking?"

"Oh, yes. You were right, you know—up to a point. The best place for your museum is Tyler-Royale. But I was also right—you can't handle all of it. So here's the deal—you get one floor of the building for the museum. It's easily ten times the floor space you have here, and since it's all open you'll have all the flexibility you could ask for. It'll be easier to secure, easier to—''

She flung herself at him. ''You're going to save it!''

''Yeah, I guess I am,'' he admitted. He sounded almost ashamed of himself, Gina thought. ''I was going to tell you that last night, but you seemed to have other priorities.''

She could feel herself turning pink.

He laughed and kissed her again. ''You were right about the building too, as it turns out. The darn thing is so solid it would be practically impossible to knock it down.''

Gina knew better. If he wanted to, Dez could knock anything down. It was because of her that he was saving the building. ''And the rest of it?''

''The plans call for the museum to be on the second floor with shops at street level and the upper floors turned into luxury condos.''

She couldn't have asked for more. ''Thank you,'' she whispered, and drew him close for a long kiss.

''Hold that thought,'' he said. ''I'd collect right now if I didn't have architects and engineers waiting for me.''

''I hate architects and engineers.''

''So do I, honey,'' he said softly. ''So do I.''

Everything she looked at had a sort of pink halo around it. Even the hole in the exhibit left by the still-missing cookie jar, though it dragged down Gina's spirits, couldn't ruin her day. The fair had been a success, the pledges were still coming in from her stint in the hot tub, the museum would shortly have a new home... And she had Dez.

Hold it right there, she warned herself. Spending the night with her was hardly a lifetime commitment. But she knew it was more than a casual fling for Dez, too. And maybe someday, after the museum had moved, they could work together on restoring Essie's house to the grandeur it had once possessed.

She was in the living room, visualizing the blocked-off windows once more open and draped in Victorian velvet, when Nathan Haynes came in. "Ms. Haskell," he said. "I'm sorry I haven't had a chance to talk to you earlier about the house. I'll still write a full report for the board of directors, of course, but would you like a preview of my findings now?"

"Not really," she said happily. "It doesn't matter much, though I'm sure the board will be interested. The one who might like to hear the details is Dez. Since he'll be the one doing the renovations—"

"Renovations?" he said slowly. "I'm afraid I don't quite understand."

"Oh, I don't suppose anyone has told you. There are still some loose ends to tie up, and the board has to give its approval, so keep this under your hat for a while, all right? We're going to do a trade—Dez is getting Essie's house back into the family, and the museum will move into the—"

The architect was shaking his head. "Dez isn't planning to renovate this house."

And how would you know? "You must have misunderstood, Mr. Haynes."

"No, Ms. Haskell. I've been drawing the plans for what will be built on this site. Just as soon as the museum has moved out, the house will come down."

"No," she whispered.

"We'll do the project in stages, of course. Some of the renovation on Tyler-Royale will be first, so the museum can move. Then we'll clear this site, from here all the way through St. Francis Church, including the building where his office is.''

''No!'' But if it wasn't true, how did he know where the museum was to move?

His eyes held understanding and sympathy. ''This lot is one of the key corners, as an anchor for the apartment development he's going to put up. He'd been planning a single tower, but having this site means the project can be three times the size—'' He seemed to realize she wasn't listening. ''If there's anything particular you want from the house, Ms. Haskell—newel posts, paneling, front door, plants from the garden, I don't know what it might be— just-make a list. Maybe there'll be time to do a little salvage before the bulldozers move in, though it depends on the rest of the construction schedule.''

That was what made her really believe that he knew what he was talking about—the cool, clipped offer to try to save the newel post, with no promises that he would succeed. Obviously, she thought, he'd worked with Dez before.

Nathan Haynes was telling her the truth.

Dez wanted Essie's house all right. He wanted it desperately. But not so he could live in it. Not so he could treasure it.

He wanted it only so he could destroy it.

CHAPTER TEN

GINA had won, in a way. The Tyler-Royale building would be saved.

But she had also lost, and the defeat weighed far more heavily than the victory. The price she had paid to save one building was not simply the destruction of a second one. That kind of trade might perhaps be palatable, in some circumstances. But not here. Not now.

It was the knowledge that she had betrayed Essie's trust which haunted Gina. Essie had believed in her. Essie had had faith that no matter what, Gina would remain true to the cause—to Essie's cause, and Essie's museum.

And Gina had tried, there was no doubt about that. She had made what she thought were the right choices—the choices she believed Essie herself would have made.

But she'd been dead wrong. In her innocence, she had trusted Dez...

No, she admitted, that wasn't quite correct. It hadn't been pure innocence which had made her put her faith in him and believe that he would act the way she wanted him to. In her love-fogged state, she had deliberately blinded herself.

She had known his history. She had known his feelings. Heaven knew he'd made no effort to hide his attitude—even Essie had known that Dez was about as far from being a conservationist as a man could possibly be. Even harder to bear was the memory of Essie telling her, in essence, that Dez lived to knock down buildings.

But Gina had wanted to believe that she was important

enough to him that he would change. That he would not only make an effort to understand her point of view, but that he would then, inevitably, agree with her.

And, it had seemed, she was right. He was going to save the Tyler-Royale building.

But only because it was convenient for him. Only because letting it stand cleared the way for an even bigger project.

"And they all lived happily ever after," she said under her breath. What a fairy tale she had constructed for herself!

"I'm sorry," Nathan Haynes said tentatively. "If you'd like me to explain—"

Gina shook her head and turned away. How could he possibly expect her to stand there calmly while he described how the bulldozers and wrecking balls would turn Essie's house to dust so Dez could build a set of cookie-cutter towers?

She could hardly breathe with the weight of pain, of responsibility, which had suddenly descended on her. Essie had trusted her...

That was bad enough by itself. But in truth there was an even harsher price to pay than the knowledge that she had naively double-crossed her benefactor. Gina had betrayed herself.

She had been absolutely wrong about Dez. She had fallen in love with a fantasy. She had created the man she wanted him to be, and then she had let herself tumble head over heels in love with the illusion she herself had manufactured.

Now she didn't even know anymore what was real. She only knew what wasn't.

At first, Gina had half expected Dez to turn up at any time. But as the minutes, and then the hours, ticked by with infinite slowness, she realized he wasn't going to appear soon—and perhaps he didn't intend to come at all.

Dez was no doubt busy, probably putting the finishing touches on the plans for the new tower which would replace Essie's house—and from what Nathan Haynes had said, a good deal of the rest of the neighborhood too. Gina didn't remember the details, because she'd been too shocked by the bombshell he'd dropped to pay close attention. But hadn't Nathan Haynes said something about St. Francis Church disappearing as well? That was three long blocks away from Essie's house, so it was no small project they were talking about.

If Dez hadn't had architects and engineers waiting for him, he'd told her that morning, he would have stayed with her. That alone, she thought bitterly, should have warned her of what was going on—and also told her how very low she ranked on his list. If it had been convenient for him, he'd have no doubt enjoyed staying in her bed a little longer. But faced with the choice between her and a bunch of engineers and architects...

Perhaps that wasn't entirely fair, she thought. Keeping people waiting while he indulged himself wasn't exactly the way to make a business successful.

But no matter how true that observation was, it didn't make her feel any less resentful. Didn't he even care how she felt about all this? Was he just waiting a while in the hope that she'd cool off? If so, it was foolish of him to think that a little time would make a difference in how she felt. Or—now that he had achieved everything he wanted—didn't he intend to come back to her at all?

Or perhaps she was still assuming too much—believing that she was important enough for him to even worry about. Why should he rush over to the museum to find her so he could explain himself? The odds were that Nathan Haynes hadn't made a big thing of telling Dez about her reaction. He might not have said anything at all.

And even if he had mentioned it, she admitted to herself, why would Dez have given the whole thing a second thought? After last night, why would he be concerned? He must think he had Gina exactly where he wanted her—in a tight corner with the wool pulled over her eyes.

She'd certainly behaved last night as if she wanted him desperately enough not to object, no matter what he did. So why would he expect to meet trouble today?

If he bothered to show up at all. She hadn't paid much attention at the time—but when he'd left her apartment this morning, he hadn't exactly made any arrangements. Not even so much as a dinner date...

As a matter of fact, she heard him before she saw him. It was late afternoon and Gina was sitting at her desk at the top of the attic stairs, paying the museum's bills, when she heard his voice and Eleanor's near the door at the bottom of the staircase.

Though Gina couldn't distinguish the words, there was no mistaking the sound of Dez's voice. Even the first few times she'd heard him speak, back when she hadn't much liked a single thing he'd said to her, she'd had to admit that his voice was rich and warm as well as arrogant.

Then he spoke a little louder. "Here," he said. "You take care of this, and I'll get her."

Gina's fingers tightened on her pencil as footsteps started up. She bent her head over the locksmith's bill.

She expected that he'd stop at the top of the stairs, if only to check out the atmosphere. If Nathan Haynes hadn't warned him of the storm clouds surrounding the museum, surely Eleanor had.

But without a pause he came around the desk to stand beside her, reaching out one hand as if he intended to curve his fingers around the nape of her neck. She saw the move from the corner of her eye and almost as a reflex action, Gina pushed back her chair, sliding as far away from him as she could go. The wheel of her chair thudded against the base of the hall tree next to her desk.

He stood still. "Nate told me you seemed upset."

"Perceptive of him." Gina didn't look up from the bill she was still holding. "Ridiculous, what a locksmith charges to unstick one small rusted-shut garden gate."

Dez perched on the corner of her desk. "Want to tell me about it, Gina?"

The dull buzz of anger which had been humming in her ears since Nathan Haynes's announcement grew even louder. "If you think I'm going to explain it to you, you're dead wrong. As far as that goes, if you actually need it explained, you're in worse shape than I thought." She tossed the locksmith's bill onto the pile on her desk blotter. "The deal's off, Dez. No trade."

"You can't do that."

"Watch me."

"You can't make a decision like that without your board's approval."

"No, I can't," she admitted. "But then, I can't exactly agree to the deal without consulting them, either. Careless of you not to get things in writing first—because since the board hasn't signed off on the trade yet, all I have to do is recommend against the move."

"And they'll override you in a minute, once they've read Nate Haynes's report."

"Why?" Gina countered. "What's going to be in his report? And how much did you have to pay him in order to get it to say exactly what you wanted?"

He slid off the desk, landing with a thump that shook

the attic floor. "Dammit, Gina, you can't say things like that."

"Oh, don't waste your breath. I'll say what I want to about you."

"You can talk about me all you want, but don't go around accusing Nate of taking bribes. He doesn't operate that way."

"And how do you know he doesn't? Because you've tried to bribe him? Stop trying to distract me, Dez. What's going to be in his report that will convince my board to give you this house, even after I tell them Nathan Haynes is actually working for you instead of them?"

"The truth."

"You expect me to believe that, when you've already lied to me?"

"How?" He paced across the attic and back to her desk. "By promising to save Essie's house and restore it to glory? Your problem is, you can't make that accusation stick, Gina—because I never promised anything of the sort."

"You certainly implied it."

"No, I didn't. You assumed it—because that was what you wanted to happen. In fact, you wanted it so badly that you did a sell job on yourself."

Gina thought about it. Was it possible he was right—that even with no evidence, she had persuaded herself that he intended to do what she wanted him to?

Why not? she asked herself wearily. She'd managed to convince herself that he cared about her feelings. That he cared about her. Of course she'd have had no trouble convincing herself about a little thing like renovating a house.

"You never once asked me what I was going to do with this house, Gina."

No, she admitted. She hadn't ever asked. So perhaps he

hadn't actually lied—but he certainly hadn't told the truth, either. Instead, he had deliberately used her assumption to his own advantage. "You should have told me anyway. Warned me."

"I tried," he said. "But you refused to hear what I was saying."

Gina was no longer listening. It felt as if something had broken inside her, releasing a torrent that she had held back too long. "You knew how I felt about this house—how I felt about Essie—and you deliberately used that to get your way. You know perfectly well if you'd told me you intended to tear it down, I'd have thrown you out. So you didn't tell me."

"I *didn't* intend to tear it down. Not at first. I didn't even want the thing—you're the one who insisted I must have this overwhelming longing to own it."

That stopped her cold for a moment.

"You're what started me thinking about building in this end of town in the first place, Gina. If it hadn't been for you, I'd never have owned St. Francis Church in the first place—I only bought it because I thought it would get you off my back."

"Oh, thanks—dump the responsibility on me!"

"I was trying to give you credit for a damned fine idea. When you first suggested I build on the St. Francis site, I thought you were crazy. But the longer I looked at it, the more sense it made. Building here means the whole neighborhood will come back into style. You won't be able to afford to live in your row house anymore, because people will be standing in line to turn those buildings back into single-family homes."

"That's supposed to make me feel better? Tear down something else if you have to, but—"

"You're actually going to give me permission to demolish anything at all? How gracious of you."

"Just don't wreck Essie's house!"

"Gina, it's only a house. I'm tearing down the building where my office is, too."

She was aghast that he would compare the two. "Do you expect me to believe you're going to shed tears over that? You told me you'd keep that building just as long as it served your purpose—and no longer. So what if its time is up? This house is different."

"What in the hell is so important about it?"

He won't understand. He can't understand. It's useless to tell him.

And yet...something inside her whispered that she must not hold back anything which might make a difference.

Gina took a deep breath. "Essie was everything to me, Dez." She wet her lips and whispered what she had never said out loud to anyone before, not even to Essie. "She saved me."

"Fine. Essie was special. That doesn't explain why the house—"

"I would do anything—*anything!*—to protect her legacy. I told you she gave me a job. What I didn't tell you was why." Gina rubbed her eyes. "My parents died when I was four. I barely remember them. By the time I was thirteen I'd lived in at least a dozen foster homes. The one I was in right then was all right, I guess, though my foster parents were mostly interested in the money they got to take care of me. I don't know what they did with it all—though I suppose it wasn't really all that much. It just seemed a fortune to me at the time."

"You mean, they didn't spend it on you, as they were supposed to."

"No, they didn't. I needed a pair of shoes—mine had a

big crack across the bottom of the soles, and it was the middle of winter and my feet were wet and cold...'' Her voice dwindled. ''They said the money was gone and I'd have to do without till the next check came. So I just took the shoes. From Tyler-Royale, as a matter of fact.''

He sighed. ''And you were caught, of course.''

''Essie's the one who caught me. She was trying on a pair of those ghastly, heavy, black clodhoppers she always wore. The store must have special-ordered them for her, because surely nobody else would have thought of wearing them. Anyway, I didn't see her when I went in, but I was in one of her history classes that term, so she noticed me.''

''I see. It's a good thing Essie was the one who saw you, instead of someone from the store.''

''I wouldn't put it quite that way,'' Gina said dryly. ''When I stuffed the shoes under my coat, she grabbed me by the collar and—still in her stocking feet—hauled me straight upstairs to the manager of the store, and he called the police.''

She shot a sideways look at him. Dez looked horrified. By the crime, she wondered, or by the harshness of the reaction? Not that it mattered what he thought of her. Not now.

She couldn't stop now, that was sure. ''When the judge told me he was going to send me to reform school—''

''For taking a pair of shoes you desperately needed?''

Gina looked him straight in the eye. ''It wasn't the first time I'd shoplifted. And what I took wasn't always—strictly speaking—something I needed. It hadn't taken Essie any time at all to figure that out. But as I was standing there in front of the judge, literally shaking in fear, she stood up in the back of the courtroom and told the judge she would take responsibility for me.''

''Shock treatment,'' Dez murmured.

"She gave me a job dusting all of her treasures, and I paid for the shoes out of my first wages."

"No wonder you feel you owe her."

"Not for keeping me out of reform school, actually," Gina mused. "There were days I'd have rather been there than in middle school in Lakemont."

"Because of people like Jennifer Carleton, I suppose."

Gina nodded. "You have no idea how cruel thirteen-year-old girls can be to someone who doesn't quite fit in. Someone who looks like the teacher's pet, even though Essie never once took it easy on me in history class. No—though it seems backward, it wasn't keeping me out of the juvenile justice system that I really appreciated. It was everything else she did for me." She wouldn't have been surprised if he'd looked impatient, but he didn't seem to be. So she went on. "Essie soon realized I had no clue about manners, or etiquette, or for that matter even posture. Would you believe she's the one who taught me how to buy clothes?"

His gaze summed up the smart cut of her skirt, the fit of her sweater, and he said flatly, "Not in a million years."

"Well, she did. She may have only worn shapeless black herself, but she knew style when she saw it. It reached the point where I almost lived here. And sometimes..." Her voice dropped almost to a whisper as she confessed, "Sometimes I'd pretend that Essie was really my aunt. That Desmond Kerrigan had been my great-grandfather. That I had a past. A family history. And before I knew it..."

"You were hooked. That's why everything she loved is so important to you."

"Yes. Essie's the reason I ended up in college instead of jail. She's the only reason I'm here." She bit her lip and looked straight at him, desperate for him to understand. "It was one thing to move the museum away from here when

I knew—at least I thought I knew—that the house would be restored. But to have it destroyed... Dez, please don't take this away from me. Don't make me break my promise to Essie.''

There was a long silence. ''I wish I could give you what you want, sweetheart.''

The heaviness in his voice tore away the last shred of hope. Gina began to cry, though she was almost unaware of the slow tears burning painful streaks down her face because every nerve and bone and sinew in her body hurt too. It had all been in vain—exposing her sordid secrets, sharing the deepest convictions of her soul.

''Gina,'' he said slowly, ''you aren't breaking your promise to Essie if it's impossible for you to keep it.''

She wiped her cheek. ''You expect me to forgive myself because you're the one who's making it impossible? If I'd only minded my own business in the first place, kept my mouth shut about Tyler-Royale and St. Francis Church, everything would be all right.''

''Not exactly.'' He reached out and his fingers clasped 'round her wrist. ''Come with me. There's something I need to show you.''

She tried without success to shake off his grip. ''No. Just leave me alone, Dez. I can't take any more of this. I can't stand to love somebody who—'' The words were out before she could stop herself.

Horrified by what she had admitted, Gina looked down at his long, tanned fingers, still clasped around her wrist. She wouldn't blame him if, after that artless admission, he pulled back from her as if he'd suddenly touched a hot coal—or realized that he'd reached into a nest of vipers.

Instead, his grip tightened. ''Too bad,'' he said coolly. ''You're coming. I'd rather not carry you down those stairs, but if I have to—''

"Why won't you leave me alone?" she pleaded. "Just let me sit here."

"Because you need to see Nate's report. Or, rather, the evidence it's based on." He tugged at her hand, and unable to resist any longer, Gina stood up. She felt shaky, and it seemed that the stairs creaked more than usual under her feet.

He didn't let go of her until they were in the kitchen, and even then it was only to point up at the ceiling. "Tell me that crack isn't worse than it was a couple of weeks ago."

"It looks the same to me. Why?"

"Remember it." He unlocked the door to the basement, so nearly hidden in the shadow of the big old refrigerator that Gina had almost forgotten it was there. She pulled back from the dark, yawning descent.

Dez pulled a penlight from his pocket. "How long has it been since you've been down here?"

"I don't remember. The last time I brought something up for the camera display, I suppose."

"Watch your head." He went first, ducking under the low beam at the top of the stairs. At the bottom, he waited till she caught up, then played the penlight over the beams above their heads as if he was looking for something. "There—see the split in that beam? It goes all the way through."

"Is that why there's a crack in the kitchen?"

"No—the beam is the reason there's so much dust in the closet under the main stairway. The support under the stairs is weakened, so the steps vibrate every time someone goes up and down, and bits of plaster shake loose."

How would he know whether there was dust in the closets? Because, Gina recalled, when she'd pulled out the box of tickets for the village fair in order to sell him one, she'd had to wipe off the top of it. As a matter of fact, she thought, lately Eleanor seemed to be always dusting. But Gina hadn't paid much attention. She'd assumed it was because of something outside—the weather, or wind-borne dirt, even construction going on nearby—or because of the increased number of visitors going in and out. It hadn't occurred to her that the problem might be in the house itself.

"The kitchen is cracked," Dez went on relentlessly, "because the foundation on that side of the house has sagged. Come over here." He led her around the base of the stairs, past a stack of wooden crates, and played the flashlight over a stone wall.

It looked damp, though she'd never noticed that before. And was it only the power of suggestion or was the center of the wall really bulging inward?

"If you had tried to excavate in the garden to dig foot-ings for a new wing, you'd have buckled the whole wall. Good thing you didn't put the tents for the village fair right up against the house—just driving the stakes could have been enough to make that wall collapse."

Gina could feel the blood draining from her face as the truth dawned.

Dez turned the penlight toward her. "Want me to go on? That's the worst of it down here, but maybe you should take a look at the vines on the back of the house. They've chewed into the mortar till some of the bricks are actually loose. And then there's the question of dry rot in the sills—"

"No," Gina said. "Stop. I don't need to hear any more." She put her fingertips to her temples. "And I've been let-ting school children run up and down and bounce on the stairs…"

"Nate says the building is in no immediate danger of collapse. But the bottom line is that it's past saving."

"Why didn't you tell me?" She was having trouble getting a full breath.

"Come on," he said. "Let's go back upstairs before we choke on the musty smell."

He stood back to let her go first. Gina almost had to drag herself up the steps, until Dez put a helpful hand on her hip. The reminder of intimacy jolted her, and she hurried the rest of the way.

He closed the door. "How about something cold to drink, to cut the taste of that basement?"

Gina shook her head. "Help yourself."

He reached into the refrigerator and grabbed a can, seemingly at random. Popping the top, he leaned against the refrigerator. "Why didn't I tell you the details? Mostly because I didn't know the worst of it myself till I talked to Nate just this morning. But I did try to warn you, Gina. I told you the place was falling in around you. It's a hundred and fifty years old, and it hasn't had any significant maintenance for a century."

She shook her head. "I thought you were just—"

"Being my usual destructive self?"

"Yes," she admitted. "But I should have known you wouldn't…"

She stopped. Was she doing it all over again? Convincing herself that he'd really wanted to save the house, that he would have done it if it were possible?

Dez sighed. "Much as I like being your knight in shining armor, I have to be honest, Gina."

"You wouldn't have saved it, no matter what." At least he'd admitted it, her heart argued. At least he was telling her the truth rather than saying what she wanted to hear.

As if it matters to him what I think.

She pulled a chair away from the kitchen table and sat down.

Dez nodded, almost sadly. "Even if it was in a lot better shape than it is, I'd still want to tear it down."

Want to. Was there just a hint of hope there? *You're a fool,* she told herself. She was still clinging to the last fragment of her dream, even when common sense said there was nothing left to dream about.

"Though you could probably have persuaded me to move it. Anyway, it doesn't signify. Honey, Essie wouldn't expect you to try to save the unsalvageable."

Gina bit her lip. He sounded absolutely certain, and she wanted so badly to believe him. But… "How can you be so sure of that? You barely knew her."

"Because you just told me everything that was important about her," he said softly. "The woman who grabbed you by the collar, who stood silent while you were questioned by the police, who let you shake in fear in front of a judge—that woman was no misty-eyed visionary, Gina. She was a practical, no-nonsense, get-the-job-done type."

Reluctantly, she admitted, "That's true. Whatever it took, Essie did it."

"She knew that sympathy was no way to straighten you out, so she did what was necessary. And she would do the same this time. She wouldn't be happy about the house—but she wouldn't waste time fighting circumstances either."

"As I have, you mean?"

"No, that's not what I mean." He sounded impatient. "Gina, your devotion is understandable. It's admirable. But I don't think Essie expected you to follow blindly in her path. I don't think she'd have wanted you to. She put her faith in you because she believed you could be your own woman. Make your own decisions. Reach your own judgments. In fact, I think she would have been annoyed as hell to see you stuck in the past.''

Gina was stung. ''Stuck—!''

''Yes, stuck,'' he said relentlessly. ''Treasuring history, protecting it, is fine. But—''

''Oh, that's pretty hilarious, coming from you.'' She pushed her chair back and started for the door.

He stepped into her path. ''If she'd wanted you to be her clone, Gina, she wouldn't have taught you how to buy clothes in anything but shapeless black.''

The statement was so ridiculous that she stopped and stared at him. His eyes were the shimmering green of emeralds. He was laughing at her.

No…he was laughing *with* her. It was an entirely different thing.

''Essie isn't in these bricks, Gina,'' he said, suddenly serious again. ''She's inside you. She always will be.''

I'm sorry, Essie. It seemed to Gina that the house sighed in answer—not in approval, exactly, but in acceptance— and a tight knot deep inside her slowly relaxed.

Gina took a deep breath and nodded. ''All right. I surrender.''

''I don't want you to surrender. I want you to agree.''

''Funny,'' she mused. ''That sounds familiar. Okay—I agree. Now what?'' She looked around, her eyes almost misty. ''Nathan Haynes said if there was anything I wanted to salvage, to let him know and he'd try.''

''Absolutely. We'll keep all the pieces we possibly can.''

She shook her head. ''That's sweet, but even with an entire floor to house the museum, we won't have room for everything.'' Sadness surged through her at the idea.

''If you want some mementos for the museum so you can put up an exhibit about its first home, that's fine with me. But that wasn't what I had in mind.''

Gina frowned.

"I thought maybe we'd design one of those luxury condos in the Tyler-Royale building for us." He shot a glance at her and then looked quickly away. "It would be even handier for you to get to work than it is now. And you'll be spending even more time on the museum, I suppose—at least at first. But with the shops and the condos providing a steady income, you can actually pay a staff instead of relying so heavily on volunteers. Once that's all set up, maybe you can take it easier. Have some time for other things."

She stared at him. "I... Dez, be serious. You can't mean you'd actually give the rents from the whole building to the museum."

He began to laugh. "Gina, you are incredible—you're actually more concerned about the museum's budget than the fact that I just proposed to you. Damn, maybe you *are* Essie's clone."

Her throat felt as if she'd swallowed a roll of cotton. "You just...what?" she said faintly.

"I was trying to say that if you can stand having me around, I want to spend my life with you." He set his soda can down. "Come here."

She didn't move.

The silence stretched out.

"I'm sorry," he said finally. "I thought, when you said earlier that you couldn't love somebody like me, that maybe you were just trying to convince yourself you couldn't. I thought maybe you meant that you cared anyway, despite it all." He turned away.

She stumbled toward him. "Dez—don't go!"

And then she was in his arms, and her world had stopped rocking crazily on its axis, tipped to and fro by shock after shock, and it settled once more into equilibrium. The balance was different—and she knew it would be challenging, maybe even risky, to get used to it. But new as it was, it felt right in a way that nothing else in her life ever had.

When Dez stopped kissing her, he laid his cheek against her hair and said huskily, "Another twenty or thirty years of hard work, and you might actually be able to turn me into something besides a barbarian."

"I'll give it a try." She hardly knew what she was saying. "Dez—what did you mean about the things from Essie's house? If we're going to have a condo—"

"On the fifth floor, I think," he mused. "Where they have the hot tubs displayed. That way we can just leave one of them in place and build the condo around it."

"You mean *use* the things from Essie's house in the condo?"

"Some of them—though I was actually thinking further ahead than that. If we take everything we can save from Essie's house, someday we can build a new one and put all those things to use. The stairway, and the light fixtures, and the crown moldings—"

"I didn't realize barbarians knew what a crown molding was."

"You may be surprised at what I know. Anyway, we'll take the best of Essie's house and use it as a framework for our own. The two of us—and our kids."

"Kids?"

"You know. Little people. Rug rats. House apes. Unless you can't stand the thought."

"Of having kids? I've always wanted kids."

"Good." He held her a little away from him, and looked down at her with eyebrows slightly raised. "Though in the interests of honesty I suppose I should confess… You do realize I'm only marrying you so that when our kids want to hear all the stories about Desmond Kerrigan and great-aunt Essie, I can turn them over to you and go play golf.''

She smiled up at him. ''Of course, when you're not around, you won't know what kind of stories I'm telling them. About swinging on kitchen doors, and soaking fig cookies in milk.... Oh, damn.''

''What?''

''The cookie jar. I'd almost forgotten about it.''

''Oh, that. Don't worry about it.'' He leaned in to kiss her once more.

Gina ducked. ''But I can't just—''

''The jar is safe. I gave it to Eleanor to put back in the display, and I came up to your office so I could take you downstairs and show you. Then we got a little distracted.''

''But how—?''

''I was quietly putting the word out to all the pawnshops and fences in town that I'd ransom it. But before I got the chance, the thief got cold feet over what he'd done, and he left it at the television station. You guessed right—he apparently saw the show, and that was what gave him the idea.''

''The guy who came in the day after the show and asked to see it?'' Gina breathed.

''He seems to be the most likely suspect—but we'll probably never know for sure. Carla called me and told me I could have the glory of bringing the jar back to you if I'd give her an exclusive about the tower. Otherwise, she said, she'd bring it herself and take all the credit for recovering it.''

''You didn't give her an interview, surely.''

''Of course I did. I couldn't pass up such a good chance to be your hero. See what you've done to me?'' He kissed her, long and slowly. ''I thought the moment I first saw you that you were trouble.''

"And for once in your life," Gina said, "you were right."

"You know what?" he whispered against her lips. "In this case, I wouldn't have it any other way."

"People look at me and they see this happy face, but inside I'm screaming. It's just that no-one hears me."

While breaking the news of Princess Diana's death to millions, reporter Isabel Murphy unravels on live television. *But Inside I'm Screaming* is the heart-rending tale of her struggle to regain the life that everyone thought she had.

21st July 2006

Can you tell from first impressions whether someone could become your closest friend?

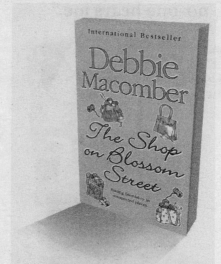

Lydia, Jacqueline, Carol and Alix are four very different women, each facing their own problems in life. When they are thrown together by the hands of fate, none of them could ever guess how close they would become or where their friendship would lead them.

A heartfelt, emotional tale of friendship and problems shared from a multi-million copy bestselling author.

On sale 18th August 2006